Ha-Berit ha-Hadashah : das Naye Testament fun dem Mashiah. - Primary Source Edition

Mortkhe Shmuel Bergmann

הברית החדשה

דאס נייע טעסטאמענט

פֿון

דעם משיח

אויפ'ס נייא איבערזעצט אין יודיש

פֿון

מרדכי שמואל בערגמאנן.

לאנדאן

1912.

בריטיש אונד אויסלענדישע ביבעל-געזעלשאפט.

The New Testament in Yiddish.
Bergmann's Revision of 1912.

אינהאלטס פֿערצייכעניס

פֿון

דעם ברית החדשה.

דִּיא הֵיילִיגֶע בְּשׂוֹרָה פוּן מַתִּיָה

1 דָאס בּוּךְ פוּן דֶער גֶעבּוּרְט פוּן יֵשׁוּעַ הַמָּשִׁיחַ, זוּהְן פוּן
2 דָוִד, זוּהְן פוּן אַבְרָהָם: אַבְרָהָם הָאט גֶעבּוֹירֶען יִצְחָק,
אוּנְד יִצְחָק הָאט גֶעבּוֹירֶען יַעֲקֹב, אוּנְד יַעֲקֹב, הָאט גֶעבּוֹירֶען
3 יְהוּדָה, אוּנְד זַיינֶע בְּרִידֶער: אוּנְד יְהוּדָה הָאט גֶעבּוֹירֶען
פֶּרֶץ אוּנְד זֶרַח פוּן תָּמָר, אוּנְד פֶּרֶץ הָאט גֶעבּוֹירֶען חֶצְרוֹן,
4 אוּנְד חֶצְרוֹן הָאט גֶעבּוֹירֶען רָם: אוּנְד רָם הָאט גֶעבּוֹירֶען
עַמִּינָדָב, אוּנְד עַמִּינָדָב הָאט גֶעבּוֹירֶען נַחְשׁוֹן, אוּנְד נַחְשׁוֹן
5 הָאט גֶעבּוֹירֶען שַׂלְמוֹן: אוּנְד שַׂלְמוֹן, הָאט גֶעבּוֹירֶען בּוֹעַז,
פוּן רָחָב, אוּנְד בּוֹעַז הָאט גֶעבּוֹירֶען עוֹבֵד פוּן רוּת, אוּנְד
6 עוֹבֵד הָאט גֶעבּוֹירֶען יִשַׁי: אוּנְד יִשַׁי הָאט גֶעבּוֹירֶען דָוִד
הַמֶּלֶךְ. אוּנְד דָוִד הַמֶּלֶךְ הָאט גֶעבּוֹירֶען שְׁלֹמֹה פוּן אִיהְר
7 וָואס אִיז גֶעוֶועזֶען דָאס וַוייבּ פוּן אוּרִיָּה: אוּנְד שְׁלֹמֹה הָאט
גֶעבּוֹירֶען רְחַבְעָם, אוּנְד רְחַבְעָם הָאט גֶעבּוֹירֶען אֲבִיָּה, אוּנְד
8 אֲבִיָּה הָאט גֶעבּוֹירֶען אָסָא: אוּנְד אָסָא הָאט גֶעבּוֹירֶען
יְהוֹשָׁפָט, אוּנְד יְהוֹשָׁפָט הָאט גֶעבּוֹירֶען יְהוֹרָם, אוּנְד יְהוֹרָם
9 הָאט גֶעבּוֹירֶען עֻזִיָּהוּ: אוּנְד עֻזִיָּהוּ הָאט גֶעבּוֹירֶען יוֹתָם,
אוּנְד יוֹתָם הָאט גֶעבּוֹירֶען אָחָז, אוּנְד אָחָז הָאט גֶעבּוֹירֶען
10 חִזְקִיָּהוּ: אוּנְד חִזְקִיָּהוּ הָאט גֶעבּוֹירֶען מְנַשֶּׁה, אוּנְד מְנַשֶּׁה
הָאט גֶעבּוֹירֶען אָמוֹן, אוּנְד אָמוֹן הָאט גֶעבּוֹירֶען יֹאשִׁיָּהוּ:
11 אוּנְד יֹאשִׁיָּהוּ הָאט גֶעבּוֹירֶען יְכָנְיָהוּ אוּנְד זַיינֶע בְּרִידֶער אִין
12 דֶער צַייט פוּן דֶער פֶערְטְרֵייבּוּנְג קַיין בָּבֶל: אוּנְד נָאךְ דֶער
פֶערְטְרֵייבּוּנְג קַיין בָּבֶל הָאט יְכָנְיָהוּ גֶעבּוֹירֶען שְׁאַלְתִּיאֵל,
13 אוּנְד שְׁאַלְתִּיאֵל הָאט גֶעבּוֹירֶען זְרֻבָּבֶל: אוּנְד זְרֻבָּבֶל הָאט
גֶעבּוֹירֶען אֲבִיהוּד, אוּנְד אֲבִיהוּד הָאט גֶעבּוֹירֶען אֶלְיָקִים,
14 אוּנְד אֶלְיָקִים הָאט גֶעבּוֹירֶען עַזּוּר: אוּנְד עַזּוּר הָאט גֶע־
בּוֹירֶען צָדוֹק, אוּנְד צָדוֹק הָאט גֶעבּוֹירֶען יָכִין, אוּנְד יָכִין
15 הָאט גֶעבּוֹירֶען אֱלִיהוּד: אוּנְד אֱלִיהוּד הָאט גֶעבּוֹירֶען
אֶלְעָזָר, אוּנְד אֶלְעָזָר הָאט גֶעבּוֹירֶען מַתָּן, אוּנְד מַתָּן הָאט
16 גֶעבּוֹירֶען יַעֲקֹב: אוּנְד יַעֲקֹב הָאט גֶעבּוֹירֶען יוֹסֵף דֶער מַאן
פוּן מִרְיָם, פוּן וֶועלְכֶער אִיז גֶעבּוֹירֶען גֶעוָוארֶען יֵשׁוּעַ דֶער
17 הֵייסְט מָשִׁיחַ: אוּנְד פוּן דִיא גֶעבּוּרְט פוּן אַבְרָהָם בִּיז דָוִד
זֶענֶען גֶעוֶועזֶען פִירְצֶען דוֹרוֹת; אוּנְד פוּן דָוִד בִּיז צוּ דֶער

פֶּערְטְרֵייבּוּנְג קֵיין בָּבֶל פִירְצֶען דוֹרוֹת: אוּנְד פוּן דֶער
פֶּערְטְרֵייבּוּנְג קֵיין בָּבֶל בִּיז מָשִׁיחַ פִירְצֶען דוֹרוֹת.
18 אוּנְד דִיא גֶעבּוּרְט פוּן יֵשׁוּעַ הַמָשִׁיחַ אִיז אַזוֹי גֶעוֶועזֶען, וֶוען
זַיינֶע מוּטֶער מִרְיָם אִיז גֶעוֶועזֶען פֶערְקְנַאסְט צוּ יוֹסֵף, אוּנְד
אֵיידֶער זֵייא זֶענֶען צוּזַאמֶען גֶעקוּמֶען, אִיז זִיא גֶעפִינֶען
19 גֶעוָוארֶען מְעוּבֶּרֶת פוּן דֶעם רוּחַ הַקוֹדֶשׁ: אָבֶּער אִיהְר מַאן
יוֹסֵף אִיז גֶעוֶועזֶען אַ צַדִיק, אוּנְד הָאט זִיא נִיט גֶעוָואלְט
עֶפֶענְטלִיךְ בֶּעשֶׁעהְמֶען, הָאט עֶר זִיךְ גֶעדַאכְט זִיא שְׁטִיר־
20 לֶערְהֵייט אָפְּצוּלָאזֶען: אוּנְד וִויא עֶר הָאט זִיךְ דָאס אִיבֶּערְ־
לֶעגְט, זֶעה, הָאט זִיךְ אַ מַלְאָךְ פוּן דֶעם הַאר צוּ אִיהְם
בֶּעווִיזֶען אִין אַ חָלוֹם, אוּנְד גֶעזָאגְט, יוֹסֵף, בֶּן דָוִד, פָארְכְט
דִיךְ נִיט צוּ דִיר צוּ נֶעמֶען דֵיין ווַייבּ מִרְיָם; וָוארִין דָאס
וָואס אִיז אִין אִיהְר עֶנְטפַאנְגֶען אִיז פוּן דֶעם רוּחַ הַקוֹדֶשׁ:
21 אוּנְד זִיא וֶועט גֶעווִינֶען אַ זוּהְן, אוּנְד דוּא זָאלְסְט זַיין נָאמֶען
רוּפֶען יֵשׁוּעַ, וָוארִין עֶר וֶועט זַיין פָאלְק רֶעטֶען פוּן זַיירֶע
22 זִינְד: אוּנְד דָאס אַלֶעס אִיז גֶעשֶׁעהֶען, כְּדֵי עֶס זָאל מְקוּיָם
וֶוערֶען וָואס אִיז גֶעזָאגְט פוּן דֶעם הַאר דוּרְךְ דֶעם נָבִיא,
23 וָואס הָאט גֶעזָאגְט: "זֶעה, דִיא יוּנְגְפְרוֹיא וֶועט שְׁוַואנְגֶער
וֶוערֶען, אוּנְד וֶועט גֶעווִינֶען אַ זוּהְן, אוּנְד מֶען וֶועט זַיין
נָאמֶען רוּפֶען עִמָּנוּאֵל", וָואס אִיז פֶּערְטֵייטְשְׁט גָאט מִיט
24 אוּנְס: אוּנְד וֶוען יוֹסֵף אִיז אוֹיפְגֶעשְׁטַאנֶען פוּן שְׁלָאף הָאט
עֶר גֶעטְהוּן אַזוֹי ווִיא דֶער מַלְאָךְ פוּן דֶעם הַאר הָאט
אִיהְם גֶעהֵייסֶען, אוּנְד עֶר הָאט זַיין ווַייבּ צוּ זִיךְ גֶענוּמֶען:
25 אוּנְד עֶר הָאט זִיא נִיט דֶערְקָאנְט בִּיז זִיא הָאט גֶעבּוֹירֶען
אַ זוּהְן, אוּנְד עֶר הָאט זַיין נָאמֶען גֶערוּפֶען יֵשׁוּעַ:

קאפיטעל ב

1 אוּנְד וֶוען יֵשׁוּעַ אִיז גֶעבּוֹירֶען גֶעוָוארֶען אִין בֵּית לֶחֶם פוּן
יְהוּדָה, אִין דִיא טֶעג פוּן הוֹרְדוֹס הַמֶלֶךְ, זֶעה, זֶענֶען חֲכָמִים
2 גֶעקוּמֶען פוּן מִזְרַח קֵיין יְרוּשָׁלַיִם: אוּנְד הָאבֶּען גֶעזָאגְט,
וְוָאוּ אִיז דֶער וֶועלְכֶער אִיז גֶעבּוֹירֶען גֶעוָוארֶען דֶער מֶלֶךְ
פוּן דִיא יוּדֶען? וָוארִין מִיר הָאבֶּען גֶעזֶעהֶען זַיין שְׁטֶערְן
אִין מִזְרַח, אוּנְד מִיר זֶענֶען גֶעקוּמֶען אוּנְס צוּ אִיהְם צוּ בִּיקֶען:
3 אוּנְד וֶוען הוֹרְדוֹס הַמֶלֶךְ הָאט דָאס גֶעהֶערְט, הָאט עֶר זִיךְ
4 דֶערְשְׁרָאקֶען, אוּנְד גַאנְץ יְרוּשָׁלַיִם מִיט אִיהְם: אוּנְד עֶר

הָאט פֶערזַאמֶעלְט אַלֶע עֶרְשְׁטֶע כֹּהֲנִים אוּנְד סוֹפְרִים פוּן
דֶעם פָאלְק, אוּנְד הָאט זַייא גֶעפְרֶעגְט וְואוּ זָאל דֶער
5 מָשִׁיחַ גֶעבּוֹירֶען וֶוערֶען: אוּנְד זַייא הָאבֶּען צוּ אִיהְם
גֶעזָאגְט, אִין בֵּית־לֶחֶם פוּן יְהוּדָה; וָוארִין אַזוֹי שְׁטֶעהְט
גֶעשְׁרִיבֶּען דוּרְךְ דֶעם נָבִיא, (מיכה ה׳ א.)
6 ״אוּנְד דוּא בֵּית לֶחֶם לַאנְד פוּן יְהוּדָה, בִּיסְט נִיט דִיא
קְלֵיינְסְטֶע צְווִישֶׁען דִיא טוֹיזֶענְדֶע פוּן יְהוּדָה, וָוארִין
פוּן דִיר וֶועט אַרוֹיסְקוּמֶען אַ גֶעוָועלְטִיגֶער, דֶער
וֶועט זַיין אַ פַּאסְטוּךְ אִיבֶּער מֵיין פָאלְק יִשְׂרָאֵל״:
7 דֶענְסְמָאל הָאט הוֹרְדוֹס גֶערוּפֶען דִיא חֲכָמִים שְׁטִילֶערְהֵייט,
אוּנְד הָאט בַּייא זַייא גוּט אוֹיסְגֶעפָארְשְׁט דִיא צֵייט וֶוען
8 דֶער שְׁטֶערְן הָאט זִיךְ בֶּעווִיזֶען: אוּנְד עֶר הָאט זַייא
גֶעשִׁיקְט קֵיין בֵּית לֶחֶם, אוּנְד גֶעזָאגְט, גֶעהְט אוּנְד פָארְשְׁט
גַאנְץ גוּט וֶועגֶען דֶעם יוּנְגֶען קִינְד; אוּנְד וֶוען אִיהְר וֶועט
אִיהְם גֶעפִינֶען, בְּרֶענְגְט מִיר תְּשׁוּבָה, אַז אִיךְ זָאל אוֹיךְ
9 גֶעהֶען מִיךְ צוּ אִיהְם צוּ בִּיקֶען: אוּנְד וֶוען זַייא הָאבֶּען
דֶעם מֶלֶךְ אוֹיסְגֶעהֶערְט, זֶענֶען זַייא אַוֶועקְגֶעגַאנְגֶען; אוּנְד
אוּנְד זֶעה, דֶער שְׁטֶערְן, וֶועלְכֶען זַייא הָאבֶּען גֶעזֶעהֶען
אִין מִזְרָח, אִיז פָאר זַייא גֶעגַאנְגֶען, בִּיז עֶר אִיז גֶעקוּמֶען
אוּנְד אִיז גֶעבְּלִיבֶּען שְׁטֶעהֶען אִיבֶּער דֶעם אָרְט וְואוּ דָאס
10 יוּנְגֶע קִינְד אִיז גֶעוֶועזֶען: אוּנְד וֶוען זַייא הָאבֶּען גֶעזֶעהֶען
דֶעם שְׁטֶערְן, אַזוֹי הָאבֶּען זַייא זִיךְ גֶעפְרֵייט מִיט אַ זֶעהְר
11 גְרוֹיסֶע פְרֵייד: אוּנְד וֶוען זַייא זֶענֶען אִים הוֹיז אַרַיינְ־
גֶעקוּמֶען, הָאבֶּען זַייא גֶעזֶעהֶען דָאס יוּנְגֶע קִינְד מִיט
זַיינֶע מוּטֶער מִרְיָם, אוּנְד זַייא זֶענֶען אַנִידֶערְגֶעפַאלֶען,
אוּנְד הָאבֶּען זִיךְ צוּ אִיהְם גֶעבִּיקְט. אוּנְד זַייא הָאבֶּען
אוֹיפְגֶעמַאכְט זַיירֶע אוֹצְרוֹת אוּנְד הָאבֶּען אִיהְם גֶעבְּרַאכְט
12 מַתָּנוֹת, גָאלְד, ווייהְרוֹיךְ אוּנְד גֶעווירְץ: אוּנְד זַייא זֶענֶען
גֶעוָוארְנְט גֶעוָוארֶען פוּן גָאט אִין אַ חֲלוֹם, אַז זַייא זָאלֶען
זִיךְ נִיט אוּמְקֶעהְרֶען צוּ הוֹרְדוֹס, אַזוֹי זֶענֶען זַייא צוּרִיקְ־
גֶעגַאנְגֶען צוּ זַייעֶר לַאנְד בַּייא אֵיין אַנְדֶערְן וֶועג:
13 אוּנְד וֶוען זַייא זֶענֶען צוּרִיקְגֶעגַאנְגֶען, זֶעה, הָאט זִיךְ אַ
מַלְאָךְ פוּן גָאט בֶּעווִיזֶען צוּ יוֹסֵף אִין אַ חֲלוֹם, אוּנְד גֶעזָאגְט,
שְׁטֶעה אוֹיף אוּנְד נֶעם דָאס יוּנְגֶע קִינְד אוּנְד זַיינֶע מוּטֶער,

אוּנְד אַנְטְלוֹיף קֵיין מִצְרַיִם, אוּנְד זַייא דָארְט בִּיז אִיךְ װֶעל
דִיר זָאגֶען; װָארִין הוֹרְדוֹס װֶעט דָאס יוּנְגֶע קִינְד זוּכֶען
14 כְּדֵי עֶר זָאל עֶס אוּמְבְּרֶענְגֶען: אַזוֹי אִיז עֶר אוֹיפְגֶעשְׁטַאנֶען
אוּנְד הָאט גֶענוּמֶען דָאס יוּנְגֶע קִינְד אוּנְד זַיינֶע מוּטֶער
בַּייא דֶער נַאכְט, אוּנְד אִיז אַװֶעקְגֶעגַאנְגֶען קֵיין מִצְרַיִם:
15 אוּנְד עֶר אִיז דָארְט גֶעװֶעזֶען בִּיז הוֹרְדוֹס אִיז גֶעשְׁטָארְבֶּען,
כְּדֵי עֶס זָאל מְקוּיָם װֶערֶען דָאס װָארְט, װָאס אִיז גֶעזָאגְט
גֶעװָארֶען פוּן דֶעם הַאר דוּרְךְ דֶעם נָבִיא, װָאס הָאט גֶע־
16 זָאגְט "פוּן מִצְרַיִם הָאבּ אִיךְ גֶערוּפֶען מֵיין זוּהְן": װֶען הוֹרְדוֹס
הָאט גֶעזֶעהֶען אַז עֶר אִיז אוֹיסְגֶעשְׁפֶּעט גֶעװָארֶען בַּייא דִיא
חֲכָמִים, הָאט עֶר זִיךְ זֶעהְר דֶערְצָארְנְט, אוּנְד הָאט אַהִינְגֶע־
שִׁיקְט אוּנְד גֶעהַרְגֶעט אַלֶע קִינְדֶער װָאס זֶענֶען גֶעװֶעזֶען אִין
בֵּית לֶחֶם אוּנְד אִין אַלֶע אִיהְרֶע גְרֶענְצֶען, פוּן צְװַייא יָאהְר
אוּנְד דְרוּנְטֶער, נָאךְ דֶער צַייט נָאךְ װָאס עֶר הָאט אוֹיסְגֶע־
17 פָארְשְׁט בַּייא דִיא חֲכָמִים: דַאן אִיז מְקוּיָם גֶעװָארֶען װָאס
אִיז גֶעזָאגְט דוּרְךְ יִרְמְיָה הַנָבִיא, װָאס הָאט גֶעזָאגְט:
18 "אַ קוֹל אִיז גֶעהֶערְט גֶעװָארֶען אִין רָמָה, אַ קְלָאג אוּנְד
גֶעװֵיין אוּנְד גְרוֹיס בִּיטֶערְנִיס, רָחֵל װֵיינְט אִיבֶּער אִיהְרֶע
קִינְדֶער, אוּנְד װִיל נִיט גֶעטְרֵייסְט װֶערֶען, װֵייל זֵייא
זֶענֶען נִיט דָא": (ירמיה לא׳ טו׳)
19 אוּנְד װֶען הוֹרְדוֹס אִיז גֶעשְׁטָארְבֶּען, אַזוֹי הָאט זִיךְ אַ
מַלְאָךְ פוּן גָאט בֶּעװִיזֶען אִין אַ חָלוֹם צוּ יוֹסֵף אִין מִצְרַיִם:
20 אוּנְד הָאט גֶעזָאגְט, שְׁטֶעה אוֹיף אוּנְד נֶעם דָאס יוּנְגֶע
קִינְד אוּנְד זַיינֶע מוּטֶער, אוּנְד גֶעה קֵיין אֶרֶץ יִשְׂרָאֵל;
װָארִין דִיא זֶענֶען גֶעשְׁטָארְבֶּען װָאס הָאבֶּען גֶעזוּכְט דָאס
21 לֶעבֶּען פוּן דֶעם יוּנְגֶען קִינְד: אַזוֹי אִיז עֶר אוֹיפְגֶעשְׁטַאנֶען
אוּנְד הָאט גֶענוּמֶען דָאס יוּנְגֶע קִינְד אוּנְד זַיינֶע מוּטֶער,
22 אוּנְד אִיז גֶעקוּמֶען קֵיין אֶרֶץ יִשְׂרָאֵל: אָבֶּער װֶען עֶר הָאט
גֶעהֶערְט אַז אַרְקְלוֹס הָאט רֶעגִירְט אִין יְהוּדָה אַנְשְׁטָאט
זַיין פָאטֶער הוֹרְדוֹס, הָאט עֶר מוֹרָא גֶעהַאט דָארְט אַהִין
צוּ גֶעהֶען; אוּנְד װֶען עֶר אִיז גֶעװָארְנְט גֶעװָארֶען אִין אַ
חָלוֹם, אִיז עֶר אַװֶעקְגֶעגַאנְגֶען צוּ דֶער גֶעגֶענְד פוּן דֶעם
23 לַאנְד גָלִיל: אוּנְד עֶר אִיז גֶעקוּמֶען אוּנְד הָאט גֶעװוֹינְט
אִין אַ שְׁטָאט װָאס הֵייסְט נְצָרֶת, כְּדֵי עֶס זָאל מְקוּיָם װֶערֶען

וָואס אִיז גֶעזָאגְט דוּרְךְ דִיא נְבִיאִים, אַז עֶר זָאל גֶערוּפֶען
וֶוערֶען נָצְרִי׃

קאפיטעל ג

1 אִין יֶענֶע טֶעג אִיז יוֹחָנָן הַמְטַבֵּל גֶעקוּמֶען אוּנְד הָאט גֶע־
2 פְּרֶעדִיגְט אִין דֶער מִדְבָּר פוּן יְהוּדָה׃ אוּנְד עֶר הָאט גֶע־
זָאגְט, טְהוּט תְּשׁוּבָה; וָוארִין דָאס מַלְכוּת הַשָּׁמַיִם אִיז
3 נָאהֶענְט׃ אוּנְד דָאס אִיז דֶער, פוּן וֶועלְכֶען יְשַׁעְיָהוּ הַנָּבִיא
הָאט גֶערֶעט, אוּנְד גֶעזָאגְט, (ישעיה, מ׳ ג.)

„אַ קוֹל רוּפְט אוּיס אִין דֶער מִדְבָּר, מַאכְט פַאַרְטִיג
דֶעם וֶועג פוּן דֶעם הַאר, מַאכְט גְלַייךְ זַיינֶע שְׁטֶעגֶען״׃

4 אוּנְד דֶער דָאזִיגֶער יוֹחָנָן אִיז גֶעוֶועזֶען אָנְגֶעטְהוּן מִיט אַ
קְלֵייד פוּן קֶעמֶעל הָאר אוּנְד אַ לֶעדֶערְנֶען גַארְטֶעל אַרוּם
זַיינֶע לֶענְדֶען, אוּנְד זַיינֶע שְׁפֵּייז אִיז גֶעוֶועזֶען הֵיישְׁרֶעקֶען
5 אוּנְד ווִילְדֶער הָאנִיג׃ דַאן זֶענֶען צוּ אִיהְם אַרוֹיסְגֶעגַאנְגֶען
גַאנְץ יְרוּשָׁלַיִם אוּנְד גַאנְץ יְהוּדָה, אוּנְד דִיא גַאנְצֶע גֶעגֶענְד
6 פוּן יַרְדֵן׃ אוּנְד זַייא הָאבֶּען זִיךְ גֶעלָאזְט בַּייא אִיהְם
טוֹבֵלְן אִים שְׁטְרוֹים יַרְדֵן, אוּנְד הָאבֶּען מִתְוַדֶה גֶעוֶועזֶען
7 זַיירֶע זִינְד׃ אוּנְד וֶוען עֶר הָאט גֶעזֶעהֶען פִילֶע פוּן דִיא
פְּרוּשִׁים אוּנְד צַדוּקִים זֶענֶען גֶעקוּמֶען צוּ זַיין טְבִילָה,
הָאט עֶר צוּ זַייא גֶעזָאגְט, אִיהְר שְׁלַאנְגֶענְגֶעשְׁלֶעכְט, וֶוער
הָאט אֵייךְ גֶעוָוארְנְט אַז אִיהְר זָאלְט אַנְטְרִינֶען פוּן דֶעם
8 גְרִימְצָארְן וָואס וֶועט קוּמֶען? דְרוּם בְּרֶענְגְט פְרוּכְט אַזוֹי
9 ווִיא עֶס גֶעהֶערְט צוּ זַיין דוּרְךְ תְּשׁוּבָה טְהוּן׃ אוּנְד דֶענְקְט
נִיט אִין אֵייעֶר הַארְץ צוּ זָאגֶען, מִיר הָאבֶּען אַבְרָהָם פַאר
אוּנְזֶער פָאטֶער; וָוארִין אִיךְ זָאג אֵייךְ אַז גָאט קֶען פוּן
10 דִיזֶע שְׁטֵיינֶער אוֹיפְשְׁטֶעלֶען קִינְדֶער צוּ אַבְרָהָם׃ אוּנְד
דִיא הַאק לִיגְט שׁוֹין אוֹיף דִיא וָוארְצֶעל פוּן דִיא בּוֹימֶער;
דְרוּם אִיטְלִיכֶער בּוֹים וָואס בְּרֶענְגְט נִיט גוּטֶע פְרוּכְט
וֶועט אָפְּגֶעשְׁנִיטֶען, אוּנְד אִין פַייעֶר אַרַיינְגֶעוָוארְפֶען׃
11 זֶעהְט, אִיךְ טוֹבֵל אֵייךְ מִיט וַואסֶער תְּשׁוּבָה צוּ טְהוּן;
אָבֶּער דֶער וֶועלְכֶער נָאךְ מִיר קוּמְט אִיז שְׁטַארְקֶער
פוּן מִיר, דֶעם אִיךְ בִּין נִיט וֶוערְט זַיינֶע שִׁיךְ צוּ טְרָאגֶען;
עֶר וֶועט אֵייךְ טוֹבְלְן מִיט דֶעם רוּחַ הַקוֹדֶשׁ אוּנְד מִיט
12 פֵייעֶר׃ זַיינֶע ווִינְד־שׁוֹיפֶעל אִיז אִין זַיינֶע הַאנְד, אוּנְד עֶר

וועט זײַנע שײַער גוט אויסרייניגען; אונד וועט דאס קארן
זאמעלן אין זײַנע שפּייכלער אַרײַן, אָבער דאס שטרוי וועט
ער פערברענען אים פייער וואס איז ניט פערלאשען:
13 דאן איז ישוע געקומען פון גליל צום ירדן צו יוחנן, אז
14 ער זאל זיך בײַא איהם לאָזען טובלען: אָבער יוחנן האט
איהם פערוועהרט, אונד געזאגט, איך דארף מיך לאָזען
15 בײַא דיר טובלען, אונד קומסט דוא צו מיר? אונד ישוע
האט געענטפערט אונד צו איהם געזאגט, לאז עס איצט
אזוי זײַן, ווארין עס געבירט אונס אַלע גערעכטיגקייט צו
16 דערפילען, דאן האט ער איהם געלאזט: ווען ישוע איז
געטובלט געווארען, אזוי איז ער באלד אויס דעם וואסער
ארויסגעקומען: אונד זעה, דער הימעל האט זיך אויפ־
געמאכט, אונד ער האט געזעהען דעם גייסט פון גאט
ארונטערקומען גלײַך ווי א טויב, קומענדיג אויף איהם:
17 אונד זעה, א קול פון הימעל האט געזאגט, דאס איז מײַן
געליבטער זוהן, אין וועלכען איך האב וואוילגעפאלען:

קאפּיטעל ד

1 דאן איז ישוע געפיהרט געווארען דורך דעם גייסט אין
דער מדבר אַרײַן, כדי פון דעם שטן געפּריפט צו ווערען:
2 אונד ווען ער האט געפאסט פירציג טעג אונד פירציג
3 נעכט, איז ער דערנאך הונגריג געווארען: אונד דער
פּריפער איז געקומען, אונד האט צו איהם געזאגט, ווען
דוא ביסט דער זוהן פון גאט, בעפעהל אז דיזע שטיינער
4 זאלען ווערען ברויט: אונד ער האט געענטפערט אונד
געזאגט, עס שטעהט געשריבען, "דער מענש זאל ניט
לעבען פון ברויט אליין, נייערט פון איטליכען ווארט
5 וואס געהט ארויס פון דעם מויל פון גאט": דאן נעמט
איהם דער שטן צו דער הייליגער שטאט, אונד שטעלט
6 איהם אויף דער שפּיץ פון דעם בית המקדש: אונד זאגט
צו איהם ווען דוא ביסט דער זוהן פון גאט אזוי ווארף דיך
ארונטער; ווארין עס שטעהט געשריבען, (תהלים צא׳ יא׳)
"ער וועט זײַנע מלאכים וועגען דיר בעפעהלען, אונד
זייא וועלען דיך אויף דיא הענד טראגען, אז דוא
זאלסט ניט דײַן פוס אנשטויסען אן א שטיין":

7 אוּנְד יֵשׁוּעַ הָאט צוּ אִיהְם גֶעזָאגְט, עֶס שְׁטֶעהְט אוֹיךְ גֶע־
שְׁרִיבֶּען, דוּא זָאלְסְט נִיט פְּרִיפֶען דֶעם הַאר דַיין גָאט:
8 אוּנְד דֶער שָׂטָן נֶעמְט אִיהְם ווִידֶער אוֹיף אַ הוֹיכֶען בַּארְג,
אוּנְד ווַייזְט אִיהְם אַלֶע קֶענִיגְרַייכֶע פוּן דֶער ווֶעלְט, אוּנְד
9 זַיירֶע הֶערְלִיכְקֵייט: אוּנְד עֶר הָאט צוּ אִיהְם גֶעזָאגְט, דָאס
אַלֶעס ווֶעל אִיךְ דִיר גֶעבֶּען, ווֶען דוּא ווֶעסְט אַנִידֶער פַאַ־
10 לֶען, אוּנְד ווֶעסְט דִיךְ צוּ מִיר בִּיקֶען: דַאן זָאגְט יֵשׁוּעַ צוּ
אִיהְם, גֶעה אַוֶועק פוּן מִיר, דוּא שָׂטָן; ווָארִין עֶס שְׁטֶעהְט
גֶעשְׁרִיבֶּען, דוּא זָאלְסְט דִיךְ בִּיקֶען צוּ דֶעם הַאר דַיין גָאט,
11 אוּנְד אִיהְם אַלֵיין זָאלְסְט דוּא דִינֶען: דַאן הָאט אִיהְם דֶער
שָׂטָן פֶערְלָאזְט; אוּנְד זֶעה, מַלְאָכִים זֶענֶען צוּ אִיהְם גֶעקוּמֶען
אוּנְד הָאבֶּען אִיהְם בֶּעדִינְט:
12 אוּנְד ווֶען עֶר הָאט גֶעהֶערְט אַז יוֹחָנָן אִיז אִיבֶּערְגֶעלִיפֶערְט
13 גֶעווָארֶען, אַזוֹי אִיז עֶר אַוֶועקְגֶעגַאנְגֶען קֵיין גָלִיל: אוּנְד
עֶר הָאט פֶערְלָאזְט נְצָרֶת, אוּנְד אִיז גֶעקוּמֶען אוּנְד הָאט
גֶעוואוֹינְט אִין כְּפַר־נַחוּם, ווָאס אִיז בֵּיים בָּארְטֶען פוּן דֶעם
14 יַם, אִין דִיא גֶעגֶענְד פוּן זְבֻלוּן אוּנְד נַפְתָּלִי: כְּדֵי עֶס זָאל
מְקוּיָם ווֶערֶען ווָאס אִיז גֶעזָאגְט דוּרְךְ יְשַׁעְיָה הַנָבִיא ווָאס זָאגְט:
15 „דוּא לַאנְד זְבֻלוּן אוּנְד דָאס לַאנְד נַפְתָּלִי, דֶער ווֶעג פוּן
דֶעם יַם, אוֹיף יֶענֶער זַייט פוּן יַרְדֵן, גָלִיל פוּן דִיא גוֹיִם:
16 דָאס פָאלְק ווָאס זִיצְט אִין פִינְסְטֶערְנִים, הָאט גֶעזֶעהֶען
אַ גְרוֹיס לִיכְט, צוּ דִיא ווָאס זִיצֶען אִים לַאנְד אוּנְד
שָׁאטֶען פוּן טוֹיט, אִיז לִיכְט אוֹיפְגֶעגַאנְגֶען“:
17 פוּן דֶער צַייט אָן הָאט יֵשׁוּעַ אָנְגֶעהוֹיבֶּען צוּ פְּרֶעדִיגֶען
אוּנְד צוּ זָאגֶען, טְהוּט תְּשׁוּבָה; ווָארִין דָאס מַלְכוּת הַשָׁמַיִם
18 אִיז נָאהֶענְט: אוּנְד גֶעהֶענְדִיג בֵּיים יַם פוּן גָלִיל הָאט עֶר
גֶעזֶעהֶען צְווֵייא בְּרִידֶער, שִׁמְעוֹן דֶער הֵייסְט פֶּעטְרוֹס, אוּנְד
אַנְדְרַי זַיין בְּרוּדֶער, ווָאס הָאבֶּען גֶעווָארְפֶען אַ נֶעץ אִים
19 יַם אַרַיין; ווָארִין זַייא זֶענֶען גֶעוועזֶען פִישֶׁער: אוּנְד עֶר הָאט
צוּ זַייא גֶעזָאגְט, פָאלְגְט מִיר נָאךְ, אוּנְד אִיךְ ווֶעל אֵייךְ
20 מַאכֶען צוּ פִישֶׁער פוּן מֶענְשֶׁען: אוּנְד זַייא הָאבֶּען גְלֵייךְ
זַיירֶע נֶעצֶען פֶערְלָאזְט, אוּנְד הָאבֶּען אִיהְם נָאכְגֶעפָאלְגְט:
21 אוּנְד עֶר אִיז פוּן דָארְטֶען ווַייטֶער גֶעגַאנְגֶען, הָאט עֶר גֶע־
זֶעהֶען צְווֵייא אַנְדֶערֶע בְּרִידֶער, יַעֲקֹב, דֶער זוּהְן פוּן זַבְדִי,

אוּנד זַיין בְּרוּדֶער יוֹחָנָן, אִין אַ שִׁיף מִיט זַייעֶר פָאטֶער
זַבְדַי, וָואס הָאבֶען צוּרֶעכְט גֶעמַאכְט זַייעֶרֶע נֶעצֶען; אוּנד
22 עֶר הָאט זַייא גֶערוּפֶען: אוּנד זַייא הָאבֶען גְלֵייךְ פֶערְלָאזְט
דָאס שִׁיף אוּנד זַייעֶר פָאטֶער, אוּנד הָאבֶען אִיהְם נָאכְגֶע־
פָאלְגְט:
23 אוּנד יֵשׁוּעַ אִיז אַרוּמְגֶעגַאנְגֶען אִין גַאנְץ גָלִיל, אוּנד הָאט
גֶעלֶעהְרְט אִין זַייעֶרֶע שׁוּלֶען, אוּנד הָאט גֶעפְּרֶעדִיגְט דִיא
בְּשׂוֹרָה טוֹבָה פוּן דֶעם קֶענִיגְרֵייךְ, אוּנד הָאט גֶעהֵיילְט
אַלֶערְלַייא קְרַאנְקְהֵייט אוּנד שְׁמֶערְצֶען צְוִוישֶׁען דֶעם פָאלְק:
24 אוּנד זַיין שֵׁם אִיז אוֹיסְגֶעגַאנְגֶען אִין גַאנְץ סוּרְיָא; אוּנד
זַייא הָאבֶען צוּ אִיהְם גֶעבְּרַאכְט אַלֶערְלַייא קְרַאנְקֶע, אוּנד
דִיא וָואס זֶענֶען גֶעפְּלָאגְט גֶעוֶועזֶען מִיט פֶערְשִׁידֶענֶע
קְרֶענְק אוּנד שְׁמֶערְצֶען, אוּנד וָואס הָאבֶען גֶעהַאט שֵׁדִים,
אוּנד דִיא מְשׁוּגָעִנֶע אוּנד גִיכְטְבְּרִיכִיגֶע; אוּנד עֶר הָאט זַייא
25 גֶעהֵיילְט: אוּנד פִיל לֵייט זֶענֶען אִיהְם נָאכְגֶעגַאנְגֶען פוּן
גָלִיל אוּנד פוּן דֶעקַאפָּלִים אוּנד פוּן יְרוּשָׁלַיִם אוּנד פוּן יְהוּדָה
אוּנד פוּן יֶענֶער זַייט יַרְדֵן:

קאפיטעל ה

1 אוּנד וָוען עֶר הָאט גֶעזֶעהֶען דִיא לֵייט, אִיז עֶר אַרוֹיפְגֶע־
גַאנְגֶען אוֹיף דֶעם בַּארְג; אוּנד וָוען עֶר הָאט זִיךְ אַנִידֶער
2 גֶעזֶעצְט, זֶענֶען זַיינֶע תַּלְמִידִים צוּ אִיהְם גֶעקוּמֶען; אוּנד
עֶר הָאט זַיין מוֹיל אוֹיפְגֶעמַאכְט אוּנד הָאט זַייא גֶעלֶעהְרְט
אוּנד גֶעזָאגְט:
3 גֶעבֶּענְשְׁט זֶענֶען דִיא וָואס הָאבֶען אַ נִידֶעריג גֶעמִיט;
4 וָוארִין דָאס מַלְכוּת הַשָּׁמַיִם אִיז זַייעֶרְס: גֶעבֶּענְשְׁט זֶע־
נֶען דִיא וָואס טְרוֹיעֶרְן; וָוארִין זַייא וֶועלֶען גֶעטְרֵייסְט
5 וֶוערֶען: גֶעבֶּענְשְׁט זֶענֶען דִיא זַאנְפְטְמִיטִיגֶען; וָוארִין
6 זַייא וֶועלֶען דִיא עֶרְד יַרְשְׁ'נֶען: גֶעבֶּענְשְׁט זֶענֶען דִיא
וָואס הוּנְגֶערְן אוּנד דוּרְשְׁטֶען נָאךְ גֶערֶעכְטִיגְקֵייט; וָוארִין
7 זַייא וֶועלֶען גֶעזֶעטִיגְט וֶוערֶען: גֶעבֶּענְשְׁט זֶענֶען דִיא
בַּארְעמְהֶערְצִיגֶען; וָוארִין זַייא וֶועלֶען בַּארְעמְהֶערְצִיג־
8 קֵייט דֶערְלַאנְגֶען: גֶעבֶּענְשְׁט זֶענֶען דִיא וָואס הָאבֶען
9 אַ רֵיין הַארְץ; וָוארִין זַייא וֶועלֶען גָאט זֶעהֶען: גֶעבֶּענְשְׁט
זֶענֶען דִיא וָואס מַאכֶען שָׁלוֹם וָוארִין זַייא וֶועלֶען גֶערוּפֶען

וָוערֶען דיא זִיהְן פוּן גָאט: גֶעבֶּענְשְׁט זֶענֶען דיא וָואס 10
וָוערֶען פֶערְפָאלְגְט וֶועגֶען גֶערֶעכְטִיגְקֵייט; וָוארִין דָאס
מַלְכוּת הַשָּׁמַיִם אִיז זֵייעֶרְס: גֶעבֶּענְשְׁט זֶענְט אִיהְר וֶוען 11
מֶען וֶועט אֵייךְ מְבַזֶּה זַיין אוּן פֶערְפָאלְגֶען, אוּנְד וֶוען
מֶען וֶועט פַאלְשְׁהֵייט אוּנְד אַלֶערְלֵייא שְׁלֶעכְטֶע זַאכֶען
אוֹיף אֵייךְ רֶעדֶען, מֵיינֶעט וֶועגֶען: פְרֵייעֶט אֵייךְ, אוּנְד 12
זַייט פְרֶעהְלִיךְ: וָוארִין אֵייעֶר שָׂכָר אִיז גְרוֹיס אִים
הִימֶעל: וָוארִין אַזוֹי הָאבֶען זֵייא פֶערְפָאלְגְט דיא נְבִיאִים
וָואס זֶענֶען פָאר אֵייךְ גֶעוֶועזֶען:

אִיהְר זֶענְט דָאס זַאלְץ פוּן דֶער עֶרְד; אָבֶּער וֶוען דָאס 13
זַאלְץ פֶערְלִירְט דֶעם טַעַם, מִיט וָואס זָאל עֶס גֶעזַאלְצֶען
וָוערֶען? עֶס טוֹיגְט גָארְנִיט מֶעהְר נוּר אַרוֹיסְגֶעוָוארְפֶען
אוּנְד צוּטְרֶעטֶען צוּ וָוערֶען פוּן מֶענְשֶׁען: אִיהְר זֶענְט דָאס 14
לִיכְט פוּן דֶער וֶועלְט. אַ שְׁטָאט וָואס לִיגְט אוֹיף אַ בַּארְג
קָאן נִיט פֶערְבָּארְגֶען זַיין: מֶען צִינְדֶעט אוֹיךְ נִיט אָן אַ 15
לִיכְט, אוּנְד זֶעצְט עֶס אוּנְטֶער אַ מֶעסְטֶעל, נֵייעֶרְט אוֹיף אַ
לֵייכְטֶער; אוּנְד עֶס לֵייכְט צוּ אַלֶע דיא וָואס זֶענֶען אִים
הוֹיז: אַזוֹי לָאזְט אֵייעֶר לִיכְט לֵייכְטֶען פָאר מֶענְשֶׁען, אַז 16
זֵייא זָאלֶען זֶעהֶען אֵייעֶרֶע גוּטֶע וֶוערְקֶע, אוּנְד זָאלֶען לוֹי-
בֶּען אֵייעֶר פָאטֶער וָואס אִיז אִים הִימֶעל:

מֵיינְט נִיט אַז אִיךְ בִּין גֶעקוּמֶען דיא תּוֹרָה אָדֶער דיא נְבִיאִים 17
צוּ צֶערְשְׁטֶערֶען; אִיךְ בִּין נִיט גֶעקוּמֶען צוּ צֶערְשְׁטֶערֶען,
נֵייעֶרְט צוּ דֶערְפִילֶען: דֶען בֶּאֱמֶת אִיךְ זָאג אֵייךְ, בִּיז הִימֶעל 18
אוּנְד עֶרְד וֶועט פֶערְגֶעהֶען, וֶועט נִיט אֵיין יוּד, אָדֶער אֵיין
קְלֵיינֶער פּוּנְקְט פֶערְגֶעהֶען פוּן דֶער תּוֹרָה, בִּיז אַלֶעס וֶועט
גֶעשֶׁעהֶען: דְרוּם וֶוער עֶס וֶועט צֶערְשְׁטֶערֶען אֵיינֶע פוּן 19
דיא קְלֵיינְסְטֶע מִצְוֹת אוּנְד וֶועט מֶענְשֶׁען אַזוֹי לֶעהְרֶען, דֶער
וֶועט הֵייסֶען דֶער קְלֵיינְסְטֶער אִים מַלְכוּת הַשָּׁמַיִם; וֶוער
עֶס וֶועט זֵייא אָבֶּער טְהוּן אוּנְד לֶעהְרֶען דֶער וֶועט גְרוֹיס
הֵייסֶען אִים מַלְכוּת הַשָּׁמַיִם: וָוארִין אִיךְ זָאג אֵייךְ, אַז וֶוען 20
אֵייעֶר צִדְקוֹת וֶועט נִיט בֶּעסֶער זַיין וִויא דָאס צִדְקוֹת פוּן
דיא סוֹפְרִים אוּנְד דיא פְּרוּשִׁים, אַזוֹי וֶועט אִיהְר גֶעוִויס נִיט
אַרֵיינְקוּמֶען אִים מַלְכוּת הַשָּׁמַיִם:

אִיהְר הָאט גֶעהֶערְט אַז עֶס אִיז גֶעזָאגְט גֶעוָוארֶען צוּ דיא 21

אין אלטע צייטען, דוא זאלסט ניט הרגנען. אונד ווער
22 עס וועט הרגנען וועט שולדיג זיין צום משפט; אבער איך
זאג אייך, אז יעדער וואס וועט זיך אומזיסט דערצארנען
אויף זיין ברודער וועט שולדיג זיין צום משפט: אונד ווער
עס וועט זיין ברודער רופען ריקא, וועט שולדיג זיין צו
דיא סנהדרין; אונד ווער עס וועט זאגען דוא נאר, דער
23 וועט שולדיג זיין צום פייער פון גיהנם: דרום ווען דוא
הילסט מקריב זיין דיין קרבן אויף דעם מזבח, אונד דוא
וועסט דיך דארט דערמאנען אז דיין ברודער האט עפעס
24 קעגען דיר: אזוי לאז דארט איבער דיין קרבן פאר דעם
מזבח אונד געה אונד איבערבעט דיך צוערשט מיט דיין
ברודער, אונד דערנאך זאלסט דוא קומען אונד מקריב זיין
25 דיין קרבן: מאך באלד שלום מיט דיין קריגער, ווייל דוא
ביסט נאך מיט איהם אויף דעם וועג; כדי דער קריגער
זאל דיך ניט איבערענטפערען צום שופט, אונד דער שופט
וועט דיך איבערענטפערען צום שוטר, אונד דוא וועסט
26 אין דעם געפענגניס אריינגעווארפען ווערען: באמת איך
זאג דיר, דוא וועסט פון דארטען ניט ארויסקומען ביז דוא
וועסט בעצאלען דיא לעצטע פרוטה:
27 איהר האט געהערט אז עס איז געזאגט געווארען צו דיא
28 אין אלטע צייטען, דוא זאלסט ניט מנאף זיין: אבער איך
זאג אייך, אז ווער עס קוקט אויף א ווייב כדי נאך איהר צו
גליסטען, דער האט שוין מיט איהר מנאף געווען אין זיין
29 הארץ: אונד ווען דיין רעכטעס אויג שטרויכעלט דיך,
רייס עס ארוים, אונד ווארף עס אוועק פון דיר; וואריין עס
איז בעסער פאר דיר אז איינס פון דיינע גלידער זאל
פערלוירען ווערען אונד דיין גאנצער לייב זאל ניט אין
30 גיהנם אריין געווארפען ווערען: אונד ווען דיינע רעכטע
האנד שטרויכעלט דיך, האק זיא אפ, אונד ווארף זיא
אוועק פון דיר; וואריין עס איז בעסער פאר דיר אז איינס
פון דיינע גלידער זאל פערלוירען ווערען אונד דיין גאנ־
צער לייב זאל ניט אין גיהנם אריינגעווארפען ווערען:
31 עס איז אויך געזאגט געווארען, אז ווער עס וויל זיך פון
32 זיין ווייב שיידען, זאל ער איהר געבען א גט: אבער איך

זָאג אַייךְ, אַז װָער עֶס װֶעט זִיךְ פוּן זַיין װַייבּ שֵׁיידְעֶן, חוּץ
פוּן װֶעגֶען זְנוּת, אַזוֹי מַאכְט עֶר זִיא פַאר אַ זוֹנָה, אוּנְד װָער
עֶס נֶעמְט אַ גְרוּשָׁה, דֶער אִיז אַ נוֹאֵף:
אִיהְר הָאט װֵייטֶער גֶעהֶערְט אַז עֶס אִיז גֶעזָאגְט גֶעװָארֶען 33
צוּ דִיא אִין אַלְטֶע צֵייטֶען, דוּא זָאלְסְט נִיט פַאלְשׁ שְׁװֶערֶען,
אָבֶּער זָאלְסְט צוּם הַאר דַיינֶע שְׁבוּעוֹת הַאלְטֶען: אָבֶּער 34
אִיךְ זָאג אֵייךְ, אִיהְר זָאלְט גָארנִיט שְׁװֶערֶען; נִיט בֵּיים
הִימֶעל, װָארִין עֶס אִיז דֶער שְׁטוּהְל פוּן גָאט: אוּנְד נִיט 35
בֵּייא דֶער עֶרְד, װָארִין עֶס אִיז זַיינֶע פוּסְבַּאנְק; אוּנְד נִיט
בֵּייא יְרוּשָׁלַיִם, װָארִין עֶס אִיז דִיא שְׁטָאט פוּן דֶעם גְרוֹיסֶען
מֶלֶךְ: אוֹיךְ זָאלְסְט דוּא נִיט שְׁװֶערֶען בֵּייא דַיין קָאפּ, 36
װָארִין דוּא קָאנְסְט נִיט אֵיינֶע אֵיינְצִיגֶע הָאר װֵייס אָדֶער
שְׁװַארְץ מַאכֶען: לָאז אָבֶּער אֵייעֶר װָארְט זַיין יָא, יָא, 37
נֵיין, נֵיין, אוּנְד װָאס אִיז מֶעהְר פוּן דִיזֶען אִיז פוּן דֶעם
שְׁלֶעכְטֶען:
אִיהְר הָאט גֶעהֶערְט אַז עֶס אִיז גֶעזָאגְט גֶעװָארֶען, אֵיין 38
אוֹיג פַאר אֵיין אוֹיג אַ צָאהְן פַאר אַ צָאהְן: אָבֶּער אִיךְ זָאג 39
אֵייךְ, אִיהְר זָאלְט נִיט װִידֶערשְׁטֶעהֶען דֶעם שְׁלֶעכְטֶען;
נַייעֶרְט װֶען אֵיינֶער װֶעט דִיךְ שְׁלָאגֶען אוֹיף דִיא רֶעכְטֶע
בַּאק אַזוֹי שְׁטֶעל אִיהְם אוֹיךְ דִיא אַנְדֶערֶע אוֹיף: אוּנְד װֶען 40
אֵיינֶער װֶעט זִיךְ װֶעלֶען מִיט דִיר קְרִיגֶען בֵּיים גֶערִיכְט דַיין
קְלֵייד אַװֶעק צוּ נֶעמֶען אַזוֹי לָאז אִיהְם אוֹיךְ אִיבֶּער דַיין
מַאנְטֶעל: אוּנְד װֶען אֵיינֶער װֶעט דִיךְ נֵייטִיגֶען דוּא זָאלְסְט 41
מִיט אִיהְם גֶעהֶען אֵיינֶע מֵייל, אַזוֹי גֶעה מִיט אִיהְם צְװֵייא:
גִיבּ צוּ דֶעם װָאס בֶּעט פוּן דִיר, אוּנְד פוּן דֶעם װָאס װִיל 42
פוּן דִיר לֵייהֶען זָאלְסְט דוּא דִיךְ נִיט אַװֶעקְקֶעהְרֶען:
אִיהְר הָאט גֶעהֶערְט אַז עֶס אִיז גֶעזָאגְט גֶעװָארֶען, דוּא 43
זָאלְסְט דַיין חַבֵר לִיבֶּען אוּנְד דַיין פַיינְד הַאסֶען: אָבֶּער 44
אִיךְ זָאג אֵייךְ, לִיבְּט אֵייעֶרע פַיינְד, בֶּענְשְׁט דִיא װָאס שֶׁעלְ־
טֶען אֵייךְ, טְהוּט גוּטֶעס צוּ דִיא װָאס הַאסֶען אֵייךְ, בֶּעט
פַאר דִיא װָאס בֶּעלֵיידִיגֶען אוּנְד פֶערְפָאלְגֶען אֵייךְ: אַז 45
אִיהְר זָאלְט זַיין זִיהְן פוּן אֵייעֶר פָאטֶער אִים הִימֶעל; װָארִין
עֶר לָאזְט זַיינֶע זוּן שֵׁיינֶען אוֹיף דִיא שְׁלֶעכְטֶע אוּנְד אוֹיף
דִיא גוּטֶע, אוּנְד עֶר לָאזְט רֶעגְנֶען אִיבֶּער דִיא גֶערֶעכְטֶע

46 אוּנְד אוּנְגֶערֶעכְטֶע: וָוארִין וֶוען אִיהְר וֶועט נוּר לִיבֶּען דִיא
וָואס לִיבֶּען אֵייךְ, וָואס פַאר אַ שְׂכַר הָאט אִיהְר? טְהוּן נִיט
47 דִיא שְׁטַייעֶר־אֵיינְנֶעמֶער אוֹיךְ אַזוֹי? אוּנְד וָוען אִיהְר גְרִיסְט
נוּר אֵיירֶע בְּרִידֶער, וָואס טְהוּט אִיהְר מֶעהְר וִוִיא זֵייא?
48 טְהוּן נִיט דִיא גוֹיִם אוֹיךְ אַזוֹי: דְרוּם זָאלְט אִיהְר זַיין פָאלְ־
קָאמֶען, אַזוֹי וִוִיא אֵייעֶר הִימְלִישֶׁער פָאטֶער אִיז פָאלְקָאמֶען:

קאפיטעל ו

1 הִיט אֵייךְ אַז אִיהְר זָאלְט נִיט אֵייעֶר צְדָקָה גֶעבֶּען פָאר
מֶענְשֶׁען, כְּדֵי אִיהְר זָאלְט פוּן זֵייא גֶעזֶעהֶען וֶוערֶען, וֶוען
נִיט הָאט אִיהְר קֵיין שְׂכַר פוּן אֵייעֶר פָאטֶער אִים הִימֶעל:
2 דְרוּם וֶוען דוּא גִיבְּסְט צְדָקָה, זָאלְסְט דוּא נִיט פָאר דִיר
מִיט אַ שׁוֹפָר בְּלָאזֶען, אַזוֹי וִוִיא דִיא הֵייכְלֶער טְהוּן אִין דִיא
שׁוּלֶען אוּנְד אִין דִיא גַאסֶען, כְּדֵי זֵייא זָאלֶען פוּן מֶענְשֶׁען
גֶעלוֹיבְּט וֶוערֶען. בֶּאֱמֶת זָאג אִיךְ אֵייךְ, זֵייא הָאבֶּען זֵייעֶר
3 שְׂכַר אַוַדַאי בֶּעקוּמֶען: אָבֶּער וֶוען דוּא גִיבְּסְט צְדָקָה, לָאז
נִיט דֵיינֶע לִינְקֶע הַאנְד וִויסֶען וָואס דֵיינֶע רֶעכְטֶע הַאנְד
4 טְהוּט: אַז דֵיין צְדָקָה זָאל זַיין פַארְבָּארְגֶען! אוּנְד דֵיין
פָאטֶער וָואס זֶעהְט אִים פֶערְבָּארְגֶענֶען וֶועט דִיר בֶּעצָאלֶען:
5 אוּנְד וֶוען אִיהְר בֶּעטֶעט, זַייט נִיט וִוִיא דִיא הֵייכְלֶער;
וָוארִין זֵייא הָאבֶּען לִיבּ צוּ בֶּעטֶען וֶוען זֵייא שְׁטֶעהֶען אִין
דִיא שׁוּלֶען אוּנְד אוֹיף דִיא עֶקֶען פוּן דִיא גַאסֶען, כְּדֵי זֵייא
זָאלֶען פוּן מֶענְשֶׁען גֶעזֶעהֶען וֶוערֶען. בֶּאֱמֶת זָאג אִיךְ אֵייךְ,
6 זֵייא הָאבֶּען זֵייעֶר שְׂכַר אַוַדַאי בֶּעקוּמֶען: אָבֶּער וֶוען דוּא
בֶּעטֶעסְט, גֶעה אִין דֵיינֶע שְׁטוּבּ אַרֵיין, אוּנְד שְׁלִים צוּ דִיא
טְהִיר, אוּנְד בֶּעט צוּ דֵיין פָאטֶער וָואס אִיז אִים פֶערְבָּאר־
גֶענֶען, אוּנְד דֵיין פָאטֶער וָואס זֶעהְט אִים פֶערְבָּארְגֶענֶען
7 וֶועט דִיר בֶּעצָאלֶען: אוּנְד וֶוען אִיהְר בֶּעטֶעט פְּלוֹידֶערְט
נִיט, אַזוֹי וִוִיא דִיא גוֹיִם טְהוּן; וָוארִין זֵייא מֵיינֶען זֵייא וֶוע־
8 לֶען דֶערְהֶערְט וֶוערֶען דוּרְךְ פִיל רֶעדֶען: דְרוּם זַייט נִיט
גְלֵייךְ אַזוֹי וִוִיא זֵייא; וָוארִין אֵייעֶר פָאטֶער וֵוייסְט וָואס
אִיהְר בֶּעדַארְפְט, נָאךְ אֵיידֶער אִיהְר אִיהְם דְרוּם בֶּעטֶעט:
9 דְרוּם זָאלְט אִיהְר אַזוֹי בֶּעטֶען,
10 „אוּנְזֶער פָאטֶער דֶער דוּא בִּיזְט אִים הִימֶעל, גֶעהֵיילִיגְט
זָאל וֶוערֶען דֵיין נָאמֶען: דֵיין קֶענִיגְרֵייךְ זָאל קוּמֶען,

דַיין ווִילֶען זָאל גֶעטְהוּן וָוערֶען אוֹיף דֶער עֶרְד אַזוֹי ווִיא
11 אִים הִימֶעל: גִיבּ אוּנְס הַיינְט אוּנְזֶער טֶעגְלִיךְ בְּרוֹיט:
12 אוּנְד פֶערְגִיבּ אוּנְס אוּנְזֶערֶע שׁוּלְדֶען, אַזוֹי ווִיא מִיר
13 פֶערְגֶעבֶּען אוּנְזֶערֶע שׁוּלְדִיגֶער: אוּנְד פִיהְר אוּנְס נִיט
אִין פְּרִיפוּנְג, נַייעֶרְט בֶּעהִיט אוּנְס פוּן דֶעם שְׁלֶעכְטֶען.
וָוארִין דַיין אִיז דָאס קֶענִיגְרַייךְ אוּנְד דִיא מַאכְט, אוּנְד
דִיא הֶערְלִיכְקַייט, אוֹיף עֶבִּיג, אָמֵן״:
14 וָוארִין וֶוען אִיהְר וֶועט מֶענְשֶׁען זַיירֶע פֶּעהְלֶער פֶערְגֶעבֶּען,
אַזוֹי וֶועט אֵייךְ אֵייעֶר הִימְלִישֶׁער פָאטֶער אוֹיךְ פֶערְגֶעבֶּען:
15 אָבֶּער וֶוען אִיהְר וֶועט מֶענְשֶׁען זַיירֶע פֶּעהְלֶער נִיט פֶערְגֶעבֶּען,
אַזוֹי וֶועט אֵייעֶר פָאטֶער אֵיירֶע פֶּעהְלֶער אוֹיךְ נִיט פֶערְגֶעבֶּען:
16 אוּנְד וֶוען אִיהְר פַאסְט, זַייט נִיט ווִיא דִיא הֵייכְלֶער בֶּעטְרִיבְּט.
וָוארִין זַייא מַאכֶען אַ טְרוֹירִיג פָּנִים, אַז דִיא לֵייט זָאלֶען זֶע־
הֶען זַייא פַאסְטֶען. בֶּאֱמֶת זָאג אִיךְ אֵייךְ, זַייא הָאבֶּען זַייעֶר
17 שְׂכַר שׁוֹין בֶּעקוּמֶען: אָבֶּער דוּא וֶוען דוּא פַאסְט, אַזוֹי זַאלְבּ
18 דַיין קָאפּ אוּנְד וַואשׁ דַיין פָּנִים: אַז דוּא זָאלְסְט נִיט שַׁיי־
נֶען פָאר מֶענְשֶׁען אַז דוּא פַאסְט, נַייעֶרְט פָאר דַיין פָאטֶער
וָואס אִיז אִים פֶערְבָּארְגֶענֶען; אוּנְד דַיין פָאטֶער וָואס זֶעהְט
אִים פֶערְבָּארְגֶענֶען וֶועט דִיר בֶּעצָאלֶען:
19 זַאמֶעלְט אֵייךְ נִיט קֵיינֶע אוֹצְרוֹת אוֹיף דֶער עֶרְד, ווְאוּ דִיא
מִילְבּ אוּנְד רָאסְט פֶערְדַארְבְּט, אוּנְד ווְאוּ גַנָבִים בְּרֶעכֶען
20 אַיין אוּנְד גַנְבֶענֶען: אָבֶּער זַאמֶעלְט אֵייךְ אוֹצָרוֹת אִים
הִימֶעל, ווְאוּ דִיא מִילְבּ אוּנְד רָאסְט פֶערְדַארְבְּט נִיט, אוּנְד
21 ווְאוּ גַנָבִים בְּרֶעכֶען נִיט אַיין אוּנְד גַנְבֶענֶען נִיט: וָוארִין ווְאוּ
22 אֵייעֶר אוֹצָר אִיז, דָארְט וֶועט אֵייעֶר הַארְץ זַיין: דָאס אוֹיג
אִיז דָאס לִיכְט פוּן דֶעם לֵייבּ, דְרוּם וֶוען דַיין אוֹיג אִיז אֵיינְ־
23 פַאךְ, אַזוֹי וֶועט דַיין גַאנְצֶער לֵייבּ לִיכְטִיג זַיין: אָבֶּער וֶוען
דַיין אוֹיג אִיז בֵּייז, אַזוֹי וֶועט דַיין גַאנְצֶער לֵייבּ זַיין פִינְס־
טֶער. דְרוּם וֶוען דָאס לִיכְט וָואס אִיז אִין דִיר אִיז פִינְסְ־
24 טֶערְנִיס, ווִיא גְרוֹים אִיז דִיא פִינְסְטֶערְנִיס! קֵיינֶער קֶען צְוַוייא
הַארֶען דִינֶען; וָוארִין עֶנְטְוֶועדֶער עֶר וֶועט אֵיינֶעם הַאסֶען
אוּנְד דֶעם אַנְדֶערְן לִיבּ הָאבֶּען, אָדֶער עֶר וֶועט זִיךְ הַאלְטֶען
בַּייא אֵיינֶעם אוּנְד וֶועט דֶעם אַנְדֶערֶען פֶערְאַכְטֶען, אִיהְר
25 קֶענְט נִיט דִינֶען גָאט אוּנְד מָמוֹן: דְרוּם זָאג אִיךְ אֵייךְ,

זָארְגְט נִיט פַאר אֵייעֶר לֶעבֶּען, וָואס אִיהְר זָאלְט עֶסֶען אוּנְד
וָואס אִיהְר זָאלְט טְרִינְקֶען; אוֹיךְ נִיט פַאר אֵייעֶר לֵייבּ
וָואס אִיהְר זָאלְט אָנְטְהוּן; אִיז נִיט דָאס לֶעבֶּען מֶעהְר וִויא
26 דָאס עֶסֶען, אוּנְד דֶער לֵייבּ וִויא דָאס מַלְבּוּשׁ? קוּקְט אָן
דִיא פֵייגֶעל פוּן דֶעם הִימֶעל, וָוארִין זֵייא זֵייעֶן נִיט אוּנְד
שְׁנֵיידֶען נִיט אוּנְד זַאמֶלֶען נִיט אִין שְׁפֵּייכְלֶער; אוּנְד אֵייעֶר
הִימְלִישֶׁער פָאטֶער שְׁפֵּייזְט זֵייא. זַייט אִיהְר נִיט פִיל בֶּע־
27 סֶער וִויא זֵייא? אוּנְד וֶוער אִיז דָא צְווִישֶׁען אֵייךְ וָואס קֶען
28 דוּרְךְ זַיין זָארְגֶען אֵיינֶע אֵייל צוּ זֵייעֶר לֶענְג צוּזֶעצֶען? אוּנְד
וָוארוּם זָארְגְט אִיהְר פַאר קְלֵיידוּנְג? קוּקְט אָן דִיא רוֹיזֶען
אוֹיף דֶעם פֶעלְד וִויא זֵייא וַואקְסֶען; זֵייא אַרְבֵּייטֶען נִיט
29 אוּנְד שְׁפִּינֶען נִיט: אוּנְד אִיךְ זָאג אֵייךְ אַז אַפִילוּ שְׁלֹמֹה
אִין זַיינֶע גַאנְצֶע הֶערְלִיכְקֵייט אִיז נִיט גֶעקְלֵיידֶעט גֶעוֶועזֶען
30 אַזוֹי וִויא אֵיינְס פוּן דִיזֶע: אוּנְד וֶוען גָאט בֶּעדֶעקְט אַזוֹי
דָאס גְרָאז פוּן דֶעם פֶעלְד, וָואס הֵיינְט אִיז דָא אוּנְד מָארְ־
גֶען וֶוערְד עֶס אִים פֵייעֶר אַרֵיינְגֶעוָוארְפֶען, וֶועט עֶר נִיט
31 פִיל מֶעהְר אֵייךְ קְלֵיידֶען, אִיהְר קְלֵיינְגְלוֹיבִּיגֶע? דְרוּם זָאלְט
אִיהְר נִיט זָארְגֶען אוּנְד זָאגֶען, וָואס וֶועלֶען מִיר עֶסֶען?
אָדֶער וָואס וֶועלֶען מִיר טְרִינְקֶען? אָדֶער מִיט וָואס
32 וֶועלֶען מִיר זִיךְ קְלֵיידֶען? וָוארִין דִיא גוֹיִם זוּכֶען דָאס אַלֶעס.
וָוארִין אֵייעֶר הִימְלִישֶׁער פָאטֶער ווֵייסְט אַז אִיהְר בֶּעדַארְפְט
33 דָאס אַלֶעס: אָבֶּער זוּכְט צוּעֶרְשְׁט זַיין קֶענִיגְרֵייךְ אוּנְד
זַיינֶע גֶערֶעכְטִיגְקֵייט, אוּנְד דָאס אַלֶעס וֶועט אֵייךְ צוּגֶע־
34 גֶעבֶּען וֶוערֶען: דְרוּם זָאלְט אִיהְר נִיט זָארְגֶען פַאר דֶעם
מָארְגֶענְדִיגֶען טָאג; וָוארִין דֶער מָארְגֶענְדִיגֶער טָאג וֶועט
פַאר דָאס זַיינִיגֶע זָארְגֶען. עֶס אִיז גֶענוּג פַאר דֶעם טָאג
זַיין אִיבֶּעל:

קאפיטעל ז

1 רִיכְטֶעט נִיט כְּדֵי אִיהְר זָאלְט נִיט גֶערִיכְטֶעט וֶוערֶען:
2 וָוארִין מִיט דֶעם גֶערִיכְט וָואס אִיהְר רִיכְטֶעט, וֶועט אִיהְר
גֶערִיכְטֶעט וֶוערֶען; אוּנְד מִיט דֶעם מָאס וָואס אִיהְר מֶעסְט,
3 וֶועט אֵייךְ גֶעמָאסְטֶען וֶוערֶען: אוּנְד פַארְוָואס זֶעהְסְט דוּא
דֶעם שְׁפָּאן וָואס אִיז אִין דֵיין בְּרוּדֶערְס אוֹיג, אוּנְד
בֶּעטְרַאכְסְט נִיט דֶעם בַּאלְקֶען וָואס אִיז אִין דֵיין אוֹיג?

4 אָדֶער וִויא דַארְפְסְט דוּא זָאגֶען צוּ דַיין בְּרוּדֶער לָאז מִיךְ
אַרוֹיסְנֶעמֶען דֶעם שְׁפָּאן פוּן דַיין אוֹיג, וַוייל דָא אִיז אַ בַּאלְ־
5 קֶען אִין דַיין אֵייגֶען אוֹיג? דוּא הֵייכְלֶער, נֶעם צוּעֶרְשְׁט
אַרוֹים דֶעם בַּאלְקֶען פוּן דַיין אוֹיג; אוּנְד דַאן וֶועסְט דוּא
קְלָאר זֶעהֶען דֶעם שְׁפָּאן אַרוֹים צוּ נֶעמֶען פוּן דַיין בְּרוּ־
דֶערְס אוֹיג:
6 גִיבְּט נִיט דָאס הֵיילִיגֶע צוּ הִינְד, אוּנְד וַוארְפְט נִיט דִיא פֶּערְ־
לֶען פָאר דִיא חֲזִרים, וָוארִין זַייא וֶועלֶען זַייא מִיט זַייעֶרֶע
פִיס צוּטְרֶעטֶען, אוּנְד וֶועלֶען זִיךְ אוּמְקֶערֶען אוּנְד אֵייךְ
צוּרֵייסֶען:
7 בֶּעט אוּנְד עֶס וֶועט אֵייךְ גֶעגֶעבֶּען וֶוערֶען; .זוּכְט אוּנְד
אִיהְר וֶועט גֶעפִינֶען; קְלַאפְּט אָן אוּנְד עֶס וֶועט אֵייךְ אוֹיפְ־
8 גֶעמַאכְט וֶוערֶען: וָוארִין אִיטְלִיכֶער וָואס בֶּעטֶעט בֶּעקוּמְט;
אוּנְד דֶער וָואס זוּכְט גֶעפִינְט; אוּנְד צוּ דֶעם וָואס קְלַאפְּט
9 אָן וֶועט אוֹיפְגֶעמַאכְט וֶוערֶען: אָדֶער וֶועלְכֶער מֶענְשׁ אִיז
דָא צְוִוישֶׁען אֵייךְ דֶעם זַיין זוּהְן וֶועט בֶּעטֶען בְּרוֹיט, וֶועט
10 עֶר אִיהְם גֶעבֶּען אַ שְׁטֵיין? אָדֶער וֶוען עֶר וֶועט אִיהְם בֶּע־
11 טֶען אַ פִישׁ וֶועט עֶר אִיהְם גֶעבֶּען אַ שְׁלַאנְג? וֶוען אִיהְר
דֶען וָואס זֶענְט שְׁלֶעכְט, וַוייסְט וִויא גוּטֶע מַתָּנוֹת צוּ
גֶעבֶּען צוּ אֵייעֶרֶע קִינְדֶער, וִויא פִיל מֶעהְר וֶועט אֵייעֶר
פָאטֶער דֶער אִיז אִים הִימֶעל גוּטֶעס גֶעבֶּען צוּ דִיא וָואס
12 בֶּעטֶען פוּן אִיהְם? דְרוּם אַלֶעס וָואס אִיהְר וִוילְט אַז דִיא
מֶענְשֶׁען זָאלֶען צוּ אֵייךְ טְהוּן, טְהוּט אִיהְר אַזוֹי צוּ זַייא;
וָוארִין דָאס אִיז דִיא תּוֹרָה אוּנְד דִיא נְבִיאִים:
13 גֶעהּ אַרֵיין דוּרְךְ דֶעם עֶנְגֶען טוֹיעֶר. וָוארִין דָאס טוֹיעֶר אִיז
בְּרֵייט אוּנְד דֶער וֶועג אִיז גְרוֹיס וָואס פִיהְרְט צוּם פֶּערְ־
14 דַארְבֶּען, אוּנְד פִילֶע זֶענֶען דִיא וָואס גֶעהֶען דַאדוּרְךְ: וַוייל
דָאס טוֹיעֶר אִיז עֶנְג אוּנְד דֶער וֶועג אִיז שְׁמָאל וָואס פִיהְרְט
צוּם לֶעבֶּען, אוּנְד וֶוענִיג זֶענֶען דִיא וָואס גֶעפִינֶען עֶס:
15 הִיט אֵייךְ פַאר דִיא פַאלְשֶׁע נְבִיאִים, וָואס קוּמֶען צוּ אֵייךְ
אִין קְלֵיידֶער פוּן שָׁאף, אוּנְד אִינֶעוֶועניג זֶענֶען זַייא רֵייּ־
16 סֶענְדֶע וֶועלְף: בַּייא זַייעֶרֶע פְרוּכְט זָאלְט אִיהְר זַייא
דֶערְקֶענֶען. קְלוֹיבְּט מֶען דֶען וַויינְטְרוֹיבֶּען פוּן דֶערְנֶער,
17 אָדֶער פֵייגֶען פוּן דִיסְטְלֶען? אַזוֹי יֶעדֶער גוּטֶער בּוֹים טְרָאגְט

גוּטֶע פְרוּכְט, אָבֶּער אַ פוֹילֶער בּוֹים טְרָאגְט שְׁלֶעכְטֶע פְרוּכְט:
18 אַ גוּטֶער בּוֹים קֶען נִיט טְרָאגֶען קֵיינֶע שְׁלֶעכְטֶע פְרוּכְט,
אוּנְד אַ פוֹילֶער בּוֹים קֶען נִיט טְרָאגֶען קֵיינֶע גוּטֶע פְרוּכְט:
19 אִיטְלִיכֶער בּוֹים וָואס טְרָאגְט נִיט קֵיינֶע גוּטֶע פְרוּכְט וֶוערְד
20 אָבְּגֶעהַאקְט אוּנְד אִים פֵייעֶר אַרֵיינְגֶעוָוארְפֶען: דְרוּם זָאלְט
21 אִיהְר זֵייא דֶערְקֶענֶען בֵּייא זֵייעֶרֶע פְרוּכְט: נִיט יֶעדֶער
וָואס זָאגְט צוּ מִיר, הַאר, הַאר, וֶועט אַרֵיינְקוּמֶען אִים מַלְכוּת
הַשָּׁמַיִם; נֵייעֶרְט דֶער וָואס טְהוּט דֶעם ווִילֶען פוּן מֵיין
22 פָאטֶער דֶער אִיז אִים הִימֶעל: עֶס וֶועלֶען פִילֶע צוּ מִיר
זָאגֶען אִין יֶענֶעם טָאג, הַאר, הַאר, הָאבֶּען מִיר נִיט אִין דֵיין
נָאמֶען נְבוּאוֹת גֶעזָאגְט? אוּנְד אִין דֵיין נָאמֶען שֵׁדִים אַרוֹיסְ־
גֶעטְרִיבֶּען? אוּנְד אִין דֵיין נָאמֶען פִילֶע ווְאוּנְדֶער גֶעטְהוּן?
23 אוּנְד דַאן וֶועל אִיךְ צוּ זֵייא בֶּעקֶענֶען, אִיךְ הָאבּ אֵייךְ קֵיינְ־
מָאל נִיט גֶעקֶענְט; גֶעהְט אַוֶועק פוּן מִיר, אִיהְר וָואס טְהוּט
אִיבֶּעל:
24 דְרוּם אִיטְלִיכֶער וָואס הֶערְט דִיזֶע מֵיינֶע וֶוערְטֶער,
אוּנְד טְהוּט זֵייא, דֶער וֶועט גֶעגְלִיכֶען זֵיין צוּ אַ קְלוּגֶען
מַאן, וָואס הָאט גֶעבּוֹיעֶט זֵיין הוֹיז אוֹיף דֶעם פֶעלְזֶען:
25 אוּנְד דֶער גָאסְרֶעגֶען אִיז גֶעפַאלֶען, אוּן דִיא שְׁטְרוֹימֶע
זֶענֶען גֶעקוּמֶען, אוּנְד דִיא ווִינְדֶען הָאבֶּען גֶעבְּלָאזֶען, אוּנְד
הָאבֶּען גֶעשְׁטוֹיסֶען אוֹיף דֶעם הוֹיז, אוּנְד עֶס אִיז נִיט אֵיינְ־
גֶעפַאלֶען; ווָארִין עֶס אִיז אוֹיף דֶעם פֶעלְזֶען גֶעגְרִינְדֶעט
26 גֶעוֶועזֶען: אוּנְד אִיטְלִיכֶער וָואס הֶערְט דִיזֶע מֵיינֶע וֶוערְ־
טֶער, אוּנְד טְהוּט זֵייא נִיט, דֶער וֶועט גֶעגְלִיכֶען' זֵיין צוּ אַ
נַארִישֶׁען מַאן, וָואס הָאט גֶעבּוֹיעֶט זֵיין הוֹיז אוֹיף דֶעם
27 זַאמְד: אוּנְד דֶער גָאסְרֶעגֶען אִיז גֶעפַאלֶען, אוּנְד דִיא
שְׁטְרוֹימֶע זֶענֶען גֶעקוּמֶען, אוּנְד דִיא ווִינְדֶען הָאבֶּען גֶע־
בְּלָאזֶען, אוּנְד זֵייא הָאבֶּען אָנְגֶעשְׁלָאגֶען אָן דִיזֶען הוֹיז
אוּנְד עֶס אִיז אֵיינְגֶעפַאלֶען; אוּנְד דֶער פַאל דֶערְפוּן אִיז
גְרוֹיס גֶעוֶועזֶען:
28 אוּנְד וֶוען יֵשׁוּעַ הָאט דִיזֶע ווֶערְטֶער גֶעעֶנְדִיגְט, זֶענֶען דִיא
29 לֵייט עֶרְשְׁטוֹינְט גֶעוָוארֶען אִיבֶּער זֵיינֶע לֶעהְרֶע: ווָארִין עֶר
הָאט זֵייא גֶעלֶעהְרְט ווִיא אֵיינֶער וָואס הָאט מַאכְט, אוּנְד נִיט
אַזוֹי ווִיא דִיא סוֹפְרִים:

קאפיטעל ח׳

1 אונד ווען ער איז פון דעם בארג ארונטערגעקומען, אזוי
2 זענען איהם פיל לייט נאכגעגאנגען: אונד זעה, א קרע־
ציגער איז צו איהם געקומען אונד האט זיך צו איהם גע־
ביקט, אונד געזאגט, האר, ווען דוא ווילסט קענסט דוא
3 מיך ריינינגען: אונד ער האט זיינע האנד אויסגעשטרעקט,
אונד האט איהם אנגעריהרט, אונד געזאגט, איך וויל; זייא
גערייניגט. אונד גלייך איז ער פון זיינע קרעץ גערייניגט
4 געווארען: אונד ישוע האט צו איהם געזאגט, זעה, דוא
זאלסט עס קיינעם ניט זאגען; נייערט געה אונד ווייז דיך
פאר דעם כהן, אונד זייא מקריב דאס קרבן וואס משה
האט בעפוילען, פאר א צייגניס צו זייא: (ויקרא יד׳ ב).
5 אונד ווען ער איז אריינגעקומען קיין כפר נחום, אזוי איז
א הויפטמאן צו איהם געקומען אונד האט איהם געבעטען:
6 אונד געזאגט, האר, מיין דינער ליגט אין דעם הויז
גיכטבריכיג, אונד איז זעהר געפייניגט: אונד ער
7 האט צו איהם געזאגט, איך וועל קומען אונד איהם
8 היילען: אונד דער הויפטמאן האט געענטפערט אונד
געזאגט, האר, איך בין ניט ווערט אז דוא זאלסט
אונטער מיין דאך קומען; אבער זאג נור א ווארט אזוי
9 וועט מיין דינער געהיילט ווערען: ווארין איך בין אויך א
מאן אונטער הערשאפט, אונד האב חיל אונטער מיר;
אונד איך זאג צו איינעם געה אהין, אזוי געהט ער; אונד
צו איין אנדערען, קום אהער, אזוי קומט ער; אונד צו
10 מיין קנעכט טהוא דאס, אזוי טהוט ער עס: אונד ווען
ישוע האט דאס געהערט, האט ער זיך געוואונדערט אונד
געזאגט צו דיא וואס זענען איהם נאכגעגאנגען באמת זאג
איך אייך אזעלכען גלויבען האב איך ניט געפונען אפילו
11 אין ישראל: אונד איך זאג אייך, אז פילע וועלען קומען
פון מזרח אונד פון מערב, אונד וועלען זיצען מיט אברהם
12 אונד יצחק אונד יעקב אים מלכות השמים: אונד דיא קינ־
דער פון דעם קעניגרייך וועלען ארויסגעווארפען ווערען
אין דיא אויסערע פינסטערניס; דארט וועט זיין געוויין
13 אונד ציינקריצען: אונד ישוע האט געזאגט צום הויפטמאן,

געה דיין וועג, אזוי ווי דוא האסט געגלויבט זאל דיר
געשעהען. אונד דער דינער איז געזונד געווארען אין
יענע שעה:
14 אונד ווען ישוע איז געקומען אים הויז פון פעטרוס, האט
ער געזעהען אז זיינע שוויגער ליגט קראנק פון פיבער.
15 אזוי האט ער איהרע האנד אנגעריהרט, אונד דאס פיבער
האט זיא פערלאזט, אונד זיא איז אויפגעשטאנען אונד
16 האט זייא בעדינט. אונד ווען עס איז אבענד געוועזען, האט
מען צו איהם געבראכט פילע וואס האבען געהאט שדים;
אונד ער האט דיא רוחות ארויסגעטריבען מיט א ווארט,
17 אונד געהיילט אלערלייא קראנקע: אז עס זאל מקוים ווער־
רען וואס עס איז געזאגט דורך ישעיה הנביא דער זאגט,
ער האט אונזערע קרענק אויף זיך גענומען, אונד האט
אונזערע וועהטיג געטראגען: (ישעיה נג׳ ד׳ ה).
18 אונד ווען ישוע האט דיא לייט ארום זיך געזעהען, האט
ער געהייסען אוועק געהען אויף יענער זייט פון דעם ים:
19 אונד א סופר איז צו איהם געקומען, אונד האט צו איהם
געזאגט, רבי, איך וועל דיר נאכפאלגען וואהין דוא וועסט
20 געהען: אונד ישוע האט צו איהם געזאגט, דיא פוקסען
האבען גריבער, אונד דיא פייגעל פון דעם הימעל האבען
נעסט; אבער דער בן־אדם האט ניט וואו דעם קאפ אנידער
21 צו לעגען: אונד איין אנדערער פון זיינע תלמידים האט
צו איהם געזאגט, האר, דערלויב מיר צוערשט צו געהען
22 אונד מיין פאטער בעגראבען: אונד ישוע האט צו איהם
געזאגט, פאלג מיר נאך, אונד לאזען דיא טויטע זייערע
איינענע טויטע בעגראבען:
23 אונד ווען ער איז אים שיף אריינגעגאנגען, האבען איהם
24 זיינע תלמידים נאכגעפאלגט: אונד זעה א גרויסער שטורם
איז געוועזען אויף דעם ים, ביז דאס שיף איז בעדעקט גע־
25 וועזען מיט דיא וועלען; אונד ער האט געשלאפען: אונד
זייא זענען צו איהם געקומען אונד האבען איהם אויפגע־
וועקט, אונד געזאגט, האר העלף אונס; מיר ווערען פער־
26 לוירען: אונד ער האט צו זייא געזאגט, וואָרום פארכט
איהר אייך, איהר קליינגלויביגע? דאן איז ער אויפגעשטאנען

אוּנְד הָאט דֶעם ווִינְד אוּנְד דָאס יַם אָנְגֶעשְׁרִיעֶן אוּנְד עֶס
27 עֶס אִיז גַאנְץ שְׁטִיל גֶעוָוארֶען: אוּנְד דִיא מֶענְשֶׁען הָאבֶּען
זִיךְ פֶערְוָואוּנְדֶערְט אוּנְד גֶעזָאגְט, וָואס פַאר אַ מַאן אִיז עֶר,
אַז דֶער ווִינְד אוּנְד דָאס יַם גֶעהָארְכֶען אִיהְם?
28 אוּנְד ווֶען עֶר אִיז גֶעקוּמֶען אוֹיף דֶער אַנְדֶערֶע זַייט צוּם
לַאנְד פוּן דִיא גַדְרִים אַזוֹי הָאבֶּען אִיהְם בֶּעגֶעגֶענְט צְווַייא
בֶּעזֶעסֶענֶע פוּן שֵׁדִים, וָואס זֶענֶען גֶעקוּמֶען פוּן צְווִישֶׁען
דִיא קְבָרִים, אוּנְד זַייא זֶענֶען גֶעוֶועזֶען זֶעהְר פִירְכְטֶערְלִיךְ,
אַז קֵיינֶער הָאט נִיט גֶעקָאנְט דִיזֶעם וֶועג פַארְבַּייא גֶעה־
29 הֶען: אוּנְד זֶעה, זַייא הָאבֶּען גֶעשְׁרִיעֶן אוּנְד גֶעזָאגְט, וָואס
הָאבֶּען מִיר מִיט דִיר צוּ טְהוּן דוּא זוּהְן פוּן גָאט? בִּיסְט
דוּא אַהֶער גֶעקוּמֶען אוּנְס צוּ פְּלָאגֶען פָאר דֶער צַייט?
30 אוּנְד עֶס אִיז ווַייט פוּן זַייא גֶעוֶועזֶען אַ סְטַאדֶע פוּן פִילֶע
31 חֲזִירִים פַאסֶען: אוּנְד דִיא שֵׁדִים הָאבֶּען אִיהְם גֶעבֶּעטֶען,
אוּנְד גֶעזָאגְט, ווֶען דוּא ווִילְסְט אוּנְס אַרוֹיסְטְרַייבֶּען, אַזוֹי
32 שִׁיק אוּנְס אַוֶועק אִין דִיא סְטַאדֶע פוּן חֲזִירִים: אוּנְד עֶר
הָאט צוּ זַייא גֶעזָאגְט, גֶעהְט אַהִין. אַזוֹי זֶענֶען זַייא אַוֶועק
גֶעגַאנְגֶען אוּנְד זֶענֶען גֶעקוּמֶען אִין דִיא חֲזִירִים; אוּנְד זֶעה,
דִיא גַאנְצֶע סְטַאדֶע הָאט זִיךְ אַרוּפְּגֶעוָוארְפֶען פוּן אַ הוֹי־
כֶען אָרְט אִים יַם אַרַיין, אוּנְד זֶענֶען אוּמְגֶעקוּמֶען אִים
33 וַואסֶער: אוּנְד דִיא פַּאסְטוּכֶער זֶענֶען אַוֶועקְגֶעלָאפֶען, אוּנְד
זֶענֶען אִין דִיא שְׁטָאט אַרַיינְגֶעקוּמֶען, אוּנְד הָאבֶּען אַלֶעס
דֶערְצֶעהְלְט, אוּנְד אוֹיךְ ווִיא עֶס אִיז דֶערְגַאנְגֶען מִיט דִיא
34 בֶּעזֶעסֶענֶע פוּן שֵׁדִים: אוּנְד זֶעה, דִיא גַאנְצֶע שְׁטָאט אִיז
אַרוֹיסְגֶעגַאנְגֶען יֵשׁוּעַ עַנְטְגֶעגֶען צוּ גֶעהֶען; אוּנְד ווֶען זַייא
הָאבֶּען אִיהְם גֶעזֶעהֶען, הָאבֶּען זַייא אִיהְם גֶעבֶּעטֶען אַז עֶר
זָאל אַוֶועקְגֶעהֶען פוּן זַיירֶע גְרֶענְצֶען:

קאפיטעל ט

1 אוּנְד עֶר אִיז אַרִיבֶּערְגֶעפָאהְרֶען, אוּנְד אִיז אַרַיינְגֶעקוּמֶען
2 אִין זַיינֶע שְׁטָאט: אוּנְד זֶעה, מֶען הָאט צוּ אִיהְם גֶע־
בְּרַאכְט אֵיינֶעם וָואס אִיז גֶעוֶועזֶען אַ גִיכְטְבְּרִיכִיגֶער, אוּנְד
עֶר אִיז גֶעלֶעגֶען אוֹיף אַ בֶּעט; אוּנְד ווִיא יֵשׁוּעַ הָאט גֶע־
זֶעהֶען זַייעֶר גְלוֹיבֶּען, הָאט עֶר גֶעזָאגְט צוּם גִיכְטְבְּרִיכִיגֶען,
3 זַייא גֶעטְרַייסְט, קִינְד, דַיינֶע זִינְד זֶענֶען פֶערְגֶעבֶּען: אוּנְד

זֶעה, עֶטְלִיכֶע פוּן דִיא סוֹפְרִים הָאבֶּען צוּ זִיךְ גֶעזָאגְט, דִיזֶער
4 לֶעסְטֶערְט גָאט: אוּנְד יֵשׁוּעַ וִויסֶענְדִיג זֵיירֶע גֶעדַאנְקֶען
הָאט גֶעזָאגְט, פַארְוָואס הָאט אִיהְר שְׁלֶעכְטֶע גֶעדַאנְקֶען אִין
5 אֵיירֶע הֶערְצֶער? וָוארִין וָועלְכֶעס אִיז גְרִינְגֶער צוּ זָאגֶען,
דֵיינֶע זִינְד זֶענֶען פֶערְגֶעבֶּען; אָדֶער צוּ זָאגֶען שְׁטֶעה אוֹיף,
6 אוּנְד גֶעה אַרוּם? אָבֶּער אַז אִיהְר זָאלְט וִויסֶען אַז דֶער בֶּן־
אָדָם הָאט מַאכְט אוֹיף דֶער עֶרְד זִינְד צוּ פֶערְגֶעבֶּען, (דַאן
זָאגְט עֶר צוּם גִיכְטבְּרִיכִיגֶען) שְׁטֶעה אוֹיף, נֶעם דֵיין בֶּעט,
7 אוּנְד גֶעה אַהֵיים: אוּנְד עֶר אִיז אוֹיפְגֶעשְׁטַאנֶען, אוּנְד אִיז
8 אַהֵיים גֶעגַאנְגֶען: אוּנְד וָוען דִיא לֵייט הָאבֶּען דָאס גֶעזֶע־
הֶען, הָאבֶּען זֵייא זִיךְ פֶערְוָואוּנְדֶערְט, אוּנְד הָאבֶּען גָאט
גֶעלוֹיבְּט, וָואס הָאט גֶעגֶעבֶּען אַזֶעלְכֶע מַאכְט צוּ מֶענְשֶׁען:
9 אוּנְד וָוען יֵשׁוּעַ אִיז פוּן דָארְטֶען אַוֶועקְגֶעגַאנְגֶען, הָאט עֶר
גֶעזֶעהֶען אַ מַאן דֶער אִיז גֶעזֶעסֶען אִים הוֹיז פוּן שְׁטֵייעֶר,
דֶער הֵייסְט מַתְיָה, אוּנְד עֶר הָאט צוּ אִיהְם גֶעזָאגְט, פָאלְג
מִיר נָאךְ, אַזוֹי אִיז עֶר אוֹיפְגֶעשְׁטַאנֶען, אוּנְד הָאט אִיהְם
נָאכְגֶעפָאלְגְט:
10 אוּנְד עֶס אִיז גֶעוֶועזֶען וָוען עֶר אִיז גֶעזֶעסֶען אִים הוֹיז בֵּיים
עֶסֶען, זֶעה, זֶענֶען פִילֶע שְׁטֵייעֶר־אֵיינְנֶעמֶער אוּנְד זִינְדֶער
גֶעקוּמֶען, אוּנְד הָאבֶּען זִיךְ אַנִידֶער גֶעזֶעצְט מִיט יֵשׁוּעַ אוּנְד
11 זֵיינֶע תַּלְמִידִים: אוּנְד וָוען דִיא פְּרוּשִׁים הָאבֶּען דָאס גֶע־
זֶעהֶען, הָאבֶּען זֵייא גֶעזָאגְט צוּ זֵיינֶע תַּלְמִידִים, פַארְוָואס
עֶסְט אֵייעֶר רַבִּי מִיט דִיא שְׁטֵייעֶר־אֵיינְנֶעמֶער אוּנְד דִיא
12 זִינְדֶער? אוּנְד וָוען עֶר הָאט דָאס גֶעהֶערְט, הָאט עֶר צוּ
זֵייא גֶעזָאגְט, דִיא וָואס זֶענֶען גֶעזוּנְד בֶּעדַארְפֶען נִיט קֵיין
13 דָאקְטָאר, נֵייעֶרְט דִיא וָואס זֶענֶען קְרַאנְק: אָבֶּער גֶעהְט
אוּנְד לֶערְנְט וָואס דָאס בֶּעדֵייט, אִיךְ בֶּעגֶעהְר גְנָאד אוּנְד
נִיט קָרְבָּנוֹת; וָוארִין אִיךְ בִּין נִיט גֶעקוּמֶען דִיא צַדִיקִים צוּ
רוּפֶען נֵייעֶרְט דִיא זִינְדֶער: (שמואל א טו, כב').
14 דַאן זֶענֶען דִיא תַּלְמִידִים פוּן יוֹחָנָן צוּ אִיהְם גֶעקוּמֶען אוּנְד
הָאבֶּען גֶעזָאגְט, פַארְוָואס פַאסְטֶען מִיר אוּנְד דִיא פְּרוּשִׁים,
15 אוּנְד דֵיינֶע תַּלְמִידִים פַאסְטֶען נִיט: אוּנְד יֵשׁוּעַ הָאט צוּ
זֵייא גֶעזָאגְט, וִויא קֶענֶען דִיא אוּנְטֶערְפִירֶער טְרוֹיעֶרֶען
וָוען דֶער חָתָן אִיז בֵּייא זֵייא? אָבֶּער דִיא טֶעג וָועלֶען

קומען ווען דער חתן וועט פון זייא אוועקגענומען ווערען.
אונד דאן וועלען זייא פאסטען: אונד קיינער פעררעכט 16
ניט איין אלט קלייד מיט א שטיק פון גיט נייעם
טוך; ווארין דאס צוגעפליקטע רייסט אפ פון דעם
קלייד אונד עס ווערט איין ארגערער ריס: מען גיסט אויך 17
ניט קיין נייען וויין אין אלטע לאגעל אריין; ווארין זאנסט
ווערען דיא לאגעל צוריסען, אונד דער וויין ווערד אויס-
געגאסען אונד דיא לאגעל ווערען פערדארבען; נייערט
מען גיסט נייען וויין אין נייע לאגעל אריין, אונד אזוי
ווערען זייא ביידע גאנץ בעהאלטען:
אונד וויל ער האט דיזעס מיט זייא גערעט, זעה, איז איין 18
אויבערשטער געקומען, אונד האט זיך צו איהם געביקט
אונד געזאגט מיינע טאכטער איז איצט געשטארבען;
אבער קום דוא אונד לעג דיינע האנד אויף איהר, אזוי
וועט זיא לעבען: אונד ישוע איז אויפגעשטאנען, אונד 19
איז איהם נאכגעגאנגען אונד אויך זיינע תלמידים: אונד 20
זעה, א פרויא וואס האט צוועלף יאהר דעם בלוטגאנג גע-
האט, איז צו איהם געקומען פון הינטען אונד האט אנגע-
ריהרט דעם זוים פון זיין קלייד: ווארין זיא האט אין זיך 21
געטראכט, ווען איך וועל נור זיין קלייד אנריהרען, אזוי
וועל איך געזונד ווערען: אונד ישוע האט זיך אומגע- 22
קעהרט אונד האט זיא געזעהען אונד געזאגט, זייא גע-
טרייסט מיינע טאכטער, דיין גלויבען האט דיך געזונד
געמאכט. אונד דיא פרויא איז געזונד געווארען אין יענער
שעה: אונד ווען ישוע איז אריינגעקומען אים הויז פון 23
דעם אויבערשטען, אונד האט געזעהען דיא פייפער אונד
דאס געטימעל פון דיא לייט: אזוי האט ער געזאגט, געהט 24
ארויס; ווארין דאס מעדעל איז ניט טויט, נייערט זיא
שלאפט, אונד זייא האבען איהם אויסגעלאכט: אונד ווען 25
דיא לייט זענען ארויסגעטריבען געווארען, איז ער אריינ-
געגאנגען אונד האט זיא אנגענומען ביי דער האנד; אונד
דאס מעדעל איז אויפגעשטאנען: אונד דער שם דערפון 26
איז אויסגעגאנגען אים גאנצען לאנד:
אונד ווען ישוע איז פון דארטען אוועקגעגאנגען, זענען 27

אִיהָם צְוֵויא בְּלִינְדֶע נָאכְגֶעגַאנְגֶען, אוּנְד הָאבֶּען גֶעשְׁרִיעֶן
אוּנְד גֶעזָאגְט, דֶערְבַּארְם דִיךְ אִיבֶּער אוּנְס דוּא זוּהְן פוּן
28 דָוִד: אוּנְד וָוען עֶר אִיז אִים הוֹיז אַרֵיינְגֶעקוּמֶען, זֶענֶען דִיא
בְּלִינְדֶע צוּ אִיהָם גֶעקוּמֶען; אוּנְד יֵשׁוּעַ הָאט צוּ זֵייא גֶע־
זָאגְט, גְלוֹיבְּט אִיהְר אַז אִיךְ בִּין אִים שְׁטַאנְד דָאס צוּ טְהוּן?
29 זֵייא הָאבֶּען צוּ אִיהָם גֶעזָאגְט, יָא הַאר: דַאן הָאט עֶר
זֵייעֶרֶע אוֹיגֶען אָנְגֶערִיהְרְט אוּנְד גֶעזָאגְט, נָאךְ אֵייעֶר גְלוֹיבֶּען
30 זָאל עֶס אֵייךְ גֶעשֶׁעהֶען: אוּנְד זֵייעֶרֶע אוֹיגֶען זֶענֶען אוֹיפְ־
גֶעמַאכְט גֶעוָוארֶען. אוּנְד יֵשׁוּעַ הָאט זֵייא גֶעוָוארְנְט אוּנְד
31 גֶעזָאגְט, זֶעהְט אַז קֵיינֶער זָאל עֶס נִיט וִויסֶען: אָבֶּער וָוען
זֵייא זֶענֶען אַוֶועקְגֶעגַאנְגֶען, הָאבֶּען זֵייא אִיהָם בֶּעקַאנְט
גֶעמַאכְט אִים גַאנְצֶען לַאנְד:
32 אוּנְד וָוען זֵייא זֶענֶען אַרוֹיסְגֶעגַאנְגֶען, הָאט מֶען צוּ אִיהָם
גֶעבְּרַאכְט אַ שְׁטוּמֶען מַאן, וָואס אִיז בֶּעזֶעסֶען פוּן
33 אַ שֵׁד: אוּנְד וָוען דֶער שֵׁד אִיז אַרוֹיסְגֶעטְרִיבֶּען גֶעוָוארֶען,
הָאט דֶער שְׁטוּמֶער גֶערֶעט, אוּנְד דִיא לֵייט הָאבֶּען זִיךְ
פֶערְוְואוּנְדֶערְט אוּנְד גֶעזָאגְט, אַזֶעלְכֶעס אִיז נָאךְ קֵיינְמָאל
34 נִיט גֶעזֶעהֶען גֶעוָוארֶען אִין יִשְׂרָאֵל: אָבֶּער דִיא פְּרוּשִׁים
הָאבֶּען גֶעזָאגְט, עֶר טְרֵייבְּט אַרוֹיס דִיא שֵׁדִים דוּרְךְ דֶעם
הַאר פוּן דִיא שֵׁדִים:
35 אוּנְד יֵשׁוּעַ אִיז אַרוּמְגֶעגַאנְגֶען אִין אַלֶע שְׁטֶעט אוּנְד דֶערְ־
פֶער, אוּנְד הָאט גֶעלֶערְנְט אִין זֵייעֶרֶע שׁוּלֶען, אוּנְד גֶע־
פְּרֶעדִיגְט דִיא בְּשׂוֹרָה טוֹבָה פוּן דֶעם קֶענִיגְרֵייךְ, אוּנְד
גֶעהֵיילְט אַלֶערְלֵייא קְרַאנְקְהַייט אוּנְד אַלֶערְלֵייא שְׁמֶערְצֶען:
36 אוּנְד וָוען עֶר הָאט גֶעזֶעהֶען דִיא לֵייט הָאט עֶר אִיבֶּער
זֵייא רַחֲמָנוּת גֶעהַאט, וָוארִין זֵייא זֶענֶען גֶעוֶועזֶען פֶערְ־
שְׁמַאכְט אוּנְד פֶערְשְׁפְּרֵייט וִויא שָׁאף וָואס הָאבֶּען קֵיין
37 פַאסְטוּךְ נִיט: דַאן הָאט עֶר גֶעזָאגְט צוּ זֵיינֶע תַּלְמִידִים,
דֶער קָארְנְשְׁנִיט אִיז גְרוֹיס, אָבֶּער דִיא אַרְבֵּייטֶער זֶענֶען
38 וֶוענִיג: דְרוּם בֶּעט צוּם הַאר פוּן דֶעם קָארְנְשְׁנִיט, אַז עֶר
זָאל אַרוֹיסְשִׁיקֶען אַרְבֵּייטֶער צוּ זֵיין קָארְנְשְׁנִיט:

קאפיטעל י

1 אוּנְד עֶר הָאט גֶערוּפֶען זֵיינֶע צְוֶועלְף תַּלְמִידִים אוּנְד הָאט
זֵייא גֶעגֶעבֶּען מַאכְט אִיבֶּער אוּנְרֵיינֶע גֵייסְטֶער, אַז זֵייא

זָאלֶען זַייא אַרוּיסְטְרַייבֶּען, אוּנְד זָאלֶען הֵיילֶען אַלֶערְלֵייא
קְרַאנְקְהֵייט אוּנְד אַלֶערְלֵייא שְׁמֶערְצֶען:
אוּנְד דָאס זֶענֶען דִיא נֶעמֶען פוּן דִיא צְוֶועלְף שְׁלוּחִים; 2
דֶער עֶרְשְׁטֶער שִׁמְעוֹן, דֶער הֵייסְט פֶּעטְרוּס. אוּנְד זַיין
בְּרוּדֶער אַנְדְרַי; יַעֲקֹב דֶער זוּהְן פוּן זַבְדַי אוּנְד זַיין בְּרוּ־
דֶער יוֹחָנָן: פִילִיפּוּס, אוּנְד בַּרְתַּלְמַי; תּוֹמָא אוּנְד מַתְיָה 3
דֶער שְׁטַייעֶר־אַיינְנֶעמֶער; יַעֲקֹב דֶער זוּהְן פוּן חַלְפַי,
אוּנְד תַּדַי; שִׁמְעוֹן הַקַּנָּאִי, אוּנְד יְהוּדָה אִישׁ קְרִיּוֹת, דֶער 4
וָואס הָאט אִיהְם אוֹיךְ פֶערְמַסְרְט: דִיזֶע צְוֶועלְף הָאט יֵשׁוּעַ 5
אוֹיסְגֶעשִׁיקְט, אוּנְד הָאט זַייא בֶּעפוֹילֶען אוּנְד גֶעזָאגְט,
גֶעהְט נִיט אוֹיף דֶעם וֶועג פוּן דִיא גוֹיִם אוּנְד קוּמְט נִיט
אַרַיין אִין קֵיינֶע שְׁטָאט פוּן דִיא שׁוֹמְרוֹנִים: אָבֶּער גֶעהְט 6
לִיבֶּער צוּ דִיא פֶערְלוֹירֶענֶע שָׁאף פוּן דֶעם הוֹיז יִשְׂרָאֵל:
אוּנְד וֶוען אִיהְר גֶעהְט אַהִין, פְּרֶעדִיגְט אוּנְד זָאגְט דָאס 7
מַלְכוּת הַשָּׁמַיִם אִיז נָאהֶענְט גֶעקוּמֶען: הֵיילְט דִיא קְרַאנְקֶע, 8
וֶועקְט אוֹיף דִיא טוֹיטֶע, רֵיינִיגְט דִיא קְרֶעצִיגֶע טְרַייבְּט
אַרוֹיס דִיא שֵׁדִים; אוּמְזוּסְט הָאט אִיהְר אַנְטְפַאנְגֶען, אוּמְ־
זוּסְט גִיבְּט: נֶעמְט נִיט קֵיין גָאלְד מִיט, אוּנְד קֵיין זִילְבֶּער, 9
אוּנְד קֵיין קוּפֶּער אִין אֵיירֶע בֵּייגַארְטֶעל: אוּנְד אוֹיךְ נִיט 10
קֵיינֶע רַייזֶע טַאשׁ אוֹיף דֶעם וֶועג, אוּנְד קֵיינֶע צְוֵוייא רֶעק,
אוּנְד קֵיינֶע שִׁיךְ, אוּנְד קֵיין שְׁטֶעקֶען; וָוארִין דֶער אַרְבֵּיי־
טֶער אִיז וֶוערְט זַיין עֶסֶען: אוּנְד אִין וָואס פַאר אַ שְׁטָאט 11
אָדֶער דָארְף אִיהְר וֶועט אַרַיינְקוּמֶען, פְּרֶעגְט נָאךְ וֶוער אִיז
דָארְט אַ וִוירְדִיגֶער מַאן, אוּנְד בְּלֵייבְּט בֵּייא אִיהְם בִּיז אִיהְר
וֶועט פוּן דָארְטֶען אַוֶועקְגֶעהֶען: אוּנְד וֶוען אִיהְר קוּמְט אִין 12
אַ הוֹיז אַרַיין, אַזוֹי זָאלְט אִיהְר עֶס גְרִיסֶען: אוּנְד וֶוען דָאס 13
הוֹיז אִיז וֶוערְט, זָאל אֵייעֶר פְרִידֶען דְרוֹיף קוּמֶען; וֶוען
עֶס אִיז אָבֶּער נִיט וֶוערְט, אַזוֹי זָאל זִיךְ אֵייעֶר פְרִידֶען צוּ
אֵייךְ אוּמְקֶעהְרֶען: אוּנְד וֶוער עֶס וֶועט אֵייךְ נִיט אוֹיפְנֶעמֶען 14
אוּנְד וֶועט אֵיירֶע וֶוערְטֶער נִיט הֶערֶען, וֶוען אִיהְר גֶעהְט
אַרוֹיס פוּן דֶעם הוֹיז אָדֶער פוּן דֶער שְׁטָאט, שָׁאקֶעלְט אָפּ
דֶעם שְׁטוֹיבּ פוּן אֵיירֶע פִיס: בֶּאֱמֶת זָאג אִיךְ אֵייךְ, אַז עֶס 15
וֶועט אִים יוֹם הַדִּין גְרִינְגֶער זַיין פַאר דֶעם לַאנְד פוּן סְדוֹם
אוּנְד עֲמוֹרָה, וִויא פַאר יֶענֶער שְׁטָאט:

16 זֶעהְט, אִיךְ שִׁיק אַייךְ אוּים ווִיא שָׁאף צְווִישֶׁען ווֶעלְף;
דְרוּם זַייט קְלוּג ווִיא דִיא שְׁלַאנְגֶען, אוּנְד אֵיינְפַאךְ ווִיא דִיא
17 טוֹיבֶּען: אָבֶּער הִיט אַייךְ פַאר דִיא מֶענְשֶׁען; ווָארִין זַייא
ווֶעלֶען אַייךְ אִיבֶּערְגֶעבֶּען צוּ דִיא סַנְהֶדְרִין, אוּנְד ווֶעלֶען
18 אֶייךְ שְׁמֵייסֶען אִין זֵייעֶרֶע שׁוּלֶען: אוּנְד אִיהְר ווֶעט גֶעפִיהְרְט
ווֶערֶען פָאר פִירְשְׁטֶען אוּנְד קֶענִיגֶע מֵיינֶעט ווֶעגֶען, פַאר
19 אֵיין עֵדוּת צוּ זַייא אוּנְד דִיא גוֹיִם: אוּנְד ווֶען זַייא ווֶעלֶען
אַייךְ אִיבֶּערְגֶעבֶּען, אַזוֹי זָארְגְט נִיט ווִיא אוּנְד ווָאס אִיהְר
זָאלְט רֶעדֶען; ווָארִין צוּ דֶער שָׁעָה ווֶעט אֵייךְ גֶעגֶעבֶּען
20 ווֶערֶען ווָאס אִיהְר זָאלְט רֶעדֶען: ווָארִין אִיהְר דֶענְט נִיט
דִיא ווָאס רֶעדֶען, נֵייעֶרְט עֶס אִיז דֶער גֵייסְט פוּן אֵייעֶר
21 פָאטֶער דֶער רֶעט אִין אֵייךְ: אוּנְד בְּרוּדֶער ווֶעט בְּרוּ־
דֶער אִיבֶּערְגֶעבֶּען צוּם טוֹיט, אוּנְד דֶער פָאטֶער זֵיין
קִינְד; אוּנְד קִינְדֶער ווֶעלֶען אוֹיפְשְׁטֶעהֶען קֶעגֶען זֵייעֶרֶע
22 עֶלְטֶערֶען, אוּנְד ווֶעלֶען זַייא אוּמְבְּרֶענְגֶען: אוּנְד אִיהְר
ווֶעט גֶעהַאסְט ווֶערֶען פוּן אַלֶע מֶענְשֶׁען פוּן מֵיין נָאמֶענְס
ווֶעגֶען; אָבֶּער דֶער ווָאס הַאלְט אוּים בִּיז צוּם סוֹף ווֶעט
23 גֶערֶעטֶעט ווֶערֶען: אוּנְד ווֶען זַייא ווֶעלֶען אֵייךְ פֶערְפָאלְגֶען
אִין דִיזֶער שְׁטָאט, אַזוֹי אַנְטְלוֹיפְט צוּ דִיא אַנְדֶערֶע;
ווָארִין בֶּאֱמֶת זָאג אִיךְ אֵייךְ, אִיהְר ווֶעט נִיט דוּרְכְגֶעהֶען
דִיא שְׁטֶעט פוּן יִשְׂרָאֵל, בִּיז דֶער בֶּן־אָדָם ווֶעט קוּמֶען:
24 דֶער תַּלְמִיד אִיז נִיט אִיבֶּער זֵיין רַבִּי, אוּנְד דֶער קְנֶעכְט אִיז
25 נִיט אִיבֶּער זֵיין הַאר: עֶס אִיז גֶענוּג פַאר דֶעם תַּלְמִיד אַז
עֶר זָאל זֵיין אַזוֹי ווִיא זֵיין רַבִּי, אוּנְד דֶער קְנֶעכְט אַזוֹי ווִיא
זֵיין הַאר. ווֶען זַייא הָאבֶּען דֶעם בַּעַל הַבַּיִת גֶערוּפֶען בַּעַל
זְבוּב, ווִיא פִיל מֶעהְר ווֶעלֶען זַייא זֵיין הוֹיזְגֶעזִינְד אַזוֹי רוּ־
26 פֶען! דְרוּם פָארְכְט אֵייךְ נִיט פַאר זַייא; ווָארִין קֵיין זַאךְ
אִיז נִיט פֶערְהוֹילֶען, ווָאס ווֶעט נִיט אַנְטְפְּלֶעקְט ווֶערֶען,
אוּנְד קֵיין זַאךְ אִיז נִיט פֶערְבָּארְגֶען, ווָאס ווֶעט נִיט בֶּע־
27 קַאנְט ווֶערֶען: ווָאס אִיךְ זָאג אֵייךְ אִין דֶער פִינְסְטֶערְנִיס,
דָאס זָאגְט בֵּיים לִיכְט; אוּנְד ווָאס אִיהְר הֶערְט מִיט דֶעם
28 אוֹיעֶר, דָאס רוּפְט אוּים אוֹיף דִיא דֶעכֶער: אוּנְד פָארְכְט
אֵייךְ נִיט פַאר דִיא ווָאס טֵייטֶען דֶעם גוּף, אָבֶּער קֶענֶען
29 נִיט טֵייטֶען דִיא זֶעלֶע אוּנְד דֶעם גוּף אִין גֵיהִנָּם: פַארְקוֹיפְט

מֶען נִיט צְוַוייא פֵייגֶעל פַאר אַ פְּרוּטָה? אוּנְד קֵיינְס פוּן
זֵייא פַאלְט נִיט צוּ דֶער עֶרְד אָהְן אֵייעֶר פָּאטֶער: דֶען 30
אַפִילוּ דִיא הָאר פוּן אֵייעֶר קָאפּ זֶענֶען אַלֶע גֶעצֵיילְט:
דְרוּם פָאַרְכְט אֵייךְ נִיט, אִיהְר זֶענְט מֶעהְר װֶערְט װִיא פִילֶע 31
פֵייגֶעל: אִיטְלִיכֶער נוּן וָואס װֶעט מִיךְ בֶּעקֶענֶען פָאר מֶענְ־ 32
שֶׁען, דֶעם װֶעל אִיךְ בֶּעקֶענֶען פָאר מֵיין פָאטֶער וָואס אִיז
אִים הִימֶעל: אָבֶּער װֶער עֶס װֶעט מִיךְ פֶערְלֵייקֶענֶען פָאר 33
מֶענְשֶׁען, דֶעם װֶעל אִיךְ אוֹיךְ פֶערְלֵייקֶענֶען פָאר מֵיין פָאַ־
טֶער וָואס אִיז אִים הִימֶעל:
דֶענְקְט נִיט אַז אִיךְ בִּין גֶעקוּמֶען צוּ שִׁיקֶען שָׁלוֹם אוֹיף 34
דֶער עֶרְד; אִיךְ בִּין נִיט גֶעקוּמֶען צוּ שִׁיקֶען שָׁלוֹם נֵייעֶרְט
אַ שְׁװֶערְד: וָוארִין אִיךְ בִּין גֶעקוּמֶען אַ מֶענְשׁ שְׁטְרֵייטִיג 35
צוּ מַאכֶען מִיט זַיין פָאטֶער, אוּנְד אַ טָאכְטֶער מִיט אִיהְרֶע
מוּטֶער, אוּנְד אַ שְׁנוּר מִיט אִיהְרֶע שְׁװִיגֶער: אוּנְד דִיא 36
פֵיינְד פוּן אַ מֶענְשׁ װֶעלֶען זֵיין אֵייגֶענֶע הוֹיזְגֶעזִינְד זֵיין:
װֶער עֶס לִיבְּט פָאטֶער אָדֶער מוּטֶער מֶעהְר וִויא מִיךְ, דֶער 37
אִיז מֵיינֶער נִיט װֶערְט; אוּנְד װֶער עֶס לִיבְּט זוּהְן אָדֶער
טָאכְטֶער מֶעהְר וִויא מִיךְ דֶער אִיז מֵיינֶער נִיט װֶערְט:
אוּנְד װֶער עֶס נֶעמְט נִיט זֵיין קְרֵייץ אוּנְד פָאלְגְט מִיר נָאךְ, 38
דֶער אִיז מֵיינֶער נִיט װֶערְט: דֶער וָואס גֶעפִינְט זֵיין לֶעבֶּען, 39
װֶעט עֶס פֶערְלִירֶען אוּנְד דֶער וָואס פֶערְלִירְט זֵיין לֶעבֶּען
מֵיינֶעט װֶעגֶען, דֶער װֶעט עֶס גֶעפִינֶען:
דֶער וָואס נֶעמְט מִיךְ אוֹיף, נֶעמְט אוֹיף דֶעם וָואס הָאט מִיךְ 40
גֶעשִׁיקְט: דֶער וָואס נֶעמְט אוֹיף אַ נָבִיא אִים נָאמֶען פוּן אַ 41
נָבִיא װֶעט נֶעמֶען דֶעם שְׂכַר פוּן אַ נָבִיא; אוּנְד דֶער וָואס
נֶעמְט אוֹיף אַ צַדִיק אִים נָאמֶען פוּן אַ צַדִיק, װֶעט נֶעמֶען
דֶעם שְׂכַר פוּן אַ צַדִיק: אוּנְד דֶער וָואס װֶעט גֶעבֶּען צוּ 42
טְרִינְקֶען נוּר אַ בֶּעכֶער מִיט קַאלְט וַואסֶער צוּ אֵיינֶעם פוּן
דִיזֶע קְלֵיינֶע, אִים נָאמֶען פוּן אַ תַּלְמִיד, בֶּאֱמֶת זָאג אִיךְ
אֵייךְ, עֶר װֶעט נִיט פֶערְלִירֶען זֵיין שְׂכַר:

קאפיטעל יא

אוּנְד עֶס אִיז גֶעװֶעזֶען װֶען יֵשׁוּעַ הָאט אוֹיפְגֶעהֶערְט זֵיינֶע 1
צְװֶעלְף תַּלְמִידִים צוּ בֶּעפֶעהְלֶען, אַזוֹי אִיז עֶר פוּן דָארְטֶען װֵייר־
טֶער גֶעגַאנְגֶען צוּ לֶעהְרֶען אוּנְד פְּרֶעדִיגֶען אִין זֵיירֶע שְׁטֶעט:

2 אוּנְד וָוען יוֹחָנָן הָאט גֶעהֶערְט אִים גֶעפֶענְגְנִיס דִיא מַעֲשִׂים
פוּן דֶעם מָשִׁיחַ, הָאט עֶר גֶעשִׁיקְט דוּרְךְ זַיינֶע תַּלְמִידִים
3 אוּנְד הָאט צוּ אִיהְם גֶעזָאגְט: בִּיסְט דוּא דֶער וָועלְכֶער זָאל
קוּמֶען, אָדֶער זָאלֶען מִיר וַוארְטֶען אוֹיף אֵיין אַנְדֶערֶען?
4 אוּנְד יֵשׁוּעַ הָאט גֶעעֶנְטפֶערְט אוּנְד הָאט צוּ זַייא גֶעזָאגְט,
גֶעהְט אוּנְד דֶערְצֶעהְלְט יוֹחָנָן וָואס אִיהְר הֶערְט אוּנְד זֶעהְט:
5 דִיא בְּלִינְדֶע זֶעהֶען ווִידֶער, אוּנְד דִיא לָאמֶע גֶעהֶען אַרוּם,
דִיא קְרֶעצִיגֶע וֶוערֶען גֶערֵיינִיגְט, אוּנְד דִיא טוֹיבֶּע הֶערֶען,
דִיא טוֹיטֶע שְׁטֶעהֶען אוֹיף, אוּנְד צוּ דִיא אָרֶעמֶע וֶוערְד
6 דִיא בְּשׂוֹרָה טוֹבָה גֶעפְּרֶעדִיגְט: אוּנְד גֶעבֶּענְשְׁט אִיז דֶער
7 וָואס וֶועט זִיךְ נִיט אָן מִיר שְׁטְרוֹיכְלֶען: אוּנְד ווִיא זֵייא
זֶענֶען אַוֶועקְגֶעגַאנְגֶען, הָאט יֵשׁוּעַ אָנְגֶעהוֹיבֶּען צוּ דִיא לֵייט
צוּ זָאגֶען פוּן וֶועגֶען יוֹחָנָן, וָואס זֶענְט אִיהְר אַרוֹיסְגֶעגַאנְגֶען
אִין דֶער מִדְבָּר צוּ זֶעהֶען? אַ רָאהְר וָואס שָׁאקֶעלְט זִיךְ
8 פוּן דֶעם ווִינְד? וָואס דֶען זֶענְט אִיהְר אַרוֹיסְגֶעגַאנְגֶען צוּ
זֶעהֶען? אַ מֶענְשׁ אָנְגֶעקְלֵיידֶעט אִין פֵיינֶע קְלֵיידֶער? זֶעהְט,
דִיא גֶעקְלֵיידֶעטֶע אִין פֵיינֶע קְלֵיידֶער זֶענֶען אִין דִיא הֵייזֶער
9 פוּן קֶענִיגֶע: אָבֶּער וָואס דֶען זֶענְט אִיהְר אַרוֹיסְגֶעגַאנְגֶען?
צוּ זֶעהֶען אַ נָבִיא? יָא אִיךְ זָאג אֵייךְ, אוּנְד נָאךְ מֶעהְר ווִיא
10 אַ נָבִיא: דָאס אִיז דֶער, פוּן וֶועלְכֶען עֶס שְׁטֶעהְט גֶעשְׁרִיבֶּען,
„זֶעה אִיךְ שִׁיק מֵיין מַלְאָךְ פָאר דִיר, דֶער וֶועט דֵיין וֶועג
11 פָאר דִיר צוּבְּרֵייטֶען”: בֶּאֱמֶת זָאג אִיךְ אֵייךְ, צְווִישֶׁען
דִיא וָואס זֶענֶען גֶעבּוֹירֶען פוּן וַוייבֶּער אִיז נִיט אוֹיפְגֶע־
שְׁטַאנֶען קֵיין גְרֶעסֶערֶער ווִיא יוֹחָנָן; אָבֶּער דֶער קְלֵיינְס־
12 טֶער אִים מַלְכוּת הַשָּׁמַיִם אִיז גְרֶעסֶער ווִיא עֶר: אוּנְד פוּן
דִיא טֶעג פוּן יוֹחָנָן הַמְטַבֵּל אָן בִּיז אִיצְט טְהוּט דָאס מַלְכוּת
הַשָּׁמַיִם לֵיידֶען גֶעוַואלְט, אוּנְד דִיא גֶעוַואלְטִיגֶע עֶרְרוֹיבֶּען
13 עֶס: וָוארִין אַלֶע נְבִיאִים אוּנְד דִיא תּוֹרָה הָאבֶּען נְבִיאוֹת
14 גֶעזָאגְט בִּיז יוֹחָנָן: אוּנְד אוֹיבּ אִיהְר ווִילְט דָאס אָנְנֶעמֶען,
15 דִיזֶער אִיז אֵלִיָּהוּ וֶועלְכֶער זָאל קוּמֶען: דֶער וָואס הָאט
16 אוֹירֶען צוּ הֶערֶען לָאז עֶר הֶערֶען: צוּ וָואס אָבֶּער זָאל
אִיךְ דִיזֶעם דוֹר פֶערְגְלֵייכֶען? עֶס אִיז גְלֵייךְ צוּ קִינְדֶער
וָואס זִיצֶען אוֹיף דֶעם מַארְק, אוּנְד רוּפֶען זַיירֶע חֲבֵרִים:
17 אוּנְד זָאגֶען,

„מִיר הָאבֶּען צוּ אַייך גֶעפֵּייפְט, אוּנְד אִיהְר הָאט נִיט גֶעֿ־
טַאנְצְט; מִיר הָאבֶּען צוּ אַייך גֶעקְלָאגְט, אוּנְד אִיהְר
הָאט נִיט גֶעטְרוֹיעֶרְט“:
וָוארִין יוֹחָנָן אִיז גֶעקוּמֶען, אוּנְד הָאט נִיט גֶעגֶעסֶען אוּנְד 18
נִיט גֶעטְרוּנְקֶען, אוּנְד זַייא הָאבֶּען גֶעזָאגְט, עֶר הָאט אַ שֵׁד:
דֶער בֶּן־אָדָם אִיז גֶעקוּמֶען אוּנְד הָאט גֶעגֶעסֶען אוּנְד גֶעֿ־ 19
טְרוּנְקֶען, אוּנְד זַייא זָאגֶען, זֶעהְט דֶער מֶענְשׁ אִיז אַ פְרֶעסֶער
אוּנְד אַ זוֹיפֶער, אַ פְרַיינְד פוּן שְׁטֵייעֶר־אַיינְנֶעמֶער אוּנְד
זִינְדֶער. אוּנְד דִיא חָכְמָה אִיז גֶערֶעכְטְפֶערְטִיגְט גֶעוָוארֶען
פוּן אִיהְרֶע קִינְדֶער:
דַאן הָאט עֶר אָנְגֶעהוֹיבֶּען שְׁטְרָאף רֶעדֶען צוּ הַאלְטֶען צוּ 20
דִיא שְׁטֶעט אִין וֶועלְכֶע זַיינֶע מֵייסְטֶע נִסִים זֶענֶען גֶעשֶׁעֿ־
הֶען, וַוייל זַייא הָאבֶּען נִיט קֵיין תְּשׁוּבָה גֶעטְהוּן: וֶועה צוּ 21
דִיר, כּוֹרָזִין! וֶועה צוּ דִיר בֵּית־צַיְדָה! וָוארִין וֶוען דִיא נִסִים
וָואס זֶענֶען אִין אֵייך גֶעטְהוּן גֶעוָוארֶען זָאלְטֶען גֶעטְהוּן
וֶוערֶען אִין צוֹר אוּנְד צִידוֹן, אַזוֹי וָואלְטֶען זַייא שׁוֹין לַאנְג
תְּשׁוּבָה גֶעטְהוּן אִין זַאק אוּנְד אַשׁ: אָבֶּער אִיך זָאג אֵייך, 22
עֶס וֶועט אִים יוֹם הַדִין גְרִינְגֶער זַיין פַאר צוֹר אוּנְד צִידוֹן
וִויא פַאר אַייך: אוּנְד דוּא כְּפַר־נָחוּם, דוּא בִּיסְט דֶערְהוֹיבֶּען 23
בִּיז צוּם הִימֶעל? דוּא וֶועסְט אַרוּנְטֶערְקוּמֶען בִּיז צוּם שְׁאוֹל
אַרַיין; וָוארִין וֶוען דִיא נִסִים וָואס זֶענֶען אִין דִיר גֶעטְהוּן
גֶעוָוארֶען זָאלְטֶען גֶעטְהוּן וֶוערֶען אִין סְדוֹם, אַזוֹי וָואלְט עֶס
גֶעבְּלִיבֶּען בִּיז צוּם הַיינְטִיגֶען טָאג: אָבֶּער אִיך זָאג אֵייך, 24
עֶס וֶועט גְרִינְגֶער זַיין פָאר דֶעם לַאנְד סְדוֹם אִים יוֹם הַדִין,
וִויא פַאר דִיר:
אִין יֶענֶער צֵייט הָאט יֵשׁוּעַ גֶעעֶנְטְפֶערְט אוּנְד גֶעזָאגְט, אִיך 25
דַאנְק דִיר, אָ פָאטֶער, הַאר פוּן הִימֶעל אוּנְד עֶרְד, דֶער דוּא
הָאסְט דִיזֶע זַאכֶען פֶערְהוֹילֶען פוּן דִיא קְלוּגֶע אוּנְד פֶערְ־
שְׁטֶענְדִיגֶע, אוּנְד הָאסְט זַייא אַנְטְפְּלֶעקְט צוּ קְלֵיינֶע קִינְדֶער:
יָא, פָאטֶער! וָוארִין עֶס אִיז דִיר אַזוֹי וְואוֹילְגֶעפַאלֶען: 26
אַלֶעס אִיז מִיר אִיבֶּערְגֶעגֶעבֶּען פוּן מֵיין פָאטֶער; אוּנְד 27
קֵיינֶער קֶענְט נִיט דֶעם זוּהְן אוֹיסֶער דֶער פָאטֶער; אוּנְד
קֵיינֶער קֶענְט נִיט דֶעם פָאטֶער, אוֹיסֶער דֶער זוּהְן, אוּנְד
דֶער צוּ וֶועלְכֶען דֶער זוּהְן וֶועט אִיהְם וֶועלֶען אַנְטְפְּלֶעקֶען:

28 קוּמְט צוּ מִיר אַלֶע דִיא וָואס זֶענֶען מִיד אוּנְד הָאבֶּען אַ
שְׁוֶוערֶע לַאסְט אוֹיף זִיךְ, אוּנְד אִיךְ וֶועל אֵייךְ רוּהֶע גֶעבֶּען:
29 נֶעמְט מֵיין יָאךְ אוֹיף אֵייךְ, אוּנְד לֶערֶענְט פוּן מִיר, וָוארִין
אִיךְ בִּין זַאנְפְטמוּטְהִיג אוּנְד דֶעמִיטְהִיג אִים הַארְץ, אוּנְד
30 אִיהְר וֶועט גֶעפִינֶען רוּהּ צוּ אֵיירֶע זֶעלֶען: וָוארִין מֵיין יָאךְ
אִיז אָנְגֶענֶעהְם, אוּנְד מֵיינֶע לַאסְט אִיז לֵייכְט:

קאפיטעל יב

1 אִין יֶענֶער צֵייט אִיז יֵשׁוּעַ גֶעגַאנְגֶען אִים שַׁבָּת דוּרְךְ דֶעם
תַּאקְסֶענְדֶען קָארְן, אוּנְד זֵיינֶע תַּלְמִידִים זֶענֶען הוּנְגְרִיג גֶע־
וֶועזֶען, אוּנְד הָאבֶּען אָנְגֶעהוֹיבֶּען זַאנְגֶען אָפְּצוּרֵייסֶען אוּנְד
2 צוּ עֶסֶען: וִויא דִיא פְּרוּשִׁים הָאבֶּען דָאס גֶעזֶעהֶען, הָאבֶּען
זֵייא צוּ אִיהְם גֶעזָאגְט, זֶעה, דֵיינֶע תַּלְמִידִים טְהוּן דָאס וָואס
3 מֶען דַארְף נִיט טְהוּן אַם שַׁבָּת: אוּנְד עֶר הָאט צוּ זַייא
גֶעזָאגְט, הָאט אִיהְר נִיט גֶעלֵיינְט וָואס דָוִד הָאט גֶעטְהוּן
וֶוען עֶס הָאט אִיהְם גֶעהוּנְגֶערְט, אוּנְד דִיא וָואס זֶענֶען מִיט
4 אִיהְם גֶעוֶועזֶען? וִויא עֶר אִיז אַרֵיינְגֶעקוּמֶען אִים הוֹיז פוּן
גָאט, אוּנְד הָאט גֶעגֶעסֶען דָאס לֶחֶם הַפָּנִים, וָואס אִיז אִיהְם
נִיט דֶערְלוֹיבְּט גֶעוֶועזֶען צוּ עֶסֶען, אוֹיךְ נִיט צוּ דִיא וָואס
זֶענֶען מִיט אִיהְם גֶעוֶועזֶען, נֵייעֶרְט פַאר דִיא כֹּהֲנִים אַלֵיין?
5 אָדֶער הָאט אִיהְר נִיט גֶעלֵיינְט אִין דֶער תּוֹרָה, וִויא דִיא
כֹּהֲנִים זֶענֶען אִים שַׁבָּת אִין בֵּית הַמִקְדָשׁ מְחַלֵל שַׁבָּת, אוּנְד
6 זֶענֶען אוּנְשׁוּלְדִיג? אָבֶּער אִיךְ זָאג אֵייךְ, אַז דָא אִיז אֵיינֶער
7 דֶער אִיז גְרֶעסֶער וִויא דָאס בֵּית הַמִקְדָשׁ: וֶוען אִיהְר וָואלְט
אָבֶּער וִויסֶען וָואס דָאס בֶּעדֵייט, אִיךְ בֶּעגֶעהְר גְנָאד אוּנְד
נִיט קָרְבָּנוֹת אַזוֹי וָואלְט אִיהְר נִיט פֶערְשׁוּלְדִיגְט דִיא אוּנְ־
8 שׁוּלְדִיגֶע: וָוארִין דֶער בֶּן אָדָם אִיז הַאר פוּן דֶעם שַׁבָּת:
9 אוּנְד עֶר אִיז פוּן דָארְטֶען וֵוייטֶער גֶעגַאנְגֶען אוּנְד אִיז אִין
10 זֵייעֶר שׁוּל אַרֵיינְגֶעקוּמֶען: אוּנְד זֶעה, דָא אִיז גֶעוֶועזֶען אַ
מַאן וָואס הָאט גֶעהַאט אַ פֶערְדַארְטֶע הַאנְד. אוּנְד זַייא
הָאבֶּען אִיהְם גֶעפְרֶעגְט אוּנְד גֶעזָאגְט, אִיז עֶס דֶערְלוֹיבְּט
אִים שַׁבָּת צוּ הֵיילֶען? כְּדֵי זַייא זָאלֶען אִיהְם קֶענֶען פֶערְ־
11 קְלָאגֶען: אָבֶּער עֶר הָאט צוּ זֵייא גֶעזָאגְט, וֶועלְכֶער מֶענְשׁ
אִיז דָא צְוִוישֶׁען אֵייךְ, וָואס זָאל הָאבֶּען אֵיין שָׁאף, אוּנְד
עֶס וֶועט אִין אַ גְרוּבּ אַרֵיינְפַאלֶען אִים שַׁבָּת, וֶועט עֶר עֶס

12 נִיט אָנְגֶעמֶען אוּנְד אַרוֹיסְהֵייבֶּען? וִויא פִיל מֶעהְר דֶען אִיז
אַ מֶענְשׁ בֶּעסֶער וִויא אַ שָׁאף? דְרוּם אִיז עֶס דֶערְלוֹיבְּט
13 גוּטֶעס צוּ טְהוּן אִים שַׁבָּת: דַאן הָאט עֶר צוּם מַאן גֶעזָאגְט,
שְׁטְרֶעק אוֹים דַיינֶע הַאנְד. אוּנְד עֶר הָאט זִיא אוֹיסְגֶע־
שְׁטְרֶעקְט, אוּנְד זִיא אִיז ווִידֶער גֶעזוּנְד גֶעוָוארֶען אַזוֹי וִויא
14 דִיא אַנְדֶערֶע: אוּנְד וֶוען דִיא פְּרוּשִׁים זֶענֶען אַרוֹיסְגֶעגַאנְגֶען,
הָאבֶּען זַייא אַיין עֵצָה גֶעהַאלְטֶען קֶענֶען אִיהְם אַז זַייא זָאלֶען
15 אִיהְם אוּמְבְּרֶענְגֶען: אָבֶּער יֵשׁוּעַ הָאט דָאס גֶעוְואוּסְט,
אוּנְד אִיז פוּן דָארְטֶען אַוֶועקְגֶעגַאנְגֶען; אוּנְד פִילֶע זֶענֶען
אִים נָאכְגֶעגַאנְגֶען, אוּנְד עֶר הָאט זַייא אַלֶע גֶעהֵיילְט:
16 אוּנְד עֶר הָאט זַייא בֶּעפוֹילֶען אַז זַייא זָאלֶען אִיהְם נִיט
17 בֶּעקַאנְט מַאכֶען: כְּדֵי עֶס זָאל מְקוּיָם וֶוערֶען וָואס אִיז
גֶעזָאגְט דוּרְךְ יְשַׁעְיָה הַנָּבִיא, דֶער זָאגְט:
18 „זֶעה, מֵיין קְנֶעכְט, דֶעם אִיךְ הָאבּ אוֹיסְדֶערְוֶועהְלְט; מֵיין
גֶעלִיבְּטֶער אִין וֶועלְכֶען מֵיינֶע זֶעלֶע הָאט וְואוֹילְגֶעפַאלֶען;
אִיךְ וֶועל מֵיין גַייסְט אוֹיף אִיהְם גֶעבֶּען, אוּנְד עֶר וֶועט
19 דֶערְקְלֶערֶען דָאס גֶערִיכְט צוּ דִיא פֶעלְקֶער: עֶר וֶועט
נִיט צַאנְקֶען, אוּנְד וֶועט נִיט שְׁרַייעֶן; אוּנְד מֶען וֶועט
20 זַיין קוֹל נִיט הֶערֶען אִין דִיא גַאסֶען: אַ צוּשְׁטוֹיסֶענֶעם
רָאהְר וֶועט עֶר נִיט צוּבְּרֶעכֶען, אוּנְד רֵייכֶערְדִיגֶעם
פְלַאקְס וֶועט עֶר נִיט פֶערְלֶעשֶׁען, בִּיז עֶר וֶועט אוֹיסְ־
21 שִׁיקֶען דָאס גֶערִיכְט צוּם זִיג: אוּנְד דִיא פֶעלְקֶער
וֶועלֶען הָאפֶען אִין זַיין נָאמֶען״: (יְשַׁעְיָה מב׳ א׳־ג׳).
22 דַאן הָאט מֶען צוּ אִיהְם גֶעבְּרַאכְט אֵיינֶעם וָואס הָאט גֶע־
הַאט אַ שֵׁד, בְּלִינְד אוּנְד שְׁטוּם; אוּנְד עֶר הָאט אִיהְם גֶע־
הֵיילְט, אַז דֶער בְּלִינְדֶער אוּנְד שְׁטוּמֶער הָאט גֶערֶעט אוּנְד
23 גֶעזֶעהֶען: אוּנְד אַלֶע לַייט הָאבֶּען זִיךְ גֶעוְואוּנְדֶערְט אוּנְד
24 גֶעזָאגְט, אִיז דָאס נִיט דֶער זוּהְן פוּן דָוִד? אוּנְד וֶוען דִיא
פְּרוּשִׁים הָאבֶּען דָאס גֶעהֶערְט, הָאבֶּען זַייא גֶעזָאגְט, עֶר
טְרַייבְּט נִיט אַנְדֶערְשׁ אַרוֹיס דִיא שֵׁדִים דֶען נוּר דוּרְךְ בַּעַל־
25 זְבוּב דֶעם אוֹיבֶּערְשְׁטֶען פוּן דִיא שֵׁדִים: אָבֶּער יֵשׁוּעַ
ווִיסֶענְדִיג זֵיירֶע גֶעדַאנְקֶען הָאט צוּ זַייא גֶעזָאגְט, אִיטְלִיכֶעס
קֶענִיגְרֵייךְ וָואס אִיז צוּטֵיילְט קֶעגֶען זִיךְ, אוּנְד אִיטְלִיכֶע
שְׁטָאט אָדֶער הוֹיז וָואס אִיז צוּטֵיילְט קֶעגֶען זִיךְ קֶען נִיט

26 בֶּעשְׁטֶעהֶען? אוּנְד װֶען דֶער שָׂטָן טְרֵייבְּט אַרוֹיס דֶעם שָׂטָן,
אַזוֹי אִיז עֶר צוּטֵיילְט קֶעגֶען זִיךְ; אוּנְד װִיא אַזוֹי קֶען
27 זַיין קֶענִיגְרֵייךְ בֶּעשְׁטֶעהֶען? אוּנְד װֶען אִיךְ טְרֵייבּ אַרוֹיס
דִיא שֵׁדִים דוּרְךְ בַּעַל־זְבוּב, דוּרְךְ װֶעמֶען טְרֵייבֶּען זֵייא
אֵיירֶע זִיהְן אַרוֹיס? דְרוּם זָאלֶען זֵייא אֵיירֶע רִיכְטֶער זַיין:
28 אָבֶּער װֶען אִיךְ טְרֵייבּ אַרוֹיס דִיא שֵׁדִים דוּרְךְ דֶעם גֵייסְט
פוּן גָאט, אַזוֹי אִיז דָאס קֶענִיגְרֵייךְ פוּן גָאט צוּ אֵייךְ גֶע־
29 קוּמֶען: אָדֶער װִיא אַזוֹי קֶען אֵיינֶער אַרֵיינְקוּמֶען אִים הוֹיז
פוּן אַ שְׁטַארְקֶען מַאן, אוּנְד אִיהְם זֵיינֶע זַאכֶען רוֹיבֶּען,
חוּץ אַז עֶר װֶעט צוּעֶרְשְׁט דֶעם שְׁטַארְקֶען בִּינְדֶען? אוּנְד
30 דֶערְנָאךְ װֶעט עֶר אִיהְם זַיין הוֹיז רוֹיבֶּען: װֶער עֶס אִיז נִיט
מִיט מִיר דֶער אִיז קֶעגֶען מִיר; אוּנְד װֶער עֶס זַאמֶעלְט נִיט
31 מִיט מִיר דֶער צוּשְׁפְּרֵייט: דְרוּם זָאג אִיךְ אֵייךְ, אַז אַלֶע
זִינְד אוּנְד לֶעסְטֶער װֶעט דֶעם מֶענְשׁ פֶערְגֶעבֶּען װֶערֶען,
אָבֶּער דָאס לֶעסְטֶערְן קֶעגֶען דֶעם רוּחַ הַקוֹדֶשׁ װֶעט דֶעם
32 מֶענְשׁ נִיט פֶערְגֶעבֶּען װֶערֶען: אוּנְד װֶער עֶס װֶעט רֶעדֶען
אַ װָארְט קֶעגֶען דֶעם בֶּן־אָדָם, אִיהְם װֶעט עֶס פֶערְגֶעבֶּען
װֶערֶען, אָבֶּער װֶער עֶס װֶעט רֶעדֶען קֶעגֶען דֶעם רוּחַ
הַקוֹדֶשׁ, אִיהְם װֶעט עֶס נִיט פֶערְגֶעבֶּען װֶערֶען, נִיט אוֹיף
33 דִיזֶער װֶעלְט, אוּנְד נִיט אוֹיף יֶענֶער װֶעלְט: עֶנְטְװֶעדֶער
מַאכְט דֶעם בּוֹים גוּט, אוּנְד דִיא פְרוּכְט גוּט, אָדֶער מַאכְט
דֶעם בּוֹים שְׁלֶעכְט אוּנְד דִיא פְרוּכְט שְׁלֶעכְט, װָארִין אָן
34 דֶער פְרוּכְט דֶערְקֶענְט מֶען דֶעם בּוֹים: אִיהְר שְׁפְּרָאצוּנְג
פוּן שְׁלַאנְגֶען, װִיא אַזוֹי קֶענְט אִיהְר גוּטֶעס רֶעדֶען, װֶען
אִיהְר זֶענְט שְׁלֶעכְט? װָארִין פוּן דֶעם װָאס דָאס הַאַרְץ אִיז
35 אִיבֶּערְפִילְט רֶעט דָאס מוֹיל: אַ גוּטֶער מֶענְשׁ בְּרֶענְגְט
אַרוֹיס גוּטֶעס פוּן דֶעם גוּטֶען שַׂאך, אוּנְד אַ שְׁלֶעכְטֶער
מֶענְשׁ בְּרֶענְגְט אַרוֹיס שְׁלֶעכְטֶעס פוּן דֶעם שְׁלֶעכְטֶען שַׂאך:
36 אָבֶּער אִיךְ זָאג אֵייךְ, אַז פַאר יֶעדֶעם אוּנְנִיצְלִיכֶע װָארְט,
דָאס דִיא מֶענְשֶׁען װֶעלֶען רֶעדֶען, װֶעלֶען זֵייא רֶעכֶענְ־
37 שַׁאפְט גֶעבֶּען אִים יוֹם הַדִין: װָארִין בֵּייא דֵיינֶע װֶערְטֶער
װֶעסְט דוּא גֶערֶעכְטְפֶערְטִיגְט װֶערֶען, אוּנְד בֵּייא דֵיינֶע
װֶערְטֶער װֶעסְט דוּא פֶערְשׁוּלְדִיגְט װֶערֶען:
38 דַאן הָאבֶּען עֶטְלִיכֶע פוּן דִיא סוֹפְרִים אוּנְד דִיא פְּרוּשִׁים

גֶעֶנְטפֶערְט אוּנְד גֶעזָאגְט, רַבִּי, מִיר ווִינְשֶׁען הַיינְט פוּן דִיר
39 אַ צֵייכֶען צוּ זֶעהֶען: אוּנְד עֶר הָאט גֶעעֶנְטפֶערְט אוּנְד הָאט
צוּ זַייא גֶעזָאגְט, אַ שְׁלֶעכְטֶעס דוֹר אוּנְד פוּן זְנוּת זוּכְט אַ
צֵייכֶען, אוּנְד עֶס ווֶעט קַיין אַנְדֶערֶעס צֵייכֶען נִיט גֶעגֶעבֶּען
40 ווֶערֶען, אוֹיסֶער דָאס צֵייכֶען פוּן יוֹנָה הַנָבִיא: ווָארִין אַזוֹי
ווִיא יוֹנָה אִיז גֶעווֶעזֶען אִין דִיא גֶעדֶערְם פוּן דֶעם פִישׁ דְרַייא
טֶעג אוּנְד דְרַייא נֶעכְט, אַזוֹי ווֶעט דֶער בֶּן־אָדָם זַיין דְרַייא
41 טֶעג אוּנְד דְרַייא נֶעכְט אִים הַאַרְץ פוּן דֶער עֶרְד: דִיא
מֶענְשֶׁען פוּן נִנְוֵה ווֶעלֶען אוֹיפְשְׁטֶעהֶען צוּם גֶערִיכְט מִיט
דִיזֶען דוֹר, אוּנְד ווֶעלֶען עֶס פֶערְשׁוּלְדִיגֶען, ווָארִין זַייא
הָאבֶּען תְּשׁוּבָה גֶעטְהוּן בַּייא דֶער פְּרֶעדִיגְט פוּן יוֹנָה; אוּנְד
42 זֶעה, דָא אִיז אַ גְרֶעסֶערֶער ווִיא יוֹנָה: דִיא מַלְכָּה פוּן תֵּימָן
ווֶעט אוֹיפְשְׁטֶעהֶען צוּם גֶערִיכְט מִיט דִיזֶען דוֹר, אוּנְד ווֶעט
עֶס פֶערְשׁוּלְדִיגֶען, ווָארִין זִיא אִיז גֶעקוּמֶען פוּן דִיא
עֶקֶען פוּן דֶער ווֶעלְט צוּ הֶערֶען דִיא חָכְמָה פוּן שְׁלֹמֹה:
43 אוּנְד זֶעה דָא אִיז אַ גְרֶעסֶערֶער ווִיא שְׁלֹמֹה: אוּנְד ווֶען
דֶער אוּנְרֵיינֶער גֵייסְט גֶעהְט אַרוֹיס פוּן אַ מֶענְשׁ, אַזוֹי ווַאנְ־
דֶערְט עֶר אַרוּם אִין עֶרְטֶער אָהְן ווַאסֶער, אוּנְד זוּכְט רוּה,
44 אוּנְד גֶעפִינְט עֶס נִיט: דַאן זָאגְט עֶר, אִיךְ ווֶעל ווִידֶער צוּ־
רִיק גֶעהֶען אִין מֵיין הוֹיז פוּן ווַאנֶען אִיךְ בִּין אַרוֹיסְגֶעגַאנְ־
גֶען; אוּנְד ווֶען עֶר קוּמְט, גֶעפִינְט עֶר עֶס לֶעדִיג אוּנְד אוֹיס
45 גֶעקֶעהְרְט אוּנְד גֶעפּוּצְט: דַאן גֶעהְט עֶר אוּנְד נֶעמְט מִיט
זִיךְ זִיבֶּען אַנְדֶערֶע גֵייסְטֶער נָאךְ אַרְגֶער ווִיא עֶר אַלֵיין,
אוּנְד זַייא קוּמֶען אַרַיין אוּנְד וואוֹינֶען דָארְט; אוּנְד דֶער
סוֹף פוּן דִיזֶען מֶענְשׁ אִיז נָאךְ אַרְגֶער ווִיא פְרִיהֶער; אַזוֹי
ווֶעט עֶס אוֹיךְ זַיין מִיט דִיזֶען שְׁלֶעכְטֶען דוֹר:
46 דֶערְווַייל עֶר הָאט נָאךְ צוּ דִיא לַייט גֶערֶעט, זֶעה, זָענֶען
נוּן זַיינֶע מוּטֶער אוּנְד בְּרִידֶער פוּן דְרוֹיסֶען גֶעשְׁטַאנֶען,
47 אוּנְד הָאבֶּען גֶעווָאלְט מִיט אִיהְם רֶעדֶען: אוּנְד אֵיינֶער הָאט
צוּ אִיהְם גֶעזָאגְט, זֶעה, דַיינֶע מוּטֶער אוּנְד דַיינֶע בְּרִידֶער
48 שְׁטֶעהֶען דְרוֹיסֶען אוּנְד ווִילֶען מִיט דִיר רֶעדֶען: אוּנְד עֶר
הָאט גֶעעֶנְטפֶערְט אוּנְד גֶעזָאגְט צוּ דֶעם ווָאס הָאט אִיהְם
דָאס גֶעזָאגְט, ווֶער אִיז מַיינֶע מוּטֶער, אוּנְד ווֶער זָענֶען
49 מַיינֶע בְּרִידֶער? אוּנְד עֶר הָאט אוֹיסְגֶעשְׁטְרֶעקְט זַיינֶע

הַאנְד צוּ זֵיינֶע תַּלְמִידִים אוּנְד גֶעזָאגְט, זֶעהְט, מֵיינֶע מוּטֶער
50 אוּנְד מֵיינֶע בְּרִידֶער! וָוארִין וֶוער עֶס וֶועט טְהוּן דֶעם ווִילֶען
פוּן מֵיין פָאטֶער וָואס אִיז אִים הִימֶעל, דֶער אִיז מֵיין בְּרוּ־
דֶער, אוּנְד מֵיינֶע שְׁוֶועסְטֶער, אוּנְד מֵיינֶע מוּטֶער:

קאפּיטעל יג

1 אִין יֶענֶעם טָאג אִיז יֵשׁוּעַ אוֹיס דֶעם הוֹיז אַרוֹיסְגֶעגַאנְגֶען,
2 אוּנְד הָאט זִיךְ אַנִידֶערְגֶעזֶעצְט בֵּיים יַם: אוּנְד פִיל לֵייט
הָאבֶּען זִיךְ צוּ אִיהְם פֶערְזַאמֶעלְט, אַזוֹי אַז עֶר אִיז גֶעגַאנְ־
גֶען זִיךְ צוּ זֶעצֶען אִין אַ שִׁיף; אוּנְד אַלֶע לֵייט זֶענֶען גֶע־
3 שְׁטַאנֶען בֵּיים בָּארְטֶען: אוּנְד עֶר הָאט צוּ זֵייא פִיל גֶערֶעט
אִין מְשָׁלִים אוּנְד גֶעזָאגְט, זֶעה, אַ זֵייעֶר אִיז אַרוֹיסְגֶעגַאנְגֶען
4 צוּ זַייעֶן: אוּנְד ווִיא עֶר הָאט גֶעזַייעֶט, זֶענֶען עֶטְלִיכֶע זָא־
מֶען גֶעפַאלֶען בֵּיים וֶועג, אוּנְד דִיא פֵייגֶעל זֶענֶען גֶעקוּמֶען
5 אוּנְד הָאבֶּען זֵייא אוֹיפְגֶעפְרֶעסֶען: אוּנְד אַנְדֶערֶע זֶענֶען
גֶעפַאלֶען אוֹיף שְׁטֵיינֶערְדִיגֶען גְרוּנְד, ווְאוּ זֵייא הָאבֶּען נִיט
גֶעהַאט פִיל עֶרְד; אוּנְד זֵייא זֶענֶען גְלֵייךְ אַרוֹיסְגֶעשְׁפְּרָאצְט,
6 ווֵייל זֵייא הָאבֶּען נִיט גֶעהַאט קֵיינֶע טִיפֶע עֶרְד: אוּנְד וֶוען
דִיא זוּן אִיז אוֹיפְגֶעגַאנְגֶען, זֶענֶען זֵייא פֶערְטְרִיקֶענְט; ווֵייל
זֵייא הָאבֶּען קֵיינֶע ווָאוּרְצֶעל נִיט גֶעהַאט, זֶענֶען זֵייא פֶערְ־
7 דָארְט גֶעוָוארֶען: אוּנְד אַנְדֶערֶע זֶענֶען גֶעפַאלֶען צְווִישֶׁען
דֶערְנֶער; אוּנְד דִיא דֶערְנֶער זֶענֶען אוֹיפְגֶעגַאנְגֶען אוּנְד
8 הָאבֶּען זֵייא דֶערְשְׁטִיקְט: אוּנְד אַנְדֶערֶע זֶענֶען גֶעפַאלֶען
אוֹיף גוּטֶען גְרוּנְד, אוּנְד הָאבֶּען גֶעטְרָאגֶען פְרוּכְט, עֶטְלִיכֶע
הוּנְדֶערְטְפֶעלְטִיג, אוּנְד עֶטְלִיכֶע זֶעכְצִיגְפֶעלְטִיג, אוּנְד עֶטְ־
9 לִיכֶע דְרֵייסִיגְפֶעלְטִיג: דֶער וָואס הָאט אוֹירֶען צוּ הֶערֶען
לָאז עֶר הֶערֶען:
10 אוּנְד דִיא תַּלְמִידִים זֶענֶען צוּ אִיהְם גֶעקוּמֶען אוּנְד הָאבֶּען
צוּ אִיהְם גֶעזָאגְט, פַארְוָואס רֶעדְסְט דוּא צוּ זֵייא אִין מְשָׁלִים?
11 אוּנְד עֶר הָאט גֶעעֶנְטְפֶערְט אוּנְד הָאט צוּ זֵייא גֶעזָאגְט, צוּ
אֵייךְ אִיז עֶס גֶעגֶעבֶּען אַז אִיהְר זָאלְט ווִיסֶען דִיא סוֹדוֹת פוּן
דֶעם מַלְכוּת הַשָּׁמַיִם, אָבֶּער צוּ זֵייא אִיז עֶס נִיט גֶעגֶעבֶּען:
12 וָוארִין וֶוער עֶס הָאט, צוּ דֶעם ווִעט גֶעגֶעבֶּען וֶוערֶען, אוּנְד
עֶר וֶועט אִיבְּרִיג הָאבֶּען; אָבֶּער דֶער וָואס הָאט נִיט, פוּן
דֶעם וֶועט דָאס וָואס עֶר הָאט אַוֶועקְגֶענוּמֶען וֶוערֶען:

13 דֶערְסְטְוֶועגֶען רֶעד אִיךְ צוּ זַייא אִין מְשָׁלִים, וָואָרִין זֶעהֶענְ־
דִיג זֶעהֶען זַייא דָאךְ נִיט, אוּנְד הֶערֶענְדִיג הֶערֶען זַייא דָאךְ
14 נִיט, אוּנְד פֶערְשְׁטֶעהֶען אוֹיךְ נִיט: אוּנְד אִין זַייא אִיז דֶערְ־
פִילְט דִיא נְבוּאָה פוּן יְשַׁעְיָה, וָועלְכֶע זָאגְט,

״הֶערֶענְדִיג וָועט אִיהְר הֶערֶען, אוּנְד נִיט פֶערְשְׁטֶעהֶען;
אוּנְד זֶעהֶענְדִיג וָועט אִיהְר זֶעהֶען, אוּנְד נִיט אֵיינְזֶעהֶען:
15 וָואָרִין דָאס הַארְץ פוּן דִיזֶען פָאלְק אִיז פֶעט גֶעוָוארֶען,
אוּנְד זַיירֶע אוֹירֶען זֶענֶען שְׁוֶוער צוּ הֶערֶען, אוּנְד זַיירֶע
אוֹיגֶען זֶענֶען צוּגֶעמַאכְט; אַז זַייא זָאלֶען נִיט זֶעהֶען
מִיט זַיירֶע אוֹיגֶען, אוּנְד הֶערֶען מִיט זַיירֶע אוֹירֶען, אוּנְד
פֶערְשְׁטֶעהֶען מִיט זַייעֶר הַארְץ, אוּנְד זִיךְ אוּמְקֶערֶען,
אוּנְד אִיךְ זָאל זַייא הֵיילֶען״: (ישעיה ו׳ ט׳ י׳).

16 אָבֶּער גֶעבֶּענְשְׁט זֶענֶען אֵיירֶע אוֹיגֶען וֵוייל זַייא זֶעהֶען,
17 אוּנְד אֵיירֶע אוֹירֶען וֵוייל זַייא הֶערֶען: וָואָרִין בֶּאֱמֶת זָאג
אִיךְ אֵייךְ, אַז פִילֶע נְבִיאִים אוּנְד צַדִּיקִים הָאבֶּען פֶערְלַאנְגְט
צוּ זֶעהֶען וָואס אִיהְר זֶעהְט, אוּנְד הָאבֶּען עֶס נִיט גֶעזֶעהֶען:
18 דְרוּם הֶערְט אִיהְר דָאס מָשָׁל פוּן דֶעם זַייעֶר: אִיטְלִיכֶער
19 וָואס הֶערְט דָאס וָוארְט פוּן דֶעם קֶענִיגְרַייךְ אוּנְד פֶערְשְׁטֶעהְט
עֶס נִיט, אַזוֹי קוּמְט דֶער שְׁלֶעכְטֶער, אוּנְד רַייסְט אוֹיס דָאס
וָואס אִיז גֶעזַייעֶט גֶעוָוארֶען אִין זַיין הַארְץ. דָאס אִיז דָאס
20 וָואס עֶס אִיז גֶעזַייעֶט גֶעוָוארֶען בַּיים וֶועג: אוּנְד דָאס וָואס
אִיז גֶעזַייעֶט גֶעוָוארֶען אוֹיף דֶעם שְׁטֵיינֶערְדִיגֶען גְרוּנְד אִיז
דֶער וָואס הֶערְט דָאס וָוארְט, אוּנְד עֶר נֶעמְט עֶס גְלֵייךְ אָן
21 מִיט פְרַייד: אָבֶּער עֶר הָאט נִיט אִין זִיךְ קֵיינֶע וָואוּרְצֶעל,
אוּנְד בְּלֵייבְּט נוּר פַאר אַ צַייט; אוּנְד וֶוען עֶס קוּמֶען לֵייְ־
דֶען אוּנְד פֶערְפָאלְגוּנְג וֶועגֶען דֶעם וָוארְט, אַזוֹי וֶוערְד עֶר
22 בַּאלְד גֶעשְׁטְרוֹיכֶעלְט: אוּנְד דָאס וָואס אִיז גֶעזַייעֶט גֶעְ־
וָוארֶען צְוִוישֶׁען דֶערְנֶער, אִיז דֶער וָואס הֶערְט דָאס וָוארְט
אוּנְד דִיא זָארְגֶען פוּן דֶער וֶועלְט, אוּנְד דֶער בֶּעטְרוּג פוּן
רַייכְטוּם, דֶערְשְׁטִיקְט דָאס וָוארְט, אוּנְד עֶס בְּלֵייבְּט אָהְן
23 פְרוּכְט: אוּנְד דָאס וָואס אִיז גֶעזַייעֶט גֶעוָוארֶען אוֹיף גוּטֶען
גְרוּנְד אִיז דֶער וָואס הֶערְט דָאס וָוארְט אוּנְד פֶערְשְׁטֶעהְט
עֶס, אוּנְד טְרָאגְט אוֹיךְ פְרוּכְט, עֶטְלִיכֶע הוּנְדֶערְטפֶעלְטִיג,
אוּנְד עֶטְלִיכֶע זֶעכְצִיגְפֶעלְטִיג, אוּנְד עֶטְלִיכֶע דְרַייסִיגְפֶעלְטִיג:

24 אוּנְד עֶר הָאט צוּ זַייא אֵיין אַנְדֶער מָשָׁל פָאְרגֶעלֶעגְט
אוּנְד גֶעזָאגְט, דָאס מַלְכוּת הַשָּׁמַיִם אִיז גְלַייךְ צוּ אַ מַאן
25 וָואס זַייעֶט גוּטֶען זָאמֶען אִין זַיין פֶעלְד: אוּנְד וֶוען דִיא
מֶענְשֶׁען דֶענֶען גֶעשְׁלָאפֶען, אִיז זַיין פֵיינְד גֶעקוּמֶען, אוּנְד
הָאט גֶעזֵייעֶט אוּנְקְרוֹיט צְוִוישֶׁען דֶעם וֵייץ, אוּנְד אִיז אַוֶועקְ־
26 גֶעגַאנְגֶען: אוּנְד וֶוען דָאס גְרָאז הָאט אוֹיסְגֶעשְׁפְּרָאצְט,
אוּנְד הָאט פְרוּכְט גֶעטְרָאגֶען, אַזוֹי הָאט זִיךְ דָאס אוּנְקְרוֹיט
27 אוֹיךְ גֶעוִויזֶען: אוּנְד דִיא קְנֶעכְט פוּן דֶעם בַּעַל הַבַּיִת זֶענֶען
גֶעקוּמֶען אוּנְד הָאבֶּען צוּ אִיהְם גֶעזָאגְט, הַאר, הָאסְט דוּא
נִיט גֶעזַייעֶט גוּטֶען זָאמֶען אִין דֵיין פֶעלְד? פוּן וַואנֶען הָאט
28 עֶס דֶען דָאס אוּנְקְרוֹיט? אוּנְד עֶר הָאט צוּ זַייא גֶעזָאגְט,
אַ פֵיינְד הָאט דָאס גֶעטְהוּן. אוּנְד דִיא קְנֶעכְט הָאבֶּען צוּ
אִיהְם גֶעזָאגְט, ווִילְסְט דוּא דֶען אַז מִיר זָאלֶען אוֹיסְגֶעהֶען
29 אוּנְד עֶס אֵיינְזַאמֶעלְן? אוּנְד עֶר הָאט צוּ זַייא גֶעזָאגְט,
נֵיין! וָוארִין טָאמֶער וֶוען אִיהְר וֶועט דָאס אוּנְקְרוֹיט אֵיינְ־
זַאמֶעלְן, וֶועט אִיהְר דֶערְמִיט דֶעם וֵוייץ אוֹיךְ אוֹיסְוְוארְצְ־
30 לֶען: לָאזְט זַייא בֵּיידֶע צוּזַאמֶען וַואקְסֶען בִּיז צוּ דֶער
שְׁנִיטְצֵייט, אוּנְד אִין דֶער שְׁנִיטְצֵייט וֶועל אִיךְ זָאגֶען צוּ
דִיא שְׁנִיטֶער, זַאמֶעלְט צוּעֶרְשְׁט אֵיין דָאס אוּנְקְרוֹיט, אוּנְד
בִּינְט עֶס אִין בִּינְדְלֶעךְ, אַז מֶען זָאל עֶס פֶערְבְּרֶענֶען, אָבֶּער
זַאמֶעלְט דֶעם וֵוייץ אִין מֵיינֶע שְׁפֵּייכְלֶער אַרֵיין:
31 אוּנְד עֶר הָאט צוּ זַייא אֵיין אַנְדֶער מָשָׁל פָאְרגֶעלֶעגְט אוּנְד
גֶעזָאגְט, דָאס מַלְכוּת הַשָּׁמַיִם אִיז גְלַייךְ צוּ אַ זֶענְפְקָארְן,
וָואס אַ מַאן הָאט גֶענוּמֶען אוּנְד גֶעזֵייעֶט אִין זַיין פֶעלְד:
32 דָאס אִיז קְלֵיינֶער ווִיא אַלֶע זָאמֶען, אָבֶּער וֶוען עֶס וַואקְסְט
אוֹיף אַזוֹי אִיז עֶס גְרֶעסֶער ווִיא אַלֶע קְרֵייטֶער, אוּנְד וֶוערְד
אַ בּוֹים אַזוֹי אַז דִיא פֵייגֶעל פוּן הִימֶעל קוּמֶען אוּנְד בֶּעְ־
דֶעצֶען זִיךְ צְווִישֶׁען דִיא צְוֵוייגֶען:
33 אוּנְד עֶר הָאט נָאךְ אֵיין אַנְדֶער מָשָׁל צוּ זַייא גֶעזָאגְט, דָאס
מַלְכוּת הַשָּׁמַיִם אִיז גְלַייךְ צוּ זוֹיעֶרְטֵייג, וָואס אַ פְרוֹיא
הָאט גֶענוּמֶען אוּנְד פֶערְבָּארְגֶען אִין דְרַייא מָאס מֶעהְל,
בִּיז דָאס גַאנְצֶע אִיז גֶעזֵייעֶרְט גֶעוָוארֶען:
34 דָאס אַלֶעס הָאט יֵשׁוּעַ גֶעזָאגְט צוּ דִיא לֵייט אִין מְשָׁלִים
35 אוּנְד אָהְן מְשָׁלִים הָאט עֶר צוּ זַייא נִיט גֶערֶעט: כְּדֵי עֶס

זָאל מְקוּיָם וָוערֶען וָואס עֶס אִיז גֶעזָאגְט דוּרְךְ דֶעם נָבִיא,
דֶער זָאגְט,
״אִיךְ וֶועל אוּיפְמַאכֶען מֵיין מוּיל אִין מְשָׁלִים, אִיךְ וֶועל
רֶעדֶען וָואס אִיז פֶערְבָּארְגֶען גֶעוֶועזֶען פוּן דֶער גְרִינְדוּנְג
פוּן דֶער וֶועלְט״: (תהלים עח׳ ב׳).
דַאן הָאט עֶר דִיא לֵייט אַוֶועקְגֶעשִׁיקְט אוּנְד אִיז אִים הוֹיז 36
אַרֵיינְגֶעקוּמֶען. אוּנְד זֵיינֶע תַּלְמִידִים זֶענֶען צוּ אִיהְם גֶעקוּ־
מֶען אוּנְד הָאבֶּען גֶעזָאגְט, דֶערְקְלֶעהְר אוּנְס דָאס מָשָׁל פוּן
דֶעם אוּנְקְרוֹיט פוּן דֶעם פֶעלְד: אוּנְד עֶר הָאט גֶעעֶנְטְפֶערְט 37
אוּנְד גֶעזָאגְט, דֶער וָואס זֵייעט דֶעם גוּטֶען זָאמֶען אִיז דֶער
בֶּן־אָדָם: דָאס פֶעלְד אִיז דִיא וֶועלְט; דֶער גוּטֶער זָאמֶען 38
זֶענֶען דִיא קִינְדֶער פוּן דֶעם קֶענִיגְרֵייךְ; אוּנְד דָאס אוּנְקְרוֹיט
זֶענֶען דִיא קִינְדֶער פוּן דֶעם שְׁלֶעכְטֶען: דֶער פֵיינְד וָואס 39
הָאט עֶס גֶעזֵייעט אִיז דֶער שָׂטָן; דִיא שְׁנִיטְצֵייט אִיז דָאס
עֶנְד פוּן דֶעם צֵייטְאַלְטֶער אוּנְד דִיא שְׁנִיטֶער זֶענֶען דִיא
מַלְאָכִים: דְרוּם אַזוֹי וִויא דָאס אוּנְקְרוֹיט וֶוערְד אֵיינְגֶעזַא־ 40
מֶעלְט אוּנְד פֶערְבְּרֶענְט אִים פֵייעֶר, אַזוֹי וֶועט עֶס אוֹיךְ
זֵיין בֵּיים עֶנְד פוּן דֶעם צֵייטְאַלְטֶער: דֶער בֶּן־אָדָם וֶועט 41
שִׁיקֶען זֵיינֶע מַלְאָכִים, אוּנְד זֵייא וֶועלֶען אֵיינְזַאמְלֶען פוּן
זֵיין קֶענִיגְרֵייךְ אַלֶע שְׁטְרוֹיכְלוּנְגֶען, אוּנְד דִיא וָואס טְהוּן
אוּנְרֶעכְט: אוּנְד זֵייא וֶועלֶען זֵייא אִים פֵייעֶרִיגֶען אוֹיפֶען 42
אַרֵיינְוַוארְפֶען; דָארְט וֶועט זֵיין גֶעוֵויין אוּנְד צֵיינְקְרִיצֶען:
דַאן וֶועלֶען דִיא צַדִיקִים שֵׁיינֶען וִויא דִיא זוּן אִים קֶענִיגְ־ 43
רֵייךְ פוּן זֵייעֶר פָאטֶער. דֶער וָואס הָאט אוֹירֶען צוּ הֶערֶען,
לָאז עֶר הֶערֶען:
דָאס מַלְכוּת הַשָּׁמַיִם אִיז גְלֵייךְ צוּ אַ שַׁאץ וָואס אִיז פֶערְ־ 44
בָּארְגֶען אִים פֶעלְד, וֶועלְכֶעס אַ מַאן גֶעפִינְט אוּנְד פֶערְ־
בָּארְגְט עֶס, אוּנְד פַאר שִׂמְחָה גֶעהְט עֶר אַוֶועק, אוּנְד
פֶערְקוֹיפְט אַלֶעס וָואס עֶר הָאט אוּנְד קוֹיפְט דָאס פֶעלְד:
ווִידֶער, דָאס מַלְכוּת הַשָּׁמַיִם אִיז גְלֵייךְ צוּ אַ סוֹחֵר וָואס 45
זוּכְט גוּטֶע פֶערְל; אַזוֹי אִיז עֶר גֶעגַאנְגֶען אוּנְד הָאט אַלֶעס 46
פֶערְקוֹיפְט אוּנְד הָאט זִיא גֶעקוֹיפְט:
ווִידֶער, דָאס מַלְכוּת הַשָּׁמַיִם אִיז גְלֵייךְ צוּ אַ נֶעץ וָואס 47
וֶוערְד אִים יַם אַרֵיינְגֶעוָוארְפֶען, אוּנְד פַאנְגְט פוּן אַלֶערְלֵייא

48 מִינִים: אוּנְד וָוען עֶס אִיז פוּל גֶעוָוארֶען הָאט מֶען עֶס צוּם
בְּרֶעג אַרוֹיסְגֶעצוֹיגֶען, אוּנְד מֶען הָאט זִיךְ אַנִידֶער גֶעזֶעצְט
אוּנְד אֵיינְגֶעזַאמֶעלְט דִיא גוּטֶע אִין דִיא כֵּלִים אַרַיין, אוּנְד
49 דִיא שְׁלֶעכְטֶע הָאט מֶען אַוֶועקְגֶעוָוארְפֶען: אַזוֹי וֶועט עֶס
זַיין בַּיים עֶנְד פוּן דֶעם צַייטְאַלְטֶער: דִיא מַלְאָכִים וֶועלֶען
אוֹיסְגֶעהֶען, אוּנְד וֶועלֶען אָפְּשֵׁיידֶען דִיא רְשָׁעִים פוּן צְוִוי־
50 שֶׁען דִיא צַדִיקִים: אוּנְד זַייא וֶועלֶען זַייא אִים פֵייעֶרִיגֶען
אוֹיפֶען אַרַיינְוַוארְפֶען; דָארְט וֶועט זַיין גֶעוֵויין אוּנְד צֵיינְ־
קְרִיצֶען:
51 הָאט אִיהְר דָאס אַלֶעס פֶערְשְׁטַאנֶען? זַייא הָאבֶּען צוּ אִיהְם
52 גֶעזָאגְט, יָא: אוּנְד עֶר הָאט צוּ זַייא גֶעזָאגְט, דְרוּם אִיטְ־
לִיכֶער סוֹפֵר וָואס אִיז גֶעלֶערְנְט צוּם מַלְכוּת הַשָּׁמַיִם אִיז
גְלַייךְ צוּ אַ בַּעַל הַבַּיִת, וָואס בְּרֶענְגְט אַרוֹיס פוּן זַיין שַׁאץ
נַייעֶ אוּנְד אַלְטֶע זַאכֶען:
53 אוּנְד עֶס אִיז גֶעשֶׁעהֶען וָוען יֵשׁוּעַ הָאט דִיזֶע מְשָׁלִים גֶע־
54 עֶנְדִיגְט, אִיז עֶר פוּן דָארְטֶען אַוֶועקְגֶעגַאנְגֶען: אוּנְד עֶר
אִיז גֶעקוּמֶען אִין זַיין אֵייגֶען לַאנְד אַרַיין, אוּנְד עֶר הָאט
זַייא גֶעלֶערְנְט אִין זַיירֶע שׁוּלֶען, אַז זַייא זֶענֶען עֶרְשְׁטוֹינְט
גֶעוָוארֶען אוּנְד הָאבֶּען גֶעזָאגְט, וִויא קוּמְט צוּ אִיהְם דִיזֶע
55 חָכְמָה אוּנְד דִיא נִסִים? אִיז עֶר נִיט דֶער זוּהְן פוּן דֶעם בּוֹי־
מַייסְטֶער? אוּנְד הֵייסְט נִיט זַיינֶע מוּטֶער מִרְיָם? אוּנְד
זַיינֶע בְּרִידֶער יַעֲקֹב אוּנְד יוֹסֵי אוּנְד שִׁמְעוֹן אוּנְד יְהוּדָה?
56 אוּנְד זֶענֶען נִיט אַלֶע זַיינֶע שְׁוֶועסְטֶערְן בַּייא אוּנְס? פוּן
57 וַואנֶען דֶען הָאט דִיזֶער דָאס אַלֶעס? אוּנְד זַייא הָאבֶּען
גֶעשְׁטְרוֹיכֶעלְט אַן אִיהְם. אוּנְד יֵשׁוּעַ הָאט צוּ זַייא גֶעזָאגְט,
אַ נָבִיא אִיז נִיט אָהְן כָּבוֹד, אוֹיסֶער אִין זַיין לַאנְד אוּנְד אִין
58 זַיין הוֹיז: אוּנְד עֶר הָאט דָארְט נִיט פִיל נִסִים בֶּעוִויזֶען
וֶועגֶען זַיירֶען אוּנְגְלוֹיבֶּען:

קאפיטעל יד

1 אִין יֶענֶער צַייט הָאט הוֹרְדוֹס דֶער פִירְפִירְשְׁט גֶעהֶערְט
2 דֶעם שֵׁם פוּן יֵשׁוּעַ: אוּנְד עֶר הָאט גֶעזָאגְט צוּ זַיינֶע קְנֶעכְט,
דָאס אִיז יוֹחָנָן הַמְטַבֵּל, עֶר אִיז אוֹיפְגֶעשְׁטַאנֶען פוּן דִיא
3 טוֹיטֶע אוּנְד דְרוּם וִוירְקֶען אִין אִיהְם דִיא נִסִים: וָוארִין
הוֹרְדוֹס הָאט יוֹחָנָן גֶענוּמֶען, אוּנְד הָאט אִיהְם גֶעבּוּנְדֶען,

אוּנְד אִים גֶעפֶענְגְנִיס אַרַיינְגֶעזֶעצְט וֶועגֶען הוֹרְדְיָא דָאס וַוייבּ
פוּן זַיין בְּרוּדֶער פִילִיפּוּס׃ וָוארִין יוֹחָנָן הָאט אִיהְם גֶעזָאגְט, 4
עֶס אִיז נִיט רֶעכְט אַז דוּא זָאלְסְט זִיא הָאבֶּען׃ אוּנְד עֶר 5
הָאט אִיהְם גֶעוָואלְט הַרְגֶענֶען, אָבֶּער עֶר הָאט מוֹרָא גֶע־
הַאט פָאר דִיא לַייט וַוייל זַייא הָאבֶּען אִיהְם גֶעהַאלְטֶען
פַאר אַ נָבִיא׃ אוּנְד וֶוען מֶען הָאט גֶעהַאלְטֶען דֶעם גֶע־ 6
בּוּרְטְסְטָאג פוּן הוֹרְדוֹס, הָאט דִיא טָאכְטֶער פוּן הוֹרְדְיָא
אִים מִיטֶען גֶעטַאנְצְט, אוּנְד זִיא אִיז הוֹרְדוֹס גֶעפֶעלֶען׃
דְרוּם הָאט עֶר אִיהְר צוּגֶעזָאגְט מִיט אַ שְׁבוּעָה אַז עֶר וֶועט 7
אִיהְר גֶעבֶּען וָואס זִיא וֶועט פֶערְלַאנְגֶען׃ אוּנְד אַז זִיא אִיז 8
גֶעוֶועזֶען פְרִיהֶער אָנְגֶעלֶערְנְט פוּן אִיהְרֶע מוּטֶער, הָאט
זִיא גֶעזָאגְט, גִיבּ מִיר דֶעם קָאפּ פוּן יוֹחָנָן הַמְטַבֵּל אוֹיף אַ
שִׁיסֶעל׃ אוּנְד דֶער מֶלֶךְ אִיז טְרוֹירִיג גֶעוֶועזֶען; דָאךְ וֶועגֶען 9
דֶער שְׁבוּעָה, אוּנְד דִיא וָואס זֶענֶען מִיט אִיהְם גֶעזֶעסֶען,
הָאט עֶר בֶּעפוֹילֶען אַז מֶען זָאל אִיהְר גֶעבֶּען׃ אוּנְד עֶר 10
הָאט גֶעשִׁיקְט, אוּנְד הָאט יוֹחָנָן גֶעקֶעפְּט אִים גֶעפֶענְגְנִיס׃
אוּנְד זַיין קָאפּ אִיז גֶעבְּרַאכְט גֶעוָוארֶען אוֹיף אַ שִׁיסֶעל, אוּנְד 11
אִיז צוּם מֶעדֶעל גֶעגֶעבֶּען, אוּנְד זִיא הָאט אִיהְם גֶעבְּרַאכְט צוּ
אִיהְרֶע מוּטֶער׃ אוּנְד זַיינֶע תַּלְמִידִים זֶענֶען גֶעקוּמֶען אוּנְד 12
הָאבֶּען גֶענוּמֶען דֶעם גוּף, אוּנְד הָאבֶּען אִיהְם בֶּעגְרָאבֶּען;
אוּנְד זַייא זֶענֶען גֶעקוּמֶען אוּנְד הָאבֶּען עֶס דֶערְצֶעהְלְט צוּ
יֵשׁוּעַ׃

אוּנְד וֶוען יֵשׁוּעַ הָאט דָאס גֶעהֶערְט אִיז עֶר פוּן דָארְט 13
אַלֵיין אַוֶועקְגֶעגַאנְגֶען אִין אַ שִׁיף אִין אַ וִוּיסְטֶען אָרְט;
אוּנְד וֶוען דִיא לַייט הָאבֶּען דָאס גֶעהֶערְט זֶענֶען זַייא אִיהְם
נָאכְגֶעגַאנְגֶען פוּן דִיא שְׁטֶעט צוּ פוּס׃ אוּנְד יֵשׁוּעַ אִיז 14
אַרוֹיסְגֶעגַאנְגֶען אוּנְד הָאט גֶעזֶעהֶען פִיל לַייט; אוּנְד עֶר
הָאט אִיבֶּער זַייא רַחֲמָנוּת גֶעהַאט, אוּנְד הָאט גֶעהַיילְט זַיירֶע
קְרַאנְקֶע׃ אוּנְד וֶוען עֶס אִיז אָבֶּענְד גֶעוָוארֶען, זֶענֶען דִיא 15
תַּלְמִידִים צוּ אִיהְם גֶעקוּמֶען אוּנְד הָאבֶּען גֶעזָאגְט, דָאס אִיז
אַ מִדְבָּר, אוּנְד דִיא צַייט אִיז שׁוֹין פָארְבֵּייא; שִׁיק דִיא
לַייט אַוֶועק אַז זַייא זָאלֶען גֶעהֶען אִין דֶערְפֶער אַרַיין, אוּנְד
זָאלֶען זִיךְ קוֹיפֶען צוּם עֶסֶען׃ אָבֶּער יֵשׁוּעַ הָאט צוּ זַייא 16
גֶעזָאגְט, זַייא בֶּעדַארְפֶען נִיט אַוֶועק צוּ גֶעהֶען, גִיבְּט אִיהְר

17 זַייא צוּ עֶסְעֶן: אוּנְד זַייא הָאבֶּען צוּ אִיהְם גֶעזָאגְט, מִיר
הָאבֶּען דָא נִיט מֶעהְר וִויא פִינְף בְּרוֹיט אוּנְד צְוַויא פִישׁ:
18 אוּנְד עֶר הָאט גֶעזָאגְט, בְּרֶענְגְט זַייא אַהֶער צוּ מִיר: אוּנְד
19 עֶר הָאט גֶעהֵייסֶען דִיא לַייט זָאלֶען זִיךְ אַנִידֶערְזֶעצֶען אוֹיף
דֶעם גְרָאז, אוּנְד עֶר הָאט גֶענוּמֶען דִיא פִינְף בְּרוֹיט אוּנְד
דִיא צְוַויא פִישׁ אוּנְד הָאט אַרוֹיפְגֶעזֶעהֶען קֶעגֶען הִימֶעל,
אוּנְד אַ בְּרָכָה גֶעמַאכְט, אוּנְד הָאט דָאס בְּרוֹיט צוּבְּרָאכֶען,
אוּנְד הָאט עֶס גֶעגֶעבֶּען צוּ זַיינֶע תַּלְמִידִים, אוּנְד דִיא תַּלְמִידִים
20 צוּ דִיא לַייט: אוּנְד זַייא הָאבֶּען אַלֶע גֶעגֶעסֶען, אוּנְד זֶענֶען
זַאט גֶעוָוארֶען, אוּנְד זַייא הָאבֶּען אוֹיפְגֶעהוֹיבֶּען וָואס אִיז
אִיבֶּערְגֶעבְּלִיבֶּען פוּן דִיא בְּרֶעקְלֶעךְ צְוֶועלְף קֶערְבּ פוּל:
21 אוּנְד דִיא וָואס הָאבֶּען גֶעגֶעסֶען זֶענֶען גֶעוֶועזֶען אַן עֶרֶךְ
פוּן פִינְף טוֹיזֶענְד מֶענֶער, חוּץ פְרוֹיעֶן אוּנְד קִינְדֶער:
22 אוּנְד גְלֵייךְ הָאט יֵשׁוּעַ זַיינֶע תַּלְמִידִים גֶעצְוָואוּנְגֶען אִין אַ
שִׁיף אֵיינְצוּטְרֶעטֶען, אוּנְד פָאר אִיהְם צוּשִׁיפֶען צוּ דִיא אַנְ־
23 דֶערֶע זַייט בִּיז עֶר וֶועט דִיא לַייט אַוֶועקְשִׁיקֶען: אוּנְד וֶוען
עֶר הָאט דִיא לַייט אַוֶועקְגֶעשִׁיקְט, אִיז עֶר אַלֵיין אַרוֹיפְגֶעגַאנְ־
גֶען אוֹיף דֶעם בַּארְג צוּ בֶּעטֶען, אוּנְד וֶוען עֶס אִיז אָבֶענְד
24 גֶעוָוארֶען אִיז עֶר דָארְט אַלֵיין גֶעוֶועזֶען: אוּנְד דָאס שִׁיף
אִיז שׁוֹין גֶעוֶועזֶען פִילֶע פוּרְכֶען פוּן דֶעם לַאנְד, אוּנְד
אַרוּמְגֶעטְרִיבֶּען פוּן דִיא וֶועלֶען, דֶען דֶער וִוינְד אִיז קֶעגֶען
25 זַייא גֶעוֶועזֶען: אוּנְד אִין דֶער פִירְטֶען וַואךְ פוּן דֶער נַאכְט
אִיז יֵשׁוּעַ צוּ זַייא גֶעקוּמֶען, אוֹיף דֶעם יַם אַרוּמְגֶעהֶענְדִיג:
26 אוּנְד וִויא דִיא תַּלְמִידִים הָאבֶּען אִיהְם גֶעזֶעהֶען אוֹיף דֶעם
יַם אַרוּמְגֶעהֶען, הָאבֶּען זַייא זִיךְ דֶערְשְׁרָאקֶען אוּנְד גֶעזָאגְט,
דָאס אִיז אַ גֵייסְט, אוּנְד זַייא הָאבֶּען גֶעשְׁרִיעֶן פַאר מוֹרָא:
27 אוּנְד גְלֵייךְ הָאט יֵשׁוּעַ צוּ זַייא גֶערֶעדְט אוּנְד גֶעזָאגְט, זַייט
28 גֶעטְרֵייסְט, אִיךְ בִּין עֶס, פָארְכְט אֵייךְ נִיט: אוּנְד פֶּעטְרוֹס
הָאט אִיהְם גֶעעֶנְטְפֶערְט אוּנְד גֶעזָאגְט, הַאר, וֶוען דוּא בִּיזְט
עֶס, אַזוֹי לָאז מִיךְ צוּ דִיר קוּמֶען אוֹיף דֶעם וַואסֶער:
29 אוּנְד עֶר הָאט גֶעזָאגְט קוּם, אוּנְד פֶּעטְרוֹס אִיז אַרוּנְטֶערְ־
גֶעגַאנְגֶען פוּן דֶעם שִׁיף, אוּנְד אִיז גֶעגַאנְגֶען אוֹיף דֶעם
30 וַואסֶער אַז עֶר זָאל קוּמֶען צוּ יֵשׁוּעַ: אָבֶּער וֶוען עֶר הָאט
גֶעזֶעהֶען אַז דֶער וִוינְד אִיז שְׁטַארְק, הָאט עֶר מוֹרָא גֶעהַאט,

אוּנְד וֶוען עֶר הָאט אָנְגֶעהוֹיבֶּען צוּ זִינְקֶען, הָאט עֶר גֶע־
31 שְׁרִיעֶן אוּנְד גֶעזָאגְט, הַאר, רֶעטֶע מִיךְ: אוּנְד גְלֵייךְ הָאט
יֵשׁוּעַ דִיא הַאנְד אוֹיסְגֶעשְׁטְרֶעקְט, אוּנְד הָאט אִיהְם אָנְגֶע־
נוּמֶען, אוּנְד הָאט צוּ אִיהְם גֶעזָאגְט, אָ, דוּא קְלֵיינְגְלוֹיבִּיגֶער,
32 פַארְוָואס הָאסְט דוּא גֶעצְוֵוייפֶעלְט? אוּנְד וֶוען זֵייא זֶענֶען
אִים שִׁיף אַרֵיינְגֶעגַאנְגֶען, הָאט זִיךְ דֶער וִוינְד גֶעשְׁטִילְט:
33 אוּנְד דִיא וָואס זֶענֶען גֶעוֶועזֶען אִים שִׁיף הָאבֶּען זִיךְ צוּ
אִיהְם גֶעבִּיקְט אוּנְד הָאבֶּען גֶעזָאגְט, בֶּאֱמֶת דוּא בִּיסְט דֶער
זוּהְן פוּן גָאט:
34 אוּנְד זֵייא הָאבֶּען זִיךְ אַרִיבֶּערְגֶעשִׁיפְט אוּנְד זֶענֶען גֶעקוּמֶען
35 צוּם לַאנְד גְנֵיסַר: אוּנְד וֶוען דִיא בֶּעוָואוֹינֶער פוּן יֶענֶעם
אָרְט הָאבֶּען אִיהְם דֶערְקֶענְט, הָאבֶּען זֵייא אַרוּמְגֶעשִׁיקְט
אִין דִיא גַאנְצֶע גֶעגֶענְד, אוּנְד הָאבֶּען צוּ אִיהְם גֶעבְּרַאכְט
36 אַלֶע קְרַאנְקֶע: אוּנְד זֵייא הָאבֶּען אִיהְם גֶעבֶּעטֶען אַז זֵייא
זָאלֶען נוּר אָנְרִיהְרֶען דֶעם זוֹים פוּן זֵיין קְלֵייד, אוּנְד אַלֶע
דִיא וָואס הָאבֶּען אָנְגֶערִיהְרְט זֶענֶען גַאנְץ גֶעזוּנְד גֶעוָוארֶען:

קאפיטעל טו

1 דַאן זֶענֶען דִיא פְּרוּשִׁים אוּנְד סוֹפְרִים גֶעקוּמֶען צוּ יֵשׁוּעַ
2 פוּן יְרוּשָׁלַיִם אוּנְד הָאבֶּען גֶעזָאגְט: פַארְוָואס זֶענֶען דֵיינֶע
תַּלְמִידִים עוֹבֵר דִיא אִיבֶּערְלִיפֶערוּנְג פוּן דִיא עֶלְצְטֶע?
וָוארִין זֵייא וַואשֶׁען זִיךְ נִיט דִיא הֶענְד וֶוען זֵייא עֶסֶען בְּרוֹיט:
3 אוּנְד עֶר הָאט גֶעעֶנְטְפֶערְט אוּנְד הָאט צוּ זֵייא גֶעזָאגְט,
פַארְוָואס זֶענְט אִיהְר אוֹיךְ עוֹבֵר דָאס גֶעבָּאט פוּן גָאט דוּרְךְ
4 אֵיירֶע אִיבֶּערְלִיפֶערוּנְג? וָוארִין גָאט הָאט גֶעבָּאטֶען אוּנְד
גֶעזָאגְט, דוּא זָאלְסְט עֶהְרֶען דֵיין פָאטֶער אוּנְד דֵיינֶע מוּטֶער,
אוּנְד דֶער וָואס שֶׁעלְט פָאטֶער אָדֶער מוּטֶער זָאל גֶעהְוִים
5 שְׁטַארְבֶּען: אָבֶּער אִיהְר זָאגְט, וֶוער עֶס וֶועט זָאגֶען צוּ
זֵיין פָאטֶער אָדֶער מוּטֶער, דָאס אִיז אַ קָרְבָּן וָואס דוּא
זָאלְסְט פוּן מִיר הֲנָאָה הָאבֶּען, עֶר וֶועט נִיט עֶהְרֶען זֵיין
6 פָאטֶער אָדֶער זֵיינֶע מוּטֶער: אוּנְד אִיהְר הָאט דָאס גֶעבָּאט
7 פוּן גָאט צֶערְשְׁטֶערְט דוּרְךְ אֵיירֶע אִיבֶּערְלִיפֶערוּנְג: אִיהְר
הֵייכְלֶער, יְשַׁעְיָה הָאט מִיט רֶעכְט אוֹיף אֵייךְ נְבִיאוֹת גֶע־
זָאגְט, זָאגֶענְדִיג,
8 „דִיזֶעם פָאלְק עֶהְרֶעט מִיךְ מִיט זֵיירֶע לִיפֶּען, אָבֶּער זֵייעֶר

9 הַאַרְץ אִיז וַוייט פוּן מִיר: אָבֶּער אוּמְזוּסְט פִירְכְטֶעט עֶם
מִיךְ, אוּנְד לֶעהְרְט זָאלְכֶע לֶעהְרֶע וָואם זֶענֶען גֶעבָּאטֶע
פוּן מֶענְשֶׁען: (ישעיה כט׳ יג׳).
10 אוּנְד עֶר הָאט דִיא לַייט צוּ זִיךְ גֶערוּפֶען, אוּנְד הָאט צוּ זַייא
11 גֶעזָאגְט, הֶערְט צוּ אוּנְד פֶערְשְׁטֶעהֶעט: נִיט דָאם וָואם קוּמְט
אִין מוֹיל אַרַיין מַאכְט דֶעם מֶענְשׁ אוּנְרַיין, נֵייעֶרְט דָאם
וָואם גֶעהְט אַרוֹים פוּן מוֹיל דָאם מַאכְט דֶעם מֶענְשׁ אוּנְרַיין:
12 דַאן זֶענֶען דִיא תַּלְמִידִים צוּ אִיהְם גֶעקוּמֶען אוּנְד הָאבֶּען
צוּ אִיהְם גֶעזָאגְט, וַוייסְט דוּא אַז דִיא פְּרוּשִׁים וֶוען זַייא
הָאבֶּען דָאם וָוארְט גֶעהֶערְט זֶענֶען גֶעשְׁטְרוֹיכֶעלְט גֶעוָוארֶען:
13 אוּנְד עֶר הָאט גֶעעֶנְטְפֶערְט אוּנְד גֶעזָאגְט, אִיטְלִיכֶע פְלַאנְץ
וָואם מֵיין הִימְלִישֶׁער פָאטֶער הָאט נִיט גֶעפְלַאנְצְט וֶועט
14 אוֹיסְגֶעוָוארְצֶעלְט וֶוערֶען: לָאזְט זַייא גֶעהֶען, זַייא זֶענֶען
בְּלִינְדֶע פִיהְרֶער פוּן דִיא בְּלִינְדֶע, אוּנְד וֶוען אַ בְּלִינְדֶער
פִיהְרְט אַ בְּלִינְדֶען, אַזוֹי פַאלֶען זַייא בֵּיידֶע אַרַיין אִין אַ
15 גְרוּב: אוּנְד פֶּעטְרוֹם הָאט גֶעעֶנְטְפֶערְט אוּנְד הָאט צוּ אִיהְם
16 גֶעזָאגְט, דֶערְקְלֶער אוּנְס דָאם מָשָׁל: אוּנְד עֶר הָאט גֶע־
17 זָאגְט, זֶענְט אִיהְר אוֹיךְ אָהְן פֶערְשְׁטַאנְד? פֶערְשְׁטֶעהְט
אִיהְר נִיט, אַז אַלֶעם וָואם גֶעהְט אִין מוֹיל אַרַיין גֶעהְט אִין
18 בּוֹיךְ אַרַיין, אוּנְד וֶוערט צוּם מִיסְט אַרוֹיסְגֶעוָוארְפֶען? אָבֶּער
דָאם וָואם גֶעהְט אַרוֹים פוּן דֶעם מוֹיל דָאם קוּמְט פוּן דֶעם
19 הַארְץ, אוּנְד דָאם מַאכְט דֶעם מֶענְשׁ אוּנְרַיין: וָוארִין פוּן
דֶעם הַארְץ קוּמֶען אַרוֹים בֵּייזֶע גֶעדַאנְקֶען, רְצִיחָה, נִיאוּף,
20 זְנוּת גְנֵבוֹת, פַאלְשׁ עֵדוּת זָאגֶען, לֶעסְטֶערוּנְגֶען: דָאם זֶענֶען
דִיא זַאכֶען וָואם מַאכֶען דֶעם מֶענְשׁ אוּנְרַיין, אָבֶּער צוּ
עֶסֶען מִיט אוּנְגֶעוַואשֶׁענֶע הֶענְד מַאכְט דֶעם מֶענְשׁ נִיט
אוּנְרַיין:
21 אוּנְד יֵשׁוּעַ אִיז פוּן דָארְטֶען אַוֶועקְגֶעגַאנְגֶען, אוּנְד אִיז גֶע־
22 קוּמֶען צוּ דֶער גֶעגֶענְד פוּן צוֹר אוּנְד צִידוֹן: אוּנְד זֶעה,
אַ פְרוֹיא אַ כְּנַעֲנִית אִיז אַרוֹיסְגֶעקוּמֶען פוּן דִיזֶע גְרֶענְצֶען,
אוּנְד הָאט גֶעשְׁרִיעֶן אוּנְד גֶעזָאגְט, דֶערְבַּארְם דִיךְ אִיבֶּער
מִיר, הַאר, דוּא זוּהְן פוּן דָוִד, מֵיינֶע טָאכְטֶער וֶוערְד זֶעהְר
23 גֶעפְּלָאגְט פוּן אַ שֵׁד: אָבֶּער עֶר הָאט אִיהְר קֵיין וָוארְט נִיט
גֶעעֶנְטְפֶערְט, אוּנְד זֵיינֶע תַּלְמִידִים זֶענֶען צוּ אִיהְם גֶעקוּמֶען,

אוּנְד הָאבֶּען אִיהְם גֶעבֶּעטֶען אוּנד גֶעזָאגְט, שִׁיק זִיא אַוֶועק,
וָוארִין זִיא שְׁרַייט אוּנְס נָאךְ: אוּנְד עֶר הָאט גֶעעֶנְטְפֶערְט 24
אוּנְד גֶעזָאגְט אִיךְ בִּין נִיט גֶעשִׁיקְט אוֹיסֶער צוּ דִיא פֶערְ־
לוֹירֶענֶע שָׁאף פוּן דֶעם הוֹיז יִשְׂרָאֵל: אוּנְד זִיא אִיז גֶע־ 25
קוּמֶען אוּנְד הָאט זִיךְ צוּ אִיהְם גֶעבִּיקְט, אוּנְד גֶעזָאגְט, הַאר,
הֶעלְף מִיר: אוּנְד עֶר הָאט גֶעעֶנְטפֶערְט אוּנְד הָאט גֶעזָאגְט, 26
עֶס אִיז נִיט רֶעכְט אַוֶועקְצוּנֶעמֶען דָאס בְּרוֹיט פוּן דִיא
קִינְדֶער אוּנְד עֶס צוּ וַוארְפֶען פָאר דִיא הִינְטְלֶעךְ: אוּנְד זִיא 27
הָאט גֶעזָאגְט, יָא הַאר, אָבֶּער דִיא הִינְטְלֶעךְ עֶסֶען פוּן דִיא
בְּרֶעקְלֶעךְ וָואס פַאלֶען אַרוּפּ פוּן דֶעם טִישׁ פוּן זַיירֶע הַא־
רֶען: דַאן הָאט יֵשׁוּעַ גֶעעֶנְטְפֶערְט אוּנְד הָאט צוּ אִיהְר 28
גֶעזָאגְט, אָ פְרוֹיא, גְרוֹיס אִיז דַיין גְלוֹיבֶּען, עֶס זָאל דִיר
גֶעשֶׁעהֶען אַזוֹי וִויא דוּא ווִילְסְט. אוּנְד אִיהְרֶע טָאכְטֶער אִיז
גֶעהֵיילְט גֶעוָוארֶען פוּן יֶענֶער שָׁעָה:
אוּנְד יֵשׁוּעַ אִיז פוּן דָארְטֶען וַוייטֶער גֶעגַאנְגֶען, אוּנְד אִיז 29
גֶעקוּמֶען צוּם יַם פוּן גָלִיל, אוּנְד עֶר אִיז אוֹיף דֶעם בַּארְג
אַרוֹיף גֶעגַאנְגֶען, אוּנְד הָאט זִיךְ דָארְט אַנִידֶער גֶעזֶעצְט:
אוּנְד פִיל לַייט זֶענֶען צוּ אִיהְם גֶעקוּמֶען וָואס הָאבֶּען מִיט 30
זִיךְ גֶעהַאט לָאמֶע, הִינְקֶעדִיגֶע, בְּלִינְדֶע, שְׁטוּמֶע, אוּנְד פִילֶע
אַנְדֶערֶע, אוּנְד זַייא הָאבֶּען זַייא אַנִידֶער גֶעוָוארְפֶען פָאר
זַיינֶע פִיס, אוּנְד עֶר הָאט זַייא גֶעהֵיילְט: אַזוֹי אַז דִיא לַייט 31
הָאבֶּען זִיךְ פֶערְוְואוּנְדֶערְט וֶוען זַייא הָאבֶּען גֶעזֶעהֶען אַז
דִיא שְׁטוּמֶע רֶעדֶען, דִיא הִינְקֶעדִיגֶע זֶענֶען גֶעזוּנְד, אוּנְד
דִיא לָאמֶע גֶעהֶען אַרוּם, אוּנְד דִיא בְּלִינְדֶע זֶעהֶען, אוּנְד
זַייא הָאבֶּען גֶעלוֹיבְּט דֶעם גָאט פוּן יִשְׂרָאֵל:
אוּנְד יֵשׁוּעַ הָאט זַיינֶע תַּלְמִידִים צוּ זִיךְ גֶערוּפֶען אוּנְד גֶע־ 32
זָאגְט, אִיךְ הָאבּ רַחֲמָנוּת אוֹיף דִיא לַייט, וָוארִין זַייא זֶענֶען
שׁוֹין דְרַייא טֶעג מִיט מִיר גֶעבְּלִיבֶּען, אוּנְד הָאבֶּען נִיט וָואס
צוּ עֶסֶען, אוּנְד אִיךְ וִויל זַייא נִיט נִיכְטֶערְן אַוֶועקְשִׁיקֶען,
כְּדֵי זַייא זָאלֶען נִיט פֶערְשְׁמַאכְטֶען אוֹיף דֶעם וֶועג: אוּנְד 33
זַיינֶע תַּלְמִידִים הָאבֶּען צוּ אִיהְם גֶעזָאגְט, פוּן וַואנֶען זָאלֶען
מִיר נֶעמֶען אִין דֶער מִדְבָּר אַזוֹי פִיל בְּרוֹיט אַזוֹי פִיל לַייט
זַאט צוּ מַאכֶען? אוּנְד יֵשׁוּעַ הָאט צוּ זַייא גֶעזָאגְט וִויא 34
פִיל בְּרוֹיט הָאט אִיהְר? אוּנְד זַייא הָאבֶּען גֶעזָאגְט, זִיבֶּען,

35 אוּנד עֶטלִיכֶע פִישלֶעךְ: אוּנְד עֶר הָאט גֶעהֵייסֶען אַז דִיא
36 לַייט זָאלֶען זִיךְ אוֹיף דֶער עֶרְד אַנִידֶערְזֶעצֶען: אוּנְד עֶר
הָאט גֶענוּמֶען דִיא זִיבֶּען בְּרוֹיט אוּנְד דִיא פִישׁ, אוּנְד הָאט
אַ בְּרָכָה גֶעמַאכְט אוּנְד הָאט זֵייא צוּבְּרָאכֶען, אוּנְד הָאט
זֵייא גֶעגֶעבֶּען צוּ דִיא תַּלְמִידִים, אוּנְד דִיא תַּלְמִידִים צוּ דִיא
37 לַייט: אוּנְד זֵייא הָאבֶּען אַלֶע גֶעגֶעסֶען אוּנְד זֶענֶען זַאט
גֶעוָוארֶען, אוּנְד זֵייא הָאבֶּען אוֹיפְגֶעהוֹיבֶּען וָואס אִיז אִיבֶּערִ־
38 גֶעבְּלִיבֶּען פוּן דִיא בְּרֶעקְלֶעךְ זִיבֶּען קֶערְבּ פוּל: אוּנְד דִיא
וָואס הָאבֶּען גֶעגֶעסֶען זֶענֶען גֶעוֶועזֶען פִיר טוֹיזֶענְד מֶענֶער,
39 חוּץ פְרוֹיעֶן אוּנְד קִינְדֶער: אוּנְד וֶוען עֶר הָאט דִיא לַייט
אַוֶועקְגֶעשִׁיקְט, אִיז עֶר אִין אַ שִׁיף אַרַיינְגֶעגַאנְגֶען, אוּנְד
אִיז גֶעקוּמֶען צוּ דִיא גְרֶענְצֶען פוּן מַגְדָן:

קאפיטעל טז

1 אוּנְד דִיא פְּרוּשִׁים אוּנְד צַדוּקִים זֶענֶען צוּ אִיהְם גֶעקוּמֶען,
אוּנְד הָאבֶּען אִיהְם גֶעפְּרִיפְט, אוּנְד פוּן אִיהְם פֶערְלַאנְגְט,
2 אַז עֶר זָאל זֵייא וַוייזֶען אַ צֵייכֶען פוּן הִימֶעל: אָבֶּער עֶר
הָאט גֶעעֶנְטְפֶערְט אוּנְד הָאט צוּ זֵייא גֶעזָאגְט, וֶוען עֶס אִיז
אָבֶּענְד גֶעוָוארֶען זָאגְט אִיהְר, עֶס וֶועט שֶׁעהְנֶעס וֶועטֶער
3 זַיין, וָוארִין דֶער הִימֶעל אִיז רוֹיט: אוּנְד אִין דֶער פְרִיה,
עֶס וֶועט הַיינְט זַיין אַ שְׁטוּרֶם, וָוארִין דֶער הִימֶעל אִיז רוֹיט
אוּנְד טְרִיבּ. אִיהְר הֵייכְלֶער! אִיהְר קֶענְט פֶערְשְׁטֶעהֶען
דָאס אַנְזֶעהֶען פוּן דֶעם הִימֶעל, אָבֶּער דִיא צֵייכֶען פוּן דִיא
4 צֵייטֶען קֶענְט אִיהְר נִיט פֶערְשְׁטֶעהֶען? אַ שְׁלֶעכְטֶעס דוֹר
אוּנְד פוּן זְנוּת זוּכְט אַ צֵייכֶען, אוּנְד עֶס וֶועט זֵייא קֵיין
אַנְדֶער צֵייכֶען נִיט גֶעגֶעבֶּען וֶוערֶען, אוֹיסֶער דָאס צֵייכֶען
פוּן יוֹנָה. אוּנְד עֶר הָאט זֵייא פֶערְלַאזְט אוּנְד אִיז אַוֶועקְ־
גֶעגַאנְגֶען:
5 אוּנְד וֶוען דִיא תַּלְמִידִים זֶענֶען גֶעקוּמֶען אוֹיף דֶער אַנְדֶערֶע
זַייט פוּן דֶעם יַם, הָאבֶּען זֵייא פֶערְגֶעסֶען בְּרוֹיט מִיטְצוּ־
6 נֶעמֶען: אוּנְד יֵשׁוּעַ הָאט צוּ זֵייא גֶעזָאגְט, זֶעהְט צוּ אוּנְד
הִיט אֵייךְ פָאר דֶעם זוֹיעֶרְטֵייג פוּן דִיא פְּרוּשִׁים אוּנְד צַדוּקִים:
7 אוּנְד זֵייא הָאבֶּען בֵּייא זִיךְ גֶעדַאכְט דָאס אִיז וֵוייל מִיר
8 הָאבֶּען נִיט מִיטְגֶענוּמֶען קֵיין בְּרוֹיט: אוּנְד יֵשׁוּעַ דָאס
וִויסֶענְדִיג הָאט צוּ זֵייא גֶעזָאגְט, פַארְוָואס דֶענְקְט אִיהְר

צוּוִישֶׁען אֵייךְ, אִיהְר קְלֵיינְגְלוֹיבִּיגֶע, וַוייל אִיהְר הָאט נִיט
9 קֵיין בְּרוֹיט? פֶערְשְׁטֶעהְט אִיהְר נָאךְ נִיט אוּנְד גֶעדֶענְקְט
אִיהְר נִיט דִיא פִינְף בְּרוֹיט פַאר דִיא-פִינְף טוֹיזֶענְד, אוּנְד
10 וְוִיא פִיל קֶערְבּ אִיהְר הָאט אוֹיפְגֶעהוֹיבֶּען? אוּנְד אוֹיךְ דִיא
דִיא זִיבֶּען בְּרוֹיט פַאר דִיא פִיר טוֹיזֶענְד, אוּנְד וְוִיא פִיל
11 קֶערְבּ אִיהְר הָאט אוֹיפְגֶעהוֹיבֶּען? וְוִיא פֶערְשְׁטֶעהְט אִיהְר
נִיט אַז אִיךְ הָאבּ צוּ אֵייךְ נִיט גֶערֶעט פוּן בְּרוֹיט אִיהְר
זָאלְט אֵייךְ הִיטֶען פָאר דֶעם זוֹיעֶרְטֵייג פוּן דִיא פְּרוּשִׁים
12 אוּנְד צַדוּקִים? דַאן הָאבֶּען זַייא פֶערְשְׁטַאנֶען אַז עֶר הָאט
זַייא נִיט גֶעהֵייסֶען זִיךְ הִיטֶען פָאר דֶעם זוֹיעֶרְטֵייג פוּן בְּרוֹיט,
נֵייעֶרְט פָאר דִיא לֶעהְרֶע פוּן דִיא פְּרוּשִׁים אוּנְד צַדוּקִים:
13 אוּנְד וְוען יֵשׁוּעַ אִיז גֶעקוּמֶען צוּ דֶער גֶעגֶענְד פוּן קֵיסָרְיָא
פִילִיפּוֹס, אַזוֹי הָאט עֶר זֵיינֶע תַּלְמִידִים גֶעפְרֶעגְט אוּנְד גֶע-
14 זָאגְט, וְוער זָאגֶען דִיא מֶענְשֶׁען אַז דֶער בֶּן-אָדָם אִיז? אוּנְד
זַייא הָאבֶּען גֶעזָאגְט, עֶטְלִיכֶע זָאגֶען, יוֹחָנָן הַמַטְבִּיל; אוּנְד
אַנְדֶערֶע, אֵלִיָהוּ; אוּנְד אַנְדֶערֶע, יִרְמְיָה, אָדֶער אֵיינֶער פוּן
15 דִיא נְבִיאִים: עֶר הָאט צוּ זַייא גֶעזָאגְט, וְוער זָאגְט אִיהְר
16 אַז אִיךְ בִּין? אוּנְד שִׁמְעוֹן פֶּעטְרוֹס הָאט גֶעעֶנְטְפֶערְט אוּנְד
גֶעזָאגְט, דוּא בִּיסְט דֶער מָשִׁיחַ, דֶער זוּהְן פוּן דֶעם לֶעבֶּע-
17 דִיגֶען גָאט: אוּנְד יֵשׁוּעַ הָאט גֶעעֶנְטְפֶערְט אוּנְד הָאט צוּ
אִיהְם גֶעזָאגְט, גֶעבֶּענְשְׁט בִּיסְט דוּא שִׁמְעוֹן בַּר יוֹנָה; וָוארִין
פְלֵיישׁ אוּנְד בְּלוּט הָאבֶּען דָאס דִיר נִיט אַנְטְפְּלֶעקְט, נֵייעֶרְט
18 מֵיין פָאטֶער וָואס אִיז אִים הִימֶעל: אוּנְד אִיךְ זָאג דִיר אַז
דוּא בִּיסְט פֶּעטְרוֹס, אוּנְד אוֹיף דִיזֶען פֶעלְזֶען וֶועל אִיךְ
מַיינֶע גֶעמֵיינְדֶע בּוֹיעֶן; אוּנְד דִיא טְהִירֶען פוּן שְׁאוֹל וֶוע-
19 לֶען זִיא נִיט אִיבֶּערְוֶועלְטִיגֶען: אִיךְ וֶועל דִיר גֶעבֶּען דֶעם
שְׁלִיסֶעל פוּן דֶעם מַלְכוּת הַשָּׁמַיִם; אוּנְד וָואס דוּא וֶועסְט
בִּינְדֶען אוֹיף דֶער עֶרְד, וֶועט זֵיין גֶעבּוּנְדֶען אִים הִימֶעל;
אוּנְד וָואס דוּא וֶועסְט לוֹיזְמַאכֶען אוֹיף דֶער עֶרְד, וֶועט זֵיין
20 לוֹיזְגֶעמַאכְט אִים הִימֶעל: דַאן הָאט עֶר דִיא תַּלְמִידִים
פֶערְבָּאטֶען אַז זַייא זָאלֶען קֵיינֶעם נִיט זָאגֶען, אַז עֶר אִיז
דֶער מָשִׁיחַ:

21 פוּן דֶענְסְמָאל אָן הָאט יֵשׁוּעַ אָנְגֶעהוֹיבֶּען זֵיינֶע תַּלְמִידִים
צוּ וַוייזֶען, אַז עֶר מוּז גֶעהֶען קֵיין יְרוּשָׁלַיִם, אוּנְד פִיל לֵיידֶען

פוּן דיא עֶלְצְטֶע, אוּנְד עֶרְשְׁטֶע כֹּהֲנִים אוּנְד סוֹפְרִים, אוּנְד
מוּז גֶעהַרְגֶעט װֶערֶען, אוּנְד אוֹיפְשְׁטֶעהֶען אוֹיף דֶעם דְרִי־
22 טֶען טָאג: אוּנְד פֶּעטְרוּס הָאט אִיהְם גֶענוּמֶען אוּנְד אָנְגֶע־
הוֹיבֶּען אִיהְם אָנְצוּשְׁרֵייעֶן אוּנְד גֶעזָאגְט, חָלִילָה הַאר! דָאס
23 זָאל דִיר נִיט גֶעשֶׁעהֶען: אָבֶּער עֶר הָאט זִיךְ אוּמְגֶעקֶעהְרְט
אוּנְד הָאט צוּ פֶּעטְרוּס גֶעזָאגְט, גֶעה הִינְטֶער מִיר, שָׂטָן,
דוּא בִּיסְט אַ שְׁטְרוֹיכְלוּנְג צוּ מִיר, דֶען דוּא מֵיינְסְט נִיט
24 גָאטֶעס זַאכֶען, נֵייעֶרְט דִיא פוּן דִיא מֶענְשֶׁען: דַאן הָאט
יֵשׁוּעַ גֶעזָאגְט צוּ זֵיינֶע תַּלְמִידִים, װֶער עֶס װִיל מִיר נָאכְ־
פָאלְגֶען, דֶער זָאל זִיךְ זֶעלְבְּסְט פֶערְלֵייקֶענֶען, אוּנְד זַיין
25 קְרֵייץ אוֹיפְנֶעמֶען אוּנְד מִיר נָאכְפָאלְגֶען: װָארִין װֶער עֶס
װִיל זֵיינֶע זֶעלֶע רֶעטֶען, דֶער װֶעט זִיא פֶערְלִירֶען; אוּנְד
װֶער עֶס װֶעט זַיינֶע זֶעלֶע פֶערְלִירֶען פוּן מֵיינֶעט װֶעגֶען,
26 דֶער װֶעט זִיא גֶעפִינֶען: װָארִין װָאס װֶעט עֶס דֶעם מֶענְ־
שֶׁען הֶעלְפֶען, װֶען עֶר זָאל גֶעװִינֶען דִיא גַאנְצֶע װֶעלְט,
אוּנְד װֶעט פֶערְלִירֶען זֵיינֶע זֶעלֶע? אָדֶער װָאס װֶעט אַ
27 מֶענְשׁ גֶעבֶּען אוּם זֵיינֶע זֶעלֶע? װָארִין דֶער בֶּן־אָדָם װֶעט
קוּמֶען אִין דִיא הֶערְלִיכְקֵייט פוּן זַיין פָאטֶער מִיט זֵיינֶע
מַלְאָכִים; אוּנְד דַאן װֶעט עֶר בֶּעצָאלֶען אִיטְלִיכֶען נָאךְ
28 זֵיינֶע װֶערְק בֶּאֱמֶת זָאג אִיךְ אֵייךְ, עֶס זֶענֶען אֵיינִיגֶע װָאס
שְׁטֶעהֶען דָא װָאס װֶעלֶען דֶעם טוֹיט נִיט פֶערְזוּכֶען, בִּיז
זַייא װֶעלֶען זֶעהֶען דֶעם בֶּן־אָדָם קוּמֶען אִין זַיין קֶענִיגְרֵייךְ:

קאפיטעל יז

1 אוּנְד נָאךְ זֶעקְס טֶעג הָאט יֵשׁוּעַ גֶענוּמֶען פֶּעטְרוּס, אוּנְד
יַעֲקֹב, אוּנְד זַיין בְּרוּדֶער יוֹחָנָן, אוּנְד הָאט זַייא אַרוֹיפְגֶע־
2 בְּרַאכְט אוֹיף אַ הוֹיכֶען בַּארְג בַּייא זִיךְ אַלֵיין: אוּנְד עֶר אִיז
פָאר זַייא פֶערְעֶנְדֶערְט גֶעװָארֶען, אוּנְד זַיין פָּנִים הָאט גֶע־
שַׁיינְט װִיא דִיא זוּן, אוּנְד זֵיינֶע קְלֵיידֶער זֶענֶען גֶעװֶעזֶען װֵייס
3 װִיא דָאס לִיכְט: אוּנְד זֶעה, מֹשֶׁה אוּנְד אֵלִיָּהוּ הָאבֶּען זִיךְ
4 צוּ אִיהְם בֶּעװִיזֶען, אוּנְד הָאבֶּען מִיט אִיהְם גֶערֶעט: אוּנְד
פֶּעטְרוּס הָאט גֶעעֶנְטְפֶערְט אוּנְד גֶעזָאגְט צוּ יֵשׁוּעַ, הַאר,
עֶס אִיז גוּט פַאר אוּנְס דָא צוּ זַיין; אוֹיבּ דוּא װִילְסְט, װֶעל
אִיךְ דָא מַאכֶען דְרֵייא גֶעצֶעלְטֶען, אֵיינְס פַאר דִיר, אוּנְד
5 אֵיינְס פַאר מֹשֶׁה, אוּנְד אֵיינְס פַאר אֵלִיָּהוּ: װֵייל עֶר הָאט

נָאךְ גֶערֶעט, זֶעה, הָאט זַייא אַ לִיכְטִיגֶער וָואלְקֶען בֶּעדֶעקְט,
אוּנְד זֶעה, אַ קוֹל הָאט אוֹיס דֶעם וָואלְקֶען גֶעזָאגְט, דָאס אִיז
מַיין גֶעלִיבְּטֶער זוּהְן אִין וֶועלְכֶען אִיךְ הָאבּ וְואוֹילְגֶעפַאלֶען,
הֶערְט אִיהְם צוּ: אוּנְד וֶוען דִיא תַּלְמִידִים הָאבֶּען דָאס 6
גֶעהֶערְט, זֶענֶען זַייא אוֹיף זַייעֶר פָּנִים גֶעפַאלֶען אוּנְד הָאבֶּען
זִיךְ זֶעהְר גֶעפָארְכְטֶען: אוּנְד יֵשׁוּעַ אִיז צוּ זַייא גֶעקוּמֶען, 7
אוּנְד הָאט זַייא אָנְגֶערִיהְרְט אוּנְד גֶעזָאגְט, שְׁטֶעהְט אוֹיף
אוּנְד פָארְכְט אֵייךְ נִיט: אוּנְד וֶוען זַייא הָאבֶּען זֵייעֶרע אוֹי־ 8
גֶען אוֹיפְגֶעהוֹיבֶּען, הָאבֶּען זַייא קֵיינֶעם נִיט גֶעזֶעהֶען חוּץ
יֵשׁוּעַ אַלֵיין:
אוּנְד וֶוען זַייא זֶענֶען אַרוּנְטֶערְגֶעגַאנְגֶען פוּן דֶעם בַּארְג, 9
הָאט זַייא יֵשׁוּעַ גֶעבָּאטֶען אוּנְד גֶעזָאגְט, אִיהְר זָאלְט קֵיינֶעם
נִיט זָאגֶען פוּן דֶער עֶרְשֵׁיינוּנְג, בִּיז דֶער בֶּן־אָדָם וֶועט
אוֹיפְשְׁטֶעהֶען פוּן דֶעם טוֹיט: אוּנְד דִיא תַּלְמִידִים הָאבֶּען 10
אִיהְם גֶעפְרֶעגְט אוּנְד גֶעזָאגְט, פַארְוָואס זָאגֶען דִיא סוֹפְרִים
אַז אֵלִיָהוּ מוּז צוּעֶרְשְׁט קוּמֶען? אוּנְד עֶר הָאט גֶעעֶנְטְפֶערְט 11
אוּנְד גֶעזָאגְט, אֵלִיָהוּ קוּמְט בֶּאֱמֶת אוּנְד וֶועט אַלֶעס צוּ־
רֶעכְט מַאכֶען: אָבֶּער אִיךְ זָאג אֵייךְ, אַז אֵלִיָהוּ אִיז שׁוֹין 12
גֶעקוּמֶען, אוּנְד זַייא הָאבֶּען אִיהְם נִיט דֶערְקֶענְט, נֵייעֶרְט
הָאבֶּען מִיט אִיהְם גֶעטְהוּן וָואס זַייא הָאבֶּען גֶעוָואלְט. אַזוֹי
וֶועט דֶער בֶּן־אָדָם אוֹיךְ פוּן זַייא לֵיידֶען: דַאן הָאבֶּען דִיא 13
תַּלְמִידִים פֶערְשְׁטַאנֶען אַז עֶר הָאט צוּ זַייא גֶערֶעט וֶועגֶען
יוֹחָנָן הַמְטַבֵּל:
אוּנְד וֶוען זַייא זֶענֶען גֶעקוּמֶען צוּ דִיא לֵייט, אַזוֹי אִיז אַ מַאן 14
צוּ אִיהְם גֶעקוּמֶען, אוּנְד הָאט פָאר אִיהְם גֶעקְנִיט אוּנְד
גֶעזָאגְט: הַאר, דֶערְבַּארֶעם דִיךְ אִיבֶּער מַיין זוּהְן, וָוארִין 15
עֶר אִיז מְשׁוּגָע אוּנְד לֵיידֶעט זֶעהְר, וָוארִין עֶר פַאלְט אָפְט
אִין פֵייעֶר אַרַיין אוּנְד אָפְט אִין וַואסֶער אַרַיין: אוּנְד אִיךְ 16
הָאבּ אִיהְם גֶעבְּרַאכְט צוּ דַיינֶע תַּלְמִידִים, אוּנְד זַייא הָאבֶּען
אִיהְם נִיט גֶעקָאנְט הֵיילֶען: אוּנְד יֵשׁוּעַ הָאט גֶעעֶנְטְפֶערְט 17
אוּנְד גֶעזָאגְט, אָ אִיהְר אוּנְגְלוֹיבִּיגֶעס אוּנְד פֶערְקֶעהְרְטֶעס
דוֹר, וִויא לַאנְג וֶועל אִיךְ בֵּייא אֵייךְ זַיין? וִויא לַאנְג וֶועל
אִיךְ מִיט אֵייךְ אוֹיסְהַאלְטֶען? בְּרֶענְגְט אִיהְם אַהֶער צוּ מִיר:
אוּנְד יֵשׁוּעַ הָאט אִיהְם אָנְגֶעשְׁרִיעֶן, אוּנְד דֶער שֵׁד אִיז פוּן 18

אִיהְם אַרוֹיסְגֶעגַאנְגֶען, אוּנְד דֶער יוּנְג אִיז גֶעזוּנְד גֶעוָוארֶען
19 פוּן יֶענֶער שָׁעָה: דַאן זֶענֶען דִיא תַּלְמִידִים גֶעקוּמֶען צוּ
יֵשׁוּעַ בַּייא זִיךְ אַלֵיין, אוּנְד הָאבֶּען גֶעזָאגְט, פַארְוָואס
20 הָאבֶּען מִיר אִיהְם נִיט גֶעקָאנְט אַרוֹיסְטְרַייבֶּען? אוּנְד עֶר
הָאט צוּ זֵייא גֶעזָאגְט וֶועגֶען אֵייעֶרֶע אוּנְגְלוֹיבּוּנְג; וָוארִין
בֶּאֱמֶת זָאג אִיךְ אֵייךְ, וֶוען אִיהְר זָאלְט הָאבֶּען גְלוֹיבֶּען וִוִיא
אַ זֶענְפְקָארְן, אַזוֹי וֶועט אִיהְר זָאגֶען צוּ דִיזֶען בַּארְג, זַייא
אַוֶועקְגֶערִיקְט פוּן הִיר דָארְט; אַזוֹי וֶועט עֶר אַוֶועקְגֶערִיקְט
וֶוערֶען; אוּנְד קֵיין זַאךְ וֶועט אֵייךְ נִיט אוּנְמֶעגְלִיךְ זַיין:
21 (אָבֶּער דִיזֶער אַרְט גֶעהְט נִיט אַנְדֶערְשְׁט אַרוֹיס נֵייעֶרְט
דוּרְךְ גֶעבֶּעט אוּנְד פַאסְטֶען):
22 אוּנְד וֶוען זֵייא זֶענֶען צוּרִיקְגֶעקוּמֶען אִין גָלִיל, הָאט יֵשׁוּעַ
צוּ זֵייא גֶעזָאגְט, דֶער בֶּן־אָדָם וֶועט אִיבֶּערְגֶעלִיפֶערְט וֶוער־
23 רֶען אִין דִיא הֶענְד פוּן מֶענְשֶׁען: אוּנְד זֵייא וֶועלֶען אִיהְם
הַרְגֶענֶען, אוּנְד אִין דֶעם דְרִיטֶען טָאג וֶועט עֶר וִויִדֶער
אוֹיפְשְׁטֶעהֶען, אוּנְד זֵייא זֶענֶען זֶעהְר טְרוֹירִיג גֶעוֶועזֶען:
24 אוּנְד וֶוען זֵייא זֶענֶען גֶעקוּמֶען קֵיין כְּפַר נָחוּם, זֶענֶען דִיא
וָואס נֶעמֶען אָפּ דֶעם הַאלְבֶּען שֶׁקֶל גֶעקוּמֶען צוּ פֶּעטְרוֹס,
אוּנְד הָאבֶּען גֶעזָאגְט, צָאלְט אֵייעֶר רַבִּי נִיט דֶעם הַאלְבֶּען
25 שֶׁקֶל? עֶר הָאט גֶעזָאגְט יָא, אוּנְד וֶוען עֶר אִיז אִים הוֹיז
אַרַיינְגֶעקוּמֶען, הָאט יֵשׁוּעַ צוּ אִיהְם צוּעֶרְשְׁט גֶע־
זָאגְט, וִויא דֶענְקְסְט דוּא, שִׁמְעוֹן? פוּן וֶועמֶען נֶעמֶען דִיא
קֶענִיגֶע פוּן דֶער עֶרְד צִינְז אָדֶער שְׁטֵייעֶר, פוּן זֵיירֶע קִינְ־
26 דֶער אָדֶער פוּן פְרֶעמְדֶע? אוּנְד עֶר הָאט צוּ אִיהְם גֶעזָאגְט,
פוּן פְרֶעמְדֶע; אוּנְד יֵשׁוּעַ הָאט צוּ אִיהְם גֶעזָאגְט, דְרוּם
27 זֶענֶען דִיא זִיהְן פְרַייא: אָבֶּער אַז מִיר זָאלֶען זֵייא נִיט
שְׁטְרוֹיכְלֶען מַאכֶען, אַזוֹי גֶעה צוּם יַם אוּנְד וַוארְףְ אֵיין
אַנְגֶעל, אוּנְד נֶעם דֶעם פִישׁ וָואס וֶועט צוּם עֶרְשְׁטֶען אַרוֹיפְ־
קוּמֶען; אוּנְד וֶוען דוּא וֶועסְט אוֹיפְמַאכֶען זַיין מוֹיל, אַזוֹי
וֶועסְט דוּא גֶעפִינֶען אַ מַטְבֵּעַ; נֶעם דָאס, אוּנְד גִיבּ עֶס צוּ
זֵייא פַאר מִיר אוּנְד פַאר דִיר:

קאפיטעל יח

1 אִין יֶענֶער צַייט זֶענֶען דִיא תַּלְמִידִים גֶעקוּמֶען צוּ יֵשׁוּעַ
אוּנְד הָאבֶּען גֶעזָאגְט, וֶוער אִיז דֶען גְרֶעסֶער אִים מַלְכוּת

2 הַשָּׁמַיִם? אוּנְד יֵשׁוּעַ הָאט צוּ זִיךְ גֶערוּפֶען אַ קְלֵיין קִינְד,
3 אוּנְד הָאט אִיהְם גֶעשְׁטֶעלְט אִין מִיטֶען: אוּנְד גֶעזָאגְט,
בֶּאֱמֶת זָאג אִיךְ אֵייךְ, אַז וָוען אִיהְר וֶועט אֵייךְ נִיט בֶּעקֶעהְ־
רֶען אוּנְד וֶועט זַיין אַזוֹי וְוִיא קְלֵיינֶע קִינְדֶער, וֶועט אִיהְר
4 נִיט אַרֵיינְקוּמֶען אִים מַלְכוּת הַשָּׁמַיִם: וֶוער עֶס וֶועט זִיךְ
עֶרְנִידֶערִיגֶען אַזוֹי וְוִיא דָאס קְלֵיינֶע קִינְד, דֶער אִיז דֶער
5 גְרֶעסֶערֶער אִים מַלְכוּת הַשָּׁמַיִם: אוּנְד וֶוער עֶס וֶועט אוֹיפְ־
נֶעמֶען אַ קְלֵיין קִינְד אִין מֵיין נָאמֶען, דֶער נֶעמְט מִיךְ אוֹיף:
6 אָבֶּער וֶוער עֶס וֶועט שְׁטְרוֹיכְלֶען אֵיינֶעם פוּן דִיזֶע קְלֵיינֶע
וָואס גְלוֹיבֶּען אָן מִיר, אַזוֹי אִיז פַאר אִיהְם בֶּעסֶער אַז אַ
מִיהְלְשְׁטֵיין זָאל אוֹיף זַיין הַאלְז גֶעהָאנְגֶען וֶוערֶען, אוּנְד
עֶר זָאל דֶערְטְרוּנְקֶען וֶוערֶען אִין דֶער טִיפֶענֶעם פוּן דֶעם יַם:
7 וֶועה צוּ דֶער וֶועלְט פוּן וֶועגֶען שְׁטְרוֹיכְלוּנְגֶען! וָוארִין עֶס
אִיז נֵייטִיג אַז שְׁטְרוֹיכְלוּנְגֶען מוּזֶען קוּמֶען, אָבֶּער וֶועה צוּם
8 מֶענְשׁ דוּרְךְ וֶועמֶען דִיא שְׁטְרוֹיכְלוּנְג קוּמְט! אוּנְד וֶוען
דֵיינֶע הַאנְד אָדֶער דֵיין פוּס מַאכְט דִיךְ שְׁטְרוֹיכְלֶען, הַאק
זִיא אָפּ אוּנְד וַוארְף זִיא אַוֶעק פוּן דִיר, עֶס אִיז גוּט פַאר
דִיר אִים לֶעבֶּען אַרֵיינְצוּגֶעהֶען הִינְקֶעדִיג אָדֶער לָאם, אֵיידֶער
דוּא זָאלְסְט הָאבֶּען צְוֵייא הֶענְד אָדֶער צְוֵייא פִיס אַרֵיינְ־
9 גֶעוָוארְפֶען צוּ וֶוערֶען אִים עָבִּיגֶען פֵייעֶר: אוּנְד וֶוען דֵיין
אוֹיג מַאכְט דִיךְ שְׁטְרוֹיכְלֶען, רֵייס עֶס אוֹיס אוּנְד וַוארְף
עֶס אַוֶעק פוּן דִיר; עֶס אִיז גוּט פַאר דִיר אִים לֶעבֶּען
אַרֵיינְצוּגֶעהֶען מִיט אֵיין אוֹיג, אֵיידֶער דוּא זָאלְסְט הָאבֶּען
צְוֵייא אוֹיגֶען אַרֵיינְגֶעוָוארְפֶען וֶוערֶען אִים פֵייעֶרִיגֶען גֵיהִנָּם:
10 הִיט אֵייךְ אַז אִיהְר זָאלְט נִיט פֶערְאַכְטֶען אֵיינֶם פוּן דִיזֶע
קְלֵיינֶע; וָוארִין אִיךְ זָאג אֵייךְ, אַז זֵיירֶע מַלְאָכִים אִים הִי־
מֶעל זֶעהֶען אִימֶער דָאס פָּנִים פוּן מֵיין פָאטֶער וָואס אִיז
11 אִים הִימֶעל: (וָוארִין דֶער בֶּן־אָדָם אִיז גֶעקוּמֶען צוּ רֶעטֶען
12 דָאס וָואס אִיז פֶערְלוֹירֶען): וָואס דַאכְט זִיךְ אֵייךְ? וֶוען אַ
מֶענְשׁ וֶועט הָאבֶּען הוּנְדֶערְט שָׁאף, אוּנְד אֵיינֶם פוּן
זֵייא פֶערְלִירְט זִיךְ, וֶועט עֶר דֶען נִיט אִיבֶּערְלָאזֶען דִיא
נַיין אוּנְד נֵיינְצִיג אוֹיף דִיא בֶּערְג, אוּנְד וֶועט אַוֶועקְגֶעהֶען
13 אוּנְד זוּכֶען דָאס פֶערְלוֹירֶענֶע? אוּנְד וֶוען עֶס טְרֶעפְט זִיךְ
אַז עֶר גֶעפִינְט עֶס, בֶּאֱמֶת זָאג אִיךְ אֵייךְ, אַז עֶר פְרֵייט זִיךְ

מֶעהְר אִיבֶּער דֶעם, וִויא אִיבֶּער דִיא נַיין אוּנְד נַיינְצִיג וָואס
14 וֶוענֶען נִיט פֶערְלוֹירֶען גֶעגַאנְגֶען: אַזוֹי אִיז עֶס נִיט דֶער
וִוילֶען פוּן אֵייעֶר פָאטֶער וָואס אִיז אִים הִימֶעל אַז אֵיינְס
פוּן דִיזֶע קְלֵיינֶע זָאל פֶערְלוֹירֶען וֶוערֶען:
15 אוּנְד וֶוען דַיין בְּרוּדֶער הָאט גֶעזִינְדִיגְט קֶעגֶען דִיר, גֶעה
אוּנְד שְׁטְרָאף אִיהְם צְווִישֶׁען דִיר אוּנְד אִיהְם אַלֵיין; וֶוען
עֶר וֶועט דִיךְ צוּהֶערֶען, אַזוֹי הָאסְט דוּא דַיין בְּרוּדֶער גֶע־
16 וואוּנֶען: אָבֶּער וֶוען עֶר וֶועט דִיךְ נִיט צוּהֶערֶען, נֶעם מִיט
דִיר נָאךְ אֵיינֶעם אָדֶער צְווֵייא, אַז דוּרְךְ דֶעם מוֹיל פוּן
צְווֵייא אָדֶער דְרֵייא עֵדוּת זָאל יֶעדֶע זַאךְ בֶּעשְׁטֶעטִיגְט
17 וֶוערֶען: אוּנְד וֶוען עֶר וֶועט זֵייא נִיט צוּהֶערֶען זָאג עֶס
צוּ דֶער קְהִלָּה; אוּנְד וֶוען עֶר וֶועט צוּ דֶער קְהִלָּה אוֹיךְ
נִיט צוּהֶערֶען, אַזוֹי זָאל עֶר בַּייא דִיר זַיין אַזוֹי וִויא אַ גוֹי
18 אוּנְד וִויא אַ שְׁטֵייעֶראֵיינְנֶעמֶער: בֶּאֱמֶת זָאג אִיךְ אֵייךְ
דָאס וָואס אִיהְר וֶועט בִּינְדֶען אוֹיף דֶער עֶרְד וֶועט זַיין
גֶעבּוּנְדֶען אִים הִימֶעל, אוּנְד דָאס וָואס אִיהְר וֶועט לוֹיז־
מַאכֶען אוֹיף דֶער עֶרְד וֶועט זַיין לוֹיזְגֶעמַאכְט אִים הִימֶעל:
19 בֶּאֱמֶת ווִידֶער זָאג אִיךְ אֵייךְ, וֶוען צְווֵייא פוּן אֵייךְ וֶועלֶען
אֵיינִיג וֶוערֶען אוֹיף דֶער עֶרְד אִיבֶּער יֶעדֶע זַאךְ וָואס זֵייא
וֶועלֶען בֶּעטֶען, אַזוֹי וֶועט עֶס פַאר זֵייא גֶעטְהוּן וֶוערֶען
20 פוּן מֵיין פָאטֶער וָואס אִיז אִים הִימֶעל: וָוארִין ווְאוּ צְווֵייא
אָדֶער דְרֵייא קוּמֶען צוּזַאמֶען אִין מֵיין נָאמֶען דָא בִּין אִיךְ
אִין מִיטֶען:
21 דַאן אִיז פֶּעטְרוּס צוּ אִיהְם גֶעקוּמֶען אוּנְד הָאט גֶעזָאגְט,
הַאר, ווִיא פִיל מָאל זָאל מֵיין בְּרוּדֶער קֶעגֶען מִיר זִינְדִיגֶען,
22 אוּנְד אִיךְ זָאל אִיהְם פֶערְגֶעבֶּען? בִּיז זִיבֶּען מָאל? אוּנְד
יֵשׁוּעַ הָאט צוּ אִיהְם גֶעזָאגְט, אִיךְ זָאג דִיר נִיט בִּיז זִיבֶּען
23 מָאל, נֵייעֶרְט בִּיז זִיבְּצִיג מָאל זִיבֶּען: דְרוּם אִיז דָאס
מַלְכוּת הַשָּׁמַיִם גְלֵייךְ צוּ אַ קֶענִיג, וָואס הָאט גֶעוָואלְט
24 רֶעכְנוּנְג נֶעמֶען פוּן זַיינֶע קְנֶעכְט: אוּנְד וֶוען עֶר הָאט
אָנְגֶעהוֹיבֶּען צוּ רֶעכְנֶען, הָאט מֶען אִיהְם גֶעבְּרַאכְט אַ בַּעַל
25 חוֹב פוּן צֶעהְן טוֹיזֶענְד צֶענְטְנֶער זִילְבֶּער: אוּנְד וֶוען עֶר
הָאט נִיט גֶעהַאט צוּ בֶּעצָאלֶען, אַזוֹי הָאט אִיהְם זַיין הַאר
בֶּעהַייסֶען פַארְקוֹיפֶען, אוּנְד זַיין ווַייב אוּנְד קִינְדֶער, אוּנְד

אַלֶעס וָואס עֶר הָאט גֶעהַאט אוּנְד צוּ בֶּעצָאלֶען: דֶער 26
קְנֶעכְט אִיז אַנִידֶערְגֶעפַאלֶען, אוּנְד הָאט זִיךְ צוּ אִיהְם
גֶעבִּיקְט, אוּנְד גֶעזָאגְט הַאר, הָאבּ גֶעדוּלְד מִיט מִיר, אוּנְד
אִיךְ וֶועל דִיר אַלֶעס בֶּעצָאלֶען: אוּנְד דֶער הַאר פוּן דִיזֶען 27
קְנֶעכְט הָאט רַחֲמָנוֹת גֶעהַאט אוּנְד הָאט אִיהְם בֶּעפְרֵייט
אוּנְד הָאט אִיהְם דֶעם חוֹב פֶערְגֶעבֶּען: אוּנְד וִויא יֶענֶער 28
קְנֶעכְט אִיז אַרוֹיסְגֶעגַאנְגֶען, הָאט עֶר גֶעפִינֶען אֵיינֶעם פוּן
דִיא מִיט־קְנֶעכְט, וָואס אִיז אִיהְם שׁוּלְדִיג גֶעוֶועזֶען הוּנְדֶערְט
גְרָאשֶׁען; אוּנְד עֶר הָאט אִיהְם אָנְגֶענוּמֶען בֵּיים הַאלְז אוּנְד
הָאט צוּ אִיהְם גֶעזָאגְט בֶּעצָאל מִיר דֶעם חוֹב: אַזוֹי אִיז 29
דֶער־מִיטְקְנֶעכְט פַאר זַיינֶע פִיס גֶעפַאלֶען, אוּנְד הָאט אִיהְם
גֶעבֶּעטֶען אוּנְד גֶעזָאגְט, הָאבּ גֶעדוּלְד מִיט מִיר, אוּנְד אִיךְ
וֶועל דִיר אַלֶעס בֶּעצָאלֶען: אָבֶּער עֶר הָאט נִיט גֶעוָואלְט, 30
אוּנְד אִיז גֶעגַאנְגֶען אוּנְד הָאט אִיהְם אִים גֶעפֶענְגְנִיס אַרַיינְ־
גֶעוָוארְפֶען, בִּיז עֶר וֶועט בֶּעצָאלֶען דֶעם חוֹב: אוּנְד וֶוען 31
דִיא מִיט־קְנֶעכְט הָאבֶּען גֶעזֶעהֶען וָואס עֶס אִיז גֶעשֶׁעהֶען,
זֶענֶען זַייא זֶעהְר בֶּעטְרִיבְּט גֶעוָוארֶען, אוּנְד זַייא זֶענֶען גֶע־
קוּמֶען אוּנְד הָאבֶּען זַייעֶר הַאר דֶערְצֵיילְט אַלֶעס וָואס עֶס
אִיז גֶעשֶׁעהֶען: דַאן הָאט אִיהְם זַיין הַאר גֶערוּפֶען, אוּנְד 32
הָאט צוּ אִיהְם גֶעזָאגְט, דוּא שְׁלֶעכְטֶער קְנֶעכְט, אִיךְ הָאבּ
דִיר פֶערְגֶעבֶּען דֶעם גַאנְצֶען חוֹב וֵוייל דוּא הָאסְט מִיךְ גֶע־
בֶּעטֶען: הָאסְט דוּא נִיט אוֹיךְ גֶעזָאלְט רַחֲמָנוֹת הָאבֶּען מִיט 33
דַיין מִיטְקְנֶעכְט, אַזוֹי וִויא אִיךְ הָאבּ אוֹיף דִיר רַחֲמָנוֹת גֶע־
הַאט? אוּנְד זַיין הַאר אִיז אִין כַּעַס גֶעוָוארֶען, אוּנְד הָאט 34
אִיהְם אִיבֶּערְגֶעגֶעבֶּען צוּ דִיא פֵּיינִיגֶער, בִּיז עֶר וֶועט אַלֶעס
בֶּעצָאלֶען וָואס עֶר אִיז אִיהְם שׁוּלְדִיג גֶעוֶועזֶען: אַזוֹי וֶועט 35
מֵיין הִימְלִישֶׁער פָאטֶער אוֹיךְ טְהוּן צוּ אֵייךְ, וֶוען אִיהְר
וֶועט נִיט אִיטְלִיכֶער זַיין בְּרוּדֶער פוּן אֵיירֶען הֶערְצֶען
פֶערְגֶעבֶּען:

קאפיטעל יט

אוּנְד עֶס אִיז גֶעוֶועזֶען וֶוען יֵשׁוּעַ הָאט גֶעעֶנְדִיגְט דִיזֶע 1
וֶוערְטֶער, אִיז עֶר אַוֶועקְגֶעגַאנְגֶען פוּן גָלִיל, אוּנְד אִיז גֶע־
קוּמֶען אִין דִיא גְרֶענְצֶען פוּן יְהוּדָה, אוֹיף דֶער אַנְדֶערֶע
זַייט יַרְדֵן: אוּנְד פִיל לֵייטְ זֶענֶען אִיהְם נָאכְגֶעגַאנְגֶען; 2

אוּנד עֶר הָאט זַייא דָארְט גֶעהֵיילְט:
3 אוּנד דִיא פְּרוּשִׁים זֶענֶען צוּ אִיהְם גֶעקוּמֶען אוּנד הָאבֶּען
אִיהְם גֶעפְּרִיפְט אוּנד גֶעזָאגְט, מֶעג מֶען אַ װייבּ שֵׁיידֶען
4 װעגֶען יֶעדֶע זַאךְ? אוּנד עֶר הָאט גֶעעֶנְטְפֶערְט אוּנד גֶע־
זָאגְט הָאט אִיהְר דֶען נִיט גֶעלֵיינְט, אַז דֶער װעלְכֶער הָאט
זַייא בֶּעשַׁאפֶען פוּן אָנְפַאנְג, הָאט זַייא זָכָר אוּנד נְקֵבָה
5 בֶּעשַׁאפֶען: אוּנד הָאט גֶעזָאגְט, דֶעסְטְװעגֶען זָאל אַ מֶענְשׁ
פֶערְלָאזֶען זַיין פָאטֶער אוּנד זַיינֶע מוּטֶער, אוּנד זָאל זִיךְ
בֶּעהֶעפְטֶען אָן זַיין װייבּ, אוּנד דִיא צְװייא זָאלֶען זַיין צוּ
6 אֵיין פְלֵיישׁ? אַזוֹי דֶען זֶענֶען זַייא נִיט מֶעהְר צְװייא, נֵייר־
עֶרְט אֵיין פְלֵיישׁ, דְרוּם װָאס גָאט הָאט צוּזַאמֶען פֶערְאֵיי־
7 נִיגְט, דָאס זָאל קֵיין מֶענְשׁ נִיט צוּשֵׁיידֶען: זַייא הָאבֶּען צוּ
אִיהְם גֶעזָאגְט, פַארְװָאס הָאט דֶען מֹשֶׁה גֶעבָּאטֶען אַז מֶען
8 זָאל אִיהר אַ גֵט גֶעבֶּען אוּנד זִיא שֵׁיידֶען? עֶר הָאט צוּ
זַייא גֶעזָאגְט, װעגֶען אֵייעֶרֶע הַארְטהַארְצִיגְקֵייט הָאט מֹשֶׁה
אֵייךְ דֶערְלוֹיבְּט אֵייעֶרֶע װייבֶּער צוּ שֵׁיידֶען; אָבֶּער פוּן
9 אָנְפַאנְג אִיז עֶס נִיט אַזוֹי גֶעװעזֶען: אוּנד אִיךְ זָאג אֵייךְ,
אַז װער עֶס װעט זַיין װייבּ שֵׁיידֶען חוּץ װעגֶען זְנוּת, אוּנד
אֵיינֶע אַנְדֶערֶע נֶעמֶען דֶער אִיז מְזַנֶה; אוּנד דֶער װָאס
10 נֶעמְט דִיא גְרוּשָׁה אִיז מְזַנֶה: זַיינֶע תַּלְמִידִים הָאבֶּען צוּ
אִיהְם גֶעזָאגְט, װען דִיא זַאךְ אִיז אַזוֹי צְװִישֶׁען מַאן אוּנד
11 װייבּ, אַזוֹי אִיז עֶס נִיט גוּט חַתוּנָה צוּ הָאבֶּען: אוּנד עֶר
הָאט צוּ זַייא גֶעזָאגְט, נִיט אַלֶע קֶענֶען דָאס װָארְט אָנְנֶעמֶען,
12 אוֹיסֶער דִיא צוּ װעמֶען עֶס אִיז גֶעגֶעבֶּען: װָארִין עֶס זֶענֶען
פֶערְהַאנֶען פֶערְשְׁנִיטֶענֶע, װָאס זֶענֶען אַזוֹי גֶעבּוֹירֶען פוּן
זַייעֶר מוּטֶערְס לֵייבּ, אוּנד עֶס זֶענֶען פֶערְהַאנֶען פֶערְשְׁנִי־
טֶענֶע, װָאס זֶענֶען פֶערְשְׁנִיטֶען גֶעװָארֶען בַּייא מֶענְשֶׁען.
אוּנד עֶס זֶענֶען פֶערְהַאנֶען פֶערְשְׁנִיטֶענֶע, װָאס הָאבֶּען זִיךְ
זֶעלְבְּסְט פֶערְשְׁנִיטֶען װעגֶען דֶעם מַלְכוּת הַשָּׁמַיִם, װער עֶס
קֶען דָאס אָנְנֶעמֶען לָאז עֶר אָנְנֶעמֶען:
13 דַאן הָאט מֶען צוּ אִיהְם גֶעבְּרַאכְט קְלֵיינֶע קִינְדֶער כְּדֵי עֶר
זָאל דִיא הֶענְד אוֹיף זַייא לֶעגֶען אוּנד בֶּעטֶען, אוּנד דִיא
14 תַּלְמִידִים הָאבֶּען זַייא אָנְגֶעשְׁרִיעֶן: אָבֶּער יֵשׁוּעַ הָאט גֶע־
זָאגְט, לָאזְט דִיא קִינְדֶערְלֶעךְ אוּנד פֶערְבִּיט זַייא נִיט צוּ

מִיר צוּ קוּמֶען וָוארִין פוּן זָאלְכֶע אִיז דָאס מַלְכוּת הַשָּׁמַיִם׃
אוּנְד עֶר הָאט דִיא הֶענְד אוֹיף זֵייא גֶעלֶעגְט, אוּנְד אִיז פוּן 15
דָארְטֶען אַוֶועקְגֶעגַאנְגֶען׃
אוּנְד זֶעה, אֵיינֶער אִיז צוּ אִיהְם גֶעקוּמֶען אוּנְד הָאט גֶע־ 16
זָאגְט, לֶעהְרֶער וָואס פַאר אַ גוּטֶעס זָאל אִיךְ טְהוּן כְּדֵי אִיךְ
זָאל בֶּעקוּמֶען עֶבִּיגֶעס לֶעבֶּען? אוּנְד עֶר הָאט צוּ אִיהְם 17
גֶעזָאגְט, פַארְוָואס פְרֶעגְסְט דוּא מִיךְ וֶועגֶען דָאס גוּטֶע?
אֵיינֶער אִיז דֶער גוּטֶער; אָבֶּער וֶוען דוּא ווִילְסְט אִים לֶע־
בֶּען אַרֵיינְקוּמֶען אַזוֹי הִיט דִיא מִצְוֹת׃ אוּנְד עֶר הָאט צוּ 18
אִיהְם גֶעזָאגְט, וֶועלְכֶע? אוּנְד יֵשׁוּעַ הָאט גֶעזָאגְט, דוּא
זָאלְסְט נִיט טֵייטֶען דוּא זָאלְסְט נִיט מְזַנֶּה זַיין, דוּא זָאלְסְט
נִיט גַנְבֶענֶען, דוּא זָאלְסְט נִיט פַאלְשׁ עֵדוּת זָאגֶען׃ עֶהְרֶע 19
דֵיין פָאטֶער אוּנְד דֵיינֶע מוּטֶער, אוּנְד, דוּא זָאלְסְט לִיבֶּען
דֵיין חָבֵר ווִיא זִיךְ זֶעלְבְּסְט׃ דֶער יוּנְגֶער מַאן הָאט צוּ 20
אִיהְם גֶעזָאגְט, דָאס אַלֶעס הָאבּ אִיךְ גֶעהַאלְטֶען; וָואס
פֶעהְלְט מִיר נָאךְ? יֵשׁוּעַ הָאט צוּ אִיהְם גֶעזָאגְט, וֶוען דוּא 21
ווִילְסְט פָאלְקָאמֶען זַיין אַזוֹי גֶעה, פֶערְקוֹיף וָואס דוּא הָאסְט,
אוּנְד גִיבּ צוּ דִיא אָרֶעמֶע, אוּנְד דוּא וֶועסְט הָאבֶּען אַ שַׁאץ
אִים הִימֶעל; אוּנְד קוּם, פָאלְג מִיר נָאךְ׃ אוּנְד ווִיא דֶער 22
יוּנְגֶער מַאן הָאט דָאס וָוארְט גֶעהֶערְט, אִיז עֶר אַוֶועקְגֶע־
גַאנְגֶען טְרוֹיעֶרִיג; וָוארִין עֶר הָאט גֶעהַאט פִיל פֶערְמֶעגֶען׃
אוּנְד יֵשׁוּעַ הָאט צוּ זֵיינֶע תַּלְמִידִים גֶעזָאגְט, בֶּאֱמֶת זָאג 23
אִיךְ אֵייךְ, אַז אַ רֵייכֶער וֶועט שְׁוֶוערְלִיךְ אַרֵיינְקוּמֶען אִים
מַלְכוּת הַשָּׁמַיִם׃ אוּנְד ווִידֶער זָאג אִיךְ אֵייךְ, עֶס אִיז גְרִינְ־ 24
גֶער פַאר אַ קֶעמֶעל דוּרְכְצוּגֶעהֶען דוּרְךְ דֶעם לָאךְ פוּן אַ
נָאדֶעל, ווִיא פַאר אַ רֵייכֶען אַרֵיינְצוּקוּמֶען אִים קֶענִיגְרֵייךְ
פוּן גָאט׃ אוּנְד וֶוען דִיא תַּלְמִידִים הָאבֶּען דָאס גֶעהֶערְט, 25
זֶענֶען זֵייא זֶעהְר עֶרְשְׁטוֹינְט גֶעוָוארֶען אוּנְד הָאבֶּען גֶע־
זָאגְט, וֶוער קֶען דֶען גֶערֶעטֶעט וֶוערֶען? אוּנְד יֵשׁוּעַ הָאט 26
זֵייא אָנְגֶעזֶעהֶען אוּנְד הָאט צוּ זֵייא גֶעזָאגְט, בֵּייא מֶענְשֶׁען
אִיז דָאס אוּנְמֶעגְלִיךְ; אָבֶּער בֵּייא גָאט אִיז אַלֶעס מֶעגְלִיךְ׃
דַאן הָאט פֶּעטְרוֹס גֶעעֶנְטְפֶערְט אוּנְד הָאט צוּ אִיהְם גֶעזָאגְט, 27
זֶעה, מִיר הָאבֶּען אַלֶעס פֶערְלָאזְט, אוּנְד הָאבֶּען דִיר נָאכְ־
גֶעפָאלְגְט, וָואס וֶועלֶען מִיר דֶערְפַאר הָאבֶּען? אוּנְד יֵשׁוּעַ 28

הָאט צוּ זַייא גֶעזָאגְט, בֶּאֱמֶת זָאג אִיךְ אֵייךְ, אַז אִיהְר וָואס
הָאט מִיר נָאכְגֶעפָאלְגְט, אִין דֶער וִוידֶערְגֶעבּוּרְט, וֶוען דֶער
בֶּן־אָדָם וֶועט זִיצֶען אוֹיף זַיין שְׁטוּהְל פוּן הֶערְלִיכְקֵייט,
אַזוֹי וֶועט אִיהְר אוֹיךְ זִיצֶען אוֹיף צְוֶועלְף שְׁטוּהְלֶען אוּנְד
29 וֶועט מִשְׁפָּטֶען דִיא צְוֶועלְף שְׁבָטִים פוּן יִשְׂרָאֵל: אוּנְד
אִיטְלִיכֶער וָואס הָאט פֶערְלָאזְט הַייזֶער אָדֶער בְּרִידֶער
אָדֶער שְׁוֶועסְטֶער, אָדֶער פָאטֶער אָדֶער מוּטֶער, אָדֶער
קִינְדֶער, אָדֶער פֶעלְדֶער פוּן מֵיין נָאמֶענְ'ס וֶועגֶען, דֶער
וֶועט בֶּעקוּמֶען הוּנְדֶערְט מָאל אַזוֹי פִיל, אוּנְד עֶבִּיגֶעם לֶעַ־
30 בֶּען יַרְשֶׁענֶען: אָבֶּער פִילֶע וָואס זֶענֶען עֶרְשְׁטֶע וֶועלֶען
זַיין לֶעצְטֶע; אוּנְד לֶעצְטֶע וֶועלֶען זַיין עֶרְשְׁטֶע:

קאפיטעל כ

1 וָוארִין דָאס מַלְכוּת הַשָּׁמַיִם אִיז גְלֵייךְ צוּ אַ בַּעַל הַבַּיִת, וָואס
אִיז אִים מָארְגֶען פְרִיה אַרוֹיסְגֶעגַאנְגֶען אַרְבֵּייטֶער צוּ דִינְגֶען
2 פַאר זַיין וַויינְגָארְטֶען: אוּנְד עֶר הָאט זִיךְ פֶערְגְלֵייכְט מִיט
דִיא אַרְבֵּייטֶער פַאר אַ גְרָאשֶׁען אַ טָאג, אוּנְד הָאט זַייא
3 אַרֵיינְגֶעשִׁיקְט אִין זַיין וַויינְגָארְטֶען: אוּנְד עֶר אִיז אַרוֹיסְ־
גֶעגַאנְגֶען אִין דֶער דְרִיטֶער שָׁעָה אוּנְד הָאט גֶעזֶעהֶען אַנְ־
4 דֶערֶע שְׁטֶעהֶען אוֹיף דֶעם מַארְק: אוּנְד עֶר הָאט צוּ זַייא
גֶעזָאגְט, גֶעהְט אִיהְר אוֹיךְ אִין דֶעם וַויינְגָארְטֶען אַרֵיין,
5 אוּנְד אִיךְ וֶועל אֵייךְ גֶעבֶּען וָואס רֶעכְט אִיז: אַזוֹי זֶענֶען זַייא
אַהִינְגֶעגַאנְגֶען. אוּנְד עֶר אִיז וִוידֶער אַרוֹיסְגֶעגַאנְגֶען אִין
דֶער זֶעקְסְטֶער אוּנְד נַיינְטֶער שָׁעָה, אוּנְד הָאט אוֹיךְ אַזוֹי
6 גֶעטְהוּן: אוּנְד אִין דֶער עֶלְפְטֶער שָׁעָה אִיז עֶר אַרוֹיסְגֶע־
גַאנְגֶען, אוּנְד הָאט גֶעפִינֶען אַנְדֶערֶע לֶעדִיג שְׁטֶעהֶען,
אוּנְד הָאט צוּ זַייא גֶעזָאגְט, פַארְוָואס שְׁטֶעהְט אִיהְר דֶעם
7 גַאנְצֶען טָאג לֶעדִיג? זַייא הָאבֶּען צוּ אִיהְם גֶעזָאגְט, וֵוייל
קֵיינֶער הָאט אוּנְס נִיט גֶעדוּנְגֶען, אַזוֹי הָאט עֶר צוּ זַייא
8 גֶעזָאגְט, גֶעהְט אִיהְר אוֹיךְ אִים וַויינְגָארְטֶען אַרֵיין: אוּנְד
אוֹיף דֶעם אָבֶּענְד זָאגְט דֶער הַאר פוּן דֶעם וַויינְגָארְטֶען
צוּ זַיין פֶערְוַואלְטֶער, רוּף דִיא אַרְבֵּייטֶער, אוּנְד בֶּעצָאל
זַייא זַייעֶר לוֹין, אוּנְד הֶעבּ אָן פוּן דֶעם לֶעצְטֶען בִּיז צוּם
9 עֶרְשְׁטֶען: אוּנְד דִיא וָואס זֶענֶען גֶעדוּנְגֶען גֶעוָוארֶען אִין
דֶער עֶלְפְטֶער שָׁעָה זֶענֶען גֶעקוּמֶען, אוּנְד הָאבֶּען בֶּעקוּמֶען

10 אִיטְלִיכֶער אַ גְרָאשֶׁען: אוּנְד וָוען דִיא עֶרְשְׁטֶע זֶענֶען גֶע־
קוּמֶען, אַזוֹי הָאבֶּען זַייא גֶעדַאכְט אַז זַייא וֶועלֶען מֶעהְר
בֶּעקוּמֶען, אוּנְד זַייא הָאבֶּען אוֹיךְ בֶּעקוּמֶען אִיטְלִיכֶער אַ
11 גְרָאשֶׁען: אוּנְד וָוען זַייא הָאבֶּען עֶס בֶּעקוּמֶען, הָאבֶּען זַייא
12 גֶעמוּרְמֶעלְט קֶעגֶען דֶעם בַּעַל הַבַּיִת: אוּנְד הָאבֶּען גֶעזָאגְט,
דִיזֶע לֶעצְטֶע הָאבֶּען גֶעאַרְבֵּייט אֵיינֶע שָׁעָה, אוּנְד דוּא
הָאסְט זַייא מִיט אוּנְס גְלַייךְ גֶעמַאכְט, וָואס הָאבֶּען דֶערְ־
טְרָאגֶען דִיא לַאסְט פוּן דֶעם טָאג אוּנְד דִיא בְּרֶענֶענְדִיגֶע
13 הִיץ: אָבֶּער עֶר הָאט גֶעעֶנְטְפֶערְט אוּנְד גֶעזָאגְט צוּ אֵיינֶעם
פוּן זַייא, מֵיין פְרֵיינְד, אִיךְ טְהוּא נִיט קֵיין אוּנְרֶעכְט; הָאסְט
14 דוּא דִיךְ נִיט מִיט מִיר פֶערְגְלַייכְט פַאר אַ גְרָאשֶׁען? נֶעם
דִיר דָאס דַיינִיגֶע, אוּנְד גֶעה אַוֶועק; אִיךְ וִויל דִיזֶען לֶעצְ־
15 טֶען גֶעבֶּען אַזוֹי וִויא דִיר: מֶעג אִיךְ נִיט טְהוּן מִיט מֵיין
אֵייגֶענֶעם וָואס אִיךְ וִויל? אָדֶער אִיז דַיין אוֹיג שְׁלֶעכְט
16 וֵוייל אִיךְ בִּין גוּט? אַזוֹי וֶועלֶען דִיא לֶעצְטֶע זַיין עֶרְשְׁטֶע,
אוּנְד דִיא עֶרְשְׁטֶע לֶעצְטֶע:
17 אוּנְד וָוען יֵשׁוּעַ אִיז אַרוֹיפְגֶעגַאנְגֶען קֵיין יְרוּשָׁלַיִם, הָאט
עֶר גֶענוּמֶען דִיא צְוֶועלְף תַּלְמִידִים אָן דֶער זַייט, אוּנְד
18 אוֹיף דֶעם וֶועג הָאט עֶר צוּ זַייא גֶעזָאגְט: זֶעה מִיר גֶעהֶען
אַרוֹיף קֵיין יְרוּשָׁלַיִם; אוּנְד דֶער בֶּן־אָדָם וֶועט אִיבֶּערְגֶע־
לִיפֶערְט וֶוערֶען צוּ דִיא עֶרְשְׁטֶע כֹּהֲנִים אוּנְד דִיא סוֹפְרִים;
19 אוּנְד זַייא וֶועלֶען אִיהְם פֶערְשׁוּלְדִיגֶען צוּם טוֹיט; אוּנְד
זַייא וֶועלֶען אִיהְם אִיבֶּערְלִיפֶערֶען צוּ דִיא גוֹיִם אַז זַייא
זָאלֶען אִיהְם אוֹיסְשְׁפָּאטֶען אוּנְד שְׁמֵייסֶען אוּנְד קְרֵייצִיגֶען;
אוּנְד אִים דְרִיטֶען טָאג וֶועט עֶר אוֹיפְשְׁטֶעהֶען:
20 דַאן אִיז צוּ אִיהְם גֶעקוּמֶען דִיא מוּטֶער פוּן דִיא קִינְדֶער
פוּן זַבְדִי מִיט אִיהְרֶע זִיהְן, אוּנְד הָאט זִיךְ צוּ אִיהְם גֶעבִּיקְט,
21 אוּנְד עֶפֶּעס פוּן אִיהְם פֶערְלַאנְגְט: אוּנְד עֶר הָאט צוּ אִיהְר
גֶעזָאגְט, וָואס ווִילְסְט דוּא? זִיא הָאט צוּ אִיהְם גֶעזָאגְט,
גֶעבִּיט אַז מֵיינֶע צְוֶוייא זִיהְן זָאלֶען זִיצֶען, אֵיינֶער צוּ דַיינֶע
רֶעכְטֶע הַאנְד אוּנְד אֵיינֶער צוּ דַיינֶע לִינְקֶע אִין דַיין קֶע־
22 נִיגְרַייךְ: אָבֶּער יֵשׁוּעַ הָאט גֶעעֶנְטְפֶערְט אוּנְד גֶעזָאגְט,
אִיהְר ווייסְט נִיט וָואס אִיהְר פֶערְלַאנְגְט: קֶענְט אִיהְר טְרִינְ־
קֶען דֶעם כּוֹס וָואס אִיךְ וֶועל טְרִינְקֶען? זַייא הָאבֶּען צוּ

23 איהם געזאגט מיר קענען: ער האט צו זייא געזאגט, מיין
כוס ווערט איהר אודאי טרינקען, אבער צו זיצען צו מיינע
רעכטע האנד אונד צו מיינע לינקע האנד איז ניט מיין צו
געבען, נייערט צו דיא פאר וועמען עס איז אנגעברייט
24 פון מיין פאטער: אונד ווען דיא צעהן האבען דאס געהערט,
האט עס זייא פערדראסען איבער דיא צווייא ברידער:
25 אבער ישוע האט זייא צו זיך גערופען אונד געזאגט, איהר
ווייסט אז דיא פירשטען פון דיא פעלקער הערשען איבער
26 זייא, אונד דיא פארנעהמע געוועלטיגען איבער זייא: עס
זאל ניט אזוי זיין צווישען אייך; נייערט ווער עס וויל
גרויס זיין צווישען אייך, דער זאל זיין אייער דינער:
27 אונד ווער עס וויל דער ערשטער זיין צווישען אייך, דער
28 זאל זיין אייער קנעכט: אזוי וויא דער בן־אדם איז ניט
געקומען בעדינט צו ווערען נייערט צו בעדינען אונד זיין
לעבען צו געבען איינע אויסלייזונג פאר פילע:
29 אונד ווען זייא זענען אוועקגעגאנגען פון יריחו זענען
30 איהם פיל לייט נאכגעגאנגען: אונד זעה, צווייא בלינדע
זענען געזעסען ביים וועג, אונד ווען זייא האבען געהערט
אז ישוע געהט פערבייא, האבען זייא געשריען אונד גע־
31 זאגט, דערבארם דיך איבער אונס דוא זוהן פון דוד: אונד
דיא לייט האבען זייא אנגעשריען אז זייא זאלען שטיל
שווייגען; אבער זייא האבען נאך מעהר געשריען אונד
געזאגט, האר, דערבארם דיך איבער אונס דוא זוהן פון
32 דוד: אונד ישוע איז געשטאנען, אונד האט זייא גערופען
אונד געזאגט וואס ווילט איהר אז איך זאל אייך טהון?
33 זייא האבען צו איהם געזאגט, האר, אז אונזערע אויגען
34 זאלען אויפגעמאכט ווערען: אונד ישוע האט איבער זייא
רחמנות געהאט, אונד האט זייערע אויגען אנגערירט,
אונד גלייך זענען זייא זעהענדיג געווארען אונד האבען
איהם נאכגעפאלגט:

קאפיטעל כא

1 אונד ווען זייא האבען זיך גענעהנט צו ירושלים, אונד
זענען געקומען קיין בית פגי צום הר הזתים, דאן האט ישוע
2 אויסגעשיקט צווייא תלמידים: אונד האט צו זייא געזאגט,

גֶעהְט אַהִין צוּם דָארְף וָואס אִיז קֶעגֶען אֵייךְ, אוּנְד גְלֵייךְ
וֶועט אִיהְר גֶעפִינֶען אַיין עֶזֶעל אָנְגֶעבּוּנְדֶען אוּנְד אַ פִילְכֶען
דֶערְבַּייא; בִּינְדֶעט זֵייא אוֹיף אוּנְד בְּרֶענְגְט זֵייא צוּ מִיר:
3 אוּנְד וֶוען אִימֶעצֶער וֶועט אֵייךְ עֶפֶּעס זָאגֶען, אַזוֹי זָאגְט
אִיהְר אַז דֶער הַאר בֶּעדַארְף זֵייא; אוּנְד עֶר וֶועט זֵייא
4 בַּאלְד שִׁיקֶען: אוּנְד דָאס אִיז גֶעשֶׁעהֶען, כְּדֵי עֶס זָאל
מְקוּיָּם וֶוערֶען וָואס אִיז גֶעזָאגְט דוּרְךְ דֶעם נָבִיא, דֶער זָאגְט:
5 „זָאגְט צוּ דֶער טָאכְטֶער פוּן צִיוֹן, זֶעה, דַיין קֶענִיג
קוּמְט צוּ דִיר, זַאנְפְטמוּטִיג אוּנְד רֵייטֶענְדִיג אוֹיף אַיין
עֶזֶעל, אוּנְד אוֹיף אַ פִילְכֶען, דָאס יוּנְגֶע פוּן אֵיינֶע
עֶזֶעלִין“: (זכריה ט׳ ט׳).
6 אוּנְד דִיא תַּלְמִידִים זֶענֶען גֶעגַאנְגֶען, אוּנְד הָאבֶּען גֶעטְהוּן
7 אַזוֹי וִויא יֵשׁוּעַ הָאט זֵייא בֶּעפוֹילֶען: אוּנְד זֵייא הָאבֶּען גֶע־
בְּרַאכְט דֶעם עֶזֶעל אוּנְד דָאס פִילְכֶען אוּנְד הָאבֶּען זֵיירֶע
קְלֵיידֶער דְרוֹיף גֶעלֶעגְט, אוּנְד הָאבֶּען אִיהְם אוֹיף זֵייא גֶע־
8 זֶעצְט: אוּנְד אַ סַךְ לֵייט הָאבֶּען זֵיירֶע קְלֵיידֶער אוֹיסְגֶע־
שְׁפְּרֵייט אוֹיף דֶעם וֶועג; אוּנְד אַנְדֶערֶע הָאבֶּען אָפְּגֶעשְׁנִיטֶען
צְווַייגֶען פוּן דִיא בַּיימֶער אוּנְד הָאבֶּען זֵייא אוֹיסְגֶעשְׁפְּרֵייט
9 אוֹיף דֶעם וֶועג: אוּנְד דִיא לֵייט וָואס זֶענֶען פָאר אִיהְם
אוּנְד נָאךְ אִיהְם גֶעגַאנְגֶען, הָאבֶּען גֶעשְׁרִיעֶן אוּנְד גֶעזָאגְט,
„הוֹשַׁעְנָה צוּם זוּהְן פוּן דָוִד, גֶעלוֹיבְּט אִיז דֶער וֶועלְכֶער
קוּמְט אִים נָאמֶען פוּן דֶעם הַאר, הוֹשַׁעְנָה אִין דֶער הוֹיךְ“:
10 אוּנְד וֶוען עֶר אִיז אִין יְרוּשָׁלַיִם אַרַיינְגֶעקוּמֶען, אִיז דִיא
גַאנְצֶע שְׁטָאט בֶּעוֶועגְט גֶעוָוארֶען, אוּנְד זֵייא הָאבֶּען גֶע־
11 זָאגְט וֶוער אִיז דִיזֶער? אוּנְד דִיא לֵייט הָאבֶּען גֶעזָאגְט,
דָאס אִיז דֶער נָבִיא, יֵשׁוּעַ, פוּן נְצֶרֶת אִין גָלִיל:
12 אוּנְד יֵשׁוּעַ אִיז אַרַיינְגֶעגַאנְגֶען אִין בֵּית הַמִּקְדָּשׁ, אוּנְד הָאט
אַרוֹיסְגֶעטְרִיבֶּען אַלֶע דִיא וָואס הָאבֶּען פֶערְקוֹיפְט אוּנְד
גֶעקוֹיפְט אִין בֵּית הַמִּקְדָּשׁ אוּנְד הָאט אוּמְגֶעוָוארְפֶען דִיא
טִישׁ פוּן דִיא גֶעלְדְוֶועקְסְלֶער, אוּנְד דִיא שְׁטוּהְלֶען פוּן דִיא
13 וָואס הָאבֶּען דִיא טוֹיבֶּען פֶערְקוֹיפְט: אוּנְד הָאט צוּ זֵייא
גֶעזָאגְט, עֶס שְׁטֶעהְט גֶעשְׁרִיבֶּען, מֵיין הוֹיז זָאל גֶערוּפֶען
וֶוערֶען אַ הוֹיז פוּן גֶעבֶּעט, אָבֶּער אִיהְר הָאט דֶערְפוּן
14 גֶעמַאכְט אַ הֵייל פוּן רוֹיבֶּער: אוּנְד עֶס זֶענֶען צוּ אִיהְם

גֶעקוּמֶען בְּלִינְדֶע אוּנְד קְרוּמֶע אִין בֵּית הַמִקְדָשׁ, אוּנְד עֶר
15 הָאט זֵייא גֶעהֵיילְט: אוּנְד וֶוען דִיא עֶרְשְׁטֶע כֹּהֲנִים אוּנְד
סוֹפְרִים הָאבֶּען גֶעזֶעהֶען דִיא וְואוּנְדֶער וָואס עֶר הָאט גֶע־
טְהוּן, אוּנְד דִיא קִינְדֶער וָואס הָאבֶּען גֶעשְׁרִיעֶן אִין בֵּית
הַמִקְדָשׁ אוּנְד גֶעזָאגְט, הוֹשַׁעְנָא צוּם זוּהְן פוּן דָוִד, אַזוֹי
16 הָאט עֶס זֵייא פֶערְדְרָאסֶען: אוּנְד זֵייא הָאבֶּען צוּ אִיהְם
גֶעזָאגְט, הֶערְסְט דוּא וָואס דִיזֶע זָאגֶען? אוּנְד יֵשׁוּעַ הָאט
צוּ זֵייא גֶעזָאגְט, יָא, הָאט אִיהְר קֵיינְמָאל נִיט גֶעלֵיינְט,
„פוּן דֶעם מוֹיל פוּן יוּנְגְלִינְגֶע אוּנְד קִינְדֶער הָאסְט דוּא
17 לוֹיבּ פָאלְקוּמֶען גֶעמַאכְט“? (תהלים ח׳ ג׳).
אוּנְד עֶר הָאט זֵייא פֶערְלָאזְט, אוּנְד אִיז אוֹיס דֶער שְׁטָאט
אַרוֹיסְגֶעגַאנְגֶען קֵיין בֵּית עֲנְיָה, אוּנְד הָאט דָארְט אִיבֶּערְ־
גֶענֶעכְטִיגְט:
18 אוּנְד צוּ מָארְגֶען פְרִיה וֶוען עֶר אִיז אִין דֶער שְׁטָאט אַרֵיינְ־
19 גֶעגַאנְגֶען, אִיז עֶר הוּנְגְרִיג גֶעוָוארֶען: אוּנְד עֶר הָאט גֶע־
זֶעהֶען אַ פֵייגֶענְבּוֹים אוֹיף דֶעם וֶועג, אוּנְד אִיז צוּ גֶעגַאנְגֶען
דֶערְצוּ, אוּנְד הָאט דַארוֹיף נִיט מֶעהְר גֶעפוּנֶען חוּץ בְּלֶעטְ־
לֶעךְ אַלֵיין, אוּנְד עֶר הָאט צוּ אִיהְם גֶעזָאגְט, עֶס זָאל נִיט
מֶעהְר קֵיינֶע פֵּירוֹת אוֹיף דִיר וַואקְסֶען אוֹיף עֶבִּיג. אוּנְד
20 בַּאלְד אִיז דֶער פֵייגֶענְבּוֹים פֶערְדַארְט גֶעוָוארֶען: אוּנְד וֶוען
דִיא תַּלְמִידִים הָאבֶּען דָאס גֶעזֶעהֶען, הָאבֶּען זֵייא זִיךְ גֶע־
וְואוּנְדֶערְט אוּנְד גֶעזָאגְט, וְוִיא בַּאלְד אִיז דֶער בּוֹים פֶערְ־
21 דַארְט גֶעוָוארֶען? אוּנְד יֵשׁוּעַ הָאט גֶעעֶנְטְפֶערְט אוּנְד
הָאט צוּ זֵייא גֶעזָאגְט, בֶּאֱמֶת זָאג אִיךְ אֵייךְ, וֶוען אִיהְר
זָאלְט הָאבֶּען גְלוֹיבֶּען, אוּנְד זָאלְט נִיט צְוֵוייפְלֶען, אַזוֹי
וֶועט אִיהְר נִיט אַלֵיין טְהוּן וָואס אִיז גֶעשֶׁעהֶען צוּם פֵייגֶענְ־
בּוֹים; נֵייעֶרְט וֶוען אִיהְר וֶועט אוֹיךְ זָאגֶען צוּ דִיזֶען בַּארְג,
דוּא זָאלְסְט דִיךְ אוֹיפְהֵייבֶּען אוּנְד זָאלְסְט אִים יַם אַרֵיינְ־
22 גֶעוָוארְפֶען וֶוערֶען, אַזוֹי וֶועט עֶס גֶעשֶׁעהֶען: אוּנְד אַלֶעס
וָואס אִיהְר וֶועט פֶערְלַאנְגֶען אִים גֶעבֶּעט מִיט גְלוֹיבֶּען,
אַזוֹי וֶועט אִיהְר עֶס דֶערְהַאלְטֶען:
23 אוּנְד וֶוען עֶר אִיז גֶעקוּמֶען אִין בֵּית הַמִקְדָשׁ אַרֵיין, זֶענֶען
צוּ אִיהְם גֶעקוּמֶען דִיא עֶרְשְׁטֶע כֹּהֲנִים אוּנְד דִיא עֶלְצְטֶע
פוּן דֶעם פָאלְק, וֶוען עֶר הָאט גֶעלֶעהְרְט, אוּנְד זֵייא הָאבֶּען

צוּ אִיהְם גֶעזָאגְט, דוּרְךְ וָואס פַאר אַ מַאכְט טְהוּסְט דוּא
דִיזֶע זַאכֶען? אוּנְד וָוער הָאט דִיר דִיזֶע מַאכְט גֶעגֶעבֶּען?
24 אוּנְד יֵשׁוּעַ הָאט גֶעעֶנְטְפֶערְט אוּנְד הָאט צוּ זַייא גֶעזָאגְט,
אִיךְ ווִיל אַייךְ אַיין זַאךְ פְרֶעגֶען, אוּנְד וָוען אִיהְר וָועט מִיר
דָאס זָאגֶען, אַזוֹי וָועל אִיךְ אַייךְ אוֹיךְ זָאגֶען דוּרְךְ וָואס
25 פַאר אַ מַאכְט אִיךְ טְהוּא דִיזֶע זַאכֶען: דִיא טְבִילָה פוּן
יוֹחָנָן פוּן וַואנֶען אִיז זִיא גֶעוֶועזֶען, פוּן דֶעם הִימֶעל, אָדֶער
פוּן מֶענְשֶׁען? אוּנְד זַייא הָאבֶּען זִיךְ מִיט אַיינַאנְדֶער אִיבֶּערְ־
גֶעלֶעגְט אוּנְד גֶעזָאגְט, וָוען מִיר וֶועלֶען זָאגֶען פוּן דֶעם
הִימֶעל, דַאן וָועט עֶר זָאגֶען פַארְוָואס הָאט אִיהְר אִיהְם דֶען
26 נִיט גֶעגְלוֹיבְּט? אוּנְד וָוען מִיר וֶועלֶען זָאגֶען פוּן מֶענְשֶׁען,
אַזוֹי הָאבֶּען מִיר מוֹרָא פַאר דִיא לֵייט, וָוארִין אַלֶע הַאלְ־
27 טֶען יוֹחָנָן פַאר אַ נָבִיא: אוּנְד זַייא הָאבֶּען צוּ יֵשׁוּעַ גֶע־
עֶנְטְפֶערְט אוּנְד גֶעזָאגְט, מִיר וִויסֶען נִיט. הָאט עֶר צוּ זַייא
גֶעזָאגְט, אִיךְ וָועל אַייךְ אוֹיךְ נִיט זָאגֶען דוּרְךְ וָואס פַאר אַ
28 מַאכְט אִיךְ טְהוּא דִיזֶע זַאכֶען: אָבֶּער וָואס דַאכְט זִיךְ אַייךְ?
אַ מַאן הָאט גֶעהַאט צְוַוייא זִיהְן; אוּנְד עֶר אִיז גֶעקוּמֶען
צוּם עֶרְשְׁטֶען אוּנְד הָאט גֶעזָאגְט, מַיין זוּהְן, גֶעה אוּנְד
29 אַרְבֵּייט הַיינְט אִין מַיין ווַיינְגָארְטֶען: אוּנְד עֶר הָאט גֶע־
עֶנְטְפֶערְט אוּנְד גֶעזָאגְט, אִיךְ ווִיל נִיט, דֶערְנָאךְ הָאט עֶר
30 זִיךְ בֶּעדַאכְט אוּנְד אִיז גֶעגַאנְגֶען: אוּנְד עֶר אִיז גֶעקוּמֶען
צוּם אַנְדֶערֶען, אוּנְד הָאט אוֹיךְ אַזוֹי גֶעזָאגְט, אוּנְד עֶר
הָאט גֶעעֶנְטְפֶערְט אוּנְד גֶעזָאגְט, אִיךְ ווִיל, אוּנְד אִיז נִיט
31 גֶעגַאנְגֶען: וֶועלְכֶער פוּן דִיא צְוַוייא הָאט גֶעטְהוּן דֶעם
ווִילֶען פוּן דֶעם פָאטֶער? זַייא הָאבֶּען גֶעזָאגְט דֶער עֶרְשְׁ־
טֶער. יֵשׁוּעַ הָאט צוּ זַייא גֶעזָאגְט, בֶּאֱמֶת זָאג אִיךְ אַייךְ,
אַז דִיא שְׁטֵייעֶרְאַיינְנֶעמֶער אוּנְד דִיא הוּרֶען וֶועלֶען פְרִיהֶער
32 פוּן אַייךְ אַרַיינְקוּמֶען אִים קֶענִיגְרַייךְ פוּן גָאט: וָוארִין יוֹחָנָן
אִיז צוּ אַייךְ גֶעקוּמֶען אִים וֶועג פוּן גֶערֶעכְטִיגְקֵייט, אוּנְד
אִיהְר הָאט אִיהְם נִיט גֶעגְלוֹיבְּט; אָבֶּער דִיא שְׁטֵייעֶרְ־
אַיינְנֶעמֶער אוּנְד דִיא הוּרֶען הָאבֶּען אִיהְם גֶעגְלוֹיבְּט; אוּנְד
וָוען אִיהְר הָאט דָאס גֶעזֶעהֶען, הָאט אִיהְר אַייךְ דָאךְ נִיט
בֶּעדַאכְט אַז אִיהְר זָאלְט אִיהְם גְלוֹיבֶּען:
33 הֶערְט צוּ אַיין אַנְדֶער מָשָׁל, דָא אִיז גֶעוֶועזֶען אַ בַּעַל הַבַּיִת,

וואס האט געפלאנצט א וויינגארטען, אונד האט א צוים דרום
געמאכט, אונד א קעלטער דרינען געגראבען, אונד האט
געבויעט א טהורם, אונד עם פערדונגען צו וויינגערטנער,
34 אונד ווען דיא צייט פון פרוכט איז געקומען, אזוי האט ער
געשיקט זיינע קנעכט צו דיא וויינגערטנער, אז זייא זאלען
35 זיינע פרוכט צונעמען: אונד דיא וויינגערטנער האבען
זיינע קנעכט גענומען, אונד איינעם געשלאגען אונד איינעם
האבען זייא אומגעבראכט, אונד איין אנדערען געשטייניגט:
36 ער האט ווידער אנדערע קנעכט געשיקט, מעהר ווי דיא
ערשטע; אונד זייא האבען צו דיזע אויך אזוי געטהון:
37 דערנאך האט ער זיין זוהן צו זייא געשיקט, אונד האט
38 געזאגט, זייא וועלען מיין זוהן עהרען: אבער דיא וויינ־
גערטנער האבען געזעהען דעם זוהן, אזוי האבען זייא
צווישען איינאנדער געזאגט, דאס איז דער יורש; קומט,
לאזען מיר איהם הרגענען אונד זיינע ירושה צונעמען:
39 אונד זייא האבען איהם גענומען, אונד ארויסגעווארפען
40 אוים דעם וויינגארטען אונד געהרגעט: דרום ווען דער
הער פון דעם וויינגארטען וועט קומען, וואס וועט ער טהון
41 צו דיזע וויינגערטנער? זייא האבען צו איהם געזאגט, ער
וועט דיזע רשעים שרעקליך פערניכטען, אונד וועט דעם
וויינגארטען איבערגעבען צו אנדערע וויינגערטנער וואס
וועלען איהם דיא פרוכט אפגעבען אין זיינע צייט:
42 ישוע האט צו זייא געזאגט, האט איהר קיינמאל ניט גע־
ליינט אין דיא שריפט,

„דער שטיין וועלכען דיא בוימייסטער האבען פערווארפ־
פען, דער איז צום עקשטיין געווארען; דאס איז גע־
שעהען פון דעם הער, אונד עם איז וואונדערליך אין
אונזערע אויגען“: (תהלים קיח׳ כב׳ כג).

43 דרום זאג איך אייך, אז דאס קעניגרייך פון גאט וועט פון
אייך אוועקגענומען ווערען, אונד וועט געגעבען ווערען
44 צו א פאלק וואס ברענגט זיינע פרוכט: אונד ווער עם
וועט פאלען אויף דיזען שטיין דער וועט צוברעכען ווער־
רען; אבער אויף וועמען ער וועט פאלען דעם וועט ער
45 צומאלען: אונד ווען דיא ערשטע כהנים אונד דיא פרושים

הָאבֶּען זַיינֶע מְשָׁלִים גֶעהֶערְט, אַזוֹי הָאבֶּען זַייא גֶעוְואוּסְט
46 אַז עֶר רֶעט פוּן זַייא: אוּנְד וָוען זַייא הָאבֶּען אִיהְם גֶע־
זוּכְט צוּ נֶעמֶען, הָאבֶּען זַייא מוֹרָא גֶעהַאט פַאר דִיא לַייט,
וָוארִין זַייא הָאבֶּען אִיהם גֶעהַאלְטֶען פַאר אַ נָבִיא:

קאפיטעל כב

1 אוּנְד יֵשׁוּעַ הָאט גֶעעֶנְטְפֶערְט אוּנְד הָאט צוּ זַייא ווִידֶער
2 גֶערֶעט אִין מְשָׁלִים אוּנְד גֶעזָאגְט, דָאס מַלְכוּת הַשָּׁמַיִם אִיז
גְלֵייךְ צוּ אַ קֶענִיג וָואס הָאט גֶעמַאכְט אַ חַתוּנָה פַאר זַיין
3 זוּהְן; אוּנְד הָאט זַיינֶע קְנֶעכְט גֶעשִׁיקְט צוּ רוּפֶען דִיא וָואס
זֶענֶען גֶעבֶּעטֶען גֶעוָוארֶען צוּ דֶער חַתוּנָה; אוּנְד זַייא הָא־
4 בֶּען נִיט גֶעוָואלְט קוּמֶען. אַזוֹי הָאט עֶר ווִידֶער אַנְדֶערֶע
קְנֶעכְט גֶעשִׁיקְט אוּנְד גֶעזָאגְט, זָאגְט צוּ דִיא וָואס זֶענֶען
גֶעבֶּעטֶען, זֶעהְט, אִיךְ הָאבּ מֵיינֶע סְעוּדָה פֶערְטִיג גֶעמַאכְט,
מֵיינֶע רִינְדֶער אוּנְד מֵיינֶע פֶעטֶע אָקְסֶען זֶענֶען גֶעשָׁאכְטֶען,
5 אוּנְד אַלֶעס אִיז פֶערְטִיג; קוּמְט צוּ דֶער חַתוּנָה: אָבֶּער
עֶס הָאט זַייא נָארְנִיט גֶעהַארְט, אוּנְד זַייא זֶענֶען אַוֶועקְ־
גֶעגַאנְגֶען, אֵיינֶער אִין זַיין פֶעלְד אַרַיין, דֶער אַנְדֶערֶע צוּ
6 זַיין הַאנְדֶעל; אוּנְד דִיא אִיבְּרִיגֶע הָאבֶּען גֶענוּמֶען דִיא
קְנֶעכְט אוּנְד הָאבֶּען זַייא מִיט שַׁאנְד בֶּעהַאנְדֶעלְט אוּנְד
7 אוּמְגֶעבְּרַאכְט; אוּנְד דֶער קֶענִיג אִיז אִין כַּעַס גֶעוָוארֶען,
אוּנְד הָאט זַיינֶע הֶערְשַׁארֶען אַרוֹיסְגֶעשִׁיקְט, אוּנְד הָאט יֶענֶע
רוֹצְחִים אוּמְגֶעבְּרַאכְט, אוּנְד הָאט זַייעֶרֶע שְׁטָאדְט פֶערְ־
8 בְּרֶענְט; דַאן הָאט עֶר גֶעזָאגְט צוּ זַיינֶע קְנֶעכְט, דִיא
חַתוּנָה אִיז אִיצְט פֶערְטִיג, אָבֶּער דִיא וָואס זֶענֶען גֶעבֶּעטֶען
9 גֶעוָוארֶען זֶענֶען נִיט וֶוערְט; דְרוּם גֶעהְט אִיהְר צוּ דִיא
הוֹיפְּטְגַאסֶען, אוּנְד וֶועמֶען אִיהְר וֶועט גֶעפִינֶען בֶּעט אוֹיף
10 דֶער חַתוּנָה; אוּנְד דִיא קְנֶעכְט זֶענֶען אַרוֹיסְגֶעגַאנְגֶען אוֹיף
דִיא הוֹיפְּטְגַאסֶען, אוּנְד הָאבֶּען אֵיינְגֶעזַאמֶעלְט אַלֶע וֶועלְכֶע
זַייא הָאבֶּען גֶעפִינֶען, שְׁלֶעכְטֶע אוּנְד גוּטֶע, אוּנְד דִיא
11 חַתוּנָה אִיז גֶעוֶועזֶען פוּל מִיט גֶעסְט; אוּנְד וֶוען דֶער קֶענִיג
אִיז אַרַיינְגֶעקוּמֶען דִיא גֶעסְט צוּ זֶעהֶען, אַזוֹי הָאט עֶר
דָארְט גֶעזֶעהֶען אַ מַאן וָואס הָאט נִיט אָנְגֶעטְהוּן קֵיין חַתוּנָה
12 קְלֵייד; אוּנְד עֶר הָאט צוּ אִיהְם גֶעזָאגְט, פְרֵיינְד, ווִיא אַזוֹי
בִּיסְט דוּא אַרַיינְגֶעקוּמֶען אָהֶן אַ חַתוּנָה קְלֵייד? אוּנְד עֶר

13 איז פערשטומט געוואָרען; דאן האט דער קעניג געזאגט
צו דיא משרתים, בינד איהם הענד אונד פיס, אונד וואַרפט
איהם אַרויס אין דיא אויסערער פינסטערניס; דאָרט וועט
14 זיין געוויין אונד ציינקריצען; וואָרין פילע זענען בערופען,
אָבער ווייניג זענען אויסדערוועהלט:
15 דאן זענען דיא פרושים אַוועקגעגאַנגען אונד האָבען איין
עצה געהאַלטען, ווי זיא זאָלען איהם אים רעדען פאַנ־
16 גען; אונד זייא האָבען צו איהם געשיקט זייערע תלמידים,
מיט דיא לייט פון הורדוס, אונד האָבען געזאגט, רבי, מיר
ווייסען אַז דו ביסט איין אמת'ער מענש, אונד לערהסט
דעם וועג פון גאָט אין וואַהרהייט, אונד פרעגסט נאָך קיי־
17 נעם ניט, וואָרין דו ביסט קיינעם ניט נושא פנים; דרום
זאָג אונס ווי דו דענקסט? מעג מען געבען מס צום
18 קייזער אָדער ניט? אָבער ישוע האט זייער רשעת בע־
מערקט, אונד געזאגט, וואָרום פרופט איהר מיך איהר
19 הייכלער? ווייזט מיר דאס געלד פון מס; אונד זייא האָ־
20 בען איהם געבראַכט א מטבע; אונד ער האט צו זייא
געזאגט, וועמעס איז דאס בילד, אונד דיא אויפשריפט?
21 זייא האָבען געזאגט, דעם קייזער'ס; דאן האט ער צו זייא
געזאגט, דרום גיבט דעם קייזער וואס איז דעם קייזער'ס
22 אונד צו גאָט וואס איז צו גאָט; אונד ווען זייא האָבען
דאס געהערט, האָבען זייא זיך פערוואונדערט, אונד האָ־
בען איהם אפגעלאזט אונד זענען אַוועקגעגאַנגען;
23 אין דעמזעלביגען טאָג זענען דיא צדוקים צו איהם געקומען
וואס זאָגען עס וועט ניט זיין קיין תחית המתים; אונד זייא
24 האָבען איהם געפרעגט אונד געזאגט, רבי, משה האט
געזאגט, ווען איינער שטאַרבט אונד האט קיינע קינדער
ניט, אַזוי זאָל זיין ברודער זיין ווייב הייראַטען, אונד
25 זאָל אויפשטעלען זאָמען צו זיין ברודער: עס זענען
בייא אונס געוועזען זיבען ברידער, אונד דער ערש־
טער האט חתונה געהאַט, אונד איז געשטאָרבען, אונד
ווייל ער האט ניט געהאַט קיין זאָמען, אַזוי האט ער
26 איבערגעלאָזט זיין ווייב צו זיין ברודער; אַזוי איז אויך
געוועזען מיט דעם צווייטען, אונד דעם דריטען, ביז דיא זיבען;

אוּנְד צוּלֶעצְט פוּן אַלֶע אִיז דָאס וַויבּ אוֹיךְ גֶעשְׁטָארְבֶּען; 27
דְרוּם אִין תְּחִיַּת הַמֵתִים וֶועמֶעס וֶועט זִיא זַיין פוּן דִיא 28
זִיבֶּען? וָוארִין זַייא אַלֶע הָאבֶּען זִיא גֶעהַאט; אוּנְד יֵשׁוּעַ 29
הָאט גֶעעֶנְטְפֶערְט אוּנְד גֶעזָאגְט, אִיהְר פֶערְפִיהְרְט אֵייךְ
וַוייל אִיהְר קֶענְט נִיט דִיא שְׁרִיפְט, אוֹיךְ נִיט דִיא מַאכְט
פוּן גָאט; וָוארִין אִין תְּחִיַּת הַמֵתִים וֶועט מֶען נִיט חַתוּנָה 30
הָאבֶּען אוּנְד נִיט חַתוּנָה מַאכֶען, נֵייעֶרְט זַייא וֶועלֶען זַיין
וִויא דִיא מַלְאָכִים אִים הִימֶעל; אוּנְד וֶועגֶען תְּחִיַּת הַמֵתִים, 31
הָאט אִיהְר נִיט גֶעלֵיינְט וָואס אִיז צוּ אֵייךְ גֶעזָאגְט פוּן גָאט,
זָאגֶענְדִיג: אִיךְ בִּין דֶער גָאט פוּן אַבְרָהָם, אוּנְד דֶער גָאט 32
פוּן יִצְחָק, אוּנְד דֶער גָאט פוּן יַעֲקֹב. גָאט אִיז נִיט דֶער
גָאט פוּן דִיא טוֹיטֶע, נֵייעֶרְט פוּן דִיא לֶעבֶּעדִיגֶע: אוּנְד 33
וֶוען דִיא לֵייט הָאבֶּען דָאס גֶעהֶערְט, אַזוֹי הָאבֶּען זַייא זִיךְ
פֶערְוְואוּנְדֶערְט אִיבֶּער זַיינֶע לֶעהְרֶע:

אוּנְד וֶוען דִיא פְּרוּשִׁים הָאבֶּען גֶעהֶערְט, אַז עֶר הָאט דִיא 34
צַדוּקִים שְׁטִיל גֶעמַאכְט, הָאבֶּען זַייא זִיךְ פֶערְזַאמֶעלְט:
אוּנְד אֵיינֶער פוּן זַייא, אַ בַּעַל תּוֹרָה, הָאט אִיהְם גֶעפְּרוּבְּט, 35
אוּנְד גֶעפְרֶעגְט, רַבִּי, וָואס פַאר אַ מִצְוָה אִיז דִיא גְרוֹיסֶע
אִין דֶער תּוֹרָה? אוּנְד עֶר הָאט צוּ אִיהְם גֶעזָאגְט, דוּא 36
זָאלְסְט דֶעם הַאר דַיין גָאט לִיבֶּען מִיט דַיין גַאנְצֶען הַארְץ,
אוּנְד מִיט דַיינֶע גַאנְצֶע זֶעלֶע, אוּנְד מִיט דַיין גַאנְצֶען גֶעמִיט:
דָאס אִיז דִיא גְרוֹיסֶע אוּנְד דִיא עֶרְשְׁטֶע מִצְוָה: אוּנְד דִיא 37
צְווֵייטֶע אִיז גְלֵייךְ צוּ אִיהְר, דוּא זָאלְסְט לִיבֶּען דַיין 38
חַבֵר וִויא זִיךְ זֶעלְבְּסְט: אִין דִיזֶע צְווֵייא מִצְוֹת הֶענְגְט דִיא 39
גַאנְצֶע תּוֹרָה אוּנְד דִיא נְבִיאִים: 40

אוּנְד וֶוען דִיא פְּרוּשִׁים הָאבֶּען זִיךְ אַיינְגֶעזַאמֶעלְט הָאט 41
זַייא יֵשׁוּעַ גֶעפְרֶעגְט אוּנְד גֶעזָאגְט: וָואס דֶענְקְט אִיהְר 42
פוּן דֶעם מָשִׁיחַ? וֶועמֶעס זוּהְן אִיז עֶר? זַייא הָאבֶּען צוּ
אִיהְם גֶעזָאגְט דֶער זוּהְן פוּן דָוִד: עֶר הָאט צוּ זַייא גֶעזָאגְט, 43
וִויא אַזוֹי רוּפְט אִיהְם דָוִד אִים גֵייסְט הַאר? וֶוען עֶר
זָאגְט:

„דֶער הַאר הָאט גֶעזָאגְט צוּ מֵיין הַאר, זָעץ דִיךְ צוּ 44
מֵיינֶע רֶעכְטֶע הַאנְד, בִּיז אִיךְ וֶועל גֶעבֶּען דַיינֶע פַיינְד
אוּנְטֶער דַיינֶע פִּיס“: (תהלים קי׳ א׳.)

45 דְרוּם, װֶען דָוִד רוּפְט אִיהְם הַאר, װִיא אִיז עֶר זַיין זוּהְן?
46 אוּנְד קֵיינֶער הָאט אִיהְם נִיט גֶעקָאנְט עֶנְטפֶערֶען אַ װָארְט.
אוּנְד פוּן יֶענֶעם טָאג אָן הָאט זִיךְ קֵיינֶער נִיט אוּנְטֶערְ־
שְׁטַאנֶען אִיהְם נָאךְ עֶפֶּעס צוּ פְרֶעגֶען:

קאפיטעל כג

1 דַאן הָאט יֵשׁוּעַ גֶערֶעט צוּ דִיא לַייט אוּנְד צוּ זַיינֶע תַּלְמִידִים:
2 אוּנְד גֶעזָאגְט, דִיא סוֹפְרִים אוּנְד דִיא פְּרוּשִׁים זִיצֶען אוֹיף
3 דֶעם שְׁטוּהְל פוּן משֶׁה: דְרוּם אַלֶעס װָאס זֵייא הֵייסֶען אֵייךְ
הַאלְטֶען, דָאס טְהוּט אוּנְד הַאלְט אָבֶּער נָאךְ זֵיירֶע מַעֲשִׂים
טְהוּט נִיט. װָארִין זֵייא זָאגֶען אוּנְד טְהוּן עֶס נִיט:
4 אָבֶּער. זֵייא בִּינְדֶען שְׁװֶערֶע לַאסְטֶען װָאס מֶען קָאן נִיט
דֶערְטְרָאגֶען, אוּנְד לֶעגֶען זֵייא אוֹיף דִיא אַקְסֶעל פוּן מֶענְ־
שֶׁען, אָבֶּער זֵייא אַלֵיין װִילֶען זֵייא נִיט מִיט אַ פִינְגֶער
5 אוֹיפְהֶעבֶּען: אוּנְד אַלֶע זֵיירֶע מַעֲשִׂים טְהוּן זֵייא אַז זֵייא
זָאלֶען גֶעזֶעהֶען װֶערֶען פוּן מֶענְשֶׁען; דֶען זֵייא מַאכֶען
בְּרֵייט זֵיירֶע תְּפִילִין, אוּנְד מַאכֶען לַאנְג דִיא צִיצִית:
6 אוּנְד הָאבֶּען לִיבּ אוֹיבֶּען אָן צוּ זִיצֶען אוֹיף סְעוּדוֹת, אוּנְד
7 צוּ שְׁטֶעהֶען אוֹיבֶּען אָן אִין דִיא שׁוּלֶען: אוּנְד אַז מֶען זָאל
זֵייא גְרִיסֶען אִין דִיא גַאסֶען, אוּנְד דִיא מֶענְשֶׁען זָאלֶען
8 זֵייא רוּפֶען רַבִּי: אָבֶּער אִיהְר זֵייט נִיט גֶערוּפֶען רַבִּי,
װָארִין אֵיינֶער אִיז אֵייעֶר לֶעהְרֶער, אוּנְד אִיהְר זֶענְט בְּרִידֶער:
9 אוּנְד אִיהְר זָאלְט קֵיינֶעם נִיט רוּפֶען אֵייעֶר פָאטֶער אוֹיף
דֶער עֶרְד, װָארִין אֵיינֶער אִיז אֵייעֶר פָאטֶער װֶעלְכֶער אִיז
10 אִים הִימֶעל: אוּנְד אִיהְר זֵייט אוֹיךְ נִיט גֶערוּפֶען לֶעהְרֶער,
11 װָארִין אֵיינֶער אִיז אֵייעֶר לֶעהְרֶער, דֶער מָשִׁיחַ: אָבֶּער
12 דֶער גְרֶעסֶערֶער צְװִישֶׁען אֵייךְ זָאל זַיין אֵייעֶר דִינֶער: אוּנְד
װֶער עֶס װֶעט זִיךְ זֶעלְבְּסְט דֶערְהֵייכֶען, דֶער װֶעט דֶערְ־
נִידֶערִיגְט װֶערֶען; אוּנְד װֶער עֶס װֶעט זִיךְ דֶערְנִידְרִיגֶען,
דֶער װֶעט דֶערְהֵייכְט װֶערֶען:
13 אָבֶּער, װֶעה צוּ אֵייךְ סוֹפְרִים אוּנְד פְּרוּשִׁים, אִיהְר הֵייכְלֶער!
װָארִין אִיהְר פֶערְשְׁלִיסְט דָאס מַלְכוּת הַשָּׁמַיִם פַאר דִיא
מֶענְשֶׁען, װָארִין אִיהְר זֶעלְבְּסְט קוּמְט נִיט אַרֵיין אוּנְד דִיא
װָאס װִילֶען אַרֵיינְקוּמֶען לָאזְט אִיהְר נִיט אַרֵיין:
14 װֶעה צוּ אֵייךְ סוֹפְרִים אוּנְד פְּרוּשִׁים, אִיהְר הֵייכְלֶער! װָארִין

אִיהְר שְׁלִינְגְט אַיין דִיא הֵייזֶער פוּן אַלְמָנוֹת, אוּנְד פַאר
אַיין אוֹיסְרֶעד זַייט אִיהְר לַאנְג מִתְפַּלֵל; דְרוּם וֶועט אִיהְר
מֶעהְר מִשְׁפָּט דֶערְהַאלְטֶען:
וֶועה צוּ אֵייךְ סוֹפְרִים אוּנְד פְּרוּשִׁים, אִיהְר הֵייכְלֶער! וָוארִין 15
אִיהְר פָּארְט אַרוּם אִיבֶּער דֶעם יָם אוּנְד דִיא יַבָּשָׁה, אַז
אִיהְר זָאלְט מַאכֶען אַ גֵר, אוּנְד וֶוען עֶר אִיז דָאס גֶעוָוארֶען,
אַזוֹי מַאכְט אִיהְר אִיהְם פַאר אַ בֶּן גֵיהִנָם נָאךְ צְוֵוייא מָאל
מֶעהְר וִויא אִיהְר:
וֶועה צוּ אֵייךְ, בְּלִינְדֶע פִיהְרֶער, וָואס אִיהְר זָאגְט, וֶוער עֶס 16
שְׁוֶוערְט בַּייא דֶעם בֵּית הַמִקְדָשׁ־דָאס אִיז גָארְנִיט; אָבֶּער
וֶוער עֶס שְׁוֶוערְט בַּיים גָאלְד פוּן בֵּית הַמִקְדָשׁ דֶער אִיז
שׁוּלְדִיג: אִיהְר נַארֶען אוּנְד בְּלִינְדֶע, וָוארִין וֶועלְכֶעס אִיז 17
גְרֶעסֶער, דָאס גָאלְד אָדֶער דָאס בֵּית הַמִקְדָשׁ וָואס הֵיילִיגְט
דָאס גָאלְד? אוּנְד וֶוער עֶס שְׁוֶוערְט בַּיים מִזְבֵּחַ, דָאס אִיז 18
גָארְנִיט; אָבֶּער וֶוער עֶס שְׁוֶוערְט בַּיים קָרְבָּן וָואס אִיז
דְרוֹיף, דֶער אִיז שׁוּלְדִיג: אִיהְר בְּלִינְדֶע; וָוארִין וֶועלְכֶעס 19
אִיז גְרֶעסֶער, דָאס קָרְבָּן אָדֶער דֶער מִזְבֵּחַ וָואס הֵיילִיגְט
דָאס קָרְבָּן? דְרוּם וֶוער עֶס שְׁוֶוערְט בַּיים מִזְבֵּחַ, דֶער 20
שְׁוֶוערְט דֶערְבַּייא, אוּנְד בַּייא אַלֶעס וָואס אִיז דְרוֹיף: אוּנְד 21
וֶוער עֶס שְׁוֶוערְט בַּיים בֵּית הַמִקְדָשׁ, דֶער שְׁוֶוערְט דֶערְבַּייא,
אוּנְד בַּייא אִיהְם וָואס וְואוֹינְט דְרִינֶען: אוּנְד וֶוער עֶס 22
שְׁוֶוערְט בַּיים הִימֶעל, דֶער שְׁוֶוערְט בַּייא דֶעם שְׁטוּהְל פוּן
גָאט, אוּנְד בַּייא אִיהְם וָואס זִיצְט דְרוֹיף:
וֶועה צוּ אֵייךְ סוֹפְרִים אוּנְד פְּרוּשִׁים אִיהְר הֵייכְלֶער! וָוארִין 23
אִיהְר גִיבְּט מַעֲשֵׂר פוּן מִינְט אוּנְד עָנִים אוּנְד קִימֶעל, אוּנְד
לָאזְט אוֹיס דִיא וִויכְטִיגֶערֶע זַאכֶען פוּן דֶער תּוֹרָה, דָאס
גֶערִיכְט, דִיא בַּארְמְהֶערְצִיגְקֵייט אוּנְד דֶען גְלוֹיבֶּען; דִיזֶע
זַאכֶען בֶּעדַארְפְט אִיהְר צוּ טְהוּן, אוּנְד יֶענֶע נִיט אוֹיסְצוּ־
לָאזֶען: אִיהְר בְּלִינְדֶע פִיהְרֶער, וָואס זֵייהֶען אוֹיס דִיא פְלִיג 24
אוּנְד פֶערְשְׁלִינְגֶען דָאס קֶעמֶעל:
וֶועה צוּ אֵייךְ סוֹפְרִים אוּנְד פְּרוּשִׁים, אִיהְר הֵייכְלֶער! וָוארִין 25
אִיהְר רֵיינִיגְט דֶעם בֶּעכֶער אוּנְד דִיא שִׁיסֶעל פוּן אוֹיסְוֶוע־
נִיג, אָבֶּער אִינֶעוֶוענִיג זֶענֶען זֵייא פוּל מִיט רוֹיבּ אוּנְד
אוּנְרֵיינִיגְקֵייט: דוּא בְּלִינְדֶער פָּרוּשׁ, רֵיינִיג צוּם עֶרְשְׁטֶען 26

דֶעם בֶּעכֶער אוּנְד דִיא שִׁיסֶעל פוּן אִינֶעוֶוענִיג, כְּדֵי זֵייא
זָאלֶען אוֹיךְ רֵיין זֵיין פוּן אוֹיסֶעוֶוענִיג:
27 וֶועה צוּ אֵייךְ סוֹפְרִים אוּנְד פְּרוּשִׁים, אִיהְר הֵייכְלֶער! וָוא־
רִין אִיהְר זֶענְט גְלֵייךְ צוּ אִיבֶּערְגֶעוֵוייסְטֶע קְבָרִים וָואס
זֶעהֶען שֶׁעהְן אוֹיס פוּן דְרוֹיסֶען, אָבֶּער אִינֶעוֶוענִיג זֶענֶען
זֵייא פוּל מִיט טוֹיטֶע בֵּיינֶער, אוּנְד יֶעדֶע אוּנְרֵיינִיגְקֵייט:
28 אַזוֹי זֶענְט אִיהְר אוֹיךְ, פוּן דְרוֹיסֶען שֵׁיינְט אִיהְר צוּ דִיא
מֶענְשֶׁען פְרוּם, אָבֶּער אִינֶעוֶוענִיג זֶענְט אִיהְר פוּל מִיט
חֲנִיפָה אוּנְד אוּנְרֶעכְט:
29 וֶועה צוּ אֵייךְ סוֹפְרִים אוּנְד פְּרוּשִׁים, אִיהְר הֵייכְלֶער!
וָוארִין אִיהְר בּוֹיעֶט דִיא קְבָרִים פוּן דִיא נְבִיאִים, אוּנְד
30 פֶערְצִירְט דִיא מַצֵּבוֹת פוּן דִיא צַדִיקִים: אוּנְד אִיהְר זָאגְט,
וֶוען מִיר וָואלְטֶען גֶעוֶועזֶען אִין דִיא צֵייטֶען פוּן אוּנְזֶערֶע
פֶעטֶער, אַזוֹי וָואלְטֶען מִיר נִיט מִיט זֵייא קֵיין טְהֵייל גֶעהַאט
31 אִים בְּלוּט פוּן דִיא נְבִיאִים: אַזוֹי זֶענְט אִיהְר צוּ אֵייךְ
זֶעלְבְּסְט עֵדוּת, אַז אִיהְר זֶענְט דִיא קִינְדֶער פוּן דִיא וָואס
32 הָאבֶּען דִיא נְבִיאִים אוּמְגֶעבְּרַאכְט: אִיהְר מַאכְט אוֹיךְ פוּל
33 דָאס מָאס פוּן אֵיירֶע פֶעטֶער: אִיהְר שְׁלַאנְגֶען, דִיא
שְׁפְּרָאצוּנְג פוּן עֶגְדִיסֶען, וִויא אַזוֹי וֶועט אִיהְר אַנְטְרִינֶען
34 דָאס מִשְׁפָּט פוּן גֵיהִנָם? דְרוּם זֶעהְט אִיךְ שִׁיק צוּ אֵייךְ
נְבִיאִים אוּנְד חֲכָמִים אוּנְד סוֹפְרִים, אוּנְד עֶטְלִיכֶע פוּן זַייא
וֶועט אִיהְר הַרְגֶענֶען אוּנְד קְרֵייצִיגֶען; אוּנְד עֶטְלִיכֶע וֶועט
אִיהְר שְׁמֵייסֶען אִין אֵיירֶע שׁוּלֶען, אוּנְד וֶועט זֵייא יָאגֶען
35 פוּן אֵיינֶע שְׁטָאט צוּ דִיא אַנְדֶערֶע: כְּדֵי עֶס זָאל אוֹיף אֵייךְ
קוּמֶען אַלֶעם אוּנְשׁוּלְדִיגֶע בְּלוּט וָואס אִיז פֶערְגָאסֶען גֶע־
וָוארֶען אוֹיף דֶער עֶרְד, פוּן דֶעם בְּלוּט פוּן הֶבֶל הַצַדִיק
בִּיז צוּם בְּלוּט פוּן זְכַרְיָה בֶּן בֶּרֶכְיָה, וֶועלְכֶען אִיהְר הָאט
36 אוּמְגֶעבְּרַאכְט צְוִוישֶׁען דֶעם הֵיכָל אוּנְד דֶעם מִזְבֵּחַ: בֶּאֱמֶת
זָאג אִיךְ אֵייךְ, דָאס אַלֶעס וֶועט קוּמֶען אִיבֶּער דִיזֶען דוֹר:
37 יְרוּשָׁלַיִם! יְרוּשָׁלַיִם! וָואס הָאסְט גֶעטֵייטֶעט דִיא נְבִיאִים,
אוּנְד גֶעשְׁטֵיינִיגְט דִיא וָואס זֶענֶען גֶעשִׁיקְט גֶעוָוארֶען צוּ
דִיר, וִויא פִיל מָאל הָאבּ אִיךְ גֶעוָואלְט דַיינֶע קִינְדֶער אַיינְ־
זַאמְלֶען וִויא אַ הִין זַאמֶעלְט אֵיין אִיהְרֶע יוּנְגֶע אוּנְטֶער
38 אִיהְרֶע פְלִיגֶעל, אוּנְד אִיהְר הָאט נִיט גֶעוָואלְט: זֶעה, אַייעֶר

39 הוֹיז וֶוערְד אֵייךְ וִוישְׂט פֶערְלָאזְט: וָוארִין אִיךְ זָאג אֵייךְ,
פוּן אִיצְט אָן וֶועט אִיהְר מִיךְ נִיט זֶעהֶען בִּיז אִיהְר וֶועט
זָאגֶען, גֶעלוֹיבְּט אִיז דֶער, וֶועלְכֶער קוּמְט אִים נָאמֶען פוּן
דֶעם הַאר:

קאפיטעל כד

1 אוּנְד יֵשׁוּעַ אִיז אַרוֹיסְגֶעגַאנְגֶען, אוּנְד אִיז פוּן בֵּית הַמִּקְדָּשׁ
אַוֶועקְגֶעגַאנְגֶען, אוּנְד זַיינֶע תַּלְמִידִים זֶענֶען צוּ אִיהְם גֶעקוּ־
מֶען אוּם אִיהְם צוּ וַויְיזֶען דָאס גֶעבֵּיידֶע פוּן דֶעם בֵּית
2 הַמִּקְדָּשׁ: אוּנְד עֶר הָאט גֶעעֶנְטְפֶערְט אוּנְד הָאט צוּ זַייא
גֶעזָאגְט, זֶעהְט אִיהְר נִיט דָאס אַלֶעס? בֶּאֱמֶת זָאג אִיךְ אֵייךְ,
עֶס וֶועט הִיר נִיט אִיבֶּערְבְּלֵייבֶּען אֵיין שְׁטֵיין אוֹיף אֵיין
אַנְדֶערֶען, וָואס וֶועט נִיט אַרוּפְגֶעוָוארְפֶען וֶוערֶען:
3 אוּנְד וֶוען עֶר אִיז גֶעזֶעסֶען אוֹיף דֶעם הַר הַזֵּתִים, אַזוֹי זֶענֶען
זַיינֶע תַּלְמִידִים צוּ אִיהְם גֶעקוּמֶען בֵּייא זִיךְ אַלֵיין, אוּנְד
הָאבֶּען גֶעזָאגְט, זָאג אוּנְס וֶוען דִיזֶע זַאכֶען וֶועלֶען גֶעשֶׁע־
הֶען, אוּנְד וָואס אִיז דָאס צֵייכֶען פוּן דַיין קוּמֶען אוּנְד פוּן
4 דֶעם צֵייטְאַלְטֶער? אוּנְד יֵשׁוּעַ הָאט גֶעעֶנְטְפֶערְט אוּנְד הָאט
צוּ זַייא גֶעזָאגְט, זֶעהְט אַז קֵיינֶער זָאל אֵייךְ נִיט פֶערְפִיהְרֶען:
5 וָוארִין פִילֶע וֶועלֶען קוּמֶען אִין מֵיין נָאמֶען, אוּנְד וֶועלֶען
זָאגֶען, אִיךְ בִּין דֶער מָשִׁיחַ; אוּנְד זַייא וֶועלֶען פִילֶע פֶערְ־
6 פִיהְרֶען: אוּנְד אִיהְר וֶועט הֶערֶען פוּן מִלְחָמוֹת אוּנְד נָאכְ־
רִיכְט פוּן מִלְחָמוֹת; זֶעהְט אַז אִיהְר זָאלְט אֵייךְ נִיט דֶערְ־
שְׁרֶעקֶען; וָוארִין דִיזֶע זַאכֶען מוּזֶען גֶעשֶׁעהֶען, אָבֶּער
7 דֶער סוֹף אִיז נָאךְ נִיט: וָוארִין אֵיין פָאלְק וֶועט אוֹיפְשְׁטֶע־
הֶען קֶעגֶען אֵיין אַנְדֶערֶען פָאלְק אוּנְד אֵיין קֶענִיגְרַייךְ,
קֶעגֶען אֵיין אַנְדֶערֶען קֶענִיגְרַייךְ, אוּנְד עֶס וֶועט זַיין הוּנְ־
8 גֶערְסְנוֹיט אוּנְד עֶרְדְצִיטֶערְנִיס אִין פֶערְשִׁידֶענֶע עֶרְטֶער:
9 דָאס אַלֶעס אִיז דֶער אָנְפַאנְג פוּן צָרוֹת: דַאן וֶועלֶען זַייא
אֵייךְ אִיבֶּערְגֶעבֶּען צוּ דֶער צָרָה אוּנְד וֶועלֶען אֵייךְ הַרְגֶענֶען,
אוּנְד אִיהְר וֶועט גֶעהַאסְט וֶוערֶען בֵּייא אַלֶע פֶעלְקֶער פוּן
10 מֵיין נָאמֶענְס וֶועגֶען: אוּנְד דַאן וֶועלֶען פִילֶע שְׁטְרוֹיכֶעלְן,
אוּנְד וֶועלֶען אֵיינֶער דֶעם אַנְדֶערֶען אִיבֶּערְעֶנְטְפֶערֶען, אוּנְד
11 אֵיינֶער דֶעם אַנְדֶערֶען הַאסֶען: אוּנְד עֶס וֶועלֶען אוֹיפְשְׁטֶע־
הֶען פִילֶע פַאלְשֶׁע נְבִיאִים, אוּנְד וֶועלֶען פִילֶע פֶערְפִיהְרֶען:

12 אוּנְד וַויל דָאס אוּנְרֶעכְט וֶועט זִיךְ פֶערְמֶעהְרֶען, וֶועט דִיא
13 לִיבֶּע פוּן פִילֶע קַאלְט וֶוערֶען: אָבֶּער דֶער וָואס הַאלְט
14 אוֹיס בִּיז צוּם סוֹף, דֶער וֶועט גֶערֶעטֶעט וֶוערֶען: אוּנְד
דִיזֶע בְּשׂוֹרָה טוֹבָה פוּן דֶעם קֶענִיגְרַייךְ וֶועט גֶעפְּרֶעדִיגְט
וֶוערֶען אִין דִיא גַאנְצֶע וֶועלְט פַאר אַ צֵייגְנִיס צוּ אַלֶע
פֶעלְקֶער, אוּנְד דַאן וֶועט דֶער סוֹף קוּמֶען:
15 דְרוּם וֶוען אִיהְר וֶועט זֶעהֶען דִיא גְרֵייעֶל פוּן דֶער פֶערְ־
וִויסְטוּנְג, וָואס אִיז גֶעזָאגְט פוּן דָנִיאֵל הַנָבִיא שְׁטֶעהֶענְדִיג
אִים הֵיילִיגֶען אָרְט;—דֶער וָואס לֵיינְט לָאז עֶר פֶערְשְׁטֶע־
16 הֶען:—דַאן לָאזֶען דִיא וָואס זֶענֶען אִין יְהוּדָה אַנְטְלוֹיפֶען
17 צוּ דִיא בֶּערְג; אוּנְד דֶער וָואס אִיז אוֹיף דֶעם דַאךְ לָאז
עֶר נִיט אַרוּנְטֶערְגֶעהֶען אוּם דִיא זַאכֶען פוּן דֶעם הוֹיז צוּ
18 נֶעמֶען; אוּנְד דֶער וָואס אִיז אִים פֶעלְד לָאז עֶר זִיךְ נִיט
19 צוּרִיק אוּמְקֶעהְרֶען אוּם זַיין קְלֵייד צוּ נֶעמֶען: אוּנְד וֶועה
צוּ דִיא וָואס זֶענֶען מְעוּבֶּרֶת, אוּנְד דִיא וָואס גֶעבֶּען צוּ
20 זֵייגֶען, אִין יֶענֶע טֶעג: אָבֶּער בֶּעטֶעט אִיהְר אַז אֵייעֶר
אַנְטְלוֹיפֶען זָאל נִיט זַיין אִים וִוינְטֶער, אָדֶער אִים שַׁבָּת:
21 וָוארִין דַאן וֶועט זַיין אַ גְרוֹיסֶע צָרָה, אַזֶעלְכֶע וָואס אִיז
נִיט גֶעוֶועזֶען פוּן אָנְפַאנְג דֶער וֶועלְט בִּיז אַצוּנְד, אוּנְד וֶועט
22 אוֹיךְ נִיט מֶעהְר זַיין: אוּנְד וֶוען דִיזֶע טֶעג זָאלֶען נִיט
פֶערְקִירְצְט וֶוערֶען, אַזוֹי הֶעט קֵיין מֶענְשׁ נִיט גֶערֶעטֶעט
גֶעוָוארֶען; אָבֶּער וֶועגֶען דִיא אוֹיסְדֶערְוֶועהְלְטֶע וֶועלֶען
23 יֶענֶע טֶעג פֶערְקִירְצְט וֶוערֶען: דַאן וֶוען אֵיינֶער וֶועט צוּ
אֵייךְ זָאגֶען, זֶעהְט, הִיר אִיז דֶער מָשִׁיחַ אָדֶער דָא; גְלוֹיבְּט
24 עֶס נִיט: וָוארִין עֶס וֶועלֶען אוֹיפְשְׁטֶעהֶען פַאלְשֶׁע מְשִׁיחִים
אוּנְד פַאלְשֶׁע נְבִיאִים, אוּנְד זֵייא וֶוערְדֶען גְרוֹיסֶע צֵייכֶען
אוּנְד וְואוּנְדֶער ווייזֶען אַז זַייא זָאלֶען פֶערְפִיהְרֶען וֶוען עֶס
25 זָאל מֶעגְלִיךְ זַיין אֲפִילוּ דִיא אוֹיסְדֶערְוֶועהְלְטֶע: זֶעהְט, אִיךְ
26 הָאבּ אֵייךְ פְרִיהֶער אָנְגֶעזָאגְט: דְרוּם וֶוען זֵייא וֶועלֶען צוּ
אֵייךְ זָאגֶען, זֶעהְט, עֶר אִיז אִין דֶער מִדְבָּר, אַזוֹי גֶעהְט נִיט
אַרוֹיס; זֶעהְט, עֶר אִיז אִין דִיא קַאמֶערְן, אַזוֹי גְלוֹיבְּט
27 עֶס נִיט; וָוארִין אַזוֹי וִוִיא דֶער בְּלִיץ גֶעהְט אוֹיס פוּן
מִזְרָח אוּנְד שֵׁיינְט בִּיז צוּ מַעֲרָב, אַזוֹי וֶועט אוֹיךְ זַיין
28 דָאס קוּמֶען פוּן דֶעם בֶּן אָדָם: וְואוּ דִיא נְבֵלָה אִיז

דָארְט וֶועלֶען זִיךְ דִיא אָדְלֶער פֶערְזַאמְלֶען:
29 אוּנְד גְלַייךְ נָאךְ דֶער צָרָה פוּן יֶענֶע טֶעג וֶועט דִיא זוּן
פִינְסְטֶער וֶוערֶען, אוּנְד דִיא לְבָנָה וֶועט נִיט גֶעבֶּען אִיהְר
לִיכְט, אוּנְד דִיא שְׁטֶערֶען וֶועלֶען פוּן הִימֶעל פַאלֶען, אוּנְד
30 דִיא קְרֶעפְטֶען פוּן הִימֶעל וֶועלֶען זִיךְ בֶּעוֶועגֶען; אוּנְד דַאן
וֶועט זִיךְ בֶּעוַוייזֶען דָאס צֵייכֶען פוּן דֶעם בֶּן אָדָם אִים הִי־
מֶעל, אוּנְד דַאן וֶועלֶען אַלֶע גֶעשְׁלֶעכְטֶער פוּן דֶער עֶרְד
טְרוֹיעֶרְן, אוּנְד וֶועלֶען זֶעהֶען דֶעם בֶּן אָדָם קוּמֶענְדִיג אִין
דִיא וָואלְקֶען פוּן הִימֶעל מִיט קְרַאפְט אוּנְד גְרוֹיסֶע הֶערְ־
31 לִיכְקֵייט: אוּנְד עֶר וֶועט אַרוֹיסְשִׁיקֶען זַיינֶע מַלְאָכִים מִיט
אַ גְרוֹיס קוֹל פוּן אַ שׁוֹפָר, אוּנְד זַייא וֶועלֶען אַיינְזַאמְלֶען
זַיינֶע אוֹיסְדֶערְוֶועהְלְטֶע פוּן דִיא פִיר וִוינְדֶען פוּן אֵיין עֶק
הִימֶעל בִּיז צוּם אַנְדֶערֶען:
32 אָבֶּער לֶערְנְט אַ מָשָׁל פוּן דֶעם פֵייגֶענְבּוֹים, וֶוען זַיינֶע צְוַוייג
וֶועט שׁוֹין פְרִישׁ, אוּנְד בְּרֶענְגְט אַרוֹיס בְּלֶעטֶער, אַזוֹי
33 ווייסְט אִיהְר אַז דֶער זוּמֶער אִיז נָאהֶענְט: אַזוֹי אוֹיךְ אִיהְר,
וֶוען אִיהְר וֶועט דָאס אַלֶעס זֶעהֶען, זָאלְט אִיהְר וִויסֶען אַז
34 עֶס אִיז נָאהֶענְט בַּייא דֶער טְהִיר: בֶּאֱמֶת זָאג אִיךְ אֵייךְ,
דִיזֶעס דוֹר וֶועט נִיט פֶערְגֶעהֶען, בִּיז דָאס אַלֶעס וֶועט גֶע־
35 שֶׁעהֶען: הִימֶעל אוּנְד עֶרְד וֶועלֶען פֶערְגֶעהֶען, אָבֶּער מֵיינֶע
36 וֶוערְטֶער וֶועלֶען נִיט פֶערְגֶעהֶען: אָבֶּער פוּן יֶענֶעם טָאג
אוּנְד דֶער שָׁעָה וֵוייס קֵיינֶער נִיט, אוֹיךְ נִיט דִיא מַלְאָכִים
פוּן הִימֶעל, אוֹיךְ נִיט דֶער זוּהְן, נֵייעֶרְט דֶער פָאטֶער אַלֵיין:
37 וָוארִין אַזוֹי וִוִיא דִיא טֶעג פוּן נֹחַ, אַזוֹי וֶועט זַיין דָאס קוּ־
38 מֶען פוּן דֶעם בֶּן אָדָם: וָוארִין אַזוֹי וִוִיא אִין דִיא טֶעג וָואס
זַענֶען גֶעוֶוען פָאר דֶעם מַבּוּל, זַייא הָאבֶּען גֶעגֶעסֶען אוּנְד
גֶעטְרוּנְקֶען אוּנְד הָאבֶּען חַתוּנָה גֶעמַאכְט אוּנְד חַתוּנָה גֶע־
הַאט בִּיז צוּם טָאג וֶוען נֹחַ אִיז אַרַיינְגֶעגַאנְגֶען אִין דֶער
39 תֵּיבָה: אוּנְד זַייא הָאבֶּען נִיט גֶעוְואוּסְט בִּיז דָאס מַבּוּל אִיז
גֶעקוּמֶען אוּנְד הָאט זַייא אַלֶע אַוֶועקְגֶעטְרָאגֶען; אַזוֹי וֶועט
40 אוֹיךְ זַיין דָאס קוּמֶען פוּן דֶעם בֶּן־אָדָם: דַאן וֶועלֶען צְוַוייא
זַיין אוֹיף אֵיין פֶעלְד; אֵיינֶער וֶועט אַוֶועקְגֶענוּמֶען וֶוערֶען,
41 אוּנְד אֵיינֶער וֶועט אִיבֶּערְגֶעלָאזְט וֶוערֶען: צְוַוייא פְרוֹיעֶן
וֶועלֶען מָאלֶען בַּייא אֵיין מִיהְל; אֵיינֶע וֶועט אַוֶועקְגֶענוּמֶען

42 װֶערֶען, אוּנְד אֵיינֶע אִיבֶּערְגֶעלָאזְט װֶערֶען: דְרוּם װַאכְט,
װָארִין אִיהְר װֵייסְט נִיט אִין װֶעלְכֶען טָאג אֵייעֶר הַאר װֶעט
43 קוּמֶען: אָבֶּער װֵייסְט דָאס, װֶען דֶער בַּעַל הַבַּיִת װָאלְט
װִיסֶען אִין װֶעלְכֶער װַאךְ פוּן דֶער נַאכְט דֶער גַנָב װֶעט
קוּמֶען, אַזוֹי װָאלְט עֶר גֶעװַאכְט, אוּנְד װָאלְט נִיט גֶעלָאזְט
44 זַיין הוֹיז אֵיינְבְּרֶעכֶען: דְרוּם זַייט אִיהְר אוֹיךְ בֶּערֵייט, װָארִין
דֶער בֶּן אָדָם קוּמְט אִין אַ שָׁעָה, פוּן װֶעלְכֶע אִיהְר דֶענְקְט
45 נִיט: װֶער אִיז דֶען דֶער גֶעטְרַייעֶר אוּנְד קְלוּגֶער קְנֶעכְט
דֶעם זַיין הַאר הָאט גֶעשְׁטֶעלְט אִיבֶּער זַיין הוֹיזְגֶעזִינְד, אַז
46 עֶר זָאל זֵייא גֶעבֶּען זֵיירֶע שְׁפֵּייז צוּ דֶער צֵייט? גֶעבֶּענְשְׁט
אִיז דֶער קְנֶעכְט, װֶעלְכֶען זַיין הַאר, װֶען עֶר קוּמְט, װֶעט
47 אִיהְם גֶעפִינֶען אַזוֹי טְהוּן: בֶּאֱמֶת זָאג אִיךְ אֵייךְ, אַז עֶר
װֶעט אִיהְם בֶּעשְׁטֶעלֶען אִיבֶּער זַיין גַאנְצֶען פֶערְמֶעגֶען?
48 אָבֶּער װֶען יֶענֶער שְׁלֶעכְטֶער קְנֶעכְט װֶעט זָאגֶען אִין זַיין
49 הַארְץ, מֵיין הַאר זוֹימְט זִיךְ צוּ קוּמֶען: אוּנְד װֶעט אָנְהוֹיבֶּען
זַיינֶע מִיטְקְנֶעכְט צוּ שְׁלָאגֶען אוּנְד צוּ טְרִינְקֶען מִיט שִׁכּוֹרִים:
50 אַזוֹי װֶעט דֶער הַאר פוּן יֶענֶעם קְנֶעכְט קוּמֶען אִין אַ טָאג
דֶעם עֶר עֶרְװַארְטֶעט נִיט אוּנְד אִין אַ שָׁעָה פוּן דֶער עֶר
51 װֵייסְט נִיט: אוּנְד עֶר װֶעט אִיהְם צֶערְשְׁנֵיידֶען, אוּנְד אִיהְם
גֶעבֶּען זַיין טְהֵייל צְװִישֶׁען דִיא הֵייכְלֶער, דָארְט װֶעט זַיין
גֶעװֵיין אוּנְד צֵיינְקְרִיצֶען:

קאפיטעל כה

1 דַאן װֶעט דָאס מַלְכוּת הַשָּׁמַיִם גֶעגְלֵייכְט זַיין צוּ צֶעהְן
יוּנְגְפְרוֹיעֶן, װָאס הָאבֶּען גֶענוּמֶען זֵיירֶע לַאמְפֶּען, אוּנְד
2 זֶענֶען דֶעם חָתָן אַנְטְקֶעגֶען גֶעגַאנְגֶען: אוּנְד פִינְף פוּן זֵייא
3 זֶענֶען גֶעװֶעזֶען נַארִישׁ, אוּנְד פִינְף קְלוּג: װָארִין דִיא נַא־
רִישֶׁע הָאבֶּען גֶענוּמֶען זֵיירֶע לַאמְפֶּען אוּנְד הָאבֶּען נִיט
4 קֵיין עֶהְל מִיטְגֶענוּמֶען: אָבֶּער דִיא קְלוּגֶע הָאבֶּען גֶענוּמֶען
5 עֶהְל אִין זֵיירֶע כֵּלִים מִיט זֵיירֶע לַאמְפֶּען: אוּנְד װֶען דֶער
חָתָן הָאט זִיךְ גֶעזוֹימְט, אַזוֹי הָאבֶּען אַלֶע גֶעדְרִימֶעלְט אוּנְד
6 זֶענֶען אֵיינְגֶעשְׁלָאפֶען: אָבֶּער אִין מִיטֶען דֶער נַאכְט אִיז
גֶעװָארֶען אַ גֶעשְׁרֵייא, זֶעהְט דֶער חָתָן! גֶעהְט אִיהְם אַנְטְ־
7 קֶעגֶען: דַאן זֶענֶען אַלֶע דִיזֶע יוּנְגְפְרוֹיעֶן אוֹיפְגֶעשְׁטַאנֶען
8 אוּנְד הָאבֶּען זֵיירֶע לַאמְפֶּען צוּגֶערִיכְט גֶעמַאכְט: אוּנְד דִיא

נַארִישֶׁע הָאבֶּען גֶעזָאגְט צוּ דִיא קְלוּגֶע, גִיבְּט אוּנְס פוּן
9 אֵייעֶר עֶהְל; וָוארִין אוּנְזֶערֶע לַאמְפֶּען גֶעהֶען אוֹיס: אוּנְד
דִיא קְלוּגֶע הָאבֶּען גֶעעֶנְטְפֶערְט אוּנְד גֶעזָאגְט, נַיין, טָאמֶער
וֶועט נִיט גֶענוּג זַיין פַאר אוּנְס אוּנְד פַאר אַייךְ; גֶעהְט
10 לִיבֶּער צוּ דִיא קְרֶעמֶער אוּנְד קוֹיפְט אַייךְ: אוּנְד וִויא זֵייא
זֶענֶען גֶעגַאנְגֶען קוֹיפֶען אִיז דֶער חָתָן דֶערְוַוייל גֶעקוּמֶען,
אוּנְד דִיא וָואס זֶענֶען פַארְטִיג גֶעוֶועזֶען, זֶענֶען מִיט אִיהְם
אַרַיינְגֶעגַאנְגֶען צוּ דֶער חֲתוּנָה; אוּנְד דִיא טְהִיר אִיז צוּגֶע־
11 שְׁלָאסֶען גֶעוָוארֶען: אוּנְד דֶערְנָאךְ זֶענֶען דִיא אַנְדֶערֶע
יוּנְגְפְרוֹיעֶן אוֹיךְ גֶעקוּמֶען אוּנְד הָאבֶּען גֶעזָאגְט, הַאר, הַאר,
12 עֶפֶען אוּנְס: אָבֶּער עֶר הָאט גֶעעֶנְטְפֶערְט אוּנְד גֶעזָאגְט,
13 בֶּאֱמֶת זָאג אִיךְ אַייךְ, אִיךְ קֶען אַייךְ נִיט: דְרוּם וַואכְט,
וָוארִין אִיהְר וַוייסְט נִיט דֶעם טָאג אוּנְד דִיא שָׁעָה:
14 וָוארִין דָאס מַלְכוּת הַשָּׁמַיִם אִיז אַזוֹי וִויא אַ מַאן וָואס אִיז
אַוֶועקְגֶעפָארֶען, אוּנְד הָאט זַיינֶע קְנֶעכְט גֶערוּפֶען אוּנְד
15 הָאט זֵייא זַיין פֶערְמֶעגֶען אִיבֶּערְגֶעגֶעבֶּען: אוּנְד עֶר הָאט
אֵיינֶעם פִינְף צֶענְטְנֶער זִילְבֶּער גֶעגֶעבֶּען, אוּנְד אֵיין אַנְדֶערֶען
צְוֵוייא, אוּנְד אֵיין אַנְדֶערֶען אֵיינְס; אִיטְלִיכֶען נָאךְ זַיינֶע
16 קְרַאפְט; אוּנְד אִיז אַוֶועקְגֶעפָארֶען: דֶער וָואס הָאט בֶּעקוּמֶען
דִיא פִינְף צֶענְטְנֶער זִילְבֶּער אִיז גְלַייךְ גֶעגַאנְגֶען אוּנְד הָאט
דֶערְמִיט גֶעהַאנְדֶעלְט, אוּנְד פֶערְדִינְט אַנְדֶערֶע פִינְף צֶענְטְנֶער:
17 אַזוֹי אוֹיךְ דֶער וָואס הָאט דִיא צְוֵוייא בֶּעקוּמֶען הָאט אוֹיךְ
18 פֶערְדִינְט אַנְדֶערֶע צְוֵוייא: אָבֶּער דֶער וָואס הָאט בֶּעקוּמֶען
אֵיינֶעם אִיז גֶעגַאנְגֶען אוּנְד הָאט גֶעגְרָאבֶּען אִין דֶער עֶרְד אוּנְד
19 הָאט דָאס גֶעלְד פוּן זַיין הַאר פֶערְבָּארְגֶען: אוּנְד נָאךְ אַ
לַאנְגֶע צַייט אִיז דֶער הַאר פוּן דִיזֶע קְנֶעכְט צוּרִיק גֶעקוּמֶען,
20 אוּנְד הָאט זִיךְ מִיט זֵייא בֶּערֶעכֶענְט: אוּנְד דֶער וָואס הָאט
דִיא פִינְף צֶענְטְנֶער זִילְבֶּער בֶּעקוּמֶען אִיז גֶעקוּמֶען, אוּנְד
הָאט גֶעבְּרַאכְט אַנְדֶערֶע פִינְף צֶענְטְנֶער, אוּנְד הָאט גֶעזָאגְט,
הַאר, דוּא הָאסְט מִיר אִיבֶּערְגֶעגֶעבֶּען פִינְף צֶענְטְנֶער זִיל־
בֶּער, זֶעה אִיךְ הָאבּ מִיט זֵייא פֶערְדִינְט נָאךְ פִינְף צֶענְטְנֶער:
21 אוּנְד דֶער הַאר הָאט צוּ אִיהְם גֶעזָאגְט, גַאנְץ שֶׁעהְן דוּא
גוּטֶער אוּנְד גֶעטְרֵייעֶר קְנֶעכְט; דוּא בִּיסְט גֶעטְרֵייא גֶעוֶועזֶען
אִיבֶּער וֶוענִיג, אַזוֹי וֶועל אִיךְ דִיךְ אַנְשְׁטֶעלֶען אִיבֶּער פִילֶע

22 זַאכֶען, קוּם אַרַיין צוּ דִיא פְרֵייד פוּן דֵיין הַאר: דֶער וָואס
הָאט דִיא צְוֵויא צֶענְטֶער זִילְבֶּער בֶּעקוּמֶען אִיז אוֹיךְ גֶע־
קוּמֶען אוּנְד הָאט גֶעזָאגְט, הַאר, דוּא הָאסְט מִיר אִיבֶּערְגֶע־
גֶעבֶּען צְוֵויא צֶענְטֶער זִילְבֶּער, זֶעה, אִיךְ הָאבּ מִיט זַייא
23 פֶערְדִינְט נָאךְ צְוֵויא צֶענְטֶער: זֵיין הַאר הָאט צוּ אִיהְם
גֶעזָאגְט, גַאנְץ שֶׁעהְן, דוּא גוּטֶער אוּנְד גֶעטְרֵייעֶר קְנֶעכְט;
דוּא בִּיסְט גֶעטְרֵייא גֶעוֶועזֶען אִיבֶּער וֶוענִיג, אַזוֹי וֶועל אִיךְ
דִיךְ אָנְשְׁטֶעלֶען אִיבֶּער פִילֶע זַאכֶען; קוּם אַרַיין צוּ דִיא
24 פְרֵייד פוּן דֵיין הַאר: אוּנְד דֶער וָואס הָאט דֶעם אֵיינֶעם
צֶענְטֶער זִילְבֶּער בֶּעקוּמֶען אִיז אוֹיךְ גֶעקוּמֶען אוּנְד הָאט
גֶעזָאגְט, הַאר, אִיךְ וֵוייס אַז דוּא בִּיסְט אַ הַארְטֶער מֶענְשׁ,
דוּא שְׁנֵיידְסְט וְואוּ דוּא הָאסְט נִיט גֶעזֵייעֶט, אוּנְד זַאמֶעלְסְט
25 אֵיין פוּן וַואנֶען דוּא הָאסְט נִיט צוּשְׁטְרֵייט: אוּנְד אִיךְ הָאבּ
מִיךְ גֶעפָארְכְטֶען, אוּנְד בִּין גֶעגַאנְגֶען אוּנְד הָאבּ דֵיין צֶענְ־
טֶער זִילְבֶּער אִין דֶער עֶרְד פֶערְבָּארְגֶען, זֶעה, דוּא הָאסְט
26 דָאס דֵיינִיגֶע: אוּנְד זֵיין הַאר הָאט גֶעעֶנְטְפֶערְט אוּנְד הָאט
צוּ אִיהְם גֶעזָאגְט, דוּא שְׁלֶעכְטֶער אוּנְד פוֹילֶער קְנֶעכְט,
דוּא הָאסְט גֶעוְואוּסְט אַז אִיךְ שְׁנֵייד וְואוּ אִיךְ הָאבּ נִיט גֶע־
זֵייעֶט אוּנְד זַאמֶעל אֵיין פוּן וַואנֶען אִיךְ הָאבּ נִיט צוּשְׁטְרֵייט:
27 דְרוּם הָאסְט דוּא גֶעזָאלְט מֵיין גֶעלְד אַרֵיינְלֶעגֶען בֵּייא דִיא
וֶועקְסְלֶער, כְּדֵי וֶוען אִיךְ וֶועל קוּמֶען זָאל אִיךְ אָפְּ־
28 נֶעמֶען דָאס מֵיינִיגֶע מִיט פְּרָאצֶענְט: דְרוּם נֶעם פוּן אִיהְם
אַוֶועק דֶעם צֶענְטֶער זִילְבֶּער, אוּנְד גִיבְּט עֶס צוּ דֶעם וָואס
29 הָאט דִיא צֶעהְן צֶענְטֶער: וָוארִין אִיטְלִיכֶער וָואס הָאט צוּ
דֶעם וֶועט גֶעגֶעבֶּען וֶוערֶען, אוּנְד עֶר וֶועט נָאךְ אִיבְּרִיג
הָאבֶּען; אָבֶּער דֶער, וָואס הָאט נִיט, פוּן דֶעם וֶועט אוֹיךְ
30 דָאס וָואס עֶר הָאט אַוֶועקְגֶענוּמֶען וֶוערֶען: אוּנְד וַוארְפְט
אַרוֹיס דֶעם אוּנְנוּצִיגֶען קְנֶעכְט צוּ דֶער פִינְסְטֶערְנִיס
דְרוֹיסֶען, דָארְט וֶועט זֵיין גֶעוֵויין אוּנְד צֵיינְקְרִיצֶען:
31 וֶוען דֶער בֶּן אָדָם וֶועט קוּמֶען אִין זֵיינֶע הֶערְלִיכְקֵייט, אוּנְד
אַלֶע מַלְאָכִים מִיט אִיהְם, דַאן וֶועט עֶר זִיצֶען אוֹיף זֵיין
32 כִּסֵא הַכָּבוֹד: אוּנְד אַלֶע פֶעלְקֶער וֶועלֶען פָאר אִיהְם פֶערְ־
זַאמֶעלְט וֶוערֶען; אוּנְד עֶר וֶועט זֵייא פוּן אֵיינַאנְדֶער
שֵׁיידֶען, אַזוֹי וִויא אַ פַּאסְטוּךְ שֵׁיידֶעט אָפּ דִיא שָׁאף פוּן

דִיא צִיגֶען: אוּנְד עֶר וֶועט שְׁטֶעלֶען דִיא שָׁאף צוּ זַיינֶע 33
רֶעכְטֶע הַאנְד, אוּנְד דִיא צִיגֶען צוּ דִיא לִינְקֶע: דַאן וֶועט 34
דֶער קֶענִיג זָאגֶען צוּ דִיא אָן זַיינֶע רֶעכְטֶע הַאנְד, קוּמְט
אִיהְר גֶעבֶּענְשְׁטֶע פוּן מַיין פָּאטֶער, עֶרְבְּט דָאס קֶענִיגְרַייךְ
וָואס אִיז אָנְגֶעבְּרַייט פַאר אַייךְ פוּן דֶער גְרִינְדוּנְג פוּן דֶער
וֶועלְט: וָוארִין אִיךְ בִּין הוּנְגֶערִיג גֶעוֶועזֶען אוּנְד אִיהְר הָאט 35
מִיר גֶעגֶעבֶּען צוּ עֶסֶען; אִיךְ בִּין דוּרְשְׁטִיג גֶעוֶועזֶען אוּנְד
אִיהְר הָאט מִיר גֶעגֶעבֶּען צוּ טְרִינְקֶען; אִיךְ בִּין אַיין אוֹרַח
גֶעוֶועזֶען אוּנְד אִיהְר הָאט מִיךְ אוֹיפְגֶענוּמֶען; אִיךְ בִּין נַא־ 36
קֶעט גֶעוֶועזֶען אוּנְד אִיהְר הָאט מִיךְ גֶעקְלֵיידֶעט; אִיךְ בִּין
קְרַאנְק גֶעוֶועזֶען אוּנְד אִיהְר הָאט מִיךְ בֶּעזוּכְט; אִיךְ בִּין
אִים גֶעפֶּענְגְנִיס גֶעוֶועזֶען אוּנְד אִיהְר זֶענְט צוּ מִיר גֶעקוּ־
מֶען: דַאן וֶועלֶען דִיא צַדִיקִים צוּ אִיהְם עֶנְטְפֶערֶען אוּנְד 37
זָאגֶען, הַאר, וֶוען הָאבֶּען מִיר דִיךְ הוּנְגֶערִיג גֶעזֶעהֶען,
אוּנְד הָאבֶּען דִיר גֶעגֶעבֶּען צוּ עֶסֶען? אָדֶער דוּרְשְׁטִיג, אוּנְד
הָאבֶּען דִיר גֶעגֶעבֶּען צוּ טְרִינְקֶען? אוּנְד וֶוען הָאבֶּען מִיר 38
דִיךְ אַיין אוֹרַח גֶעזֶעהֶען אוּנְד הָאבֶּען דִיךְ אוֹיפְגֶענוּמֶען?
אָדֶער נַאקֶעט אוּנְד הָאבֶּען דִיךְ גֶעקְלֵיידֶעט? אוּנְד וֶוען 39
הָאבֶּען מִיר דִיךְ קְרַאנְק גֶעזֶעהֶען אָדֶער אִים גֶעפֶּענְגְנִיס,
אוּנְד זֶענֶען צוּ דִיר גֶעקוּמֶען? אוּנְד דֶער קֶענִיג וֶועט עֶנְטְ־ 40
פֶערֶען אוּנְד וֶועט צוּ זֵייא זָאגֶען, בֶּאֱמֶת זָאג אִיךְ אַייךְ, אַז
דָאס וָואס אִיהְר הָאט גֶעטְהוּן צוּ אֵיינֶעם פוּן דִיא קְלֵיינְסְטֶע
פוּן דִיזֶע מַיינֶע בְּרִידֶער, הָאט אִיהְר עֶס צוּ מִיר גֶעטְהוּן:
דַאן וֶועט עֶר זָאגֶען אוֹיךְ צוּ דִיא אָן זַיינֶע לִינְקֶע הַאנְד, 41
גֶעהְט אַוֶועק פוּן מִיר אִיהְר פֶערְפְלוּכְטֶע, צוּם עֶבִּיגֶען פֵייא־
עֶר וָואס אִיז אָנְגֶעבְּרַייט פַאר דֶעם שָׂטָן אוּנְד זַיינֶע מַלְאָכִים:
וָוארִין אִיךְ בִּין הוּנְגֶערִיג גֶעוֶועזֶען, אוּנְד אִיהְר הָאט מִיר 42
נִיט גֶעגֶעבֶּען צוּ עֶסֶען; אִיךְ בִּין דוּרְשְׁטִיג גֶעוֶועזֶען אוּנְד
אִיהְר הָאט מִיר נִיט גֶעגֶעבֶּען צוּ טְרִינְקֶען: אִיךְ בִּין אַיין 43
אוֹרַח גֶעוֶועזֶען אוּנְד אִיהְר הָאט מִיךְ נִיט אַרַיינְגֶענוּמֶען;
אִיךְ בִּין נַאקֶעט גֶעוֶועזֶען, אוּנְד אִיהְר הָאט מִיךְ נִיט גֶע־
קְלֵיידֶעט; אִיךְ בִּין קְרַאנְק גֶעוֶועזֶען אוּנְד אִים גֶעפֶּענְגְנִיס,
אוּנְד אִיהְר הָאט מִיךְ נִיט בֶּעזוּכְט: דַאן וֶועלֶען זֵייא אוֹיךְ 44
צוּ אִיהְם עֶנְטְפֶערְן אוּנְד זָאגֶען, הַאר, וֶוען הָאבֶּען מִיר דִיךְ

הוּנְגֶעריג גֶעוֶעהֶען, אָדֶער דוּרְשְׁטִיג, אָדֶער אֵיין אוֹרֵחַ,
אָדֶער נַאקֶעט, אָדֶער קְרַאנְק, אָדֶער אִים גֶעפֶענְגְנִיס, אוּנְד
45 הָאבֶּען דִיךְ נִיט בֶּעדִינְט? דַאן וֶועט עֶר צוּ זֵייא עֶנְטְפֶערְן
אוּנְד זָאגֶען, בֶּאֱמֶת זָאג אִיךְ אֵייךְ, אַז דָאס וָואס אִיהְר
הָאט נִיט גֶעטְהוּן צוּ אֵיינֶעם פוּן דִיזֶע קְלֵיינְסְטֶע, הָאט
46 אִיהְר עֶס נִיט צוּ מִיר גֶעטְהוּן: אוּנְד דִיזֶע וֶועלֶען אַוֶועק
גֶעהֶען צוּר עֶבִּיגֶע שְׁטְרָאף, אָבֶּער דִיא צַדִיקִים צוּם עֶבִּיגֶען
לֶעבֶּען:

קאפיטעל כו

1 אוּנְד עֶס אִיז גֶעשֶׁעהֶען וֶוען יֵשׁוּעַ הָאט גֶעעֶנְדִיגְט אַלֶע
דִיזֶע וֶוערְטֶער, הָאט עֶר גֶעזָאגְט צוּ זֵיינֶע תַּלְמִידִים:
2 אִיהְר וֵוייסְט אַז נָאךְ צְוֵוייא טֶעג וֶועט זֵיין פֶּסַח, אוּנְד דֶער
בֶּן אָדָם וֶועט אִיבֶּערְגֶעלִיפֶערְט וֶוערֶען, כְּדֵי עֶר זָאל גֶע־
3 קְרֵייצִיגְט וֶוערֶען: דַאן הָאבֶּען זִיךְ פֶערְזַאמֶעלְט דִיא רָאשֵׁי
כֹּהֲנִים, אוּנְד דִיא עֶלְצְטֶע פוּן דֶעם פָּאלְק, צוּם פַּאלַאסְט
4 פוּן דֶעם כֹּהֵן גָדוֹל, וָואס הָאט גֶעהֵייסֶען קַיָפָא: אוּנְד זֵייא
הָאבֶּען אֵיין עֵצָה גֶעהַאלְטֶען, אַז זֵייא זָאלֶען יֵשׁוּעַ נֶעמֶען
5 מִיט לִיסְט, אוּנְד זָאלֶען אִיהְם אוּמְבְּרֶענְגֶען: אָבֶּער זֵייא
הָאבֶּען גֶעזָאגְט נִיט אִים יוֹם טוֹב, אַז עֶס זָאל נִיט זֵיין קֵיין
גֶערַאשׁ אִים פָּאלְק:
6 אוּנְד יֵשׁוּעַ אִיז גֶעוֶועזֶען אִין בֵּית־הִינִי, אִים הוֹיז פוּן שִׁמְעוֹן
7 דֶעם מְצוֹרָע: אוּנְד אַ פְרוֹיא אִיז צוּ אִיהְם גֶעקוּמֶען וָואס
הָאט גֶעהַאט אֵיין אַלַבַּאסְטֶער קְרִיגֶעל מִיט טְהֵייעֶרֶען עֵהְל,
אוּנְד זִיא הָאט עֶס אוֹיסְגֶעגָאסֶען אוֹיף זֵיין קָאפּ וֶוען עֶר
8 אִיז גֶעזֶעסֶען בֵּיים טִישׁ: וִויא דִיא תַּלְמִידִים הָאבֶּען דָאס
בֶעזֶעהֶען, הָאט עֶס זֵייא פֶערְדְרָאסֶען, אוּנְד זֵייא הָאבֶּען
9 גֶעזָאגְט, צוּ וָואס זָאל דִיא פֶערְשְׁוֶוענְדוּנְג זֵיין? וָוארִין
דָאס הָאט גֶעקָאנְט פֶערְקוֹיפְט וֶוערֶען פַאר פִיל גֶעלְד,
10 אוּנְד צוּ דִיא אָרֶעמֶע גֶעגֶעבֶּען וֶוערֶען: אוּנְד וֶוען יֵשׁוּעַ
הָאט דָאס גֶעוואוּסְט, אַזוֹי הָאט עֶר צוּ זֵייא גֶעזָאגְט, וָוארוּם
זֶענְט אִיהְר דִיא פְרוֹיא מְצַעֵר? וָוארִין זִיא הָאט אַ גוּטֶעס
11 הֶערְק אָן מִיר גֶעטְהוּן: וָוארִין דִיא אָרֶעמֶע הָאט אִיהְר
12 תָּמִיד מִיט אֵייךְ, אָבֶּער מִיךְ הָאט אִיהְר נִיט תָּמִיד: וָוארִין וֶוען
זִיא הָאט דִיזֶעס עֵהְל אוֹיף מֵיין לֵייבּ אוֹיסְגֶעגָאסֶען, אַזוֹי

13 הָאט זִיא דָאס גֶעטְהוּן פַאר מַיינֶע קְבוּרָה: בֶּאֱמֶת זָאג אִיךְ
אֵייךְ, אִין דָער גַאנְצֶען וֶועלְט וְואוּ דִיא בְּשׂוּרָה טוֹבָה וֶועט
גֶעפְּרֶעדִיגְט וֶוערֶען, דָא וֶועט מֶען אוֹיךְ דֶערְצֶעהְלֶען וָואס
זִיא הָאט צוּ מִיר גֶעטְהוּן, צוּ אִיהְר אַנְדֶענְקֶען:
14 דַאן אִיז אֵיינֶער פוּן דִיא צְוֶועלְף, וָואס הָאט גֶעהַייסֶען
יְהוּדָה אִישׁ קְרִיוֹת, אַוֶועקְגֶעגַאנְגֶען צוּ דִיא עֶרְשְׁטֶע כֹּהֲנִים:
15 אוּנְד הָאט גֶעזָאגְט, וָואס ווִילְט אִיהְר מִיר גֶעבֶּען, אוּנְד אִיךְ
וֶועל אִיהְם צוּ אֵייךְ אִיבֶּערְלִיפֶערֶען? אוּנְד זַייא הָאבֶּען
זִיךְ מִיט אִיהְם פֶערְגְלֵייכְט פַאר דְרַייסִיג שְׁטִיק זִילְבֶּער:
16 אוּנְד פוּן דֶענְצְמָאל אָן הָאט עֶר אַ גֶעלֶעגֶענְהַייט גֶעזוּכְט,
אַז עֶר זָאל אִיהְם צוּ זַייא פֶערְמַסֶרְן:
17 אוּנְד אִים עֶרְשְׁטֶען טָאג פוּן חַג הַמַּצּוֹת זֶענֶען דִיא תַּלְמִידִים
גֶעקוּמֶען צוּ יֵשׁוּעַ, אוּנְד הָאבֶּען צוּ אִיהְם גֶעזָאגְט, וְואוּ
ווִילְסְט דוּא אַז מִיר זָאלֶען דִיר אָנְבְּרַייטֶען פֶּסַח צוּ עֶסֶען?
18 אוּנְד עֶר הָאט גֶעזָאגְט, גֶעהְט אִין דִיא שְׁטָאט אַרַיין צוּ
אַ מַאן אוּנְד זָאגְט אִיהְם דֶער לֶעהְרֶער זָאגְט, מֵיינֶע צֵייט
אִיז נָאהֶענְט, אִיךְ וֶועל בֵּייא דִיר הַאלְטֶען פֶּסַח מִיט מֵיינֶע
19 תַּלְמִידִים: אוּנְד דִיא תַּלְמִידִים הָאבֶּען גֶעטְהוּן אַזוֹי ווִיא
יֵשׁוּעַ הָאט זַייא גֶעהַייסֶען, אוּנְד זַייא הָאבֶּען פֶּסַח פַארְטִיג
20 גֶעמַאכְט: אוּנְד וֶוען עֶס אִיז אָבֶענְד גֶעוָוארֶען הָאט עֶר
21 זִיךְ אַנִידֶער גֶעזֶעצְט מִיט דִיא צְוֶועלְף תַּלְמִידִים; אוּנְד
ווַייל זַייא הָאבֶּען גֶעגֶעסֶען, הָאט עֶר גֶעזָאגְט, בֶּאֱמֶת זָאג
22 אִיךְ אֵייךְ, אַז אֵיינֶער פוּן אֵייךְ וֶועט מִיךְ פֶערְמַסֶרְן: אוּנְד
זַייא הָאבֶּען זִיךְ זֶעהְר בֶּעטְרִיבְּט, אוּנְד יֶעדֶער פוּן זַייא הָאט
23 אָנְגֶעהוֹיבֶּען צוּ זָאגֶען, הַאר, בִּין אִיךְ עֶס? אוּנְד עֶר הָאט
גֶעעֶנְטְפֶערְט אוּנְד גֶעזָאגְט, דֶער וָואס טוּנְקְט אֵיין זֵיינֶע
הַאנְד מִיט מִיר אִין דֶער שִׁיסֶעל דִיזֶער וֶועט מִיךְ פֶערְמַסֶרְן:
24 דֶער בֶּן אָדָם גֶעהְט אַוֶועק אַזוֹי ווִיא עֶס שְׁטֶעהְט גֶעשְׁרִי־
בֶּען אוֹיף אִיהְם, אָבֶּער וֶועה צוּ דֶעם מֶענְשׁ דוּרְךְ וֶועלְ־
כֶען דֶער בֶּן אָדָם וֶועט פֶערְמַסֶרְט וֶוערֶען; עֶס וָואלְט גוּט
גֶעוֶועזֶען פַאר יֶענֶעם מֶענְשׁ וֶוען עֶר הֶעט נִיט גֶעבּוֹירֶען
25 גֶעוָוארֶען: אוּנְד יְהוּדָה, וָואס הָאט אִיהְם פֶערְמַסֶרְט הָאט
גֶעעֶנְטְפֶערְט אוּנְד גֶעזָאגְט. רַבִּי, בִּין אִיךְ עֶס? עֶר הָאט צוּ
26 אִיהְם גֶעזָאגְט דוּא הָאסְט עֶס גֶעזָאגְט: אוּנְד ווַייל זַייא

הָאבֶּען גֶעגֶעסֶען, אַזוֹי הָאט יֵשׁוּעַ גֶענוּמֶען בְּרוֹיט, אוּנְד
הָאט אַ בְּרָכָה גֶעמַאכְט, אוּנְד הָאט עֶס צוּבְּרָאכֶען, אוּנְד
גֶעגֶעבֶּען צוּ דִיא תַּלְמִידִים, אוּנְד הָאט גֶעזָאגְט, נֶעמְט עֶס,
27 דָאס אִיז מֵיין לֵייבּ: אוּנְד עֶר הָאט גֶענוּמֶען דֶעם כּוֹס אוּנְד
הָאט אַ בְּרָכָה גֶעמַאכְט, אוּנְד הָאט צוּ זֵייא גֶעגֶעבֶּען אוּנְד
28 גֶעזָאגְט, טְרִינְקְט אַלֶע דֶערְפוּן; וָוארִין דָאס אִיז מֵיין בְּלוּט
פוּן דֶעם בְּרִית הַחֲדָשָׁה וָואס אִיז פֶערְגָאסֶען פַאר פִילֶע צוּ
29 פֶערְגֶעבּוּנְג פוּן זִינְדֶען: אָבֶּער אִיךְ זָאג אֵייךְ, אַז אִיךְ וֶועל
פוּן אַצוּנְד אָן נִיט מֶעהְר טְרִינְקֶען פוּן דִיזֶער פְרוּכְט פוּן
דֶעם ווייִנְשְׁטָאק, בִּיז אָן דֶעם טָאג וֶוען אִיךְ טְרִינְק עֶס מִיט
30 אֵייךְ נֵייא אִין דֶעם קֶענִיגְרֵייךְ פוּן מֵיין פָאטֶער: אוּנְד וֶוען
זֵייא הָאבֶּען הַלֵּל גֶעזוּנְגֶען, זֶענֶען זֵייא אַוֶועקְגֶעגַאנְגֶען צוּם
31 הַר הַזֵיתִים: דַאן הָאט יֵשׁוּעַ צוּ זֵייא גֶעזָאגְט, דִיזֶע נַאכְט
וֶועט אִיהְר אֵייךְ אַלֶע אָן מִיר שְׁטְרוֹיכְלֶען; וָוארִין עֶס
שְׁטֶעהְט גֶעשְׁרִיבֶּען, אִיךְ וֶועל שְׁלָאגֶען דֶעם פַּאסְטוּךְ אוּנְד
דִיא שָׁאף פוּן דֶער סְטַאדֶע וֶועלֶען צֶערְשְׁטְרֵייט וֶוערֶען;
32 אָבֶּער נָאךְ מֵיינֶע אוֹיפֶערְשְׁטֶעהוּנְג וֶועל אִיךְ פָאר אֵייךְ
33 גֶעהֶען קֵיין גָלִיל: אוּנְד פֶּעטְרוֹס הָאט גֶעעֶנְטְפֶערְט אוּנְד
הָאט צוּ אִיהְם גֶעזָאגְט, וֶוען אַלֶע זָאלֶען אָן דִיר שְׁטְרוֹיכְ־
לֶען, אַזוֹי וֶועל אִיךְ אָן דִיר קֵיינְמָאל נִיט שְׁטְרוֹיכְלֶען:
34 יֵשׁוּעַ הָאט צוּ אִיהְם גֶעזָאגְט, בֶּאֱמֶת זָאג אִיךְ דִיר, אַז אִין
דִיזֶער נַאכְט אֵיידֶער דֶער הָאן וֶועט קְרֵייעֶן וֶועסְט דוּא
35 מִיךְ דְרֵייא מָאל פֶערְלֵייקֶענֶען: פֶּעטְרוֹס הָאט צוּ אִיהְם
גֶעזָאגְט, וֶוען אִיךְ מוּז מִיט דִיר שְׁטַארְבֶּען, וֶועל אִיךְ דִיךְ
נִיט פֶערְלֵייקֶענֶען; אַזוֹי הָאבֶּען אוֹיךְ אַלֶע תַּלְמִידִים גֶעזָאגְט:
36 דַאן אִיז יֵשׁוּעַ מִיט זֵייא גֶעקוּמֶען צוּ אֵיין אָרְט וָואס וֶוערְט
גֶערוּפֶען גַת־שְׁמָנֵי; אוּנְד עֶר הָאט גֶעזָאגְט צוּ דִיא תַּלְמִידִים,
זִיצְט אִיהְר דָא, בִּיז אִיךְ וֶועל דָארְטֶען אַהִין גֶעהֶען אוּנְד
37 בֶּעטֶען: אוּנְד עֶר הָאט מִיט זִיךְ גֶענוּמֶען פֶּעטְרוֹס אוּנְד
דִיא צְוֵוייא זִיהְן פוּן זַבְדִי, אוּנְד הָאט אָנְגֶעהוֹיבֶּען טְרוֹירִיג
38 אוּנְד בֶּעטְרִיבְּט צוּ זֵיין: דַאן הָאט עֶר צוּ זֵייא גֶעזָאגְט,
מֵיינֶע זֶעלֶע אִיז זֶעהְר טְרוֹירִיג בִּיז צוּם טוֹיט, בְּלֵייבְּט דָא
39 אוּנְד וַואכְט מִיט מִיר: אוּנְד עֶר אִיז אַבִּיסֶעל וֵוייטֶער גֶע־
גַאנְגֶען, אוּנְד אִיז אוֹיף זֵיין פָּנִים גֶעפַאלֶען, אוּנְד הָאט

גֶעבֶּעטֶען אוּנְד גֶעזָאגְט, מַיין פָאטֶער, אוֹיבּ עֶס אִיז מֶעגלִיךְ,
לָאז דִיזֶער כּוֹס פוּן מִיר פֶערְבַּייא גֶעהֶען; אָבֶּער דָאךְ נִיט
40 אַזוֹי וִויא אִיךְ וִויל, נֵייעֶרְט אַזוֹי וִויא דוּא ווִילְסְט: אוּנְד עֶר
אִיז גֶעקוּמֶען צוּ דִיא תַּלְמִידִים, אוּנְד הָאט זַייא שְׁלָאפֶענְ־
דִיג גֶעפִינֶען, אוּנְד הָאט גֶעזָאגְט צוּ פֶּעטְרוֹס, קֶענְט אִיהְר
41 דֶען נִיט מִיט מִיר וַואכֶען אֵיינֶע שָׁעָה? וַואכְט אוּנְד בֶּעטֶעט
אַז אִיהְר זָאלְט נִיט קוּמֶען צוּ נִסָיוֹן; דֶער גֵייסְט אִיז ווִילִיג
42 אָבֶּער דָאס פְלֵיישׁ אִיז שְׁוַואךְ: אוּנְד עֶר אִיז ווִידֶער דָאס
צְווייטֶע מָאל אַוֶועקְגֶעגַאנְגֶען אוּנְד הָאט גֶעבֶּעטֶען אוּנְד
גֶעזָאגְט, מַיין פָאטֶער, וֶוען דִיזֶער כּוֹס קֶען נִיט פוּן מִיר
פֶערְבַּייא גֶעהֶען עֶס זַייא דֶען אִיךְ זָאל אִיהְם טְרִינְקֶען,
43 אַזוֹי לָאז דַיין ווִילֶען גֶעשֶׁעהֶען: אוּנְד עֶר אִיז ווִידֶער גֶע־
קוּמֶען אוּנְד הָאט זַייא שְׁלָאפֶענְדִיג גֶעפִינֶען, וָוארִין זַיירֶע
44 אוֹיגֶען זֶענֶען שְׁוֶוער גֶעוֶועזֶען: אוּנְד עֶר הָאט זַייא פֶערְ־
לָאזְט, אוּנְד אִיז ווִידֶער אַוֶועקְגֶעגַאנְגֶען, אוּנְד הָאט דָאס
דְרִיטֶע מָאל גֶעבֶּעטֶען, אוּנְד הָאט ווִידֶער דִיא זֶעלְבִּינֶע
45 וֶוערְטֶער גֶעזָאגְט: דַאן אִיז עֶר גֶעקוּמֶען צוּ דִיא תַּלְמִידִים
אוּנְד הָאט צוּ זַייא גֶעזָאגְט, שְׁלָאפְט ווייטֶער אוּנְד רוּהְט
אֵייךְ אָפּ; זֶעהְט דִיא שָׁעָה אִיז נָאהֶענְט אוּנְד דֶער בֶּן אָדָם
46 ווֶערְד פֶערְמַסְרְט אִין דִיא הֶענְד פוּן דִיא זִינְדֶער: שְׁטֶעהְט
אוֹיף, לָאזְט אוּנְס גֶעהֶען; זֶעהְט דֶער אִיז נָאהֶענְט וָואס
47 פֶערְמַסֶרְט מִיךְ: אוּנְד וַוייל עֶר הָאט נָאךְ גֶערֶעט, זֶעה,
אִיז יְהוּדָה אֵיינֶער פוּן דִיא צְוֶועלְף גֶעקוּמֶען, אוּנְד מִיט
אִיהְם פִיל לֵייט מִיט שְׁוֶוערְדֶען אוּנְד שְׁטֶעקֶען פוּן דִיא
48 עֶרְשְׁטֶע כֹּהֲנִים אוּנְד עֶלְצְטֶע פוּן דֶעם פָאלְק: אוּנְד דֶער
מָסֵר הָאט זַייא גֶעגֶעבֶּען אַ צֵייכֶען, אוּנְד הָאט גֶעזָאגְט, דֶעם
49 וָואס אִיךְ וֶועל קִישֶׁען, דָאס אִיז עֶר, נֶעמְט אִיהְם: אוּנְד
גְלֵייךְ אִיז עֶר גֶעקוּמֶען צוּ יֵשׁוּעַ, אוּנְד הָאט גֶעזָאגְט, שָׁלוֹם
50 רַבִּי, אוּנְד הָאט אִיהְם גֶעקִישְׁט: אוּנְד יֵשׁוּעַ הָאט צוּ אִיהְם
גֶעזָאגְט, פְרַיינְד צוּ וָואס בִּיסְט דוּא גֶעקוּמֶען? דַאן זֶענֶען
זַייא צוּגֶעקוּמֶען, אוּנְד הָאבֶּען זַיירֶע הֶענְד אוֹיף יֵשׁוּעַ גֶע־
51 לֶעגְט אוּנְד הָאבֶּען אִיהְם גֶענוּמֶען: אוּנְד זֶעה, אֵיינֶער פוּן
דִיא וָואס זֶענֶען גֶעוֶועזֶען מִיט יֵשׁוּעַ, הָאט דִיא הַאנְד אוֹיסְ־
גֶעשְׁטְרֶעקְט, אוּנְד זַיין שְׁוֶוערְד אַרוֹיסְגֶעצוֹיגֶען, אוּנְד

גֶעשְׁלָאגֶען דֶעם קְנֶעכְט פוּן דֶעם כֹּהֵן גָדוֹל, אוּנְד הָאט אִיהְם
52 דַיין אוֹיעֶר אָפְּגֶעשְׁנִיטֶען: דַאן הָאט יֵשׁוּעַ צוּ אִיהְם גֶעזָאגְט,
שְׁטֶעק דַיין שְׁוֶוערְד צוּרִיק אִין אִיהְר אָרְט אַרַיין, וָוארִין
אַלֶע דִיא וָואס נֶעמֶען דָאס שְׁוֶוערְד וֶועלֶען אוּמְקוּמֶען דוּרְךְ
53 דֶעם שְׁוֶוערְד: אָדֶער מֵיינְסְט דוּא אַז אִיךְ קֶען נִיט מֵיין
פָאטֶער בֶּעטֶען, אוּנְד עֶר וֶועט מִיר צוּשְׁטֶעלֶען מֶעהְר וִויא
54 צְוֶועלְף מַחֲנוֹת פוּן מַלְאָכִים? וִויא אַזוֹי דֶען וֶועט דִיא
55 שְׁרִיפְט דֶערְפִילְט וֶוערֶען אַז עֶס מוּז אַזוֹי גֶעשֶׁעהֶען? אִין
יֶענֶער שָׁעָה הָאט יֵשׁוּעַ גֶעזָאגְט צוּ דִיא לַייט, זֶענְט אִיהְר
אַרוֹיסְגֶעקוּמֶען וִויא קֶעגֶען אַ רוֹיבֶּער מִיט שְׁוֶוערְדֶען אוּנְד
שְׁטֶעקֶען אוּם מִיךְ צוּ נֶעמֶען? טֶעגְלִיךְ בִּין אִיךְ גֶעזֶעסֶען
אִין בֵּית הַמִקְדָשׁ אוּנְד הָאבּ גֶעלֶערֶענְט, אוּנְד אִיהְר הָאט
56 מִיךְ נִיט גֶענוּמֶען: אָבֶּער דָאס אִיז אַלֶעס גֶעשֶׁעהֶען כְּדֵי
דִיא שְׁרִיפְטֶען פוּן דִיא נְבִיאִים זָאלֶען מְקוּיָים וֶוערֶען, דַאן
הָאבֶּען אִיהְם אַלֶע תַּלְמִידִים פֶערְלָאזְט אוּנְד זֶענֶען אַוֶועק־
גֶעלָאפֶען:
57 אוּנְד דִיא וֶועלְכֶע הָאבֶּען יֵשׁוּעַ גֶענוּמֶען הָאבֶּען אִיהְם
אַוֶועקְגֶעפִיהְרְט צוּ קַיָפָא דֶעם כֹּהֵן גָדוֹל, וְואוּ דִיא סוֹפְרִים
58 אוּנְד דִיא עֶלְצְטֶע זֶענֶען פֶערְזַאמֶעלְט גֶעוֶועזֶען: אוּנְד
פֶּעטְרוֹס אִיז אִיהְם פוּן וַוייטֶען נָאכְגֶעגַאנְגֶען בִּיז צוּם פַּא־
לַאסְט פוּן דֶעם כֹּהֵן גָדוֹל, אוּנְד אִיז אַרַיינְגֶעגַאנְגֶען אוּנְד
גֶעזֶעסֶען מִיט דִיא מְשָׁרְתִים כְּדֵי עֶר זָאל זֶעהֶען דֶעם סוֹף:
59 אוּנְד דִיא עֶרְשְׁטֶע כֹּהֲנִים, אוּנְד דָאס גַאנְצֶע סַנְהֶדְרִין הָאבֶּען
פַאלְשֶׁע עֵדוּת גֶעזוּכְט אוֹיף יֵשׁוּעַ, אַז זַייא זָאלֶען אִיהְם
60 טֵייטֶען: אוּנְד פִילֶע פַאלְשֶׁע עֵדוּת זֶענֶען גֶעקוּמֶען אָבֶּער
זַייא הָאבֶּען קֵיינֶע גֶעפִינֶען; אָבֶּער צוּלֶעצְט זֶענֶען גֶע־
61 קוּמֶען צְוַוייא: אוּנְד הָאבֶּען גֶעזָאגְט, דִיזֶער הָאט גֶעזָאגְט
אִיךְ קֶען דָאס בֵּית הַמִקְדָשׁ פוּן גָאט צֶערְשְׁטֶערֶען אוּנְד
62 עֶס אִין דְרַייא טֶעג אוֹיפְבּוֹיעֶן: אוּנְד דֶער כֹּהֵן גָדוֹל אִיז
אוֹיפְגֶעשְׁטַאנֶען, אוּנְד הָאט צוּ אִיהְם גֶעזָאגְט, עֶנְטְפֶערְסְט
דוּא גָארְנִיט? וָואס אִיז דָאס וָואס דִיזֶע זָאגֶען עֵדוּת, קֶע־
63 גֶען דִיר? אָבֶּער יֵשׁוּעַ הָאט גֶעשְׁוִויגֶען. אוּנְד דֶער כֹּהֵן
גָדוֹל הָאט צוּ אִיהְם גֶעזָאגְט, אִיךְ בֶּעשְׁוֶוער דִיךְ בַּיים לֶע־
בֶּעדִיגֶען גָאט דוּא זָאלְסְט אוּנְס זָאגֶען אוֹיבּ דוּא בִּיסְט דֶער

מָשִׁיחַ, דֶער זוּהְן פוּן גָאט: אוּנְד יֵשׁוּעַ הָאט צוּ אִיהְם גֶע־ 64
זָאגְט, דוּא הָאסְט עֶס גֶעזָאגְט; דָאךְ זָאג אִיךְ אֵייךְ, פוּן
אִיצְט אָן װֶעט אִיהְר זֶעהֶען דֶעם בֶּן אָדָם זִיצֶען אָן דִיא
רֶעכְטֶע הַאנְד פוּן דֶער גְבוּרָה, אוּנְד קוּמֶען אוֹיף דִיא
װָאלְקֶען פוּן דֶעם הִימֶעל: דַאן הָאט דֶער כֹּהֵן גָדוֹל זַיינֶע 65
קְלֵיידֶער צוּרִיסֶען אוּנְד הָאט גֶעזָאגְט, עֶר הָאט גֶעלֶעסְטֶערְט;
װָאס בֶּעדַארְפֶען מִיר נָאךְ מֶעהְר עֵדוּת? זֶעהְט, אִיצְט הָאט
אִיהְר גֶעהֶערְט זַיינֶע לֶעסְטֶערוּנְג: װָאס דֶענְקְט אִיהְר? 66
אוּנְד זַייא הָאבֶּען גֶעעֶנְטְפֶערְט אוּנְד גֶעזָאגְט, עֶר אִיז דֶעם
טוֹיט שׁוּלְדִיג: דַאן הָאבֶּען זַייא אִיהְם אִין פָּנִים גֶעשְׁפִּיגֶען 67
אוּנְד הָאבֶּען אִיהְם גֶעשְׁלָאגֶען, אוּנְד הָאבֶּען אִיהְם גֶע־
פַּאטְשְׁט: אוּנְד הָאבֶּען גֶעזָאגְט זָאג אוּנְס נְבוּאוֹת, דוּא 68
מָשִׁיחַ, װָער הָאט דִיךְ גֶעשְׁלָאגֶען? אוּנְד פֶּעטְרוּס אִיז גֶע־ 69
זֶעסֶען דְרוֹיסֶען אִים הוֹיף; אוּנְד אַ דִינְסְטמֶעדֶעל אִיז צוּ
אִיהְם גֶעקוּמֶען אוּנְד הָאט גֶעזָאגְט, דוּא בִּיסְט אוֹיךְ גֶעװֶעזֶען
מִיט יֵשׁוּעַ פוּן גָלִיל: אוּנְד עֶר הָאט פַאר זַייא אַלֶע גֶע־ 70
לֵייקֶענְט אוּנְד הָאט גֶעזָאגְט, אִיךְ װֵייס נִיט װָאס דוּא זָאגְסְט:
אוּנְד װֶען עֶר אִיז צוּם טוֹיעֶר אַרוֹיסְגֶעגַאנְגֶען אַזוֹי הָאט 71
אִיהְם אֵיינֶע אַנְדֶערֶע גֶעזֶעהֶען, אוּנְד הָאט גֶעזָאגְט צוּ דִיא
װָאס זֶענֶען דָארְט גֶעװֶעזֶען, דִידֶער אִיז אוֹיךְ גֶעװֶעזֶען מִיט
יֵשׁוּעַ הַנָּצְרִי: אוּנְד עֶר הָאט װִידֶער גֶעלֵייקֶענְט מִיט אַ 72
שְׁבוּעָה, אִיךְ קֶען נִיט דֶעם מַאן: אוּנְד נָאךְ אַ קְלֵיינֶע װֵיילֶע 73
זֶענֶען גֶעקוּמֶען דִיא װָאס זֶענֶען דֶערְבֵּייא גֶעשְׁטַאנֶען, אוּנְד
הָאבֶּען גֶעזָאגְט צוּ פֶּעטְרוּס, בֶּאֱמֶת דוּא בִּיסְט אוֹיךְ אֵיינֶער
פוּן זַייא, װָארִין דַיין לָשׁוֹן מַאכְט דִיךְ דֶערְקֶענֶען: דַאן 74
הָאט עֶר אָנְגֶעהוֹיבֶּען צוּ פְלוּכֶען אוּנְד צוּ שְׁװֶערֶען, אִיךְ
קֶען נִיט דֶעם מַאן; אוּנְד גְלֵייךְ הָאט דֶער הָאן גֶעקְרַייט:
אוּנְד פֶּעטְרוּס הָאט גֶעדֶענְקְט דָאס װָארְט פוּן יֵשׁוּעַ װִיא 75
עֶר הָאט צוּ אִיהְם גֶעזָאגְט, אֵיידֶער דֶער הָאן װֶעט קְרֵייעֶן,
װֶעסְט דוּא מִיךְ דְרַייא מָאל פֶערְלֵייקֶענֶען; אוּנְד עֶר אִיז
אַרוֹיסְגֶעגַאנְגֶען אוּנְד הָאט בִּיטֶער גֶעװֵיינְט:

קאפיטעל כז

אוּנְד װֶען עֶס אִיז מָארְגֶען פְרִיה גֶעװָארֶען הָאבֶּען אַלֶע 1
עֶרְשְׁטֶע כֹּהֲנִים אוּנְד דִיא עֶלְצְטֶע פוּן דֶעם פָאלְק אֵיין עֵצָה

גֶעהַאלְטֶען אִיבֶּער יֵשׁוּעַ אַז זַייא זָאלֶען אִיהְם טֵייטֶען׃
2 אוּנְד זַייא הָאבֶּען אִיהְם גֶעבּוּנְדֶען אוּנְד אַוֶועקְגֶעפִיהְרְט,
אוּנְד הָאבֶּען אִיהְם אִיבֶּערְגֶעגֶעבֶּען צוּ פִּילָטוֹס דֶעם גוּבֶּערְנֶער׃
3 דַאן וֶוען יְהוּדָה וָואס הָאט אִיהְם פֶערְמַסֶרְט הָאט גֶעזֶעהֶען
אַז עֶר אִיז פֶערְשׁוּלְדִיגְט גֶעוָוארֶען הָאט עֶר חַרָטָה בֶּעקוּמֶען,
אוּנְד הָאט צוּרִיק גֶעבְּרַאכְט דִיא דְרֵייסִיג זִילְבֶּער שְׁטִיק צוּ
4 דִיא עֶרְשְׁטֶע כֹּהֲנִים אוּנְד דִיא עֶלְצְטֶע׃ אוּנְד הָאט גֶעזָאגְט,
אִיךְ הָאבּ גֶעזִינְדִיגְט, אַז אִיךְ הָאבּ פֶערְמַסֶרְט אוּנְשׁוּלְדִיג
בְּלוּט; אוּנְד זַייא הָאבֶּען גֶעזָאגְט, וָואס אִיז דָאס צוּ אוּנְס?
5 זֶעה דוּא דֶערְצוּ׃ אוּנְד עֶר הָאט דִיא זִילְבֶּער שְׁטִיק
אַנִידֶער גֶעוָוארְפֶען אִין בֵּית הַמִּקְדָּשׁ, אוּנְד אִיז אַוֶועקְ־
6 גֶעגַאנְגֶען, אוּנְד הָאט זִיךְ גֶעהַאנְגֶען׃ אוּנְד דִיא עֶרְשְׁטֶע
כֹּהֲנִים הָאבֶּען דִיא זִילְבֶּער שְׁטִיק גֶענוּמֶען אוּנְד הָאבֶּען
גֶעזָאגְט, עֶס אִיז נִיט רֶעכְט אַז 'מֶען זָאל זַייא אִין דֶעם
אוֹצָר אַרֵיינְוַוארְפֶען, וַוייל זַייא זֶענֶען דֶער פְּרֵייז פוּן בְּלוּט׃
7 אוּנְד זַייא הָאבֶּען אֵיינֶע עֵצָה גֶעהַאלְטֶען, אוּנְד הָאבֶּען
דֶערְפַאר גֶעקוֹיפְט דָאס פֶעלְד פוּן דֶעם טֶעפֶּער כְּדֵי פְרֶעמְדֶע
8 דְרִינֶען צוּ בֶּעגְרָאבֶּען׃ דְרוּם וֶוערְט יֶענֶעס פֶעלְד גֶערוּפֶען
9 דָאס פֶעלְד פוּן בְּלוּט צוּם הֵיינְטִיגֶען טָאג׃ דַאן אִיז דֶערְ־
פִילְט גֶעוָוארֶען וָואס אִיז גֶעזָאגְט גֶעוָוארֶען דוּרְךְ יִרְמְיָה
הַנָּבִיא זָאגֶענְדִיג, אוּנְד זַייא הָאבֶּען גֶענוּמֶען דִיא דְרֵייסִיג
זִילְבֶּער שְׁטִיק דֶעם פְּרֵייז פוּן אִיהְם וָואס אִיז גֶעשַׁאצְט
גֶעוֶועזֶען, וֶועלְכֶען דִיא קִינְדֶער יִשְׂרָאֵל הָאבֶּען גֶעשַׁאצְט׃
10 אוּנְד זַייא הָאבֶּען גֶעגֶעבֶּען זַייא פַאר דֶעם פֶעלְד פוּן דֶעם
טֶעפֶּער אַזוֹי וִויא דֶער הַאר הָאט מִיר גֶעבָּאטֶען׃
11 אוּנְד יֵשׁוּעַ אִיז גֶעשְׁטַאנֶען פָאר דֶעם גוּבֶּערְנֶער, אוּנְד דֶער
גוּבֶּערְנֶער הָאט אִיהְם גֶעפְרֶעגְט אוּנְד גֶעזָאגְט, בִּיסְט דוּא
דֶער קֶענִיג פוּן דִיא יוּדֶען? אוּנְד יֵשׁוּעַ הָאט גֶעזָאגְט דוּא
12 זָאגְסְט עֶס׃ אוּנְד וֶוען עֶר אִיז פֶערְקְלָאגְט גֶעוֶועזֶען פוּן
דִיא עֶרְשְׁטֶע כֹּהֲנִים אוּנְד דִיא עֶלְצְטֶע, הָאט עֶר גָארְנִיט
13 גֶעעֶנְטְפֶערְט׃ דַאן הָאט פִּילָטוֹס צוּ אִיהְם גֶעזָאגְט, הֶערְסְט
דוּא נִיט וִויא שְׁוֶוערֶע זַאכֶען זַייא זָאגֶען עֵדוּת קֶעגֶען דִיר?
14 אוּנְד עֶר הָאט אִיהְם נִיט גֶעעֶנְטְפֶערְט אַ וָוארְט, אַז דֶער
15 גוּבֶּערְנֶער הָאט זִיךְ זֶעהְר פֶערְוְואוּנְדֶערְט׃ אוּנְד דֶער

נוּבֶערְנֶער פְלֶעגְט אוֹיף דֶעם יוֹם טוֹב אַ גֶעפַאנְגֶענֶען פְרַייא
16 לָאזֶען צוּם פָאלְק, וֶועלְכֶען זַייא הָאבֶּען גֶעוָואלְט: אוּנְד זַייא
הָאבֶּען גֶעהַאט אַ וְואוֹיל בֶּעקַאנְטֶען גֶעפַאנְגֶענֶען וָואס הָאט
17 גֶעהַייסֶען בַּר אַבָּא: אוּנְד וֶוען זַייא הָאבֶּען זִיךְ פֶערְזַאמֶעלְט
הָאט פִּילָטוֹס צוּ זַייא גֶעזָאגְט, וֶועמֶען ווִילְט אִיהְר אַז אִיךְ
זָאל צוּ אַייךְ בֶּעפְרַייעֶן? בַּר־אַבָּא אָדֶער יֵשׁוּעַ וָואס הָאט
18 גֶעהַייסֶען מָשִׁיחַ: וָוארִין עֶר הָאט גֶעווָאוּסְט, אַז זַייא הָאבֶּען
אִיהְם אִיבֶּערְגֶעגֶעבֶּען פַאר קִנְאָה:
19 אוּנְד וֶוען עֶר אִיז גֶעזֶעסֶען אוֹיף דֶעם רִיכְטֶער שְׁטוּהְל, הָאט
זַיין ווַייבּ צוּ אִיהְם גֶעשִׁיקְט אוּנְד גֶעזָאגְט, הָאבּ דוּא גָארְ־
נִיט צוּ טְהוּן מִיט יֶענֶעם צַדִיק, וָוארִין אִיךְ הָאבּ
20 הֵיינְט פִיל גֶעלִיטֶען אִין אַ חָלוֹם וֶועגֶען אִיהְם: אָבֶּער דִיא
עֶרְשְׁטֶע כֹּהֲנִים אוּנְד דִיא עֶלְצְטֶע הָאבֶּען דִיא לַייט אִיבֶּערְ־
גֶערֶעט, אַז זַייא זָאלֶען פֶערְלַאנְגֶען בַּר־אַבָּא, אוּנְד זָאלֶען
21 יֵשׁוּעַ אוּמְבְּרֶענְגֶען. אוּנְד דֶער גוּבֶערְנֶער הָאט גֶעעֶנְטְפֶערְט
אוּנְד הָאט צוּ זַייא גֶעזָאגְט, וֶועלְכֶען פוּן דִיא צְווַייא ווִילְט
אִיהְר אַז אִיךְ זָאל צוּ אַייךְ בֶּעפְרַייעֶן? אוּנְד זַייא הָאבֶּען
22 גֶעזָאגְט, בַּר־אַבָּא: פִּילָטוֹס הָאט צוּ זַייא גֶעזָאגְט, וָואס זָאל
אִיךְ דֶען טְהוּן צוּ יֵשׁוּעַ, וָואס וֶוערְט גֶערוּפֶען מָשִׁיחַ? אַלֶע
23 הָאבֶּען גֶעזָאגְט לָאז עֶר גֶעקְרַייצִיגְט וֶוערֶען: אוּנְד עֶר
הָאט גֶעזָאגְט, וָואס פַאר שְׁלֶעכְטֶעס הָאט עֶר גֶעטְהוּן?
אָבֶּער זַייא הָאבֶּען נָאךְ מֶעהְר גֶעשְׁרִיעֶן אוּנְד גֶעזָאגְט,
24 לָאז עֶר גֶעקְרַייצִיגְט וֶוערֶען: אוּנְד ווִיא פִּילָטוֹס הָאט גֶע־
זֶעהֶען אַז עֶס נִיצְט גָארְנִיט, נַייעֶרְט אַז עֶס אִיז גֶעוֶועזֶען אַ
גְרֶעסֶער גֶעטִימֶעל, הָאט עֶר גֶענוּמֶען וַואסֶער, אוּנְד הָאט
זִיךְ דִיא הֶענְד אָפְּגֶעוַואשֶׁען פָאר דִיא לַייט, אוּנְד הָאט גֶע־
זָאגְט, אִיךְ בִּין אוּנְשׁוּלְדִיג וֶועגֶען דֶעם בְּלוּט פוּן דִיזֶען
25 צַדִיק; זֶעהְט אִיהְר דֶערְצוּ: אוּנְד דָאס גַאנְצֶע פָאלְק הָאט
גֶעעֶנְטְפֶערְט אוּנְד גֶעזָאגְט, זַיין בְּלוּט זָאל זַיין אוֹיף אוּנְס
26 אוּנְד אוֹיף אוּנְזֶערֶע קִינְדֶער: דַאן הָאט עֶר צוּ זַייא בֶּע־
פְרַייעֶט בַּר־אַבָּא, אוּנְד הָאט גֶעלָאזְט יֵשׁוּעַ שְׁלָאגֶען, אוּנְד
הָאט אִיהְם אִיבֶּערְגֶעגֶעבֶּען אַז עֶר זָאל גֶעקְרַייצִיגְט וֶוערֶען:
27 דַאן הָאבֶּען דִיא סָאלְדַאטֶען פוּן דֶעם גוּבֶערְנֶער גֶע־
נוּמֶען יֵשׁוּעַ צוּם גֶערִיכְטְסְהוֹיף, אוּנְד הָאבֶּען דִיא גַאנְצֶע

28 בַּאנְדֶע צוּ אִיהְם פֶערְזַאמֶעלְט: אוּנְד זַייא הָאבֶּען זַיינֶע קְלֵייר־
דֶער אָפְּגֶעצוֹיגֶען אוּנְד אִיהְם אָנְגֶעטְהוּן אַ רוֹיטֶען מַאנְטֶעל:
29 אוּנְד זַייא הָאבֶּען גֶעפְלָאכְטֶען אַ קְרוֹין פוּן דֶערְנֶער אוּנְד
הָאבֶּען עֶס אוֹיף זַיין קָאפּ אַרוֹיפְגֶעזֶעצְט, אוּנְד אַ רָאהְר
אִין זַיינֶע רֶעכְטֶע הַאנְד אוּנְד הָאבֶּען זִיךְ פָאר אִיהְם אַנִידֶער־
גֶעקְנִיעֶט, אוּנְד הָאבֶּען אִיהְם אוֹיסְגֶעשְׁפֶּעט אוּנְד גֶעזָאגְט,
30 שָׁלוֹם מֶלֶךְ פוּן דִיא יוּדֶען: אוּנְד וֶוען זַייא הָאבֶּען אוֹיף
אִיהְם גֶעשְׁפִּיגֶען הָאבֶּען זַייא גֶענוּמֶען דָאס רָאהְר אוּנְד
31 הָאבֶּען אִיהְם אוֹיף דֶעם קָאפּ גֶעשְׁלָאגֶען: אוּנְד וֶוען זַייא
הָאבֶּען אִיהְם אוֹיסְגֶעשְׁפֶּעט הָאבֶּען זַייא אִיהְם דֶעם מַאנְטֶעל
אָפְּגֶעצוֹיגֶען אוּנְד הָאבֶּען אִיהְם זַיינֶע קְלֵיידֶער אָנְגֶעטְהוּן
אוּנְד הָאבֶּען אִיהְם אַוֶועקְגֶעפִיהְרְט גֶעקְרֵייצִיגְט צוּ וֶוערֶען:
32 אוּנְד וֶוען זַייא זֶענֶען אַרוֹיסְגֶעגַאנְגֶען הָאבֶּען זַייא גֶעטְרָאפֶ־
פֶען אַ מַאן פוּן קוּרִינִי, אוּנְד זַיין נָאמֶען אִיז גֶעוֶועזֶען
שִׁמְעוֹן; דֶעם הָאבֶּען זַייא גֶעצְוואוּנְגֶען אַז עֶר זָאל זַיין
33 קְרֵייץ טְרָאגֶען: אוּנְד וֶוען זַייא זֶענֶען גֶעקוּמֶען צוּ אֵיין
אָרְט וָואס וֶוערְט גֶערוּפֶען גָלְגָלְתָּא, וָואס הֵייסְט אֵיין אָרְט
34 פוּן אַ קָאפְּשֵׁייטֶעל הָאבֶּען זַייא אִיהְם גֶעגֶעבֶּען צוּ טְרִינְ־
קֶען וַויין גֶעמִישְׁט מִיט גַאל, אוּנְד וֶוען עֶר הָאט עֶס פֶערְ־
35 זוּכְט הָאט עֶר נִיט גֶעוָואלְט טְרִינְקֶען: אוּנְד וֶוען זַייא
הָאבֶּען אִיהְם גֶעקְרֵייצִיגְט, הָאבֶּען זַייא זַיינֶע קְלֵיידֶער צוּ־
36 טְהֵיילְט אוּנְד הָאבֶּען דַארוֹיף גוֹרָל גֶעוָוארְפֶען: אוּנְד וִויא
זַייא הָאבֶּען זִיךְ אַנִידֶערְגֶעזֶעצְט הָאבֶּען זַייא אִיהְם דָארְט
37 גֶעהִיט: אוּנְד אִיבֶּער זַיין קָאפּ הָאבֶּען זַייא אוֹיפְגֶעזֶעצְט
זַיינֶע בֶּעשׁוּלְדִיגוּנְג גֶעשְׁרִיבֶּען, דִיזֶער אִיז יֵשׁוּעַ דֶער
38 קֶענִיג פוּן דִיא יוּדֶען: דַאן זֶענֶען צְוַויא רוֹיבֶּער
מִיט אִיהְם גֶעקְרֵייצִיגְט גֶעוֶועזֶען, אֵיינֶער צוּ דִיא רֶעכְטֶע
39 הַאנְד, אוּנְד אֵיינֶער צוּ דִיא לִינְקֶע: אוּנְד דִיא וָואס זֶענֶען
פֶערְבֵּייא גֶעגַאנְגֶען הָאבֶּען אִיהְם גֶעלֶעסְטֶערְט, אוּנְד הָאבֶּען
40 זֵייעֶר קֶעפּ גֶעשָׁאקֶעלְט: אוּנְד הָאבֶּען גֶעזָאגְט, דוּא וָואס
וַוארְפְסְט אֵיין דָאס בֵּית הַמִקְדָשׁ אוּנְד בּוֹיעֶסְט עֶס אוֹיף
אִין דְרֵייא טֶעג, רֶעטֶע דִיךְ זֶעלְבְּסְט. וֶוען דוּא בִּיסְט דֶער
41 זוּהְן פוּן גָאט, קוּם אַרוּפּ פוּן דֶעם קְרֵייץ: דִיא עֶרְשְׁטֶע
כֹּהֲנִים אוּנְד דִיא סוֹפְרִים אוּנְד דִיא עֶלְצְטֶע הָאבֶּען אִיהְם

42 אוֹיךְ אַזוֹי אוֹיסְגֶעשְׁפֶּעט אוּנְד גֶעזָאגְט: עֶר הָאט אַנְדֶערֶע
גֶערֶעטֶעט, זִיךְ אַלֵיין קֶען עֶר נִיט רֶעטֶען, ווֶען עֶר אִיז דֶער
קֶענִיג פוּן יִשְׂרָאֵל, לָאז עֶר אִיצְט אַרוּפְּקוּמֶען פוּן דֶעם
43 קְרַייץ אוּנְד מִיר ווֶעלֶען אִיהְם גְלוֹיבֶּען: עֶר הָאט פֶּערְ־
טְרוֹיעֶט אוֹיף גָאט, לָאז עֶר אִיהְם אִיצְט מַצִיל זַיין, ווֶען עֶר
ווִיל אִיהְם הָאבֶּען; ווָארִין עֶר הָאט גֶעזָאגְט, אִיךְ בִּין דֶער
44 זוּהְן פוּן גָאט: אוּנְד דִיא רוֹיבֶּער ווָאס זֶענֶען מִיט אִיהְם
גֶעקְרֵייצִיגְט גֶעווָארֶען הָאבֶּען אִיהְם דָאס נֶעמְלִיכֶע פָארְ־
גֶעווָארְפֶען:
45 אוּנְד פוּן דִיא זֶעקְסְטֶע שָׁעָה אִיז גֶעוֶועזֶען פִינְסְטֶערְנִיס
אִיבֶּער דֶעם גַאנְצֶען לַאנְד, בִּיז צוּ דֶער נֵיינְטֶער שָׁעָה:
46 אוּנְד אִין דִיא נֵייעֶנְטֶע שָׁעָה הָאט יֵשׁוּעַ גֶעשְׁרִיעֶן מִיט אַ
הוֹיךְ קוֹל, אוּנְד הָאט גֶעזָאגְט, אֵלִי אֵלִי לָמָה שְׁבַקְתָּנִי; דָאס
הֵייסְט, מֵיין גָאט מֵיין גָאט ווָארוּם הָאסְט דוּא מִיךְ פֶערְ־
47 לָאזֶען? אוּנְד עֶטְלִיכֶע פוּן דִיא ווָאס זֶענֶען דֶערְבֵּייא גֶע־
שְׁטַאנֶען, ווָען זַייא הָאבֶּען דָאס גֶעהֶערְט הָאבֶּען זַייא גֶעזָאגְט
48 עֶר רוּפְט אֵלִיָהוּ: אוּנְד גְלֵייךְ אִיז אֵיינֶער פוּן זַייא צוּגֶע־
לָאפֶען, אוּנְד הָאט גֶענוּמֶען אַ שְׁוַואם, אוּנְד הָאט עֶס גֶעפִילְט
מִיט עֶסִיג, אוּנְד הָאט עֶס אַרוֹיפְגֶעלֶעגְט אוֹיף אַ רָאהְר
49 אוּנְד אִיהְם גֶעגֶעבֶּען צוּ טְרִינְקֶען: אוּנְד דִיא אִיבְּרִיגֶע
הָאבֶּען גֶעזָאגְט, לָאז זַיין, מִיר ווֶעלֶען זֶעהֶען אוֹיבּ אֵלִיָהוּ
50 ווֶעט קוּמֶען אִיהְם צוּ רֶעטֶען: אוּנְד יֵשׁוּעַ הָאט ווִידֶער
גֶעשְׁרִיעֶן מִיט אַ הוֹיךְ קוֹל אוּנְד אוֹיסְגֶעלָאזְט דִיא נְשָׁמָה:
51 אוּנְד זֶעה, דָאס פָּרוֹכֶת פוּן דֶעם בֵּית הַמִקְדָשׁ אִיז אִין
צְווֵייעֶן צֶערְרִיסֶען גֶעווָארֶען, פוּן אוֹיבֶּען אָן בִּיז אַרוּפּ,
אוּנְד דִיא עֶרְד הָאט גֶעצִיטֶערְט, אוּנְד דִיא פֶעלְזֶען הָאבֶּען
52 זִיךְ גֶעשְׁפַּאלְטֶען: אוּנְד דִיא קְבָרִים הָאבֶּען זִיךְ אוֹיפְגֶעמַאכְט,
אוּנְד פִילֶע לֵייבֶּער פוּן דִיא הֵיילִיגֶע ווָאס הָאבֶּען גֶעשְׁלָאפֶען
53 זֶענֶען אוֹיפְגֶעשְׁטַאנֶען: אוּנְד זֶענֶען פוּן דִיא קְבָרִים אַרוֹיס־
גֶעקוּמֶען אִין דִיא הֵיילִיגֶע שְׁטָאט, אוּנְד הָאבֶּען זִיךְ צוּ
54 פִילֶע בֶּעווִיזֶען: אוּנְד דֶער הוֹיפְּטְמַאן אוּנְד דִיא ווָאס
הָאבֶּען מִיט אִיהְם גֶעהִיט יֵשׁוּעַ, ווֶען זַייא הָאבֶּען גֶעזֶעהֶען
דִיא עֶרְדצִיטֶערְנִיס, אוּנְד דָאס ווָאס אִיז גֶעשֶׁעהֶען, הָאבֶּען
זַייא זִיךְ גֶעפָארְכְטֶען אוּנְד הָאבֶּען גֶעזָאגְט, דִיזֶער אִיז

55 גֶעוּוִים גֶעוֶועזֶען דֶער זוּהְן פוּן גָאט: אוּנְד עֶס זֶענֶען דָארְט
פִילֶע פְרוֹיעֶן גֶעוֶועזֶען וָואס הָאבֶּען דָאס פוּן וַויישֶען צוּ־
גֶעזֶעהֶען, וֶועלְכֶע הָאבֶּען יֵשׁוּעַ פוּן גָלִיל נָאכְגֶעפָאלְגֶט, אוּנְד
56 הָאבֶּען אִיהְם בֶּעדִינְט: אוּנְד עֶס אִיז צְווִישֶׁען זֵייא גֶעוֶועזֶען
מִרְיָם הַמַגְדָלִית, אוּנְד מִרְיָם דִיא מוּטֶער פוּן יַעֲקֹב אוּנְד
יוֹסֵי, אוּנְד דִיא מוּטֶער פוּן דִיא זִיהְן פוּן זַבְדַי:
57 אוּנְד וֶוען עֶס אִיז אָבֶּענְד גֶעוָוארֶען אִיז גֶעקוּמֶען אַ רֵייכֶער
מַאן פוּן הָרָמָתַיִם, וָואס הָאט גֶעהֵייסֶען יוֹסֵף, וָואס אִיז
58 אוֹיךְ זֶעלְבְּסְט גֶעוֶועזֶען אַ תַּלְמִיד פוּן יֵשׁוּעַ: עֶר אִיז גֶעגַאנְ־
גֶען צוּ פִּילָטוֹס אוּנְד הָאט גֶעבֶּעטֶען דֶעם לֵייבּ פוּן
יֵשׁוּעַ, דַאן הָאט פִּילָטוֹס בֶּעפוֹילֶען אִיהְם דֶעם לֵייבּ צוּ גֶע־
59 בֶּען: אוּנְד יוֹסֵף הָאט גֶענוּמֶען דֶעם לֵייבּ, אוּנְד הָאט אִיהְם
60 אַיינְגֶעווִיקֶעלְט אִין אַ לֵיילֶעךְ, אוּנְד הָאט אִיהְם אַרֵיינְגֶע־
לֶעגְט אִין זַיין אֵייגֶענֶעם נַייעֶן קֶבֶר, וָואס עֶר הָאט אוֹיסְ־
גֶעהַאקְט אִים פֶעלְז, אוּנְד הָאט אַרוֹיפְגֶעלֶעגְט אַ גְרוֹיסֶען
שְׁטֵיין אוֹיף דֶער טְהִיר פוּן דֶעם קֶבֶר, אוּנְד אִיז אַוֶעקְגֶע־
61 גַאנְגֶען: אוּנְד עֶס זֶענֶען דָארְט גֶעוֶועזֶען מִרְיָם הַמַגְדָלִית,
אוּנְד דִיא אַנְדֶערֶע מִרְיָם, וָואס זֶענֶען גֶעזֶעסֶען קֶעגֶענְאִיבֶּער
דֶעם קֶבֶר:
62 אוּנְד צוּ מָארְגֶען וָואס אִיז נָאךְ עֶרֶב יוֹם טוֹב, הָאבֶּען זִיךְ
דִיא עֶרְשְׁטֶע כֹּהֲנִים אוּנְד דִיא פְּרוּשִׁים פֶערְזַאמֶעלְט בַּייא
63 פִּילָטוֹס: אוּנְד הָאבֶּען גֶעזָאגְט הַאר, מִיר גֶעדֶענְקֶען אַז
יֶענֶער בֶּעטְרִיגֶער הָאט גֶעזָאגְט וֶוען עֶר הָאט נָאךְ גֶעלֶעבְּט,
64 נָאךְ דְרַייא טֶעג וֶועל אִיךְ אוֹיפְשְׁטֶעהֶען: דְרוּם בֶּעפֶעל אַז
מֶען זָאל דָאס קֶבֶר בֶּעוַואכֶען בִּיז צוּם דְרִיטֶען טָאג, כְּדֵי
זַיינֶע תַּלְמִידִים זָאלֶען נִיט קוּמֶען, אוּנְד אִיהְם גַנְבֶנֶען אוּנְד
צוּ דֶעם פָאלְק זָאגֶען אַז עֶר אִיז אוֹיפְגֶעשְׁטַאנֶען פוּן דִיא
טוֹיטֶע; אוּנְד דִיא לֶעצְטֶע בֶּעטְרִיגֶערַייא וֶועט אַרְגֶער זַיין
65 וִויא דִיא עֶרְשְׁטֶע: פִּילָטוֹס הָאט צוּ זֵייא גֶעזָאגְט, אִיהְר הָאט
אַ וַואךְ, גֶעהְט אוּנְד מַאכְט עֶס זִיכֶער וִויא אִיהְר וַוייסְט:
66 אוּנְד זֵייא זֶענֶען גֶעגַאנְגֶען אוּנְד הָאבֶּען דָאס קֶבֶר זִיכֶער
גֶעמַאכְט מִיט אַ זִיגֶעל, אוּנְד הָאבֶּען גֶעשְׁטֶעלְט אַ וַואךְ:

קאפיטעל כח

1 אוּנְד שְׁפֶּעט נָאךְ מוֹצָאֵי שַׁבָּת, וֶוען עֶס הָאט אָנְגֶעהוֹיבֶּען

לִיכְטִיג צוּ וֶוערֶען, קֶעמֶען דֶעם עֶרְשְׁטֶען טָאג אִין דֶער
וָואך, אִיז מִרְיָם הַמַּגְדָּלִית, אוּנְד דִיא אַנְדֶערֶע מִרְיָם גֶעקוּ־
מֶען דָאס קֶבֶר צוּ זֶעהֶען: אוּנְד זֶעה, עֶס אִיז גֶעשֶׁעהֶען אַ 2
גְרוֹיס עֶרְדצִיטֶערְנִים, וָוארִין אַ מַלְאָךְ פוּן דֶעם הַאר אִיז
אַרוּפְּגֶעקוּמֶען פוּן הִימֶעל, אוּנְד אִיז גֶעגַאנְגֶען אוּנְד הָאט
אַוֶועקְגֶעוָואלְט דֶעם שְׁטֵיין אוּנְד אִיז דְרוֹיף גֶעזֶעסֶען: אוּנְד 3
זֵיינֶע גֶעשְׁטַאלְט אִיז גֶעוֶועזֶען וִויא אַ בְּלִיץ, אוּנְד זֵיינֶע
קְלֵיידֶער וַוייס וִויא שְׁנֵייא: אוּנְד דִיא וֶועכְטֶער הָאבֶּען גֶע־ 4
צִיטֶערְט פַאר מוֹרָא פוּן אִיהְם, אוּנְד זֶענֶען גֶעוָוארֶען וִויא
טוֹיטֶע: אוּנְד דֶער מַלְאָךְ הָאט גֶעעֶנְטפֶערְט אוּנְד הָאט צוּ 5
דִיא פְרוֹיעֶן גֶעזָאגְט, פָארְכְט אֵייךְ נִיט, וָוארִין אִיךְ וַוייס אַז
אִיהְר זוּכְט יֵשׁוּעַ וֶועלְכֶער אִיז גֶעקְרֵייצִיגְט גֶעוָוארֶען:
עֶר אִיז נִיט דָא, וָוארִין עֶר אִיז אוֹיפְגֶעשְׁטַאנֶען אַזוֹי וִויא 6
עֶר הָאט גֶעזָאגְט; קוּמְט אוּנְד זֶעהְט דֶעם אָרְט וְואוּ דֶער
הַאר אִיז גֶעלֶעגֶען: אוּנְד גֶעהְט גֶעשְׁוִוינְד אוּנְד זָאגְט צוּ 7
זֵיינֶע תַּלְמִידִים אַז עֶר אִיז פוּן דִיא טוֹיטֶע אוֹיפְגֶעשְׁטַאנֶען;
אוּנְד זֶעהְט עֶר גֶעהְט פָאר אֵייךְ קֵיין גָלִיל. דָארְט וֶועט
אִיהְר אִיהְם זֶעהֶען; זֶעהְט, אִיךְ הָאבּ עֶס אֵייךְ גֶעזָאגְט:
אוּנְד זֵייא זֶענֶען גֶעשְׁוִוינְד אַוֶועקְגֶעגַאנְגֶען פוּן דֶעם קֶבֶר 8
מִיט מוֹרָא אוּנְד מִיט גְרוֹיסֶע שִׂמְחָה, אוּנְד זֶענֶען גֶעלָאפֶען
עֶס צוּ דֶערְצֶעהְלֶען צוּ זֵיינֶע תַּלְמִידִים: אוּנְד זֶעה, יֵשׁוּעַ 9
הָאט זֵייא בֶּעגֶעגֶענְט אוּנְד גֶעזָאגְט, שָׁלוֹם צוּ אֵייךְ! אוּנְד
זֵייא זֶענֶען צוּ אִיהְם גֶעקוּמֶען אוּנְד הָאבֶּען אִיהְם אָנְגֶע־
הַאלְטֶען בֵּייא דִיא פִיס, אוּנְד הָאבֶּען זִיךְ צוּ אִיהְם גֶעבִּיקְט:
דַאן הָאט יֵשׁוּעַ צוּ זֵייא גֶעזָאגְט, פָארְכְט אֵייךְ נִיט; גֶעהְט 10
אוּנְד זָאגְט צוּ מֵיינֶע בְּרִידֶער אַז זֵייא זָאלֶען אַוֶועקְגֶעהֶען
קֵיין גָלִיל, אוּנְד דָארְט וֶועלֶען זֵייא מִיךְ זֶעהֶען:
אוּנְד וִויא זֵייא זֶענֶען גֶעגַאנְגֶען, זֶעה, זֶענֶען עֶטְלִיכֶע פוּן 11
דֶער וַואךְ אִין דִיא שְׁטָאט אַרֵיינְגֶעקוּמֶען, אוּנְד הָאבֶּען
דֶערְצֶעהְלְט צוּ דִיא עֶרְשְׁטֶע כֹּהֲנִים אַלֶעם וָואס אִיז גֶע־
שֶׁעהֶען: אוּנְד זֵייא הָאבֶּען זִיךְ פֶערְזַאמֶעלְט מִיט דִיא 12
עֶלְצְטֶע, אוּנְד הָאבֶּען אֵיין עֵצָה גֶעהַאלְטֶען, אוּנְד הָאבֶּען
גֶעגֶעבֶּען פִיל גֶעלְד צוּ דִיא סָאלְדַאטֶען: אוּנְד הָאבֶּען גֶע־ 13
זָאגְט, זָאגְט אִיהְר אַז זֵיינֶע תַּלְמִידִים זֶענֶען גֶעקוּמֶען

בַּייא דֶער נַאכְט, אוּנְד הָאבֶּען אִיהְם גֶעגַנְבֶעט, וַוייל
14 מִיר הָאבֶּען גֶעשְׁלָאפֶען: אוּנְד וֶוען דֶער גוּבֶּערְנֶער וֶועט
דָאם הֶערֶען, אַזוֹי וֶועלֶען מִיר אִיהְם אִיבֶּערְרֶעדֶען, אוּנְד
15 וֶועלֶען אֵייךְ זִיכֶער מַאכֶען: אוּנְד זַייא הָאבֶּען גֶענוּמֶען
דָאם גֶעלְד, אוּנְד הָאבֶּען גֶעטְהוּן אַזוֹי ווִיא זַייא זֶענֶען
גֶעלֶעהְרְט גֶעוֶועזֶען, אוּנְד דִיזֶע רֶעדֶע אִיז צְווִישֶׁען דיא
יוּדֶען פֶערְשְׁפְּרֵייט גֶעוָוארֶען בִּיז צוּם הֵיינְטִיגֶען טָאג:
16 אוּנְד דִיא עֶלְף תַּלְמִידִים זֶענֶען גֶעגַאנְגֶען קֵיין גָלִיל, צוּם
17 בַּארְג וְואוּ יֵשׁוּעַ הָאט זַייא בֶּעפוֹילֶען: אוּנְד וֶוען זַייא
הָאבֶּען אִיהְם גֶעזֶעהֶען, הָאבֶּען זַייא זִיךְ צוּ אִיהְם גֶעבִּיקְט;
18 אָבֶּער עֶטְלִיכֶע הָאבֶּען גֶעצְווֵייפֶעלְט: אוּנְד יֵשׁוּעַ אִיז צוּ
זַייא גֶעקוּמֶען, אוּנְד הָאט מִיט זַייא גֶערֶעט אוּנְד גֶעזָאגְט,
אַלֶע מַאכְט אִיז מִיר גֶעגֶעבֶּען גֶעוָוארֶען אִים הִימֶעל אוּנְד
19 אוֹיף דֶער עֶרְד: דְרוּם גֶעהְט אוּנְד מַאכְט תַּלְמִידִים פוּן
אַלֶע פֶעלְקֶער, אִין דֶעם אִיהְר טוֹבֶלְט זַייא אִים נָאמֶען פוּן
דֶעם פָאטֶער אוּנְד פוּן דֶעם זוּהְן, אוּנְד פוּן דֶעם רוּחַ
20 הַקוֹדֶשׁ: אוּנְד לֶעהְרְט זַייא צוּ הִיטֶען אַלֶעס וָואס אִיךְ הָאבּ
אֵייךְ גֶעבָּאטֶען; אוּנְד זֶעהְט, אִיךְ בִּין אַלֶע טֶעג מִיט אֵייךְ,
בִּיז צוּם עֶנְד פוּן דֶעם צֵייטְאַלְטֶער:

דִּיא הֵיילִיגֶע בְּשׂוֹרָה פוּן מַרְקוּס

---

1 דֶּער אָנְהֵייבּ פוּן דִיא בְּשׂוֹרָה טוֹבָה פוּן יֵשׁוּעַ הַמָּשִׁיחַ:
2 אַזוֹי וִויא עֶס שְׁטֶעהְט גֶעשְׁרִיבֶּען דוּרְךְ דִיא נְבִיאִים,
„זֶעה אִיךְ שִׁיק מֵיין מַלְאָךְ פָאר דִיר, עֶר וֶועט דֵיין וֶועג
3 פָאר דִיר אָנְבְּרֵייטֶען: מַאכְט פֶערְטִיג דֶעם וֶועג פוּן
דֶעם הַאר, מַאכְט גְלֵייךְ זֵיינֶע שְׁטֶעגֶען“: (מלאכי ג׳ א.)
4 אוּנְד יוֹחָנָן אִיז גֶעוֶועזֶען אִין דֶער מִדְבָּר, אוּנְד הָאט גֶע־
פְּרֶעדִיגְט דִיא טְבִילָה פוּן תְּשׁוּבָה צוּ פֶערְגֶעבּוּנְג פוּן זִינְדֶען:
5 אוּנְד עֶס זֶענֶען צוּ אִיהְם אַרוֹיסְגֶעגַאנְגֶען דָאס גַאנְצֶע לַאנְד
יְהוּדָה, אוּנְד אַלֶע לֵייט פוּן יְרוּשָׁלַיִם; אוּנְד זֶענֶען פוּן אִיהְם
גֶעטוֹבֶלְט גֶעוָוארֶען אִים שְׁטְרוֹים יַרְדֵן, אוּנְד הָאבֶּען מִתְוַדֶה
6 גֶעוֶועזֶען זֵייעֶרֶע זִינְד: אוּנְד יוֹחָנָן אִיז גֶעקְלֵיידֶעט גֶעוֶועזֶען
אִין קֶעמֶעל הָאר, אוּנְד אַ לֶעדֶערְנֶער גַארְטֶעל אַרוּם זֵיינֶע
לֶענְדֶען, אוּנְד עֶר הָאט גֶעגֶעסֶען הֵיישְׁרֶעקֶען אוּנְד ווִילְדֶען
7 הָאנִיג: אוּנְד עֶר הָאט גֶעפְּרֶעדִיגְט אוּנְד גֶעזָאגְט, אַ שְׁטַארְ־
קֶערֶער פוּן מִיר קוּמְט נָאךְ מִיר, וָואס אִיךְ בִּין נִיט וֶוערְט
אַז אִיךְ זָאל מִיךְ אַרוּפְּבֵּייגֶען אוּנְד דָאס שְׁנִירֶעל פוּן זֵיינֶע
8 שִׁיךְ אוֹיפְבִּינְדֶען: אִיךְ הָאבּ אֵייךְ גֶעטוֹבֶלְט מִיט וַואסֶער,
אָבֶּער עֶר וֶועט אֵייךְ טוֹבְלֶען מִיט דֶעם רוּחַ הַקוֹדֶשׁ:
9 אוּנְד עֶס אִיז גֶעוֶועזֶען אִין יֶענֶע טֶעג, וֶוען יֵשׁוּעַ אִיז גֶע־
קוּמֶען פוּן נְצָרֶת אִין גָלִיל, אוּנְד אִיז גֶעטוֹבֶלְט גֶעוָוארֶען
10 פוּן יוֹחָנָן אִים יַרְדֵן: אוּנְד גְלֵייךְ ווִיא עֶר אִיז אוֹיס דֶעם
וַואסֶער אַרוֹיסְגֶעקוּמֶען, הָאט עֶר גֶעזֶעהֶען אַז דֶער הִימֶעל
הָאט זִיךְ גֶעשְׁפַּאלְטֶען, אוּנְד דֶעם גֵייסְט אַרוּפְּקוּמֶענְדִיג
11 ווִיא אַ טוֹיבּ אוֹיף אִיהְם: אוּנְד אַ קוֹל אִיז גֶעוֶועזֶען פוּן
הִימֶעל, דוּא בִּיסְט מֵיין גֶעלִיבְּטֶער זוּהְן, אִין דִיר הָאבּ אִיךְ
וְואוֹילְגֶעפַאלֶען:
12 אוּנְד גְלֵייךְ הָאט דֶער גֵייסְט אִיהְם אַרוֹיסְגֶעטְרִיבֶּען אִין דֶער
13 מִדְבָּר אַרֵיין: אוּנְד עֶר אִיז דָארְט גֶעוֶועזֶען פִירְצִיג טֶעג,
אוּנְד אִיז גֶעוֶועזֶען גֶעפְּרוּפְט פוּן דֶעם שָׂטָן; אוּנְד עֶר אִיז
גֶעוֶועזֶען מִיט ווִילְדֶע חַיוֹת, אוּנְד דִיא מַלְאָכִים הָאבֶּען אִיהְם
בֶּעדִינְט:

14 אוּנְד נָאכְדֶעם ווִיא יוֹחָנָן אִיז אִיבֶּערְגֶעעֶנְטְפֶּערְט גֶעווָארֶען,
אִיז יֵשׁוּעַ גֶעקוּמֶען קֵיין גָלִיל, אוּנְד הָאט גֶעפְּרֶעדִיגְט דִיא
15 בְּשׂוּרָה טוֹבָה פוּן דֶעם קֶענִיגְרֵייךְ פוּן גָאט: אוּנְד עֶר הָאט
גֶעזָאגְט, דִיא צֵייט אִיז דֶערְפִילְט, אוּנְד דָאס קֶענִיגְרֵייךְ פוּן
גָאט אִיז נָאהֶענְט, טְהוּט תְּשׁוּבָה, אוּנְד גְלוֹיבְּט אִין דֶער
בְּשׂוּרָה טוֹבָה:
16 אוּנְד וֶוען עֶר אִיז גֶעגַאנְגֶען בֵּיים יַם פוּן גָלִיל, הָאט עֶר
גֶעזֶעהֶען שִׁמְעוֹן אוּנְד זֵיין בְּרוּדֶער אַנְדְרַי, ווָאס הָאבֶּען
גֶעווָארְפֶען אַ נֶעץ אִים יַם אַרֵיין ווָארִין זֵייא זֶענֶען גֶע־
17 ווֶעזֶען פִישֶׁער: אוּנְד יֵשׁוּעַ הָאט צוּ זֵייא גֶעזָאגְט, פָאלְגְט
מִיר נָאךְ, אוּנְד אִיךְ ווֶעל אֵייךְ מַאכֶען פִישֶׁער פוּן מֶענְשֶׁען:
18 אוּנְד גְלֵייךְ הָאבֶּען זֵייא זֵייעֶרֶע נֶעצֶען פֶערְלָאזְט אוּנְד
19 הָאבֶּען אִיהְם נָאכְגֶעפָאלְגְט: אוּנְד ווִיא עֶר אִיז פוּן דָארְטֶען
אַבִּיסֶעל ווֵייטֶער גֶעגַאנְגֶען, הָאט עֶר גֶעזֶעהֶען יַעֲקֹב דֶעם
זוּהְן פוּן זַבְדַי, אוּנְד זֵיין בְּרוּדֶער יוֹחָנָן, אוּנְד זֵייא זֶע־
נֶען גֶעווֶעזֶען אִים שִׁיף צוּרֶעכְט מַאכֶענְדִיג דִיא נֶעצֶען:
20 אוּנְד גְלֵייךְ הָאט עֶר זֵייא גֶערוּפֶען. אוּנְד זֵייא הָאבֶּען
פֶערְלָאזְט זֵייעֶר פָאטֶער זַבְדַי אִים שִׁיף מִיט דִיא גֶעדוּנְגֶענֶע
לֵייט אוּנְד הָאבֶּען אִיהְם נָאכְגֶעפָאלְגְט:
21 אוּנְד זֵייא זֶענֶען גֶעקוּמֶען קֵיין כְּפַר־נָחוּם. אוּנְד גְלֵייךְ
אִיז עֶר אַם שַׁבָּת גֶעגַאנְגֶען אִין שׁוּל אַרֵיין אוּנְד הָאט גֶע־
22 לֶעהְרְט: אוּנְד זֵייא הָאבֶּען זִיךְ גֶעווָאוּנְדֶערְט אִיבֶּער זֵיינֶע
לֶעהְרֶע; ווָארִין עֶר הָאט זֵייא גֶעלֶעהְרְט ווִיא אֵיינֶער ווָאס
23 הָאט מַאכְט, אוּנְד נִיט אַזוֹי ווִיא דִיא סוֹפְרִים: אוּנְד עֶס אִיז
גֶעווֶעזֶען, אִין זֵייעֶרֶע שׁוּל אַ מַאן מִיט אֵיין אוּנְרֵיינֶעם גֵייסְט;
24 אוּנְד עֶר הָאט גֶעשְׁרִיעֶן אוּנְד גֶעזָאגְט: ווָאס הָאבֶּען מִיר
מִיט דִיר צוּ טְהוּן דוּא יֵשׁוּעַ הַנָּצְרִי? בִּיסְט דוּא גֶעקוּמֶען
אוּנְס צוּ פֶערְדַארְבֶּען? אִיךְ קֶען דִיךְ ווֶער דוּא בִּיסְט, דֶער
25 הֵיילִיגֶער פוּן גָאט: אוּנְד יֵשׁוּעַ הָאט אִיהְם אָנְגֶעשְׁרִיעֶן,
אוּנְד גֶעזָאגְט, זֵייא פֶערְשְׁטוּמְט אוּנְד גֶעה אַרוֹיס פוּן אִיהְם:
26 אוּנְד דֶער אוּנְרֵיינֶער גֵייסְט הָאט אִיהְם צֶערְרִיסֶען, אוּנְד
הָאט גֶעשְׁרִיעֶן מִיט אַ הוֹיךְ קוֹל, אוּנְד אִיז פוּן אִיהְם אַרוֹיס־
27 גֶעגַאנְגֶען: אוּנְד זֵייא זֶענֶען אַלֶע עֶרְשְׁטוֹינְט גֶעווָארֶען אַזוֹי
אַז זֵייא הָאבֶּען צְווִישֶׁען אֵיינַאנְדֶער גֶעפְרֶעגְט אוּנְד גֶעזָאגְט,

וָואס אִיז דָאס? אִיז דָאס אַ נֵייעֶ לֶעהְרֶע, מִיט מַאכְט, בֶּעפֶעהְלְט עֶר אוֹיךְ דִיא אוּנְרֵיינֶע גֵייסְטֶער אוּנְד זֵייא גֶעהָארְ־
28 כֶען אִיהְם: אוּנְד זַיין שֵׁם אִיז גְלֵייךְ אַרוֹיסְגֶעגַאנְגֶען
אִיבֶּערְרַאל אִין דִיא גַאנְצֶע גֶעגֶענְד פוּן גָלִיל:
29 אוּנְד גְלֵייךְ זֶענֶען זֵייא אוֹיס דֶער שׁוּל אַרוֹיסְגֶעגַאנְגֶען, אוּנְד
זֶענֶען אַרַיינְגֶעקוּמֶען אִים הוֹיז פוּן שִׁמְעוֹן אוּנְד אַנְדְרַי,
30 מִיט יַעֲקֹב אוּנְד יוֹחָנָן: אוּנְד דִיא שְׁווִיגֶער פוּן שִׁמְעוֹן
אִיז גֶעלֶעגֶען מִיט פִיבֶּער; אוּנְד גְלֵייךְ הָאבֶּען זֵייא אִיהְם
31 פוּן אִיהְר גֶעזָאגְט: אוּנְד עֶר אִיז צוּגֶעגַאנְגֶען אוּנְד הָאט
זִיא אָנְגֶענוּמֶען בַּייא דֶער הַאנְד, אוּנְד הָאט זִיא אוֹיפְגֶע־
הוֹיבֶּען; אוּנְד דָאס פִיבֶּער הָאט זִיא פֶערְלָאזְט, אוּנְד זִיא
הָאט זֵייא בֶּעדִינְט:
32 אוּנְד וָוען עֶס אִיז אָבֶענְד גֶעוָוארֶען וָוען דִיא זוּן אִיז אוּנְ־
טֶערְגֶעגַאנְגֶען, הָאט מֶען צוּ אִיהְם גֶעבְּרַאכְט אַלֶע דִיא
וָואס זֶענֶען קְרַאנְק גֶעוֶועזֶען אוּנְד וָואס הָאבֶּען שֵׁדִים גֶע־
33 הַאט: אוּנְד דִיא גַאנְצֶע שְׁטָאט אִיז פֶערְזַאמֶעלְט גֶעוֶועזֶען
34 פָאר דֶער טְהִיר: אוּנְד עֶר הָאט גֶעהֵיילְט פִילֶע וָואס זֶענֶען
קְרַאנְק גֶעוֶועזֶען אוֹיף פֶערְשִׁידֶענֶע קְרֶענְק, אוּנְד הָאט
אַרוֹיסְגֶעטְרִיבֶּען פִילֶע שֵׁדִים; אוּנְד הָאט דִיא שֵׁדִים נִיט
גֶעלָאזְט רֶעדֶען, וַוייל זֵייא הָאבֶּען אִיהְם גֶעקֶענְט:
35 אוּנְד אִין דֶער פְרִיה, וַוִיא עֶס אִיז נָאךְ פִינְסְטֶער גֶעוֶועזֶען,
אִיז עֶר אוֹיפְגֶעשְׁטַאנֶען אוּנְד אִיז אַוֶועקְגֶעגַאנְגֶען, אוּנְד
גֶעקוּמֶען צוּ אַ וִוִיסְטֶען אָרְט, אוּנְד הָאט דָארְט גֶעבֶּעטֶען:
36 אוּנְד שִׁמְעוֹן אוּנְד דִיא וָואס זֶענֶען מִיט אִיהְם גֶעוֶועזֶען
37 הָאבֶּען אִיהְם נָאכְגֶעפָאלְגְט: אוּנְד וָוען זֵייא הָאבֶּען אִיהְם
גֶעפוּנֶען, הָאבֶּען זֵייא צוּ אִיהְם גֶעזָאגְט, אַלֶע לֵייט זוּכֶען
38 דִיךְ: אוּנְד עֶר הָאט צוּ זֵייא גֶעזָאגְט, לָאזֶען מִיר גֶעהֶען
צוּ אַנְדֶערֶע עֶרְטֶער צוּ דִיא שְׁטֶעט וָואס זֶענֶען נָאהֶענְט
אַז אִיךְ זָאל דָארְט אוֹיךְ פְּרֶעדִיגֶען; וָוארִין דֶערְפַאר בִּין
39 אִיךְ אַרוֹיסְגֶעקוּמֶען: אוּנְד עֶר אִיז גֶעקוּמֶען אוּנְד הָאט
גֶעפְּרֶעדִיגְט אִין זֵיירֶע שׁוּלֶען אִין גַאנְץ גָלִיל, אוּנְד הָאט
דִיא שֵׁדִים אַרוֹיסְגֶעטְרִיבֶּען:
40 אוּנְד אַ קְרֶעצִיגֶער אִיז צוּ אִיהְם גֶעקוּמֶען אוּנְד הָאט אִיהְם
גֶעבֶּעטֶען אוּנְד הָאט פָאר אִיהְם אַנִידֶערְגֶעקְנִיעֶט אוּנְד הָאט

צוּ אִיהְם גֶעזָאגְט, װֶען דוּא װִילְסְט קָאנְסְט דוּא מִיךְ רֵיין מַא־
41 כֶען: אוּנְד עֶר הָאט זִיךְ אִיבֶּער אִיהְם דֶערְבַּארְמְט, אוּנְד
הָאט דִיא הַאנְד אוֹיסְגֶעשְׁטְרֶעקְט אוּנְד הָאט אִיהְם אָנְגֶע־
רִיהְרְט, אוּנְד הָאט צוּ אִיהְם גֶעזָאגְט, אִיךְ װִיל, זַייא
42 גֶערֵיינִיגְט: אוּנְד גְלֵייךְ זֶענֶען דִיא קְרֶעץ פוּן אִיהְם
43 אַװֶעקְגֶעגַאנְגֶען, אוּנְד עֶר אִיז גֶערֵיינִיגְט גֶעװָארֶען: אוּנְד
װֶען עֶר הָאט אִיהְם שַׁארְף אָנְגֶעזָאגְט, הָאט עֶר אִיהְם גְלֵייךְ
44 אַװֶעקְגֶעשִׁיקְט: אוּנְד הָאט צוּ אִיהְם גֶעזָאגְט, זֶעה, דוּא
זָאלְסְט קֵיינֶעם נִיט זָאגֶען; נֵייעֶרְט גֶעה אַװֶעק אוּנְד װֵייז
45 דִיךְ פָאר דֶעם כֹּהֵן. אוּנְד זַייא מַקְרִיב פַאר דֵיינֶע רֵיינִיגוּנְג
46 װָאס מֹשֶׁה הָאט גֶעבָּאטֶען פַאר אַ צֵייגְנִים צוּ זַייא: אָבֶּער
עֶר אִיז אַרוֹיסְגֶעגַאנְגֶען, אוּנְד הָאט אָנְגֶעהוֹיבֶּען פִיל בֶּע־
קַאנְט צוּ מַאכֶען, אוּנְד דִיא זַאךְ צוּ רִיהְמֶען אַזוֹי אַז עֶר
הָאט נִיט מֶעהְר גֶעקָאנְט עֶפֶענְטְלִיךְ אִין אַ שְׁטָאט אַרֵיינְקוּ־
מֶען. נֵייעֶרְט עֶר אִיז דְרוֹיסֶען גֶעװֶעזֶען אִין װִיסְטֶע עֶרְטֶער,
אוּנְד מֶען אִיז צוּ אִיהְם גֶעקוּמֶען פוּן אַלֶע זֵייטֶען:

קאפיטעל ב

1 אוּנְד נָאךְ עֶטְלִיכֶע טֶעג אִיז עֶר װִידֶערְגֶעקוּמֶען קֵיין כְּפַר־
נָחוּם, אוּנְד עֶס אִיז בֶּעקַאנְט גֶעװָארֶען אַז עֶר אִיז אִים
2 הוֹיז: אוּנְד פִילֶע הָאבֶּען זִיךְ פֶערְזַאמֶעלְט אַזוֹי אַז עֶס
אִיז נִיט מֶעהְר פְּלַאץ גֶעװֶעזֶען פַאר זַייא, נִיט אַמָאל פָאר
דֶער טְהִיר, אוּנְד עֶר הָאט צוּ זַייא גֶערֶעט דָאס װָארְט:
3 אוּנְד זַייא זֶענֶען צוּ אִיהְם גֶעקוּמֶען, אוּנְד הָאבֶּען גֶעבְּרַאכְט
אַ גִיכְטבְּרִיכִיגֶען, װָאס אִיז פוּן פִיעֶר מֶענְשֶׁען גֶעטְרָאגֶען
4 גֶעװָארֶען: אוּנְד װֶען זַייא הָאבֶּען נִיט גֶעקָאנְט צוּ אִיהְם
צוּקוּמֶען דוּרְךְ דִיא לֵייט, אַזוֹי הָאבֶּען זַייא אוֹיפְגֶעדֶעקְט
דֶעם דַאךְ װְאוּ עֶר אִיז גֶעװֶעזֶען אוּנְד הָאבֶּען אִיהְם אוֹיפְ־
גֶעבְּרָאכֶען, אוּנְד אַרוּפְגֶעלָאזְט דָאס בֶּעט אוֹיף װֶעלְכֶען
5 דֶער גִיכְטבְּרִיכִיגֶער אִיז גֶעלֶעגֶען: אוּנְד װֶען יֵשׁוּעַ הָאט
גֶעזֶעהֶען זֵייעֶר גְלוֹיבֶּען, הָאט עֶר גֶעזָאגְט צוּם גִיכְטבְּרִי־
כִיגֶען, מֵיין זוּהְן, דֵיינֶע זִינְד זֶענֶען דִיר פֶערְגֶעבֶּען:
6 אָבֶּער עֶטְלִיכֶע פוּן דִיא סוֹפְרִים זֶענֶען דָארְט גֶעזֶעסֶען,
7 אוּנְד הָאבֶּען זִיךְ גֶעטְרַאכְט אִין זֵייעֶרֶע הֶערְצֶער: פַארְװָאס
רֶעט דִיזֶער אַזוֹי? עֶר לֶעסְטֶערְט. װֶער קֶען זִינְדֶען פֶערְגֶעבֶּען

8 אוֹיסֶער גָאט אַלֵיין? אוּנְד יֵשׁוּעַ, גְלֵייךְ ווִיסֶענְדִיג אִין זַיין
גַייסְט אַז זַייא הָאבֶּען אִין זִיךְ אַזוֹי גֶעטְרַאכְט, הָאט צוּ זַייא
גֶעזָאגְט, פַארְוָואס דֶענְקְט אִיהְר אַזֶעלְכֶעס אִין אֵייעֶרֶע הַארְ־
9 צֶער? וָואס אִיז גְרִינְגֶער, צוּ זָאגֶען צוּ דֶעם גִיכְטבְּרִיכִיגֶען
דַיינֶע זִינְד זֶענֶען דִיר פֶערְגֶעבֶּען; אָדֶער צוּ זָאגֶען שְׁטֶעה
10 אוֹיף נֶעם דַיין בֶּעט, אוּנְד גֶעה אַרוּם? אָבֶּער אַז אִיהְר
זָאלְט ווִיסֶען אַז דֶער בֶּן־אָדָם הָאט מַאכְט זִינְד צוּ פֶערְגֶע־
11 בֶּען אוֹיף דֶער עֶרְד, זָאגְט עֶר צוּם גִיכְטבְּרִיכִיגֶען: אִיךְ
זָאג דִיר, שְׁטֶעה אוֹיף, אוּנְד נֶעם דַיין בֶּעט, אוּנְד גֶעה אִין
12 דַיין הוֹיז: אוּנְד גְלֵייךְ אִיז עֶר אוֹיפְגֶעשְׁטַאנֶען, אוּנְד הָאט
גֶענוּמֶען זַיין בֶּעט, אוּנְד אִיז אַרוֹיסְגֶעגַאנְגֶען פָאר זַייא אַלֶע
אַזוֹי אַז זַייא אַלֶע זֶענֶען עֶרְשְׁטוֹינְט גֶעוָוארֶען, אוּנְד הָאבֶּען
גֶעלוֹיבְּט גָאט, אוּנְד גֶעזָאגְט, מִיר הָאבֶּען אַזֶעלְכֶעס קֵיינְ־
מָאל נִיט גֶעזֶעהֶען:
13 אוּנְד עֶר אִיז ווִידֶער אַרוֹיסְגֶעגַאנְגֶען צוּ דֶער זַייט פוּן דֶעם
יַם; אוּנְד אַלֶע לֵייט זֶענֶען צוּ אִיהְם גֶעקוּמֶען, אוּנְד עֶר
14 הָאט זַייא גֶעלֶערְנְט: אוּנְד וָוען עֶר אִיז פֶערְבֵּייא גֶעגַאנְ־
גֶען הָאט עֶר גֶעזֶעהֶען לֵוִי דֶעם זוּהְן פוּן חַלְפַי, זִיצֶענְדִיג
אִים הוֹיז פוּן שְׁטֵייעֶר אוּנְד עֶר הָאט צוּ אִיהְם גֶעזָאגְט פָאלְג
מִיר נָאךְ. אוּנְד עֶר אִיז אוֹיפְגֶעשְׁטַאנֶען אוּנְד הָאט אִיהְם
15 נָאכְגֶעפָאלְגְט: אוּנְד עֶס אִיז גֶעשֶׁעהֶען וָוען עֶר אִיז גֶע־
זֶעסֶען בֵּיים טִישׁ אִין זַיין הוֹיז, אַז פִילֶע שְׁטֵייעֶר־אֵיינְנֶעמֶער
אוּנְד זִינְדֶער זֶענֶען אוֹיךְ גֶעזֶעסֶען מִיט יֵשׁוּעַ אוּנְד זַיינֶע
תַּלְמִידִים, וָוארִין עֶס זֶענֶען גֶעוֶועזֶען פִילֶע וָואס זֶענֶען אִיהְם
16 נָאכְגֶעגַאנְגֶען: אוּנְד וָוען דִיא סוֹפְרִים אוּנְד דִיא פְּרוּשִׁים
הָאבֶּען גֶעזֶעהֶען אַז עֶר עֶסְט מִיט שְׁטֵייעֶר־אֵיינְנֶעמֶער אוּנְד
זִינְדֶער, הָאבֶּען זַייא גֶעזָאגְט צוּ זַיינֶע תַּלְמִידִים, עֶר עֶסְט
17 אוּנְד טְרִינְקְט מִיט שְׁטֵייעֶר־אֵיינְנֶעמֶער אוּנְד זִינְדֶער: אוּנְד
וָוען יֵשׁוּעַ הָאט דָאס גֶעהֶערְט, הָאט עֶר צוּ זַייא גֶעזָאגְט,
דִיא וָואס זֶענֶען גֶעזוּנְד בֶּעדַארְפֶען קֵיין דָאקְטָאר נִיט, נֵייעֶ־
רְט דִיא וָואס זֶענֶען קְרַאנְק; אִיךְ בִּין נִיט גֶעקוּמֶען דִיא
צַדִיקִים צוּ רוּפֶען נֵייעֶרְט דִיא זִינְדֶער:
18 אוּנְד דִיא תַּלְמִידִים פוּן יוֹחָנָן אוּנְד דִיא פְּרוּשִׁים הָאבֶּען
גֶעפַאסְט, אוּנְד זַייא זֶענֶען גֶעקוּמֶען, אוּנְד הָאבֶּען צוּ אִיהְם

געזאגט, פארוואס פאסטען דיא תלמידים פון יוחנן אונד
19 פון דיא פרושים אונד דיינע תלמידים פאסטען ניט? אונד
ישוע האט צו זייא געזאגט, קענען דיא אונטערפיהרער
פאסטען ווייל דער חתן איז נאך ביי זייא? אזוי לאנג
זייא האבען דעם חתן מיט זיך, קענען זייא ניט פאסטען:
20 אבער דיא טעג וועלען קומען ווען דער חתן וועט פון זייא
אוועקגענומען ווערען, אונד דאן וועלען זייא פאסטען אין
21 יענעם טאג: קיינער פערריכט ניט איין אלט קלייד
מיט א שטיק פון נייעם טוך, וואריין אזוי רייסט דאס
צוגעפליקטע אפ דערפון, דאס נייע פון דעם אלטען,
22 אונד עס ווערט איין ארגערער ריס: אונד קיינער גיסט
ניט נייען וויין אין אלטע לאגיל אריין; ווען אזוי, וועט
דער וויין דיא לאגיל צוררייסען, אונד דער וויין אונד דיא
לאגיל וועלען פערדארבען; נייערט מען גיסט נייען וויין
אין נייע לאגיל אריין:
23 אונד עס איז געשעהען, ווען ער איז ארומגעגאנגען אים
שבת דורך דעם וואקסענדעם קארן, אז זיינע תלמידים
האבען אנגעהויבען א וועג צו מאכען, מיט אפרייסען דיא
24 זאנגען אונד דיא פרושים האבען צו איהם געזאגט, זעה,
ווארום טהון זייא אים שבת וואס איז ניט דערלויבט?
25 אונד ער האט צו זייא געזאגט, האט איהר קיין מאל ניט
געלייענט וואס דוד האט געטהון, ווען ער האט נויט געהאט
אונד איז הונגריג געוועזען, אונד דיא וואס זענען מיט
26 איהם געוועזען? וויא ער איז אריינגעגאנגען אים הויז פון
גאט, אין דער צייט פון אביתר דעם כהן גדול, אונד האט
געגעסען דאס לחם הפנים, וואס איז ניט דערלויבט צו
עסען אויסער פאר דיא כהנים, אונד ער האט אויך געגע-
27 בען צו דיא וואס זענען מיט איהם געוועזען? אונד ער
האט צו זייא געזאגט, דער שבת איז געמאכט געווארען
פאר דעם מענש אונד ניט דער מענש פאר דעם שבת.
28 אזוי דען איז דער בן אדם האר אויך איבער דעם שבת:

קאפיטעל ג

1 אונד ער איז ווידער געגאנגען אין שול אריין; אונד עס
איז דארט געוועזען א מאן וואס האט געהאט א פערדארטע

הַאנְד: אוּנְד זַייא הָאבֶּען אִיהְם גֶעוַואכְט, אוֹיבּ עֶר וֶועט 2
אִיהְם הַיילֶען אִים שַׁבָּת, כְּדֵי זַייא זָאלֶען אִיהְם פֶערְקְלָאגֶען:
אוּנְד עֶר הָאט גֶעזָאגְט צוּם מַאן וָואס הָאט גֶעהַאט דִיא 3
פֶערְדַארְטֶע הַאנְד, שְׁטֶעה אוֹיף אִין מִיטֶען: אוּנְד עֶר הָאט 4
צוּ זַייא גֶעזָאגְט, מֶעג מַאן אִים שַׁבָּת גוּטֶעס אָדֶער שְׁלֶעכְ־
טֶעס טְהוּן? לֶעבֶּען רֶעטֶען, אָדֶער טֵייטֶען? אוּנְד זַייא
הָאבֶּען שְׁטִיל גֶעשְׁוִויגֶען: אוּנְד עֶר הָאט זִיךְ אוֹיף זַייא 5
אַרוּמְגֶעזֶעהֶען מִיט צָארְן, אוּנְד אִיז בֶּעטְרִיבְּט גֶעוֶועזֶען
אִיבֶּער דִיא הַארְטִיגְקֵייט פוּן זַיירֶע הֶערְצֶער, אוּנְד עֶר הָאט
גֶעזָאגְט צוּם מַאן, שְׁטְרֶעק אוֹיס דֵיינֶע הַאנְד; אוּנְד עֶר הָאט
זִיא אוֹיסְגֶעשְׁטְרֶעקְט, אוּנְד זַיינֶע הַאנְד אִיז וִוידֶער גֶעזוּנְד
גֶעוָוארֶען: אוּנְד וֶוען דִיא פְּרוּשִׁים זֶענֶען אַרוֹיסְגֶעגַאנְגֶען, 6
הָאבֶּען זַייא גְלַייךְ אַיין עֵצָה גֶעהַאלְטֶען קֶעגֶען אִיהְם מִיט
דִיא לֵייט פוּן הוֹרְדוּס, כְּדֵי זַייא זָאלֶען אִיהְם אוּמְבְּרֶענְגֶען:
אוּנְד יֵשׁוּעַ אִיז אַוֶועקְגֶעגַאנְגֶען מִיט זַיינֶע תַּלְמִידִים צוּם 7
יַם, אוּנְד אַ סַךְ מֶענְשֶׁען זֶענֶען אִיהְם נָאכְגֶעגַאנְגֶען פוּן גָלִיל,
אוּנְד פוּן יְהוּדָה, אוּנְד פוּן יְרוּשָׁלַיִם, אוּנְד פוּן אֱדוֹם, אוּנְד 8
פוּן דִיא אַנְדֶערֶע זַייט יַרְדֵן, אוּנְד פוּן דֶער גֶעגֶענְד פוּן צוֹר
אוּנְד צִידוֹן, אַ סַךְ מֶענְשֶׁען וֶוען זַייא הָאבֶּען גֶעהֶערְט וָואס
פַאר וֶוערְקֶע עֶר הָאט גֶעטְהוּן זֶענֶען צוּ אִיהְם גֶעקוּמֶען:
אוּנְד עֶר הָאט צוּ זַיינֶע תַּלְמִידִים גֶעזָאגְט, אַז זַייא זָאלֶען 9
אִיהְם אָנְבְּרֵייטֶען אַ קְלֵיינֶעס שִׁיף, פוּן וֶועגֶען דִיא לֵייט, אַז
זַייא זָאלֶען אִיהְם נִיט שְׁטִיפֶּען: וָוארִין עֶר הָאט פִילֶע גֶע־ 10
הַיילְט, אוּנְד דִיא וָואס הָאבֶּען גֶעהַאט פְּלָאגֶען זֶענֶען אִיהְם
אִיבֶּערְפַאלֶען, אַז זַייא זָאלֶען אִיהְם אָנְרִיהְרֶען: אוּנְד דִיא 11
אוּנְרֵיינֶע גֵייסְטֶער, וֶוען זַייא הָאבֶּען אִיהְם גֶעזֶעהֶען, זֶענֶען
פָאר אִיהְם אַנִידֶערְגֶעפַאלֶען; אוּנְד הָאבֶּען גֶעשְׁרִיעֶן אוּנְד
גֶעזָאגְט, דוּא בִּיסְט דֶער זוּהְן פוּן גָאט: אוּנְד עֶר הָאט זַייא 12
אָנְגֶעשְׁרִיעֶן אַז זַייא זָאלֶען אִיהְם נִיט בֶּעקַאנְט מַאכֶען:
אוּנְד עֶר אִיז אוֹיף דֶעם בַּארְג אַרוֹיפְגֶעגַאנְגֶען, אוּנְד הָאט 13
צוּ זִיךְ גֶערוּפֶען וֶועמֶען עֶר הָאט גֶעוָואלְט, אוּנְד זַייא זֶע־
נֶען צוּ אִיהְם גֶעקוּמֶען: אוּנְד עֶר הָאט אָנְגֶעשְׁטֶעלְט צְוֶועלְף 14
אַז זַייא זָאלֶען מִיט אִיהְם זַיין, אוּנְד אַז עֶר זָאל זַייא אוֹיס־
שִׁיקֶען צוּ פְּרֶעדִיגֶען: אוּנְד אַז זַייא זָאלֶען הָאבֶּען מַאכְט 15

16 שֵׁדִים אַרוֹיס צוּ טְרַייבֶּען: אוּנְד עֶר הָאט דִיא צְוָועלְף
אַנְגֶעשְׁטֶעלְט, אוּנְד צוּ שִׁמְעוֹן הָאט עֶר דֶעם נָאמֶען גֶעגֶע־
17 בֶּען פֶּעטְרוֹס: אוּנְד יַעֲקֹב דֶער זוּהְן פוּן זַבְדַי, אוּנְד יוֹחָנָן
דֶעם בְּרוּדֶער פוּן יַעֲקֹב, אוּנְד צוּ זַייא הָאט עֶר נֶעמֶען
18 גֶעגֶעבֶּען בְּנֵי רֶגֶשׁ, וָואס הֵייסְט זִיהְן פוּן דָאנֶער; אוּנְד
אַנְדְרַי, אוּנְד פִילִיפּוֹס, אוּנְד בַּר־תַּלְמַי, אוּנְד מַתְיָה, אוּנְד תוֹמָא,
אוּנְד יַעֲקֹב דֶער זוּהְן פוּן חַלְפִי, אוּנְד תַּדַי, אוּנְד שִׁמְעוֹן
19 הַקַנָאִי; אוּנְד יְהוּדָה אִישׁ קְרִיּוֹת, וָואס הָאט אִיהְם אוֹיךְ
פֶערְמַסְרְט:

20 אוּנְד זַייא זָענֶען אִין אַ הוֹיז גֶעקוּמֶען; אוּנְד דִיא לֵייט
זָענֶען וִוידֶער צוּזַאמֶענְגֶעקוּמֶען, אַזוֹי אַז זַייא הָאבֶּען אֲפִילוּ
21 נִיט גֶעקָאנְט קֵיין בְּרוֹיט עֶסֶען: אוּנְד וָוען זַיינֶע קְרוֹבִים
הָאבֶּען דָאס גֶעהֶערְט, זָענֶען זַייא אַרוֹיסְגֶעגַאנְגֶען אוּם
אִיהְם צוּ הַאלְטֶען: וָוארִין זַייא הָאבֶּען גֶעזָאגְט, אַז עֶר אִיז
22 פוּן זִינֶען גֶעקוּמֶען: אוּנְד דִיא סוֹפְרִים וָואס זָענֶען אַרוּפְּגֶע־
קוּמֶען פוּן יְרוּשָׁלַיִם הָאבֶּען גֶעזָאגְט, עֶר הָאט בַּעַל־זְבוּב,
אוּנְד עֶר טְרַייבְּט אַרוֹיס דִיא שֵׁדִים דוּרְךְ דֶעם פִירְשְׁט פוּן
23 דִיא שֵׁדִים: אוּנְד עֶר הָאט זַייא גֶערוּפֶען, אוּנְד הָאט צוּ
זַייא גֶערֶעט אִין מְשָׁלִים, וִויא אַזוֹי קֶען דֶער שָׂטָן דֶעם
24 שָׂטָן אַרוֹיסְטְרַייבֶּען? אוּנְד וָוען אַ קֶענִיגְרַייךְ אִיז צוּטֵיילְט
קֶעגֶען זִיךְ, אַזוֹי קֶען דָאס קֶענִיגְרַייךְ נִיט בֶּעשְׁטֶעהֶען:
25 אוּנְד וָוען אַ הוֹיז אִיז צוּטֵיילְט קֶעגֶען זִיךְ, אַזוֹי קֶען יֶענֶעם
26 הוֹיז נִיט בֶּעשְׁטֶעהֶען: אוּנְד וָוען דֶער שָׂטָן שְׁטֶעהְט אוֹיף
קֶעגֶען זִיךְ אוּנְד אִיז קֶעגֶען זִיךְ צוּטְהֵיילְט, אַזוֹי קֶען עֶר
27 נִיט בֶּעשְׁטֶעהֶען, נֵייעֶרְט עֶר הָאט אַיין עֶנְד: אָבֶּער קֵיינֶער
קֶען נִיט אַרַיינְקוּמֶען אִין דֶעם הוֹיז פוּן אַ גִבּוֹר, אוּנְד זַיינֶע
כֵּלִים רוֹיבֶּען, אוֹיסְגֶענוּמֶען אַז עֶר וֶועט צוּעֶרְשְׁט דֶעם גִבּוֹר
28 בִּינְדֶען אוּנְד דַאן וֶועט עֶר זַיין הוֹיז רוֹיבֶּען: בֶּאֱמֶת זָאג
אִיךְ אַייךְ, אַז אַלֶע זִינְד וֶועלֶען צוּ דִיא זִיהְן פוּן מֶענְשֶׁען
פֶערְגֶעבֶּען וֶוערֶען, אוּנְד דִיא לֶעסְטֶערוּנְג וָואס זַייא וֶועלֶען
29 לֶעסְטֶערְן: אָבֶּער דֶער וָואס וֶועט לֶעסְטֶערְן קֶעגֶען דֶעם
רוּחַ הַקוֹדֶשׁ, דֶער הָאט אוֹיף עֶבִּיג קֵיינֶע פֶערְגֶעבּוּנְג נִיט
30 נֵייעֶרְט עֶר אִיז שׁוּלְדִיג פוּן אַיינֶע עֶבִּיגֶע זִינְד: וָוארִין
זַייא הָאבֶּען גֶעזָאגְט, עֶר הָאט אַיין אוּנְרֵיינֶעם גֵייסְט:

31 אונד זיינע מוטער אונד זיינע ברידער זענען געקומען,
אונד זענען דרויסען געשטאנען, אונד האבען געשיקט
32 איהם רופען: אונד דיא לייט זענען ארום איהם געזעסען,
אונד האבען צו איהם געזאגט, זעה, דיינע מוטער אונד
33 דיינע ברידער דרויסען זוכען דיך: אונד ער האט געענט־
פערט אונד צו זייא געזאגט, ווער איז מיינע מוטער אונד
34 מיינע ברידער? אונד קוקענדיג אויף דיא וואס זענען ארום
איהם געזעסען, האט ער געזאגט, זעה מיינע מוטער אונד
35 מיינע ברידער! ווארין ווער עס וועט טהון דעם ווילען פון
גאט דער איז מיין ברודער, אונד שוועסטער, אונד מוטער:

קאפיטעל ד

1 אונד ער האט ווידער אנגעהויבען צו לעהרען ביי דעם
ים, אונד א סך לייט האט זיך צו איהם פערזאמעלט, אזוי
אז ער איז אין א שיף אריינגעגאנגען, אונד איז דרויף גע־
זעסען אים ים, אונד אלע לייט זענען געוועזען אויף דעם
2 לאנד ביים ים: אונד ער האט זייא פיל געלעהרט אין משלים,
3 אונד האט צו זייא געזאגט אין זיינע לעהרע: הערט צו,
4 זעה, דער זייער איז ארויסגעגאנגען צו זייען: אונד עס
איז געשעהען ווען ער האט געזייעט, זענען עטליכע גע־
פאלען ביים וועג, אונד דיא פייגעל זענען געקומען, אונד
5 האבען זייא אויפגעפרעסען: אונד אנדערעס איז געפאלען
אויף דעם שטיינערדיגען גרונד, וואו עס האט ניט געהאט
פיל ערד, אונד גלייך האט עס ארויסגעשפראצט, ווייל
6 עס האט ניט געהאט קיינע טיפע ערד: אונד ווען דיא זון
איז אויפגעגאנגען אזוי איז עס דערהיצט געווארען, אונד
ווייל עס האט ניט געהאט קיינע ווארצעל איז עס פער־
7 דארט געווארען: אונד אנדערעס איז געפאלען צווישען
דיא דערנער, אונד דיא דערנער זענען אויפגעוואקסען,
אונד האבען עס דערשטיקט, אונד עס האט ניט קיינע פרוכט
8 געגעבען: אונד אנדערעס איז געפאלען אויף דעם
גוטען גרונד אונד האט געבראכט פרוכט וואס איז
אויפגעגאנגען, אונד האט זיך געמעהרט, אונד האט
געטראגען דרייסיגפעלטיג, אדער זעכציגפעלטיג, אדער
9 הונדערטפעלטיג: אונד ער האט געזאגט, דער וואס

הָאט אוֹירֶען צוּ הֶערֶען לָאז עֶר הֶערֶען:
10 אוּנְד װֶען עֶר אִיז אַלֵיין גֶעװֶעזֶען, הָאבֶּען דִיא װָאס זֶענֶען
אַרוּם אִיהְם גֶעװֶעזֶען מִיט דִיא צְװֶעלְף גֶעפְרֶעגְט װֶעגֶען דִיא
11 מְשָׁלִים: אוּנְד עֶר הָאט צוּ זֵייא גֶעזָאגְט, אֵייךְ אִיז גֶעגֶע־
בֶּען דֶער סוֹד פוּן דֶעם קֶענִיגְרֵייךְ פוּן גָאט אָבֶּער צוּ דִיא
12 װָאס זֶענֶען דְרױסֶען אִיז אַלְצְדִינְג אִין מְשָׁלִים: כְּדֵי זֶע־
הֶענְדִיג זָאלֶען זֵייא זֶעהֶען, אוּנְד נִיט אֵיינְזֶעהֶען; אוּנְד
הֶערֶענְדִיג זָאלֶען זֵייא הֶערֶען, אוּנְד נִיט פֶערְשְׁטֶעהֶען; אַז
זֵייא זָאלֶען זִיךְ נִיט בֶּעקֶעהְרֶען, אוּנְד דִיא זִינְד זָאל זֵייא
13 פֶערְגֶעבֶּען װֶערֶען: אוּנְד עֶר הָאט צוּ זֵייא גֶעזָאגְט, װֵייסְט
אִיהְר נִיט דִיזֶעם מָשָׁל? װִיא אַזוֹי װֶעט אִיהְר אַלֶע מְשָׁלִים
14 װִיסֶען? דֶער זֵייעֶר זֵייעֶט דָאס װָארְט: אוּנְד דָאס זֶענֶען
15 דִיא בֵּיים װֶעג, אִין װֶעמֶען דָאס װָארְט אִיז גֶעזֵייעֶט גֶעװָא־
רֶען; אוּנְד װֶען זֵייא הֶערֶען אַזוֹי קוּמְט גְלֵייךְ דֶער שָׂטָן,
אוּנְד נֶעמְט אַװֶעק דָאס װָארְט װָאס אִיז אִין זֵייא גֶעזֵייעֶט
16 גֶעװָארֶען: אוּנְד דָאס זֶענֶען אוֹיךְ דִיא װָאס זֶענֶען גֶעזֵייעֶט
אוֹיף דֶעם שְׁטֵיינֶערְדִיגֶען גְרוּנְד, װֶעלְכֶע, װֶען זֵייא הֶערֶען
17 דָאס װָארְט, נֶעמֶען זֵייא עֶס גְלֵייךְ אוֹיף מִיט פְרֵייד: אוּנְד
זֵייא הָאבֶּען נִיט קֵיינֶע װָארְצֶעל אִין זִיךְ, אוּנְד בְּלֵייבֶּען נָאר
פַאר אַ צֵייט; דֶערְנָאךְ װֶען לֵיידֶען אוּנְד פֶערְפָאלְגוּנְגֶען
קוּמֶען דוּרְךְ דֶעם װָארְט, אַזוֹי שְׁטְרוֹיכְלֶען זֵייא גְלֵייךְ:
18 אוּנְד אַנְדֶערֶע װָאס זֶענֶען צְװִישֶׁען דֶערְנֶער גֶעזֵייעֶט, זֶענֶען
19 דִיא װֶעלְכֶע הֶערֶען דָאס װָארְט: אוּנְד דִיא זָארְגֶען פוּן
דֶער װֶעלְט, אוּנְד דִיא בֶּעטְרִיגֶערֵייא פוּן רֵייכְטְהוּם, אוּנְד
דָאס גֶלִיסְטֶען פוּן אַנְדֶערֶע זַאכֶען, קוּמֶען אַרֵיין אוּנְד דֶערְ־
20 שְׁטִיקֶען דָאס װָארְט, אוּנְד עֶס בְּלֵייבְּט אָהְן פְרוּכְט: אוּנְד
דָאס זֶענֶען דִיא װֶעלְכֶע זֶענֶען גֶעזֵייעֶט גֶעװָארֶען אוֹיף
גוּטֶען גְרוּנְד; װֶעלְכֶע הֶערֶען דָאס װָארְט אוּנְד נֶעמֶען עֶס
אוֹיף, אוּנְד טְרָאגֶען פְרוּכְט, דְרֵייסִיגְפֶעלְטִיג, אָדֶער זֶעכְ־
צִיגְפֶעלְטִיג, אָדֶער הוּנְדֶערְטְפֶעלְטִיג:
21 אוּנְד עֶר הָאט צוּ זֵייא גֶעזָאגְט, בְּרֶענְגְט מֶען דֶען אַרֵיין אַ
לַאמְפּ אַז מֶען זָאל עֶס שְׁטֶעלֶען אוּנְטֶער אַ מֶעסְטֶעל, אָדֶער
אוּנְטֶער אַ בֶּעט, אוּנְד נִיט אַז מֶען זָאל עֶס אַרוֹיפְשְׁטֶעלֶען
22 אוֹיף אַ גֶעשְׁטֶעל? װָארִין קֵיין זַאךְ אִיז נִיט פֶערְבָּארְגֶען,

וָואס זָאל נִיט אַנְטפְּלֶעקְט וֶוערֶען, אוּנְד קֵיין זַאךְ אִיז נִיט
פֶּערְהוֹילֶען וָואס וֶועט נִיט בֶּעקַאנְט גֶעמַאכְט וֶוערֶען: וֶוער 23
עֶס הָאט אוֹירֶען צוּ הֶערֶען, לָאז עֶר הֶערֶען: אוּנְד עֶר הָאט 24
צוּ זַייא גֶעזָאגְט, גִיבְּט אַכְטוּנְג וָואס אִיהְר הֶערְט, מִיט דֶעם
מָאס אִיהְר מֶעסְט, וֶועט אֵייךְ אוֹיךְ גֶעמָאסְטֶען וֶוערֶען אוּנְד
מֶעהְר וֶועט אֵייךְ גֶעגֶעבֶּען וֶוערֶען: וָוארִין דֶער וָואס הָאט, 25
צוּ דֶעם וֶועט גֶעגֶעבֶּען וֶוערֶען; אוּנְד דֶער וָואס הָאט נִיט,
פוּן דֶעם וֶועט אוֹיךְ דָאס וָואס עֶר הָאט אַוֶעקְגֶענוּמֶען
וֶוערֶען:
אוּנְד עֶר הָאט גֶעזָאגְט, דָאס קֶענִיגְרֵייךְ פוּן גָאט אִיז אַזוֹי 26
וִויא אַ מַאן וָואס וַוארְפְט זָאמֶען אִין גְרוּנְד: אוּנְד עֶר 27
שְׁלָאפְט, אוּנְד עֶר שְׁטֶעהְט אוֹיף בַּייא נַאכְט אוּנְד בַּייא
טָאג, אוּנְד דֶער זָאמֶען שְׁפְּרָאצְט אַרוֹיס, אוּנְד וַואקְסְט אוֹיף,
וִויא עֶר וֵוייסְט נִיט: דִיא עֶרְד בְּרֶענְגְט פוּן זִיךְ זֶעלְבְּסְט 28
פְרוּכְט, צוּם עֶרְשְׁטֶען דָאס גְרָאז, דֶערְנָאךְ דִיא זַאנְג, דֶערְ־
נָאךְ דֶעם פוּלֶען וֵוייץ אִין דֶער זַאנְג: אָבֶּער וֶוען דִיא 29
פְרוּכְט אִיז צֵייטִיג, שִׁיקְט עֶר גְלֵייךְ דִיא קָאסֶע אַרוֹיס, וָוארִין
דִיא שְׁנִיט־צֵייט אִיז גֶעקוּמֶען:
אוּנְד עֶר הָאט גֶעזָאגְט, וִויא אַזוֹי זָאלֶען מִיר פֶערְגְלֵייכֶען 30
דָאס קֶענִיגְרֵייךְ פוּן גָאט? אָדֶער וָואס פַאר אַ מָשָׁל זָאלֶען
מִיר גֶעבֶּען? עֶס אִיז וִויא אַ זֶענְפְקָארְן, וָואס וֶוען עֶס אִיז 31
אוֹיף דֶער עֶרְד גֶעזֵייעט, אִיז קְלֵיינֶער וִויא אַלֶע זָאמֶען וָואס
אִיז אוֹיף דֶער עֶרְד: אוּנְד וֶוען עֶס אִיז גֶעזֵייעט גֶעוָוארֶען 32
וַואקְסְט עֶס אוֹיף, אוּנְד וֶוערְד גְרֶעסֶער וִויא אַלֶע קְרֵייטֶער,
אוּנְד בֶּעקוּמְט גְרוֹיסֶע צְוֵויינֶען, אַזוֹי אַז דִיא פֵייגֶעל פוּן
דֶעם הִימֶעל קֶענֶען אוּנְטֶער זַיין שָׁאטֶען וְואוֹינֶען:
אוּנְד עֶר הָאט צוּ זַייא גֶעזָאגְט דָאס וָוארְט, דוּרְךְ פִילֶע 33
זָאלְכֶע מְשָׁלִים, אַזוֹי וִויא זַייא הָאבֶּען עֶס גֶעקָאנְט צוּהֶע־
רֶען: אָבֶּער אָהְן אַ מָשָׁל הָאט עֶר צוּ זַייא נִיט גֶערֶעט, 34
אוּנְד עֶר הָאט אַלֶעס צוּ זַיינֶע תַּלְמִידִים אוֹיסְגֶעלֶעגְט וֶוען
זַייא זֶענֶען אַלֵיין גֶעוֶועזֶען:
אוּנְד אִין יֶענֶעם טָאג, וֶוען עֶס וַואר אָבֶענְד, הָאט עֶר צוּ זַייא 35
גֶעזָאגְט, לָאזֶען מִיר אַרִיבֶּער גֶעהֶען אוֹיף דִיא אַנְדֶערֶע
זַייט: אוּנְד וֶוען זַייא הָאבֶּען דִיא לֵייט אַוֶעקְגֶעשִׁיקְט, 36

הָאבֶּען זַייא אִיהְם אַרַיינְגֶענוּמֶען אִין דֶעם שִׁיף אַזוֹי וִויא
עֶר אִיז גֶעוֶועזֶען, אוּנְד עֶס זֶענֶען מִיט אִיהְם גֶעוֶועזֶען נָאךְ
37 אַנְדֶערֶע שִׁיפֶען: אוּנְד עֶס אִיז גֶעשֶׁעהֶען אַ גְרוֹיסֶער
שְׁטוּרְמְווִינְד, אוּנְד דִיא וֶועלֶען זֶענֶען אִים שִׁיף אַרַיינְגֶע־
38 קוּמֶען, אַזוֹי אַז עֶס אִיז שׁוֹין פוּל גֶעוָוארֶען: אוּנְד עֶר אִיז
אוֹיף דֶער אוּנְטֶערְשְׁטֶער זַייט פוּן דֶעם שִׁיף גֶעוֶועזֶען
שְׁלָאפֶענְדִיג אוֹיף דֶעם קִישֶׁען. אוּנְד זַייא הָאבֶּען אִיהְם
אוֹיפְגֶעוֶועקְט אוּנְד הָאבֶּען צוּ אִיהְם גֶעזָאגְט, לֶעהְרֶער,
בֶּעקִימֶערְסְט דוּא דִיךְ נִיט אַז מִיר וֶוערֶען פֶערְלוֹירֶען?
39 אוּנְד עֶר אִיז אוֹיפְגֶעשְׁטַאנֶען, אוּנְד הָאט דֶעם ווִינְד אָנְגֶע־
שְׁרִיעֶן, אוּנְד הָאט צוּם יַם גֶעזָאגְט, זַייא שְׁטִיל, אוּנְד זַייא
פֶערְשְׁטוּמְט! אוּן דֶער ווִינְד הָאט אוֹיפְגֶעהֶערְט, אוּנְד עֶס
40 אִיז אַ גְרוֹיסֶע שְׁטִילֶע גֶעוָוארֶען: אוּנְד עֶר הָאט צוּ זַייא
גֶעזָאגְט, פַארְווָאס זַייט אִיהְר אַזוֹי שְׁרֶעקֶענְדִיג? וִויא אִיז
41 עֶס אַז אִיהְר הָאט נִיט קֵיין גְלוֹיבֶּען? אוּנְד זַייא הָאבֶּען זִיךְ
שְׁרֶעקְלִיךְ גֶעפָארְכְטֶען, אוּנְד הָאבֶּען גֶעזָאגְט אֵיינֶער צוּם
אַנְדֶערֶען, ווָאס פַאר אֵיינֶער אִיז דֶער אַז דֶער ווִינְד אוּנְד
דָאס יַם גֶעהָארְכֶען אִיהְם?

קַאפִּיטֶעל ה

1 אוּנְד זַייא זֶענֶען גֶעקוּמֶען אוֹיף דֶער אַנְדֶערֶער זַייט פוּן
2 יַם, צוּם לַאנְד פוּן דִיא גְרָסִים: אוּנְד ווֶען עֶר אִיז אַרוֹיסְ־
גֶעקוּמֶען פוּן דֶעם שִׁיף, הָאט אִיהְם גְלֵייךְ בֶּעגֶעגֶענְט פוּן
3 דִיא קְבָרִים אַ מַאן מִיט אֵיין אוּנְרֵיינֶעם גֵייסְט: דֶער הָאט
זַיינֶע ווְאוֹינוּנְג גֶעהַאט צְווִישֶׁען דִיא קְבָרִים. אוּנְד קֵיינֶער
הָאט אִיהְם נִיט גֶעקָאנְט בִּינְדֶען, אוֹיךְ נִיט מִיט אַ קֶעטֶע:
4 ווָארִין עֶר אִיז אָפְט גֶעבּוּנְדֶען גֶעוָוארֶען מִיט בֶּענְדֶער אוּנְד
מִיט קֶעטֶען, אוּנְד עֶר הָאט דִיא קֶעטֶען צֶערְרִיסֶען, אוּנְד
דִיא בֶּענְדֶער צֶערְבְּרָאכֶען; אוּנְד קֵיינֶער הָאט נִיט כֹּחַ גֶע־
5 הַאט אִיהְם צוּ שְׁטִילֶען: אוּנְד עֶר אִיז שְׁטֶענְדִיג גֶעוֶועזֶען
טָאג אוּנְד נַאכְט צְווִישֶׁען דִיא קְבָרִים אוּנְד דִיא בֶּערְג,
אוּנְד הָאט גֶעשְׁרִיעֶן, אוּנְד זִיךְ מִיט שְׁטֵיינֶער גֶעשְׁנִיטֶען:
6 אוּנְד ווֶען עֶר הָאט יֵשׁוּעַ פוּן ווַייטֶען גֶעזֶעהֶען אִיז עֶר
7 צוּגֶעלָאפֶען אוּנְד הָאט זִיךְ צוּ אִיהְם גֶעבִּיקְט: אוּנְד עֶר
הָאט גֶעשְׁרִיעֶן מִיט אַ הוֹיךְ קוֹל אוּנְד גֶעזָאגְט, ווָאס הָאבּ

אִיךְ מִיט דִיר צוּ טְהוּן, יֵשׁוּעַ זוּהְן פוּן גָאט דֶעם אַלֶער־
הֶעכְסְטֶען? אִיךְ בֶּעשְׁוֶוער דִיךְ בַּייא גָאט פְּלָאג מִיךְ נִיט:
8 וָוארִין עֶר הָאט צוּ אִיהְם גֶעזָאגְט, גֶעה אַרוֹיס פוּן דֶעם מַאן
9 דוּא אוּנְרֵיינֶער גֵייסְט: אוּנְד עֶר הָאט אִיהְם בֶּעפְרֶעגְט וָואס
אִיז דֵיין נָאמֶען? אוּנְד עֶר הָאט גֶעזָאגְט, מֵיין נָאמֶען אִיז
10 לֶעגְיָאן. וָוארִין מִיר זֶענֶען פִילֶע: אוּנְד עֶר הָאט זַייא זֶעהְר
גֶעבֶּעטֶען, אַז עֶר זָאל זַייא נִיט אַרוֹיסְשִׁיקֶען פוּן דֶעם לַאנְד:
11 אוּנְד עֶס אִיז דָארְט גֶעוֶועזֶען בַּייא דִיא בֶּערְג אַ גְרוֹיסֶע
12 סְטַאדֶע פוּן חֲזִירִים פַּאסֶען: אוּנְד זַייא הָאבֶּען אִיהְם גֶע־
בֶּעטֶען אוּנְד גֶעזָאגְט, שִׁיק אוּנְס אִין דִיא חֲזִירִים, אַז מִיר
13 זָאלֶען צְוִוישֶׁען זַייא אַרֵיינְקוּמֶען: אוּנְד עֶר הָאט זַייא
דֶערְלוֹיבְּט. אוּנְד דִיא אוּנְרֵיינֶע גֵייסְטֶער זֶענֶען אַרוֹיסְגֶע־
גַאנְגֶען, אוּנְד זֶענֶען אַרֵיינְגֶעקוּמֶען אִין דִיא חֲזִירִים, אוּנְד
דִיא סְטַאדֶע הָאט זִיךְ אַרוּנְטֶערְגֶעשְׁטִירְצְט פוּן אַ מְשׁוּפָּע
אָרְט אִין יַם אַרֵיין קֶעגֶען צְוֵוייא טוֹיזֶענְד; אוּנְד זֶענֶען
14 דֶערְטְרוּנְקֶען גֶעוָוארֶען אִים יַם: אוּנְד דִיא פַּאסְטוּכֶער פוּן
דִיא חֲזִירִים זֶענֶען אַנְטְלָאפֶען אוּנְד הָאבֶּען עֶס דֶערְצֶעהְלְט
אִין דִיא שְׁטָאט אוּנְד אִין פֶעלְדֶער. אוּנְד זַייא זֶענֶען אַרוֹיס־
15 גֶעגַאנְגֶען צוּ זֶעהֶען, וָואס אִיז גֶעשֶׁעהֶען: אוּנְד זַייא זֶענֶען
גֶעקוּמֶען צוּ יֵשׁוּעַ, אוּנְד הָאבֶּען גֶעזֶעהֶען דֶעם וָואס הָאט
גֶעהַאט דִיא לֶעגְיָאן פוּן דִיא שֵׁדִים, וִויא עֶר אִיז גֶעזֶעסֶען
אָנְגֶעקְלֵיידֶעט אוּנְד פֶערְנִינְפְטִיג, אוּנְד זַייא הָאבֶּען זִיךְ גֶע־
16 פַארְכְטֶען: אוּנְד דִיא וָואס הָאבֶּען עֶס גֶעזֶעהֶען, הָאבֶּען
עֶס דֶערְצֶעהְלְט וָואס אִיז גֶעשֶׁעהֶען צוּ דֶעם וָואס הָאט גֶע־
17 הַאט דִיא שֵׁדִים, אוּנְד פוּן וֶועגֶען דִיא חֲזִירִים: אוּנְד זַייא
הָאבֶּען אִיהְם אָנְגֶעהוֹיבֶּען צוּ בֶּעטֶען, אַז עֶר זָאל פוּן זֵיירֶע
18 גְרֶענֶעץ אַוֶועקְגֶעהֶען: אוּנְד וִויא עֶר אִיז אִים שִׁיף אַרֵיינְ־
גֶעגַאנְגֶען, הָאט אִיהְם דֶער וָואס הָאט גֶעהַאט דִיא שֵׁדִים
19 גֶעבֶּעטֶען אַז עֶר זָאל בַּייא אִיהְם זַיין: אוּנְד יֵשׁוּעַ הָאט
אִיהְם נִיט גֶעלָאזְט, נֵייעֶרְט הָאט צוּ אִיהְם גֶעזָאגְט, גֶעה
אַהֵיים צוּ דֵיינֶע פְרֵיינְד, אוּנְד דֶערְצֶעהְל זַייא וָואס דֶער הַאר
הָאט מִיט דִיר גֶעטְהוּן, אוּנְד וִויא עֶר הָאט זִיךְ אִיבֶּער דִיר
20 דֶערְבַּארֶעמְט: אוּנְד עֶר אִיז אַוֶועקְגֶעגַאנְגֶען, אוּנְד הָאט
אָנְגֶעהוֹיבֶּען צוּ פְּרֶעדִיגֶען אִין דֶעקַאפָּאלִיס וָואס יֵשׁוּעַ

הָאט צוּ אִיהְם גֶעטְהוּן, אוּנְד זַייא הָאבֶּען זִיךְ אַלֶע פֶערְ־
וְואוּנְדֶערְט:
21 אוּנְד וָוען יֵשׁוּעַ אִיז ווִידֶער אַרִיבֶּערְגֶעגַאנְגֶען אִין אַ שִׁיף
אוֹיף דִיא אַנְדֶערֶע זַייט, הָאבֶּען זִיךְ פִיל לֵייט אַרוּם אִיהְם
22 פֶערְזַאמֶעלְט, אוּנְד עֶר אִיז בַּיים יַם גֶעוֶועזֶען: אוּנְד עֶס
אִיז צוּ אִיהְם צוּגֶעקוּמֶען אֵיינֶער פוּן דִיא עֶלְצְטֶע פוּן דֶער
שׁוּל מִיט דֶעם נָאמֶען יָאִיר, אוּנְד וָוען עֶר הָאט אִיהְם גֶע־
23 זֶעהֶען, אִיז עֶר אִיהְם צוּ דִיא פִים גֶעפַאלֶען: אוּנְד עֶר הָאט
אִיהְם זֶעהְר גֶעבֶּעטֶען אוּנְד גֶעזָאגְט, מֵיינֶע טָאכְטֶער אִיז
אַם שְׁטַארְבֶּען, קוּם אוּנְד לֶעג דֵיינֶע הֶענְד אוֹיף אִיהְר, כְּדֵי
24 זִיא זָאל גֶערֶעטֶעט וֶוערֶען, אוּנְד לֶעבֶּען: אוּנְד עֶר אִיז
מִיט אִיהְם גֶעגַאנְגֶען, אוּנְד פִיל לֵייט זֶענֶען אִיהְם נָאכְגֶע־
גַאנְגֶען אוּנְד הָאבֶּען אִיהְם גֶעדְרֶענְגְט:
25 אוּנְד עֶס אִיז גֶעוֶועזֶען אַ פְרוֹיא וָואס הָאט גֶעהַאט דֶעם
26 בְּלוּטְגַאנְג צְוֶועלְף יָאהְר: אוּנְד זִיא הָאט פִיל גֶעלִיטֶען פוּן
פִיל דָאקְטָארֶען, אוּנְד זִיא הָאט אוֹיסְגֶעגֶעבֶּען אַלֶעס וָואס
זִיא הָאט גֶעהַאט, אוּנְד עֶס הָאט אִיהְר נִיט גֶעהָאלְפֶען, נֵייא־
27 עֶרְט זִיא אִיז נָאךְ אַרְגֶער גֶעוָוארֶען: וָוען זִיא הָאט גֶע־
הֶערְט וֶועגֶען יֵשׁוּעַ, אִיז זִיא גֶעקוּמֶען צְווִישֶׁען דִיא לֵייט
פוּן הִינְטֶער אִיהְם, אוּנְד הָאט אָנְגֶערִירְט זֵיין קְלֵייד:
28 וָוארִין זִיא הָאט גֶעזָאגְט, וֶוען אִיךְ זָאל נוּר זֵיין קְלֵייד אָנְ־
29 רִירֶען וֶועל אִיךְ גֶערֶעטֶעט וֶוערֶען: אוּנְד גְלֵייךְ אִיז אִיהְר
בְּלוּטְגַאנְג פֶערְטְרִיקֶענְט גֶעוָוארֶען אוּנְד זִיא הָאט גֶעפִיהְלְט
אִין אִיהְר לֵייבּ אַז זִיא אִיז גֶעהֵיילְט פוּן אִיהְרֶע פְּלָאג:
30 אוּנְד יֵשׁוּעַ הָאט גְלֵייךְ גֶעפִיהְלְט אַז קְרַאפְט אִיז פוּן אִיהְם
אַרוֹיסְגֶעגַאנְגֶען; אוּנְד עֶר הָאט זִיךְ אוּמְגֶעקֶערְט צְווִישֶׁען
דִיא לֵייט אוּנְד גֶעזָאגְט, וֶוער הָאט מֵיינֶע קְלֵיידֶער אָנְגֶע־
31 רִירְט? אוּנְד זֵיינֶע תַּלְמִידִים הָאבֶּען צוּ אִיהְם גֶעזָאגְט, דוּא
זֶעהְסְט אַז דִיא לֵייט דְרֶענְגֶען דִיךְ, אוּנְד דוּא זָאגְסְט, וֶוער
32 הָאט מִיךְ אָנְגֶערִירְט? אוּנְד עֶר הָאט זִיךְ אוּמְגֶעקוּקְט צוּ
33 זֶעהֶען וֶוער עֶס הָאט דָאס גֶעטְהוּן: אוּנְד דִיא פְרוֹיא הָאט
זִיךְ גֶעפָארְכְטֶען אוּנְד הָאט גֶעצִיטֶערְט, ווַייל זִיא הָאט
גֶעוְוִיסְט וָואס אִיז צוּ אִיהְר גֶעשֶׁעהֶען; אוּנְד זִיא אִיז גֶע־
קוּמֶען אוּנְד אִיז פָאר אִיהְם אַנִידֶערְגֶעפַאלֶען, אוּנְד הָאט

צוּ אִיהְם גֶעזָאגְט דִיא גַאנְצֶע וָואהְרְהַייט: אוּנְד עֶר הָאט 34
צוּ אִיהְר גֶעזָאגְט, מֵיינֶע טָאכְטֶער, דַיין גְלוֹיבֶּען הָאט דִיךְ
גֶערֶעטֶעט, גֶעה אִין פְרִידֶען, אוּנְד זַייא גֶעהַיילְט פוּן דַיינֶע
פְּלָאג:

וָוייל עֶר הָאט נָאךְ גֶערֶעט, זֶענֶען גֶעקוּמֶען פוּן דֶעם הוֹיז 35
פוּן דֶעם עֶלְצְטֶען פוּן דֶער שׁוּל, אוּנְד הָאבֶּען גֶעזָאגְט, דַיינֶע
טָאכְטֶער אִיז גֶעשְׁטָארְבֶּען, פַארְוָואס בֶּעמִיהְסְט דוּא נָאךְ
דֶעם לֶעהְרֶער? אוּנְד וִויא יֵשׁוּעַ הָאט גֶעהֶערְט דָאס וָוארְט 36
וָואס אִיז גֶעזָאגְט גֶעוָוארֶען, הָאט עֶר גֶעזָאגְט צוּם עֶלְצְטֶען
פוּן דֶער שׁוּל, פָארְכְט דִיךְ נִיט, גְלוֹיבּ נוּר: אוּנְד עֶר הָאט 37
קֵיינֶעם נִיט גֶעלָאזְט אִיהְם בֶּעגְלֵייטֶען, נָאר פֶּעטְרוּס אוּנְד
יַעֲקֹב אוּנְד יוֹחָנָן דֶער בְּרוּדֶער פוּן יַעֲקֹב: אוּנְד זַייא זֶענֶען 38
אַרַיין גֶעקוּמֶען אִים הוֹיז פוּן דֶעם עֶלְצְטֶען פוּן דֶער שׁוּל,
אוּנְד עֶר הָאט גֶעזֶעהֶען דָאס גֶעטוּמֶעל, אוּנְד דִיא וָואס
הָאבֶּען זֶעהְר גֶעוֵויינְט אוּנְד גֶעקְלָאגְט: אוּנְד עֶר אִיז אַרַיינְ־ 39
גֶעגַאנְגֶען אוּנְד הָאט צוּ זַייא גֶעזָאגְט, פַארְוָואס לַארְמְט אִיהְר
אוּנְד וֵויינְט? דָאס מֶעדֶעל אִיז נִיט גֶעשְׁטָארְבֶּען, נֵייעֶרְט
זִיא שְׁלָאפְט: אוּנְד זַייא הָאבֶּען אִיהְם אוֹיסְגֶעלַאכְט. אָבֶּער 40
עֶר הָאט זַייא אַלֶע אַרוֹיסְגֶעטְרִיבֶּען, אוּנְד הָאט גֶענוּמֶען
דֶעם פָאטֶער אוּנְד דִיא מוּטֶער פוּן דֶעם מֶעדֶעל, אוּנְד דִיא
וָואס זֶענֶען מִיט אִיהְם גֶעוֶועזֶען, אוּנְד אִיז אַרַיינְגֶעגַאנְגֶען וְואוּ
דָאס מֶעדֶעל אִיז גֶעלֶעגֶען: אוּנְד עֶר הָאט דָאס מֶעדֶעל 41
בֵּייא דֶער הַאנְד גֶענוּמֶען אוּנְד הָאט צוּ אִיהְר גֶעזָאגְט,
טַלְיְתָא קוּמִי, וָואס אִיז פֶערְטֵייטְשְׁט, מֶעדֶעל, אִיךְ זָאג דִיר,
שְׁטֶעה אוֹיף: אוּנְד דָאס מֶעדֶעל אִיז גְלֵייךְ אוֹיפְגֶעשְׁטַא־ 42
נֶען, אוּנְד אִיז אַרוּמְגֶעגַאנְגֶען: וָוארִין זִיא אִיז צְוֶועלְף יָאהְר
אַלְט גֶעוֶועזֶען, אוּנְד גְלֵייךְ זֶענֶען זַייא אוֹיסֶער זִיךְ גֶעוֶועזֶען
פַאר גְרוֹיס עֶרְשְׁטוֹינֶען: אוּנְד עֶר הָאט זַייא זֶעהְר פֶּערְ־ 43
בָּאטֶען אַז קֵיינֶער זָאל דָאס נִיט וִויסֶען; אוּנְד עֶר הָאט
גֶעהַייסֶען אַז מַאן זָאל אִיהְר צוּ עֶסֶען גֶעבֶּען:

קאפיטעל ו

אוּנְד עֶר אִיז פוּן דָארְטֶען אַוֶועקְגֶעגַאנְגֶען, אוּנְד אִיז גֶע־ 1
קוּמֶען צוּ זַיין פָאטֶערְלַאנְד; אוּנְד זַיינֶע תַּלְמִידִים זֶענֶען
אִיהְם נָאכְגֶעגַאנְגֶען: אוּנְד וֶוען דֶער שַׁבָּת אִיז גֶעקוּמֶען, 2

הָאט עֶר אָנְגֶעהוֹיבֶּען צוּ לֶערְנֶען אִין דֶער שׁוּל; אוּנְד
פִילֶע וָואס הָאבֶּען אִיהְם גֶעהֶערְט הָאבֶּען זִיךְ פֶערְוְואוּנְ־
דֶערְט אוּנְד גֶעזָאגְט, פוּן וַואנֶען הָאט דִיזֶער דִיזֶע זַאכֶען
אוּנְד וָואס אִיז דָאס פַאר אַ חָכְמָה וָואס אִיז אִיהְם גֶעגֶעבֶּען,
אוּנְד אַזֶעלְכֶע נִסִים וָואס זֶענֶען גֶעשֶׁעהֶען דוּרְךְ זַיינֶע הֶענְד:
3 אִיז עֶר נִיט דֶער בּוֹימֵייסְטֶער, דֶער זוּהְן פוּן מִרְיָם אוּנְד
דֶער בְּרוּדֶער פוּן יַעֲקֹב אוּנְד יוֹסֵי אוּנְד יְהוּדָה אוּנְד שִׁמְעוֹן?
אוּנְד זֶענֶען נִיט זַיינֶע שְׁוֶועסְטֶער דָא מִיט אוּנְס? אוּנְד זַייא
4 הָאבֶּען זִיךְ אָן אִיהְם גֶעשְׁטְרוֹיכֶעלְט: אוּנְד יֵשׁוּעַ הָאט צוּ
זַייא גֶעזָאגְט אַ נָבִיא אִיז נִיט אָהְן כָּבוֹד, אוֹיסֶער אִין זַיין
אֵייגֶען לַאנְד אוּנְד צְווִישֶׁען זַיינֶע קְרוֹבִים, אוּנְד אִין זַיין
5 אֵייגֶען הוֹיז: אוּנְד עֶר הָאט דָארְט נִיט גֶעקֶענְט קֵיין נֵס
טְהוּן חוּץ עֶר הָאט זַיינֶע הֶענְד גֶעלֶעגְט אוֹיף עֶטְלִיכֶע
6 קְרַאנְקֶע, אוּנְד עֶר הָאט זַייא גֶעהֵיילְט: אוּנְד עֶר הָאט זִיךְ
גֶעוְואוּנְדֶערְט אִיבֶּער זַייעֶר אוּנְגְלוֹיבֶּען. אוּנְד עֶר אִיז
אַרוּמְגֶעגַאנְגֶען אִין דִיא דֶערְפֶער אוּנְד הָאט גֶעלֶעהְרְט:
7 אוּנְד עֶר הָאט צוּ זִיךְ גֶערוּפֶען דִיא צְוֶועלְף, אוּנְד הָאט
דִיא אָנְגֶעהוֹיבֶּען אוֹיסְצוּשִׁיקֶען צוּ צְוֵוייא; אוּנְד הָאט צוּ
8 זַייא גֶעגֶעבֶּען מַאכְט אִיבֶּער אוּנְרֵיינֶע גֵייסְטֶער: אוּנְד עֶר
הָאט זַייא אָנְגֶעזָאגְט אַז זַייא זָאלֶען גָארְנִיט מִיטְנֶעמֶען
אוֹיף דֶעם וֶועג, אוֹיסֶער נוּר אַ שְׁטֶעקֶען; קֵיין רַייזֶע זַאק
אוּנְד קֵיין בְּרוֹיט זַאק, אוּנְד קֵיין גֶעלְד אִים גַארְטֶעל:
9 אָבֶּער זַייא זָאלֶען גֶעהֶען אִין שִׁיךְ אָנְגֶעטְהוּן, אוּנְד זָאלֶען
10 נִיט אָנְטְהוּן קֵיינֶע צְוֵוייא רֶעק: אוּנְד עֶר הָאט צוּ
זַייא גֶעזָאגְט, וֶוען אִיהְר וֶועט אַרַיינְקוּמֶען אִין אַ הוֹיז,
בְּלֵייבְּט דְרִינֶען בִּיז אִיהְר וֶועט פוּן דָארְטֶען אַוֶועקְגֶעהֶען:
11 אוּנְד וָואס פַאר אֵיין אָרְט וֶועט אֵייךְ נִיט אוֹיפְנֶעמֶען, אוּנְד
זַייא וֶועלֶען אֵייךְ נִיט הֶערֶען, וֶוען אִיהְר גֶעהְט פוּן דָארְ־
טֶען אַוֶועק, שָׁאקֶעלְט אָפּ דֶעם שְׁטוֹיבּ פוּן אֵיירֶע פִיס,
12 פַאר אַ צֵייגְנִיס צוּ זַייא: אוּנְד זַייא זֶענֶען אוֹיסְגֶעגַאנְגֶען,
13 אוּנְד הָאבֶּען גֶעפְּרֶעדִיגְט אַז מֶען זָאל תְּשׁוּבָה טְהוּן: אוּנְד
זַייא הָאבֶּען אַרוֹיסְגֶעטְרִיבֶּען פִילֶע שֵׁדִים, אוּנְד פִילֶע
קְרַאנְקֶע גֶעזַאלְבְּט מִיט עֶהְל אוּנְד גֶעהֵיילְט:
14 אוּנְד הוֹרְדוֹס הַמֶלֶךְ הָאט וֶועגֶען אִיהְם גֶעהֶערְט; וָוארִין

זיין נָאמֶען אִיז בֶּעקַאנְט גֶעוָוארֶען; אוּנְד עֶר הָאט גֶעזָאגְט,
יוֹחָנָן הַמְטַבֵּל אִיז פוּן דִיא טוֹיטֶע אוֹיפְגֶעשְׁטַאנֶען, דְרוּם וִוירְ־
15 קֶען דִיא נִסִים אִין אִיהְם: אוּנְד אַנְדֶערֶע הָאבֶּען גֶעזָאגְט אַז
עֶר אִיז אֵלִיָהוּ. אוּנְד אַנְדֶערֶע הָאבֶּען גֶעזָאגְט אַז עֶר אִיז אַ
16 נָבִיא, אַזוֹי וִויא אֵיינֶער פוּן דִיא נְבִיאִים: אָבֶּער וָוען
הוֹרְדוֹס הָאט דָאס גֶעהֶערְט, אַזוֹי הָאט עֶר גֶעזָאגְט, דָער
אִיז יוֹחָנָן, דֶעם אִיךְ הָאבּ דֶעם קָאפּ אַרוּפְּגֶענוּמֶען; עֶר אִיז
17 אוֹיפְגֶעשְׁטַאנֶען: דֶען הוֹרְדוֹס הָאט גֶעשִׁיקְט אוּנְד הָאט
יוֹחָנָן גֶענוּמֶען, אוּנְד הָאט אִיהְם אִים גֶעפֶענְגְנִיס גֶעבּוּנְדֶען
וֶועגֶען הוֹרוֹדְיָא, דָאס וַוייבּ פוּן זַיין בְּרוּדֶער פִילִיפּוּס, וַוייל
18 עֶר הָאט זִיא גֶעהֵיירַאטֶעט: וָוארִין יוֹחָנָן הָאט צוּ הוֹרְדוֹס
גֶעזָאגְט, דוּא טוּרְסְט נִיט הָאבֶּען דֵיין בְּרוּדֶערְ'ס וַוייבּ:
19 אוּנְד הוֹרוֹדְיָא הָאט אִיהְם פֵיינְד גֶעהַאט, אוּנְד הָאט אִיהְם
20 גֶעוָואלְט הַרְגֶענֶען; אוּנְד זִיא הָאט נִיט גֶעקָאנְט: וָוארִין
הוֹרְדוֹס הָאט זִיךְ גֶעפָארְכְטֶען פָאר יוֹחָנָן, וָוארִין עֶר הָאט
גֶעוְואוּסְט אַז עֶר אִיז אַ גֶערֶעכְטֶער אוּנְד הֵיילִיגֶער מַאן,
אוּנְד עֶר הָאט אִיהְם בֶּעשִׁיצְט. אוּנְד וָוען עֶר הָאט אִיהְם
גֶעהֶערְט, אַזוֹי אִיז עֶר זֶעהְר בֶּעזָארְגְט גֶעוֶועזֶען אוּנְד הָאט
21 אִיהְם גֶערְן גֶעהֶערְט: אוּנְד עֶס אִיז גֶעקוּמֶען אַ בֶּעשְׁטִימְ־
טֶער טָאג וָוען הוֹרְדוֹס הָאט אוֹיף זַיין גֶעבּוּרְטְסְטָאג אַ סְעוּדָה
גֶעמַאכְט צוּ זַיינֶע גְרוֹיסֶע לֵייט אוּנְד אָפִיצִירֶע אִיבֶּער טוֹי־
22 זֶענְד, אוּנְד צוּ דִיא עֶלְצְטֶע פוּן גָלִיל: אוּנְד וָוען דִיא
טָאכְטֶער פוּן הוֹרוֹדְיָא אִיז אַרֵיינְגֶעקוּמֶען אוּנְד הָאט גֶע־
טַאנְצְט, אוּנְד אִיז הוֹרְדוֹס וְואוֹילְגֶעפַאלֶען אוּנְד דִיא וָואס
זֶענֶען מִיט אִיהְם גֶעזֶעסֶען; אַזוֹי הָאט דֶער קֶענִיג צוּם
מֶעדְעל גֶעזָאגְט, פֶערְלַאנְג פוּן מִיר וָואס דוּא וִוילְסְט, אוּנְד
23 אִיךְ וֶועל עֶס דִיר גֶעבֶּען: אוּנְד עֶר הָאט אִיהְר גֶעשְׁוְואוֹירֶען,
וָואס דוּא וֶועסְט פוּן מִיר פֶערְלַאנְגֶען וֶועל אִיךְ דִיר גֶעבֶּען,
24 בִּיז צוּ דִיא הֶעלְפְט פוּן מֵיין קֶענִיגְרֵייךְ: אוּנְד זִיא אִיז
אַרוֹיסְגֶעגַאנְגֶען אוּנְד הָאט צוּ אִיהְרֶע מוּטֶער גֶעזָאגְט, וָואס
זָאל אִיךְ פֶערְלַאנְגֶען? אוּנְד זִיא הָאט גֶעזָאגְט דֶעם קָאפּ
25 פוּן יוֹחָנָן הַמְטַבֵּל: אוּנְד גְלֵייךְ אִיז זִיא אֵיילֶענְדִיג אַרֵיינְ־
גֶעקוּמֶען צוּם קֶענִיג, אוּנְד הָאט פֶערְלַאנְגְט אוּנְד גֶעזָאגְט,
אִיךְ וִויל אַז דוּא זָאלְסְט מִיר גְלֵייךְ גֶעבֶּען אוֹיף אַ שִׁיסֶעל

26 דֶעם קָאפּ פוּן יוֹחָנָן הַמְטַבֵּל: אוּנְד דֶער קֶענִיג אִיז זֶעהְר
טְרוֹיריג גֶעוָוארֶען, אָבֶּער וֶועגֶען דֶער שְׁבוּעָה אוּנְד דִיא
וָואס זֶענֶען מִיט אִיהְם גֶעוֶועזֶען, הָאט עֶר נִיט גֶעוָואלְט אָפּ־
27 זָאגֶען: אוּנְד גְלֵייךְ הָאט דֶער קֶענִיג גֶעשִׁיקְט אַ לֵייבְּוֶועכְ־
טֶער, אוּנְד הָאט בֶּעפוֹילֶען זַיין קָאפּ צוּ בְּרֶענְגֶען; אוּנְד
עֶר אִיז גֶעגַאנְגֶען אוּנְד הָאט אִיהְם גֶעקֶעפְּט אִים גֶעפֶענְגְנִיס:
28 אוּנְד הָאט זַיין קָאפּ גֶעבְּרַאכְט אִין אַ שִׁיסֶעל, אוּנְד הָאט
עֶס גֶעגֶעבֶּען צוּם מֶעדֶעל, אוּנְד דָאס מֶעדֶעל הָאט עֶס גֶע־
29 גֶעבֶּען צוּ אִיהְרֶע מוּטֶער: אוּנְד וֶוען זַיינֶע תַּלְמִידִים הָא־
בֶּען דֶערְפוּן גֶעהֶערְט, זֶענֶען זַיא גֶעקוּמֶען, אוּנְד הָאבֶּען
גֶענוּמֶען זַיין לֵייבּ, אוּנְד הָאבֶּען עֶס אַרַיינְגֶעלֶעגְט אִין אַ
קֶבֶר:
30 אוּנְד דִיא אַפָּאסְטֶעל הָאבֶּען זִיךְ פֶערְזַאמֶעלְט צוּ יֵשׁוּעַ
אוּנְד הָאבֶּען אִיהְם אַלֶעס דֶערְצֶעהְלְט, וָואס זַייא הָאבֶּען
31 גֶעטְהוּן אוּנְד וָואס זַייא הָאבֶּען גֶעלֶעהְרְט: אוּנְד עֶר הָאט
צוּ זַייא גֶעזָאגְט, קוּמְט אִיהְר זֶעלְבְּסְט אַלֵיין אִין אַ וִוּיסְטֶען
אָרְט אַרַיין אוּנְד רוּהֶעט אֵייךְ אוֹיס אַבִּיסֶעל. וָוארִין פִילֶע
זֶענֶען אַרַיין אוּנְד אַרוֹיסְגֶעגַאנְגֶען, אוּנְד זַייא הָאבֶּען נִיט
32 דִיא נוֹיטִיגֶע צֵייט גֶעהַאט אַפִילוּ צוּ עֶסֶען: אוּנְד זַייא זֶע־
נֶען אַוֶועקְגֶעגַאנְגֶען אִין אַ שִׁיף בֵּייא זִיךְ אַלֵיין אִין אַ
33 וִוּיסְטֶען אָרְט אַרַיין: אוּנְד פִילֶע הָאבֶּען זַייא גֶעזֶעהֶען
אַוֶועקְגֶעהֶען, אוּנְד הָאבֶּען אִיהְם דֶערְקֶענְט, אוּנְד זֶענֶען
אַהִין גֶעלָאפֶען צוּ פוּס פוּן אַלֶע שְׁטֶעט, אוּנְד זֶענֶען פְרִי־
34 הֶער פוּן זַייא אָנְגֶעקוּמֶען: אוּנְד ווִיא יֵשׁוּעַ אִיז אַרוֹיסְגֶע־
קוּמֶען, הָאט עֶר גֶעזֶעהֶען פִיל לֵייט אוּנְד עֶר הָאט אִיבֶּער
זַייא רַחֲמָנוּת גֶעהַאט, וָוארִין זַייא זֶענֶען גֶעוֶועזֶען ווִיא שָׁאף
35 וָואס הָאבֶּען קֵיין פַּאסְטוּךְ נִיט; אוּנְד עֶר הָאט אָנְגֶעהוֹיבֶּען
36 זַייא פִילֶע זַאכֶען צוּ לֶעהְרֶען: אוּנְד וֶוען עֶס אִיז שׁוֹין
שְׁפֶּעט גֶעוָוארֶען, זֶענֶען זַיינֶע תַּלְמִידִים צוּ אִיהְם גֶעקוּמֶען,
אוּנְד הָאבֶּען גֶעזָאגְט, דָאס אִיז אַ וִוּיסְטֶער אָרְט, אוּנְד
37 עֶס אִיז שׁוֹין שְׁפֶּעט גֶעוָוארֶען: שִׁיק זַייא אַוֶועק, אַז זַייא
זָאלֶען גֶעהֶען אַרוּם דִיא פֶעלְדֶער אוּנְד דִיא דֶערְפֶער, אוּנְד
38 זָאלֶען זִיךְ קוֹיפֶען וָואס צוּ עֶסֶען: אָבֶּער עֶר הָאט גֶע־
עֶנְטְפֶערְט אוּנְד צוּ זַייא גֶעזָאגְט, גִיבְּט אִיהְר זַייא צוּ עֶסֶען.

אוּנְד זַייא הָאבֶּען צוּ אִיהְם גֶעזָאגְט זָאלֶען מִיר אַוֶועקְגֶע־
הֶען אוּנְד קוֹיפֶען פַאר צְוַוייא הוּנְדֶערְט גְרָאשֶׁען בְּרוֹיט,
39 אוּנְד זָאלֶען זַייא גֶעבֶּען צוּ עֶסֶען? אוּנְד עֶר הָאט צוּ זַייא
גֶעזָאגְט, וִויא פִיל בְּרוֹיט הָאט אִיהְר? גֶעהְט אוּנְד זֶעהְט.
אוּנְד וֶוען זַייא הָאבֶּען גֶעזֶעהֶען, הָאבֶּען זַייא גֶעזָאגְט, פִינְף,
40 אוּנְד צְוַוייא פִישׁ: אוּנְד עֶר הָאט זַייא גֶעהֵייסֶען זִיךְ אַנִי־
41 דֶערְזֶעצֶען שׁוּרוֹת וַוייז אוֹיף דָאס גְרִינֶע גְרָאז: אוּנְד זַייא
הָאבֶּען זִיךְ אַנִידֶערְגֶעזֶעצְט אִין שׁוּרוֹת, צוּ הוּנְדֶערְט אוּנְד
42 צוּ פִינְפְצִיג: אוּנְד עֶר הָאט גֶענוּמֶען דִיא פִינְף בְּרוֹיט אוּנְד
דִיא צְוַוייא פִישׁ, אוּנְד הָאט אַרוֹיפְגֶעבְּלִיקְט צוּם הִימֶעל,
אוּנְד הָאט אַ בְּרָכָה גֶעמַאכְט, אוּנְד הָאט דָאס בְּרוֹיט צוּ־
בְּרָאכֶען אוּנְד עֶס גֶעגֶעבֶּען צוּ דִיא תַּלְמִידִים אַז זַייא
זָאלֶען עֶס פָאר זַייא פָארְלֶעגֶען אוּנְד דִיא צְוַוייא פִישׁ הָאט
43 עֶר פֶערְטְהֵיילְט צוּ אַלֶע: אוּנְד זַייא הָאבֶּען אַלֶע גֶעגֶעסֶען,
44 אוּנְד זֶענֶען זַאט גֶעוָוארֶען: אוּנְד זַייא הָאבֶּען אוֹיפְגֶעהוֹי־
בֶּען פוּן דִיא בְּרֶעקְלֶעךְ צְוֶועלְף קֶערְבּ פוּל אוּנְד פוּן דִיא
45 פִישׁ: אוּנְד דִיא וָואס הָאבֶּען דָאס בְּרוֹיט גֶעגֶעסֶען זֶענֶען
גֶעוֶועזֶען פִינְף טוֹיזֶענְד מַאן:
46 אוּנְד גְלֵייךְ הָאט עֶר זַיינֶע תַּלְמִידִים גֶעצְוָואוּנְגֶען זַייא זָא־
לֶען אִים שִׁיף אַרַיינְגֶעהֶען, אוּנְד זָאלֶען פְרִיהֶער אַרִיבֶּערְ־
גֶעהֶען צוּ דִיא אַנְדֶערֶע זַייט קֵיין בֵּית־צַיְדָה, בִּיז עֶר וֶועט
47 דִיא לַייט אַוֶועקְשִׁיקֶען: אוּנְד וֶוען עֶר הָאט פוּן זַייא אָפְּשִׁיד
גֶענוּמֶען אִיז עֶר אוֹיף דֶעם בַּארְג אַרוֹיפְגֶעגַאנְגֶען מִתְפַּלֵל
48 צוּ זַיין: אוּנְד וֶוען עֶס אִיז אָבֶּענְד גֶעוָוארֶען אִיז דָאס שִׁיף
גֶעוֶועזֶען אִין מִיטֶען יַם, אוּנְד עֶר אַלֵיין אוֹיף דֶעם לַאנְד:
49 אוּנְד עֶר הָאט גֶעזֶעהֶען אַז זַייא הָאבֶּען זִיךְ שְׁוֶוער בֶּעמִיהְט
מִיט דֶעם רוּדֶערֶען, וָוארִין דֶער ווִינְד אִיז קֶעגֶען זַייא גֶע־
וֶועזֶען. אוּנְד קֶעגֶען דֶעם פִירְטֶען מִשְׁמָר פוּן דֶער נַאכְט אִיז
עֶר צוּ זַייא גֶעקוּמֶען אַרוּמְגֶעהֶענְדִיג אוֹיף דֶעם יַם; אוּנְד
50 עֶר הָאט זַייא גֶעוָואלְט פַארְבַּייא גֶעהֶען: אוּנְד ווִיא זַייא
הָאבֶּען אִיהְם גֶעזֶעהֶען אַרוּמְגֶעהֶענְדִיג אוֹיף דֶעם יַם, הָא־
בֶּען זַייא גֶעדַאכְט אַז עֶס אִיז אַ גֵייסְט, אוּנְד זַייא הָאבֶּען
51 אוֹיסְגֶעשְׁרִיעֶן: וָוארִין זַייא הָאבֶּען אִיהְם אַלֶע גֶעזֶעהֶען,
אוּנְד הָאבֶּען זִיךְ דֶערְשְׁרָאקֶען. אוּנְד גְלֵייךְ הָאט עֶר מִיט

זַייא גֶערֶעט, אוּנְד הָאט צוּ זַייא גֶעזָאגְט, זַייט גֶעטְרַייסְט
52 אִיךְ בִּין עֶס; פָארְכְט אֵייךְ נִיט: אוּנְד עֶר אִיז צוּ זַייא אִים
שִׁיף אַרַיינְגֶעגַאנְגֶען; אוּנְד דֶער וִוינְד הָאט אוֹיפְגֶעהֶערְט;
אוּנְד זַייא הָאבֶּען זִיךְ זֶעהְר אִיבֶּער דֶעם מָאס פֶערְוְואוּנְ־
53 דֶערְט: וָוארִין זַייא הָאבֶּען נִיט פֶערְשְׁטַאנֶען אִיבֶּער דֶעם
בְּרוֹיט, אָבֶּער זַייעֶר הַארְץ אִיז פֶערְהַארְטֶעט גֶעוֶועזֶען:
54 אוּנְד זַייא הָאבֶּען זִיךְ אַרִיבֶּערְגֶעשִׁיפְט אוּנְד זֶענֶען גֶעקוּמֶען
צוּם לַאנְד גִנֵּסַר, אוּנְד הָאבֶּען זִיךְ גֶעאַנְקֶערְט צוּם בָּארְטֶען:
55 אוּנְד וֶוען זַייא זֶענֶען פוּן דֶעם שִׁיף אַרוֹיסְגֶעקוּמֶען, הָאט
56 מֶען אִיהְם גְלֵייךְ דֶערְקֶענְט: אוּנְד זֶענֶען אַרוּמְגֶעלָאפֶען
אִים גַאנְצֶען גֶעבִּיט, אוּנְד הָאבֶּען אָנְגֶעהוֹיבֶּען אַרוּמְצוּ־
טְרָאגֶען אוֹיף דִיא בֶּעטֶען דִיא וָואס זֶענֶען קְרַאנְק גֶעוֶועְ־
57 זֶען, וְואוּ זַייא הָאבֶּען גֶעהֶערְט אַז עֶר אִיז דָארְט: אוּנְד
וְוִיא עֶר אִיז אַרַיינְגֶעקוּמֶען אִין דִיא דֶערְפֶער, אָדֶער שְׁטֶעט,
אָדֶער פֶעלְדֶער, הָאבֶּען זַייא דִיא קְרַאנְקֶע אַנִידֶערְגֶעלֶעגְט
אִין דִיא מַארְקֶען, אוּנְד הָאבֶּען אִיהְם גֶעבֶּעטֶען אַז זַייא
זָאלֶען נוּר אָנְרִיהְרֶען דִיא עֶקֶען פוּן זַיין קְלֵייד; אוּנְד דִיא
וָואס הָאבֶּען אִיהְם אָנְגֶערִיהְרְט זֶענֶען גֶערֶעטֶעט גֶעוָוארֶען:

קאפיטעל ז

1 אוּנְד דִיא פְּרוּשִׁים אוּנְד עֶטְלִיכֶע פוּן דִיא סוֹפְרִים, וָואס
זֶענֶען גֶעקוּמֶען פוּן יְרוּשָׁלַיִם, הָאבֶּען זִיךְ צוּ אִיהְם פֶערְ־
2 זַאמֶעלְט: אוּנְד זַייא הָאבֶּען גֶעזֶעהֶען אַז עֶטְלִיכֶע פוּן
זַיינֶע תַּלְמִידִים עֶסֶען בְּרוֹיט מִיט אוּנְרַיינֶע,—דָאס הֵייסְט
3 אוּנְגֶעוַואשֶׁענֶע הֶענְד: וָוארִין דִיא פְּרוּשִׁים אוּנְד אַלֶע
יוּדֶען עֶסֶען נִיט וֶוען זַייא הַאשֶׁען נִיט זָארְגְפֶעלְטִיג דִירֶע
הֶענְד, וַוייל זַייא הַאלְטֶען דִיא אִיבֶּערְלִיפֶערוּנְג פוּן דִיא
4 עֶלְצְטֶע: אוּנְד וֶוען זַייא קוּמֶען פוּן דֶעם מַארְק, עֶסֶען זַייא
נִיט וֶוען זַייא רֵיינִיגֶען זִיךְ נִיט; אוּנְד דָא זֶענֶען פִילֶע אַנְ־
דֶערֶע זַאכֶען וָואס זַייא הָאבֶּען אָנְגֶענוּמֶען צוּ הַאלְטֶען,
וְוִיא דִיא טְבִילָה פוּן בֶּעכֶער, אוּנְד טֶעפּ אוּנְד קוּפֶּערְנֶע
5 כֵּלִים: אוּנְד דִיא פְּרוּשִׁים אוּנְד סוֹפְרִים הָאבֶּען אִיהְם גֶעְ־
פְרֶעגְט, פַארְוָואס גֶעהֶען דֵיינֶע תַּלְמִידִים נִיט נָאךְ דִיא
אִיבֶּערְלִיפֶערוּנְג פוּן דִיא זְקֵנִים, נֵייעֶרְט עֶסֶען בְּרוֹיט מִיט
6 אוּנְגֶעוַואשֶׁענֶע הֶענְד? אוּנְד עֶר הָאט צוּ זַייא גֶעזָאגְט,

יְשַׁעְיָה הָאט רֶעכְט גְבִיאוֹת גֶעזָאגְט אוֹיף אֵייךְ הֵייכְלֶער,
„דִיזֶעם פָאלְק עֶהְרְט מִיךְ מִיט דִיא לִיפֶּען, אָבֶּער זֵייעֶר
הַארְץ אִיז דֶערְוַוייטֶערְט פוּן מִיר: אָבֶּער אוּמְזִיסְט בֶּעְ־ 7
טֶען זֵייא מִיךְ אָן, אוּנְד לֶערְנֶען לֶעהְרֶען וָואס זֶענֶען
גֶעבָּאטֶע פוּן מֶענְשֶׁען״: (ישעיה כט׳ יג׳).
אִיהְר הָאט פֶערְלָאזְט דִיא מִצְוָה פוּן גָאט, אוּנְד הַאלְט דִיא 8
אִיבֶּערְלִיפֶערוּנְג פוּן מֶענְשֶׁען: אוּנְד עֶר הָאט צוּ זֵייא גֶעְ־ 9
גֶעזָאגְט, וְואוֹיל פַארְוַוארְפְט אִיהְר דָאס גֶעבָּאט פוּן גָאט אַז
אִיהְר זָאלְט הַאלְטֶען אֵיירֶע אִיבֶּערְלִיפֶערוּנְג: וָוארִין מֹשֶׁה 10
הָאט גֶעזָאגְט, עֶהְרֶע דֵיין פָאטֶער אוּנְד דֵיינֶע מוּטֶער, אוּנְד
וָוער עֶס שֶׁעלְט פָאטֶער אָדֶער מוּטֶער דֶער זָאל גֶעוִויס
שְׁטַארְבֶּען: אָבֶּער אִיהְר זָאגְט, וָוען אַ מֶענְשׁ וָועט זָאגֶען 11
צוּ זֵיין פָאטֶער אָדֶער זֵיינֶע מוּטֶער, דָאס אִיז אַ קָרְבָּן,
דָאס הֵייסְט אַ נְדָבָה וָואס דוּא קֶענְסְט פוּן מִיר בֶּעקוּמֶען:
אִיהְר לָאזְט אִיהְם גָארְנִיט מֶעהְר טְהוּן פַאר זֵיין פָאטֶער 12
אָדֶער מוּטֶער: אוּנְד אִיהְר מַאכְט שְׁוַואךְ דָאס וָוארְט פוּן 13
גָאט דוּרְךְ אֵיירֶע אִיבֶּערְלִיפֶערוּנְג, וָואס אִיהְר הָאט אִיבֶּערְ־
גֶעלִיפֶערְט, אוּנְד דֶערְגְלֵייכֶען טְהוּט אִיהְר אַזָאלְכֶע פִילֶע
זַאכֶען: אוּנְד עֶר הָאט צוּ זִיךְ וִוידֶער גֶערוּפֶען דִיא לֵייט, 14
אוּנְד הָאט צוּ זֵייא גֶעזָאגְט, הֶערְט מִיךְ אַלֶע צוּ, אוּנְד פֶערְ־
שְׁטֶעהְט: קֵיינֶע זַאךְ פוּן אוֹיסֶעוֵוייניג פוּן דֶעם מֶענְשׁ וָואס 15
קוּמְט אִין אִיהְם אַרֵיין קָאן אִיהְם אוּנְרֵיין מַאכֶען; נֵייעֶרְט
דִיא זַאכֶען וָואס קוּמֶען אַרוֹיס פוּן דֶעם מֶענְשׁ מַאכֶען
אִיהְם אוּנְרֵיין: דֶער וָואס הָאט אוֹירֶען צוּ הֶערֶען לָאז עֶר 16
הֶערֶען: אוּנְד וָוען עֶר אִיז אַרֵיינְגֶעגַאנְגֶען אִים הוֹיז פוּן דִיא 17
לֵייט הָאבֶּען אִיהְם זֵיינֶע תַּלְמִידִים גֶעפְרֶעגְט וֶועגֶען דֶעם
מָשָׁל: אוּנְד עֶר הָאט צוּ זֵייא גֶעזָאגְט, זֶענְט אִיהְר אוֹיךְ 18
אַזוֹי אָהְן פֶערְשְׁטַאנְד? פֶערְשְׁטֶעהְט אִיהְר נִיט, אַז אַלֶעס
וָואס קוּמְט פוּן אוֹיסֶעוֵוייניג אִין אַ מֶענְשׁ אַרֵיין קָאן אִיהְם
נִיט אוּנְרֵיין מַאכֶען: וָוארִין עֶס קוּמְט נִיט אִין זֵיין הַארְץ 19
אַרֵיין, נֵייעֶרְט אִין בּוֹיךְ, אוּנְד גֶעהְט אַרוֹיס צוּם מִיסְט?
אַזוֹי הָאט עֶר אַלֶע זַאכֶען רֵיין גֶעמַאכְט: אוּנְד עֶר הָאט 20
גֶעזָאגְט, דָאס וָואס קוּמְט אַרוֹיס פוּן דֶעם מֶענְשׁ, דָאס מַאכְט
דֶעם מֶענְשׁ אוּנְרֵיין: וָוארִין פוּן אִינֶעוֶוענִיג, פוּן דֶעם הַארְץ 21

פוּן דֶעם מֶענְשׁ קוּמֶען אַרוֹיס שְׁלֶעכְטֶע גֶעדַאנְקֶען, נִיאוּף,
22 גְנֵיבָה, רְצִיחָה: זְנוּת גְלִיסְטֶען, רִשְׁעוּת, בֶּעטְרִיגֶערַייא,
אוֹיסְגֶעלַאסֶענְהַייט, אַיין אִיבֶּעל אוֹיג, לֶעסְטֶערוּנְג, שְׁטָאלְץ,
23 נַארִישְׁקַייט: אַלֶע דִיזֶע שְׁלֶעכְטִיגְקַייטֶען קוּמֶען אַרוֹיס פוּן
אִינְוֶוענִיג אוּנְד מַאכֶען דֶעם מֶענְשׁ אוּנְרַיין:
24 אוּנְד עֶר אִיז אוֹיפְגֶעשְׁטַאנֶען אוּנְד אִיז פוּן דָארְטֶען אַוֶעקְ־
גֶעגַאנְגֶען צוּ דִיא גְרֶענֶעץ פוּן צוֹר אוּנְד צִידוֹן. אוּנְד עֶר
אִיז אַרַיינְגֶעגַאנְגֶען אִין אַ הוֹיז, אוּנְד הָאט נִיט גֶעוָואלְט אַז
קַיינֶער זָאל וִויסֶען, אָבֶּער עֶר הָאט נִיט גֶעקֶענְט פֶערְבָּארְ־
25 גֶען בְּלַייבֶּען: אָבֶּער אַ פְרוֹיא, וָואס אִיהְרֶע טָאכְטֶער הָאט
גֶעהַאט אַיין אוּנְרַיינֶעם גַייסְט, הָאט גְלַייךְ פוּן אִיהְם גֶע־
הֶערְט, אוּנְד אִיז גֶעקוּמֶען אוּנְד אִיז אִיהְם צוּ דִיא פִים גֶע־
26 פַאלֶען: אוּנְד דִיא פְרוֹיא אִיז גֶעוֶועזֶען אַ יְוָנִית פוּן אֲרַם
צוֹר. אוּנְד זִיא הָאט אִיהְם גֶעבֶּעטֶען אַז עֶר זָאל דֶעם שֵׁד
27 אַרוֹיסְטְרַייבֶּען אוֹיס אִיהְרֶע טָאכְטֶער: אוּנְד עֶר הָאט צוּ
אִיהְר גֶעזָאגְט, לָאזֶען דִיא קִינְדֶער צוּעֶרְשְׁט זַאט וֶוערֶען;
וָוארִין עֶס אִיז נִיט גוּט דָאס בְּרוֹיט פוּן דִיא קִינְדֶער אַוֶועקְ־
28 צוּנֶעמֶען, אוּנְד פָאר דִיא הִינְטֶעלֶעךְ צוּ וַוארְפֶען: אוּנְד זִיא
הָאט גֶעעֶנְטְפֶערְט אוּנְד הָאט צוּ אִיהְם גֶעזָאגְט, יָא, הַאר!
אַפִילוּ דִיא הִינְטֶעלֶעךְ אוּנְטֶער דֶעם טִישׁ עֶסֶען פוּן דִיא
29 קִינְדֶערְס בְּרֶעקְלֶעךְ: אוּנְד עֶר הָאט צוּ אִיהְר גֶעזָאגְט וֶועְ־
גֶען דִיזֶעם וָוארְט גֶעה, דֶער שֵׁד אִיז פוּן דַיינֶע טָאכְטֶער
30 אַרוֹיסְגֶעגַאנְגֶען, אוּנְד וֶוען זִיא אִיז אִין אִיהְר הוֹיז גֶעקוּמֶען
הָאט זִיא גֶעפִינֶען דָאס מֶעדֶעל לִיגֶענְדִיג אוֹיף דֶעם בֶּעט,
אוּנְד דֶער שֵׁד פוּן אִיהְר אַרוֹיסְגֶעגַאנְגֶען:
31 אוּנְד עֶר אִיז וִוידֶער אַוֶועקְגֶעגַאנְגֶען פוּן דִיא גְרֶענְצֶען פוּן
צוֹר אוּנְד אִיז גֶעקוּמֶען דוּרְךְ צִידוֹן צוּם יַם פוּן גָלִיל, אִין
32 מִיטֶען דֶער גְרֶענֶעץ פוּן דֶעקַאפּוֹלִיס: אוּנְד זַייא הָאבֶּען
צוּ אִיהְם גֶעבְּרַאכְט אַ טוֹיבֶּען אוּנְד שְׁטוּמֶען אוּנְד הָאבֶּען
אִיהְם גֶעבֶּעטֶען אַז עֶר זָאל דִיא הַאנְד אוֹיף אִיהְם לֶעגֶען:
33 אוּנְד עֶר הָאט אִיהְם אַוֶועקְגֶענוּמֶען פוּן דִיא לַייט בַּייא זִיךְ
אַלַיין, אוּנְד הָאט דִיא פִינְגֶער אִין זַיינֶע אוֹירֶען אַרַיינְגֶע־
לֶעגְט, אוּנְד הָאט גֶעשְׁפִּיגֶען, אוּנְד הָאט זַיינֶע צוּנְג אָנְגֶע־
34 רִיהְרְט: אוּנְד עֶר הָאט אַרוֹיפְגֶעזֶעהֶען צוּם הִימֶעל, אוּנְד

הָאט גֶעזִיפְצְט, אוּנְד הָאט צוּ אִיהְם גֶעזָאגְט, אֶפְּתַּח, וָואס
הֵייסְט, מַאךְ דִיךְ אוֹיף: אוּנְד זַיינֶע אוֹירֶען זֶענֶען אוֹיפְ־ 35
גֶעמַאכְט גֶעוָוארֶען אוּנְד דָאס בַּאנְד אִיז גְלֵייךְ לוֹיז גֶעוָוא־
רֶען פוּן זַיינֶע צוּנְג אוּנְד עֶר הָאט רִיכְטִיג גֶעשְׁפְּרָאכֶען:
אוּנְד עֶר הָאט זַייא פֶערְבָּאטֶען אַז זַייא זָאלֶען קֵיינֶעם נִיט 36
זָאגֶען: אָבֶּער וָואס מֶעהְר עֶר הָאט זַייא פֶערְבָּאטֶען, הָא־
בֶּען זַייא עֶס נָאךְ פִיל מֶעהְר בֶּעקַאנְט גֶעמַאכְט: אוּנְד זַייא 37
הָאבֶּען זִיךְ אִיבֶּער דֶעם מָאס פֶערְוְואוּנְדֶערְט אוּנְד גֶעזָאגְט,
עֶר הָאט אַלֶע זַאכֶען גוּט גֶעטְהוּן: עֶר מַאכְט דִיא טוֹיבֶּע
הֶערֶען אוּנְד דִיא שְׁטוּמֶע רֶעדֶען:

קאפיטעל ח

אִין יֶענֶע טֶעג וָוען דִיא לֵייט זֶענֶען וִוידֶער פִיל גֶעוֶועזֶען אוּנְד 1
הָאבֶּען גָארְנִיט גֶעהַאט צוּ עֶסֶען, הָאט יֵשׁוּעַ גֶערוּפֶען זַיינֶע
תַּלְמִידִים, אוּנְד הָאט צוּ זַייא גֶעזָאגְט: אִיךְ הָאבּ רַחֲמָנוּת 2
אוֹיף דִיא לֵייט וָוארִין שׁוֹין דְרַייא טֶעג בְּלֵייבֶּען זַייא בַּייא
מִיר, אוּנְד הָאבֶּען גָארְנִיט צוּ עֶסֶען: אוּנְד וֶוען אִיךְ וֶועל 3
זַייא פַאסְטֶענְדִיג אַהֵיים שִׁיקֶען, וֶועלֶען זַייא פֶערְשְׁמַאכֶען
אוֹיף דֶעם וֶועג; אוּנְד עֶטְלִיכֶע פוּן זַייא קוּמֶען פוּן וַוייט
אַהֶער: אוּנְד זַיינֶע תַּלְמִידִים הָאבֶּען אִיהְם גֶעעֶנְטְפֶערְט, וִויא 4
אַזוֹי קֶען מֶען דִיזֶע מִיט בְּרוֹיט זֶעטִיגֶען דָא אִין אַ מִדְבָּר?
אוּנְד עֶר הָאט זַייא גֶעפְרֶעגְט, וִויא פִיל בְּרוֹיט הָאט אִיהְר? 5
אוּנְד זַייא הָאבֶּען גֶעזָאגְט זִיבֶּען. אוּנְד עֶר הָאט דִיא לֵייט 6
גֶעהֵייסֶען זִיךְ אוֹיף דֶער עֶרְד אַנִידֶערְזֶעצֶען, אוּנְד הָאט
גֶענוּמֶען דִיא זִיבֶּען בְּרוֹיט, אוּנְד הָאט אַ בְּרָכָה גֶעמַאכְט,
אוּנְד הָאט עֶס צֶערְבְּרָאכֶען, אוּנְד גֶעגֶעבֶּען צוּ זַיינֶע תַּלְמִידִים,
אַז זַייא זָאלֶען פָאר זַייא פָארְלֶעגֶען; אוּנְד זַייא הָאבֶּען
זַייא פָאר דִיא לֵייט פָארְגֶעלֶעגְט: אוּנְד זַייא הָאבֶּען גֶע־ 7
הַאט עֶטְלִיכֶע קְלֵיינֶע פִישְׁלֶעךְ; אוּנְד עֶר הָאט דֶערִיבֶּער
אַ בְּרָכָה גֶעמַאכְט, אוּנְד הָאט אוֹיךְ זַייא גֶעהֵייסֶען פָארְלֶע־
גֶען: אוּנְד זַייא הָאבֶּען גֶעגֶעסֶען אוּנְד זֶענֶען זַאט גֶעוָוארֶען, 8
אוּנְד זַייא הָאבֶּען אוֹיפְגֶעהוֹיבֶּען פוּן דִיא אִיבֶּערְגֶעבְּלִיבֶּענֶע
בְּרֶעקְלֶעךְ זִיבֶּען קֶערְבּ: אוּנְד זַייא זֶענֶען גֶעוֶועזֶען 9
קֶעגֶען פִיר טוֹיזֶענְד, אוּנְד עֶר הָאט זַייא אַוֶועקְגֶעשִׁיקְט:
אוּנְד בַּאלְד אִיז עֶר אִין אַ שִׁיף אַרַיינְגֶעגַאנְגֶען מִיט זַיינֶע 10

תַּלְמִידִים, אוּנְד אִיז גֶעקוּמֶען אִין דֶער גֶעגֶענְד פוּן דַלְמָנוּתָא:
11 אוּנְד דִיא פְּרוּשִׁים זֶענֶען אַרוֹיסְגֶעגַאנְגֶען, אוּנְד הָאבֶּען אָנְ־
גֶעהוֹיבֶּען מִיט אִיהְם אַ וִיכּוּחַ אוּנְד הָאבֶּען פוּן אִיהְם פֶערְ־
לַאנְגְט אַ צֵייכֶען פוּן דֶעם הִימֶעל, אִיהְם צוּ פְּרִיפֶען:
12 אוּנְד עֶר הָאט טִיף גֶעזִיפְצְט אִין זַיין גֶעמִיט, אוּנְד גֶעזָאגְט,
וָוארוּם זוּכְט דִיזֶעס דוֹר אַ צֵייכֶען? בֶּאֱמֶת זָאג אִיךְ אֵייךְ,
עֶס וָועט צוּ דִיזֶעס דוֹר קֵיין צֵייכֶען נִיט גֶעגֶעבֶּען וֶוערֶען:
13 אוּנְד עֶר הָאט זֵייא פֶערְלָאזְט, אוּנְד אִיז וִוידֶער אַרֵיינְגֶע־
גַאנְגֶען אוֹיף דֶעם שִׁיף אוּנְד אִיז אוֹיף דִיא אַנְדֶערֶע זֵייט
אַרִיבֶּערְגֶעקוּמֶען:
14 אוּנְד זֵייא הָאבֶּען פֶערְגֶעסֶען בְּרוֹיט מִיטְצוּנֶעמֶען, אוּנְד
זֵייא הָאבֶּען נִיט מֶעהְר מִיט זִיךְ גֶעהַאט וִויא אֵיין בְּרוֹיט
15 אִים שִׁיף: אוּנְד עֶר הָאט זֵייא גֶעבָּאטֶען אוּנְד גֶעזָאגְט,
זֶעהְט צוּ, הִיט אֵייךְ פָאר דֶעם זוֹיעֶרְטֵייג פוּן דִיא פְּרוּשִׁים,
16 אוּנְד פָאר דֶעם זוֹיעֶרְטֵייג פוּן הוֹרְדוֹס: אוּנְד זֵייא הָאבֶּען
צְווִישֶׁען זִיךְ גֶעטַענֶעט וַוייל זֵייא הָאבֶּען נִיט קֵיין בְּרוֹיט:
17 אוּנְד עֶר הָאט דָאס גֶעוְואוּסְט אוּנְד הָאט צוּ זֵייא גֶעזָאגְט,
פַארְוָואס הָאט אִיהְר גֶעטַענֶעט וַוייל אִיהְר הָאט נִיט קֵיין
בְּרוֹיט? פֶערְנֶעמְט אִיהְר נָאךְ נִיט, אוּנְד פֶערְשְׁטֶעהְט אִיהְר
18 דָאס נִיט? הָאט אִיהְר אֵייעֶר הַארְץ פֶערְשְׁטָאקְט? הָאט
אִיהְר אוֹיגֶען אוּנְד זֶעהְט נִיט? אוּנְד אוֹירֶען אוּנְד הֶערְט
19 נִיט? אוּנְד גֶעדֶענְקְט אִיהְר נִיט? וֶוען אִיךְ הָאבּ צוּבְּרָאכֶען
דִיא פִינְף בְּרוֹיט פַאר דִיא פִינְף טוֹיזֶענְד, וִויא פִיל קֶערְבּ
פוּל מִיט בְּרֶעקְלֶעךְ הָאט אִיהְר אוֹיפְגֶעהוֹיבֶּען? זֵייא הָאבֶּען
20 צוּ אִיהְם גֶעזָאגְט צְוֶועלְף: אוּנְד וֶוען דִיא זִיבֶּען פַאר דִיא
פִיר טוֹיזֶענְד, וִויא פִיל קֶערְבּ פוּל מִיט בְּרֶעקְלֶעךְ הָאט
אִיהְר אוֹיפְגֶעהוֹיבֶּען? אוּנְד זֵייא הָאבֶּען גֶעזָאגְט זִיבֶּען:
21 אוּנְד עֶר הָאט צוּ זֵייא גֶעזָאגְט, פֶערְשְׁטֶעהְט אִיהְר נָאךְ נִיט?
22 אוּנְד זֵייא זֶענֶען גֶעקוּמֶען קֵיין בֵּית צַיְדָה, אוּנְד זֵייא הָא־
בֶּען צוּ אִיהְם גֶעבְּרַאכְט אַ בְּלִינְדֶען, אוּנְד הָאבֶּען אִיהְם
23 גֶעבֶּעטֶען אַז עֶר זָאל אִיהְם אָנְרִיהְרֶען: אוּנְד עֶר הָאט דֶעם
בְּלִינְדֶען אָנְגֶענוּמֶען בֵּייא דֶער הַאנְד, אוּנְד הָאט אִיהְם
אַרוֹיסְגֶעפִיהְרְט אוֹיס דֶעם דָארְף, הָאט גֶעשְׁפִּיגֶען אִין זֵיינֶע־
אוֹיגֶען, אוּנְד הָאט דִיא הֶענְד אוֹיף אִיהְם גֶעלֶעגְט, אוּנְד

24 הָאט אִיהְם גֶעפְרֶעגְט זֶעהְסְט דוּא עֶפֶּעס? אוּנְד עֶר
הָאט אַרוֹיפְגֶעקוּקְט, אוּנְד גֶעזָאגְט, אִיךְ זֶעה מֶענְשֶׁען,
וָוארִין אִיךְ זֶעה זַייא אַזוֹי ווִיא בֵּיימֶער אַרוּמְגֶעהֶענְדִיג:
25 דֶערְנָאךְ הָאט עֶר ווִידֶער דִיא הֶענְד אוֹיף זַיינֶע אוֹיגֶען גֶע־
לֶעגְט, אוּנְד עֶר הָאט שַׁארְף גֶעקוּקְט, אוּנְד אִיז גֶעהֵיילְט
גֶעוָוארֶען, אוּנְד הָאט אַלֶע זַאכֶען פוּן וַוייטֶען גֶעזֶעהֶען:
26 אוּנְד עֶר הָאט אִיהְם אַהֵיים גֶעשִׁיקְט, אוּנְד גֶעזָאגְט, דוּא
זָאלְסְט נִיט אַרַיינְקוּמֶען אֲפִילוּ נִיט אִים דָארְף:
27 אוּנְד יֵשׁוּעַ אוּנְד זַיינֶע תַּלְמִידִים זֶענֶען אַרוֹיסְגֶעגַאנְגֶען צוּ
דִיא דֶערְפֶער פוּן קֵיסְרִין פוּן פִילִיפּוֹס; אוּנְד אוֹיף דֶעם
וֶועג הָאט עֶר זַיינֶע תַּלְמִידִים גֶעפְרֶעגְט, אוּנְד הָאט צוּ זַייא
28 גֶעזָאגְט, וָוער זָאגֶען דִיא מֶענְשֶׁען אַז אִיךְ בִּין? אוּנְד זַייא
הָאבֶּען צוּ אִיהְם גֶעזָאגְט יוֹחָנָן הַמְטַבֵּל; אוּנְד אַנְדֶערֶע
29 אֵלִיָּהוּ; אָבֶּער אַנְדֶערֶע אֵיינֶער פוּן דִיא נְבִיאִים: אוּנְד עֶר
הָאט זַייא גֶעפְרֶעגְט, וָוער זָאגְט אִיהְר אַז אִיךְ בִּין? אוּנְד
פֶּעטְרוֹס הָאט גֶעעֶנְטְפֶערְט אוּנְד הָאט צוּ אִיהְם גֶעזָאגְט,
30 דוּא בִּיסְט דֶער מָשִׁיחַ: אוּנְד עֶר הָאט זַייא גֶעבָּאטֶען
31 אַז זַייא זָאלֶען קֵיינֶעם נִיט זָאגֶען פוּן אִיהְם: אוּנְד עֶר
הָאט זַייא אָנְגֶעהוֹיבֶּען צוּ לֶערְנֶען, אַז דֶער בֶּן־אָדָם מוּז פִיל
לֵיידֶען, אוּנְד פֶערְוָוארְפֶען וֶוערֶען פוּן דִיא עֶלְצְטֶע אוּנְד
דִיא עֶרְשְׁטֶע כֹּהֲנִים אוּנְד דִיא סוֹפְרִים, אוּנְד גֶעטֵייטֶעט
32 וֶוערֶען, אוּנְד נָאךְ דְרַייא טֶעג ווִידֶער אוֹיפְשְׁטֶעהֶען: אוּנְד
עֶר הָאט דָאס וָוארְט עֶפֶענְטְלִיךְ גֶעזָאגְט. אוּנְד פֶּעטְרוֹס
הָאט אִיהְם גֶענוּמֶען, אוּנְד הָאט אִיהְם אָנְגֶעהוֹיבֶּען אָנְצוּ־
33 שְׁרַייעֶן: אָבֶּער עֶר הָאט זִיךְ אוּמְגֶעקֶעהְרְט, אוּנְד הָאט זַיינֶע
תַּלְמִידִים אָנְגֶעזֶעהֶען, אוּנְד הָאט פֶּעטְרוֹס אָנְגֶעשְׁרִיעֶן אוּנְד
גֶעזָאגְט, גֶעה אַוֶועק פוּן מִיר, שָׂטָן, וָוארִין דוּא טְרַאכְטְסְט
נִיט אוֹיף דִיא זַאכֶען פוּן גָאט, נֵייעֶרְט דִיא זַאכֶען פוּן מֶענְ־
34 שֶׁען: אוּנְד עֶר הָאט דִיא לֵייט מִיט זַיינֶע תַּלְמִידִים צוּ זִיךְ
גֶערוּפֶען אוּנְד הָאט צוּ זַייא גֶעזָאגְט, וָוער עֶס ווִיל מִיר נָאכְ־
קוּמֶען, דֶער זָאל זִיךְ אַלֵיין פֶערְלֵייקֶענֶען, אוּנְד זַיין קְרַייץ
35 אוֹיפְנֶעמֶען אוּנְד מִיר נָאכְפָאלְגֶען: וָוארִין וָוער עֶס ווִיל
זַיין לֶעבֶּען רֶעטֶען, דֶער וֶועט עֶס פֶערְלִירֶען; אוּנְד וָוער
עֶס ווִיל זַיין לֶעבֶּען פֶערְלִירֶען פוּן מֵיינֶעט וֶועגֶען אוּנְד

36 וֶועגֶען דֶער בְּשׂוֹרָה טוֹבָה, דֶער וֶועט עֶס רֶעטֶּען: וָוארִין
וִויא וֶועט אַ מֶענְשׁ גֶעהָאלְפֶען וֶוערֶען וֶוען עֶר וֶועט
דִיא גַאנְצֶע וֶועלְט גֶעוִוינֶען, אוּנְד זַיין לֶעבֶּען פֶערְלִירֶען?
37 וָוארִין וָואס וֶועט אַ מֶענְשׁ גֶעבֶּען אַלְס אוֹיסְלֵייזוּנְג פַאר זַיין
38 לֶעבֶּען? דְרוּם וֶוער עֶס וֶועט זִיךְ שֶׁעהֶמֶען מִיט מִיר אוּנְד
מִיט מֵיינֶע וֶוערְטֶער אִין דִיזֶעם דוֹר פוּן זִינְד אוּנְד זְנוּת,
אַזוֹי וֶועט זִיךְ דֶער בֶּן־אָדָם מִיט אִיהְם אוֹיךְ שֶׁעהֶמֶען, וֶוען
עֶר קוּמְט אִין דֶער הֶערְלִיכְקֵייט פוּן זַיין פָאטֶער מִיט דִיא
הֵיילִיגֶע מַלְאָכִים:

קאפיטעל ט

1 אוּנְד עֶר הָאט צוּ זֵייא גֶעזָאגְט, בֶּאֱמֶת זָאג אִיךְ אֵייךְ, עֶס
זֶענֶען עֶטְלִיכֶע וָואס שְׁטֶעהֶען דָא, וָואס וֶועלֶען נִיט פֶערְזוּ־
כֶען דֶעם טוֹיט, בִּיז זֵייא וֶועלֶען זֶעהֶען דָאס קֶענִיגְרֵייךְ פוּן
גָאט קוּמֶען מִיט מַאכְט:
2 אוּנְד נָאךְ זֶעקְס טֶעג הָאט יֵשׁוּעַ גֶענוּמֶען פֶּעטְרוֹס אוּנְד
יַעֲקֹב אוּנְד יוֹחָנָן, אוּנְד הָאט זֵייא אַרוֹיפְגֶעבְּרַאכְט אוֹיף אַ
הוֹיכֶען בַּארְג בֵּייא זִיךְ זֶעלְבְּסְט. אוּנְד עֶר אִיז פָאר זֵייא
3 פֶערְעֶנְדֶערְט גֶעוָוארֶען: אוּנְד זֵיינֶע קְלֵיידֶער זֶענֶען גְלַאנְ־
צֶענְדִיג גֶעוָוארֶען זֶעהְר וֵוייס, אַזוֹי וִויא קֵיין וֶועשֶׁער אוֹיף
4 דֶער עֶרְד הָאט זֵייא נִיט גֶעקָאנְט וֵוייס מַאכֶען: אוּנְד
אֵלִיָהוּ אוּנְד מֹשֶׁה הָאבֶּען זִיךְ צוּ זֵייא בֶּעווִיזֶען, אוּנְד
5 הָאבֶּען גֶערֶעט מִיט יֵשׁוּעַ: אוּנְד פֶּעטְרוֹס הָאט גֶעעֶנְטְ־
פֶערְט אוּנְד הָאט גֶעזָאגְט צוּ יֵשׁוּעַ, רַבִּי, עֶס אִיז גוּט
פַאר אוּנְס דָא צוּ זַיין; אוּנְד לָאזֶען מִיר מַאכֶען דְרֵייא
גֶעצֶעלְטֶען; אֵיינְס פַאר דִיר, אוּנְד אֵיינְס פַאר מֹשֶׁה, אוּנְד
6 אֵיינְס פַאר אֵלִיָהוּ: וָוארִין עֶר הָאט נִיט גֶעוְואוּסְט וָואס עֶר
זָאל עֶנְטְפֶערֶען; וָוארִין זֵייא זֶענֶען זֶעהְר דֶערְשְׁרָאקֶען
7 גֶעוָוארֶען: אוּנְד אַ וָואלְקֶען אִיז גֶעקוּמֶען אוּנְד הָאט זֵייא
בֶּעדֶעקְט; אוּנְד אַ קוֹל אִיז אַרוֹיסְגֶעקוּמֶען פוּן דֶעם
וָואלְקֶען, דָאס אִיז מֵיין זוּהְן דֶער גֶעלִיבְּטֶער, הֶערְט אִיהְם
8 צוּ! אוּנְד וֶוען זֵייא הָאבֶּען זִיךְ פְּלִיצְלִינְג אוּמְגֶעזֶעהֶען,
הָאבֶּען זֵייא קֵיינֶעם נִיט מֶעהְר גֶעזֶעהֶען, נֵייעֶרְט יֵשׁוּעַ
אַלֵיין מִיט זֵייא:
9 אוּנְד וֶוען זֵייא זֶענֶען פוּן דֶעם בַּארְג אַרוּפְגֶעגַאנְגֶען, אַזוֹי

הָאט עֶר זַייא פֶערְבָּאטֶען אַז זַייא זָאלֶען קֵיינֶעם נִיט דֶערְ־
צֶעלֶען וָואס זַייא הָאבֶען גֶעזֶעהֶען, בִּיז דֶער בֶּן־אָדָם וֶועט
10 פוּן דִיא טוֹיטֶע אוֹיפְשְׁטֶעהֶען: אוּנְד זַייא הָאבֶען דָאס
וָוארְט בַּייא זִיךְ בֶּעהַאלְטֶען, אוּנְד הָאבֶען אֵיינֶער דֶעם
אַנְדֶערְן גֶעפְרֶעגְט, וָואס אִיז דָאס אוֹיפְשְׁטֶעהֶען פוּן דִיא
11 טוֹיטֶען! אוּנְד זַייא הָאבֶען אִיהְם גֶעפְרֶעגְט אוּנְד גֶעזָאגְט,
פַארְוָואס זָאגֶען דִיא פְּרוּשִׁים אַז אֵלִיָּהוּ מוּס צוּעֶרְשְׁט קוּמֶען?
12 אוּנְד עֶר הָאט צוּ זַייא גֶעזָאגְט, אֵלִיָּהוּ קוּמְט צוּעֶרְשְׁט אוּנְד
שְׁטֶעלְט אַלֶעס צוּרֶעכְט; אוּנְד וְוִיא עֶס שְׁטֶעהְט גֶעשְׁרִיבֶּען
אוֹיף דֶעם בֶּן־אָדָם, אַז עֶר זָאל פִיל לֵיידֶען, אוּנְד פֶערְאַכְ־
13 טֶעט וֶוערֶען? אָבֶער אִיךְ זָאג אֵייךְ, אַז אֵלִיָּהוּ אִיז אוֹיךְ
גֶעקוּמֶען, אוּנְד זַייא הָאבֶען צוּ אִיהְם גֶעטְהוּן וָואס זַייא
הָאבֶען גֶעוָואלְט, אַזוֹי וְוִיא עֶס שְׁטֶעהְט גֶעשְׁרִיבֶען אוֹיף
אִיהְם:
14 אוּנְד וֶוען עֶר אִיז צוּ דִיא תַּלְמִידִים גֶעקוּמֶען הָאט עֶר
גֶעזֶעהֶען פִיל לַייט אַרוּם זַייא, אוּנְד סוֹפְרִים מִיט זַייא
15 פְרַאגֶענְד: אוּנְד אַזוֹי בַּאלְד וְוִיא אַלֶע לַייט הָאבֶען אִיהְם
גֶעזֶעהֶען, הָאבֶען זַייא זִיךְ פֶערְוְואוּנְדֶערְט, אוּנְד זֶענֶען צוּ־
16 גֶעלָאפֶען אוּנְד הָאבֶען אִיהְם גֶעגְרִיסְט: אוּנְד עֶר הָאט זַייא
17 גֶעפְרֶעגְט, אִיבֶּער וָואס הָאט אִיהְר אַ וִיכּוּחַ? אוּנְד אֵיינֶער
פוּן דִיא לַייט הָאט אִיהְם גֶעעֶנְטְפֶערְט, לֶעהְרֶער, אִיךְ הָאבּ
18 מַיין זוּהְן צוּ דִיר גֶעבְּרַאכְט וָואס הָאט אַ גַייסְט: אוּנְד
וְוִיא אַהִין עֶר נֶעמְט אִיהְם אַזוֹי צֶערְרַייסְט עֶר אִיהְם; אוּנְד
עֶר שׁוֹימְט, אוּנְד קְרִיצְט מִיט דִיא צֵיין, אוּנְד וֶוערְד פֶערְ־
דַארְט: אוּנְד אִיךְ הָאבּ צוּ דַיינֶע תַּלְמִידִים גֶעזָאגְט, אַז
זַייא זָאלֶען אִיהְם אַרוֹיסְטְרַייבֶען; אוּנְד זַייא הָאבֶען נִיט
19 גֶעקָאנְט: אוּנְד עֶר הָאט זַייא גֶעעֶנְטְפֶערְט אוּנְד גֶעזָאגְט,
אָ אִיהְר אוּמְגְלוֹיבִּיגֶעס דוֹר, וְוִיא לַאנְג זָאל אִיךְ בַּייא אֵייךְ
זַיין? וְוִיא לַאנְג זָאל אִיךְ לֵיידֶען? בְּרֶענְגְט אִיהְם אַהֶער
20 צוּ מִיר: אוּנְד זַייא הָאבֶען אִיהְם צוּ אִיהְם גֶעבְּרַאכְט.
אוּנְד וְוִיא עֶר הָאט אִיהְם גֶעזֶעהֶען, אַזוֹי הָאט אִיהְם דֶער
גַייסְט גְלֵייךְ צֶערִיסֶען; אוּנְד עֶר אִיז צוּ דֶער עֶרְד גֶעפַאלֶען,
21 אוּנְד הָאט זִיךְ גֶעוַואלְגֶערְט, אוּנְד גֶעשׁוֹימְט: אוּנְד עֶר הָאט
זַיין פָאטֶער גֶעפְרֶעגְט, וְוִיא לַאנְג אִיז עֶס זַייט דָאס אִיז

אִיהְם גֶעשֶׁעהֶען? אוּנְד עֶר הָאט גֶעזָאגְט, פוּן קִינְדְהֵייט
22 אָן: אוּנְד אָפְט הָארְפְט עֶר אִיהְם אִין פֵייעֶר אַרֵיין אוּנְד
אָפְט אִין וַואסֶער, אַז עֶר זָאל אִיהְם אוּמְבְּרֶענְגֶען; אָבֶּער
וֶוען דוּא קָאנְסְט עֶפֶּעס טְהוּן, אַזוֹי דֶערְבַּארְם דִיךְ אִיבֶּער
23 אוּנְס אוּנְד הֶעלְף אוּנְס: אוּנְד יֵשׁוּעַ הָאט צוּ אִיהְם גֶעזָאגְט,
דוּא זָאגְסְט וֶוען דוּא קֶענְסְט! אַלֶע זַאכֶען זֶענֶען מֶעגְלִיךְ
24 צוּ דֶעם וָואס גְלוֹיבְּט: דֶער פָאטֶער פוּן דֶעם קִינְד הָאט
גְלֵייךְ גֶעשְׁרִיעֶן, אוּנְד גֶעזָאגְט, אִיךְ גְלוֹיבּ, הֶעלְף מֵיין
25 אוּנְגְלוֹיבֶּען: אוּנְד וִויא יֵשׁוּעַ הָאט גֶעזֶעהֶען אַז דִיא לֵייט
לוֹיפֶען צוּנוֹיף, אַזוֹי הָאט עֶר דֶעם אוּנְרֵיינֶען גֵייסְט אָנְגֶע־
שְׁרִיעֶן, אוּנְד הָאט צוּ אִיהְם גֶעזָאגְט, דוּא שְׁטוּמֶער אוּנְד
טוֹיבֶּער גֵייסְט, אִיךְ בֶּעפֶעהְל דִיר, גֶעה אַרוֹיס פוּן אִיהְם,
26 אוּנְד קוּם נִיט מֶעהְר אִין אִיהְם אַרֵיין: אוּנְד וֶוען עֶר הָאט
גֶעשְׁרִיעֶן אוּנְד הָאט אִיהְם זֶעהְר גֶערִיסֶען, אִיז עֶר אַרוֹיסְגֶע־
גַאנְגֶען; אוּנְד עֶר אִיז גֶעוָוארֶען וִויא אַ טוֹיטֶער, אַזוֹי אַז
27 פִילֶע הָאבֶּען גֶעזָאגְט, עֶר אִיז טוֹיט: אָבֶּער יֵשׁוּעַ הָאט
אִיהְם אָנְגֶענוּמֶען בֵּייא דֶער הַאנְד, אוּנְד הָאט אִיהְם
28 אוֹיפְגֶעהוֹיבֶּען, אוּנְד עֶר אִיז אוֹיפְגֶעשְׁטַאנֶען: אוּנְד וֶוען
עֶר אִיז אִים הוֹיז גֶעקוּמֶען, הָאבֶּען אִיהְם זַיינֶע תַּלְמִידִים
גֶעפְרֶעגְט בֵּייא זִיךְ אַלֵיין, פַארְוָואס הָאבֶּען מִיר אִיהְם נִיט
29 גֶעקָאנְט אַרוֹיסְטְרֵייבֶּען? אוּנְד עֶר הָאט צוּ זֵייא גֶעזָאגְט,
דִיזֶער מִין קֶען נִיט אַנְדֶערְשׁ אַרוֹיסְגֶעהֶען, אוֹיסֶער דוּרְךְ
גֶעבֶּעט:
30 אוּנְד וֶוען זֵייא זֶענֶען פוּן דָארְטֶען אַוֶועקְגֶעגַאנְגֶען, זֶענֶען
זֵייא דוּרְכְגֶעגַאנְגֶען דוּרְךְ גָלִיל; אוּנְד עֶר הָאט נִיט גֶעוָואלְט
31 אַז קֵיינֶער זָאל פוּן אִיהְם וִויסֶען: וָוארִין עֶר הָאט זֵיינֶע
תַּלְמִידִים גֶעלֶערְנְט, אוּנְד הָאט צוּ זֵייא גֶעזָאגְט, דֶער בֶּן־
אָדָם וֶועט אִיבֶּערְגֶעעֶנְטְפֶערְט וֶוערֶען אִין דִיא הֶענְד פוּן
מֶענְשֶׁען אַרֵיין, אוּנְד זֵייא וֶועלֶען אִיהְם הַרְגֶענֶען, אוּנְד וֶוען
עֶר וֶועט גֶעהַרְגֶעט וֶוערֶען נָאךְ דְרֵייא טֶעג, וֶועט עֶר
32 אוֹיפְשְׁטֶעהֶען: אוּנְד זֵייא הָאבֶּען דָאס וָוארְט נִיט פֶערְ־
שְׁטַאנֶען, אוּנְד הָאבֶּען זִיךְ גֶעפָארְכְטֶען אִיהְם צוּ פְרֶעגֶען:
33 אוּנְד זֵייא זֶענֶען גֶעקוּמֶען קֵיין כְּפַר נַחוּם; אוּנְד וֶוען עֶר
אִיז אִים הוֹיז גֶעקוּמֶען, הָאט עֶר זֵייא גֶעפְרֶעגְט, וָואס אִיז

דָאס וָואס אִיהְר הָאט צְוִוישֶׁען אֵייךְ גֶעטַעֲנֶעט אוֹיף דֶעם
34 וֶועג? אוּנְד זֵייא הָאבֶּען גֶעשְׁווִיגֶען; וָוארִין זֵייא הָאבֶּען
זִיךְ אוֹיף דֶעם וֶועג מִיטְאֵיינְאַנְדֶער גֶעקְרִיגְט וֶוער אִיז דֶער
35 גְרֶעסֶערֶער: אוּנְד עֶר הָאט זִיךְ אַנִידֶערְגֶעזֶעצְט, אוּנְד הָאט
בֶּערוּפֶען דִיא צְוֶועלְף, אוּנְד הָאט צוּ זֵייא גֶעזָאגְט, וֶוען
אֵיינֶער וִויל זַיין דֶער עֶרְשְׁטֶער, דֶער וֶועט זַיין דֶער
36 לֶעצְטֶער פוּן אַלֶע, אוּנְד דֶער מְשָׁרֵת פוּן אַלֶע: אוּנְד עֶר
הָאט גֶענוּמֶען אַ קְלֵיין קִינְד אוּנְד הָאט עֶס צְווִישֶׁען זֵייא
גֶעשְׁטֶעלְט אוּנְד הָאט עֶס אִין דִיא אָרְמֶע גֶענוּמֶען, אוּנְד
37 הָאט צוּ זֵייא גֶעזָאגְט: וֶוער עֶס וֶועט אֵיינְס פוּן זָאלְכֶע
קִינְדֶער אוֹיפְנֶעמֶען אִין מֵיין נָאמֶען דֶער נֶעמְט מִיךְ אוֹיף;
אוּנְד וֶוער עֶס וֶועט מִיךְ אוֹיפְנֶעמֶען, דֶער נֶעמְט נִיט מִיךְ
אוֹיף, נֵייעֶרְט דֶעם וֶועלְכֶער הָאט מִיךְ גֶעשִׁיקְט:
38 יוֹחָנָן הָאט צוּ אִיהְם גֶעזָאגְט, לֶעהְרֶער, מִיר הָאבֶּען אֵיינֶעם
גֶעזֶעהֶען וָואס טְרַייבְּט אַרוֹיס שֵׁדִים אִין דַיין נָאמֶען, אוּנְד
עֶר פָאלְגְט אוּנְס נִיט נָאךְ: אוּנְד מִיר הָאבֶּען אִיהְם פֶערְ־
39 בָּאטֶען, וַוייל עֶר הָאט אוּנְס נִיט נָאכְגֶעפָאלְגְט: אָבֶּער
יֵשׁוּעַ הָאט גֶעזָאגְט, פֶערְבִּיט אִיהְם נִיט; וָוארִין עֶס אִיז
קֵיינֶער נִיט פֶערְהַאנֶען וָואס וֶועט טְהוּן אַ וְואוּנְדֶער אִין
מֵיין נָאמֶען, אוּנְד וֶועט בַּאלְד קֶענֶען שְׁלֶעכְטֶעס רֶעדֶען
40 אוֹיף מִיר: וָוארִין דֶער וָואס אִיז נִיט קֶעגֶען אוּנְס, דֶער
41 אִיז פַאר אוּנְס: וָוארִין וֶוער עֶס וֶועט אֵייךְ גֶעבֶּען צוּ
טְרִינְקֶען אַ בֶּעכֶער וַואסֶער אִין מֵיין נָאמֶען, וֵוייל אִיהְר
גֶעהֶערְט צוּ מָשִׁיחַ, בֶּאֱמֶת זָאג אִיךְ אֵייךְ, עֶר וֶועט אוֹיף קֵיין
42 פַאל זַיין שְׂכַר נִיט פֶערְלִירֶען: אוּנְד וֶוער עֶס שְׁטְרוֹיכֶעלְט
אֵיינֶעם פוּן דִיא קְלֵיינֶע וָואס גְלוֹיבֶּען אִין מִיר, אַזוֹי וָואלְט
עֶס פַאר אִיהְם בֶּעסֶער גֶעוֶועזֶען, אַז אַ מִיהְלְשְׁטֵיין וָואלְט
אַרוּם זַיין הַאלְז גֶעהָאנְגֶען, אוּנְד אִים יַם אַרַיינְגֶעוָוארְפֶען
43 וֶוערֶען: אוּנְד וֶוען דֵיינֶע הַאנְד שְׁטְרוֹיכֶעלְט דִיךְ, הַאק זִיא
אָפּ; עֶס אִיז בֶּעסֶער פַאר דִיר אַז דוּא זָאלְסְט אַרַיינְגֶעהֶען
אִים לֶעבֶּען אַלְס קְרִיפֶּעל, אֵיידֶער דוּא זָאלְסְט הָאבֶּען בֵּיידֶע
הֶענְד, אוּנְד זָאלְסְט אַוֶועקְגֶעהֶען אִין גֵיהִנָּם אַרַיין, צוּם אוּנְ־
44 פֶערְלָאשֶׁענֶעם פֵייעֶר: אוּנְד וֶוען דַיין פוּס שְׁטְרוֹיכֶעלְט
דִיךְ, הַאק אִיהְם אָפּ, עֶס אִיז בֶּעסֶער פַאר דִיר, אַז דוּא

זָאלְסְט אַריינְגֶעהֶען אִים לֶעבֶּען הִינְקֶעדִיג, אֵיידֶער דוּא
זָאלְסְט בֵּיידֶע פִים הָאבֶּען אוּנְד זָאלְסְט אִין גֵיהִנָם אַריינְ־
45 גֶעוָוארְפֶען וָוערֶען: אוּנְד וָוען דֵיין אוֹיג שְׁטְרוֹיכֶעלְט דִיךְ,
רֵייס עָס אַרוֹיס. עֶס אִיז בֶּעסֶער פַאר דִיר, אַז דוּא זָאלְסְט
אַרֵיינְגֶעהֶען אִים קֶענִיגְרֵייךְ פוּן גָאט מִיט אֵיין אוֹיג, אֵיידֶער
דוּא זָאלְסְט בֵּיידֶע אוֹיגֶען הָאבֶּען אוּנְד זָאלְסְט אִין גֵיהִנָם
46 אַרֵיינְגֶעוָוארְפֶען וָוערֶען: וְואוּ זֵייעֶר וָוארְם שְׁטַארְבְּט נִיט,
47 אוּנְד דָאס פֵייעֶר וָוערְד נִיט פֶערְלָאשֶׁען: וָוארִין אִיטְלִיכֶער
48 וָוערְד גֶעזַאלְצֶען וָוערֶען מִיט פֵייעֶר: זַאלְץ אִיז גוּט,
אָבֶּער וָוען דָאס זַאלְץ וָוערְד אוּנְזַאלְצִיג, מִיט וָואס וֶועט
אִיהְר עֶס זַאלְצֶען? הָאט זַאלְץ מִיט אֵייךְ זֶעלְבְּסְט, אוּנְד
לֶעבְּט בְּשָׁלוֹם אוּנְטֶער אֵיינַאנְדֶער:

קאפיטעל י

1 אוּנְד עֶר אִיז פוּן דָארְטֶען אוֹיפְגֶעשְׁטַאנֶען אוּנְד אִיז גֶעְ־
קוּמֶען צוּ דִיא גְרֶענֶעץ פוּן יְהוּדָה, פוּן דִיא אַנְדֶערֶע זֵייט
יַרְדֵן; אוּנְד דִיא לֵייט הָאבֶּען זִיךְ וִוידֶער צוּ אִיהְם פֶערְ־
זַאמֶעלְט, אוּנְד עֶר הָאט זֵייא וִוידֶער גֶעלֶעהְרְט, אַזוֹי וִויא
2 עֶס אִיז גֶעוֶועזֶען זַיינֶע גֶעוְואוֹינְהֵייט: אוּנְד דִיא פְּרוּשִׁים
זֶענֶען צוּ אִיהְם גֶעקוּמֶען אוּנְד הָאבֶּען אִיהְם גֶעפְרֶעגְט, אִיז
עֶס דֶערְלוֹיבְּט אַז אַ מַאן זָאל זַיין וַוייבּ שֵׁיידֶען? אוּנְד
3 הָאבֶּען אִיהְם גֶעפְּרִיפְט, אָבֶּער עֶר הָאט גֶעעֶנְטְפֶערְט אוּנְד
הָאט צוּ זֵייא גֶעזָאגְט, וָואס הָאט אֵייךְ משֶׁה גֶעבָּאטֶען?
4 אוּנְד זֵייא הָאבֶּען גֶעזָאגְט, משֶׁה הָאט דֶערְלוֹיבְּט אַז אַ
5 מַאן זָאל שְׁרַייבֶּען אַ גֶט אוּנְד זָאל זִיא שֵׁיידֶען: אוּנְד
יֵשׁוּעַ הָאט צוּ זֵייא גֶעזָאגְט, וֶועגֶען אֵיירֶע הַארְטֶע הֶערְצֶער
6 הָאט עֶר אֵייךְ דִיזֶעם גֶעבָּאט גֶעשְׁרִיבֶּען: אָבֶּער פוּן
דֶעם אָנְהֵייבּ פוּן דֶעם בֶּעשֶׁעפֶענִיש הָאט גָאט בֶּעשַׁאפֶען
7 זָכָר אוּנְד נְקֵבָה: דְרוּם זָאל אַ מַאן פֶערְלָאזֶען זַיין פָאטֶער
8 אוּנְד מוּטֶער אוּנְד זָאל זִיךְ בֶּעהֶעפְטֶען צוּ זַיין וַוייבּ: אוּנְד
דִיא צְוֵייא זָאלֶען זַיין אֵיין פְלֵיישׁ. אַזוֹי זֶענֶען זֵייא נִיט
9 מֶעהְר צְוֵייא, נֵייעֶרְט אֵיין פְלֵיישׁ: דְרוּם וָואס גָאט הָאט
10 פֶערְאֵיינִיגְט דָאס זָאל קֵיינֶער נִיט צוּשֵׁיידֶען: אוּנְד אִים
הוֹיז הָאבֶּען אִיהְם דִיא תַּלְמִידִים וִוידֶער גֶעפְרֶעגְט וֶועגֶען
11 דִיזֶע זַאךְ אוּנְד עֶר הָאט צוּ זֵייא גֶעזָאגְט, וָוער עֶס וֶועט

זֵיין װַייבּ שֵׁיידְען אוּנְד װֶעט אֵיינֶע אַנְדֶערֶע נֶעמֶען, בֶּעגֶעהְט
12 עֶר זְנוּת מִיט אִיהְר: אוּנְד װֶען זִיא שֵׁיידֶעט זִיךְ פוּן אִיהְר
מַאן, אוּנְד הָאט חַתוּנָה מִיט אֵיין אַנְדֶערֶען בֶּעגֶעהְט זִיא
זְנוּת:
13 אוּנְד זַייא הָאבֶּען צוּ אִיהְם גֶעבְּרַאכְט קְלֵיינֶע קִינְדֶער, אַז
עֶר זָאל זַייא אָנְרִיהְרֶען; אוּנְד דִיא תַּלְמִידִים הָאבֶּען זַייא
14 אָנְגֶעשְׁרִיעֶן: אוּנְד װֶען יֵשׁוּעַ הָאט דָאס גֶעזֶעהֶען, הָאט עֶס
אִיהְם פֶערְדְרָאסֶען, אוּנְד עֶר הָאט צוּ זַייא גֶעזָאגְט, לָאזְט
דִיא קְלֵיינֶע קִינְדֶער צוּ מִיר קוּמֶען; פֶערְבִּיט זַייא נִיט;
15 װָארִין פוּן אַזֶעלְכֶע אִיז דָאס קֶענִיגְרֵייךְ פוּן גָאט: בֶּאֱמֶת
זָאג אִיךְ אֵייךְ, װֶער עֶס װֶעט נִיט אָנְנֶעמֶען דָאס קֶענִיגְרֵייךְ
פוּן גָאט װִיא אַ קְלֵיין קִינְד, דֶער זָאל נִיט דְרִינֶען אַרֵיינְ־
16 קוּמֶען: אוּנְד עֶר הָאט זַייא אִין דִיא אָרְמֶע גֶענוּמֶען, אוּנְד
הָאט דִיא הֶענְד אוֹיף זַייא גֶעלֶעגְט, אוּנְד הָאט זַייא גֶע־
בֶּענְשְׁט:
17 אוּנְד װֶען עֶר אִיז אִין װֶעג אַרוֹיסְגֶעגַאנְגֶען, אִיז אִיהְם אֵיי־
נֶער אַנְטְקֶעגֶען גֶעלָאפֶען אוּנְד הָאט פָאר אִיהְם אַנִידֶער
גֶעקְנִיעֶט, אוּנְד הָאט אִיהְם גֶעפְרֶעגְט, גוּטֶער לֶעהְרֶער װָאס
18 זָאל אִיךְ טְהוּן אַז אִיךְ זָאל עֶבִּיגֶעם לֶעבֶּען יַרְשְׁנֶען? אוּנְד
יֵשׁוּעַ הָאט צוּ אִיהְם גֶעזָאגְט פַארְװָאס רוּפְסְט דוּא מִיךְ
גוּט? קֵיינֶער אִיז גוּט, אוֹיסֶער אֵיינֶער דֶער אִיז גָאט:
19 דוּא קֶענְסְט דִיא גֶעבָּאטֶע, דוּא זָאלְסְט נִיט מְזַנֶה זֵיין, דוּא
זָאלְסְט נִיט טֵייטֶען, דוּא זָאלְסְט נִיט גַנְבֶנֶען, דוּא זָאלְסְט
נִיט פַאלְשׁ עֵדוּת זָאגֶען, דוּא זָאלְסְט נִיט רוֹיבֶּען, עֶהְרֶע
20 דַיין פָאטֶער אוּנְד מוּטֶער: אוּנְד עֶר הָאט צוּ אִיהְם גֶע־
זָאגְט, לֶעהְרֶער דִיזֶע אַלֶע הָאבּ אִיךְ גֶעהַאלְטֶען פוּן מֵיין
21 יוּגֶענְד אָן: אוּנְד יֵשׁוּעַ הָאט אִיהְם אָנְגֶעזֶעהֶען, אוּנְד הָאט
אִיהְם גֶעלִיבְּט, אוּנְד הָאט צוּ אִיהְם גֶעזָאגְט, אֵיין זַאךְ
פֶעהְלְט דִיר. גֶעה אוּנְד פֶערְקוֹיף װָאס דוּא הָאסְט, אוּנְד
גִיבּ צוּ דִיא אָרֶעמֶע, אוּנְד דוּא װֶעסְט הָאבֶּען אַ שַׁאץ אִים
22 הִימֶעל. אוּנְד קוּם פָאלְג מִיר נָאךְ: אוּנְד עֶר אִיז טְרוֹירִיג
גֶעװֶעזֶען אִיבֶּער דִיזֶען װָארְט, אוּנְד אִיז בֶּעטְרִיבְּט אַװֶעקְ־
גֶעגַאנְגֶען, װָארִין עֶר הָאט פִיל פֶערְמֶעגֶען גֶעהַאט:
23 אוּנְד יֵשׁוּעַ הָאט זִיךְ אַרוּמְגֶעזֶעהֶען, אוּנְד הָאט צוּ זַיינֶע

תַּלְמִידִים גֶעזָאגְט, וִויא שְׁוֶוער וֶועלֶען דִיא וָואס הָאבֶּען
24 רַייכְטוּם אִים קֶענִיגְרַייךְ פוּן גָאט אַרַיינְקוּמֶען: אוּנְד דִיא
תַּלְמִידִים זֶענֶען עֶרְשְׁטוֹינְט גֶעוֶועזֶען אִיבֶּער זַיינֶע וֶוערְטֶער.
אָבֶּער יֵשׁוּעַ הָאט ווִידֶער גֶעעֶנְטְפֶערְט אוּנְד הָאט צוּ זַייא
גֶעזָאגְט, קִינְדֶער, ווִיא שְׁוֶוער אִיז עֶס פַאר דִיא וָואס
פֶערְזִיכֶערְן זִיךְ אוֹיף רַייכְטוּם אִים קֶענִיגְרַייךְ פוּן גָאט
25 אַרַיינְצוּקוּמֶען! עֶס אִיז גְרִינְגֶער פַאר אַ קֶעמֶעל דוּרְךְ דֶעם
לָאךְ פוּן אַ נָאדֶעל דוּרְכְצוּגֶעהֶען, וִויא פַאר אַ רַייכֶען אִים
26 קֶענִיגְרַייךְ פוּן גָאט אַרַיינְצוּקוּמֶען: אוּנְד זַייא הָאבֶּען זִיךְ
נָאךְ מֶעהְר פֶערְוְואוּנְדֶערְט, אוּנְד הָאבֶּען אֵיינֶער צוּם אַנְ־
27 דֶערְן גֶעזָאגְט, וֶוער קֶען דֶען גֶערֶעטֶעט וֶוערֶען? אוּנְד
יֵשׁוּעַ הָאט זַייא אָנְגֶעזֶעהֶען אוּנְד הָאט גֶעזָאגְט, בַּייא
מֶענְשֶׁען אִיז דָאס אוּנְמֶעגְלִיךְ, אָבֶּער נִיט בַּייא גָאט; וָוארִין
28 בַּייא גָאט אִיז אַלֶעס מֶעגְלִיךְ: אוּנְד פֶּעטְרוֹס הָאט אָנְגֶע־
הוֹיבֶּען צוּ אִיהְם צוּ זָאגֶען, זֶעה, מִיר הָאבֶּען אַלֶעס
29 פֶערְלָאזְט, אוּנְד הָאבֶּען דִיר נָאכְגֶעפָאלְגְט: יֵשׁוּעַ הָאט
גֶעזָאגְט, בֶּאֱמֶת זָאג אִיךְ אֵייךְ, עֶס אִיז נִיט דָא אֵיינֶער
וָואס הָאט פֶערְלָאזְט הוֹיז, אָדֶער בְּרִידֶער, אָדֶער שְׁוֶועסְטֶער,
אָדֶער מוּטֶער, אָדֶער פָאטֶער, אָדֶער קִינְדֶער, אָדֶער פֶעלְ־
30 דֶער, מַיינֶעטְוֶועגֶען אוּנְד וֶועגֶען דֶער בְּשׂוֹרָה טוֹבָה: וָואס
וֶועט נִיט בֶּעקוּמֶען הוּנְדֶערְטְפֶעלְטִיג אִיצְט אִין דִיזֶער
צַייט, הַייזֶער אוּנְד בְּרִידֶער, אוּנְד שְׁוֶועסְטֶער, אוּנְד מוּטֶער,
אוּנְד קִינְדֶער, אוּנְד פֶעלְדֶער, מִיט פֶערְפָאלְגוּנְג, אוּנְד אִים
קוּמֶענְדִיגֶען צַייטאַלְטֶער, אִין יֶענֶער וֶועלְט דָאס עֶבִּיגֶע
31 לֶעבֶּען: אוּנְד פִילֶע וָואס זֶענֶען עֶרְשְׁטֶע וֶועלֶען זַיין
לֶעצְטֶע, אוּנְד דִיא לֶעצְטֶע עֶרְשְׁטֶע:
32 אוּנְד זַייא זֶענֶען גֶעוֶועזֶען אוֹיף דֶעם וֶועג צוּ גֶעהֶען קֵיין
יְרוּשָׁלַיִם, אוּנְד יֵשׁוּעַ אִיז פָאר זַייא גֶעגַאנְגֶען; אוּנְד זַייא
הָאבֶּען זִיךְ פֶערְוְואוּנְדֶערְט, אוּנְד דִיא וָואס זֶענֶען נָאכְגֶע־
גַאנְגֶען הָאבֶּען זִיךְ גֶעפָארְכְטֶען. אוּנְד עֶר הָאט ווִידֶער
גֶענוּמֶען דִיא צְוֶועלְף, אוּנְד הָאט זַייא אָנְגֶעהוֹיבֶּען צוּ
33 זָאגֶען וָואס עֶס וֶועט צוּ אִיהְם גֶעשֶׁעהֶען: זֶעהְט, מִיר
גֶעהֶען אַרוֹיף קֵיין יְרוּשָׁלַיִם, אוּנְד דֶער בֶּן־אָדָם וֶועט
אִיבֶּערְגֶעלִיפֶערְט וֶוערֶען צוּ דִיא כֹּהֲנִים אוּנְד דִיא סוֹפְרִים;

אוּנְד זֵייא װֶעלֶען אִיהְם דָן זַיין צוּם טוֹיט, אוּנְד װֶעלֶען
אִיהְם אִיבֶּערְגֶעבֶּען צוּ דִיא גוֹיִם: אוּנְד זֵייא װֶעלֶען אִיהְם 34
אוֹיסְשְׁפֶּעטֶען אוּנְד װֶעלֶען אִיהְם שְׁמֵייסֶען אוּנְד װֶעלֶען
אוֹיף אִיהְם שְׁפֵּייעֶן אוּנְד װֶעלֶען אִיהְם אוּמְבְּרֶענְגֶען; אוּנְד
נָאךְ דְרֵייא טֶעג װֶעט עֶר װִידֶער אוֹיפְשְׁטֶעהֶען:
אוּנְד יַעֲקֹב אוּנְד יוֹחָנָן דִיא זִיהְן פוּן זַבְדִי זֶענֶען צוּ אִיהְם 35
גֶעקוּמֶען אוּנְד הָאבֶּען גֶעזָאגְט, לֶעהְרֶער, מִיר װִילֶען אַז
דוּא זָאלְסְט אוּנְס טְהוּן װָאס מִיר װֶעלֶען דִיךְ בֶּעטֶען: אוּנְד 36
עֶר הָאט צוּ זֵייא גֶעזָאגְט, װָאס װִילְט אִיהְר אַז אִיךְ זָאל
אֵייךְ טְהוּן? אוּנְד זֵייא הָאבֶּען צוּ אִיהְם גֶעזָאגְט, גִיבּ אוּנְס 37
אַז מִיר זָאלֶען זִיצֶען אֵיינֶער צוּ דֵיינֶע רֶעכְטֶע הַאנְד, אוּנְד
אֵיינֶער צוּ דֵיינֶע לִינְקֶע הַאנְד, אִין דֵיינֶע הֶערְלִיכְקֵייט:
אָבֶּער יֵשׁוּעַ הָאט צוּ זֵייא גֶעזָאגְט, אִיהְר װֵייסְט נִיט װָאס 38
אִיהְר פֶערְלַאנְגְט. קֶענְט אִיהְר דֶעם כּוֹס טְרִינְקֶען װָאס
אִיךְ טְרִינְק? אוּנְד מִיט דֶער טְבִילָה גֶעטוֹבֶלְט װֶערֶען מִיט
דֶער אִיךְ בִּין גֶעטוֹבֶלְט? אוּנְד זֵייא הָאבֶּען צוּ אִיהְם גֶע־ 39
זָאגְט, מִיר קֶענֶען. אוּנְד יֵשׁוּעַ הָאט צוּ זֵייא גֶעזָאגְט, אִיהְר
װֶעט טְרִינְקֶען דֶעם כּוֹס װָאס אִיךְ טְרִינְק, אוּנְד מִיט דֶער
טְבִילָה מִיט דֶער אִיךְ בִּין גֶעטוֹבֶלְט װֶעט אִיהְר אוֹיךְ
גֶעטוֹבֶלְט װֶערֶען: אָבֶּער צוּ זִיצֶען צוּ מֵיינֶע רֶעכְטֶע 40
הַאנְד אוּנְד צוּ מֵיינֶע לִינְקֶע הַאנְד אִיז נִיט מֵיין צוּ גֶעבֶּען,
נֵייעֶרְט צוּ דִיא פַאר װֶעמֶען עֶס אִיז אָנְגֶעבְּרֵייט: אוּנְד 41
װֶען דִיא צֶעהְן הָאבֶּען דָאס גֶעהֶערְט, הָאבֶּען זֵייא אָנְגֶע־
הוֹיבֶּען בֵּייז צוּ זַיין אִיבֶּער יַעֲקֹב אוּנְד יוֹחָנָן: אוּנְד יֵשׁוּעַ 42
הָאט זֵייא צוּ זִיךְ גֶערוּפֶען, אוּנְד הָאט צוּ זֵייא גֶעזָאגְט,
אִיהְר װֵייסְט אַז דִיא װָאס זֶענֶען אָנְגֶעזֶעהֶען װִיא פִירְשְׁטֶען
פוּן דִיא גוֹיִם הֶערְשֶׁען אִיבֶּער זֵייא, אוּנְד דִיא גְרוֹיסֶע צְװִי־
שֶׁען זֵייא גֶעװָעלְטִיגֶען אִיבֶּער זֵייא: אָבֶּער עֶס זָאל נִיט 43
אַזוֹי זַיין צְװִישֶׁען אֵייךְ נֵייעֶרְט דֶער װָאס װִיל גְרוֹיס זַיין
צְװִישֶׁען אֵייךְ, דֶער זָאל זַיין אֵייעֶר דִינֶער: אוּנְד דֶער װָאס 44
װִיל זַיין דֶער עֶרְשְׁטֶער צְװִישֶׁען אֵייךְ דֶער זָאל זַיין קְנֶעכְט
פוּן אַלֶע: װָארִין דֶער בֶּן־אָדָם אִיז נִיט גֶעקוּמֶען בֶּע־ 45
דִינְט צוּ װֶערֶען, נֵייעֶרְט צוּ בֶּעדִינֶען, אוּנְד זַיין לֶעבֶּען צוּ
גֶעבֶּען אֵיינֶע אוֹיסְלֵייזוּנְג פַאר פִילֶע:

46 אוּנְד זֵייא זֶענֶען גֶעקוּמֶען קֵיין יְרִיחוֹ; אוּנְד וֶוען עֶר אִיז
פוּן יְרִיחוֹ אַרוֹיסְגֶעגַאנְגֶען מִיט זֵיינֶע תַּלְמִידִים אוּנְד פִיל
לֵייט, אִיז דֶער בְּלִינְדֶער בֶּעטְלֶער בַּר־טִימַי, דֶער זוּהְן פוּן
47 טִימַי, גֶעזֶעסֶען בַּיים וֶועג: אוּנְד ווִיא עֶר הָאט גֶעהֶערְט
אַז עֶס אִיז יֵשׁוּעַ הַנּוֹצְרִי, הָאט עֶר אָנְגֶעהוֹיבֶּען צוּ שְׁרֵייעֶן,
אוּנְד הָאט גֶעזָאגְט, יֵשׁוּעַ בֶּן דָּוִד, דֶערְבַּארְם דִיךְ אִיבֶּער
48 מִיר: אוּנְד פִילֶע הָאבֶּען אִיהְם אָנְגֶעשְׁרִיעֶן אַז עֶר זָאל
שְׁווֵייגֶען. אָבֶּער עֶר הָאט נָאךְ פִיל מֶעהְר גֶעשְׁרִיעֶן, דוּא
49 זוּהְן פוּן דָּוִד, דֶערְבַּארְם דִיךְ אִיבֶּער מִיר: אוּנְד יֵשׁוּעַ אִיז
שְׁטֶעהֶען גֶעבְּלִיבֶּען, אוּנְד הָאט גֶעזָאגְט, רוּפְט אִיהְם, אוּנְד
זֵייא הָאבֶּען דֶעם בְּלִינְדֶען גֶערוּפֶען, אוּנְד הָאבֶּען צוּ אִיהְם
גֶעזָאגְט, זֵייא גֶעטְרֵייסְט, שְׁטֶעה אוֹיף, עֶר רוּפְט דִיךְ:
50 אוּנְד עֶר הָאט זֵיין מַאנְטֶעל אַרוּפְגֶעוָוארְפֶען, אוּנְד אִיז
51 אוֹיפְגֶעשְׁטַאנֶען אוּנְד אִיז גֶעקוּמֶען צוּ יֵשׁוּעַ: אוּנְד יֵשׁוּעַ
הָאט גֶעעֶנְטְפֶערְט אוּנְד הָאט צוּ אִיהְם גֶעזָאגְט, וָואס
ווִילְסְט דוּא אַז אִיךְ זָאל דִיר טְהוּן? אוּנְד דֶער בְּלִינְדֶער
הָאט צוּ אִיהְם גֶעזָאגְט, רַבּוֹנִי, אַז אִיךְ זָאל זֶעהֶענְדִיג
52 וֶוערֶען: אוּנְד יֵשׁוּעַ הָאט צוּ אִיהְם גֶעזָאגְט, גֶעה אַוֶועק,
דֵיין גְלוֹיבֶּען הָאט דִיךְ גֶערֶעטֶעט. אוּנְד עֶר אִיז גְלֵייךְ
זֶעהֶענְדִיג גֶעוָוארֶען, אוּנְד הָאט יֵשׁוּעַ אוֹיף דֶעם וֶועג
נָאכְגֶעפָאלְגְט:

קאפיטעל יא

1 אוּנְד וֶוען זֵייא זֶענֶען גֶעקוּמֶען נָאהֶענְט צוּ יְרוּשָׁלַיִם, קֵיין
בֵּית־פַּגֵי אוּנְד בֵּית־הִינִי בַּיים הַר הַזֵּיתִים, הָאט עֶר אַוֶועקְ־
2 גֶעשִׁיקְט צְווֵייא פוּן זֵיינֶע תַּלְמִידִים: אוּנְד הָאט צוּ זֵייא
גֶעזָאגְט, גֶעהְט אִין דָארְף אַרֵיין, וָואס אִיז קֶעגֶען אֵייךְ,
אוּנְד גְלֵייךְ ווִיא אִיהְר וֶועט דְרִינֶען אַרֵיינְקוּמֶען, וֶועט
אִיהְר גֶעפִינֶען אַ יוּנְגֶען עֶזֶעל אָנְגֶעבּוּנְדֶען, אוֹיף וֶועלְכֶען
קֵיין מֶענְשׁ אִיז נָאךְ נִיט גֶעזֶעסֶען; לָאזְט עֶס לוֹיז, אוּנְד
3 בְּרֶענְגְט עֶס: אוּנְד וֶוען אִימֶעצֶער וֶועט צוּ אֵייךְ זָאגֶען,
פַארְוָואס טְהוּט אִיהְר דָאס? אַזוֹי זָאגְט, אַז דֶער הַאר
בֶּעדַארְף עֶס; אוּנְד גְלֵייךְ וֶועט עֶר עֶס אַהֶער שִׁיקֶען:
4 אוּנְד זֵייא זֶענֶען אַוֶועקְגֶעגַאנְגֶען, אוּנְד הָאבֶּען גֶעפוּנֶען
דֶעם יוּנְגֶען עֶזֶעל אָנְגֶעבּוּנְדֶען דְרוֹיסֶען בַּייא דֶער טְהִיר

וואוּ דִיא וֶועגֶען שֵׁיידֶען זִיךְ; אוּנְד זַייא הָאבֶּען עֶס לוֹיז
5 גֶעלָאזְט: אוּנְד עֶטְלִיכֶע פוּן דִיא וָואס זֶענֶען דָארְט גֶעַ־
שְׁטַאנֶען הָאבֶּען צוּ זַייא גֶעזָאגְט, וָואס טְהוּט אִיהְר, אַז
6 אִיהְר לָאזְט לוֹיז דֶעם יוּנְגֶען עֶזֶעל? אוּנְד זַייא הָאבֶּען צוּ
זַייא גֶעזָאגְט, אַזוֹי וִויא יֵשׁוּעַ הָאט זַייא גֶעהֵייסֶען. אוּנְד
7 זַייא הָאבֶּען זַייא גֶעלָאזְט גֶעהֶען: אוּנְד זַייא הָאבֶּען דֶעם
יוּנְגֶען עֶזֶעל גֶעבְּרַאכְט צוּ יֵשׁוּעַ, אוּנְד הָאבֶּען זֵייעֶרֶע
קְלֵיידֶער דְרוֹיף גֶעלֶעגְט; אוּנְד עֶר אִיז דְרוֹיף גֶעזֶעסֶען:
8 אוּנְד פִילֶע הָאבֶּען זֵייעֶרֶע קְלֵיידֶער אוֹיף דֶעם וֶועג אוֹיס־
גֶעשְׁפְּרֵייט; אוּנְד אַנְדֶערֶע הָאבֶּען אָפְּגֶעשְׁנִיטֶען צְוַויינֶען
9 פוּן דִיא פֶעלְדֶער: אוּנְד דִיא וָואס זֶענֶען פָאר אִיהְם
גֶעגַאנְגֶען, אוּנְד דִיא וָואס זֶענֶען אִיהְם נָאכְגֶעגַאנְגֶען,
הָאבֶּען גֶעשְׁרִיעֶן אוּנְד גֶעזָאגְט,

„הוֹשַׁעְנָא, גֶעלוֹיבְּט אִיז דֶער וָועלְכֶער קוּמְט אִים
10 נָאמֶען פוּן דֶעם הַאר: גֶעלוֹיבְּט אִיז דָאס קֶענִיגְרֵייךְ
פוּן אוּנְזֶער פָאטֶער דָוִד, וָואס קוּמְט; הוֹשַׁעְנָא אִין
דֶער הַייךְ“!

11 אוּנְד עֶר אִיז אַרַיינְגֶעקוּמֶען אִין יְרוּשָׁלַיִם, אוּנְד אִין בֵּית
הַמִקְדָשׁ; אוּנְד הָאט אוֹיף אַלֶעס אַרוּמְגֶעזֶעהֶען, אוּנְד וֶוען עֶס
אִיז שׁוֹין אָבֶּענְד גֶעוָוארֶען, אִיז עֶר אַרוֹסְגֶעגַאנְגֶען קֵיין
בֵּית־הִינִי מִיט דִיא צְוֶועלְף:

12 אוּנְד צוּ מָארְגֶען פְרִיה, וֶוען זַייא זֶענֶען אַוֶועקְגֶעגַאנְגֶען
13 פוּן בֵּית־הִינִי, אִיז עֶר הוּנְגְרִיג גֶעוָוארֶען: אוּנְד עֶר הָאט
דֶערְזֶעהֶען פוּן וַוייטֶען אַ פֵייגֶענְבּוֹים, וָואס הָאט גֶעהַאט
בְּלֶעטֶער, אוּנְד עֶר אִיז צוּגֶעגַאנְגֶען צוּ זֶעהֶען אוֹיבּ עֶר
וֶועט נִיט עֶפֶּעס דְרוֹיף גֶעפִינֶען, אוּנְד וֶוען עֶר אִיז צוּגֶע־
קוּמֶען, הָאט עֶר נִיט מֶעהְר גֶעפִינֶען וִויא בְּלֶעטֶער; וָוארִין
14 עֶס אִיז נִיט גֶעוֶועזֶען דִיא צֵייט פוּן פֵייגֶען: אוּנְד עֶר
הָאט גֶעעֶנְטְפֶערְט אוּנְד הָאט צוּ אִיהְם גֶעזָאגְט, קֵיינֶער
זָאל נִיט מֶעהְר פוּן דִיר קֵיינֶע פֵּירוֹת עֶסֶען אוֹיף עֶבִּיג.
אוּנְד זַיינֶע תַּלְמִידִים הָאבֶּען עֶס גֶעהֶערְט:

15 אוּנְד זַייא זֶענֶען גֶעקוּמֶען קֵיין יְרוּשָׁלַיִם, אוּנְד וֶוען עֶר אִיז
גֶעקוּמֶען אִין בֵּית הַמִקְדָשׁ, הָאט עֶר אָנְגֶעהוֹיבֶּען אַרוֹיס־
צוּטְרֵייבֶּען דִיא וָואס הָאבֶּען פַארְקוֹיפְט אוּנְד גֶעקוֹיפְט

אִין בֵּית הַמִקְדָשׁ, אוּנְד הָאט אוּמְגֶעוָוארְפֶען דִיא טִישׁ פוּן
דִיא וֶועקְסְלֶער, אוּנְד דִיא שְׁטוּהְלֶען פוּן דִיא טוֹיבֶּען־
16 הֶענְדְלֶער: אוּנְד עֶר הָאט נִיט גֶעלָאזְט אַז אִימֶעצֶער זָאל
17 אַ כְּלִי דוּרְכְטְרָאגֶען דוּרְךְ דֶעם בֵּית הַמִקְדָשׁ: אוּנְד עֶר
הָאט גֶעלֶעהְרְט אוּנְד הָאט צוּ זֵייא גֶעזָאגְט, שְׁטֶעהְט עֶס
נִיט גֶעשְׁרִיבֶּען, מֵיין הוֹיז זָאל גֶערוּפֶען וֶוערֶען אַ הוֹיז פוּן
גֶעבֶּעט צוּ אַלֶע פֶעלְקֶער? אָבֶּער אִיהְר הָאט עֶס גֶעמַאכְט
18 צוּ אַ הֶעלֶע פוּן רוֹיבֶּער: אוּנְד דִיא סוֹפְרִים אוּנְד דִיא
עֶרְשְׁטֶע כֹּהֲנִים הָאבֶּען דָאס גֶעהֶערְט, אוּנְד זֵייא הָאבֶּען
גֶעזוּכְט וִויא זֵייא זָאלֶען אִיהְם אוּמְבְּרֶענְגֶען; וָוארִין זֵייא
הָאבֶּען זִיךְ פָאר אִיהְם גֶעפָארְכְטֶען, וַוייל אַלֶע לֵייט הָאבֶּען
זִיךְ פֶערְוָואוּנְדֶערְט אִיבֶּער זֵיינֶע לֶעהְרֶע:
19 אוּנְד וֶוען עֶס אִיז אָבֶּענְד גֶעוָוארֶען, זֶענֶען זֵייא אוֹיס דֶער
שְׁטָאט אַרוֹיסְגֶעגַאנְגֶען:
20 אוּנְד אִין דֶער פְרִיה וֶוען זֵייא זֶענֶען פַארְבֵּייא גֶעגַאנְגֶען,
הָאבֶּען זֵייא גֶעזֶעהֶען דֶעם פֵייגֶענְבּוֹים פֶערְדַארְט פוּן דֶער
21 וָוארְצֶעל: אוּנְד פֶּעטְרוֹס הָאט זִיךְ דֶערְמָאנְט אוּנְד הָאט
צוּ אִיהְם גֶעזָאגְט, רַבִּי, זֶעה, דֶער פֵייגֶענְבּוֹים וָואס דוּא
22 הָאסְט גֶעשָׁאלְטֶען אִיז פֶערְדַארְט גֶעוָוארֶען: אוּנְד יֵשׁוּעַ
הָאט גֶעעֶנְטְפֶערְט אוּנְד הָאט צוּ זֵייא גֶעזָאגְט, הָאט גְלוֹיבֶּען
23 אִין גָאט: בֶּאֱמֶת זָאג אִיךְ אֵייךְ, וֶוער עֶס וֶועט זָאגֶען צוּ
דִיזֶען בַּארְג, זֵייא אַוֶעק גֶערִיקְט אוּנְד אִים יָם אַרֵיינְגֶע־
וָוארְפֶען, אוּנְד וֶועט נִיט צְוֵוייפְלֶען אִין זֵיין הַארְץ, נֵייעֶרְט
הָאט גְלוֹיבֶּען אַז דָאס וָואס עֶר זָאגְט וֶועט גֶעשֶׁעהֶען, אַזוֹי
24 וֶועט דָאס צוּ אִיהְם זֵיין: דְרוּם זָאג אִיךְ אֵייךְ, אַלֶעס וָואס
אִיהְר וֶועט בֶּעטֶען אוּנְד פֶערְלַאנְגֶען, גְלוֹיבְּט אַז אִיהְר
25 דֶערְהַאלְט, אוּנְד עֶס וֶועט צוּ אֵייךְ זֵיין: אוּנְד וֶוען אִיהְר
שְׁטֶעהְט אוּנְד בֶּעטֶעט, אַזוֹי פֶערְגִיבְּט וֶוען אִיהְר הָאט עֶפֶּעס
קֶעגֶען אֵיינֶעם, אַז אֵייעֶר פָאטֶער וֶועלְכֶער אִיז אִים הִימֶעל
זָאל אֵייךְ אוֹיךְ פֶערְגֶעבֶּען אֵייעֶרֶע פֶעהְלֶער:
26 אוּנְד זֵייא זֶענֶען ווִידֶער גֶעקוּמֶען קֵיין יְרוּשָׁלַיִם; אוּנְד וֶוען
עֶר אִיז אַרוּמְגֶעגַאנְגֶען אִין בֵּית הַמִקְדָשׁ, זֶענֶען צוּ אִיהְם
גֶעקוּמֶען דִיא עֶרְשְׁטֶע כֹּהֲנִים אוּנְד דִיא סוֹפְרִים אוּנְד דִיא
27 עֶלְצְטֶע: אוּנְד זֵייא הָאבֶּען צוּ אִיהְם גֶעזָאגְט, מִיט וָואס

פַאר אַ מַאכְט טְהוּסְט דוּא דִיזֶע זַאכֶען? אוּנְד וֶוער הָאט
דִיר דִיזֶע מַאכְט גֶעגֶעבֶּען אַז דוּא זָאלְסְט דִיזֶע זַאכֶען
טְהוּן? אוּנְד יֵשׁוּעַ הָאט צוּ זַייא גֶעזָאגְט, אִיךְ וֶועל אֵייךְ 28
אוֹיךְ אַ זַאךְ פְרֶעגֶען, אוּנְד עֶנְטְפֶערְט מִיר, אוּנְד אִיךְ וֶועל
אֵייךְ זָאגֶען מִיט וָואס פַאר אַ מַאכְט אִיךְ טְהוּא דִיזֶע
זַאכֶען: דִיא טְבִילָה פוּן יוֹחָנָן אִיז זִיא גֶעוֶועזֶען פוּן הִימֶעל 29
אָדֶער פוּן מֶענְשֶׁען? עֶנְטְפֶערְט מִיר: אוּנְד זַייא הָאבֶּען 30
צְווִישֶׁען זִיךְ אִיבֶּערְלֶעגְט אוּנְד גֶעזָאגְט, וֶוען מִיר וֶועלֶען
זָאגֶען פוּן הִימֶעל; אַזוֹי וֶועט עֶר זָאגֶען, פַארְוָואס הָאט
אִיהְר אִיהְם דֶען נִיט גֶעגְלוֹיבְּט? אָבֶּער וֶוען מִיר וֶועלֶען 31
זָאגֶען פוּן מֶענְשֶׁען, אַזוֹי הָאבֶּען זַייא זִיךְ גֶעפָארְכְטֶען
פָאר דִיא לַייט; וָוארִין זַייא הָאבֶּען יוֹחָנָן גֶעהַאלְטֶען פַאר אַ
נָבִיא: אוּנְד זַייא הָאבְּען גֶעעֶנְטְפֶערְט אוּנְד הָאבֶּען גֶעזָאגְט 32
צוּ יֵשׁוּעַ, מִיר וִוִיסֶען נִיט. אוּנְד יֵשׁוּעַ הָאט צוּ זַייא
גֶעזָאגְט, אִיךְ זָאג אֵייךְ אוֹיךְ נִיט מִיט וָואס פַאר אַ מַאכְט
אִיךְ טְהוּא דִיזֶע זַאכֶען:

קאַפּיטעל יב

אוּנְד עֶר הָאט אָנְגֶעהוֹיבֶּען צוּ זַייא צוּ רֶעדֶען אִין מְשָׁלִים, 1
אַ מַאן הָאט גֶעפְלַאנְצְט אַ וֵויינְגָארְטֶען, אוּנְד הָאט אַרוּם
אִיהְם גֶעמַאכְט אַ צוֹים, אוּנְד הָאט גֶעגְרָאבֶּען אַ קֶעלְטֶער
אוּנְד הָאט גֶעבּוֹיט אַ טְהוּרְם, אוּנְד הָאט אִיהְם פֶערְדוּנְגֶען
צוּ וֵויינְגֶערְטְנֶער, אוּנְד אִיז אַוֶועקְגֶעפָאהְרֶען: אוּנְד מִיט 2
דֶער צֵייט הָאט עֶר גֶעשִׁיקְט אַ קְנֶעכְט צוּ דִיא וֵויינְגֶערְטְ־
נֶער, אַז עֶר זָאל פוּן זַייא נֶעמֶען דִיא פְרוּכְט פוּן דֶעם
וֵויינְגָארְטֶען: אוּנְד זַייא הָאבֶּען אִיהְם גֶענוּמֶען, אוּנְד 3
הָאבֶּען אִיהְם גֶעשְׁלָאגֶען, אוּנְד לֶעדִיג אַוֶועקְגֶעשִׁיקְט: אוּנְד 4
עֶר הָאט וִוידֶער צוּ זַייא אַיין אַנְדֶערְן קְנֶעכְט גֶעשִׁיקְט;
אִיהְם הָאבֶּען זַייא אוֹיךְ דֶען קָאפּ צוּשְׁלָאגֶען, אוּנְד הָאבֶּען
אִיהְם מִיט שַׁאנְד בֶּעהַאנְדֶעלְט: אוּנְד עֶר הָאט אַיין אַנְדֶערְן 5
גֶעשִׁיקְט, אִיהְם הָאבֶּען זַייא אוֹיךְ גֶעהַרְגֶעט; אוּנְד נָאךְ
פִילֶע אַנְדֶערֶע, עֶטְלִיכֶע הָאבֶּען זַייא גֶעשְׁלָאגֶען, אוּנְד
עֶטְלִיכֶע גֶעהַרְגֶעט: אוּנְד עֶר הָאט נָאךְ גֶעהַאט אַיין אֵיינְ־ 6
צִיגֶען גֶעלִיבְּטֶען זוּהְן, אִיהְם הָאט עֶר צוּלֶעצְט צוּ זַייא
גֶעשִׁיקְט, אוּנְד הָאט גֶעזָאגְט, זַייא וֶועלֶען מַיין זוּהְן עֶהְרֶען:

7 אָבֶּער יֶענֶע װײנְגֶערְטְנֶער הָאבֶּען גֶעזָאגְט אֵײנֶער צוּם
אַנְדֶערְן, דָאס אִיז דֶער יוֹרֵשׁ, קוּמְט אוּנְד לָאזְט אוּנְס אִיהְם
8 הַרְגֶענֶען, אוּנְד דִיא יְרוּשָׁה װֶעט אוּנְזֶער זַײן: אוּנְד זֵײא
הָאבֶּען אִיהְם גֶענוּמֶען אוּנְד הָאבֶּען אִיהְם גֶעהַרְגֶעט, אוּנְד
הָאבֶּען אִיהְם אוֹיס דֶעם װֵײנְגָארְטֶען אַרוֹיסְגֶעװָארְפֶען:
9 װָאס װֶעט דֶער הַאר פוּן דֶעם װֵײנְגָארְטֶען טְהוּן? עֶר װֶעט
קוּמֶען אוּנְד עֶר װֶעט דִיא װֵײנְגֶערְטְנֶער אוּמְבְּרֶענְגֶען, אוּנְד
10 װֶעט דֶעם װֵײנְגָארְטֶען צוּ אַנְדֶערֶע גֶעבֶּען: הָאט אִיהְר
אוֹיךְ נִיט גֶעלֵיינְט דִיזֶע שְׁרִיפְט,
"דֶער שְׁטֵיין װָאס דִיא בּוֹימֵייסְטֶער הָאבֶּען פֶערְװָארְפֶען,
11 דֶער אִיז צוּם עֶקְשְׁטֵיין גֶעװָארֶען: דָאס אִיז גֶעשֶׁעהֶען
פוּן דֶעם הַאר, אוּנְד עֶס אִיז װְאוּנְדֶערְלִיךְ אִין אוּנְזֶערֶע
אוֹיגֶען"? (תהלים קיח׳ כא׳ כב׳.)
12 אוּנְד זֵייא הָאבֶּען אִיהְם גֶעזוּכְט צוּ נֶעמֶען: אוּנְד הָאבֶּען
זִיךְ גֶעפָארְכְטֶען פַאר דִיא לֵייט; װָארִין זֵייא הָאבֶּען
גֶעװְאוּסְט אַז עֶר הָאט קֶעגֶען זֵייא דָאס מָשָׁל גֶעזָאגְט;
אוּנְד זֵייא הָאבֶּען אִיהְם פֶערְלָאזְט אוּנְד זֶענֶען אַװֶעקְגֶע־
גַאנְגֶען:
13 אוּנְד זֵייא הָאבֶּען צוּ אִיהְם גֶעשִׁיקְט עֶטְלִיכֶע פוּן דִיא
פְּרוּשִׁים אוּנְד פוּן הוֹרְדוֹס לֵייט, אַז זֵייא זָאלֶען אִיהְם
14 פַאנְגֶען אִים רֶעדֶען: אוּנְד זֵייא זֶענֶען גֶעקוּמֶען אוּנְד
הָאבֶּען צוּ אִיהְם גֶעזָאגְט, רַבִּי, מִיר װִיסֶען אַז דוּא בִּיסְט
װָאהְרְהַאפְטִיג, אוּנְד פְרֶעגְסְט נָאךְ קֵיינֶעם נִיט. װָארִין דוּא
בִּיסְט קֵיין מֶענְשׁ נִיט נוֹשֵׂא פָּנִים, נֵייעֶרְט דוּא לֶעהְרְסְט
דֶעם װֶעג פוּן גָאט אִין װָאהְרְהֵייט; אִיז עֶס דֶערְלוֹיבְּט מַס
צוּ גֶעבֶּען צוּם קֵיסָר, אָדֶער נִיט? זָאלֶען מִיר גֶעבֶּען, אָדֶער
15 נִיט גֶעבֶּען? אָבֶּער עֶר הָאט גֶעװְאוּסְט זֵייעֶרֶע הֵייכְלֶעַרייא,
אוּנְד הָאט צוּ זֵייא גֶעזָאגְט, פַארְװָאס פְּרוּפְט אִיהְר מִיךְ?
16 בְּרֶענְגְט מִיר אַ גְרָאשֶׁען, אַז אִיךְ זָאל עֶס זֶעהֶען? אוּנְד
זֵייא הָאבֶּען עֶס גֶעבְּרַאכְט. אוּנְד עֶר הָאט צוּ זֵייא גֶעזָאגְט,
װֶעמֶעס אִיז דִיזֶעס בִּילְד אוּנְד אוֹיפְשְׁרִיפְט? אוּנְד זֵייא
17 הָאבֶּען צוּ אִיהְם גֶעזָאגְט, דֶעם קֵיסֶערְ׳ס: אוּנְד יֵשׁוּעַ הָאט
צוּ זֵייא גֶעזָאגְט, גִיבְּט דֶעם קֵיסֶער װָאס אִיז דֶעם
קֵיסֶערְ׳ס, אוּנְד צוּ גָאט װָאס אִיז גָאטְ׳ס. אוּנְד זֵייא

18 הָאבֶּען זִיךְ פֶערְוואוּנְדֶערְט אִיבֶּער אִיהְם: אוּנְד דִיא צַדוּקִים
וָוענֶען צוּ אִיהְם גֶעקוּמֶען, וָואס זָאגֶען אַז עֶס אִיז קֵיין תְּחִיַת
הַמֵתִים, אוּנְד זֵייא הָאבֶּען אִיהְם גֶעפְרֶעגְט אוּנְד גֶעזָאגְט:
19 רַבִּי, משֶׁה הָאט אוּנְס גֶעשְׁרִיבֶּען, אַז וֶוען דֶער בְּרוּדֶער פוּן
אַ מֶענְשׁ וָואט שְׁטַארְבֶּען, אוּנְד וֶועט אִיבֶּערְלָאזֶען זַיין וַוייבּ
אוּנְד וֶועט קֵיינֶע קִינְדֶער לָאזֶען, זָאל זַיין בְּרוּדֶער זַיין וַוייבּ
נֶעמֶען, אוּנְד זָאל קִינְדֶער אוֹיפְשְׁטֶעלֶען צוּ זַיין בְּרוּדֶער:
20 דָא זָענֶען גֶעוֶועזֶען זִיבֶּען בְּרִידֶער, אוּנְד דֶער עֶרְשְׁטֶער
הָאט גֶענוּמֶען אַ וַוייבּ, אוּנְד עֶר אִיז גֶעשְׁטָארְבֶּען, אוּנְד
21 הָאט קֵיינֶע קִינְדֶער נִיט גֶעלָאזְט: אוּנְד דֶער צְוֵוייטֶער
הָאט זִיא גֶענוּמֶען, אוּנְד אִיז גֶעשְׁטָארְבֶּען, אוּנְד הָאט אוֹיךְ
קֵיינֶע קִינְדֶער נִיט גֶעלָאזְט. אוּנְד אַזוֹי אוֹיךְ דֶער דְרִיטֶער:
22 אוּנְד דִיא זִיבֶּען הָאבֶּען זִיא גֶענוּמֶען, אוּנְד הָאבֶּען נִיט
גֶעלָאזְט קֵיינֶע קִינְדֶער, צוּלֶעצְט פוּן אַלֶע אִיז דִיא פְרוֹיא
23 אוֹיךְ גֶעשְׁטָארְבֶּען: דְרוּם אִין תְּחִיַת הַמֵתִים, וֶוען זֵייא
וֶועלֶען אוֹיפְשְׁטֵיין, וֶועלְכֶער פוּן זֵייא וֶועט זִיא הָאבֶּען
פַאר אַ וַוייבּ? וָוארִין דִיא זִיבֶּען הָאבֶּען זִיא גֶעהַאט פַאר
24 אַ וַוייבּ: יֵשׁוּעַ הָאט גֶעעֶנְטְפֶערְט, אוּנְד הָאט צוּ זֵייא גֶע־
זָאגְט, פֶערְאִירְט אִיהְר אַייךְ דֶען נִיט דַארוּם, וַוייל אִיהְר
קֶענְט נִיט דִיא שְׁרִיפְט, אוֹיךְ נִיט דִיא מַאכְט פוּן גָאט?
25 וָוארִין וֶוען זֵייא וֶועלֶען אוֹיפְשְׁטֵיין תְּחִיַת הַמֵתִים, אַזוֹי
וֶועלֶען זֵייא נִיט הֵיירַאטֶען, אוּנְד נִיט פֶערְהֵיירַאטֶעט וֶוע־
26 רֶען, נֵייעֶרְט זָענֶען וִויא דִיא מַלְאָכִים אִים הִימֶעל: אָבֶּער
וֶועגֶען דִיא טוֹיטֶע, דָאס זֵייא שְׁטֶעהֶען אוֹיף, הָאט אִיהְר
נִיט גֶעלֵייעֶנְט אִים סֵפֶר פוּן משֶׁה, וִויא גָאט הָאט צוּ אִיהְם
גֶערֶעט פוּן דֶעם דָארְנְבּוּשׁ? אוּנְד הָאט גֶעזָאגְט, אִיךְ בִּין
דֶער גָאט פוּן אַבְרָהָם, אוּנְד פוּן יִצְחָק, אוּנְד דֶער גָאט פוּן
27 יַעֲקֹב: עֶר אִיז נִיט דֶער גָאט פוּן דִיא טוֹיטֶע, נֵייעֶרְט פוּן
28 דִיא לֶעבֶּעדִיגֶע. אִיהְר פֶערְאִירְט אֵייךְ זֶעהְר: אוּנְד אֵיינֶער
פוּן דִיא סוֹפְרִים אִיז צוּ אִיהְם גֶעקוּמֶען, וָואס הָאט זֵייא
גֶעהֶערְט צוּזַאמֶען מְפַלְפֵּל זַיין, אוּנְד הָאט גֶעזֶעהֶען אַז עֶר
הָאט זֵייא גוּט גֶעעֶנְטְפֶערְט. אוּנְד עֶר הָאט אִיהְם גֶעפְרֶעגְט,
29 וָואס פַאר אַ מִצְוָה אִיז דִיא עֶרְשְׁטֶע פוּן אַלֶע? אוּנְד יֵשׁוּעַ
הָאט גֶעעֶנְטְפֶערְט, דִיא עֶרְשְׁטֶע אִיז, הֶער יִשְׂרָאֵל, דֶער הַאר

30 אוּנְדְזֶער גָאט אִיז אֵיין הַאר: אוּנְד דוּא זָאלְסְט לִיבֶּען דֶעם
הַאר דַיין גָאט מִיט דַיין גַאנְצֶען הַארְץ, אוּנְד מִיט דַיינֶע
גַאנְצֶער זֶעלֶע, אוּנְד מִיט דַיין גַאנְצֶען פֶערְשְׁטַאנְד, אוּנְד
מִיט דַיינֶע גַאנְצֶע קְרַאפְט. דָאס אִיז דִיא עֶרְשְׁטֶע מִצְוָה:
31 דִיא צְוֵוייטֶע אִיז דִיזֶע, דוּא זָאלְסְט דַיין חַבֵר לִיבֶּען וְוִיא
דִיךְ זֶעלְבְּסְט; עֶס אִיז נִיט קֵיינֶע אַנְדֶערֶע מִצְוָה גְרֶעסֶער
32 וְוִיא דִיזֶע: אוּנְד דֶער סוֹפֵר הָאט צוּ אִיהְם גֶעזָאגְט, וְואוֹיל
לֶערֶער, דוּא הָאסְט וָואהְרְהַאפְטִיג גֶעזָאגְט. אַז עֶר אִיז
33 אֵיינֶער, אוּנְד עֶס אִיז קֵיין אַנְדֶערֶער נִיט חוּץ אִיהְם: אוּנְד
אִיהְם צוּ לִיבֶּען מִיט דֶעם גַאנְצֶען הַארְץ, אוּנְד מִיט דֶעם
גַאנְצֶען פֶערְשְׁטַאנְד, אוּנְד מִיט דֶער גַאנְצֶער קְרַאפְט, אוּנְד
זַיין חַבֵר צוּ לִיבֶּען וְוִיא זִיךְ זֶעלְבְּסְט, אִיז מֶעהְר פוּן אַלֶע
34 עוֹלוֹת אוּנְד זְבָחִים: אוּנְד וָוען יֵשׁוּעַ הָאט גֶעזֶעהֶען אַז עֶר
הָאט קְלוּג גֶעעֶנְטְפֶערְט, הָאט עֶר צוּ אִיהְם גֶעזָאגְט, דוּא
בִּיסְט נִיט וַוייט פוּן דֶעם קֶענִיגְרַייךְ פוּן גָאט. אוּנְד קֵיינֶער
הָאט זִיךְ נִיט גֶעוָואגְט אִיהְם נָאךְ עֶפֶּעס מֶעהְר צוּ פְרֶעגֶען:
35 אוּנְד יֵשׁוּעַ הָאט גֶעעֶנְטְפֶערְט אוּנְד הָאט גֶעזָאגְט, וָוען עֶר
הָאט גֶעלֶעהְרְט אִין בֵּית הַמִקְדָשׁ, וְוִיא אַזוֹי זָאגֶען דִיא
36 סוֹפְרִים אַז דֶער מָשִׁיחַ אִיז דֶער זוּהְן פוּן דָוִד? וָוארִין דָוִד
זֶעלְבְּסְט הָאט גֶעזָאגְט דוּרְךְ דֶעם רוּחַ הַקוֹדֶשׁ, „דֶער הַאר
הָאט גֶעזָאגְט צוּ מֵיין הַאר, זִיץ דוּא צוּ מֵיינֶע רֶעכְטֶע
הַאנְד, בִּיז אִיךְ וֶועל מַאכֶען דֵיינֶע פַיינְד אַ פוּסְשְׁטוּל צוּ
37 דֵיינֶע פִיס“: דְרוּם וָוען דָוִד רוּפְט אִיהְם זֶעלְבְּסְט הַאר,
וְוִיא אַזוֹי אִיז עֶר דֶען זַיין זוּהְן? אוּנְד פִיל לַייט
38 הָאבֶּען אִיהְם גֶערְן גֶעהֶערְט: אוּנְד עֶר הָאט גֶעזָאגְט אִין
זַיינֶע לֶעהְרֶע, הִיט אַייךְ פָאר דִיא סוֹפְרִים, וָואס הָאבֶּען
גֶערְן צוּ גֶעהֶען אִין לַאנְגֶע קְלֵיידֶער, אוּנְד גֶעגְרִיסְט צוּ
39 וֶוערֶען אִין דִיא גַאסֶען: אוּנְד שְׁטֶעהֶען גֶערְן אוֹיבֶּען אָן
אִין דִיא שׁוּהְלֶען, אוּנְד זִיצֶען אוֹיבֶּען אָן אוֹיף סְעוּדוֹת:
40 וָואס עֶסֶען אוֹיף דִיא הֵייזֶער פוּן אַלְמָנוֹת, אוּנְד פַאר אַיין
אוֹיסְרַייד זֶענֶען זַייא לַאנְג מִתְפַּלֵל. דִיזֶע וֶועלֶען אַ
41 גְרֶעסֶער מִשְׁפָּט אַנְטְפַאנְגֶען: אוּנְד עֶר אִיז גֶעזֶעסֶען קֶעגֶע-
גֶענְאִיבֶּער דֶעם אוֹצָר, אוּנְד הָאט גֶעזֶעהֶען וְוִיא דִיא לַייט
וַוארְפֶען אַרַיין גֶעלְד אִין דֶעם אוֹצָר, אוּנְד פִילֶע רַייכֶע

הָאבֶּען פִיל אַרייַנְגֶעוָוארְפֶען: אוּנְד אֵיינֶע אָרֶמֶע אַלְמָנָה 42
אִיז גֶעקוּמֶען אוּנְד הָאט אַרייַנְגֶעוָוארְפֶען צְוַויא פְּרוּטוֹת,
דָאס מַאכֶען אוּים אַ פִירְטֶעל גְרָאשֶׁען: אוּנְד עֶר הָאט זַיינֶע 43
תַּלְמִידִים צוּגֶערוּפֶען אוּנְד הָאט צוּ זַייא גֶעזָאגְט, בֶּאֱמֶת
זָאג אִיךְ אַייךְ, אַז דִיזֶע אָרֶמֶע אַלְמָנָה הָאט מֶעהְר
אַרייַנְגֶעוָוארְפֶען ווִיא אַלֶע וָואס הָאבֶּען אִין דֶעם קַאסְטֶען
אַרייַנְגֶעוָוארְפֶען: וָוארִין אַלֶע הָאבֶּען אַרייַנְגֶעוָוארְפֶען פוּן 44
דֶעם וָואס זַייא הָאבֶּען אִיבְּרִיג, אַבֶּער זִיא הָאט פוּן
אִיהְרֶע אָרֶעמְקַייט אַרייַנְגֶעוָוארְפֶען אַלֶעס וָואס זִיא הָאט,
אַפִילוּ אִיהְרֶע גַאנְצֶע דֶערְנֶעהְרוּנְג:

קאפיטעל יג

וֶוען עֶר אִיז פוּן דֶעם בֵּית הַמִקְדָשׁ אַרוֹיסְגֶעגַאנְגֶען, אַזוֹי 1
הָאט אֵיינֶער פוּן זַיינֶע תַּלְמִידִים צוּ אִיהְם גֶעזָאגְט, רַבִּי, זֶעה,
וָואס פַאר שְׁטֵיינֶער אוּנְד וָואס פַאר אַ גֶעבֵּייד הִיר אִיז:
אוּנְד יֵשׁוּעַ הָאט צוּ אִיהְם גֶעזָאגְט, זֶעהְסְט דוּא דִיזֶעם גְרוֹי- 2
סֶע גֶעבֵּייד? דָא וֶועט נִיט בְּלֵייבֶּען אֵיין שְׁטֵיין אוֹיף דֶעם
אַנְדֶערְן וָואס וֶועט נִיט אַרוּפְגֶעוָוארְפֶען וֶוערֶען: אוּנְד וֶוען 3
עֶר אִיז גֶעזֶעסֶען אוֹיף דֶעם הַר הַזֵיתִים קֶעגֶענְאִיבֶּער דֶעם
בֵּית הַמִקְדָשׁ, הָאבֶּען אִיהְם פֶּעטְרוֹס אוּנְד יַעֲקֹב אוּנְד יוֹחָנָן
אוּנְד אַנְדְרֵי בֵּייא זִיךְ זֶעלְבְּסְט גֶעפְרֶעגְט: זָאג אוּנְס וֶוען 4
וֶועלֶען דִיזֶע זַאכֶען זַיין, אוּנְד וָואס אִיז דָאס צֵייכֶען וֶוען
דִיזֶע אַלֶע וֶועלֶען דֶערְפִילְט וֶוערֶען? אָבֶּער יֵשׁוּעַ הָאט 5
אָנְגֶעהוֹיבֶּען צוּ זַייא צוּ זָאגֶען, הִיט אֵייךְ אַז קֵיינֶער זָאל
אֵייךְ נִיט פֶערְפִירֶען: וָוארִין פִילֶע וֶועלֶען קוּמֶען אִין מֵיין 6
נָאמֶען, אוּנְד וֶועלֶען זָאגֶען אִיךְ בִּין עֶס, אוּנְד וֶועלֶען פִילֶע
פֶערְפִירֶען: אוּנְד וֶוען אִיהְר וֶועט הֶערֶען פוּן מִלְחָמוֹת 7
אוּנְד גֶערֵייד פוּן מִלְחָמוֹת, דֶערְשְׁרֶעקְט אֵייךְ נִיט. וָוארִין
דָאס מוּז גֶעשֶׁעהֶען, אָבֶּער דֶער סוֹף אִיז נָאךְ נִיט דָא:
וָוארִין אֵיין פָאלְק וֶועט אוֹיפְשְׁטֵיין קֶעגֶען אֵיין אַנְדֶער 8
פָאלְק, אוּנְד אֵיין קֶענִיגְרֵייךְ קֶעגֶען דֶעם אַנְדֶערְן. עֶס וֶועט
זַיין עֶרְדְצִיטֶערְנִים אִין עֶטְלִיכֶע עֶרְטֶער, עֶס וֶועט זַיין
הוּנְגֶער; דִיזֶע זֶענֶען דֶער אָנְהוֹיבּ פוּן וֵוייטָאג: גִיבְּט אַכְט 9
אוֹיף אֵייךְ זֶעלְבְּסְט, זַייא וֶועלֶען אֵייךְ אִיבֶּערְלִיפֶערְן צוּ
דִיא סַנְהֶדְרִין, אוּנְד אִין דִיא שׁוּהְלֶען וֶועט אִיהְר גֶעשְׁלָאגֶען

וֶוערֶען, אוּנְד אִיהְר וֶועט פָארְגֶעשְׁטֶעלְט וֶוערֶען פָאר
פִירְשְׁטֶען אוּנְד קֶענִיגֶע פוּן מֵיינֶעט וֶועגֶען, פַאר אֵיין
10 צֵייגְנִים צוּ זֵייא: אוּנְד דִיא בְּשׂוֹרָה טוֹבָה מוּס צוּעֶרְשְׁט
11 גֶעפְּרֶעדִיגְט וֶוערֶען צוּ אַלֶע פֶעלְקֶער: אוּנְד וֶוען זֵייא
וֶועלֶען אֵייךְ אַוֶועקְפִיהְרֶען אוּנְד אִיבֶּערְלִיפֶערְן, זָארְגְט נִיט
וָואס אִיהְר זָאלְט רֶעדֶען, נֵייעֶרְט וָואס עֶס וֶועט אֵייךְ גֶע־
גֶעבֶּען וֶוערֶען אִין דֶערְזֶעלְבִּיגֶער שָׁעָה, דָאס זָאלְט אִיהְר
רֶעדֶען. וָוארִין עֶס אִיז נִיט אִיהְר דִיא רֶעדֶען, נֵייעֶרְט
12 דֶער רוּחַ הַקוֹדֶשׁ: אוּנְד אַ בְּרוּדֶער וֶועט אַ בְּרוּדֶער
אִיבֶּערְלִיפֶערְן צוּם טוֹיט, אוּנְד אַ פָאטֶער אַ קִינְד. אוּנְד
קִינְדֶער וֶועלֶען אוֹיפְשְׁטֵיין קֶעגֶען זֵייעֶרֶע עֶלְטֶערְן, אוּנְד
13 וֶועלֶען זֵייא אוּמְבְּרֶענְגֶען: אוּנְד אִיהְר וֶועט גֶעהַאסְט וֶוע־
רֶען בֵּייא אַלֶע פוּן מֵיין נָאמֶענְס וֶועגֶען. אָבֶּער דֶער וָואס
הַאלְט אוֹיס בִּיז צוּם סוֹף, דֶער וֶועט גֶערֶעטֶעט וֶוערֶען:
14 אוּנְד וֶוען אִיהְר וֶועט זֶעהֶען דִיא אוּמְוִוירְדִיגְקֵייט פוּן דֶער
גְרֵייעֶל שְׁטֶעהֶענְדִיג וְוִיא עֶס קֶעהְר נִיט צוּ שְׁטֵיין—דֶער
וָואס לֵייעֶנְט לָאז עֶר פֶערְשְׁטֵיין—אַזוֹי לָאזֶען דִיא וָואס
15 זֶענֶען אִין יְהוּדָה אַנְטְלוֹיפֶען צוּ דִיא בֶּערְג: אוּנְד דֶער
וָואס אִיז אוֹיף דֶעם דַאךְ, לָאז עֶר נִיט אַרֵיינְקוּמֶען אוּם
16 עֶפֶּעס אוֹיס זֵיין הוֹיז צוּ נֶעמֶען: אוּנְד דֶער וָואס אִיז אִים
פֶעלְד, לָאז עֶר זִיךְ נִיט צוּרִיק אוּמְקֶעהְרֶען אוּם זֵיינֶע
17 קְלֵיידֶער צוּ נֶעמֶען: אוּנְד וֶועה צוּ דִיא וָואס זֶענֶען
שְׁוַואנְגֶער, אוּנְד דִיא וָואס גֶעבֶּען צוּ זֵייגֶען אִין דִיזֶע טֶעג:
18 אָבֶּער בֶּעטֶעט, דָאס עֶס זָאל נִיט זֵיין אִים ווִינְטֶער: וָוארִין
19 אִין דִיזֶע צֵייטֶען וֶועט זֵיין אַ צָרָה, וָואס אַזָאלְכֶע אִיז נִיט
גֶעוֶועזֶען פוּן אָנְפַאנְג פוּן דֶעם בֶּעשֶׁעפֶענִיס וָואס גָאט
הָאט בֶּעשַׁאפֶען בִּיז אַצוּנְד, אוּנְד עֶס וֶועט אוֹיךְ נִיט מֶעהְר
20 אַזוֹי זַיין: אוּנְד וֶוען דֶער הַאר הֶעט נִיט פֶערְקִירְצְט דִיא
טֶעג, הֶעט קֵיין מֶענְשׁ נִיט גֶערֶעטֶעט גֶעוָוארֶען. אָבֶּער
פוּן וֶועגֶען דִיא אוֹיסְדֶערְוֵוילְטֶע וָואס עֶר הָאט אוֹיסְדֶער־
21 וֵוילְט, הָאט עֶר דִיא טֶעג פֶערְקִירְצְט: אוּנְד דַאן וֶוען אֵיי־
נֶער וֶועט צוּ אֵייךְ זָאגֶען, זֶעהְט, הִיר אִיז דֶער מָשִׁיחַ, זֶעהְט
22 דָארְט, זָאלְט אִיהְר נִיט גְלוֹיבֶּען: וָוארִין עֶס וֶועלֶען פַאלְשֶׁע
מְשִׁיחִים אוּנְד פַאלְשֶׁע נְבִיאִים אוֹיפְשְׁטֶעהֶען: אוּנְד וֶועלֶען

געבען צייכען אונד וואונדער, כדי צו פערפיהרען אפילו
23 דיא אויסדערוויילטע, ווען עס זאל מעגליך זיין: אבער
היט אייך. זעהט, איך האב אייך אלעס פריהער אויסגע־
24 זאגט: אבער אין דיזע צייטען, נאך יענער צרה, וועט דיא
זין פינסטער ווערען, אונד דיא לבנה וועט ניט געבען
25 איהר ליכט: אונד דיא שטערען וועלען פון הימעל
ארופפאלען, אונד דיא מאכטען וואס זענען אים הימעל
26 וועלען בעוועגט ווערען: אונד דערנאך וועלען זייא זעהען
דעם בן־אדם קומענדיג אין דיא וואלקענס מיט גרויסע
27 מאכט אונד הערליכקייט: אונד דאן וועט ער זיינע מלאכים
אויסשיקען אונד וועט זיינע אויסדערוויילטע איינזאמעלן
פון דיא פיר ווינדען, פון דעם עק פון דער ערד ביז צום
28 עק פון הימעל: אבער לערנט א משל פון דעם פייגענ־
בוים. ווען זיינע צווייג איז שוין פריש, אונד ברענגט
ארויס בלעטער, ווייסט איהר אז דער זומער איז נאהנט:
29 אזוי אויך איהר, ווען איהר וועט זעהען אז דיזע זאכען
געשעהען, ווייסט איהר אז עס איז נאהנט ביים דער טהיר:
30 באמת זאג איך אייך דיזעס געשלעכט וועט ניט פערבייא
31 געהען ביז דאס אלעס וועט געשעהען: הימעל אונד ערד
וועלען פערבייא געהען, אבער מיינע ווערטער וועלען ניט
32 פערבייא געהען: אבער פון דיזען טאג אדער דיא שעה
ווייס קיינער ניט, אויך ניט דיא מלאכים אים הימעל, אונד
33 אויך ניט דער זוהן נייערט דער פאטער: היט אייך, וואכט.
34 וואריך איהר ווייסט ניט ווען דיא צייט איז: עס איז אזוי
וויא א מאן וואס פארט אוועק, אונד לאזט זיין הויז, אונד
גיבט דיא מאכט צו זיינע קנעכט, אונד צו איטליכען זיינע
ארבייט אונד בעפעלט דעם שומר אז ער זאל וואכען:
35 דרום וואכט איהר, וואריך איהר ווייסט ניט ווען דער האר
פון דעם הויז וועט קומען, אויף דעם אבענד, אדער אין
מיטען דער נאכט, אדער ווען דער האן קרייעט, אדער
36 אין דער פריה: טאמער וועט ער קומען פלוצלונג אונד
37 וועט אייך געפינען שלאפענדיג: אונד וואס איך זאג צו
אייך, דאס זאג איך צו אלע, וואכט:

קאפיטעל יד

1 אונד נאך צוויא טעג איז געוועזען פסח, אונד דער חג
המצות. אונד דיא ראשי כהנים אונד דיא סופרים האבען
געזוכט וויא אזוי זייא זאלען איהם נעמען מיט ליסט אונד
2 זאלען איהם אומברענגען: אונד זייא האבען געזאגט, ניט
אם יום טוב, כדי עס זאל ניט זיין קיין אופרור צווישען
3 דעם פאלק: אונד ווען ער איז געוועזען אין ביתעניה אים
הויז פון שמעון דעם מצורע, וויא ער איז געזעסען ביים
טיש, אזוי איז געקומען א פרויא וואס האט געהאט א
קריגעל מיט אייל פון זעהר טייערען נרד: אונד זיא האט
דאס קריגעל צערבראכען, אונד האט עס אויף זיין קאפ
4 אויסגעגאסען: אונד עס זענען איניגע געוועזען וואס
האבען זיך געערגערט אונד האבען געזאגט, צו וואס איז
דיזע פערשווענדונג פון דעם מר געמאכט געווארען?
5 ווארין דיזעס מר האט געקענט פערקויפט ווערען פאר
מעהר וויא דרייא הונדערט גילדען, אונד צו דיא ארעמע
געגעבען ווערען. אונד זייא האבען קעגען איהר גע־
6 מורמעלט: אבער ישוע האט געזאגט, לאזט זיא געהען,
ווארום קרענקט איהר זיא? זיא האט א גוטעס ווערק אן
7 מיר געטהון: ווארין דיא ארעמע האט איהר תמיד מיט
אייך, אונד ווען איהר ווילט קענט איהר זייא גוטעס טהון
8 אבער מיך האט איהר ניט תמיד: זיא האט געטהון וואס
זיא האט געקענט, זיא איז פארגעקומען כדי זיא זאל מיין
9 לייב צו דער קבורה זאלבען: באמת זאג איך אייך, וואו
דאס עוואנגעליום וועט געפרעדיגט ווערען אין דיא גאנצע
וועלט, אזוי וועט מען דאס אויך דערצעהלען וואס זיא
10 האט געטהון, צו איהר אנדענקען: אונד יהודה איש
קריות איינער פון דיא צוועלף, איז אוועקגעגאנגען צו דיא
ראשי כהנים, כדי ער זאל איהם צו זייא איבערליפערן:
11 אונד וויא זייא האבען דאס געהערט, האבען זייא זיך גע־
פרייט, אונד האבען איהם פערשפראכען געלד צו געבען.
אונד ער האט געזוכט א גונסטיגע צייט איהם צו איבער־
12 געבען: אונד אין דעם ערשטען טאג פון חג המצות ווען
זייא שעכטען דאס קרבן פסח, האבען זיינע תלמידים צו

איהם געזאגט, וואו ווילסט דוא אז מיר זאלען געהן אונד
אנבריטען דאס דוא זאלסט עסען דאס קרבן פסח? אונד 13
ער האט געשיקט צוויא פון זיינע תלמידים, אונד האט צו
זייא געזאגט, געהט אין דיא שטאט אריין; אונד א מאן
וועט אייך בעגעגנען, וואס טראגט א קרוג מיט וואסער,
פאלגט איהם נאך: אונד וואו אהין ער וועט אריינגעהען, 14
זאגט צו דעם בעל הבית, דער רבי לאזט דיר זאגען, וואו
איז מיינע גאסט־שטוב וואו איך זאל עסען דאס קרבן פסח
מיט מיינע תלמידים? אונד ער וועט אייך ווייזען א גרויסע 15
אויבערע שטוב, אויסגעצירט אונד אנגעברייט דארט זאלט
איהר פארטיג מאכען פאר אונס: אונד דיא תלמידים זע־ 16
נען אוועקגעגאנגען, אונד זענען אריינגעקומען אין דיא
שטאט, אונד זייא האבען געפונען אזוי וויא ער האט צו
זייא געזאגט. אונד זייא האבען אנגעברייט דאס קרבן
פסח: אונד אויף דעם אבענד איז ער געקומען מיט דיא 17
צוועלף: אונד ווען זייא האבען זיך אנידערגעזעצט אונד 18
האבען געגעסען, אזוי האט ישוע געזאגט, באמת זאג איך
אייך, דאס איינער פון אייך וואס עסט מיט מיר וועט מיך
פערמסרן: זייא האבען אנגעהויבען צו טרויערן, אונד 19
האבען איינער נאך דעם אנדערן געזאגט, בין איך דאס?
אונד איין אנדערער האט געזאגט, בין איך דאס? אונד ער 20
האט צו זייא געזאגט, עס איז איינער פון דיא צוועלף,
וואס טונקט מיט מיר איין אין דער שיסעל: ווארין דער 21
בן אדם וועט געהען אזוי וויא עס שטעהט געשריבען אויף
איהם. אבער וועה צו דעם מענש דורך וועמען דער בן
אדם וועט איבערגעליפערט ווערען. עס וועער גוט פאר דיזען
מענש ווען ער העט ניט געבוירען געווארען: אונד וויל 22
זייא האבען געגעסען, אזוי האט ער גענומען ברויט אונד
האט א ברכה געמאכט, אונד האט עס צערבראכען, אונד צו
זייא געגעבען, אונד געזאגט, נעמט; דאס איז מיין לייב:
אונד ער האט גענומען א כוס, אונד האט א ברכה געמאכט, 23
אונד האט עס צו זייא געגעבען, אונד זייא האבען אלע
דערפון געטרונקען: אונד ער האט צו זייא געזאגט, דאס 24
איז מיין בלוט פון דעם נייען בונד, וואס איז פערגאסען

25 פַאר פִילֶע: בְּאֱמֶת זָאג אִיךְ אֵייךְ, אַז אִיךְ וֶועל נִיט מֶעהְר
טְרִינְקֶען פוּן דֶער פְרוּכְט פוּן דֶעם וַויינְשְׁטָאק, בִּיז אָן דֶעם
טָאג וֶוען אִיךְ וֶועל עֶס טְרִינְקֶען נַייא אִין דֶעם קֶענִיגְרֵייךְ
26 פוּן גָאט: אוּנְד וֶוען זֵייא הָאבֶּען הַלֵל גֶעזוּנְגֶען, זֶענֶען זֵייא
27 אַוֶועקְגֶעגַאנְגֶען צוּם הַר הַזֵיתִים: אוּנְד יֵשׁוּעַ הָאט צוּ זֵייא
גֶעזָאגְט, אִיהְר אַלֶע וֶועט אֵייךְ אָן מִיר אָנְשְׁטוֹיסֶען. וָוארִין
עֶס שְׁטֶעהְט גֶעשְׁרִיבֶּען, אִיךְ וֶועל דֶעם הִירְט שְׁלָאגֶען, אוּנְד
28 דִיא שָׁאף וֶועלֶען צֶערְשְׁפְּרֵייט וֶוערֶען: אָבֶּער נָאךְ מֵיינֶע
29 אוֹיפְשְׁטֶעהוּנְג, וֶועל אִיךְ פָאר אֵייךְ גֶעהְן קֵיין גָלִיל: אוּנְד
פֶּטְרוּס הָאט צוּ אִיהְם גֶעזָאגְט, וֶוען אַלֶע זָאלֶען זִיךְ אָנְ־
30 שְׁטוֹיסֶען, אַזוֹי וֶועל אִיךְ דָאךְ נִיט: אוּנְד יֵשׁוּעַ הָאט צוּ
אִיהְם גֶעזָאגְט, בֶּאֱמֶת זָאג אִיךְ דִיר, אַז הֵיינְט אִין דִיזֶער
נַאכְט, אֵייד֒עֶר דֶער הָאן וֶועט צְוֵוייא מָאל קְרֵייעֶן, וֶועסְט
31 דוּא מִיךְ דְרֵייא מָאל פֶערְלֵייקֶענֶען: אָבֶּער עֶר הָאט נָאךְ
אֵייפְרִיגֶער גֶערֶעט, וֶוען אִיךְ זָאל מוּזֶען מִיט דִיר שְׁטַארְבֶּען,
וֶועל אִיךְ דִיךְ אוֹיךְ נִיט פֶערְלֵייקֶענֶען. אַזוֹי הָאבֶּען אוֹיךְ
32 אַלֶע גֶעזָאגְט: אוּנְד זֵייא זֶענֶען גֶעקוּמֶען צוּ אֵיין אָרְט,
וָואס אִיז גֶערוּפֶען גַת־שְׁמָנִים, אוּנְד עֶר הָאט גֶעזָאגְט צוּ
33 זֵיינֶע תַלְמִידִים, זִיצְט אִיהְר הִיר בִּיז אִיךְ וֶועל בֶּעטֶען: אוּנְד
עֶר הָאט מִיט זִיךְ גֶענוּמֶען פֶּעטְרוֹס אוּנְד יַעֲקֹב אוּנְד יוֹחָנָן.
אוּנְד הָאט זִיךְ אָנְגֶעהוֹיבֶּען צוּ פָארְכְטֶען אוּנְד צוּ בֶּעטְרִי־
34 בֶּען: אוּנְד עֶר הָאט צוּ זֵייא גֶעזָאגְט, מֵיין גֶעמִיט אִיז
זֶעהְר טְרוֹירִיג בִּיז אָן דֶעם טוֹיט. בְּלֵייבְּט הִיר אוּנְד וַואכְט:
35 אוּנְד עֶר אִיז אַבִּיסֶעל וַוייטֶער גֶעגַאנְגֶען, אוּנְד אִיז צוּ דֶער
עֶרְד גֶעפַאלֶען, אוּנְד הָאט גֶעבֶּעטֶען, דָאס וֶוען עֶס אִיז
36 מֶעגְלִיךְ, זָאל דִיזֶע שָׁעָה פוּן אִיהְם פֶערְבֵּייא גֶעהְן: אוּנְד עֶר
הָאט גֶעזָאגְט, אַבָּא, פָאטֶער, אַלֶעס אִיז מֶעגְלִיךְ בֵּייא דִיר.
נֶעם אַוֶועק דִיזֶען כּוֹס פוּן מִיר. דָאךְ נִיט וָואס אִיךְ וִויל,
37 נֵייעֶרְט וָואס דוּא וִוילְסְט: אוּנְד עֶר אִיז גֶעקוּמֶען אוּנְד
הָאט זֵייא שְׁלָאפֶענְדִיג גֶעפוּנֶען, אוּנְד עֶר הָאט גֶעזָאגְט צוּ
פֶּעטְרוֹס, שִׁמְעוֹן, שְׁלָאפְסְט דוּא? הָאסְט דוּא נִיט גֶעקֶענְט
38 וַואכֶען אֵיינֶע שָׁעָה? וַואכְט אוּנְד בֶּעטֶעט, אַז אִיהְר זָאלְט
נִיט קוּמֶען אִין פֶערְזוּכוּנְג. דֶער גֵייסְט אִיז וִוילִיג, אָבֶּער
39 דָאס פְלֵיישׁ אִיז שְׁוַואךְ: אוּנְד עֶר אִיז וִוידֶער אַוֶועקְגֶעגַאנְגֶען

אוּנְד הָאט גֶעבֶּעטֶען, אוּנְד הָאט דִיא זֶעלְבִּיגֶע רֵייד גֶערֶעט:
אוּנְד וֶוען עֶר הָאט זִיךְ אוּמְגֶעקֶעהְרְט, הָאט עֶר זַייא ווִידֶער 40
שְׁלָאפֶענְדִיג גֶעפוּנֶען, וָוארִין זַיירֶע אוֹיגֶען זֶענֶען שְׁוֶוער
גֶעוֶועזֶען. אוּנְד זַייא הָאבֶּען נִיט גֶעוְואוּסְט וָואס זַייא זָאלֶען
אִיהְם עֶנְטְפֶערְן: אוּנְד עֶר אִיז דָאס דְרִיטֶע מָאל גֶעקוּמֶען 41
אוּנְד הָאט צוּ זַייא גֶעזָאגְט, שְׁלָאפְט וַוייטֶער אוּנְד רוּהְט
אַייךְ אָפּ. עֶס אִיז גֶענוּג, דִיא שָׁעָה אִיז גֶעקוּמֶען. זֶעה,
דֶער בֶּן אָדָם אִיז אִיבֶּערְגֶעלִיפֶערְט אִין דִיא הֶענְד פוּן
זִינְדֶער: שְׁטֶעהְט אוֹיף, לָאזְט אוּנְס גֶעהֶען. זֶעה, דֶער יֶער־ 42
נִיגֶער וָואס פֶערְמַסֶרְט מִיךְ אִיז נָאהֶנְט: אוּנְד בַּייל עֶר 43
הָאט נָאךְ גֶערֶעט, אִיז גְלֵייךְ יְהוּדָה, אֵיינֶער פוּן דִיא צְוֶועלְף
גֶעקוּמֶען, אוּנְד מִיט אִיהְם פִיל לֵייט מִיט שְׁוֶוערְדֶען אוּנְד
שְׁטֶעקֶענְס, פוּן דִיא רָאשֵׁי כֹּהֲנִים אוּנְד סוֹפְרִים אוּנְד
עֶלְצְטֶע: אוּנְד דֶער וָואס הָאט אִיהְם פֶערְמַסֶרְט הָאט 44
זַייא גֶעגֶעבֶּען אַ צֵייכֶען, אוּנְד הָאט גֶעזָאגְט, דֶעם וָואס
אִיךְ וֶועל קִישֶׁען דֶער אִיז עֶר. נֶעמְט אִיהְם אוּנְד פִיהְרְט
אִיהְם זִיכֶער אַוֶועק: אוּנְד וֶוען עֶר אִיז גֶעקוּמֶען, אִיז עֶר 45
בַּאלְד צוּ אִיהְם צוּגֶעגַאנְגֶען, אוּנְד הָאט גֶעזָאגְט, רַבִּי, רַבִּי!
אוּנְד עֶר הָאט אִיהְם גֶעקוּשְׁט: אוּנְד זַייא הָאבֶּען זַיירֶע 46
הֶענְד אוֹיף אִיהְם גֶעלֶעגְט, אוּנְד הָאבֶּען אִיהְם גֶענוּמֶען: אוּנְד 47
אֵיינֶער פוּן דִיא וָואס זֶענֶען דֶערְבַּייא גֶעשְׁטַאנֶען הָאט זַיין
שְׁוֶוערְד אַרוֹיסְגֶעצוֹיגֶען, אוּנְד הָאט גֶעשְׁלָאגֶען דֶעם קְנֶעכְט
פוּן דֶעם כֹּהֵן גָדוֹל, אוּנְד הָאט אִיהְם דָאס אוֹיעֶר אָפְּגֶע־
שְׁנִיטֶען: אוּנְד יֵשׁוּעַ הָאט גֶעעֶנְטְפֶערְט אוּנְד הָאט צוּ זַייא 48
גֶעזָאגְט, זֶענְט אִיהְר אַרוֹיסְגֶעקוּמֶען ווִיא קֶעגֶען אַ רוֹיבֶּער
מִיט שְׁוֶוערְדֶען אוּנְד שְׁטֶעקֶענְס אוּם מִיךְ צוּ נֶעמֶען: אִיךְ 49
בִּין טֶעגְלִיךְ מִיט אֵייךְ גֶעוֶועזֶען אִין בֵּית הַמִקְדָשׁ אוּנְד
הָאב גֶעלֶעהְרְט, אוּנְד אִיהְר הָאט מִיךְ נִיט גֶענוּמֶען. אָבֶּער
דִיא שְׁרִיפְט מוּז מְקוּיָם וֶוערֶען: אוּנְד זַייא הָאבֶּען אִיהְם 50
אַלֶע פֶערְלָאזֶען אוּנְד זֶענֶען אַוֶועקְגֶעלָאפֶען: אוּנְד אַ יוּנְ־ 51
גֶער מַאן הָאט אִיהְם נָאכְגֶעפָאלְגְט, וָואס הָאט גֶעהַאט אַ
לֵיילֶעךְ אַרוּם זַיין נַאקֶעטֶען לֵייבּ. אוּנְד דִיא יוּנְגֶע לֵייט
הָאבֶּען אִיהְם גֶענוּמֶען: אוּנְד עֶר הָאט דָאס לֵיילֶעךְ אִיבֶּערְ־ 52
גֶעלָאזְט, אוּנְד אִיז פוּן זַייא נַאקֶעט אַוֶועקְגֶעלָאפֶען: אוּנְד 53

זַייא הָאבֶּען יֵשׁוּעַ אַװעקְגֶעפִירְט צוּם כֹּהֵן גָדוֹל, אוּנְד דִיא
רָאשֵׁי כֹּהֲנִים אוּנְד דִיא עֶלְצְטֶע אוּנְד דִיא סוֹפְרִים הָאבֶּען
54 זִיךְ פֶערְזַאמֶעלְט: אוּנְד פֶּעטְרוּס אִיז אִיהְם פוּן װַייטֶען
נָאכְגֶעגַאנְגֶען בִּיז אִין פַּאלַאסְט אַרֵיין פוּן דֶעם כֹּהֵן גָדוֹל.
אוּנְד עֶר אִיז גֶעזֶעסֶען מִיט דִיא מְשָׁרְתִים, אוּנְד הָאט זִיךְ
55 גֶעוַוארְמְט בַּיים פֵייעֶר: אוּנְד דִיא רָאשֵׁי כֹּהֲנִים אוּנְד דִיא
גַאנְצֶע סַנְהֶדְרִין הָאבֶּען גֶעזוּכְט עֵדוּת קֶעגֶען יֵשׁוּעַ, אַז זַייא
זָאלֶען אִיהְם אוּמְבְּרֶענְגֶען. אוּנְד זַייא הָאבֶּען נִיט גֶע־
56 פוּנֶען: אוּנְד פִילֶע הָאבֶּען פַּאלְשׁ עֵדוּת גֶעזָאגְט קֶעגֶען
57 אִיהְם, אָבֶּער זַייעֶר עֵדוּת אִיז נִיט אֵיינִיג גֶעװֶעזֶען: אוּנְד
עֶטְלִיכֶע זֶענֶען אוֹיפְגֶעשְׁטַאנֶען אוּנְד הָאבֶּען פַּאלְשׁ עֵדוּת
58 גֶעזָאגְט קֶעגֶען אִיהְם, אוּנְד הָאבֶּען גֶעזָאגְט: מִיר הָאבֶּען
אִיהְם גֶעהֶערְט זָאגֶען, אִיךְ װִיל אַרוֹיפְװַארְפֶען דָאס בֵּית
הַמִקְדָשׁ װָאס אִיז מִיט הֶענְד גֶעמַאכְט, אוּנְד אִין דְרַייא
טֶעג װֶעל אִיךְ אוֹיפְבּוֹיעֶן אֵיין אַנְדֶערֶעם װָאס אִיז נִיט מִיט
59 הֶענְד גֶעמַאכְט: אָבֶּער זַייעֶר עֵדוּת אִיז אוֹיךְ נִיט אֵיינִיג
60 גֶעװֶעזֶען: אוּנְד דֶער כֹּהֵן גָדוֹל אִיז אוֹיפְגֶעשְׁטַאנֶען אִין
דֶער מִיטֶען, אוּנְד הָאט יֵשׁוּעַ גֶעפְרֶעגְט אוּנְד הָאט גֶעזָאגְט,
עֶנְטְפֶערְסְט דוּא גָארְנִיט? װָאס זָאגֶען דִיזֶע קֶעגֶען דִיר?
61 אָבֶּער עֶר הָאט גֶעשְׁװִיגֶען אוּנְד הָאט גָארְנִיט גֶעעֶנְטְפֶערְט.
דֶער כֹּהֵן גָדוֹל הָאט אִיהְם װִידֶער גֶעפְרֶעגְט, אוּנְד הָאט צוּ
אִיהְם גֶעזָאגְט, בִּיזְט דוּא דֶער מָשִׁיחַ, דֶער זוּהְן פוּן דֶעם
62 גֶעבֶּענְשְׁטֶען? אוּנְד יֵשׁוּעַ הָאט גֶעזָאגְט אִיךְ בִּין. אוּנְד
אִיהְר װֶעט זֶעהֶען דֶעם בֶּן אָדָם זִיצֶען בַּייא דֶער רֶעכְטֶע
הַאנְד פוּן דֶער גְבוּרָה, אוּנְד קוּמֶענְדִיג אִין דִיא װָאלְקֶענְס
63 פוּן דֶעם הִימֶעל: אוּנְד דֶער כֹּהֵן גָדוֹל הָאט זַיינֶע קְלֵיידֶער
צֶערְרִיסֶען, אוּנְד הָאט גֶעזָאגְט, װָאס בֶּעדַארְפֶען מִיר נָאךְ
64 מֶעהְר עֵדוּת: אִיהְר הָאט גֶעהֶערְט דִיא לֶעסְטֶערוּנְג. װָאס
דֶענְקְט אִיהְר? אוּנְד זַייא הָאבֶּען אִיהְם אַלֶע פֶערְאוּרְ־
65 טְהֵיילְט אַז עֶר אִיז דֶעם טוֹיט שׁוּלְדִיג: אוּנְד עֶטְלִיכֶע
הָאבֶּען אָנְגֶעהוֹיבֶּען אוֹיף אִיהְם צוּ שְׁפֵּייעֶן, אוּנְד זַיין פָּנִים
צוּצוּדֶעקֶען, אוּנְד אִיהְם שְׁלָאגֶען, אוּנְד צוּ אִיהְם זָאגֶען, זָאג
נְבוּאוֹת. אוּנְד דִיא מְשָׁרְתִים הָאבֶּען אִיהְם גֶעשְׁלָאגֶען אִיבֶּער
66 דֶעם פָּנִים: אוּנְד װֶען פֶּעטְרוּס אִיז גֶעװֶעזֶען הִינְטֶער אִיהְם

אִין פַּאלַאסְט, אִיז אֵיינֶע פוּן דִיא דִינְסְט פוּן כֹּהֵן גָדוֹל
67 גֶעקוּמֶען: אוּנְד זִיא הָאט גֶעזֶעהֶען פֶּעטְרוּס וִויא עֶר הָאט
זִיךְ אָנְגֶעוַוארְמְט, הָאט זִיא אִיהְם אָנְגֶעזֶעהֶען אוּנְד הָאט
68 גֶעזָאגְט, דוּא הַאסְט אוֹיךְ מִיט יֵשׁוּעַ הַנָּצְרִי: אָבֶּער עֶר
הָאט גֶעלֵייקֶענְט אוּנְד הָאט גֶעזָאגְט, אִיךְ ווייס נִיט אוּנְד
פֶערְשְׁטֵייא נִיט וָואס דוּא זָאגְסְט; אוּנְד עֶר אִיז אַרוֹיסְגֶע־
גַאנְגֶען דְרוֹיסֶען אִים פָארְהוֹיף אַרַיין אוּנְד דֶער הָאן הָאט
69 גֶעקְרֵייעֶט: אוּנְד אַ דִינְסְט מֶעדֶעל הָאט אִיהְם ווִידֶער גֶע־
זֶעהֶען, אוּנְד הָאט אָנְגֶעהוֹיבֶּען צוּ זָאגֶען צוּ דִיא וָואס זֶע־
70 נֶען דֶערְבֵּייא גֶעשְׁטַאנֶען, דֶער אִיז אֵיינֶער פוּן זֵייא: אָבֶּער
עֶר הָאט ווִידֶער גֶעלֵייקֶענְט; אוּנְד נָאךְ אַ קְלֵיינֶע ווַיילֶע,
הָאבֶּען דִיא וָואס זֶענֶען דֶערְבֵּייא גֶעשְׁטַאנֶען ווִידֶער גֶע־
זָאגְט צוּ פֶּעטְרוּס, דוּא בִּיסְט גֶעווִיס אֵיינֶער פוּן זֵייא, וָוארִין
71 דוּא בִּיסְט אוֹיךְ פוּן גָלִיל: אוּנְד עֶר הָאט אָנְגֶעהוֹיבֶּען צוּ
פְלוּכֶען אוּנְד צוּ שְׁווֶערֶען, אִיךְ קֶען נִיט דֶעם מֶענְשׁ פוּן
72 ווֶעלְכֶען אִיהְר רֶעט: אוּנְד גְלֵייךְ הָאט דֶער הָאן צוּם צְווֵיי־
טֶען מָאל גֶעקְרֵייעֶט, אוּנְד פֶּעטְרוּס הָאט זִיךְ דֶערְמָאנְט
אִין דֶעם ווָארְט וָואס יֵשׁוּעַ הָאט צוּ אִיהְם גֶעזָאגְט, אֵיידֶער
דֶער הָאן ווֶעט צְווֵייא מָאל קְרֵייעֶן, ווֶעסְט דוּא מִיךְ דְרֵייא
מָאל פֶערְלֵייקֶענֶען, אוּנְד ווֶען עֶר הָאט זִיךְ דָאס אִיבֶּערְ־
גֶעלֶעגְט הָאט עֶר גֶעווֵיינְט:

קאפיטעל טו

1 אוּנְד גְלֵייךְ אִין דֶער פְרִיה הָאבֶּען דִיא רָאשֵׁי כֹּהֲנִים אֵיין
עֵצָה גֶעהַאלְטֶען מִיט דִיא עֶלְצְטֶע אוּנְד דִיא סוֹפְרִים אוּנְד
דָאס גַאנְצֶע סַנְהֶדְרִין, אוּנְד הָאבֶּען יֵשׁוּעַ גֶעבּוּנְדֶען אוּנְד
2 אַװעקְגֶעפִירְט, אוּנְד אִיבֶּערְגֶעגֶעבֶּען צוּ פִּילָטוּס: אוּנְד
פִּילָטוּס הָאט אִיהְם גֶעפְרֶעגְט, בִּיסְט דוּא דֶער קֶענִיג פוּן
דִיא יוּדֶען? אוּנְד עֶר הָאט גֶעעֶנְטְפֶערְט אוּנְד הָאט צוּ
3 אִיהְם גֶעזָאגְט, דוּא זָאגְסְט עֶס: אוּנְד דִיא רָאשֵׁי כֹּהֲנִים
4 הָאבֶּען פִיל זַאכֶען קֶעגֶען אִיהְם גֶעזָאגְט: אוּנְד פִּילָטוּס
הָאט אִיהְם ווִידֶער גֶעפְרֶעגְט, אוּנְד הָאט גֶעזָאגְט, עֶנְטְ־
פֶערְסְט דוּא גָארְנִיט? זֶעה, ווִיא פִיל שְׁווֶערֶע זַאכֶען זֵייא
5 זָאגֶען קֶעגֶען דִיר: אָבֶּער יֵשׁוּעַ הָאט ווייטֶער גָארְנִיט גֶע־
עֶנְטְפֶערְט, אַזוֹי דָאס פִּילָטוּס הָאט זִיךְ פֶערְוְואוּנְדֶערְט:

6 אוּנְד עֶר פְלֶעגְט זַייא אִין יוֹם טוֹב אַ גֶעפַאנְגֶענֶעם פְרַייא
7 צוּ לָאזֶען, װעלְכֶען זַייא הָאבֶּען בֶּעגֶערְט: אוּנְד עֶס אִיז
דָא גֶעוֶועזֶען אֵיינֶער װָאס הָאט גֶעהֵייסֶען בַּר־אַבָּא, װָאס
אִיז בֶּעפַאנְגֶען מִיט דִיא װָאס הָאבֶּען אַיין אוֹיפְשְׁטַאנְד גֶע־
מַאכְט, אוּנְד הָאבֶּען אִין דֶעם אוֹיפְשְׁטַאנְד אַ רְצִיחָה גֶע־
8 טְהוּן: אוּנְד דִיא לֵייט הָאבֶּען גֶעשְׁרִיעֶן אוּנְד הָאבֶּען אִיהְם
אָנְגֶעהוֹיבֶּען צוּ בֶּעטֶען, אַז עֶר זָאל זַייא טְהוּן וְוִיא אַלֶע
9 צֵייט: אוּנְד פִּילָטוּס הָאט זַייא גֶעעֶנְטְפֶערְט אוּנְד הָאט
גֶעזָאגְט, װִילְט אִיהְר אַז אִיךְ זָאל אַייךְ פְרַייא לָאזֶען דֶעם
10 קֶענִיג פוּן דִיא יוּדֶען? װָארִין עֶר הָאט גֶעװוּסְט אַז דִיא
רָאשֵׁי כֹּהֲנִים הָאבֶּען אִיהְם אִיבֶּערְגֶעלִיפֶערְט װֶעגֶען קִנְאָה:
11 אָבֶּער דִיא רָאשֵׁי כֹּהֲנִים הָאבֶּען דִיא לֵייט אָנְגֶערֵייצְט, אַז
12 עֶר זָאל זַייא בֶּעסֶער פְרַייא לָאזֶען בַּר־אַבָּא: אוּנְד פִּילָטוּס
הָאט װִידֶער גֶעעֶנְטְפֶערְט אוּנְד הָאט צוּ זַייא גֶעזָאגְט, װָאס
װִילְט אִיהְר דֶען אַז אִיךְ זָאל טְהוּן צוּ דֶעם װָאס אִיהְר
13 רוּפְט דֶעם קֶענִיג פוּן דִיא יוּדֶען? אוּנְד זַייא הָאבֶּען װִידֶער
14 אוֹיסְגֶעשְׁרִיעֶן, קְרֵייצִיג אִיהְם: אוּנְד פִּילָטוּס הָאט צוּ זַייא
גֶעזָאגְט, װָאס פַאר אֵיין בֵּייז הָאט עֶר דֶען גֶעטְהוּן? אָבֶּער
15 זַייא הָאבֶּען נָאךְ מֶעהְר גֶעשְׁרִיעֶן, קְרֵייצִיג אִיהְם: אוּנְד
פִּילָטוּס הָאט גֶעװָאלְט דִיא לֵייט צוּלִיב טְהוּן, אוּנְד הָאט
צוּ זַייא פְרַייא גֶעלָאזְט בַּר־אַבָּא, אוּנְד װֶען עֶר הָאט יֵשׁוּעַ
גֶעלָאזְט שְׁלָאגֶען, הָאט עֶר אִיהְם אִיבֶּערְגֶעגֶעבֶּען אַז עֶר
16 זָאל גֶעקְרֵייצִיגְט װֶערֶען: אוּנְד דִיא סָאלְדַאטֶען הָאבֶּען
אִיהְם אַרַיינְגֶעפִירְט אִין דֶעם הוֹיף אַרַיין, װָאס הֵייסְט
פְּרֶעטָארִיוּם, אוּנְד זַייא הָאבֶּען צוּזַאמֶענְגֶערוּפֶען דֶעם גַאנְ־
17 צֶען בּוּנְט: אוּנְד זַייא הָאבֶּען אִיהְם אָנְגֶעטְהוּן אַ פּוּרְפֶּער
קְלֵייד, אוּנְד הָאבֶּען גֶעפְלָאכְטֶען אַ קְרוֹין פוּן דֶערְנֶער,
18 אוּנְד הָאבֶּען עֶס אוֹיף זַיין קָאפּ אוֹיפְגֶעזֶעצְט: אוּנְד זַייא
הָאבֶּען אִיהְם אָנְגֶעהוֹיבֶּען צוּ גְרִיסֶען, שָׁלוֹם דוּא מֶלֶךְ פוּן
19 דִיא יוּדֶען! אוּנְד זַייא הָאבֶּען אִיהְם גֶעשְׁלָאגֶען אִיבֶּער דֶעם
קָאפּ מִיט אַ שְׁטֶעקֶען, אוּנְד הָאבֶּען אוֹיף אִיהְם גֶעשְׁפִּיגֶען.
אוּנְד זַייא הָאבֶּען אַנִידֶער גֶעקְנִיעֶט אוּנְד הָאבֶּען זִיךְ צוּ אִיהְם
20 גֶעבִּיקְט: אוּנְד װֶען זַייא הָאבֶּען אִיהְם אוֹיסְגֶעשְׁפָּאט, אַזוֹי
הָאבֶּען זַייא אִיהְם דָאס פּוּרְפֶּער קְלֵייד אָפְּגֶעצוֹיגֶען, אוּנְד

הָאבֶּען אִיהְם אָנְגֶעטְהוּן זַיינֶע אֵיינֶענֶע קְלֵיידֶער, אוּנְד
הָאבֶּען אִיהְם אַרוֹיסְגֶעפִירְט אַז זַייא זָאלֶען אִיהְם קְרֵייצִיגֶען:
אוּנְד זַייא הָאבֶּען גֶעצְוואוּנְגֶען אֵיינֶעם, שִׁמְעוֹן פוּן קוּרִינִי, 21
דֶעם פָאטֶער פוּן אַלֶכְּסַנְדֶר אוּנְד רוּפוּס, וָואס אִיז גֶעקוּמֶען
פוּן פֶעלְד אַז עֶר זָאל טְרָאגֶען זַיין קְרֵייץ: אוּנְד זַייא הָאבֶּען 22
אִיהְם גֶעפִיהְרְט צוּ דֶעם אָרְט גָלְגָלְתָּא, דָאס הֵייסְט אוֹיף
יוּדִישׁ, אֵיין אָרְט פוּן אַ קָאפְּשֵׁייטֶעל: אוּנְד זַייא הָאבֶּען 23
אִיהְם גֶעגֶעבֶּען צוּ טְרִינְקֶען וַויין גֶעמִישְׁט מִיט מֹר, אָבֶּער
עֶר הָאט עֶס נִיט גֶענוּמֶען: אוּנְד זַייא הָאבֶּען אִיהְם גֶע־ 24
קְרֵייצִיגְט, אוּנְד הָאבֶּען זִיךְ זַיינֶע קְלֵיידֶער גֶעטֵיילְט, אוּנְד
הָאבֶּען דְרוֹיף גוֹרָל גֶעוָוארְפֶען וָואס אִיטְלִיכֶער זָאל נֶעמֶען:
אוּנְד עֶס אִיז גֶעוֶועזֶען דִיא דְרִיטֶע שָׁעָה אוּנְד זַייא הָאבֶּען 25
אִיהְם גֶעקְרֵייצִיגְט: אוּנְד דִיא אוֹיפְשְׁרִיפְט פוּן זַיינֶע פֶערְ־ 26
שׁוּלְדִיגוּנְג אִיז אוֹיבֶּען גֶעשְׁרִיבֶּען גֶעוָוארֶען, דֶער קֶענִיג
פוּן דִיא יוּדֶען: אוּנְד זַייא הָאבֶּען גֶעקְרֵייצִיגְט צְוַוייא 27
רוֹיבֶּערְס מִיט אִיהְם, אֵיינֶעם צוּ דֶער רֶעכְטֶע הַאנְד, אוּנְד
אֵיינֶעם צוּ דִיא לִינְקֶע: אוּנְד דִיא שְׁרִיפְט אִיז מְקוּיָם גֶע־ 28
וָוארֶען וָואס זָאגְט, „אוּנְד עֶר וַואר גֶערֶעכֶענְט מִיט דִיא
אִיבֶּערְטְרֶעטֶער״: אוּנְד דִיא וָואס זֶענֶען פֶערְבֵּייא גֶעגַאנְ־ 29
גֶען הָאבֶּען אִיהְם גֶעלֶעסְטֶערְט, אוּנְד הָאבֶּען גֶעשָׁאקֶעלְט
מִיט דִיא קֶעפּ, אוּנְד הָאבֶּען גֶעזָאגְט, אַהַא! דוּא וָואס
וַוארְפְסְט אַרוּפּ דָאס בֵּית הַמִקְדָשׁ, אוּנְד בּוֹיעֶסְט עֶס אוֹיף
אִין דְרֵייא טֶעג: רֶעטֶע דִיךְ זֶעלְבְּסְט אוּנְד קוּם אַרוּפּ פוּן 30
דֶעם קְרֵייץ: אוּנְד אַזוֹי הָאבֶּען אוֹיךְ דִיא רָאשֵׁי כֹּהֲנִים צְווִי־ 31
שֶׁען זִיךְ גֶעשְׁפֶּעט אוּנְד הָאבֶּען מִיט דִיא סוֹפְרִים גֶעזָאגְט,
אַנְדֶערֶע הָאט עֶר גֶערֶעטֶעט זִיךְ זֶעלְבְּסְט קֶען עֶר נִיט רֶע־
טֶען: לָאז דֶער מָשִׁיחַ, דֶער קֶענִיג פוּן יִשְׂרָאֵל, אִיצְט אַרוּפּ 32
קוּמֶען פוּן דֶעם קְרֵייץ, דָאס מִיר זָאלֶען זֶעהֶען אוּנְד גְלוֹי־
בֶּען. אוּנְד דִיא וָואס זֶענֶען מִיט אִיהְם גֶעקְרֵייצִיגְט גֶעוֶועזֶען
הָאבֶּען אִיהְם אוֹיךְ אַזוֹי פֶערְאַכְטֶעט:
אוּנְד אִין דִיא זֶעקְסְטֶע שָׁעָה אִיז עֶס פִינְסְטֶער גֶעוָוארֶען 33
אִיבֶּער דֶעם גַאנְצֶען לַאנְד בִּיז פוּן דֶער נֵיינְטֶער שָׁעָה:
אוּנְד אִין דִיא נֵיינְטֶע שָׁעָה הָאט יֵשׁוּעַ גֶעשְׁרִיעֶן מִיט אַ 34
הוֹיךְ קוֹל, אוּנְד הָאט גֶעזָאגְט, אֱלָהִי! אֱלָהִי! לָמָה שְׁבַקְתַּנִי;

דָאס אִיז פֶערְטַייטְשְׁט, מֵיין גָאט, מֵיין גָאט, וָוארוּם הָאסְט
דוּא מִיךְ פֶערְלָאזֶען? אוּנְד עֶטְלִיכֶע וָואס זֶענֶען דֶערְבֵּייא 35
גֶעשְׁטַאנֶען, וֶוען זֵייא הָאבֶּען דָאס גֶעהֶערְט, הָאבֶּען גֶעזָאגְט,
זֶעה, עֶר רוּפְט אֵלִיָהוּ: אוּנְד אֵיינֶער אִיז צוּגֶעלָאפֶען, אוּנְד 36
הָאט אָנְגֶעפִילְט אַ שְׁוַואם מִיט עֶסִיג, אוּנְד הָאט עֶס אוֹיף
אַ שְׁטֶעקֶען אַרוֹיפְגֶעזֶעצְט, אוּנְד הָאט אִיהְם גֶעגֶעבֶּען צוּ
טְרִינְקֶען, אוּנְד הָאט גֶעזָאגְט, לָאזְט זַיין, מִיר וֶועלֶען זֶעהֶען
אוֹיבּ אֵלִיָהוּ וֶועט קוּמֶען, כְּדֵי עֶר זָאל אִיהְם אַרוּפְּנֶעמֶען:
אוּנְד יֵשׁוּעַ הָאט גֶעשְׁרִיעֶן מִיט אַ הוֹיךְ קוֹל, אוּנְד אִיז פֶערְ־ 37
גַאנְגֶען: אוּנְד דָאס פָּרוֹכֶת פוּן בֵּית הַמִקְדָשׁ אִיז אִין צְוֵוייעֶן 38
צֶערְרִיסֶען גֶעוָוארֶען, פוּן אוֹיבֶּען בִּיז אַרוּפּ: אוּנְד וֶוען 39
דֶער הוֹיפְּטְמַאן וָואס אִיז קֶעגֶענְאִיבֶּער אִיהְם גֶעשְׁטַאנֶען,
הָאט גֶעזֶעהֶען אַז עֶר הָאט אַזוֹי גֶעשְׁרִיעֶן אוּנְד אִיז פֶערְ־
גַאנְגֶען, הָאט עֶר גֶעזָאגְט, דִיזֶער מַאן אִיז גֶעוִויס גֶעוֶועזֶען
דֶער זוּהְן פוּן גָאט: אוּנְד עֶס וַוארֶען אוֹיךְ פְרוֹיעֶן וָואס 40
הָאבֶּען פוּן וַוייטֶען צוּגֶעזֶעהֶען, אוּנְד צְוִוישֶׁען זֵייא אִיז
גֶעוֶועזֶען מִרְיָם הַמַגְדָלִית, אוּנְד מִרְיָם דִיא מוּטֶער פוּן יַעֲקֹב
דֶעם קְלֵיינֶעם אוּנְד דִיא מוּטֶער פוּן יוֹסֵי, אוּנְד שְׁלוֹמִית: דִיזֶע 41
הָאבֶּען אִיהְם אוֹיךְ נָאכְגֶעפָאלְגְט וֶוען עֶר אִיז גֶעוֶועזֶען
אִין גָלִיל אוּנְד הָאבֶּען אִיהְם בֶּעדִינְט; אוּנְד פִילֶע אַנְדֶערֶע
וָואס זֶענֶען מִיט אִיהְם אַרוֹיפְגֶעגַאנְגֶען קֵיין יְרוּשָׁלַיִם:
אוּנְד וֶוען עֶס אִיז אָבֶּענְד גֶעוָוארֶען, וַוייל עֶס אִיז דִיא 42
אָנְבְּרֵייטוּנְג, דָאס הֵייסְט עֶרֶב שַׁבָּת גֶעוֶועזֶען: אַזוֹי אִיז גֶע־ 43
קוּמֶען יוֹסֵף הָרָמָתִי, אֵיין אָנְגֶעזֶעהֶענֶער רַאטְהְס־הַאר, וָואס
הָאט אוֹיךְ אַלֵיין גֶעוַוארְט אוֹיף דֶעם קֶענִיגְרֵייךְ פוּן גָאט.
אוּנְד הָאט זִיךְ גֶעוָואגְט, אוּנְד אִיז גֶעקוּמֶען צוּ פִּילָטוֹס,
אוּנְד הָאט גֶעבֶּעטֶען פַאר דֶעם לֵייבּ פוּן יֵשׁוּעַ: אוּנְד פִּילָטוֹס 44
הָאט זִיךְ גֶעוְוואוּנְדֶערְט אַז עֶר אִיז שׁוֹין טוֹיט: אוּנְד וֶוען 45
עֶר הָאט דָאס גֶעוְואוּסְט פוּן דֶעם הוֹיפְּטְמַאן, הָאט עֶר גֶע־
גֶעבֶּען דֶעם לֵייבּ צוּ יוֹסֵף: אוּנְד עֶר הָאט גֶעקוֹיפְט אַ פֵיין 46
לֵיילֶעךְ אוּנְד הָאט אִיהְם אַרוּפְּגֶענוּמֶען, אוּנְד אִין דֶעם לֵיי־
לֶעךְ אֵיינְגֶעוִויקֶעלְט, אוּנְד אַרֵיינְגֶעלֵייגְט אִין אַ קֶבֶר וָואס
אִיז גֶעוֶועזֶען אוֹיסְגֶעהַאקְט אוֹיס אַ פֶעלְזֶען אוּנְד הָאט
אַרוֹיפְגֶעוַואלְגֶערְט אַ שְׁטֵיין אוֹיף דֶער טִיר פוּן דֶעם קֶבֶר:

47 אוּנְד מִרְיָם הַמַּגְדָלִית, אוּנְד מִרְיָם דִיא מוּטֶער פוּן יוֹסֵי
הָאבֶּען גֶעזֶעהֶען וְואוּ עֶר אִיז גֶעלֶעגְט גֶעוָוארֶען:

קאפּיטעל טז

1 אוּנְד נָאךְ מוֹצָאֵי שַׁבָּת הָאבֶּען מִרְיָם הַמַּגְדָלִית אוּנְד מִרְיָם
דִיא מוּטֶער פוּן יַעֲקֹב, אוּנְד שְׁלוֹמִית גֶעקוֹיפְט בְּשָׂמִים אַייל,
2 אַז זַייא זָאלֶען גֶעהְן אוּנְד זָאלֶען אִיהְם בַּאלְזַאמִירֶען: אוּנְד
זַייא זֶענֶען גֶעקוּמֶען צוּם קֶבֶר אָן דֶעם עֶרְשְׁטֶען טָאג פוּן
דֶער וָואךְ גַאנְץ פְרִיה, וֶוען דִיא זוּן אִיז אוֹיפְגֶעגַאנְגֶען:
3 אוּנְד זַייא הָאבֶּען צְווִישֶׁען זִיךְ גֶעזָאגְט, וֶוער וֶועט אוּנְס
4 דֶעם שְׁטֵיין אַוֶועקְוַואלְגֶערֶען פוּן דֶער טִיר פוּן קֶבֶר? אוּנְד
זַייא הָאבֶּען זִיךְ אוּמְגֶעזֶעהֶען, אוּנְד הָאבֶּען גֶעזֶעהֶען אַז
דֶער שְׁטֵיין אִיז אַוֶועקְגֶעוַואלְגֶערְט גֶעוָוארֶען. דֶען עֶר אִיז
5 זֶעהְר גְרוֹיס גֶעוֶועזֶען: אוּנְד זַייא זֶענֶען אִין דֶעם קֶבֶר
אַרַיינְגֶעקוּמֶען, אוּנְד הָאבֶּען גֶעזֶעהֶען אַ יוּנְגֶען מַאן זִיצֶען
צוּ דִיא רֶעכְטֶע הַאנְד, גֶעקְלֵיידֶעט אִין אַ וַוייס קְלֵייד. אוּנְד
6 זַייא הָאבֶּען זִיךְ דֶערְשְׁרָאקֶען: אוּנְד עֶר הָאט צוּ זַייא
גֶעזָאגְט. שְׁרֶעקְט אַייךְ נִיט. אִיהְר זוּכְט יֵשׁוּעַ הַנָּצְרִי וָואס
אִיז גֶעקְרֵייצִיגְט גֶעוָוארֶען, עֶר אִיז אוֹיפְגֶעשְׁטַאנֶען, עֶר אִיז
נִיט הִיר. זֶעהְט דֶעם אָרְט וְואוּ זַייא הָאבֶּען אִיהְם גֶעלֶעגְט:
7 אָבֶּער גֶעהְט אוּנְד זָאגְט צוּ זַיינֶע תַּלְמִידִים אוּנְד פֶּטְרוֹס, אַז
עֶר גֶעהְט פָאר אַייךְ קַיין גָלִיל. דָארְט וֶועט אִיהְר אִיהְם
8 זֶעהֶען וְויא עֶר הָאט צוּ אַייךְ גֶעזָאגְט: אוּנְד זַייא זֶענֶען
אַרוֹיסְגֶעגַאנְגֶען אוּנְד זֶענֶען אַוֶועקְגֶעלָאפֶען פוּן דֶעם קֶבֶר,
וָוארִין צִיטֶערְנִים אוּנְד שְׁרֶעקֶען אִיז זַייא אָנְגֶעקוּמֶען. אוּנְד
זַייא הָאבֶּען צוּ קֵיינֶעם גָארְנִיט גֶעזָאגְט. וָוארִין זַייא הָאבֶּען
9 זִיךְ גֶעפָארְכְטֶען: אוּנְד וֶוען עֶר אִיז אוֹיפְגֶעשְׁטַאנֶען פְרִיה
אָן דֶעם עֶרְשְׁטֶען טָאג פוּן דֶער וָואךְ, הָאט עֶר זִיךְ צוּם
עֶרְשְׁטֶען בֶּעווִיזֶען צוּ מִרְיָם הַמַּגְדָלִית, פוּן וֶועלְכֶער עֶר
10 הָאט זִיבֶּען שֵׁדִים אַרוֹיסְגֶעטְרִיבֶּען: דִיא אִיז גֶעגַאנְגֶען אוּנְד
הָאט עֶס דֶערְצֶעהְלְט צוּ דִיא וָואס זֶענֶען מִיט אִיהְם גֶעוֶוע־
11 זֶען, וְוייל זַייא הָאבֶּען גֶעטְרוֹיעֶרְט אוּנְד גֶעוַויינְט: אוּנְד
וֶוען זַייא הָאבֶּען גֶעהֶערְט אַז עֶר לֶעבְּט, אוּנְד אִיז פוּן
אִיהְר גֶעזֶעהֶען גֶעוָוארֶען, אַזוֹי הָאבֶּען זַייא אִיהְר נִיט
12 גֶעגְלוֹיבְּט: דֶערְנָאךְ הָאט עֶר זִיךְ אִין אֵיינֶע אַנְדֶערֶע

גֶעשְׁטַאלְט בֶּעוִויזֶען צוּ צְוֵייא פוּן זֵייא, אַזוֹי וִויא זֵייא
13 זֶענֶען אִין פֶעלְד אַרֵיינְגֶעגַאנְגֶען: אוּנְד זֵייא זֶענֶען אַוֶועקְ־
גֶעגַאנְגֶען אוּנְד הָאבֶּען עֶם דֶערצֶעהֶלְט צוּ דִיא אִיבְּרִיגֶע.
14 אוּנְד זֵייא הָאבֶּען זֵייא אוֹיךְ נִיט גֶעגְלוֹיבְּט: צוּלֶעצְט הָאט
עֶר דִיךְ בֶּעוִויזֶען צוּ דִיא עֶלְף, וֶוען זֵייא זֶענֶען גֶעזֶעסֶען צוּ
טִישׁ, אוּנְד הָאט זֵייא פָארְגֶעוָוארְפֶען זֵייעֶרֶע אוּנְגְלוֹיבִּיגְקֵייט
אוּנְד פֶערְשְׁטָאפְּטֶעם הַארְץ, וֵוייל זֵייא הָאבֶּען נִיט גֶעגְלוֹיבְּט
דִיא וָואס הָאבֶּען אִיהְם גֶעזֶעהֶען נָאכְדֶעם וִויא עֶר אִיז
15 אוֹיפְגֶעשְׁטַאנֶען: אוּנְד עֶר הָאט צוּ זֵייא גֶעזָאגְט, גֶעהְט
אִיהְר צוּ דִיא גַאנְצֶע וֶועלְט, אוּנְד פְּרֶעדִיגְט דָאס עֶוַואנְגֶע־
16 לִיוּם צוּ אִיטְלִיכֶע בֶּעשֶׁעפֶענִים: דֶער וָואס גְלוֹיבְּט אוּנְד
וֶוערְט גֶעטוֹיפְט דֶער וֶועט גֶערֶעטֶעט וֶוערֶען. אָבֶּער דֶער
17 וָואס גְלוֹיבְּט נִיט, וֶועט פֶערְשׁוּלְדִיגְט וֶוערֶען: אוּנְד דִיזֶע
צֵייכֶען וֶועלֶען נָאכְפָאלְגֶען דִיא וָואס גְלוֹיבֶּען. זֵייא וֶועלֶען
שֵׁדִים אַרוֹיסְטְרֵייבֶּען אִין מֵיין נָאמֶען. זֵייא וֶועלֶען רֶעדֶען
18 מִיט נֵייעֶ שְׁפְּרַאכֶען: זֵייא וֶועלֶען שְׁלַאנְגֶען אוֹיפְהֵייבֶּען.
אוּנְד וֶוען זֵייא וֶועלֶען עֶפֶּעס טוֹיטְלִיכֶעס טְרִינְקֶען, אַזוֹי
וֶועט זֵייא נִיט שָׁאדֶען. זֵייא וֶועלֶען זֵייעֶרֶע הֶענְד לֶעגֶען
19 אוֹיף קְרַאנְקֶע, אוּנְד זֵייא וֶועלֶען גֶעזוּנְד וֶוערֶען: אוּנְד
נָאכְדֶעם וִויא דֶער הַאר הָאט צוּ זֵייא גֶערֶעט, אִיז עֶר
אַרוֹיפְגֶענוּמֶען גֶעוָוארֶען אִים הִימֶעל, אוּנְד גֶעזֶעסֶען צוּ
20 דִיא רֶעכְטֶע הַאנְד פוּן גָאט: אוּנְד זֵייא זֶענֶען אַרוֹיסְגֶע־
גַאנְגֶען אוּנְד הָאבֶּען גֶעפְּרֶעדִיגְט אִין אַלֶע עֶרְטֶער, אוּנְד
דֶער הַאר הָאט מִיט זֵייא גֶעוִוירְקְט. אוּנְד הָאט דָאס
וָוארְט פֶערְשְׁטַארְקְט דוּרְךְ דִיא צֵייכֶען וָואס הָאבֶּען
נָאכְגֶעפָאלְגְט:

———

דִיא הֵיילִיגֶע בְּשׂוֹרָה פוּן לוּקַאס

1 זַייטְדֶעם פִילֶע הָאבֶּען אוּנְטֶערְנוּמֶען אוֹיפְצוּשְׁטֶעלֶען אַ
דֶערְצֶעהְלוּנְג פוּן דִיא זַאכֶען וָואס זֶענֶען צְוִוישֶׁען אוּנְס
2 זִיכֶער דֶערְפִילְט גֶעוָוארֶען: וְוִיא זַייא הָאבֶּען אוּנְס אִיבֶּערְ־
לִיפֶערְט, וָואס הָאבֶּען פוּן אָנְהֵייבּ אָן זֶעלְבְּסְט גֶעזֶעהֶען,
3 אוּנְד זֶענֶען גֶעוֶועזֶען דִיא דִינֶער פוּן דֶעם וָוארְט: אַזוֹי הָאבּ
אִיךְ עֶס אוֹיךְ פַאר גוּט אֵיינְגֶעזֶעהֶען, נָאכְדֶעם וְוִיא אִיךְ
הָאבּ פוּן אָנְהֵייבּ אַלֶעם זָארְגְפֶעלְטִיג נָאכְגֶעפָארְשְׁט, אַז אִיךְ
4 זָאל דִיר שַׁרַייבֶּען כְּסֵדֶר, מֵיין לִיבֶּער תְּאוֹפִלוֹת: אַז דוּא
זָאלְסְט וִויסֶען דִיא זִיכֶערְהֵייט פוּן דִיא זַאכֶען אִין וֶועלְכֶע
דוּא בִּיסְט בֶּעלֶעהְרְט:

5 עֶס אִיז גֶעוֶועזֶען אִין דִיא טֶעג פוּן הוֹרְדוֹס קֶענִיג פוּן
יְהוּדָה, אַ כֹּהֵן פוּן דֶעם מִשְׁמָר פוּן אֲבִיָּה, וָואס הָאט
גֶעהֵייסֶען זְכַרְיָה; אוּנְד זַיין וַוייבּ אִיז גֶעוֶועזֶען פוּן דִיא
6 טֶעכְטֶער פוּן אַהֲרֹן, אוּנְד הָאט גֶעהֵייסֶען אֱלִישֶׁבַע: אוּנְד
זַייא זֶענְען בֵּיידֶע גֶערֶעכְט גֶעוֶועזֶען פָאר גָאט, אוּנְד זֶענֶען
נָאכְגֶעגַאנְגֶען אַלֶע מִצְוֹת אוּנְד גֶעזֶעץ פוּן דֶעם הַאר אָהְן
7 טָאדֶעל: אוּנְד זַייא הָאבֶּען קֵיין קִינְד נִיט גֶעהַאט, וָוארִין
אֱלִישֶׁבַע אִיז גֶעוֶועזֶען אֵיינֶע עֲקָרָה, אוּנְד זַייא זֶענֶען שׁוֹין
בֵּיידֶע גֶעוֶועזֶען אִין אִיהְרֶע אַלְטֶע יָאהְרֶען:

8 אוּנְד עֶס אִיז גֶעוֶועזֶען וֶוען עֶר הָאט גֶעדִינְט פָאר גָאט אִין
9 דֶעם סֵדֶר פוּן זַיין מִשְׁמָר: אַזוֹי אִיז דָאס גֶעוֶועזֶען נָאךְ
דֶער גֶעוְואוֹינְהֵייט פוּן דֶער כְּהוּנָּה זַיין גוֹרָל, אַז עֶר זָאל
אַרַיינְגֶעהֶען אִים הֵיכָל פוּן דֶעם הַאר כְּדֵי צוּ רֵייכֶערְן
10 קְטוֹרֶת: אוּנְד דָאס גַאנְצֶע פָאלְק הָאט דְרוֹיסֶען מִתְפַּלֵּל
11 גֶעוֶועזֶען אִין דֶער שָׁעָה פוּן קְטוֹרֶת: אוּנְד אַ מַלְאָךְ פוּן
דֶעם הַאר הָאט זִיךְ צוּ אִיהְם בֶּעוִויזֶען, אוּנְד אִיז גֶעשְׁטַאנֶען
12 צוּ דֶער רֶעכְטֶער זַייט פוּן דֶעם מִזְבַּח פוּן קְטוֹרֶת: אוּנְד
וֶוען זְכַרְיָה הָאט אִיהְם גֶעזֶעהֶען הָאט עֶר זִיךְ דֶערְשְׁרָאקֶען,
13 אוּנְד אַ מוֹרָא אִיז אוֹיף אִיהְם גֶעפַאלֶען: אָבֶּער דֶער מַלְאָךְ
הָאט צוּ אִיהְם גֶעזָאגְט, פָארְכְט דִיךְ נִיט, זְכַרְיָה, וָוארִין דַיין

גֶעבֶּעט אִיז דֶערהֶערְט גֶעוָוארֶען, אוּנְד דֵיין וַוייבּ אֱלִישֶׁבַע
הָעט דִיר גֶעוִוינֶען אַ זוּהְן, אוּנְד דוּא זָאלְסְט זֵיין נָאמֶען
14 רוּפֶען יוֹחָנָן: אוּנְד דוּא וָועסְט הָאבֶּען שִׂמְחָה אוּנְד פְרֵייד,
15 אוּנְד פִילֶע וָועלֶען זִיךְ פְרֵייעֶן אִיבֶּער זַיינֶע גֶעבּוּרְט: וָוארִין
עֶר וָועט זֵיין גְרוֹיס פָאר דֶעם הַאר; אוּנְד עֶר זָאל נִיט
טְרִינְקֶען קֵיין וַויין אוּנְד קֵיינֶע שְׁטַארְקֶע גֶעטְרֶענְק, אוּנְד עֶר
וָועט דֶערְפִילְט וָוערֶען מִיט דֶעם רוּחַ הַקוֹדֶשׁ נָאךְ פוּן זֵיין
16 מוּטֶערְס לֵייבּ: אוּנְד עֶר וָועט ווִידֶערקֶערֶען פִילֶע פוּן דִיא
17 דִיא קִינְדֶער יִשְׂרָאֵל צוּ דֶעם הַאר זַייעֶר גָאט: אוּנְד עֶר וָועט
פָאר אִיהְם גֶעהֶען אִים גֵייסְט אוּנְד קְרַאפְט פוּן אֵלִיָהוּ, אַז
עֶר זָאל ווִידֶערקֶעהְרֶען דִיא הֶערְצֶער פוּן דִיא פֶעטֶער צוּ
דִיא קִינְדֶער, אוּנְד דִיא ווִידֶערשְׁפֶּענִיגֶע צוּ דֶער חָכְמָה פוּן
דִיא צַדִיקִים, אָנְצוּבְּרֵייטֶען פָאר דֶעם הַאר אַ פָארְבֶּערֵיי־
18 טֶעטֶעס פָאלְק: אוּנְד זְכַרְיָה הָאט צוּ דֶעם מַלְאָךְ גֶעזָאגְט,
מִיט וָואס זָאל אִיךְ דָאס ווִיסֶען? וָוארִין אִיךְ בִּין אֵיין אַלְ־
טֶער מַאן, אוּנְד מֵיין וַוייבּ אִיז שׁוֹין אִין אִיהְרֶע אַלְטֶע
19 יָאהְרֶען: אוּנְד דֶער מַלְאָךְ הָאט גֶעעֶנְטְפֶערְט אוּנְד הָאט
צוּ אִיהְם גֶעזָאגְט, אִיךְ בִּין גַבְרִיאֵל, וָואס שְׁטֶעהְט פָאר גָאט.
אוּנְד אִיךְ בִּין גֶעשִׁיקְט מִיט דִיר צוּ רֶעדֶען, אוּנְד דִיר דִיזֶע
20 בְּשׂוֹרָה צוּ בְּרֶענְגֶען: אוּנְד זֶעה, דוּא וָועסְט שְׁטוּם וָוערֶען,
אוּנְד וָועסְט נִיט קֶענֶען רֶעדֶען, בִּיז צוּ דֶעם טָאג וָוען דָאס
וָועט גֶעשֶׁעהֶען; וַוייל דוּא הָאסְט נִיט גֶעגְלוֹיבְּט מֵיינֶע
וָוערְטֶער, וָואס וָועלֶען דֶערְפִילְט וָוערֶען אִין זַייעֶר צֵייט:
21 אוּנְד דָאס פָאלְק הָאט גֶעוַוארְט אוֹיף זְכַרְיָה, אוּנְד הָאבֶּען
זִיךְ גֶעוְואוּנְדֶערְט דָאס עֶר הָאט זִיךְ אַזוֹי לַאנְג גֶעזוֹימְט
22 אִים הֵיכָל: אוּנְד וָוען עֶר אִיז אַרוֹיסְגֶעקוּמֶען הָאט עֶר נִיט
מִיט זֵייא גֶעקֶענְט רֶעדֶען; אוּנְד זֵייא הָאבֶּען בֶּעמֶערְקְט,
אַז עֶר הָאט גֶעזֶעהֶען אֵיינֶע עֶרְשֵׁיינוּנְג אִים הֵיכָל אוּנְד
עֶר הָאט צוּ זֵייא גֶעווִינְקְט, אוּנְד אִיז שְׁטוּם גֶעבְּלִיבֶּען:
23 אוּנְד עֶס אִיז גֶעשֶׁעהֶען וָוען דִיא טֶעג פוּן זַיינֶע עֲבוֹדָה
הָאבֶּען זִיךְ גֶעעֶנְדִיגְט, אִיז עֶר אַהֵיים גֶעגַאנְגֶען:
24 אוּנְד נָאךְ דִיזֶע טֶעג אִיז זֵיין וַוייבּ אֱלִישֶׁבַע מְעוּבֶּרֶת
גֶעוָוארֶען, אוּנְד זִיא הָאט זִיךְ פֶערְבָּארְגֶען פִינְף חֳדָשִׁים,
25 אוּנְד הָאט גֶעזָאגְט: אַזוֹי הָאט דֶער הַאר צוּ מִיר גֶעטְהוּן

אִין דיא טָעג וָוען עֶר הָאט מִיךְ אָנְגֶעזֶעהֶען אָוֶועקְצוּנֶעמֶען
מֵיינֶע שַׁאנְד פוּן צְוִוישֶׁען דיא מֶענְשֶׁען:
אוּנְד אִים זֶעקְסְטֶען חוֹדֶשׁ אִיז דֶער מַלְאָךְ גַבְרִיאֵל גֶעשִׁיקְט 26
גֶעוָוארֶען פוּן גָאט צוּ אַ שְׁטָאט אִין גָלִיל, וָואס הֵייסְט
נָצֶרֶת: צוּ אַ בְּתוּלָה פֶערְלוֹיבְּט מִיט אַ מַאן וָואס הָאט גֶע־ 27
הֵייסֶען יוֹסֵף, פוּן דֶעם הוֹיז פוּן דָוִד, אוּנְד דיא בְּתוּלָה הָאט
גֶעהֵייסֶען מִרְיָם: אוּנְד עֶר אִיז צוּ אִיהְר גֶעקוּמֶען אוּנְד 28
הָאט גֶעזָאגְט, שָׁלוֹם צוּ דִיר, בֶּעגְנֶעדִיגְטֶע. דֶער הַאר אִיז
מִיט דִיר: אוּנְד זִיא אִיז דֶערְשְׁרָאקֶען גֶעוָוארֶען אִיבֶּער 29
דֶעם וָוארְט. אוּנְד הָאט זִיךְ בֶּעדַאכְט, וָואס פַאר אַ גְרִיס אִיז
דָאס? אוּנְד דֶער מַלְאָךְ הָאט צוּ אִיהְר גֶעזָאגְט פָארְכְט דִיךְ 30
נִיט, מִרְיָם, וָוארִין דוּא הָאסְט גֶעפִינֶען גְנָאד בַּייא גָאט: אוּנְד 31
זֶעה, דוּא וֶועסְט מְעוּבֶּרֶת וֶוערֶען, אוּנְד וֶועסְט גֶעוִוינֶען אַ
זוּהְן, אוּנְד זָאלְסְט זַיין נָאמֶען רוּפֶען יֵשׁוּעַ: עֶר וֶועט זַיין 32
גְרוֹיס, אוּנְד וֶועט אָנְגֶערוּפֶען וֶוערֶען דֶער זוּהְן פוּן דֶעם
אוֹיבֶּערְשְׁטֶען. אוּנְד דֶער הַאר גָאט וֶועט אִיהְם גֶעבֶּען דֶעם
שְׁטוּהְל פוּן זַיין פָאטֶער דָוִד: אוּנְד עֶר וֶועט רֶעגִירֶען 33
אִיבֶּער דֶעם הוֹיז פוּן יַעֲקֹב אוֹיף עֶבִּיג אוּנְד צוּ זַיין קֶע־
נִיגְרֵייךְ וֶועט נִיט זַיין קֵיין עֶנְד: אוּנְד מִרְיָם הָאט צוּם מַלְאָךְ 34
גֶעזָאגְט, וִויא אַזוֹי וֶועט דָאס גֶעשֶׁעהֶען, דֶען אִיךְ קֶען נִיט
קֵיין מַאן? אוּנְד דֶער מַלְאָךְ הָאט גֶעעֶנְטְפֶערְט אוּנְד הָאט 35
צוּ אִיהְר גֶעזָאגְט, דֶער רוּחַ הַקוֹדֶשׁ וֶועט אוֹיף דִיר קוּמֶען,
אוּנְד דיא מַאכְט פוּן דֶעם אוֹיבֶּערְשְׁטֶען וֶועט דִיךְ אִיבֶּערְ־
שַׁאטֶען; דְרוּם וֶועט אוֹיךְ דָאס הֵיילִיגֶע גֶעבּוֹירֶענֶע אָנְגֶע־
רוּפֶען וֶוערֶען דֶער זוּהְן פוּן גָאט: אוּנְד זֶעה, דֵיינֶע קְרוֹבָה 36
אֱלִישֶׁבַע אִיז אוֹיךְ מְעוּבֶּרֶת גֶעוָוארֶען מִיט אַ זוּהְן אוֹיף
אִיהְרֶע עֶלְטֶער; אוּנְד דָאס אִיז דֶער זֶעקְסְטֶער חֹדֶשׁ בַּייא
אִיהְר, וֶועלְכֶע אִיז גֶערוּפֶען אֵיינֶע עֲקָרָה: וָוארִין בַּייא גָאט 37
אִיז קֵיין זַאךְ נִיט אוּנְמֶעגְלִיךְ: אוּנְד מִרְיָם הָאט גֶעזָאגְט, 38
זֶעה, דִיא דִינְסְטְמוֹיד פוּן דֶעם הַאר, לָאז עֶס מִיר גֶעשֶׁעהֶען
אַזוֹי וִויא דוּא הָאסְט גֶעזָאגְט. אוּנְד דֶער מַלְאָךְ אִיז פוּן
אִיהְר אַוֶועקְגֶעגַאנְגֶען:
אוּנְד מִרְיָם אִיז אוֹיפְגֶעשְׁטַאנֶען אִין דִיזֶע טָעג, אוּנְד אִיז 39
גֶעשְׁוִוינְד גֶעגַאנְגֶען צוּם גֶעבִּירְג צוּ אַ שְׁטָאט פוּן יְהוּדָה:

40 אוּנְד אִיז אַרַיין גֶעקוּמֶען אִים הוֹיז פוּן זְכַרְיָה, אוּנְד הָאט
41 אֱלִישֶׁבַע גֶעגְרִיסְט: אוּנְד עֶס אִיז גֶעשֶׁעהֶען וָוען אֱלִישֶׁבַע
הָאט גֶעהֶערְט דֶעם גְרוּס פוּן מִרְיָם, אִיז דָאס קִינְד גֶע־
שְׁפְּרוּנְגֶען אִין אִיהְר לֵייבּ; אוּנְד אֱלִישֶׁבַע אִיז דֶערְפִילְט
42 גֶעוָועזֶען מִיט דֶעם רוּחַ הַקוֹדֶשׁ: אוּנְד הָאט אוֹיסְגֶערוּפֶען
מִיט אַ הוֹיךְ קוֹל אוּנְד גֶעזָאגְט, גֶעבֶּענְשְׁט בִּיסְט דוּא צְוִוי־
שֶׁען פְרוֹיעֶן, אוּנְד גֶעבֶּענְשְׁט אִיז דִיא פְרוּכְט פוּן דֵיין לֵייבּ:
43 אוּנְד פוּן וַואנֶען קוּמְט דָאס צוּ מִיר, אַז דִיא מוּטֶער פוּן
44 מֵיין הַאר זָאל צוּ מִיר קוּמֶען? וָוארִין זֶעה גְלֵייךְ וִוִיא דִיא
שְׁטִים פוּן דֵיין גְרוּס אִיז צוּ מֵיינֶע אוֹירֶען גֶעקוּמֶען, הָאט
45 דָאס קִינְד גֶעשְׁפְּרוּנְגֶען אִין מֵיין לֵייבּ פַאר פְרֵייד: אוּנְד
גֶעבֶּענְשְׁט אִיז דִיא וָואס גְלוֹיבְּט, וָוארִין עֶס וָועט דֶערְפִילְט
וָוערֶען דָאס וָואס אִיז צוּ אִיהְר גֶעזָאגְט גֶעוָוארֶען פוּן דֶעם
46 הַאר: אוּנְד מִרְיָם הָאט גֶעזָאגְט,
מֵיינֶע זֶעלֶע דֶערְהֵייכְט דֶעם הַאר, אוּנְד מֵיין גֵייסְט הָאט
47 זִיךְ גֶעפְרֵייעֶט אִין גָאט מֵיין רֶעטֶער; וָוארִין עֶר הָאט
48 אָנְגֶעזֶעהֶען דִיא נִידְרִיגְקֵייט פוּן זֵיינֶע דִינֶערִין: וָוארִין
זֶעה, פוּן אִיצְט אָן וֶועלֶען מִיךְ אַלֶע דוֹרוֹת גְלִיקְלִיךְ
49 נֶענֶען; וָוארִין דֶער מֶעכְטִיגֶער הָאט מִיר גְרוֹיסֶע זַאכֶען
50 גֶעטְהוּן, אוּנְד הֵיילִיג אִיז זֵיין נָאמֶען: אוּנְד זֵיינֶע גְנָאד
51 אִיז צוּ דִיא וָואס פָארְכְטֶען אִיהְם פוּן דוֹר צוּ דוֹר: עֶר
הָאט גֶעטְהוּן גְבוּרוֹת מִיט זֵיין אָרֶעם; עֶר הָאט צֶערְ־
שְׁפְּרֵייט דִיא שְׁטָאלְצֶע אִין דִיא גֶעדַאנְקֶען פוּן זֵייעֶר
52 הַארְץ: עֶר הָאט אַרוּפְּגֶעוָוארְפֶען דִיא מֶעכְטִיגֶע פוּן
זֵייעֶרֶע שְׁטוּהְלֶען, אוּנְד הָאט דֶערְהוֹיבֶּען דִיא נִידְרִיגֶע:
53 דִיא הוּנְגֶערִיגֶע הָאט עֶר גֶעזֶעטִיגְט מִיט גוּטֶע זַאכֶען,
54 אוּנְד דִיא רֵייכֶע הָאט עֶר לֶעדִיג אַוֶועקְגֶעשִׁיקְט: עֶר
הָאט גֶעהָאלְפֶען זֵיין קְנֶעכְט יִשְׂרָאֵל, אוּן הָאט גֶעדֶענְקְט
55 אָן זֵיינֶע בַּארְמְהֶערְצִיגְקֵייט: אַזוֹי וִוִיא עֶר הָאט גֶערֶעט
צוּ אוּנְזֶערֶע אָבוֹת, צוּ אַבְרָהָם אוּנְד צוּ זַיין זָאמֶען אוֹיף
עֶבִּיג:
56 אוּנְד מִרְיָם אִיז מִיט אִיהְר גֶעבְּלִיבֶּען קֶענֶען דְרֵייא חֳדָשִׁים,
אוּנְד הָאט זִיךְ אוּמְגֶעקֶעהְרְט צוּ אִיהְר הוֹיז:
57 אוּנְד צוּ אֱלִישֶׁבַע אִיז דִיא צֵייט דֶערְפִילְט אַז זִיא זָאל

58 גֶעוֶוינֶען, אוּנְד זִיא הָאט גֶעוָואוּנְען אַ זוּהְן: אוּנְד אִיהְרֶע
שְׁכֵנִים אוּנְד קְרוֹבִים הָאבֶּען גֶעהֶערְט אַז דֶער הַאר הָאט
מִיט אִיהְם גְרוֹיס חֶסֶד גֶעטְהוּן, אוּנְד זַייא הָאבֶּען זִיךְ מִיט
59 אִיהְר גֶעפְרַייט: אוּנְד עֶס אִיז גֶעשֶׁעהֶען אִים אַכְטֶען טָאג
אַז זַייא זֶענֶען גֶעקוּמֶען דָאס קִינְד מַל צוּ זַיין, הָאבֶּען זַייא
אִיהְם גֶערוּפֶען זְכַרְיָה, נָאךְ דֶעם נָאמֶען פוּן זַיין פָּאטֶער:
60 אָבֶּער זַיינֶע מוּטֶער הָאט גֶעעֶנְטְפֶערְט אוּנְד גֶעזָאגְט, נִיט
61 אַזוֹי, נַייעֶרְט עֶר זָאל גֶערוּפֶען וֶוערֶען יוֹחָנָן: אוּנְד זַייא
הָאבֶּען צוּ אִיהְר גֶעזָאגְט, עֶס אִיז קֵיינֶער נִיט צְוִוישֶׁען דַיינֶע
62 קְרוֹבִים וָואס אִיז גֶערוּפֶען בַּייא דִיזֶעם נָאמֶען: אוּנְד זַייא
הָאבֶּען גֶעוִוינְקְט צוּ זַיין פָּאטֶער וָואס פַאר אַ נָאמֶען עֶר
63 וִויל אִיהְם גֶעבֶּען: אוּנְד עֶר הָאט פֶערְלַאנְגְט אַ שְׁרַייבּ־
טָאפֶעל, אוּנְד הָאט גֶעשְׁרִיבֶּען, זַיין נָאמֶען אִיז יוֹחָנָן; אוּנְד
64 זַייא הָאבֶּען זִיךְ אַלֶע פֶערְוְואוּנְדֶערְט: אוּנְד זַיין מוֹיל אוּנְד
זַיינֶע צוּנְג זֶענֶען גְלַייךְ אוֹיפְגֶעמַאכְט גֶעוָוארֶען, אוּנְד עֶר
65 הָאט גֶערֶעט אוּנְד הָאט גָאט גֶעלוֹיבְּט: אוּנְד אַ פוּרְכְט אִיז
גֶעפַאלֶען אוֹיף אַלֶע שְׁכֵנִים; אוּנְד אַלֶע דִיזֶע זַאכֶען זֶענֶען
דֶערְצֶעהְלְט גֶעוָוארֶען אִיז דֶעם גַאנְצֶען גֶעבִּירְג פוּן יְהוּדָה;
66 אוּנְד אַלֶע וָואס הָאבֶּען דָאס גֶעהֶערְט הָאבֶּען עֶס זִיךְ צוּ
הַארְץ גֶענוּמֶען, אוּנְד גֶעזָאגְט, וָואס פַאר אַ קִינְד וֶועט דָאס
זַיין? וָוארִין דִיא הַאנְד פוּן דֶעם הַאר אִיז מִיט אִיהְם גֶע־
67 וֶועזֶען: אוּנְד זַיין פָּאטֶער זְכַרְיָה אִיז דֶערְפִילְט גֶעוֶועזֶען
מִיט דֶעם רוּחַ הַקוֹדֶשׁ, אוּנְד הָאט נְבוּאוֹת גֶעזָאגְט:
68 גֶעלוֹיבְּט אִיז דֶער הַאר דֶער גָאט פוּן יִשְׂרָאֵל, וָוארִין
עֶר הָאט בֶּעזוּכְט אוּנְד הָאט אוֹיסְלֶעזוּנְג גֶעוִוירְקְט פַאר
69 זַיין פָּאלְק; אוּנְד הָאט אוּנְס אוֹיפְגֶעשְׁטֶעלְט אַ הָארְן
70 פוּן רֶעטוּנְג אִין דֶעם הוֹיז פוּן זַיין קְנֶעכְט דָוִד: אַזוֹי
וִויא עֶר הָאט גֶערֶעט דוּרְךְ דֶעם מוֹיל פוּן זַיינֶע הֵיילִיגֶע
71 נְבִיאִים פוּן עֶבִּיג אָן, אַז מִיר זָאלֶען גֶערֶעטֶעט וֶוערֶען
פוּן אוּנְזֶערֶע פֵיינְד, אוּנְד פוּן דִיא הַאנְד פוּן אַלֶע וָואס
72 הָאבֶּען אוּנְס פֵיינְד; אַז עֶר זָאל טְהוּן חֶסֶד מִיט אוּנְזֶערֶע
73 אָבוֹת, אוּנְד זָאל גֶעדֶענְקֶען זַיין הֵיילִיגֶען בְּרִית; דִיא
שְׁבוּעָה וָואס עֶר הָאט גֶעשְׁוְואוֹירֶען צוּ אוּנְזֶער פָּאטֶער
74 אַבְרָהָם: אַז עֶר זָאל אוּנְס גֶעבֶּען אַז מִיר זָאלֶען גֶערֶעטֶעט

װֶערֶען פוּן דֶער הַאנְד פוּן אוּנְזֶערֶע פֵיינְד, אוּנְד זָאלֶען
75 אִיהְם דִינֶען אָהְן פוּרְכְט: אִין הֵיילִיגְקֵייט אוּנְד גֶערֶעכְ־
76 טִיגְקֵייט פָאר אִיהְם אַלֶע טֶעג: אוּנְד דוּא קִינְד, װֶעסְט
גֶערוּפֶען װֶערֶען נָבִיא פוּן דֶעם אוֹיבֶּערְשְׁטֶען, װָארִין
דוּא װֶעסְט גֶעהֶען פָאר דֶעם הַאר זַיין װֶעג צוּ בֶּערֵייטֶען:
77 צוּ גֶעבֶּען דֶערְקֶענְטְנִים פוּן רֶעטוּנְג צוּ זַיין פָאלְק, אִין
78 דִיא פֶערְגֶעבּוּנְג פוּן זֵייעֶרֶע זִינְד: דוּרְךְ דִיא בַּארֶעמְ־
הֶערְצִיגְקֵייט פוּן אוּנְזֶער גָאט, אִין װֶעם דֶער אוֹיפְגַאנְג
79 פוּן דֶער הוֹיךְ הָאט אוּנְס בֶּעזוּכְט: צוּ לֵייכְטֶען דִיא װָאס
זִיצֶען אִין דֶער פִינְסְטֶער אוּנְד אִים שָׁאטֶען פוּן טוֹיט,
צוּ פִיהְרֶען אוּנְזֶערֶע פִים אִין דֶעם װֶעג פוּן שָׁלוֹם.
80 אוּנְד דָאס קִינְד הָאט גֶעװַאקְסֶען, אוּנְד הָאט זִיךְ גֶעשְׁטַארְקְט
אִים גֵייסְט, אוּנְד עֶר אִיז גֶעװֶעזֶען אִין דֶער מִדְבָּר בִּיז צוּ
דֶעם טָאג װֶען עֶר הָאט זִיךְ בֶּעװִיזֶען צוּ יִשְׂרָאֵל:

קאפיטעל ב

1 אוּנְד עֶס אִיז גֶעשֶׁעהֶען אִין יֶענֶע טֶעג, דָאס אַ גֶעבָּאט אִיז
אוֹיסְגֶעגַאנְגֶען פוּן דֶעם קֵייסָר אוֹיגוּסְטוּס אַז דִיא גַאנְצֶע
2 װֶעלְט זָאל אֵיינְגֶעשְׁרִיבֶּען װֶערֶען: דִיזֶע אֵיינְשְׁרֵייבּוּנְג אִיז
צוּעֶרְשְׁט גֶעשֶׁעהֶען, װֶען קוּרִינוּס אִיז גֶעװֶעזֶען גוּבֶּערְנֶער
3 פוּן סוּרְיָא: אוּנְד אַלֶע זֶענֶען גֶעגַאנְגֶען אֵיינְגֶעשְׁרִיבֶּען צוּ
4 װֶערֶען אִיטְלִיכֶער צוּ זַיינֶע אֵייגֶענֶע שְׁטָאט: אוּנְד יוֹסֵף
אִיז גֶעגַאנְגֶען פוּן גָלִיל פוּן דֶער שְׁטָאט נְצָרֶת קֵיין יְהוּדָה
צוּ אַ שְׁטָאט פוּן דָוִד, װָאס אִיז גֶערוּפֶען בֵּית־לֶחֶם, װֵייל
עֶר אִיז גֶעװֶעזֶען פוּן דֶעם הוֹיז אוּנְד דֶער מִשְׁפָּחָה פוּן דָוִד:
5 אַז עֶר זָאל אֵיינְגֶעשְׁרִיבֶּען װֶערֶען מִיט מִרְיָם זַיינֶע פֶערְ־
6 קְנַאסְטֶע, אוּנְד זִיא אִיז מְעוּבֶּרֶת גֶעװֶעזֶען: אוּנְד װֵייל זֵייא
זֶענֶען דָארְט גֶעװֶעזֶען, זֶענֶען אִיהְרֶע טֶעג דֶערְפִילְט גֶע־
7 װָארֶען אַז זִיא זָאל גֶעװִינֶען: אוּנְד זִיא הָאט גֶעװִינֶען אִיהְר
עֶרְשְׁטְגֶעבּוֹירֶענֶען זוּהְן, אוּנְד הָאט אִיהְם אֵיינְגֶעװִיקֶעלְט
אִין װִינְדְלֶען, אוּנְד הָאט אִיהְם אַרֵיינְגֶעלֶעגְט אִין אַ שְׁלוֹיבּ,
װָארִין עֶס אִיז נִיט גֶעװֶעזֶען קֵיין אָרְט אִין דֶעם גַאסְטְהוֹיז:
8 אוּנְד עֶס זֶענֶען גֶעװֶעזֶען פַאסְטוּכֶער אִין דִיזֶעלְבִּיגֶע
גֶעגֶענְד, װָאס הָאבֶּען גֶענֶעכְטִיגְט אוֹיף דֶעם פֶעלְד, אוּנְד
9 הָאבֶּען גֶעהִיט זֵייעֶרֶע סְטַאדֶע בֵּייא נַאכְט: אוּנְד אַ מַלְאָךְ

פוּן דֶעם הַאר אִיז בֵּייא זַייא גֶעשְׁטַאנֶען, אוּנְד דִיא הֶערְ־
לִיכְקַייט פוּן דֶעם הַאר הָאט אַרוּם זַייא גֶעשַׁיינְט, אוּנְד זַייא
10 הָאבֶּען זִיךְ זֶעהְר גֶעפָארְכְטֶען: אוּנְד דֶער מַלְאָךְ הָאט צוּ
זַייא גֶעזָאגְט, פָארְכְט אֵייךְ נִיט, וָוארִין אִיךְ בְּרֶענְג אֵייךְ אַ
בְּשׂוֹרָה טוֹבָה פוּן גְרוֹיסֶע שִׂמְחָה, וָואס וֶועט זַיין צוּ אַלֶע
11 פֶעלְקֶער: וָוארִין הַיינְט אִיז צוּ אֵייךְ גֶעבּוֹירֶען גֶעוָוארֶען
אַ רֶעטֶער אִין דֶער שְׁטָאט פוּן דָוִד, וֶועלְכֶער אִיז דֶער הַאר
12 מָשִׁיחַ: אוּנְד דָאס וֶועט אֵייךְ זַיין אַ צֵייכֶען אִיהְר וֶועט
גֶעפִינֶען דָאס קִינְד אֵיינְגֶעוִויקֶעלְט אִין וִוינְדְלֶען, אוּנְד עֶס
13 לִיגְט אִין אַ קָארִיטֶע: אוּנְד פְּלִיצְלִינְג אִיז מִיט דֶעם מַלְאָךְ
גֶעוֶועזֶען אַ גְרוֹיסֶע שַׂאר פוּן הִימֶעל, וָואס הָאבֶּען גֶעלוֹיבְּט
גָאט אוּנְד גֶעזָאגְט:

14 „עֶהְרֶע צוּ גָאט אִין דֶער הוֹיךְ, אוּנְד פְרִידֶען אוֹיף דֶער
עֶרְד, צְווִישֶׁען דִיא מֶענְשֶׁען אַ גוּטֶער וִוילֶען“:

15 אוּנְד עֶס אִיז גֶעוֶועזֶען וֶוען דִיא מַלְאָכִים זֶענֶען פוּן זַייא
אַוֶועקְגֶעגַאנְגֶען אִין הִימֶעל אַרַיין, הָאבֶּען דִיא פַּאסְטוּכֶער
אֵיינֶער צוּם אַנְדֶערֶען גֶעזָאגְט, לָאזֶען מִיר אִיצְט גֶעהֶען
קַיין בֵּית־לֶחֶם, אוּנְד זֶעהֶען דִיזֶע זַאךְ וָואס אִיז גֶעשֶׁעהֶען
16 וֶועלְכֶע דֶער הַאר הָאט אוּנְס צוּ וִויסֶען גֶעטְהוּן: אוּנְד
זַייא זֶענֶען אַיילֶענְדִיג אַוֶועקְגֶעגַאנְגֶען, אוּנְד הָאבֶּען גֶעפוּנֶען
מִרְיָם אוּנְד יוֹסֵף אוּנְד דָאס קִינְד לִיגֶענְדִיג אִין אַ קָארִיטֶע:
17 אוּנְד וֶוען זַייא הָאבֶּען דָאס גֶעזֶעהֶען, הָאבֶּען זַייא בֶּעקַאנְט
גֶעמַאכְט דִיא זַאךְ וָואס אִיז צוּ זַייא גֶעזָאגְט גֶעוָוארֶען וֶוע־
18 גֶען דִיזֶעם קִינְד: אוּנְד אַלֶע וָואס הָאבֶּען דָאס גֶעהֶערְט
הָאבֶּען זִיךְ פֶערְוְוָאוּנְדֶערְט אִיבֶּער דִיא זַאכֶען וָואס דִיא
19 פַּאסְטוּכֶער הָאבֶּען צוּ זַייא גֶעזָאגְט: אָבֶּער מִרְיָם הָאט
אַלֶע דִיא דָאזִיגֶע זַאכֶען אִין אַכְט גֶענוּמֶען, אוּנְד הָאט
20 דֶערְאִיבֶּער גֶעטְרַאכְט אִין אִיהְר הַארְץ: אוּנְד דִיא פַּאס־
טוּכֶער זֶענֶען צוּרִיקְגֶעקֶעהְרְט, אוּנְד הָאבֶּען גֶעדַאנְקְט אוּנְד
גֶעלוֹיבְּט גָאט פַאר אַלֶע זַאכֶען וָואס זַייא הָאבֶּען גֶעהֶערְט
אוּנְד גֶעזֶעהֶען, אַזוֹי וִויא עֶס אִיז צוּ זַייא גֶעזָאגְט גֶעוָוארֶען:
21 אוּנְד וֶוען אַכְט טָאג זֶענֶען דֶערְפִילְט גֶעוָוארֶען אִיהְם מַל
צוּ זַיין, הָאט מֶען אִיהְם אַ נָאמֶען גֶעגֶעבֶּען יֵשׁוּעַ, וָואס אִיז
גֶעוֶועזֶען דֶער נָאמֶען וָואס דֶער מַלְאָךְ הָאט גֶעגֶעבֶּען

אֵיידֶער עֶר אִיז גֶעשַׁאפֶען גֶעוָוארֶען אִים לֵייבּ:
22 אוּנְד וֶוען דִיא טֶעג פוּן אִיהְרֶע רֵיינִיגוּנְג זֶענֶען דֶערְפִילְט
גֶעוָוארֶען נָאךְ תּוֹרַת מֹשֶׁה, הָאבֶּען זַייא אִיהְם אַרוֹיפְגֶע־
בְּרַאכְט קֵיין יְרוּשָׁלַיִם, אַז זַייא זָאלֶען אִיהְם פָאר דֶעם הַאר
23 שְׁטֶעלֶען: אַזוֹי וִויא עֶס שְׁטֶעהְט גֶעשְׁרִיבֶּען אִין דֶער תּוֹרָה
פוּן דֶעם הַאר, אַז אִיטְלִיכֶער זָכָר וָואס עֶפֶענְט דֶעם מוּטֶערְס־
24 לֵייבּ זָאל גֶערוּפֶען וֶוערֶען הֵיילִיג צוּם הַאר: אוּנְד אַז זַייא
זָאלֶען בְּרֶענְגֶען אַ קָרְבָּן, אַזוֹי וִויא עֶס אִיז גֶעזָאגְט אִין
דֶער תּוֹרָה פוּן דֶעם הַאר, אַ פָּאר טוּרְטֶעל טוֹיבֶּען, אָדֶער
צְוֵוייא יוּנְגֶע טוֹיבֶּען:
25 אוּנְד זֶעה, עֶס אִיז גֶעוֶועזֶען אַ מַאן אִין יְרוּשָׁלַיִם, וָואס הָאט
גֶעהֵייסֶען שִׁמְעוֹן, אוּנְד דִיזֶער מַאן אִיז גֶעוֶועזֶען גֶערֶעכְט
אוּנְד פְרוּם אוּנְד עֶר הָאט גֶעוַוארְט אוֹיף דֶער נֶחָמָה פוּן
יִשְׂרָאֵל, אוּנְד דֶער רוּחַ הַקוֹדֶשׁ אִיז גֶעוֶועזֶען אוֹיף אִיהְם:
26 אוּנְד עֶס אִיז אִיהְם אַנְטפְּלֶעקְט גֶעוָוארֶען דוּרְךְ דֶעם רוּחַ
הַקוֹדֶשׁ, אַז עֶר וֶועט נִיט זֶעהֶען דֶעם טוֹיט אֵיידֶער עֶר הָאט
27 גֶעזֶעהֶען דֶעם מָשִׁיחַ פוּן דֶעם הַאר: אוּנְד עֶר אִיז גֶעקוּמֶען
דוּרְךְ דֶעם גֵייסְט אִין בֵּית הַמִקְדָשׁ אַרֵיין; אוּנְד וֶוען דִיא
עֶלְטֶערֶען הָאבֶּען דָאס קִינְד אַרֵיינְגֶעבְּרַאכְט, אַז זַייא זָאלֶען
28 מִיט אִיהְם טְהוּן נָאךְ דֶעם מִנְהָג פוּן דֶער תּוֹרָה: אַזוֹי הָאט
עֶר אִיהְם אִין זַיינֶע אָרֶעם גֶענוּמֶען; אוּנְד הָאט גָאט גֶע־
לוֹיבְּט אוּנְד גֶעזָאגְט:
29 „אַצוּנְד שִׁיקְסְט דוּא אַוֶועק דֵיין קְנֶעכְט, הַאר, אִין פְרֵיי־
30 דֶען נָאךְ דֵיין וָוארְט: וָוארִין מֵיינֶע אוֹיגֶען הָאבֶּען גֶע־
31 זֶעהֶען דֵיינֶע יְשׁוּעָה: וָואס דוּא הָאסְט אָנְגֶעבְּרֵייט פַאר
32 אַלֶע פֶעלְקֶער: אַ לִיכְט צוּ דֶערְלֵייכְטֶען דִיא פֶעלְקֶער,
אוּנְד דִיא הֶערְלִיכְקֵייט פוּן דֵיין פָאלְק יִשְׂרָאֵל“:
33 אוּנְד זֵיין פָאטֶער אוּנְד זֵיינֶע מוּטֶער הָאבֶּען זִיךְ פֶערְוְואוּנְ־
דֶערְט אִיבֶּער דִיא זַאכֶען וָואס זֶענֶען פוּן אִיהְם גֶערֶעט גֶע־
34 וָוארֶען: אוּנְד שִׁמְעוֹן הָאט זַייא גֶעבֶּענְשְׁט, אוּנְד הָאט
גֶעזָאגְט צוּ מִרְיָם זֵיינֶע מוּטֶער, זֶעה עֶר אִיז גֶעזֶעצְט צוּם
פַאל אוּנְד אוֹיפְשְׁטֶעהֶען פוּן פִילֶע אִין יִשְׂרָאֵל אוּנְד צוּ אַ
35 צֵייכֶען וָואס וֶועט וִוידֶערְשְׁפְּרָאכֶען וֶוערֶען: אוּנְד דוּרְךְ
דֵיינֶע אֵייגֶענֶע זֶעלֶע וֶועט אַ שְׁוֶוערְד דוּרְכְגֶעהֶען, אַז דִיא

גֶעדַאנְקֶען פוּן פִילֶע הֶערְצֶער זָאלֶען אַנְטפְּלֶעקְט וֶוערֶען:
אוּנְד דָארְט אִיז גֶעוֶועזֶען אַ נְבִיאָה, חַנָּה דִיא טָאכְטֶער 36
פוּן פְּנוּאֵל, פוּן שֵׁבֶט אָשֵׁר; זִיא אִיז שׁוֹין זֶעהְר אַלְט גֶע־
וֶועזֶען, אוּנְד הָאט גֶעלֶעבְּט מִיט אַ מַאן זִיבֶּען יָאהְר פוּן
אִיהְרֶע יוּנְגְפְרוֹישַׁאפְט: אוּנְד זִיא אִיז גֶעוֶועזֶען אֵיינֶע אַלְמָנָה 37
קֶעגֶען פִיר אוּנְד אַכְצִיג יָאהְר, וֶועלְכֶע הָאט נִיט אָפְּגֶעלָאזְט
פוּן בֵּית הַמִקְדָּשׁ נֵייעֶרְט הָאט גֶעדִינְט מִיט פַּאסְטֶען אוּנְד
גֶעבֶּעט טָאג אוּנְד נַאכְט: אוּנְד צוּ דֶער זֶעלְבִּיגֶער שָׁעָה 38
אִיז זִיא גֶעשְׁטַאנֶען אוּנְד הָאט גֶעלוֹיבְּט דֶעם הַאר גָאט,
אוּנְד הָאט פוּן אִיהְם גֶערֶעט צוּ אַלֶע וָואס הָאבֶּען גֶעוַוארְט
אוֹיף דִיא אוֹיסְלֶעזוּנְג פוּן יְרוּשָׁלַיִם: אוּנְד וֶוען זֵייא הָאבֶּען 39
אַלֶעם דֶערְפִילְט נָאךְ דֶער תּוֹרָה פוּן דֶעם הַאר, הָאבֶּען
זֵייא זִיךְ אוּמְגֶעקֶעהְרְט קֵיין גָלִיל צוּ זֵיירֶע אֵייגֶענֶע שְׁטָאט
נְצָרֶת:
אוּנְד דָאס קִינְד הָאט גֶעוַואקְסֶען, אוּנְד אִיז גֶעוֶועזֶען שְׁטַארְק 40
אוּנְד דֶערְפִילְט מִיט חָכְמָה, אוּנְד דִיא גְנָאד פוּן גָאט אִיז
אוֹיף אִיהְם גֶעוֶועזֶען:
אוּנְד זֵיינֶע עֶלְטֶערֶען זֶענֶען אַלֶע יָאהְר גֶעגַאנְגֶען קֵיין 41
יְרוּשָׁלַיִם צוּם חַג הַפֶּסַח: אוּנְד וֶוען עֶר אִיז צְוֶועלְף יָאהְר 42
אַלְט גֶעוָוארֶען, זֶענֶען זֵייא אַרוֹיפְגֶעגַאנְגֶען קֵיין יְרוּשָׁלַיִם
נָאךְ דֶעם מִנְהָג פוּן יוֹם טוֹב: אוּנְד וֶוען דִיא טֶעג זֶענֶען 43
גֶעעֶנְדִיגְט גֶעוָוארֶען הָאבֶּען זֵייא זִיךְ אוּמְגֶעקֶעהְרְט, אוּנְד
דָאס קִינְד יֵשׁוּעַ אִיז צוּרִיק גֶעבְּלִיבֶּען אִין יְרוּשָׁלַיִם; אוּנְד
זֵיינֶע עֶלְטֶערְן הָאבֶּען עֶס נִיט גֶעוְואוּסְט: אָבֶּער זֵייא הָאבֶּען 44
גֶעדַאכְט אַז עֶר אִיז צְוִוישֶׁען דִיא אוֹרְחִים, אוּנְד זֵייא זֶענֶען
גֶעגַאנְגֶען אַ טָאג רֵייזֶע, אוּנְד הָאבֶּען אִיהְם גֶעזוּכְט צְוִוישֶׁען
זֵייעֶרֶע קְרֹבִים אוּנְד בֶּעקַאנְטֶע: אוּנְד וֶוען זֵייא הָאבֶּען 45
אִיהְם נִיט גֶעפוּנֶען זֶענֶען זֵייא אוּמְגֶעקֶעהְרְט קֵיין יְרוּשָׁלַיִם
אוּנְד הָאבֶּען אִיהְם גֶעזוּכְט: אוּנְד עֶס אִיז גֶעשֶׁעהֶען נָאךְ 46
דְרֵייא טֶעג הָאבֶּען זֵייא אִיהְם גֶעפִינֶען אִין בֵּית הַמִקְדָּשׁ
זִיצֶענְדִיג צְוִוישֶׁען דִיא לֶעהְרֶער, וְואוּ עֶר הָאט זֵייא אוֹיךְ
צוּגֶעהֶערְט, אוּנְד הָאט זֵייא גֶעפְרֶעגְט: אוּנְד אַלֶע וָואס 47
הָאבֶּען אִיהְם גֶעהֶערְט זֶענֶען עֶרְשְׁטוֹינְט אִיבֶּער זֵיין פֶּערְ־
שְׁטַאנְד. אוּנְד זֵיינֶע תְּשׁוּבוֹת: אוּנְד וֶוען זֵייא הָאבֶּען אִיהְם 48

געזעהען האבען זייא זיך געוואונדערט, אונד זיינע מוטער
האט צו איהם געזאגט, מיין קינד, ווארום האסט דוא אונס
דאס געטהון? זעה, דיין פאטער אונד איך האבען דיך מיט
49 זארג געזוכט: אונד ער האט צו זייא געזאגט, ווארום
האט איהר מיך געזוכט? ווייסט איהר ניט אז איך מוז זיין
50 אים הויז פון מיין פאטער? אונד זייא האבען ניט פער־
51 שטאנען דאס ווארט וואס ער האט צו זייא גערעט: אונד
ער איז מיט זייא ארופגעגאנגען, אונד איז געקומען קיין
נצרת, אונד איז צו זייא אונטערטעניג געוועזען. אונד זיינע
מוטער האט אלע דיזע ווערטער בעהאלטען אין איהר
הארץ:
52 אונד ישוע איז געוואקסען אין חכמה אונד אין עלטער.
אונד אין גנאד מיט גאט אונד מענשען:

קאפיטעל ג

1 אונד אים פופצענטען יאהר פון דער רעגירונג פון דעם
קייסער טיבעריוס, ווען פנטיוס פילטוס איז געוועזען גו־
בערנער פון יהודה אונד הורדוס דער טעטראַרכים פון
גליל, אונד זיין ברודער פיליפוס דער טעטראַרכים פון
דיא געגענד פון איטוריא אונד טראכונא, אונד לוסאניאס
2 דער טעטראַרכים פון אבילענא; ווען חנן אונד קיפא
זענען געוועזען דיא ערשטע כהנים איז דאס ווארט פון
גאט געקומען צו יוחנן, דעם זוהן פון זכריה, אין דער
3 מדבר: אונד ער איז געקומען צו דיא גאנצע געגענד פון
ירדן, אונד האט געפרעדיגט דיא טבילה פון תשובה צור
4 פערגעבונג פון זינד; אזוי וויא עס שטעהט געשריבען
אין דעם ספר פון דיא ווערטער פון ישעיה הנביא, (מ׳ ג׳ ד׳.)
„א קול פון דעם וואס רופט אוים אין דער מדבר, מאכט
פארטיג דעם וועג פון דעם האר מאכט גלייך זיינע
5 שטעגען: איטליכעס טהאל זאל אויסגעפילט ווערען,
אונד איטליכער בארג אונד הייך זאלען דערנידריגט
ווערען, אונד דער קרימער וועג זאל גלייך ווערען;
6 אונד אלעם פלייש זאל זעהען דיא ישועה פון גאט:"
7 אונד ער האט געזאגט צו דיא לייט וואס זענען ארויסגע־
גאנגען כדי בייא איהם געטובלט צו ווערען. שפראצונג

פון שלאנגען, ווער האט אייך געווארנט אז איהר זאלט
אנטרינען פון דעם קומענדיגען צארן? דרום ברענגט 8
פרוכט ווירדיג פון תשובה; אונד הייבט ניט אן זיך איינ־
צורעדען, מיר האבען אברהם פאר אונזער פאטער; ווארין
איך זאג אייך, אז גאט קען פון דיזע שטיינער אויפשטע־
לען קינדער צו אברהם: אונד דיא האק ליגט שוין בייא 9
דער ווארצעל פון דיא ביימער; דרום איטליכער בוים וואס
ברענגט ניט גוטע פרוכט ווערט אפגעשניטען, אונד אין
דעם פייער אריינגעווארפען: אונד דיא לייט האבען איהם 10
געפרעגט אונד געזאגט, וואס זאלען מיר דען טהון? אונד 11
ער האט געענטפערט אונד האט צו זייא געזאגט, דער
וואס האט צוויא רעק לאז ער געבען צו דעם וואס האט
קיינעם ניט; אונד דער וואס האט שפייז לאז ער דאס
זעלבע טהון: אונד עס זענען אויך מוכסים געקומען גע־ 12
טובלט צו ווערען, אונד זייא האבען צו איהם געזאגט,
לעהרער, וואס זאלען מיר טהון? אונד ער האט צו זייא 13
געזאגט, פארדערט ניט מעהר וויא עס איז אייך בעשטימט:
אונד דיא סאלדאטען האבען איהם אויך געפרעגט אונד 14
געזאגט, אונד מיר, וואס זאלען מיר טהון? אונד ער האט
צו זייא געזאגט, טהוט קיינעם ניט קיין געוואלט, אונד
פערקלאגט קיינעם ניט פאלשערהייט, אונד זייט צופרידען
מיט אייערע שכירות:
אונד וויל דאס פאלק האט געווארט, אונד אלע האבען 15
געדאכט אין זייערע הערצער וועגען יוחנן, אויב ער איז
דער משיח, האט יוחנן געענטפערט אונד האט צו אלע 16
געזאגט איך טובל אייך מיט וואסער, אבער עס קומט א
שטארקערער וויא איך, וואס איך בין ניט ווערט אויפצו־
בינדען דאס שנירעל פון זיינע שיך, ער ווערט אייך טובלן
מיט דעם רוח הקודש אונד מיט פייער; אונד דיא ווארפ־ 17
שויפעל איז אין זיינע האנד אום זיינע שייער גוט אויסצו־
רייניגען, אונד ער ווערט דאס קארן איינזאמלען אין זיינע
שפייכלער אבער דאס שטרוי ווערט ער פערברענען
מיט אונפערלאשענעם פייער:
וועגען פילע אנדערע זאכען האט ער געווארנט אונד האט 18

19 צוּ דָאס פָאלְק גֶעפְּרֶעדִיגְט: אָבֶּער הוֹרְדוֹס דֶער טֶעטְ־
רַארְכִים, וָוען עֶר אִיז גֶעטָאדֶעלְט גֶעוָוארֶען וֶועגֶען הוֹרוֹדְיָא,
דָאס וַוייבּ פוּן זַיין בְּרוּדֶער פִילִיפּוּס, אוּנְד וֶועגֶען אַלֶעם
20 שְׁלֶעכְטֶען וָואס הוֹרְדוֹס הָאט גֶעטְהוּן: הָאט עֶר דָאס אוֹיךְ
אִיבֶּער אַלֶעם צוּגֶעזֶעצְט, אַז עֶר הָאט יוֹחָנָן אַיינְגֶעשְׁלָאסֶען
אִים גֶעפֶענְגְנִים:
21 אוּנְד עֶס אִיז גֶעשֶׁעהֶען וֶוען אַלֶע לֵייט זֶענְען גֶעטוֹבֶלְט
גֶעוָוארֶען, אִיז יֵשׁוּעַ אוֹיךְ גֶעטוֹבֶלְט גֶעוָוארֶען, אוּנְד וֶוען
עֶר הָאט גֶעבֶּעטֶען, הָאט זִיךְ דֶער הִימֶעל אוֹיפְגֶעמַאכְט:
22 אוּנְד דֶער רוּחַ הַקוֹדֶשׁ אִיז אוֹיף אִיהְם אַרוּפְּגֶעקוּמֶען אִין
לֵייבְּלִיכֶער גֶעשְׁטַאלְט, וִויא אַ טוֹיבּ, אוּנְד אַ קוֹל אִיז פוּן
דֶעם הִימֶעל גֶעוֶועזֶען, דוּא בִּיסְט מַיין גֶעלִיבְּטֶער זוּהְן,
אִין דִיר אִיז מַיין וואוֹילְגֶעפַאלֶען:
23 אוּנְד יֵשׁוּעַ הָאט זֶעלְבְּסְט אָנְגֶעהוֹיבֶּען צוּ זַיין קֶעגֶען דְרַייסִיג
יָאהְר אַלְט, אוּנְד אִיז גֶעוֶועזֶען וִויא מֶען הָאט אִיהְם גֶע־
הַאלְטֶען, דֶער זוּהְן פוּן יוֹסֵף, וָואס אִיז גֶעוֶועזֶען דֶער זוּהְן
24 פוּן עֵלִי: זוּהְן פוּן מַתָּת, זוּהְן פוּן לֵוִי, זוּהְן פוּן מַלְכִּי, זוּהְן
25 פוּן יַנַּי, זוּהְן פוּן יוֹסֵף: זוּהְן פוּן מַתִּתְיָה, זוּהְן פוּן אָמוֹץ,
26 זוּהְן פוּן נַחוּם, זוּהְן פוּן חֶסְלִי, זוּהְן פוּן נַגָּי: זוּהְן פוּן מַחַת,
זוּהְן פוּן מַתִּתְיָה, זוּהְן פוּן שִׁמְעִי, זוּהְן פוּן יוֹסֵף, זוּהְן פוּן
27 יוֹדָה: זוּהְן פוּן יוֹחָנָן, זוּהְן פוּן רֵישָׁא, זוּהְן פוּן זְרוּבָּבֶל,
28 זוּהְן פוּן שְׁאַלְתִּיאֵל, זוּהְן פוּן נֵרִי: זוּהְן פוּן מַלְכִּי, זוּהְן פוּן
29 אַדִּי, זוּהְן, פוּן קוֹסָם, זוּהְן פוּן אַלְמֹדָם, זוּהְן פוּן עֵר: זוּהְן
פוּן יוֹסֵי, זוּהְן פוּן אֱלִיעֶזֶר, זוּהְן פוּן יוֹרִים, זוּהְן פוּן מַתָּת,
30 זוּהְן פוּן לֵוִי: זוּהְן פוּן שִׁמְעוֹן, זוּהְן פוּן יְהוּדָה, זוּהְן פוּן
31 יוֹסֵף, זוּהְן פוּן יוֹנָם, זוּהְן פוּן אֶלְיָקִים: זוּהְן פוּן מַלְיָא, זוּהְן
פוּן מַנָּא, זוּהְן פוּן מַתַּתָּא, זוּהְן פוּן נָתָן, זוּהְן פוּן דָוִד:
32 זוּהְן פוּן יִשַׁי, זוּהְן פוּן עוֹבֵד, זוּהְן פוּן בֹּעַז, זוּהְן פוּן שַׂלְמוֹן,
33 זוּהְן פוּן נַחְשׁוֹן: זוּהְן פוּן עַמִּינָדָב, זוּהְן פוּן אֲרָם,
34 זוּהְן פוּן חֶצְרוֹן, זוּהְן פוּן פֶּרֶץ, זוּהְן פוּן יְהוּדָה: זוּהְן
פוּן יַעֲקֹב, זוּהְן פוּן יִצְחָק, זוּהְן פוּן אַבְרָהָם, זוּהְן פוּן
35 תֶּרַח, זוּהְן פוּן נָחוֹר: זוּהְן פוּן שְׂרוּג, זוּהְן פוּן רְעוּ, זוּהְן פוּן
36 פֶּלֶג, זוּהְן פוּן עֵבֶר, זוּהְן פוּן שָׁלַח, זוּהְן פוּן קֵינָן, זוּהְן פוּן
אַרְפַּכְשַׁד, זוּהְן פוּן שֵׁם, זוּהְן פוּן נֹחַ, זוּהְן פוּן לֶמֶךְ:

זוּהְן פוּן מְתוּשֶׁלַח, זוּהְן פוּן חֲנוֹךְ, זוּהְן פוּן יֶרֶד, זוּהְן פוּן 37
מַהֲלַלְאֵל, זוּהְן פוּן קֵנָן: זוּהְן פוּן אֱנוֹשׁ, זוּהְן פוּן שֵׁת, זוּהְן 38
פוּן אָדָם, זוּהְן פוּן גָאט:

קאפּיטעל ד

אוּנְד יֵשׁוּעַ דֶערְפִילְט מִיט דֶעם רוּחַ הַקוֹדֶשׁ, הָאט זִיךְ צוּ־ 1
רִיקְגֶעקֶעהְרְט פוּן דֶעם יַרְדֵן, אוּנְד אִיז אִים גֵייסְט גֶעפִיהְרְט
גֶעוָוארֶען אִין דֶער מִדְבָּר: אוּנְד עֶר אִיז גֶעפְּרוּפְט 2
גֶעוָוארֶען בַּייא דֶעם שָׂטָן פִירְצִיג טֶעג; אוּנְד אִין
יֶענֶע צֵייט הָאט עֶר גָארְנִיט גֶעגֶעסֶען, אוּנְד וֶוען זַייא
הָאבֶּען זִיךְ גֶעעֶנְדִיגְט אִיז עֶר הוּנְגְרִיג גֶעוָוארֶען: אוּנְד 3
דֶער שָׂטָן הָאט צוּ אִיהְם גֶעזָאגְט, וֶוען דוּא בִּיזְט דֶער זוּהְן
פוּן גָאט, בֶּעפֶעהְל צוּ דִיזֶען שְׁטֵיין אַז עֶר זָאל בְּרוֹיט וֶוע־
רֶען: אוּנְד יֵשׁוּעַ הָאט צוּ אִיהְם גֶעעֶנְטְפֶערְט עֶס שְׁטֶעהְט 4
גֶעשְׁרִיבֶּען, אַז דֶער מֶענְשׁ זָאל נִיט לֶעבֶּען פוּן בְּרוֹיט אַלֵיין:
אוּנְד עֶר הָאט אִיהְם אַרוֹיפְגֶעפִיהְרְט אוּנְד הָאט אִיהְם גֶע־ 5
וִויזֶען אַלֶע קֶענִיגְרַייכֶע פוּן דֶער וֶועלְט אִין אֵיין אוֹיגֶענְ־
בְּלִיק: אוּנְד דֶער שָׂטָן הָאט צוּ אִיהְם גֶעזָאגְט, אִיךְ וִויל 6
דִיר גֶעבֶּען דִיזֶע גַאנְצֶע מַאכְט אוּנְד זַיירֶע הֶערְלִיכְקֵייט,
וָוארִין עֶס אִיז מִיר אִיבֶּערְגֶעגֶעבֶּען, אוּנְד אִיךְ גִיבּ עֶס צוּ
וֶועמֶען אִיךְ וִויל: דְרוּם וֶוען דוּא וֶועסְט דִיךְ פָּאר מִיר 7
בִּיקֶען, אַזוֹי וֶועט דָאס אַלֶעס דֵיין זַיין: אוּנְד יֵשׁוּעַ הָאט 8
גֶעעֶנְטְפֶערְט אוּנְד הָאט צוּ אִיהְם גֶעזָאגְט, עֶס שְׁטֶעהְט גֶע־
שְׁרִיבֶּען, דוּא זָאלְסְט דִיךְ בִּיקֶען צוּ דֶעם הַאר דֵיין גָאט,
אוּנְד אִיהְם אַלֵיין זָאלְסְט דוּא דִינֶען: אוּנְד עֶר הָאט אִיהְם 9
גֶעפִיהְרְט קֵיין יְרוּשָׁלַיִם, אוּנְד הָאט אִיהְם גֶעשְׁטֶעלְט אוֹיף
דֶער שְׁפִּיץ פוּן בֵּית הַמִקְדָשׁ, אוּנְד הָאט צוּ אִיהְם גֶעזָאגְט,
וֶוען דוּא בִּיסְט דֶער זוּהְן פוּן גָאט, וַוארְף דִיךְ פוּן הִיר
אַרוּנְטֶער: וָוארִין עֶס שְׁטֶעהְט גֶעשְׁרִיבֶּען, אַז עֶר וֶועט 10
זַיינֶע מַלְאָכִים בֶּעפֶעהְלֶען וֶועגֶען דִיר, אַז זַייא זָאלֶען דִיךְ
הִיטֶען: אוּנְד זַייא וֶועלֶען דִיךְ אוֹיף דִיא הֶענְד טְרָאגֶען, אַז 11
דוּא זָאלְסְט נִיט דֵיין פוּס אָנְשְׁטוֹיסֶען אָן אַ שְׁטֵיין: אוּנְד 12
יֵשׁוּעַ הָאט גֶעעֶנְטְפֶערְט אוּנְד הָאט צוּ אִיהְם גֶעזָאגְט, עֶס
אִיז גֶעזָאגְט, דוּא זָאלְסְט נִיט פְּרִיפֶען דֶעם הַאר דֵיין גָאט:
אוּנְד וֶוען דֶער שָׂטָן הָאט גֶעעֶנְדִיגְט דִיא גַאנְצֶע פְּרִיפוּנְג, 13

אִיז עֶר פוּן אִיהְם אוֹיף אַ צַייט אַוֶועקְגֶעגַאנְגֶען:
14 אוּנְד יֵשׁוּעַ אִיז צוּרִיקְגֶעקֶעהְרְט אִין דֶער מַאכְט פוּן דֶעם
גֵייסְט קֵיין גָלִיל; אוּנְד אַ שֵׁם אִיז אַרוֹיסְגֶעגַאנְגֶען אִין דִיא
15 גַאנְצֶע אוּמְגֶעגֶענְד וֶועגֶען אִיהְם: אוּנְד עֶר הָאט גֶעלֶעהְרְט
אִין זַייעֶרֶע שׁוּלֶען, אוּנְד אִיז פוּן אַלֶע גֶעלוֹיבְּט גְעוֶועזֶען:
16 אוּנְד עֶר אִיז גֶעקוּמֶען קֵיין נְצָרֶת, וְואוּ עֶר אִיז אוֹיפְגֶעצוֹי־
גֶען גֶעוָוארֶען; אוּנְד עֶר אִיז נָאךְ זַיין מִנְהָג גֶעגַאנְגֶען אַם
שַׁבָּת אִין שׁוּל אַרַיין, אוּנְד אִיז אוֹיפְגֶעשְׁטַאנֶען צוּ לֵיינֶען:
17 אוּנְד מֶען הָאט אִיהְם גֶעגֶעבֶּען דָאס בּוּךְ פוּן יְשַׁעְיָה הַנָּבִיא.
אוּנְד וִויא עֶר הָאט דָאס בּוּךְ אוֹיפְגֶעמַאכְט, הָאט עֶר גֶע־
פִינֶען דֶעם אָרְט וְואוּ עֶס שְׁטֶעהְט גֶעשְׁרִיבֶּען:
18 „דֶער גֵייסְט פוּן דֶעם הַאר אִיז אוֹיף מִיר, וֵוייל עֶר הָאט
מִיךְ גֶעזַאלְבְּט אוּם צוּ דִיא אָרְמֶע דִיא בְּשׂוֹרָה טוֹבָה צוּ
פְרֶעדִיגֶען עֶר הָאט מִיךְ גֶעשִׁיקְט צוּ דִיא גֶעפַאנְגֶענֶע
בֶּעפְרֵייאוּנְג אוֹיסְצוּרוּפֶען, אוּנְד דִיא בְּלִינְדֶע זֶעהֶענְדִיג צוּ
מַאכֶען דִיא צֶערְשְׁלָאגֶענֶע פְרֵייא צוּ לָאזֶען, צוּ פְרֶעדִי־
19 גֶען דָאס אָנְגֶענֶעהְמֶע יָאהְר פוּן דֶעם הַאר:" (ישעיה סא׳ א׳.)
20 אוּנְד עֶר הָאט דָאס סֵפֶר צוּזַאמֶענְגֶערָאלְט אוּנְד הָאט עֶס
גֶעגֶעבֶּען צוּם חַזָן, אוּנְד הָאט זִיךְ אַנִידֶערְגֶעזֶעצְט; אוּנְד
דִיא אוֹיגֶען פוּן אַלֶע וָואס זֶענֶען גֶעוֶועזֶען אִין דֶער
21 שׁוּל הָאבֶּען אוֹיף אִיהְם גֶעקוּקְט: אוּנְד עֶר הָאט אָנְגֶע־
הוֹיבֶּען צוּ זַייא צוּ זָאגֶען, הַיינְט אִיז דִיזֶע שְׁרִיפְט אִין
22 אֵיירֶע אוֹירֶען מְקוּיָם גֶעוָוארֶען: אוּנְד אַלֶע הָאבֶּען אוֹיף
אִיהְם צֵייגְנִים גֶעגֶעבֶּען, אוּנְד הָאבֶּען זִיךְ פֶערְוְואוּנְדֶערְט
אִיבֶּער דִיא גְנֶעדִיגֶע וֶוערְטֶער וָואס זֶענֶען פוּן זַיין מוֹיל
אַרוֹיסְגֶעגַאנְגֶען, אוּנְד זַייא הָאבֶּען גֶעזָאגְט, אִיז עֶר נִיט
23 דֶער זוּהְן פוּן יוֹסֵף? אוּנְד עֶר הָאט צוּ זַייא גֶעזָאגְט, אִיהְר
וֶועט גֶעווִיס צוּ מִיר דִיזֶעס שְׁפְּרִיכְוָוארְט זָאגֶען, רוֹפֵא, הֵייל
דִיךְ אַלֵיין; וָואס מִיר הָאבֶּען גֶעהֶערְט אַז עֶס אִיז גֶעשֶׁע־
הֶען אִין כְּפַר־נַחוּם, דָאס טְהוּא אוֹיךְ דָא אִין דֵיין אֵייגֶען
24 לַאנְד: אוּנְד עֶר הָאט גֶעזָאגְט, בֶּאֱמֶת זָאג אִיךְ אֵייךְ, אַז
25 קֵיין נָבִיא אִיז נִיט אָנְגֶענוּמֶען אִין זַיין אֵייגֶען לַאנְד: אוּנְד
בֶּאֱמֶת זָאג אִיךְ אֵייךְ, עֶס זֶענֶען גֶעוֶועזֶען פִילֶע אַלְמָנוֹת
אִין יִשְׂרָאֵל אִין דִיא טֶעג פוּן אֵלִיָהוּ, וֶוען דֶער הִימֶעל אִיז

פֶערשְׁלָאסֶען גֶעוָוארֶען דְרַייא יָאהְר אוּנְד זֶעקְס חֳדָשִׁים,
וָוען עֶס אִיז גֶעוֶועזֶען אַ גְרוֹיסֶער יַקְרוּת אִים גַאנְצֶען לַאנְד:
אוּנְד צוּ קֵיינֶעם פוּן זַייא אִיז אֵלִיָּהוּ גֶעשִׁיקְט גֶעוָוארֶען 26
אוֹיסֶער קַיין צָרְפַת אִין צִידוֹן, צוּ אֵיינֶע אַלְמָנָה: אוּנְד 27
פִילֶע קְרֶעצִיגֶע זֶענֶען גֶעוֶועזֶען אִין יִשְׂרָאֵל צוּ דֶער צַייט
פוּן אֱלִישָׁע הַנָּבִיא, אוּנְד קֵיינֶער פוּן זַייא אִיז גֶערֵיינִיגְט
גֶעוָוארֶען, אוֹיסֶער נַעֲמָן דֶער אֲרַמִּי: אוּנְד אַלֶע זֶענֶען אִין 28
דֶער שׁוּל דֶערְפִילְט גֶעוֶועזֶען מִיט כַּעַס, וָוען זַייא הָאבֶּען
דָאס גֶעהֶערְט; אוּנְד זַייא זֶענֶען אוֹיפְגֶעשְׁטַאנֶען, אוּנְד 29
הָאבֶּען אִיהְם אוֹיס דֶער שְׁטָאט אַרוֹיסְגֶעטְרִיבֶּען, אוּנְד הָאַ־
בֶּען אִיהְם גֶעפִיהְרְט בִּיז צוּ דֶער שְׁפִּיץ פוּן דֶעם בַּארְג,
אוֹיף וֶועלְכֶען זַייעֶרע שְׁטָאט אִיז גֶעבּוֹיעֶט גֶעוָוארֶען, אַז
זַייא זָאלֶען אִיהְם אַרוּנְטֶערְוַוארְפֶען: אָבֶּער עֶר אִיז צְוִוי־ 30
שֶׁען זַייא דוּרְכְגֶעגַאנְגֶען, אוּנְד אִיז אַוֶועקְגֶעגַאנְגֶען:
אוּנְד עֶר אִיז אַרוּנְטֶער גֶעקוּמֶען קַיין כְּפַר־נַחוּם, אַ שְׁטָאט 31
אִין גָלִיל; אוּנְד עֶר הָאט זַייא גֶעלֶערְנְט אַם שַׁבָּת: אוּנְד 32
זַייא הָאבֶּען זִיךְ פֶערְוָואוּנְדֶערְט אִיבֶּער זַיינֶע לֶעהְרֶע, וָוא־
רִין זַיין וָוארְט אִיז גֶעוֶועזֶען מִיט מַאכְט: אוּנְד עֶס אִיז אִין 33
דֶער שׁוּל גֶעוֶועזֶען אַ מַאן וָואס הָאט גֶעהַאט אַ גַייסְט פוּן
אַן אוּנְרֵיינֶעם שֵׁד, אוּנְד עֶר הָאט גֶעשְׁרִיעֶן מִיט אַ הוֹיךְ
קוֹל: וָואס הָאבֶּען מִיר מִיט דִיר צוּ טְהוּן יֵשׁוּעַ הַנָּצְרִי? 34
בִּיסְט דוּא גֶעקוּמֶען אוּנְס צוּ פֶערְדַארְבֶּען? אִיךְ קֶען
דִיךְ וֶוער דוּא בִּיסְט, דֶער הֵיילִיגֶער פוּן גָאט: אוּנְד יֵשׁוּעַ 35
הָאט אִיהְם אָנְגֶעשְׁרִיעֶן אוּנְד גֶעזָאגְט, זַייא פֶערְשְׁטוּמְט,
אוּנְד גֶעה אַרוֹיס פוּן אִיהְם. אוּנְד דֶער שֵׁד הָאט אִיהְם אִין
מִיטֶען אַרוּנְטֶערְגֶעוָוארְפֶען, אוּנְד אִיז פוּן אִיהְם אַרוֹיסְגֶע־
גַאנְגֶען, אוּנְד הָאט אִיהְם קַיין שָׁאדֶען גֶעטְהוּן: אוּנְד אַ 36
שְׁרֶעק אִיז אוֹיף זַייא אַלֶע גֶעפַאלֶען; אוּנְד זַייא הָאבֶּען
מִיט אַנַאנְדֶער גֶערֶעט אוּנְד גֶעזָאגְט, וָואס אִיז דָאס פַאר
אַ וָוארְט, אַז עֶר בֶּעפֶעהְלְט דִיא אוּנְרֵיינֶע רוּחוֹת מִיט גֶע־
וַואלְט אוּנְד מִיט מַאכְט, אוּנְד זַייא קוּמֶען אַרוֹיס? אוּנְד אַ 37
שֵׁם אִיז אַרוֹיסְגֶעגַאנְגֶען אִין יֶעדֶען אָרְט אִין דֶער גֶעגֶענְד
וֶועגֶען אִיהְם:
אוּנְד עֶר אִיז אַרוֹיסְגֶעגַאנְגֶען פוּן דֶער שׁוּל, אוּנְד עֶר אִיז 38

אַריינגעגאַנגען אין דעם הויז פון שמעון. אונד די שוויגער
פון שמעון איז געלעגען מיט אַ שמערצען פיבער; אונד
39 זיי האָבען איהם געבעטען וועגען איהר: אונד ער איז
איבער איהר געשטאַנען, אונד האָט דאָס פיבער אָנגע־
שריען אונד עס האָט זיא פערלאָזט, אונד זיא איז גלייך
אויפגעשטאַנען אונד האָט זיי בעדינט.
40 אונד ווען די זון איז אונטערגעגאַנגען, אַלע די וואָס
האָבען געהאַט קראַנקע מיט פערשידענע וועהטיג האָבען
זיי צו איהם געבראַכט, אונד ער האָט אויף יעדען גע־
41 לעגט די הענד אונד האָט זיי געהיילט: אונד שדים
זענען אויך פון פילע אַרויסגעגאַנגען, אונד האָבען גע־
שריען אונד געזאָגט, דו ביסט דער זוהן פון גאָט. אונד
ער האָט זיי אָנגעשריען, אונד האָט זיי ניט געלאָזט
רעדען, וואָרין זיי האָבען געוואוסט אַז ער איז דער
משיח:
42 אונד ווען עס איז טאָג געוואָרען, איז ער אַוועקגעגאַנגען,
אונד איז געקומען צו אַ ווּיסטען אָרט. אונד די לייט
האָבען איהם געזוכט, אונד זענען צו איהם געקומען, אונד
האָבען איהם אויפגעהאַלטען אַז ער זאָל פון זיי ניט
43 אַוועקגעהען: אָבער ער האָט צו זיי געזאָגט, איך מוז
פּרעדיגען דאָס קעניגרייך פון גאָט אויך אין אַנדערע
44 שטעט, וואָרין דערפאַר בין איך אויסגעשיקט: אונד ער
האָט געפּרעדיגט אין די שולען פון גליל:

קאפיטעל ה

1 אונד עס איז געווען ווען די לייט האָבען זיך צו איהם
געדרענגט אַז זיי זאָלען הערען דאָס וואָרט פון גאָט,
2 איז ער געשטאַנען ביים ים כנרת: אונד ער האָט געזעהען
צוויי שיפען, וואָס זענען געשטאַנען ביים ים; אונד די
פישער זענען פון זיי אַרויסגעגאַנגען, אונד האָבען זייערע
3 נעצען געוואַשען: אונד ער איז אַריינגעגאַנגען אין איינעם
פון די שיפען, וואָס האָט געהערט צו שמעון, אונד האָט
איהם געבעטען אַז ער זאָל אַ ביסעל אַוועקפאָהרען פון דעם
לאַנד. אונד ער איז געזעסען אונד האָט די לייט גע־
4 לעהרט פון דעם שיף: אונד ווען ער האָט אויפגעהערט

צוּ רֶעדְען, הָאט עֶר גֶעזָאגְט צוּ שִׁמְעוֹן, פָאהְרְט וֵויטֶער
אִין דֶער טִיפֶענִים אוּנְד לָאזְט אַרוּפּ אֵייעֶרע נֶעצֶען צוּ פַאנְגֶען:
5 אוּנְד שִׁמְעוֹן הָאט גֶעזָאגְט, לֶעהְרֶער, מִיר הָאבֶען גֶעאַרְבֵּייט
דִיא גַאנְצֶע נַאכְט, אוּנְד הָאבֶען גָארְנִיט גֶעפַאנְגֶען; אָבֶער
6 אוֹיף דַיין וָוארְט וֶועל אִיךְ דִיא נֶעץ אַרוּפּלָאזֶען: אוּנְד וִויא
זַייא הָאבֶען דָאס גֶעטְהוּן, הָאבֶען זַייא גֶעפַאנְגֶען אַ סַךְ
7 פִישׁ; אוּנְד זַייעֶר נֶעץ אִיז צֶערִיסֶען גֶעוָוארֶען: אוּנְד
זַייא הָאבֶען גֶעוִוינְקְט צוּ זַיירֶע חֲבֵרִים אִין דֶעם אַנְדֶערְן
שִׁיף, אַז זַייא זָאלֶען קוּמֶען אוּנְד זָאלֶען זַייא הֶעלְפֶען;
אוּנְד זַייא זֶענֶען גֶעקוּמֶען אוּנְד הָאבֶען בֵּיידֶע שִׁיפֶען אָנְ־
8 גֶעפִילְט, בִּיז זַייא הָאבֶען אָנְגֶעהוֹיבֶען צוּ זִינְקֶען: אוּנְד
וֶוען שִׁמְעוֹן פֶּעטְרוֹס הָאט דָאס גֶעזֶעהֶען, אִיז עֶר יֵשׁוּעַ צוּ
דִיא פִים גֶעפַאלֶען אוּנְד הָאט גֶעזָאגְט, הַאר, גֶעה אַוֶועק
9 פוּן מִיר, וָוארִין אִיךְ בִּין אַ זִינְדִיגֶער מֶענְשׁ: וָוארִין עֶס
אִיז אוֹיף אִיהְם אַ שְׁרֶעק אָנְגֶעקוּמֶען אוּנְד אוֹיף אַלֶע וָואס
זֶענֶען מִיט אִיהְם גֶעוֶועזֶען, וֶוענֶען דִיא פִישׁ וָואס זַייא
10 הָאבֶען גֶעפַאנְגֶען: אוּנְד אוֹיךְ אַזוֹי יַעֲקֹב אוּנְד יוֹחָנָן דִיא
זִיהְן פוּן זַבְדַי, וָואס זֶענֶען גֶעוֶועזֶען מִיט שִׁמְעוֹן אוּנְד יֵשׁוּעַ
הָאט גֶעזָאגְט צוּ שִׁמְעוֹן, פָארְכְט דִיךְ נִיט, פוּן אַצוּנְד אָן
11 וֶועסְט דוּא מֶענְשֶׁען פַאנְגֶען: אוּנְד וֶוען זַייא הָאבֶען דִיא
שִׁיפֶען צוּם לַאנְד גֶעבְּרַאכְט, הָאבֶען זַייא אַלֶעס פֶערְלָאזְט,
אוּנְד הָאבֶען אִיהְם נָאכְגֶעפָאלְגְט:

12 אוּנְד עֶס אִיז גֶעשֶׁעהֶען וֶוען עֶר אִיז גֶעוֶועזֶען אִין אֵיינֶע
פוּן דִיא שְׁטֶעט, אִיז דָארְט גֶעוֶועזֶען אַ מַאן פוּל מִיט
קְרֶעץ; אוּנְד וֶוען עֶר הָאט יֵשׁוּעַ גֶעזֶעהֶען, אִיז עֶר גֶע־
פַאלֶען אוֹיף זַיין פָּנִים, אוּנְד הָאט אִיהְם גֶעבֶּעטֶען
אוּנְד גֶעזָאגְט הַאר, וֶוען דוּא ווִילְסְט, קֶענְסְט דוּא
13 מִיךְ רַיין מַאכֶען: אוּנְד עֶר הָאט דִיא הַאנְד אוֹיסְגֶע־
שְׁטְרֶעקְט, אוּנְד הָאט אִיהְם אָנְגֶערִיהְט אוּנְד גֶעזָאגְט אִיךְ
ווִיל, זַייא רַיין, אוּנְד גְלַייךְ הָאבֶען אִיהְם דִיא קְרֶעץ פֶערְ־
14 לָאזְט: אוּנְד עֶר הָאט אִיהְם אָנְגֶעזָאגְט, אַז עֶר זָאל דָאס
קֵיינֶעם נִיט זָאגֶען; נֵייעֶרְט גֶעה אוּנְד וֵוייז דִיךְ פָאר דֶעם
כֹּהֵן, אוּנְד בְּרֶענְג אַ קָרְבָּן פַאר דַיינֶע רֵיינִיגוּנְג אַזוֹי וִויא
15 מֹשֶׁה הָאט גֶעבָּאטֶען, פַאר אַ צֵייגְנִים צוּ זַייא: אוּנְד דֶער

בעריכט ווענען איהם איז נאך מעהר געוואָרען, אונד א סך
לייט זענען צוזאמען געקומען צו הערען אונד געהיילט צו
16 ווערען פון זייערע קראנקהייטען: אונד ער איז אוועקגע־
גאנגען אין דער מדבר אריין, אונד האט געבעטען:
17 אונד עס איז געוועזען אין איינעם פון דיזע טעג, ווייא ער
האט געלעהרט, זענען פרושים אונד געזעצלעהרער גע־
זעסען וואס זענען געקומען פון אלע דערפער פון גליל
אונד פון יהודה אונד פון ירושלים; אונד דיא מאכט פון
18 דעם האר איז געוועזען זייא צו היילען: אונד זעה, עס
זענען געוועזען מענשען וואס האבען געבראכט אויף א
בעט א מאן וואס איז געוועזען גיכטבריכיג, אונד זייא
האבען געזוכט וויא אזוי איהם אריין צו ברענגען אונד
19 פאר איהם אנידער צו לעגען: אונד ווען זייא האבען קיין
פלאץ ניט געפונען וויא זייא זאלען איהם אריינברענגען
וועגען דיא לייט, אזוי זענען זייא ארויפגעגאנגען אויף
דעם דאך, אונד האבען איהם ארונטערגעלאזט מיט דעם בעט
20 דורך דיא ציגעל אין מיטען פאר ישוע: אונד ווען ער
האט געזעהען זייער גלויבען, האט ער געזאגט מענש
21 דיינע זינד זענען דיר פערגעבען: אונד דיא סופרים אונד
דיא פרושים האבען אנגעהויבען צווישען זיך צו טענען,
אונד האבען געזאגט, ווער איז דיזער? ער רעט לעסטערונג,
22 ווער קען זינד פערגעבען אויסער גאט אליין? אבער
ישוע וויסענדיג זייערע געדאנקען האט געענטפערט אונד
האט צו זייא געזאגט, וואס דענקט איהר אין אייערע
23 הערצער? וואס איז גרינגער, צו זאגען דיינע זינד זענען
דיר פערגעבען, אדער צו זאגען שטעה אויף, אונד נעם
24 דיין בעט אונד געה ארום? אבער אז איהר זאלט וויסען
אז דער בן־אדם האט מאכט זינד צו פערגעבען אויף דער
ערד, האט ער געזאגט צום גיכטבריכיגען, איך זאג דיר
שטעה אויף, אונד נעם דיין בעט אונד געה אין דיין הויז:
25 אונד באלד איז ער פאר זייא אויפגעשטאנען, אונד האט
גענומען דאס אויף וואס ער איז געלעגען, אונד איז אין
26 זיין הויז געגאנגען אונד האט גאט געלויבט: אונד זייא
זענען אלע אויסער זיך געוועזען פאר ערשטוינען, אונד

הָאבֶּען גָאט גֶעלוֹיבְּט. אוּנְד זַייא הָאבֶּען זֶעהָר גֶעפָארְכְטֶען
אוּנְד גֶעזָאגְט, מִיר הָאבֶּען הֵיינְט וְואוּנְדֶערְלִיכֶע זַאכֶען גֶע־
זֶעהֶען:
27 אוּנְד נָאכְדֶעם אִיז עֶר אַרוֹיסְגֶעגַאנְגֶען, אוּנְד הָאט גֶעזֶעהֶען
אַ שְׁטֵייעֶר־אַיינְנֶעמֶער וָואס הָאט גֶעהֵייסֶען לֵוִי, וָואס אִיז
גֶעזֶעסֶען אִין דֶעם שְׁטֵייעֶר־הוֹיז, אוּנְד עֶר הָאט צוּ אִיהְם
28 גֶעזָאגְט פָאלְג מִיר נָאךְ: אוּנְד עֶר הָאט אַלֶעס פֶערְלָאזְט,
אוּנְד אִיז אוֹיפְגֶעשְׁטַאנֶען, אוּנְד הָאט אִיהְם נָאכְגֶעפָאלְגְט:
29 אוּנְד לֵוִי הָאט פַאר אִיהְם גֶעמַאכְט אַ גְרוֹיסֶע סְעוּדָה אִין
זַיין הוֹיז; אוּנְד עֶס זֶענֶען דָא גֶעוֶועזֶען פִיל לֵייט פוּן דִיא
שְׁטֵייעֶר־אַיינְנֶעמֶער, אוּנְד אַנְדֶערֶע וָואס זֶענֶען מִיט אִיהְם
30 גֶעזֶעסֶען בַּיים טִישׁ: אוּנְד זֵייעֶרֶע פְּרוּשִׁים אוּנְד סוֹפְרִים
הָאבֶּען גֶעמוּרְמֶעלְט קֶעגֶען זַיינֶע תַּלְמִידִים, אוּנְד גֶעזָאגְט.
פַארְוָואס עֶסְט אוּנְד טְרִינְקְט אִיהְר מִיט שְׁטֵייעֶר־אַיינְנֶעמֶער
31 אוּנְד זִינְדֶער? אוּנְד יֵשׁוּעַ הָאט גֶעעֶנְטְפֶערְט אוּנְד הָאט
צוּ זַייא גֶעזָאגְט, דִיא וָואס זֶענֶען גֶעזוּנְד דַארְפֶען נִיט קֵיין
32 רוֹפֵא, נֵייעֶרְט דִיא וָואס זֶענֶען קְרַאנְק: אִיךְ בִּין נִיט גֶע־
קוּמֶען דִיא צַדִּיקִים צוּר תְּשׁוּבָה צוּ רוּפֶען, נֵייעֶרְט דִיא
33 זִינְדֶער: אוּנְד זַייא הָאבֶּען צוּ אִיהְם גֶעזָאגְט, דִיא תַּלְמִידִים
פוּן יוֹחָנָן פַאסְטֶען אָפְטְמָאל אוּנְד זֶענֶען מִתְפַּלֵל, אוּנְד דֶערְ־
גְלֵייכֶען אוֹיךְ דִיא תַּלְמִידִים פוּן דִיא פְּרוּשִׁים, אָבֶּער דֵיינֶע
34 תַּלְמִידִים עֶסֶען אוּנְד טְרִינְקֶען: אוּנְד יֵשׁוּעַ הָאט צוּ זַייא
גֶעזָאגְט, קֶענְט אִיהְר דִיא אוּנְטֶערְפִיהְרֶער פַאסְטֶען מַאכֶען,
35 בְּשַׁעַת דֶער חָתָן אִיז מִיט זַייא? אָבֶּער דִיא טֶעג וֶועלֶען
קוּמֶען וֶוען דֶער חָתָן וֶועט פוּן זַייא אַוֶועקְגֶענוּמֶען וֶוערֶען,
דַאן וֶועלֶען זַייא אִין יֶענֶעם טָאג פַאסְטֶען:
36 אוּנְד עֶר הָאט זַייא גֶעזָאגְט אַ מָשָׁל, קֵיינֶער נֶעמְט נִיט
אַ שְׁטִיק פוּן נַייעֶם קְלֵייד אוּנְד לֶעגְט עֶס אוֹיף אֵיין אַלְט
קְלֵייד; וֶוען אַזוֹי דָאס שְׁטִיק וָואס אִיז פוּן דֶעם נַייעֶן
רֵייסְט אוֹיס דָאס נַייעֶ אוּנְד פֶערְגְלֵייכְט זִיךְ נִיט מִיט דֶעם
37 אַלְטֶען: אוּנְד קֵיינֶער גִיסְט נִיט נַייעֶן וויין אִין אַלְטֶע לָא־
גֶעל אַרֵיין; וֶוען אַזוֹי צוּשְׁפַּאלְט דֶער נַייעֶר וויין דִיא לָא־
גֶעל, אוּנְד עֶס וֶוערְט אוֹיסְגֶעגָאסֶען, אוּנְד דִיא לָאגֶעל וֶוערֶען
38 פֶערְדָארְבֶּען: נֵייעֶרְט נַייעֶר וויין מוּס אִין נַייעֶ לָאגֶעל

39 אַרײַנגֶעגָאסֶען װערֶען: אוּנְד קֵײנֶער װָאס הָאט אַלְטֶען
װײַן גֶעטְרוּנְקֶען װִיל נֵײעֶן הָאבֶּען; װָארִין עֶר זָאגְט דֶער
אַלְטֶער אִיז בֶּעסֶער:

קאפיטעל ו

1 אוּנְד עֶס אִיז גֶעװֶעזֶען אוֹיף אַ שַׁבָּת אַז עֶר אִיז גֶעגַאנְגֶען
דוּרְך דִיא קָארְן פֶעלְדֶער; אוּנְד זַײנֶע תַּלְמִידִים הָאבֶּען
אָפְּגֶערִיסֶען דִיא זַאנְגֶען אוּנְד הָאבֶּען זֵייא צוּרִיבֶּען מִיט
2 דִיא הֶענְד אוּנְד הָאבֶּען גֶעגֶעסֶען: אוּנְד עֶטְלִיכֶע פוּן דִיא
פְּרוּשִׁים הָאבֶּען גֶעזָאגְט, װָארוּם טְהוּט אִיהְר דָאס װָאס מֶען
3 טוּר נִיט טְהוּן אַם שַׁבָּת? אוּנְד יֵשׁוּעַ הָאט גֶעעֶנְטְפֶערְט אוּנְד
הָאט צוּ זֵייא גֶעזָאגְט, הָאט אִיהְר נִיט גֶעלֵיינְט װָאס
דָוִד הָאט גֶעטְהוּן װען עֶר אִיז הוּנְגְרִיג גֶעװֶעזֶען, אוּנְד דִיא
4 װָאס װַארֶען מִיט אִיהְם? װִיא עֶר אִיז אַרֵיינְגֶעגַאנְגֶען אִין
דֶעם הוֹיז פוּן גָאט, אוּנְד הָאט גֶענוּמֶען דָאס לֶחֶם הַפָּנִים,
אוּנְד הָאט גֶעגֶעסֶען, אוּנְד הָאט אוֹיך גֶעגֶעבֶּען צוּ דִיא
װָאס זֶענֶען מִיט אִיהְם גֶעװֶעזֶען, װָאס קֵיינֶער טוּר נִיט עֶסֶען,
5 נֵייעֶרְט דִיא כֹּהֲנִים אַלֵיין? אוּנְד עֶר הָאט צוּ זֵייא גֶעזָאגְט,
דֶער בֶּן אָדָם אִיז אוֹיך הַאר אִיבֶּער דֶעם שַׁבָּת:
6 אוּנְד עֶס אִיז גֶעװֶעזֶען אוֹיף אֵיין אַנְדֶערְן שַׁבָּת אַז עֶר אִיז
אִין שׁוּל אַרֵיינְגֶעגַאנְגֶען אוּנְד הָאט גֶעלֶעהְרְט. אוּנְד עֶס
אִיז דָארְט גֶעװֶעזֶען אַ מַאן, דֶעם זַײנֶע רֶעכְטֶע הַאנְד אִיז
7 פֶערְדַארְט גֶעװֶעזֶען: אוּנְד דִיא סוֹפְרִים אוּנְד דִיא פְּרוּשִׁים
הָאבֶּען אִיהְם גֶעװַאכְט, אוֹיב עֶר װֶעט שַׁבָּת הֵיילֶען, כְּדֵי
8 זֵייא זָאלֶען אֵיין אָנְקְלָאגֶען אוֹיף אִיהְם גֶעפִינֶען: אָבֶּער עֶר
הָאט גֶעװוּסְט זֵײעֶרֶע גֶעדַאנְקֶען, אוּנְד הָאט גֶעזָאגְט צוּ
דֶעם װָאס הָאט גֶעהַאט דִיא פֶערְדַארְטֶע הַאנְד, שְׁטֶעה
אוֹיף אוּנְד שְׁטֶעה אִין מִיטֶען; אוּנְד עֶר הָאט זִיךְ אוֹיפְגֶע־
9 הוֹיבֶּען אוּנְד אִיז גֶעשְׁטַאנֶען: אוּנְד יֵשׁוּעַ הָאט צוּ זֵייא
גֶעזָאגְט אִיךְ װֶעל אֵייךְ פְרֶעגֶען, מֶעג מֶען אַם שַׁבָּת גוּטֶעס
טְהוּן, אָדֶער שְׁלֶעכְטֶעס, לֶעבֶּען רֶעטֶען אָדֶער אוּמְבְּרֶענְ־
10 גֶען? אוּנְד עֶר הָאט זִיךְ אוֹיף זֵייא אַלֶע אַרוּמְגֶעקוּקְט,
אוּנְד הָאט צוּ אִיהְם גֶעזָאגְט, שְׁטְרֶעק אוֹיס דֵיינֶע הַאנְד; אוּנְד
עֶר הָאט אַזוֹי גֶעטְהוּן. אוּנְד זֵיינֶע הַאנְד אִיז צוּרִיק גֶע־
שְׁטֶעלְט גֶעװָארֶען; אוּנְד זֵייא זֶענֶען גֶעװֶעזֶען פוּל מִיט

גְרִימְצָארְן, אוּנְד הָאבֶּען צְוִוישֶׁען זִיךְ גֶערֶעט וָואס זַייא
זָאלֶען טְהוּן צוּ יֵשׁוּעַ׃
11 אוּנְד עֶס אִיז גֶעוֶועזֶען אִין דִיא טֶעג, אִיז יֵשׁוּעַ אַוֶועקְ־
גֶעגַאנְגֶען צוּ דֶעם בַּארְג מִתְפַּלֵּל צוּ זַיין, אוּנְד הָאט דִיא
12 נַאכְט צוּגֶעבְּרַאכְט אִים גֶעבֶּעט צוּ גָאט׃ אוּנְד וֶוען עֶס
אִיז טָאג גֶעוָוארְען, הָאט עֶר זַיינֶע תַּלְמִידִים צוּ זִיךְ גֶערוּ־
פֶען, אוּנְד הָאט פוּן זַייא אוֹיסְדֶערְוֶועהְלְט צְוֶועלְף וֶועלְכֶע
13 עֶר הָאט אוֹיךְ גֶערוּפֶען אַפָּאסְטֶעל׃ שִׁמְעוֹן וֶועלְכֶען עֶר
הָאט אַ נָאמֶען גֶעגֶעבֶּען פֶּעטְרוֹס, אוּנְד זַיין בְּרוּדֶער
אַנְדְרַי אוּנְד יַעֲקֹב אוּנְד יוֹחָנָן, אוּנְד פִילִיפּוֹס אוּנְד בַּרְתַּלְמַי׃
14 אוּנְד מַתְּיָה אוּנְד תּוֹמָה אוּנְד יַעֲקֹב דֶער זוּהְן פוּן חַלְפַי, אוּנְד
15 שִׁמְעוֹן וָואס אִיז אָנְגֶערוּפֶען גֶעוָוארֶען הַקַּנָּאִי׃ אוּנְד יְהוּדָה
דֶער בְּרוּדֶער פוּן יַעֲקֹב, אוּנְד יְהוּדָה אִישׁ־קְרִיּוֹת, וָואס אִיז
16 אוֹיךְ גֶעוֶועזֶען דֶער מָסַר׃ אוּנְד עֶר אִיז מִיט זַייא אַרוּפּ־
גֶעגַאנְגֶען, אוּנְד אִיז גֶעשְׁטַאנֶען אוֹיף אַ הוֹיכֶען פְּלַאץ, אוּנְד
פִיל לֵייט פוּן זַיינֶע תַּלְמִידִים, אוּנְד אַ גְרוֹיס פָאלְק פוּן
גַאנְץ יְהוּדָה אוּנְד יְרוּשָׁלַיִם, אוּנְד פוּן דֶעם בָּארְטֶען פוּן צוֹר
אוּנְד צִידוֹן וָואס זֶענֶען גֶעקוּמֶען אִיהְם צוּ הֶערֶען אוּנְד פוּן
17 זַייעֶרֶע קְרַאנְקְהַייטֶען גֶעהַיילְט צוּ וֶוערֶען׃ אוּנְד דִיא וָואס
זֶענֶען גֶעפְּלָאגְט גֶעוָוארֶען פוּן אוּנְרֵיינֶע גֵייסְטֶער זֶענֶען
18 גֶעהַיילְט גֶעוָוארֶען׃ אוּנְד דָאס גַאנְצֶע פָאלְק הָאט אִיהְם
גֶעזוּכְט אָנְצוּרִיהְרֶען; וָוארִין גְבוּרָה אִיז פוּן אִיהְם אַרוֹיס־
גֶעגַאנְגֶען, אוּנְד הָאט זַייא אַלֶע גֶעהַיילְט׃
19 אוּנְד עֶר הָאט זַיינֶע אוֹיגֶען אוֹיפְגֶעהוֹיבֶּען צוּ זַיינֶע תַּלְמִידִים
אוּנְד הָאט גֶעזָאגְט׃
20 גֶעבֶּענְשְׁט זֶענְט אִיהְר וָואס זֶענֶען אָרֶעם, וָוארִין
דָאס קֶענִיגְרֵייךְ פוּן גָאט אִיז אֵייעֶרְס, גֶעבֶּענְשְׁט זֶענְט
אִיהְר וָואס זֶענֶען אַצוּנְד הוּנְגְרִיג, וָוארִין אִיהְר וֶועט זַאט
21 וֶוערֶען׃ גֶעבֶּענְשְׁט זֶענְט אִיהְר וָואס טְהוּן אַצוּנְד
22 וֵויינֶען וָוארִין אִיהְר וֶועט לַאכֶען׃ גֶעבֶּענְשְׁט זֶענְט
אִיהְר וֶוען דִיא מֶענְשֶׁען וֶועלֶען אֵייךְ הַאסֶען, אוּנְד וֶוע־
לֶען אֵייךְ פוּן זַייא אָפְּשֵׁיידֶען, אוּנְד וֶועלֶען אֵייךְ פֶערְ־
שֶׁעמֶען, אוּנְד וֶועלֶען אֵייעֶר נָאמֶען פֶערְוַוארְפֶען וִויא
אַ שְׁלֶעכְטֶעס וֶועגֶען דֶעם בֶּן־אָדָם׃

23 פְרייעֶט אײַך אִין יֶענֶעם טָאג אוּנְד טַאנְצְט; וָוארִין זֶעה,
אֵייעֶר שְׂכַר אִיז גְרוֹיס אִים הִימֶעל; וָוארִין אַזוֹי הָאבֶּען
זֵייא גֶעטְהוּן צוּ דִיא נְבִיאִים.

24 אָבֶּער וֶועה צוּ אַייךְ רֵייכֶע, וָוארִין אִיהְר הָאט אֵייעֶר
25 טְרוֹיסְט אַוֶדי בֶּעקוּמֶען: וֶועה צוּ אֵייךְ וָואס זֶענְט אַצוּנְד
פוּל וָוארִין אִיהְר וֶועט הוּנְגֶערְן, וֶועה צוּ אֵייךְ וָואס
לַאכֶען אַצוּנְד, וָוארִין אִיהְר וֶועט טְרוֹיעֶרְן אוּנְד וויינֶען:
26 וֶועה צוּ אֵייךְ וֶוען אַלֶע מֶענְשֶׁען וֶועלֶען אוֹיף אֵייךְ
גוּטֶעס רֶעדֶען; וָוארִין אַזוֹי הָאבֶּען זֵייעֶרֶע אָבוֹת גֶע־
טְהוּן צוּ דִיא פַאלְשֶׁע נְבִיאִים:

27 אָבֶּער אִיךְ זָאג צוּ אֵייךְ וָואס הֶערֶען, לִיבְּט אֵייעֶרֶע פֵיינְד,
28 טְהוּט גוּטֶעס צוּ דִיא וָואס הַאסֶען אֵייךְ: בֶּענְשְׁט דִיא וָואס
שֶׁעלְטֶען אֵייךְ, אוּנְד בֶּעט פַאר דִיא וָואס פֶערְשֶׁעמֶען אֵייךְ:
29 צוּ דֶעם וָואס שְׁלָאגְט דִיךְ אוֹיף אֵיינֶע בַּאק, שְׁטֶעל אוֹיךְ דִיא
אַנְדֶערֶע אוֹיף; אוּנְד פוּן דֶעם וָואס נֶעמְט אַוֶועק דֵיין מַאנְ־
30 טֶעל, הַאלְט דֵיין רָאק אוֹיךְ נִיט צוּרִיק: גִיבּ צוּ אִיטְלִיכֶען
וָואס בֶּעט פוּן דִיר, אוּנְד פוּן דֶעם וָואס נֶעמְט דָאס דֵיינִיגֶע
31 פֶערְלַאנְג עֶס נִיט צוּרִיק: אוּנְד וִויא אִיהְר וִוילְט אַז דִיא
מֶענְשֶׁען זָאלֶען צוּ אַייךְ טְהוּן, טְהוּט אִיהְר אוֹיךְ אַזוֹי צוּ
32 זַייא: אוּנְד וֶוען אִיהְר לִיבְּט דִיא וָואס לִיבֶּען אַייךְ, וָואס
פַאר אַ חֶסֶד הָאט אִיהְר? וָוארִין דִיא זִינְדֶער לִיבֶּען אוֹיךְ
33 דִיא וָואס לִיבֶּען זַייא: אוּנְד וֶוען אִיהְר טְהוּט גוּטֶעס צוּ דִיא
וָואס טְהוּן גוּטֶעס צוּ אֵייךְ, וָואס פַאר אַ חֶסֶד הָאט אִיהְר?
34 דִיא זִינְדֶער טְהוּן אוֹיךְ דָאס נֶעמְלִיכֶע: אוּנְד וֶוען אִיהְר
לַייעֶט צוּ דִיא פוּן וֶועמֶען אִיהְר הָאפְט אָפְּצוּנֶעמֶען, וָואס
פַאר אַ חֶסֶד הָאט אִיהְר? דִיא זִינְדֶער לַייעֶן אוֹיךְ צוּ זִינְ־
35 דֶער, אַז זַייא זָאלֶען דָאס גְלַייכֶע אָפְּנֶעמֶען: אָבֶּער לִיבְּט
אִיהְר אֵייעֶרֶע פֵיינְד, אוּנְד טְהוּט גוּטֶעס אוּנְד לַייעֶט, וֶוען
אִיהְר הָאפְט נִיט צוּרִיקְצוּנֶעמֶען; אוּנְד אֵייעֶר שְׂכַר וֶועט
זֵיין גְרוֹיס, אוּנְד אִיהְר וֶועט זֵיין דִיא קִינְדֶער פוּן דֶעם אוֹי־
בֶּערְשְׁטֶען, וָוארִין עֶר אִיז גוּט צוּ דִיא אוּנְדַאנְקְבַּארֶע אוּנְד
36 דִיא שְׁלֶעכְטֶע: זַייט אִיהְר בַּארֶעמְהֶערְצִיג, אַזוֹי וִויא אֵייעֶר
37 פָאטֶער אִיז בַּארֶעמְהֶערְצִיג: אוּנְד רִיכְטֶעט נִיט, אוּנְד אִיהְר
וֶועט נִיט גֶערִיכְטֶעט וֶוערֶען; פֶערְשׁוּלְדִיגְט נִיט, אוּנְד אִיהְר

וֶועט נִיט פֶערְשׁוּלְדִיגְט ווערֶען; פֶערְגִיבְּט, אוּנְד עֶס וֶועט
אייךְ פֶערְגֶעבֶּען וֶוערֶען: גִיבְּט, אוּנְד עֶס וֶועט אַייךְ גֶע־ 38
גֶעבֶּען וֶוערֶען; אַ גוּטֶעס מָאס, אָנְגֶעדְרִיקְט אוּנְד צוּגֶעשָׁיר־
טֶעלְט, אוּנְד וָואס לוֹיפְט אִיבֶּער וֶועט מֶען גֶעבֶּען אִין אַייעֶר
שׁוֹים אַרַיין; וָוארִין מִיט דֶעמְזֶעלְבֶּען מָאס וָואס אִיהְר מֶעסְט
וֶועט אַייךְ ווִידֶער גֶעמָאסְטֶען וֶוערֶען:
אוּנְד עֶר הָאט צוּ זַייא גֶעזָאגְט אַ מָשָׁל, קֶען אַ בְּלִינְדֶער אַ 39
בְּלִינְדֶערֶען פִיהְרֶען? וֶועלֶען זַייא נִיט בֵּיידֶע אִין אַ גְרוּבּ
אַרַיינְפַאלֶען? דֶער תַּלְמִיד אִיז נִיט אִיבֶּער זַיין לֶעהְרֶער; 40
אָבֶּער וֶוען אַיינֶער אִיז פָאלְקָאמֶען גֶעוָוארֶען וֶועט
עֶר זַיין וְוִיא זַיין לֶעהְרֶער: אוּנְד וָוארוּם זֶעהְסְט דוּא 41
דֶעם שְׁפָּאן וָואס אִיז אִין דַיין בְּרוּדֶערְס אוֹיג, אוּנְד בֶּע־
טְרַאכְטֶסְט נִיט דֶעם בַּאלְקֶען וָואס אִיז אִין דַיין אוֹיג? וְוִיא 42
אַזוֹי קֶענְסְט דוּא זָאגֶען צוּ דַיין בְּרוּדֶער, בְּרוּדֶער לָאז מִיךְ
אַרוֹיסְנֶעמֶען דֶעם שְׁפָּאן וָואס אִיז אִין דַיין אוֹיג, וֶוען דוּא
אַלֵיין זֶעהְסְט נִיט דֶעם בַּאלְקֶען וָואס אִיז אִין דַיין אוֹיג.
דוּא הֵייכְלֶער, נֶעם צוּם עֶרְשְׁטֶען אַרוֹיס דֶעם בַּאלְקֶען פוּן
דַיין אוֹיג, אוּנְד דֶערְנָאךְ וֶועסְט דוּא קְלָאר זֶעהֶען אַרוֹיסְ־
צוּנֶעמֶען דֶעם שְׁפָּאן וָואס אִיז אִין דַיין בְּרוּדֶערְס אוֹיג:
וָוארִין אַ גוּטֶער בּוֹים טְרָאגְט נִיט קֵיינֶע שְׁלֶעכְטֶע פְרוּכְט, 43
אוּנְד ווִידֶער אַ שְׁלֶעכְטֶער בּוֹים טְרָאגְט נִיט קֵיינֶע גוּטֶע
פְרוּכְט: וָוארִין מֶען דֶערְקֶענְט אִיטְלִיכֶען בּוֹים בֵּייא זַיינֶע 44
אֵייגֶענֶע פְרוּכְט; וָוארִין פוּן דֶערְנֶער זַאמֶעלְט מֶען נִיט
קֵיינֶע פֵייגֶען, אוּנְד פוּן אַ דַארְנְבּוּשׁ רֵייסְט מֶען נִיט אָפּ
קֵיינֶע ווֵיינְטְרוֹיבֶּען: דֶער גוּטֶער מֶענְשׁ בְּרֶענְגְט אַרוֹיס 45
גוּטֶעס פוּן דֶעם גוּטֶען שַׁאץ פוּן זַיין הַארְץ, אוּנְד דֶער
שְׁלֶעכְטֶער מֶענְשׁ בְּרֶענְגְט אַרוֹיס שְׁלֶעכְטֶעס פוּן דֶעם
שְׁלֶעכְטֶען שַׁאץ פוּן זַיין הַארְץ; וָוארִין דָאס מוֹיל רֶעט
פוּן דֶעם וָואס דָאס הַארְץ אִיז אִיבֶּערְפִילְט:
אוּנְד פַארְוָואס רוּפְט אִיהְר מִיךְ הַאר, הַאר, אוּנְד טְהוּט נִיט 46
וָואס אִיךְ זָאג? אִיטְלִיכֶער וָואס קוּמְט צוּ מִיר, אוּנְד הֶערְט 47
מֵיינֶע וֶוערְטֶער אוּנְד טְהוּט זַייא, וֶועל אִיךְ אַייךְ ווַייזֶען צוּ
וֶועמֶען עֶר אִיז גְלֵייךְ: עֶר אִיז גְלֵייךְ צוּ אַ מַאן וָואס הָאט 48
גֶעבּוֹיעֶט אַ הוֹיז, אוּנְד הָאט טִיף גֶעגְרוּבֶּען, אוּנְד הָאט דֶעם

גְרוּנְד גֶעלֶעגְט אוֹיף דֶעם פֶעלְז; אוּנְד וָוען אַ גְוֶועסֶער אִיז
גֶעשֶׁעהֶען, הָאט דֶער שְׁטְרוֹים גֶעשְׁטוֹיסֶען קֶעגֶען דֶעם הוֹיז,
אוּנְד הָאט עֶס נִיט גֶעקָאנְט בֶּעוֶועגֶען, וָוארִין עֶס אִיז גוּט
49 גֶעגְרִינְדֶעט גֶעוָוארֶען: אָבֶּער דֶער וָואס הֶערְט אוּנְד טְהוּט
נִיט אִיז גְלַייךְ צוּ אַ מַאן וָואס הָאט גֶעבּוֹיעֶט אַ הוֹיז אוֹיף
דֶער עֶרְד אָהְן אַ גְרוּנְד; אוּנְד דֶער שְׁטְרוֹים הָאט דַארַאן
אָנְגֶעשְׁטוֹיסֶען, אוּנְד עֶס אִיז בַּאלְד אַיינְגֶעפַאלֶען, אוּנְד
דִיא צוּשְׁטֶערוּנְג פוּן יֶענֶעם הוֹיז אִיז גְרוֹיס גֶעוֶועזֶען:

קאפיטעל ז

1 וֶוען עֶר הָאט גֶעעֶנְדִיגְט אַלֶע דִיזֶע רֶעדֶען אִין דִיא אוֹיעֶרֶען
פוּן דֶעם פָאלְק, אִיז עֶר גֶעגַאנְגֶען קֵיין כְּפַר־נַחוּם:
2 אוּנְד דֶער קְנֶעכְט פוּן אַ גֶעוִויסֶען הוֹיפְּטְמַאן וֶועלְכֶען עֶר
הָאט זֶעהְר גֶעשַׁאצְט, אִיז קְרַאנְק גֶעוֶועזֶען צוּ שְׁטַארְבֶּען:
3 אוּנְד וֶוען עֶר הָאט גֶעהֶערְט פוּן יֵשׁוּעַ הָאט עֶר צוּ אִיהְם
גֶעשִׁיקְט דִיא עֶלְצְטֶע פוּן דִיא יוּדֶען, אוּנְד הָאט אִיהְם גֶע־
4 בֶּעטֶען אַז עֶר זָאל קוּמֶען זַיין קְנֶעכְט צוּ הֵיילֶען: אוּנְד
וֶוען זַייא זֶענֶען גֶעקוּמֶען צוּ יֵשׁוּעַ, הָאבֶּען זַייא אִיהְם
זֶעהְר גֶעבֶּעטֶען אוּנְד גֶעזָאגְט, אַז עֶר אִיז וֶוערְט אַז דוּא
5 זָאלְסְט דָאס פַאר אִיהְם טְהוּן: וָוארִין עֶר לִיבְּט אוּנְזֶער
6 פָאלְק, אוּנְד הָאט אוּנְס דִיא שׁוּל גֶעבּוֹיעֶט: אוּנְד יֵשׁוּעַ אִיז
מִיט זַייא גֶעגַאנְגֶען. אוּנְד וֶוען עֶר אִיז שׁוֹין נִיט וַוייט גֶע־
וֶועזֶען פוּן דֶעם הוֹיז, הָאט דֶער הוֹיפְּטְמַאן זַיינֶע פְרֵיינְד גֶע־
שִׁיקְט אוּנְד הָאט צוּ אִיהְם גֶעזָאגְט, הַאר זַייא דִיךְ נִיט
מַטְרִיחַ; וָוארִין אִיךְ בִּין נִיט וֶוערְט אַז דוּא זָאלְסְט אוּנְטֶער
7 מַיין דַאךְ קוּמֶען: דֶעסְטְוֶועגֶען הָאבּ אִיךְ מִיךְ זֶעלְבְּסְט נִיט
וֶוערְט גֶעהַאלְטֶען אַז אִיךְ זָאל צוּ דִיר קוּמֶען; אָבֶּער זָאג
8 נוּר אַ וָוארְט, אַזוֹי וֶועט מַיין יוּנְג גֶעהֵיילְט וֶוערֶען: וָוארִין
אִיךְ בִּין אוֹיךְ אַ מַאן וָואס שְׁטֶעהְט אוּנְטֶער אֵיינֶע אָבֶּערְ־
מַאכְט, אוּנְד אִיךְ הָאבּ סָאלְדַאטֶען אוּנְטֶער מִיר, אוּנְד אִיךְ
זָאג צוּ דֶעם, גֶעה אַהִין, אוּנְד עֶר גֶעהְט, אוּנְד צוּ אֵיין אַנְ־
דֶערֶען, קוּם אַהֶער, אוּנְד עֶר קוּמְט, אוּנְד צוּ מַיין קְנֶעכְט,
9 טְהוּא דָאס, אוּנְד עֶר טְהוּט עֶס: אוּנְד וֶוען יֵשׁוּעַ הָאט דָאס
גֶעהֶערְט הָאט עֶר זִיךְ פֶערְוָואוּנְדֶערְט אִיבֶּער אִיהְם; אוּנְד
עֶר הָאט זִיךְ אוּמְגֶעקֶעהְרְט אוּנְד הָאט גֶעזָאגְט צוּ דִיא

לַייט וָואס זֶענֶען אִיהְם נָאכְגֶעגַאנְגֶען, אִיךְ זָאג אֵייךְ, אַזֶעלְ־
כֶען גְלוֹיבֶּען הָאבּ אִיךְ אַפִילוּ אִין יִשְׂרָאֵל נִיט גֶעפִינֶען:
10 אוּנְד וֶוען דִיא שְׁלוּחִים הָאבֶּען זִיךְ אַהֵיים אוּמְגֶעקֶעהְרְט,
הָאבֶּען זַייא דֶעם קְנֶעכְט גֶעזוּנְד גֶעפִינֶען:
11 אוּנְד עֶס אִיז גֶעשֶׁעהֶען אִין דֶעם אַנְדֶערֶען טָאג אַז עֶר אִיז
אַוֶועקְגֶעגַאנְגֶען אִין אַ שְׁטָאט אַרַיין וָואס הֵייסְט נָעִין, אוּנְד
זַיינֶע תַּלְמִידִים אוּנְד פִיל לַייט זֶענֶען מִיט אִיהְם גֶעגַאנְגֶען:
12 אוּנְד וִויא עֶר הָאט זִיךְ גֶענֶעהֶנְט צוּם טוֹיעֶר פוּן דֶער שְׁטָאט,
זֶעה, הָאט מֶען אַ טוֹיטֶען מַאן אַרוֹיסְגֶעטְרָאגֶען, דֶעם אֵיינְ־
צִיגֶען זוּהְן פוּן זַיינֶע מוּטֶער, אוּנְד זִיא אִיז גֶעוֶועזֶען אֵיינֶע
אַלְמָנָה; אוּנְד פִיל לַייט פוּן דֶער שְׁטָאט זֶענֶען מִיט אִיהְר
13 גֶעוֶועזֶען: אוּנְד וֶוען דֶער הַאר הָאט זִיא גֶעזֶעהֶען, הָאט
עֶר אִיבֶּער אִיהְר רַחֲמָנוּת גֶעהַאט, אוּנְד הָאט צוּ אִיהְר גֶע־
14 זָאגְט, וֵויין נִיט: אוּנְד עֶר אִיז צוּגֶעקוּמֶען אוּנְד הָאט דִיא
מִטָּה אָנְגֶערִיהְרְט, אוּנְד דִיא וָואס הָאבֶּען אִיהְם גֶעטְרָאגֶען
זֶענֶען שְׁטֶעהֶען גֶעבְּלִיבֶּען; אוּנְד עֶר הָאט גֶעזָאגְט, יוּנְגֶער
15 מַאן, שְׁטֶעה אוֹיף: אוּנְד דֶער טוֹיטֶער הָאט זִיךְ אוֹיפְגֶעזֶעצְט
אוּנְד הָאט אָנְגֶעהוֹיבֶּען צוּ רֶעדֶען; אוּנְד עֶר הָאט אִיהְם
16 צוּרִיקְגֶעגֶעבֶּען צוּ זַיינֶע מוּטֶער: אוּנְד פוּרְכְט הָאט זֵייא
אַלֶע אָנְגֶענוּמֶען, אוּנְד זַייא הָאבֶּען גָאט גֶעלוֹיבְּט, אוּנְד
הָאבֶּען גֶעזָאגְט, אַ גְרוֹיסֶער נָבִיא אִיז צְוִוישֶׁען אוּנְס אוֹיפְ־
17 גֶעשְׁטַאנֶען, אוּנְד גָאט הָאט זַיין פָאלְק בֶּעזוּכְט: אוּנְד דִיזֶער
בֶּערִיכְט פוּן אִיהְם אִיז אוֹיסְגֶעגַאנְגֶען אִין גַאנְץ יְהוּדָה,
אוּנְד אִין דִיא גַאנְצֶע גֶעגֶענְד:
18 אוּנְד דִיא תַּלְמִידִים פוּן יוֹחָנָן הָאבֶּען אִיהְם פוּן אַלֶע דִיזֶע
19 זַאכֶען דֶערְצֶעהְלְט: אוּנְד יוֹחָנָן הָאט צוּ זִיךְ גֶערוּפֶען צְוֵויא
פוּן זַיינֶע תַּלְמִידִים, אוּנְד הָאט זֵייא גֶעשִׁיקְט צוּ יֵשׁוּעַ אוּנְד
גֶעזָאגְט בִּיסְט דוּא דֶער וָואס זָאל קוּמֶען, אָדֶער זָאלֶען מִיר
20 וַוארְטֶען אוֹיף אֵיין אַנְדֶערֶען? אוּנְד וֶוען דִיא מֶענְשֶׁען
זֶענֶען צוּ אִיהְם גֶעקוּמֶען הָאבֶּען זַייא צוּ אִיהְם גֶעזָאגְט,
יוֹחָנָן דֶער מְטַבֵּל הָאט אוּנְס צוּ דִיר גֶעשִׁיקְט אוּנְד גֶעזָאגְט,
בִּיסְט דוּא דֶער וָואס זָאל קוּמֶען, אָדֶער זָאלֶען מִיר וַוארְ־
21 טֶען אוֹיף אֵיין אַנְדֶערֶען? אִין יֶענֶער שָׁעָה הָאט עֶר פִילֶע
גֶעהֵיילְט פוּן זַייעֶרֶע קְרַאנְקְהֵייטֶען אוּנְד פְּלָאגֶען אוּנְד

אוּנְרֵיינֶע גֵייסְטֶער, אוּנְד הָאט פִילֶע בְּלִינְדֶע זֶעהֶענְדִיג גֶע־
22 גֶעמַאכְט: אוּנְד עֶר הָאט גֶעעֶנְטְפֶערְט אוּנְד הָאט צוּ זֵייא
גֶעזָאגְט, גֶעהְט אוּנְד דֶערְצֶעהְלְט יוֹחָנָן וָואס אִיהְר הָאט גֶע־
זֶעהֶען אוּנְד גֶעהֶערְט; אַז דִיא בְּלִינְדֶע זֶעהֶען, דִיא קְרוּמֶע
גֶעהֶען אַרוּם, דִיא מְצוֹרָעִים וֶוערֶען גֶערֵייכִיגְט, אוּנְד דִיא
טוֹיבֶּע הֶערֶען, דִיא טוֹיטֶע שְׁטֶעהֶען אוֹיף, צוּ דִיא אָרְמֶע
23 וֶוערְט דִיא בְּשׂוּרָה טוֹבָה גֶעפְּרֶעדִיגְט: אוּנְד גֶעבֶּענְשְׁט אִיז
דֶער וָואס וֶועט זִיךְ נִיט אָן מִיר שְׁטְרוֹיכְלֶען:
24 אוּנְד וֶוען דִיא שְׁלוּחִים פוּן יוֹחָנָן זֶענֶען אַוֶועקְגֶעגַאנְגֶען,
הָאט עֶר אָנְגֶעהוֹיבֶּען צוּ דִיא לֵייט צוּ רֶעדֶען וֶועגֶען יוֹחָנָן;
וָואס זֶענְט אִיהְר אַרוֹיסְגֶעגַאנְגֶען אִין דֶער מִדְבָּר אַרֵיין צוּ
25 צוּ זֶעהֶען? אַ רָאהְר וָואס שָׁאקֶעלְט פוּן דֶעם ווִינְד? אָבֶּער
וָואס זֶענְט אִיהְר אַרוֹיסְגֶעגַאנְגֶען צוּ זֶעהֶען? אַ מַאן אָנְגֶע־
קְלֵיידֶעט אִין פֵיינֶע קְלֵיידֶער? זֶעהְט, דִיא וָואס זֶענֶען פֵיין
גֶעקְלֵיידֶעט אוּנְד הָאבֶּען פֵיינֶע שְׁפֵּייזֶען זֶענֶען אִין דִיא הֵייזֶער
26 פוּן קֶענִיגֶע: וָואס דֶען זֶענְט אִיהְר אַרוֹיסְגֶעגַאנְגֶען צוּ זֶעהֶען?
אַ נָבִיא? יָא, אִיךְ זָאל אֵייךְ, אוּנְד נָאךְ מֶעהְר ווִיא אַ נָבִיא:
27 דָאס אִיז דֶער, פוּן וֶועלְכֶען עֶס שְׁטֶעהְט גֶעשְׁרִיבֶּען,
„זֶעה, אִיךְ שִׁיק מֵיין מַלְאָךְ פָאר דִיר, דֶער וֶועט דֵיין
וֶועג פָאר דִיר אָנְבְּרֵייטֶען”: (מלאכי ג׳ א׳).
28 אִיךְ זָאג אֵייךְ צְווִישֶׁען דִיא וָואס זֶענֶען גֶעבּוֹירֶען פוּן ווֵייבֶּער
אִיז קֵיין גְרֶעסֶערֶער ווִיא יוֹחָנָן; אָבֶּער דֶער קְלֵיינְסְ־
29 טֶער אִים קֶענִיגְרֵייךְ פוּן גָאט אִיז גְרֶעסֶער ווִיא עֶר: אוּנְד
דָאס גַאנְצֶע פָאלְק, וֶוען זֵייא הָאבֶּען דָאס גֶעהֶערְט, אוּנְד
דִיא שְׁטֵייעֶר־אֵיינְנֶעמֶער הָאבֶּען גָאט גֶערֶעכְטְפֶערְטִיגְט,
וָוארִין זֵייא זֶענֶען גֶעטוֹבֵלְט גֶעוָוארֶען מִיט דֶער טְבִילָה
30 פוּן יוֹחָנָן: אָבֶּער דִיא פְּרוּשִׁים אוּנְד דִיא גֶעזֶעצְלֶעהְרֶער
הָאבֶּען פֶערְאַכְטֶעט דִיא עֵצָה פוּן גָאט קֶעגֶען זִיךְ זֶעלְבְּסְט,
31 וָוארִין זֵייא זֶענֶען נִיט גֶעטוֹבֵלְט גֶעוָוארֶען פוּן אִיהְם: צוּ
וֶועמֶען זָאל אִיךְ דֶען גְלֵייכֶען דִיא מֶענְשֶׁען פוּן דֶעם
32 דָאזִיגֶען דוֹר, אוּנְד צוּ וָואס זֶענֶען זֵייא גְלֵייךְ? זֵייא זֶענֶען
גְלֵייךְ צוּ דִיא קִינְדֶער וָואס זִיצֶען אוֹיף דֶעם מַארְק, אוּנְד
רוּפֶען אֵיינֶער צוּם אַנְדֶערֶען; וָואס זָאגֶען,
מִיר הָאבֶּען צוּ אֵייךְ גֶעפֵייפְט, אוּנְד אִיהְר הָאט נִיט

גֶעטַאנְצְט; מִיר הָאבֶּען צוּ אַייךְ גֶעקְלָאגְט, אוּנְד אִיהְר
הָאט נִיט גֶעוַויינְט:
וָואָרין יוֹחָנָן דֶער מְטַבֵּל אִיז גֶעקוּמֶען נִיט עֶסֶענְדִיג קֵיין 33
בְּרוֹיט, אוּנְד נִיט טְרִינְקֶענְדִיג קֵיין וַויין, אוּנְד אִיהְר הָאט
גֶעזָאגְט עֶר הָאט אַ שֵׁד: דֶער בֶּן אָדָם אִיז גֶעקוּמֶען עֶסֶענְ־ 34
דִיג אוּנְד טְרִינְקֶענְדִיג, אוּנְד אִיהְר זָאגְט זֶעה, דֶער מֶענְשׁ
אִיז אַ פְרֶעסֶער אוּנְד אַ זוֹיפֶער, אַ פְרַיינְד פוּן שְׁטֵייעֶר־
אַיינְנֶעמֶער אוּנְד זִינְדֶער: אוּנְד דִיא חָכְמָה אִיז גֶערֶעכְט־ 35
פֶערְטִיגְט גֶעוָוארֶען פוּן אַלֶע אִיהְרֶע קִינְדֶער:
אוּנְד אַיינֶער פוּן דִיא פְּרוּשִׁים הָאט אִיהְם גֶעבֶּעטֶען אַז עֶר 36
זָאל בַּייא אִיהְם עֶסֶען; אוּנְד עֶר אִיז אַרַיינְגֶעגַאנְגֶען אִים
הוֹיז פוּן דֶעם פָּרוּשׁ אוּנְד הָאט זִיךְ אַנִידֶערְגֶעזֶעצְט: אוּנְד 37
זֶעה, אַ פְרוֹיא, וָואס אִיז אַ זִינְדֶערִין, אוּנְד וֶוען זִיא הָאט
גֶעוָואר גֶעוָוארֶען אַז עֶר אִיז צוּ טִישׁ אִין דֶעם הוֹיז פוּן
דֶעם פָּרוּשׁ, הָאט זִיא גֶעבְּרַאכְט אַיין אַלְבַּאסְטֶער קְרִיגֶעל
מִיט מֹר: אוּנְד אִיז גֶעשְׁטַאנֶען אוּנְטֶער אִיהְם בַּייא זַיינֶע 38
פִים אוּנְד הָאט גֶעוַויינְט, אוּנְד הָאט אָנְגֶעהוֹיבֶּען זַיינֶע פִים
צוּ וַואשֶׁען מִיט טְרֶעהְרֶען, אוּנְד הָאט זַייא אָפְּגֶעווִישְׁט
מִיט דִיא הָאר פוּן אִיהְר קָאפּ, אוּנְד הָאט זַיינֶע פִים גֶע־
קִישְׁט, אוּנְד הָאט זַייא גֶעזַאלְבְּט מִיט דֶעם מֹר: אוּנְד וֶוען 39
דֶער פָּרוּשׁ וָואס הָאט אִיהְם אַיינְגֶעלַאדֶען הָאט דָאס גֶע־
זֶעהֶען הָאט עֶר בַּייא זִיךְ גֶעדַאכְט אוּנְד גֶעזָאגְט, וֶוען
דִיזֶער זָאל זַיין אַ נָבִיא, אַזוֹי הֶעט עֶר גֶעוְואוּסְט, וֶוער אוּנְד
וָואס פַאר אַ פְרוֹיא דָאס אִיז וָואס הָאט אִיהְם אָנְגֶערִיהְרְט,
וָוארִין זִיא אִיז אַ זִינְדֶערִין: אוּנְד יֵשׁוּעַ הָאט גֶעעֶנְטְפֶערְט 40
אוּנְד הָאט צוּ אִיהְם גֶעזָאגְט, שִׁמְעוֹן, אִיךְ הָאבּ דִיר עֶפֶּעס
צוּ זָאגֶען, אוּנְד עֶר הָאט גֶעזָאגְט, זָאג לֶעהְרֶער: עֶס אִיז 41
גֶעוֶועזֶען אַ גֶעלְד לַייעֶר וָואס הָאט גֶעהַאט צְוַייא בַּעֲלֵי
חוֹבוֹת, אַיינֶער אִיז שׁוּלְדִיג גֶעוֶועזֶען פִינְף הוּנְדֶערְט גוּלְ־
דֶען, אוּנְד דֶער אַנְדֶערֶער פוּפְצִיג: אוּנְד וֶוען זַייא הָאבֶּען 42
נִיט גֶעהַאט צוּ צָאהְלֶען, הָאט עֶר זַייא בֵּיידֶע גֶעשֶׁענְקְט;
וֶועלְכֶער פוּן זַייא וֶועט אִיהְם דֶען מֶעהְר לִיבֶּען? שִׁמְעוֹן 43
הָאט גֶעעֶנְטְפֶערְט אוּנְד גֶעזָאגְט, אִיךְ דֶענְק, וֶועלְכֶען עֶר
הָאט מֶעהְר גֶעשֶׁענְקְט; אוּנְד עֶר הָאט צוּ אִיהְם גֶעזָאגְט,

44 דוּא הָאסְט רֶעכְט גֶעמִשְׁפָּט: אוּנְד עֶר הָאט זִיךְ גֶעקֶעהְרְט
צוּ דֶער פְרוֹיא אוּנְד הָאט גֶעזָאגְט צוּ שִׁמְעוֹן, זֶעהְסְט דוּא
45 דִיזֶע פְרוֹיא: אִיךְ בִּין אִין דֵיין הוֹיז אַרֵיינְגֶעקוּמֶען, דוּא
הָאסְט מִיר קֵיין וַואסֶער נִיט גֶעגֶעבֶּען צוּ מֵיינֶע פִיס; אָבֶּער
זִיא הָאט מֵיינֶע פִיס גֶעוַואשֶׁען מִיט טְרֶעהְרֶען, אוּנְד הָאט
46 זִיא אָפְּגֶעוִוישְׁט מִיט דִיא הָאר פוּן דֶעם קָאפּ: דוּא הָאסְט
מִיר קֵיין קִישׁ נִיט גֶעגֶעבֶּען; אָבֶּער זִיא זִינְט זִיא אִיז
אַרֵיינְגֶעקוּמֶען, הָאט נִיט אוֹיפְגֶעהֶערְט מֵיינֶע פִיס צוּ קִישֶׁען,
47 דוּא הָאסְט נִיט גֶעזַאלְבְּט מֵיין קָאפּ מִיט עֶהְל; אָבֶּער זִיא
48 הָאט מֵיינֶע פִיס גֶעזַאלְבְּט מִיט מֹר: דְרוּם זָאג אִיךְ דִיר,
אִיהְרֶע זִינְדֶען וָואס זֶענֶען פִיל זֶענֶען אִיהְר פֶערְגֶעבֶּען,
וָוארִין זִיא הָאט פִיל גֶעלִיבְּט; אָבֶּער צוּ וֶועמֶען וֶוענִיג אִיז
49 פֶערְגֶעבֶּען, דֶער לִיבְּט וֶוענִיג: אוּנְד עֶר הָאט צוּ אִיהְר גֶע־
50 זָאגְט, דֵיינֶע זִינְדֶען זֶענֶען דִיר פֶערְגֶעבֶּען: אוּנְד דִיא וָואס
זֶענֶען מִיט אִיהְם צוּ טִישׁ גֶעזֶעסֶען הָאבֶּען אָנְגֶעהוֹיבֶּען
צְווִישֶׁען זִיךְ צוּ זָאגֶען, וֶוער אִיז דִיזֶער וָואס פֶערְגִיבְּט
51 אוֹיךְ זִינְדֶען? אוּנְד עֶר הָאט צוּ דֶער פְרוֹיא גֶעזָאגְט, דֵיין
גְלוֹיבֶּען הָאט דִיךְ גֶערֶעטֶעט; גֶעה אִין פְרִידֶען:

קאַפּיטעל ח

1 אוּנְד עֶס אִיז גֶעשֶׁעהֶען אִים אַנְדֶערֶען טָאג אַז עֶר אִיז
אַרוּמְגֶעגַאנְגֶען אִין עֶטְלִיכֶע שְׁטֶעט אוּנְד דֶערְפֶער, אוּנְד
הָאט גֶעפְּרֶעדִיגְט אוּנְד הָאט מְבַשֵּׂר גֶעוֶועזֶען דָאס קֶענִיגְרֵייךְ
פוּן גָאט; אוּנְד דִיא צְווֶעלְףְ זֶענֶען מִיט אִיהְם גֶעוֶועזֶען,
2 אוּנְד אֵיינִיגֶע פְרוֹיעֶן וָואס זֶענֶען גֶעהֵיילְט גֶעוָוארֶען פוּן
שְׁלֶעכְטֶע גֵייסְטֶער אוּנְד פוּן קְרַאנְקְהֵייטֶען, מִרְיָם וָואס אִיז
אָנְגֶערוּפֶען הַמַּגְדָּלִית פוּן וֶועלְכֶער זִיבֶּען שֵׁדִים זֶענֶען
3 אַרוֹיסְגֶעגַאנְגֶען: אוּנְד יוֹחָנָה, דָאס ווַייבּ פוּן כּוּזָה, דֶער
פֶערְוַואלְטֶער פוּן הוֹרְדוּס, אוּנְד שׁוֹשַׁנָּה, אוּנְד פִילֶע
אַנְדֶערֶע, וָואס הָאבֶּען אִיהְם מִיט זֵייעֶר פֶערְמֶעגֶען בֶּעדִינְט:
4 אוּנְד וֶוען פִיל לֵייט הָאבֶּען זִיךְ פֶערְזַאמֶעלְט, אוּנְד זֶענֶען
צוּ אִיהְם גֶעקוּמֶען פוּן דִיא שְׁטֶעט, אַזוֹי הָאט עֶר גֶעזָאגְט,
5 דוּרְךְ אַ מָשָׁל: דֶער זֵייעֶר אִיז אַרוֹיסְגֶעגַאנְגֶען זֵיין זָאמֶען
צוּ זֵייעֶן; אוּנְד וַוייא עֶר הָאט גֶעזֵייעֶט, זֶענֶען עֶטְלִיכֶע
זָאמֶען גֶעפַאלֶען בֵּיים וֶועג, אוּנְד זֵייא זֶענֶען צֶערְטְרֶעטֶען

גֶעוָוארֶען, אוּנְד דִיא פֵייגֶעל פוּן דֶעם הִימֶעל הָאבֶּען
זַייא אוֹיפְגֶעפְרֶעסֶען: אוּנְד אַנְדֶערֶע זֶענֶען גֶעפַאלֶען אוֹיף 6
דֶעם פֶעלְז, אוּנְד וִויא זַייא זֶענֶען אוֹיפְגֶעגַאנְגֶען זֶענֶען זַייא
פֶערְדַארְט גֶעוָוארֶען וַוייל זַייא הָאבֶּען קֵיינֶע פֵייכְטְקֵייט
נִיט גֶעהַאט: אוּנְד אַנְדֶערֶע זֶענֶען גֶעפַאלֶען צְווִישֶׁען דִיא 7
דֶערְנֶער, אוּנְד דִיא דֶערְנֶער זֶענֶען דֶערְמִיט אוֹיפְגֶעגַאנְגֶען,
אוּנְד הָאבֶּען זַייא דֶערְשְׁטִיקְט: אוּנְד אַנְדֶערֶע זֶענֶען גֶע־ 8
פַאלֶען אוֹיף דֶעם גוּטֶען גְרוּנְד, אוּנְד וִויא זַייא זֶענֶען אוֹיפְ־
גֶעגַאנְגֶען הָאבֶּען זַייא פְרוּכְט גֶעטְרָאגֶען הוּנְדֶערְטְפֶעלְטִיג;
וֶוען עֶר הָאט דָאס גֶעזָאגְט, הָאט עֶר אוֹיסְגֶערוּפֶען, דֶער
וָואס הָאט אוֹיעֶרֶען צוּ הֶערֶען לָאז עֶר הֶערֶען: אוּנְד זַיינֶע 9
תַּלְמִידִים הָאבֶּען אִיהְם גֶעפְרֶעגְט, וָואס זָאל דָאס מָשָׁל
מֵיינֶען? אוּנְד עֶר הָאט גֶעזָאגְט, צוּ אֵייך אִיז גֶעגֶעבֶּען אַז 10
אִיהְר זָאלְט וִויסֶען דִיא סוֹדוֹת פוּן דֶעם קֶענִיגְרֵייך פוּן גָאט,
אָבֶּער צוּ דִיא אִיבְּרִיגֶע אִין מְשָׁלִים, זָעהֶענְדִיג זָעהֶען זַייא
דָאךְ נִיט אוּנְד הֶערֶענְדִיג פֶערְשְׁטֶעהֶען זַייא דָאךְ נִיט: אוּנְד 11
דָאס אִיז דָאס מָשָׁל דֶער זָאמֶען אִיז דָאס וָוארְט פוּן גָאט:
אוּנְד דִיא בַּיים וֶועג זֶענֶען דִיא וָואס הֶערֶען, דֶערְנָאךְ קוּמְט 12
דֶער שָׂטָן אוּנְד נֶעמְט אַוֶועק דָאס וָוארְט פוּן זַייעֶר הַארְץ,
אַז זַייא זָאלֶען נִיט גְלוֹיבֶּען אוּנְד גֶערֶעטֶעט וֶוערֶען: אוּנְד 13
דִיא אוֹיף דֶעם פֶעלְז זֶענֶען דִיא, וָואס וֶוען זַייא הֶערֶען נֶע־
מֶען זַייא אָן דָאס וָוארְט מִיט פְרֵייד; אוּנְד דִיזֶע הָאבֶּען
קֵיינֶע וָואוּרְצֶעל נִיט, אוּנְד פַאר אַ צֵייט בְּלֵייבֶּען, אָבֶּער
אִין דֶער צֵייט פוּן פְּרִיפוּנְג פַאלֶען זַייא אָפּ: אוּנְד דִיא 14
וָואס זֶענֶען גֶעפַאלֶען צְווִישֶׁען דִיא דֶערְנֶער זֶענֶען דִיא וָואס
הֶערֶען, אוּנְד וִויא זַייא גֶעהֶען אַוֶועק זֶענֶען זַייא דֶערְשְׁטִיקְט
דוּרְךְ זָארְג אוּנְד רֵייכְטוּם אוּנְד פֶערְגְנִיגֶען פוּן לֶעבֶּען, אוּנְד
בְּרֶענְגֶען קֵיינֶע רֶעכְטֶע פְרוּכְט נִיט: אָבֶּער דִיא אוֹיף דֶעם 15
גוּטֶען גְרוּנְד זֶענֶען דִיא וָואס הֶערֶען דָאס וָוארְט אִין אֵיין
עֶהְרְלִיכֶען אוּנְד גוּטֶען הַארְץ, אוּנְד בֶּעהַאלְטֶען עֶס אוּנְד
בְּרֶענְגֶען פְרוּכְט מִיט גֶעדוּלְד:
קֵיינֶער צִינְדֶעט נִיט אָן אַ לַאמְפּ אוּנְד דֶעקְט זִיא צוּ מִיט 16
אַ כְּלִי, אָדֶער שְׁטֶעלְט זִיא אוּנְטֶער אַ בֶּעט; נֵייעֶרְט מֶען
שְׁטֶעלְט זִיא אוֹיף אַ גֶעשְׁטֶעל, כְּדֵי דִיא וָואס קוּמֶען אַרֵיין

17 זָאלֶען זֶעהֶען דָאס לִיכְט: וָוארִין עֶס אִיז קֵיינֶע זַאךְ נִיט
פֶערְהוּילֶען, וָואס וֶועט נִיט אַנְטפְּלֶעקְט וֶוערֶען, אוּנְד קֵיינֶע
זַאךְ אִיז נִיט פֶערְבָּארְגֶען, וָואס וֶועט נִיט צוּ ווִיסֶען בֶּעטהוּן
18 וֶוערֶען אוּנְד צוּם לִיכְט קוּמֶען: דְרוּם גִיבְּט אַכְטוּנְג וִויא אִיהְר
הֶערְט; וָוארִין וֶוער עֶס הָאט צוּ דֶעם וֶועט גֶעגֶעבֶּען וֶוע־
רֶען, אוּנְד וֶוער עֶס הָאט נִיט, פוּן דֶעם וֶועט אַוֶועקְגֶענוּמֶען
וֶוערֶען אוֹיךְ דָאס וָואס עֶר מֵיינְט אַז עֶר הָאט:
19 אוּנְד זַיינֶע מוּטֶער אוּנְד זַיינֶע בְּרִידֶער זֶענֶען צוּ אִיהְם גֶע־
קוּמֶען אוּנְד הָאבֶּען נִיט גֶעקָאנְט צוּ אִיהְם צוּטְרֶעטֶען וֶוע־
20 גֶען דִיא לַייט: אוּנְד מֶען הָאט צוּ אִיהְם גֶעזָאגְט, דֵיינֶע
מוּטֶער אוּנְד דֵיינֶע בְּרִידֶער שְׁטֶעהֶען דְרוֹיסֶען אוּנְד ווִילֶען
21 דִיךְ זֶעהֶען: אוּנְד עֶר הָאט גֶעעֶנְטְפֶערְט אוּנְד הָאט צוּ זֵייא
גֶעזָאגְט, מֵיינֶע מוּטֶער אוּנְד מֵיינֶע בְּרִידֶער זֶענֶען דִיא, וָואס
הֶערֶען דָאס וָוארְט פוּן גָאט אוּנְד טְהוּן עֶס:
22 אוּנְד עֶס אִיז גֶעשֶׁעהֶען אָן אֵיינֶעם פוּן דִיא טֶעג אַז עֶר אוּנְד
זֵיינֶע תַּלְמִידִים זֶענֶען אַרַיינְגֶעגַאנְגֶען אִין אַ שִׁיף, אוּנְד עֶר
הָאט צוּ זֵייא גֶעזָאגְט, לָאזֶען מִיר אַרִיבֶּערְגֶעהֶען צוּ דִיא
אַנְדֶערֶע זֵייט פוּן דֶעם יַם; אוּנְד זֵייא הָאבֶּען אַוֶועקְגֶע־
23 שִׁיפְט: אוּנְד ווִיא זֵייא הָאבֶּען זִיךְ גֶעשִׁיפְט אִיז עֶר אַנְטְ־
שְׁלָאפֶען גֶעוָוארֶען, אוּנְד אַ שְׁטוּרְמְווִינְד אִיז אַרוּפְגֶעקוּמֶען
אוּנְד זֵייא זֶענֶען אָנְגֶעפִילְט גֶעוָוארֶען מִיט וַואסֶער, אוּנְד
24 זֵייא זֶענֶען גֶעוֶועזֶען אִין אַ סַכָּנָה: אוּנְד זֵייא זֶענֶען צוּ אִיהְם
גֶעקוּמֶען אוּנְד הָאבֶּען אִיהְם אוֹיפְגֶעוֶועקְט אוּנְד גֶעזָאגְט,
מֵייסְטֶער, מֵייסְטֶער, מִיר וֶוערֶען פֶערְלוֹירֶען; אוּנְד עֶר אִיז
אוֹיפְגֶעשְׁטַאנֶען אוּנְד הָאט אָנְגֶעשְׁרִיעֶן דֶעם ווִינְד אוּנְד
דֶעם שְׁטוּרְם פוּן וַואסֶער, אוּנְד זֵייא הָאבֶּען אוֹיפְגֶעהֶערְט,
25 אוּנְד עֶס וַואר שְׁטִיל: אוּנְד עֶר הָאט צוּ זַייא גֶעזָאגְט, ווְאוּ
אִיז אֵייעֶר גְלוֹיבֶּען? אוּנְד זֵייא הָאבֶּען זִיךְ גֶעפָארְכְטֶען
אוּנְד זֵייא הָאבֶּען זִיךְ גֶעוְואוּנְדֶערְט, אוּנְד הָאבֶּען אֵיינֶער
צוּם אַנְדֶערֶען גֶעזָאגְט, וָואס פַאר אֵיינֶער אִיז דִיזֶער, דָאס
עֶר בֶּעפֶעהְלְט אַפִילוּ דֶעם ווִינְד אוּנְד דָאס וַואסֶער, אוּנְד
זֵייא הֶערֶען אִיהְם צוּ:
26 אוּנְד זֵייא הָאבֶּען זִיךְ אֵיינְגֶעשִׁיפְט צוּ דֶעם לַאנְד פוּן דִיא
27 גַדְרוֹנִים, וָואס אִיז קֶעגֶענִאיבֶּער גָלִיל: וָוען עֶר אִיז

אַרוֹיסְגֶעקוּמֶען אוֹיף דֶעם לַאנְד, אִיז אִיהְם אַ מַאן עֶנְטְקֶעגֶ־
גֶען גֶעקוּמֶען פוּן דֶער שְׁטָאט, וָואס הָאט גֶעהַאט שֵׁדִים אַ
לַאנְגֶע צַייט, אוּנְד הָאט קֵיין קְלֵייד נִיט גֶעהַאט, אוּנְד הָאט
נִיט גֶעוְואוֹינְט אִין קֵיין הוֹיז, נֵייעֶרְט צְווִישֶׁען דִיא קְבָרִים:
28 ווִיא עֶר הָאט יֵשׁוּעַ דֶערְזֶעהֶען, אִיז עֶר פָאר אִיהְם אַנִידֶערְ־
גֶעפַאלֶען, אוּנְד הָאט גֶעשְׁרִיעֶן מִיט אַ הוֹיךְ קוֹל, וָואס הָאבּ
אִיךְ מִיט דִיר צוּ טְהוּן, יֵשׁוּעַ, זוּהְן פוּן גָאט דֶעם אוֹיבֶּערְ־
29 שְׁטֶען? אִיךְ בֶּעט דִיךְ, פְּלָאג מִיךְ נִיט: וָוארִין עֶר הָאט
דֶעם אוּנְרֵיינֶעם רוּחַ גֶעבָּאטֶען אַז עֶר זָאל אַרוֹיסְגֶעהְן פוּן
דֶעם מַאן, וָוארִין עֶר הָאט אִיהְם אָפְטמָאל גֶעהַאפְּט; אוּנְד
עֶר וַואר גֶעבּוּנְדֶען מִיט קֵייטֶען, אוּנְד וַואר גֶעבּוּנְדֶען גֶע־
הַאלְטֶען, אָבֶּער עֶר הָאט דִיא בֶּענְדֶער צֶערִיסֶען, אוּנְד וַואר
30 גֶעטְרִיבֶּען פוּן דֶעם שֵׁד אִין דִיא ווִיסְטֶע עֶרְטֶער: אוּנְד
יֵשׁוּעַ הָאט אִיהְם גֶעפְרֶעגְט אוּנְד גֶעזָאגְט, וָואס אִיז דֵיין
נָאמֶען; אוּנְד עֶר הָאט גֶעזָאגְט, לֶעגִיאָן, וָוארִין פִילֶע
31 שֵׁדִים זֶענֶען אִין אִיהְם אַרֵיינְגֶעקוּמֶען: אוּנְד זֵייא הָאבֶּען
אִיהְם גֶעבֶּעטֶען אַז עֶר זָאל זֵייא נִיט בֶּעפֶעהְלֶען אִין דֶער
32 טִיפֶענִים אַרֵיינְצוּגֶעהְן: אוּנְד דָארְט וַואר אַ סְטַאדֶע פוּן
חַזִירִים וָואס הָאבֶּען זִיךְ גֶעפַּאשֶׁעט אוֹיף דֶעם בַּארְג, אוּנְד
זֵייא הָאבֶּען אִיהְם גֶעבֶּעטֶען אַז עֶר זָאל זֵייא דֶערְלוֹיבֶּען
צְווִישֶׁען זֵייא אַרֵיינְצוּגֶעהֶען אַזוֹי הָאט עֶר זֵייא דֶערְלוֹיבְּט:
33 אוּנְד דִיא שֵׁדִים זֶענֶען פוּן דֶעם מַאן אַרוֹיסְגֶעגַאנְגֶען, אוּנְד
זֶענֶען אַרֵיינְגֶעקוּמֶען צְווִישֶׁען דִיא חַזִירִים, אוּנְד דִיא סְטַאדֶע
הָאט זִיךְ אַרוּפְגֶעשְׁטִירְצְט פוּן אַ מְשׁוּפֶּעדִיגֶען אָרְט אִין יַם
34 אַרֵיין, אוּנְד זֶענֶען דֶערְשְׁטִיקְט גֶעווָארֶען: ווֶען דִיא פַּאסְ־
טוּכֶער הָאבֶּען גֶעזֶעהֶען וָואס אִיז גֶעשֶׁעהֶען, זֶענֶען זֵייא
אַוֶועקְגֶעלָאפֶען, אוּנְד דֶענֶען גֶעקוּמֶען אוּנְד הָאבֶּען עֶס
35 דֶערְצֶעהְלְט אִין דִיא שְׁטֶעט אוּנְד אִין דִיא דֶערְפֶער: אוּנְד
זֵייא זֶענֶען אַרוֹיסְגֶעגַאנְגֶען צוּ זֶעהֶען וָואס אִיז גֶעשֶׁעהֶען,
אוּנְד זֵייא זֶענֶען גֶעקוּמֶען צוּ יֵשׁוּעַ, אוּנְד הָאבֶּען גֶעפוּנֶען
דֶעם מַאן פוּן וֶועלְכֶען דִיא שֵׁדִים זֶענֶען אַרוֹיסְגֶעגַאנְגֶען,
זִיצֶען צוּ דִיא פִּיס פוּן יֵשׁוּעַ, אָנְגֶעקְלֵיידֶעט אוּנְד בֵּיים שֵׂכֶל;
36 אוּנְד זֵייא הָאבֶּען זִיךְ גֶעפָארְכְטֶען: אוּנְד דִיא וָואס הָאבֶּען
עֶס גֶעזֶעהֶען, הָאבֶּען עֶס דֶערְצֶעהְלְט ווִיא אַזוֹי דֶער וָואס

37 הָאט גֶעהַאט דִיא שֵׁדִים אִיז גֶעהֵיילְט גֶעוָוארֶען: אוּנְד
דָאס גַאנְצֶע פָּאלְק פוּן דֶער גֶעגֶענְד פוּן דִיא גְדְרוֹנִים הָאֶ־
בֶּען אִיהְם גֶעבֶּעטֶען, אַז עֶר זָאל פוּן זֵייא אַוֶועקְגֶעהְן,
וָוארִין אַ גְרוֹיסֶע פוּרְכְט הָאט זֵייא אָנְגֶענוּמֶען. אַזוֹי אִיז
עֶר אִין דֶעם שִׁיף אַרֵיינְגֶעגַאנְגֶען אוּנְד הָאט זִיךְ אוּמְגֶע־
38 קֶערְט: אוּנְד דֶער מַאן פוּן וֶועלְכֶען דִיא שֵׁדִים זֶענֶען
אַרוֹיסְגֶעגַאנְגֶען, הָאט אִיהְם גֶעבֶּעטֶען עֶר זָאל מִיט אִיהְם
זַיין, אָבֶּער יֵשׁוּעַ הָאט אִיהְם אַוֶועקְגֶעשִׁיקְט אוּנְד הָאט גֶע־
39 זָאגְט: גֶעה צוּרִיק צוּ דֵיין הוֹיז אַרֵיין אוּנְד דֶערְצֶעהְל וָואס
פַאר גְרוֹיסֶע זַאכֶען גָאט הָאט צוּ דִיר גֶעטְהוּן. אוּנְד עֶר
אִיז אַוֶועקְגֶעגַאנְגֶען אוּנְד הָאט אוֹיסְגֶערוּפֶען אִין דֶער
גַאנְצֶער שְׁטָאט וָואס פַאר גְרוֹיסֶע זַאכֶען יֵשׁוּעַ הָאט צוּ
40 אִיהְם גֶעטְהוּן: אוּנְד עֶס וַואר וֶוען יֵשׁוּעַ הָאט זִיךְ אוּמְגֶע־
קֶערְט, אַזוֹי הָאט אִיהְם דָאס פָאלְק אוֹיפְגֶענוּמֶען. וָוארִין
זֵייא הָאבֶּען אַלֶע אוֹיףְ אִיהְם גֶעוַוארְט:
41 אוּנְד נוּן אִיז גֶעקוּמֶען אַ מַאן וָואס הָאט גֶעהֵייסֶען יָאִיר,
אוּנְד עֶר וַואר אַ פַּרְנָס פוּן דֶער שׁוּל. אוּנְד עֶר אִיז יֵשׁוּעַ
צוּ דִיא פִיס גֶעפַאלֶען, אוּנְד הָאט אִיהְם גֶעבֶּעטֶען אַז עֶר
42 זָאל אִין זֵיין הוֹיז אַרֵיינְקוּמֶען: וָוארִין עֶר הָאט גֶעהַאט
אֵיינֶע אֵיינְצִיגֶע טָאכְטֶער פוּן צְוֶועלְףְ יָאהְר, אוּנְד זִיא וַואר
קָרוֹב לְמִיתָה. אָבֶּער וִוייא עֶר אִיז גֶעגַאנְגֶען, אַזוֹי הָאבֶּען
אִיהְם דִיא לֵייט גֶעשְׁטוּפְּט:
43 אוּנְד דָא וַואר אַ פְרוֹיא וָואס הָאט גֶעהַאט אַ בְּלוּטְפְלוּס
צְוֶועלְףְ יָאהְר, אוּנְד וָואס הָאט פֶערְבְּרַאכְט אִיהְר גַאנְץ
פֶערְמֶעגֶען אוֹיףְ דָאקְטָארְס, אוּנְד הָאט בֵּייא קֵיינֶעם נִיט
44 גֶעקֶענְט גֶעהֵיילְט וֶוערֶען: אוּנְד זִיא אִיז פוּן הִינְטֶער אִיהְם
גֶעקוּמֶען, אוּנְד הָאט אָנְגֶערִיהְרְט דִיא צִיצִית פוּן זֵיין קְלֵייד,
אוּנְד אִיהְר בְּלוּטְפְלוּס אִיז בַּאלְד שְׁטֶעהֶען גֶעבְּלִיבֶּען:
45 אוּנְד יֵשׁוּעַ הָאט גֶעזָאגְט, וֶוער הָאט מִיךְ אָנְגֶערִירְט?
וֶוען אַלֶע הָאבֶּען גֶעלֵייקֶענְט, אַזוֹי הָאט פֶּעטְרוֹס אוּנְד דִיא
וָואס וַוארֶען מִיט אִיהְם גֶעזָאגְט, הַאר דָאס פָאלְק שְׁטִיפֶּען
אוּנְד דְרִיקֶען דִיךְ, אוּנְד דוּא זָאגְסְט וֶוער הָאט מִיךְ אָנְגֶע־
46 רִיהְרְט? אָבֶּער יֵשׁוּעַ הָאט גֶעזָאגְט, אִימֶעצֶער הָאט מִיךְ
אָנְגֶערִירְט, וָוארִין אִיךְ וֵוייס אַז גְבוּרָה אִיז פוּן מִיר

47 אַרוֹיסְגֶעגַאנְגֶען: וָוען דיא פְרוֹיא הָאט גֶעזֶעהֶען אַז זיא וַואר
נִיט פֶערְבָּארְגֶען, אַזוֹי אִיז זִיא גֶעקוּמֶען צִיטֶערְנְדִיג, אוּנְד
אִיז פָאר אִיהְם אַנִידֶערְגֶעפַאלֶען, אוּנְד הָאט עֶס גֶעזָאגְט
פָאר דֶעם גַאנְצֶען פָאלְק וָוארוּם זִיא הָאט אִיהְם אָנְגֶערִירְט,
48 אוּנְד וִויא אַזוֹי זִיא אִיז בַּאלְד גֶעהֵיילְט גֶעוָוארֶען: אוּנְד עֶר
הָאט צוּ אִיהְר גֶעזָאגְט, זַייא גֶעטְרַייסְט טָאכְטֶער, דַיין גְלוֹי־
בֶּען הָאט דִיךְ גֶעזוּנְד גֶעמַאכְט. גֶעה אִין פְרִידֶען:
49 וֵוייל עֶר הָאט נָאךְ גֶעשְׁפְּרָאכֶען, אִיז אֵיינֶער גֶעקוּמֶען פוּן
דֶעם פַּרְנֵס פוּן דֶער שׁוּהְל, אוּנְד הָאט צוּ אִיהְם גֶעזָאגְט, דַיינֶע
50 טָאכְטֶער אִיז טוֹיט, בֶּעמִיה דֶעם רַבִּי נִיט מֶעהְר! אָבֶּער
וָוען יֵשׁוּעַ הָאט דָאס גֶעהֶערְט, הָאט עֶר אִיהְם גֶעעֶנְטְפֶערְט,
פָארְכְט דִיךְ נִיט. גְלוֹיבּ נוּר אַזוֹי וֶועט זִיא גֶעזוּנְד וָוערֶען:
51 אוּנְד וָוען עֶר אִיז אִין דֶעם הוֹיז אַרַיינְגֶעגַאנְגֶען, הָאט עֶר
קֵיינֶעם נִיט גֶעלָאזְט אַרַיינְקוּמֶען, נֵייעֶרְט פֶּעטְרוֹס אוּנְד
יַעֲקֹב אוּנְד יוֹחָנָן, אוּנְד דֶעם פָאטֶער אוּנְד דיא מוּטֶער פוּן
52 דֶעם קִינְד: אוּנְד זַייא הָאבֶּען אַלֶע גֶעוַויינְט, אוּנְד הָאבֶּען
אִיבֶּער אִיהְר גֶעקְלָאגְט, אָבֶּער עֶר הָאט גֶעזָאגְט, וַויינְט נִיט,
53 זִיא אִיז נִיט טוֹיט, נֵייעֶרְט זִיא שְׁלָאפְט: אוּנְד זַייא הָאבֶּען
אִיהְם אוֹיסְגֶעלַאכְט, וָוארִין זַייא הָאבֶּען גֶעוְואוּסְט אַז זִיא אִיז
54 טוֹיט: אוּנְד עֶר הָאט זַייא אַלֶע אַרוֹיסְגֶעשִׁיקְט, אוּנְד עֶר
הָאט זִיא אָנְגֶענוּמֶען בֶּייא דֶער הַאנְד. אוּנְד הָאט גֶערוּפֶען
55 אוּנְד הָאט גֶעזָאגְט, מֶעדֶעל, שְׁטֶעה אוֹיף: אוּנְד אִיהְר גֵייסְט
אִיז צוּרִיק גֶעקוּמֶען. אוּנְד עֶר הָאט בֶּעפוֹילֶען מֶען זָאל
56 אִיהְר גֶעבֶּען צוּ עֶסֶען: אוּנְד אִיהְרֶע עֶלְטֶערְן הָאבֶּען זִיךְ
זֶעהְר פֶערְוְואוּנְדֶערְט, אָבֶּער עֶר הָאט זַייא אָנְגֶעזָאגְט אַז
זַייא זָאלֶען קֵיינֶעם זָאגֶען וָואס אִיז גֶעשֶׁעהֶען:

קאפיטעל ט

1 אוּנְד עֶר הָאט צוּזַאמֶענְגֶערוּפֶען זַיינֶע צְוֶועלְף תַּלְמִידִים,
אוּנְד הָאט זַייא גֶעגֶעבֶּען מַאכְט אוּנְד גֶעוַואלְט אִיבֶּער אַלֶע
2 שֵׁדִים, אוּנְד קְרַאנְקְהֵייטֶען צוּ הֵיילֶען: אוּנְד עֶר הָאט זַייא
אוֹיסְגֶעשִׁיקְט צוּ פְּרֶעדִיגֶען דָאס קֶענִיגְרֵייךְ פוּן גָאט, אוּנְד
3 צוּ הֵיילֶען דיא קְרַאנְקֶע: אוּנְד עֶר הָאט צוּ זַייא גֶעזָאגְט,
נֶעמְט גָארְנִיט מִיט אוֹיף דֶעם וֶועג, קֵיין שְׁטֶעקֶען, קֵיין זַאק
קֵיין בְּרוֹיט אוּנְד קֵיין זִילְבֶּער, אוּנְד הָאט נִיט צְוֵוייא רֶעק

4 פַאר אֵיין מַאן: אוּנְד אִין וָואס פַאר אַ הוֹיז אִיהְר וֶועט
אַרַיינְקוּמֶען בְּלֵייבְּט דָארְטֶען, אוּנְד פוּן דַאנֶען גֶעהְט וַוייטֶ־
5 טֶער אוּנְד וֶוער עֶס וֶועט אֵייךְ נִיט אוֹיפְנֶעמֶען, וֶוען אִיהְר
גֶעהְט אַרוֹיס פוּן דִיזֶער שְׁטָאט, אַזוֹי שְׁאקֶעלְט אַפִּילוּ אָפּ
6 דֶעם שְׁטוֹיבּ פוּן אֵייעֶרֶע פִּיס, פַאר אֵיין עֵדוּת צוּ זֵייא: אוּנְד
זֵייא זֶענֶען אַרוֹיסְגֶעגַאנְגֶען, אוּנְד זֶענֶען אַרוּמְגֶעגַאנְגֶען אִין
דִיא דֶערְפֶער, אוּנְד הָאבֶּען גֶעפְּרֶעדִיגְט דִיא גוּטֶע בְּשׂוֹרָה,
אוּנְד הָאבֶּען גֶעהֵיילְט אִין אַלֶע עֶרְטֶער:
7 אוּנְד הוֹרְדוֹס דֶער פִּירְשְׁט הָאט גֶעהֶערְט פוּן אַלֶע זַאכֶען
וָואס זֶענֶען גֶעטְהוּן גֶעוָוארֶען, אוּנְד עֶר וַואר בֶּעזָארְגְט,
וַוייל עֶטְלִיכֶע הָאבֶּען גֶעזָאגְט אַז יוֹחָנָן אִיז פוּן טוֹיט אוֹיפְ־
8 גֶעשְׁטַאנֶען: אוּנְד עֶטְלִיכֶע אַז אֵלִיָהוּ הָאט זִיךְ בֶּעוִויזֶען;
אוּנְד אַנְדֶערֶע, אַז אֵיינֶער פוּן דִיא אַלְטֶע נְבִיאִים אִיז אוֹיפְ־
9 גֶעשְׁטַאנֶען: אוּנְד הוֹרְדוֹס הָאט גֶעזָאגְט, יוֹחָנָן הָאבּ אִיךְ
דֶעם קָאפּ אַרוּפְּגֶענוּמֶען. אָבֶּער וֶוער אִיז דֶער פוּן וֶועלְ־
כֶען אִיךְ הֶער דִיזֶע זַאכֶען? אוּנְד עֶר הָאט אִיהְם גֶעוִוינְשְׁט
צוּ זֶעהֶען:
10 וֶוען דִיא שְׁלוּחִים הָאבֶּען זִיךְ אוּמְגֶעקֶערְט, אַזוֹי הָאבֶּען
זֵייא אִיהְם דֶערְצֶעהְלְט אַלֶעס וָואס זֵייא הָאבֶּען גֶעטְהוּן.
אוּנְד עֶר הָאט זֵייא גֶענוּמֶען, אוּנְד אִיז אַלֵיין אַוֶועקְגֶעגַאנְ־
גֶען צוּ אַ וִוסְטֶען אָרְט פוּן דֶער שְׁטָאט וָואס הֵייסְט בֵּית־
11 צַיְדָה: אוּנְד ווִיא דָאס פָאלְק הָאט דָאס גֶעוְואוּסְט, הָאבֶּען
זֵייא אִיהְם נָאכְגֶעפָאלְגְט. אוּנְד עֶר הָאט זֵייא אוֹיפְגֶענוּמֶען
אוּנְד הָאט צוּ זֵייא גֶערֶעט פוּן דֶעם קֶענִיגְרֵייךְ פוּן גָאט,
אוּנְד עֶר הָאט גֶעהֵיילְט דִיא וָואס הָאבֶּען בֶּעדַארְפְט רְפוּאָה;
12 וֶוען דֶער טָאג הָאט אָנְגֶעהוֹיבֶּען פֶערְבֵּייא צוּ גֶעהְן, זֶענֶען
דִיא צְוֶועלְףְ צוּ אִיהְם גֶעקוּמֶען, אוּנְד הָאבֶּען צוּ אִיהְם גֶע־
זָאגְט, שִׁיק דָאס פָאלְק אַוֶועק, אַז זֵייא זָאלֶען אַרוּמְגֶעהֶען
צוּ דִיא דֶערְפֶער אוּנְד פֶעלְדֶער, אוּנְד זָאלֶען אִיבֶּערְנֶעכְ־
טִיגֶען אוּנְד זָאלֶען שְׁפֵּייז בֶּעקוּמֶען, וָוארִין מִיר זֶענֶען דָא
13 אִין אַ וִוסְטֶען אָרְט: אָבֶּער עֶר הָאט צוּ זֵייא גֶעזָאגְט,
גִיבְּט אִיהְר זֵייא צוּ עֶסֶען, אוּנְד זֵייא הָאבֶּען גֶעזָאגְט, מִיר
הָאבֶּען נִיט מֶעהְר ווִיא פִינְףְ בְּרוֹיט אוּנְד צְווֵייא פִישׁ,
אוֹיסְגֶענוּמֶען מִיר וֶועלֶען גֶעהֶען אוּנְד קוֹיפֶען עֶסֶען פַאר

14 דֶעם גַאנְצֶען פָאלְק: וָוארִין זַייא זֶענֶען גֶעוֶועזֶען אֵיין עֶרֶךְ
פוּן פִינְף טוֹיזֶענְד מֶענְשֶׁען, אָבֶּער עֶר הָאט צוּ זַיינֶע תַּלְמִידִים
15 גֶעזָאגְט, זֶעצְט זַייא אַנִידֶער אִין חֶבְרוֹת צוּ פוּפְצִיג: אוּנְד
זַייא הָאבֶּען אַזוֹי גֶעטְהוּן אוּנְד הָאבֶּען זַייא אַנִידֶערְגֶעזֶעצְט:
16 אוּנְד עֶר הָאט גֶענוּמֶען דִיא פִינְף בְּרוֹיט אוּנְד דִיא צְוֵוייא
פִישׁ, אוּנְד הָאט אַרוֹיפְגֶעקוּקְט צוּם הִימֶעל, אוּנְד הָאט אִי־
בֶּער זַייא אַ בְּרָכָה גֶעמַאכְט, אוּנְד עֶר הָאט עֶס צֶערבְּרָאכֶען,
אוּנְד הָאט עֶס גֶעגֶעבֶּען צוּ דִיא תַּלְמִידִים אַז זַייא זָאלֶען
17 עֶס דֶעם פָאלְק פָארְלֶעגֶען: אוּנְד זַייא הָאבֶּען גֶעגֶעסֶען
אוּנְד זֶענֶען אַלֶע זַאט גֶעוָוארֶען, אוּנְד הָאבֶּען אוֹיפְגֶעהוֹיבֶּען
וָואס אִיז זַייא אִיבֶּערְגֶעבְּלִיבֶּען פוּן דִיא בְּרֶעקְלֶעךְ, צְוֶועלְף
קֶערְבּ:
18 אוּנְד עֶס אִיז גֶעוֶועזֶען וֶוען עֶר הָאט בֶּעזוּנְדֶער גֶעבֶּעטֶען,
אַזוֹי וָוארֶען זַיינֶע תַּלְמִידִים מִיט אִיהְם, הָאט עֶר זַייא גֶע־
פְרֶעגְט אוּנְד גֶעזָאגְט, וֶוער זָאגֶען דִיא לֵייט אַז אִיךְ בִּין?
19 אוּנְד זַייא הָאבֶּען גֶעעֶנְטְפֶערְט אוּנְד גֶעזָאגְט, יוֹחָנָן דֶער
מְטַבֵּל. אָבֶּער אַנְדֶערֶע אֵלִיָהוּ, אוּנְד אַנְדֶערֶע, אַז אַ נָבִיא
20 פוּן דִיא אַלְטֶע נְבִיאִים אִיז אוֹיפְגֶעשְׁטַאנֶען: אוּנְד עֶר הָאט
צוּ זַייא גֶעזָאגְט, אָבֶּער וֶוער זָאגְט אִיהְר אַז אִיךְ בִּין? אוּנְד
פֶּעטְרוּס הָאט גֶעעֶנְטְפֶערְט אוּנְד גֶעזָאגְט, דֶער מָשִׁיחַ פוּן
21 גָאט: אָבֶּער עֶר הָאט זַייא אָנְגֶעשְׁרִיעֶן אוּנְד הָאט זַייא
22 אָנְגֶעזָאגְט זַייא זָאלֶען דָאס קֵיינֶעם נִיט זָאגֶען: אוּנְד עֶר
הָאט גֶעזָאגְט, דֶער בֶּן־אָדָם מוּז פִיל לֵיידֶען, אוּנְד פֶערְ־
וָוארְפֶען וֶוערֶען פוּן דִיא עֶלְצְטֶע אוּנְד דִיא עֶרְשְׁטֶע כֹּהֲנִים
אוּנְד סוֹפְרִים, אוּנְד גֶעטֵייטֶעט וֶוערֶען, אוּנְד אוֹיפְשְׁטֶעהֶען
אוֹיף דֶעם דְרִיטֶען טָאג:
23 אוּנְד עֶר הָאט צוּ אַלֶע גֶעזָאגְט, וֶוער עֶס וִויל מִיר נָאכְקוּ־
מֶען דֶער זָאל זִיךְ זֶעלְבְּסְט פֶערְלֵייקֶענֶען, אוּנְד לָאז עֶר
24 טֶעגְלִיךְ נֶעמֶען זַיין קְרֵייץ אוּנְד מִיר נָאכְפָאלְגֶען: וָוארִין
וֶוער עֶס וִויל זַיין לֶעבֶּען רֶעטֶען, דֶער וֶועט עֶס פֶערְלִירֶען,
אָבֶּער וֶוער עֶס וֶועט זַיין לֶעבֶּען פֶערְלִירֶען פוּן מֵיינֶעט
25 וֶועגֶען, דֶער וֶועט עֶס רֶעטֶען: וָוארִין וָואס הֶעלְפְט עֶס דֶעם
מֶענְשׁ, וֶוען עֶר גֶעוִוינְט דִיא גַאנְצֶע וֶועלְט, אוּנְד פֶערְלִירְט
26 זִיךְ אַלֵיין אָדֶער עֶר וֶוערְט בֶּעשֶׁעדִיגְט? וָוארִין וֶוער עֶס

וֶועט זִיךְ שֶׁעמֶען מִיט מִיר אוּנְד מֵיינֶע וֶוערְטֶער, מִיט דֶעם
וֶועט זִיךְ דֶער בֶּן־אָדָם אוֹיךְ שֶׁעמֶען, וֶוען עֶר וֶועט קוּמֶען
אִין זֵיינֶע הֶערְלִיכְקֵייט אוּנְד פוּן זֵיין פָאטֶער אוּנְד פוּן דִיא
27 הֵיילִיגֶע מַלְאָכִים: אָבֶּער בֶּאֱמֶת זָאג אִיךְ אֵייךְ, עֶס זֶענֶען
דָא עֶטְלִיכֶע וָואס שְׁטֶעהֶען הִיר, וָואס וֶועלֶען נִיט פֶערְזוּכֶען
דֶעם טוֹיט, בִּיז זֵייא וֶועלֶען זֶעהֶען דָאס קֶענִיגְרֵייךְ פוּן גָאט:
28 אוּנְד עֶס וַואר אִין אַכְט טָאג נָאךְ דִיזֶע רֶעדֶען, אַזוֹי הָאט
עֶר גֶענוּמֶען פֶּעטְרוֹס אוּנְד יוֹחָנָן אוּנְד יַעֲקֹב, אוּנְד אִיז
29 אַרוֹיפְגֶעגַאנְגֶען אוֹיף דֶעם בַּארְג צוּ בֶּעטֶען, אַזוֹי הָאט זִיךְ
דִיא גֶעשְׁטַאלְט פוּן זֵיין פָּנִים פֶערֶענְדֶערְט אוּנְד זַיינֶע
30 קְלֵיידֶער זֶענֶען וֵייס גֶעוָוארֶען: אוּנְד זֶעה, צְוֵוייא מֶענֶער
הָאבֶּען מִיט אִיהְם גֶערֶעט,' דִיא וַוארֶען מֹשֶׁה אוּנְד אֵלִיָהוּ:
31 וֶועלְכֶע הָאבֶּען זִיךְ בֶּעוִויזֶען אִין הֶערְלִיכְקֵייט אוּנְד הָאבֶּען
גֶערֶעט פוּן זֵיין אוֹיסְגַאנְג, וָואס עֶר וֶועט דֶערְפִילֶען אִין
32 יְרוּשָׁלַיִם: אָבֶּער פֶּעטְרוֹס אוּנְד דִיא וָואס וַוארֶען מִיט אִיהְם
הָאבֶּען שְׁטַארְק גֶעשְׁלָאפֶען, אוּנְד וִויא זֵייא זֶענֶען אוֹיפְ־
גֶעוַואכְט, אַזוֹי הָאבֶּען זֵייא גֶעזֶעהֶען זֵיינֶע הֶערְלִיכְקֵייט,
אוּנְד דִיא צְוֵוייא מֶענֶער וָואס זֶענֶען בֵּייא אִיהְם גֶעשְׁטַא־
33 נֶען: אוּנְד עֶס וַואר וֶוען זֵייא זֶענֶען פוּן אִיהְם אַוֶועקְגֶע־
גַאנְגֶען, הָאט פֶּעטְרוֹס גֶעזָאגְט צוּ יֵשׁוּעַ, עֶס אִיז גוּט פַאר
אוּנְס דָא צוּ זֵיין. אוּנְד לָאזֶען מִיר מַאכֶען דְרֵייא גֶע־
צֶעלְטֶען, אֵיינְס פַאר דִיר, אוּנְד אֵיינְס פַאר מֹשֶׁה, אוּנְד
אֵיינְס פַאר אֵלִיָהוּ. וָוארִין עֶר הָאט נִיט גֶעוְואוּסְט וָואס עֶר
34 זָאגְט: וֶוען עֶר הָאט דָאס גֶערֶעט, אִיז אַ וָואלְקֶען גֶעקוּמֶען
אוּנְד הָאט זֵייא אִיבֶּערְגֶעדֶעקְט. אוּנְד זֵייא הָאבֶּען זִיךְ גֶע־
פָארְכְטֶען וֶוען זֵייא זֶענֶען אִין דֶעם וָואלְקֶען אַרֵיינְגֶעגַאנְגֶען:
35 אוּנְד עֶס וַואר אַ קוֹל פוּן דֶעם וָואלְקֶען, וָואס הָאט גֶעזָאגְט,
36 דִיזֶער אִיז מֵיין גֶעלִיבְּטֶער זוּהְן, הֶערְט אִיהְם צוּ: אוּנְד וִויא
דִיא שְׁטִימֶע וַואר פֶערְבֵּייא, אִיז יֵשׁוּעַ אַלֵיין גֶעבְּלִיבֶּען,
אוּנְד זֵייא הָאבֶּען שְׁטִיל גֶעשְׁוִויגֶען, אוּנְד הָאבֶּען קֵיינֶעם
נִיט גֶעזָאגְט אִין דִיזֶע טֶעג פוּן קֵיינֶע זַאךְ וָואס זֵייא הָאבֶּען
גֶעזֶעהֶען:
37 אוּנְד עֶס וַואר אוֹיף דֶעם אַנְדֶערְן טָאג, וֶוען זַייא זֶענֶען
אַרוּפְגֶעקוּמֶען פוּן דֶעם בַּארְג, הָאט אִיהְם אַ גְרוֹיס

38 פָּאלְק בֶּעגֶעגְנֶעט: אוּנְד זֶעה, אַ מַאן פוּן דֶעם פָּאלְק
הָאט גֶעשְׁרִיעֶן אוּנְד גֶעזָאגְט, רַבִּי, אִיךְ בֶּעט דִיךְ, זֶעה אוֹיף
39 מַיין זוּהְן, וָוארִין עֶר אִיז מַיין אַיינְצִיגֶער: אוּנְד זֶעה, אַ
רוּחַ נֶעמְט אִיהְם, אוּנְד עֶר שְׁרַייעְט פְּלִיצְלִינְג, אוּנְד עֶר
רַייסְט אִיהְם בִּיז עֶר שׁוֹימְט, אוּנְד עֶר גֶעהְט קוֹים פוּן אִיהְם
40 אַוֶועק, וֶוען עֶר הָאט אִיהְם צוּשְׁמִיסֶען: אוּנְד אִיךְ הָאבּ
דַיינֶע תַּלְמִידִים גֶעבֶּעטֶען, אַז זַייא זָאלֶען אִיהְם אַרוֹיסְ־
41 טְרַייבֶּען, אוּנְד זַייא הָאבֶּען נִיט גֶעקֶענְט: אוּנְד יֵשׁוּעַ הָאט
גֶעעֶנְטְפֶערְט אוּנְד גֶעזָאגְט אִיהְר אוּנְגְלוֹיבִּיגֶעם אוּנְד פֶערְ־
קֶערְטֶעם דוֹר, וִויא לַאנְג וֶועל אִיךְ נָאךְ מִיט אַייךְ גֶעדוּלְד
42 הָאבֶּען? בְּרֶענְג דַיין זוּהְן אַהֶער: אוּנְד וֶוען עֶר אִיז צוּ
אִיהְם גֶעגַאנְגֶען, הָאט אִיהְם דֶער שֵׁד גֶערִיסֶען אוּנְד גֶע־
מִיטְשֶׁעט; אוּנְד יֵשׁוּעַ הָאט דֶעם אוּנְרֵיינֶעם רוּחַ אָנְגֶע־
שְׁרִיעֶן, אוּנְד הָאט דָאס קִינְד גֶעהֵיילְט, אוּנְד הָאט אִיהְם
גֶעגֶעבֶּען צוּ זַיין פָּאטֶער:
43 אוּנְד זַייא הָאבֶּען זִיךְ אַלֶע פֶערְוְואוּנְדֶערְט אִיבֶּער דִיא הֶערְ־
לִיכְקַייט פוּן גָאט, אוּנְד וֶוען אַלֶע הָאבֶּען זִיךְ פֶערְוְואוּנְדֶערְט
אִיבֶּער אַלֶעם וָואס יֵשׁוּעַ הָאט גֶעטְהוּן, הָאט עֶר צוּ זַיינֶע
44 תַּלְמִידִים גֶעזָאגְט: לֶעגְט דִיזֶע וֶוערְטֶער אִין אֵייעֶרֶע
אוֹירֶען, וָוארִין דֶער בֶּן־אָדָם וֶועט אִיבֶּערְגֶעגֶעבֶּען וֶוערֶען
45 אִין דִיא הֶענְד פוּן מֶענְשֶׁען: אָבֶּער זַייא הָאבֶּען דִיזֶע זַאךְ
נִיט פֶערְשְׁטַאנֶען, אוּנְד עֶס וַואר פוּן זַייא פֶערְבָּארְגֶען אַז
זַייא זָאלֶען עֶס נִיט בֶּעגְרֵייפֶען, אוּנְד זַייא הָאבֶּען זִיךְ גֶע־
פָּארְכְטֶען אִיהְם וֶועגֶען דִיא דָאזִיגֶע זַאךְ צוּ פְרֶעגֶען:
46 אוּנְד דָא אִיז אַ גֶעדַאנְקֶען אִין זַייא אַרַיינְגֶעקוּמֶען וֶועלְ־
47 כֶער פוּן זַייא אִיז דֶער גְרֶעסְטֶער: אָבֶּער יֵשׁוּעַ הָאט גֶע־
וְואוּסְט דִיא גֶעדַאנְקֶען פוּן זַייעֶר הַארְץ, אוּנְד עֶר הָאט אַ
קִינְד אָנְגֶענוּמֶען, אוּנְד הָאט עֶס בֵּייא זִיךְ גֶעשְׁטֶעלְט:
48 אוּנְד עֶר הָאט צוּ זַייא גֶעזָאגְט, וֶוער עֶס וֶועט דָאס קִינְד
אוֹיפְנֶעמֶען אִין מַיין נָאמֶען, דֶער נֶעמְט מִיךְ אוֹיף; אוּנְד
וֶוער עֶס וֶועט מִיךְ אוֹיפְנֶעמֶען, דֶער נֶעמְט אוֹיף אִיהְם וָואס
הָאט מִיךְ גֶעשִׁיקְט; וָוארִין דֶער וָואס אִיז דֶער קְלֶענְסְטֶער
צְוִוישֶׁען אַייךְ אַלֶע, דֶער וֶועט דֶער עֶרְשְׁטֶער זַיין:
49 אוּנְד יוֹחָנָן הָאט גֶעעֶנְטְפֶערְט אוּנְד הָאט גֶעזָאגְט, הַאר, מִיר

האָבּען אימיצען געזעהען וואָס טרייבּט אַרויס שדים אין
דיין נאָמען, אונד מיר האָבּען איהם פערװעהרט, װייל ער
50 פאָלגט אונס ניט נאָך: אונד ישוע האָט צו איהם געזאָגט,
פערװעהרט איהם ניט. װאָרין װער עס איז ניט קעגען אונס
51 איז פאַר אונס: אונד עס װאַר װען די צייט װאַר דער־
פילט אַז ער זאָל אַרויפגענומען װערען, האָט ער זיין פּנים
52 מיט כּוונה געקעהרט קיין ירושלים: אונד ער האָט שלוחים
פאַר זיך געשיקט, אונד זייא זענען אַװעקגעגאַנגען, אונד
זענען אַריינגעקומען אין אַ דאָרף פון די שמרונים,
53 כּדי זייא זאָלען פאַר איהם פערטיג מאַכען: אונד זייא
האָבּען איהם ניט אָנגענומען, װייל זיין פּנים װאַר געקעהרט
54 גלייך װיא ער װאָלט געהן קיין ירושלים: װען זיינע
תּלמידים יעקב אונד יוחנן האָבּען דאָס געזעהען, האָבּען
זייא געזאָגט, האַר, װילסט דוא אַז מיר זאָלען הייסען פייער
ער פון הימעל אַראָפּקומען, אַז עס זאָל זייא פערצערען,
55 אַזוי װיא אליהו האָט געטהון? אָבּער ער האָט זיך אומ־
געקערט, אונד האָט זייא אָנגעשריען, (איהר װייסט ניט
56 פון װאָס פאַר אַ גייסט איהר זענט): װאָרין דער בּן־אָדם
איז ניט געקומען דאָס לעבּען פון מענשען אומצוברענגען
נייערט צו דערהאַלטען. אונד זייא זענען געגאַנגען אין
איין אַנדערן דאָרף אַריין:
57 אונד עס װאַר װיא זייא זענען געגאַנגען אויף דעם װעג,
האָט אַ מאַן צו איהם געזאָגט, האַר, איך װעל דיר נאָכ־
58 פאָלגען װאו דוא אַהין װעסט געהן: אונד ישוע האָט צו
איהם געזאָגט, די פוקסען האָבּען לעבער, אונד די פייג־
געל פון דעם הימעל האָבּען נעסטען, אָבּער דער בּן־אָדם
59 האָט ניט װאו דעם קאָפּ אַנידערצולעגען: אונד ער האָט
צו איין אַנדערן געזאָגט, פאָלג מיר נאָך, אָבּער ער האָט
געזאָגט, האַר, דערלויב מיר צוערשט צו געהן אַז איך זאָל
60 מיין פאָטער בּעגראָבּען: אונד ישוע האָט צו איהם
געזאָגט, לאָזען די טויטע זייערע אייגענע טויטע בּע־
גראָבּען, אָבּער דוא געה אונד פּרעדיג דאָס קעניגרייך פון
61 גאָט: אונד װידער איין אַנדערער האָט געזאָגט, האַר, איך
װיל דיר נאָכפאָלגען, אָבּער דערלויב מיר צוערשט אַז

אִיךְ זָאל מִיךְ גֶעזֶעגְנֶען מִיט מַיין הױזְגֶעזִינְד: אָבֶּער יֵשׁוּעַ 62
הָאט צוּ אִיהְם גֶעזָאגְט, קֵיין מֶענְשׁ וָואס לֶעגְט זַיינֶע הַאנְד
צוּם אַקֶער אוּנְד קוּקְט הִינְטֶער זִיךְ, טױג פָאר דֶעם
קֶענִיגְרַייךְ פוּן גָאט:

קאפיטעל י

נָאךְ דִיזֶע זַאכֶען הָאט דֶער הַאר אָנְגֶעשְׁטֶעלְט נָאךְ זִיבְּצִיג 1
אַנְדֶערֶע, אוּנְד הָאט זֵייא פָאר אִיהְם אױסְגֶעשִׁיקְט אִין
אִיטְלִיכֶער שְׁטָאט אוּנְד אָרְט אַרַיין, וְוָאוּ אַהִין עֶר הָאט
גֶעוָואלְט קוּמֶען: אוּנְד עֶר הָאט צוּ זַייא גֶעזָאגְט, דֶער 2
שְׁנִיט (פוּן תְּבוּאָה) אִיז גְרוֹיס, אָבֶּער דִיא אַרְבֵּייטֶער זֶענֶען
וֶוענִיג, דְרוּם בֶּעט דֶעם הַאר פוּן דֶעם שְׁנִיט, אַז עֶר זָאל
שִׁיקֶען אַרְבֵּייטֶער צוּ זַיין שְׁנִיט: גֶעהְט, זֶעהְט אִיךְ שִׁיק 3
אֵייךְ וִויא שָׁאף צְוִוישֶׁען וָועלְף: טְרָאגְט נִיט מִיט קֵיין בֵּייד־ 4
טֶעל, אוּנְד קֵיין רֵייזֶע טַאשׁ, אוּנְד קֵיינֶע שִׁיךְ, אוּנְד גְרִיסְט
קֵיינֶעם אוֹיף דֶעם וֶועג: אוּנְד אִין וָואס פַאר אַ הױז אִיהְר 5
וֶועט אַרֵיינְקוּמֶען זָאגְט צוּ עֶרְשְׁט שָׁלוֹם צוּ דֶעם הױז:
אוּנְד וֶוען אַ זוּהְן פוּן שָׁלוֹם וֶועט דָארְטֶען זַיין, וֶועט אֵייעֶר 6
שָׁלוֹם אוֹיף אִיהְם רוּהֶען, אוּנְד וֶוען נִיט אַזוֹי וֶועט עֶס זִיךְ
צוּ אֵייךְ אוּמְקֶערֶען: אוּנְד בְּלֵייבְּט אִין דֶעם דָאזִיגֶען הױז 7
אוּנְד עֶסְט אוּנְד טְרִינְקְט וָואס זַייא הָאבֶּען, וָוארִין דֶער אַרְ־
בֵּייטֶער אִיז וֶוערְט זַיין שְׂכַר; גֶעהְט נִיט פוּן הױז צוּ הױז:
אוּנְד אִין וָואס פַאר אַ שְׁטָאט אִיהְר וֶועט אַרֵיינְקוּמֶען, אוּנְד 8
זַייא וֶועלֶען אֵייךְ אױפְנֶעמֶען, עֶסְט וָואס מֶען שְׁטֶעלְט אֵייךְ
פָאר: אוּנְד הֵיילְט דִיא וָואס זֶענֶען קְרַאנְק, אוּנְד זָאגְט צוּ 9
זַייא, דָאס קֶענִיגְרַייךְ פוּן גָאט אִיז צוּ אֵייךְ נָאהְנְט גֶעקוּ־
מֶען: אָבֶּער אִין וָואס פַאר אַ שְׁטָאט אִיהְר וֶועט אַרֵיינְקוּ־ 10
מֶען אוּנְד זַייא וֶועלֶען אַייךְ נִיט אױפְנֶעמֶען, גֶעהְט אַרוֹיס •
אִין אִיהְרֶע גַאסֶען אוּנְד זָאגְט: אַפִילוּ דֶעם שְׁטוֹיבּ פוּן 11
אֵייעֶרֶע שְׁטָאט וָואס קְלֶעבְּט אָן אוּנְס, טְהוּן מִיר קֶענֶען
אֵייךְ אָפְּשָׁאקְלֶען, אָבֶּער וַוייסְט דָאס אַז דָאס קֶענִיגְרַייךְ
פוּן גָאט אִיז צוּ אֵייךְ נָאהְנְט גֶעקוּמֶען: אִיךְ זָאג אֵייךְ, אַז 12
עֶס וֶועט גְרִינְגֶער זַיין פַאר סְדוֹם אִין דִיזֶען טָאג, וִויא פַאר
דִיזֶער שְׁטָאט:
וֶועה צוּ דִיר כּוֹרָזִין, וֶועה צוּ דִיר בֵּית־צַיְדָה, וָוארִין וֶוען 13

דִיא גְבוּרוֹת וָואס זֶענֶען אִין אֵייךְ גֶעטְהוּן גֶעוָוארֶען, וָואלְ־
טֶען גֶעטְהוּן וֶוערֶען אִין צוֹר אוּנְד צִידוֹן, אַזוֹי וָואלְטֶען
זַייא שׁוֹין לַאנְג גֶעזֶעסֶען אִין זַאק אוּנְד אַשׁ אוּנְד תְּשׁוּבָה
14 גֶעטְהוּן: אָבֶּער עֶס וֶועט בַּיים מִשְׁפָּט גְרִינְגֶער זַיין פַאר
15 צוֹר אוּנְד צִידוֹן וִויא פַאר אֵייךְ: אוּנְד דוּא כְּפַר־נָחוּם, וָואס
דוּא בִּיסְט דֶערְהֵייכְט בִּיז צוּם הִימֶעל, וֶועסְט עֶרְנִידֶערְט
16 וֶוערֶען בִּיז אִין דֶעם שְׁאוֹל: דֶער וָואס הֶערְט אֵייךְ צוּ,
הֶערְט מִיךְ צוּ. אוּנְד וֶוער עֶס פֶערְוַוארְפְט אֵייךְ, פֶערְ־
וַוארְפְט מִיךְ, אוּנְד וֶוער עֶס פֶערְוַוארְפְט מִיךְ דֶער פֶערְ־
17 וַוארְפְט דֶעם וָואס הָאט מִיךְ גֶעשִׁיקְט: אוּנְד דִיא זִיבְּצִיג
זֶענֶען צוּרִיקְגֶעקוּמֶען מִיט פְרַייד, אוּנְד הָאבֶּען גֶעזָאגְט,
הַאר, אֲפִילוּ דִיא שֵׁדִים זֶענֶען צוּ אוּנְס אוּנְטֶערְטֶענִיג אִין
18 דַיין נָאמֶען: אוּנְד עֶר הָאט צוּ זַייא גֶעזָאגְט, אִיךְ הָאבּ
גֶעזֶעהֶען דֶעם שָׂטָן אַרוּפְּפַאלֶען פוּן הִימֶעל וִויא אַ בְּלִיץ:
19 זֶעהְט, אִיךְ גִיבּ אֵייךְ מַאכְט צוּ טְרֶעטֶען אוֹיף שְׁלַאנְגֶען אוּנְד
שְׁקָארְפְּיָאנֶען אוּנְד אִיבֶּער דֶער גַאנְצֶען מַאכְט פוּן דֶעם
20 פַיינְד, אוּנְד קֵיין זַאךְ וֶועט אֵייךְ שָׁאדֶען: אָבֶּער פְרֵייט
אֵייךְ נִיט אִיבֶּער דֶעם, וָואס דִיא רוּחוֹת זֶענֶען צוּ אֵייךְ
אוּנְטֶערְטֶענִיג. פְרֵייט אֵייךְ לִיבֶּער, וַוייל אֵיירֶע נֶעמֶען
זֶענֶען אֵיינְגֶעשְׁרִיבֶּען אִין דֶעם הִימֶעל:
21 אִין דֶער דָאזִיגֶער שָׁעָה הָאט זִיךְ יֵשׁוּעַ גֶעפְרֵייט אִין דֶעם
גֵייסְט, אוּנְד הָאט גֶעזָאגְט, אִיךְ דַאנְק דִיר פָאטֶער, הַאר פוּן
הִימֶעל אוּנְד עֶרְד, דָאס דוּא הָאסְט דִיזֶע זַאכֶען פֶערְהוּילֶען
פוּן דִיא חֲכָמִים אוּנְד פֶערְשְׁטֶענְדִיגֶע, אוּנְד דוּא הָאסְט זַייא
אַנְטְפְּלֶעקְט צוּ יוּנְגֶע קִינְדֶער. יוֹא, פָאטֶער וָוארִין עֶס אִיז
22 דִיר אַזוֹי וְואוֹיל גֶעפֶעלֶען: אַלֶעס אִיז מִיר אִיבֶּערְגֶעגֶע־
בֶּען פוּן מֵיין פָאטֶער, אוּנְד קֵיינֶער ווייסְט נִיט וֶוער דֶער
זוּהְן אִיז אוּיסֶער דֶער פָאטֶער, אוּנְד וֶוער דֶער פָאטֶער אִיז
אוּיסֶער דֶער זוּהְן, אוּנְד דֶער צוּ וֶועמֶען דֶער זוּהְן וִויל
אִיהְם אַנְטְפְּלֶעקֶען:
23 אוּנְד עֶר הָאט זִיךְ גֶעקֶערְט צוּ זַיינֶע תַּלְמִידִים אוּנְד גֶע־
זָאגְט, גֶעבֶּענְשְׁט זֶענֶען דִיא אוֹיגֶען וָואס זֶעהֶען דָאס וָואס
24 אִיהְר זֶעהְט: וָוארִין אִיךְ זָאג אֵייךְ, אַז פִילֶע נְבִיאִים אוּנְד
מְלָכִים הָאבֶּען גֶעוָואלְט זֶעהֶען וָואס אִיהְר זֶעהְט, אוּנְד

הָאבֶּען נִיט גֶעזֶעהֶען. אוּנְד צוּ הֶערֶען וָואס אִיהְר הֶערְט,
אוּנְד הָאבֶּען נִיט גֶעהֶערְט:
25 אוּנְד זֶעה, אַ גֶעווִיסֶער בַּעַל תּוֹרָה אִיז אוֹיפְגֶעשְׁטַאנֶען, אוּנְד
הָאט אִיהְם גֶעפְּרוּפְט אוּנְד הָאט גֶעזָאגְט, לֶעהְרֶער, וָואס זָאל
26 אִיךְ טְהוּן אַז אִיךְ זָאל יַרְשְׁנְ׳ן דָאס עֶבִּיגֶע לֶעבֶּען: אָבֶּער
עֶר הָאט צוּ אִיהְם גֶעזָאגְט, וָואס שְׁטֶעהְט גֶעשְׁרִיבֶּען אִין
27 דֶער תּוֹרָה? וְוִיא אַזוֹי לֵייֶנְסְט דוּא? אוּנְד עֶר הָאט גֶע־
עֶנְטְפֶערְט אוּנְד גֶעזָאגְט, דוּא זָאלְסְט דֶעם הַאר, דֵיין גָאט,
לִיבֶּען מִיט דֵיינֶע גַאנְצֶע זֶעלֶע אוּנְד מִיט דֵיינֶע גַאנְצֶע
קְרַאפְט אוּנְד מִיט דֵיין גַאנְצֶען פֶערְשְׁטַאנְד, אוּנְד לִיבּ דֵיין
28 חַבֵר וְוִיא דִיךְ אַלֵיין: אוּנְד עֶר הָאט צוּ אִיהְם גֶעזָאגְט, דוּא
הָאסְט רֶעכְט גֶעעֶנְטְפֶערְט; טְהוּא דָאס אוּנְד דוּא וֶועסְט
29 לֶעבֶּען: אָבֶּער עֶר הָאט זִיךְ גֶעוָואלְט רֶעכְטְפֶערְטִיגֶען,
אַזוֹי הָאט עֶר גֶעזָאגְט צוּ יֵשׁוּעַ, אוּנְד וֶוער אִיז מֵיין חַבֵר?
30 אוּנְד יֵשׁוּעַ הָאט גֶעעֶנְטְפֶערט אוּנְד גֶעזָאגְט אַ מַאן אִיז
אַרוּפְגֶעגַאנְגֶען פוּן יְרוּשָׁלַיִם קֵיין יְרִיחוֹ אוּנְד אִיז אַרֵיינְגֶע־
פַאלֶען צְווִישֶׁען רוֹיבֶּער וָואס הָאבֶּען אִיהְם אוֹיסְגֶעצוֹיגֶען,
אוּנְד הָאבֶּען אִיהְם גֶעשְׁלָאגֶען, אוּנְד זֶענֶען אַוֶועקְגֶעגַאנְגֶען,
31 אוּנְד הָאבֶּען אִיהְם הַאלְבּ טוֹיט אִיבֶּערְגֶעלָאזְט: אוּנְד
עֶס הָאט זִיךְ גֶעטְרָאפֶען אַז אַ כֹּהֵן אִיז דֶעם וֶועג אַרוּנְטֶער
גֶעגַאנְגֶען, אוּנְד וֶוען עֶר הָאט אִיהְם גֶעזֶעהֶען אִיז עֶר
32 אַוֶועקְגֶעגַאנְגֶען אוֹיף דֶער אַנְדֶערֶער זַייט: דֶעסְגְלֵייכֶען אַ
לֵוִי אִיז צוּ דֶעם אָרְט גֶעקוּמֶען, אוּנְד הָאט אִיהְם גֶעזֶעהֶען,
אוּנְד עֶר אִיז פֶערְבֵּייא גֶעגַאנְגֶען אוֹיף דֶער אַנְדֶערֶער זַייט:
33 אָבֶּער אַ גֶעווִיסֶער שֹׁמְרוֹנִי וָואס הָאט גֶערֵייזְט, אִיז צוּ
אִיהְם גֶעקוּמֶען, אוּנְד וְוִיא עֶר הָאט אִיהְם גֶעזֶעהֶען הָאט עֶר
34 אִיבֶּער אִיהְם רַחְמָנוּת גֶעהַאט: אוּנְד עֶר אִיז צוּגֶעגַאנְגֶען,
אוּנְד הָאט זַיינֶע וְואוּנְדֶען פֶערְבּוּנְדֶען, אוּנְד הָאט אִין זַייא
אַרֵיינְגֶעגָאסֶען אֵייל אוּנְד וַויין. אוּנְד הָאט אִיהְם אוֹיף זַיינֶע
בְּהֵמָה אַרוֹיפְגֶעזֶעצְט, אוּנְד הָאט אִיהְם אִין אַיינֶע הֶערְבֶּערְגֶע
אַרֵיינְגֶעבְּרַאכְט, אוּנְד הָאט אוֹיף אִיהְם אַכְטוּנְג גֶעגֶעבֶּען:
35 אוּנְד אִין דֶער פְרִיא וֶוען עֶר אִיז אַוֶועקְגֶעגַאנְגֶען, אַזוֹי
הָאט עֶר אַרוֹיסְגֶענוּמֶען צְוֵוייא גִילְדֶען אוּנְד הָאט זַייא גֶע־
גֶעבֶּען צוּם וִוירְט, אוּנְד הָאט צוּ אִיהְם גֶעזָאגְט, גִיבּ אוֹיף

אִיהְם אֶכְטוּנְג, אוּנְד וָואס דוּא וֶועסְט מֶעהְר אוֹיסְגֶעבֶּען,
אַזוֹי וֶועל אִיךְ דִיר בֶּעצָאלֶען וֶוען אִיךְ וֶועל צוּרִיקְקוּמֶען:
36 וֶועלְכֶער פוּן דִיא דְרֵייא, דַאכְט זִיךְ דִיר אִיז גֶעוֶועזֶען אַ
חַבֵר פוּן דֶעם וָואס אִיז גֶעפַאלֶען צְוִוישֶׁען דִיא רוֹיבֶּער:
37 אוּנְד עֶר הָאט גֶעזָאגְט, דֶער וָואס הָאט מִיט אִיהְם חֶסֶד
גֶעטְהוּן. אַזוֹי הָאט יֵשׁוּעַ צוּ אִיהְם גֶעזָאגְט, גֶעה אוּנְד
טְהוּא דוּא דֶעסְגְלֵייכֶען:
38 אוּנְד עֶס וַואר וִויא זֵייא זֶענֶען גֶעגַאנְגֶען, אַזוֹי אִיז עֶר אִין
אֵיין דָארְף אַרֵיינְגֶעקוּמֶען. אוּנְד אַ פְרוֹיא וָואס הָאט
גֶעהֵייסֶען מַרְתָּא הָאט אִיהְם אַרֵיינְגֶענוּמֶען אִין אִיהְר הוֹיז:
39 אוּנְד זִיא הָאט גֶעהַאט אַ שְׁוֶועסְטֶער וָואס הָאט גֶעהֵייסֶען
מִרְיָם, וָואס אִיז אוֹיךְ גֶעזֶעסֶען בֵּייא דִיא פִיס פוּן יֵשׁוּעַ,
40 אוּנְד הָאט צוּגֶעהֶערְט זֵיינֶע רֵייד: אָבֶּער מַרְתָּא הָאט זִיךְ
בֶּעמִיהְט מִיט פִיל דִינֶען; אוּנְד זִיא אִיז צוּגֶעקוּמֶען אוּנְד
הָאט גֶעזָאגְט, הַאר, פְרֶעגְסְט דוּא נִיט דֶערְנָאךְ דָאס מֵיינֶע
שְׁוֶועסְטֶער הָאט מִיךְ אַלֵיין אִיבֶּערְגֶעלָאזְט צוּ בֶּעדִינֶען?
41 דְרוּם זָאג אִיהְר אַז זִיא זָאל מִיר הֶעלְפֶען: אָבֶּער יֵשׁוּעַ
הָאט גֶעעֶנְטְפֶערְט אוּנְד הָאט צוּ אִיהְר גֶעזָאגְט, מַרְתָּא,
מַרְתָּא, דוּא זָארְגְסְט אוּנְד בֶּעמִיהְסְט דִיךְ וֶועגֶען פִילֶע זַא־
42 כֶען: אָבֶּער אֵיין זַאךְ אִיז נֵייטִיג. אוּנְד מִרְיָם הָאט זִיךְ
דָאס גוּטֶע טֵייל אוֹיסְדֶערְוֶועהְלְט, וָואס וֶועט נִיט פוּן אִיהְר
אַוֶועקְגֶענוּמֶען וֶוערֶען:

קאַפִּיטֶעל יא

1 עֶס אִיז גֶעשֶׁעהֶען וֶוען עֶר אִיז גֶעוֶועזֶען אוֹיף אַ גֶעוִויסֶען
אָרְט הָאט עֶר מִתְפַּלֵל גֶעוֶועזֶען, אוּנְד וֶוען עֶר הָאט אוֹיפְגֶע־
הֶערְט, אַזוֹי הָאט אֵיינֶער פוּן זֵיינֶע תַּלְמִידִים צוּ אִיהְם גֶע־
זָאגְט, הַאר, לֶעהְר אוּנְס צוּ בֶּעטֶען, אַזוֹי וִויא יוֹחָנָן הָאט
2 אוֹיךְ זֵיינֶע תַּלְמִידִים גֶעלֶעהְרְט: אוּנְד עֶר הָאט צוּ זֵייא
גֶעזָאגְט, וֶוען אִיהְר בֶּעט, זָאגְט, אוּנְזֶער פָאטֶער וָואס דוּא
בִּיסְט אִים הִימֶעל, גֶעהֵיילִיגְט זָאל זֵיין דֵיין נָאמֶען. מֶעג
דֵיין קֶענִיגְרֵייךְ קוּמֶען. דֵיין ווִילֶען זָאל גֶעטְהוּן וֶוערֶען
3 אוֹיף דֶער עֶרְד, אַזוֹי וִויא אִים הִימֶעל: גִיב אוּנְס יֶעדֶען
4 טָאג אוּנְזֶער בְּרוֹיט: אוּנְד פֶערְגִיב אוּנְס אוּנְזֶערֶע זִינְדֶען.
וָוארִין מִיר פֶערְגֶעבֶּען אוֹיךְ אַלֶע דִיא וָואס זֶענֶען אוּנְס

שׁוּלְדִיג. אוּנְד בְּרֶענְג אוּנְס נִיט אִין קֵיינֶער פְּרִיפוּנְג, נֵייעֶרְט
בְּעהִיט אוּנְס פוּן דֶעם אִיבֶּעל: אוּנְד עֶר הָאט צוּ זֵייא גֶע־ 5
זָאגְט, וֶועלְכֶער פוּן אֵייךְ וָואס הָאט אַ פְרֵיינְד, אוּנְד עֶר
וֶועט צוּ אִיהְם גֶעהְן אִין מִיטֶען דֶער נַאכְט, אוּנְד וֶועט צוּ
אִיהְם זָאגֶען, פְרֵיינְד, בָּארְג מִיר דְרֵייא בְּרוֹיט: וָוארִין אַ 6
פְרֵיינְד אִיז צוּ מִיר גֶעקוּמֶען פוּן דֶעם וֶועג, אוּנְד אִיךְ הָאבּ
אִיהְם נִיט וָואס פָארְצוּלֶעגֶען! אוּנְד דֶער פוּן אִינְוֶועניג וֶועט 7
עֶנְטְפֶערֶען אוּנְד זָאגֶען, זֵייא מִיךְ נִיט מַטְרִיחַ. דִיא טִיר אִיז
שׁוֹין פֶערְשְׁלָאסֶען, אוּנְד מֵיינֶע קִינְדֶער זֶענֶען מִיט מִיר
אִים בֶּעט, אִיךְ קֶען נִיט אוֹיפְשְׁטֶעהְן אוּנְד צוּ דִיר גֶעבֶּען:
אִיךְ זָאג אֵייךְ, וֶוען עֶר וֶועט אוֹיךְ נִיט וֶועלֶען אוֹיפְשְׁטֶעהְן 8
אוּנְד אִיהְם גֶעבֶּען וָוייל עֶר אִיז זַיין פְרֵיינְד, אָבֶּער וֶועגֶען
זַיין חוּצְפַּאדִיגֶעס בֶּעטֶען וֶועט עֶר אוֹיפְשְׁטֶעהְן אוּנְד וֶועט
אִיהְם גֶעבֶּען אַזוֹי פִיל וִויא עֶר בֶּעדַארְף: אוּנְד אִיךְ זָאג 9
אֵייךְ, בֶּעטֶעט, אוּנְד עֶס וֶועט אֵייךְ גֶעגֶעבֶּען וֶוערֶען. זוּכְט,
אוּנְד אִיהְר וֶועט גֶעפִינֶען. קְלַאפְּט אָן, אוּנְד עֶס וֶועט אֵייךְ
אוֹיפְגֶעמַאכְט וֶוערֶען: וָוארִין אִיטְלִיכֶער וָואס בֶּעטֶעט, 10
קְרִיגְט, אוּנְד דֶער וָואס זוּכְט, גֶעפִינְט, אוּנְד צוּ דֶעם וָואס
קְלַאפְּט אָן, וֶועט עֶס אוֹיפְגֶעמַאכְט וֶוערֶען: אוּנְד וֶוער אִיז 11
אַ פָאטֶער צְווִישֶׁען אֵייךְ, וָואס וֶוען זַיין זוּהְן וֶועט בֶּעטֶען
אוּם בְּרוֹיט, וֶועט עֶר אִיהְם גֶעבֶּען אַ שְׁטֵיין? אוּנְד וֶוען עֶר
וֶועט בֶּעטֶען אַ פִישׁ, וֶועט עֶר אִיהְם גֶעבֶּען אַ שְׁלַאנְג אַנְ־
שְׁטַאט אַ פִישׁ? אָדֶער וֶוען עֶר וֶועט בֶּעטֶען אֵיין 12
אֵיי, וֶועט עֶר אִיהְם גֶעבֶּען אַ שְׁקָארְפִּיאָן? דְרוּם וֶוען אִיהְר 13
וָואס זֶענְט שְׁלֶעכְט, וֵוייסְט צוּ גֶעבֶּען גוּטֶע מַתָּנוֹת צוּ אֵיירֶע
קִינְדֶער, וִויא פִיל מֶעהְר וֶועט דֶער פָאטֶער אִים הִימֶעל
גֶעבֶּען דֶעם רוּחַ הַקוֹדֶשׁ צוּ דִיא וָואס בֶּעטֶען אִיהְם:
אוּנְד עֶר הָאט אַרוֹיסְגֶעטְרִיבֶּען אַ שֵׁד, אוּנְד עֶר וַואר שְׁטוּם. 14
אוּנְד עֶס וַואר וֶוען דֶער שֵׁד אִיז אַרוֹיסְגֶעקוּמֶען, הָאט דֶער
שְׁטוּמֶער גֶערֶעדְט. אוּנְד דָאס פָאלְק הָאט זִיךְ גֶעוְואוּנְדֶערְט:
אָבֶּער עֶטְלִיכֶע פוּן זֵייא הָאבֶּען גֶעזָאגְט, עֶר טְרֵייבְּט אַרוֹיס 15
שֵׁדִים דוּרְךְ בַּעַל־זְבוּב דֶעם פִירְשְׁט פוּן דִיא שֵׁדִים: אוּנְד 16
אַנְדֶערֶע הָאבֶּען אִיהְם גֶעפְּרוּפְט, אוּנְד הָאבֶּען פוּן אִיהְם
פֶערְלַאנְגְט אַ צֵייכֶען פוּן הִימֶעל: אָבֶּער עֶר ווִיסֶענְדִיג זֵיירֶע 17

גֶעדַאנקֶען, הָאט צוּ זֵייא גֶעזָאגְט, אִיטְלִיכֶעס קֶענִיגְרֵייךְ וָואס
אִיז מִיט זִיךְ צוּטְהֵיילְט, וָוערְט פֶערְהִיסְט, אוּנְד אַ הוֹיז וָואס
18 אִיז מִיט זִיךְ צוּטְהֵיילְט, פַאלְט אֵיין: אוּנְד וָוען דֶער שָׂטָן
אִיז מִיט זִיךְ צוּטְהֵיילְט, וְויא אַזוֹי זָאל זַיין קֶענִיגְרֵייךְ בֶּע־
שְׁטֶעהְן? וָוארִין אִיהְר זָאגְט, אַז אִיךְ טְרֵייבּ אַרוֹיס שֵׁדִים
19 דוּרְךְ בַּעַל־זְבוּב: אוּנְד וָוען אִיךְ טְרֵייבּ אַרוֹיס שֵׁדִים דוּרְךְ
בַּעַל־זְבוּב, דוּרְךְ וָועמֶען טְהוּן זֵייא אֵייעֶרֶע קִינְדֶער אַרוֹיסְ־
20 טְרֵייבֶּען? דְרוּם וָועלֶען זֵייא זַיין אֵייעֶרֶע רִיכְטֶער: אָבֶּער
וָוען אִיךְ טְרֵייבּ אַרוֹיס שֵׁדִים מִיט דֶעם פִינְגֶער פוּן גָאט,
אַזוֹי אִיז דָאס קֶענִיגְרֵייךְ פוּן גָאט אַנַדִי צוּ אֵייךְ גֶעקוּמֶען:
21 וָוען אֵיין שְׁטַארְקֶער אוּנְד גֶעוַואפֶּענְטֶער מַאן הִיט זַיין
22 אֵייגֶען הוֹיז, אַזוֹי אִיז זַיין פֶערְמֶעגֶען זִיכֶער: אָבֶּער וָוען
אֵיין שְׁטַארְקֶערֶער פוּן אִיהְם וָועט קוּמֶען אוּנְד וָועט אִיהְם
בַּייקוּמֶען, אַזוֹי וָועט עֶר אַוֶועקְנֶעמֶען זַיין וַואפֶּען אִין וָועלְ־
כֶער עֶר הָאט זִיךְ פֶערְזִיכֶערְט, אוּנְד וָועט זַיין רוֹיבּ צוּ־
23 טְהֵיילֶען: דֶער וָואס אִיז נִיט מִיר, אִיז קֶעגֶען מִיר, אוּנְד
24 דֶער וָואס זַאמֶעלְט נִיט מִיט מִיר, דֶער צֶערְשְׁפְּרֵייט: וָוען
דֶער אוּמְרֵיינֶער רוּחַ גֶעהְט אַרוֹיס פוּן אַ מֶענְשׁ, אַזוֹי גֶעהְט
עֶר אַרוּם אִין טְרוּקֶענֶע עֶרְטֶער, אוּנְד זוּכְט רוּה, אוּנְד גֶע־
פִינְט זִיא נִיט. אַזוֹי זָאגְט עֶר, אִיךְ וָועל מִיךְ אוּמְקֶערֶען צוּ
25 מֵיין הוֹיז, פוּן וַואנֶען אִיךְ בִּין אַרוֹיסְגֶעקוּמֶען: אוּנְד וָוען
עֶר קוּמְט, גֶעפִינְט עֶר עֶס אוֹיסְגֶעקֶערְט אוּנְד אוֹיסְגֶעצִירְט:
26 אַזוֹי גֶעהְט עֶר אוּנְד נֶעמְט זִיבֶּען אַנְדֶערֶע רוּחוֹת נָאךְ עֶרְ־
גֶער וְויא עֶר, אוּנְד קוּמֶען אוּנְד וְואוֹינֶען דָארְט. אוּנְד דֶער
סוֹף פוּן דֶעם מֶענְשׁ אִיז אַרְגֶער וְויא דֶער אָנְהֵייבּ:
27 אוּנְד עֶס וַואר וָוען עֶר הָאט דִיא דָאזִיגֶע זַאכֶען גֶעזָאגְט,
אַזוֹי הָאט אַ פְרוֹיא פוּן צְוִוישֶׁען דֶעם פָאלְק אִיהְר קוֹל
אוֹיפְגֶעהוֹיבֶּען אוּנְד גֶעזָאגְט, גֶעבֶּענְשְׁט אִיז דֶער לֵייבּ וָואס
הָאט דִיךְ גֶעטְרָאגֶען, אוּנְד דִיא בְּרִיסְטֶען וָואס דוּא הָאסְט
28 גֶעזֵייגְט: אָבֶּער עֶר הָאט גֶעזָאגְט, לִיבֶּער זֶענֶען דִיא גֶע־
בֶּענְשְׁט, וָואס הֶערֶען דָאס וָוארְט פוּן גָאט אוּנְד הַאלְטֶען
עֶס:
29 אוּנְד וָוען דָאס פָאלְק הָאט זִיךְ פֶערְזַאמֶעלְט, הָאט עֶר
אָנְגֶעהוֹיבֶּען צוּ זָאגֶען, דָאס אִיז אַ שְׁלֶעכְטֶעס דוֹר עֶס

זוּכְט אַ צֵייכֶען; אָבֶּער קֵיין אַנְדֶער צֵייכֶען וֶועט זַייא נִיט
גֶעגֶעבֶּען וֶוערֶען, אוֹיסֶער דָאס צֵייכֶען פוּן יוֹנָה הַנָבִיא:
וָוארִין אַזוֹי וִויא יוֹנָה אִיז גֶעוֶועזֶען אַ צֵייכֶען צוּ דִיא לֵייט 30
פוּן נִינְוֵה, אַזוֹי וֶועט דֶער בֶּן אָדָם זַיין צוּ דִיזֶען דוֹר: דִיא 31
מַלְכָּה פוּן דָרוֹם וֶועט אוֹיפְשְׁטֶעהְן אִין דֶעם מִשְׁפָּט מִיט דִיא
לֵייט פוּן דִיזֶען דוֹר, אוּנְד וֶועט זַייא פֶערְשׁוּלְדִיגֶען. וָוארִין
זִיא אִיז גֶעקוּמֶען פוּן דֶעם עֶק וֶועלְט צוּ הֶערֶען דִיא חָכְמָה
פוּן שְׁלֹמֹה, אוּנְד זֶעה, אַ גְרֶעסֶערֶער וִויא שְׁלֹמֹה אִיז דָא:
דִיא לֵייט פוּן נִינְוֵה וֶועלֶען אוֹיפְשְׁטֶעהְן אִין דֶעם מִשְׁפָּט 32
מִיט דִיזֶען דוֹר, אוּנְד וֶועלֶען עֶס פֶערְשׁוּלְדִיגֶען; וָוארִין
זַייא הָאבֶּען תְּשׁוּבָה גֶעטְהוּן בַּייא דֶער דְרָשָׁה פוּן יוֹנָה,
אוּנְד זֶעה, אַ גְרֶעסֶערֶער פוּן יוֹנָה אִיז דָא: אוּנְד קֵיינֶער 33
צִינְדֶעט נִיט אָן אַ לָאמְפּ אוּנְד שְׁטֶעלְט זִיא אִין אַ פֶערְ־
בָּארְגֶענֶעם אָרְט, אָדֶער אוּנְטֶער אַ מֶעסְטֶעל, נֵייעֶרְט אוֹיף
אַ גֶעשְׁטֶעל אַז דִיא וָואס קוּמֶען אַרַיין זָאלֶען זֶעהֶען דָאס
לִיכְט: דָאס לִיכְט פוּן דֶעם לֵייבּ אִיז דָאס אוֹיג. דְרוּם וֶוען 34
דַיין אוֹיג אִיז אֵיינְפַאךְ, אַזוֹי אִיז דַיין גַאנְצֶער לֵייבּ לִיכְטִיג,
אָבֶּער וֶוען עֶס אִיז אִיבֶּעל, אַזוֹי אִיז דַיין לֵייבּ פִינְסְטֶער:
דְרוּם זֶעה, אַז דָאס לִיכְט וָואס אִיז אִין דִיר זָאל נִיט פִינְסְ־ 35
טֶער זַיין: דְרוּם וֶוען דַיין גַאנְצֶער לֵייבּ אִיז לִיכְטִיג, אוּנְד 36
קֵיין טְהֵייל דֶערְפוּן אִיז נִיט פִינְסְטֶער, אַזוֹי וֶועט דָאס גַאנְצֶע
לִיכְטִיג זַיין, אַזוֹי וִויא אַ לָאמְפּ וָואס לֵייכְט דִיר בַּייא זַיינֶע
שֵׁיינוּנְג:
אוּנְד וֶוען עֶר הָאט גֶערֶעט, אַזוֹי הָאט אִיהְם אַ פָּרוּשׁ 37
גֶעבֶּעטֶען אַז עֶר זָאל בַּייא אִיהְם מִיטָאג עֶסֶען. אוּנְד
עֶר אִיז אַרַיינְגֶעקוּמֶען אוּנְד הָאט זִיךְ צוּם טִישׁ גֶעזֶעצְט:
וֶוען דֶער פָּרוּשׁ הָאט דָאס גֶעזֶעהֶען, הָאט עֶר זִיךְ גֶעוְואוּנְ־ 38
דֶערְט ווייל עֶר הָאט זִיךְ נִיט פְרִיהֶער גֶעוַואשֶׁען פַאר דֶער
מָאלְצֵייט: אָבֶּער דֶער הַאר הָאט צוּ אִיהְם גֶעזָאגְט אִיהְר 39
פְּרוּשִׁים רֵיינִיגְט אַצוּנְד דֶעם בֶּעכֶער אוּנְד דִיא שִׁיסֶעל פוּן
אוֹיסְוֶועניג, אָבֶּער אִינְוֶועניג זֶענֶען זַייא פוּל מִיט רוֹיבּ אוּנְד
רְשָׁעוֹת: אִיהְר נַארֶען הָאט נִיט דֶער וָואס הָאט גֶעמַאכְט 40
דָאס אוֹיסְוֶועניגְסְטֶע, אוֹיךְ דָאס אִינְוֶועניגְסְטֶע גֶעמַאכְט?
אָבֶּער גִיבְּט צְדָקָה פוּן דֶעם וָואס אִיהְר הָאט, אוּנְד אַזוֹי 41

42 אִיז אַלֶעס רֵיין צוּ אֵייךְ: אָבֶּער וָועה צוּ אֵייךְ פְּרוּשִׁים!
וָוארִין אִיהְר גִיבְּט מַעֲשֵׂר פוּן מִינְט אוּנְד פִּיגַם אוּנְד אַלֶערְ־
לֵייא גֶעוֶוירְץ; אוּנְד גֶעהְט פַארְבַּייא דִיא גֶערֶעכְטִיגְקֵייט
אוּנְד דִיא לִיבְּשַׁאפְט פוּן גָאט! דִיזֶע זֶענְט אִיהְר מְחוּיָב
43 צוּ טְהוּן, אוּנְד יֶענֶע אוֹיךְ נִיט צוּ פֶערְלָאזֶען! וָועה צוּ
אֵייךְ פְּרוּשִׁים! וָוארִין אִיהְר לִיבְּט אוֹיבֶּען אָן צוּ זִיצֶען אִין
דִיא שׁוּלֶען אוּנְד גֶעגְרִיסְט צוּ וֶוערֶען אִין דִיא גַאסֶען:
44 וָועה צוּ אֵייךְ סוֹפְרִים אוּנְד פְּרוּשִׁים! אִיהְר הֵייכְלֶערְס!
אִיהְר זֶענְט וִויא אוּנְבֶּעזֶעהֶענֶע קְבָרִים, וָואס דִיא לֵייט גֶעהְן
45 אוֹיף זֵייא אוּנְד וִויסֶען עֶס נִיט: אוּנְד אֵיינֶער פוּן דִיא בַּעֲלֵי
תּוֹרָה הָאט גֶעעֶנְטְפֶערְט אוּנְד הָאט צוּ אִיהְם גֶעזָאגְט,
לֶעהְרֶער, וֶוען דוּא זָאגְסְט דָאס, אַזוֹי טְהוּסְט דוּא אוּנְס אוֹיךְ
46 בֶּעלֵיידִיגֶען: אָבֶּער עֶר הָאט גֶעזָאגְט. וָועה צוּ אֵייךְ אוֹיךְ,
אִיהְר בַּעֲלֵי תּוֹרָה! וָוארִין אִיהְר טְהוּט דִיא לֵייט בֶּעלָאדֶען
מִיט לַאסְטֶען וָואס זֶענֶען שְׁוָוער צוּ דֶערְטְרָאגֶען, אוּנְד
אִיהְר זֶעלְבְּסְט טְהוּט דִיא לַאסְטֶען נִיט אָנְרִירֶען מִיט אֵיינֶעם
47 פוּן אֵיירֶע פִינְגֶער: וָועה צוּ אֵייךְ וָוארִין אִיהְר בּוֹיעֶט אוֹיף
דִיא קְבָרִים פוּן דִיא נְבִיאִים, אוּנְד אֵיירֶע אָבוֹת הָאבֶּען
48 זֵייא אוּמְגֶעבְּרַאכְט: אַזוֹי בֶּעצֵייגְט אִיהְר אוּנְד בֶּעוִוילִיגְט
דִיא מַעֲשִׂים פוּן אֵיירֶע אָבוֹת, וָוארִין זֵייא הָאבֶּען זֵייא
אוּמְגֶעבְּרַאכְט, אָבֶּער אִיהְר בּוֹיעֶט אוֹיף זֵייעֶרֶע קְבָרִים:
49 דְרוּם זָאגְט אוֹיךְ דִיא חָכְמָה פוּן גָאט, אִיךְ וֶועל צוּ זֵייא
שִׁיקֶען נְבִיאִים אוּנְד שְׁלוּחִים, אוּנְד זֵייא וֶועלֶען אֵיין טְהֵייל
50 פוּן זֵייא אוּמְבְּרֶענְגֶען אוּנְד פֶערְפָאלְגֶען: כְּדֵי דָאס בְּלוּט
פוּן אַלֶע נְבִיאִים, וָואס אִיז פֶערְגָאסֶען גֶעוָוארֶען פוּן אָנְ־
פַאנְג פוּן דֶער וֶועלְט, זָאל פֶערְלַאנְגְט וֶוערֶען פוּן דִיזֶען
51 דוֹר: פוּן דֶעם בְּלוּט פוּן הֶבֶל בִּיז צוּ דֶעם בְּלוּט פוּן זְכַרְיָה,
וָואס אִיז פֶערְגָאסֶען גֶעוָוארֶען צְוִוישֶׁען דֶעם מִזְבֵּחַ אוּנְד
בֵּית הַמִקְדָשׁ, יוֹא, אִיךְ זָאג אֵייךְ, עֶס וֶועט פֶערְלַאנְגְט וֶוע־
52 וֶוערֶען פוּן דִיזֶען דוֹר: וָועה צוּ אֵייךְ בַּעֲלֵי תּוֹרָה! וָוארִין
אִיהְר הָאט אַוֶועקְגֶענוּמֶען דֶעם שְׁלִיסֶעל פוּן וִויסֶענְשַׁאפְט.
אִיהְר אַלֵיין קוּמְט נִיט אַרֵיין, אוּנְד אִיהְר פֶערְהִיט דִיא וָואס
53 וִוילֶען אַרֵיינְקוּמֶען: וִויא עֶר הָאט דָאס צוּ זֵייא גֶערֶעט,
הָאבֶּען זִיךְ דִיא סוֹפְרִים אוּנְד פְּרוּשִׁים אָנְגֶעהוֹיבֶּען מִיט

אִיהְם זָעהְר צוּ קְרִיגֶען, אוּנְד הָאבֶּען אִיהְם אָנְגֶערֵייצְט צוּ
רֶעדֶען פוּן פִילֶע זַאכֶען: אוּנְד זַייא הָאבֶּען אוֹיף אִיהְם 54
בֶּעלוֹיעֶרְט, אוּנְד הָאבֶּען גֶעזוּכְט אַז זַייא זָאלֶען עֶפֶּעס חַאַ־
פֶּען פוּן זַיין מוֹיל (כְּדֵי זַייא זָאלֶען אוֹיף אִיהְם אַ מְסִירָה
אָנְגֶעבֶּען):

קאפיטעל יב

אוּנְד הֶען פִיל טוֹיזֶענְדֶע פוּן דֶעם פָאלְק הָאבֶּען זִיךְ פֶערְ־ 1
זַאמֶעלְט, בִּיז זַייא הָאבֶּען אֵיינֶער דֶעם אַנְדֶערְן גֶעטְרֶעטֶען,
אַזוֹי הָאט עֶר אָנְגֶעהוֹיבֶּען צוּ זָאגֶען צוּ זַיינֶע תַּלְמִידִים,
צוּעֶרְשְׁט הִיט אַייךְ פַאר דֶעם זוֹיעֶרְטַייג פוּן דִיא פְּרוּשִׁים,
וָואס אִיז הֵייכְלֶערַייא: וָוארִין קַיין זַאךְ אִיז נִיט פֶערְהוֹילֶען, 2
וָואס וֶועט נִיט אַנְטְפְּלֶעקְט וֶוערֶען, אוּנְד פֶערְבָּארְגֶען, וָואס
וֶועט נִיט צוּ וִויסֶען גֶעטְהוּן וֶוערֶען: דְרוּם וָואס אִיהְר הָאט 3
גֶעזָאגְט אִין דֶער פִינְסְטֶער, וֶועט גֶעהֶערְט וֶוערֶען בַּיים
לִיכְט. אוּנְד וָואס אִיהְר הָאט אִין דֶעם אוֹיעֶר אַיינְגֶערוֹימְט
אִין דִיא שְׁטוּבֶּען, וֶועט אוֹיסְגֶערוּפֶען וֶוערֶען אוֹיף דִיא
דֶעכֶער: אוּנְד אִיךְ זָאג צוּ אַייךְ מַיינֶע פְרַיינְד, פָארְכְט 4
אַייךְ נִיט פָאר דִיא וָואס טֵייטֶען דֶעם לֵייב אוּנְד דֶערְנָאךְ
קֶענֶען זַייא נִיט מֶעהְר טְהוּן: אָבֶּער אִיךְ וֶועל אֵייךְ וַוייזֶען 5
וֶועמֶען אִיהְר זָאלְט פָארְכְטֶען, פָארְכְט אֵייךְ פַאר דֶעם
וֶועלְכֶער נָאכְדֶעם עֶר הָאט גֶעטֵייטֶעט הָאט עֶר מַאכְט אִין
גֵיהִנֹם אַרַיינְצוּוַוארְפֶען; יוֹא אִיךְ זָאג אֵייךְ, פָארְכְט אֵייךְ
פָאר אִיהְם: וֶוערֶען נִיט פִינְף פֵייגֶעל פֶערְקוֹיפְט פַאר 6
צְוַוייא אִטָר, אוּנְד נִיט אֵיינֶער פוּן זַייא אִיז פוּן גָאט פֶערְ־
גֶעסֶען: אוּנְד אֲפִילוּ דִיא הָאר פוּן אַייעֶר קָאפּ זֶענֶען אַלֶע 7
גֶעצֶעהְלְט, פָארְכְט אֵייךְ נִיט. אִיהְר זֶענְט מֶעהְר וֶוערְט ווִיא
פִילֶע פֵייגֶעל: אוּנְד אִיךְ זָאג אֵייךְ, אִיטְלִיכֶער וָואס וֶועט 8
מִיךְ בֶּעקֶענֶען פָאר מֶענְשֶׁען, דֶעם וֶועט אוֹיךְ דֶעם בֶּן־אָדָם
בֶּעקֶענֶען פָאר דִיא מַלְאָכִים פוּן גָאט: אָבֶּער וֶוער עֶס וֶועט 9
מִיךְ פֶערְלֵייקֶענֶען פָאר מֶענְשֶׁען, דֶער וֶועט פֶערְלֵייקֶענְט
וֶוערֶען פָאר דִיא מַלְאָכִים פוּן גָאט: אוּנְד וֶוער עֶס וֶועט 10
רֶעדֶען אַ וָוארְט קֶעגֶען דֶעם בֶּן־אָדָם, דֶעם וֶועט עֶס פֶערְ־
גֶעבֶּען וֶוערֶען. אָבֶּער צוּ דֶעם וָואס לֶעסְטֶערְט דֶעם רוּחַ
הַקוֹדֶשׁ וֶועט עֶס נִיט פֶערְגֶעבֶּען וֶוערֶען: אוּנְד וֶוען זַייא 11

וָועלֶען אֵייךְ בְּרֶענְגֶען אִין דִיא שׁוּלֶען אַרַיין פָאר דִיא
הֶערְשֶׁער אוּנְד בֶּעוָועלְטִיגֶער, זָארְגְט נִיט וִויא אַזוֹי אָדֶער
וָואס אִיהְר זָאלְט זָאגֶען: וָוארִין דֶער רוּחַ הַקוֹדֶשׁ וָועט 12
אֵייךְ לֶערְנֶען אִין דִיזֶער שָׁעָה וָואס אִיהְר בֶּעדַארְפְט צוּ
זָאגֶען:
אוּנְד אֵיינֶער פוּן דֶעם פָאלְק הָאט צוּ אִיהְם גֶעזָאגְט, לֶעהְ- 13
רֶער, זָאג צוּ מֵיין בְּרוּדֶער אַז עֶר זָאל דִיא יְרוּשָׁה מִיט
מִיר צוּטְהֵיילֶען: אָבֶער עֶר הָאט צוּ אִיהְם גֶעזָאגְט, מֶענְשׁ, 14
וָוער הָאט מִיךְ גֶעזֶעצְט פַאר אַ שׁוֹפֵט אָדֶער אַ צוּטְהֵיילֶער
צְוִוישֶׁען אֵייךְ: אוּנְד עֶר הָאט צוּ זֵייא גֶעזָאגְט גִיט אַכְטוּנְג 15
אוּנְד הִיט אֵייךְ פַאר גֵייצִיגְקַייט, וָוארִין דָאס לֶעבֶּען פוּן
דֶעם מֶענְשׁ בֶּעשְׁטֶעהְט נִיט אִין פִיל פֶערְמֶעגֶען: אוּנְד עֶר 16
הָאט צוּ זֵייא גֶערֶעט אַ מָשָׁל אוּנְד גֶעזָאגְט, דָאס לַאנְד פוּן
אַ רֵייכֶען מַאן הָאט פִיל פְרוּכְט גֶעטְרָאגֶען: אוּנְד עֶר הָאט 17
בֵּייא זִיךְ גֶעטְרַאכְט אוּנְד גֶעזָאגְט, וָואס זָאל אִיךְ טְהוּן?
וָוארִין אִיךְ וֵוייס נִיט וְואוּ מֵיינֶע פְרוּכְט אֵיינְצוּזַאמְלֶען:
אוּנְד עֶר הָאט גֶעזָאגְט, אִיךְ וֶועל אַזוֹי טְהוּן. אִיךְ וֶועל 18
מֵיינֶע שְׁפֵּייכְלֶער אָפְּבְּרֶעכֶען, אוּנְד וִויל גְרֶעסֶערֶע בּוֹיעֶן.
אוּנְד אִיךְ וֶועל דָארְטֶען אֵיינְזַאמֶעלְן אַלֶע מֵיינֶע תְבוּאוֹת
אוּנְד מֵיין פֶערְמֶעגֶען: אוּנְד אִיךְ וֶועל זָאגֶען צוּ מֵיינֶע 19
זֶעלֶע, זֶעלֶע דוּא הָאסְט לִיגֶען פִיל גוּטֶעס אוֹיף פִילֶע
יָאהֶרֶען, הָאבּ רוּה, עֶס אוּנְד טְרִינְק אוּנְד זֵייא פְרֶעהְלִיךְ:
אָבֶער גָאט הָאט צוּ אִיהְם גֶעזָאגְט, דוּא נַאר, דִיזֶע נַאכְט 20
וֶועט מֶען דֵיינֶע נְשָׁמָה פוּן דִיר פֶערְלַאנְגֶען, אוּנְד וֶועמֶעס
וֶועט דָאס זֵיין וָואס דוּא הָאסְט אָנְגֶעבְּרֵייט: אַזוֹי אִיז דֶער 21
וָואס זַאמֶעלְט זִיךְ אֵיין אוֹצָר, אוּנְד אִיז נִיט רֵייךְ צוּ גָאט:
אוּנְד עֶר הָאט צוּ זֵיינֶע תַּלְמִידִים גֶעזָאגְט, דְרוּם זָאג אִיךְ 22
אֵייךְ, זָארְגְט נִיט פַאר אֵייעֶר לֶעבֶּען, וָואס אִיהְר זָאלְט
עֶסֶען, אוּנְד פַאר דֶעם לֵייבּ, וָואס אִיהְר זָאלְט אָנְטְהוּן:
דָאס לֶעבֶּען אִיז מֶעהְר וִויא דִיא שְׁפֵּייז, אוּנְד דֶער לֵייבּ 23
וִויא דָאס קְלֵייד: בֶּעטְרַאכְט דִיא רָאבֶּען. וָוארִין זֵייא 24
זֵייעֶן נִיט אוּנְד שְׁנֵיידֶען נִיט, אוּנְד הָאבֶּען נִיט קֵיינֶע קַא-
מֶערְן אוּנְד קֵיינֶע שְׁפֵּייכְלֶער, אוּנְד גָאט שְׁפֵּייזְט זֵייא.
וִויא פִיל מֶעהְר זֶענְט אִיהְר וֶוערְט וִויא דִיא פֵייגֶעל? אוּנְד 25

וָועלְכֶער פֿוּן אֵייךְ קֶען דוּרְךְ זָארְגֶען אֵיינֶע אֵייל צוּזֶעצֶען
צוּ זַיינֶע הוֹיךְ? דְרוּם וָוען אִיהְר קֶענְט נִיט טְהוּן דָאס וָוע־ 26
נִיגְסְטֶע, וָוארוּם זָארְגְט אִיהְר פַאר דֶעם אִיבְּרִיגֶען? קוּקְט 27
אָן דִיא רוֹיזֶען וְויא זַייא וַואקְסֶען. זַייא אַרְבֵּייטֶען נִיט אוּנְד
שְׁפִּינֶען נִיט. אוּנְד אִיךְ זָאג אֵייךְ, אַז שְׁלֹמֹה אִין זַיינֶע גַאנ־
צֶע הֶערְלִיכְקֵייט הָאט נִיט גֶעקְלֵיידֶעט וְויא אֵיינְס פֿוּן דִיזֶע:
אוּנְד וָוען גָאט בֶּעדֶעקְט אַזוֹי דָאס גְרָאז, וָואס אִיז הֵיינְט 28
אוֹיף דֶעם פֶעלְד, אוּנְד מָארְגֶען וֶוערְט עֶס אִין אוֹיפֶען
אַרֵיינְגֶעוָוארְפֶען, וְויא פִיל מֶעהְר וֶועט עֶר אֵייךְ קְלֵיידֶען
אִיהְר קְלֵיינְגְלוֹיבִּיגֶע: אוּנְד זוּכְט אִיהְר נִיט וָואס אִיהְר זָאלְט 29
עֶסֶען, אוּנְד וָואס אִיהְר זָאלְט טְרִינְקֶען, אוּנְד הָאט נִיט קֵיין
אוּנְרוּהִיג גֶעמִיט: וָוארִין דָאס אַלֶעס זוּכֶען דִיא פֶעלְקֶער 30
פוּן דֶער וֶועלְט, אוּנְד אֵייעֶר פָאטֶער וַוייסְט אַז אִיהְר הָאט
דָאס נֵייטִיג: אָבֶּער זוּכְט אִיהְר דָאס קֶענִיגְרֵייךְ פוּן גָאט, אוּנְד 31
דָאס אַלֶעס וֶועט אֵייךְ צוּגֶעגֶעבֶּען וֶוערֶען; פָארְכְט אֵייךְ 32
נִיט, אִיהְר קְלֵיינֶע סְטַאדֶע, וָוארִין עֶס אִיז אֵייעֶר פָאטֶערְס
וְואוֹילְגֶעפַאלֶען אַז עֶר זָאל אֵייךְ גֶעבֶּען דָאס קֶענִיגְרֵייךְ:
פֶערְקוֹיפְט וָואס אִיהְר הָאט, אוּנְד גִיבְּט צְדָקָה. מַאכְט 33
אֵייךְ בֵּייטֶעל וָואס וֶוערֶען נִיט אַלְט, אַ שַׁאץ אִין דֶעם
הִימֶעל וָואס וֶוערְט נִיט גֶעמִינֶערְט, וְואוּ קֵיין גַנָב קוּמְט
נִיט נָאהֶענְט, אוּנְד וְואוּ דִיא מִילְבּ פֶערְדַארְבְּט נִיט: וָוארִין 34
וְואוּ אֵייעֶר אוֹצָר אִיז, דָארְטֶען וֶועט אֵייעֶר הַארְץ אוֹיךְ
זַיין:
לָאזֶען אֵייעֶרֶע לֶענְדֶען זַיין גֶעגַארְטֶעלְט, אוּנְד אֵייעֶרֶע לִיכְט 35
בְּרֶענֶען: אוּנְד זַייט אִיהְר גְלֵייךְ צוּ דִיא לֵייט וָואס וַוארְטֶען 36
אוֹיף זַייעֶר הַאר, וֶוען עֶר וֶועט צוּרִיקְקוּמֶען פוּן דֶער חֲתוּנָה,
כְּדֵי זַייא זָאלֶען אִיהְם בַּאלְד אוֹיפְמַאכֶען, וֶוען עֶר וֶועט
קוּמֶען אוּנְד וֶועט אַנְקְלַאפֶּען: גֶעבֶּענְשְׁט זֶענֶען דִיזֶע 37
קְנֶעכְט וָועלְכֶע, וֶוען דֶער הַאר וֶועט קוּמֶען, אוּנְד
וֶועט זַייא גֶעפִינֶען וַואכֶען. בֶּאֱמֶת זָאג אִיךְ אֵייךְ, אַז עֶר
וֶועט זִיךְ אַרוּמְגַארְטֶעלְן, אוּנְד וֶועט זַייא לָאזֶען אַנִידֶער־
זֶעצֶען, אוּנְד וֶועט קוּמֶען אוּנְד וֶועט זַייא בֶּעדִינֶען: אוּנְד 38
וֶוען עֶר וֶועט קוּמֶען אִין דֶעם אַנְדֶערְן מִשְׁמָר פוּן דֶער
נַאכְט, אָדֶער אִין דֶעם דְרִיטֶען מִשְׁמָר, אוּנְד וֶועט זַייא אַזוֹי

39 גֶעפִינֶען גֶעבֶּענְשְׁט זֶענֶען דִיזֶע קְנֶעכְט: אוּנְד דָאס זָאלְט
אִיהְר ווִיסֶען, אַז ווֶען דֶער בַּעַל הַבַּיִת וָואלְט ווִיסֶען אִין
ווֶעלְכֶער שָׁעָה דֶער גַנָב ווֶעט קוּמֶען, אַזוֹי הֶעט עֶר גֶע־
וַואכְט, אוּנְד הֶעט נִיט גֶעלָאזְט זַיין הוֹיז אַיינְבְּרֶעכֶען:
40 דְרוּם זַייט אִיהְר אוֹיךְ בֶּערַייט. וָוארִין דֶער בֶּן־אָדָם וֶועט
קוּמֶען אִין אַ שָׁעָה ווֶען אִיהְר ווֶעט אַייךְ נִיט רִיכְטֶען:
41 אוּנְד פֶּעטְרוּס הָאט צוּ אִיהְם גֶעזָאגְט, הַאר זָאגְסְט דוּא
42 דָאס מָשָׁל צוּ אוּנְס, אָדֶער אוֹיךְ צוּ אַלֶע? אָבֶער דֶער הַאר
הָאט גֶעזָאגְט, ווֶער אִיז דֶען אַ גֶעטְרַייעֶר אוּנְד קְלוּגֶער
הוֹיזְהַאלְטֶער, וָואס זַיין הַאר ווֶעט אִיהְם זֶעצֶען אִיבֶּער זַיין
הוֹיזְגֶעזִינְד, אַז עֶר זָאל זַייא גֶעבֶּען זַיירֶע שְׁפַּייז צוּ דֶער
43 צַייט: גֶעבֶּענְשְׁט אִיז דֶער קְנֶעכְט, וָואס ווֶען זַיין הַאר ווֶעט
44 קוּמֶען אוּנְד ווֶעט אִיהְם גֶעפִינֶען אַזוֹי טְהוּן: בֶּאֱמֶת זָאג
אִיךְ אַייךְ, אַז עֶר ווֶעט אִיהְם זֶעצֶען אִיבֶּער אַלֶע זַיינֶע
45 גִיטֶער: אָבֶער ווֶען דִיזֶער קְנֶעכְט ווֶעט זִיךְ טְרַאכְטֶען אִין
זַיין הַארְץ, מַיין הַאר זוּימְט זִיךְ קוּמֶען, אוּנְד ווֶעט אָנְהֵייבֶּען
צוּ שְׁלָאגֶען דִיא יוּנְגֶען אוּנְד דִיא דִינְסְטְמֶעדְכֶען, אוּנְד צוּ
46 עֶסֶען אוּנְד טְרִינְקֶען אוּנְד שִׁכּוֹרְן: אַזוֹי ווֶעט דֶער הַאר פוּן
יֶענֶעם קְנֶעכְט קוּמֶען אִין אַ טָאג ווֶען עֶר ווֶעט זִיךְ נִיט
רִיכְטֶען אוֹיף אִיהְם, אוּנְד אִין אַ שָׁעָה ווֶען עֶר ווֶעט נִיט
ווִיסֶען, אוּנְד ווֶעט אִיהְם אִין שְׁטִיקֶער צֶערְשְׁנַיידֶען, אוּנְד
47 ווֶעט אִיהְם גֶעבֶּען זַיין חֵלֶק מִיט דִיא אוּמְגְלוֹיבִּיגֶע: אָבֶער
דֶער קְנֶעכְט וָואס ווייס זַיין הַאר'ס ווִילֶען, אוּנְד אִיז נִיט
בֶּערַייט, אוּנְד טְהוּט נִיט נָאךְ זַיין ווִילֶען, דֶער ווֶעט אַ סַךְ
48 שְׁלֶעג בֶּעקוּמֶען: אָבֶער דֶער וָואס ווייסְט נִיט, אוּנְד טְהוּט
דָאס וָואס אִיז ווֶערְט שְׁלֶעג, דֶער ווֶעט ווֶענִיג שְׁלֶעג בֶּע־
קוּמֶען, וָוארִין צוּ דֶעם וָואס ווֶערְט פִיל גֶעגֶעבֶּען, פוּן דֶעם
ווֶעט פִיל פֶערְלַאנְגְט ווֶערֶען, אוּנְד דֶעם וָואס מֶען טְהוּט
פִיל פֶערְטְרוֹיעֶן, פוּן דֶעם ווֶעט מֶען פִיל פָאדֶערְן:
49 אִיךְ בִּין גֶעקוּמֶען אַ פַייעֶר צוּ וַוארְפֶען אוֹיף דֶער עֶרְד,
50 אוּנְד וָואס ווִיל אִיךְ ווֶען עֶס אִיז שׁוֹין אָנְגֶעצוּנְדֶען? אוּנְד
אִיךְ הָאבּ אַ טְבִילָה גֶעטוּבַלְט צוּ ווֶערֶען, אוּנְד ווִיא עֶס
51 אִיז מִיר אַנְגְסְט בִּיז עֶס ווֶעט זִיךְ עֶנְדִיגֶען: מֵיינְט אִיהְר אַז
אִיךְ בִּין גֶעקוּמֶען צוּ גֶעבֶּען שָׁלוֹם אוֹיף דֶער עֶרְד? אִיךְ

52 זָאג אֵייךְ, נַיין, נֵייעֶרְט אַ מַחְלוֹקָה: וָוארִין פוּן אַצוּנְד אָן
וֶועלֶען פִינְף צֶערְטְהֵיילְט זַיין אִין אַיין הױז, דְרַייא קֶעגֶען
53 צְוֵויא אוּנְד צְוֵויא קֶעגֶען דְרַייא: דֶער פָאטֶער וֶועט זַיין
קֶעגֶען דֶעם זוּהְן, אוּנְד דֶער זוּהְן קֶעגֶען דֶעם פָאטֶער; דִיא
מוּטֶער קֶעגֶען דִיא טָאכְטֶער, אוּנְד דִיא טָאכְטֶער קֶעגֶען
דֶער מוּטֶער; דִיא שְׁוִויגֶער קֶעגֶען דֶער שְׁנִיר; אוּנְד דִיא
שְׁנִיר קֶעגֶען דֶער שְׁוִויגֶער:
54 אוּנְד עֶר הָאט גֶעזָאגְט צוּם פָאלְק, וֶוען אִיהְר זֶעהְט דֶעם
וָואלְקֶען אוֹיפְגֶעהְן פוּן מַעֲרָב זַייט, אַזוֹי זָאגְט אִיהְר בַּאלְד,
55 עֶס קוּמְט רֶעגֶען, אוּנְד עֶס אִיז טַאקִי אַזוֹי: אוּנְד וֶוען דֶער
דָרוֹם וִוינְד בְּלָאזְט, אַזוֹי זָאגְט אִיהְר, עֶס וֶועט זַיין הִיץ,
56 אוּנְד עֶס אִיז טַאקִי אַזוֹי: אִיהְר הֵייכְלֶער, אִיהְר וַוייסְט וִויא
צוּ רִיכְטֶען דִיא גֶעשְׁטַאלְט פוּן דֶעם הִימֶעל אוּנְד דִיא עֶרְד,
57 אָבֶּער דִיזֶע צֵייט וַוייסְט אִיהְר נִיט אוֹיסְצוּפָארְשֶׁען: אוּנְד
וָוארוּם טְהוּט אִיהְר נִיט פוּן אֵייךְ זֶעלְבְּסְט רִיכְטֶען וָואס אִיז
58 רֶעכְט: וֶוען דוּא גֶעהְסְט מִיט דַיין קְרִיגֶער צוּם רִיכְטֶער,
אַזוֹי גִיבּ דִיר מִיה אוֹיף דֶעם וֶועג, אַז דוּא זָאלְסְט פוּן אִיהְם
לוֹיז וֶוערֶען; וָוארִין טָאמֶער וֶועט עֶר דִיךְ שְׁלֶעפֶּען צוּם
רִיכְטֶער, אוּנְד דֶער רִיכְטֶער וֶועט דִיךְ אִיבֶּערְגֶעבֶּען צוּם
גֶערִיכְטְס־דִינֶער, אוּנְד דֶער גֶערִיכְטְס־דִינֶער וֶועט דִיךְ אִין
59 דֶעם גֶעפֶענְגְנִיס אַרֵיינְוַוארְפֶען: אִיךְ זָאג דִיר, דוּא וֶועסְט
פוּן דָארְט נִיט אַרוֹיסְקוּמֶען, בִּיז דוּא וֶועסְט בֶּעצָאלֶען דִיא
לֶעצְטֶע פְּרוּטָה:

קאפיטעל יג

1 אוּנְד צוּ יֶענֶער צֵייט וַוארֶען עֶטְלִיכֶע מִיט אִיהְם וָואס הָא־
בֶּען אִיהְם דֶערְצֶעהְלְט פוּן דִיא גְלִילִים, וָואס פִּילָטוּס הָאט
2 זַייעֶר בְּלוּט גֶעמִישְׁט מִיט זַייעֶרֶע קָרְבָּנוֹת: אוּנְד יֵשׁוּעַ
הָאט גֶעעֶנְטְפֶערְט אוּנְד הָאט צוּ זֵייא גֶעזָאגְט, דֶענְקְט אִיהְר
אַז דִיזֶע גְלִילִים זֶענֶען גֶעוֶועזֶען גְרֶעסֶערֶע זִינְדֶער וִויא אַלֶע
3 אַנְדֶערֶע גְלִילִים, וַוייל זֵייא הָאבֶּען דָארְטֶען גֶעלִיטֶען? אִיךְ
זָאג אֵייךְ, נֵיין, נֵייעֶרְט וֶוען אִיהְר וֶועט נִיט תְּשׁוּבָה טְהוּן
4 אַזוֹי וֶועט אִיהְר אַלֶע אוֹיךְ אוּמְקוּמֶען: אָדֶער דִיא אַכְט־
צֶעהְן אוֹיף וֶועלְכֶע דֶער טְהוּרְם אִיז גֶעפַאלֶען אִין שִׁילֹחַ,
אוּנְד הָאט זֵייא גֶעטֵייטֶעט, דֶענְקְט אִיהְר אַז זֵייא וַוארֶען

מעהר שולדיג ווי אלע אנדערע לייט וואס האבען גע־
5 וואוינט אין ירושלים? איך זאג אייך, ניין, נייערט ווען
איהר וועט ניט תשובה טהון, אזוי וועט איהר אלע אויך
אזוי אומקומען:
6 אונד ער האט דאס משל געזאגט, א געווייסער מאן האט
געפלאנצט א פייגענבוים אין זיין ווייגגארטען; אונד ער
איז געקומען אונד האט דרויף געזוכט פרוכט אונד האט
7 קיינע געפונען: אזוי האט ער צו זיין וויינגערטנער גע־
זאגט, זעה, איך קום שוין דריא יאהר זוכענדיג פרוכט פון
דעם פייגענבוים אונד געפין קיינע; האק איהם אפ, ווארום
8 מאכט ער דיא ערד אומנוציג? אבער ער האט געענט־
פערט אונד האט צו איהם געזאגט, הער, לאז איהם נאך
שטעהען דאס יאהר, ביז איך וועל איהם ארומגרובען,
9 אונד וועל איהם מיסטיגען? טאמער וועט ער פרוכט
ברענגען. אונד ווען ניט אזוי זאלסט דוא איהם דערנאך
אפהאקען:
10 אונד ער האט געלעהרט אין איינע פון דיא שולען אם
11 שבת: אונד דא וואר א פרויא וואס האט געהאט א קראנ־
קעם געמיט שוין אכטצעהן יאהר; אונד זיא וואר איינ־
געבויגען אונד האט זיך בשום אופן ניט געקענט אויפ־
12 העבען: ווען ישוע האט זיא געזעהען, האט ער זיא
גערופען, אונד האט צו איהר געזאגט, פרויא דוא ביזט
13 לויז פון דיינע קראנקהייט: אונד ער האט דיא הענד אויף
איהר געלעגט, אונד זיא וואר גלייך אויפגעריכטעט, אונד
14 האט גאט געלויבט: אבער דער פרנס פון דער שוהל האט
זיך געבייזערט, ווייל ישוע האט געהיילט אם שבת, אונד
ער האט געענטפערט אונד צום פאלק געזאגט, דא זענען
זעקס טעג אין וועלכע מען דארף ארבייטען; דרום קומט
אין דיזע טעג אונד ווערט געהיילט, אבער ניט אם שבת:
15 אבער דער האר האט איהם געענטפערט אונד געזאגט,
איהר היינכלער, טהוט ניט איטליכער פון אייך אם שבת
זיין אקס אדער זיין עזעל פון דעם שטאל אפבינדען, אונד
16 פיהרט איהם אנטרינקען? אונד דיזע פרויא וואס איז א
טאכטער פון אברהם, וואס דער שטן האט זיא שוין

אַכְטְצֶעהְן יָאהְר גֶעבּוּנְדֶען, זָאל זִיא נִיט אַם שַׁבָּת פוּן דִיזֶען
בּוּנְד לויז גֶעמַאכְט ווֶערֶען: אוּנְד ווֶען עֶר הָאט דָאס גֶע־ 17
זָאגְט, אַזוֹי זֶענֶען אַלֶע זַיינֶע שׂוֹנְאִים פֶערְשֶׁעמְט גֶעווָארֶען.
אוּנְד דָאס גַאנְצֶע פָאלְק הָאט זִיךְ גֶעפְרֵייט אִיבֶּער אַלֶע
וְואוּנְדֶערְבַּארֶע זַאכֶען ווָאס ווַארֶען דוּרְךְ אִיהְם גֶעשֶׁעהֶען:
אוּנְד עֶר הָאט גֶעזָאגְט, צוּ ווָאס אִיז דָאס קֶענִיגְרֵייךְ פוּן 18
גָאט גְלֵייךְ, אוּנְד צוּ ווָאס זָאל אִיךְ עֶס גְלֵייכֶען? עֶס אִיז 19
גְלֵייךְ צוּ זָאמֶען פוּן זֶענְפְט, ווָאס אַ מַאן הָאט גֶענוּמֶען
אוּנְד הָאט אִין זַיין גָארְטֶען אַרֵיינְגֶעווָארְפֶען. אוּנְד עֶס
הָאט אוֹיפְגֶעווַאקְסֶען, אוּנְד אִיז גֶעווָארֶען אַ גְרוֹיסֶער בּוֹים,
אוּנְד דִיא פֵייגֶעל פוּן הִימֶעל הָאבֶּען גֶעווְאוֹינְט צְווִישֶׁען
זַיינֶע צְווַייגֶען:
אוּנְד עֶר הָאט ווִידֶער גֶעזָאגְט, צוּ ווָאס זָאל אִיךְ גְלֵייכֶען 20
דָאס קֶענִיגְרֵייךְ פוּן גָאט? עֶס אִיז גְלֵייךְ צוּ זוֹיעֶרְטֵייג ווָאס 21
אַ פְרוֹיא הָאט גֶענוּמֶען אוּנְד הָאט פֶערְבָּארְגֶען אִין דְרֵייא
מֶעסְטְלֶעךְ מֶעהְל, בִּיז דָאס גַאנְצֶע אִיז זוֹיעֶר גֶעווָארֶען:
אוּנְד עֶר אִיז אַרוֹיסְגֶעגַאנְגֶען אִין דִיא שְׁטֶעט אוּנְד דֶערְ־ 22
פֶער, אוּנְד הָאט גֶעלֶעהְרְט, אוּנְד הָאט זַיין ווֶעג גֶענוּמֶען
קַיין יְרוּשָׁלַיִם:
אוּנְד אֵיינֶער הָאט צוּ אִיהְם גֶעזָאגְט, הַאר, ווֶעלֶען ווֶענִיג 23
גֶערֶעטֶעט ווֶערֶען? אָבֶּער עֶר הָאט צוּ זֵייא גֶעזָאגְט: בֶּע־ 24
מִיהְט אֵייךְ אִיהְר זָאלְט דוּרְךְ דֶעם עֶנְגֶען טוֹיעֶר אַרֵיינְ־
קוּמֶען. ווָארִין אִיךְ זָאג אֵייךְ פִילֶע ווֶעלֶען זוּכֶען אַרֵיינְצוּ־
קוּמֶען, אוּנְד ווֶעלֶען נִיט קֶענֶען: ווֶען דֶער בַּעַל־הַבַּיִת ווֶעט 25
אוֹיפְשְׁטֶעהְן, אוּנְד ווֶעט דִיא טִיר צוּשְׁלִיסֶען, אוּנְד אִיהְר
ווֶעט אָנְהֶעבֶּען פוּן דְרוֹיסֶען צוּ שְׁטֶעהְן, אוּנְד אָן דֶער טִיר
צוּ קְלַאפֶען. אוּנְד צוּ זָאגֶען, הַאר, הַאר! עֶפֶען אוּנְס, אַזוֹי
ווֶעט עֶר עֶנְטְפֶערְן אוּנְד ווֶעט צוּ אֵייךְ זָאגֶען, אִיךְ קֶען
אֵייךְ נִיט פוּן ווַאנֶען אִיהְר זֶענְט: דַאן ווֶעט אִיהְר אָנְהֶע־ 26
בֶּען צוּ זָאגֶען, מִיר הָאבֶּען גֶעגֶעסֶען אוּנְד גֶעטְרוּנְקֶען פַאר
דִיר, אוּנְד דוּא הָאסְט גֶעלֶעהְרְט אִין אוּנְזֶערֶע גַאסֶען: אַזוֹי 27
ווֶעט עֶר זָאגֶען, אִיךְ זָאג אֵייךְ, אִיךְ קֶען אֵייךְ נִיט פוּן
ווַאנֶען אִיהְר זֶענְט, גֶעהְט אַוֶועק פוּן מִיר אַלֶע, אִיהְר
אִיבֶּעלְטֶהעטֶער: דָארְטֶען ווֶעט זַיין גֶעוויין אוּנְד צֵיינְקְרִיצֶען, 28

ווען איהר וועט זעהען אברהם יצחק אונד יעקב, אונד אלע
נביאים, אין דעם קעניגרייך פון גאט, אונד אייך זעלבסט
29 ארויסגעוואָרפען: אונד זייא וועלען קומען פון מזרח אונד
מערב, אונד פון צפון אונד דרום, אונד וועלען זיך אנידער
30 זעצען אים קעניגרייך פון גאט: אונד זעה, דא זענען
לעצטע וואס זענען ערשטע אונד דא זענען ערשטע וואס
וועלען זיין לעצטע:
31 אין דיזען טאג זענען עטליכע פון דיא פרושים צו איהם
געקומען, אונד האבען צו איהם געזאגט, געה ארויס, אונד
קום אוועק פון דאנען, וואָרין הורדוס וויל דיך הרגענען:
32 אונד ער האט צו זייא געזאגט, געהט אונד זאגט דעם
דאזיגען פוקס, זעה, איך טרייב ארויס שדים אונד איך
טהוא היילען היינט אונד מארגען אונד אין דעם דריטען
33 טאג וועל איך פאלקאָמען ווערען: אבער איך מוס ארומ־
געהען היינט, מארגען אונד איבערמארגען: וואָרין עס קען
ניט זיין אז א נביא זאל אומקומען אויסער פון ירושלים:
34 ירושלים, ירושלים, וואס הרגעסט דיא נביאים, אונד
שטייניגסט דיא וואס זענען צו דיר געשיקט; וויא פיל
מאל האב איך געוואָלט דיינע קינדער איינזאמלען, אזוי
וויא א הין זאמעלט איין איהרע יונגע הינלעך אונטער
35 איהרע פליגעל אונד איהר האט ניט געוואָלט: זעהט, אייער
הויז ווערט אייך איבערגעלאזט וויסט, אונד איך זאג
אייך, איהר וועט מיך ניט זעהען ביז איהר וועט זאגען,
געלויבט איז דער וואס קומט אין דעם נאמען פון דעם
האר (גאט):

קאפיטעל יד

1 אונד עס איז געוועזען ווען ער איז געקומען אין הויז אריין
פון איין עלצטען פון דיא פרושים, אז ער זאל ברויט עסען
2 אם שבת, האבען זייא איהם בעוואכט: אונד זעה,
דא וואר א מאן פאר איהם וואס האט געהאט, דיא וואסער־
3 זוכט: אונד ישוע האט געענטפערט אונד האט געזאגט
צו דיא געזעצלעהרער אונד פרושים מעג מען היילען
4 אם שבת אדער ניט? אבער זייא האבען געשוויגען. אונד
ער האט איהם גענומען אונד האט איהם געהיילט, אונד האט

5 אִיהְם גֶעלָאזְט גֶעהְן: אוּנְד עֶר הָאט צוּ זַייא גֶעעֶנְטְפֶערְט
אוּנְד גֶעזָאגְט, וָוער פוּן אַייךְ, וָוען זַיין עֶזֶעל אָדֶער זַיין
אָקְס וָועט אַרַיינְפַאלֶען אִין אַ בְּרוּנֶען, וָועט עֶר עֶס נִיט
6 בַּאלְד אַרוֹיסְצִיהֶען אַם שַׁבָּת? אוּנְד זַייא הָאבֶּען אִיהְם אוֹיף
דֶעם נִיט גֶעקָאנְט עֶנְטְפֶערְן:
7 אוּנְד עֶר הָאט גֶעזָאגְט אַ מָשָׁל צוּ דִיא אַיינְגֶעלַאדֶענֶע
גֶעסְט, ווִיא עֶר הָאט גֶעמֶערְקְט אַז זַייא הָאבֶּען זִיךְ אוֹיסְגֶע־
וָועהְלְט אוֹיבֶּען אָן צוּ זִיצֶען, אוּנְד עֶר הָאט צוּ זַייא גֶעזָאגְט:
8 וָוען דוּא וָועסְט בַּייא אֵיינֶעם אַיינְגֶעלַאדֶען אוֹיף אַ חֲתוּנָה,
אַזוֹי זָעץ דִיךְ נִיט אוֹיבֶּען אָן. וָוארִין טָאמֶער וָועט אַ גְּרֶע־
9 סֶערֶער גַאסְט בַּייא אִיהְם אַיינְגֶעלַאדֶען וָוערֶען: אוּנְד
דֶער וָואס הָאט דִיךְ אוּנְד אִיהְם אַיינְגֶעלַאדֶען וָועט קוּמֶען,
אוּנְד וָועט צוּ דִיר זָאגֶען, מַאךְ פְּלַאץ פַאר דִיזֶען; אוּנְד
דוּא וָועסְט אָנְהֶעבֶּען מִיט בּוּשָׁה דֶעם אוּנְטֶערְשְׁטֶען אָרְט
10 צוּ נֶעמֶען: אָבֶּער וָוען דוּא וָוערְסְט אַיינְגֶעלַאדֶען, אַזוֹי
גֶעה אוּנְד זֶעץ דִיךְ אוֹיף דֶעם אוּנְטֶערְשְׁטֶען אָרְט; דָאס
וָוען דֶער וָואס הָאט דִיךְ אַיינְגֶעלַאדֶען וָועט קוּמֶען, וָועט
עֶר צוּ דִיר זָאגֶען, פְרַיינְד, גֶעה ווַייטֶער אַרוֹיף, אַזוֹי וָועסְט
דוּא הָאבֶּען כָּבוֹד פַאר דִיא וָואס זִיצֶען מִיט דִיר צוּ טִישׁ:
11 וָוארִין אִיטְלִיכֶער וָואס וָועט זִיךְ דֶערְהֵייכֶען וָועט דֶערְ־
נִידְרִיגְט וָוערֶען, אוּנְד דֶער וָואס וָועט זִיךְ דֶערְנִידְרִיגֶען,
דֶער וָועט דֶערְהֵייכְט וָוערֶען:
12 אוּנְד עֶר הָאט גֶעזָאגְט צוּ דֶעם וָואס הָאט אִיהְם אַיינְגֶעלַא־
דֶען, וָוען דוּא מַאכְסְט אַיין מִיטָאגְמָאל, אָדֶער אֵיין
אָבֶּענְדְמָאל, רוּף נִיט דַיינֶע פְרֵיינְד אוּנְד דַיינֶע בְּרִידֶער
אוּנְד דַיינֶע קְרוֹבִים, אָדֶער דַיינֶע רַייכֶע שְׁכֵנִים: וָוארִין
טָאמֶער וָועלֶען זַייא דִיךְ אוֹיךְ אַיינְלַאדֶען אוּנְד דוּא וָועסְט
13 הָאבֶּען אַ בֶּעלוֹינוּנְג: אָבֶּער וָוען דוּא מַאכְסְט אַ סְעוּדָה,
אַזוֹי רוּף דִיא אָרֶעמֶע אוּנְד דִיא קְרִיפֶּעל, אוּנְד דִיא הִינְקֶער־
14 דִיגֶע, אוּנְד דִיא בְּלִינְדֶע: אוּנְד דוּא וָועסְט גֶעבֶּענְשְׁט זַיין;
וָוארִין זַייא הָאבֶּען דִיר נִיט מִיט וָואס צוּ בֶּעלוֹינֶען. אָבֶּער
עֶס וָועט דִיר בֶּעצָאלְט וָוערֶען אִין דִיא אוֹיפְשְׁטֶעהוּנְג פוּן
דִיא צַדִיקִים:
15 וָוען אֵיינֶער פוּן דִיא וָואס זֶענֶען מִיט אִיהְם צוּם טִישׁ

געזעסען האט דאס געהערט, אזוי האט ער צו איהם
געזאגט, געבענשט איז דער וואס וועט עסען ברויט אין
16 דעם קעניגרייך פון גאט: אבער ער האט צו איהם געזאגט,
א מאן האט געמאכט א גרויס אבענדמאהל, אונד האט
17 פילע איינגעלאדען: אונד צו דער שעה פון דער מאלצייט
האט ער זיין קנעכט געשיקט ער זאל זאגען צו דיא וואס
וואַרען געלאדען, קומט; וואָרין אלעס איז שוין פארטיג:
18 אונד זייא האבען זיך אנגעהויבען אלע מיט איין מאל צו
ענטשולדיגען. דער ערשטער האט צו איהם געזאגט, איך
האב געקויפט א פעלד, אונד איך מוז געהן אונד עס זע־
19 העך. איך בעט דיך זייא מיר מוחל: אונד איין אנדערער
האט געזאגט, איך האב געקויפט פינף יאך אקסען, אונד
איך געה זייא פרובען; איך בעט דיך זייא מיר מוחל:
20 אונד איין אנדערער האט געזאגט, איך האב א ווייב גע־
21 נומען, אונד דעסטוועגען קען איך ניט קומען: אונד דיזער
קנעכט איז געקומען אונד האט דאס זיין האר דערצעלט,
אזוי האט זיך דער בעל הבית געבייזערט, אונד האט גע־
זאגט צו זיין קנעכט, געה געשווינד ארויס אין דיא גאסען
פון דער שטאט, אונד ברענגט אהער דיא ארעמע, אונד
22 בלינדע, אונד דיא קריפעל: אונד דער קנעכט האט גע־
זאגט, האר, עס איז געשעהען אזוי וויא דו האסט בע־
23 פוילען, אונד עס איז נאך דא פלאץ: אונד דער האר האט
געזאגט צום קנעכט, געה ארויס צו דיא לאנד שטראסען
אונד דיא צוימען אונד נייט זייא אריינצוקומען, כדי מיין
24 הויז זאל זיין פול: וואָרין איך זאג אייך אז קיינער פון
דיזע לייט וואס וואַרען איינגעלאדען וועלען פערזוכען
פון מיינע מאהלצייט:
25 אונד פיל פאלק איז מיט איהם געגאנגען, אונד ער האט
26 זיך אומגעקערט אונד האט צו זייא געזאגט: ווען איינער
קומט צו מיר, אונד האט ניט פיינד זיין אייגענעם פאטער
אונד מוטער, אונד ווייב אונד קינדער, אונד ברודער אונד
שוועסטער, אונד אפילו זיין אייגענעם לעבען, דער קען
27 ניט זיין מיין תלמיד: אונד ווער עס טראגט ניט מיין קרייץ
אונד קומט נאך מיר דער קען ניט זיין מיין תלמיד:

28 וָוארין וָועלְכֶער פוּן אֵייךְ, וָואס וָועט וָועלֶען אַ טְהוּרם בּוֹיעֶן,
וָועט זִיךְ נִיט צוּעֶרשְׁט אַנִידֶערזֶעצֶען אוּנְד בֶּערֶעכֶנֶען דִיא
הוֹצָאוֹת, אוֹיבּ עֶר הָאט עֶס מִיט וָואס אוֹיסְצוּפִיהְרֶען?
29 וָוארין טָאמֶער וָוען עֶר וָועט לֶעגֶען דֶעם גְרוּנְד, אוּנְד וָועט
עֶס נִיט קֶענֶען עֶנְדִיגֶען, אַזוֹי וָועלֶען אִיהְם אַלֶע וָואס זֶעהֶען
30 עֶס אָנְהֶעבֶּען אוֹיסְצוּשְׁפֶּעטֶען: אוּנְד וָועלֶען זָאגֶען, דִיזֶער
מַאן הָאט אָנְגֶעהוֹיבֶּען צוּ בּוֹיעֶן, אוּנְד הָאט נִיט גֶעקֶענְט
31 עֶנְדִיגֶען: אָדֶער וָועלְכֶער קֶענִיג וָואס גֶעהְט אַרוֹיס מִלְחָמָה
צוּ הַאלְטֶען מִיט אֵיין אַנְדֶערְן קֶענִיג, זֶעצְט זִיךְ נִיט צוּעֶרשְׁט
אַנִידֶער, אוּנְד טְהוּט זִיךְ בֶּערָאטֶען, אוֹיבּ עֶר קֶען מִיט
צֶעהְן טוֹיזֶענְד אַנְטְקֶעגֶען גֶעהְן דֶעם וָואס קוּמְט קֶעגֶען
32 אִיהְם מִיט צְוַואנְצִיג טוֹיזֶענְד: וָוען נִיט, וָוען דֶער אַנְדֶערֶער
אִיז נָאךְ וַויְיט, אַזוֹי שִׁיקְט עֶר אַ שָׁלִיחַ אוּנְד בֶּעט פַּאר
33 שָׁלוֹם: אַזוֹי אוֹיךְ אִיטְלִיכֶער פוּן אֵייךְ וָואס פֶערְלָאזְט נִיט
34 אַלֶעס וָואס עֶר הָאט, קֶען נִיט זַיין מֵיין תַּלְמִיד: זַאלְץ אִיז
גוּט. אָבֶּער וָוען דָאס זַאלְץ פֶערְלִירְט דֶעם טַעַם, מִיט וָואס
35 זָאל עֶס גֶעזַאלְצֶען וָוערֶען? עֶס טוֹיגְט נִיט מֶעהְר, נִיט
פַאר דֶעם לַאנְד, אוּנְד נִיט פַאר דֶעם מִיסְט. נַייעֶרְט מֶען
וַוארְפְט עֶס אַרוֹיס; דֶער וָואס הָאט אוֹירֶען צוּ הֶערֶען לָאז
עֶר הֶערֶען:

קאפיטעל טו

1 אוּנְד אַלֶע שְׁטֵייעֶר־אֵיינְנֶעמֶער אוּנְד זִינְדֶער הָאבֶּען זִיךְ צוּ
2 אִיהְם גֶענֶעהְנְט, אַז זֵייא זָאלֶען אִיהְם הֶערֶען: אוּנְד דִיא
פְּרוּשִׁים אוּנְד סוֹפְרִים הָאבֶּען גֶעמוּרְמֶעלְט אוּנְד הָאבֶּען
גֶעזָאגְט, דִיזֶער נֶעמְט אוֹיף זִינְדֶער, אוּנְד עֶסְט מִיט זֵייא:
3 אָבֶּער עֶר הָאט צוּ זֵייא דָאס מָשָׁל גֶערֶעט, אוּנְד גֶעזָאגְט:
4 וָועלְכֶער מֶענְשׁ צְוִוישֶׁען אֵייךְ וָואס הָאט הוּנְדֶערְט שָׁאף,
אוּנְד פֶערְלִירְט אֵיינְס פוּן זֵייא, לָאזְט נִיט אִיבֶּער דִיא נַיין
אוּנְד נַיינְצִיג אִין דֶער וִויסְטֶע, אוּנְד גֶעהְט נָאךְ דָאס פֶערְ־
5 לוֹירֶענֶע, בִּיז עֶר גֶעפִינְט עֶס? אוּנְד וָוען עֶר הָאט עֶס
גֶעפוּנֶען אַזוֹי לֶעגְט עֶר עֶס אוֹיף זַיינֶע אַקְסֶעל, אוּנְד פְרֵייעֶט
6 זִיךְ: אוּנְד וָוען עֶר קוּמְט אַהֵיים, רוּפְט עֶר צוּזַאמֶען זַיינֶע
פְרֵיינְד אוּנְד שְׁכֵנִים, אוּנְד זָאגְט צוּ זֵייא, פְרֵייעֶט אֵייךְ מִיט
מִיר, וָוארין אִיךְ הָאבּ גֶעפוּנֶען מֵיין שָׁאף וָואס וַואר

7 פֶערלוירֶען: אִיךְ זָאג אֵייךְ, אַז אַזוֹי וֶועט אוֹיךְ זַיין אַ
שִׂמְחָה אִיבֶּער אֵיין זִינְדֶער וָואס טְהוּט תְּשׁוּבָה, מֶעהְר ווִיא
אִיבֶּער נֵיין אוּנְד נֵיינְצִיג צַדִיקִים, וָואס בֶּעדַארְפֶען נִיט
תְּשׁוּבָה:
8 אָבֶּער וֶועלְכֶע פְרוֹיא וָואס הָאט צֶעהְן מַטְבֵּעוֹת, וֶוען זִיא
פֶערלִירְט אֵיינֶע, צִינְדֶעט זִיא נִיט אָן אַ לִיכְט, אוּנְד קֶעהְרְט
9 אוֹיס דָאס הוֹיז, אוּנְד זוּכְט גוּט, בִּיז זִיא גֶעפִינְט עֶס? אוּנְד
וֶוען זִיא הָאט עֶס גֶעפוּנֶען, רוּפְט זִיא צוּזַאמֶען אִיהְרֶע
פְרֵיינְד אוּנְד שְׁכֵנִים, אוּנְד זָאגְט, פְרֵייעֶט אֵייךְ מִיט מִיר,
וָוארִין אִיךְ הָאבּ גֶעפוּנֶען דִיא מַטְבֵּעַ וָואס אִיךְ הָאבּ פֶער־
10 לוֹירֶען: אִיךְ זָאג אֵייךְ, אַז אַזוֹי וֶועט זַיין אַ שִׂמְחָה פָאר
דִיא מַלְאָכִים פוּן גָאט אִיבֶּער אֵיין זִינְדֶער וָואס טְהוּט
תְּשׁוּבָה:
11 אוּנְד עֶר הָאט גֶעזָאגְט, אַ מַאן הָאט גֶעהַאט צְווייא זִיהְן:
12 אוּנְד דֶער יוּנְגֶערֶער פוּן זֵייא הָאט גֶעזָאגְט צוּם פָאטֶער,
פָאטֶער, גִיבּ מִיר דָאס חֵלֶק פוּן דֶעם פֶערְמֶעגֶען וָואס
בֶּעהֶערְט מִיר. אוּנְד עֶר הָאט זַיין פֶערְמֶעגֶען צְווִישֶׁען זֵייא
13 גֶעטְהֵיילְט: אוּנְד נָאךְ עֶטְלִיכֶע טֶעג הָאט דֶער יוּנְגֶער זוּהְן
אַלֶעס צוּזַאמֶען גֶענוּמֶען, אוּנְד אִיז אַוֶועקְגֶעפָאהְרֶען אִין אַ
ווֵייט לַאנְד אַרֵיין, אוּנְד הָאט דָארְטֶען זַיין פֶערְמֶעגֶען
14 פֶערְשְׁוֶוענְדֶעט אִין אֵיין אוֹיסְגֶעלַאסֶענֶעם לֶעבֶּען: וֶוען עֶר
הָאט אַלֶעס פֶערְצֶעהְרְט, אַזוֹי וַואר אֵיין שְׁטַארְקֶער הוּנְגֶער
אִין דֶעם לַאנְד. אוּנְד עֶר הָאט אָנְגֶעהוֹיבֶּען אִין דֶער נוֹיט
15 צוּ זַיין: אוּנְד עֶר אִיז גֶעגַאנְגֶען אוּנְד הָאט זִיךְ בֶּעהֶעפְט
צוּ אֵיין אֵיינְוְואוֹינֶער פוּן דֶעם לַאנְד. אוּנְד עֶר הָאט אִיהְם
16 גֶעשִׁיקְט אִין זֵיינֶע פֶעלְדֶער אַרֵיין חֲזֵרִים צוּ הִיטֶען: אוּנְד
עֶר הָאט גֶעוָואלְט זַיין בּוֹיךְ אָנְפִילֶען מִיט שָׁאלֶעכְץ וָואס
דִיא חֲזֵרִים הָאבֶּען גֶעגֶעסֶען. אוּנְד קֵיינֶער הָאט אִיהְם נִיט
17 גֶעגֶעבֶּען: אוּנְד וֶוען עֶר אִיז צוּ זִיךְ גֶעקוּמֶען, הָאט עֶר
גֶעזָאגְט, ווִיא פִיל מְשָׁרְתִים פוּן מֵיין פָאטֶער הָאבֶּען בְּרוֹיט
18 גֶענוּג אוּנְד אִיבְּרִיג, אוּנְד אִיךְ קוּם אוּם פַאר הוּנְגֶער: אִיךְ
וֶועל אוֹיפְשְׁטֶעהְן אוּנְד וֶועל גֶעהְן צוּ מֵיין פָאטֶער, אוּנְד
וֶועל צוּ אִיהְם זָאגֶען, פָאטֶער, אִיךְ הָאבּ גֶעזִינְדִיגְט קֶעגֶען
19 דֶעם הִימֶעל, אוּנְד פָאר דִיר: אִיךְ בִּין נִיט מֶעהְר וֶוערְט

דַיין זוּהְן צוּ הֵייסֶען. מַאך מִיך וִויא אֵיינֶעם פוּן דֵיינֶע
20 גֶעדוּנְגֶענֶע מְשָׁרְתִים: אוּנְד עֶר אִיז אוֹיפְגֶעשְׁטַאנֶען אוּנְד
אִיז גֶעקוּמֶען צוּ זַיין פָאטֶער; אוּנְד וֶוען עֶר וַואר נָאך וַוייט
פוּן אִיהְם, אַזוֹי הָאט אִיהְם זַיין פָאטֶער גֶעזֶעהֶען, אוּנְד הָאט
רַחֲמָנוּת בֶּעקוּמֶען, אוּנְד אִיז גֶעלָאפֶען אוּנְד אִיז אִיהְם אוֹיף
21 דֶעם הַאלְז גֶעפַאלֶען, אוּנְד הָאט אִיהְם גֶעקִישְׁט: אָבֶּער
דֶער זוּהְן הָאט צוּ אִיהְם גֶעזָאגְט, פָאטֶער, אִיך הָאבּ גֶעזִינְד־
דִיגְט קֶעגֶען דֶעם הִימֶעל אוּנְד קֶעגֶען דִיר, אוּנְד בִּין נִיט
22 מֶעהְר וֶוערְט דַיין זוּהְן צוּ הֵייסֶען: אוּנְד דֶער פָאטֶער הָאט
גֶעזָאגְט צוּ זַיינֶע קְנֶעכְט, בְּרֶענְגְט גִיך אַרוֹיס דָאס בֶּעסְטֶע
קְלֵייד אוּנְד טְהוּט אִיהְם אָן, אוּנְד גִיבְּט אִיהְם אַ רִינְג אוֹיף
23 זַיינֶע הַאנְד, אוּנְד שִׁיך אוֹיף דִיא פִּיס: אוּנְד בְּרֶענְגְט דָאס
פֶעטֶע קַאלְבּ אוּנְד שֶׁעכְט עֶס; אוּנְד לָאזֶען מִיר עֶסֶען,
24 אוּנְד זִיך פְרֵייעֶן: וָוארִין דִיזֶער מֵיין זוּהְן וַואר טוֹיט
אוּנְד עֶר לֶעבְּט וִוידֶער; עֶר וַואר פֶערְלוֹירֶען, אוּנְד עֶר אִיז
גֶעפוּנֶען, אוּנְד זַייא הָאבֶּען אָנְגֶעהוֹיבֶּען פְרֶעהְלִיך צוּ זַיין:
25 אָבֶּער זַיין עֶלְצְטֶער זוּהְן וַואר אִים פֶעלְד, אוּנְד וִויא עֶר
אִיז נָאהֶענְט גֶעקוּמֶען צוּם הוֹיז, אַזוֹי הָאט עֶר גֶעהֶערְט
26 זִינְגֶען אוּנְד טַאנְצֶען: אוּנְד עֶר הָאט גֶערוּפֶען אֵיינֶעם פוּן
זַיינֶע יוּנְגֶען, אוּנְד הָאט גֶעפְרֶעגְט וָואס דָאס בֶּעדַייט:
27 אוּנְד עֶר הָאט צוּ אִיהְם גֶעזָאגְט, דַיין בְּרוּדֶער אִיז גֶעקוּמֶען.
אוּנְד דַיין פָאטֶער הָאט גֶעשָׁאכְטֶען דָאס פֶעטֶע קַאלְבּ,
28 ווייל עֶר הָאט אִיהְם גֶעזוּנְד וִוידֶער אַנְטְפַאנְגֶען: אַזוֹי הָאט
עֶס אִיהְם פֶערְדְרָאסֶען, אוּנְד עֶר הָאט נִיט גֶעוָואלְט אַרֵיינְ־
קוּמֶען. אוּנְד זַיין פָאטֶער אִיז אַרוֹיסְגֶעגַאנְגֶען, אוּנְד הָאט
29 אִיהְם גֶעבֶּעטֶען: אָבֶּער עֶר הָאט דֶעם פָאטֶער גֶעעֶנְטְפֶערְט
אוּנְד גֶעזָאגְט, דֶעה, אִיך דִין דִיר שׁוֹין אַזוֹי פִיל יָאהְר, אוּנְד
הָאבּ נָאך קֵיינְמָאל נִיט עוֹבֵר גֶעוֶועזֶען דַיין גֶעבָּאט, אוּנְד
דוּא הָאסְט מִיר נָאך קֵיינְמָאל גֶעגֶעבֶּען אַ צִיגֶעלֶע אַז אִיך
30 זָאל מִיך פְרֶעהְלִיך מַאכֶען מִיט מֵיינֶע פְרֵיינְד: אָבֶּער וֶוען
דִיזֶער דַיין זוּהְן אִיז גֶעקוּמֶען, וָואס הָאט דַיין פֶערְמֶעגֶען
פֶערְבְּרַאכְט מִיט הוּרֶען, הָאסְט דוּא אִיהְם גֶעשָׁאכְטֶען
31 דָאס פֶעטֶע קַאלְבּ: אָבֶּער עֶר הָאט צוּ אִיהְם גֶעזָאגְט, מֵיין
זוּהְן דוּא בִּיסְט בֶּעשְׁטֶענְדִיג מִיט מִיר אוּנְד אַלֶעס וָואס אִיך

32 הָאבּ אִיז דֵיין: מֶען הָאט זִיךְ בֶּעדַארְפְט פְרֵייעֶן אוּנְד
פְרֶעהלִיךְ זַיין, וָוארִין דִיזֶער דֵיין בְּרוּדֶער וַואר טוֹיט, אוּנְד
עֶר לֶעבְּט וִוידֶער; עֶר וַואר פֶערְלוֹירֶען אוּנְד אִיז גֶעפוּנֶען:

קאפיטעל טז

1 אוּנְד עֶר הָאט אוֹיךְ צוּ זַיינֶע תַּלְמִידִים גֶעזָאגְט עֶס וַואר אַ
רֵייכֶער מַאן וָואס הָאט גֶעהַאט אַ הוֹיזְהַאלְטֶער, אוּנְד עֶר
וַואר בַּייא אִיהְם אָנְגֶעקְלָאגְט, אַז עֶר הָאט זַיין פֶערְמֶעגֶען
2 פֶערְשְׁוֶוענְדֶעט: אוּנְד עֶר הָאט אִיהְם גֶערוּפֶען אוּנְד הָאט
אִיהְם גֶעזָאגְט, וָואס אִיז דָאס וָואס אִיךְ הֶער פוּן דִיר? גִיבּ
אָפּ אַ רֶעכֶענוּנְג פוּן דֵיינֶע הוֹיזְהַאלְטוּנְג, וָוארִין דוּא קֶענְסְט
3 נִיט מֶעהְר מֵיין הוֹיזְהַאלְטֶער זַיין: אוּנְד דֶער הוֹיזְהַאלְטֶער
הָאט זִיךְ גֶעטְרַאכְט, וָואס זָאל אִיךְ טְהוּן? מֵיין הַאר נֶעמְט
פוּן מִיר אַוֶועק דִיא הוֹיזְהַאלְטוּנְג. גְרוּבֶּען קֶען אִיךְ נִיט,
4 אוּנְד צוּ בֶּעטְלֶען שֶׁעם אִיךְ מִיךְ: אִיךְ וֵויים וָואס אִיךְ זָאל
טְהוּן, אַז וֶוען אִיךְ בִּין אָפְּגֶעזֶעצְט פוּן דִיא הוֹיזְהַאלְטוּנְג,
5 זָאלֶען זֵייא מִיךְ אִין זֵיירֶע הֵייזֶער אַרֵיינְנֶעמֶען: אוּנְד עֶר
הָאט גֶערוּפֶען אַלֶע בַּעֲלֵי חוֹבוֹת פוּן זַיין הַאר, אוּנְד הָאט
צוּם עֶרְשְׁטֶען גֶעזָאגְט, וִויא פִיל בִּיסְט דוּא מֵיין הַאר שׁוּלְ־
6 דִיג? אוּנְד עֶר הָאט גֶעזָאגְט הוּנְדֶערְט מָאס עֶהְל, אוּנְד עֶר
הָאט גֶעזָאגְט נֶעם דֵיין שְׁטַר חוֹב, אוּנְד זֶעץ דִיךְ גִיךְ אַנִי־
7 דֶער, אוּנְד שְׁרֵייבּ אוֹיף פוּפְצִיג: דֶערְנָאךְ הָאט עֶר צוּם
אַנְדֶערְן גֶעזָאגְט, אוּנְד וִויא פִיל בִּיסְט דוּא שׁוּלְדִיג? אוּנְד
עֶר הָאט גֶעזָאגְט, הוּנְדֶערְט מֶעסְטְלֶעךְ וֵוייץ: אַזוֹי הָאט
עֶר צוּ אִיהְם גֶעזָאגְט, נֶעם דֵיין שְׁטַר חוֹב, אוּנְד שְׁרֵייבּ גִיךְ
8 אַכְטְצִיג: אוּנְד דֶער הַאר הָאט גֶעלוֹיבְּט דֶעם אוּנְגֶערֶעכְ־
טֶען הוֹיזְהַאלְטֶער, וֵוייל עֶר הָאט קְלוּג גֶעטְהוּן: וָוארִין דִיא
קִינְדֶער פוּן דִיזֶער וֶועלְט זֶענֶען קְלוּגֶער פַאר זֵייעֶר גֶע־
9 שְׁלֶעכְט וִויא דִיא קִינְדֶער פוּן דֶעם לִיכְט: אוּנְד אִיךְ זָאג
אֵייךְ, מַאכְט אֵייךְ פְרֵיינְד פוּן דֶעם אוּנְגֶערֶעכְטֶען מָמוֹן, אַז
וֶוען עֶס וֶועט פֶעהְלֶען, אַזוֹי זָאלֶען זֵייא אֵייךְ אַרֵיינְנֶעמֶען
10 אִין אֵייבִּיגֶע וְואוֹינוּנְגֶען: דֶער וָואס אִיז גֶעטְרֵייא אִין דֶעם
וֶוענִיגְסְטֶען, אִיז אוֹיךְ גֶעטְרֵייא אִין פִילֶען, אוּנְד דֶער וָואס
אִיז אוּמְגֶערֶעכְט אִין דֶעם וֶוענִיגְסְטֶען, אִיז אוֹיךְ אוּמְגֶע־
11 רֶעכְט אִין פִילֶען: דְרוּם וֶוען אִיהְר זֶענְט נִיט גֶעטְרֵייא

גֶעוֶועזֶען אִין דֶעם אוּמְגֶערֶעכְטֶען מָמוֹן, וֶוער וֶועט אֵייךְ
12 אָנְפֶערְטְרוֹיעֶן דָאס וָואהְרְהַאפְטִיגֶע: אוּנְד וֶוען אִיהְר זֶענְט
אִין דֶעם פְרֶעמְדֶענְס נִיט גֶעטְרֵייא גֶעוֶועזֶען, וֶוער וֶועט אֵייךְ
13 דָאס אֵיירִיגֶע גֶעבֶּען? קֵיין קְנֶעכְט קֶען דִינֶען צְוֵוייא הַאר־
רֶען; וָוארִין עֶנְטְוֶועדֶער עֶר וֶועט אֵיינֶעם פֵיינְד הָאבֶּען,
אוּנְד דֶעם אַנְדֶערֶען לִיבֶּען; אָדֶער עֶר וֶועט זִיךְ הַאלְטֶען
אָן אֵיינֶעם, אוּנְד וֶועט דֶעם אַנְדֶערְן פֶערְאַכְטֶען, אִיהְר קֶענְט
נִיט דִינֶען גָאט אוּנְד מָמוֹן:
14 אוּנְד דִיא פְּרוּשִׁים וָואס וַוארֶען גֵייצִיג, הָאבֶּען דָאס אַלֶעס
15 גֶעהֶערְט; אוּנְד זֵייא הָאבֶּען אִיהְם אוֹיסְגֶעשְׁפֶּעט: אוּנְד עֶר
הָאט צוּ זֵייא גֶעזָאגְט, אִיהְר זֶענְט דִיא וָואס טְהוּן זִיךְ
רֶעכְטְפֶערְטִיגֶען פָאר מֶענְשֶׁען, אָבֶּער גָאט קֶענְט אֵיי־
רֶע הֶערְצֶער, וָוארִין דָאס וָואס אִיז הוֹיךְ גֶעמַאכְט
16 צְווִישֶׁען מֶענְשֶׁען, אִיז אֵיין גְרֵייעֶל פָאר גָאט: דִיא תּוֹרָה
אוּנְד דִיא נְבִיאִים זֶענֶען גֶעוֶועזֶען בִּיז צוּ יוֹחָנָן, אוּנְד פוּן
דֶענְסְמָאל אָן וֶוערְט דָאס קֶענִיגְרֵייךְ פוּן גָאט גֶעפְּרֶעדִיגְט,
17 אוּנְד אִיטְלִיכֶער דְרִינְגְט זִיךְ אַרֵיין: אָבֶּער עֶס אִיז גְרִינְגֶער
אַז הִימֶעל אוּנְד עֶרְד זָאל פַארְגֶעהֶען אֵיידֶער אֵיינֶע נְקוּדָה
18 פוּן דֶער תּוֹרָה זָאל פַאלֶען: אִיטְלִיכֶער וָואס שֵׁיידֶעט זֵיין
וֵוייבּ, אוּנְד נֶעמְט אֵיינֶע אַנְדֶערֶע, דֶער אִיז מְזַנֶה, אוּנְד וֶוער
עֶס נֶעמְט דִיא וָואס אִיז אֵיינֶע גְרוּשָׁה פוּן אִיהְר מַאן אִיז
מְזַנֶה:
19 עֶס אִיז גֶעוֶועזֶען אַ רֵייכֶער מַאן וָואס וַואר גֶעקְלֵיידֶעט אִין
פּוּרְפּוּר אוּנְד פֵיינֶע לֵיינְוַואנְד, אוּנְד הָאט אַלֶע טָאג גֶעלֶעבְּט
20 מִיט תַּעֲנוּג אוּנְד פְרֵייד: אוּנְד דָא וַואר אֵיין אָרֶעמֶער מַאן
וָואס הָאט גֶעהֵייסֶען אֶלְעָזָר, וָואס וַואר אַנִידֶערְגֶעלֶעגְט
21 בֵּייא זֵיין טוֹיעֶר פוּל מִיט בְּלַאטֶערְן: אוּנְד עֶר הָאט בַּא־
גֶעהֶרְט זִיךְ צוּ זֶעטִיגֶען מִיט דִיא בְּרֶעקְלֶעךְ וָואס פַאלֶען
אַרוּפּ פוּן דֶעם רֵייכֶען מַאנְס טִישׁ, אָבֶּער דִיא הִינְט זֶענֶען
נָאךְ גֶעקוּמֶען אוּנְד הָאבֶּען גֶעלֶעקְט זֵיינֶע בְּלַאטֶערְן:
22 אוּנְד עֶס אִיז גֶעוֶועזֶען וֶוען דֶער אָרֶעמֶער מַאן אִיז גֶע־
שְׁטָארְבֶּען אִיז עֶר פוּן דִיא מַלְאָכִים גֶעטְרָאגֶען גֶעוָוארֶען
צוּ אַבְרָהָם'ס שׁוֹיס, אוּנְד דֶער רֵייכֶער אִיז אוֹיךְ גֶעשְׁטָארְ־
23 בֶּען אוּנְד אִיז בֶּעגְרָאבֶּען גֶעוָוארֶען: אוּנְד וֶוען עֶר וַואר

אִין יְסוּרִים אִין גֵיהִנָם, אַזוֹי הָאט עֶר זַיינֶע אוֹיגֶען אוֹיפְגֶע־
הוֹיבֶּען, אוּנְד הָאט גֶעזֶעהֶען אַבְרָהָם פוּן וַוייטֶען אוּנְד
24 אֶלְעָזָר אִין זַיין שׁוֹיס: אוּנְד עֶר הָאט גֶעשְׁרִיעֶן אוּנְד גֶע־
זָאגְט, פָאטֶער אַבְרָהָם, דֶערְבַּארְם דִיךְ אִיבֶּער מִיר, אוּנְד
שִׁיק אֶלְעָזָר, אַז עֶר זָאל אֵיינְטוּנְקֶען דֶעם שְׁפִּיץ פוּן זַיין
פִינְגֶער אִין דֶעם וַואסֶער, אוּנְד זָאל מֵיינֶע צוּנְג אָפְּקִיהְלֶען
25 וָוארִין אִיךְ לֵייד יְסוּרִים אִין דֶער פְלַאם: אָבֶּער אַבְרָהָם
הָאט גֶעזָאגְט, קִינְד, גֶעדֶענְק אַז דוּא הָאסְט גוּטֶע זַאכֶען
אָפְּגֶענוּמֶען בַּייא דַיין לֶעבֶּען, אוּנְד אֶלְעָזָר הָאט אוֹיךְ דִיא
שְׁלֶעכְטֶע אָפְּגֶענוּמֶען: אוּנְד אַצוּנְד וֶוערְט עֶר גֶעטְרֵייסְט,
26 אוּנְד דוּא הָאסְט יְסוּרִים: אוּנְד אִיבֶּער דֶעם אַלֶעם אִיז דָא
צְוִוישֶׁען אוּנְס אוּנְד אֵייךְ אַ גְרוֹיסֶער אָפְּגְרוּנְד גֶעזֶעצְט, אַז
דִיא וָואס ווִילֶען פוּן דַאנֶען צוּ אֵייךְ אַרִיבֶּערְגֶעהֶען, קֶענֶען
נִיט, אוּנְד דִיא פוּן יֶענֶער זַייט קֶענֶען אוֹיךְ נִיט צוּ אוּנְס
27 אַרִיבֶּערְקוּמֶען: אוּנְד עֶר הָאט גֶעזָאגְט, דְרוּם בֶּעט אִיךְ
דִיךְ, פָאטֶער, אַז דוּא זָאלְסְט אִיהְם שִׁיקֶען צוּ מֵיין פָא־
28 טֶער'ס הוֹיז: וָוארִין אִיךְ הָאבּ פִינְף בְּרִידֶער, אַז עֶר
זָאל צוּ זֵייא בֶּעצֵייגֶען, כְּדֵי זֵייא זָאלֶען אוֹיךְ נִיט אַרֵיינְ־
29 קוּמֶען צוּ דִיזֶען אָרְט פוּן יְסוּרִים: אוּנְד אַבְרָהָם הָאט צוּ
זֵייא גֶעזָאגְט, זֵייא הָאבֶּען תּוֹרַת מֹשֶׁה אוּנְד דִיא נְבִיאִים
30 לָאזֶען זֵייא זֵייא צוּהֶערֶען: אָבֶּער עֶר הָאט גֶעזָאגְט, נֵיין,
פָאטֶער אַבְרָהָם, נֵייעֶרְט וֶוען אֵיינֶער וֶועט צוּ זֵייא קוּמֶען
31 פוּן דִיא טוֹיטֶע וֶועלֶען זֵייא תְּשׁוּבָה טְהוּן: אוּנְד עֶר הָאט
צוּ אִיהְם גֶעזָאגְט, וֶוען זֵייא הֶערֶען נִיט צוּ תּוֹרַת מֹשֶׁה
אוּנְד דִיא נְבִיאִים, אַזוֹי וֶועלֶען זֵייא אוֹיךְ נִיט גְלוֹיבֶּען וֶוען
אֵיינֶער וֶועט פוּן דִיא טוֹיטֶע אוֹיפְשְׁטֶעהֶען:

קאפיטעל יז

1 עֶר הָאט צוּ זַיינֶע תַּלְמִידִים גֶעזָאגְט, עֶס אִיז אוּנְמֶעגְלִיךְ אַז
שְׁטְרוֹיכְלוּנְגֶען זָאלֶען נִיט קוּמֶען, אָבֶּער וֶועה צוּ דֶעם
2 דוּרְךְ וֶועמֶען זֵייא קוּמֶען: עֶס וָואלְט פַאר אִיהְם בֶּעסֶער
גֶעוֶועזֶען, אַז אַ מִיהְלְשְׁטֵיין זָאל אוֹיף זַיין הַאלְז גֶעהָאנְגֶען
וֶוערֶען, אוּנְד מֶען זָאל אִיהְם אִין יַם אַרֵיינְוַוארְפֶען, אֵיידֶער
עֶר זָאל גוֹרֵם זַיין אֵיינֶעם פוּן דִיזֶע קְלֵיינֶע צוּ שְׁטְרוֹיכְלֶען:
3 גִיט אַכְטוּנְג אוֹיף אֵייךְ זֶעלְבְּסְט, וֶוען דַיין בְּרוּדֶער זִינְדִיגְט

קֶעגֶען דִיר אַזוֹי שְׁטְרָאף אִיהְם; אוּנְד װֶוען עֶר װֶועט חַרָטָה
4 הָאבֶּען אַזוֹי פֶערְגִיבּ אִיהְם: אוּנְד װֶוען עֶר װֶועט קֶעגֶען דִיר
זִיבֶּען מָאל אַ טָאג זִינְדִיגֶען, אוּנְד װֶועט זִיךְ זִיבֶּען מָאל אִין
טָאג צוּ דִיר אוּמְקֶערֶען, אוּנְד װֶועט זָאגֶען, אִיךְ הָאבּ חַרָטָה,
אַזוֹי זָאלְסְט דוּא אִיהְם פֶערְגֶעבֶּען;
5 אוּנְד דִיא אַפָּאסְטֶעל (שְׁלִיחִים) הָאבֶּען גֶעזָאגְט צוּ דֶעם
6 הַאר, גִיבּ אוּנְס מֶעהְר גְלוֹיבֶּען: אָבֶּער דֶער הַאר הָאט גֶע־
זָאגְט, װֶוען אִיהְר װָאלְט גֶעהַאט גְלוֹיבֶּען אַזוֹי װִיא אַ זָאמֶען
פוּן זֶענְפְט, אַזוֹי װָאלְט אִיהְר גֶעזָאגְט צוּ דִיזֶען מוּילְבֶּער־
בּוֹים, װֶער דוּא אוֹיסְגֶעװָארְצֶעלְט, אוּנְד זַייא גֶעפְלַאנְצְט
7 אִין דֶעם יָם, אַזוֹי װֶועט עֶר אַייךְ צוּהֶערֶען: אוּנְד װֶעלְכֶער
פוּן אַייךְ װָאס הָאט אַ קְנֶעכְט װָאס אַקֶערְט אָדֶער פִיטֶערְט
דִיא שָׁאף, אוּנְד װֶועט צוּ אִיהְם זָאגֶען אַזוֹי בַּאלְד װִיא עֶר
8 קוּמְט פוּן דֶעם פֶעלְד, גֶעה אוּנְד זֶעץ דִיךְ צוּם טִישׁ: אָבֶּער
װֶועט עֶר דֶען נִיט צוּ אִיהְם זָאגֶען, מַאךְ פַארְטִיג װָאס אִיךְ
זָאל עֶסֶען צוּם אָבֶּענְדְמָאל, אוּנְד גַארְטֶעל דִיךְ אַרוּם, אוּנְד
בֶּעדִין מִיךְ בִּיז אִיךְ הָאבּ גֶעגֶעסֶען אוּנְד גֶעטְרוּנְקֶען אוּנְד
9 דֶערְנָאךְ זָאלְסְט דוּא עֶסֶען אוּנְד טְרִינְקֶען: װֶועט עֶר זִיךְ
בֶּעדַאנְקֶען צוּ דֶעם קְנֶעכְט, װַייל עֶר הָאט גֶעטְהוּן װָאס עֶר
10 הָאט אִיהְם בֶּעפוֹילֶען? אִיךְ דֶענְק אַז נַיין: אַזוֹי אוֹיךְ אִיהְר.
װֶוען אִיהְר װֶועט הָאבֶּען אַלֶעס גֶעטְהוּן װָאס אִיז אַייךְ גֶע־
בָּאטֶען, אַזוֹי זָאגְט, מִיר זֶענֶען אוּנְנִיצְלִיכֶע קְנֶעכְט װָארִין
מִיר הָאבֶּען גֶעטְהוּן, דָאס װָאס מִיר זֶענֶען מְחוּיָב גֶעװֶעזֶען
צוּ טְהוּן:
11 אוּנְד עֶס אִיז גֶעװֶעזֶען װֶוען עֶר אִיז גֶעגַאנְגֶען קַיין יְרוּשָׁלַיִם,
אַזוֹי אִיז עֶר אוֹיךְ דוּרְךְ שׁוֹמְרוֹן אוּנְד גָלִיל גֶעגַאנְגֶען:
12 אוּנְד װֶוען עֶר אִיז אִין אַ דָארְף אַרַיינְגֶעקוּמֶען, אַזוֹי הָאבֶּען
אִיהְם בֶּעגֶעגֶענְט צֶעהְן קְרֶעצִיגֶע װָאס זֶענֶען גֶעשְׁטַאנֶען פוּן
13 װַייטֶען: אוּנְד זַייא הָאבֶּען זַייעֶר קוֹל אוֹיפְגֶעהוֹיבֶּען אוּנְד גֶע־
14 זָאגְט, יֵשׁוּעַ, מַייסְטֶער, הָאבּ רַחֲמָנוּת אִיבֶּער אוּנְס: אוּנְד
װִיא עֶר הָאט זַייא גֶעזֶעהֶען, הָאט עֶר צוּ זַייא גֶעזָאגְט, גֶעהְט
אוּנְד װַייזְט אַייךְ צוּ דִיא כֹּהֲנִים, אוּנְד עֶס אִיז גֶעװֶעזֶען װֶוען
זַייא זֶענֶען אַװֶעקְגֶעגַאנְגֶען אַזוֹי װָארֶען זַייא גֶערַיינִיגְט:
15 אוּנְד אַיינֶער פוּן זַייא װֶוען עֶר הָאט גֶעזֶעהֶען אַז עֶר אִיז

גֶעהֵיילְט, הָאט עֶר זִיךְ אוּמְגֶעקֶערְט, אוּנְד הָאט גָאט גֶע־
16 לוֹיבְּט מִיט אַ הוֹיךְ קוֹל: אוּנְד עֶר אִיז אוֹיף דֶעם־פָּנִים
גֶעפַאלֶען פַאר. זַיינֶע פִיס אוּנְד הָאט אִיהְם גֶעדַאנְקְט, אוּנְד
17 עֶר אִיז גֶעוֶועזֶען אַ שֹׁמְרוֹנִי: אוּנְד יֵשׁוּעַ הָאט גֶעעֶנְטְפֶערְט
אוּנְד הָאט גֶעזָאגְט, זֶענֶען נִיט צֶעהְן גֶערֵיינִיגְט גֶעוָוארֶען?
18 אָבֶּער וְואוּ זֶענֶען דִיא נַיין: הָאט זִיךְ קֵיינֶער נִיט גֶע־
פוּנֶען וָואס הָאט זִיךְ אוּמְגֶעקֶערְט כָּבוֹד צוּ גֶעבֶּען צוּ גָאט,
19 אוֹיסֶער דִיזֶער פְרֶעמְדֶער: אוּנְד עֶר הָאט צוּ אִיהְם גֶעזָאגְט,
שְׁטֶעה אוֹיף אוּנְד גֶעה דֵיין וֶועג, דֵיין גְלוֹיבֶּען הָאט דִיךְ
גֶעזוּנְד גֶעמַאכְט:
20 אוּנְד וֶוען עֶר וַואר גֶעפְרֶעגְט בַּייא דִיא פְּרוּשִׁים, וֶוען דָאס
קֶענִיגְרֵייךְ פוּן גָאט וֶועט קוּמֶען, אַזוֹי הָאט עֶר צוּ זַייא
גֶעעֶנְטְפֶערְט אוּנְד גֶעזָאגְט, דָאס קֶענִיגְרֵייךְ פוּן גָאט
21 קוּמְט נִיט מִיט בֶּעמֶערְקוּנְג: אוּנְד מֶען וֶועט נִיט זָאגֶען,
זֶעה, הִיר אִיז עֶס, אָדֶער זֶעה דָארְט, וָוארִין זֶעה דָאס קֶע־
נִיגְרֵייךְ פוּן גָאט אִיז אִין אֵייךְ:
22 אוּנְד עֶר הָאט צוּ זַיינֶע תַּלְמִידִים גֶעזָאגְט דִיא טֶעג קוּ־
מֶען, וֶוען אִיהְר וֶועט בֶּעגֶעהְרֶען צוּ זֶעהֶען, אֵיינְס פוּן דִיא
טֶעג פוּן דֶעם בֶּן־אָדָם אוּנְד אִיהְר וֶועט עֶס נִיט זֶעהֶען:
23 אוּנְד זֵייא וֶועלֶען צוּ אֵייךְ זָאגֶען, זֶעה דָא, אָדֶער זֶעה
24 דָארְט, גֶעהְט נִיט אַרוֹיס, אוּנְד פָאלְגְט זֵייא נִיט נָאךְ: וָוארִין
אַזוֹי וִויא דֶער בְּלִיץ וָואס בְּלִיצְט פוּן אֵיין עֶק פוּן אוּנְטֶער
דֶעם הִימֶעל, אוּנְד שַׁיינְט בִּיז צוּם אַנְדֶערֶען עֶק אוּנְטֶער
דֶעם הִימֶעל, אַזוֹי וֶועט דֶער בֶּן־אָדָם זַיין אִין זַיין טָאג:
25 אָבֶּער צוּעֶרְשְׁט מוּס עֶר פִיל לֵיידֶען, אוּנְד פֶערְוָוארְפֶען
26 וֶוערֶען פוּן דִיזֶען דוֹר: אוּנְד אַזוֹי וִויא עֶס אִיז גֶעוֶועזֶען
אִין דִיא טֶעג פוּן נֹחַ, אַזוֹי וֶועט עֶס אוֹיךְ זַיין אִין דִיא טֶעג
27 פוּן דֶעם בֶּן־אָדָם: זֵייא הָאבֶּען גֶעגֶעסֶען, זֵייא הָאבֶּען גֶע־
טְרוּנְקֶען, זֵייא הָאבֶּען חַתוּנָה גֶעהַאט, אוּנְד הָאבֶּען חַתוּנָה
גֶעמַאכְט, בִּיז צוּ דֶעם טָאג וֶוען נֹחַ אִיז אַרֵיינְגֶעגַאנְגֶען אִין
דֶער תֵּיבָה, אוּנְד דָאס מַבּוּל אִיז גֶעקוּמֶען אוּנְד הָאט זַייא
28 אַלֶע אוּמְגֶעבְּרַאכְט: גְלֵייךְ דֶעם וִויא עֶס אִיז גֶעוֶועזֶען אִין
דִיא טֶעג פוּן לוֹט, זֵייא הָאבֶּען גֶעגֶעסֶען, זֵייא הָאבֶּען גֶע־
טְרוּנְקֶען, זֵייא הָאבֶּען גֶעקוֹיפְט, זֵייא הָאבֶּען פֶערְקוֹיפְט,

29 זײא הָאבֶּען גֶעפְלַאנְצְט, זײא הָאבֶּען גֶעבּױעט: אָבֶּער אִין
דֶעם טָאג וָוען לוֹט אִיז אַרױסְגֶעגַאנְגֶען אוֹיס סְדוֹם הָאט
עֶס גֶערֶעגֶענְט מִיט פֵייעֶר אוּנְד שְׁוָועבֶּעל פוּן הִימֶעל, אוּנְד
30 הָאט זײא אַלֶע אוּמְגֶעבְּרַאכְט: אַזוֹי וָועט עֶס זַיין אִין דֶעם
31 טָאג וָוען דֶער בֶּן־אָדָם וָועט אַנְטְפְּלֶעקְט וָוערֶען: אִין יֶענֶעם
טָאג, דֶער וָואס וָועט זַיין אוֹיף דֶעם דַאךְ, אוּנְד זַיינֶע
כֵּלִים אִין הױז, לָאז עֶר נִיט אַרוּפְגֶעהֶען כְּדֵי זײא צוּ נֶע־
מֶען, אוּנְד דֶער וָואס אִיז אִים פֶעלְד, לָאז עֶר זִיךְ אוֹיךְ נִיט
32 צוּרִיק אוּמְקֶעהְרֶען: גֶעדֶענְקְט אָן דֶעם ווײבּ פוּן לוֹט:
33 דֶער וָואס וָועט זוּכֶען זַיין לֶעבֶּען מַצִיל צוּ זַיין, דֶער וָועט
עֶס פֶערְלִירֶען, אוּנְד וָוער עֶס וָועט זַיין לֶעבֶּען פֶערְלִירֶען,
34 דֶער וָועט עֶס דֶערְהַאלְטֶען: אִיךְ זָאג אַייךְ, אִין יֶענֶער
נַאכְט וָועלֶען זַיין צְוײא אִין אֵיין בֶּעט, אֵיינֶער וָועט אַוָועקְ־
גֶענוּמֶען וָוערֶען, אוּנְד דֶער אַנְדֶערֶער וָועט אִיבֶּערְגֶעלָאזְט
35 וָוערֶען: צְוײא ווײבֶּער וָועלֶען צוּזַאמֶען מָאלֶען, אֵיינֶע
וָועט אַוָועקְגֶענוּמֶען וָוערֶען, אוּנְד דִיא אַנְדֶערֶע וָועט אִיבֶּער־
36 גֶעלָאזְט וָוערֶען: (צְוײא וָועלֶען זַיין אִין אֵיין פֶעלְד, אֵיי־
נֶער וָועט אַוָועקְגֶענוּמֶען וָוערֶען, אוּנְד דֶער אַנְדֶערֶער וָועט
37 אִיבֶּערְגֶעלָאזְט וָוערֶען): אוּנְד זײא הָאבֶּען גֶעעֶנְטְפֶערְט
אוּנְד צוּ אִיהְם גֶעזָאגְט, אַוָואוּ הַאר? אוּנְד עֶר הָאט צוּ זײא
גֶעזָאגְט, וָואוּ דִיא נְבֵלָה אִיז, דָארְטֶען וָועלֶען זִיךְ דִיא
אָדְלֶער אֵיינְזַאמְלֶען:

קאפיטעל יח

1 אוּנְד עֶר הָאט זײא גֶעזָאגְט אַ מָשָׁל, אַז זײא זָאלֶען תָּמִיד
2 בֶּעטֶען אוּנְד נִיט מִיד וָוערֶען: אוּנְד עֶר הָאט גֶעזָאגְט, עֶס
אִיז גֶעוָועזֶען אַ רִיכְטֶער אִין אַ שְׁטָאט וָואס הָאט זִיךְ נִיט
גֶעפָארְכְטֶען פַאר גָאט, אוּנְד הָאט קֵיין מֶענְשׁ גֶעשֶׁעצְט:
3 אוּנְד עֶס אִיז גֶעוָועזֶען אַיינֶע אַלְמָנָה אִין יֶענֶער שְׁטָאט
אוּנְד זִיא אִיז צוּ אִיהְם גֶעקוּמֶען, אוּנְד הָאט גֶעזָאגְט, זײא
4 דִיךְ נוֹקֵם אָן מֵיין קְרִיגֶער: אוּנְד עֶר הָאט פַאר אַ צַייט
נִיט גֶעוָואלְט: אָבֶּער דֶערְנָאךְ הָאט עֶר גֶעטְרַאכְט, הָאטְשֶׁע
5 אִיךְ פָארְכְט נִיט גָאט, אוּנְד שֶׁעץ קֵיין מֶענְשׁ: דָאךְ ווייל
דִיזֶע אַלְמָנָה גִיבְּט מִיר אַזוֹי פִיל מִיה, אַזוֹי וָועל אִיךְ פַאר
אִיהְר אַ נְקָמָה טְהוּן, אַז זִיא זָאל מִיךְ נִיט מִיד מַאכֶען מִיט

6 איהר פיל קומען, דער האר האט געזאגט, הערט וואס דער
7 אומגערעכטער ריכטער זאגט: אונד זאל ניט גאט איינע
נקמה טהון פאר זיינע אויסדערוועהלטע, וואס שרייען צו
איהם טאג אונד נאכט, חאטשע ער האט מיט זייא געדולד?
8 איך זאג אייך, אז ער וועט באלד פאר זייא איינע נקמה
טהון; אבער ווען דער בן־אדם וועט קומען וועט ער גע־
פינען גלויבען אויף דער ערד?
9 אונד ער האט אויך דאס משל געזאגט צו עטליכע וואס
האבען פערטרויעט אין זיך אליין אז זייא זענען צדיקים,
10 אונד האבען דיא איבריגע פעראכטעט: צווייא מענשען
זענען ארויפגעגאנגען אין בית המקדש צו בעטען. איינער
וואר א פרוש, אונד דער אנדערער וואר א שטייער־איינ־
11 נעמער: דער פרוש איז געשטאנען אונד האט אזוי גע־
בעטען, אוי גאט! איך דאנק דיר דאס איך בין ניט וויא
אנדערע מענשען, רויבער, אומגערעכטע אונד נואפים,
12 אדער אזוי וויא דיזער שטייער־איינעמער: איך פאסט
צווייא מאל א וואך, איך גיב מעשר פון אלעם וואס איך
13 בעזיץ: אבער דער שטייער־איינעמער איז געשטאנען
פון ווייטען, אונד האט ניט אפילו געוואלט אויפהעבען דיא
אויגען צום הימעל, נייערט ער האט זיך אויף דעם הארץ
געשלאגען, אונד האט געזאגט, אוי גאט דערבארם דיך
14 איבער מיר, דעם זינדער: איך זאג אייך, דער מאן איז
אהיים געגאנגען מעהר גערעכטפערטיגט וויא דער אנ־
דערער; וואריין איטליכער וואס דערהייכט זיך זעלבסט,
וועט דערנידריגט ווערען, אבער דער וואס דערנידריגט
זיך זעלבסט, וועט דערהייכט ווערען:
15 אונד מען האט צו איהם געבראכט קליינע קינדער, אז ער
זאל זייא אנרירען; ווען דיא תלמידים האבען עס געזע־
16 הען האבען זייא זייא אנגעשריען: אבער ישוע האט זייא
צו זיך גערופען, אונד האט געזאגט, לאזט דיא קינדער־
לעך צו מיר קומען, אונד פערביט זייא ניט; וואריין פון
17 אזוינע איז דאס קעניגרייך פון גאט: באמת זאג איך אייך,
ווער עס וועט ניט אנגעמען דעם קעניגרייך פון גאט וויא
א קליין קינד, דער וועט דרינען ניט אריינקומען:

18 אונד איין עלצטער האט איהם געפרעגט אונד געזאגט, גוטער
לעהרער, וואס זאל איך טהון אז איך זאל ירשענען דאס
19 עביגע לעבען? אונד ישוע האט צו איהם געזאגט, ווארום
רופסט דוא מיך גוטער? קיינער איז ניט גוט נייערט
20 איינער דאס איז גאט: דוא קענסט דיא מצות; דוא זאלסט
ניט מזנה זיין, דוא זאלסט ניט גנבענען, דוא זאלסט ניט
טויט שלאגען, דוא זאלסט ניט פאלש עדות זאגען; עהרע
21 דיין פאטער אונד דיינע מוטער: אונד ער האט געזאגט,
דאס אלעס האב איך געהאלטען פון מיינע יוגענד אויף:
22 וויא ישוע האט דאס געהערט, אזוי האט ער צו איהם גע־
זאגט, נאך איינע זאך פעהלט דיר; פערקויף אלעס וואס
דוא האסט, אונד פערטייל עס צו דיא ארעמע לייט, אונד
דוא וועסט האבען איין אוצר אין הימעל, אונד קום פאלג
23 מיר נאך: אבער ווען ער האט דאס געהערט, איז ער
זעהר טרויריג געווארען, ווארין ער וואר א גרויסער עושר:
24 ווען ישוע האט געזעהען אז ער וואר טרויריג, אזוי האט
ער געזאגט, וויא שווער איז עס פאר דיא וואס האבען
25 רייכטהום אריינצוקומען אים קעניגרייך פון גאט: ווארין
עס איז גרינגער פאר א קעמעל דורכצוגעהען דורך
דעם לאך פון א נאדעל וויא פאר א רייכען אריינצו־
26 קומען אין קעניגרייך פון גאט: אונד דיא וואס האבען דאס
געהערט האבען געזאגט, ווער קען דען גערעטעט ווערען?
27 אבער ער האט געזאגט, דאס וואס עס איז אונמעגליך בייא
מענשען איז מעגליך בייא גאט:
28 אונד פעטרוס האט געזאגט, זעה, מיר האבען אלעס פער־
29 לאזט, אונד האבען דיר נאכגעפאלגט: אונד ער האט צו
זייא געזאגט, באמת זאג איך אייך, עס איז קיינער ניט
פערהאנען, וואס האט פערלאזט א הויז, אדער עלטערן,
אדער ברידער, אדער ווייב, אדער קינדער, וועגען דעם
30 קעניגרייך פון גאט: וואס וועט ניט דערהאלטען פיל
מאל מעהר אין דיזע צייט, אונד עביגעס לעבען אויף
יענער וועלט:
31 אונד ער האט גענומען דיא צוועלף אונד האט צו זייא
געזאגט, נון געהען מיר ארויף קיין ירושלים אונד אלעס

וָואס אִיז גֶעשְׁרִיבֶּען דוּרְךְ דִיא נְבִיאִים אוֹיף דֶעם בֶּן־אָדָם
32 וֶועט אוֹיסְגֶעפִיהְרְט וֶוערֶען: וָוארִין עֶר וֶועט אִיבֶּערְגֶעעֶנְט־
פֶערְט וֶוערֶען צוּ דִיא גוֹיִם, אוּנְד וֶועט אוֹיסְגֶעשְׁפֶּעט וֶוע־
רֶען אוּנְד שְׁלֶעכְט בֶּעהַאנְדֶעלְט וֶוערֶען, אוּנְד אָנְגֶעשְׁפִּיגֶען
33 וֶוערֶען: אוּנְד זַייא וֶועלֶען אִיהְם שְׁמֵייסֶען מִיט רִיטֶער,
אוּנְד וֶועלֶען אִיהְם טֵייטֶען, אוּנְד אִין דֶעם דְרִיטָען טָאג
34 וֶועט עֶר וִוידֶער אוֹיפְשְׁטֶעהְן: אוּנְד זַייא הָאבֶּען קֵיינֶע פוּן
דִיזֶע זַאכֶען פֶערְשְׁטַאנֶען. אוּנְד דִיזֶע רֵייד וַואר פוּן זַייא
פֶערְבָּארְגֶען; אוּנְד זַייא הָאבֶּען אוֹיךְ נִיט גֶעוְואוּסְט וָואס
אִיז גֶעזָאגְט גֶעוָוארֶען:
35 אוּנְד עֶס אִיז גֶעוֶועזֶען וֶוען עֶר אִיז גֶעקוּמֶען נָאהְנְט צוּ
יְרִיחוֹ, אִיז אַ בְּלִינְדֶער גֶעזֶעסֶען בַּיים וֶועג, אוּנְד הָאט גֶע־
36 בֶּעטֶעלְט: וִויא עֶר הָאט גֶעהֶערְט דָאס פָאלְק פֶערְבֵּייא
37 גֶעהֶען, הָאט עֶר גֶעפְרֶעגְט וָואס דָאס אִיז: אוּנְד זַייא הָא־
38 בֶּען אִיהְם גֶעזָאגְט, אַז יֵשׁוּעַ הַנּוֹצְרִי גֶעהְט פֶערְבֵּייא: אוּנְד
עֶר הָאט גֶעשְׁרִיעֶן אוּנְד גֶעזָאגְט, בֶּן־דָוִד דֶערְבַּארְם דִיךְ
39 אִיבֶּער מִיר: אוּנְד דִיא וָואס זֶענֶען פָאר אִיהְם גֶעגַאנְגֶען
הָאבֶּען אִיהְם אָנְגֶעשְׁרִיעֶן אַז עֶר זָאל שְׁטִיל שְׁוַויְגֶען.
אָבֶּער עֶר הָאט נָאךְ מֶעהְר גֶעשְׁרִיעֶן, בֶּן־דָוִד דֶערְבַּארְם
40 דִיךְ אִיבֶּער מִיר: אוּנְד יֵשׁוּעַ אִיז שְׁטִיל גֶעשְׁטַאנֶען, אוּנְד
הָאט אִיהְם גֶעהֵייסֶען צוּ זִיךְ בְּרֶענְגֶען; אוּנְד וִויא עֶר אִיז
41 נָאהְנְט גֶעקוּמֶען, הָאט עֶר אִיהְם גֶעפְרֶעגְט: אוּנְד הָאט
גֶעזָאגְט, וָואס ווִילְסְט דוּא אַז אִיךְ זָאל דִיר טְהוּן? אוּנְד עֶר
42 הָאט גֶעזָאגְט, הַאר, אַז אִיךְ זָאל זֶעהֶענְדִיג וֶוערֶען: אוּנְד יֵשׁוּעַ
הָאט צוּ אִיהְם גֶעזָאגְט, וֶוער זֶעהֶענְדִיג, דֵיין גְלוֹיבֶּען הָאט
43 דִיךְ גֶעזוּנְד גֶעמַאכְט: אוּנְד עֶר אִיז גְלֵייךְ זֶעהֶענְדִיג גֶעוָוא־
רֶען, אוּנְד הָאט אִיהְם נָאכְגֶעפָאלְגְט, אוּנְד הָאט גָאט
גֶעלוֹיבְּט, אוּנְד דָאס גַאנְצֶע פָאלְק וֶוען זַייא הָאבֶּען דָאס
גֶעזֶעהֶען הָאבֶּען גָאט גֶעלוֹיבְּט:

קאפיטעל יט

1 אוּנְד עֶר אִיז גֶעקוּמֶען, אוּנְד אִיז גֶעגַאנְגֶען דוּרְךְ
2 יְרִיחוֹ: אוּנְד עֶס אִיז גֶעוֶועזֶען אַ מַאן וָואס הָאט גֶעהֵיי־
סֶען זַכַּיאוּס, אוּנְד עֶר וַואר דֶער אוֹיבֶּערְשְׁטֶער פוּן
דִיא שְׁטֵייעֶר־אֵיינְנֶעמֶער, אוּנְד עֶר אִיז גֶעוֶועזֶען רֵייךְ:

3 אוּנְד עֶר הָאט גֶעזוּכְט יֵשׁוּעַ צוּ זֶעהֶען וֶוער עֶר אִיז, אוּנְד
הָאט נִיט גֶעקָאנְט, וֶועגֶען דֶעם גֶעדְרֶענְג, וֵוייל עֶר וַואר אַ
4 קְלֵיינֶער מַאן: אוּנְד עֶר אִיז פָאר אִיהְם גֶעלָאפֶען, אוּנְד אִיז
אַרוֹיפְגֶעקְלֶעטֶערְט אוֹיף אַ מוֹילְבֶּער־בּוֹים, כְּדֵי עֶר זָאל
אִיהְם זֶעהֶען, וָוארִין עֶר הָאט גֶעזָאלְט דָארְטֶען פֶערְבֵּייא
5 גֶעהֶען: אוּנְד וֶוען יֵשׁוּעַ אִיז צוּ דֶעם אָרְט גֶעקוּמֶען, אַזוֹי
הָאט עֶר אַרוֹיפְגֶעקוּקְט אוּנְד הָאט אִיהְם גֶעזֶעהֶען, אוּנְד עֶר
הָאט צוּ אִיהְם גֶעזָאגְט, זַכַּיאוּס קוּם גֶעשְׁוִוינְד אַרוּפּ וָוארִין
6 אִיךְ מוּס הַיינְט אִין דַיין הוֹיז בְּלֵייבֶּען: אוּנְד עֶר אִיז גֶע־
שְׁוִוינְד אַרוּפְּגֶעקוּמֶען, אוּנְד הָאט אִיהְם אַנְטְפַאנְגֶען מִיט
7 פְרַייד: אוּנְד וִוִיא זַייא הָאבֶּען דָאס גֶעזֶעהֶען, הָאבֶּען זַייא
אַלֶע גֶעמוּרְמֶעלְט אוּנְד הָאבֶּען גֶעזָאגְט, עֶר גֶעהְט אַרַיין
8 צוּ זַיין אַ גַאסְט צוּ אַ זִינְדִיגֶען מַאן: אוּנְד זַכַּיאוּס אִיז
גֶעשְׁטַאנֶען אוּנְד הָאט גֶעזָאגְט צוּם הַאר, זֶעה, הַאר, אִיךְ
גִיבּ דִיא הֶעלְפְט פוּן מֵיין פֶערְמֶעגֶען צוּ דִיא אָרֶעמֶע, אוּנְד
וֶוען אִיךְ הָאבּ פוּן אֵיינֶעם עֶפֶּעס גֶערוֹיבְּט, אַזוֹי גִיבּ אִיךְ
9 עֶס אָפּ פִירְפֶעלְטִיג: אוּנְד יֵשׁוּעַ הָאט צוּ אִיהְם גֶעזָאגְט,
הֵיינְט אִיז דִיא יְשׁוּעָה אַרֵיינְגֶעקוּמֶען צוּ דִידֶעם הוֹיז, וֵוייל
10 עֶר אִיז אוֹיךְ אַ זוּהְן פוּן אַבְרָהָם: וָוארִין דֶער בֶּן־אָדָם אִיז
גֶעקוּמֶען צוּ רֶעטֶען דָאס וָואס אִיז פֶערְלוֹירֶען:
11 אוּנְד וֶוען זַייא הָאבֶּען דָאס צוּגֶעהֶערְט, אַזוֹי הָאט עֶר וִוִי־
דֶער אַ מָשָׁל גֶעזָאגְט, וֵוייל עֶר וַואר נָאהְנְט צוּ יְרוּשָׁלַיִם,
אוּנְד וֵוייל זַייא הָאבֶּען גֶעדֶענְקְט אַז דָאס קֶענִיגְרַייךְ פוּן
12 גָאט וֶועט בַּאלְד דֶערְשֵׁיינֶען: דְרוּם הָאט עֶר גֶעזָאגְט, אַ
גֶעוִויסֶער עֶדֶעלְמַאן אִיז אַוֶועקְגֶעגַאנְגֶען אִין אַ וֵוייט לַאנְד
אַרַיין; כְּדֵי עֶר זָאל אַ קֶענִיגְרַייךְ אֵיינְנֶעמֶען, אוּנְד וִוידֶער
13 צוּרִיקְקוּמֶען: וֶוען עֶר הָאט גֶערוּפֶען זַיינֶע צֶעהְן קְנֶעכְט,
הָאט עֶר צוּ זַייא גֶעגֶעבֶּען צֶעהְן פוּנְט אוּנְד הָאט צוּ
זַייא גֶעזָאגְט, הַאנְדֶעלְט דֶערְמִיט בִּיז אִיךְ וֶועל צוּרִיק
14 קוּמֶען: אוּנְד זַיינֶע שְׁטָאטְלֵייט הָאבֶּען אִיהְם פֵיינְד
גֶעהַאט אוּנְד זַייא הָאבֶּען אִיהְם נָאכְגֶעשִׁיקְט שְׁלוּחִים, אוּנְד
גֶעזָאגְט, מִיר וִוילֶען נִיט אַז דִידֶער זָאל אִיבֶּער אוּנְס גֶע־
15 וֶועלְטִיגֶען: אוּנְד עֶס אִיז גֶעוֶועזֶען וֶוען עֶר אִיז צוּרִיקְגֶע־
קוּמֶען, וִוִיא עֶר הָאט דָאס קֶענִיגְרַייךְ אֵיינְגֶענוּמֶען, אַזוֹי

הָאט עֶר גֶעהֵייסֶען דִיא קְנֶעכְט צוּ זִיךְ רוּפֶען, צוּ וֶועלְכֶע
עֶר הָאט דָאס גֶעלְד גֶעגֶעבֶּען, כְּדֵי עֶר זָאל וִויסֶען וָואס
16 אִיטְלִיכֶער הָאט פֶערְדִינְט מִיט הַאנְדֶעלְן: אַזוֹי אִיז דֶער
עֶרְשְׁטֶער גֶעקוּמֶען אוּנְד הָאט גֶעזָאגְט, הַאר, דֵיין פוּנְט
17 הָאט פֶערְדִינְט צֶעהְן פוּנְט: אוּנְד עֶר הָאט צוּ אִיהְם גֶעזָאגְט,
פֵיין, דוּא גוּטֶער קְנֶעכְט. וֵוייל דוּא בִּיסְט גֶעטְרֵייא גֶעוֶועד
זֶען אִין אַבִּיסֶעל, אַזוֹי הָאבּ דוּא צוּ הֶערְשֶׁען אִיבֶּער צֶעהְן
18 שְׁטֶעט: אוּנְד דֶער אַנְדֶערֶער אִיז גֶעקוּמֶען אוּנְד הָאט גֶע־
19 זָאגְט, הַאר, דֵיין פוּנְט הָאט פֶערְדִינְט פִינְף פוּנְט: אוּנְד עֶר
הָאט אוֹיךְ צוּ אִיהְם גֶעזָאגְט, זַייא דוּא אִיבֶּער פִינְף שְׁטֶעט:
20 אוּנְד אֵיין אַנְדֶערֶער אִיז גֶעקוּמֶען אוּנְד הָאט גֶעזָאגְט, הַאר,
דָא אִיז דֵיין פוּנְט, וָואס אִיךְ הָאבּ בֶּעהַאלְטֶען אִין אַ טִיכֶעל:
21 וָוארִין אִיךְ הָאבּ פָאר דִיר מוֹרָא גֶעהַאט. וֵוייל דוּא בִּיסְט
אַ הַארְטֶער מֶענְשׁ. דוּא נֶעמְסְט וָואס דוּא הָאסְט נִיט אַנִי־
דֶערְגֶעלֶעגְט, אוּנְד שְׁנֵיידֶעסְט וָואס דוּא הָאסְט נִיט גֶעזֵייעֶט:
22 עֶר הָאט צוּ אִיהְם גֶעזָאגְט. פוּן דֵיין אֵייגֶען מוֹיל וֶועל אִיךְ
דִיךְ רִיכְטֶען, דוּא שְׁלֶעכְטֶער קְנֶעכְט. דוּא הָאסְט גֶעוְואוּסְט
אַז אִיךְ בִּין אַ הַארְטֶער מֶענְשׁ, אוּנְד אַז אִיךְ נֶעם וָואס אִיךְ הָאבּ
נִיט אַנִידֶערְגֶעלֶעגְט, אוּנְד שְׁנֵייד וָואס אִיךְ הָאבּ נִיט גֶעזֵייעֶט:
23 וָוארוּם הָאסְט דוּא דֶען נִיט מֵיין גֶעלְד אַרֵיינְגֶעגֶעבֶּען אִין
דֶער בַּאנְק? דָאס בֵּייא מֵיין צוּרִיקְקוּמֶען וָואלְט אִיךְ עֶס
24 פֶערְלַאנְגְט מִיט פְּרָאצֶענְט: אוּנְד עֶר הָאט גֶעזָאגְט צוּ דִיא
וָואס זֶענֶען דֶערְבֵּייא גֶעשְׁטַאנֶען, נֶעמְט פוּן אִיהְם דָאס
פוּנְט אוּנְד גִיבְּט עֶס צוּ דֶעם וָואס הָאט דִיא צֶעהְן פוּנְט:
25 אוּנְד זֵייא הָאבֶּען צוּ אִיהְם גֶעזָאגְט, הַאר עֶר הָאט צֶעהְן
26 פוּנְט: וָוארִין אִיךְ זָאג אֵייךְ, אַז צוּ אִיטְלִיכֶען וָואס הָאט
וֶועט גֶעגֶעבֶּען וֶוערֶען, אוּנְד פוּן דֶעם וָואס הָאט נִיט, וֶועט
27 דָאס וָואס עֶר הָאט אוֹיךְ אַוֶועקְגֶענוּמֶען וֶוערֶען: אָבֶּער
דִיזֶע מֵיינֶע פֵיינְד, וָואס הָאבֶּען נִיט גֶעוָואלְט אַז אִיךְ זָאל
אִיבֶּער זֵייא הֶערְשֶׁען, בְּרֶענְגְט זֵייא אַהֶער אוּנְד הַרְגֶעט
פָאר מִיר:
28 אוּנְד וֶוען עֶר הָאט דָאס גֶעזָאגְט, אִיז עֶר בֶּעפָאר זֵייא
29 אַרוֹיפְגֶעגַאנְגֶען קֵיין יְרוּשָׁלַיִם: אוּנְד עֶס וַואר וֶוען עֶר אִיז
גֶעקוּמֶען נָאהְנְט צוּ בֵּית־פַּגֵי אוּנְד בֵּית־הִינִי, צוּם בַּארְג וָואס

הערט גערופען הר הזיתים, אזוי האט ער געשיקט צוויא
30 פון זיינע תלמידים: אונד ער האט געזאגט געהט אין דעם
דארף אריין וואס איז קעגען איבער אייך, אונד ווען
איהר וועט דריגען אריינקומען, וועט איהר געפינען א יונג
עזעלע אנגעבונדען, אויף וועלכען קיין מענש איז נאך
31 ניט געזעסען. בינט עס לויז אונד ברענגט עס אהער: אונד
ווען אימיצער וועט אייך פרעגען, ווארום לאזט איהר עס
לויז? אזוי זאלט איהר צו איהם זאגען, אז דער האר בעד־
32 דארף עס: אונד דיא וואס וואַרען געשיקט, זענען אוועק־
געגאנגען, אונד האבען געפונען אזוי וויא ער האט גע־
33 זאגט: אונד ווען זייא האבען דאס יונגע עזעלע אויפ־
געבונדען אזוי האבען דיא הארען דערפון צו זייא געזאגט,
34 ווארום בינט איהר אויף דאס יונגע עזעלע: אונד זייא
35 האבען געזאגט, דער האר בעדארף עס: אונד זייא האבען
עס געבראכט צו ישוע, אונד האבען זייערע קליידער ארויפ־
געוואָרפען אויף דעם יונגען עזעלע. אונד האבען ישוע
36 דרויף געזעצט: אונד וויא זייא זענען געגאנגען, אזוי הא־
בען זייא זייערע קליידער אויסגעשפרייט אויף דעם וועג:
37 אונד וויא ער איז שוין געקומען נאהנט צום ארופגאנג פון
הר הזיתים, האבען דיא גאנצע מענגע תלמידים אנגעהוי־
בען גאט צו לויבען מיט שמחה אונד מיט א הויך קול
38 פאר אלע גבורות וואס זייא האבען געזעהען: אונד זייא
האבען געזאגט, געלויבט איז דער קעניג וואס קומט אין
דעם נאמען פון דעם האר, שלום אין הימעל אונד
39 כבוד אין דער הייך: אונד עטליכע פון דיא פרושים פון
צווישען דעם פאלק האבען צו איהם געזאגט, לעהרער,
40 שרייא אן דיינע תלמידים: אונד ער האט געענטפערט
אונד האט צו זייא געזאגט, איך זאג אייך, אז ווען דיזע
וועלען שטיל שווייגען, אזוי וועלען דיא שטיינער אויס־
שרייען:

41 אונד ווען ער איז נאהנט געקומען, אונד האט דיא שטאט
42 געזעהען האט ער איבער איהר געוויינט: אונד ער האט
געזאגט, הלוואי וואלסט דוא געוואוסט, אפילו אין דיזען
טאג דיא זאכען וואס קערען צו דיין פרידען! אבער נון

43 זֶענֶען זַייא פֶערבָּארְגֶען פוּן דַיינֶע אוֹיגֶען: וָוארין דִיא טֶעג
הֶעלֶען אִיבֶּער דִיר קוּמֶען, וֶוען דַיינֶע פֵיינְד וֶועלֶען אַ גְרוּבּ
ארוּם דִיר גְרוּבֶּען, אוּנְד וֶועלֶען דִיךְ ארוּמְרִינְגְלֶען, אוּנְד
44 וֶועלֶען דִיךְ בֶּעלַאגֶערְן פוּן אַלֶע זַייטֶען: אוּנְד זַייא וֶועלֶען
דִיךְ אַנִידֶערְוַוארְפֶען, אוּנְד דַיינֶע קִינְדֶער אִין דִיר; אוּנְד
זַייא וֶועלֶען אִין דִיר נִיט אִיבֶּערְלָאזֶען אֵיין שְׁטֵיין אוֹיף
דֶעם אַנְדֶערְן, וַוייל דוּא הָאסְט נִיט גֶעוְואוּסְט דִיא צֵייט
וֶוען דוּא בִּיסְט גֶעדֶענְקְט גֶעוָוארֶען:
45 אוּנְד עֶר אִיז אַרַיינְגֶעקוּמֶען אִין דֶעם בֵּית הַמִקְדָשׁ, אוּנְד
הָאט אָנְגֶעהוֹיבֶּען אַרוֹיסְצוּוַוארְפֶען דִיא וָואס הָאבֶּען דְרִינֶען
46 גֶעקוֹיפְט אוּנְד פֶארְקוֹיפְט: אוּנְד עֶר הָאט צוּ זַייא גֶעזָאגְט,
עֶס שְׁטֶעהְט גֶעשְׁרִיבֶּען, מֵיין הוֹיז אִיז אַ הוֹיז פוּן גֶעבֶּעט:
אָבֶּער אִיהְר הָאט עֶס גֶעמַאכְט צוּ אַ הֶעלֶע פוּן רוֹיבֶּער:
47 אוּנְד עֶר הָאט טֶעגְלִיךְ גֶעלֶעהְרְט אִין בֵּית־הַמִקְדָשׁ; אוּנְד
דִיא רָאשֵׁי כֹּהֲנִים אוּנְד סוֹפְרִים, אוּנְד דִיא עֶלְצְטֶע פוּן דֶעם
48 פָאלְק הָאבֶּען אִיהְם גֶעזוּכְט אוּמְצוּבְּרֶענְגֶען: אוּנְד זַייא
הָאבֶּען נִיט גֶעפוּנֶען וָואס צוּ טְהוּן. וָוארין דָאס גַאנְצֶע פָאלְק
הָאט זִיךְ אָן אִיהְם גֶעהַאלְטֶען אַז זַייא זָאלֶען אִיהְם הֶערֶען:

קאפיטעל כ

1 אוּנְד עֶס אִיז גֶעוֶועזֶען אַן אֵיינֶעם פוּן דִיא טֶעג, וֶוען עֶר
הָאט דִיא לַייט גֶעלֶערְנְט אִין דֶעם בֵּית־הַמִקְדָשׁ, אוּנְד הָאט
גֶעפְּרֶעדִיגְט דִיא גוּטֶע בְּשׂוֹרָה זֶענֶען דִיא עֶרְשְׁטֶע כֹּהֲנִים
אוּנְד דִיא סוֹפְרִים אוּנְד דִיא עֶלְצְטֶע צוּ אִיהְם גֶעקוּמֶען:
2 אוּנְד זַייא הָאבֶּען צוּ אִיהְם גֶערֶעט אוּנְד גֶעזָאגְט, זָאג אוּנְס
דוּרְךְ וֶועלְכֶער מַאכְט טְהוּסְט דוּא דִיא דָאזִיגֶע זַאכֶען,
אָדֶער וֶוער אִיז דֶער וָואס הָאט דִיר דִיזֶע מַאכְט גֶעגֶעבֶּען:
3 אוּנְד עֶר הָאט גֶעעֶנְטְפֶערְט אוּנְד הָאט צוּ זַייא גֶעזָאגְט,
אִיךְ וֶועל אֵייךְ אֵיין זַאךְ פְרֶעגֶען אוּנְד זָאגְט עֶס מִיר:
4 דִיא טְבִילָה פוּן יוֹחָנָן וַואר זִיא פוּן הִימֶעל אָדֶער פוּן מֶענְ־
5 שֶׁען? אוּנְד זַייא הָאבֶּען צְוִוישֶׁען זִיךְ גֶעטַעַנֶהְט אוּנְד
הָאבֶּען גֶעזָאגְט, וֶוען מִיר וֶועלֶען זָאגֶען פוּן הִימֶעל, וֶועט
6 עֶר זָאגֶען וָוארוּם הָאט אִיהְר אִיהְם נִיט גֶעגְלוֹיבְּט: אוּנְד
וֶוען מִיר וֶועלֶען זָאגֶען פוּן מֶענְשֶׁען, אַזוֹי וֶועט אוּנְס דָאס
גַאנְצֶע פָאלְק פֶּערְשְׁטֵיינִיגֶען; וָוארין זַייא הָאבֶּען גֶעגְלוֹיבְּט

אַז יוֹחָנָן וַאר אַ נָבִיא: אוּנְד זַייא הָאבֶּען גֶעעֶנְטְפֶערְט אַז 7
זַייא וֵוייסֶען נִיט פוּן וַואנֶען: אוּנְד יֵשׁוּעַ הָאט צוּ זַייא גֶע־ 8
זָאגְט, אַזוֹי וֶועל אִיךְ אֵייךְ אוֹיךְ נִיט זָאגֶען, דוּרְךְ וֶועלְכֶע
מַאכְט אִיךְ טְהוּא דִיזֶע זַאכֶען:
אוּנְד עֶר הָאט אָנְגֶעהוֹיבֶּען צוּם פָאלְק דָאס מָשָׁל צוּ זָאגֶען, 9
אַ מַאן הָאט גֶעפְלַאנְצְט אַ וַויינְגָארְטֶען, אוּנְד הָאט אִיהְם
אִיבֶּערְגֶעגֶעבֶּען צוּ וַויינְגֶערְטְנֶער, אוּנְד אִיז אַוֶועקְגֶעפָארֶען
אוֹיף אַ לַאנְגֶע צֵייט: אוּנְד צוּ דֶער פְרוּכְטצֵייט הָאט עֶר 10
גֶעשִׁיקְט אַ קְנֶעכְט צוּ דִיא וַויינְגֶערְטנֶער, אַז זַייא זָאלֶען
אִיהְם גֶעבֶּען פוּן דִיא פְרוּכְט פוּן דֶעם וַויינְגָארְטֶען. אָבֶּער
דִיא וַויינְגֶערְטְנֶער הָאבֶּען אִיהְם גֶעשְׁלָאגֶען, אוּנְד הָאבֶּען
אִיהְם לֶעדִיג אַוֶועקְגֶעשִׁיקְט: אוּנְד עֶר הָאט וִוידֶער אֵיין 11
אַנְדֶערְן קְנֶעכְט גֶעשִׁיקְט אָבֶּער זַייא הָאבֶּען דֶעם אוֹיךְ גֶע־
שְׁלָאגֶען, אוּנְד הָאבֶּען אִיהְם שְׁלֶעכְט בֶּעהַאנְדֶעלְט אוּנְד
הָאבֶּען אִיהְם לֶעדִיג אַוֶועקְגֶעשִׁיקְט: אוּנְד עֶר הָאט וִוידֶער 12
גֶעשִׁיקְט אַ דְרִיטֶען אוּנְד זַייא הָאבֶּען אִיהְם פֶערְוְואוּנְדֶעט
אוּנְד הָאבֶּען אִיהְם אַרוֹיסְגֶעוָוארְפֶען: אַזוֹי הָאט דֶער הַאר 13
פוּן דֶעם וַויינְגָארְטֶען גֶעזָאגְט, וָואס זָאל אִיךְ טְהוּן? אִיךְ
וֶועל שִׁיקֶען מֵיין גֶעלִיבְּטֶען זוּהְן, טָאמֶער, וֶוען זַייא וֶועֶ־
לֶען אִיהְם זֶעהֶען, וֶועלֶען זַייא אִיהְם אִין כָּבוֹד הַאלְטֶען:
אָבֶּער וֶוען דִיא וַויינְגֶערְטְנֶער הָאבֶּען אִיהְם גֶעזֶעהֶען, הָא־ 14
בֶּען זַייא צְוִוישֶׁען זִיךְ גֶערֶעט אוּנְד הָאבֶּען גֶעזָאגְט, דִיזֶער
אִיז דֶער יוֹרֵשׁ, קוּמְט לָאזֶען מִיר אִיהְם טוֹיטֶען, כְּדֵי דִיא
יְרוּשָׁה זָאל אוּנְזֶער זַיין: אוּנְד זַייא הָאבֶּען אִיהְם אַרוֹיסְגֶע־ 15
וָוארְפֶען פוּן דֶעם וַויינְגָארְטֶען, אוּנְד הָאבֶּען אִיהְם גֶעטוֹי־
טֶעט, דְרוּם וָואס וֶועט דֶער הַאר פוּן דֶעם וַויינְגָארְטֶען צוּ
זַייא טְהוּן? עֶר וֶועט קוּמֶען אוּנְד וֶועט דִיא דָאזִיגֶע וַויינְ־ 16
גֶערְטְנֶער אוּמְבְּרֶענְגֶען, אוּנְד וֶועט דֶעם וַויינְגָארְטֶען צוּ
אַנְדֶערֶע גֶעבֶּען; אוּנְד וֶוען זַייא הָאבֶּען דָאס גֶעהֶערְט,
הָאבֶּען זַייא גֶעזָאגְט, חָלִילָה: אָבֶּער עֶר הָאט זַייא אָנְגֶע־ 17
זֶעהֶען אוּנְד הָאט גֶעזָאגְט, וָואס אִיז דָאס וָואס שְׁטֶעהְט גֶע־ •
שְׁרִיבֶּען? דֶער שְׁטֵיין וָואס דִיא בּוֹיעֶרְס הָאבֶּען פֶערְוָוארְ־
פֶען, דֶער אִיז גֶעוָוארֶען צוּם עֶקְשְׁטֵיין: אִיטְלִיכֶער וָואס 18
פָאלְט אוֹיף דִיזֶען שְׁטֵיין וֶועט צוּבְּרָאכֶען וֶוערֶען. אָבֶּער

אוֹיף װֶעמֶען עֶר װֶעט פַאלֶען, דֶעם װֶעט עֶר צוּמָאלֶען:
19 אוּנְד דִיא עֶרְשְׁטֶע כֹּהֲנִים אוּנְד סוֹפְרִים הָאבֶּען אִיהְם גֶעזוּכְט
צוּ פַאנְגֶען אִין דִיזֶער שָׁעָה, אָבֶּער זַייא הָאבֶּען זִיךְ גֶע־
פָארְכְטֶען פַאר דֶעם פָאלְק. װָארִין זַייא הָאבֶּען גֶעװָאוּסְט
20 אַז עֶר הָאט אוֹיף זַייא דָאס מָשָׁל גֶעזָאגְט: אוּנְד זַייא הָא־
בֶּען אִיהְם בֶּעװַאכְט אוּנְד הָאבֶּען אוֹיסְגֶעשִׁיקְט שְׁפִּיאָנֶען
װָאס הָאבֶּען זִיךְ פֶערְשְׁטֶעלְט אַז זַייא זֶענֶען פְרוּם, כְּדֵי זַייא
זָאלֶען אִיהְם פַאנְגֶען אִין זַיינֶע רֶעדֶען, אוּנְד זָאלֶען אִיהְם
אִיבֶּערְגֶעבֶּען צוּ דֶער מַאכְט אוּנְד גֶעװַאלְד פוּן דֶעם גוּבֶּערְ־
21 נֶער: אוּנְד זַייא הָאבֶּען אִיהְם גֶעפְרֶעגְט אוּנְד גֶעזָאגְט, לֶעהְ־
רֶער, מִיר װִיסֶען אַז דוּא רֶעדְסְט אוּנְד לֶעהְרְסְט רִיכְטִיג, אוּנְד
בִּיסְט קֵיינֶעם נִיט נוֹשֵׂא פָּנִים, נֵייעֶרְט דוּא לֶעהְרְסְט דֶעם
22 װֶעג פוּן גָאט װָאהְרְהַאפְטִיג: אִיז עֶס אוּנְס דֶערְלוֹיבְּט צוּ
23 גֶעבֶּען מַס צוּם קֵיסָר, אָדֶער נִיט? אָבֶּער עֶר הָאט פֶערְ־
שְׁטַאנֶען זַיירֶע לִיסְט, אוּנְד הָאט צוּ זַייא גֶעזָאגְט, װָארוּם
24 פְּרוּפְט אִיהְר מִיךְ? װֵייזְט מִיר אַ גִילְדֶען. װֶעמֶעס צוּרָה
אוּנְד אוֹיפְשְׁרִיפְט הָאט עֶס? אוּנְד זַייא הָאבֶּען גֶעעֶנְטְפֶערְט
25 אוּנְד גֶעזָאגְט, דֶעם קֵיסָר׳ס: אַזוֹי הָאט עֶר צוּ זַייא גֶעזָאגְט,
דְרוּם גִיבְּט צוּ דֶעם קֵיסָר װָאס גֶעהֶערְט צוּם קֵיסָר, אוּנְד
26 צוּ גָאט װָאס גֶעהֶערְט צוּ גָאט: אוּנְד זַייא הָאבֶּען אִיהְם
נִיט גֶעקֶענְט פַאנְגֶען אִין זַיינֶע רֶעדֶע פַאר דֶעם פָאלְק,
אוּנְד זַייא הָאבֶּען זִיךְ פֶערְװָאוּנְדֶערְט אִיבֶּער זַיינֶע עֶנְטְפֶער,
אוּנְד הָאבֶּען שְׁטִיל גֶעשְׁװִיגֶען:
27 אוּנְד עֶטְלִיכֶע פוּן דִיא צַדוּקִים זֶענֶען צוּ אִיהְם גֶעקוּמֶען,
װָאס זָאגֶען עֶס אִיז נִיט פֶערְהַאנֶען קֵיין תְּחִיַּת הַמֵּתִים,
28 אוּנְד זַייא הָאבֶּען אִיהְם גֶעפְרֶעגְט אוּנְד גֶעזָאגְט: לֶעהְרֶער,
מֹשֶׁה הָאט אוּנְס גֶעשְׁרִיבֶּען, װֶען אַ בְּרוּדֶער װָאס הָאט אַ
װַייבּ, שְׁטַארְבְּט אָהְן קִינְדֶער, אַזוֹי זָאל זַיין בְּרוּדֶער דָאס
װַייבּ נֶעמֶען אוּנְד זָאל אוֹיפְשְׁטֶעלֶען קִינְדֶער צוּ זַיין בְּרוּ־
29 דֶער: נוּן עֶס זֶענֶען גֶעװֶעזֶען זִיבֶּען בְּרִידֶער, אוּנְד דֶער
עֶרְשְׁטֶער הָאט אַ װַייבּ גֶענוּמֶען, אוּנְד אִיז גֶעשְׁטָארְבֶּען
30 אָהְן קִינְדֶער: אוּנְד דֶער אַנְדֶערֶער הָאט גֶענוּמֶען דָאס
31 װַייבּ, אוּנְד אִיז אוֹיךְ גֶעשְׁטָארְבֶּען אָהְן קִינְדֶער: אוּנְד דֶער
דְרִיטֶער הָאט זִיא גֶענוּמֶען, אוּנְד אַזוֹי אוֹיךְ אַלֶע זִיבֶּען,

אוּנְד זַייא הָאבֶּען קַיינֶע קִינְדֶער אִיבֶּערְגֶעלָאזְט, אוּנְד זֶענֶען
32 גֶעשְׁטָארְבֶּען, אוּנְד צוּ לֶעצְט פוּן אַלֶע אִיז דָאס וַוייבּ
33 אוֹיךְ גֶעשְׁטָארְבֶּען: דְרוּם אִין תְּחִיַּת הַמֵּתִים, וֶועמֶעס וַוייבּ
וֶועט זִיא זַיין צְווִישֶׁען זַייא: וָוארִין אַלֶע זִיבֶּען הָאבֶּען זִיא
34 גֶעהַאט פַאר אַ וַוייבּ: אוּנְד יֵשׁוּעַ הָאט גֶעעֶנְטְפֶערְט אוּנְד
צוּ זַייא גֶעזָאגְט, דִיא קִינְדֶער פוּן דִיזֶער וֶועלְט הָאבֶּען
35 חַתוּנָה אוּנְד מַאכֶען חַתוּנָה: אָבֶּער דִיא וָואס זֶענֶען וֶוערְט
יֶענֶע וֶועלְט צוּ הָאבֶּען אוּנְד תְּחִיַּת הַמֵּתִים, הָאבֶּען נִיט
36 חַתוּנָה אוּנְד מַאכֶען נִיט חַתוּנָה: אוּנְד זַייא קֶענֶען אוֹיךְ נִיט
מֶעהְר שְׁטַארְבֶּען, וָוארִין זַייא זֶענֶען גְלֵייךְ צוּ דִיא מַלְאָכִים,
אוּנְד זֶענֶען דִיא קִינְדֶער פוּן גָאט, וַוייל זַייא זֶענֶען דִיא קִינְ־
37 דֶער פוּן תְּחִיַּת הַמֵּתִים: אוּנְד אַז דִיא טוֹיטֶע וֶועלֶען אוֹיפְ־
שְׁטֶעהֶען, הָאט אֲפִילוּ מֹשֶׁה גֶעוִויזֶען אִים דָארְנְבּוּשׁ, וֶוען
עֶר רוּפְט דֶעם הַאר, דֶעם גָאט פוּן אַבְרָהָם, אוּנְד דֶעם גָאט
38 פוּן יִצְחָק, אוּנְד דֶעם גָאט פוּן יַעֲקֹב: נוּן אִיז עֶר נִיט דֶער
גָאט פוּן דִיא טוֹיטֶע, נֵייעֶרְט פוּן דִיא לֶעבֶּעדִיגֶע. וָוארִין
39 אַלֶע לֶעבֶּען צוּ אִיהְם: אוּנְד עֶטְלִיכֶע פוּן דִיא סוֹפְרִים הָא־
בֶּען גֶעעֶנְטְפֶערְט אוּנְד גֶעזָאגְט, לֶעהְרֶער דוּא הָאסְט רֶעכְט
40 גֶעזָאגְט: אוּנְד זַייא הָאבֶּען זִיךְ נִיט מֶעהְר אוּנְטֶערְשְׁטַאנֶען
אִיהְם עֶפֶּעס צוּ פְרֶעגֶען:
41 אוּנְד עֶר הָאט צוּ זַייא גֶעזָאגְט, וִויא אַזוֹי זָאגֶען זַייא אַז
42 מָשִׁיחַ אִיז דֶער זוּהְן פוּן דָוִד? וָוארִין דָוִד אַלֵיין זָאגְט אִין
סֵפֶר תְּהִלִּים, דֶער הַאר הָאט גֶעזָאגְט צוּ מֵיין הַאר, זֶעץ
43 דִיךְ צוּ מֵיינֶע רֶעכְטֶע הַאנְד: בִּיז אִיךְ וֶועל מַאכֶען דֵיינֶע
44 פֵיינְד פַאר אֵיין פוּסְבֶּענְקֶעל צוּ דֵיינֶע פִים: דְרוּם וֶוען דָוִד
רוּפְט אִיהְם הַאר, וִויא אַזוֹי אִיז עֶר דֶען זַיין זוּהְן?
45 אוּנְד וֶוען דָאס גַאנְצֶע פָאלְק הָאט גֶעהֶערְט, הָאט עֶר צוּ
46 זַיינֶע תַּלְמִידִים גֶעזָאגְט: הִיט אֵייךְ פַאר דִיא סוֹפְרִים,
וָואס הָאבֶּען גֶערְן אַרוּמְצוּגֶעהְן אִין לַאנְגֶע קְלֵיידֶער, אוּנְד
הָאבֶּען לִיבּ גֶעגְרִיסְט צוּ וֶוערֶען אִין דִיא גַאסֶען, אוּנְד אוֹי־
בֶּען אָן צוּ זִיצֶען אִין דִיא שׁוּלֶען, אוּנְד אוֹיבֶּען אָן צוּ זִיצֶען
47 אוֹיף סְעוּדוֹת: וָואס טְהוּן אֵיינְשְׁלִינְגֶען דִיא הֵייזֶער פוּן
אַלְמָנוֹת, אוּנְד בֶּעטֶען לַאנְג פַאר אֵיין אוֹיסְרֶעד; דִיזֶע
וֶועלֶען בֶּעקוּמֶען, אַ גְרֶעסֶערֶעם מִשְׁפָּט:

קאפיטעל כא

1 אוּנְד אַרוּמְקוּקֶענְדִיג הָאט עֶר גֶעזֶעהֶען רֵייכֶע לֵייט וָואס
הָאבֶּען אַרַיינְגֶעוָוארְפֶען זֵייעֶרֶע נְדָבוֹת אִין דֶעם אוֹצָר אַרַיין
2 פוּן זֵייעֶר עֲשִׁירוּת: אוּנְד עֶר הָאט אוֹיךְ גֶעזֶעהֶען אֵיינֶע
אָרֶעמֶע אַלְמָנָה וָואס הָאט דָארְטֶען אַרַיינְגֶעוָוארְפֶען צְוַויא
3 פְּרוּטוֹת: אוּנְד עֶר הָאט גֶעזָאגְט, בֶּאֱמֶת זָאג אִיךְ אֵייךְ, אַז
דִיזֶע אָרֶעמֶע אַלְמָנָה הָאט מֶעהְר אַרַיינְגֶעוָוארְפֶען ווִיא זֵייא
4 אַלֶע: וָוארִין אַלֶע דִיזֶע הָאבֶּען אַרַיינְגֶעוָוארְפֶען צוּ דֶער
נְדָבָה פוּן גָאט פוּן דֶעם וָואס זֵייא הָאבֶּען אִיבְּרִיג, אָבֶּער
זִיא הָאט פוּן אִיהְרֶע אָרֶעמְקֵייט אַרַיינְגֶעוָוארְפֶען דִיא
גַאנְצֶע מִחְיָה וָואס זִיא הָאט גֶעהַאט:
5 אוּנְד וָוען עֶטְלִיכֶע הָאבֶּען גֶערֶעדט פוּן דֶעם בֵּית הַמִּקְדָּשׁ,
ווִיא עֶס אִיז גֶעצִירְט מִיט גוּטֶע שְׁטֵיינֶער אוּנְד מִיט מַתָּנוֹת
6 הָאט עֶר גֶעזָאגְט: דָאס וָואס אִיהְר זֶעהְט, עֶס וֶועלֶען קוּ־
מֶען דִיא טֶעג, וָוען אֵיין שְׁטֵיין וֶועט נִיט אִיבֶּערְבְּלֵייבֶּען
אוֹיף דֶעם אַנְדֶערְן, וָואס וֶועט נִיט צוּוָוארְפֶען וֶוערֶען:
7 אוּנְד זֵייא הָאבֶּען אִיהְם גֶעפְרֶעגְט אוּנְד גֶעזָאגְט, לֶעהְרֶער,
וָוען וֶועט דָאס זַיין? אוּנְד וָואס אִיז דָאס צֵייכֶען וָוען דִיזֶע
8 זַאכֶען וֶועלֶען גֶעשֶׁעהֶען? אָבֶּער עֶר הָאט גֶעזָאגְט, זֶעהְט,
אַז אִיהְר זָאלְט נִיט פֶערְפִיהְרְט וֶוערֶען, וָוארִין פִילֶע וֶוע־
לֶען קוּמֶען אִין מֵיין נָאמֶען, אוּנְד וֶועלֶען זָאגֶען, אִיךְ בִּין
עֶס, אוּנְד דִיא צֵייט אִיז נָאהְנְט, דְרוּם גֶעהְט זֵייא נִיט נָאךְ:
9 אוּנְד וָוען אִיהְר וֶועט הֶערֶען פוּן מִלְחָמוֹת אוּנְד גֶעטוּמֶעל
אַזוֹי דֶערְשְׁרֶעקְט אֵייךְ נִיט. וָוארִין דִיזֶע זַאכֶען מוּזֶען,
צוּעֶרְשְׁט גֶעשֶׁעהֶען; אָבֶּער דֶער סוֹף אִיז נִיט בַּאלְד,
10 דַאן הָאט עֶר צוּ זֵייא גֶעזָאגְט, אֵיין פָאלְק וֶועט אוֹיפְשְׁטֶעהְן:
קֶעגֶען דֶעם אַנְדֶערְן פָאלְק, אוּנְד אֵיין קֶענִיגְרֵייךְ קֶעגֶען
11 דֶעם אַנְדֶערְן קֶענִיגְרֵייךְ: אוּנְד עֶס וֶועט זַיין גְרוֹיס עֶרְד־
צִיטֶערְנִיס אִין פֶערְשִׁידֶענֶע עֶרְטֶער, אוּנְד הוּנְגֶער אוּנְד
מַגֵּפָה. אוּנְד עֶס וֶועלֶען זַיין פִירְכְטֶערְלִיכֶע אוּנְד גְרוֹיסֶע
12 צֵייכֶען פוּן הִימֶעל: אוּנְד בֶּעפָאר אַלֶע דִיזֶע זַאכֶען וֶועלֶען
זֵייא דִיא הֶענְד אוֹיף אֵייךְ לֶעגֶען, אוּנְד וֶועלֶען אֵייךְ פֶער־
פָאלְגֶען, אוּנְד וֶועלֶען אֵייךְ אִיבֶּערְגֶעבֶּען אִין דִיא שׁוּלֶען,
אוּנְד אִין גֶעפֶענְגְנִיס, אוּנְד אִיהְר וֶועט גֶעבְּרַאכְט וֶוערֶען

פָאר מְלָכִים אוּנְד גוּבֶּערְנֶערְס פוּן מֵיין נָאמֶענְס וֶועגֶען׃
13 אוּנְד דָאס וֶועט אֵייךְ זַיין פַאר אֵיין עֵדוּת׃ דְרוּם נֶעמְט
14 אֵייךְ צוּם הַארְצֶען, אַז אִיהְר זָאלְט נִיט פְרִיהֶר זָארְגֶען וִויא
15 אַזוֹי אִיהְר זָאלְט אֵייךְ פֶערְעֶנְטפֶערְן׃ וָוארִין אִיךְ וֶועל אֵייךְ
גֶעבֶּען אַ מוֹיל אוּנְד חָכְמָה, וָואס אַלֶע אֵיירֶע גֶעגְנֶער,
וֶועלֶען אֵייךְ נִיט קֶענֶען וִוידֶערְשְׁפְּרֶעכֶען אוּנְד וִוידֶערְ־
16 שְׁטֶעהֶען׃ אוּנְד אִיהְר וֶועט אוֹיךְ אִיבֶּערְגֶעלִיפֶערְט וֶוערֶען,
פוּן אֵיירֶע עֶלְטֶערְן, אוּנְד בְּרִידֶער, אוּנְד קְרוֹבִים, אוּנְד
פְרֵיינְד, אוּנְד עֶטְלִיכֶע פוּן אֵייךְ וֶועלֶען זֵייא לָאזֶען אוּמְ־
17 בְּרֶענְגֶען׃ אוּנְד אִיהְר וֶועט פוּן אַלֶע גֶעהַאסְט וֶוערֶען,
18 וֶועגֶען מֵיין נָאמֶען׃ אָבֶּער אֵיין הָאר פוּן אֵייעֶר קָאפּ וֶועט
19 אוֹיךְ נִיט פֶערְלוֹירֶען וֶוערֶען׃ אִין אֵיירֶע גֶעדוּלְד דֶערְ־
20 הַאלְט אֵיירֶע נְשָׁמוֹת׃ אוּנְד וֶוען אִיהְר וֶועט זֶעהֶען יְרוּשָׁלַיִם
בֶּעלַאגֶערְט מִיט חַיָלוֹת, דֶענְסְטְמָאל זָאלְט אִיהְר וִויסֶען אַז
21 אִיהְרֶע פֶערְוִויסְטוּנְג אִיז נָאהֶנְט׃ דֶענְסְטְמָאל לָאזֶען דִיא
וָואס זֶענֶען אִין יְהוּדָה אַנְטְלוֹיפֶען צוּ דִיא בֶּערְג, אוּנְד דִיא
וָואס זֶענֶען אוֹיף דֶעם לַאנְד, לָאזֶען זֵייא דְרִינֶען נִיט אַרֵיינְ־
22 קוּמֶען׃ וָוארִין דָאס זֶענֶען דִיא טֶעג פוּן נְקָמָה, אַז אַלֶעס
23 וָואס אִיז גֶעשְׁרִיבֶּען זָאל מְקוּיָם וֶוערֶען׃ אוּנְד וֶועה צוּ דִיא
וָואס זֶענֶען שְׁוַואנְגֶער, אוּנְד וָואס גֶעבֶּען צוּ זֵייגֶען אִין
יֶענֶע טֶעג; וָוארִין עֶס וֶועט זַיין אַ גְרוֹיסֶע צָרָה אִים לַאנְד,
24 אוּנְד אֵיין גְרִימְצָארְן אִיבֶּער דִיזֶען פָאלְק׃ אוּנְד זֵייא וֶועְ־
לֶען פַאלֶען דוּרְךְ דֶער שַׁארְף פוּן דֶעם שְׁוֶוערְד, אוּנְד וֶועְ־
לֶען פֶערְטְרִיבֶּען וֶוערֶען צוּ אַלֶע פֶעלְקֶער, אוּנְד יְרוּשָׁלַיִם
וֶועט צוּטְרֶעטֶען וֶוערֶען פוּן דִיא גוֹיִם, בִּיז דִיא צֵייטֶען פוּן
דִיא גוֹיִם וֶועלֶען דֶערְפִילְט וֶוערֶען׃
25 אוּנְד עֶס וֶועלֶען זַיין צֵייכֶען אִין דֶער זוּן, אוּנְד אִין דֶער
לְבָנָה, אוּנְד אִין דִיא שְׁטֶערְן, אוּנְד אוֹיף דֶער עֶרְד צָרוֹת
פוּן פֶעלְקֶער פַאר אַנְגְסְט וֶועגֶען דֶעם רוֹישֶׁען פוּן דֶעם יַם׃
26 דִיא מֶענְשֶׁען וֶועלֶען חַלֶעשֶׁען פַאר פוּרְכְט, אוּנְד וַוארְטֶען
אוֹיף דִיא זַאכֶען וָואס וֶועלֶען קוּמֶען אִין דֶער וֶועלְט, וָוא־
27 רִין דִיא מַאכְט פוּן הִימֶעל וֶועט זִיךְ בֶּעוֶועגֶען׃ אוּנְד דַאן
וֶועלֶען זֵייא זֶעהֶען דֶעם בֶּן־אָדָם קוּמֶען אִין אַ וָואלְקֶען
28 מִיט מַאכְט אוּנְד מִיט גְרוֹיסֶע הֶערְלִיכְקַייט׃ אוּנְד וֶוען

דִיזֶע זַאכֶען הֶעלֶען אָנְהֶעבֶּען צוּ גֶעשֶׁעהֶען, אַזוֹי דֶעהְט
אַרוֹיף אוּנְד הֶעבְּט אוֹיף אֵייעֶרֶע קֶעפּ, וָוארִין אֵייעֶרֶע גְאוּלָה
29 אִיז נָאהֶנְט: אוּנְד עֶר הָאט צוּ זֵייא גֶעזָאגְט אַ מָשָׁל, דֶעהְט
30 אָן דֶעם פֵייגֶענְבּוֹים אוּנְד אַלֶע בֵּיימֶער: וָוען זֵייא שְׁפְּרָא־
צֶען שׁוֹין אַרוֹיס, אַזוֹי דֶעהְט אִיהְר אוּנְד ווַייסְט בַּייא אֵייךְ
31 אַז דֶער זוּמֶער אִיז שׁוֹין נָאהֶנְט: אוּנְד אַזוֹי אוֹיךְ אִיהְר,
וָוען אִיהְר וֶועט זֶעהֶען אַז אַלֶע דִיזֶע זַאכֶען גֶעשֶׁעהֶען,
32 זָאלְט אִיהְר ווִיסֶען אַז דָאס קֶענִיגְרֵייךְ אִיז נָאהֶנְט: פַאר־
ווָאהְר אִיךְ זָאג אֵייךְ, אַז דָאס דָאזִיגֶע גֶעשְׁלֶעכְט וֶועט נִיט
33 פַארְבַּייא גֶעהְן, בִּיז אַלֶעס וֶועט גֶעשֶׁעהֶען: הִימֶעל אוּנְד
עֶרְד וֶועלֶען פֶערְגֶעהֶען, אָבֶער מֵיינֶע ווערְטֶער וֶועלֶען נִיט
פֶערְגֶעהְן:
34 אָבֶּער הִיט אֵייךְ אַז אֵייעֶרֶע הֶערְצֶער זָאלֶען נִיט שְׁוֶוער
זַיין מִיט פְרֶעסֶען אוּנְד זוֹיפֶען, אוּנְד מִיט דִיא זָארְגֶען פוּן
דִיזֶען לֶעבֶּען, אוּנְד אַזוֹי וֶועט דִיזֶער טָאג פְּלוּצְלוּנְג אוֹיף
35 אֵייךְ קוּמֶען: ווָארִין עֶר וֶועט קוּמֶען אַזוֹי ווִיא אַ שְׁטְרוּיכְ־
לוּנְג אִיבֶּער דִיא וָואס ווָאוֹינֶען אוֹיף דֶער גַאנְצֶע עֶרְד:
36 דְרוּם ווַאכְט אוּנְד בֶּעט אַלֶע צֵייט, אַז אִיהְר זָאלְט שְׁטַארְק
זַיין צוּ עֶנְטְרִינֶען דָאס אַלֶעס וָואס וֶועט גֶעשֶׁעהֶען, אוּנְד צוּ
שְׁטֶעהְן פָאר דֶעם בֶּן־אָדָם:
37 אוּנְד עֶר הָאט גֶעלֶערְנְט יֶעדֶען טָאג אִין בֵּית הַמִקְדָשׁ,
אוּנְד יֶעדֶע נַאכְט אִיז עֶר אַרוֹיסְגֶעגַאנְגֶען אוּנְד הָאט אִיבֶּער־
גֶעכְטִיגְט אוֹיף דֶעם בַּארְג וָואס וֶוערְט גֶערוּפֶען דֶער הַר
38 הַזֵּיתִים: אוּנְד דָאס גַאנְצֶע פָאלְק אִיז צוּ אִיהְם גֶעקוּמֶען
גַאנְץ פְרִיה אִין בֵּית הַמִקְדָשׁ אַרֵיין, זֵייא זָאלֶען אִיהְם
הֶערֶען:

קאפיטעל כב

1 אוּנְד דֶער יוֹם טוֹב, חַג הַמַצוֹת, אִיז נָאהֶנְט גֶעקוּמֶען, וָואס
2 וֶוערְט אָנְגֶערוּפֶען פֶּסַח: אוּנְד דִיא רָאשֵׁי כֹּהֲנִים אוּנְד דִיא
סוֹפְרִים הָאבֶּען גֶעזוּכְט ווִיא אַזוֹי זֵייא זָאלֶען אִיהְם אוּמְ־
בְּרֶענְגֶען; ווָארִין זֵייא הָאבֶּען מוֹרָא גֶעהַאט פַאר דֶעם
פָאלְק:
3 אוּנְד דֶער שָׂטָן אִיז אַרֵיינְגֶעקוּמֶען אִין יְהוּדָה, וָואס הָאט
גֶעהֵייסֶען אִישׁ קְרִיוֹת, אוּנְד עֶר ווַאר אֵיינֶער פוּן דִיא

4 צוּוָועלְף: אוּנְד עֶר אִיז אַוֶועקְגֶעגַאנְגֶען אוּנְד הָאט גֶערֶעט
מִיט דִיא עֶרְשְׁטֶע כֹּהֲנִים אוּנְד דִיא הוֹיפְּטְלַייט, וְוִיא אַזוֹי
5 עֶר זָאל אִיהְם צוּ זַייא אִיבֶּערְגֶעבֶּען: אוּנְד זַייא הָאבֶּען זִיךְ
גֶעפְרֵייט, אוּנְד הָאבֶּען אִיהְם צוּגֶעזָאגְט גֶעלְד צוּ גֶעבֶּען:
6 אוּנְד עֶר הָאט אַיינְגֶעוִוילִיגְט אוּנְד הָאט אָפְּגֶעוַוארְט אַ גֶע־
לֶעגֶענְהֵייט, אַז עֶר זָאל אִיהְם צוּ זַייא אִיבֶּערְגֶעבֶּען, וֶוען
דָאס פָאלְק אִיז נִיט מִיט אִיהְם:
7 אוּנְד דֶער טָאג פוּן מַצּוֹת אִיז גֶעקוּמֶען, וֶוען מֶען מוּז מַקְרִיב
8 זַיין דָאס קָרְבָּן פֶּסַח: אוּנְד עֶר הָאט גֶעשִׁיקְט פֶּעטְרוּס אוּנְד
יוֹחָנָן אוּנְד הָאט גֶעזָאגְט, גֶעהְט אוּנְד גְרֵייט אָן פַאר אוּנְס
9 דָאס קָרְבָּן פֶּסַח, אַז מִיר זָאלֶען עֶס עֶסֶען: אוּנְד זַייא הָאבֶּען
צוּ אִיהְם גֶעזָאגְט, וְואוּ ווִילְסְט דוּא אַז מִיר זָאלֶען עֶס אָנְ־
10 גְרֵייטֶען? אוּנְד עֶר הָאט צוּ זַייא גֶעזָאגְט, זֶעהְט וֶוען אִיהְר
וֶועט קוּמֶען אִין דִיא שְׁטָאט אַרֵיין, וֶועט אֵייךְ בֶּעגֶעגֶענֶען
אַ מַאן וָואס טְרָאגְט אַ קְרִיג מִיט וַואסֶער. פָאלְגְט אִיהְם
11 נָאךְ צוּ דֶעם הוֹיז וְואוּ עֶר גֶעהְט אַרֵיין: אוּנְד זָאגְט צוּ
דֶעם בַּעַל הַבַּיִת, דֶער לֶעהְרֶער זָאגְט צוּ דִיר, וְואוּ אִיז דָאס
גַאסְט־צִימֶער, וְואוּ אִיךְ זָאל עֶסֶען דָאס קָרְבָּן פֶּסַח מִיט
12 מַיינֶע תַּלְמִידִים? אוּנְד עֶר וֶועט אֵייךְ ווַייזֶען אַ גְרוֹיסֶע
13 אוֹיבֶּערְשְׁטֶע שְׁטוּבּ אוֹיסְגֶעצִירְט. דָארְטֶען גְרֵייט אָן: אוּנְד
זַייא זֶענֶען גֶעגַאנְגֶען, אוּנְד הָאבֶּען גֶעפוּנֶען אַזוֹי ווִיא עֶר
הָאט גֶעזָאגְט. אוּנְד זַייא הָאבֶּען אָנְגֶעגְרֵייט דָאס קָרְבָּן
14 פֶּסַח: אוּנְד וֶוען דִיא שָׁעָה אִיז גֶעקוּמֶען, הָאט עֶר זִיךְ
אַנִידֶערְגֶעזֶעצְט, אוּנְד דִיא צְוֶועלְף אַפָּאסְטֶעל מִיט אִיהְם:
15 אוּנְד עֶר הָאט צוּ זַייא גֶעזָאגְט, אִיךְ הָאבּ זֶעהְר גֶעווּינְשְׁט
אוּנְד בֶּעגֶעהְרְט דִיזֶעס קָרְבָּן פֶּסַח מִיט אֵייךְ צוּ עֶסֶען, פָאר
16 מַיין לֵיידֶען: וָוארִין אִיךְ זָאג אֵייךְ אַז אִיךְ וֶועל נִיט מֶעהְר
דֶערְפוּן עֶסֶען, בִּיז עֶס וֶועט דֶערְפִילְט וֶוערֶען אִים קֶענִיגְ־
17 רֵייךְ פוּן גָאט: אוּנְד עֶר הָאט גֶענוּמֶען דֶעם בֶּעכֶער אוּנְד
הָאט גֶעדַאנְקְט אוּנְד גֶעזָאגְט, נֶעמְט דָאס, אוּנְד פֶערְטֵיילְט
18 עֶס צְווִישֶׁען אֵייךְ: וָוארִין אִיךְ זָאג אֵייךְ, אַז אִיךְ וֶועל
נִיט מֶעהְר טְרִינְקֶען פוּן דֶער פְרוּכְט פוּן דֶעם ווַיינְשְׁטָאק
בִּיז דָאס קֶענִיגְרֵייךְ פוּן גָאט וֶועט קוּמֶען:
19 אוּנְד עֶר הָאט גֶענוּמֶען בְּרוֹיט אוּנְד הָאט גֶעדַאנְקְט, אוּנְד

הָאט עֶס צוּבְּרָאכֶען. אוּנְד הָאט עֶס צוּ זַייא גֶעגֶעבֶּען, אוּנְד
הָאט גֶעזָאגְט, דָאס אִיז מֵיין לֵייבּ, וָואס וֶוערְט פַאר אֵייךְ
20 גֶעגֶעבֶּען, טְהוּט דָאס צוּ מֵיין גֶעדֶעכְטְנִיס: אַזוֹי אוֹיךְ דֶעם
בֶּעכֶער נָאךְ דֶעם אָבֶּענְד־עֶסֶען; אוּנְד עֶר הָאט גֶעזָאגְט,
דִיזֶער בֶּעכֶער אִיז דֶער נַייעֶר בְּרִית אִין מֵיין בְּלוּט, וָואס
וֶוערְט פֶערְגָאסֶען פַאר אֵייךְ:
21 אָבֶּער זֶעהְט דִיא הַאנְד פוּן דֶעם מוֹסֵר אִיז מִיט מִיר בַּייא
22 דֶעם טִישׁ: דֶען דֶער בֶּן־אָדָם גֶעהְט טַאקֶע אַזוֹי וִויא עֶס אִיז
בֶּעשְׁטִימְט (נִגְזַר גֶעוָוארֶען). אָבֶּער וֶועה צוּ דֶעם מֶענְשׁ דוּרְךְ
23 וֶועלְכֶען עֶר וֶוערְט אִיבֶּערְגֶעגֶעבֶּען: אוּנְד זַייא הָאבֶּען אָנְ־
גֶעהוֹיבֶּען צְוִוישֶׁען זִיךְ צוּ פְרֶעגֶען, וֶועלְכֶער פוּן זַייא וֶועט
דֶער זַיין וָואס וֶועט דָאס טְהוּן:
24 אוּנְד עֶס אִיז עֶנְטשְׁטַאנֶען אַ וִוִיכּוּחַ צְוִוישֶׁען זַייא וֶועלְכֶער
25 פוּן זַייא זָאל אַז דֶער גְרֶעסְטֶער בֶּעטְרַאכְט וֶוערֶען: אָבֶּער
עֶר הָאט צוּ זַייא גֶעזָאגְט, דִיא מְלָכִים פוּן דִיא פֶעלְקֶער
הֶערְשֶׁען אִיבֶּער זַייא, אוּנְד דִיא וָואס גֶעוֶועלְטִיגֶען אִיבֶּער
26 זַייא הֵייסֶען וְואוֹילְטְהֶעטֶער: אָבֶּער זַייט אִיהְר נִיט אַזוֹי,
נֵייעֶרְט דֶער גְרֶעסְטֶער צְוִוישֶׁען אֵייךְ זָאל זַיין אַזוֹי וִויא
דֶער יוּנְגְסְטֶער. אוּנְד דֶער פִיהְרֶער אַזוֹי וִויא דֶער מְשָׁרֵת:
27 וָוארִין וֶוער אִיז גְרֶעסֶער, דֶער וָואס זִיצְט בַּיים טִישׁ, אָדֶער
דֶער וָואס בֶּעדִינְט? אִיז עֶס נִיט דֶער וָואס זִיצְט בַּיים טִישׁ?
28 אָבֶּער אִיךְ בִּין צְוִוישֶׁען אֵייךְ אַזוֹי וִויא אַ מְשָׁרֵת: אָבֶּער
אִיהְר זֶענְט דִיא וָואס זֶענֶען מִיט מִיר גֶעבְּלִיבֶּען אִין מֵיינֶע
29 פְּרִיפוּנְגֶען: אוּנְד אִיךְ וֶועל אֵייךְ בֶּעשְׁטֶעלֶען אַ קֶענִיגְרֵייךְ,
30 אַזוֹי וִויא מֵיין פָאטֶער הָאט מִיר בֶּעשְׁטֶעלְט: אַז אִיהְר
זָאלְט עֶסֶען אוּנְד טְרִינְקֶען בַּייא מֵיין טִישׁ אִין מֵיין קֶענִיגְ־
רֵייךְ, אוּנְד זָאלְט זִיצֶען אוֹיף שְׁטוּהְלֶען, אוּנְד רִיכְטֶען דִיא
צְוֶועלְף שְׁבָטִים פוּן יִשְׂרָאֵל:
31 אוּנְד דֶער הַאר הָאט גֶעזָאגְט, שִׁמְעוֹן, שִׁמְעוֹן, זֶעה, דֶער
שָׂטָן הָאט בֶּעגֶעהְרְט אַז עֶר זָאל אֵייךְ זִיפֶּען וִויא וַוייץ:
32 אָבֶּער אִיךְ הָאבּ פַאר דִיר גֶעבֶּעטֶען, אַז דַיין גְלוֹיבֶּען זָאל
דִיר נִיט פֶעהְלֶען. אוּנְד וֶוען דוּא הָאסְט אַמָאל תְּשׁוּבָה גֶע־
33 טְהוּן, אַזוֹי שְׁטַארְק דַיינֶע בְּרִידֶער: אוּנְד עֶר הָאט צוּ
אִיהְם גֶעזָאגְט, הַאר אִיךְ בִּין בֶּערַייט מִיט דִיר אִין

34 גֶעפֶענְגְנִיס צוּ גֶעהְן, אוּנְד אוֹיךְ צוּם טוֹיט: אָבֶּער עֶר הָאט
גֶעזָאגְט, אִיךְ זָאג דִיר פֶּעטְרוּס, דֶער הָאן וֶועט הַיינְט נִיט
קְרֵייעֶן, אֵיידֶער דוּא וֶועסְט דְרַייא מָאל אָפְּלֵייקֶענֶען אַז
דוּא קֶענְסְט מִיךְ נִיט:
35 אוּנְד עֶר הָאט צוּ זַייא גֶעזָאגְט, וֶוען אִיךְ הָאבּ אֵייךְ גֶע־
שִׁיקְט אָהְן אַ בֵּייטֶעל, אוּנְד אָהְן אַ זַאק אוּנְד אָהְן שִׁיךְ,
הָאט אֵייךְ עֶפֶּעס גֶעפֶעהְלְט? אוּנְד זַייא הָאבֶּען גֶעזָאגְט
36 קַיין שׁוּם זַאךְ: אַזוֹי הָאט עֶר צוּ זַייא גֶעזָאגְט, אָבֶּער אַצוּנְד,
וֶוער עֶס הָאט אֵיין בֵּייטֶעל, לָאז עֶר אִיהְם מִיט נֶעמֶען,
אוּנְד אַזוֹי אוֹיךְ אַ רֵייזֶע טַאשׁ. אוּנְד וֶוער עֶס הָאט נִיט
קַיין שְׁוֶוערְד, לָאז עֶר זַיין קְלֵייד פֶּערְקוֹיפֶען אוּנְד לָאז עֶר
37 זִיךְ אֵיינְס קוֹיפֶען: וָוארִין אִיךְ זָאג אֵייךְ, אַז דָאס מוּז דֶערְ־
פִילְט וֶוערֶען אִין מִיר, וָואס שְׁטֶעהְט גֶעשְׁרִיבֶּען, אוּנְד עֶר
וַואר גֶעצֶעהְלְט צְווִישֶׁען דִיא אוּמְגֶערֶעכְטֶע, וָוארִין דָאס
38 וָואס מִיר בֶּעטְרֶעפְט הָאט אַ תַּכְלִית: אוּנְד זַייא הָאבֶּען
גֶעזָאגְט הַאר, דָא זֶענֶען צְווַייא שְׁוֶוערְדֶען. אוּנְד עֶר הָאט
צוּ זַייא גֶעזָאגְט, עֶס אִיז גֶענוּג:
39 אוּנְד עֶר אִיז אַרוֹיסְגֶעגַאנְגֶען וִויא גֶעוֶועהְנְלִיךְ צוּם הַר
הַזֵּתִים. אוּנְד זַיינֶע תַּלְמִידִים הָאבֶּען אִיהְם נָאכְגֶעפָאלְגְט:
40 וֶוען עֶר וַואר אוֹיף דִיזֶען אָרְט, אַזוֹי הָאט עֶר צוּ זַייא גֶע־
זָאגְט, בֶּעט אַז אִיהְר זָאלְט נִיט קוּמֶען אִין קֵיינֶע פְּרִיפוּנְג:
41 אוּנְד עֶר הָאט זִיךְ פוּן זַייא אָפְּגֶעשֵׁיידֶעט, אַזוֹי וַוייט וִויא
מֶען קֶען אַ שְׁטֵיין וַוארְפֶען, אוּנְד עֶר הָאט אַנִידֶערְגֶע־
42 קְנִיעֶט אוּנְד גֶעבֶּעטֶען: אוּנְד עֶר הָאט גֶעזָאגְט, פָאטֶער,
וֶוען דוּא ווִילְסְט, נֶעם אַוֶועק דִיזֶען בֶּעכֶער פוּן מִיר. דָאךְ
43 נִיט מֵיין ווִילֶען, נֵייעֶרְט דֵיין ווִילֶען זָאל גֶעשֶׁעהֶען: אוּנְד
אַ מַלְאָךְ פוּן הִימֶעל הָאט זִיךְ צוּ אִיהְם בֶּעווִיזֶען, אוּנְד הָאט
44 אִיהְם גֶעשְׁטַארְקְט: אוּנְד וֶוען עֶר אִיז גֶעוֶועזֶען אִין אַ
שְׁמֶערְצְלִיךְ קַאמְפְף, הָאט עֶר עֶרְנְסְטֶער גֶעבֶּעטֶען. אוּנְד
זַיין שְׁוֵויס אִיז אַרוּפְגֶעפַאלֶען צוּ דֶער עֶרְד אַזוֹי וַויא גְרוֹיסֶע
45 טְרָאפֶּען בְּלוּט: אוּנְד וֶוען עֶר אִיז פוּן דֶעם גֶעבֶּעט אוֹיפְ־
גֶעשְׁטַאנֶען, אִיז עֶר גֶעקוּמֶען צוּ זַיינֶע תַּלְמִידִים, אוּנְד הָאט
46 זַייא גֶעפוּנֶען שְׁלָאפֶען פַאר צַעַר: אוּנְד עֶר הָאט צוּ זַייא
גֶעזָאגְט וָוארוּם שְׁלָאפְט אִיהְר? שְׁטֶעהְט אוֹיף אוּנְד בֶּעטֶעט,

אַז אִיהָר זָאלְט נִיט קוּמֶען אִין קֵיינֶע פְּרִיפוּנְג׃
47 וַוייל עֶר הָאט נָאךְ גֶערֶעט, אַזוֹי זֶענֶען לֵייט בֶּעקוּמֶען, אוּנְד
אֵיינֶער פוּן דִיא צְוֶועלְףְ וָואס הָאט גֶעהֵייסֶען יְהוּדָה, אִיז
פָאר זֵייא גֶעגַאנְגֶען, אוּנְד הָאט זִיךְ גֶענֶעהֶנְט צוּ יֵשׁוּעַ,
48 אִיהְם צוּ קִישֶׁען׃ אָבֶּער יֵשׁוּעַ הָאט צוּ אִיהְם גֶעזָאגְט,
49 יְהוּדָה, אִיבֶּערְגִיבְּסְט דוּא דֶעם בֶּן־אָדָם מִיט אַ קִישׁ׃ וָוען
דִיא וָואס וַוארֶען מִיט אִיהְם הָאבֶּען גֶעזֶעהֶען וָואס עֶס וֶועט
גֶעשֶׁעהֶען, הָאבֶּען זֵייא צוּ אִיהְם גֶעזָאגְט, הַאר, זָאלֶען מִיר
שְׁלָאגֶען מִיט דֶעם שְׁוֶוערְד׃
50 אוּנְד אֵיינֶער פוּן זֵייא הָאט גֶעשְׁלָאגֶען דֶעם קְנֶעכְט פוּן
דֶעם כֹּהֵן גָדוֹל, אוּנְד הָאט אִיהְם דָאס רֶעכְטֶע אוֹיעֶר אָפְּ־
51 גֶעשְׁנִיטֶען׃ אָבֶּער יֵשׁוּעַ הָאט גֶעעֶנְטְפֶערְט אוּנְד הָאט
גֶעזָאגְט, לָאזְט עֶס אַזוֹי וַוייט זַיין. אוּנְד עֶר הָאט אִיהְם
52 דָאס אוֹיעֶר אָנְגֶערִירְט, אוּנְד אִיהְם גֶעהֵיילְט׃ אוּנְד יֵשׁוּעַ
הָאט גֶעזָאגְט צוּ דִיא עֶרְשְׁטֶע כֹּהֲנִים, אוּנְד דִיא אוֹיבֶּערְשְׁטֶע
פוּן דֶעם בֵּית הַמִקְדָשׁ, אוּנְד דִיא עֶלְצְטֶע, וָואס זֶענֶען צוּ
אִיהְם גֶעקוּמֶען, זֶענְט אִיהְר אַרוֹיסְגֶעקוּמֶען וִויא קֶעגֶען אַ
53 רוֹיבֶּער מִיט שְׁוֶוערְדֶען אוּנְד מִיט שְׁטֶעקֶען? וָוען אִיךְ וַואר
מִיט אֵייךְ טֶעגְלִיךְ אִין דֶעם בֵּית הַמִקְדָשׁ, הָאט אִיהְר נִיט
דִיא הֶענְד אוֹיסְגֶעשְׁטְרֶעקְט קֶעגֶען מִיר; אָבֶּער דָאס אִיז
אֵייעֶרֶע שָׁעָה, אוּנְד דִיא מַאכְט פוּן פִינְסְטֶערְנִיס׃
54 אוּנְד זֵייא הָאבֶּען אִיהְם גֶענוּמֶען, אוּנְד הָאבֶּען אִיהְם אַוֶועקְ־
גֶעפִירְט, אוּנְד הָאבֶּען אִיהְם גֶעבְּרַאכְט אִין הוֹיז אַרַיין פוּן
דֶעם כֹּהֵן גָדוֹל. אָבֶּער פֶּעטְרוֹס הָאט אִיהְם פוּן וַוייטֶען
55 נָאכְגֶעפָאלְגְט׃ אוּנְד וָוען זֵייא הָאבֶּען אָנְגֶעצִינְדֶען אַ פֵייעֶר
אִין מִיטֶען הוֹיף, אוּנְד הָאבֶּען זִיךְ אַנִידֶערְגֶעזֶעצְט, אַזוֹיא
56 הָאט זִיךְ פֶּעטְרוֹס צְווִישֶׁען זֵייא גֶעזֶעצְט׃ אוּנְד אַ גֶעוִויסֶעס
מֶערְעל הָאט אִיהְם גֶעזֶעהֶען זִיצֶען בַּיים פֵייעֶר, אוּנְד הָאט
אִיהְם שַׁארְף אָנְגֶעקוּקְט אוּנְד הָאט גֶעזָאגְט, דִיזֶער וַואר
57 אוֹיךְ מִיט אִיהְם׃ אָבֶּער עֶר הָאט אִיהְם פֶערְלֵייקֶענְט, אוּנְד
58 הָאט גֶעזָאגְט, וַוייבּ אִיךְ קֶען אִיהְם נִיט׃ אוּנְד נָאךְ אַ קְלֵיינֶע
וַויילֶע הָאט אִיהְם אֵיין אַנְדֶערֶער גֶעזֶעהֶען, אוּנְד הָאט גֶע־
זָאגְט, דוּא בִּיסְט אוֹיךְ פוּן זֵייא; אָבֶּער פֶּעטְרוֹס הָאט גֶעזָאגְט
59 מֶענְשׁ אִיךְ בִּין נִיט׃ אוּנְד קֶעגֶען אַ שָׁעָה שְׁפֶּעטֶער הָאט

אֵיין אַנְדֶערֶער גֶעזָאגְט מִיט גֶעווִיסְהֵייט, בֶּאֱמֶת, דִיזֶער וַואר
אוֹיךְ מִיט אִיהְם, ווייל עֶר אִיז אוֹיךְ פוּן גָלִיל: אָבֶּער 60
פֶּעטְרוּס הָאט גֶעזָאגְט, מֶענְשׁ אִיךְ ווייס נִיט וָואס דוּא
זָאגְסְט, אוּנְד וֶוען עֶר הָאט נָאךְ גֶערֶעט, הָאט דֶער הָאן
גֶעקְרֵייעֶט: אוּנְד דֶער הַאר הָאט זִיךְ אוּמְגֶעקֶעהְרְט אוּנְד 61
הָאט פֶּעטְרוּס אָנְגֶעזֶעהֶען. אוּנְד פֶּעטְרוּס הָאט זִיךְ דֶערְ־
מָאנְט אָן דֶעם וָוארְט פוּן דֶעם הַאר, וִויא עֶר הָאט צוּ אִיהְם
גֶעזָאגְט, אֵיידֶער דֶער הָאן וֶועט קְרֵייעֶן, וֶועסְט דוּא מִיךְ
דְרֵייא מָאל פֶּערְלֵייקֶענֶען: אוּנְד פֶּעטְרוּס אִיז אַרוֹיסְגֶע־ 62
גַאנְגֶען אוּנְד הָאט בִּיטֶערְלִיךְ גֶעוֵויינְט:
אוּנְד דִיא לֵייט וָואס הָאבֶּען יֵשׁוּעַ גֶעהַאלְטֶען, הָאבֶּען אִיהְם 63
אוֹיסְגֶעשְׁפֶּעט אוּנְד גֶעשְׁלָאגֶען: אוּנְד וֶוען זֵייא הָאבֶּען 64
אִיהְם דִיא אוֹיגֶען פֶּערְבּוּנְדֶען, הָאבֶּען זֵייא אִיהְם אִיבֶּער
דֶעם פָּנִים גֶעפַּאטְשְׁט, אוּנְד הָאבֶּען אִיהְם גֶעפְרֶעגְט אוּנְד
גֶעזָאגְט, זָאג ־ נְבוּאוֹת, וֶוער דָאס אִיז וָואס הָאט דִיךְ גֶע־
שְׁלָאגֶען: אוּנְד זֵייא הָאבֶּען פִילֶע אַנְדֶערֶע לֶעסְטֶערוּנְגֶען 65
קֶעגֶען אִיהְם גֶערֶעט:
אוּנְד וֶוען עֶס אִיז טָאג גֶעוָוארֶען הָאבֶּען זִיךְ פֶּערְזַאמֶעלְט 66
דִיא עֶלְצְטֶע פוּן דֶעם פָאלְק, אוּנְד דִיא עֶרְשְׁטֶע כֹּהֲנִים,
אוּנְד דִיא סוֹפְרִים, אוּנְד זֵייא הָאבֶּען אִיהְם גֶעבְּרַאכְט צוּ
זֵייעֶרֶע סַנְהֶדְרִין, אוּנְד הָאבֶּען גֶעזָאגְט: וֶוען דוּא בִּיסְט 67
דֶער מָשִׁיחַ זָאג אוּנְס, אוּנְד עֶר הָאט צוּ זֵייא גֶעזָאגְט, וֶוען
אִיךְ וֶועל עֶס אֵייךְ זָאגֶען, וֶועט אִיהְר עֶס נִיט גְלוֹיבֶּען:
אוּנְד וֶוען אִיךְ וֶועל אֵייךְ פְרֶעגֶען וֶועט אִיהְר מִיר נִיט עֶנְטְ־ 68
פֶערְן: פוּן אַצוּנְד אָן וֶועט דֶער בֶּן־אָדָם זִיצֶען צוּ דֶער 69
רֶעכְטֶער הַאנְד פוּן דֶער גְבוּרָה פוּן גָאט: אוּנְד זֵייא הָא־ 70
בֶּען אַלֶע גֶעזָאגְט, בִּיסְט דוּא דֶער זוּהְן פוּן גָאט? אוּנְד עֶר
הָאט צוּ זֵייא גֶעזָאגְט, אִיהְר זָאגְט אַז אִיךְ בִּין: אוּנְד זֵייא 71
הָאבֶּען גֶעזָאגְט, וָואס בֶּעדַארְפֶען מִיר נָאךְ מֶעהְר עֵדוּת?
וָוארִין מִיר הָאבֶּען אַלֵיין גֶעהֶערְט פוּן זַיין אוֹיגֶען מוֹיל:

קאַפּיטעל כג

אוּנְד דִיא גַאנְצֶע פֶּערְזַאמְלוּנְג זֶענֶען אוֹיפְגֶעשְׁטַאנֶען, אוּנְד 1
הָאבֶּען אִיהְם גֶעבְּרַאכְט צוּ פִּילָטוֹס: אוּנְד זֵייא הָאבֶּען 2
אִיהְם אָנְגֶעהוֹיבֶּען אָנְצוּקְלָאגֶען, אוּנְד הָאבֶּען גֶעזָאגְט, מִיר

הָאבֶּען אִיהְם גֶעפוּנֶען דָאס פָאלְק פֶערְפִירֶען אוּנְד פֶערְבִּיטֶען
דֶעם קֵיסָר מַס צוּ גֶעבֶּען, אוּנְד עֶר זָאגְט אַז עֶר אִיז דֶער
3 מֶלֶךְ הַמָשִׁיחַ: אוּנְד פִּילָטוּס הָאט אִיהְם גֶעפְרֶעגְט אוּנְד
גֶעזָאגְט, בִּיסְט דוּא דֶער מֶלֶךְ פוּן דִיא יוּדֶען? אוּנְד עֶר
הָאט אִיהְם גֶעעֶנְטְפֶערְט אוּנְד גֶעזָאגְט, דוּא זָאגְסְט עֶס:
4 אַזוֹי הָאט פִּילָטוּס גֶעזָאגְט צוּ דִיא עֶרְשְׁטֶע כֹּהֲנִים אוּנְד
צוּם פָאלְק, אִיךְ גֶעפִין נִיט קֵיין אוּמְרֶעכְט אִין דִיזֶען מֶענְשׁ:
5 אָבֶּער זַייא הָאבֶּען נָאךְ שְׁטַארְקֶער גֶעזָאגְט, עֶר הֶעצְט
אוֹיף דָאס פָאלְק אִים גַאנְצֶע לַאנְד יְהוּדָה, אוּנְד הֶעבְּט אָן
6 פוּן גָלִיל בִּיז צוּ דִיזֶעם אָרְט: אָבֶּער וִויא פִּילָטוּס הָאט עֶס
גֶעהֶערְט, הָאט עֶר גֶעפְרֶעגְט אוֹיבּ דֶער מַאן אִיז פוּן גָלִיל:
7 אוּנְד וֶוען עֶר הָאט גֶעוָואר גֶעוָוארֶען אַז עֶר גֶעהֶערְט צוּ
דֶער רֶעגִירוּנְג פוּן הוֹרְדוֹס, הָאט עֶר אִיהְם גֶעשִׁיקְט צוּ
הוֹרְדוֹס, דֶער אוֹיךְ זֶעלְבְּסְט וַואר אִין יְרוּשָׁלַיִם אִין יֶענֶער
צַייט:
8 אוּנְד וֶוען הוֹרְדוֹס הָאט יֵשׁוּעַ גֶעזֶעהֶען הָאט עֶר זִיךְ זֶעהְר
גֶעפְרֵייט. וָוארִין עֶר הָאט אִיהְם שׁוֹין לַאנְג פֶערְלַאנְגְט צוּ
זֶעהֶען וַוייל עֶר הָאט פִילֶע זַאכֶען פוּן אִיהְם גֶעהֶערְט.
אוּנְד עֶר הָאט גֶעהָאפְט צוּ זֶעהֶען, אַז אַ וְואוּנְדֶער זָאל
9 דוּרְךְ אִיהְם גֶעשֶׁעהֶען: אוּנְד עֶר הָאט אִיהְם אוֹיסְגֶעפְרֶעגְט
מִיט אַ סַךְ וֶוערְטֶער, אָבֶּער עֶר הָאט אִיהְם גָארְנִיט גֶע־
10 עֶנְטְפֶערְט: אוּנְד דִיא עֶרְשְׁטֶע כֹּהֲנִים אוּנְד דִיא סוֹפְרִים
זֶענֶען גֶעשְׁטַאנֶען אוּנְד הָאבֶּען אִיהְם זֶעהְר שְׁטַארְק אָנְגֶע־
11 קְלָאגְט: אוּנְד הוֹרְדוֹס מִיט זֵיינֶע אָפִיצִירֶען הָאבֶּען אִיהְם
פֶערְשֶׁעמְט אוּנְד אוֹיסְגֶעשְׁפֶּעט, אוּנְד הָאבֶּען אִיהְם אַ גְלֶענְ־
צִיגֶעם קְלֵייד אָנְגֶעטְהוּן, אוּנְד הָאבֶּען אִיהְם צוּרִיקְגֶעשִׁיקְט
12 צוּ פִּילָטוּס: אוּנְד פִּילָטוּס אוּנְד הוֹרְדוֹס זֶענֶען אִין דֶעם
דָאזִיגֶען טָאג פְרֵיינְד גֶעוָוארֶען. וָוארִין פְרִיהֶר זֶענֶען זַייא
מִיט אֵיינַאנְדֶער אִין פֵיינְדְשַׁאפְט גֶעוֶועזֶען:
13 אוּנְד וֶוען פִּילָטוּס הָאט צוּזַאמֶענְגֶערוּפֶען דִיא עֶרְשְׁטֶע
14 כֹּהֲנִים אוּנְד דִיא אוֹיבֶּערְשְׁטֶע פוּן דָאס פָאלְק: הָאט עֶר
צוּ זַייא גֶעזָאגְט, אִיהְר הָאט צוּ מִיר דִיזֶען מַאן גֶעבְּרַאכְט
וִויא אַ פֶערְפִיהְרֶער פוּן דֶעם פָאלְק, אוּנְד זֶעה, אִיךְ הָאבּ
אִיהְם פֶערְהֶערְט, פַאר אֵייךְ, אוּנְד הָאבּ גָאר קֵיין אוּמְרֶעכְט

נִיט גֶעפוּנֶען אִין דִיזֶען מֶענְשׁ, פוּן וֶועגֶען דִיא זַאכֶען וָואס
15 אִיהָר הָאט אִיהְם אָנְגֶעקְלָאגְט: אוּנְד אַפִילוּ הוֹרְדוֹס אוֹיךְ
נִיט, וָוארִין אִיךְ הָאבּ אֵייךְ צוּ אִיהְם גֶעשִׁיקְט, אוּנְד עֶר
הָאט אִיהְם גָארְנִיט גֶעטְהוּן וָואס אִיז וֶוערְט דֶעם טוֹיט:
16 דְרוּם וֶועל אִיךְ אִיהְם לָאזֶען שְׁלָאגֶען אוּנְד וֶועל אִיהְם בֶּע־
17 פְרֵייעֶן: (וָוארִין עֶר הָאט זַייא גֶעמוּסְט אֵיינֶעם לוֹיז לָאזֶען
18 אוֹיף יוֹם טוֹב): אוּנְד זַייא הָאבֶּען אַלֶע מִיט אֵיין מָאל
גֶעשְׁרִיגֶען אוּנְד הָאבֶּען גֶעזָאגְט, אַוֶועק מִיט דִיזֶען, אוּנְד
19 לָאז אוּנְס פְרֵייא בַּר־אַבָּא: (דֶער וָואס וַאר אִין דֶעם גֶע־
פֶענְגְנִיס אַרֵיינְגֶעוָוארְפֶען וֶועגֶען אֵיין אוֹיפְשְׁטַאנְד וָואס
אִיז גֶעשֶׁעהֶען אִין דֶער שְׁטָאט, אוּנְד פַאר אַ רְצִיחָה):
20 דָארוּם הָאט פִּילָטוּס וִוידֶער צוּ זַייא אוֹיסְגֶערוּפֶען, וַוייל
21 עֶר הָאט גֶעוָואלְט יֵשׁוּעַ בֶּעפְרֵייעֶן: אָבֶּער זַייא הָאבֶּען גֶע־
22 שְׁרִיגֶען אוּנְד גֶעזָאגְט, קְרֵייצִיג אִיהְם: אוּנְד עֶר הָאט דָאס
דְרִיטֶע מָאל צוּ זַייא גֶעזָאגְט, וָואס פַאר אַ שְׁלֶעכְטֶעס הָאט
עֶר דֶען גֶעטְהוּן? אִיךְ הָאבּ אִין אִיהְם נִיט גֶעפוּנֶען קֵיינֶע
אוּרְזַאךְ פוּן טוֹיט; דְרוּם וֶועל אִיךְ אִיהְם לָאזֶען שְׁלָאגֶען,
23 אוּנְד וֶועל אִיהְם לוֹיז לָאזֶען: אָבֶּער זַייא הָאבֶּען דְרוֹיף
גֶעדְרוּנְגֶען מִיט גְרוֹיסֶע קוֹלוֹת, אוּנְד הָאבֶּען פֶערְלַאנְגְט אַז
עֶר זָאל גֶעקְרֵייצִיגְט וֶוערֶען: אוּנְד זֵייעֶרֶע קוֹלוֹת אוּנְד דִיא
24 קוֹלוֹת פוּן דִיא עֶרְשְׁטֶע כֹּהֲנִים הָאבֶּען בֶּייגֶעקוּמֶען: אוּנְד
פִּילָטוּס הָאט גֶעמִשְׁפָּט, אַז עֶס זָאל גֶעשֶׁעהֶען וִויא זַייא
25 הָאבֶּען פֶערְלַאנְגְט: אוּנְד עֶר הָאט זַייא בֶּעפְרֵייט דֶעם
וָואס וַאר אִין דֶעם גֶעפֶענְגְנִיס אַרֵיינְגֶעוָוארְפֶען פַאר אֵיין
אוֹיפְשְׁטַאנְד אוּנְד רְצִיחָה, וֶועלְכֶען זַייא הָאבֶּען פֶערְלַאנְגְט,
אָבֶּער יֵשׁוּעַ הָאט עֶר אִיבֶּערְגֶעגֶעבֶּען צוּ זֵייעֶר וִוילֶען:
26 אוּנְד וֶוען זַייא הָאבֶּען אִיהְם אַוֶועקְגֶעפִירְט, הָאבֶּען זַייא
אָנְגֶענוּמֶען אֵיינֶעם שִׁמְעוֹן פוּן קוּרִינִי, וִויא עֶר אִיז גֶע־
קוּמֶען פוּן דֶעם פֶעלְד, אוּנְד הָאבֶּען אוֹיף אִיהְם אַרוֹיפְגֶע־
לֶעגְט דָאס קְרֵייץ, אַז עֶר זָאל עֶס טְרָאגֶען נָאךְ יֵשׁוּעַ:
27 אוּנְד אַ גְרוֹיסֶע פֶערְזַאמְלוּנְג פוּן לֵייט הָאבֶּען אִיהְם נָאכְ־
גֶעפָאלְגְט, אוּנְד ווייבֶּער וָואס הָאבֶּען גֶעקְלָאגְט אוּנְד
28 גֶעטְרוֹיעֶרְט אִיבֶּער אִיהְם: אָבֶּער יֵשׁוּעַ הָאט זִיךְ צוּ זַייא
אוּמְגֶעקֶערְט אוּנְד הָאט גֶעזָאגְט, טֶעכְטֶער פוּן יְרוּשָׁלַיִם,

וֵויינְט נִיט אִיבֶּער מִיר, נָייעֶרְט וֵויינְט אִיבֶּער אֵייךְ אַלֵיין,
29 אוּנְד אִיבֶּער אֵייעֶרֶע קִינְדֶער: וָוארִין זֶעה, דִיא טֶעג קוּמֶען
וֶוען מֶען וֶועט זָאגֶען גֶעבֶּענְשְׁט זֶענֶען דִיא אוּמְטְרַאכְטִיגֶע,
אוּנְד דִיא לֵייבֶּער וָואס הָאבֶּען נִיט גֶעוְואוּנֶען, אוּנְד דִיא
30 בְּרִיסְטֶען וָואס הָאבֶּען נִיט גֶעגֶעבֶּען צוּ זֵייגֶען: דֶענְסְטְמָאל
וֶועלֶען זַייא אָנְהֶעבֶּען צוּ זָאגֶען צוּ דִיא בֶּערְג, פַאלְט אִיבֶּער
31 אוּנְס, אוּנְד צוּ דִיא הוֹיכֶע בֶּערְג, דֶעקְט אוּנְס צוּ: וָוארִין
וֶוען זַייא טְהוּן דִיזֶע זַאכֶען צוּ אַ גְרִינֶעם בּוֹים, וָואס וֶועט
גֶעשֶׁעהֶען צוּ דֶעם פֶערְדַארְטֶען?
32 אוּנְד צְוֵייא אַנְדֶערֶע רְשָׁעִים וַוארֶען אוֹיךְ אַהִין גֶעפִיהְרְט,
33 אַז זַייא זָאלֶען מִיט אִיהְם גֶעהַרְגֶעט וֶוערֶען: אוּנְד וֶוען
זַייא זֶענֶען אָנְגֶעקוּמֶען צוּ אַיין אָרְט וָואס וֶוערְט אָנְגֶערוּפֶען
גָלְגוֹלֶת, הָאבֶּען זַייא אִיהְם אוּנְד דִיא רְשָׁעִים דָארְטֶען
בֶּעקְרֵייצִיגְט, אֵיינֶעם צוּ זַיינֶע רֶעכְטֶע הַאנְד, אוּנְד דֶעם
אַנְדֶערְן צוּ דֶער לִינְקֶען:
34 אוּנְד יֵשׁוּעַ הָאט גֶעזָאגְט, פָאטֶער, פֶערְגִיבּ זַייא; וָוארִין
זַייא וִויסֶען נִיט וָואס זַייא טְהוּן; אוּנְד זַייא הָאבֶּען זַיינֶע
35 קְלֵיידֶער גֶעטֵיילְט, אוּנְד הָאבֶּען גוֹרָל גֶעוָוארְפֶען: אוּנְד
דָאס פָאלְק אִיז גֶעשְׁטַאנֶען אוּנְד הָאט צוּגֶעזֶעהֶען; אוּנְד
דִיא עֶלְצְטֶע הָאבֶּען אִיהְם מִיט זַייא אוֹיסְגֶעשְׁפֶּעט, אוּנְד
הָאבֶּען גֶעזָאגְט, עֶר הָאט אַנְדֶערֶע גֶעהָאלְפֶען, לָאז עֶר זִיךְ
אַלֵיין הֶעלְפֶען; וֶוען עֶר אִיז דֶער מָשִׁיחַ דֶער אוֹיסְדֶערְ-
וֶועהְלְטֶער פוּן גָאט:
36 אוּנְד דִיא זֶעלְנֶער הָאבֶּען אִיהְם אוֹיךְ אוֹיסְגֶעשְׁפֶּעט, אוּנְד
זֶענֶען צוּ אִיהְם גֶעקוּמֶען אוּנְד הָאבֶּען אִיהְם גֶעבְּרַאכְט
37 עֶסִיג: אוּנְד זַייא הָאבֶּען גֶעזָאגְט, וֶוען דוּא בִּיסְט דֶער
38 קֶענִיג פוּן דִיא יוּדֶען, אַזוֹי רֶעטֶע דִיךְ אַלֵיין: אוּנְד אֵיינֶע
אוֹיפְשְׁרִיפְט וַואר אִיבֶּער אִיהְם גֶעשְׁרִיבֶּען מִיט גְרִיכִישֶׁע
אוּנְד לַאטֵיינִישֶׁע אוּנְד הֶעבְּרֶעאִישֶׁע בּוּכְשְׁטַאבֶּען

דִיזֶער אִיז דֶער קֶענִיג פוּן דִיא יוּדֶען:

39 אוּנְד אֵיינֶער פוּן דִיא רְשָׁעִים וָואס וַואר גֶעקְרֵייצִיגְט, הָאט
אִיהְם גֶעלֶעסְטֶערְט אוּנְד הָאט גֶעזָאגְט, וֶוען דוּא בִּיסְט דֶער
40 מָשִׁיחַ, אַזוֹי הֶעלְף דִיר אַלֵיין אוּנְד אוּנְס: אָבֶּער דֶער אַנְ-
דֶערֶער הָאט גֶעעֶנְטְפֶערְט אוּנְד הָאט אִיהְם אָנְגֶעשְׁרִיעֶן,

אוּנְד הָאט גֶעזָאגְט, הָאסְט דוּא דֶען נִיט מוֹרָא פַאר גָאט,
וָועהֶענְדִיג וְוִיא דוּא בִּיסְט אוֹיךְ אִין דֶער זֶעלְבֶּער שְׁטְרָאף?
אוּנְד מִיר זֶענֶען מִיט רֶעכְט פֶערְשׁוּלְדִיגְט; וָוארִין מִיר 41
בַּאקוּמֶען מִיט רֶעכְט דָאס וָואס אוּנְזֶערֶע מַעֲשִׂים הָאבֶּען
פֶערְדִינְט. אָבֶּער דִיזֶער מַאן הָאט גָאר קֵיין אוּמְרֶעכְט
גֶעטְהוּן: אוּנְד עֶר הָאט צוּ יֵשׁוּעַ גֶעזָאגְט, הַאר, גֶעדֶענְק 42
אָן מִיר, וָוען דוּא קוּמְסְט אַרַיין אִין דַיין קֶענִיגְרַייךְ: אוּנְד 43
יֵשׁוּעַ הָאט צוּ אִיהְם גֶעזָאגְט, פַארְוָואהר אִיךְ זָאג דִיר,
הַיינְט וֶועסְט דוּא מִיט מִיר זַיין אִין גַן עֵדֶן:
אוּנְד עֶס וַואר קֶעגֶען דֶער זֶעקְסְטֶער שָׁעָה, אוּנְד עֶס וַואר 44
פִינְסְטֶער אִיבֶּער דֶעם גַאנְצֶען לַאנְד בִּיז צוּ דֶער נֵיינְטֶער
שָׁעָה: אוּנְד דִיא זוּן אִיז פִינְסְטֶער גֶעוָוארֶען, אוּנְד דָאס 45
פָּרוֹכֶת פוּן דֶעם טֶעמְפֶּעל אִיז אִין מִיטֶען צוּרִיסֶען גֶעוָוא־
רֶען: אוּנְד יֵשׁוּעַ הָאט גֶעשְׁרִיעֶן מִיט אַ הוֹיךְ קוֹל, אוּנְד 46
הָאט גֶעזָאגְט, פָּאטֶער, אִיךְ בֶּעפֶעהְל מֵיין גֵייסְט אִין דֵיינֶע
הַאנְד אַרַיין; אוּנְד וָוען עֶר הָאט דָאס גֶעזָאגְט, הָאט עֶר
דִיא נְשָׁמָה אוֹיסְגֶעלָאזְט!
וְוִיא דֶער הוֹיפְּטְמַאן הָאט גֶעזֶעהֶען וָואס אִיז גֶעשֶׁעהֶען, 47
הָאט עֶר גָאט גֶעלוֹיבְּט, אוּנְד גֶעזָאגְט, וִוירְקְלִיךְ דִיזֶער
מֶענְשׁ וַואר אַ צַדִיק: אוּנְד אַלֶע לֵייט וָואס זֶענֶען צוּזַא־ 48
מֶענְגֶעקוּמֶען צוּ דִיזֶער זֶעהוּנְג, וָוען זֵייא הָאבֶּען גֶעזֶעהֶען
וָואס אִיז גֶעשֶׁעהֶען, הָאבֶּען זֵייא זִיךְ גֶעשְׁלָאגֶען אוֹיף דֶער
בְּרוּסְט, אוּנְד הָאבֶּען זִיךְ אוּמְגֶעקֶערְט: אוּנְד אַלֶע זֵיינֶע 49
פְרֵיינְד, אוּנְד דִיא וַוייבֶּער וָואס הָאבֶּען אִיהְם נָאכְגֶעפָאלְגְט
פוּן גָלִיל, זֶענֶען פוּן וַוייטֶען גֶעשְׁטַאנֶען, אוּנְד הָאבֶּען דָאס
צוּגֶעזֶעהֶען:
אוּנְד דָא וַואר אַ מַאן וָואס הָאט גֶעהֵייסֶען יוֹסֵף, וָואס וַואר 50
אַ יוֹעֵץ, אוּנְד אַ גוּטֶער אוּנְד גֶערֶעכְטֶער מַאן: (וֶועלְכֶער 51
הָאט נִיט בֶּעוִוילִיגְט אִין זֵייעֶרֶע עֵצָה אוּנְד זֵייעֶר וֶוערְק.)
עֶר וַואר פוּן אֲרַמָתִי, אַ יוּדִישֶׁע שְׁטָאט, אוּנְד הָאט אַלֵיין
אוֹיךְ גֶעוַוארְט אוֹיף דֶעם קֶענִיגְרַייךְ פוּן גָאט: דִיזֶער אִיז 52
גֶעקוּמֶען צוּ פִּילָטוֹס אוּנְד הָאט גֶעבֶּעטֶען דֶעם לֵייב פוּן
יֵשׁוּעַ: אוּנְד עֶר הָאט עֶס אַרוּפְּגֶענוּמֶען, אוּנְד הָאט עֶס 53
אַיינְגֶעוִויקֶעלְט אִין אַ לֵיילֶעךְ, אוּנְד הָאט עֶס אַרַיינְגֶעלֶעגְט

אִין אֵיין אוֹיסְגֶעהַאקְטֶען קֶבֶר אִין דֶעם פֶעלְז וְואוּ קֵיינֶער
54 אִיז נָאךְ נִיט גֶעלֶעגֶען: אוּנְד עֶס וַואר עֶרֶב יוֹם טוֹב, אוּנְד
55 נָאהֶנְט צוּ שַׁבָּת: אוּנְד אוֹיךְ דִיא ווייבֶּער וָואס זֶענֶען מִיט
אִיהְם צוּזַאמֶען גֶעקוּמֶען פוּן גָלִיל, הָאבֶּען נָאכְגֶעפָאלְגְט,
אוּנְד הָאבֶּען גֶעזֶעהֶען דָאס קֶבֶר, אוּנְד וְואוּ זַיין לֵייבּ וַואר
56 אַרֵיינְגֶעלֶעגְט: אוּנְד זֵייא הָאבֶּען זִיךְ אוּמְגֶעקֶערְט, אוּנְד
הָאבֶּען אָנְגֶעגְרֵייט בְּשָׂמִים, אוּנְד מֹר. אוּנְד אַם שַׁבָּת הָאבֶּען
זֵייא גֶערוּהְט נָאךְ דֶעם גֶעבָּאט נָאךְ:

קאפיטעל כד

1 אוּנְד אָן דֶעם עֶרְשְׁטֶען טָאג פוּן דֶער וָואךְ זֶענֶען זֵייא
גַאנְץ פְרִיה גֶעקוּמֶען צוּם קֶבֶר, אוּנְד הָאבֶּען גֶעבְּרַאכְט דִיא
בְּשָׂמִים וָואס זֵייא הָאבֶּען אָנְגֶעגְרֵייט, אוּנְד אַנְדֶערֶע וַוארֶען
2 מִיט זֵייא: אוּנְד זֵייא הָאבֶּען גֶעפוּנֶען דֶעם שְׁטֵיין אַוֶועקְ־
3 גֶעוַואלְגֶערְט פוּן דֶעם קֶבֶר: אוּנְד וֶוען זֵייא זֶענֶען אַרֵיינְ־
גֶעקוּמֶען, הָאבֶּען זֵייא נִיט גֶעפוּנֶען דֶעם לֵייבּ פוּן דֶעם הַאר
4 יֵשׁוּעַ: אוּנְד עֶס אִיז גֶעוֶועזֶען וֶוען זֵייא וַוארֶען זֶעהְר
פֶערְצָאגְט וֶועגֶען דֶעם אַזוֹי זֶענֶען צְוֵוייא מֶענְשֶׁען בֵּייא
5 זֵייא גֶעשְׁטַאנֶען אִין גְלַאנְצֶענְדִיגֶע קְלֵיידֶער: אוּנְד וִויא
זֵייא הָאבֶּען זִיךְ גֶעפָארְכְטֶען, אוּנְד הָאבֶּען זֵייעֶר פָּנִים צוּ
דֶער עֶרְד גֶענֵייגְט, אַזוֹי הָאבֶּען זֵייא צוּ זֵייא גֶעזָאגְט, וָוארוּם
6 זוּכְט אִיהְר דֶעם לֶעבֶּעדִיגֶען צְווִישֶׁען דִיא טוֹיטֶע? עֶר אִיז
נִיט דָא, נֵייעֶרְט עֶר אִיז אוֹיפְגֶעשְׁטַאנֶען. גֶעדֶענְקְט וָואס
7 עֶר הָאט אֵייךְ גֶעזָאגְט, וֶוען עֶר וַואר נָאךְ אִין גָלִיל: וִויא
עֶר הָאט גֶעזָאגְט, אַז דֶער בֶּן־אָדָם מוּס אִיבֶּערְגֶעגֶעבֶּען
וֶוערֶען אִין דִיא הֶענְד פוּן זִינְדֶער, אוּנְד גֶעקְרֵייצִיגְט וֶוערֶען,
8 אוּנְד אִים דְרִיטֶען טָאג אוֹיפְשְׁטֶעהְן: אוּנְד זֵייא הָאבֶּען זִיךְ
9 דֶערְמָאנְט אָן זֵיינֶע וֶוערְטֶער: אוּנְד זֵייא הָאבֶּען זִיךְ אוּמְ־
גֶעקֶערְט פוּן דֶעם קֶבֶר, אוּנְד הָאבֶּען דָאס אַלֶעם דֶערְצֶעהְלְט
10 צוּ דִיא עֶלְף אוּנְד צוּ אַלֶע אִיבְּרִיגֶע: אוּנְד עֶס וַוארֶען
מִרְיָם מַגְדָלֶנָה, אוּנְד יוֹחָנָה, אוּנְד מִרְיָם דִיא מוּטֶער פוּן יַעֲקֹב,
אוּנְד דִיא אִיבְּרִיגֶע מִיט זֵייא, וָואס הָאבֶּען דָאס דֶערְצֶעהְלְט
11 צוּ דִיא שְׁלוּחִים: אוּנְד דִיזֶע וֶוערְטֶער זֶענֶען בֵּייא זֵייא
אָנְגֶעזֶעהֶען גֶעוֶועזֶען וִויא נַארִישְׁקֵייט, אוּנְד זֵייא הָאבֶּען
זֵייא נִיט גֶעגְלוֹיבְּט:

12 אָבֶער פֶּעטְרוּס אִיז אוֹיפְגֶעשְׁטַאנֶען אוּנְד אִיז גֶעלָאפֶען צוּם
קֶבֶר. אוּנְד עֶר הָאט זִיךְ אַרוּפְגֶעבּוֹיגֶען, אוּנְד הָאט גֶעזֶעהֶען
דִיא תַּכְרִיכִים בֶּעזוּנְדֶער לִיגֶען. אַזוֹי אִיז עֶר אַוֶועקְגֶעגַאנְגֶען,
אוּנְד הָאט זִיךְ גֶעוְואוּנְדֶערְט וָואס עֶס אִיז גֶעשֶׁעהֶען:
13 אוּנְד צְווייא פוּן זַייא זֶענֶען דֶעמְזֶעלְבִּיגֶען טָאג גֶעגַאנְגֶען
אִין אַ דָארְף וָואס הֵייסְט עֶמָאוּס וָואס אִיז זֶעכְצִיג אַקֶער
14 פֶּעלְד ווייט פוּן יְרוּשָׁלַיִם: אוּנְד זַייא הָאבֶּען מִיט אֵיינַאנְ־
דֶער גֶעשְׁמוּסְט וֶועגֶען אַלֶע דִיזֶע זַאכֶען וָואס הָאבֶּען זִיךְ
15 גֶעטְרָאפֶען: אוּנְד עֶס ווַאר ווִיא זַייא הָאבֶּען גֶעשְׁמוּסְט
אוּנְד גֶעטַעֲנֶעט, אַזוֹי הָאט זִיךְ יֵשׁוּעַ זֶעלְבְּסְט גֶענֶעהֶנְט
16 אוּנְד אִיז מִיט זַייא גֶעגַאנְגֶען: אָבֶּער זַייעֶרֶע אוֹיגֶען ווַארֶען
17 צוּגֶעהַאלְטֶען, אַז זַייא זָאלֶען אִיהְם נִיט דֶערְקֶענֶען: אוּנְד
עֶר הָאט צוּ זַייא גֶעזָאגְט, וָואס פַאר עִנְיָנִים זֶענֶען דִיא
אִיבֶּער וֶועלְכֶע אִיהְר טַעֲנֶעט מִיט אֵיינַאנְדֶער גֶעהֶענְדִיג אוּנְד
18 זֶענְט טְרוֹיעֶרִיג? אוּנְד אֵיינֶער פוּן זַייא וָואס הָאט גֶעהֵייסֶען
קְלֶעאָפַּאס הָאט צוּ אִיהְם גֶעזָאגְט, בִּיסְט דוּא דֶען אַלֵיין
אַ פְרֶעמְדֶער אִין יְרוּשָׁלַיִם, אוּנְד ווייסְט נִיט וָואס אִיז
19 דְרִינֶען גֶעשֶׁעהֶען אִין דִיזֶע טֶעג? אוּנְד עֶר הָאט צוּ זַייא
גֶעזָאגְט. וָואס פַאר זַאכֶען? אוּנְד זַייא הָאבֶּען צוּ אִיהְם
גֶעזָאגְט, דָאס פוּן וֶועגֶען יֵשׁוּעַ הַנּוֹצְרִי, וָואס ווַאר אַ
נָבִיא, מֶעכְטִיג אִין מַעֲשִׂים פַאר גָאט אוּנְד דֶעם גַאנְצֶען
20 פָאלְק: אוּנְד ווִיא דִיא עֶרְשְׁטֶע כֹּהֲנִים אוּנְד אוּנְזֶערֶע
אוֹיבֶּערְשְׁטֶע הָאבֶּען אִיהְם אִיבֶּערְגֶעגֶעבֶּען צוּם מִשְׁפָּט פוּן
21 טוֹיט אוּנְד הָאבֶּען אִיהְם גֶעקְרֵייצִיגְט: אָבֶּער מִיר הָאבֶּען
גֶעהָאפְט אַז עֶר אִיז דֶער וָואס וֶועט יִשְׂרָאֵל אוֹיסְלֶעזֶען.
אוּנְד אִיבֶּער דֶעם אַלֶעם, אִיז הֵיינְט דֶער דְרִיטֶער טָאג זִינְט
22 דָאס אַלֶעם אִיז גֶעשֶׁעהֶען: אוּנְד עֶטְלִיכֶע ווייבֶּער פוּן
אוּנְס הָאבֶּען אוּנְס דֶערְשְׁרָאקֶען, וָוארִין זַייא זֶענֶען גֶעוֶועֶ־
23 זֶען גַאנְץ פְרִיה בַּייא דֶעם קֶבֶר: אוּנְד וֶוען זַייא הָאבֶּען
נִיט גֶעפוּנֶען זַיין לֵייבּ, זֶענֶען זַייא גֶעקוּמֶען אוּנְד הָאבֶּען
גֶעזָאגְט, אַז זַייא הָאבֶּען גֶעזֶעהֶען אַ גֶעזִיכְט פוּן מַלְאָכִים:
24 אוּנְד עֶטְלִיכֶע פוּן דִיא וָואס ווַארֶען מִיט אוּנְס זֶענֶען אַוֶועקְ־
גֶעגַאנְגֶען צוּם קֶבֶר, אוּנְד הָאבֶּען אַזוֹי גֶעפוּנֶען ווִיא דִיא
ווייבֶּער הָאבֶּען גֶעזָאגְט, אָבֶּער אִיהְם הָאבֶּען זַייא נִיט

25 גֶעזֶעהֶען: אוּנְד עֶר הָאט צוּ זֵייא גֶעזָאגְט, אִיהְר אוּנְפֶערְ-
שְׁטֶענְדִיגֶע אוּנְד שְׁווֶערְהַארְצִיגֶע! וָואס אִיהְר גְלוֹיבְּט נִיט
26 אַלֶעס וָואס דִיא נְבִיאִים הָאבֶּען גֶעזָאגְט: מוּס דֶען נִיט דֶער
מָשִׁיחַ דָאס לֵיידֶען, אוּנְד אִין זֵיינֶער הֶערְלִיכְקֵייט אַרֵיינְקוּ-
27 מֶען? אוּנְד עֶר הָאט אָנְגֶעהוֹיבֶּען פוּן (תּוֹרַת) מֹשֶׁה אוּנְד
אַלֶע נְבִיאִים, אוּנְד הָאט זֵייא אוֹיסְגֶעלֶעגְט אִין דֶער גַאנְצֶען
28 שְׁרִיפְט וָואס אִיז אוֹיף אִיהְם בֶּעשְׁרִיבֶּען: אוּנְד זֵייא הָאבֶּען
זִיךְ גֶענֶעהֶנְט צוּם דָארְף וְואוּ זֵייא זֶענֶען גֶעגַאנְגֶען.
אוּנְד עֶר הָאט זִיךְ גֶעמַאכְט גְלֵייךְ וְויא עֶר הָאט גֶעוָואלְט
29 ווייטער גֶעהְן: אָבֶּער זֵייא הָאבֶּען אִיהְם זֶעהְר גֶעבֶּעטֶען
אוּנְד הָאבֶּען גֶעזָאגְט, בְּלֵייבּ מִיט אוּנְס, וָוארִין עֶס אִיז פַאר
נַאכְט, אוּנְד דֶער טָאג נֵייגְט זִיךְ אָפּ, אַזוֹי אִיז עֶר אַרֵיינְגֶע-
30 גַאנְגֶען מִיט זֵייא צוּ בְּלֵייבֶּען: אוּנְד עֶס וַואר וֶוען עֶר הָאט
זִיךְ מִיט זֵייא צוּם טִישׁ גֶעזֶעצְט, הָאט עֶר גֶענוּמֶען בְּרוֹיט
אוּנְד הָאט אַ בְּרָכָה גֶעמַאכְט, אוּנְד הָאט עֶס צוּבְּרָאכֶען אוּנְד
31 עֶס צוּ זֵייא גֶעגֶעבֶּען: אוּנְד זֵיירֶע אוֹיגֶען וַוארֶען אוֹיפְגֶע-
מַאכְט, אוּנְד זֵייא הָאבֶּען אִיהְם דֶערְקֶענְט, אָבֶּער עֶר אִיז
32 פוּן זֵייא פֶערְשְׁוְואוּנְדֶען גֶעוָוארֶען: אוּנְד זֵייא הָאבֶּען אֵיינֶער
צוּם אַנְדֶערְן גֶעזָאגְט, הָאט נִיט אוּנְזֶער הַארְץ אִין אוּנְס
גֶעבְּרֶענְט, וֶוען עֶר הָאט מִיט אוּנְס גֶערֶעט אוֹיף דֶעם וֶועג,
33 אוּנְד וֶוען עֶר הָאט אוּנְס דִיא שְׁרִיפְט אוֹיסְגֶעלֶעגְט? אוּנְד
זֵייא זֶענֶען אִין דֶער זֶעלְבֶּער שָׁעָה אוֹיפְגֶעשְׁטַאנֶען, אוּנְד
זֶענֶען צוּרִיקְגֶעגַאנְגֶען קֵיין יְרוּשָׁלַיִם, אוּנְד הָאבֶּען גֶעפוּנֶען
דִיא עֶלְף אוּנְד דִיא וָואס וַוארֶען מִיט זֵייא פֶערְזַאמֶעלְט!
34 וָואס הָאבֶּען גֶעזָאגְט, דֶער הַאר אִיז בֶּאֱמֶת אוֹיפְגֶעשְׁטַאנֶען,
35 אוּנְד הָאט זִיךְ בֶּעוִויזֶען צוּ פֶּעטְרוּס: אוּנְד זֵייא הָאבֶּען
דֶערְצֶעהְלְט וָואס הָאט זִיךְ גֶעטְרָאפֶען אוֹיף דֶעם וֶועג, אוּנְד
וְויא זֵייא הָאבֶּען אִיהְם דֶערְקֶענְט בֵּיים בְּרוֹיט צוּבְּרֶעכֶען:
36 אוּנְד וְויא זֵייא הָאבֶּען דִיזֶע זַאכֶען גֶערֶעט, אַזוֹי אִיז עֶר
זֶעלְבְּסְט צְווִישֶׁען זֵייא גֶעשְׁטַאנֶען. אוּנְד הָאט צוּ זֵייא
37 גֶעזָאגְט, שָׁלוֹם עֲלֵיכֶם: אוּנְד זֵייא וַוארֶען דֶערְשְׁרָאקֶען
אוּנְד הָאבֶּען זִיךְ גֶעפָארְכְטֶען, אוּנְד הָאבֶּען גֶעדַאכְט אַז
38 זֵייא זֶעהֶען אַ גֵייסְט: אוּנְד עֶר הָאט צוּ זֵייא גֶעזָאגְט, וָוארוּם
זֵייט אִיהְר דֶערְשְׁרָאקֶען? אוּנְד וָוארוּם קוּמֶען זַאלְכֶע

גֶעדאַנקֶען אִין אֵיירֶע הֶערְצֶער אַרַיין? זֶעהְט מֵיינֶע הֶענְד 39
אוּנְד מֵיינֶע פִיס, אַז אִיךְ בִּין דָאס זֶעלְבְּסְט. פִּיהְלְט מִיךְ
אוּנְד זֶעהְט. וָוארִין אַ גֵייסְט הָאט קֵיין פְלֵיישׁ אוּנְד בֵּיין,
אַזוֹי וִויא אִיהְר זֶעהְט אַז אִיךְ הָאבּ: אוּנְד וִויא עֶר הָאט 40
דָאס גֶעזָאגְט, הָאט עֶר זַייא גֶעוִויזֶען זַיינֶע הֶענְד אוּנְד זַיינֶע
פִיס: אוּנְד וָוען זַייא הָאבֶּען נָאךְ נִיט גֶעגְלוֹיבְּט פַאר שִׂמְחָה, 41
אוּנְד הָאבֶּען זִיךְ פֶערְוָואוּנְדֶערְט; הָאט עֶר צוּ זַייא גֶעזָאגְט,
הָאט אִיהְר דָא עֶפֶּעס צוּ עֶסֶען? אוּנְד זַייא הָאבֶּען אִיהְם 42
גֶעגֶעבֶּען אַ שְׁטִיק גֶעבְּרָאטֶענֶע פִישׁ: אוּנְד עֶר הָאט עֶס 43
גֶענוּמֶען אוּנְד הָאט פַאר זַייא גֶעגֶעסֶען: אוּנְד עֶר הָאט צוּ 44
זַייא גֶעזָאגְט, דָאס זֶענֶען דִיא זַאכֶען וָואס אִיךְ הָאבּ צוּ
אֵייךְ גֶערֶעט וָוען אִיךְ ווַאר נָאךְ מִיט אֵייךְ, אַז אַלֶעס מוּס
מְקוּיָם וֶוערֶען וָואס אִיז גֶעשְׁרִיבֶּען וֶועגֶען מִיר אִין תּוֹרַת
משֶׁה, אוּנְד אִין דִיא נְבִיאִים, אוּנְד אִין תְּהִלִּים: דַאן הָאט 45
עֶר זַייעֶר פֶערְשְׁטַאנְד אוֹיפְגֶעמַאכְט, אַז זַייא זָאלֶען פֶערְ־
שְׁטֶעהְן דִיא שְׁרִיפְט: אוּנְד עֶר הָאט צוּ זַייא גֶעזָאגְט אַזוֹי 46
אִיז גֶעשְׁרִיבֶּען, אַז דֶער מָשִׁיחַ זָאל לַיידֶען, אוּנְד פוּן דֶעם
טוֹיט אוֹיפְשְׁטֶעהְן דֶעם דְרִיטֶען טָאג: אוּנְד אַז מֶען זָאל 47
אִין זַיין נָאמֶען פְּרֶעדִיגֶען תְּשׁוּבָה אוּנְד פֶערְגֶעבּוּנְג פוּן
זִינְדֶען צוּ אַלֶע פֶעלְקֶער, אוּנְד מֶען זָאל אָנְהֵייבֶּען אִין
יְרוּשָׁלַיִם: אוּנְד אִיהְר זֶענְט צֵייגֶען פוּן דִיזֶע זַאכֶען: אוּנְד 48
זֶעהְט, אִיךְ וֶועל אוֹיף אֵייךְ שִׁיקֶען דִיא הַבְטָחָה פוּן מֵיין 49
פָאטֶער. אָבֶּער בְּלַייבְּט אִיהְר אִין דֶער שְׁטָאט, בִּיז אִיהְר
וֶועט אָנְגֶעטְהוּן וֶוערֶען מִיט מַאכְט פוּן דֶער הֵייךְ:

אוּנְד עֶר הָאט זַייא אַרוֹיסְגֶעפִיהְרְט בִּיז בֵּית־הִינִי, אוּנְד הָאט 50
זַיינֶע הֶענְד אוֹיפְגֶעהוֹיבֶּען. אוּנְד הָאט זַייא גֶעבֶּענְשְׁט:
אוּנְד עֶס ווַאר וָוען עֶר הָאט זַייא גֶעבֶּענְשְׁט, אִיז עֶר אַוֶועק 51
פוּן זַייא, אוּנְד ווַאר אַרוֹיפְגֶעטְרָאגֶען אִין דֶעם הִימֶעל אַרַיין:
אוּנְד זַייא הָאבֶּען זִיךְ צוּ אִיהְם גֶעבִּיקְט, אוּנְד זֶענֶען צוּרִיקְ־ 52
גֶעגַאנְגֶען קֵיין יְרוּשָׁלַיִם מִיט גְרוֹיסֶע שִׂמְחָה: אוּנְד זַייא 53
זֶענֶען בֶּעשְׁטֶענְדִיג גֶעוֶועזֶען אִין דֶעם בֵּית הַמִּקְדָּשׁ, אוּנְד
הָאבֶּען גָאט גֶעלוֹיבְּט:

דִיא הֵיילִיגֶע בְּשׂוֹרָה טוֹבָה פוּן יוֹחָנָן

---

1 אִים אָנְהֵייבּ אִיז גֶעוֶועזֶען דָאס וָוארְט, אוּנְד דָאס וָוארְט
אִיז גֶעוֶועזֶען מִיט גָאט אוּנְד דָאס וָוארְט אִיז גֶעוֶועזֶען
2 גָאט: דָאס זֶעלְבִּיגֶע אִיז גֶעוֶועזֶען אִים אָנְהֵייבּ מִיט גָאט:
3 אַלֶעס אִיז דוּרְךְ אִיהְם גֶעמַאכְט גֶעוָוארֶען, אוּנְד אָהְן אִיהְם
4 אִיז גָארְנִיט גֶעמַאכְט גֶעוָוארֶען, וָואס אִיז גֶעמַאכְט: אִין
אִיהְם אִיז גֶעוֶועזֶען דָאס לֶעבֶּען, אוּנְד דָאס לֶעבֶּען אִיז
5 גֶעוֶועזֶען דָאס לִיכְט פוּן דִיא מֶענְשֶׁען: אוּנְד דָאס לִיכְט
שַׁיינְט אִין דֶער פִינְסְטֶערְנִיס, אוּנְד דִיא פִינְסְטֶערְנִיס הָאט
עֶס נִיט בֶּעגְרִיפֶען:
6 עֶס אִיז גֶעוֶועזֶען אַ מַאן גֶעשִׁיקְט פוּן גָאט, וָואס הָאט גֶע־
7 הֵייסֶען יוֹחָנָן: דִיזֶער אִיז גֶעקוּמֶען פַאר אַ צֵייגְנִיס, אַז עֶר
זָאל בֶּעצֵייגֶען וֶועגֶען דֶעם לִיכְט, כְּדֵי אַלֶע זָאלֶען דוּרְךְ
8 אִיהְם גְלוֹיבֶּען: עֶר אִיז נִיט גֶעוֶועזֶען דָאס לִיכְט, נֵייעֶרְט
עֶר אִיז גֶעשִׁיקְט גֶעוָוארֶען צוּ בֶּעצֵייגֶען וֶועגֶען דֶעם לִיכְט:
9 דָאס אִיז דִיא וָואהְרֶע לִיכְט, וָואס לֵייכְט אִיטְלִיכֶען מֶענְשׁ
10 וָואס קוּמְט אִין דֶער וֶועלְט אַרֵיין: עֶר אִיז אִין דֶער
וֶועלְט גֶעוֶועזֶען, אוּנְד דִיא וֶועלְט אִיז דוּרְךְ אִיהְם גֶעמַאכְט,
11 אוּנְד דִיא וֶועלְט הָאט אִיהְם נִיט גֶעקֶענְט: עֶר אִיז גֶעקוּמֶען
צוּ זֵיינֶע אֵייגֶענֶע, אוּנְד דִיא זֵיינִיגֶע הָאבֶּען אִיהְם נִיט אָנְ־
12 גֶענוּמֶען: אָבֶּער וִויא פִיל עֶס הָאבֶּען אִיהְם אָנְגֶענוּמֶען,
צוּ דִיא הָאט עֶר גֶעגֶעבֶּען מַאכְט אַז זֵייא זָאלֶען וֶוערֶען
קִינְדֶער פוּן גָאט, צוּ דִיא וָואס גְלוֹיבֶּען אִין זֵיין נָאמֶען:
13 וָואס זֶענֶען נִיט פוּן בְּלוּט גֶעבּוֹירֶען, אוּנְד נִיט פוּן דֶעם
וִוילֶען פוּן פְלֵיישׁ, אוּנְד נִיט פוּן דֶעם וִוילֶען פוּן מֶענְשֶׁען,
נֵייעֶרְט פוּן גָאט:
14 אוּנְד דָאס וָוארְט אִיז גֶעוָוארֶען פְלֵיישׁ, אוּנְד הָאט צְווִישֶׁען
אוּנְס גֶעווֹאוֹינְט, אוּנְד מִיר הָאבֶּען גֶעזֶעהֶען זֵיינֶע הֶערְלִיכְ־
קֵייט, וִויא דִיא הֶערְלִיכְקֵייט פוּן דֶעם אֵיינְצִיגֶען זוּהְן פוּן
15 דֶעם פָאטֶער, פוּל מִיט גֶענָאד אוּנְד וָואהְרְהֵייט: יוֹחָנָן
הָאט אוֹיף אִיהְם בֶּעצֵייגְט, אוּנְד הָאט גֶעשְׁרִיעֶן אוּנְד
גֶעזָאגְט, דָאס אִיז דֶער פוּן וֶועלְכֶען אִיךְ הָאבּ גֶעזָאגְט, דֶער

וָואס קוּמְט נָאךְ מִיר אִיז פָאר מִיר גֶעוֶועזֶען, וָוארִין עֶר אִיז
פָאר מִיר גֶעוֶועזֶען: אוּנְד פוּן זַיינֶער פוּלְהַייט הָאבֶּען 16
מִיר אַלֶע דֶערְהַאלְטֶען, אוּנְד גֶענָאד אוֹיף גֶענָאד: וָוארִין 17
דִיא תּוֹרָה אִיז דוּרְךְ מֹשֶׁה גֶעגֶעבֶּען גֶעוָוארֶען, גֶענָאד אוּנְד
וָואהְרְהַייט אִיז גֶעוֶועזֶען דוּרְךְ יֵשׁוּעַ הַמָּשִׁיחַ: קֵיינֶער הָאט 18
גָאט קֵיינְמָאל גֶעזֶעהֶען; דֶער אֵיינְצִיגֶער זוּהְן, וָואס אִיז
אִין דֶעם שׁוֹיס פוּן דֶעם פָאטֶער, דֶער הָאט אִיהְם בֶּעקַאנְט
גֶעמַאכְט:

אוּנְד דָאס אִיז דָאס צֵייגְנִיס פוּן יוֹחָנָן, וֶוען דִיא יוּדֶען פוּן 19
יְרוּשָׁלַיִם הָאבֶּען גֶעשִׁיקְט כֹּהֲנִים אוּנְד לְוִיִּם אַז זַייא זָאלֶען
אִיהְם פְרֶעגֶען, וֶוער בִּיסְט דוּא? אוּנְד עֶר הָאט מוֹדֶה 20
גֶעוֶועזֶען, אוּנְד הָאט נִיט גֶעלֵייקֶענְט, נֵייעֶרְט הָאט מוֹדֶה
גֶעוֶועזֶען, אִיךְ בִּין נִיט דֶער מָשִׁיחַ: אוּנְד זַייא הָאבֶּען 21
אִיהְם גֶעפְרֶעגְט, וָואס דֶען? בִּיסְט דוּא אֵלִיָּהוּ? אוּנְד עֶר
הָאט גֶעזָאגְט, אִיךְ בִּין נִיט. בִּיסְט דוּא דֶער נָבִיא? אוּנְד
עֶר הָאט גֶעעֶנְטְפֶערְט נֵיין: אַזוֹי הָאבֶּען זַייא צוּ אִיהְם 22
גֶעזָאגְט, וֶוער בִּיסְט דוּא? אַז מִיר זָאלֶען אֵיין עֶנְטְפֶער
גֶעבֶּען צוּ דִיא וָואס הָאבֶּען אוּנְס גֶעשִׁיקְט; וָואס זָאגְסְט
דוּא וֶועגֶען דִיר זֶעלְבְּסְט? אוּנְד עֶר הָאט גֶעזָאגְט, 23
„אִיךְ בִּין אַ קוֹל פוּן אֵיינֶעם וָואס שְׁרַייעֶט אִין דֶער
מִדְבָּר, מַאכְט גְלַייךְ דֶעם וֶועג פוּן דֶעם הַאר, אַזוֹי
וִויא יְשַׁעְיָה הַנָּבִיא הָאט גֶעזָאגְט“: אוּנְד זַייא זֶענֶען 24
גֶעשִׁיקְט גֶעוֶועזֶען פוּן דִיא פְּרוּשִׁים: אוּנְד זַייא הָאבֶּען 25
אִיהְם גֶעפְרֶעגְט, אוּנְד צוּ אִיהְם גֶעזָאגְט, וָוארוּם טוֹבֶלְסְט
דוּא דֶען, וֶוען דוּא בִּיסְט נִיט דֶער מָשִׁיחַ אוּנְד נִיט אֵלִיָּהוּ,
אוּנְד נִיט דֶער נָבִיא? יוֹחָנָן הָאט זַייא גֶעעֶנְטְפֶערְט אוּנְד 26
גֶעזָאגְט, אִיךְ טוֹבֵל מִיט וַואסֶער, אָבֶּער דָא שְׁטֶעהְט אֵיינֶער
צְווִישֶׁען אֵייךְ, וֶועלְכֶען אִיהְר קֶענְט נִיט; דֶער אִיז עֶר וָואס 27
קוּמְט נָאךְ מִיר, וָואס אִיךְ בִּין נִיט וֶוערְט אַז אִיךְ זָאל דָאס
שְׁנִירֶעל פוּן זַיינֶע שִׁיךְ אוֹיפְבִּינְדֶען: דָאס אִיז גֶעשֶׁעהֶען 28
אִין בֵּית־הִינִי אוֹיף דִיא אַנְדֶערֶע זַייט יַרְדֵּן, ווְאוּ יוֹחָנָן הָאט
גֶעטוֹבֶלְט:

אוֹיף דֶעם אַנְדֶערְן טָאג הָאט יוֹחָנָן גֶעזֶעהֶען יֵשׁוּעַ צוּ אִיהְם 29
קוּמֶען, אוּנְד הָאט גֶעזָאגְט, זֶעה, דָאס לַאם פוּן גָאט וָואס

30 נעמט. אוועק דיא זינד פון דער וועלט: דאס איז דער פון
ווענען איך האב געזאגט, נאך מיר קומט א מאן, וואס איז
פאר מיר געוועזען, ווארין ער איז צוערשט פאר מיר:
31 אונד איך האב איהם ניט געקענט, נייערט אז ער זאל
אנטפלעקט ווערען צו ישראל, דרום בין איך געקומען אונד
32 טובל מיט וואסער: אונד יוחנן האט בעצייגט אונד געזאגט,
איך האב געזעהען דעם גייסט ארופקומען פון הימעל וויא
33 א טויב, אונד ער איז אויף איהם געבליבען: אונד איך
האב איהם ניט געקענט; נייערט דער וואס האט מיך
געשיקט צו טובלן מיט וואסער, דער האט צו מיר געזאגט,
אויף וועמען דוא וועסט זעהען דעם גייסט ארופקומען,
אונד אויף איהם בלייבען, דער איז ער וואס טובלט מיט
34 דעם רוח הקודש: אונד איך האב געזעהען אונד האב
בעצייגט, אז דיזער איז דער זוהן פון גאט:
35 אויף דעם אנדערען טאג איז יוחנן ווידער געשטאנען אונד
36 צוויא פון זיינע תלמידים: אונד ער האט געזעהען ישוע
וויא ער געהט, אונד האט געזאגט, זעה, דאס לאם פון
37 גאט: אונד דיא צוויא תלמידים האבען איהם געהערט
38 רעדען, אונד זייא האבען ישוע נאכגעפאלגט: אונד ישוע
האט זיך אומגעקעהרט, אונד האט זייא געזעהען נאכ־
פאלגען, אונד ער האט צו זייא געזאגט, וואס זוכט איהר?
אונד זייא האבען צו איהם געזאגט, רבי, וואס איז פער־
39 טייטשט לעהרער, וואו וואוינסט דוא? ער האט צו זייא
געזאגט, קומט אונד זעהט. זייא זענען געקומען אונד
האבען געזעהען וואו ער האט געוואוינט, אונד זענען
יענעם טאג בייא איהם געבליבען; אונד עס איז געוועזען
40 קעגען דיא צעהנטע שעה: אנדרי דער ברודער פון שמעון
פעטרוס איז געוועזען איינער פון דיא צוויא וואס האבען
געהערט יוחנן רעדען, אונד האבען איהם נאכגעפאלגט:
41 דיזער האט צום ערשטען געפינען זיין אייגענעם ברודער
שמעון, אונד האט צו איהם געזאגט, מיר האבען געפינען
דעם משיח וואס איז פערטייטשט אויף גריכיש קריסטוס:
42 ער האט איהם געבראכט צו ישוע; אונד ישוע האט איהם
געזעהען, אונד געזאגט, דוא ביסט שמעון, זוהן פון יוחנן,

דוּא זָאלְסְט גֶערוּפֶען װערֶען כֵּיפָא, װאָס אִיז פֶערְטֵייטְשְׁט
אַ פֶעלְז:
43 אוֹיף דֶעם אַנְדֶערֶען טָאג הָאט יֵשׁוּעַ גֶעװָאלְט גֶעהֶען קֵיין
גָלִיל, אוּנְד הָאט גֶעפִינֶען פִילִיפּוֹס, אוּנְד הָאט צוּ אִיהְם גֶע־
44 זָאגְט פָאלְג מִיר נָאךְ: אוּנְד פִילִיפּוֹס אִיז גֶעװֶעזֶען פוּן בֵּית־
45 צַיְדָה דִיא שְׁטָאט פוּן אַנְדְרַי אוּנְד פֶעטְרוֹס: פִילִיפּוֹס הָאט
גֶעפִינֶען נְתַנְאֵל, אוּנְד הָאט צוּ אִיהְם גֶעזָאגְט, מִיר הָאבֶען
גֶעפִינֶען דֶעם פוּן װעלְכֶען מֹשֶׁה הָאט גֶעשְׁרִיבֶען אִין דֶער
תּוֹרָה, אוּנְד דִיא נְבִיאִים, יֵשׁוּעַ דֶער זוּהְן פוּן יוֹסֵף אוֹיס
נְצָרַת: אוּנְד נְתַנְאֵל הָאט צוּ אִיהְם גֶעזָאגְט, קֶען עֶפֶּעס
46 גוּטֶעס אַרוֹיסְקוּמֶען פוּן נְצָרַת? פִילִיפּוֹס הָאט צוּ אִיהְם
47 גֶעזָאגְט, קוּם אוּנְד זֶעה: אוּנְד יֵשׁוּעַ הָאט גֶעזֶעהֶען נְתַנְאֵל
צוּ אִיהְם קוּמֶען, אוּנְד הָאט צוּ אִיהְם גֶעזָאגְט, זֶעה, אֵיין
אֶמְתֶער בֶּן יִשְׂרָאֵל, אִין װעלְכֶען עֶס אִיז נִיט דָא קֵיינֶע
48 פַאלְשְׁהֵייט: נְתַנְאֵל הָאט צוּ אִיהְם גֶעזָאגְט, פוּן װַאנֶען
קֶענְסְט דוּא מִיךְ? יֵשׁוּעַ הָאט גֶעעֶנְטְפֶערְט, אוּנְד הָאט צוּ
אִיהְם גֶעזָאגְט, אֵיידֶער פִילִיפּוֹס הָאט דִיךְ גֶערוּפֶען, װען
דוּא בִּיסְט גֶעװעזֶען אוּנְטֶער דֶעם פֵייגֶענְבּוֹים, הָאבּ אִיךְ
49 דִיךְ גֶעזֶעהֶען: נְתַנְאֵל הָאט גֶעעֶנְטְפֶערְט, רַבִּי, דוּא בִּיסְט דֶער
50 זוּהְן פוּן גָאט, דוּא בִּיסְט דֶער מֶלֶךְ פוּן יִשְׂרָאֵל: יֵשׁוּעַ הָאט
גֶעעֶנְטְפֶערְט, אוּנְד הָאט צוּ אִיהְם גֶעזָאגְט, װײל אִיךְ הָאבּ
דִיר גֶעזָאגְט, אִיךְ הָאבּ דִיךְ גֶעזֶעהֶען אוּנְטֶער דֶעם פֵייגֶענ־
בּוֹים גְלוֹיבְּסְט דוּא? דוּא װעסְט זֶעהֶען גְרֶעסֶערֶע זַאכֶען
51 װיא דִיזֶע: אוּנְד עֶר הָאט צוּ אִיהְם גֶעזָאגְט, בֶּאֱמֶת,
בֶּאֱמֶת זָאג אִיךְ אֵייךְ, אִיהְר װעט זֶעהֶען דֶעם הִימֶעל אָפֶען,
אוּנְד דִיא מַלְאָכִים פוּן גָאט אַרוֹיפְגֶעהֶען אוּנְד אַרוּפְקוּמֶען
אוֹיף דֶעם בֶּן אָדָם:

קאפיטעל ב

1 אוּנְד אִים דְרִיטֶען טָאג אִיז גֶעװעזֶען אַ חֲתוּנָה אִין קָנָה
פוּן גָלִיל, אוּנְד דִיא מוּטֶער פוּן יֵשׁוּעַ אִיז דָארְט גֶעװעזֶען:
2 אוּנְד יֵשׁוּעַ אוּנְד זַיינֶע תַּלְמִידִים זֶענֶען אוֹיךְ גֶעבֶּעטֶען גֶע־
3 װָארֶען אוֹיף דֶער חֲתוּנָה: אוּנְד װען עֶס הָאט זֵייא גֶע־
פֶעהְלְט װײן, הָאט דִיא מוּטֶער פוּן יֵשׁוּעַ צוּ אִיהְם גֶעזָאגְט,
4 זֵייא הָאבֶּען קֵיין װײן: אוּנְד יֵשׁוּעַ הָאט צוּ אִיהְר גֶעזָאגְט,

וואס האב איך מיט דיר צו טהון פרויא? מיינע שעה איז
5 נאך ניט געקומען: זיינע מוטער האט געזאגט צו דיא
6 משרתים, וואס ער וועט אייך זאגען דאס טהוט: אונד עס
זענען דארט אנידערגעשטעלט געוועזען זעקס שטיינערנע
וואסערקריג נאך דער געוואוינהייט פון דער ריינינונג פון
דיא יודען, אונד איטליכעס האט געהאלטען צוויא אדער
7 דרייא מאס: ישוע האט צו זייא געזאגט, פילט אן דיא
קריג מיט וואסער. אונד זייא האבען זייא אנגעפילט ביז
8 ארויף: אונד ער האט צו זייא געזאגט, נון שעפט אן
אונד טראגט צו דעם אויבערשטען פון דער סעודה. אונד
9 זייא האבען געטראגען: ווען דער אויבערשטער פון דער
סעודה האט פערזוכט דאס וואסער וואס איז וויין געווארען,
(אונד האט ניט געוואוסט פון וואנען עס איז, אבער דיא
משרתים וואס האבען דאס וואסער אנגעשעפט האבען
געוואוסט); האט דער אויבערשטער פון דער סעודה גע־
10 רופען דעם חתן: אונד ער האט צו איהם געזאגט, איט־
ליכער מענש שטעלט צוערשט אנידער דעם גוטען וויין,
אונד ווען מען האט זיך אנגעטרונקען, אזוי גיבט ער דעם
ערגערען, אבער דוא האסט געהאלטען דעם גוטען וויין
11 ביז אצונד: דאס איז דאס ערשטע וואונדער וואס ישוע
האט געטהון אין קנה פון גליל, אונד האט אנטפלעקט
זיינע הערליכקייט, אונד זיינע תלמידים האבען אין איהם
12 געגלויבט: נאכדעם איז ער ארונטערגעגאנגען קיין כפר נחום,
אונד זיינע מוטער אונד זיינע ברידער אונד זיינע תלמידים
מיט איהם; אונד זייא זענען דארט ניט לאנג געבליבען:
13 אונד דער פסח פון דיא יודען איז נאהנט געוועזען, אונד
14 ישוע איז ארויפגעגאנגען קיין ירושלים: אונד ער האט
געפינען אין דעם בית המקדש דיא וואס האבען פערקויפט
אקסען אונד שאף אונד טויבען, אונד דיא וועקסלער
15 זיצענדיג: אונד ער האט געמאכט א קאנטשיק פון
שטריקלעך, אונד האט אלע ארויסגעטריבען פון דעם בית
המקדש, אונד דיא שאף אונד אויך דיא אקסען, אונד האט
אויסגעשיט דאס געלד פון דיא וועקסלער, אונד האט אומ־
16 געווארפען דיא טישען: אונד ער האט צו דיא

טוֹיבֶּענְהֶענְדְלֶער גֶעזָאגְט, נֶעמְט דִיזֶע זַאכֶען פוּן דַאנֶען
אַוֶועק, מַאכְט נִיט דָאס הוֹיז פוּן מֵיין פָאטֶער, אַ הוֹיז פוּן
הַאנְדֶעל׃ אוּנְד זַיינֶע תַּלְמִידִים הָאבֶּען זִיךְ דֶערְמָאנְט, אַז 17
עֶס שְׁטֶעהְט גֶעשְׁרִיבֶּען, דִיא קִנְאָה פוּן דֵיין הוֹיז הָאט מִיךְ
פֶערְצֶעהְרְט׃ דִיא יוּדֶען הָאבֶּען גֶעעֶנְטְפֶערְט, אוּנְד הָאבֶּען 18
צוּ אִיהְם גֶעזָאגְט, וָאס פַאר אַ צֵייכֶען וֵוייזְט דוּא אוּנְס,
אַז דוּא טְהוּסְט דִיזֶע זַאכֶען? יֵשׁוּעַ הָאט גֶעעֶנְטְפֶערְט אוּנְד 19
הָאט צוּ זֵייא גֶעזָאגְט, צוּשְׁטֶערְט דִיזֶעם טֶעמְפֶּעל, אוּנְד
אִין דְרַייא טֶעג וֶועל אִיךְ אִיהְם אוֹיפְשְׁטֶעלֶען׃ אַזוֹי הָאבֶּען 20
דִיא יוּדֶען גֶעזָאגְט, אִין זֶעקְס אוּנְד פִירְצִיג יָאהְר אִיז דִיזֶער
טֶעמְפֶּעל גֶעבּוֹיעט גֶעוָוארֶען, אוּנְד וֵועסְט דוּא אִיהְם אִין
דְרַייא טֶעג אוֹיפְשְׁטֶעלֶען? אָבֶער עֶר הָאט גֶערֶעט וֶועגֶען 21
דֶעם טֶעמְפֶּעל פוּן זַיין לֵייבּ׃ דְרוּם וֶוען עֶר אִיז פוּן דֶעם 22
טוֹיט אוֹיפְגֶעשְׁטַאנֶען, אַזוֹי הָאבֶּען זַיינֶע תַּלְמִידִים גֶעדֶענְקְט
אַז עֶר הָאט דָאס גֶערֶעט; אוּנְד זֵייא הָאבֶּען גֶעגְלוֹיבְּט אִין
דֶער שְׁרִיפְט אוּנְד אִין דֶעם וָוארְט וָואס יֵשׁוּעַ הָאט צוּ זֵייא
גֶעזָאגְט׃
אוּנְד וֶוען עֶר אִיז גֶעוֶועזֶען אִין יְרוּשָׁלַיִם אַם פֶּסַח אוֹיף 23
דֶעם יוֹם טוֹב הָאבֶּען פִילֶע גֶעגְלוֹיבְּט אָן זַיין נָאמֶען, וֶוען
זֵייא הָאבְּען גֶעזֶעהֶען זַיינֶע וְואוּנְדֶער וָואס עֶר הָאט גֶעטְהוּן׃
אָבֶער יֵשׁוּעַ הָאט זִיךְ צוּ זֵייא נִיט פֶערְטְרוֹיעט, וַוייל עֶר 24
הָאט אַלֶע גֶעקֶענְט׃ אוּנְד עֶר הָאט נִיט בֶּעדַארְפְט אַז 25
אִימִיצֶער זָאל צֵייגְנִים גֶעבֶּען אוֹיף מֶענְשֶׁען, וָוארִין עֶר הָאט
גֶעוְואוּסְט וָואס אִיז אִין דֶעם מֶענְשׁ׃

קאפיטעל ג

עֶס אִיז גֶעוֶועזֶען אַ מַאן פוּן דִיא פְּרוּשִׁים, וָואס הָאט גֶע־ 1
הֵייסֶען נִיקוֹדִימוּס, אַ קָצִין פוּן דִיא יוּדֶען׃ דִיזֶער אִיז גֶע־ 2
קוּמֶען צוּ יֵשׁוּעַ בֵּייא נַאכְט, אוּנְד הָאט צוּ אִיהְם גֶעזָאגְט,
רַבִּי, מִיר וִויסֶען אַז דוּא בִּיסְט גֶעקוּמֶען פוּן גָאט וְוִיא אַ
לֶעהְרֶער, וָוארִין קֵיינֶער קָאן נִיט טְהוּן דִיא וְואוּנְדֶער וָואס
דוּא טְהוּסְט אוֹיסֶער גָאט אִיז מִיט אִיהְם׃ יֵשׁוּעַ הָאט גֶע־ 3
עֶנְטְפֶערְט אוּנְד הָאט צוּ אִיהְם גֶעזָאגְט, בֶּאֱמֶת, בֶּאֱמֶת זָאג
אִיךְ דִיר, עֶס זֵייא דֶען אַ מֶענְשׁ וֶוערְט וִוידֶער אַמָאל
גֶעבּוֹירֶען, קָאן עֶר נִיט זֶעהֶען דָאס קֶענִיגְרֵייךְ פוּן גָאט׃

4 ניקודימוס האט צו איהם געזאגט, וויא אזוי קאן א מאן
געבוירען ווערען ווען ער איז אלט? קאן ער דאס צווייטע
מאל אריינקומען אין זיין מוטערס לייב, אונד געבוירען
5 ווערען? ישוע האט געענטפערט, באמת, באמת, זאג איך
דיר, עס זייא דען א מענש ווערט געבוירען פון וואסער
אונד פון דעם גייסט, קאן ער ניט אריינקומען אים קעני־
6 גרייך פון גאט: דאס וואס איז געבוירען פון דעם פליישׁ
איז פליישׁ, אונד דאס וואס איז געבוירען פון דעם גייסט
7 איז גייסט: פערוואונדער דיך ניט אז איך האב דיר גע־
8 זאגט, איהר מוסט ווידער אמאל געבוירען ווערען: דער
ווינד בלאזט וואו ער וויל, אונד דוא הערסט זיין קול,
אבער דוא ווייסט ניט פון וואנען ער קומט, אונד וואו
אהין ער געהט; אזוי איז איטליכער וואס איז געבוירען
9 פון דעם גייסט: ניקודימוס האט געענטפערט אונד האט
10 צו איהם געזאגט, וויא אזוי קאן דאס זיין? ישוע האט
געענטפערט אונד האט צו איהם געזאגט, ביסט דוא דער
לעהרער פון ישראל, אונד ווייסט ניט דיזע זאכען:
11 באמת, באמת זאג איך דיר, אז מיר רעדען וואס מיר
ווייסען, אונד בעצייגען וואס מיר האבען געזעהען, אונד
12 איהר נעמט ניט אן אונזער צייגניס: ווען איך האב צו
אייך ערדישע זאכען געזאגט אונד איהר גלויבט ניט, וויא
אזוי וועט איהר גלויבען, ווען איך זאג אייך הימלישע
13 זאכען? אונד קיינער איז ניט ארויפגעגאנגען אין דעם
הימעל אריין, נייערט דער וואס איז אראפגעקומען פון
14 דעם הימעל, דער בן־אדם וואס איז אים הימעל: אונד
וויא משה האט אויפגעהויבען דיא שלאנג אין דער מדבר,
15 אזוי מוס דער בן אדם אויפגעהויבען ווערען: אז איטלי־
כער וואס גלויבט אן איהם זאל האבען דאס עביגע
לעבען:

16 ווארין גאט האט דיא וועלט אזוי געליבט, דאס ער האט
געגעבען זיין איינגעבוירענעם זוהן, אז איטליכער וואס
גלויבט אן איהם זאל ניט פערלוירען ווערען נייערט,
17 זאל האבען דאס עביגע לעבען: ווארין גאט האט ניט
געשיקט זיין זוהן אין דער וועלט אריין אז ער זאל דיא

וֶועלְט פֶערְשׁוּלְדִיגֶען; נֵייעֶרְט אַז דִיא וֶועלְט זָאל דוּרְךְ
18 אִיהְם גֶערֶעטֶעט וֶוערֶען: דֶער וָואס גְלוֹיבְּט אָן אִיהְם אִיז
נִיט פֶערְשׁוּלְדִיגְט; דֶער וָואס גְלוֹיבְּט נִיט אִיז שׁוֹין פֶערְ־
פֶערְשׁוּלְדִיגְט, וֶוייל עֶר הָאט נִיט גֶעגְלוֹיבְּט אָן דֶעם נָאמֶען
19 פוּן דֶעם אֵיינְגֶעבּוֹירֶענֶען זוּהְן פוּן גָאט: אוּנְד דָאס אִיז
דָאס מִשְׁפָּט, אַז דָאס לִיכְט אִיז אִין דִיא וֶועלְט אַרֵיינְגֶע־
קוּמֶען, אוּנְד דִיא מֶענְשֶׁען הָאבֶּען גֶעלִיבְּט דִיא פִינְסְטֶערְ־
נִיס מֶעהְר וִויא דָאס לִיכְט, וָוארִין זֵייעֶרֶע מַעֲשִׂים זֶענֶען
20 שְׁלֶעכְט גֶעוֶועזֶען: וָוארִין אִיטְלִיכֶער וָואס טְהוּט בֵּייזֶעס
הָאט פֵיינְד דָאס לִיכְט, אוּנְד קוּמְט נִיט צוּם לִיכְט, כְּדֵי
21 זֵיינֶע מַעֲשִׂים זָאלֶען נִיט בֶּעשְׁטְרָאפְט וֶוערֶען: אָבֶּער דֶער
וָואס טְהוּט דִיא וָוארְהֵייט קוּמְט צוּם לִיכְט, אַז זֵיינֶע
מַעֲשִׂים זָאלֶען אַנְטְפְּלֶעקְט וֶוערֶען, אַז זֵייא זֶענֶען אִין גָאט
גֶעטְהוּן:

22 נָאכְדֶעם אִיז יֵשׁוּעַ אוּנְד זֵיינֶע תַּלְמִידִים גֶעקוּמֶען צוּ דֶעם
לַאנְד פוּן יְהוּדָה, אוּנְד דָארְט הָאט עֶר זִיךְ מִיט זֵייא אוֹיפְ־
23 גֶעהַאלְטֶען, אוּנְד הָאט גֶעטוֹבֶלְט: אוּנְד יוֹחָנָן הָאט אוֹיךְ
גֶעטוֹבֶלְט אִין עֵינוֹן נָאהֶענְט צוּ שָׁלוֹם, וָוארִין עֶס אִיז דָארְט
גֶעוֶועזֶען פִיל וַואסֶער, אוּנְד מֶענְשֶׁען זֶענֶען גֶעטוֹבֶלְט
24 גֶעוָוארֶען: וָוארִין יוֹחָנָן אִיז נָאךְ נִיט גֶעוֶועזֶען אִין דֶעם
גֶעפֶענְגְנִיס אַרֵיינְגֶעוָוארְפֶען:

25 עֶס אִיז גֶעוֶועזֶען אַ קְרִיג צְוִוישֶׁען דִיא תַּלְמִידִים פוּן יוֹחָנָן
26 אוּנְד יוּדֶען וֶועגֶען דִיא רֵיינִיגוּנְג: אוּנְד זֵייא זֶענֶען גֶע־
קוּמֶען צוּ יוֹחָנָן אוּנְד הָאבֶּען צוּ אִיהְם גֶעזָאגְט, רַבִּי, דֶער
וָואס אִיז מִיט דִיר גֶעוֶועזֶען אוֹיף דִיא אַנְדֶערֶע זֵייט יַרְדֵן,
אוֹיף וֶועלְכֶען דוּא הָאסְט בֶּעצֵייגְט, זֶעה עֶר טוֹבֶלְט, אוּנְד
27 אַלֶע קוּמֶען צוּ אִיהְם: יוֹחָנָן הָאט גֶעעֶנְטְפֶערְט אוּנְד גֶע־
גֶעזָאגְט, אַ מֶענְשׁ קָאן קֵיין זַאךְ נִיט דֶערְהַאלְטֶען, אוֹיסֶער
28 עֶס הֶערְט אִיהְם גֶעגֶעבֶּען פוּן דֶעם הִימֶעל: אִיהְר אַלֵיין
זֶענְט מֵיינֶע עֵדוּת, אַז אִיךְ הָאבּ גֶעזָאגְט, אִיךְ בִּין נִיט דֶער
29 מָשִׁיחַ, נֵייעֶרְט אִיךְ בִּין פָאר אִיהְם גֶעשִׁיקְט: וֶוער עֶס הָאט
דִיא כַּלָה, דֶער אִיז דֶער חָתָן; אָבֶּער דֶער פְרֵיינְד פוּן דֶעם
חָתָן, וָואס שְׁטֶעהְט אוּנְד הֶערְט אִיהְם, דֶער פְרֵייט זִיךְ זֶעהְר
וֶועגֶען דֶעם קוֹל פוּן דֶעם חָתָן; דְרוּם אִיז דִיזֶע מֵיינֶע

30 פְרֵייד דֶערְפִילְט: עֶר מוּז גְרֶעסֶער װֶערֶען אָבֶּער אִיךְ מוּז
קְלֵיינֶער װֶערֶען:
31 דֶער װָאס קוּמְט אַרוּפּ פוּן אוֹיבֶּען אִיז אִיבֶּער אַלֶעם; דֶער
װָאס אִיז פוּן דֶער עֶרְד גֶעהֶערְט צוּ דֶער עֶרְד, אוּנְד רֶעט
פוּן דֶער עֶרְד; דֶער װָאס קוּמְט פוּן דֶעם הִימֶעל אִיז אִיבֶּער
32 אַלֶעם: װָאס עֶר הָאט גֶעזֶעהֶען אוּנְד גֶעהֶערְט דָאס בֶּע־
33 צֵיינְט עֶר אוּנְד קֵיינֶער נֶעמְט נִיט אָן זֵיין צֵיינְנִיס: דֶער
װָאס נֶעמְט אָן זֵיין צֵיינְנִיס הָאט זֵיינֶע חֲתִימָה גֶעגֶעבֶּען אַז
34 גָאט אִיז אֱמֶת: װָארִין װָעמֶען גָאט הָאט גֶעשִׁיקְט, דֶער
רֶעט דִיא װֶערְטֶער פוּן גָאט; װָארִין גָאט גִיבְּט נִיט דֶעם
35 גֵייסְט מִיט מָאס: דֶער פָאטֶער לִיבְּט דֶעם זוּהְן, אוּנְד הָאט
36 אַלֶעס אִין זֵיינֶע הַאנְד גֶעגֶעבֶּען: דֶער װָאס גְלוֹיבְּט אָן
דֶעם זוּהְן הָאט עֶבִּיגֶעס לֶעבֶּען; אָבֶּער דֶער װָאס גְלוֹיבְּט
נִיט אָן דֶעם זוּהְן װֶעט נִיט זֶעהֶען לֶעבֶּען, נֵייעֶרְט דֶער
צָארְן פוּן גָאט בְּלֵייבְּט אוֹיף אִיהְם:

קאפיטעל ד

1 דְרוּם װֶען דֶער הַאר הָאט גֶעװְאוּסְט אַז דִיא פְּרוּשִׁים הָא־
בֶּען גֶעהֶערְט אַז יֵשׁוּעַ מַאכְט אוּנְד טוֹבֶלְט מֶעהְר תַּלְמִידִים
2 װִיא יוֹחָנָן: חָאטְשׁ יֵשׁוּעַ אַלֵיין הָאט נִיט גֶעטוֹבֶלְט, נֵייעֶרְט
3 זֵיינֶע תַּלְמִידִים: אַזוֹי הָאט עֶר פֶערְלָאזְט יְהוּדָה, אוּנְד אִיז
4 װִידֶער גֶעגַאנְגֶען קַיין גָלִיל: אוּנְד עֶר הָאט גֶעמוּזְט דוּרְכְ־
5 גֶעהֶען דוּרְךְ שֹׁמְרוֹן: דְרוּם אִיז עֶר גֶעקוּמֶען צוּ אַ שְׁטָאט
פוּן שֹׁמְרוֹן װָאס הֵייסְט סוּכַר, נָאהֶענְט צוּ דֶעם לַאנְד װָאס
6 יַעֲקֹב הָאט גֶעגֶעבֶּען צוּ זֵיין זוּהְן יוֹסֵף: אוּנְד דָארְט אִיז
גֶעװֶעזֶען דֶער בְּרוּנֶען פוּן יַעֲקֹב; אוּנְד יֵשׁוּעַ אִיז דְרוּם
מִיד גֶעװֶעזֶען פוּן דֶעם װֶעג, אוּנְד הָאט זִיךְ אַזוֹי אַנִידֶער־
גֶעזֶעצְט בֵּייא דֶעם בְּרוּנֶען; אוּנְד עֶס אִיז גֶעװֶעזֶען קֶעגֶען
7 דֶער זֶעקְסְטֶער שָׁעָה: אוּנְד אַ פְרוֹיא אִיז גֶעקוּמֶען פוּן
שֹׁמְרוֹן װַאסֶער צוּ שֶׁעפֶּען; יֵשׁוּעַ הָאט צוּ אִיהְר גֶעזָאגְט,
8 גִיבּ מִיר צוּ טְרִינְקֶען: װָארִין זֵיינֶע תַּלְמִידִים זֶענֶען אַװֶעקְ־
גֶעגַאנְגֶען אִין דִיא שְׁטָאט, כְּדֵי זֵייא זָאלֶען קוֹיפֶען צוּ עֶסֶען:
9 דִיא פְרוֹיא פוּן שֹׁמְרוֹן הָאט צוּ אִיהְם גֶעזָאגְט, װִיא אַזוֹי
פֶערְלַאנְגְסְט דוּא צוּ טְרִינְקֶען פוּן מִיר, װָאס דוּא בִּיסְט אַ
יְהוּדִי אוּנְד אִיךְ בִּין אַ שֹׁמְרוֹנִית? װָארִין דִיא יוּדֶען הָאבֶּען

10 נִיט קֵיינֶע גֶעמֵיינְשַׁאפְט מִיט דִיא שֹׁמְרוֹנִים: יֵשׁוּעַ הָאט
גֶעעֶנְטְפֶערְט אוּנְד הָאט צוּ אִיהְר גֶעזָאגְט, וֶוען דוּא זָאלְסְט
וִויסֶען דִיא מַתָּנָה פוּן גָאט, אוּנְד וֶוער עֶס אִיז וָואס זָאגְט
צוּ דִיר גִיבּ מִיר צוּ טְרִינְקֶען, אַזוֹי וָואלְסְט דוּא אִיהְם גֶע־
בֶּעטֶען, אוּנְד עֶר וָואלְט דִיר גֶעגֶעבֶּען לֶעבֶּעדִיגֶעס וַואסֶער:
11 דִיא הָאט צוּ אִיהְם גֶעזָאגְט, הַאר, דוּא הָאסְט דָאךְ נִיט קֵיין
אֵיימֶער, אוּנְד דֶער בְּרוּנֶען אִיז טִיף; פוּן וַואנֶען הָאסְט דוּא
12 דֶען דָאס לֶעבֶּעדִיגֶע וַואסֶער? בִּיסְט דוּא גְרֶעסֶער וִויא
אוּנְזֶער פָּאטֶער יַעֲקֹב, וָואס הָאט אוּנְס דָאס בְּרוּנֶען גֶע־
גֶעבֶּען, אוּנְד עֶר הָאט דֶערְפוּן גֶעטְרוּנְקֶען, אוּנְד זַיינֶע קִינְדֶער
13 אוּנְד זַיינֶע בְּהֵמוֹת? יֵשׁוּעַ הָאט גֶעעֶנְטְפֶערְט אוּנְד הָאט צוּ
אִיהְר גֶעזָאגְט, אִיטְלִיכֶער וָואס טְרִינְקְט פוּן דִיזֶען וַואסֶער
14 וֶועט וִוידֶער דוּרְשְׁטִיג וֶוערֶען: אָבֶּער וֶוער עֶס וֶועט טְרִינְ־
קֶען פוּן דֶעם וַואסֶער וָואס אִיךְ וֶועל אִיהְם גֶעבֶּען, דֶער
הֶעט אוֹיף עֶבִּיג נִיט דוּרְשְׁטִיג זַיין, נֵייעֶרְט דָאס וַואסֶער
וָואס אִיךְ וֶועל אִיהְם גֶעבֶּען, וֶועט אִין אִיהְם וֶוערֶען אַ
בְּרוּנֶען פוּן וַואסֶער וָואס קְוֶועלְט צוּם עֶבִּיגֶען לֶעבֶּען:
15 דִיא פְרוֹיא הָאט צוּ אִיהְם גֶעזָאגְט, הַאר, גִיבּ מִיר דִיזֶעס
וַואסֶער, כְּדֵי אִיךְ זָאל נִיט דוּרְשְׁטִיג זַיין; אוּנְד זָאל נִיט
16 אַהֶער קוּמֶען צוּ שֶׁעפֶּען: עֶר הָאט צוּ אִיהְר גֶעזָאגְט, גֶעה
17 רוּף דַיין מַאן, אוּנְד קוּם אַהֶער: דִיא פְרוֹיא הָאט גֶעעֶנְטְ־
פֶערְט אוּנְד גֶעזָאגְט, אִיךְ הָאבּ נִיט קֵיין מַאן; יֵשׁוּעַ הָאט
צוּ אִיהְר גֶעזָאגְט, דוּא הָאסְט רֶעכְט גֶעזָאגְט, אִיךְ הָאבּ נִיט
18 קֵיין מַאן: וָוארִין דוּא הָאסְט גֶעהַאט פִינְף מֶענֶער, אוּנְד
דֶעם וָואס דוּא הָאסְט אַצוּנְד אִיז נִיט דַיין מַאן, דָאס הָאסְט
19 דוּא וָואהְר גֶעזָאגְט: דִיא פְרוֹיא הָאט צוּ אִיהְם גֶעזָאגְט,
20 הַאר, אִיךְ זֶעה אַז דוּא בִּיסְט אַ נָבִיא: אוּנְזֶערֶע פֶּעטֶער
הָאבֶּען אוֹיף דִיזֶען בַּארְג גֶעבֶּעטֶען; אוּנְד אִיהְר זָאגְט, אַז
21 אִין יְרוּשָׁלַיִם אִיז דֶער אָרְט וְואוּ מֶען מוּז בֶּעטֶען: יֵשׁוּעַ
הָאט צוּ אִיהְר גֶעזָאגְט, פְרוֹיא גְלוֹיבּ מִיר אַז עֶס קוּמְט אַ
שָׁעָה, וֶוען אִיהְר וֶועט נִיט בֶּעטֶען צוּם פָּאטֶער אוֹיף דִיזֶען
22 בַּארְג אוּנְד אוֹיךְ נִיט אִין יְרוּשָׁלַיִם: אִיהְר בֶּעטֶעט וָואס
אִיהְר ווֵייסְט נִיט, מִיר בֶּעטֶען וָואס מִיר וִויסֶען; וָוארִין דִיא
23 יְשׁוּעָה אִיז פוּן דִיא יוּדֶען: אָבֶּער עֶס קוּמְט אַ שָׁעָה,

אוּנְד אַצוּנְד איז, וֶוען דיא וָואהְרֶע אָנְבֶּעטֶער וֶועלֶען בֶּעטֶען
צוּם פָאטֶער אִים גֵייסְט אוּנְד אִין וָואהְרְהֵייט; וָוארִין דֶער
פָאטֶער זוּכְט אַזֶעלְכֶע אָנְבֶּעטֶער: גָאט אִיז גֵייסְט; אוּנְד דִיא 24
וָואס בֶּעטֶען אִיהְם אָן, מוּזֶען אִיהְם אָנְבֶּעטֶען אִים גֵייסְט
אוּנְד אִין וָואהְרְהֵייט: דִיא פְרוֹיא הָאט צוּ אִיהְם גֶעזָאגְט, 25
אִיךְ וֵוייס אַז דֶער מָשִׁיחַ קוּמְט, וָואס הֵייסְט קְרִיסְטוּס; וֶוען
עֶר וֶועט קוּמֶען וֶועט עֶר אוּנְס אַלֶעס זָאגֶען: יֵשׁוּעַ הָאט 26
צוּ אִיהְר גֶעזָאגְט, אִיךְ בִּין דֶערְזֶעלְבֶּע וָואס רֶעד מִיט
דִיר:
אוּנְד דֶערְנָאךְ זֶענֶען זַיינֶע תַּלְמִידִים גֶעקוּמֶען, אוּנְד הָאבֶּען 27
זִיךְ גֶעוְואוּנְדֶערְט אַז עֶר הָאט מִיט אַ פְרוֹיא גֶערֶעט;
אָבֶּער קֵיינֶער הָאט נִיט גֶעזָאגְט, וָואס זוּכְסְט דוּא, אָדֶער
וָואס רֶעדְסְט דוּא מִיט אִיהְר? דַאן הָאט דִיא פְרוֹיא אִיהְר 28
וַואסֶערְקְרִיג אִיבֶּערְגֶעלָאזְט, אוּנְד אִיז אַוֶועקְגֶעגַאנְגֶען אִין
דִיא שְׁטָאט, אוּנְד הָאט צוּ דִיא מֶענְשֶׁען גֶעזָאגְט: קוּמְט 29
זֶעהְט אַ מַאן וָואס הָאט מִיר גֶעזָאגְט אַלֶעס וָואס אִיךְ הָאבּ
גֶעטְהוּן; אִיז עֶר נִיט דֶער מָשִׁיחַ? זֵייא זֶענֶען אוֹיס דֶער 30
שְׁטָאט אַרוֹיסְגֶעגַאנְגֶען, אוּנְד זֶענֶען צוּ אִיהְם גֶעקוּמֶען:
אִין דֶער צְוִוישֶׁען הָאבֶּען אִיהְם זַיינֶע תַּלְמִידִים גֶעבֶּעטֶען, 31
אוּנְד הָאבֶּען גֶעזָאגְט, רַבִּי, עֶס: אָבֶּער עֶר הָאט צוּ 32
זֵייא גֶעזָאגְט, אִיךְ הָאבּ שְׁפֵּייז צוּ עֶסֶען, וָואס אִיהְר
ווייסְט נִיט: דְרוּם הָאבֶּען דִיא תַּלְמִידִים צְוִוישֶׁען זִיךְ גֶע־ 33
זָאגְט, הָאט אִיהְם אִימֶעצֶער עֶפֶּעס גֶעבְּרַאכְט צוּ עֶסֶען?
יֵשׁוּעַ הָאט צוּ זֵייא גֶעזָאגְט, מֵיינֶע שְׁפֵּייז אִיז אַז אִיךְ זָאל 34
טְהוּן דֶעם וִוילֶען פוּן דֶעם וָואס הָאט מִיךְ גֶעשִׁיקְט, אוּנְד
אַז אִיךְ זָאל זַיין וֶוערְק פָאלְקָאמֶען מַאכֶען: זָאגְט אִיהְר 35
נִיט אַז עֶס זֶענֶען נָאךְ פִיעֶר חַדָשִׁים, אוּנְד דֶערְנָאךְ וֶועט
דִיא שְׁנִיטְצֵייט קוּמֶען? זֶעה, אִיךְ זָאג אֵייךְ, הֶעבְּט אוֹיף
אֵייעֶרֶע אוֹיגֶען, אוּנְד קוּקְט אָן דִיא פֶעלְדֶער, אַז זֵייא זֶענֶען
שׁוֹין וַוייס פַאר דִיא שְׁנִיטְצֵייט: אוּנְד דֶער וָואס שְׁנֵיידְעט 36
בַּאקוּמְט לוֹין, אוּנְד זַאמֶעלְט פְרוּכְט צוּם עֶבִּיגֶען לֶעבֶּען,
אַז דֶער וָואס זֵייעֶט אוּנְד דֶער וָואס שְׁנֵיידְט זָאלֶען זִיךְ צוּ־
זַאמֶען פְרֵייעֶן: וָוארִין אִין דֶעם אִיז דָאס וָוארְט וָואהְר, 37
אַז אֵיינֶער אִיז דֶער וָואס זֵייעֶט אוּנְד אַ אַנְדֶערֶער אִיז דֶער

38 וָואס שְׁנַיידֶעט: אִיךְ הָאבּ אֵייךְ גֶעשִׁיקְט צוּ שְׁנַיידֶען אִין
דֶעם וָואס אִיהְר הָאט נִיט גֶעאַרְבֵּייט; אַנְדֶערֶע הָאבֶּען גֶע־
אַרְבֵּייט, אוּנְד אִיהְר זֶענְט אִין זַייעֶרֶע אַרְבֵּייט אֵיינְגֶע־
טְרֶעטֶען:
39 אוּנְד פִילֶע פוּן דִיא שֹׁמְרוֹנִים אוֹים דִיזֶער שְׁטָאט, הָאבֶּען
אָן אִיהְם גֶעגְלוֹיבְּט, דוּרְךְ דֶעם וָוארְט פוּן דֶער פְרוֹיא,
וָואס זִיא הָאט בֶּעצֵייגְט, אַז עֶר הָאט מִיר אַלֶעס גֶעזָאגְט
40 וָואס אִיךְ הָאבּ גֶעטְהוּן: דְרוּם וָוען דִיא שֹׁמְרוֹנִים זֶענֶען
צוּ אִיהְם גֶעקוּמֶען, הָאבֶּען זַייא אִיהְם גֶעבֶּעטֶען אַז עֶר זָאל
בֵּייא זַייא בְּלֵייבֶּען; אוּנְד עֶר אִיז דָארְט גֶעבְּלִיבֶּען צְוֵוייא
41 טֶעג: אוּנְד פִיל מֶעהְר הָאבֶּען גֶעגְלוֹיבְּט דוּרְךְ זַיין אֵייגֶען
42 וָוארְט: אוּנְד זַייא הָאבֶּען צוּ דֶער פְרוֹיא גֶעזָאגְט, מִיר
גְלוֹיבֶּען נִיט מֶעהְר דוּרְךְ דֵיינֶע רֶעדֶע; וָוארִין מִיר הָאבֶּען
אִיהְם גֶעהֶערְט, אוּנְד וִויסֶען אַז עֶר אִיז בֶּאֱמֶת דֶער מָשִׁיחַ,
דֶער דֶערְלֶעזֶער פוּן דֶער וֶועלְט:
43 אוּנְד נָאךְ דִיא צְוֵוייא טֶעג אִיז עֶר פוּן דָארְטֶען אַוֶועקְ־
44 גֶעגַאנְגֶען קֵיין גָלִיל: וָוארִין יֵשׁוּעַ זֶעלְבְּסְט הָאט בֶּעצֵייגְט,
אַז אַ נָבִיא הָאט נִיט קֵיין כָּבוֹד אִין זַיין אֵייגֶען לַאנְד:
45 דְרוּם וֶוען עֶר אִיז גֶעקוּמֶען קֵיין גָלִיל, הָאבֶּען אִיהְם דִיא
מֶענְשֶׁען פוּן גָלִיל אוֹיפְגֶענוּמֶען, וֵוייל זַייא הָאבֶּען גֶעזֶעהֶען
אַלֶעס וָואס עֶר הָאט בֶּעטְהוּן אִין יְרוּשָׁלַיִם אוֹיף דֶעם יוֹם
טוֹב; וָוארִין זַייא זֶענֶען אוֹיךְ גֶעקוּמֶען צוּם יוֹם טוֹב:
46 עֶר אִיז דְרוּם וִוידֶער גֶעקוּמֶען קֵיין קָנָה אִין גָלִיל, וְואוּ עֶר
הָאט דָאס וַואסֶער גֶעמַאכְט וַויין, אוּנְד עֶס אִיז גֶעוֶועזֶען אַן
עֶדֶעלְמַאן וָואס זַיין זוּהְן אִיז קְרַאנְק גֶעוֶועזֶען אִין כְּפַר־
47 נַחוּם: וֶוען עֶר הָאט גֶעהֶערְט אַז יֵשׁוּעַ אִיז גֶעקוּמֶען פוּן
יְהוּדָה קֵיין גָלִיל, אִיז עֶר צוּ אִיהְם גֶעגַאנְגֶען, אוּנְד הָאט
אִיהְם גֶעבֶּעטֶען אַז עֶר זָאל אַרוּפְקוּמֶען אוּנְד זָאל זַיין
זוּהְן הֵיילֶען; וָוארִין עֶר אִיז גֶעוֶועזֶען נָאהֶענְט צוּם טוֹיט:
48 יֵשׁוּעַ הָאט דְרוּם צוּ אִיהְם גֶעזָאגְט, וֶוען אִיהְר וֶועט נִיט
זֶעהֶען קֵיינֶע וְואוּנְדֶער אוּנְד צֵייכֶען וֶוילְט אִיהְר נִיט גְלוֹי־
49 בֶּען: דֶער עֶדֶעלְמַאן הָאט צוּ אִיהְם גֶעזָאגְט, הַאר, קוּם
50 אַיידֶער מֵיין קִינְד שְׁטַארְבְּט: יֵשׁוּעַ הָאט צוּ אִיהְם גֶעזָאגְט,
גֶעה אַהֵיים, דֵיין זוּהְן לֶעבְּט; אוּנְד דֶער מַאן הָאט גֶעגְלוֹיבְּט

דאס וואָרט וואס ישוע האט צו איהם געזאָגט, אונד איז
51 אהיים געגאַנגען: אונד וויא ער איז ארופגעגאנגען,
זענען איהם זיינע קנעכט אנטקעגען געקומען, אונד
52 האבען געזאגט, דיין קינד לעבט: ער האט דרום זייא
געפרעגט דיא שעה ווען ער האט אנגעהויבען בעסער צו
ווערען; אונד זייא האבען צו איהם געזאגט, נעכטען
אין דער זיבעטער שעה האט איהם דאס פיבער פערלאזט:
53 אזוי האט דער פאטער געוואוסט אז עס איז געוועזען אין
דער זעלבער שעה, ווען ישוע האט צו איהם געזאגט דיין
זוהן לעבט; אונד ער האט געגלויבט, אונד זיין גאנצעס
54 הויזגעזינד: דאס איז ווידער דאס צווייטע וואונדער וואס
ישוע האט בעטהון, ווען ער איז געקומען פון יהודה קיין
גליל:

קאפיטעל ה

1 נאכדעם איז געוועזען א יום טוב פון דיא יודען, אונד
2 ישוע איז ארויפגעגאנגען קיין ירושלים: אונד עס איז אין
ירושלים ביא דעם שאפטויער א טייך, וואס איז גערופען
אויף העברעאיש בית־חסדא, וואס האט פינף האללען:
3 אין דיזע זענען געלעגען א סך קראנקע, בלינדע, הינקענ־
דיגע, פערדארטע, וואס האבען געווארט אז דאס וואסער
4 זאל זיך בעוועגען: וואָרין א מלאך איז צו צייטען אין
דעם טייך אריינגעגאנגען, אונד האט דאס וואסער בע־
וואוגען; דרום ווער עס איז צום ערשטען אריינגעגאנגען
נאך דער בעוועגונג פון דעם וואסער, דער איז געזונד
געווארען פון וואס פאר א קראנקהייט ער האט געהאט:
5 אונד דארט איז געוועזען א מאן וואס איז אכט
6 אונד דרייסיג יאהר קראנק געוועזען: וויא ישוע האט
איהם געזעהען ליגען, אונד האט געוואוסט אז ער איז
שוין לאנג אזוי געלעגען, האט ער צו איהם געזאגט,
7 ווילסט דוא געהיילט ווערען? דער קראנקער האט איהם
געענטפערט, האר איך האב ניט קיין מענש, אז ער זאל
מיך אין דעם טייך אריינלאזען ווען דאס וואסער בעוועגט זיך:
אונד וויל איך קום, געהט איין אנדערער פאר מיר אריין:
8 ישוע האט צו איהם געזאגט, שטעה אויף, נעם דיין בעט

9 אוּנְד גֶעה אַרוּם: אוּנְד גְלֵייךְ אִיז דֶער מַאן גֶעהֵיילְט
גֶעוָוארֶען, אוּנְד הָאט גֶענוּמֶען זַיין בֶּעט, אוּנְד אִיז אַרוּמְ־
גֶעגַאנְגֶען:
10 אוּנְד עֶס אִיז גֶעוֶועזֶען שַׁבָּת אִין יֶענֶעם טָאג; אַזוֹי הָאבֶּען
דִיא יוּדֶען גֶעזָאגְט צוּ דֶעם וָואס אִיז גֶעהֵיילְט גֶעוָוארֶען,
עֶס אִיז שַׁבָּת, אוּנְד עֶס אִיז נִיט דֶערְלוֹיבְּט אַז דוּא זָאלְסְט
11 טְרָאגֶען דַיין בֶּעט: אוּנְד עֶר הָאט זַייא גֶעעֶנְטְפֶערְט, דֶער
וָואס הָאט מִיךְ גֶעהֵיילְט, דֶער הָאט צוּ מִיר גֶעזָאגְט, נֶעם
12 דַיין בֶּעט אוּנְד גֶעה אַרוּם: זַייא הָאבֶּען אִיהְם גֶעפְרֶעגְט,
וֶוער אִיז דֶער מַאן וָואס הָאט צוּ דִיר גֶעזָאגְט, נֶעם דַיין
13 בֶּעט אוּנְד גֶעה אַרוּם? אוּנְד דֶער וָואס אִיז גֶעהֵיילְט גֶע־
וָוארֶען הָאט נִיט גֶעוְואוּסְט וֶוער עֶר אִיז; וָוארִין יֵשׁוּעַ אִיז
אַוֶועקְגֶעגַאנְגֶען, וַוייל עֶס וֶועגֶען פִיל לַייט גֶעוֶועזֶען אִין
14 דֶעם אָרְט: דֶערְנָאךְ הָאט אִיהְם יֵשׁוּעַ גֶעפוּנֶען אִין דֶעם
בֵּית הַמִקְדָשׁ, אוּנְד הָאט צוּ אִיהְם גֶעזָאגְט, זֶעה דוּא בִּיסְט
גֶעהֵיילְט גֶעוָוארֶען; זִינְדִיג נִיט מֶעהְר, כְּדֵי עֶס זָאל דִיר
15 נִיט עֶרְגֶער וֶוערֶען: אוּנְד דֶער מַאן אִיז אַוֶועקְגֶעגַאנְגֶען,
אוּנְד הָאט צוּ דִיא יוּדֶען גֶעזָאגְט אַז עֶס אִיז יֵשׁוּעַ, וָואס
16 הָאט אִיהְם גֶעהֵיילְט: אוּנְד דְרוּם הָאבֶּען דִיא יוּדֶען יֵשׁוּעַ
17 פֶערְפָאלְגְט, וַוייל עֶר הָאט דָאס גֶעטְהוּן אַם שַׁבָּת: אָבֶּער
עֶר הָאט זַייא גֶעעֶנְטְפֶערְט, מַיין פָאטֶער וֶוערְקְט בִּיז אַצוּנְד,
18 אוּנְד אִיךְ וֶוערְק: דְרוּם הָאבֶּען דִיא יוּדֶען נָאךְ מֶעהְר גֶע־
זוּכְט אִיהְם צוּ הַרְגֶענֶען, וַוייל עֶר הָאט נִיט אַלֵיין מְחַלֵל
שַׁבָּת גֶעוֶועזֶען, נֵייעֶרְט הָאט אוֹיךְ גֶעזָאגְט, אַז גָאט אִיז
זַיין אֵייגֶענֶער פָאטֶער, אוּנְד הָאט זִיךְ גְלֵייךְ גֶעמַאכְט צוּ
גָאט:
19 דְרוּם הָאט יֵשׁוּעַ גֶעעֶנְטְפֶערְט, אוּנְד הָאט צוּ זַייא גֶעזָאגְט,
בֶּאֱמֶת, בֶּאֱמֶת זָאג אִיךְ אֵייךְ, דֶער זוּהְן קָאן גָארְנִיט טְהוּן
פוּן זִיךְ זֶעלְבְּסְט, חוּץ דָאס וָואס עֶר זֶעהְט דֶעם פָאטֶער
טְהוּן; וָוארִין דִיא זַאכֶען וָואס עֶר טְהוּט, דִיזֶע טְהוּט אוֹיךְ
20 דֶער זוּהְן: וָוארִין דֶער פָאטֶער לִיבְּט דֶעם זוּהְן, אוּנְד
וַוייזְט אִיהְם אַלֶעס וָואס עֶר טְהוּט, אוּנְד עֶר וֶועט אִיהְם
גְרֶעסֶערֶע וֶוערְקֶע וִויא דִיזֶע וַוייזֶען, אַז אִיהְר זָאלְט אֵייךְ
21 וְואוּנְדֶערְן: וָוארִין אַזוֹי וִויא דֶער פָאטֶער וֶועקְט אוֹיף דִיא

טױטע אוּנד מאַכט זײא לעבּען, אַזױ מאַכט דער זוהן אױך
22 לעבּען װעמען ער װיל: װאָרין דער פאָטער ריכטעט
קײנעם, נײערט ער האָט דאָס גאַנצע מִשְׁפָּט צוּ דעם זוהן
23 געגעבּען: כּדי אַלע זאָלען עהרען דעם זוהן, אַזױ װיא
זײא עהרען דעם פאָטער; װער עס עהרט ניט דעם זוהן,
דער עהרט ניט דעם פאָטער װאָס האָט איהם געשיקט:
24 בּאֱמת, בּאֱמת זאָג איך אײך, װער עס הערט מײן װאָרט,
אוּנד גלױבּט אָן איהם װאָס האָט מיך געשיקט, דער האָט
עבּיגעס לעבּען; אוּנד ער װעט ניט קוּמען צוּם געריכט,
25 נײערט איז איבּערגעגאַנגען פוּן טױט צוּם לעבּען: בּאֱמת,
בּאֱמת זאָג איך אײך, אַז עס קוּמט אַ שָׁעָה, אוּנד איז
אצוּנד, װען דיא טױטע װעלען הערען דאָס קול פוּן
דעם זוהן פוּן גאָט, אוּנד דיא װאָס הערען װעלען לע־
26 בּען: װאָרין אַזױ װיא דער פאָטער האָט לעבּען אין זיך
זעלבּסט, אַזױ האָט ער אױך צוּם זוהן געגעבּען אַז ער זאָל
27 האָבּען לעבּען אין זיך זעלבּסט: אוּנד ער האָט איהם אױך
מאַכט געגעבּען אַז ער זאָל מִשְׁפָּט האַלטען, װײל ער איז
28 דער בֶּן אָדָם: פערװאוּנדערט אײך ניט איבּער דעם, װאָרין
עס קוּמט אַ שָׁעָה, װען אַלע װאָס זענען אין דיא קְבָרִים
29 װעלען הערען זײן קול: אוּנד װעלען אַרױסגעהען,
דיא װאָס האָבּען גוּטעס געטהוּן צוּ אױפשטעהוּנג פוּן
לעבּען, אוּנד דיא װאָס האָבּען שלעכטעס געטהוּן צוּ
אױפשטעהוּנג פוּן מִשְׁפָּט:
30 איך קאָן פוּן מיר אַלײן גאָרניט טהוּן; אַזױ װיא איך הער
ריכטע איך, אוּנד מײן מִשְׁפָּט איז גערעכט, װאָרין איך
זוּך ניט מײן װילען נײערט דעם װילען פוּן דעם װאָס
31 האָט מיך געשיקט: װען איך בּעצײג אױף מיר זעלבּסט,
32 איז מײן צײגניס ניט װאָהר: עס איז אײן אַנדערער װאָס
בּעצײגט אױף מיר, אוּנד איך װײס דאָס צײגניס װאָס ער
33 בּעצײגט אױף מיר איז װאָהר: איהר האָט געשיקט צוּ
34 יוחנן, אוּנד ער האָט בּעצײגט צוּ דער װאָהרהײט: אָבּער
איך נעם ניט קײן צײגניס פוּן אַ מענש, אָבּער דאָס
35 זאָג איך, אַז איהר זאָלט געראַטעט װערען: ער איז גע־
װעזען דיא בּרענלאַמפּ װאָס שײנט, אוּנד איהר האָט

אֵייךְ בֶּעוָואלְט פַאר אַ צֵייט פְרֵייעֶן אִין זַיין לִיכְט: אָבֶּער 36
אִיךְ הָאבּ אַ גְרֶעסֶערֶעס צֵייגְנִיס ווִיא דָאס צֵייגְנִיס פוּן
יוֹחָנָן; ווָארִין דִיא וֶוערְקֶע ווָאס דֶער פָאטֶער הָאט מִיר
גֶעגֶעבֶּען אַז אִיךְ זָאל זַייא פָאלְקָאמֶען מַאכֶען, דִיזֶע וֶוערְקֶע
ווָאס אִיךְ טְהוּא בֶּעצֵייגֶען אוֹיף מִיר, אַז דֶער פָאטֶער הָאט
מִיךְ גֶעשִׁיקְט: אוּנְד דֶער פָאטֶער ווָאס הָאט מִיךְ גֶעשִׁיקְט 37
הָאט זֶעלְבְּסְט אוֹיף מִיר בֶּעצֵייגְט; אִיהְר הָאט זַיין קוֹל
קַיינְמָאל נִיט גֶעהֶערְט, אוּנְד זַיינֶע גֶעשְׁטַאלְט נִיט גֶעזֶע־
הֶען: אוּנְד אִיהְר הָאט נִיט זַיין ווָארְט אִין אֵייךְ ווְאוֹינֶען, 38
ווָארִין וֶועמֶען עֶר הָאט גֶעשִׁיקְט דֶעם גְלוֹיבְּט אִיהְר נִיט:
אִיהְר פָארְשְׁט דִיא שְׁרִיפְטֶען, ווָארִין אִיהְר מֵיינְט אַז אִין 39
זַייא הָאט אִיהְר עֶבִּיגֶעס לֶעבֶּען; אוּנְד דִיזֶע זֶענֶען עֶס
ווָאס בֶּעצֵייגֶען אוֹיף מִיר: אוּנְד אִיהְר ווִילְט נִיט צוּ מִיר 40
קוּמֶען, כְּדֵי אִיהְר זָאלְט הָאבֶּען לֶעבֶּען: אִיךְ נֶעם נִיט קַיין 41
כָּבוֹד פוּן מֶענְשֶׁען: אָבֶּער אִיךְ קֶען אֵייךְ אַז אִיהְר הָאט נִיט 42
דִיא לִיבֶּע פוּן גָאט אִין אֵייךְ: אִיךְ בִּין גֶעקוּמֶען אִין מֵיין 43
פָאטֶערְס נָאמֶען, אוּנְד אִיהְר נֶעמְט מִיךְ נִיט אָן; וֶוען אֵיין
אַנְדֶערֶער וֶועט קוּמֶען אִין זַיין אֵייגֶענֶעם נָאמֶען, דֶעם וֶועט
אִיהְר אָנְנֶעמֶען: ווִיא אַזוֹי קֶענְט אִיהְר גְלוֹיבֶּען ווָאס נֶעמְט 44
כָּבוֹד אֵיינֶער פוּן דֶעם אַנְדֶערֶען, אוּנְד זוּכְט נִיט דֶעם כָּבוֹד
ווָאס אִיז פוּן גָאט אַלֵיין? דֶענְקְט נִיט אַז אִיךְ וֶועל אֵייךְ 45
פֶערְקְלָאגֶען פַאר דֶעם פָאטֶער; עֶס אִיז אֵיינֶער ווָאס
פֶערְקְלָאגְט אֵייךְ, מֹשֶׁה, אוֹיף דֶעם אִיהְר זֶעצְט אֵייעֶרֶע
הָאפְנוּנְג: ווָארִין וֶוען אִיהְר ווָאלְט אָן מֹשֶׁה גֶעגְלוֹיבְּט, אַזוֹי 46
ווָאלְט אִיהְר אָן מִיר אוֹיךְ גֶעגְלוֹיבְּט; ווָארִין עֶר הָאט פוּן
מִיר בֶּעשְׁרִיבֶּען: אָבֶּער וֶוען אִיהְר גְלוֹיבְּט נִיט זַיינֶע שְׁרִיפְט, 47
ווִיא אַזוֹי וֶועט אִיהְר גְלוֹיבֶּען מֵיינֶע וֶוערְטֶער?

קאפיטעל ו

נָאכְדֶעם אִיז יֵשׁוּעַ אַוֶועקְגֶעגַאנְגֶען אוֹיף דִיא אַנְדֶערֶע זַייט 1
פוּן דֶעם יַם הַגָּלִיל: ווָאס אִיז דָאס יַם פוּן טְבֶרְיָה: אוּנְד 2
פִיל לֵייט זֶענֶען אִיהְם נָאכְגֶעגַאנְגֶען, ווָארִין זַייא הָאבֶּען
גֶעזֶעהֶען זַיינֶע ווְאוּנְדֶער ווָאס עֶר הָאט גֶעטְהוּן צוּ דִיא
קְרַאנְקֶע: אוּנְד יֵשׁוּעַ אִיז אוֹיף דֶעם בַּארְג אַרוֹיפְגֶעגַאנְגֶען 3
אוּנְד אִיז גֶעזֶעסֶען מִיט זַיינֶע תַּלְמִידִים: אוּנְד עֶס אִיז 4

נָאהֶענְט גֶעוֶועזֶען צוּם חַג הַפֶּסַח, וָואס אִיז דֶער יוֹם טוֹב
5 פוּן דִיא יוּדֶען: דְרוּם וֶוען יֵשׁוּעַ הָאט דִיא אוֹיגֶען
אוֹיפְגֶעהוֹיבֶּען, אוּנְד הָאט גֶעזֶעהֶען אַז פִיל לֵייט זֶענֶען
צוּ אִיהְם גֶעקוּמֶען, אַזוֹי הָאט עֶר צוּ פִילִיפּוּס גֶעזָאגְט, פוּן
וַואנֶען זָאלֶען מִיר בְּרוֹיט קוֹיפֶען אַז דִיזֶע זָאלֶען עֶסֶען?
6 אוּנְד דָאס הָאט עֶר גֶעזָאגְט כְּדֵי אִיהְם צוּ פְּרוּפֶען; וָוארִין
7 עֶר הָאט גֶעוְואוּסְט וָואס עֶר וֶועט טְהוּן: פִילִיפּוּס הָאט
אִיהְם גֶעעֶנְטְפֶערְט, צְוֵוייא הוּנְדֶערְט גוּלְדֶען בְּרוֹיט אִיז נִיט
גֶענוּג פַאר זֵייא, אַז אִיטְלִיכֶער פוּן זֵייא זָאל נוּר אַ שְׁטִי־
8 קֶעל נֶעמֶען: אַנְדְרֵי, אֵיינֶער פוּן זַיינֶע תַּלְמִידִים, דֶער
9 בְּרוּדֶער פוּן שִׁמְעוֹן פֶּעטְרוּס, הָאט צוּ אִיהְם גֶעזָאגְט: דָא
אִיז אַ יוּנְגֶעל, וָואס הָאט פִינְף גֶערְשְׁטֶענֶע בְּרוֹיט אוּנְד
צְוֵוייא פִישְׁלֶעךְ, אָבֶער וָואס אִיז דָאס פַאר אַזוֹי פִיל:
10 אוּנְד יֵשׁוּעַ הָאט גֶעזָאגְט, הֵייסְט דִיא מֶענְשֶׁען אַז זֵייא
זָאלֶען זִיךְ אַנִידֶערְזֶעצֶען; אוּנְד דָא אִיז פִיל גְרָאז גֶעוֶועזֶען
אוֹיף דֶעם אָרְט; אַזוֹי הָאבֶּען זִיךְ דִיא מֶענְשֶׁען אַנִידֶער־
11 גֶעזֶעצְט קֶענֶען פִינְף טוֹיזֶענְד אִין דֶער צָאל: יֵשׁוּעַ הָאט
גֶענוּמֶען דָאס בְּרוֹיט, אוּנְד הָאט אַ בְּרָכָה גֶעמַאכְט, אוּנְד
הָאט עֶס פֶערְטְהֵיילְט צוּ דִיא וָואס הָאבֶּען זִיךְ אַנִידֶערְגֶע־
זֶעצְט, אוּנְד אַזוֹי אוֹיךְ פוּן דִיא פִישְׁלֶעךְ וִויא פִיל זֵייא
12 הָאבֶּען גֶעוָואלְט: אוּנְד וֶוען זֵייא זֶענֶען גֶעזֶעטִיגְט גֶע־
וָוארֶען, הָאט עֶר צוּ זַיינֶע תַּלְמִידִים גֶעזָאגְט, נֶעמְט צוּזַאמֶען
דִיא אִיבֶּערְגֶעבְּלִיבֶּענֶע בְּרֶעקְלֶעךְ, אַז עֶס זָאל גָארְנִיט
13 פֶערְלוֹירֶען וֶוערֶען: אַזוֹי הָאבֶּען זֵייא צוּזַאמֶענְגֶענוּמֶען,
אוּנְד הָאבֶּען אָנְגֶעפִילְט צְוֶועלְף קֶערְבּ מִיט בְּרֶעקְלֶעךְ פוּן
דִיא פִינְף גֶערְשְׁטֶענֶע בְּרוֹיט, וָואס אִיז אִיבֶּערְגֶעבְּלִיבֶּען
פוּן דֶעם וָואס אִיז אִיבְּרִיג פוּן דִיא וָואס הָאבֶּען גֶעגֶעסֶען:
14 דְרוּם וֶוען דִיא מֶענְשֶׁען הָאבֶּען גֶעזֶעהֶען דָאס וְואוּנְדֶער
וָואס יֵשׁוּעַ הָאט גֶעטְהוּן הָאבֶּען זֵייא גֶעזָאגְט, דָאס אִיז
גֶעוִויס דֶער נָבִיא, וָואס זָאל קוּמֶען אִין דֶער וֶועלְט:
15 וָוארִין וֶוען יֵשׁוּעַ הָאט גֶעוְואוּסְט אַז זֵייא וֶועלֶען קוּמֶען
אוּנְד וֶועלֶען אִיהְם נֶעמֶען מִיט גֶעוַואלְד, אַז זֵייא זָאלֶען
אִיהְם פַאר אַ מֶלֶךְ מַאכֶען, אַזוֹי אִיז עֶר וִוידֶער אַלֵיין
אַוֶועקְגֶעגַאנְגֶען צוּ דֶעם בַּארְג:

16 אוּנְד וֶוען עֶס אִיז גֶעוֶועזֶען אָבֶענְד, זָענֶען זַיינֶע תַּלְמִידִים
17 צוּם יַם אַרוּפְּגֶעגַאנְגֶען: אוּנְד זַייא זָענֶען אִין אַ שִׁיף אַרַיינְ־
גֶעגַאנְגֶען, אוּנְד זָענֶען אִיבֶּער דֶעם יַם אַרִיבֶּערְגֶעפָארֶען
קַיין כְּפַר נָחוּם; אוּנְד עֶס אִיז גֶעוֶועזֶען פִינְסְטֶער, אוּנְד
18 יֵשׁוּעַ אִיז צוּ זַייא נִיט גֶעקוּמֶען: אוּנְד דָאס יַם הָאט זִיךְ
גֶעהוֹיבֶּען, דוּרְךְ אַ גְרוֹיסֶען וַוינְד וָואס הָאט גֶעבְּלָאזֶען:
אוּנְד וֶוען זַייא הָאבֶּען גֶערוּדֶערְט קֶעגֶען פִינְף אוּנְד צְוַואנְ־
19 צִיג אָדֶער דְרַייסִיג אַקֶער פֶעלְד וַוייט: אַזוֹי הָאבֶּען זַייא
גֶעזֶעהֶען יֵשׁוּעַ אַרוּמְגֵיין אוֹיף דֶעם יַם, אוּנְד עֶר וַואר
נָאהֶענְט צוּ דֶעם שִׁיף. אוּנְד זַייא הָאבֶּען זִיךְ גֶעפָארְכְטֶען:
20 אוּנְד עֶר הָאט צוּ זַייא גֶעזָאגְט, אִיךְ בִּין דָאס, פָארְכְט אֵייךְ
21 נִיט: אַזוֹיא הָאבֶּען זַייא אִיהְם גֶעוָואלְט אִין דֶעם שִׁיף
אַרַיינְנֶעמֶען; אוּנְד דָאס שִׁיף אִיז בַּאלְד גֶעוֶועזֶען בַּייא
דֶעם לַאנְד וְואוּ אַהִין זַייא זָענֶען גֶעגַאנְגֶען:
22 אוֹיף דֶעם אַנְדֶערֶען טָאג הָאבֶּען דִיא לַייט וָואס זָענֶען
גֶעשְׁטַאנֶען אוֹיף דִיא אַנְדֶערֶע זַייט יַם גֶעזֶעהֶען אַז
עֶס אִיז נִיט דָארְט גֶעוֶועזֶען קַיין אַנְדֶערֶעס שִׁיף אוֹיסֶער
אַיינְס, אוּנְד אַז יֵשׁוּעַ אִיז נִיט אַרַיינְגֶעקוּמֶען מִיט זַיינֶע
תַּלְמִידִים אִין דֶעם שִׁיף, נֵייעֶרְט זַיינֶע תַּלְמִידִים זָענֶען אַלֵיין
23 אַוֶועקְגֶעגַאנְגֶען: עֶס זָענֶען אַנְדֶערֶע שִׁיפֶען גֶעקוּמֶען
פוּן טְבֵרְיָה, נָאהֶענְט צוּ דֶעם אָרְט וְואוּ זַייא הָאבֶּען דָאס
בְּרוֹיט גֶעגֶעסֶען, נָאכְדֶעם עֶר הָאט אַ בְּרָכָה גֶעמַאכְט:
24 דְרוּם וֶוען דִיא לַייט הָאבֶּען גֶעזֶעהֶען אַז יֵשׁוּעַ אִיז נִיט
דָארְט, אוּנְד זַיינֶע תַּלְמִידִים אוֹיךְ נִיט, זָענֶען זַייא אִין דִיא
שִׁיפֶען אַרַיינְגֶעגַאנְגֶען אוּנְד זָענֶען גֶעקוּמֶען קַיין כְּפַר־נַחוּם,
25 אוּנְד הָאבֶּען יֵשׁוּעַ גֶעזוּכְט: אוּנְד וֶוען זַייא הָאבֶּען אִיהְם
גֶעפִינֶען אוֹיף דִיא אַנְדֶערֶע זַייט הָאבֶּען זַייא צוּ אִיהְם גֶע־
26 זָאגְט, רַבִּי, וֶוען בִּיסְט דוּא אַהֶער גֶעקוּמֶען? יֵשׁוּעַ הָאט
זַייא גֶעעֶנְטְפֶערְט אוּנְד גֶעזָאגְט, בֶּאֱמֶת, בֶּאֱמֶת זָאג אִיךְ
אֵייךְ, אִיהְר זוּכְט מִיךְ נִיט וַוייל אִיהְר הָאט וְואוּנְדֶער גֶע־
זֶעהֶען, נֵייעֶרְט וַוייל אִיהְר הָאט גֶעגֶעסֶען פוּן דֶעם בְּרוֹיט
27 אוּנְד זֶענְט זַאט גֶעוָוארֶען: אַרְבַּייט נִיט פַאר דִיא שְׁפֵּייז
וָואס וֶוערְט פֶערְלוֹירֶען, נֵייעֶרְט פַאר דִיא שְׁפֵּייז וָואס בְּלֵייבְּט
צוּם עֶבִּיגֶען לֶעבֶּען, וָואס דֶער בֶּן אָדָם וֶועט אֵייךְ גֶעבֶּען;

28 וָואַרין אִיהְם הָאט גָאט דֶער פָאטֶער פֶערְזִיגֶעלְט׃ אַזוֹי
הָאבֶּען זֵייא צוּ אִיהְם גֶעזָאגְט, וָואס זָאלֶען מִיר טְהוּן, אַז
29 מִיר זָאלֶען וֶוערְקֶען דִיא וֶוערְק פוּן גָאט? יֵשׁוּעַ הָאט גֶע־
עֶנְטְפֶערְט אוּנְד הָאט צוּ זֵייא גֶעזָאגְט, דָאס אִיז דָאס וֶוערְק
פוּן גָאט, אַז אִיהְר זָאלְט גְלוֹיבֶּען אָן אִיהְם וֶועלְכֶען עֶר
30 הָאט גֶעשִׁיקְט׃ דְרוּם הָאבֶּען זֵייא צוּ אִיהְם גֶעזָאגְט, וָואס
פַאר אַ וְואוּנְדֶער טְהוּסְט דוּא דֶען, אַז מִיר זָאלֶען זֶעהֶען
31 אוּנְד זָאלֶען דִיר גְלוֹיבֶּען? וָואס וֶוערְקְסְט דוּא? אוּנְזֶערֶע
אָבוֹת הָאבֶּען גֶעגֶעסֶען מָן אִין דֶער מִדְבָּר, אַזוֹי וִויא עֶס
שְׁטֶעהְט גֶעשְׁרִיבֶּען, עֶר הָאט זֵייא גֶעגֶעבֶּען בְּרוֹיט פוּם
32 הִימֶעל צוּ עֶסֶען׃ אַזוֹי הָאט יֵשׁוּעַ צוּ זֵייא גֶעזָאגְט, בֶּאֱמֶת
בֶּאֱמֶת זָאג אִיךְ אֵייךְ, משֶׁה הָאט אֵייךְ נִיט גֶעגֶעבֶּען דָאס
בְּרוֹיט פוּם הִימֶעל, אָבֶּער מֵיין פָאטֶער גִיבְּט אֵייךְ דָאס
33 וָואהְרֶע בְּרוֹיט פוּם הִימֶעל׃ וָוארִין דָאס בְּרוֹיט פוּן גָאט
אִיז דֶער וָואס קוּמְט אַרוּפ פוּן הִימֶעל אוּנְד גִיבְּט לֶעבֶּען
34 צוּ דֶער וֶועלְט׃ דְרוּם הָאבֶּען זֵייא צוּ אִיהְם גֶעזָאגְט,
35 הַאר גִיבּ אוּנְס בֶּעשְׁטֶענְדִיג דִיזֶעס בְּרוֹיט׃ יֵשׁוּעַ הָאט צוּ
זֵייא גֶעזָאגְט, אִיךְ בִּין דָאס בְּרוֹיט פוּן לֶעבֶּען, דֶער וָואס
קוּמְט צוּ מִיר וֶועט נִיט הוּנְגְרִיג זֵיין, אוּנְד דֶער וָואס גְלוֹיבְּט
36 אָן מִיר וֶועט קֵיינְמָאל נִיט דוּרְשְׁטִיג זֵיין׃ אָבֶּער אִיךְ הָאבּ
צוּ אֵייךְ גֶעזָאגְט, אַז אִיהְר הָאט מִיךְ גֶעזֶעהֶען, אוּנְד הָאט
37 נִיט גֶעגְלוֹיבְּט׃ אַלֶעס וָואס דֶער פָאטֶער גִיבְּט מִיר וֶועט
צוּ מִיר קוּמֶען, אוּנְד דֶער וָואס קוּמְט צוּ מִיר דֶעם וֶועל
38 אִיךְ נִיט אַרוֹיסְוַוארְפֶען׃ וָוארִין אִיךְ בִּין אַרוּפְגֶעקוּמֶען פוּן
דֶעם הִימֶעל, נִיט אַז אִיךְ זָאל מֵיין וִוילֶען טְהוּן, נֵייעֶרְט
39 דֶעם וִוילֶען פוּן אִיהְם וָואס הָאט מִיךְ גֶעשִׁיקְט׃ אוּנְד דָאס
אִיז דֶער וִוילֶען פוּן דֶעם פָאטֶער וָואס הָאט מִיךְ גֶעשִׁיקְט,
אַז אִיךְ זָאל נִיט פֶערְלִירֶען פוּן אַלֶעם וָואס עֶר הָאט מִיר
גֶעגֶעבֶּען, נֵייעֶרְט אַז אִיךְ זָאל עֶס אוֹיפְשְׁטֶעלֶען אִין דֶעם
40 לֶעצְטֶען טָאג׃ אוּנְד דָאס אִיז דֶער וִוילֶען פוּן מֵיין פָאטֶער,
אַז אִיטְלִיכֶער וָואס זֶעהְט דֶעם זוּהְן אוּנְד גְלוֹיבְּט אָן אִיהְם,
זָאל הָאבֶּען עֶבִּיגֶעס לֶעבֶּען, אוּנְד אִיךְ וֶועל אִיהְם אוֹיפְ־
שְׁטֶעלֶען אִין דֶעם לֶעצְטֶען טָאג׃
41 אַזוֹי הָאבֶּען דִיא יְהוּדִים וֶוענֶען אִיהְם גֶעמוּרְמֶעלְט, וַוייל עֶר

הָאט גֶעזָאגְט, אִיךְ בִּין דָאס בְּרוֹיט וָואס אִיז אַרוּפְגֶעקוּמֶען
פוּם הִימֶעל: אוּנְד זַייא הָאבֶּען גֶעזָאגְט, אִיז עֶר נִיט יֵשׁוּעַ, 42
דֶער זוּהְן פוּן יוֹסֵף, וָואס מִיר קֶענֶען דֶעם פָאטֶער אוּנְד
דִיא מוּטֶער? וִויא אַזוֹי זָאגְט עֶר דֶען, אִיךְ בִּין אַרוּפְגֶע־
קוּמֶען פוּם הִימֶעל? יֵשׁוּעַ הָאט גֶעעֶנְטְפֶערְט אוּנְד צוּ זַייא 43
גֶעזָאגְט, מוּרְמֶעלְט נִיט צְוִוישֶׁען אֵיינַאנְדֶער? קֵיינֶער קֶען 44
צוּ מִיר קוּמֶען, אוֹיסֶער דֶער פָאטֶער וָואס הָאט מִיךְ גֶע־
שִׁיקְט צִיהְט אִיהְם, אוּנְד אִיךְ וֶועל אִיהְם אוֹיפְשְׁטֶעלֶען אִין
דֶעם לֶעצְטֶען טָאג: עֶס שְׁטֶעהְט גֶעשְׁרִיבֶּען אִין דִיא 45
נְבִיאִים, אוּנְד זַייא וֶועלֶען אַלֶע גֶעלֶעהְרְט זַיין פוּן גָאט;
אִיטְלִיכֶער וָואס הָאט גֶעהֶערְט פוּם פָאטֶער, אוּנְד הָאט
פוּן אִיהְם גֶעלֶערְנְט, קוּמְט צוּ מִיר: נִיט אַז אִימֶעצֶער הָאט 46
גֶעזֶעהֶען דֶעם פָאטֶער, נֵייעֶרְט דֶער וָואס אִיז פוּן גָאט,
דֶער הָאט גֶעזֶעהֶען דֶעם פָאטֶער: בֶּאֱמֶת, בֶּאֱמֶת זָאג אִיךְ 47
אַייךְ, וֶוער עֶס גְלוֹיבְּט אָן מִיר הָאט עֶבִּיגֶעס לֶעבֶּען: אִיךְ 48
בִּין דָאס בְּרוֹיט פוּן לֶעבֶּען: אֵייעֶרֶע אָבוֹת הָאבֶּען גֶעגֶע־ 49
סֶען מָן אִין דֶער מִדְבָּר אוּנְד זֶענֶען גֶעשְׁטָארְבֶּען: דָאס 50
אִיז דָאס בְּרוֹיט וָואס קוּמְט אַרוּפ פוּם הִימֶעל, אַז אַ מֶענְשׁ
וֶועט דֶערְפוּן עֶסֶען וֶועט נִיט שְׁטַארְבֶּען: אִיךְ בִּין דָאס 51
לֶעבֶּעדִיגֶע בְּרוֹיט, וָואס אִיז פוּם הִימֶעל אַרוּפְגֶעקוּמֶען;
וֶוער עֶס וֶועט עֶסֶען פוּן דִיזֶעס בְּרוֹיט, וֶועט אוֹיךְ עֶבִּיג
לֶעבֶּען; אוּנְד דָאס בְּרוֹיט וָואס אִיךְ וֶועל גֶעבֶּען אִיז מֵיין
פְלֵיישׁ פַאר דֶעם לֶעבֶּען פוּן דֶער וֶועלְט:
אַזוֹי הָאבֶּען דִיא יוּדֶען צְוִוישֶׁען זִיךְ גֶעקְרִיגְט אוּנְד גֶעזָאגְט, 52
וִויא אַזוֹי קָאן אוּנְס דִיזֶער גֶעבֶּען זַיין פְלֵיישׁ צוּ עֶסֶען?
יֵשׁוּעַ הָאט צוּ זַייא גֶעזָאגְט, בֶּאֱמֶת בֶּאֱמֶת זָאג אִיךְ אֵייךְ, 53
וֶוען אִיהְר וֶועט נִיט עֶסֶען דָאס פְלֵיישׁ פוּן דֶעם בֶּן אָדָם
אוּנְד וֶועט נִיט טְרִינְקֶען זֵיין בְּלוּט, הָאט אִיהְר קֵיין לֶעבֶּען
נִיט אִין אֵייךְ: וֶוער עֶס עֶסְט מֵיין פְלֵיישׁ אוּנְד טְרִינְקְט 54
מֵיין בְּלוּט, הָאט עֶבִּיגֶעס לֶעבֶּען, אוּנְד אִיךְ וֶועל אִיהְם
אוֹיפְשְׁטֶעלֶען אִין דֶעם לֶעצְטֶען טָאג: וָוארִין מֵיין פְלֵיישׁ אִיז 55
וָואהְרְהַאפְטִיגֶע שְׁפֵּייז, אוּנְד מֵיין בְּלוּט אִיז וָואהְרְהַאפְטִיגֶעס
גֶעטְרֶענְק: וֶוער עֶס עֶסְט מֵיין פְלֵיישׁ אוּנְד טְרִינְקְט מֵיין 56
בְּלוּט, דֶער וְואוֹינְט אִין מִיר, אוּנְד אִיךְ אִין אִיהְם: אַזוֹי 57

וויא דער לעבעדיגער פאטער האט מיך געשיקט, אונד
איך לעב דורך דעם פאטער, אזוי ווער עס עסט מיך,
58 דער וועט אויך לעבען דורך מיר: דאס איז דאס ברויט
וואס איז ארופגעקומען פון הימעל, ניט אזוי וויא אייערע
אבות האבען געגעסען אונד זענען געשטארבען; ווער עס
59 עסט דיזעס ברויט וועט עביג לעבען: דיזעס האט ער
געזאגט אין דער שול, ווען ער האט געלעהרט אין כפר
נחום:
60 פילע פון זיינע תלמידים, ווען זייא האבען דאס געהערט,
האבען געזאגט, דאס איז א הארטעס ווארט; ווער קאן
61 עס הערען: אבער ישוע האט אין זיך געוואוסט אז זיינע
תלמידים האבען איבער דעם געמורמעלט, אונד האט צו
62 זייא געזאגט, איז דאס א שטרויכלונג צו אייך? וויא,
ווען איהר וועט זעהען דעם בן אדם ארויפגעהען וואו ער
63 איז פריהער געוועזען? עס איז דער גייסט וואס מאכט
לעבעדיג דאס פליש ניצט גארניט; דיא ווערטער וואס
איך האב צו אייך גערעט דיא זענען גייסט, אונד דיא
64 זענען לעבען: אבער דא זענען עטליכע פון אייך וואס
גלויבען ניט; ווארין ישוע האט געוואוסט פון אנהייב
וועלכע דיא זענען וואס האבען ניט געגלויבט, אונד וועל־
65 כער עס איז וואס וועט איהם איבערגעבען: אונד ער האט
געזאגט, דרום האב איך צו אייך געזאגט, אז קיינער קאן
ניט צו מיר קומען עס זייא דען אז עס איז איהם געגעבען
פון דעם פאטער:
66 נאכדעם זענען פילע פון זיינע תלמידים צוריקגעגאנגען,
67 אונד זענען ניט מעהר מיט איהם ארומגעגאנגען: אונד
ישוע האט געזאגט, צו דיא צוועלף, ווילט איהר אויך
68 אוועקגעהען? שמעון פעטרוס האט איהם געענטפערט,
האר צו וועמען זאלען מיר געהען? דוא האסט דיא ווער־
69 טער פון עביגעם לעבען; אונד מיר האבען געגלויבט
אונד דערקענט אז דוא ביסט דער הייליגער פון
70 גאט, ישוע האט זייא געענטפערט, האב איך אייך ניט
צוועלף אויסדערוועהלט? אונד איינער פון אייך איז א
71 שטן: דאס האט ער געזאגט אויף יהודה דער זוהן פון איש

קריות, ווארין ער וועט איהם איבערגעבען, וואס איז
איינער פון דיא צוועלף:

קאפיטעל ז

אונד נאכדעם איז ישוע ארומגעגאנגען אין גליל; ווארין 1
ער האט ניט געוואלט ארומגעהען אין יהודה, ווייל דיא
יודען האבען איהם געזוכט צו הרגענען: אונד דער 2
יודישער יום טוב חג הסוכות איז נאהענט געוועזען:
אזוי האבען זיינע ברידער צו איהם געזאגט, געה אוועק 3
פון דאנען, אונד געה קיין יהודה, אז דיינע תלמידים זאלען
זעהען דיא ווערקע וואס דוא טהוסט: ווארין קיינער טהוט 4
עפעס אין פערבארגענעם, אונד וויל זעלבסט עפענטליך
בעקאנט זיין; ווען דוא טהוסט דיזע זאכען, ווייז דיך צו
דער וועלט: ווארין זיינע ברידער האבען אויך ניט אן איהם 5
געגלויבט: דרום האט ישוע צו זייא געזאגט, מיינע צייט 6
איז נאך ניט געקומען, אבער אייערע צייט איז בעשטענדיג
פארטיג: דיא וועלט קאן אייך ניט האסען, אבער מיך 7
האט זיא געהאסט, ווייל איך בעצייג קעגען איהר, אז
איהרע ווערקע זענען שלעכט: געהט איהר ארויף צו 8
דיזען יום טוב; איך געה נאך ניט ארויף צו דיזען יום
טוב. ווארין מיינע צייט איז נאך ניט דערפילט: ווען ער 9
האט דאס צו זייא געזאגט איז ער געבליבען אין גליל:
אבער ווען זיינע ברידער זענען ארויפגעגאנגען צום יום 10
טוב, דאן איז ער אויך ארויפגעגאנגען, ניט עפענטליך,
נייערט אים פערבארגענעם; דיא יודען האבען איהם גע־ 11
זוכט אים יום טוב, אונד האבען געזאגט, וואו איז ער?
אונד דא איז געוועזען א גרויס געמורמעל צווישען דעם
פאלק וועגען איהם; עטליכע האבען געזאגט, ער איז א 12
גוטער מאן; אבער אנדערע האבען געזאגט, ניין, נייערט
ער פערפיהרט דאס פאלק: אבער קיינער האט פון איהם 13
ניט עפענטליך גערעט, פאר פורכט פאר דיא יודען:
אונד שוין אין מיטען יום טוב איז ישוע אים בית המקדש 14
ארויפגעגאנגען, אונד האט געלעהרט: דרום האבען זיך 15
דיא יודען פערוואונדערט אונד געזאגט, וויא אזוי קען
דיזער מאן דיא שריפטען, ווען ער האט קיינמאל ניט גע־

16 לֶערְנְט? יֵשׁוּעַ הָאט זַייא גֶעעֶנְטְפֶערְט אוּנְד גֶעזָאגְט, מֵיינֶע
לֶעהְרֶע אִיז נִיט מֵיינֶע, נֵייעֶרְט פוּן אִיהְם וָואס הָאט מִיךְ
17 גֶעשִׁיקְט: וֶוען אֵיינֶער וִויל זַיין וִוילֶען טְהוּן, אַזוֹי וֶועט עֶר
וִויסֶען פוּן דֶער לֶעהְרֶע, אוֹיבּ עֶס אִיז פוּן גָאט, אָדֶער אִיךְ
18 רֶעד פוּן מִיר אַלֵיין: דֶער וָואס רֶעט פוּן זִיךְ אַלֵיין זוּכְט
זַיין אֵייגֶענֶעם כָּבוֹד, אָבֶּער דֶער וָואס זוּכְט דֶעם כָּבוֹד פוּן
דֶעם וָואס הָאט אִיהְם גֶעשִׁיקְט, דֶער אִיז וָואהְר, אוּנְד עֶס
19 אִיז קֵיין אוּנְרֶעכְט נִיט אִין אִיהְם: הָאט אֵייךְ נִיט מֹשֶׁה
גֶעגֶעבֶּען דִיא תּוֹרָה, אוּנְד קֵיינֶער פוּן אֵייךְ הַאלְט דִיא
20 תּוֹרָה? וָוארוּם זוּכְט אִיהְר מִיךְ צוּ טֵייטֶען? דִיא לֵייט
הָאבֶּען גֶעעֶנְטְפֶערְט דוּא הָאסְט אַ שֵׁד, וֶוער זוּכְט דִיךְ צוּ
21 טֵייטֶען? יֵשׁוּעַ הָאט גֶעעֶנְטְפֶערְט אוּנְד צוּ זַייא גֶע־
זָאגְט, אֵיין וֶוערְק הָאבּ אִיךְ גֶעטְהוּן אוּנְד אִיהְר וְואוּנְדֶערְט
22 אֵייךְ אַלֶע: דֶעסְטְוֶועגֶען הָאט אֵייךְ מֹשֶׁה גֶעגֶעבֶּען דִיא
מִילָה, נִיט וַוייל עֶס אִיז פוּן מֹשֶׁה נֵייעֶרְט פוּן דִיא אָבוֹת,
23 אוּנְד אִיהְר טְהוּט אַם שַׁבָּת אַ מֶענְשׁ מַל זַיין: וֶוען אַ
מֶענְשׁ עֶנְטְפַאנְגְט אַם שַׁבָּת מִילָה, כְּדֵי תּוֹרַת מֹשֶׁה זָאל נִיט
פֶערְשְׁטֶערְט וֶוערֶען, עֶרְגֶערְט אִיהְר אֵייךְ אִיבֶּער מִיר, וַוייל
24 אִיךְ הָאבּ אַ מֶענְשׁ גַאנְץ גֶעזוּנְד גֶעמַאכְט אַם שַׁבָּת?
רִיכְטֶעט נִיט נָאךְ דֶעם אָנְזֶעהְען נֵייעֶרְט רִיכְטֶעט
גֶערֶעכְט מִשְׁפָּט:
25 דְרוּם הָאבֶּען עֶטְלִיכֶע פוּן דִיא פוּן יְרוּשָׁלַיִם גֶעזָאגְט, אִיז
26 דָאס נִיט דֶער וֶועלְכֶען זַייא זוּכֶען צוּ טֵייטֶען? זֶעה עֶר רֶעט
עֶפֶענְטְלִיךְ, אוּנְד זַייא זָאגֶען אִיהְם גָארְנִיט; וִויסֶען דֶען
27 דִיא עֶלְצְטֶע גֶעוִויס אַז עֶר אִיז דֶער מָשִׁיחַ: אָבֶּער מִיר
קֶענֶען דָאךְ דִיזֶען, פוּן וַואנֶען עֶר אִיז; אָבֶּער וֶוען דֶער
28 מָשִׁיחַ קוּמְט וֵוייסְט קֵיינֶער נִיט פוּן וַואנֶען עֶר אִיז: יֵשׁוּעַ
הָאט גֶעשְׁרִיעֶן וֶוען עֶר הָאט גֶעלֶעהְרְט אִין בֵּית הַמִּקְדָּשׁ
אוּנְד גֶעזָאגְט, אִיהְר קֶענְט מִיךְ, אוּנְד אִיהְר וֵוייסְט פוּן
וַואנֶען אִיךְ בִּין; אוּנְד אִיךְ בִּין נִיט גֶעקוּמֶען פוּן מִיר
זֶעלְבְּסְט, אָבֶּער דֶער וָואס הָאט מִיךְ גֶעשִׁיקְט, אִיז וָואהְר
29 וֶועלְכֶען אִיהְר קֶענְט נִיט: אָבֶּער אִיךְ קֶען אִיהְם, וָוארִין
אִיךְ בִּין פוּן אִיהְם, אוּנְד עֶר הָאט מִיךְ גֶעשִׁיקְט:
30 זַייא הָאבֶּען אִיהְם גֶעזוּכְט צוּ נֶעמֶען, דְרוּם הָאט קֵיינֶער

אוֹיף אִיהְם דִיא הַאנְד בֶעלֶעגְט, וָוארִין זַיינֶע שָׁעָה אִיז נָאךְ
31 נִיט גֶעקוּמֶען: אָבֶּער פִילֶע פוּן דִיא לַייט הָאבֶּען אָן אִיהְם
גֶעגְלוֹיבְּט אוּנְד גֶעזָאגְט, וָוען דֶער מָשִׁיחַ קוּמְט, וֶועט עֶר
דָען מֶעהְר וְואוּנְדֶער טְהוּן וִויא דִיזֶע וָואס עֶר הָאט גֶעטְהוּן?
32 דִיא פְּרוּשִׁים הָאבֶּען גֶעהֶערְט אַז דִיא לַייט הָאבֶּען דָאס
וֶועגֶען אִיהְם גֶעמוּרְמֶעלְט, אוּנְד דִיא עֶרְשְׁטֶע כֹּהֲנִים אוּנְד
דִיא פְּרוּשִׁים הָאבֶּען גֶעשִׁיקְט מְשָׁרְתִים, אַז זַייא זָאלֶען
33 אִיהְם נֶעמֶען: אַזוֹי הָאט יֵשׁוּעַ צוּ זַייא גֶעזָאגְט, נָאךְ אַ
קְלֵיינֶע צַייט בִּין אִיךְ מִיט אַייךְ, אוּנְד אִיךְ גֶעה צוּ דֶעם
34 וָואס הָאט מִיךְ גֶעשִׁיקְט: אִיהְר וֶועט מִיךְ זוּכֶען אוּנְד וֶועט
מִיךְ נִיט גֶעפִינֶען; אוּנְד וְואוּ אִיךְ בִּין, דָארְט אַהִין קֶענְט
35 אִיהְר נִיט קוּמֶען: אַזוֹי הָאבֶּען דִיא יוּדֶען אֵיינֶער צוּם אַנְ־
דֶערֶען גֶעזָאגְט, וְואוּ אַהִין וֶועט עֶר גֶעהֶען אַז מִיר
וֶועלֶען אִיהְם נִיט גֶעפִינֶען, וֶועט עֶר גֶעהֶען צְוִוישֶׁען דִיא
פֶערְשְׁטוֹיסֶענֶע צְוִוישֶׁען דִיא גּוֹיִם אוּנְד וֶועט דִיא גּוֹיִם לֶעהְ־
36 רֶען? וָואס אִיז דָאס וָוארְט וָואס עֶר הָאט גֶעזָאגְט, אִיהְר
וֶועט מִיךְ זוּכֶען אוּנְד וֶועט מִיךְ נִיט גֶעפִינֶען; אוּנְד וְואוּ
אִיךְ בִּין קֶענְט אִיהְר נִיט אַהִין קוּמֶען?
37 אוּנְד אָן דֶעם לֶעצְטֶען טָאג, וָואס אִיז דֶער גְרוֹיסֶער טָאג
פוּן דֶעם יוֹם טוֹב, אִיז יֵשׁוּעַ גֶעשְׁטַאנֶען אוּנְד הָאט גֶע־
שְׁרִיעֶן אוּנְד גֶעזָאגְט, וֶוער עֶס אִיז דוּרְשְׁטִיג, לָאז עֶר צוּ
38 מִיר קוּמֶען אוּנְד טְרִינְקֶען: דֶער וָואס גְלוֹיבְּט אָן מִיר,
וִויא דִיא שְׁרִיפְט זָאגְט, פוּן זַיין לֵייבּ וֶועלֶען אַרוֹיסְפְלִיסֶען
39 טַייכֶען פוּן לֶעבֶּעדִיגֶע וַואסֶער: אוּנְד דָאס הָאט עֶר גֶע־
זָאגְט וֶועגֶען דֶעם רוּחַ הַקוֹדֶשׁ וָואס דִיא וָואס גְלוֹיבֶּען אָן
אִיהְם וֶועלֶען דֶערְהַאלְטֶען; וָוארִין דֶער רוּחַ הַקוֹדֶשׁ אִיז
נָאךְ נִיט גֶעגֶעבֶּען גֶעוָוארֶען, וַוייל יֵשׁוּעַ אִיז נָאךְ נִיט פֶערְ־
40 הֶערְלִיכְט גֶעוָוארֶען: דְרוּם אַיינִיגֶע פוּן דִיא לֵייט, וֶוען זַייא
הָאבֶּען דִיזֶע וֶוערְטֶער גֶעהֶערְט הָאבֶּען גֶעזָאגְט, דִיזֶער אִיז
41 גֶעוִויס דֶער נָבִיא: אַנְדֶערֶע הָאבֶּען גֶעזָאגְט, דִיזֶער אִיז דֶער
מָשִׁיחַ; אוּנְד אַנְדֶערֶע הָאבֶּען גֶעזָאגְט קוּמְט דֶען דֶער
42 מָשִׁיחַ אַרוֹיס פוּן גָלִיל? הָאט נִיט דִיא שְׁרִיפְט גֶעזָאגְט,
אַז דֶער מָשִׁיחַ קוּמְט אַרוֹיס פוּן זֶרַע דָוִד, אוּנְד פוּן בֵּית־
43 לֶחֶם, דִיא שְׁטָאט וְואוּ דָוִד אִיז גֶעוֶועזֶען? דְרוּם אִיז גֶע־

וָוען אַ קְרִיגֶערַייא אִיבֶּער אִיהְם צְווִישֶׁען דִיא לַייט:
44 אוּנְד עֶטְלִיכֶע פוּן זַייא הָאבֶּען אִיהְם גֶעוָואלְט נֶעמֶען,
אָבֶּער קֵיינֶער הָאט נִיט דִיא הֶענְד אוֹיף אִיהְם גֶעלֶעגְט:
45 דְרוּם זֶענֶען דִיא מְשָׁרְתִים גֶעקוּמֶען צוּ דִיא עֶרְשְׁטֶע כֹּהֲנִים
אוּנְד פְּרוּשִׁים, אוּנְד זַייא הָאבֶּען צוּ זַייא גֶעזָאגְט, וָוארוּם
46 הָאט אִיהְר אִיהְם נִיט גֶעבְּרַאכְט? דִיא מְשָׁרְתִים הָאבֶּען
גֶעעֶנְטְפֶערְט קֵיינְמָאל הָאט אַ מֶענְשׁ גֶערֶעט אַזוֹי וִויא דִיזֶער
47 מַאן: דִיא פְּרוּשִׁים הָאבֶּען צוּ זַייא גֶעעֶנְטְפֶערְט, זֶענְט
48 אִיהְר אוֹיךְ פֶערְפִיהְרְט? הָאט אֵיינֶער פוּן דִיא אוֹיבֶּערְשְׁטֶע
49 אָדֶער פוּן דִיא פְּרוּשִׁים אָן אִיהְם גֶעגְלוֹיבְּט? אָבֶּער דִיזֶע
לֵייט וָואס קֶענֶען נִיט דִיא תּוֹרָה זֶענֶען פֶערְשָׁאלְטֶען:
50 נִיקוֹדִימוּס הָאט צוּ זַייא גֶעזָאגְט, (דֶער וָואס אִיז אֵיינֶער
51 פוּן זַייא אוּנְד צוּ אִיהְם גֶעקוּמֶען בֵּייא נַאכְט): רִיכְטֶעט
אוּנְזֶערֶע תּוֹרָה אַ מֶענְשׁ, אֵיידֶער מֶען הָאט אִיהְם פֶערְהֶערְט
52 אוּנְד מֶען וֵוייסְט וָואס עֶר הָאט גֶעטְהוּן? זַייא הָאבֶּען גֶע־
עֶנְטְפֶערְט אוּנְד הָאבֶּען צוּ אִיהְם גֶעזָאגְט, בִּיסְט דוּא דֶען
אוֹיךְ פוּן גָלִיל: פָארְשׁ אוּנְד זֶעה, אַז פוּן גָלִיל שְׁטֶעהְט
53 נִיט אוֹיף קֵיין נָבִיא: אוּנְד אִיטְלִיכֶער אִיז אַהֵיימְגֶעגַאנְגֶען:

קאפיטעל ח

1 יֵשׁוּעַ אִיז אַוֶועקְגֶעגַאנְגֶען צוּם הַר הַזֵּתִים: אוּנְד אִין דֶער
2 פְרִיה אִיז עֶר וִוידֶער גֶעקוּמֶען אִין בֵּית הַמִּקְדָּשׁ אַרַיין,
אוּנְד דָאס גַאנְצֶע פָאלְק אִיז צוּ אִיהְם גֶעקוּמֶען; אוּנְד עֶר
3 הָאט זִיךְ אַנִידֶערְגֶעזֶעצְט אוּנְד הָאט זַייא גֶעלֶעהְרְט: אוּנְד
דִיא סוֹפְרִים אוּנְד דִיא פְּרוּשִׁים הָאבֶּען צוּ אִיהְם גֶעבְּרַאכְט
אַ פְרוֹיא וָואס מֶען הָאט גֶעחַאפְּט אִין זְנוּת, אוּנְד זַייא
4 הָאבֶּען זִיא אִין מִיטֶען גֶעשְׁטֶעלְט: אוּנְד זַייא הָאבֶּען צוּ
אִיהְם גֶעזָאגְט, לֶעהְרֶער, דִיזֶע פְרוֹיא אִיז גֶעחַאפְּט גֶע־
5 וָוארֶען בְּשַׁעַת מַעֲשֶׂה אִין זְנוּת: אוּנְד מֹשֶׁה אִין דֶער תּוֹרָה
הָאט אוּנְס גֶעבָּאטֶען, אַז מֶען זָאל אַזֶעלְכֶע פֶערְשְׁטֵיינִיגֶען;
6 דְרוּם וָואס זָאגְסְט דוּא? אוּנְד דָאס הָאבֶּען זַייא גֶעזָאגְט,
אוּנְד הָאבֶּען אִיהְם גֶעפְּרוּפְט, אַז זַייא זָאלֶען עֶפֶּעס הָאבֶּען
אִיהְם צוּ פֶערְקְלָאגֶען. אָבֶּער יֵשׁוּעַ הָאט זִיךְ אַרוּפְּגֶעבּוֹיגֶען,
אוּנְד הָאט גֶעשְׁרִיבֶּען מִיט דֶעם פִינְגֶער אוֹיף דֶער עֶרְד:
7 אָבֶּער וָוען זַייא הָאבֶּען אִיהְם וַוייטֶער גֶעפְרֶעגְט, הָאט עֶר

זִיךְ אוֹיפְגֶעהוֹיבֶּען אוּנְד הָאט צוּ זַייא גֶעזָאגְט, דֶער וָואס
אִיז אָהְן זִינְד צְוִוישֶׁען אַייךְ, דֶער זָאל צוּם עֶרְשְׁטֶען דֶעם
שְׁטַיין אוֹיף אִיהְר וַוארְפֶען: אוּנְד עֶר הָאט זִיךְ וִוידֶער 8
אַרוֹיפְגֶעבּוֹיגֶען, אוּנְד הָאט גֶעשְׁרִיבֶּען אוֹיף דֶער עֶרְד:
אוּנְד וִויא זַייא הָאבֶּען דָאס גֶעהֶערְט, אוּנְד זֶענֶען אִין זַייעֶר 9
הַארְץ גֶעשְׁטְרָאפְט גֶעוָוארֶען, זֶענֶען זַייא אַיינֶער נָאךְ דֶעם
אַנְדֶערֶען אַרוֹיסְגֶעגַאנְגֶען פוּן דֶעם עֶלְצְטֶען בִּיז דֶעם יוּנְגְסְ־
טֶען; אוּנְד יֵשׁוּעַ אִיז אַלֵיין גֶעבְּלִיבֶּען, אוּנְד דִיא פְרוֹיא
אִיז אִין מִיטֶען גֶעשְׁטַאנֶען: אוּנְד יֵשׁוּעַ הָאט זִיךְ אוֹיפְגֶע־ 10
הוֹיבֶּען, אוּנְד הָאט קֵיינֶעם נִיט גֶעזֶעהֶען, אוֹיסֶער דִיא
פְרוֹיא, אוּנְד הָאט צוּ אִיהְר גֶעזָאגְט, פְרוֹיא, וְואוּ זֶענֶען דִיא
וָואס הָאבֶּען דִיךְ פֶערְקְלָאגְט? הָאט דִיךְ קֵיינֶער נִיט פֶערְ־
שׁוּלְדִיגְט? אוּנְד זִיא הָאט גֶעזָאגְט קֵיינֶער נִיט, הַאר, 11
אוּנְד יֵשׁוּעַ הָאט צוּ אִיהְר גֶעזָאגְט, אִיךְ פֶערְשׁוּלְדִיג
דִיךְ אוֹיךְ נִיט, גֶעה, אוּנְד זִינְדִיג נִיט מֶעהְר:
דְרוּם הָאט יֵשׁוּעַ וִוידֶער צוּ זַייא גֶערֶעט אוּנְד גֶעזָאגְט, 12
אִיךְ בִּין דָאס לִיכְט פוּן דֶער וֶועלְט; וֶוער עֶס פָאלְגְט מִיר
נָאךְ וֶועט נִיט אַרוּמְגֶעהֶען אִין דֶער פִינְסְטֶער, נֵייעֶרְט עֶר
וֶועט הָאבֶּען דָאס לִיכְט פוּן לֶעבֶּען: דְרוּם הָאבֶּען דִיא 13
פְּרוּשִׁים צוּ אִיהְם גֶעזָאגְט, דוּא בֶּעצֵייגְסְט אוֹיף דִיר אַלֵיין;
דֵיין צֵייגְנִיס אִיז נִיט וָואהְר: יֵשׁוּעַ הָאט גֶעעֶנְטְפֶערְט אוּנְד 14
הָאט צוּ זַייא גֶעזָאגְט, הָאטְשֶׁע אִיךְ בֶּעצֵייג אוֹיף מִיר אַלֵיין
אִיז דָאךְ מֵיין צֵייגְנִיס וָואהְר; וָוארִין אִיךְ וֵוייס פוּן וַואנֶען
אִיךְ קוּם אוּנְד וְואוּ אַהִין אִיךְ גֶעה; אָבֶּער אִיהְר וֵוייסְט
נִיט פוּן וַואנֶען אִיךְ קוּם, אוּנְד וְואוּ אַהִין אִיךְ גֶעה: אִיהְר 15
רִיכְטֶעט נָאךְ דֶעם פְלֵיישׁ, אִיךְ רִיכְטֶע קֵיינֶעם נִיט: אוּנְד 16
וֶוען אִיךְ רִיכְטֶע, אַזוֹי אִיז מֵיין מִשְׁפָּט וָואהְר; וָוארִין אִיךְ
בִּין נִיט אַלֵיין, נֵייעֶרְט אִיךְ אוּנְד דֶער פָאטֶער וָואס הָאט
מִיךְ גֶעשִׁיקְט: אוּנְד עֶס שְׁטֶעהְט אוֹיךְ גֶעשְׁרִיבֶּען אִין אֵייעֶ־ 17
רֶע תּוֹרָה, אַז דָאס צֵייגְנִיס פוּן צְווייא מֶענְשֶׁען אִיז וָואהְר:
אִיךְ בִּין אֵיינֶער וָואס בֶּעצֵייג אוֹיף מִיר אַלֵיין, אוּנְד דֶער 18
פָאטֶער וָואס הָאט מִיךְ גֶעשִׁיקְט בֶּעצֵייגְט אוֹיף מִיר: אַזוֹי 19
הָאבֶּען זַייא צוּ אִיהְם גֶעזָאגְט, וְואוּ אִיז דֵיין פָאטֶער? יֵשׁוּעַ
הָאט גֶעעֶנְטְפֶערְט אִיהְר קֶענְט מִיךְ נִיט, אוּנְד אוֹיךְ נִיט מֵיין

פאטער; ווען איהר וואלט מיך געקענט, אזוי וואלט איהר
20 מיין פאטער אויך געקענט: דיזע ווערטער האט ער גע־
רעדט אין דעם אוצר, ווען ער האט געלערנט אין בית
המקדש; אונד קיינער האט איהם ניט גענומען, ווארין
זיינע שעה איז נאך ניט געקומען:
21 אזוי האט ישוע ווידער צו זייא געזאגט, איך געה אוועק,
אונד איהר וועט מיך זוכען, אונד וועט שטארבען אין
אייערע זינד; וואו איך געה, דארט אהין קענט איהר ניט
22 קומען: דרום האבען דיא יודען געזאגט, וועט ער זיך
אליין טייטען, אז ער זאגט, וואו איך געה קענט איהר ניט
23 קומען? אונד ער האט צו זייא געזאגט, איהר זענט פון
אונטען, איך בין פון אויבען; איהר זענט פון דיזער וועלט,
24 איך בין ניט פון דיזער וועלט: דרום האב איך געזאגט, אז
איהר וועט שטארבען אין אייערע זינד; ווארין ווען איהר
וועט ניט גלויבען אז איך בין ער, וועט איהר שטארבען
25 אין אייערע זינד: אזוי האבען זייא צו איהם געזאגט, ווער
ביסט דוא? ישוע האט צו זייא געזאגט, דער וואס איך
26 האב צו אייך פון אנהייב געזאגט: איך האב פיל וועגען
אייך צו רעדען אונד צו ריכטען; אבער דער וואס האט
מיך געשיקט איז וואהר, אונד וואס איך האב געהערט פון
27 איהם, דאס רעד איך צו דער וועלט: זייא האבען ניט גע־
וואוסט, אז ער האט צו זייא גערעדט וועגען דעם פאטער:
28 אזוי האט ישוע צו זייא געזאגט, ווען איהר וועט דעם בן
אדם אויפהעבען, דאן וועט איהר וויסען אז איך בין ער,
אונד איך טהוא גארניט פון מיר אליין, נייערט אזוי וויא
29 מיין פאטער האט מיך געלערנט, דאס רעד איך: אונד
דער וואס האט מיך געשיקט איז מיט מיר; דער פאטער
האט מיך ניט געלאזט אליין, ווארין איך טהוא בעשטענדיג
30 דאס וואס געפעלט איהם: ווען ער האט דיזעס גערעדט
האבען פילע אן איהם געגלויבט:
31 דרום האט ישוע געזאגט צו דיא יודען וואס האבען אן
איהם געגלויבט, ווען איהר בלייבט בייא מיין ווארט, אזוי
32 זענט איהר באמת מיינע תלמידים: אונד איהר וועט וויסען
דיא וואהרהייט, אונד דיא וואהרהייט וועט אייך פרייא

מאַכען: זייא האָבען צו איהם געענטפערט מיר זענען דער 33
זאָמען פון אברהם: אונד מיר זענען קיינמאָל ניט צו
אימיצען קנעכט געוועזען, וויא אַזוי זאָגסט דוא איהר וועט
בעפרייט ווערען: ישוע האָט זייא געענטפערט, באמת, 34
באמת זאָג איך אייך, אַז איטליכער וואָס זינדיגט איז אַ
קנעכט פון דער זינד: אונד דער קנעכט בלייבט ניט 35
תמיד אים הויז; דער זוהן בלייבט תמיד: דרום ווען דער 36
זוהן וועט אייך פרייא מאַכען וועט איהר ווירקליך פרייא
זיין: איך ווייס אַז איהר זענט דער זאָמען פון אברהם; 37
אָבער איהר זוכט מיך צו הרגענען, וואָרין מיין וואָרט האָט
ניט קיין פּלאַץ אין אייך: איך רעד וואָס איך האָב געזעהען 38
בייא מיין פאָטער; אונד איהר טהוט וואָס איהר האָט געזעהען
בייא אייער פאָטער: זייא האָבען געענטפערט אונד האָבען 39
צו איהם געזאָגט, אברהם איז אונזער פאָטער; ישוע האָט
צו זייא געזאָגט, ווען איהר האָלט געוועזען דיא קינדער
פון אברהם, וואָלט איהר געטהון דיא ווערקע פון אברהם:
אָבער אַצונד זוכט איהר מיך צו הרגענען, אַ מענש וואָס 40
האָט דיא וואַהרהייט צו אייך געזאָגט, וואָס איך האָב גע־
הערט פון גאָט; דאָס האָט אברהם ניט געטהון: איהר 41
טהוט דיא ווערק פון אייער פאָטער. זייא האָבען צו איהם
געזאָגט, מיר זענען ניט געבוירען פון זנות; מיר האָבען
אַ פאָטער, דער איז גאָט: ישוע האָט צו זייא געזאָגט, 42
ווען גאָט וואָלט געוועזען אייער פאָטער, וואָלט איהר מיך
געליבט, וואָרין איך בין אויסגעגאַנגען אונד בין געקומען
פון גאָט; דען איך בין ניט פון מיר אַליין געקומען, ניי־
ערט ער האָט מיך געשיקט: וואָרום פערשטעהט איהר 43
ניט מיינע רעד? ווייל איהר קענט ניט הערען מיין וואָרט.
איהר זענט פון אייער פאָטער דעם שטן, אונד איהר ווילט 44
טהון דיא גליסטען פון אייער פאָטער, ער איז געוועזען אַ
רוצח פון אָנהייב, אונד איז ניט בעשטאַנען אין דער
וואַהרהייט, ווייל עס איז קיין אמת ניט אין איהם; ווען ער
רעט אַ ליגען, אַזוי רעט ער פון זיך זעלבסט, וואָרין ער
איז אַ ליגנער, אונד דער פאָטער דערפון: אָבער ווייל 45
איך זאָג דיא וואַהרהייט, אַזוי גלויבט איהר מיר ניט:

46 װֶעלְכֶער פוּן אֵייךְ קֶען מִיךְ בֶּעװײַזֶען אִין אַ זִינְד? װֶען
אִיךְ זָאג דִיא װָאהְרְהֵייט װָארוּם גְלױבְּט אִיהְר מִיר נִיט?
47 דֶער װָאס אִיז פוּן גָאט, הֶערְט דִיא װֶערְטֶער פוּן גָאט;
װֵייל אִיהְר זֶענְט נִיט פוּן גָאט דָארוּם הֶערְט אִיהְר נִיט:
48 דִיא יוּדֶען הָאבֶּען גֶעעֶנְטְפֶערְט אוּנְד הָאבֶּען צוּ אִיהְם
גֶעזָאגְט, הָאבֶּען מִיר נִיט גֶערֶעכְט גֶעזָאגְט, אַז דוּא בִּיסְט אַ
49 שֹׁמְרוֹנִי, אוּנְד הָאסְט אַ שֵׁד? יֵשׁוּעַ הָאט גֶעעֶנְטְפֶערְט, אִיךְ
הָאבּ נִיט קֵיין שֵׁד, נֵייעֶרְט אִיךְ עֶהְרֶע מֵיין פָאטֶער, אוּנְד
50 אִיהְר זֶענְט מִיךְ מְבַיֵּשׁ: אָבֶּער אִיךְ זוּךְ נִיט מֵיין כָּבוֹד,
51 עֶס אִיז דָא אֵיינֶער װָאס זוּכְט אוּנְד רִיכְטֶעט: בֶּאֱמֶת, בֶּאֱמֶת
זָאג אִיךְ אֵייךְ, װֶער עֶס װֶעט הַאלְטֶען מֵיין װָארְט, װֶעט
52 נִיט זֶעהֶען דֶעם טוֹיט אוֹיף עֶבִּיג: דִיא יוּדֶען הָאבֶּען צוּ
אִיהְם גֶעזָאגְט, אַצוּנְד װִיסֶען מִיר אַז דוּא הָאסְט אַ שֵׁד;
אַבְרָהָם אִיז גֶעשְׁטָארְבֶּען אוּנְד דִיא נְבִיאִים, אוּנְד דוּא
זָאגְסְט, װֶער עֶס װֶעט הַאלְטֶען מֵיין װָארְט װֶעט נִיט פֶערְ־
53 זוּכֶען דֶעם טוֹיט אוֹיף עֶבִּיג: בִּיסְט דוּא גְרֶעסֶער װִיא
אוּנְזֶער פָאטֶער אַבְרָהָם, װָאס אִיז גֶעשְׁטָארְבֶּען? אוּנְד דִיא
נְבִיאִים זֶענֶען גֶעשְׁטָארְבֶּען; װֶעמֶען מַאכְסְט דוּא זִיךְ
54 אַלֵיין? יֵשׁוּעַ הָאט גֶעעֶנְטְפֶערְט, װֶען אִיךְ טְהוּא מִיךְ אַלֵיין
עֶהְרֶען, אַזוֹי אִיז מֵיין כָּבוֹד גָארְנִיט; עֶס אִיז מֵיין פָאטֶער
װָאס טְהוּט מִיךְ עֶהְרֶען, אוֹיף דֶעם אִיהְר זָאגְט אַז עֶר אִיז
55 אֵייעֶר גָאט: אוּנְד אִיהְר הָאט אִיהְם נִיט גֶעקֶענְט, אָבֶּער
אִיךְ קֶען אִיהְם. אוּנְד װֶען אִיךְ זָאג אַז אִיךְ קֶען אִיהְם נִיט,
װֶעל אִיךְ זֵיין אַ לִיגְנֶער גְלֵייךְ װִיא אִיהְר, אָבֶּער אִיךְ קֶען
56 אִיהְם אוּנְד הַאלְט זֵיין װָארְט: אַבְרָהָם אֵייעֶר פָאטֶער הָאט.
זִיךְ גֶעפְרֵייט אַז עֶר זָאל זֶעהֶען מֵיין טָאג; אוּנְד עֶר הָאט
57 גֶעזֶעהֶען אוּנְד אִיז פְרֶעהְלִיךְ גֶעװֶעזֶען: דְרוּם הָאבֶּען דִיא
יוּדֶען צוּ אִיהְם גֶעזָאגְט, דוּא בִּיסְט נָאךְ נִיט פוּפְצִיג יָאהְר
58 אַלְט, אוּנְד הָאסְט דוּא אַבְרָהָם גֶעזֶעהֶען? יֵשׁוּעַ הָאט צוּ
זֵייא גֶעזָאגְט, בֶּאֱמֶת, בֶּאֱמֶת זָאג אִיךְ אֵייךְ, אֵיידֶער אַבְרָהָם
59 אִיז גֶעװֶעזֶען בִּין אִיךְ: אַזוֹי הָאבֶּען זֵייא גֶענוּמֶען שְׁטֵיינֶער
זֵייא זָאלֶען אוֹיף אִיהְם װַארְפֶען; אָבֶּער יֵשׁוּעַ הָאט זִיךְ
פֶערְבָּארְגֶען, אוּנְד אִיז פוּן בֵּית הַמִּקְדָּשׁ אַרוֹיסְגֶעגַאנְגֶען,
אוּנְד צְװִישֶׁען זֵייא דוּרְכְגֶעקוּמֶען, אוּנְד אִיז פֶערְבֵּייגֶעגַאנְגֶען:

קאפיטעל ט

1 אוּנְד וִויא עֶר אִיז פֶערְבַּייא גֶעגַאנְגֶען הָאט עֶר גֶעזֶעהֶען
2 אַ מַאן וָואס אִיז גֶעוֶוען בְּלִינְד פוּן זַיינֶע גֶעבּוּרְט אָן: אוּנְד
זַיינֶע תַּלְמִידִים הָאבֶּען אִיהְם גֶעפְרֶעגְט אוּנְד גֶעזָאגְט, רַבִּי,
וֶוער הָאט גֶעזִינְדִיגְט, דִיזֶער אָדֶער זַיינֶע עֶלְטֶערְן, אַז עֶר
3 אִיז בְּלִינְד גֶעבּוֹירֶען גֶעוָוארֶען? יֵשׁוּעַ הָאט גֶעעֶנְטְפֶערְט,
נִיט עֶר אַלֵיין הָאט גֶעזִינְדִיגְט, אוּנְד אוֹיךְ נִיט זַיינֶע עֶלְטֶערְן;
נֵייעֶרְט כְּדֵי דִיא וֶוערְק פוּן גָאט זָאלֶען אִין אִיהְם בַּאוִוייזֶען
4 וֶוערֶען: אִיךְ מוּס וֶוערְקֶען דִיא וֶוערְק פוּן אִיהְם וָואס הָאט
מִיךְ גֶעשִׁיקְט אַזוֹי לַאנְג עֶס אִיז טָאג; דִיא נַאכְט קוּמְט,
5 וֶוען קֵיינֶער קָאן נִיט וֶוערְקֶען: בְּשַׁעַת אִיךְ בִּין אוֹיף דֶער
6 וֶועלְט בִּין אִיךְ דָאס לִיכְט פוּן דֶער וֶועלְט: וֶוען עֶר הָאט
דָאס גֶעזָאגְט, הָאט עֶר גֶעשְׁפִּיגֶען אוֹיף דֶער עֶרְד, אוּנְד
הָאט גֶעמַאכְט לֶעהְם פוּן דֶעם שְׁפֵּייעֶכְץ אוּנְד הָאט בֶּעשְׁמִירְט
7 דִיא אוֹיגֶען פוּן דֶעם בְּלִינְדֶען מִיט דֶעם לֶעהְם; אוּנְד עֶר
הָאט צוּ אִיהְם גֶעזָאגְט, גֶעה וַואשׁ דִיךְ אִין דֶעם טֵייךְ שִׁילֹחַ,
וָואס אִיז פֶערְטֵייטְשְׁט גֶעשִׁיקְט; דְרוּם אִיז עֶר אַוֶועקְגֶע־
גַאנְגֶען אוּנְד הָאט זִיךְ גֶעוַואשֶׁען, אוּנְד אִיז גֶעקוּמֶען זֶעהֶענְ־
8 דִיג: דִיא שְׁכֵנִים, אוּנְד דִיא וָואס הָאבֶּען אִיהְם פְרִיהֶער
גֶעזֶעהֶען אַז עֶר אִיז גֶעוֶוען אַ בֶּעטְלֶער, הָאבֶּען גֶעזָאגְט,
אִיז עֶס נִיט דֶער וָואס אִיז גֶעזֶעסֶען אוּנְד הָאט גֶעבֶּעטֶעלְט?
9 מַאנְכֶע הָאבֶּען גֶעזָאגְט, אַז עֶס אִיז דֶער; אַנְדֶערֶע הָאבֶּען
גֶעזָאגְט, נֵיין, עֶר אִיז אִיהְם עֶהְנְלִיךְ; עֶר הָאט גֶעזָאגְט,
10 אִיךְ בִּין עֶס: דְרוּם הָאבֶּען זֵייא צוּ אִיהְם גֶעזָאגְט, וְוִיא
11 זֶענֶען דֶען דַיינֶע אוֹיגֶען אוֹיפְגֶעמַאכְט גֶעוָוארֶען? עֶר הָאט
גֶעעֶנְטְפֶערְט, דֶער מַאן וָואס הֵייסְט יֵשׁוּעַ הָאט גֶעמַאכְט
לֶעהְם, אוּנְד הָאט מֵיינֶע אוֹיגֶען בֶּעשְׁמִירְט, אוּנְד הָאט צוּ
מִיר גֶעזָאגְט, גֶעה צוּם טֵייךְ שִׁילֹחַ אוּנְד וַואשׁ דִיךְ; אַזוֹי
בִּין אִיךְ אַוֶועקְגֶעגַאנְגֶען אוּנְד הָאבּ מִיךְ גֶעוַואשֶׁען, אוּנְד
12 אִיךְ בִּין זֶעהֶענְדִיג גֶעוָוארֶען: אוּנְד זֵייא הָאבֶּען צוּ אִיהְם
גֶעזָאגְט, וְואוּ אִיז עֶר? עֶר הָאט גֶעזָאגְט אִיךְ וֵויים נִיט:
13 זֵייא הָאבֶּען גֶעבְּרַאכְט צוּ דִיא פְּרוּשִׁים דֶעם וָואס אִיז
14 פְרִיהֶער בְּלִינְד גֶעוֶועזֶען; אוּנְד עֶס אִיז גֶעוֶועזֶען שַׁבָּת וֶוען
יֵשׁוּעַ הָאט גֶעמַאכְט דֶעם לֶעהְם, אוּנְד הָאט אִיהְם דִיא

15 אוֹיגֶען אוֹיפְגֶעמַאכְט: דְרוּם הָאבֶּען אִיהם דִיא פְּרוּשִׁים אוֹיךְ
ווידֶער גֶעפְרֶעגְט, וויא אַזוֹי עֶר אִיז זֶעהֶענְדִיג גֶעוָוארֶען.
אוּנְד עֶר הָאט צוּ זֵייא גֶעזָאגְט, עֶר הָאט גֶעלֶעגְט לֶעהם
אוֹיף מֵיינֶע אוֹיגֶען, אוּנְד אִיךְ הָאבּ מִיךְ גֶעוַואשֶׁען, אוּנְד
16 בִּין זֶעהֶענְדִיג: אַזוֹי הָאבֶּען עֶטְלִיכֶע פוּן דִיא פְּרוּשִׁים
גֶעזָאגְט, דִיזֶער מַאן אִיז נִיט פוּן גָאט, וָוארִין עֶר הַאלְט נִיט
דֶעם שַׁבָּת. אַנְדֶערֶע הָאבֶּען גֶעזָאגְט, וויא אַזוֹי קֶען אַ מֶענְשׁ
וָואס אִיז אַ זִינְדֶער אַזֶעלְכֶע וָואוּנְדֶער טְהוּן? אוּנְד עֶס אִיז
17 גֶעוֶועזֶען אַ צַאנְקֶערֵייא צְווִישֶׁען זֵייא: אַזוֹי הָאבֶּען זֵייא
ווידֶער צוּם בְּלִינְדֶען גֶעזָאגְט, וָואס זָאגְסְט דוּא וֶועגֶען אִיהם,
אַז עֶר הָאט דֵיינֶע אוֹיגֶען אוֹיפְגֶעמַאכְט? אוּנְד עֶר הָאט
18 גֶעזָאגְט, עֶר אִיז אַ נָבִיא: דְרוּם הָאבֶּען דִיא יוּדֶען וֶועגֶען
אִיהם נִיט גֶעגְלוֹיבְּט, אַז עֶר אִיז בְּלִינְד גֶעוֶועזֶען אוּנְד אִיז
זֶעהֶענְדִיג גֶעוָוארֶען, בִּיז זֵייא הָאבֶּען גֶערוּפֶען דִיא עֶלְטֶערְן
19 פוּן דֶעם וָואס אִיז זֶעהֶענְדִיג גֶעוָוארֶען: אוּנְד זֵייא הָאבֶּען
זֵייא גֶעפְרֶעגְט אוּנְד גֶעזָאגְט, אִיז דֶער אֵייעֶר זוּהְן, וָואס
אִיהר זָאגְט אַז עֶר אִיז בְּלִינְד גֶעבּוֹירֶען גֶעוָוארֶען? וויא
20 אַזוֹי אִיז עֶר דֶען אַצוּנְד זֶעהֶענְדִיג? אַזוֹי הָאבֶּען זֵיינֶע
עֶלְטֶערְן גֶעעֶנְטְפֶערְט אוּנְד גֶעזָאגְט, מִיר וִויסֶען אַז עֶר אִיז
אוּנְזֶער זוּהְן, אוּנְד אַז עֶר אִיז בְּלִינְד גֶעבּוֹירֶען גֶעוָוארֶען:
21 אָבֶּער וויא אַזוֹי עֶר זֶעהְט אַצוּנְד וִויסֶען מִיר נִיט; אָדֶער
וֶוער עֶס הָאט אִיהם דִיא אוֹיגֶען אוֹיפְגֶעמַאכְט וִויסֶען מִיר
נִיט; עֶר אִיז שׁוֹין גְרוֹיס, פְרֶעגְט אִיהם עֶר וֶועט פַאר זִיךְ
22 אַלֵיין רֶעדֶען: דָאס הָאבֶּען זֵיינֶע עֶלְטֶערְן גֶעזָאגְט, ווייל
זֵייא הָאבֶּען מוֹרָא גֶעהַאט פַאר דִיא יוּדֶען; וָוארִין דִיא יוּדֶען
הָאבֶּען זִיךְ שׁוֹין פֶערְאֵיינִיגְט, אַז וֶוען אֵיינֶער וֶועט אִיהם
בֶּעקֶענֶען פַאר דֶעם מָשִׁיחַ, זָאל עֶר פוּן דֶער שׁוּל אַרוֹיס־
23 גֶעוָוארְפֶען וֶוערֶען: דֶעסְטְוֶועגֶען הָאבֶּען זֵיינֶע עֶלְטֶערְן
גֶעזָאגְט, עֶר אִיז שׁוֹין גְרוֹיס, פְרֶעגְט אִיהם:
24 דְרוּם הָאבֶּען זֵייא דָאס צְווייטֶע מָאל גֶערוּפֶען דֶעם מַאן
וָואס אִיז בְּלִינְד גֶעוֶועזֶען, אוּנְד הָאבֶּען צוּ אִיהם גֶעזָאגְט,
גִיבּ כָּבוֹד צוּ גָאט; מִיר וִויסֶען אַז דִיזֶער מַאן אִיז אַ זִינְדֶער:
25 דְרוּם הָאט עֶר גֶעעֶנְטְפֶערְט, אוֹיבּ עֶר אִיז אַ זִינְדֶער ווייס
אִיךְ נִיט; אֵיין זַאךְ ווייס אִיךְ, אַז אִיךְ בִּין בְּלִינְד גֶעוֶועזֶען,

26 אוּנְד אַצוּנְד זָעה אִיךְ: דרוּם הָאבֶּען זַייא צוּ אִיהְם גֶעזָאגְט,
וָואס הָאט עֶר דִיר גֶעטְהוּן? ווִיא אַזוֹי הָאט עֶר דַיינֶע אוֹיגֶען
27 אוֹיפְגֶעמַאכְט? עֶר הָאט זַייא גֶעעֶנְטְפֶערְט, אִיךְ הָאבּ אֵייךְ
שׁוֹין גֶעזָאגְט, אוּנְד אִיהְר הָאט נִיט גֶעהֶערְט; וָוארוּם ווִילְט
אִיהְר עֶס ווִידֶער הֶערֶען? ווִילְט אִיהְר אוֹיךְ זַיינֶע תַּלְמִידִים
28 וֶוערֶען? אוּנְד זַייא הָאבֶּען אִיהְם גֶעזִידֶעלְט אוּנְד גֶעזָאגְט,
דוּא בִּיסְט זַיין תַּלְמִיד, אָבֶּער מִיר זֶענֶען דִיא תַּלְמִידִים פוּן
29 מֹשֶׁה: מִיר ווִיסֶען אַז גָאט הָאט גֶערֶעט צוּ מֹשֶׁה; אָבֶּער
30 דִיזֶען, ווִיסֶען מִיר נִיט פוּן וַואנֶען עֶר אִיז: דֶער מַאן הָאט
גֶעעֶנְטְפֶערְט אוּנְד הָאט צוּ זַייא גֶעזָאגְט, אִין דֶעם אִיז דָאס
וְואוּנְדֶער אַז אִיהְר ווייסְט נִיט פוּן וַואנֶען עֶר אִיז, אוּנְד דָאךְ
31 הָאט עֶר מַיינֶע אוֹיגֶען אוֹיפְגֶעמַאכְט: מִיר ווִיסֶען אַז גָאט
דֶערְהֶערְט נִיט קֵיין זִינְדֶער: נֵייעֶרְט וֶוער עֶס אִיז אַ יְרֵא
32 אֱלֹהִים אוּנְד טְהוּט זַיין ווִילֶען, דֶעם דֶערְהֶערְט עֶר: פוּן
עֶבִּיג אָן אִיז עֶס נִיט גֶעהֶערְט גֶעוָוארֶען, אַז אִימִיצֶער הָאט
אוֹיפְגֶעמַאכְט דִיא אוֹיגֶען פוּן אַ גֶעבּוֹירֶענֶעם בְּלִינְדֶען;
33 וֶוען דִיזֶער זָאל נִיט זַיין פוּן גָאט, וָואלְט עֶר גָארְנִיט גֶעקָאנְט
34 טְהוּן: זַייא הָאבֶּען גֶעעֶנְטְפֶערְט אוּנְד הָאבֶּען צוּ אִיהְם
גֶעזָאגְט, דוּא בִּיסְט גָאר אִין גַאנְצֶען אִין זִינְדֶען גֶעבּוֹירֶען,
אוּנְד לֶערֶענְסְט דוּא אוּנְס? אוּנְד זַייא הָאבֶּען אִיהְם אַרוֹיסְ־
גֶעוָוארְפֶען:

35 יֵשׁוּעַ הָאט גֶעהֶערְט אַז זַייא הָאבֶּען אִיהְם אַרוֹיסְגֶעוָוארְפֶען,
אוּנְד וֶוען עֶר הָאט אִיהְם גֶעפִינֶען הָאט עֶר צוּ אִיהְם גֶעזָאגְט,
36 גְלוֹיבְּסְט דוּא אָן דֶעם זוּהְן פוּן גָאט? עֶר הָאט גֶעעֶנְטְפֶערְט
אוּנְד גֶעזָאגְט, הַאר, וֶוער אִיז עֶר דֶען אַז אִיךְ זָאל אָן אִיהְם
37 גְלוֹיבֶּען? יֵשׁוּעַ הָאט צוּ אִיהְם גֶעזָאגְט, דוּא הָאסְט אִיהְם
אוֹיךְ גֶעזֶעהֶען, אוּנְד דֶער וָואס רֶעט מִיט דִיר, אִיז עֶר:
38 אוּנְד עֶר הָאט גֶעזָאגְט, הַאר, אִיךְ גְלוֹיבּ; אוּנְד עֶר הָאט
39 זִיךְ צוּ אִיהְם גֶעבִּיקְט: אוּנְד יֵשׁוּעַ הָאט גֶעזָאגְט צוּם מִשְׁפָּט
בִּין אִיךְ אִין דִיזֶער וֶועלְט גֶעקוּמֶען, אַז דִיא וָואס זֶעהֶען
נִיט זָאלֶען זֶעהֶען, אוּנְד דִיא וָואס זֶעהֶען זָאלֶען בְּלִינְד
40 וֶוערֶען: עֶטְלִיכֶע פוּן דִיא פְּרוּשִׁים וָואס זֶענֶען מִיט אִיהְם
גֶעוֶועזֶען הָאבֶּען דָאס גֶעהֶערְט, אוּנְד הָאבֶּען צוּ אִיהְם
41 גֶעזָאגְט, זֶענֶען מִיר דֶען אוֹיךְ בְּלִינְד? יֵשׁוּעַ הָאט צוּ זַייא

גֶעזָאגְט, װֶען אִיהְר זָאלְט בְּלִינְד זַיין, אַזוֹי װָאלְט אִיהְר נִיט
קֵיינֶע זִינְד גֶעהַאט; אָבֶּער אַצוּנְד, זָאגְט אִיהְר, מִיר זֶעהֶען
אַזוֹי בְּלֵייבְּט אֵייעֶרֶע זִינְד:

קאפיטעל י

בְּאֱמֶת בֶּאֱמֶת זָאג אִיךְ אֵייךְ, דֶער װָאס קוּמְט נִיט אַרֵיין 1
אִין דֶעם שָׁאפְשְׁטַאל דוּרְךְ דִיא טְהִיר, נֵייעֶרְט עֶר שְׁטֵייגְט
אַנְדֶערְשְׁט װְאוּ אַרֵיין, דֶער אִיז אַ גַנָב אוּנְד אַ רוֹיבֶּער:
אָבֶּער דֶער װָאס קוּמְט אַרֵיין דוּרְךְ דִיא טְהִיר אִיז דֶער 2
פַּאסְטוּךְ פוּן דִיא שָׁאף: דֶער טְהִיר הִיטֶער עֶפֶענְט אִיהְם, 3
אוּנְד דִיא שָׁאף הֶערֶען זַיין קוֹל; אוּנְד עֶר רוּפְט זַיינֶע
אֵייגֶענֶע שָׁאף בֵּיים נָאמֶען, אוּנְד פִיהְרְט זֵייא אַרוֹיס: װֶען 4
עֶר פִיהְרְט אַרוֹיס אַלֶע זַיינֶע אֵייגֶענֶע, גֶעהְט עֶר פָאר זֵייא,
אוּנְד דִיא שָׁאף פָאלְגֶען אִיהְם נָאךְ, װֵייל זֵייא קֶענֶען זַיין קוֹל:
אָבֶּער אַ פְרֶעמְדֶען װֶעלֶען זֵייא נִיט נָאכְפָאלְגֶען, נֵייעֶרְט 5
לוֹיפֶען פוּן אִיהְם אַװֶעק, װָארִין זֵייא קֶענֶען נִיט דָאס קוֹל
פוּן דִיא פְרֶעמְדֶע: דִיזֶעס מָשָׁל הָאט יֵשׁוּעַ צוּ זֵייא גֶעְ־ 6
זָאגְט; אָבֶּער זֵייא הָאבֶּען נִיט פֶערְשְׁטַאנֶען װָאס עֶר הָאט
צוּ זֵייא גֶערֶעט:
דְרוּם הָאט יֵשׁוּעַ װִידֶער צוּ זֵייא גֶעזָאגְט, בֶּאֱמֶת, בֶּאֱמֶת 7
זָאג אִיךְ אֵייךְ, אִיךְ בִּין דִיא טְהִיר פוּן דִיא שָׁאף: אַלֶע 8
װָאס זֶענֶען פָאר מִיר גֶעקוּמֶען זֶענֶען גַנָבִים אוּנְד רוֹיבֶּער;
אָבֶּער דִיא שָׁאף הָאבֶּען זֵייא נִיט צוּגֶעהֶערְט: אִיךְ בִּין 9
דִיא טְהִיר; װֶער עֶס װֶעט דוּרְךְ מִיר אַרֵיינְקוּמֶען, דֶער
װֶעט בֶּערֶעטֶעט װֶערֶען, אוּנְד װֶעט אַרֵיינְגֶעהֶען אוּנְד
אַרוֹיסְגֶעהֶען, אוּנְד װֶעט פַּאשֶׁע גֶעפִינֶען: דֶער גַנָב קוּמְט 10
נִיט אַרֵיין, נֵייעֶרְט אַז עֶר זָאל גַנְבֶענֶען אוּנְד שֶׁעכְטֶען אוּנְד
אוּמְבְּרֶענְגֶען, אִיךְ בִּין גֶעקוּמֶען אַז זֵייא זָאלֶען הָאבֶּען
לֶעבֶּען, אוּנְד זָאלֶען עֶס נָאךְ מֶעהְר הָאבֶּען: אִיךְ בִּין דֶער 11
גוּטֶער פַּאסְטוּךְ, דֶער גוּטֶער פַּאסְטוּךְ לֶעגְט זַיין לֶעבֶּען
אַנִידֶער פַאר דִיא שָׁאף: דֶער גֶעדוּנְגֶענֶער װָאס אִיז נִיט 12
דֶער פַּאסְטוּךְ װָאס דִיא שָׁאף זֶענֶען נִיט זַיינֶע אֵייגֶענֶע,
זֶעהְט דֶעם װָאלְף קוּמֶען, אוּנְד פֶערְלָאזְט דִיא שָׁאף אוּנְד
אַנְטְלוֹיפְט, אוּנְד דֶער װָאלְף חַאפְּט אוּנְד צוּשְׁפְּרֵייט זֵייא:
עֶר אַנְטְלוֹיפְט װֵייל עֶר אִיז אַ גֶעדוּנְגֶענֶער, אוּנְד זָארְגְט 13

נִיט פַאר דִיא שָׁאף׃ 14 אִיךְ בִּין דֶער גוּטֶער פַּאסְטוּךְ, אוּנְד
אִיךְ קֶען דִיא מֵיינֶע, אוּנְד דִיא מֵיינֶע קֶענֶען מִיךְ׃ 15 אַזוֹי
וִויא דֶער פָּאטֶער קֶען מִיךְ, אוּנְד אִיךְ קֶען דֶעם פָּאטֶער,
אוּנְד אִיךְ לֶעג אַנִידֶער מֵיין לֶעבֶּען פַאר דִיא שָׁאף׃ 16 אוּנְד
אִיךְ הָאבּ אַנְדֶערֶע שָׁאף, וָואס זֶענֶען נִיט פוּן דִיזֶען שְׁטַאל,
אוֹיךְ דִיזֶע מוּס אִיךְ בְּרֶענְגֶען, אוּנְד זַייא וֶועלֶען מֵיין קוֹל
הֶערֶען, אוּנְד עֶס וֶועט זֵיין אֵיינֶע הֶערְדֶע אוּנְד אֵיין פַּאסְ־
טוּךְ׃ 17 דְרוּם לִיבְּט מִיךְ דֶער פָּאטֶער, וַוייל אִיךְ לֶעג אַנִידֶער
מֵיין לֶעבֶּען, אַז אִיךְ זָאל עֶס וִוידֶער דֶערְהַאלְטֶען׃
18 קֵיינֶער נֶעמְט עֶס נִיט פוּן מִיר, נֵייעֶרְט אִיךְ לֶעג עֶס אַנִי־
דֶער פוּן מִיר זֶעלְבְּסְט; אִיךְ הָאבּ מַאכְט עֶס אַנִידֶערְצוּ־
לֶעגֶען, אוּנְד אִיךְ הָאבּ מַאכְט עֶס וִוידֶער צוּ נֶעמֶען;
דִיזֶעס גֶעבָּאט הָאבּ אִיךְ בֶּעקוּמֶען פוּן מֵיין פָּאטֶער׃
19 עֶס אִיז וִוידֶער גֶעוֶועזֶען אַ קְרִיג צְוִוישֶׁען דִיא יוּדֶען אִיבֶּער
20 דִיזֶע וֶוערְטֶער׃ אוּנְד פִילֶע פוּן זַייא הָאבֶּען גֶעזָאגְט, עֶר הָאט
אַ שֵׁד אוּנְד אִיז מְשׁוּגָע; פַארְוָואס הֶערְט אִיהְר אִיהְם צוּ?
21 אַנְדֶערֶע הָאבֶּען גֶעזָאגְט, דִיזֶע רֶעדֶען זֶענֶען נִיט פוּן אֵיינֶעם
וָואס הָאט אַ שֵׁד; קֶען אַ שֵׁד אוֹיפְמַאכֶען דִיא אוֹיגֶען פוּן
אַ בְּלִינְדֶען?
22 עֶס אִיז גֶעוֶועזֶען חֲנוּכָּה אִין יְרוּשָׁלַיִם; אוּנְד עֶס אִיז גֶע־
23 וֶועזֶען וִוינְטֶער׃ אוּנְד יֵשׁוּעַ אִיז אַרוּמְגֶעגַאנְגֶען אִין בֵּית
24 הַמִּקְדָּשׁ אִין דֶעם פָּלִישׁ פוּן שְׁלֹמֹה׃ אַזוֹי הָאבֶּען אִיהְם דִיא
יוּדֶען אַרוּמְגֶערִינְגֶעלְט, אוּנְד הָאבֶּען צוּ אִיהְם גֶעזָאגְט, וִויא
לַאנְג וֶועסְט דוּא אוּנְס אִין סָפֵק הַאלְטֶען? וֶוען דוּא בִּיסְט
25 מָשִׁיחַ זָאג אוּנְס עֶפֶענְטְלִיךְ׃ יֵשׁוּעַ הָאט זַייא גֶעעֶנְטְפֶערְט,
אִיךְ הָאבּ צוּ אַייךְ גֶעזָאגְט, אוּנְד אִיהְר גְלוֹיבְּט נִיט; דִיא
וֶוערְק וָואס אִיךְ טְהוּא אִים נָאמֶען פוּן מֵיין פָּאטֶער, דִיזֶע
26 בֶּעצֵייגֶען אוֹיף מִיר׃ אָבֶּער אִיהְר גְלוֹיבְּט נִיט, וָוארִין
27 אִיהְר זֶענְט נִיט פוּן מֵיינֶע שָׁאף׃ מֵיינֶע שָׁאף הֶערֶען מַיין
קוֹל, אוּנְד אִיךְ קֶען זַייא, אוּנְד זַייא פָאלְגֶען מִיר נָאךְ׃
28 אוּנְד אִיךְ גִיבּ זַייא עֶבִּיגֶעס לֶעבֶּען אוּנְד זַייא וֶועלֶען קֵיינְ־
מָאל נִיט פֶערְלוֹירֶען וֶוערֶען, אוּנְד קֵיינֶער וֶועט זַייא נִיט
29 פוּן מֵיינֶע הַאנְד אוֹיסְרֵייסֶען׃ מֵיין פָּאטֶער וָואס הָאט זַייא
מִיר גֶעגֶעבֶּען אִיז גְרֶעסֶער וִויא אַלֶע, אוּנְד קֵיינֶער קָאן

30 פוּן דֶער הַאנְד פוּן דֶעם פָאטֶער אוֹיסְרַייסֶען. אִיךְ אוּנְד דֶער
31 פָאטֶער זֶענֶען אֵיינְס: דִיא יוּדֶען הָאבֶּען ווִידֶער אוֹיפְ־
גֶעהוֹיבֶּען שְׁטֵיינֶער אַז זֵייא זָאלֶען אוֹיף אִיהְם וַוארְפֶען:
32 יֵשׁוּעַ הָאט זֵייא גֶעעֶנְטפֶערְט, פִילֶע גוּטֶע ווֶערְק הָאבּ אִיךְ
אֵייךְ גֶעווִיזֶען פוּן דֶעם פָאטֶער; ווֶעגֶען ווֶעלְכֶע פוּן
33 דִיזֶע ווֶערְק פֶערְשְׁטֵיינִיגְט אִיהְר מִיךְ? דִיא יוּדֶען הָאבֶּען
אִיהְם גֶעעֶנְטְפֶערְט, מִיר פֶערְשְׁטֵיינִיגֶען דִיךְ נִיט פַאר אַ
גוּטֶעם ווֶערְק, נֵייעֶרְט פַאר אַ לֶעסְטֶערוּנְג, אוּנְד ווֵייל דוּא
34 בִּיסְט אַ מֶענְשׁ אוּנְד מַאכְסְט דִיךְ זֶעלְבּסְט אַ גָאט: יֵשׁוּעַ
הָאט זֵייא גֶעעֶנְטְפֶערְט, שְׁטֶעהְט עֶס נִיט גֶעשְׁרִיבֶּען אִין
35 אֵיירֶע תּוֹרָה, אִיךְ הָאבּ גֶעזָאגְט, אִיהְר זֶענְט גֶעטֶער? ווֶען
עֶר רוּפְט זֵייא גֶעטֶער צוּ ווֶעלְכֶע דָאס ווָארְט פוּן גָאט
אִיז גֶעקוּמֶען, אוּנְד דִיא שְׁרִיפְט קֶען נִיט צוּשְׁטֶערְט ווֶערֶען:
36 זָאגְט אִיהְר אוֹיף אִיהְם דֶעם דֶער פָאטֶער הָאט גֶעהֵיילִיגְט
אוּנְד אִין דֶער ווֶעלְט גֶעשִׁיקְט, דוּא לֶעסְטֶערְסְט, ווֵייל אִיךְ
37 הָאבּ גֶעזָאגְט, אִיךְ בִּין דֶער זוּהְן פוּן גָאט? ווֶען אִיךְ טְהוּא
38 נִיט דִיא ווֶערְק פוּן מֵיין פָאטֶער, גְלוֹיבְּט מִיר נִיט: אָבֶּער
ווֶען אִיךְ טְהוּא, ווֶען אַפִילוּ אִיהְר גְלוֹיבְּט מִיר נִיט, אַזוֹי
גְלוֹיבְּט דִיא ווֶערְק, כְּדֵי אִיהְר זָאלְט ווִיסֶען, אוּנְד זָאלְט
דֶערְקֶענֶען אַז דֶער פָאטֶער אִיז אִין מִיר, אוּנְד אִיךְ אִין
39 דֶעם פָאטֶער: אַזוֹי הָאבֶּען זֵייא אִיהְם ווִידֶער גֶעזוּכְט צוּ
נֶעמֶען; אָבֶּער עֶר אִיז פוּן זֵיירֶע הֶענְד אַרוֹיסְגֶעגַאנְגֶען:
40 אוּנְד עֶר אִיז ווִידֶער אַוֶועקְגֶעגַאנְגֶען צוּ דִיא אַנְדֶערֶע זַייט
יַרְדֵן, צוּ דֶעם אָרְט ווְאוּ יוֹחָנָן הָאט צוּעֶרְשְׁט גֶעטוֹבֵלְט,
41 אוּנְד עֶר אִיז דָארְט גֶעבְּלִיבֶּען: אוּנְד פִילֶע זֶענֶען צוּ אִיהְם
גֶעקוּמֶען אוּנְד הָאבֶּען גֶעזָאגְט, יוֹחָנָן הָאט קֵיין ווְאוּנְדֶער
נִיט גֶעטְהוּן, אָבֶּער אַלֶעס ווָאס יוֹחָנָן הָאט פוּן אִיהְם גֶע־
42 זָאגְט אִיז ווָאהְר: אוּנְד פִילֶע הָאבֶּען דָארְט אָן אִיהְם
גֶעגְלוֹיבְּט:

קאפיטעל יא

1 אוּנְד עֶס אִיז גֶעווֶעזֶען אַ גֶעווִיסֶער קְרַאנְקֶער, אֶלְעָזָר פוּן
בֵּית־הִינִי, פוּן דֶעם דָארְף פוּן מִרְיָם אוּנְד אִיהְרֶע שְׁווֶעסְ־
2 טֶער מַרְתָּא: עֶס אִיז גֶעווֶעזֶען מִרְיָם ווָאס הָאט דֶעם הַאר
מִיט מֹר גֶעזַאלְבְּט, אוּנְד הָאט אָפְּגֶעווִישְׁט זֵיינֶע פִים מִיט

אִיהְרֶע הָאר, וָואס אִיהְר בְּרוּדֶער אֶלְעָזָר אִיז קְרַאנְק גֶע־
וָועזֶען: דְרוּם הָאבֶּען דִיא שְׁוֶועסְטֶער צוּ אִיהְם גֶעשִׁיקְט 3
אוּנְד גֶעזָאגְט, הַאר, זֶעה, דֶער וָועמֶען דוּא לִיבְּסְט אִיז
קְרַאנְק: וִויא יֵשׁוּעַ הָאט דָאס גֶעהֶערְט, הָאט עֶר גֶעזָאגְט, 4
דִיזֶע קְרַאנְקְהַייט אִיז נִיט צוּם טוֹיט, נֵייעֶרְט צוּ דֶעם כָּבוֹד
פוּן גָאט, כְּדֵי דֶער זוּהְן פוּן גָאט זָאל דוּרְךְ דֶעם פֶערְ־
הֶערְלִיכְט וֶוערֶען: אוּנְד יֵשׁוּעַ הָאט גֶעלִיבְּט מַרְתָּא אוּנְד 5
אִיהְרֶע שְׁוֶועסְטֶער, אוּנְד אֶלְעָזָר: דְרוּם וֶוען עֶר הָאט גֶע־ 6
הֶערְט אַז עֶר אִיז קְרַאנְק אִיז עֶר גֶעבְּלִיבֶּען צְוַויא טֶעג
אִין דֶעם אָרְט וְואוּ עֶר אִיז גֶעוֶועזֶען: דֶערְנָאךְ הָאט עֶר 7
צוּ זַיינֶע תַּלְמִידִים גֶעזָאגְט, לָאזֶען מִיר וִוידֶערְגֶעהֶען קַיין
יְהוּדָה: דִיא תַּלְמִידִים הָאבֶּען צוּ אִיהְם גֶעזָאגְט, רַבִּי, דִיא 8
יוּדֶען הָאבֶּען דִיךְ עֶרְשְׁט גֶעזוּכְט צוּ פֶערְשְׁטֵיינִיגֶען, אוּנְד
גֶעהְסְט דוּא וִוידֶער אַהִין? יֵשׁוּעַ הָאט גֶעעֶנְטְפֶערְט, זֶענֶען 9
נִיט צְוֶועלְף שָׁעָה אִין דֶעם טָאג? וֶוען אֵיינֶער גֶעהְט אַרוּם
בֵּייא טָאג אַזוֹי שְׁטְרוֹיכֶעלְט עֶר זִיךְ נִיט, וָוארִין עֶר
זֶעהְט דָאס לִיכְט פוּן דִיזֶער וֶועלְט: אָבֶּער וֶוער עֶס גֶעהְט 10
אַרוּם בֵּייא נַאכְט, שְׁטְרוֹיכֶעלְט זִיךְ, וֵוייל עֶס אִיז קֵיין לִיכְט
נִיט אִין אִיהְם: דִיזֶע וֶוערְטֶער הָאט עֶר גֶעזָאגְט, אוּנְד 11
דֶערְנָאךְ הָאט עֶר צוּ זֵייא גֶעזָאגְט, אוּנְזֶער פְרֵיינְד אֶלְעָזָר
שְׁלָאפְט; אָבֶּער אִיךְ גֶעה אַז אִיךְ זָאל אִיהְם אוֹיפְוֶועקֶען:
אַזוֹי הָאבֶּען דִיא תַּלְמִידִים צוּ אִיהְם גֶעזָאגְט, הַאר וֶוען עֶר 12
שְׁלָאפְט וֶועט עֶר גֶעזוּנְד וֶוערֶען: אָבֶּער יֵשׁוּעַ הָאט גֶע־ 13
רֶעט פוּן זַיין טוֹיט, דָאךְ הָאבֶּען זֵייא גֶעמֵיינְט אַז עֶר רֶעט
פוּן זַיין רוּהֶען אִין שְׁלָאף: דַאן הָאט יֵשׁוּעַ עֶפֶענְטְלִיךְ צוּ 14
זֵייא גֶעזָאגְט, אֶלְעָזָר אִיז גֶעשְׁטָארְבֶּען: אוּנְד אִיךְ 15
פְרֵייעֶ מִיךְ פוּן אֵיירֶעט וֶועגֶען, אַז אִיךְ בִּין נִיט דָארְט גֶע־
וֶועזֶען, אַז אִיהְר זָאלְט גְלוֹיבֶּען, אָבֶּער לָאזֶען מִיר צוּ
אִיהְם גֶעהֶען: אַזוֹי הָאט תּוֹמָא, וָואס אִיז גֶערוּפֶען דִידוּמוּס, 16
צוּ זַיינֶע מִיטְ־תַּלְמִידִים גֶעזָאגְט, לָאזֶען מִיר אוֹיךְ גֶעהֶען,
אַז מִיר זָאלֶען מִיט אִיהְם שְׁטַארְבֶּען:
דְרוּם וֶוען יֵשׁוּעַ אִיז גֶעקוּמֶען הָאט עֶר גֶעפוּנֶען אַז עֶר אִיז 17
שׁוֹין גֶעוֶועזֶען פִיעֶר טֶעג אִים קֵבֶר: אוּנְד בֵּית־הִינִי אִיז 18
נָאהֶענְט גֶעוֶועזֶען צוּ יְרוּשָׁלַיִם, קֶענֶען פוּפְצֶען אַקֶער פֶעלְד

19 וֵויט: אוּנְד פִילֶע פוּן דִיא יוּדֶען זֶענֶען גֶעקוּמֶען צוּ מַרְתָּא
אוּנְד מִרְיָם, אַז זֵייא זָאלֶען זֵייא טְרֵייסְטֶען וֶועגֶען זֵייעֶר
20 בְּרוּדֶער: אוּנְד וֶוען מַרְתָּא הָאט גֶעהֶערְט אַז יֵשׁוּעַ קוּמְט,
אִיז זִיא אִיהְם אַנְטְקֶעגֶען גֶעגַאנְגֶען; אָבֶּער מִרְיָם אִיז אִין
21 הוֹיז גֶעזֶעסֶען: אַזוֹי הָאט מַרְתָּא גֶעזָאגְט צוּ יֵשׁוּעַ, הַאר,
וֶוען דוּא וָואלְסְט דָא גֶעוֶועזֶען, אַזוֹי וָואלְט מֵיין בְּרוּדֶער
22 נִיט גֶעשְׁטָארְבֶּען: אוּנְד אִיךְ וֵוייס אַז אַפִילוּ אַצוּנְד, וָואס
23 דוּא וֶועסְט בֶּעטֶען פוּן גָאט, וֶועט דִיר גָאט גֶעבֶּען: יֵשׁוּעַ
הָאט צוּ אִיהְר גֶעזָאגְט, דֵיין בְּרוּדֶער וֶועט אוֹיפְשְׁטֶעהֶען:
24 מַרְתָּא הָאט צוּ אִיהְם גֶעזָאגְט, אִיךְ וֵוייס אַז עֶר וֶועט אוֹיפְ־
שְׁטֶעהֶען אִין דֶער אוֹיפְעֶרְשְׁטֶעהוּנְג אִין דֶעם לֶעצְטֶען טָאג:
25 יֵשׁוּעַ הָאט צוּ אִיהְר גֶעזָאגְט אִיךְ בִּין דִיא אוֹיפְעֶרְשְׁטֶעהוּנְג
אוּנְד דָאס לֶעבֶּען: וֶוער עֶס גְלוֹיבְּט אָן מִיר, וֶוען עֶר אִיז
26 אוֹיךְ גֶעשְׁטָארְבֶּען, אַזוֹי וֶועט עֶר דָאךְ לֶעבֶּען: אוּנְד דֶער
וֶוער עֶס לֶעבְּט אוּנְד גְלוֹיבְּט אָן מִיר, וֶועט אוֹיף עֶבִּיג נִיט
27 שְׁטַארְבֶּען, גְלוֹיבְּסְט דוּא דָאס? זִיא הָאט צוּ אִיהְם גֶעזָאגְט,
יָא הַאר, אִיךְ גְלוֹיבּ אַז דוּא בִּיסְט דֶער מָשִׁיחַ, דֶער זוּהְן
28 פוּן גָאט וָואס קוּמְט אִין דֶער וֶועלְט: אוּנְד וֶוען זִיא הָאט
דָאס גֶעזָאגְט, אִיז זִיא אַוֶועקְגֶעגַאנְגֶען אוּנְד הָאט גֶערוּפֶען
אִיהְרֶע שְׁוֶועסְטֶער מִרְיָם שְׁטִילֶערְהֵייט, אוּנְד הָאט גֶעזָאגְט,
29 דֶער לֶעהְרֶער אִיז דָא אוּנְד עֶר רוּפְט דִיךְ: אוּנְד וֶוען זִיא
הָאט דָאס גֶעהֶערְט אִיז זִיא גֶעשְׁווִינְד אוֹיפְגֶעשְׁטַאנֶען, אוּנְד
30 אִיז צוּ אִיהְם גֶעקוּמֶען: אוּנְד יֵשׁוּעַ אִיז נָאךְ נִיט אִים דָארְף
אַרֵיינְגֶעקוּמֶען, נֵייעֶרְט אִיז גֶעוֶועזֶען אִין דֶעם אָרְט וְואוּ
מַרְתָּא הָאט אִיהְם גֶעטְרָאפֶען:
31 דְרוּם דִיא יוּדֶען, וָואס זֶענֶען מִיט אִיהְר אִים הוֹיז גֶעוֶועזֶען
אוּנְד הָאבֶּען זִיא גֶעטְרֵייסְט, וֶוען זֵייא הָאבֶּען גֶעזֶעהֶען אַז
מִרְיָם אִיז פְלִיצְלִינְג אוֹיפְגֶעשְׁטַאנֶען אוּנְד אִיז אַוֶועקְגֶע־
גַאנְגֶען, זֶענֶען זֵייא אִיהְר נָאכְגֶעגַאנְגֶען, אוּנְד הָאבֶּען
גֶעזָאגְט, זִיא גֶעהְט אַוֶועק צוּם קֶבֶר, אַז זִיא זָאל דָארְט
32 וֵויינֶען: דְרוּם וֶוען מִרְיָם אִיז אַהִין גֶעקוּמֶען וְואוּ יֵשׁוּעַ אִיז
גֶעוֶועזֶען, אוּנְד הָאט אִיהְם גֶעזֶעהֶען, אִיז זִיא אִיהְם צוּ דִיא
פִים גֶעפַאלֶען אוּנְד הָאט צוּ אִיהְם גֶעזָאגְט, הַאר, וֶוען דוּא
וָואלְסְט דָא גֶעוֶועזֶען, אַזוֹי וָואלְט מֵיין בְּרוּדֶער נִיט גֶע־

33 שְׁטָארְבֶּען: דְרוּם וֶוען יֵשׁוּעַ הָאט גֶעזֶעהֶען אַז זִיא הָאט
גֶעוַויינְט, אוּנְד אַז דִיא יוּדֶען וָואס זֶענֶען מִיט אִיהְר הָאבֶּען
גֶעוַויינְט, הָאט עֶר גֶעזִיפְצְט אִים גֵייסְט, אוּנְד הָאט זִיךְ
34 מְצַעַר גֶעוֶועזֶען: אוּנְד עֶר הָאט גֶעזָאגְט, וְואוּ הָאט אִיהְר
אִיהְם גֶעלֶעגְט? זַייא הָאבֶּען צוּ אִיהְם גֶעזָאגְט, הַאר, קוּם
35 אוּנְד זֶעה: יֵשׁוּעַ הָאט גֶעוַויינְט: אַזוֹי הָאבֶּען דִיא יוּדֶען
36 גֶעזָאגְט, זֶעהְט וְוִיא עֶר הָאט אִיהְם גֶעלִיבְּט: אוּנְד עֶטְלִיכֶע
37 פוּן זַייא הָאבֶּען גֶעזָאגְט, דֶער וָואס הָאט דִיא אוֹיגֶען פוּן
דֶעם בְּלִינְדֶען אוֹיפְגֶעמַאכְט, וָואלְט עֶר נִיט גֶעקָאנְט מַאכֶען
38 אַז אוֹיךְ דִיזֶער זָאל נִיט שְׁטַארְבֶּען? אַזוֹי הָאט יֵשׁוּעַ וִוידֶער
אִין זִיךְ גֶעזִיפְצְט, אוּנְד אִיז גֶעקוּמֶען צוּם קֶבֶר, אוּנְד עֶס
אִיז גֶעוֶועזֶען אַ הֶעלֶע, אוּנְד אַ שְׁטֵיין אִיז דְרוֹיף גֶעלֶעגֶען:
39 יֵשׁוּעַ הָאט גֶעזָאגְט, נֶעמְט אַוֶועק דֶעם שְׁטֵיין. מַרְתָּא דִיא
שְׁוֶועסְטֶער פוּן דֶעם טוֹיטֶען, הָאט צוּ אִיהְם גֶעזָאגְט, הַאר,
40 עֶר שְׁטִינְקְט שׁוֹין, וָוארִין עֶר אִיז פִיעֶר טֶעג טוֹיט: יֵשׁוּעַ
הָאט צוּ אִיהְר גֶעזָאגְט, הָאבּ אִיךְ דִיר נִיט גֶעזָאגְט, וֶוען
דוּא וֶועסְט גְלוֹיבֶּען אַזוֹי וֶועסְט דוּא זֶעהֶען דִיא הֶערְלִיכְ־
41 קַייט פוּן גָאט: אַזוֹי הָאבֶּען זַייא דֶעם שְׁטֵיין אַוֶועקְגֶענוּמֶען,
אוּנְד יֵשׁוּעַ הָאט זַיינֶע אוֹיגֶען אוֹיפְגֶעהוֹיבֶּען אוּנְד הָאט
גֶעזָאגְט, פָאטֶער אִיךְ דַאנְק דִיר אַז דוּא הָאסְט מִיךְ גֶע־
42 הֶערְט: אִיךְ הָאבּ גֶעוְואוּסְט אַז דוּא הֶערְסְט מִיךְ בֶּעשְׁטֶענְדִיג,
אָבֶּער וֶועגֶען דֶעם פָאלְק וָואס שְׁטֶעהְט אַרוּם הָאבּ אִיךְ דָאס
גֶעזָאגְט, אַז זַייא זָאלֶען גְלוֹיבֶּען אַז דוּא הָאסְט מִיךְ גֶע־
43 שִׁיקְט: אוּנְד וֶוען עֶר הָאט דָאס גֶעזָאגְט, הָאט עֶר גֶעשְׁרִיעֶן
44 מִיט אַ הוֹיךְ קוֹל, אֶלְעָזָר, קוּם אַרוֹיס: אוּנְד דֶער טוֹיטֶער
אִיז אַרוֹיסְגֶעקוּמֶען, גֶעבּוּנְדֶען פִים אוּנְד הֶענְד מִיט דִיא
תַּכְרִיכִין, אוּנְד זַיין פָּנִים אִיז פֶערְבּוּנְדֶען גֶעוֶועזֶען מִיט אַ
טִיכֶעל. יֵשׁוּעַ הָאט צוּ זַייא גֶעזָאגְט, בִּינְדֶעט אִיהְם אוֹיף,
אוּנְד לָאזְט אִיהְם גֶעהֶען:
45 דְרוּם פִילֶע יוּדֶען וָואס זֶענֶען גֶעקוּמֶען צוּ מִרְיָם, אוּנְד
הָאבֶּען גֶעזֶעהֶען וָואס יֵשׁוּעַ הָאט גֶעטְהוּן, הָאבֶּען אָן אִיהְם
46 גֶעגְלוֹיבְּט: אָבֶּער עֶטְלִיכֶע פוּן זַייא זֶענֶען אַוֶועקְגֶעגַאנְגֶען
צוּ דִיא פְּרוּשִׁים, אוּנְד הָאבֶּען זַייא דֶערְצֶעהְלְט וָואס יֵשׁוּעַ
הָאט גֶעטְהוּן:

47 אַזוֹי הָאבֶּען דִיא עֶרְשְׁטֶע כֹּהֲנִים אוּנְד דִיא פְּרוּשִׁים פֶערְ־
זַאמֶעלְט דִיא סַנְהֶדְרִין, אוּנְד הָאבֶּען גֶעזָאגְט, וָואס זָאלֶען מִיר
48 טְהוּן, וָוארִין דִיזֶער מַאן טְהוּט פִיל צֵייכֶען? וָוען מִיר וֶועט־
לֶען אִיהְם אַזוֹי לָאזֶען, וֶועלֶען אַלֶע אָן אִיהְם גְלוֹיבֶּען;
אוּנְד דִיא רוֹימֶער וֶועלֶען קוּמֶען, אוּנְד וֶועלֶען אַוֶועקְנֶעמֶען
49 אוּנְזֶער אָרְט אוּנְד אוּנְזֶער פָאלְק: אוּנְד אֵיינֶער פוּן זֵייא
וָואס הָאט גֶעהֵייסֶען קַיָפָא, וֶועלְכֶער אִיז גֶעוֶועזֶען דֶער
כֹּהֵן גָדוֹל אִין יֶענֶעם יָאהְר, הָאט צוּ זֵייא גֶעזָאגְט, אִיהְר
50 וֵוייסְט גָארְנִיט: אוּנְד אִיהְר בֶּעטְרַאכְט נִיט אַז עֶס אִיז גוּט
פַאר אוּנְס אַז אֵיין מֶענְשׁ זָאל שְׁטַארְבֶּען פַאר דֶעם פָאלְק,
אוּנְד אַז דָאס גַאנְצֶע פָאלְק זָאל נִיט פֶערְלוֹירֶען וֶוערֶען:
51 אוּנְד דָאס הָאט עֶר נִיט גֶעזָאגְט פוּן זִיךְ זֶעלְבְּסְט, נֵייעֶרְט
וֵויל עֶר אִיז גֶעוֶועזֶען דֶער כֹּהֵן גָדוֹל אִין יֶענֶעם יָאהְר,
הָאט עֶר נְבִיאוּת גֶעזָאגְט אַז יֵשׁוּעַ וֶועט פַאר דֶעם פָאלְק
52 שְׁטַארְבֶּען: אוּנְד נִיט פַאר דֶעם פָאלְק אַלֵיין נֵייעֶרְט אַז
עֶר זָאל אִין אֵיינֶעם אֵיינְזַאמְלֶען דִיא קִינְדֶער פוּן גָאט וָואס
53 זֶענֶען צוּשְׁפְּרֵייט: אַזוֹי הָאבֶּען זֵייא פוּן דֶעם טָאג אָן
אֵיינֶע עֵצָה גֶעהַאלְטֶען אַז זֵייא זָאלֶען אִיהְם טֵייטֶען:
54 דְרוּם אִיז יֵשׁוּעַ נִיט מֶעהְר עֶפֶענְטְלִיךְ אַרוּמְגֶעגַאנְגֶען
צְווִישֶׁען דִיא יוּדֶען, נֵייעֶרְט אִיז פוּן דָארְטֶען אַוֶועקְגֶע־
גַאנְגֶען צוּ אֵיין אָרְט נָאהֶענְט פוּן דֶער מִדְבָּר, צוּ אַ שְׁטָאט
וָואס הֵייסְט אֶפְרַיִם; אוּנְד עֶר הָאט זִיךְ דָארְט אוֹיפְגֶעהַאלְטֶען
55 מִיט דִיא תַּלְמִידִים: אוּנְד עֶס אִיז נָאהֶענְט גֶעוֶועזֶען צוּם
יוּדִישֶׁען חַג הַפֶּסַח, אוּנְד פִילֶע זֶענֶען אַרוֹיפְגֶעגַאנְגֶען פוּן
דֶעם לַאנְד קַיין יְרוּשָׁלַיִם אוֹיף פֶּסַח, כְּדֵי זֵייא זָאלֶען זִיךְ
56 רֵיינִיגֶען: אַזוֹי הָאבֶּען זֵייא גֶעזוּכְט יֵשׁוּעַ, אוּנְד הָאבֶּען
צְווִישֶׁען זִיךְ גֶערֶעט וָוען זֵייא זֶענֶען גֶעשְׁטַאנֶען אִין בֵּית
הַמִּקְדָּשׁ, וָואס דֶענְקְט אִיהְר? אַז עֶר וֶועט נִיט קוּמֶען צוּם
57 יוֹם טוֹב? אוּנְד דִיא עֶרְשְׁטֶע כֹּהֲנִים אוּנְד דִיא פְּרוּשִׁים
הָאבֶּען אוֹיסְגֶעגֶעבֶּען אַ גֶעבָּאט, אַז וָוען אִימֶעצֶער וֶועט
ווִיסֶען ווָאוּ עֶר אִיז, זָאל עֶר עֶס אָנְזָאגֶען, כְּדֵי זֵייא זָאלֶען
אִיהְם נֶעמֶען:

קאפיטעל יב

1 דְרוּם זֶעקְס טֶעג פַאר דֶעם פֶּסַח, אִיז יֵשׁוּעַ גֶעקוּמֶען קַיין

בֵּית־הִינִי, וְואוּ אֶלְעָזָר דֶער גֶעשְׁטָארְבֶּענֶער אִיז גֶעוֶועזֶען,
וֶועלְכֶען יֵשׁוּעַ הָאט פוּן דֶעם טוֹיט אוֹיפְגֶעוֶועקְט: אוּנְד 2
זַייא הָאבֶּען אִיהְם דָארְט אַיין אָבֶּענְדְמָאהְל גֶעמַאכְט, אוּנְד
מַרְתָּא הָאט בֶּעדִינְט; אָבֶּער אֶלְעָזָר אִיז גֶעוֶועזֶען אַיינֶער
פוּן דִיא וָואס זֶענֶען מִיט אִיהְם בַּיים טִישׁ גֶעזֶעסֶען: אַזוֹי 3
הָאט מִרְיָם גֶענוּמֶען אַ פוּנְט פוּן טַייעֶרֶען מֹר נֵרְדְ, אוּנְד
הָאט גֶעזַאלְבְּט דִיא פִּיס פוּן יֵשׁוּעַ, אוּנְד הָאט זַיינֶע פִּיס
אָבְּגֶעוִוישְׁט מִיט אִיהְרֶע הָאר; אוּנְד דָאס הוֹיז אִיז פִיל גֶע־
וֶועזֶען מִיט דֶעם רֵיחַ פוּן דֶעם מֹר: אוּנְד אַיינֶער פוּן זַיינֶע 4
תַּלְמִידִים יְהוּדָה אִישׁ קְרִיוֹת, וָואס הָאט אִיהְם גֶעזָאלְט
אִיבֶּערְגֶעבֶּען, הָאט גֶעזָאגְט: וָוארוּם אִיז נִיט דִיזֶעם מֹר 5
פֶערְקוֹיפְט גֶעוָוארֶען פַאר דְרַייא הוּנְדֶערְט גִילְדֶען, אוּנְד
צוּ דִיא אָרֶעמֶע לַייט גֶעגֶעבֶּען: אוּנְד דָאס הָאט עֶר 6
גֶעזָאגְט, נִיט וַוייל עֶר הָאט פַאר דִיא אָרֶעמֶע לַייט גֶעזָארְגְט,
נֵייעֶרְט וַוייל עֶר אִיז גֶעוֶועזֶען אַ גַּנָּב, אוּנְד הָאט דֶעם בַּיי־
טֶעל גֶעהַאט, אוּנְד הָאט גֶעטְרָאגֶען וָואס אִיז דְרִינֶען
אַרַיינְגֶעוָוארְפֶען גֶעוָוארֶען: דְרוּם הָאט יֵשׁוּעַ גֶעזָאגְט, לָאז 7
זִיא, זִיא הָאט עֶס בֶּעהַאלְטֶען צוּם טָאג פוּן מֵיינֶע קְבוּרָה;
וָוארִין דִיא אָרֶעמֶע לַייט הָאט אִיהְר בֶּעשְׁטֶענְדִיג מִיט אַייךְ, 8
אָבֶּער מִיךְ הָאט אִיהְר נִיט בֶּעשְׁטֶענְדִיג:
פִיל לַייט פוּן דִיא יוּדֶען הָאבֶּען גֶעוְואוּסְט אַז עֶר אִיז דָארְט, 9
אוּנְד זַייא זֶענֶען גֶעקוּמֶען, נִיט וֶועגֶען יֵשׁוּעַ אַלֵיין, נֵייעֶרְט
אַז זַייא זָאלֶען אוֹיךְ אֶלְעָזָר זֶעהֶען וֶועלְכֶען עֶר הָאט פוּן
דֶעם טוֹיט אוֹיפְגֶעוֶועקְט: אָבֶּער דִיא עֶרְשְׁטֶע כֹּהֲנִים הָאבֶּען 10
אַיינֶע עֵצָה גֶעהַאלְטֶען אַז זַייא זָאלֶען אֶלְעָזָר אוֹיךְ הַרְגֶע־
נֶען: וָוארִין פִילֶע פוּן דִיא יוּדֶען זֶענֶען דוּרְךְ אִיהְם אִיבֶּערְ־
גֶעגַאנְגֶען, אוּנְד הָאבֶּען אָן יֵשׁוּעַ גֶעגְלוֹיבְּט:
דֶעם אַנְדֶערֶען טָאג וֶוען פִיל לַייט וָואס זֶענֶען גֶעקוּמֶען צוּם 12
יוֹם טוֹב, הָאבֶּען גֶעהֶערְט אַז יֵשׁוּעַ קוּמְט קַיין יְרוּשָׁלַיִם:
הָאבֶּען זַייא גֶענוּמֶען דִיא צְוַוייגֶען פוּן טֵייטֶעלְבּוֹימֶער, 13
אוּנְד זֶענֶען אִיהְם אַנְטְגֶעגֶען גֶעגַאנְגֶען, אוּנְד הָאבֶּען
גֶעשְׁרִיעֶן,

הוֹשַׁעְנָא, גֶעלוֹיבְּט אִיז דֶער וֶועלְכֶער קוּמְט אִין דֶעם
נָאמֶען פוּן דֶעם הַאר, דֶער מֶלֶךְ פוּן יִשְׂרָאֵל: תהלים קי"ח.

14 אוּנְד יֵשׁוּעַ וָוען עֶר הָאט גֶעפוּנֶען אַ יוּנְגֶעס עֶזֶעלֶע, הָאט
זִיךְ דְרוֹיף גֶעזֶעצְט, אַזוֹיא וִויא עֶס שְׁטֶעהְט גֶעשְׁרִיבֶּען:
15 פָארְכְט דִיךְ נִיט דוּא טָאכְטֶער פוּן צִיוֹן, זֶעה, דֵיין קֶענִיג
קוּמְט, רֵייטֶענְדִיג אוֹיףְ אַ פִילְכֶען פוּן אַן עֶזֶעל: זכריה י״ב
16 זֵיינֶע תַּלְמִידִים הָאבֶּען עֶס צוּעֶרְשְׁט נִיט פֶערְשְׁטַאנֶען.
נֵייעֶרְט וָוען יֵשׁוּעַ אִיז פֶערְהֶערְלִיכְט גֶעוָוארֶען, דַאן הָאבֶּען
זֵייא גֶעדֶענְקְט, אַז דִיזֶע זַאכֶען זֶענֶען וָועגֶען אִיהְם גֶעשְׁרִיבֶּען
17 אוּנְד אַז זֵייא הָאבֶּען דָאס צוּ אִיהְם גֶעטְהוּן: דְרוּם דִיא
לֵייט וָואס זֶענֶען מִיט אִיהְם גֶעוֶועזֶען וָוען עֶר הָאט אֶלְעָזָר
אַרוֹיסְגֶערוּפֶען פוּן דֶעם קֶבֶר, אוּנְד הָאט אִיהְם אוֹיפְגֶעוֶועקְט
18 פוּן דִיא טוֹיטֶע: דֶעסְטְוֶועגֶען זֶענֶען אִיהְם דִיא לֵייט אַנְטְ־
קֶעגֶען גֶעקוּמֶען, וָוייל זֵייא הָאבֶּען גֶעהֶערְט אַז עֶר הָאט
19 דִיזֶעס צֵייכֶען גֶעטְהוּן: אַזוֹי הָאבֶּען דִיא פְּרוּשִׁים אֵיינֶער
צוּם אַנְדֶערֶען גֶעזָאגְט, זֶעהְט אִיהְר, אַז עֶס נוּצְט גָארְנִיט;
דִיא וֶועלְט גֶעהְט אִיהְם נָאךְ:
20 אוּנְד עֶס זֶענֶען גֶעוֶועזֶען עֶטְלִיכֶע גְרִיכֶען צְוִוישֶׁען דִיא
וָואס זֶענֶען אַרוֹיפְגֶעגַאנְגֶען אוֹיףְ דֶעם יוֹם טוֹב צוּ בֶּעטֶען:
21 אַזוֹי זֶענֶען דִיזֶע גֶעקוּמֶען צוּ פִילִיפּוּס אוּיס בֵּית־צַיְדָה אִין
גָלִיל, אוּנְד הָאבֶּען אִיהְם גֶעפְרֶעגְט אוּנְד גֶעזָאגְט, הַאר,
22 מִיר ווִילֶען יֵשׁוּעַ זֶעהֶען: פִילִיפּוּס אִיז גֶעקוּמֶען אוּנְד הָאט
עֶס גֶעזָאגְט צוּ אַנְדְרַי; אַנְדְרַי אוּנְד פִילִיפּוּס זֶענֶען גֶע־
23 קוּמֶען אוּנְד הָאבֶּען עֶס גֶעזָאגְט צוּ יֵשׁוּעַ: אוּנְד יֵשׁוּעַ הָאט
זֵייא גֶעעֶנְטְפֶערְט אוּנְד גֶעזָאגְט, דִיא שָׁעָה אִיז גֶעקוּמֶען
24 אַז דֶער בֶּן אָדָם זָאל פֶערְהֶערְלִיכְט וֶוערֶען: בֶּאֱמֶת, בֶּאֱמֶת
זָאג אִיךְ אֵייךְ, וָוען דָאס קֶערֶענְדֶעל פוּן וַוייץ פַאלְט נִיט
אִין דֶער עֶרְד אוּנְד שְׁטַארְבְּט, בְּלֵייבְּט עֶס אַלֵיין; אָבֶּער
25 וָוען עֶס שְׁטַארְבְּט, אַזוֹי טְרָאגְט עֶס פִיל פְּרוּכְט: וָוער עֶס
לִיבְּט זֵיין לֶעבֶּען פֶערְלִירְט עֶס; אוּנְד וָוער עֶס הַאסְט זֵיין
לֶעבֶּען אִין דִיזֶער וֶועלְט, דֶער וָועט עֶס דֶערְהַאלְטֶען צוּם
26 עֶבִּיגֶען לֶעבֶּען: וָוען אֵיינֶער ווִיל מִיר דִינֶען, לָאז עֶר מִיר
נָאכְפָאלְגֶען, אוּנְד וְואוּ אִיךְ בִּין, דָארְט וָועט מֵיין דִינֶער
אוֹיךְ זֵיין; וָוער עֶס ווִיל מִיר דִינֶען דֶעם וָועט מֵיין פָאטֶער
27 עֶהְרֶען: אַצוּנְד אִיז מֵיינֶע זֶעעֶלֶע בֶּעטְרִיבְּט גֶעוָוארֶען,
אוּנְד וָואס זָאל אִיךְ זָאגֶען, פָאטֶער, זֵייא מִיךְ מַצִיל פוּן

דִּיזֶער שָׁעָה; אָבֶּער דֶעסְטְוֶעגֶען בִּין אִיךְ צוּ דִיזֶער שָׁעָה
28 גֶעקוּמֶען: פָאטֶער פֶערְהֶערְלִיךְ דֵיין נָאמֶען. אַזוֹי אִיז אַ
קוֹל פוּן הִימֶעל גֶעקוּמֶען, אִיךְ הָאבּ עֶס אוֹיךְ פֶערְהֶערְלִיכְט,
29 אוּנְד אִיךְ וֶועל עֶס ווִידֶער פֶערְהֶערְלִיכֶען: דְרוּם דִיא לֵייט
וָואס זֶענֶען גֶעשְׁטַאנֶען אוּנְד הָאבֶּען עֶס גֶעהֶערְט, הָאבֶּען
גֶעזָאגְט, אַז עֶס אִיז גֶעוֶועזֶען אַ דוּנֶער; אַנְדֶערֶע הָאבֶּען
30 גֶעזָאגְט אַז אַ מַלְאָךְ הָאט צוּ אִיהְם גֶערֶעט: יֵשׁוּעַ הָאט
גֶעעֶנְטְפֶערְט אוּנְד גֶעזָאגְט, דָאס קוֹל אִיז נִיט גֶעוֶועזֶען פוּן
31 מֵיינֶעט וֶועגֶען: אַצוּנְד אִיז דָאס גֶערִיכְט פוּן דִיזֶער וֶועלְט;
אַצוּנְד וֶוערְט דֶער פִירְשְׁט פוּן דִיזֶער וֶועלְט דְרוֹיסֶען
32 אַרוֹיסְגֶעוָוארְפֶען: אוּנְד אִיךְ, וֶוען אִיךְ וֶועל אוֹיפְגֶעהוֹיבֶּען
וֶוערֶען פוּן דֶער עֶרְד, וֶועל אִיךְ אַלֶע מֶענְשֶׁען צוּ מִיר
33 צִיהֶען: דָאס הָאט עֶר גֶעזָאגְט צוּ בֶּעדֵייטֶען מִיט וָואס
34 פַאר אַ טוֹיט עֶר וֶועט שְׁטַארְבֶּען: דְרוּם הָאבֶּען אִיהְם דִיא
לֵייט גֶעעֶנְטְפֶערְט, מִיר הָאבֶּען גֶעהֶערְט פוּן דֶער תּוֹרָה, אַז
דֶער מָשִׁיחַ וֶועט עֶבִּיג בְּלֵייבֶּען, אוּנְד ווִיא אַזוֹי זָאגְסְט דוּא
אַז דֶער בֶּן אָדָם מוּז אוֹיפְגֶעהוֹיבֶּען וֶוערֶען? וֶוער אִיז
35 דִיזֶער בֶּן אָדָם? אַזוֹי הָאט יֵשׁוּעַ צוּ זֵייא גֶעזָאגְט, נָאךְ
אַ קוּרְצֶע צֵייט אִיז דָאס לִיכְט בֵּייא אֵייךְ; גֶעהְט
אַרוּם בְּשַׁעַת אִיהְר הָאט דָאס לִיכְט, כְּדֵי דִיא פִינְסְטֶערְנִיס
זָאל אֵייךְ נִיט אִיבֶּערְפַאלֶען; וָוארִין דֶער וָואס גֶעהְט אַרוּם
אִין דֶער פִינְסְטֶערְנִיס ווֵייסְט נִיט וְואוּ אַהִין עֶר גֶעהְט:
36 בְּשַׁעַת אִיהְר הָאט דָאס לִיכְט גְלוֹיבְּט אָן דֶעם לִיכְט, אַז
אִיהְר זָאלְט וֶוערֶען קִינְדֶער פוּן לִיכְט:
דָאס הָאט יֵשׁוּעַ גֶעזָאגְט, אוּנְד אִיז אַוֶועקְגֶעגַאנְגֶען אוּנְד
37 הָאט זִיךְ פוּן זֵייא פֶערְבָּארְגֶען: אָבֶּער חָאטְשֶׁע עֶר הָאט
אַזוֹי פִיל צֵייכֶען פָאר זֵייא גֶעטְהוּן, הָאבֶּען זֵייא דָאךְ נִיט
38 אָן אִיהְם גֶעגְלוֹיבְּט; כְּדֵי דָאס וָוארְט פוּן יְשַׁעְיָה הַנָּבִיא
זָאל מְקוּיָם וֶוערֶען, וָואס עֶר הָאט גֶעזָאגְט, הַאר, וֶוער הָאט
גֶעגְלוֹיבְּט אוּנְזֶער בֶּערִיכְט? אוּנְד צוּ וֶועמֶען אִיז דֶער
39 אָרֶעם פוּן דֶעם הַאר אַנְטְפְּלֶעקְט גֶעוָוארֶען? דֶעסְטְוֶועגֶען
הָאבֶּען זֵייא נִיט גֶעקֶענְט גְלוֹיבֶּען, וָוארִין יְשַׁעְיָה הָאט ווִידֶער
40 גֶעזָאגְט; עֶר הָאט זֵיירֶע אוֹיגֶען בְּלִינְד גֶעמַאכְט, אוּנְד הָאט
פֶערְהַארְטֶעט זֵייעֶר הַארְץ, כְּדֵי זֵייא זָאלֶען נִיט זֶעהֶען מִיט

דִיא אוֹיגֶען, אוּנְד פֶערְשְׁטֶעהֶען מִיט דֶעם הַאַרְץ, אוּנְד
41 זָאלֶען אוּמְקֶעהְרֶען, אוּנְד אִיךְ וֶועל זַייא הַיילֶען: דִידֶע
זַאכֶען הָאט יְשַׁעְיָה גֶעזָאגְט, וַוייל עֶר הָאט גֶעזֶעהֶען זַיינֶע
42 הֶערְלִיכְקַייט, אוּנְד הָאט פוּן אִיהְם גֶערֶעט: אָבֶער דָאךְ
הָאבֶּען פִילֶע פוּן דִיא עֶלְצְטֶע אוֹיךְ אָן אִיהְם גֶעגְלוֹיבְּט,
נֵייעֶרְט וֶועגֶען דִיא פְּרוּשִׁים הָאבֶּען זַייא עֶס נִיט בֶּעקֶענְט,
אַז זַייא זָאלֶען נִיט אוֹיס דֶער שׁוּל אַרוֹיסְגֶעוָוארְפֶען וֶוערֶען:
43 וָוארִין זַייא הָאבֶּען גֶעלִיבְּט דֶעם כָּבוֹד פוּן מֶענְשֶׁען מֶעהְר
וִויא דֶעם כָּבוֹד פוּן גָאט:
44 אוּנְד יֵשׁוּעַ הָאט גֶעשְׁרִיעֶן אוּנְד גֶעזָאגְט, וֶוער עֶס גְלוֹיבְּט
אָן מִיר, דֶער גְלוֹיבְּט נִיט אִין מִיר, נֵייעֶרְט אָן אִיהְם וָואס
45 הָאט מִיךְ גֶעשִׁיקְט: אוּנְד דֶער וָואס זֶעהְט מִיךְ, זֶעהְט אִיהְם
46 וָואס הָאט מִיךְ גֶעשִׁיקְט: אִיךְ בִּין גֶעקוּמֶען אִין דֶער
וֶועלְט פַאר אַ לִיכְט, אַז אִיטְלִיכֶער וָואס גְלוֹיבְּט אָן מִיר
47 זָאל נִיט בְּלֵייבֶּען אִין דֶער פִינְסְטֶערְנִיס: אוּנְד וֶוער עֶס
הֶערְט מֵיינֶע וֶוערְטֶער אוּנְד הַאלְט זַייא נִיט, דֶעם רִיכְטֶע
אִיךְ נִיט; וָוארִין אִיךְ בִּין נִיט גֶעקוּמֶען אַז אִיךְ זָאל דִיא
וֶועלְט רִיכְטֶען, נֵייעֶרְט אַז אִיךְ זָאל דִיא וֶועלְט רֶעטֶען:
48 וֶוער עֶס אִיז מִיךְ מְבַזֶה, אוּנְד נֶעמְט נִיט אָן מֵיינֶע וֶוערְ־
טֶער, דֶער הָאט אֵיינֶעם וָואס רִיכְטֶעט אִיהְם; דָאס וָוארְט
וָואס אִיךְ הָאבּ גֶערֶעט, דָאס וֶועט אִיהְם רִיכְטֶען אִין דֶעם
49 לֶעצְטֶען טָאג: וָוארִין אִיךְ הָאבּ נִיט פוּן מִיר אַלֵיין גֶערֶעט,
נֵייעֶרְט דֶער פָאטֶער וָואס הָאט מִיךְ גֶעשִׁיקְט, הָאט מִיר אַ
גֶעבָּאט גֶעגֶעבֶּען, וָואס אִיךְ זָאל זָאגֶען אוּנְד וָואס אִיךְ זָאל
50 רֶעדֶען: אוּנְד אִיךְ וֵוייס אַז זַיין גֶעבָּאט אִיז עֶבִּיגֶעס לֶעבֶּען.
דְרוּם וָואס אִיךְ רֶעד, דָאס רֶעד אִיךְ אַזוֹי וִויא דֶער פָאטֶער
הָאט מִיר גֶעזָאגְט:

קַאפִּיטְעל יג

1 אוּנְד פַאר דֶעם יוֹם טוֹב פוּן פֶּסַח, וֶוען יֵשׁוּעַ הָאט
גֶעוְואוּסְט אַז זַיינֶע שָׁעָה אִיז גֶעקוּמֶען אַז עֶר זָאל אַוֶועקְ־
גֶעהֶען פוּן דִידֶער וֶועלְט צוּם פָאטֶער, וִויא עֶר הָאט גֶעלִיבְּט
דִיא זַיינִיגֶע וָואס זֶענֶען גֶעוֶועזֶען אִין דֶער וֶועלְט, הָאט עֶר
2 זַייא גֶעלִיבְּט בִּיז צוּם עֶנְד: אוּנְד בְּשַׁעַת דֶעם אָבֶּענְדְמָאל,
וֶוען דֶער שָׂטָן הָאט שׁוֹין אַרֵיינְגֶעטְהוּן אִין דֶעם הַאַרְץ

פוּן יְהוּדָה אִישׁ קְרִיוֹת, זוּהְן פוּן שִׁמְעוֹן אַז עֶר זָאל אִיהְם
פֶּערְמַסֶרְן: יֵשׁוּעַ ווִיסֶענְדִיג אַז דֶער פָּאטֶער הָאט אִיהְם 3
אַלֶעס אִיבֶּערְגֶעגֶעבֶּען אִין זַיינֶע הֶענְד אַרַיין, אוּנְד אַז עֶר
אִיז פוּן גָאט גֶעקוּמֶען אוּנְד גֶעהְט צוּ גָאט: אִיז עֶר אוֹיפְגֶע־ 4
גֶעשְׁטַאנֶען פוּן דֶעם אָבֶּענְדְמָאל, אוּנְד הָאט דִיא קְלֵיידֶער
אָן דֶער זַייט גֶעלֶעגְט, אוּנְד הָאט גֶענוּמֶען אַ הַאנְדְטוּךְ,
אוּנְד הָאט זִיךְ אַרוּמְגֶעגַארְטֶעלְט: דֶערְנָאךְ הָאט עֶר אַרַיינְ־ 5
גֶעגָאסֶען וַואסֶער אִים בֶּעקֶען אוּנְד הָאט אָנְגֶעהוֹיבֶּען צוּ
וַואשֶׁען דִיא פִּים פוּן דִיא תַּלְמִידִים, אוּנְד אָפְּצוּווִישֶׁען מִיט
דֶעם הַאנְדְטוּךְ מִיט וֶועלְכֶעם עֶר אִיז אַרוּמְגֶעגַארְטֶעלְט
גֶעוֶועזֶען: וֶוען עֶר אִיז גֶעקוּמֶען צוּ שִׁמְעוֹן פֶּעטְרוּס, הָאט 6
עֶר צוּ אִיהְם גֶעזָאגְט, הַאר, וַואשְׁסְט דוּא מֵיינֶע פִּים?
יֵשׁוּעַ הָאט גֶעעֶנְטְפֶערְט אוּנְד הָאט צוּ אִיהְם גֶעזָאגְט, 7
וָואס אִיךְ טְהוּא דָאס ווֵייסְט דוּא נִיט אַצוּנְד, אָבֶּער דוּא
וֶועסְט עֶס שְׁפֶּעטֶער ווִיסֶען: פֶּעטְרוּס הָאט צוּ אִיהְם גֶע־ 8
זָאגְט, דוּא זָאלְסְט קֵיינְמָאל נִיט וַואשֶׁען מֵיינֶע פִּים. יֵשׁוּעַ
הָאט אִיהְם גֶעעֶנְטְפֶערְט, וֶוען אִיךְ וַואשׁ דִיךְ נִיט אַזוֹי
הָאסְט דוּא קֵיין טְהֵייל אָן מִיר: שִׁמְעוֹן פֶּעטְרוּס הָאט צוּ 9
אִיהְם גֶעזָאגְט, הַאר, נִיט אַלֵיין מֵיינֶע פִּים, נֵייעֶרְט אוֹיךְ דִיא
הֶענְד אוּנְד דֶעם קָאפּ: יֵשׁוּעַ הָאט צוּ אִיהְם גֶעזָאגְט, וֶוער 10
עֶס אִיז אָפְּגֶעוַואשֶׁען גֶעוָוארֶען בֶּעדַארְף נִיט מֶעהְר נֵייעֶרְט
דִיא פִּים צוּ וַואשֶׁען, אָבֶּער אִיז גַאנְץ רֵיין; אוּנְד אִיהְר
זֶענְט רֵיין, אָבֶּער נִיט אַלֶע: וָוארִין עֶר הָאט גֶעוְואוּסְט וֶוער
עֶס וֶועט אִיהְם אִיבֶּערְגֶעבֶּען: דְרוּם הָאט עֶר גֶעזָאגְט, אִיהְר 11
זֶענְט נִיט אַלֶע רֵיין:

אַזוֹי וֶוען עֶר הָאט זַיירֶע פִּים גֶעוַואשֶׁען הָאט עֶר גֶענוּמֶען 12
זַיינֶע קְלֵיידֶער, אוּנְד הָאט זִיךְ ווִידֶער אָנְגֶעלֶעהְנְט, אוּנְד
הָאט צוּ זַייא גֶעזָאגְט, ווֵייסְט אִיהְר וָואס אִיךְ הָאבּ צוּ אֵייךְ
גֶעטְהוּן? אִיהְר רוּפְט מִיךְ לֶעהְרֶער אוּנְד הַאר, אוּנְד אִיהְר 13
זָאגְט רֶעכְט, וָוארִין אִיךְ בִּין עֶס: דֶען וֶוען אִיךְ אֵייעֶר הַאר 14
אוּנְד לֶעהְרֶער, הָאבּ אֵיירֶע פִּים גֶעוַואשֶׁען, אַזוֹי זָאלְט אִיהְר
אוֹיךְ אֵיינֶער דֶעם אַנְדֶערְן דִיא פִּים וַואשֶׁען: וָוארִין אִיךְ 15
הָאבּ אֵייךְ אַ בֵּיישְׁפִּיל גֶעגֶעבֶּען, אַז אִיהְר זָאלְט טְהוּן ווִיא
אִיךְ הָאבּ צוּ אֵייךְ גֶעטְהוּן: בֶּאֱמֶת, בֶּאֱמֶת זָאג אִיךְ אֵייךְ, 16

אַ קְנֶעכְט אִיז נִיט גְרֶעסֶער פוּן זַיין הַאר, אָדֶער אַ שָׁלִיחַ
17 גְרֶעסֶער וִויא דֶער וָואס הָאט אִיהְם גֶעשִׁיקְט: וֶוען אִיהְר
ווייסְט דִיזֶע זַאכֶען, גֶעבֶּענְשְׁט זֶענְט אִיהְר וֶוען אִיהְר טְהוּט
18 זַייא: אִיךְ זָאג עֶס נִיט וֶועגֶען אֵייךְ אַלֶע; אִיךְ ווייס וֶועמֶען
אִיךְ הָאבּ אוֹיסְדֶערְוֶועהְלְט. נֵייעֶרְט אַז דִיא שְׁרִיפְט זָאל
מְקוּיָם וֶוערֶען, וֶוער עֶס עֶסְט מֵיין בְּרוֹיט, הָאט זַיין טְרִיט
19 קֶעגֶען מִיר אוֹיפְגֶעהוֹיבֶּען: אַצוּנְד זָאג אִיךְ עֶס אֵייךְ אֵיידֶער
עֶס גֶעשֶׁעהְט, אַז עֶס וֶועט גֶעשֶׁעהֶען זָאלְט אִיהְר גְלוֹיבֶּען אַז
20 אִיךְ בִּין עֶס: בֶּאֱמֶת, בֶּאֱמֶת זָאג אִיךְ אֵייךְ, דֶער וָואס נֶעמְט
אוֹיף דֶעם וֶועמֶען אִיךְ וֶועל שִׁיקֶען, דֶער נֶעמְט מִיךְ אוֹיף,
אוּנְד דֶער וָואס נֶעמְט מִיךְ אוֹיף, נֶעמְט אוֹיף דֶעם וָואס
הָאט מִיךְ גֶעשִׁיקְט:
21 וֶוען יֵשׁוּעַ הָאט דָאס גֶעזָאגְט, אִיז עֶר בֶּעטְרִיבְּט גֶעוָוארֶען
אִין דֶעם גֵייסְט, אוּנְד הָאט בֶּעצֵייגְט אוּנְד גֶעזָאגְט, בֶּאֱמֶת,
בֶּאֱמֶת זָאג אִיךְ אֵייךְ, אֵיינֶער פוּן אֵייךְ וֶועט מִיךְ אִיבֶּערְ־
22 גֶעבֶּען: דִיא תַּלְמִידִים הָאבֶּען אֵיינֶער אוֹיף דֶעם אַנְדֶערְן
גֶעקוּקְט, אוּנְד זֶענֶען אִין סָפֵק גֶעוֶועזֶען אוֹיף וֶועמֶען עֶר
23 הָאט דָאס גֶעזָאגְט: אֵיינֶער פוּן זַיינֶע תַּלְמִידִים, וֶועלְכֶען
יֵשׁוּעַ הָאט גֶעלִיבְּט, אִיז אָנְגֶעלֶעהְנְט גֶעוֶועזֶען אָן דֶער
24 בְּרוּסְט פוּן יֵשׁוּעַ: אַזוֹי הָאט שִׁמְעוֹן פֶּעטְרוֹס צוּ אִיהְם
גֶעווּינְקְט אוּנְד הָאט צוּ אִיהְם גֶעזָאגְט, פָארְשׁ נָאךְ וֶוער עֶס
25 אִיז אוֹיף וֶועמֶען עֶר הָאט עֶס גֶעזָאגְט: אוּנְד דֶער וָואס
וַאר אָנְגֶעלֶעהְנְט אוֹיף דֶער בְּרוּסְט פוּן יֵשׁוּעַ, הָאט צוּ
26 אִיהְם גֶעזָאגְט, הַאר, וֶוער אִיז עֶר? יֵשׁוּעַ הָאט גֶעעֶנְטְפֶערְט,
עֶס אִיז דֶער צוּ וֶועלְכֶען אִיךְ וֶועל גֶעבֶּען דֶעם בִּיסֶען, וֶוען
אִיךְ הָאבּ עֶס אֵיינְגֶעטוּנְקְט. וֶוען עֶר הָאט דֶעם בִּיסֶען
אֵיינְגֶעטוּנְקְט, הָאט עֶר עֶס גֶענוּמֶען אוּנְד הָאט גֶעגֶעבֶּען צוּ
27 יְהוּדָה זוּהְן פוּן שִׁמְעוֹן אִישׁ־קְרִיּוֹת: אוּנְד נָאךְ דֶעם
בִּיסֶען אִיז דֶער שָׂטָן אִין אִיהְם אַרֵיינְגֶעקוּמֶען. דְרוּם הָאט
יֵשׁוּעַ צוּ אִיהְם גֶעזָאגְט, וָואס דוּא טְהוּסְט, טְהוּא גֶעשְׁוִוינְד:
28 אוּנְד קֵיינֶער פוּן דִיא וָואס זֶענֶען בֵּיים טִישׁ גֶעזֶעסֶען הָאט
29 גֶעוְואוּסְט צוּ וָואס עֶר הָאט אִיהְם דָאס גֶעזָאגְט: וָוארִין
עֶטְלִיכֶע הָאבֶּען גֶעמֵיינְט, ווייל יְהוּדָה הָאט דֶעם בֵּיטֶעל
גֶעהָאט, אַז יֵשׁוּעַ הָאט צוּ אִיהְם גֶעזָאגְט, קוֹיף אֵיין וָואס

מִיר הָאבֶּען נֵייטִיג אוֹיף דֶעם יוֹם טוֹב, אָדֶער אַז עֶר זָאל
30 עֶפֶּעס צוּ דִיא אָרְמֶע לַייט גֶעבֶּען: אַזוֹי וֶוען עֶר הָאט גֶע־
נוּמֶען דֶעם בִּיסֶען אִיז עֶר גְלֵייךְ אַרוֹיסְגֶעגַאנְגֶען; אוּנְד עֶס
אִיז נַאכְט גֶעוָוארֶען:
31 דְרוּם וֶוען עֶר אִיז אַרוֹיסְגֶעגַאנְגֶען הָאט יֵשׁוּעַ גֶעזָאגְט,
32 אַצוּנְד אִיז דֶער בֶּן־אָדָם פֶערְהֶערְלִיכְט אִין אִיהְם; אִיז
גָאט פֶערְהֶערְלִיכְט אִין אִיהְם, אַזוֹי וֶועט אִיהְם גָאט אוֹיךְ
אִין זִיךְ פֶערְהֶערְלִיכֶען, אוּנְד גְלֵייךְ וֶועט עֶר אִיהְם פֶערְ־
33 הֶערְלִיכֶען: קְלֵיינֶע קִינְדֶער, נָאךְ אַ קְלֵיינֶע וַוייל בִּין אִיךְ
בֵּייא אַייךְ; אִיהְר וֶועט מִיךְ זוּכֶען, אוּנְד אַזוֹי וַויא אִיךְ הָאבּ
גֶעזָאגְט צוּ דִיא יוּדֶען, וְואוּ אַהִין אִיךְ גֶעה, קֶענְט אִיהְר נִיט
34 קוּמֶען, אַזוֹי זָאג אִיךְ צוּ אֵייךְ אַצוּנְד: אַ נֵייעֶס גֶעבָּאט
גִיבּ אִיךְ אֵייךְ, אַז אִיהְר זָאלְט אֵיינֶער דֶעם אַנְדֶערְן לִיבֶּען;
אַזוֹי וְויא אִיךְ הָאבּ אַייךְ גֶעלִיבְּט, אַזוֹי זָאלְט אִיהְר אוֹיךְ
35 אֵיינֶער דֶעם אַנְדֶערֶען לִיבֶּען: אִין דִיזֶעם וֶועלֶען אַלֶע
וִויסֶען אַז אִיהְר זֶענְט מַיינֶע תַּלְמִידִים, וֶוען אִיהְר הָאט לִיבֶּע
אֵיינֶער צוּם אַנְדֶערֶען:
36 שִׁמְעוֹן פֶּעטְרוֹס הָאט צוּ אִיהְם גֶעזָאגְט, הַאר, וְואוּ אַהִין
גֶעהְסְט דוּא? יֵשׁוּעַ הָאט גֶעעֶנְטְפֶערְט, וְואוּ אַהִין אִיךְ גֶעה,
קֶענְסְט דוּא מִיר אַצוּנְד נִיט נָאכְפָאלְגֶען, אָבֶּער דֶערְנָאךְ
37 וֶועסְט דוּא מִיר נָאכְפָאלְגֶען: פֶּעטְרוֹס הָאט צוּ אִיהְם גֶע־
זָאגְט, הַאר, וָוארוּם קָאן אִיךְ דִיר אַצוּנְד נִיט נָאכְפָאלְגֶען?
38 אִיךְ וֶועל מֵיין לֶעבֶּען פַאר דִיר אַנִידֶערְלֶעגֶען: יֵשׁוּעַ הָאט
גֶעעֶנְטְפֶערְט וֶועסְט דוּא דֵיין לֶעבֶּען פַאר מִיר אַנִידֶערְ־
לֶעגֶען? בֶּאֱמֶת, בֶּאֱמֶת זָאג אִיךְ דִיר, דֶער הָאן וֶועט נִיט
קְרֵייעֶן, בִּיז דוּא וֶועסְט מִיךְ דְרֵייא מָאל פֶערְלֵייקֶענֶען:

קאפיטעל יד

1 לָאז אֵייעֶר הַארְץ נִיט דֶערְשְׁרָאקֶען זַיין; אִיהְר גְלוֹיבְּט
2 אָן גָאט, גְלוֹיבְּט אוֹיךְ אָן מִיר: אִין מֵיין פָאטֶערְס הוֹיז
זֶענֶען דָא פִילֶע וְואוֹינוּנְגֶען; וֶוען עֶס וָואלְט נִיט אַזוֹי זַיין,
וָואלְט אִיךְ אַייךְ גֶעזָאגְט; וָוארִין אִיךְ גֶעה אַוֶועק, אַז אִיךְ
3 זָאל פַאר אַייךְ אַיין אָרְט צוּבֶּערַייטֶען: אוּנְד וֶוען אִיךְ גֶעה
אַוֶועק אוּנְד אַיין אָרְט פַאר אַייךְ צוּבֶּערַייטֶען, וֶועל אִיךְ
וִוידֶער קוּמֶען אוּנְד וֶועל אֵייךְ צוּ מִיר אוֹיךְ נֶעמֶען, אַז

4 אִיהְר זֶעלְבְּסְט זָאלְט דָארְט זֵיין וְואוּ אִיךְ בִּין: אוּנְד וְואוּ
אַהִין אִיךְ גֶעה וֵויסְט אִיהְר, אוּנְד דֶעם וֶועג וֵויסְט אִיהְר:
5 תּוֹמָא הָאט צוּ אִיהְם גֶעזָאגְט, הַאר, מִיר וִויסֶען נִיט וְואוּ
6 אַהִין דוּא גֶעהְסְט, וִויא אַזוֹי וִויסֶען מִיר דֶעם וֶועג? יֵשׁוּעַ
הָאט צוּ אִיהְם גֶעזָאגְט, אִיךְ בִּין דֶער וֶועג אוּנְד דִיא
וָואהְרְהֵייט אוּנְד דָאס לֶעבֶּען; קֵיינֶער קוּמְט נִיט צוּם פָּא־
7 טֶער, אוּיסֶער דוּרְךְ מִיר: וֶוען אִיהְר וָואלְט מִיךְ גֶעקֶענְט,
אַזוֹי וָואלְט אִיהְר מֵיין פָּאטֶער אוֹיךְ גֶעקֶענְט, פוּן אַצוּנְד
8 אָן קֶענְט אִיהְר אִיהְם, אוּנְד הָאט אִיהְם גֶעזֶעהֶען: פִּילִיפּוֹס
הָאט צוּ אִיהְם גֶעזָאגְט, הַאר, וֵוייז אוּנְס דֶעם פָּאטֶער, אוּנְד
9 עֶס אִיז גֶענוּג פַאר אוּנְס: יֵשׁוּעַ הָאט צוּ אִיהְם גֶעזָאגְט,
אִיךְ בִּין אַזוֹי לַאנְג מִיט אֵייךְ גֶעוֶועזֶען, אוּנְד הָאסְט דוּא
מִיךְ נִיט גֶעקָאנְט, פִּילִיפּוֹס? וֶוער עֶס הָאט מִיךְ גֶעזֶעהֶען,
הָאט דֶעם פָּאטֶער גֶעזֶעהֶען; וִויא אַזוֹי זָאגְסְט דוּא, וֵוייז
10 אוּנְס דֶעם פָּאטֶער? גְלוֹיבְּסְט דוּא נִיט אַז אִיךְ בִּין אִין דֶעם
פָּאטֶער, אוּנְד דֶער פָּאטֶער אִין מִיר? דִיא וֶוערְטֶער וָואס
אִיךְ זָאג צוּ אֵייךְ רֶעד אִיךְ נִיט פוּן מִיר זֶעלְבְּסְט,
נֵייעֶרְט דֶער פָּאטֶער וָואס וְואוֹינְט אִין מִיר טְהוּט דִיא
11 וֶוערְקֶע: גְלוֹיבְּט מִיר אַז אִיךְ בִּין אִים פָּאטֶער, אוּנְד דֶער
פָּאטֶער אִין מִיר; אָבֶּער וֶוען נִיט, אַזוֹי גְלוֹיבְּט מִיר וֶוע־
12 גֶען דִיא וֶוערְקֶע: בֶּאֱמֶת, בֶּאֱמֶת זָאג אִיךְ אֵייךְ, דֶער וָואס
גְלוֹיבְּט אָן מִיר, וֶועט אוֹיךְ טְהוּן דִיא וֶוערְקֶע וָואס אִיךְ
טְהוּא, אוּנְד עֶר וֶועט גְרֶעסֶערֶע וִויא דִיזֶע טְהוּן, וֵוייל אִיךְ
13 גֶעה צוּם פָּאטֶער: אוּנְד וָואס אִיהְר וֶועט בֶּעטֶען אִין מֵיין
נָאמֶען, דָאס וֶועל אִיךְ טְהוּן, אַז דֶער פָּאטֶער זָאל פֶערְ־
14 הֶערְלִיכְט וֶוערֶען אִים זוּהְן: וֶוען אִיהְר וֶועט עֶפֶּעס בֶּעטֶען
אִים מֵיין נָאמֶען, וֶועל אִיךְ עֶס טְהוּן:
15 וֶוען אִיהְר לִיבְּט מִיךְ, וֶועט אִיהְר מֵיינֶע גֶעבָּאטֶע הַאלְטֶען:
16 אוּנְד אִיךְ וֶועל בֶּעטֶען דֶעם פָּאטֶער, אוּנְד עֶר וֶועט אֵייךְ
גֶעבֶּען אֵיין אַנְדֶערְן טְרֵייסְטֶער, אַז עֶר זָאל בֵּייא אֵייךְ
17 אוֹיף עֶבִּיג בְּלֵייבֶּען: דֶעם גֵייסְט פוּן וָואהְרְהֵייט, וֶועלְכֶען
דִיא וֶועלְט קָאן נִיט אַנְנֶעמֶען, וֵוייל זִיא זֶעהְט אִיהְם נִיט,
אוּנְד קָאן אִיהְם נִיט; אִיהְר קֶענְט אִיהְם וָוארִין עֶר בְּלֵייבְּט
18 בֵּייא אֵייךְ, אוּנְד וֶועט אִין אֵייךְ זֵיין: אִיךְ וֶועל אֵייךְ נִיט

19 אִיבֶּערְלָאזֶען יְתוֹמִים, אִיךְ וֶועל צוּ אֵייךְ קוּמֶען: נָאךְ אַ
קְלֵיינֶע ווַיילֶע אוּנְד דִיא וֶועלְט זֶעהְט מִיךְ נִיט מֶעהְר; אָבֶּער
אִיהְר זֶעהְט מִיךְ, ווַייל אִיךְ לֶעבּ וֶועט אִיהְר אוֹיךְ לֶעבֶּען:
20 אִין יֶענֶעם טָאג וֶועט אִיהְר וִויסֶען אַז אִיךְ בִּין אִין מֵיין
פָאטֶער, אוּנְד מֵיין פָאטֶער אִיז אִין מִיר, אוּנְד אִיךְ אִין
21 אֵייךְ: דֶער וָואס הָאט מֵיינֶע גֶעבָּאטֶע אוּנְד הַאלְט זֵייא,
דֶער אִיז עֶס וָואס לִיבְּט מִיךְ; אוּנְד דֶער וָואס לִיבְּט מִיךְ
וֶועט גֶעלִיבְּט זַיין בֵּייא מֵיין פָאטֶער, אוּנְד אִיךְ וֶועל אִיהְם
22 לִיבֶּען, אוּנְד וֶועל מִיךְ צוּ אִיהְם בֶּעוַוייזֶען: יְהוּדָה, (נִיט
אִישׁ־קְרִיּוֹת) הָאט צוּ אִיהְם גֶעזָאגְט, הַאר, וָואס אִיז דָאס
אַז דוּא וֶועסְט דִיךְ צוּ אוּנְס בֶּעוַוייזֶען, אוּנְד נִיט צוּ דֶער
23 וֶועלְט: יֵשׁוּעַ הָאט גֶעעֶנְטְפֶערְט אוּנְד הָאט צוּ אִיהְם גֶע־
זָאגְט, וֶוער עֶס לִיבְּט מִיךְ, דֶער וֶועט מֵיין וָוארְט הַאלְטֶען;
אוּנְד מֵיין פָאטֶער וֶועט אִיהְם לִיבֶּען, אוּנְד מִיר וֶועלֶען צוּ
אִיהְם קוּמֶען, אוּנְד וֶועלֶען אַ וְואוֹינוּנְג בֵּייא אִיהְם מַאכֶען:
24 וֶוער עֶס לִיבְּט מִיךְ נִיט, דֶער הַאלְט נִיט מֵיינֶע וֶוערְטֶער;
אוּנְד דָאס וָוארְט וָואס אִיהְר הֶערְט אִיז נִיט מֵיין, נֵייעֶרְט
פוּן דֶעם פָאטֶער וָואס הָאט מִיךְ גֶעשִׁיקְט:
25 דִיזֶע זַאכֶען הָאבּ אִיךְ צוּ אֵייךְ גֶעזָאגְט, ווַייל אִיךְ בִּין נָאךְ
26 בֵּייא אֵייךְ; אָבֶּער דֶער טְרֵייסְטֶער דֶער רוּחַ הַקוֹדֶשׁ,
דֶעם דֶער פָאטֶער וֶועט שִׁיקֶען אִין מֵיין נָאמֶען, עֶר וֶועט
אֵייךְ אַלֶעס לֶעהְרֶען, אוּנְד וֶועט אֵייךְ דֶערְמָאנֶען אָן אַלֶעס
27 וָואס אִיךְ הָאבּ צוּ אֵייךְ גֶעזָאגְט: פְרִידֶען לָאז אִיךְ אֵייךְ
אִיבֶּער, מַיין פְרִידֶען גִיבּ אִיךְ אֵייךְ. לָאז אֵייעֶר הַארְץ נִיט
28 דֶערְשְׁרָאקֶען זַיין, אוּנְד לָאז עֶס זִיךְ נִיט פָארְכְטֶען: אִיהְר
הָאט גֶעהֶערְט אַז אִיךְ הָאבּ צוּ אֵייךְ גֶעזָאגְט, אִיךְ גֶעה
אַוֶועק אוּנְד קוּם וִוידֶער צוּ אֵייךְ. וֶוען אִיהְר וָואלְט מִיךְ
גֶעלִיבְּט, אֱזוֹי וָואלְט אִיהְר אֵייךְ גֶעפְרֵייט, ווַייל אִיךְ גֶעה
צוּם פָאטֶער, וָוארִין דֶער פָאטֶער אִיז גְרֶעסֶער ווִיא אִיךְ:
29 אוּנְד אַצוּנְד הָאבּ אִיךְ עֶס צוּ אֵייךְ גֶעזָאגְט, אֵיידֶער עֶס
אִיז גֶעשֶׁעהֶען, אַז וֶוען עֶס וֶועט גֶעשֶׁעהֶען זָאלְט אִיהְר
30 גְלוֹיבֶּען: אִיךְ וֶועל ווַייטֶער נִיט פִיל מִיט אֵייךְ רֶעדֶען,
וָוארִין דֶער פִירְשְׁט פוּן דֶער וֶועלְט קוּמְט; אוּנְד עֶר הָאט
31 גָארְנִיט אִין מִיר: אָבֶּער אַז דִיא וֶועלְט זָאל וִויסֶען אַז אִיךְ

לִיבּ דֶעם פָּאטֶער, אוּנְד אַזוֹי וִויא דֶער פָּאטֶער הָאט מִיר
גֶעבָּאטֶען, אַזוֹי טְהוּא אִיךְ. שְׁטֶעהְט אוֹיף, לָאזְט אוּנְס פוּן
דַאנֶען אַוֶועקְגֶעהֶען:

קאפיטעל טו

1 אִיךְ בִּין דֶער וָואהְרֶער ווֵיינְשְׁטָאק, אוּנְד מֵיין פָּאטֶער אִיז
2 דֶער ווֵיינְגֶערְטְנֶער: אִיטְלִיכֶער צְוֵויינ אִין מִיר וָואס טְרָאגְט
נִיט קֵיינֶע פְרוּכְט, דֶעם נֶעמְט עֶר אַוֶועק; אוּנְד אִיטְלִיכֶער
צְוֵויינ וָואס טְרָאגְט פְרוּכְט, רֵיינִיגְט עֶר, כְּדֵי עֶס זָאל
3 מֶעהְר פְרוּכְט טְרָאגֶען: אִיהְר זֶענְט שׁוֹין רֵיין דוּרְךְ דֶעם
4 וָוארְט וָואס אִיךְ הָאבּ צוּ אֵייךְ גֶעזָאגְט: בְּלֵייבְּט אִין מִיר
אוּנְד אִיךְ אִין אֵייךְ. אַזוֹי וִויא דִיא צְוֵויינ קָאן קֵיינֶע פְרוּכְט
נִיט טְרָאגֶען פוּן זִיךְ אַלֵיין, עֶס זֵייא דֶען אַז עֶס בְּלֵייבְּט אִין
דֶעם ווֵיינְשְׁטָאק, אַזוֹי קָאנְט אִיהְר אוֹיךְ נִיט, עֶס זֵייא דֶען אַז
5 אִיהְר בְּלֵייבְּט אִין מִיר: אִיךְ בִּין דֶער ווֵיינְשְׁטָאק, אִיהְר
זֶענְט דִיא צְוֵויינֶען. דֶער וָואס בְּלֵייבְּט אִין מִיר, אוּנְד אִיךְ
אִין אִיהְם דֶער טְרָאגְט פִיל פְרוּכְט, וָוארִין אָהְן מִיר קָאנְט
6 אִיהְר גָארְנִיט טְהוּן: וֶוער עֶס בְּלֵייבְּט נִיט אִין מִיר, וֶוערְט
אַרוֹיסְגֶעוָוארְפֶען אַזוֹי וִויא אַ צְוֵויינ אוּנְד וֶוערְט פֶערְדַארְט,
אוּנְד מֶען נֶעמְט זֵייא צוּנוֹיף אוּנְד וַוארְפְט זֵייא אִים פֵייעֶר
7 אַרֵיין אוּנְד זֵייא זֶענֶען פֶערְבְּרֶענְט: וֶוען אִיהְר בְּלֵייבְּט אִין
מִיר, אוּנְד מֵיינֶע ווֶערְטֶער בְּלֵייבֶּען אִין אֵייךְ, וֶועט אִיהְר
בֶּעטֶען וָואס אִיהְר ווִילְט, אוּנְד עֶס וֶועט אֵייךְ גֶעשֶׁעהֶען:
8 דַארִין אִיז מֵיין פָּאטֶער פֶערְהֶערְלִיכְט, אַז אִיהְר זָאלְט פִיל
פְרוּכְט טְרָאגֶען; אוּנְד אַזוֹי וֶועט אִיהְר זֵיין מֵיינֶע תַּלְמִידִים:
9 אַזוֹי וִויא דֶער פָּאטֶער הָאט מִיךְ גֶעלִיבְּט, אַזוֹי הָאבּ אִיךְ
10 אֵייךְ גֶעלִיבְּט; בְּלֵייבְּט אִין מֵיינֶע לִיבֶּע: וֶוען אִיהְר וֶועט
הַאלְטֶען מֵיינֶע גֶעבָּאטֶע, וֶועט אִיהְר בְּלֵייבֶּען אִין מֵיינֶע
לִיבֶּע, אַזוֹי וִויא אִיךְ הָאבּ גֶעהַאלְטֶען דִיא גֶעבָּאטֶע פוּן
מֵיין פָּאטֶער, אוּנְד בְּלֵייבּ אִין זֵיינֶע לִיבֶּע:
11 דִיזֶע זַאכֶען הָאבּ אִיךְ צוּ אֵייךְ גֶעזָאגְט, אַז מֵיינֶע פְרֵייד
זָאל אִין אֵייךְ זֵיין, אוּנְד אַז אֵיירֶע פְרֵייד זָאל דֶערְפִילְט
12 וֶוערֶען: דָאס אִיז מֵיין גֶעבָּאט, אַז אִיהְר זָאלְט אֵיינֶער דֶעם
13 אַנְדֶערֶען לִיבֶּען אַזוֹי וִויא אִיךְ הָאבּ אֵייךְ גֶעלִיבְּט: קֵיינֶער
הָאט נִיט גְרֶעסֶערֶע לִיבֶּע וִויא דִיזֶע, אַז אֵיינֶער זָאל זֵיין

לֶעבֶּען אַנִידֶערְלֶעגֶען פַאר זַיינֶע פְרַיינְד: אִיהְר זֶענְט מֵיינֶע 14
פְרַיינְד װֶען אִיהְר טְהוּט װָאס אִיךְ גֶעבִּיט אֵייךְ: אִיךְ רוּף 15
אֵייךְ נִיט מֶעהְר קְנֶעכְט, װָארִין דֶער קְנֶעכְט װֵייסְט נִיט
װָאס זַיין הַאר טְהוּט; אָבֶּער אִיךְ הָאבּ אֵייךְ גֶערוּפֶען פְרַיינְד,
װָארִין אַלֶעס װָאס אִיךְ הָאבּ גֶעהֶערְט פוּן מֵיין פָאטֶער,
הָאבּ אִיךְ אֵייךְ צוּ װִיסֶען גֶעטְהוּן: אִיהְר הָאט נִיט מִיךְ 16
אוֹיסְדֶערְװֶעהְלְט, אָבֶּער אִיךְ הָאבּ אֵייךְ אוֹיסְדֶערְװֶעהְלְט,
אוּנְד הָאבּ אֵייךְ אָנְגֶעשְׁטֶעלְט, אַז אִיהְר זָאלְט גֶעהֶען אוּנְד
טְרָאגֶען פְרוּכְט, אוּנְד אֵיירֶע פְרוּכְט זָאל בְּלֵייבֶּען, אַז װָאס
אִיהְר װֶעט בֶּעטֶען דֶעם פָאטֶער אִין מֵיין נָאמֶען, זָאל
עֶר אֵייךְ גֶעבֶּען: דָאס גֶעבִּיט אִיךְ אֵייךְ אַז אִיהְר זָאלְט 17
אֵיינֶער דֶעם אַנְדֶערֶען לִיבֶּען:

װֶען דִיא װֶעלְט הַאסְט אֵייךְ, אַזוֹי װֵייסְט אִיהְר אַז זִיא הָאט 18
מִיךְ פְרִיהֶער פוּן אֵייךְ גֶעהַאסְט: װֶען אִיהְר זָאלְט זַיין פוּן 19
דֶער װֶעלְט, אַזוֹי װָאלְט דִיא װֶעלְט דִיא אִיהְרִיגֶע גֶעלִיבְּט;
אָבֶּער װִייל אִיהְר זֶענְט נִיט פוּן דֶער װֶעלְט, נֵייעֶרְט אִיךְ
הָאבּ אֵייךְ אוֹיסְדֶערְװֶעהְלְט פוּן דֶער װֶעלְט דְרוּם הַאסְט
אֵייךְ דִיא װֶעלְט: גֶעדֶענְקְט דָאס װָארְט װָאס אִיךְ הָאבּ 20
אֵייךְ גֶעזָאגְט, דֶער קְנֶעכְט אִיז נִיט גְרֶעסֶער װִיא זַיין הַאר,
װֶען זַייא הָאבֶּען מִיךְ פֶערְפָאלְגְט, אַזוֹי װֶעלֶען זַייא אֵייךְ
אוֹיךְ פֶערְפָאלְגֶען; װֶען זַייא הָאבֶּען מֵיין װָארְט גֶעהַאלְטֶען,
אַזוֹי װֶעלֶען זַייא אוֹיךְ אֵיירְס הַאלְטֶען: אָבֶּער דָאס אַלֶעס 21
װֶעלֶען זַייא אֵייךְ טְהוּן פוּן מֵיין נָאמֶענְס װֶעגֶען, װִייל זַייא
קֶענֶען נִיט דֶעם װָאס הָאט מִיךְ גֶעשִׁיקְט: װֶען אִיךְ װָאלְט 22
נִיט גֶעקוּמֶען אוּנְד װָאלְט צוּ זַייא נִיט גֶערֶעט, אַזוֹי װָאלְ־
טֶען זַייא קֵיינֶע זִינְד גֶעהַאט; אָבֶּער אַצוּנְד הָאבֶּען זַייא קֵיינֶע
אוֹיסְרֶעד נִיט פַאר זֵיירֶע זִינְד: װֶער עֶס הַאסְט מִיךְ, דֶער 23
הַאסְט אוֹיךְ מַיין פָאטֶער: װֶען אִיךְ װָאלְט נִיט צְװִישֶׁען זַייא 24
גֶעטְהוּן דִיא מַעֲשִׂים װָאס קֵיין אַנְדֶערֶער הָאט נִיט גֶעטְהוּן,
װָאלְטֶען זַייא קֵיינֶע זִינְד גֶעהַאט; אַצוּנְד הָאבֶּען זַייא גֶע־
זֶעהֶען אוּנְד גֶעהַאסְט מִיךְ אוּנְד אוֹיךְ מֵיין פָאטֶער: אָבֶּער 25
דָאס אִיז גֶעשֶׁעהֶען אַז דָאס װָארְט זָאל מְקוּיָם װֶערֶען װָאס
אִיז גֶעשְׁרִיבֶּען אִין זֵיירֶע תּוֹרָה, זַייא הָאבֶּען מִיךְ אוּמְזִיסְט
גֶעהָאסְט: װֶען דֶער טְרֵייסְטֶער װֶעט קוּמֶען, װֶעלְכֶען אִיךְ 26

װֶעל אֵייךְ שִׁיקֶען פוּן דֶעם פָּאטֶער, דֶעם גֵייסְט פוּן װָאהְרְ־
הֵייט, װָאס קוּמְט אַרוֹיס פוּן דֶעם פָּאטֶער, דֶער װֶעט אוֹיף
27 מִיר בֶּעצֵייגֶען: אוּנְד אִיהְר בֶּעצֵייגְט אוֹיךְ, װָארִין. אִיהְר
זֶענְט מִיט מִיר פוּן אָנְהֵייבּ גֶעװֶעזֶען:

קאפיטעל טז

1 דִיזֶע זַאכֶען הָאבּ אִיךְ צוּ אֵייךְ גֶערֶעט אַז אִיהְר זָאלְט אֵייךְ
2 נִיט אָנְשְׁטוֹיסֶען: זֵייא װֶעלֶען אֵייךְ אוֹיס דִיא שׁוּלֶען אַרוֹיס־
װַארְפֶען; אוּנְד דִיא שָׁעָה קוּמְט, אַז אִיטְלִיכֶער װָאס הַרְגֶעט
3 אֵייךְ װֶעט מֵיינֶען אַז עֶר טְהוּט גָאט אַ דִינְסְט: אוּנְד דָאס
װֶעלֶען זֵייא טְהוּן, װֵייל זֵייא הָאבֶּען נִיט דֶעם פָּאטֶער גֶע־
4 קֶענְט אוּנְד אוֹיךְ נִיט מִיךְ: אָבֶּער דָאס הָאבּ אִיךְ צוּ אֵייךְ
גֶערֶעט, אַז װֶען דִיא שָׁעָה קוּמְט, אִיהְר זָאלְט דְרַאן גֶע־
דֶענְקֶען, אַז אִיךְ הָאבּ זֵייא אֵייךְ גֶעזָאגְט; אוּנְד דִיזֶעס הָאבּ
אִיךְ אֵייךְ נִיט גֶעזָאגְט פוּן אָנְהֵייבּ, װֵייל אִיךְ בִּין מִיט אֵייךְ
5 גֶעװֶעזֶען: אָבֶּער אַצוּנְד גֶעה אִיךְ אַװֶעק צוּ דֶעם װָאס
הָאט מִיךְ גֶעשִׁיקְט, אוּנְד קֵיינֶער פוּן אֵייךְ פְרֶעגְט מִיךְ װְוּאוּ
6 אַהִין גֶעהְסְט דוּא? אָבֶּער װֵייל אִיךְ הָאבּ דִיזֶעס צוּ אֵייךְ
7 גֶערֶעט אִיז אֵייעֶר הַארְץ פוּל מִיט צַעַר: אָבֶּער אִיךְ זָאג
אֵייךְ דִיא װָאהְרְהֵייט, עֶס פַּאסְט פַאר אֵייךְ אַז אִיךְ זָאל
אַװֶעקְגֶעהֶען; װָארִין װֶען אִיךְ גֶעה נִיט אַװֶעק, אַזוֹי װֶעט
דֶער טְרֵייסְטֶער צוּ אֵייךְ נִיט קוּמֶען; אָבֶּער װֶען אִיךְ גֶעה,
8 װֶעל אִיךְ אִיהְם צוּ אֵייךְ שִׁיקֶען: אוּנְד װֶען עֶר אִיז גֶע־
קוּמֶען װֶעט עֶר דִיא װֶעלְט שְׁטְרָאפֶען װֶעגֶען זִינְד אוּנְד
9 װֶעגֶען גֶערֶעכְטִיגְקֵייט אוּנְד װֶעגֶען מִשְׁפָּט: װֶעגֶען זִינְד
10 װֵייל זֵייא הָאבֶּען נִיט אָן מִיר גֶעגְלוֹיבְּט: װֶעגֶען גֶערֶעכְטִיגְ־
קֵייט װֵייל אִיךְ גֶעה צוּ דֶעם פָּאטֶער, אוּנְד אִיהְר זֶעהְט מִיךְ
11 נִיט מֶעהְר: װֶעגֶען מִשְׁפָּט, װֵייל דֶער פִירְשְׁט פוּן דִיזֶער
12 װֶעלְט װֶערְט גֶערִיכְטֶעט: אִיךְ הָאבּ נָאךְ פִילֶעס צוּ אֵייךְ
צוּ זָאגֶען אָבֶּער אִיהְר קָאנְט עֶס אַצוּנְד נִיט דֶערְטְרָאגֶען:
13 אָבֶּער װֶען דֶער גֵייסְט פוּן װָאהְרְהֵייט װֶעט קוּמֶען, װֶעט עֶר
אֵייךְ פִיהְרֶען אִין אַלֶער װָאהְרְהֵייט; װָארִין עֶר װֶעט נִיט
רֶעדֶען פוּן זִיךְ זֶעלְבְּסְט, נֵייעֶרְט װָאס עֶר װֶעט הֶערֶען
װֶעט עֶר רֶעדֶען, אוּנְד עֶר װֶעט אֵייךְ זָאגֶען דָאס װָאס
14 װֶעט מִיךְ פֶערְהֶערְלִיכֶען, װָארִין עֶר װֶעט פוּן דֶעם

מֵייְנֶעם נֶעמֶען אוּנְד וֶועט עֶס אֵייךְ אָנְזָאגֶען: אַלֶע זַאכֶען 15
וֶועלְכֶע דֶער פָאטֶער הָאט זֶענֶען מֵיינֶע, דְרוּם הָאבּ אִיךְ
גֶעזָאגְט, אַז עֶר וֶועט פוּן דֶעם מֵיינֶעם נֶעמֶען אוּנְד וֶועט
עֶס אֵייךְ אָנְזָאגֶען:
אִין אַ קְלֵיינֶע וַויילֶע וֶועט אִיהְר מִיךְ נִיט זֶעהֶען, אוּנְד 16
וִוידֶער אִין אַ קְלֵיינֶע וַויילֶע וֶועט אִיהְר מִיךְ זֶעהֶען:
אַזוֹי הָאבֶּען עֶטְלִיכֶע פוּן זַיינֶע תַּלְמִידִים צְווִישֶׁען זִיךְ גֶע־ 17
זָאגְט, וָואס אִיז דָאס וָואס עֶר זָאגְט צוּ אוּנְס, אִין אַ קְלֵיינֶע
וַויילֶע וֶועט אִיהְר מִיךְ נִיט זֶעהֶען, אוּנְד וִוידֶער אִין אַ קְלֵיינֶע
וַויילֶע וֶועט אִיהְר מִיךְ זֶעהֶען? אוּנְד וַוייל אִיךְ גֶעה צוּם
פָאטֶער? אַזוֹי הָאבֶּען זַייא גֶעזָאגְט, וָואס אִיז דָאס וָואס עֶר 18
זָאגְט דִיא קְלֵיינֶע וַויילֶע? מִיר וִויסֶען נִיט וָואס עֶר רֶעט:
יֵשׁוּעַ הָאט גֶעוְואוּסְט אַז זַייא הָאבֶּען. אִיהְם גֶעוָואלְט 19
פְרֶעגֶען, אוּנְד עֶר הָאט צוּ זַייא גֶעזָאגְט, פְרֶעגְט אִיהְר אֵייךְ
וֶועגֶען דִיזֶען צְווִישֶׁען אֵיינַאנְדֶער וַוייל אִיךְ הָאבּ גֶעזָאגְט,
אִין אַ קְלֵיינֶע וַויילֶע וֶועט אִיהְר מִיךְ נִיט זֶעהֶען, אוּנְד
וִוידֶער אִין אַ קְלֵיינֶע וַויילֶע וֶועט אִיהְר מִיךְ זֶעהֶען? בֶּאֱמֶת 20
בֶּאֱמֶת זָאג אִיךְ אֵייךְ, אַז אִיהְר וֶועט וַויינֶען אוּנְד קְלָאגֶען,
אָבֶּער דִיא וֶועלְט וֶועט זִיךְ פְרֵייעֶן; אִיהְר וֶועט טְרוֹיְרִיג
זַיין, אָבֶּער אֵייעֶר טְרוֹיעֶר וֶועט וֶוערֶען צוּ פְרֵייד: אַ פְרוֹיא 21
וֶוען זִיא גֶעהְט צוּקִינְד אִיז טְרוֹיְרִיג, וַוייל אִיהְרֶע צֵייט אִיז
גֶעקוּמֶען; אָבֶּער וֶוען דָאס קִינְד אִיז גֶעבּוֹירֶען אַזוֹי גֶע־
דֶענְקְט זִיא נִיט מֶעהְר דִיא אַנְגְסְט, פַאר פְרֵייד אַז אַ מֶענְשׁ
אִיז אִין דֶער וֶועלְט גֶעבּוֹירֶען גֶעוָוארֶען: דְרוּם הָאט אִיהְר 22
אוֹיךְ אַצוּנְד צַעַר; אָבֶּער אִיךְ וֶועל אֵייךְ וִוידֶער זֶעהֶען,
אוּנְד אֵייעֶר הַארְץ וֶועט זִיךְ פְרֵייעֶן, אוּנְד קֵיינֶער וֶועט
אֵייעֶרֶע פְרֵייד פוּן אֵייךְ נִיט נֶעמֶען: אוּנְד אִין יֶענֶעם טָאג 23
וֶועט אִיהְר מִיךְ גָארְנִיט פְרֶעגֶען: בֶּאֱמֶת בֶּאֱמֶת זָאג אִיךְ
אֵייךְ, וָואס אִיהְר וֶועט בֶּעטֶען דֶעם פָאטֶער אִין מֵיין נָאמֶען
וֶועט עֶר אֵייךְ גֶעבֶּען: בִּיז אַצוּנְד הָאט אִיהְר גָארְנִיט גֶע־ 24
בֶּעטֶען אִין מֵיין נָאמֶען; בֶּעטֶעט אוּנְד אִיהְר וֶועט דֶערְ־
הַאלְטֶען, אַז אֵייעֶרֶע פְרֵייד זָאל גַאנְץ פוּל זַיין:
דִיזֶע זַאכֶען הָאבּ אִיךְ צוּ אֵייךְ גֶעזָאגְט אִין מְשָׁלִים, אָבֶּער 25
דִיא שָׁעָה קוּמְט וֶוען אִיךְ וֶועל נִיט מֶעהְר אִין מְשָׁלִים צוּ

אֵייךְ רֶעדֶען, נֵייעֶרְט עֶפֶענְטְלִיךְ וֶועל אִיךְ אֵייךְ זָאגֶען וֶוע־
26 גֶען דֶעם פָאטֶער: אִין יֶענֶעם טָאג וֶועט אִיהְר בֶּעטֶען אִין
מֵיין נָאמֶען, אוּנְד אִיךְ זָאג אֵייךְ נִיט אַז אִיךְ וֶועל דֶעם
27 פָאטֶער וֶועגֶען אֵייךְ בֶּעטֶען: וָוארִין דֶער פָאטֶער
זֶעלְבְּסְט לִיבְּט אֵייךְ, וַוייל אִיהְר הָאט מִיךְ גֶעלִיבְּט, אוּנְד
28 הָאט גֶעגְלוֹיבְּט אַז אִיךְ בִּין פוּן גָאט אוֹיסְגֶעגַאנְגֶען: אִיךְ
בִּין פוּן דֶעם פָאטֶער אוֹיסְגֶעגַאנְגֶען, אוּנְד בִּין גֶעקוּמֶען אִין
דֶער וֶועלְט; ווִידֶער פֶערְלָאז אִיךְ דִיא וֶועלְט, אוּנְד גֶעה צוּם
29 פָאטֶער: זֵיינֶע תַּלְמִידִים הָאבֶּען צוּ אִיהְם גֶעזָאגְט, זֶעה,
אַצוּנְד רֶעדְסְט דוּא עֶפֶענְטְלִיךְ, אוּנְד זָאגְסְט גָארְנִיט קֵיין
30 מָשָׁל: אַצוּנְד ווִיסֶען מִיר אַז דוּא ווֵייסְט אַלֶעס אוּנְד בֶּע־
דַארְפְסְט נִיט אַז אִימִיצֶער זָאל דִיךְ פְרֶעגֶען, דַאדוּרְךְ גְלוֹי־
31 בֶּען מִיר אַז דוּא בִּיסְט פוּן גָאט אוֹסְגֶעגַאנְגֶען: יֵשׁוּעַ הָאט
32 זֵייא גֶעעֶנְטְפֶערְט, אַצוּנְד גְלוֹיבְּט אִיהְר? זֶעה עֶס קוּמְט אַ
שָׁעָה, אוּנְד אִיז גֶעקוּמֶען, אַז אִיהְר וֶועט צוּ שְׁפְּרֵייט וֶוע־
רֶען אִיטְלִיכֶער צוּ זֵיינֶע, אוּנְד וֶועט מִיךְ אַלֵיין אִיבֶּערְלָאזֶען,
אָבֶּער אִיךְ בִּין נִיט אַלֵיין, וָוארִין דֶער פָאטֶער אִיז מִיט מִיר:
33 דִיזֶע זַאכֶען הָאבּ אִיךְ צוּ אֵייךְ גֶערֶעט, אַז אִיהְר זָאלְט אִין
מִיר הָאבֶּען פְרִידֶען, אִין דֶער וֶועלְט וֶועט אִיהְר הָאבֶּען
צָרוֹת; אָבֶּער זֵייט אִיהְר גֶעטְרֵייסְט, אִיךְ הָאבּ דִיא וֶועלְט
בֵּייגֶעקוּמֶען:

קאפיטעל יז

1 דִיזֶע זַאכֶען הָאט יֵשׁוּעַ גֶערֶעט, אוּנְד הָאט זֵיינֶע אוֹיגֶען
אוֹיפְגֶעהוֹיבֶּען קֶעגֶען הִימֶעל, אוּנְד הָאט גֶעזָאגְט, פָאטֶער,
דִיא שָׁעָה אִיז גֶעקוּמֶען; פֶערְהֶערְלִיךְ דֵיין זוּהְן, אַז דֶער זוּהְן
2 זָאל דִיךְ אוֹיךְ פֶערְהֶערְלִיכֶען: אַזוֹי ווִיא דוּא הָאסְט
אִיהְם מַאכְט גֶעגֶעבֶּען אִיבֶּער אַלֶעס פְלֵיישׁ, אַז עֶר זָאל
גֶעבֶּען עֶבִּיגֶעס לֶעבֶּען צוּ אַלֶע וָואס דוּא הָאסְט אִיהְם גֶע־
3 גֶעבֶּען: אוּנְד דָאס אִיז דָאס עֶבִּיגֶע לֶעבֶּען, אַז זֵייא זָאלֶען
דִיךְ קֶענֶען, דֶעם אֵיינְצִיגֶען וָואהְרֶען גָאט, אוּנְד יֵשׁוּעַ
4 הַמָּשִׁיחַ דֶעם דוּא הָאסְט גֶעשִׁיקְט: אִיךְ הָאבּ דִיךְ פֶערְ־
הֶערְלִיכְט אוֹיף דֶער עֶרְד; אִיךְ הָאבּ גֶעעֶנְדִיגְט דָאס וֶוערְק
5 וָואס דוּא הָאסְט מִיר גֶעגֶעבֶּען צוּ טְהוּן: אוּנְד אַצוּנְד פָא־
טֶער, פֶערְהֶערְלִיךְ דוּא מִיךְ זֶעלְבְּסְט, מִיט דֶער הֶערְלִיכְקֵייט

וָואס אִיךְ הָאבּ בֵּייא דִיר גֶעהַאט, אֵיידֶער דִיא וָועלְט אִיז
6 בֶּעשַׁאפֶען גֶעוָוארֶען: אִיךְ הָאבּ דֵיין נָאמֶען אַנְטְפְּלֶעקְט צוּ
דִיא מֶענְשֶׁען וָואס דוּא הָאסְט מִיר גֶעגֶעבֶּען פוּן דֶער וָועלְט,
זֵייא זֶענֶען דֵיינֶע גֶעוֶועזֶען, אוּנְד דוּא הָאסְט זֵייא מִיר גֶע־
7 גֶעבֶּען, אוּנְד זֵייא הָאבֶּען דֵיין וָוארְט גֶעהַאלְטֶען: אַצוּנְד
הָאבֶּען זֵייא גֶעוְואוּסְט, אַז אַלֶעס וָואס דוּא הָאסְט מִיר גֶע־
8 גֶעבֶּען אִיז פוּן דִיר: וָוארִין דִיא וֶוערְטֶער וָואס דוּא הָאסְט
מִיר גֶעגֶעבֶּען הָאבּ אִיךְ זֵייא גֶעגֶעבֶּען, אוּנְד זֵייא הָאבֶּען
זֵייא אָנְגֶענוּמֶען, אוּנְד הָאבֶּען גֶעווּיס גֶעוְואוּסְט אַז אִיךְ בִּין
פוּן דִיר אוֹיסְגֶעגַאנְגֶען, אוּנְד זֵייא הָאבֶּען גֶעגְלוֹיבְּט אַז דוּא
9 הָאסְט מִיךְ גֶעשִׁיקְט: אִיךְ בֶּעט וֶוענֶען זֵייא, אִיךְ בֶּעט
נִיט וֶוענֶען דֶער וָועלְט, נֵייעֶרְט וֶוענֶען דִיא וָואס דוּא הָאסְט
10 מִיר גֶעגֶעבֶּען, וָוארִין זֵייא זֶענֶען דֵיינֶע: אוּנְד אַלֶעס וָואס
אִיז מֵיין אִיז דֵיין, אוּנְד וָואס אִיז דֵיין אִיז מֵיין, אוּנְד אִיךְ
11 בִּין אִין זֵייא פֶערְהֶערְלִיכְט: אוּנְד אִיךְ בִּין נִיט מֶעהְר אִין
דֶער וָועלְט, אוּנְד זֵייא זֶענֶען אִין דֶער וָועלְט, אוּנְד אִיךְ
קוּם צוּ דִיר, הֵיילִיגֶער פָאטֶער, דֶערְהַאלְט זֵייא אִין דֵיין
נָאמֶען וָואס דוּא הָאסְט מִיר גֶעגֶעבֶּען, אַז זֵייא זָאלֶען זֵיין
12 אֵיינְס אַזוֹי וִויא מִיר: וֶוען אִיךְ בִּין מִיט זֵייא גֶעוֶועזֶען הָאבּ
אִיךְ זֵייא דֶערְהַאלְטֶען אִין דֵיין נָאמֶען וָואס דוּא הָאסְט
מִיר גֶעגֶעבֶּען, אוּנְד אִיךְ הָאבּ זֵייא גֶעהִיט, אוּנְד קֵיינֶער
פוּן זֵייא אִיז נִיט פֶערְלוֹירֶען, חוּץ דֶער זוּהְן פוּן פֶערְדַארְ־
13 בֶּען, כְּדֵי דִיא שְׁרִיפְט זָאל דֶערְפִילְט וֶוערֶען: אָבֶּער אַצוּנְד
קוּם אִיךְ צוּ דִיר, אוּנְד דִיזֶע זַאכֶען רֶעד אִיךְ אִין דֶער
וָועלְט, אַז זֵייא זָאלֶען מֵיינֶע פְרֵייד אִין זִיךְ זֶעלְבְּסְט דֶערְ־
14 פִילְט הָאבֶּען: אִיךְ הָאבּ זֵייא דֵיין וָוארְט גֶעגֶעבֶּען, אוּנְד
דִיא וָועלְט הָאט זֵייא גֶעהַאסְט, וָוייל זֵייא זֶענֶען נִיט
פוּן דֶער וָועלְט אַזוֹי וִויא אִיךְ בִּין נִיט פוּן דֶער וָועלְט:
15 אִיךְ בֶּעט נִיט אַז דוּא זָאלְסְט זֵייא פוּן דֶער וָועלְט אַרוֹיס־
נֶעמֶען, נֵייעֶרְט אַז דוּא זָאלְסְט זֵייא הִיטֶען פוּן דֶעם אִיבֶּעל:
16 זֵייא זֶענֶען נִיט פוּן דֶער וָועלְט אַזוֹי וִויא אִיךְ בִּין נִיט פוּן
17 דֶער וָועלְט: הֵיילִיג זֵייא אִין דִיא וָואהְרְהֵייט, דֵיין וָוארְט
18 אִיז וָואהְרְהֵייט: אַזוֹי וִויא דוּא הָאסְט מִיךְ אִין דֶער וָועלְט
גֶעשִׁיקְט, הָאבּ אִיךְ זֵייא אִין דֶער וָועלְט גֶעשִׁיקְט:

19 אוּנְד פוּן זַייעֶרְט וֶועגֶען הֵיילִיגֶע אִיךְ מִיךְ, אַז זַייא זָאלֶען
אוֹיךְ גֶעהֵיילִיגְט וֶוערֶען אִין דֶער וָואהְרְהַייט:
20 אָבֶּער אִיךְ בֶּעט נִיט פַאר דִיא דָאזִיגֶע אַלֵיין, נֶייעֶרְט אוֹיךְ
פַאר דִיא וָואס וֶועלֶען אָן מִיר גְלוֹיבֶּען דוּרְךְ זַייעֶר וָוארְט;
21 אַז אַלֶע זָאלֶען אֵיינְס זַיין, אַזוֹי וִויא דוּא פָּאטֶער, בִּיסְט
אִין מִיר, אוּנְד אִיךְ אִין דִיר, אַזוֹי זָאלֶען זַייא אוֹיךְ זַיין
אֵיינְס אִין אוּנְס אַז דִיא וֶועלְט זָאל גְלוֹיבֶּען אַז דוּא הָאסְט
22 מִיךְ גֶעשִׁיקְט: אוּנְד דִיא הֶערְלִיכְקַייט וָואס דוּא הָאסְט מִיר
גֶעגֶעבֶּען הָאבּ אִיךְ זַייא גֶעגֶעבֶּען, כְּדֵי זַייא זָאלֶען זַיין
23 אֵיינְס אַזוֹי וִויא מִיר זֶענֶען אֵיינְס: אִיךְ אִין זַייא, אוּנְד דוּא
אִין מִיר, אַז זַייא זָאלֶען פָאלְקָאמֶען זַיין אִין אֵיינֶעם, כְּדֵי
דִיא וֶועלְט זָאל וִויסֶען אַז דוּא הָאסְט מִיךְ גֶעשִׁיקְט, אוּנְד
הָאסְט זַייא גֶעלִיבְּט אַזוֹי וִויא דוּא הָאסְט מִיךְ גֶעלִיבְּט:
24 פָּאטֶער, אִיךְ וִויל אַז אוֹיךְ דִיא וָואס דוּא הָאסְט מִיר גֶעגֶע־
בֶּען זָאלֶען מִיט מִיר זַיין וְוָאוּ אִיךְ בִּין, אַז זַייא זָאלֶען
זֶעהֶען מֵיינֶע הֶערְלִיכְקַייט וָואס דוּא הָאסְט מִיר גֶעגֶעבֶּען,
וָוארִין דוּא הָאסְט מִיךְ גֶעלִיבְּט פָאר דִיא גְרִינְדוּנְג פוּן דִיא
25 וֶועלְט: גֶערֶעכְטֶער פָּאטֶער, דִיא וֶועלְט הָאט דִיךְ נִיט
גֶעקֶענְט, אָבֶּער אִיךְ הָאבּ דִיךְ גֶעקֶענְט, אוּנְד דִיזֶע הָאבֶּען
26 גֶעוְואוּסְט אַז דוּא הָאסְט מִיךְ גֶעשִׁיקְט: אוּנְד אִיךְ הָאבּ זַייא
דֵיין נָאמֶען צוּ וִויסֶען גֶעטְהוּן אוּנְד וֶועל זַייא צוּ וִויסֶען
טְהוּן, אַז דִיא לִיבֶּע מִיט וֶועלְכֶער דוּא הָאסְט מִיךְ גֶעלִיבְּט
זָאל אִין זַייא זַיין, אוּנְד אִיךְ אִין זַייא:

קאפיטעל יח

1 וֶוען יֵשׁוּעַ הָאט דָאס גֶעזָאגְט, אִיז עֶר אַוֶועקְגֶעגַאנְגֶען מִיט
זַיינֶע תַּלְמִידִים אִיבֶּער דֶעם בָּאךְ קִדְרוֹן; דָארְט אִיז גֶעוֶועזֶען
אַ גָארְטֶען, אוּנְד עֶר אוּנְד זַיינֶע תַּלְמִידִים זֶענֶען דְרִינֶען
2 אַרַיינְגֶעגַאנְגֶען: אוּנְד יְהוּדָה דֶער מוֹסֵר הָאט פוּן דֶעם
אָרְט גֶעוְואוּסְט, וָוארִין יֵשׁוּעַ אִיז דָארְט אָפְט צוּזַאמֶענְגֶע־
3 קוּמֶען מִיט זַיינֶע תַּלְמִידִים: אַזוֹי הָאט יְהוּדָה גֶענוּמֶען דִיא
בַּאנְדֶע פוּן סָאלְדַאטֶען אוּנְד מְשָׁרְתִים פוּן דִיא עֶרְשְׁטֶע
כֹּהֲנִים אוּנְד דִיא פְּרוּשִׁים, אוּנְד אִיז אַהִין גֶעקוּמֶען מִיט
4 לָאמְפֶּען אוּנְד פַאקֶעל אוּנְד וַואפֶען: דְרוּם וֶוען יֵשׁוּעַ הָאט
אַלֶעס גֶעוְואוּסְט וָואס וֶועט אוֹיף אִיהם קוּמֶען, אִיז עֶר אַרוֹיס

גֶעגַאנְגֶען אוּנְד הָאט צוּ זַייא גֶעזָאגְט, װעמֶען זוּכְט אִיהְר?
5 זַייא הָאבֶּען אִיהְם גֶעעֶנְטְפֶערְט, יֵשׁוּעַ הַנָּצְרִי. עֶר הָאט צוּ
זַייא גֶעזָאגְט, אִיךְ בִּין עֶר. אוּנְד יְהוּדָה דֶער מוֹסֵר אִיז אוֹיךְ
6 מִיט זַייא גֶעשְׁטַאנֶען: דְרוּם װען עֶר הָאט צוּ זַייא גֶעזָאגְט,
אִיךְ בִּין עֶר, אַזוֹי זֶענֶען זַייא צוּרִיקְגֶעטְרֶעטֶען אוּנְד זֶענֶען
7 צוּ דֶער עֶרְד גֶעפַאלֶען: אַזוֹי הָאט עֶר זַייא װידֶער גֶעפְרֶעגְט,
װעמֶען זוּכְט אִיהְר? אוּנְד זַייא הָאבֶּען גֶעזָאגְט, יֵשׁוּעַ
8 הַנָּצְרִי: יֵשׁוּעַ הָאט גֶעעֶנְטְפֶערְט, אִיךְ הָאבּ אֵייךְ גֶעזָאגְט,
אַז אִיךְ בִּין עֶר; דְרוּם װען אִיהְר זוּכְט מִיךְ, לָאזְט דִיזֶע
9 גֶעהֶען: כְּדֵי עֶס זָאל דֶערְפִילְט װערֶען װָאס עֶר הָאט
גֶעזָאגְט, פוּן דִיא װָאס דוּא הָאסְט מִיר גֶעגֶעבֶּען הָאבּ אִיךְ
10 קֵיינֶעם נִיט פֶערְלוֹירֶען: דְרוּם הָאט שִׁמְעוֹן פֶּעטְרוּס אַ
שְׁװערְד גֶעהַאט, אוּנְד הָאט עֶס אַרוֹיסְגֶעצוֹיגֶען אוּנְד הָאט
גֶעשְׁלָאגֶען דֶעם קְנֶעכְט פוּן דֶעם כֹּהֵן גָּדוֹל, אוּנְד הָאט
אִיהְם דָאס רֶעכְטֶע אוֹיעֶר אָפְּגֶעהַאקְט; אוּנְד דֶער קְנֶעכְט
11 הָאט גֶעהֵייסֶען מַלְכוּס: דְרוּם הָאט יֵשׁוּעַ גֶעזָאגְט צוּ
פֶּעטְרוּס, שְׁטֶעק דַיין שְׁװערְד אַרַיין אִין דֶער שֵׁייד; זָאל
אִיךְ נִיט טְרִינְקֶען דֶעם כּוֹס װָאס מֵיין פָאטֶער הָאט מִיר
גֶעגֶעבֶּען?
12 דְרוּם הָאבֶּען דִיא בַּאנְדֶע אוּנְד דֶער הוֹיפְּטמַאן אוּנְד דִיא
מְשָׁרְתִים פוּן דִיא יוּדֶען יֵשׁוּעַ גֶענוּמֶען, אוּנְד הָאבֶּען אִיהְם
13 גֶעבּוּנְדֶען: אוּנְד זַייא הָאבֶּען אִיהְם צוּם עֶרְשְׁטֶען גֶעפִיהְרְט
צוּ חָנָן, װָארִין עֶר אִיז גֶעװעזֶען דֶער שְׁװער פוּן קַיָּפָא, װָאס
14 אִיז גֶעװעזֶען כֹּהֵן גָּדוֹל אִין יֶענֶעם יָאהְר: עֶס אִיז קַיָּפָא װָאס
הָאט דִיא יוּדֶען גֶערָאטֶען, אַז עֶס אִיז גוּט אַז אֵיין מֶענְשׁ
זָאל שְׁטַארְבֶּען פַאר דֶעם פָאלְק:
15 אוּנְד שִׁמְעוֹן פֶּעטְרוּס אוּנְד אֵיין אַנְדֶערֶער תַּלְמִיד הָאבֶּען
יֵשׁוּעַ נָאכְגֶעפָאלְגְט, אוּנְד יֶענֶער תַּלְמִיד אִיז בֶּעקַאנְט
גֶעװעזֶען בַּייא דֶעם כֹּהֵן גָּדוֹל, אוּנְד עֶר אִיז מִיט יֵשׁוּעַ
16 אַרַיינְגֶעגַאנְגֶען אִין דֶעם הוֹיף פוּן דֶעם כֹּהֵן גָּדוֹל: אָבֶּער
פֶּעטְרוּס אִיז דְרוֹיסֶען גֶעשְׁטַאנֶען פָאר דֶער טְהִיר. אַזוֹי אִיז
דֶער אַנְדֶערֶער תַּלְמִיד װָאס אִיז בֶּעקַאנְט גֶעװעזֶען בַּייא
דֶעם כֹּהֵן גָּדוֹל אַרוֹיסְגֶעגַאנְגֶען, אוּנְד הָאט גֶערֶעט מִיט דֶער
17 טְהִיר־הִיטֶערְן, אוּנְד הָאט פֶּעטְרוּס אַרַיינְגֶעבְּרַאכְט: אַזוֹי

הָאט דָאס מֵידעל וָואס הָאט דיא טְהִיר גֶעהִיט צוּ פֶּעטְרוֹס
גֶעזָאגְט, בִּיסְט דוּא נִיט אוֹיךְ פוּן דיא תַּלְמִידִים פוּן דִיזֶען
18 מַאן? עֶר הָאט גֶעזָאגְט אִיךְ בִּין נִיט: אוּנְד דִיא קְנֶעכְט
אוּנְד דִיא מְשָׁרְתִים זֶענֶען גֶעשְׁטַאנֶען אוּנְד הָאבֶּען גֶעמַאכְט
אַ פַייעֶר פוּן קוֹילֶען, וָוארִין עֶס אִיז קַאלְט גֶעוֶועזֶען, אוּנְד
הָאבֶּען זִיךְ גֶעוַוארְמְט; אוּנְד פֶּעטְרוֹס אִיז אוֹיךְ מִיט זֵייא
גֶעשְׁטַאנֶען אוּנְד הָאט זִיךְ גֶעוַוארְמְט:
19 אַזוֹי הָאט דֶער כֹּהֵן גָדוֹל יֵשׁוּעַ גֶעפְרֶעגְט וֶועגֶען זֵיינֶע
20 תַּלְמִידִים אוּנְד וֶועגֶען זֵיינֶע לֶעהְרֶע: יֵשׁוּעַ הָאט אִיהְם
גֶעעֶנְטְפֶערְט, אִיךְ הָאבּ עֶפֶענְטְלִיךְ גֶערֶעדט צוּ דֶער וֶועלְט:
אִיךְ הָאבּ בֶּעשְׁטֶענְדִיג גֶעלֶעהְרְט אִין דֶער שׁוּל אוּנְד אִין
דֶעם בֵּית הַמִּקְדָּשׁ, וְואוּ אַלֶע יוּדֶען קוּמֶען צוּזַאמֶען, אוּנְד
21 אִין פֶערְבָּארְגֶענֶעם הָאבּ אִיךְ גָארְנִיט גֶערֶעדט; פַארְוָואס
פְרֶעגְסְט דוּא מִיךְ? פְרֶעג דִיא וָואס הָאבֶּען מִיךְ גֶעהֶערְט
וָואס אִיךְ הָאבּ צוּ זֵייא גֶערֶעדט; זֶעה זֵייא וֵויסֶען וָואס אִיךְ
22 הָאבּ גֶעזָאגְט: אוּנְד וִויא עֶר הָאט דָאס גֶעזָאגְט, אַזוֹי הָאט
אֵיינֶער פוּן דִיא מְשָׁרְתִים וָואס אִיז דֶערְבֵּייא גֶעשְׁטַאנֶען
יֵשׁוּעַ אוֹיף דֶעם פָּנִים גֶעשְׁלָאגֶען אוּנְד גֶעזָאגְט, עֶנְטְפֶערְסְט
23 דוּא אַזוֹי דֶעם כֹּהֵן גָדוֹל? יֵשׁוּעַ הָאט אִיהְם גֶעעֶנְטְפֶערְט,
וֶוען אִיךְ הָאבּ שְׁלֶעכְטֶעס גֶערֶעדט, זָאג עֵדוּת אוֹיף דֶעם
שְׁלֶעכְטֶען; אָבֶּער וֶוען גוּטֶעס וַוארוּם שְׁלָאגְסְט דוּא מִיךְ?
24 דְרוּם הָאט אִיהְם חָנָן גֶעשִׁיקְט גֶעבּוּנְדֶען צוּ קַיָּפָא דֶעם
כֹּהֵן גָדוֹל:
25 אוּנְד שִׁמְעוֹן פֶּעטְרוֹס אִיז גֶעשְׁטַאנֶען אוּנְד הָאט זִיךְ
גֶעוַוארְמְט, אַזוֹי הָאבֶּען זֵייא צוּ אִיהְם גֶעזָאגְט, בִּיסְט דוּא
נִיט אוֹיךְ אֵיינֶער פוּן זֵיינֶע תַּלְמִידִים? עֶר הָאט גֶעלֵייקֶענְט
26 אוּנְד גֶעזָאגְט, אִיךְ בִּין נִיט: אֵיינֶער פוּן דִיא קְנֶעכְט פוּן
דֶעם כֹּהֵן גָדוֹל, וָואס אִיז גֶעוֶועזֶען אַ קָרוֹב פוּן דֶעם וָואס
פֶּעטְרוֹס הָאט דָאס אוֹיעֶר אָפְּגֶעהַאקְט, הָאט גֶעזָאגְט, הָאבּ
27 אִיךְ דִיךְ נִיט גֶעזֶעהֶען אִים גָארְטֶען מִיט אִיהְם? אַזוֹי
הָאט פֶּעטְרוֹס ווִידֶער גֶעלֵייקֶענְט, אוּנְד גְלֵייךְ הָאט דֶער
הָאן גֶעקְרֵייעֶט:
28 דְרוּם הָאבֶּען זֵייא יֵשׁוּעַ גֶעפִיהְרְט פוּן קַיָּפָא צוּם גֶערִיכְטְס-
הוֹיף; אוּנְד עֶס אִיז גֶעוֶועזֶען פְרִיה, אוּנְד זֵייא זֶעלְבְּסְט

זָעגֶען נִיט אַרֵיינְגֶעגַאנְגֶען אִין דָעם גֶערִיכְטְסְהוֹיף, אַז זַייא
זָאלֶען נִיט טָמֵא וָוערֶען, כְּדֵי זַייא זָאלֶען קֶענֶען עֶסֶען
29 דָאס קָרְבָּן פֶּסַח: אַזוֹי אִיז פִּילָטוֹס צוּ זַייא אַרוֹיסְגֶעגַאנְגֶען
אוּנְד הָאט גֶעזָאגְט, וָואס פַאר אַ פַארְקְלָאג בְּרֶענְגְט אִיהְר
30 קֶעגֶען דִיזֶען מֶענְשׁ? זַייא הָאבֶּען גֶעעֶנְטְפֶערְט אוּנְד
הָאבֶּען צוּ אִיהְם גֶעזָאגְט, וֶוען דִיזֶער וָואלְט נִיט קֵיין
שְׁלֶעכְטֶעס גֶעטְהוּן וָואלְטֶען מִיר אִיהְם נִיט צוּ דִיר אִיבֶּערְ־
31 גֶעגֶעבֶּען: דְרוּם הָאט פִּילָטוֹס צוּ זַייא גֶעזָאגְט, נֶעמְט
אִיהְר אִיהְם, אוּנְד רִיכְטֶעט אִיהְם נָאךְ אַייעֶר גֶעזֶעץ. דִיא
יוּדֶען הָאבֶּען צוּ אִיהְם גֶעזָאגְט, מִיר טָארֶען קֵיינֶעם נִיט
32 טֵייטֶען: כְּדֵי דָאס וָוארְט פוּן יֵשׁוּעַ זָאל דֶערְפִילְט וֶוערֶען
וָואס עֶר הָאט גֶעזָאגְט, וֶוען עֶר הָאט בֶּעצֵייכֶענְט וָואס
פַאר אַ טוֹיט עֶר וֶועט שְׁטַארְבֶּען:
33 אַזוֹי אִיז פִּילָטוֹס וִוידֶער אִים גֶערִיכְטְסְהוֹיף אַרֵיינְגֶעגַאנְגֶען,
אוּנְד הָאט יֵשׁוּעַ גֶערוּפֶען אוּנְד הָאט צוּ אִיהְם גֶעזָאגְט,
34 בִּיסְט דוּא דֶער מֶלֶךְ פוּן דִיא יוּדֶען? יֵשׁוּעַ הָאט גֶעעֶנְטְ־
פֶערְט, זָאגְסְט דוּא דָאס פוּן דִיר זֶעלְבְּסְט, אָדֶער הָאבֶּען
35 דִיר אַנְדֶערֶע וֶועגֶען מִיר גֶעזָאגְט? פִּילָטוֹס הָאט
גֶעעֶנְטְפֶערְט, בִּין אִיךְ דֶען אַ יוּד? דֵיין אַייגֶענֶעס פָאלְק
אוּנְד דִיא עֶרְשְׁטֶע כֹּהֲנִים הָאבֶּען דִיךְ צוּ מִיר אִיבֶּערְגֶעגֶע־
36 בֶּען; וָואס הָאסְט דוּא גֶעטְהוּן? יֵשׁוּעַ הָאט גֶעעֶנְטְפֶערְט,
מֵיין קֶענִיגְרֵייךְ אִיז נִיט פוּן דִיזֶער וֶועלְט; וֶוען מֵיין
קֶענִיגְרֵייךְ זָאל זֵיין פוּן דִיזֶער וֶועלְט, אַזוֹי וָואלְטֶען מֵיינֶע
מְשָׁרְתִים גֶעפָאכְטֶען אַז אִיךְ זָאל נִיט אִיבֶּערְגֶעגֶעבֶּען
וֶוערֶען צוּ דִיא יוּדֶען; אָבֶּער אַצוּנְד, אִיז מֵיין קֶענִיגְרֵייךְ
37 נִיט פוּן דַאנֶען: אַזוֹי הָאט פִּילָטוֹס צוּ אִיהְם גֶעזָאגְט,
בִּיסְט דוּא דֶען אַ קֶענִיג? יֵשׁוּעַ הָאט גֶעעֶנְטְפֶערְט, דוּא
זָאגְסְט אַז אִיךְ בִּין אַ קֶענִיג. דָארְפַאר בִּין אִיךְ גֶעבּוֹירֶען
גֶעוָוארֶען אוּנְד דָארְפַאר בִּין אִיךְ אִין דֶער וֶועלְט גֶעקוּמֶען,
אַז אִיךְ זָאל בֶּעצֵייגֶען אוֹיף דֶעם אֶמֶת; אִיטְלִיכֶער וָואס
38 אִיז פוּן דֶעם אֶמֶת הֶערְט מֵיין קוֹל: פִּילָטוֹס זָאגְט צוּ
אִיהְם, וָואס אִיז אֶמֶת? אוּנְד וֶוען עֶר הָאט דָאס גֶעזָאגְט,
אִיז עֶר וִוידֶער אַרוֹיסְגֶעגַאנְגֶען צוּ דִיא יוּדֶען, אוּנְד הָאט
צוּ זַייא גֶעזָאגְט, אִיךְ גֶעפִין קֵיינֶע שׁוּלְד נִיט אִין־אִיהְם:

39 אָבֶּער אִיהְר הָאט אַ מִנְהָג אַז אִיךְ זָאל אֵייךְ אֵיינֶעם
בֶּעפְרֵייעֶן אוֹיף פֶּסַח; ווילְט אִיהְר דֶען אַז אִיךְ זָאל אֵייךְ
40 בֶּעפְרֵייעֶן דֶעם קֶענִיג פוּן דִיא יוּדֶען? אַזוֹי הָאבֶּען זֵייא
ווידֶער גֶעשְׁרִיעֶן אוּנְד גֶעזָאגְט, נִיט דִיזֶען נייעֶרְט בַּר־אַבָּא.
אוּנְד בַּר־אַבָּא אִיז גֶעוועזֶען אַ רוֹיבֶּער:

קאפיטעל יט

1 דַאן הָאט פִּילָטוֹס גֶענוּמֶען יֵשׁוּעַ אוּנְד הָאט אִיהְם גֶעשְׁמִי־
2 סֶען: אוּנְד דִיא סָאלְדַאטֶען הָאבֶּען גֶעפְלָאכְטֶען אַ קְרוֹין
פוּן דֶערְנֶער, אוּנְד הָאבֶּען עֶס אִיהְם אוֹיף דֶעם קָאפּ
אוֹיפְגֶעזֶעצְט, אוּנְד הָאבֶּען אִיהְם אָנְגֶעטְהוּן אַ קְלֵייד פוּן
3 פּוּרְפּוּר: אוּנְד זֵייא זֶענֶען צוּ אִיהְם גֶעקוּמֶען אוּנְד הָאבֶּען
גֶעזָאגְט, שָׁלוֹם, אָ קֶענִיג פוּן דִיא יוּדֶען. אוּנְד זֵייא הָאבֶּען
4 אִיהְם פֶּעטְשׁ גֶעגֶעבֶּען: אוּנְד פִּילָטוֹס אִיז ווידֶער אַרוֹיסְגֶע־
גַאנְגֶען אוּנְד הָאט צוּ זֵייא גֶעזָאגְט, זֶעה, אִיךְ בְּרֶענְג אִיהְם
צוּ אֵייךְ אַרוֹיס, אַז אִיהְר זָאלְט ווִיסֶען אַז אִיךְ גֶעפִין קֵיינֶע
5 שׁוּלְד אִין אִיהְם: אַזוֹי אִיז יֵשׁוּעַ אַרוֹיסְגֶעקוּמֶען, אוּנְד הָאט
גֶעטְרָאגֶען דִיא קְרוֹין פוּן דֶערְנֶער אוּנְד דָאס קְלֵייד פוּן
פּוּרְפּוּר. אוּנְד פִּילָטוֹס הָאט צוּ זֵייא גֶעזָאגְט, זֶעהְט דֶעם
6 מֶענְשׁ: אוּנְד ווען דִיא עֶרְשְׁטֶע כֹּהֲנִים אוּנְד דִיא מְשָׁרְתִים
הָאבֶּען אִיהְם גֶעזֶעהֶען, הָאבֶּען זֵייא גֶעשְׁרִיעֶן אוּנְד גֶעזָאגְט,
קְרֵייצִיג, קְרֵייצִיג אִיהְם. פִּילָטוֹס הָאט צוּ זֵייא גֶעזָאגְט,
נֶעמְט אִיהְר אִיהְם אוּנְד קְרֵייצִיגְט אִיהְם, ווארִין אִיךְ גֶעפִין
7 קֵיינֶע שׁוּלְד נִיט אִין אִיהְם: דִיא יוּדֶען הָאבֶּען אִיהְם
גֶעעֶנְטְפֶערְט, מִיר הָאבֶּען אַ גֶעזֶעץ, אוּנְד נָאךְ אוּנְזֶער
גֶעזֶעץ אִיז עֶר חַיָב צוּ שְׁטַארְבֶּען. ווארִין עֶר הָאט זִיךְ
8 גֶעמַאכְט ווּהְן פוּן גָאט: ווען פִּילָטוֹס הָאט דָאס גֶעהֶערְט,
9 הָאט עֶר זִיךְ נָאךְ מֶעהְר גֶעפָארְכְטֶען: אוּנְד עֶר אִיז ווידֶער
אִין דֶעם גֶערִיכְטְסְהוֹיף אַרֵיינְגֶעקוּמֶען, אוּנְד הָאט צוּ יֵשׁוּעַ
גֶעזָאגְט פוּן ווַאנֶען בִּיסְט דוּא? אָבֶּער יֵשׁוּעַ הָאט אִיהְם קֵיין
10 עֶנְטְפֶער נִיט גֶעגֶעבֶּען: אַזוֹי הָאט פִּילָטוֹס צוּ אִיהְם גֶעזָאגְט,
רֶעדְסְט דוּא נִיט מִיט מִיר? ווייסְט דוּא נִיט אַז אִיךְ הָאבּ
מַאכְט דִיךְ צוּ בֶּעפְרֵייעֶן, אוּנְד אִיךְ הָאבּ מַאכְט דִיךְ צוּ
11 קְרֵייצִיגֶען? יֵשׁוּעַ הָאט גֶעעֶנְטְפֶערְט, דוּא וואלְסְט גָאר
קֵיינֶע מַאכְט נִיט אִיבֶּער מִיר גֶעהַאט, עֶס זֵייא דֶען עֶס אִיז דִיר

פוּן אוֹיבֶּען גֶעגֶעבֶּען; דְרוּם דֶער וָואס הָאט מִיךְ צוּ דִיר
אִיבֶּערְגֶעגֶעבֶּען הָאט אַ גְרֶעסֶערֶע זִינְד:
פוּן דֶענְסְמָאל אָן הָאט אִיהְם פִּילָטוּס גֶעוָואלְט בֶּעפְרַייעֶן; 12
אָבֶּער דִיא יוּדֶען הָאבֶּען גֶעשְׁרִיעֶן אוּנְד גֶעזָאגְט, וֶוען דוּא
וֶועסְט דִיזֶען בֶּעפְרַייעֶן, אַזוֹיא בִּיסְט דוּא קֵיין פְרַיינְד
פוּן דֶעם קֵיסָר; וֶוער עֶס מַאכְט זִיךְ אַ קֶענִיג, דֶער רֶעט
קֶעגֶען דֶעם קֵיסָר: אַזוֹי וֶוען פִּילָטוּס הָאט דִיזֶע וֶוערְטֶער 13
גֶעהֶערְט, הָאט עֶר יֵשׁוּעַ אַרוֹיסְגֶעפִיהְרְט, אוּנְד הָאט זִיךְ
אַנִידֶערְגֶעזֶעצְט אוֹיף דֶעם רִיכְטֶערְשְׁטוּהְל, אוֹיף אֵיין אָרְט
וָואס הֵייסְט דֶער פְלַאסְטֶער, אָבֶּער אוֹיף הֶעבְּרֶעאִישׁ, גַבָּתָא:
אוּנְד עֶס אִיז גֶעוֶועזֶען עֶרֶב פֶּסַח, קֶעגֶען דֶער זֶעקְסְטֶער 14
שָׁעָה; אוּנְד עֶר הָאט צוּ דִיא יוּדֶען גֶעזָאגְט, זֶעהְט אָן
אֵייעֶר קֶענִיג: דְרוּם הָאבֶּען זַייא גֶעשְׁרִיעֶן, אַוֶועק, אַוֶועק, 15
קְרַייצִיג אִיהְם. פִּילָטוּס הָאט צוּ זַייא גֶעזָאגְט, זָאל אִיךְ
אֵייעֶר קֶענִיג קְרַייצִיגֶען? דִיא עֶרְשְׁטֶע כֹּהֲנִים הָאבֶּען גֶע־
עֶנְטְפֶערְט, מִיר הָאבֶּען קֵיין קֶענִיג נִיט אוֹיסֶער דֶעם קֵיסָר:
דַאן הָאט עֶר אִיהְם צוּ זַייא אִיבֶּערְגֶעגֶעבֶּען, אַז עֶר זָאל 16
גֶעקְרַייצִיגְט וֶוערֶען. אוּנְד זַייא הָאבֶּען יֵשׁוּעַ גֶענוּמֶען אוּנְד
הָאבֶּען אִיהְם אַוֶועקְגֶעפִיהְרְט: אוּנְד עֶר אִיז אַרוֹיסְגֶעגַאנְגֶען 17
אוּנְד הָאט גֶעטְרָאגֶען זַיין קְרַייץ צוּ אַ פְּלַאץ וָואס הֵייסְט,
דֶער פְּלַאץ פוּן אַ קָאפְּשֵׁייטֶעל, אָבֶּער אוֹיף הֶעבְּרֶעאִישׁ
גָלְגָתָא: דָארְטֶען הָאבֶּען זַייא אִיהְם גֶעקְרַייצִיגְט אוּנְד צְוַויא 18
אַנְדֶערֶע מִיט אִיהְם, אֵיינֶעם פוּן יֶעדֶערֶע זַייט, אוּנְד יֵשׁוּעַ
אִין דֶער מִיטֶען: אוּנְד פִּילָטוּס הָאט אֵיינֶע אוֹיפְשְׁרִיפְט גֶע־ 19
שְׁרִיבֶּען, אוּנְד הָאט עֶס אוֹיף דֶעם קְרַייץ גֶעשְׁטֶעלְט, אוּנְד
עֶס וַואר גֶעשְׁרִיבֶּען, יֵשׁוּעַ הַנָּצְרִי, דֶער קֶענִיג פוּן
דִיא יוּדֶען: אַזוֹי הָאבֶּען פִילֶע פוּן דִיא יוּדֶען דִיא אוֹיפְ־ 20
שְׁרִיפְט גֶעלֶעזֶען, וָוארִין דֶער פְּלַאץ וְואוּ יֵשׁוּעַ אִיז גֶע־
קְרַייצִיגְט גֶעוָוארֶען וַואר נָאהְנְט צוּ דֶער שְׁטָאט, אוּנְד עֶס
וַואר גֶעשְׁרִיבֶּען אוֹיף הֶעבְּרֶעאִישׁ, אוּנְד גְרִיכִישׁ, אוּנְד
לַאטֵיינִישׁ: אוּנְד דִיא עֶרְשְׁטֶע כֹּהֲנִים פוּן דִיא יוּדֶען הָאבֶּען 21
צוּ פִּילָטוּס גֶעזָאגְט, שְׁרַייבּ נִיט, דֶער קֶענִיג פוּן דִיא יוּדֶען,
נַייעֶרְט אַז עֶר הָאט גֶעזָאגְט, אִיךְ בִּין דֶער קֶענִיג פוּן דִיא
יוּדֶען: אוּנְד פִּילָטוּס הָאט גֶעעֶנְטְפֶערְט, וָואס אִיךְ הָאבּ 22

23 גֶעשְׁרִיבֶּען, הָאבּ אִיךְ גֶעשְׁרִיבֶּען: אוּנְד דִיא זָעלְנֶער וָוען
דִיא הָאבֶּען יֵשׁוּעַ גֶעקְרֵייצִיגְט, הָאבֶּען גֶענוּמֶען זַיינֶע קְלֵייד־
דֶער, אוּנְד הָאבֶּען דְרוּים גֶעמַאכְט פִיר טֵיילֶען, אֵיין טֵייל
צוּ אִיטְלִיכֶען זָעלְנֶער; אוּנְד אוֹיךְ דֶעם רָאק, אוּנְד דֶער רָאק
24 וַואר אָהְן אֵיין נָאט, פוּן אוֹיבֶּען אִין גַאנְצֶען גֶעוָועבְּט: אַזוֹי
הָאבֶּען זֵייא אֵיינֶער צוּם אַנְדֶערֶען גֶעזָאגְט, לָאזֶען מִיר עֶס
נִיט צוּרֵייסֶען, נֵייעֶרְט מִיר וָועלֶען דְרוֹיף גוֹרָל וַוארְפֶען
וָועמֶעס עֶס זָאל זַיין. כְּדֵי דִיא שְׁרִיפְט זָאל דֶערְפִילְט וָוערֶען
וָואס זָאגְט, זֵייא הָאבֶּען מַיינֶע קְלֵיידֶער צְוִוישֶׁען זִיךְ צוּ־
טֵיילְט, אוּנְד אוֹיף מַיין רָאק הָאבֶּען זֵייא גוֹרָל גֶעוָוארְפֶען.
דְרוּם הָאבֶּען דִיא זָעלְנֶער דָאס גֶעטְהוּן: תהלים כ"ב, י"ח.
25 אוּנְד זַיינֶע מוּטֶער אוּנְד זַיינֶע מוּטֶערְס שְׁוֶועסְטֶער, אוּנְד
מִרְיָם דָאס וַוייבּ פוּן קְלֶעאָפַּאס, אוּנְד מִרְיָם מַגְדַלֶנָה זָענֶען
26 גֶעשְׁטַאנֶען בַּיים קְרֵייץ פוּן יֵשׁוּעַ: אוּנְד וָוען יֵשׁוּעַ הָאט
גֶעזָעהֶען זַיינֶע מוּטֶער, אוּנְד דֶעם תַּלְמִיד וָואס עֶר הָאט
גֶעלִיבְּט, בַּייא אִיהְם שְׁטֶעהְן, הָאט עֶר צוּ זַיינֶע מוּטֶער
27 גֶעזָאגְט, פְרוֹיא זֶעה, דַיין זוּהְן! דַאן הָאט עֶר צוּ דֶעם
תַּלְמִיד גֶעזָאגְט, זֶעה, דַיינֶע מוּטֶער! אוּנְד פוּן דִיזֶער שָׁעָה
הָאט זִיא דֶער תַּלְמִיד צוּ זִיךְ גֶענוּמֶען:
28 דֶערְנָאךְ, יֵשׁוּעַ וִויסֶענְדִיג אַז אַלֶעס אִיז שׁוֹין גֶעעֶנְדִיגְט,
כְּדֵי דִיא שְׁרִיפְט זָאל מְקוּיָם וָוערֶען, הָאט עֶר גֶעזָאגְט,
29 אִיךְ בִּין דַארְשְׁטִיג: אוּנְד דָארְטֶען אִיז גֶעשְׁטַאנֶען אַ גֶעפֶעס
פוּל מִיט עֶסִיג, אוּנְד זֵייא הָאבֶּען אָנְגֶעפִילְט אַ שְׁוַואם
מִיט עֶסִיג, אוּנְד גֶעלֶעגְט אוֹיף אֵזוֹב, אוּנְד הָאבֶּען עֶס אִיהְם
30 צוּם מוֹיל דֶערְלַאנְגְט: אוּנְד וָוען יֵשׁוּעַ הָאט גֶענוּמֶען דָאס
עֶסִיג, הָאט עֶר גֶעזָאגְט, עֶס אִיז גֶעעֶנְדִיגְט: אוּנְד עֶר הָאט
דֶעם קָאפּ גֶענֵייגְט, אוּנְד הָאט דֶעם גֵייסְט אִיבֶּערְגֶעגֶעבֶּען:
31 אוּנְד כְּדֵי דִיא לֵייבֶּער זָאלֶען נִיט בְּלֵייבֶּען אַם שַׁבָּת אוֹיף
דֶעם קְרֵייץ, וַוייל עֶס וַואר עֶרֶב פֶּסַח, (אוּנְד שַׁבָּת הַגָּדוֹל),
הָאבֶּען דִיא יוּדֶען גֶעבֶּעטֶען פִּילָטוֹס אַז זַיירֶע שֶׁענְקֶעל
זָאלֶען צוּבְּרָאכֶען וָוערֶען, אוּנְד אַז זֵייא זָאלֶען אַרוּפְּגֶענוּמֶען
32 וָוערֶען: דְרוּם זָענֶען דִיא זָעלְנֶער גֶעקוּמֶען אוּנְד הָאבֶּען
צוּבְּרָאכֶען דִיא שֶׁענְקֶעל פוּן דֶעם עֶרְשְׁטֶען אוּנְד פוּן דֶעם
33 אַנְדֶערֶען וָואס וַוארֶען מִיט אִיהְם גֶעקְרֵייצִיגְט: אוּנְד וָוען

זַייא זֶענֶען גֶעקוּמֶען צוּ יֵשׁוּעַ אוּנְד הָאבֶּען גֶעזֶעהֶען אַז
עֶר וַואר שׁוֹין טוֹיט, אַזוֹי הָאבֶּען זַייא זַיינֶע שֶׁענְקֶעל נִיט
צוּבְּרָאכֶען: אָבֶּער אֵיינֶער פוּן דִיא זֶעלְנֶער הָאט אִיהְם גֶע־ 34
שְׁטָאכֶען מִיט אַ שְׁפִּיז, אוּנְד עֶס אִיז בַּאלְד אַרוֹיסגֶעגַאנְגֶען
בְּלוּט אוּנְד וַואסֶער: אוּנְד דֶער וָואס הָאט עֶס גֶעזֶעהֶען 35
הָאט בֶּעצֵייגְט, אוּנְד זַיין צֵייגְנִיס אִיז וָואהר. אוּנְד עֶר וֵוייסְט
דָאס עֶר זָאגְט דִיא וָואהְרְהֵייט, אַז אִיהְר זָאלְט גְלוֹיבֶּען:
דֶען דָאס אִיז גֶעשֶׁעהֶען כְּדֵי דִיא שְׁרִיפְט זָאל דֶערְפִילְט 36
וֶוערֶען, קֵיין בֵּיין זָאל אִיהְם צוּבְּרָאכֶען וֶוערֶען: אוּנְד 37
ווִידֶער אֵיינֶע אַנְדֶערֶע שְׁרִיפְט זָאגְט, זַייא וֶועלֶען זֶעהֶען
אוֹיף אִיהְם וֶועלְכֶען זַייא הָאבֶּען גֶעשְׁטָאכֶען: זכריה י"ב, י'.
נָאךְ דִיזֶען הָאט יוֹסֵף פוּן רָמָתַיִם (וָואס וַואר אַ פֶערְבָּארְ־ 38
גֶענֶער תַּלְמִיד פוּן יֵשׁוּעַ פָאר פוּרְכְט פַאר דִיא יוּדֶען),
גֶעבֶּעטֶען פִּילָטוֹס, אַז עֶר זָאל מֶעגֶען אַוֶועקְנֶעמֶען דֶעם
לֵייבּ פוּן יֵשׁוּעַ. אוּנְד פִּילָטוֹס הָאט בֶּעוִוילִיגְט, אַזוֹי אִיז עֶר
גֶעקוּמֶען אוּנְד הָאט אַוֶועקְגֶענוּמֶען דֶעם לֵייבּ פוּן יֵשׁוּעַ:
אוּנְד נִיקוֹדִימוֹס וָואס אִיז צוּם עֶרְשְׁטֶען גֶעקוּמֶען צוּ יֵשׁוּעַ 39
בֵּייא נַאכְט, אִיז אוֹיךְ גֶעקוּמֶען אוּנְד הָאט גֶעבְּרַאכְט מֹר גֶע־
מִישְׁט מִיט אֲהָלוֹת אַן עֶרֶךְ פוּן הוּנְדֶערְט פוּנְט: אַזוֹי הָאבֶּען 40
זַייא גֶענוּמֶען דֶעם לֵייבּ פוּן יֵשׁוּעַ אוּנְד הָאבֶּען עֶס אֵיינְגֶע־
ווִיקֶעלְט אִין אַ לֵיילֶעךְ מִיט דִיא בְּשָׂמִים, אַזוֹי ווִיא עֶס וַואר
דֶער מִנְהָג בֵּייא דִיא קְבוּרָה פוּן דִיא יוּדֶען: אוּנְד דָא אִיז 41
גֶעוֶועזֶען אַ גָארְטֶען אִין דֶעם אָרְט וְואוּ עֶר וַואר גֶעקְרֵיי־
צִיגְט, אוּנְד אִין דֶעם גָארְטֶען וַואר אַ נֵייעֶס קֶבֶר, אִין וֶועלְכֶען
קֵיינֶער אִיז נָאךְ נִיט גֶעלֶעגֶען: אַזוֹי הָאבֶּען זַייא יֵשׁוּעַ 42
דָארְטֶען גֶעלֶעגְט, וֵוייל עֶס וַואר עֶרֶב פֶּסַח בֵּייא דִיא יוּדֶען,
אוּנְד דָאס קֶבֶר וַואר נָאהְנְט:

קאפיטעל כ

אוּנְד אִין דֶעם עֶרְשְׁטֶען טָאג פוּן דֶער וָואךְ אִיז מִרְיָם 1
מַגְדָלֶנָה גֶעקוּמֶען צוּם קֶבֶר אִין דֶער פְרִיה, וֶוען עֶס וַואר
נָאךְ פִינְסְטֶער, אוּנְד הָאט גֶעזֶעהֶען אַז דֶער שְׁטֵיין וַואר
אַוֶועקְגֶענוּמֶען פוּן דֶעם קֶבֶר: אַזוֹי אִיז זִיא גֶעלָאפֶען אוּנְד 2
אִיז גֶעקוּמֶען צוּ שִׁמְעוֹן פֶּעטְרוֹס אוּנְדצוּם אַנְדֶערֶען תַּלְמִיד,
וֶועלְכֶען יֵשׁוּעַ הָאט גֶעלִיבְּט, אוּנְד זִיא הָאט צוּ זַייא גֶעזָאגְט,

זַייא הָאבֶּען דֶעם הַאר אַװעקְגֶענוּמֶען פוּן דֶעם קֶבֶר, אוּנְד
3 מִיר װִיסֶען נִיט װְאוּ זַייא הָאבֶּען אִיהְם גֶעלֶעגְט: אוּנְד
פֶּעטְרוּס אוּנְד דֶער אַנְדֶערֶער תַּלְמִיד זֶענֶען אַרוֹיסְגֶעגַאנְגֶען,
4 אוּנְד זֶענֶען גֶעקוּמֶען צוּם קֶבֶר: אוּנְד זַייא זֶענֶען בֵּיידֶע
צוּזַאמֶען גֶעלָאפֶען, אוּנְד דֶער אַנְדֶערֶער תַּלְמִיד אִיז פְרִיהְר
אַהִינְגֶעלָאפֶען, גֶעשְׁװִינְדֶער װִיא פֶּעטְרוּס, אוּנְד אִיז צוּ־
5 עֶרְשְׁט גֶעקוּמֶען צוּ דֶעם קֶבֶר: אוּנְד עֶר הָאט זִיךְ אַרוּפּ־
גֶעבּוֹיגֶען אוּנְד הָאט גֶעזֶעהֶען דִיא תַּכְרִיכִים לִיגֶען; אָבֶּער
6 עֶר אִיז נִיט אַרַיינְגֶעגַאנְגֶען: אַזוֹי אִיז שִׁמְעוֹן פֶּעטְרוּס
אוֹיךְ גֶעקוּמֶען אִיהְם נָאכְגֶעהֶענְדִיג, אוּנְד אִיז אִין דֶעם קֶבֶר
אַרַיינְגֶעגַאנְגֶען; אוּנְד עֶר הָאט גֶעזֶעהֶען דִיא תַּכְרִיכִים
7 לִיגֶען: אוּנְד דָאס טִיכֶעל װָאס װַאר אוֹיף זַיין קָאפּ אִיז
נִיט גֶעװֶעזֶען מִיט דִיא תַּכְרִיכִים, נֵייעֶרְט אוֹיף אֵיין אָרְט
8 בֵּייא דֶער זַייט אֵיינְגֶעװִיקֶעלְט: דַאן אִיז אוֹיךְ דֶער אַנְדֶע־
רֶער תַּלְמִיד אַרַיינְגֶעגַאנְגֶען, װָאס אִיז צוּם עֶרְשְׁטֶען גֶעקוּמֶען
9 צוּם קֶבֶר, אוּנְד עֶר הָאט גֶעזֶעהֶען אוּנְד גֶעגְלוֹיבְּט: װָארִין
זַייא הָאבֶּען נָאךְ נִיט גֶעװְאוּסְט דִיא שְׁרִיפְט, אַז עֶר מוּז
10 פוּן דִיא טוֹיטֶע אוֹיפְשְׁטֶעהְן: דְרוּם זֶענֶען דִיא תַּלְמִידִים
אַהֵיים גֶעגַאנְגֶען:

11 אוּנְד מִרְיָם אִיז גֶעשְׁטַאנֶען בֵּייא דֶעם קֶבֶר פוּן דְרוֹיסֶען,
אוּנְד הָאט גֶעװֵיינְט. אוּנְד װִיא זִיא הָאט גֶעװֵיינְט הָאט זִיא
12 זִיךְ אַרוּפְגֶעבּוֹיגֶען צוּם קֶבֶר: אוּנְד זִיא הָאט גֶעזֶעהֶען
צְװֵייא מַלְאָכִים זִיצֶען אִין װֵייסֶען, אֵיינֶער צוּקָאפֶּעןְ'ס אוּנְד
אֵיינֶער צוּפִיסֶען, אִין דֶעם אָרְט װְאוּ דֶער לֵייבּ פוּן יֵשׁוּעַ
13 אִיז גֶעלֶעגֶען: אוּנְד זַייא הָאבֶּען צוּ אִיהְר גֶעזָאגְט, פְרוֹיא,
װָארוּם װֵיינְסְט דוּא? אוּנְד זִיא הָאט צוּ זַייא גֶעזָאגְט װֵייל
זַייא הָאבֶּען אַװֶעקְגֶענוּמֶען מֵיין הַאר, אִיךְ װֵייס נִיט װְאוּ
14 זַייא הָאבֶּען אִיהְם גֶעלֶעגְט: אוּנְד װֶוען זִיא הָאט דָאס
גֶעזָאגְט, הָאט זִיא זִיךְ אוּמְגֶעקֶערְט אוּנְד הָאט גֶעזֶעהְן יֵשׁוּעַ
שְׁטֶעהְן, אָבֶּער זִיא הָאט נִיט גֶעװְאוּסְט אַז דָאס אִיז יֵשׁוּעַ:
15 יֵשׁוּעַ הָאט צוּ אִיהְר גֶעזָאגְט, פְרוֹיא, װָארוּם װֵיינְסְט דוּא?
װֶעמֶען זוּכְסְט דוּא? אוּנְד זִיא הָאט גֶעמֵיינְט אַז עֶר אִיז
דֶער גֶערְטְנֶער אַזוֹי הָאט זִיא צוּ אִיהְם גֶעזָאגְט, הַאר, װֶוען
דוּא הָאסְט אִיהְם אַװֶעקְגֶעטְרָאגֶען, זָאג מִיר װְאוּ דוּא הָאסְט

16 אִיהְם גֶעלֶעגְט, אַזוֹי װֶעל אִיךְ אִיהְם אַװֶעקְנֶעמֶען: אוּנְד
יֵשׁוּעַ הָאט צוּ אִיהְר גֶעזָאגְט, מִרְיָם! אוּנְד זִיא הָאט זִיךְ
אוּמְגֶעקֶערְט אוּנְד הָאט צוּ אִיהְם גֶעזָאגְט, אִין הֶעבְּרֶעאִישׁ,
17 רַבּוֹנִי, (װָאס הֵייסְט לֶעהְרֶער): אוּנְד יֵשׁוּעַ הָאט צוּ אִיהְר
גֶעזָאגְט, רִיהְר מִיךְ נִיט אָן. װָארִין אִיךְ בִּין נָאךְ נִיט אַרוֹיפְ־
גֶעגַאנְגֶען צוּ מֵיין פָאטֶער. אָבֶּער גֶעה צוּ מֵיינֶע בְּרִידֶער,
אוּנְד זָאג זַייא, אִיךְ גֶעה אַרוֹיף צוּ מֵיין פָאטֶער אוּנְד צוּ
18 אֵייעֶר פָאטֶער, צוּ מֵיין גָאט אוּנְד צוּ אֵייעֶר גָאט: אַזוֹי
אִיז מִרְיָם מַגְדַלֶנָה גֶעקוּמֶען אוּנְד הָאט דִיא תַּלְמִידִים דֶערְ־
צֶעהְלְט אַז זִיא הָאט גֶעזֶעהֶען דֶעם הַאר, אוּנְד אַז עֶר הָאט
דָאס צוּ אִיהְר גֶעזָאגְט:
19 אוּנְד אוֹיף דֶעם אָבֶּענְד פוּן דֶעם זֶעלְבִּיגֶען טָאג, דֶעם עֶרְשְׁ־
טֶען טָאג אִין דֶער װָאךְ, װֶען דִיא טִירְרֶען װַארֶען פֶערְ־
שְׁלָאסֶען װְאוּ דִיא תַּלְמִידִים זֶענֶען צוּזַאמֶען גֶעקוּמֶען פַאר
פוּרְכְט פַאר דִיא יוּדֶען, אִיז יֵשׁוּעַ גֶעקוּמֶען אוּנְד אִיז
גֶעשְׁטַאנֶען אִין מִיטֶען, אוּנְד הָאט צוּ זַייא גֶעזָאגְט. שָׁלוֹם
20 עֲלֵיכֶם! אוּנְד װֶען עֶר הָאט דָאס גֶעזָאגְט, הָאט עֶר זַייא
גֶעװִיזֶען זַיינֶע הֶענְד אוּנְד זַיינֶע זַייט. אוּנְד דִיא תַּלְמִידִים
הָאבֶּען זִיךְ גֶעפְרֵייט װֶען זַייא הָאבֶּען גֶעזֶעהֶען דֶעם הַאר:
21 יֵשׁוּעַ הָאט דְרוּם װִידֶער צוּ זַייא גֶעזָאגְט, שָׁלוֹם עֲלֵיכֶם!
אַזוֹי װִיא דֶער פָאטֶער הָאט מִיךְ גֶעשִׁיקְט, אַזוֹי שִׁיק אִיךְ
22 אֵייךְ: אוּנְד װֶען עֶר הָאט דָאס גֶעזָאגְט, אַזוֹי הָאט עֶר אוֹיף
זַייא גֶעהוֹיכְט, אוּנְד הָאט צוּ זַייא גֶעזָאגְט, נֶעמְט דֶעם רוּחַ
23 הַקוֹדֶשׁ: װֶעמֶען אִיהְר װֶעט דִיא זִינְדֶען פֶערְגֶעבֶּען, אַזוֹי
אִיז עֶס זַייא פֶערְגֶעבֶּען. אוּנְד װֶעמֶעס זִינְדֶען אִיהְר הַאלְט
צוּרִיק, זֶענֶען זַייא צוּרִיק גֶעהַאלְטֶען:
24 אָבֶּער תּוֹמָא אֵיינֶער פוּן דִיא צְװֶעלְף, װָאס װַאר גֶערוּפֶען
25 דִידוּמוּס, װַאר נִיט מִיט זַייא װֶען יֵשׁוּעַ אִיז גֶעקוּמֶען: אוּנְד
דִיא אַנְדֶערֶע תַּלְמִידִים הָאבֶּען צוּ אִיהְם גֶעזָאגְט, מִיר הָאבֶּען
גֶעזֶעהֶען דֶעם הַאר. אָבֶּער עֶר הָאט צוּ זַייא גֶעזָאגְט, עֶס
זַייא דֶען װֶען אִיךְ װֶעל זֶעהֶען דֶעם צֵייכֶען פוּן דִיא נֶעגֶעל
אִין זַיינֶע הֶענְד, אוּנְד װֶעל מֵיין פִינְגֶער אַרֵיינְטְהוּן אִין
דֶעם צֵייכֶען פוּן דִיא נֶעגֶעל, אוּנְד װֶעל מֵיינֶע הַאנְד אַרֵיינְ־
שְׁטֶעקֶען אִין זַיינֶע זַייט: װֶעל אִיךְ נִיט גְלוֹיבֶּען:

26 אוּנְד נָאךְ אִין אַכְט טֶעג זֶענֶען זַיינֶע תַּלְמִידִים ־ ווידער
דְרִינֶען גֶעוֶועזֶען, אוּנְד תּוֹמָא מִיט זַייא. אוּנְד יֵשׁוּעַ אִיז
גֶעקוּמֶען וֶוען דִיא טִיהְרֶען וַואָרֶען פֶערְשְׁלָאסֶען, אוּנְד אִיז
גֶעשְׁטַאנֶען אִין דֶער מִיטֶען, אוּנְד הָאט גֶעזָאגְט, שָׁלוֹם
27 עֲלֵיכֶם! דֶערְנָאךְ הָאט עֶר גֶעזָאגְט צוּ תּוֹמָא, גְרֵייךְ אַהֶער
דַיין פִינְגֶער אוּנְד זֶעה מַיינֶע הֶענְד. אוּנְד גְרֵייךְ אַהֶער
דַיינֶע הַאנְד אוּנְד שְׁטֶעק זִיא אַרַיין אִין מַיינֶע זַייט. אוּנְד
28 זַייא נִיט אוּנְגְלוֹיבִּיג, נֵייעֶרְט גְלוֹיבִּיג: תּוֹמָא הָאט גֶעעֶנְטְ־
פֶערְט אוּנְד צוּ אִיהְם גֶעזָאגְט, מַיין הַאר אוּנְד מַיין גָאט!
29 אוּנְד יֵשׁוּעַ הָאט צוּ אִיהְם גֶעזָאגְט, תּוֹמָא, וַוייל דוּא הָאסְט
מִיךְ גֶעזֶעהֶען הָאסְט דוּא גֶעגְלוֹיבְּט. גֶעבֶּענְשְׁט זֶענֶען דִיא
וָואס הָאבֶּען נִיט גֶעזֶעהֶען אוּנְד הָאבֶּען דָאךְ גֶעגְלוֹיבְּט:
30 אוּנְד יֵשׁוּעַ הָאט נָאךְ פִילֶע אַנְדֶערֶע צֵייכֶען גֶעטְהוּן פָאר
זַיינֶע תַּלְמִידִים, וָואס זֶענֶען נִיט גֶעשְׁרִיבֶּען אִין דִיזֶען בּוּךְ:
31 אָבֶּער דִיזֶע זֶענֶען גֶעשְׁרִיבֶּען, כְּדֵי אִיהְר זָאלְט גְלוֹיבֶּען אַז
יֵשׁוּעַ אִיז דֶער מָשִׁיחַ, דֶער זוּהְן פוּן גָאט, אוּנְד אַז דוּרְךְ
דֶעם גְלוֹיבֶּען זָאלְט אִיהְר הָאבֶּען לֶעבֶּען אִין זַיין נָאמֶען:

קאפיטעל כא

1 נָאךְ ־ דִיזֶען הָאט זִיךְ יֵשׁוּעַ ווידער בֶּעווִיזֶען צוּ זַיינֶע
תַּלְמִידִים בַּיים יַם פוּן טְבֶרְיָה, אוּנְד עֶר הָאט זִיךְ אַזוֹי בֶּע־
2 ווִיזֶען: עֶס וַואָרֶען צוּזַאמֶען שִׁמְעוֹן פֶּעטְרוֹס, אוּנְד תּוֹמָא
וָואס וַואר בֶּערוּפֶען דִידוּמוֹס, אוּנְד נְתַנְאֵל פוּן קָנָה אִין
גָלִיל, אוּנְד דִיא זִיהְן פוּן זַבְדִי, אוּנְד צְווייא אַנְדֶערֶע פוּן
3 זַיינֶע תַּלְמִידִים: אוּנְד שִׁמְעוֹן פֶּעטְרוֹס הָאט צוּ זַייא גֶע־
זָאגְט, אִיךְ גֶעה פִישׁ פַאנְגֶען. אוּנְד זַייא הָאבֶּען צוּ
אִיהְם גֶעזָאגְט, מִיר וֶועלֶען אוֹיךְ מִיט דִיר גֶעהְן. אַזוֹי זֶע־
נֶען זַייא אַוֶועקְגֶעגַאנְגֶען, אוּנְד זֶענֶען בַּאלְד אִין אַ שִׁיף
אַרַיינְגֶעגַאנְגֶען. אוּנְד אִין דֶער נַאכְט הָאבֶּען זַייא גָארְנִיט
4 גֶעפַאנְגֶען: אוּנְד וֶוען עֶס וַואר שׁוֹין טָאג, אַזוֹי אִיז יֵשׁוּעַ
גֶעשְׁטַאנֶען בַּיים בָּארְטֶען, אָבֶּער דִיא תַּלְמִידִים הָאבֶּען נִיט
5 גֶעווּאוּסְט אַז דָאס אִיז יֵשׁוּעַ: דַאן הָאט יֵשׁוּעַ צוּ זַייא גֶע־
זָאגְט, קִינְדֶערְלֶעךְ הָאט אִיהְר עֶפֶּעס צוּ עֶסֶען? זַייא הָאבֶּען
6 אִיהְם גֶעעֶנְטְפֶערְט, נֵיין: אוּנְד עֶר הָאט צוּ זַייא גֶעזָאגְט,
וַוארְפְט דָאס נֶעץ צוּ דֶער רֶעכְטֶער זַייט פוּן דֶעם שִׁיף,

אוּנְד אִיהְר וָועט גֶעפִינֶען. דְרוּם הָאבֶּען זַייא גֶעוָוארְפֶען,
אוּנְד הָאבֶּען עֶס נִיט מֶעהְר גֶעקָאנְט אַרוֹיסְצִיהֶען וֶועגֶען
7 דִיא פִיל פִישׁ: אוּנְד דֶער תַּלְמִיד וֶועלְכֶען יֵשׁוּעַ הָאט גֶע־
לִיבְּט הָאט צוּ פֶּעטְרוּס גֶעזָאגְט, דָאס אִיז דֶער הַאר, אוּנְד
ווִיא שִׁמְעוֹן פֶּעטְרוּס הָאט גֶעהֶערְט אַז דָאס אִיז דֶער הַאר,
הָאט עֶר זִיךְ אַרוּמְגֶעגַארְטֶעלְט מִיט זַיין פִישֶׁערְמַאנְטֶעל,
(וָוארִין עֶר וַואר נַאקֶעט) אוּנְד הָאט זִיךְ אִין דֶעם יַם אַרַיינְ־
8 גֶעוָוארְפֶען: אָבֶּער דִיא אַנְדֶערֶע תַּלְמִידִים זֶענֶען גֶעקוּמֶען
אִין אַ קְלֵיין שִׁיפֶעל (וָוארִין זַייא זֶענֶען נִיט וַוייט גֶעוֶועזֶען
פוּן דֶעם לַאנְד נֵייעֶרְט אַן עֶרֶךְ פוּן צְוַוייא הוּנְדֶערְט טְפָחִים),
9 אוּנְד הָאבֶּען אַרוֹיסְגֶעצוֹיגֶען דָאס נֶעץ מִיט פִישׁ: אוּנְד
ווִיא זַייא זֶענֶען גֶעקוּמֶען צוּם לַאנְד הָאבֶּען זַייא גֶעזֶעהֶען
לִיגֶען אַ פֵייעֶר פוּן קוֹילֶען, אוּנְד פִישׁ דְרוֹיף, אוּנְד בְּרוֹיט:
10 יֵשׁוּעַ הָאט צוּ זַייא גֶעזָאגְט, בְּרֶענְגְט אַהֶער פוּן דִיא פִישׁ
11 וָואס אִיהְר הָאט אַצוּנְד גֶעפַאנְגֶען: שִׁמְעוֹן פֶּעטְרוּס
אִיז אַרוֹיפְגֶעגַאנְגֶען, אוּנְד הָאט גֶעצוֹיגֶען דָאס נֶעץ צוּם
לַאנְד, פוּל מִיט הוּנְדֶערְט אוּנְד דְרַייא אוּנְד פִינְפְצִיג גְרוֹיסֶע
פִישׁ. אוּנְד חָאטְשֶׁע עֶס וַוארֶען אַזוֹי פִיל, אִיז דָאס נֶעץ דָאךְ
12 נִיט צוּרִיסֶען גֶעוָוארֶען: יֵשׁוּעַ הָאט צוּ זַייא גֶעזָאגְט, קוּמְט
אוּנְד עֶסְט דִיא מָאהְלְצַייט. אוּנְד קֵיינֶער פוּן דִיא תַּלְמִידִים
הָאבֶּען זִיךְ אוּנְטֶערְשְׁטַאנֶען אִיהְם צוּ פְרֶעגֶען, וֶוער
בִּיסְט דוּא? זַייא הָאבֶּען גֶעווְאוּסְט אַז דָאס אִיז דֶער הַאר:
13 יֵשׁוּעַ אִיז גֶעקוּמֶען, אוּנְד הָאט גֶענוּמֶען דָאס בְּרוֹיט
14 אוּנְד הָאט זַייא גֶעגֶעבֶּען, אוּנְד אַזוֹי אוֹיךְ דִיא פִישׁ: דָאס
אִיז שׁוֹין דָאס דְרִיטֶע מָאל דָאס יֵשׁוּעַ הָאט זִיךְ בֶּעווִיזֶען
צוּ זַיינֶע תַּלְמִידִים, נָאכְדֶעם ווִיא עֶר אִיז פוּן דִיא טוֹיטֶע
אוֹיפְגֶעשְׁטַאנֶען:
15 אוּנְד וֶוען זַייא הָאבֶּען גֶעגֶעסֶען הָאט יֵשׁוּעַ גֶעזָאגְט צוּ
שִׁמְעוֹן פֶּעטְרוּס, שִׁמְעוֹן בֶּן יוֹנָה, לִיבְּסְט דוּא מִיךְ מֶעהְר
ווִיא דִיזֶע? אוּנְד עֶר הָאט צוּ אִיהְם גֶעזָאגְט, יוֹא הַאר, דוּא
וַוייסְט אַז אִיךְ לִיבּ דִיךְ. אַזוֹי הָאט עֶר צוּ אִיהְם גֶעזָאגְט,
16 פַאשִׁי מֵיינֶע לֶעמֶעלֶעךְ: אוּנְד עֶר הָאט ווִידֶער דָאס צְוַוייט־
טֶע מָאל צוּ אִיהְם גֶעזָאגְט, שִׁמְעוֹן בֶּן יוֹנָה, לִיבְּסְט דוּא
מִיךְ? אוּנְד עֶר הָאט צוּ אִיהְם גֶעזָאגְט, יוֹא הַאר, דוּא וַוייסְט

אַז אִיךְ לִיבּ דִיךְ. אַזוֹי הָאט עֶר צוּ אִיהְם גֶעזָאגְט, פַּאשִׂי
17 מֵיינֶע שָׁאף: אוּנְד עֶר הָאט דָאס דְרִיטֶע מָאל צוּ אִיהְם
גֶעזָאגְט, שִׁמְעוֹן בֶּן יוֹנָה, לִיבְּסְט דוּא מִיךְ? אוּנְד פֶּעטְרוּס
וַואר טְרוֹירִיג וַוייל עֶר הָאט צוּ אִיהְם דָאס דְרִיטֶע מָאל
גֶעזָאגְט, לִיבְּסְט דוּא מִיךְ? אוּנְד עֶר הָאט צוּ אִיהְם
גֶעזָאגְט, הַאר, דוּא ווייסְט אַלֶעס. דוּא ווייסְט אַז אִיךְ לִיבּ
דִיךְ; אוּנְד יֵשׁוּעַ הָאט צוּ אִיהְם גֶעזָאגְט, פַּאשִׂי מֵיינֶע שָׁאף׃
18 פַארְוָואהר, פַארְוָואהר זָאג אִיךְ דִיר, וֶוען דוּא בִּיסְט יוּנְגֶער
גֶעוֶועזֶען, אַזוֹי הָאסְט דוּא דִיךְ אַרוּמְגֶעגַארְטֶעלְט אוּנְד
בִּיסְט אַרוּמְגֶעגַאנְגֶען וְואוּ דוּא הָאסְט גֶעוָאלְט. אָבֶער וֶוען
דוּא וֶועסְט אַלְט וֶוערֶען, אַזוֹי וֶועסְט דוּא דֵיינֶע הֶענְד
אוֹיסְשְׁטְרֶעקֶען, אוּנְד אֵיין אַנְדֶערֶער וֶועט דִיךְ גַארְטְלֶען
19 אוּנְד וֶועט דִיךְ טְרָאגֶען וְואוּ אַהִין דוּא ווילְסְט נִיט: אוּנְד
דָאס הָאט עֶר גֶעזָאגְט צוּ בֶּעדֵייטֶען מִיט וָואס פַאר אַ טוֹיט
עֶר וֶועט גָאט פֶערְהֶערְלִיכֶען. אוּנְד וֶוען עֶר הָאט דָאס
20 גֶעזָאגְט, הָאט עֶר צוּ אִיהְם גֶעזָאגְט, פָאלְג מִיר נָאךְ: אוּנְד
פֶּעטְרוּס הָאט זִיךְ אוּמְגֶעקֶערְט, אוּנְד הָאט גֶעזֶעהֶען דֶעם
תַּלְמִיד נָאכְפָאלְגֶען, וֶועלְכֶען יֵשׁוּעַ הָאט גֶעלִיבְּט, אוּנְד וָואס
אִיז אוֹיךְ אָנְגֶעלֶעהְנְט גֶעוֶועזֶען אוֹיף זֵיינֶע בְּרוּסְט בֵּייא
דֶעם אָבֶענְדעֶסֶען אוּנְד הָאט גֶעזָאגְט, הַאר, וֶוער אִיז דֶער וָואס
21 אִיבֶּערְלִיפֶערְט דִיךְ? וֶוען פֶּעטְרוּס הָאט דִיזֶען גֶעזֶעהֶען
הָאט עֶר צוּ יֵשׁוּעַ גֶעזָאגְט, הַאר, וָואס זָאל דִיזֶער טְהוּן?
22 אוּנְד יֵשׁוּעַ הָאט צוּ אִיהְם גֶעזָאגְט, וֶוען אִיךְ וויל אַז עֶר
זָאל בְּלֵייבֶּען בִּיז אִיךְ קוּם, וָואס הָאט דָאס צוּ דִיר? פָאלְג
23 דוּא מִיר נָאךְ: דְרוּם אִיז דִיזֶעס וָוארְט אוֹיסְגֶעגַאנְגֶען
צְווִישֶׁען דִיא בְּרִידֶער, אַז דִיזֶער תַּלְמִיד וֶועט נִיט שְׁטַארְ־
בֶּען: אָבֶער יֵשׁוּעַ הָאט צוּ אִיהְם נִיט גֶעזָאגְט, אַז עֶר וֶועט
נִיט שְׁטַארְבֶּען, נֵייעֶרְט וֶוען אִיךְ וויל אַז עֶר זָאל בְּלֵייבֶּען
24 בִּיז אִיךְ קוּם וָואס הָאט דָאס צוּ דִיר: דָאס אִיז דֶער תַּלְמִיד
וָואס זָאגְט עֵדוּת אוֹיף דִיזֶע זַאכֶען, אוּנְד הָאט דִיזֶעס גֶע־
25 שְׁרִיבֶּען. אוּנְד מִיר וִויסֶען אַז זַיין עֵדוּת אִיז וָואהר: אוּנְד
עֶס זֶענֶען פֶערְהַאנֶען נָאךְ פִילֶע אַנְדֶערֶע זַאכֶען וָואס יֵשׁוּעַ
הָאט גֶעטְהוּן, וָואס וֶוען אִיטְלִיכֶעס זָאל בֶּעזוּנְדֶער גֶע־
שְׁרִיבֶּען זַיין, אַזוֹי דֶענְק אִיךְ אַז דִיא וֶועלְט וָואלְט נִיט קֶענֶען
דֶערְהַאלְטֶען דִיא בִּיכֶער וָואס זָאלֶען גֶעשְׁרִיבֶּען וֶוערֶען:

דִּיא אַפָּאסְטֶעלְגֶעשִׁיכְטֶע.

---

1 דָאס עֶרְשְׁטֶע בּוּךְ הָאבּ אִיךְ גֶעמַאכְט, אָ תְּאוֹפִילוֹס, אִיבֶּער
אַלֶעס וָואס יֵשׁוּעַ הָאט אָנְגֶעהוֹיבֶּען צוּ טְהוּן אוּנְד צוּ לֶעהְ־
2 רֶען: בִּיז צוּם טָאג וָוען עֶר וַואר אַרוֹיפְגֶענוּמֶען, נָאכְדֶעם
וָוען עֶר הָאט דוּרְךְ דֶעם רוּחַ הַקוֹדֶשׁ אַ בֶּעפֶעל גֶעגֶעבֶּען
3 צוּ זַיינֶע שְׁלִיחִים וָועלְכֶע עֶר הָאט אוֹיסְדֶערְוָועהְלְט: צוּ
וָועלְכֶע עֶר הָאט זִיךְ אוֹיךְ פָארְגֶעשְׁטֶעלְט לֶעבֶּעדִיג נָאךְ
זַיין לַיידֶען, דוּרְךְ פִילֶע בֶּעוַוייזֶע וָוען עֶר הָאט זִיךְ צוּ זַייא
בֶּעוִויזֶען פִירְצִיג טָאג לַאנְג, אוּנְד הָאט גֶעשְׁפְּרָאכֶען פוּן דִיא
4 זַאכֶען וָואס גֶעהֶערֶען צוּם קֶענִייגְרַייךְ פוּן גָאט: אוּנְד וָוען
זַייא וַוארֶען פֶערְזַאמֶעלְט, הָאט עֶר זַייא אָנְגֶעזָאגְט זַייא זָאלֶען
נִיט אַוֶועקְגֶעהֶען פוּן יְרוּשָׁלַיִם, נֵייעֶרְט זַייא זָאלֶען וַוארְטֶען
אוֹיף דֶער הַבְטָחָה פוּן דֶעם פָאטֶער, וָואס אִיהְר הָאט גֶעהֶערְט
5 פוּן מִיר: וָוארִין יוֹחָנָן הָאט גֶעטוֹבֶלְט מִיט וַואסֶער, אָבֶּער
אִיהְר וֶועט גֶעטוֹבֶלְט וֶוערֶען מִיט דֶעם רוּחַ הַקוֹדֶשׁ נִיט פִיל
6 טֶעג שְׁפֶּעטֶער: דְרוּם וָוען זַייא זֶענֶען זִיךְ צוּזַאמֶענְגֶעקוּמֶען
הָאבֶּען זַייא גֶעזָאגְט, הַאר וֶועסְט דוּא אִין דִיזֶער צֵייט צוּ־
7 רִיקְשְׁטֶעלֶען דָאס קֶענִיגְרַייךְ פוּן יִשְׂרָאֵל? עֶר הָאט צוּ
זַייא גֶעזָאגְט, עֶס קוּמְט נִיט צוּ אֵייךְ אִיהְר זָאלְט וִויסֶען
דִיא צֵייטֶען אָדֶער דִיא יָאהְרְצֵייטֶען וָועלְכֶע דֶער פָאטֶער
8 הָאט בֶּעהַאלְטֶען אִין זַיין אֵייגֶענֶער מַאכְט: אָבֶּער אִיהְר
וֶועט דֶערְהַאלְטֶען קְרַאפְט וָוען דֶער רוּחַ הַקוֹדֶשׁ וֶועט
אוֹיף אֵייךְ קוּמֶען; אוּנְד אִיהְר וֶועט זַיין מֵיינֶע עֵדוּת אִין
יְרוּשָׁלַיִם אוּנְד אִין גַאנְץ יְהוּדָה אוּנְד אִין שֹׁמְרוֹן, אוּנְד
9 בִּיז צוּ דֶעם עֶק פוּן דֶער עֶרְד: אוּנְד וָוען עֶר הָאט דָאס
גֶעזָאגְט, וַואר עֶר אֵרוֹיפְגֶענוּמֶען בְּשַׁעַת זַייא הָאבֶּען אַרוֹיפְ־
גֶעקוּקְט פָאר זַיירֶע אוֹיגֶען, אוּנְד אַ וָואלְקֶען הָאט אִיהְם
10 פָאר זַייעֶר פָּנִים אַוֶועקְגֶענוּמֶען: אוּנְד וָוען זַייא הָאבֶּען
גֶעקוּקְט צוּם הִימֶעל וִויא עֶר אִיז אַרוֹיפְגֶעגַאנְגֶען, זֶענֶען
צְוַויא מֶענְשֶׁען בֵּייא זַייא גֶעשְׁטַאנֶען אִין וֵייסֶע קְלֵיידֶער:
11 אוּנְד זַייא הָאבֶּען גֶעזָאגְט, אִיהְר לֵייט פוּן גָלִיל, וָואס
שְׁטֶעהְט אִיהְר אוּנְד קוּקְט צוּם הִימֶעל? דִיזֶער יֵשׁוּעַ וָואס

פַאר פוּן אֵייךְ אַרוֹיפְגֶענוּמֶען אִין הִימֶעל אַרֵיין, וֶועט אַזוֹי
קוּמֶען וִויא אִיהְר הָאט אִיהְם גֶעזֶעהֶען אִין הִימֶעל אַרֵיינְגֶעהְן:
12 דַאן הָאבֶּען זֵייא זִיךְ אוּמְגֶעקֶעהְרְט קֵיין יְרוּשָׁלַיִם פוּן דֶעם
בַּארְג וָואס וֶוערְט גֶערוּפֶען דֶער הַר הַזֵּתִים, וָואס אִיז אַ
13 תְּחוּם שַׁבָּת פוּן יְרוּשָׁלַיִם: אוּנְד וֶוען זֵייא זֶענֶען אַרֵיינְגֶע־
קוּמֶען זֶענֶען זֵייא אַרוֹיפְגֶעגַאנְגֶען אִין אֵיינֶע אוֹיבֶּערְשְׁטוּבּ,
וְואוּ עֶס הָאבֶּען זִיךְ אוֹיפְגֶעהַאלְטֶען פֶּעטְרוֹס אוּנְד יַעֲקֹב,
אוּנְד יוֹחָנָן אוּנְד אַנְדְרֶעאַ, פִילִיפּוּס אוּנְד תּוֹמָא, בַּר תַּלְמָי
אוּנְד מַתְיָה, יַעֲקֹב דֶער זוּהְן פוּן אַלְפַי אוּנְד שִׁמְעוֹן הַקַנָאִי,
14 אוּנְד יְהוּדָה דֶער בְּרוּדֶער פוּן יַעֲקֹב: דִיזֶע אַלֶע הָאבֶּען
שְׁטֶענְדִיג אַחְדוּת גֶעהַאלְטֶען אִים גֶעבֶּעט אוּנְד בַּקָשָׁה,
מִיט דִיא וַוייבֶּער אוּנְד מִיט מִרְיָם, דִיא מוּטֶער פוּן יֵשׁוּעַ,
אוּנְד מִיט זֵיינֶע בְּרִידֶער:
15 אוּנְד אִין דִיזֶע טֶעג אִיז פֶּעטְרוֹס אוֹיפְגֶעשְׁטַאנֶען צְוִוישֶׁען
דִיא תַּלְמִידִים אוּנְד הָאט גֶעזָאגְט, (אוּנְד דִיא צָאל פוּן דִיא
נֶעמֶען פוּן דִיא לֵייט וָואס וַוארֶען צוּזַאמֶען וַואר אַן עֶרֶךְ פוּן
16 הוּנְדֶערְט אוּנְד צְוַואנְצִיג): אִיהְר מֶענֶער אוּנְד בְּרִידֶער, דִיא
שְׁרִיפְט הָאט גֶעמוּסְט דֶערְפִילְט וֶוערֶען וָואס דֶער רוּחַ
הַקוֹדֶשׁ הָאט צוּפָאר גֶעזָאגְט דוּרְךְ דָוִד, וֶועגֶען יְהוּדָה וָואס
וַואר אַ פִיהְרֶער צוּ דִיא וָואס הָאבֶּען יֵשׁוּעַ גֶעפַאנְגֶען:
17 וָוארִין עֶר וַואר מִיט אוּנְס גֶעצֶעהְלְט, אוּנְד הָאט דֶערְהַאלְ־
18 טֶען אַ טֵייל פוּן דִיזֶען דִינְסְט: דִיזֶער הָאט גֶעקוֹיפְט אַ פֶעלְד
פַאר דֶעם אוּמְגֶערֶעכְטֶען לוֹין, אוּנְד עֶר אִיז אַנִידֶערְגֶעפַאלֶען
מִיט דֶעם קָאפּ אַרוּפּ אוּנְד אִיז אוֹיפְגֶעשְׁפַּאלְטֶען גֶעוָוארֶען:
אוּנְד זֵיינֶע גַאנְצֶע גֶעדֶערְם זֶענֶען אוֹיסְגֶעגָאסֶען גֶעוָוארֶען:
19 אוּנְד דָאס אִיז בֶּעקַאנְט גֶעוָוארֶען צוּ אַלֶע אֵיינְוְואוֹינֶער פוּן
יְרוּשָׁלַיִם, אוּנְד דְרוּם וֶוערְט דָאס פֶעלְד גֶערוּפֶען אִין זֵייעֶר
אֵייגֶען לָשׁוֹן חֲקַל דְמָא, דָאס הַייסְט דָאס פֶעלְד פוּן בְּלוּט:
20 וָוארִין עֶס שְׁטֶעהְט גֶעשְׁרִיבֶּען אִין סֵפֶר תְּהִלִים (ס"ט כ"ו),
„לָאז זֵיין פַּאלַאסְט פֶערְוִויסְט וֶוערֶען, אוּנְד לָאז עֶס קֵיין
בֶּעזִיצֶער הָאבֶּען, אוּנְד לָאז אֵיין אַנְדֶערֶער זֵיינֶע אוֹיפְ־
21 זֶעהוּנְג אִיבֶּערְנֶעמֶען“: דָארוּם מוּס אֵיינֶער פוּן דִיזֶע
מֶענְער, וָואס זֶענֶען מִיט אוּנְס דוּרְךְ דֶער גַאנְצֶער צֵייט,
וֶוען דֶער הַאר יֵשׁוּעַ אִיז אֵיין אוּנְד אוֹיסְגֶעגַאנְגֶען צְוִוישֶׁען

אוּנְס: פוּן אָנְהֵייבּ פוּן דִיא טְבִילָה פוּן יוֹחָנָן בִּיז צוּם טָאג 22
וָוען עֶר וַואר אַרוֹיפְגֶענוּמֶען פוּן אוּנְס, מִיט אוּנְס אֵיין עֵדוּת
צוּ זַיין אוֹיף זַיינֶע אוֹיפְעֶרְשְׁטֶעהוּנְג: אוּנְד זַייא הָאבֶּען 23
פָארְגֶעשְׁטֶעלְט צְוֵוייא, יוֹסֵף, וָואס וַואר גֶערוּפֶען בַּר־שַׁבָּא,
אוּנְד מִיט דֶעם צוּנָאמֶען יוּסְטוּס, אוּנְד מַתְיָה: אוּנְד זַייא 24
הָאבֶּען גֶעבֶּעטֶען אוּנְד הָאבֶּען גֶעזָאגְט, דוּא הַאר, וָואס דוּא
קֶענְסְט דִיא הֶערְצֶער פוּן אַלֶע וַוייז וֶועלְכֶען פוּן דִיא צְוַוייא
דוּא הָאסְט אוֹיסְדֶערְוֶועהְלְט: אַז עֶר זָאל צוּנֶעמֶען דִיא 25
שְׁטֶעלֶע אִין דִיזֶען דִינְסְט אוּנְד שְׁלִיחוּת פוּן וֶועלְכֶע יְהוּדָה
הָאט אָבְּגֶעוַוייכְט, אַז עֶר זָאל גֶעהְן צוּ זַיין אֵייגֶענֶעם אָרְט:
אוּנְד זַייא הָאבֶּען פַאר זַייא גוֹרָלוֹת גֶעוָוארְפֶען, אוּנְד דָאס 26
גוֹרָל אִיז גֶעפַאלֶען אוֹיף מַתְיָה, אוּנְד עֶר וַואר גֶעצֶעהְלְט
מִיט דִיא עֶלְף אַפָּאסְטֶעל:

קאפיטעל ב

אִין דֶעם טָאג פוּן שְׁבוּעוֹת, הָאבֶּען זַייא זִיךְ אַלֶע פֶערְזַא־ 1
מֶעלְט אוֹיף אֵיין אָרְט: אוּנְד עֶס וַואר פְלוּצְלוּנְג אַ קוֹל 2
פוּן הִימֶעל, אַזוֹי וַויא דָאס רוֹישֶׁען פוּן אַ שְׁטַארְקֶען ווִינְד,
אוּנְד עֶס הָאט אָנְגֶעפִילְט דָאס גַאנְצֶע הוֹיז וְואוּ זַייא זֶענֶען
גֶעזֶעסֶען: אוּנְד עֶס הָאבֶּען זִיךְ צוּ זַייא בֶּעוִויזֶען צוּשְׁפָּאלְ־ 3
טֶענֶע צוּנְגֶען ווִיא פוּן פֵייעֶר וָואס אִיז גֶעזֶעסֶען אוֹיף אִיטְ־
לִיכֶען פוּן זַייא: אוּנְד זַייא וַוארֶען אַלֶע אָנְגֶעפִילְט מִיט 4
דֶעם רוּחַ הַקוֹדֶשׁ, אוּנְד הָאבֶּען אָנְגֶעהוֹיבֶּען צוּ רֶעדֶען מִיט
אַנְדֶערֶע לְשׁוֹנוֹת, אַזוֹי ווִיא דֶער גֵייסְט הָאט זַייא גֶעגֶעבֶּען
אוֹיסְצוּשְׁפְּרֶעכֶען: אוּנְד דָא הָאבֶּען גֶעוְואוֹינְט אִין יְרוּשָׁלַיִם 5
יוּדֶען וָואס וַוארֶען פְרוּמֶע לַייט, פוּן אִיטְלִיכֶען פָאלְק אוּנְ־
טֶער דֶעם הִימֶעל: אוּנְד וֶוען דִיזֶער שֵׁם אִיז אוֹיסְגֶעגַאנְגֶען, 6
אַזוֹי אִיז פִיל פָאלְק צוּזַאמֶענְגֶעקוּמֶען. אוּנְד זֶענֶען עֶרְ־
שְׁטוֹינְט גֶעוָוארֶען, וָוארִין אִיטְלִיכֶער הָאט זַייא גֶעהֶערְט
רֶעדֶען אִין זַיין אֵייגֶען לָשׁוֹן: אוּנְד אַלֶע זֶענֶען עֶרְשְׁטוֹינְט 7
אוּנְד פֶערְוְואוּנְדֶערְט גֶעוָוארֶען, אוּנְד הָאבֶּען גֶעזָאגְט, זֶע־
נֶען נִיט אַלֶע דִיזֶע וָואס רֶעדֶען אוֹיס גָלִיל? ווִיא אַזוֹי דֶען 8
הֶערֶען מִיר אִיטְלִיכֶער אוּנְזֶער לָשׁוֹן אִין וֶועלְכֶען מִיר זֶע־
נֶען גֶעבּוֹירֶען גֶעוָוארֶען: אֵיינְוְואוֹינֶער פוּן פְּרִיסִים אוּנְד מָדִים 9
אוּנְד עֵילָמִים, אוּנְד אֲרַם נַהֲרַיִם, אוּנְד יְהוּדָה אוּנְד כַּפְתּוֹר,

10 אוּנד פַּנְטוּס, אוּנד אַסְיָא: אִין פְרוּגְיָא אוּנד פַּמְפִילְיָא אִין
מִצְרַיִם, אִין דֶעם טְהֵייל פוּן לִיבְּיֶען וָואס אִיז בֵּייא קוּרֵינִי,
11 אוּנד אוֹיסְלֶענְדֶער פוּן רוֹם יוּדֶען אוּנד גֵרִים: כְּרֵתִים אוּנד
אַרַאבֶּער, מִיר הֶערֶען זֵייא רֶעדֶען דִיא גְבוּרוֹת פוּן גָאט
12 אִין אוּנְזֶערֶע לְשׁוֹנוֹת: אוּנד זֵייא הָאבֶּען זִיךְ אַלֶע פֶערְ־
וְואוּנְדֶערְט אוּנד וַוארֶען פֶערְטוּמֶעלְט, אוּנד הָאבֶּען אֵיינֶער
13 צוּ דֶעם אַנְדֶערֶען גֶעזָאגְט וָואס זָאל דָאס זֵיין? אוּנד אַנְדֶערֶע
הָאבֶּען גֶעשְׁפֶּעט אוּנד גֶעזָאגְט, זֵייא זֶענֶען פוּל מִיט
זִיסֶען וויין:
14 אָבֶּער פֶּעטְרוּס אִיז אוֹיפְגֶעשְׁטַאנֶען מִיט דִיא עֶלְף, אוּנד
הָאט זֵיין קוֹל אוֹיפְגֶעהוֹיבֶּען, אוּנד הָאט צוּ זֵייא גֶע־
זָאגְט, אִיהְר יוּדִישֶׁע מֶענֶער, אוּנד אַלֶע וָואס וְואוֹינֶען אִין
יְרוּשָׁלַיִם, לָאז אֵייךְ דָאס צוּ וִויסֶען זֵיין, אוּנד הָארְכְט צוּ
15 מֵיינֶע רֶעד: וָוארִין דִיזֶע זֶענֶען נִיט שִׁיכּוֹר וִויא אִיהְר מֵיינְט;
וָוארִין עֶס אִיז עֶרְשְׁט דִיא דְרִיטֶע שָׁעָה פוּן דֶעם טָאג:
16 אָבֶּער דָאס אִיז יֶענֶעם וָואס וַואר גֶעזָאגְט דוּרְךְ יוֹאֵל הַנָּבִיא:
17 „אוּנד עֶס וֶועט זֵיין אִין דִיא לֶעצְטֶע טֶעג, זָאגְט גָאט,
אַזוֹי וֶועל אִיךְ אוֹיסְגִיסֶען מֵיין גֵייסְט אוֹיף אַלֶעם פְלֵיישׁ,
אוּנד אֵיירֶע זִיהְן אוּנד אֵיירֶע טֶעכְטֶער וֶועלֶען נְבוּאוֹת
זָאגֶען, אוּנד אֵיירֶע יוּנְגֶע לֵייט וֶועלֶען זֶעהֶען גֶעזִיכְטֶען,
18 אוּנד אֵיירֶע אַלְטֶע לֵייט וֶועלֶען חֲלוֹמ׳ן חֲלוֹמוֹת: אוּנד
אוֹיף מֵיינֶע קְנֶעכְט אוּנד אוֹיף מֵיינֶע דִינְסְטְמֶעדְען וֶועל
אִיךְ אִין דִיזֶע טֶעג אוֹיסְגִיסֶען מֵיין גֵייסְט אוּנד זֵייא וֶוע־
19 לֶען נְבוּאוֹת זָאגֶען: אוּנד אִיךְ וֶועל בֶּעוַויזֶען וְואוּנְדֶער
אִים הִימֶעל פוּן אוֹיבֶּען, אוּנד צֵייכֶען אוֹיף דֶער עֶרְד פוּן
אוּנְטֶען, בְּלוּט אוּנד פֵייעֶר אוּנד אַ דַאמְפְּף פוּן רוֹיךְ:
20 דִיא זוּן וֶועט פֶערְקֶערְט וֶוערֶען צוּ פִינְסְטֶערְנִיס, אוּנד דִיא
לְבָנָה צוּ בְּלוּט, אֵיידֶער דֶער גְרוֹיסֶער אוּנד פוּרְכְטִיגֶער
21 טָאג פוּן דֶעם הַאר וֶועט קוּמֶען: אוּנד עֶס וֶועט זֵיין אַז
אִיטְלִיכֶער וָואס וֶועט אָנְרוּפֶען דֶעם נָאמֶען פוּן דֶעם הַאר
וֶועט גֶערֶעטֶעט וֶוערֶען״: (יואל ג׳ א׳־ה׳)
22 אִיהְר מֶענֶער פוּן יִשְׂרָאֵל, הֶערְט צוּ דִיזֶע וֶוערְטֶער, יֵשׁוּעַ
הַנָּצְרִי, אַ מַאן וָואס וַואר צוּ אֵייךְ בֶּעוִויזֶען מִיט גְבוּרוֹת אוּנד
וְואוּנְדֶער אוּנד צֵייכֶען וָואס גָאט הָאט דוּרְךְ אִיהְם גֶעטְהוּן

23 צְווִישֶׁען אֵייךְ, אַזוֹי וִויא אִיהְר אַלֵיין ווייסְט: דִיזֶען וָואס
וַואר אִיבֶּערְגֶעגֶעבֶּען דוּרךְ דִיא עֵצָה אוּנְד פָארְזֶעהוּנְג פוּן
גָאט, הָאט אִיהְר גֶענוּמֶען אוּנְד הָאט אִיהְם גֶעקְרֵייצִיגְט אוּנְד
24 אוּמְגֶעבְּרַאכְט דוּרךְ אוּמְגֶערֶעכְטֶע הֶענְד: וֶועלְכֶען גָאט
הָאט אוֹיפְגֶעוֶועקְט, וֶוען עֶר הָאט אוֹיפְגֶעבּוּנְדֶען דִיא וֶועה־
טָאג פוּן דֶעם טוֹיט; וָוארִין עֶם וַואר נִיט מֶעגְלִיךְ אַז עֶר
25 זָאל פוּן אִיהְם גֶעהַאלְטֶען וֶוערֶען: וָוארִין דָוִד זָאגְט
אוֹיף אִיהְם (תהלים ט"ז ח'־י"א),

,,אִיךְ הָאבּ דֶעם הַאר תָּמִיד פָאר מִיר גֶעזֶעצְט, וָוארִין
עֶר אִיז צוּ מֵיינֶע רֶעכְטֶער הַאנְד, אַזוֹי וֶועל אִיךְ נִיט
26 אָפְּגֵיינֶען בֶּעוֶועגְט צוּ וֶוערֶען: דְרוּם פְרֵייט זִיךְ מַיין
הַארְץ, אוּנְד מֵיינֶע צוּנְג וַואר פְרֶעלִיךְ; אוּנְד מַיין פְלֵיישׁ
27 וֶועט אוֹיךְ רוּהֶען אִין זִיכֶערְהֵייט: וָוארִין דוּא וֶועסְט
נִיט לָאזֶען מֵיינֶע נְשָׁמָה אִין שְׁאוֹל, אוּנְד וֶועסְט נִיט
צוּלָאזֶען אַז דַיין הֵיילִיגֶער זָאל זֶעהֶען פֶערְדַארְבֶּענִים:
28 דוּא הָאסְט מִיר גֶעלָאזְט ווִיסֶען דֶעם וֶועג פוּן לֶעבֶּען,
דוּא וֶועסְט מִיךְ דֶערְפִילֶען מִיט פְרֵייד פוּן דַיין פָּנִים":
29 אִיהְר מֶענֶער אוּנְד בְּרִידֶער, דֶערְלוֹיבְּט מִיר אִיךְ זָאל צוּ
אֵייךְ רֶעדֶען מִיט פְרֵייהֵייט פוּן דֶעם הוֹיפְּט־פָאטֶער דָוִד,
אַז עֶר אִיז גֶעשְׁטָארְבֶּען אוּנְד וַואר בֶּעגְרוּבֶּען, אוּנְד זַיין
30 קֶבֶר אִיז מִיט אוּנְס בִּיז צוּם הֵיינְטִיגֶען טָאג: אָבֶּער ווַייל
עֶר וַואר אַ נָבִיא, אוּנְד הָאט גֶעוְואוּסְט אַז גָאט הָאט צוּ
אִיהְם גֶעשְׁוָואוֹירֶען מִיט אַ שְׁבוּעָה אַז עֶר זָאל אוֹיפְ־
שְׁטֶעלֶען דֶעם מָשִׁיחַ פוּן דִיא פְרוּכְט פוּן זַיינֶע לֶענְדֶען
נָאךְ דֶעם פְלֵיישׁ, אַז עֶר זָאל זִיצֶען אוֹיף זַיין טְרוֹין־שְׁטוּל:
31 אַזוֹי הָאט עֶר דָאס צוּפָאר גֶעזֶעהֶען אוּנְד הָאט גֶערֶעט
וֶועגֶען תְּחִיַת הַמֵתִים פוּן מָשִׁיחַ, אַז עֶר זָאל נִיט פֶערְלָאזֶען
וֶוערֶען אִין שְׁאוֹל, אוּנְד זַיין פְלֵיישׁ זָאל נִיט זֶעהֶען פֶערְ־
32 דַארְבֶּענִים: דִיזֶען יֵשׁוּעַ הָאט גָאט אוֹיפְגֶעוֶועקְט, אוּנְד מִיר
33 אַלֶע זֶענֶען צוּ דֶעם עֵדוּת: דָארוּם ווַייל עֶר אִיז דֶערְהֵייכְט
בֵּייא דֶער רֶעכְטֶער הַאנְד פוּן גָאט, אוּנְד הָאט דֶערְהַאלְטֶען
פוּן דֶעם פָאטֶער דִיא הַבְטָחָה פוּן דֶעם רוּחַ הַקוֹדֶשׁ, אַזוֹי הָאט
34 עֶר דָאס אוֹיסְגֶעגָאסֶען וָואס אִיהְר זֶעהְט אוּנְד הֶערְט: וָוארִין
דָוִד אִיז נִיט אַרוֹיפְגֶעגַאנְגֶען אִין הִימֶעל אַרֵיין. אָבֶּער עֶר זָאגְט,

„דֶער הַאר הָאט גֶעזָאגְט צוּ מֵיין הַאר, זִיץ דוּא צוּ
35 מֵיינֶע רֶעכְטֶע הַאנְד: בִּיז אִיךְ װֶעל מַאכֶען דֵיינֶע פֵיינְד
פַאר אַ פוּסְבֶּענְקֶעל צוּ דֵיינֶע פִּים“: (תהלים ק״י א׳)
36 דְרוּם לָאז דָאס גַאנְצֶע הוֹיז פוּן יִשְׂרָאֵל זִיכֶער װִיסֶען אַז
גָאט הָאט גֶעמַאכְט דִיזֶען יֵשׁוּעַ, דֶעם אִיהְר הָאט גֶעקְרֵייצִיגְט פַאר אַיין הַאר אוּנְד מָשִׁיחַ: אוּנְד װִיא זַייא הָאבֶּען
37 דָאס גֶעהֶערְט הָאט עֶס זַייא גֶעשְׁטָאכֶען אִים הַארְצֶען אוּנְד
הָאבֶּען גֶעזָאגְט צוּ פֶּעטְרוֹס אוּנְד צוּ דִיא אִיבְּרִיגֶע אַפָּאסְ־
טֶעל, אִיהְר מֶענֶער אוּנְד בְּרִידֶער, װָאס זָאלֶען מִיר טְהוּן?
38 אוּנְד פֶּעטְרוֹס הָאט צוּ זַייא גֶעזָאגְט, טְהוּט תְּשׁוּבָה אוּנְד
װֶערְט אִיטְלִיכֶער גֶעטוֹבַלְט, אִין דֶעם נָאמֶען פוּן יֵשׁוּעַ
הַמָּשִׁיחַ צוּ פַארְגֶעבּוּנְג פוּן אֵיירֶע זִינְדֶען. אוּנְד אִיהְר
39 װֶעט דֶערְהַאלְטֶען דִיא מַתָּנָה פוּן דֶעם רוּחַ הַקּוֹדֶשׁ: װָארִין
דִיא הַבְטָחָה אִיז צוּ אֵייךְ אוּנְד צוּ אֵיירֶע קִינְדֶער, אוּנְד צוּ
אַלֶע װָאס זֶענֶען פוּן װֵייטֶען, װֶעלְכֶע דֶער הַאר אוּנְזֶער
40 גָאט װֶעט רוּפֶען: אוּנְד מִיט פִילֶע אַנְדֶערֶע װֶערְטֶער הָאט
עֶר בֶּעצֵייגְט אוּנְד גֶעװָארֶענְט, אוּנְד גֶעזָאגְט, הֶעלְפְט אֵייךְ
אַרוֹיס פוּן דִיזֶען פַארְקֶערְטֶען דוֹר:
41 דִיא װָאס הָאבֶּען זַיין װָארְט גֶערְן אָנְגֶענוּמֶען, זֶענֶען גֶע־
טוֹבַלְט גֶעװָארֶען, אוּנְד עֶס װַארֶען צוּגֶעטְהוּן אִין דֶעם טָאג
42 קֶענֶען דְרַייא טוֹיזֶענְד נְפָשׁוֹת: אוּנְד זַייא װַארֶען פְלֵייסִיג אִין
דֶער לֶעהְרֶע פוּן דִיא אַפָּאסְטֶעל, אוּנְד אִין דֶער גֶעמֵיינְשַׁאפְט
43 אוּנְד אִין דֶעם בְּרוֹיט־בְּרֶעכֶען, אוּנְד אִין דֶעם גֶעבֶּעט: אוּנְד
אַ פוּרְכְט אִיז גֶעקוּמֶען אִיבֶּער יֶעדֶען נֶפֶשׁ, אוּנְד פִילֶע װְאוּנְ־
דֶער אוּנְד צֵייכֶען װַארֶען גֶעשֶׁעהֶען דוּרְךְ דִיא אַפָּאסְטֶעל:
44 אוּנְד אַלֶע װָאס הָאבֶּען גֶעגְלוֹיבְּט זֶענֶען צוּזַאמֶען גֶעװֶעזֶען,
45 אוּנְד הָאבֶּען אַלֶעס אִין גֶעמֵיינְשַׁאפְט גֶעהַאט: אוּנְד זַייא הָא־
בֶּען פֶערְקוֹיפְט זֵייעֶרֶע גִיטֶער אוּנְד הָאבֶּען עֶס צוּטֵיילְט צוּ
46 אַלֶע, אִיטְלִיכֶען נָאךְ זַיין בֶּעדֶערְפְנִיס: אוּנְד זַייא װַארֶען טֶעגְ־
לִיךְ פְלֵייסִיג אוּנְד אִין אַחְדוּת אִין בֵּית הַמִּקְדָּשׁ, אוּנְד הָאבֶּען
גֶעבְּרָאכֶען בְּרוֹיט פוּן הוֹיז צוּ הוֹיז, אוּנְד הָאבֶּען גֶעגֶעסֶען
זֵייעֶרֶע שְׁפֵּייז מִיט פְרֵייד אוּנְד מִיט אֵיין אוֹיפְרִיכְטִיג הַארְץ:
47 אוּנְד זַייא הָאבֶּען גָאט גֶעלוֹיבְּט, אוּנְד הָאבֶּען גֶעהַאט גְנָאד
בַּייא דֶעם גַאנְצֶען פָאלְק, אוּנְד דֶער הַאר הָאט טֶעגְלִיךְ

צוּגֶעטְהוּן (צוּ דֶער גֶעמֵיינְדֶע) דִיא וָואס זֶענֶען גֶערֶעטֶעט
גֶעוָוארֶען:

קאַפּיטעל ג

1 אוּנְד פֶּעטְרוֹס אוּנְד יוֹחָנָן זֶענֶען צוּזַאמֶען אַרוֹיפְגֶעגַאנְגֶען
צוּם בֵּית הַמִקְדָשׁ, אִין דֶער נֵיינְטֶער שָׁעָה פוּן גֶעבֶּעט:
2 אוּנְד אַ מַאן וַואר גֶעטְרָאגֶען וָועלְכֶער אִיז גֶעוֶועזֶען קְרוּם
פוּן זַיין מוּטֶערְס לֵייב, דֶעם הָאבֶּען זַייא טֶעגְלִיךְ אַנִידֶערְ־
גֶעזֶעצְט בַּייא דֶעם טוֹיעֶר פוּן דֶעם בֵּית הַמִקְדָשׁ, וָואס וַואר
גֶערוּפֶען דָאס שֶׁעהְנֶע טוֹיעֶר, אַז עֶר זָאל בֶּעטֶען נְדָבוֹת פוּן
3 דִיא וָואס זֶענֶען אִין בֵּית הַמִקְדָשׁ אַרֵיין גֶעגַאנְגֶען: וֶוען עֶר
הָאט גֶעזֶעהֶען פֶּעטְרוֹס אוּנְד יוֹחָנָן אִין בֵּית הַמִקְדָשׁ אַרֵיינְ־
4 גֶעהֶענְדִיג הָאט עֶר גֶעבֶּעטֶען אַ נְדָבָה: אוּנְד פֶּעטְרוֹס אוּנְד
יוֹחָנָן הָאבֶּען אִיהְם שַׁארְף אָנְגֶעקוּקְט אוּנְד גֶעזָאגְט, זֶעה
5 אוֹיף אוּנְס: אוּנְד עֶר הָאט זַייא אָנְגֶעזֶעהֶען, אוּנְד הָאט גֶע־
6 הָאפְט עֶפֶּעס פוּן זַייא צוּ בֶּעקוּמֶען: אוּנְד פֶּעטְרוֹס הָאט
גֶעזָאגְט, זִילְבֶּער אוּנְד גָאלְד הָאבּ אִיךְ נִיט, נוּר וָואס אִיךְ
הָאבּ דָאס גִיבּ אִיךְ דִיר, אִין דֶעם נָאמֶען פוּן יֵשׁוּעַ הַמָשִׁיחַ
7 הַנָצְרִי, שְׁטֶעה אוֹיף אוּנְד גֶעה: אוּנְד עֶר הָאט אִיהְם אָנְגֶע־
נוּמֶען בַּייא דֶער רֶעכְטֶער הַאנְד אוּנְד הָאט אִיהְם אוֹיפְגֶע־
שְׁטֶעלְט. אוּנְד גְלֵייךְ זֶענֶען זַיינֶע שֶׁענְקֶעל אוּנְד קְנֶעכֶעל
8 גֶעשְׁטַארְקְט גֶעוָוארֶען: אוּנְד עֶר אִיז אוֹיפְגֶעשְׁפְּרוּנְגֶען אוּנְד
גֶעשְׁטַאנֶען אוּנְד אָנְגֶעהוֹיבֶּען צוּ גֶעהְן, אוּנְד עֶר אִיז מִיט
זַייא אִין בֵּית הַמִקְדָשׁ אַרֵיינְגֶעגַאנְגֶען אוּנְד אִיז אַרוּמְגֶעגַאנְ־
9 גֶען אוּנְד גֶעשְׁפְּרוּנְגֶען, אוּנְד הָאט גָאט גֶעלוֹיבְּט: אוּנְד דָאס
גַאנְצֶע פָאלְק הָאט אִיהְם גֶעזֶעהֶען אַרוּם גֶעהְן אוּנְד גָאט לוֹי־
10 בֶּען: אוּנְד זַייא הָאבֶּען אִיהְם דֶערְקֶענְט אַז דָאס אִיז דֶער
וָואס אִיז גֶעזֶעסֶען אוּם נְדָבוֹת בַּייא דֶעם שֶׁענֶעם טוֹיעֶר פוּן
בֵּית הַמִקְדָשׁ, אוּנְד זַייא וַוארֶען דֶערְפִילְט מִיט עֶרְשְׁטוֹינֶען
11 אוּנְד שְׁרֶעק אִיבֶּער דֶעם וָואס אִיז צוּ אִיהְם גֶעשֶׁעהֶען: אוּנְד
וֶוען עֶר הָאט זִיךְ גֶעהַאלְטֶען אָן פֶּעטְרוֹס אוּנְד יוֹחָנָן, אִיז זִיךְ
דָאס גַאנְצֶע פָאלְק צוּ זַייא צוּזַאמֶען גֶעלָאפֶען צוּם פָּאלִישׁ,
וָואס הָאט גֶעהֵייסֶען דָאס פָּאלִישׁ פוּן שְׁלֹמֹה, אוּנְד הָאבֶּען
זִיךְ פַארְוְואוּנְדֶערְט:
12 וֶוען פֶּעטְרוֹס הָאט דָאס גֶעזֶעהֶען הָאט עֶר גֶעעֶנְטְפֶערְט

צוּם פָאלְק, אִיהְר מֶענֶער פוּן יִשְׂרָאֵל, וַוארוּם וְואוּנְדֶערְט
אִיהְר אֵייךְ אִיבֶּער דֶעם? אָדֶער וָואס זֶעהְט אִיהְר אוּנְס אַזוֹי
אָן, אוֹיבּ מִיר הָאבֶּען דָאס גֶעטְהוּן מִיט אוּנְזֶערֶע אֵיינֶענֶע
13 מַאכְט אָדֶער פְרוּמְקֵייט אַז דִיזֶער זָאל אַרוּם גֶעהְן? דֶער
גָאט פוּן אַבְרָהָם אוּנְד יִצְחָק אוּנְד יַעֲקֹב, דֶער גָאט פוּן אוּנְ־
זֶערֶע אָבוֹת הָאט פֶערְהֶערְלִיכְט זֵיין זוּהְן יֵשׁוּעַ, וֶועלְכֶען
אִיהְר הָאט אִיבֶּערְגֶעגֶעבֶּען, אוּנְד הָאט אִיהְם פֶערְלֵייקֶענְט
פָאר פִּילָטוּס, וֶוען עֶר הָאט בֶּעשְׁלָאסֶען אַז עֶר זָאל אִיהְם
14 פְרֵייא לָאזֶען: אָבֶּער אִיהְר הָאט פֶערְלֵייקֶענְט דֶעם הֵיילִיגֶען
אוּנְד גֶערֶעכְטֶען, אוּנְד הָאט גֶעבֶּעטֶען אַז מֶען זָאל אֵייךְ
15 בֶּעגְנָאדִיגֶען אַ מַאן אַ רוֹצֵחַ: אָבֶּער אִיהְר הָאט גֶעטֵייטֶעט
דֶעם הַאר פוּן לֶעבֶּען, וֶועלְכֶען גָאט הָאט אוֹיפְגֶעוֶועקְט פוּן
16 דִיא טוֹיטֶע אוּנְד מִיר זֶענֶען עֵדוּת דְרוֹיף: אוּנְד זֵיין נָאמֶען,
דוּרְךְ דֶעם גְלוֹיבֶּען אִין זֵיין נָאמֶען, הָאט דִיזֶען גֶעשְׁטַארְקְט,
דֶעם אִיהְר זֶעהְט אוּנְד קֶענְט, אוּנְד דֶער גְלוֹיבֶּען וָואס אִיז
דוּרְךְ אִיהְם הָאט אִיהְם דִיזֶע גַאנְצֶע גֶעזוּנְדְהֵייט גֶעגֶעבֶּען פָאר
17 אֵייךְ אַלֶע: אוּנְד אַצוּנְד בְּרִידֶער, אִיךְ וַוייס אַז אִיהְר הָאט
דָאס גֶעטְהוּן אוּנְוִויסֶענְטְלִיךְ, אַזוֹי וִויא אֵיירֶע רֶעגִירֶער:
18 אָבֶּער גָאט הָאט דָאס אַזוֹי דֶערְפִילְט וָואס עֶר הָאט פָאר־
אוֹיס גֶעזָאגְט דוּרְךְ דֶעם מוֹיל פוּן אַלֶע נְבִיאִים אַז דֶער
מָשִׁיחַ זָאל לֵיידֶען:
19 דְרוּם טְהוּט תְּשׁוּבָה אוּנְד בֶּעקֶעהְרְט אֵייךְ, אַז אֵיירֶע זִינְדֶען
זָאלֶען אוֹיסְגֶעמֶעקְט וֶוערֶען, כְּדֵי דִיא צֵייטֶען פוּן דֶערְקְוִויר־
20 קוּנְג זָאלֶען קוּמֶען פוּן דֶעם פָּנִים פוּן דֶעם הַאר: אַז עֶר זָאל
שִׁיקֶען יֵשׁוּעַ הַמָּשִׁיחַ וָואס וַואר בֶּעשְׁטֶעלְט פַאר אֵייךְ:
21 וֶועלְכֶען דֶער הִימֶעל מוּס מְקַבֵּל זֵיין בִּיז צוּ דֶער צֵייט וֶוען
אַלֶעס וֶועט צוּרִיק גֶעשְׁטֶעלְט וֶוערֶען, וָואס גָאט הָאט גֶערֶעט
דוּרְךְ דֶעם מוֹיל פוּן אַלֶע זֵיינֶע הֵיילִיגֶע נְבִיאִים פוּן עֶבִיג אָן:
22 וָוארִין מֹשֶׁה הָאט גֶעזָאגְט צוּ דִיא אָבוֹת (דברים י"ח י"ט),
„דֶער הַאר אֵייעֶר גָאט וֶועט צוּ אֵייךְ אוֹיפְשְׁטֶעלֶען אַ
נָבִיא פוּן אֵיירֶע בְּרִידֶער, גְלֵייךְ צוּ מִיר. אִיהְם זָאלְט
אִיהְר הֶערֶען אִין אַלֶעם וָואס עֶר וֶועט צוּ אֵייךְ רֶעדֶען:
23 אוּנְד עֶס וֶועט זֵיין אִיטְלִיכֶער וָואס וֶועט נִיט הֶערֶען
צוּ דֶעם נָבִיא, זָאל פֶערְטִילִיגְט וֶוערֶען פוּן דֶעם פָאלְק":

24 אוּנְד אַלֶע נְבִיאִים פוּן דֶער צַייט פוּן שְׁמוּאֵל אוּנְד דֶערנָאךְ,
וָואס הָאבֶּען נְבוּאוֹת גֶעזָאגְט הָאבֶּען אַלֶע מְבַשֵּׂר גֶעוֶועזֶען
25 אוֹיף דִיזֶע טֶעג: אִיהְר זֶענְט דִיא קִינְדֶער פוּן דִיא נְבִיאִים,
אוּנְד פוּן דֶעם בְּרִית וָואס גָאט הָאט גֶעמַאכְט מִיט אוּנְזֶערֶע
אָבוֹת, אוּנְד הָאט גֶעזָאגְט צוּ אַבְרָהָם, אוּנְד אִין דַיין זָאמֶען
וֶועלֶען אַלֶע מִשְׁפָּחוֹת פוּן דֶער עֶרְד גֶעבֶּענְשְׁט וֶוערֶען:
26 צוּ אֵייךְ צוּם עֶרְשְׁטֶען הָאט גָאט אוֹיפְגֶעוֶועקְט זַיין זוּהְן
יֵשׁוּעַ, אוּנְד הָאט אִיהְם גֶעשִׁיקְט אֵייךְ צוּ בֶּענְשֶׁען, אַז עֶר
זָאל אֵייךְ אִיטְלִיכֶען אָפְּקֶערֶען פוּן אֵיירֶע זִינְד:

קאפּיטעל ד

1 אוּנְד וֶוען זַייא הָאבֶּען גֶערֶעט צוּם פָאלְק אַזוֹי זֶענֶען צוּ
זַייא גֶעקוּמֶען דִיא כֹּהֲנִים, אוּנְד דֶער אוֹיבֶּערְשְׁטֶער פוּן
2 דֶעם בֵּית הַמִקְדָשׁ אוּנְד דִיא צַדוּקִים: עֶס הָאט זַייא פֶערְ־
דְרָאסֶען וֵוייל זַייא הָאבֶּען גֶעלֶעהְרְט דָאס פָאלְק, אוּנְד
הָאבֶּען גֶעפְּרֶעדִיגְט דוּרְךְ יֵשׁוּעַ דִיא אוֹיפְעֶרְשְׁטֶעהוּנְג פוּן
3 דִיא טוֹיטֶע: אוּנְד זַייא הָאבֶּען זַייא גֶענוּמֶען אוּנְד הָאבֶּען
זַייא אִין דֶעם גֶעפֶענְגְנִיס אַיינְגֶעזֶעצְט בִּיז צוּ מָארְגֶען, וָוארִין
4 עֶס וַואר אָבֶענְד: אוּנְד פִילֶע פוּן דִיא וָואס הָאבֶּען
גֶעהֶערְט דָאס וָוארְט הָאבֶּען גֶעגְלוֹיבְּט, אוּנְד דִיא צָאל פוּן
דִיא לַייט וַואר אַן עֶרֶךְ פוּן פִינְף טוֹיזֶענְד:
5 אוּנְד עֶס וַואר צוּ מָארְגֶען אַזוֹי הָאבֶּען זִיךְ זַיירֶע אוֹיבֶּערְ־
שְׁטֶע אוּנְד זְקֵנִים אוּנְד סוֹפְרִים אַיינְגֶעזַאמֶעלְט אִין יְרוּשָׁלַיִם:
6 אוּנְד חָנָן דֶער כֹּהֵן גָדוֹל, אוּנְד קַיָפָא אוּנְד יוֹחָנָן, אוּנְד
אַלֶכְּסַנְדֶר, אוּנְד אַלֶע וָואס זֶענֶען גֶעוֶועזֶען פוּן דֶער
7 מִשְׁפָּחָה פוּן דֶעם כֹּהֵן גָדוֹל: אוּנְד זַייא הָאבֶּען זַייא אִין
מִיטֶען גֶעשְׁטֶעלְט אוּנְד הָאבֶּען זַייא גֶעפְרֶעגְט, מִיט וֶועלְ־
כֶער מַאכְט אָדֶער אִין וֶועלְכֶען נָאמֶען הָאט אִיהְר דָאס
8 גֶעטְהוּן? אוּנְד פֶּעטְרוּס וַואר אָנְגֶעפִילְט מִיט דֶעם רוּחַ
הַקוֹדֶשׁ אוּנְד הָאט צוּ זַייא גֶעזָאגְט, אִיהְר אוֹיבֶּערְשְׁטֶע פוּן
9 דֶעם פָאלְק אוּנְד זְקֵנִים (פוּן יִשְׂרָאֵל): וֶוען מִיר וֶוערֶען
הַיינְט פַארְהֶערְט וֶועגֶען דֶעם גוּטֶען וֶוערְק אַן דֶעם
קְרַאנְקֶען מֶענְשׁ, דוּרְךְ וָואס עֶר אִיז גֶעהֵיילְט גֶעוָוארֶען:
10 אַזוֹי זָאלְט אִיהְר וִויסֶען, אוּנְד דָאס גַאנְצֶע פָאלְק יִשְׂרָאֵל,
אַז אִין דֶעם נָאמֶען פוּן יֵשׁוּעַ הַמָשִׁיחַ הַנָצְרִי, וֶועלְכֶען

אִיהְר הָאט גֶעקְרֵייצִיגְט, אוּנְד װֶעלְכֶען גָאט הָאט אוֹיפְגֶע־
װֶעקְט פוּן דִיא טוֹיטֶע, דוּרְךְ אִיהְם שְׁטֶעהְט דִיזֶער דָא
11 גֶעזוּנְד פַאר אֵייךְ: דָאס אִיז דֶער שְׁטֵיין װָאס װַאר פַארְ־
װָארְפֶען בֵּייא אֵייךְ בּוֹימֵייסְטֶער, װָאס אִיז גֶעװָארֶען צוּם
12 עֶקְשְׁטֵיין: אוּנְד עֶס אִיז אוֹיךְ קֵיינֶע יְשׁוּעָה פֶערְהַאנֶען
אִין אֵיין אַנְדֶערְן. װָארִין עֶס אִיז נִיט דָא קֵיין אַנְדֶערֶער
נָאמֶען אוּנְטֶער דֶעם הִימֶעל װָאס װַאר גֶעגֶעבֶּען צוּ מֶענְ־
שֶׁען, דוּרְךְ װֶעלְכֶען מִיר מוּזֶען גֶעהָאלְפֶען װֶערֶען:
13 נוּן װֶען זֵייא הָאבֶּען גֶעזֶעהֶען דִיא הַארְצְפֶעסְטִיגְקֵייט פוּן
פֶּעטְרוֹס אוּנְד יוֹחָנָן, אוּנְד הָאבֶּען גֶעמֶערְקְט אַז זֵייא זֶענֶען
אוּמְגֶעלֶערֶענְטֶע אוּנְד פְּרָאסְטֶע לֵייט, אַזוֹי הָאבֶּען זֵייא זִיךְ
פֶערְװוּנְדֶערְט. אוּנְד זֵייא הָאבֶּען דֶערְקֶענְט אַז זֵייא זֶע־
14 נֶען גֶעװֶעזֶען מִיט יֵשׁוּעַ: אוּנְד װֶען זֵייא הָאבֶּען גֶעזֶעהֶען
דֶעם גֶעהֵיילְטֶען מַאן מִיט זֵייא שְׁטֶעהְן, הָאבֶּען זֵייא נִיט
15 גֶעקֶענְט אַקֶעגֶען רֶעדֶען: אוּנְד זֵייא הָאבֶּען זֵייא גֶעהֵייסֶען
אַרוֹיסְגֶעהֶען פוּן דִיא סַנְהֶדְרִין. אוּנְד הָאבֶּען זִיךְ מִיט
16 אַנַאנְדֶער בֶּערָאטֶען: אוּנְד הָאבֶּען גֶעזָאגְט, װָאס זָאלֶען
מִיר טְהוּן צוּ דִיזֶע לֵייט? װָארִין עֶס אִיז בֶּעקַאנְט צוּ אַלֶע
װָאס װְאוֹינֶען אִין יְרוּשָׁלַיִם, אַז אַ גְרוֹיס װְאוּנְדֶער אִיז
דוּרְךְ זֵייא גֶעשֶׁעהֶען, אוּנְד מִיר קֶענֶען עֶס נִיט לֵייקֶענֶען:
17 אָבֶּער כְּדֵי עֶס זָאל זִיךְ נִיט װֵייטֶער אוֹיסְשְׁפְּרֵייטֶען צְװִי־
שֶׁען דֶעם פָאלְק, אַזוֹי לָאזֶען מִיר זֵייא שְׁטְרֶענְג פֶערְ־
בִּיטֶען אַז זֵייא זָאלֶען אִין דִיזֶען נָאמֶען צוּ קֵיין מֶענְשׁ נִיט
18 מֶעהְר רֶעדֶען: אוּנְד זֵייא הָאבֶּען זֵייא גֶערוּפֶען, אוּנְד
הָאבֶּען זֵייא אָנְגֶעזָאגְט אַז זֵייא זָאלֶען גָארְנִיט רֶעדֶען אוּנְד
19 נִיט לֶעהְרֶען אִין דֶעם נָאמֶען פוּן יֵשׁוּעַ: אָבֶּער פֶּעטְרוֹס
אוּנְד יוֹחָנָן הָאבֶּען זֵייא גֶעעֶנְטְפֶערְט אוּנְד גֶעזָאגְט, רִיכְ־
טֶעט אִיהְר זֶעלְבְּסְט, אוֹיבּ עֶס אִיז רֶעכְט פַאר גָאט, אַז
20 מִיר זָאלֶען אֵייךְ מֶעהְר גֶעהָארְכֶען װִיא גָאט: װָארִין מִיר
קֶענֶען נִיט אַנְדֶערְשׁ רֶעדֶען פוּן דֶעם װָאס מִיר הָאבֶּען גֶע־
21 זֶעהֶען אוּנְד גֶעהֶערְט: אוּנְד זֵייא הָאבֶּען זֵייא װֵייטֶער גֶע־
װָארֶענְט אוּנְד הָאבֶּען זֵייא פְרֵייא גֶעלָאזְט, װֵייל זֵייא
הָאבֶּען זֵייא גָארְנִיט גֶעקֶענְט שְׁטְרָאפֶען װֶעגֶען דֶעם פָאלְק.
װָארִין זֵייא הָאבֶּען אַלֶע גָאט גֶעלוֹיבְּט װֶעגֶען דֶעם װָאס

אִיז גֶעשֶׁעהֶען: וָוארִין דֶער מַאן צוּ וֶועלְכֶען דָאס וְואוּנְדֶער 22
פוּן דֶעם הֵיילֶען אִיז גֶעשֶׁעהֶען וַואר אִיבֶּער פִירְצִיג יָאהְר
אַלְט:
אוּנְד וֶוען זַייא וַוארֶען פְרַייא גֶעלָאזְט, זֶענֶען זַייא גֶעקוּמֶען 23
צוּ זַיירֶע פְרַיינְד, אוּנְד הָאבֶּען דֶערְצֶעהְלְט וָואס דִיא
עֶרְשְׁטֶע כֹּהֲנִים אוּנְד דִיא זְקֵנִים הָאבֶּען צוּ זַייא גֶעזָאגְט:
וְוִיא זַייא הָאבֶּען דָאס גֶעהֶערְט הָאבֶּען זַייא אִין אַחְדוּת 24
אוֹיפְגֶעהוֹיבֶּען זַייעֶר קוֹל צוּ גָאט אוּנְד הָאבֶּען גֶעזָאגְט,
הַאר, דוּא בִּיסְט דֶער גָאט וָואס הָאסְט גֶעמַאכְט הִימֶעל
אוּנְד עֶרְד, אוּנְד דָאס יַם אוּנְד אַלֶעס וָואס אִיז דְרִינֶען:
וָואס דוּא הָאסְט גֶעזָאגְט דוּרְךְ דֶעם מוֹיל פוּן דֵיין קְנֶעכְט דָוִד, 25
,,וָוארוּם שְׁטוּרְמֶען דִיא גוֹיִם, אוּנְד דִיא פֶעלְקֶער
טְרַאכְטֶען לֶעדִיגֶע זַאכֶען: דִיא קֶענִיגֶע פוּן דֶער עֶרְד 26
שְׁטֶעלֶען זִיךְ אוֹיף, אוּנְד דִיא פִירְשְׁטֶען פֶערְזַאמְלֶען
זִיךְ קֶעגֶען דֶעם הַאר אוּנְד קֶעגֶען זַיין מָשִׁיחַ" (תהלים ב') :
וָוארִין זַייא הָאבֶּען זִיךְ וַואהְרְהַאפְטִיג אִין דֶער שְׁטָאט 27
פֶערְזַאמֶעלְט קֶעגֶען דֵיין הֵיילִיגֶען קְנֶעכְט יֵשׁוּעַ, וֶועלְכֶען
דוּא הָאסְט גֶעזַאלְבְּט, הוֹרְדוֹס אוּנְד פָּאנְטִיוּס פִּילָטוּס מִיט
דִיא גוֹיִם אוּנְד מִיט דֶעם פָאלְק יִשְׂרָאֵל: אַז זַייא זָאלֶען 28
טְהוּן וָואס דֵיינֶע הַאנְד אוּנְד דֵיין עֵצָה הָאט פְרִיעֶר בֶּע־
שְׁטִימְט אַז עֶס זָאל גֶעשֶׁעהֶען: אוּנְד נוּן הַאר, זֶעה אוֹיף 29
זַייעֶר גֶעשְׁרַייא, אוּנְד גִיבּ צוּ דֵיינֶע קְנֶעכְט אַז זַייא זָאלֶען
רֶעדֶען דָאס וָוארְט מִיט פֶעסְטִיגְקֵייט: אוּנְד שְׁטְרֶעק אוֹיס 30
דֵיינֶע הַאנְד צוּ הֵיילֶען, אוּנְד אַז צֵייכֶען אוּנְד וְואוּנְדֶער
זָאלֶען גֶעשֶׁעהֶען אִין דֶעם נָאמֶען פוּן דֵיין הֵיילִיגֶען קְנֶעכְט
יֵשׁוּעַ: אוּנְד וֶוען זַייא הָאבֶּען גֶעבֶּעטֶען, אַזוֹי הָאט זִיךְ 31
דֶער אָרְט בֶּעוֶועגְט וְואוּ זַייא וַוארֶען פֶערְזַאמֶעלְט; אוּנְד
זַייא וַוארֶען אַלֶע אָנְגֶעפִילְט מִיט דֶעם רוּחַ הַקוֹדֶשׁ; אוּנְד
הָאבֶּען גֶערֶעט דָאס וָוארְט פוּן גָאט מִיט פֶעסְטִיגְקֵייט:
אוּנְד דִיא פִילֶע לֵייט וָואס הָאבֶּען גֶעגְלוֹיבְּט זֶענֶען גֶעוֶועז־ 32
ֶען וְוִיא אֵיין הַארְץ אוּנְד אֵיינֶע נְשָׁמָה; אוּנְד קֵיינֶער הָאט
גֶעזָאגְט אַז עֶפֶּעס פוּן זַיין פַארְמֶעגֶען אִיז זַיין אֵייגֶענֶעס,
נֵייעֶרְט זַייא הָאבֶּען אַלֶעס אִין גֶעמֵיינְשַׁאפְט גֶעהַאט: אוּנְד 33
דִיא אַפָּאסְטֶעל הָאבֶּען צֵייגְנִיס גֶעגֶעבֶּען אוֹיף דֶער

אױפֿערשטעהונג פֿון דעם האר ישוע מיט גרױסער גבורה,
34 אונד גרױסע גנאד װאר איבער זײא אַלע: אונד עס װאר
ניט קײן שום נױט־בעדאַרפֿטיגער צװישען זײא; װאָרין
אַזעלכע װאָס זענען געװעזען בעזיצער פֿון לאַנד אונד
הײזער האבען זײא פֿערקױפֿט, אונד האָבען געבראַכט
35 דעם פּרײז פֿון דיא פֿערקױפֿטע זאַכען: אונד האָבען עס
אַנידערגעלעגט צו דיא פֿיס פֿון דיא אַפּאָסטעל; אונד עס
36 װאַר צוטײלט צו איטליכען נאָך זײן בעדערפֿניס: אונד
יוסף, װאָס װאַר גערופֿען בײא דיא אַפּאָסטעל בּר־נבא,
(װאָס איז פֿערטײטשט זוהן פֿון טרײסט), אַ לוי פֿון דעם
37 לאַנד קופּרוס האָט געהאַט אַ פֿעלד: האָט עס פֿערקױפֿט,
אונד האָט געבראַכט דאָס געלד אונד האָט עס אַנידערגע־
לעגט צו דיא פֿיס פֿון דיא אַפּאָסטעל:

קאַפּיטעל ה

1 אונד אַ מאַן מיט דעם נאָמען חנניה, אונד זײן װײב שׁפּירא,
2 האָט פֿערקױפֿט זײנע גיטער: אונד ער האָט אַרױפֿגענומען
פֿון דעם פּרײז, מיט זײן װײבס װיסען, אונד האָט נור גע־
בראַכט אַ טײל דערפֿון אונד האָט עס אַנידערגעלעגט צו
3 דיא פֿיס פֿון דיא אַפּאָסטעל: אונד פּעטרוס האָט געזאָגט,
חנניה, פֿאַרװאָס האָט דער שׂטן דײן האַרץ דערפֿילט אַז
דו זאָלסט ליגען צום רוח הקודש, אונד אַרױפֿנעמען
4 פֿון דעם פּרײז פֿון דעם פֿעלד? װען דו האָסט עס
געהאַט איז עס דען ניט דײן געװעזען? אונד װען דו
האָסט עס פֿערקױפֿט, איז עס אױך געװעזען אין דײנע
מאַכט; װאָרום האָסט דו דיר דען דאָס פֿאָרגענומען אין
דײן האַרץ? דו האָסט ניט ליגען געזאָגט צו מענשען,
5 נײערט צו גאָט: אונד װיא חנניה האָט דיזע װערטער
געהערט, איז ער אַנידערגעפֿאַלען אונד איז געשטאָרבען;
אונד עס װאַר אַ גרױסע פֿורכט אױף אַלע װאָס האָבען
6 דאָס געהערט: אונד דיא יונגע לײט זענען אױפֿגעשטאַנען
אונד האָבען איהם אײנגעװיקעלט; אונד האָבען איהם
7 אַרױסגעטראָגען אונד בעגראָבען: אונד עס װאַר אין אַ
צײט פֿון דרײא שׁעה איז זײן װײב אַרײנגעקומען, אונד
8 זיא האָט ניט געװאוסט װאָס איז געשעהען: אונד פּעטרוס

הָאט צוּ אִיהָר גֶעעֶנְטְפֶערְט, זָאג מִיר אוֹיבּ אִיהָר הָאט דָאס
פֶעלְד פֶערְקוֹיפְט פַאר אַזוֹי פִיל? אוּנְד זִיא הָאט גֶעזָאגְט,
9 יָא, פַאר אַזוֹי פִיל: אוּנְד פֶעטְרוּס הָאט צוּ אִיהָר גֶעזָאגְט,
וָוארוּם הָאט אִיהָר אֵייךְ אַזוֹי פֶערְאֵיינִיגְט צוּ פְּרוּבֶען דֶעם
גֵייסְט פוּן דֶעם הַאר? זֶעה, דִיא פִיס פוּן דִיא וָואס הָאבֶּען
דֵיין מַאן בֶּעגְרוּבֶּען זֶענֶען בֵּייא דֶער טִיהָר, אוּנְד זֵייא וֶוע־
10 לֶען דִיךְ אַרוֹיסְטְרָאגֶען: אַזוֹי אִיז זִיא גְלֵייךְ אַנִידֶערְגֶעפַאלֶען
פַאר זַיינֶע פִיס, אוּנְד דֶעם אָטְהֶעם אוֹיסְגֶעהוֹיכְט, אוּנְד דִיא
יוּנְגֶע לֵייט זֶענֶען גֶעקוּמֶען אוּנְד הָאבֶּען זִיא גֶעפוּנֶען טוֹיט,
אוּנְד זֵייא הָאבֶּען זִיא אַרוֹיסְגֶעטְרָאגֶען אוּנְד הָאבֶּען זִיא
11 בֶּעגְרוּבֶּען נֶעבֶּען אִיהָר מַאן: אוּנְד עֶס וַואר אַ גְרוֹיסֶע
פוּרְכְט אִיבֶּער דֶער גַאנְצֶער קְהִלָּה אוּנְד אִיבֶּער אַלֶע וָואס
12 הָאבֶּען דָאס גֶעהֶערְט: אוּנְד עֶס וַוארֶען גֶעשֶׁעהֶען פִילֶע
צֵייכֶען אוּנְד וְואוּנְדֶער צְוִוישֶׁען דֶעם פָאלְק דוּרְךְ דִיא
הֶענְד פוּן דִיא אַפָּאסְטֶעל; אוּנְד זֵייא וַוארֶען אַלֶע צוּזַאמֶען
13 אִין דֶעם פָאלִישׁ פוּן שְׁלֹמֹה: אָבֶּער קֵיינֶער פוּן דִיא אִיבְּ־
רִיגֶע הָאט זִיךְ אוּנְטֶערְשְׁטַאנֶען זִיךְ צוּ זֵייא צוּ בֶּעהֶעפְטֶען;
14 דָאךְ דָאס פָאלְק הָאט זֵייא הוֹיךְ גֶעשֶׁעצְט: אוּנְד עֶס
זֶענֶען נָאךְ מֶעהָר צוּ גֶעקוּמֶען וָואס הָאבֶּען גֶעגְלוֹיבְּט אִין
15 דֶעם הַאר, פִילֶע מֶענֶער אוּנְד וַוייבֶּער: אוּנְד זֵייא הָאבֶּען
דִיא קְרַאנְקֶע אוֹיף דִיא גַאסֶען אַרוֹיס גֶעטְרָאגֶען, אוּנְד
הָאבֶּען זַייא גֶעלֶעגְט אוֹיף בֶּעטֶען אוּנְד גֶעלֶעגֶער, כְּדֵי
וֶוען פֶעטְרוּס וֶועט פֶערְבֵּייא גֶעהֶן אַזוֹי זָאל נוּר זֵיין שָׁאַ־
16 טֶען אֵיינֶעם פוּן זֵייא בֶּעדֶעקֶען: אוּנְד דָאס פָאלְק אִיז זִיךְ
צוּזַאמֶען גֶעקוּמֶען פוּן אַרוּם דִיא שְׁטֶעט נָאהֶנְט צוּ יְרוּשָׁלַיִם,
אוּנְד הָאבֶּען גֶעבְּרַאכְט דִיא קְרַאנְקֶע אוּנְד דִיא וָואס וַוא־
רֶען גֶעפֵּיינִיגְט פוּן אוּמְרֵיינֶע רוּחוֹת; וֶועלְכֶע זֶענֶען אַלֶע
גֶעהֵיילְט גֶעוָוארֶען:
17 אוּנְד דֶער כֹּהֵן גָדוֹל אִיז אוֹיפְגֶעשְׁטַאנֶען אוּנְד אַלֶע וָואס
וַוארֶען מִיט אִיהם, וָואס וַוארֶען דִיא כִּיתָּה פוּן דִיא צַדוּקִים;
18 אוּנְד זֵייא וַוארֶען פוּל מִיט קִנְאָה: אוּנְד זֵייא הָאבֶּען דִיא
הֶענְד גֶעלֶעגְט אוֹיף דִיא אַפָּאסְטֶעל, אוּנְד הָאבֶּען זֵייא אִין
19 דָאס פָאלְקְס גֶעפֶענְגְנִיס אַרֵיינְגֶעזֶעצְט: אוּנְד אַ מַלְאָךְ פוּן
דֶעם הַאר, הָאט בֵּייא דֶער נַאכְט גֶעעֶפֶענְט דִיא טִירֶען פוּן

דֶעם גֶעפֶענְגְנִיס, אוּנְד הָאט זֵייא אַרוֹיסְגֶעפִירְט, אוּנְד הָאט
20 גֶעזָאגְט: גֶעהְט אוּנְד שְׁטֶעלְט אֵייךְ, אוּנְד זָאגְט צוּם פָאלְק
אִין בֵּית הַמִקְדָשׁ אַלֶע דִיא וֶוערְטֶער פוּן דִיזֶען לֶעבֶּען:
21 אוּנְד וֶוען זֵייא הָאבֶּען דָאס גֶעהֶערְט, אַזוֹי זֶענֶען זֵייא אִין
דֶער פְרִיה אַרֵיינְגֶעקוּמֶען אִין בֵּית הַמִקְדָשׁ אוּנְד הָאבֶּען
גֶעלֶעהְרְט; אוּנְד דֶער כֹּהֵן גָדוֹל אִיז גֶעקוּמֶען אוּנְד דִיא
וָואס וָוארֶען מִיט אִיהְם, אוּנְד הָאט צוּזַאמֶענְגֶערוּפֶען דִיא
סַנְהֶדְרִין אוּנְד אַלֶע זְקֵנִים פוּן דִיא בְּנֵי יִשְׂרָאֵל, אוּנְד הָאּ־
בֶּען גֶעשִׁיקְט צוּ דֶעם גֶעפֶענְגְנִיס אַז מֶען זָאל זֵייא בְּרֶענְגֶען:
22 אָבֶּער וֶוען דִיא מְשָׁרְתִים זֶענֶען גֶעקוּמֶען הָאבֶּען זֵייא זֵייא
נִיט גֶעפוּנֶען אִין דֶעם גֶעפֶענְגְנִיס אוּנְד זֵייא הָאבֶּען זִיךְ
23 אוּמְגֶעקֶעהְרְט אוּנְד הָאבֶּען עֶס דֶערְצֶעהְלְט: אוּנְד זֵייא הָאבֶּען
גֶעזָאגְט, מִיר הָאבֶּען גֶעפוּנֶען דָאס גֶעפֶענְגְנִיס פֶערְשְׁלָאסֶען
מִיט אַלֶער זִיכֶערְהַייט, אוּנְד דִיא וֶועכְטֶער זֶענֶען גֶע־
שְׁטַאנֶען פוּן דְרוֹיסֶען בֵּייא דֶער טִיר; אָבֶּער וֶוען מִיר
הָאבֶּען אוֹיפְגֶעמַאכְט, הָאבֶּען מִיר דְרִינֶען קֵיינֶעם גֶעפוּנֶען:
24 אוּנְד וֶוען דֶער כֹּהֵן גָדוֹל אוּנְד דֶער אוֹיבֶּערְשְׁטֶער פוּן דֶעם
בֵּית הַמִקְדָשׁ, אוּנְד דִיא עֶרְשְׁטֶע כֹּהֲנִים הָאבֶּען דָאס גֶעהֶערְט,
הָאבֶּען זֵייא גֶעצְוֵוייפֶעלְט וֶועגֶען זֵייא וָואס דָא וֶועט דַארוֹיס
25 וֶוערֶען: אוּנְד אַ גֶעוִויסֶער מַאן אִיז גֶעקוּמֶען אוּנְד הָאט
זֵייא דֶערְצֶעהְלְט אוּנְד גֶעזָאגְט, זֶעהְט, דִיא לֵייט וָואס אִיהְר
הָאט אִין דֶעם גֶעפֶענְגְנִיס אַרֵיינְגֶעזֶעצְט שְׁטֶעהְן אִין בֵּית
26 הַמִקְדָשׁ אוּנְד לֶעהְרֶען דָאס פָאלְק: דַאן אִיז דֶער אוֹיבֶּעְר־
שְׁטֶער אַוֶועקְגֶעגַאנְגֶען מִיט דִיא מְשָׁרְתִים, אוּנְד הָאט זֵייא
גֶעבְּרַאכְט, נִיט מִיט גֶעוַואלְד, וָוארִין זֵייא הָאבֶּען זִיךְ גֶע־
פָארְכְטֶען פַאר דֶעם פָאלְק. אַז זֵייא זָאלֶען זֵייא נִיט
27 שְׁטֵיינִיגֶען: אוּנְד וֶוען זֵייא הָאבֶּען זֵייא גֶעבְּרַאכְט, הָאבֶּען
זֵייא זֵייא גֶעשְׁטֶעלְט פָאר דִיא סַנְהֶדְרִין, אוּנְד דֶער כֹּהֵן
28 גָדוֹל הָאט זֵייא גֶעפְרֶעגְט: אוּנְד הָאט גֶעזָאגְט, הָאבֶּען
מִיר אֵייךְ נִיט שְׁטַארְק פֶערְבָּאטֶען אַז אִיהְר זָאלְט נִיט לֶעהְ־
רֶען אִין דִיזֶען נָאמֶען? אוּנְד אַצוּנְד הָאט אִיהְר אָנְגֶעפִילְט
יְרוּשָׁלַיִם מִיט אֵיירֶע לֶעהְרֶע, אוּנְד אִיהְר ווִילְט אוֹיף אוּנְס
29 בְּרֶענְגֶען דָאס בְּלוּט פוּן דִיזֶען מֶענְשׁ: אָבֶּער פֶּעטְרוֹס
אוּנְד דִיא אַפָּאסְטֶעל הָאבֶּען גֶעעֶנְטְפֶערְט אוּנְד גֶעזָאגְט,

30 מִיר מוּסֶען גָאט מֶעהר גֶעהָארְכֶען הִיא מֶענְשֶׁען: דֶער
גָאט פוּן אוּנְזֶערֶע אָבוֹת הָאט אוּיפְגֶעוֶועקְט יֵשׁוּעַ, וֶועלְכֶען
אִיהְר הָאט גֶעהַרְגֶעט, אוּנְד הָאט אִיהְם גֶעהָאנְגֶען אוּיף אַ
31 הָאלְץ: דִיזֶען הָאט גָאט דֶערְהֵייכְט מִיט זַיינֶע רֶעכְטֶע הַאנְד
צוּם פִירְשְׁט אוּנְד דֶערְלֶעזֶער, אַז עֶר זָאל גֶעבֶּען תְּשׁוּבָה
32 צוּ יִשְׂרָאֵל, אוּנְד פַארְגֶעבּוּנְג פוּן זִינְדֶען: אוּנְד מִיר זֶענֶען
זַיינֶע עֵדוּת אוּיף דִיזֶע זַאכֶען, אוּנְד אַזוֹי אוּיךְ דֶער רוּחַ
הַקוֹדֶשׁ, וֶועלְכֶען גָאט הָאט גֶעגֶעבֶּען צוּ דִיא וָואס גֶע־
33 הָארְכֶען אִיהְם: אוּנְד וֶוען זַייא הָאבֶּען דָאס גֶעהֶערְט,
זֶענֶען זַייא אִין כַּעס גֶעוָוארֶען, אוּנְד הָאבֶּען אַיין עֵצָה
34 גֶעהַאלְטֶען זַייא צוּ הַרְגֶענֶען: אָבֶּער אַ פָּרוּשׁ פוּן דִיא
סַנְהֶדְרִין, וָואס הָאט גֶעהֵייסֶען גַמְלִיאֵל, אַ לֶעהְרֶער פוּן דֶער
תּוֹרָה, וָואס וַואר אָנְגֶעזֶעהֶען בֵּייא דֶעם גַאנְצֶען פָאלְק,
אִיז אוּיפְגֶעשְׁטַאנֶען אוּנְד הָאט גֶעהֵייסֶען דִיא אַפָּאסְטֶעל
35 אַבִּיסֶעל אַרוֹיסְפִיהְרֶען: אוּנְד עֶר הָאט צוּ זַייא גֶעזָאגְט,
אִיהְר מֶענֶער פוּן יִשְׂרָאֵל, נֶעמְט אַייךְ אִין אַכְט וָואס
36 אִיהְר וִוילְט טְהוּן צוּ דִיזֶע מֶענְשֶׁען: וָוארִין פָאר דִיזֶע צֵייט
אִיז אוּיפְגֶעשְׁטַאנֶען תּוֹדָס, אוּנְד הָאט גֶעזָאגְט אַז עֶר אִיז
עֶפֶּעס, אוּנְד אַן עֵרֶךְ פוּן פִיר הוּנְדֶערְט מֶענְשֶׁען הָאבֶּען
זִיךְ צוּ אִיהְם בֶּעהֶעפְט; אָבֶּער עֶר אִיז גֶעהַרְגֶעט גֶעוָוארֶען,
אוּנְד אַלֶע וָואס הָאבֶּען אִיהְם צוּגֶעהֶערְט זֶענֶען צוּשְׁפְּרֵייט
37 אוּנְד צוּ נִישְׁט גֶעוָוארֶען: נָאכְדֶעם אִיז אוּיפְגֶעשְׁטַאנֶען
יְהוּדָה פוּן גָלִיל, אִין דֶער צֵייט פוּן דֶער פֶערְשְׁרֵייבּוּנְג, אוּנְד
הָאט פִיל פָאלְק מִיט זִיךְ גֶעצוֹיגֶען, אוּנְד דִיזֶער אִיז אוּיךְ
פֶערְלוֹירֶען גֶעוָוארֶען, אוּנְד אַלֶע וָואס הָאבֶּען אִיהְם צוּ־
38 גֶעהֶערְט זֶענֶען צוּשְׁפְּרֵייט גֶעוָוארֶען: אוּנְד אַצוּנְד זָאג
אִיךְ אַייךְ, פֶערְמֵיידֶעט אַייךְ פוּן דִיזֶע לֵייט אוּנְד לָאזְט
זַייא גֶעהְן; וָוארִין וֶוען דִיזֶע עֵצָה אָדֶער דִיזֶעס וֶוערְק אִיז
39 פוּן מֶענְשֶׁען, אַזוֹי וֶועט עֶס פֶערְשְׁטֶערְט וֶוערֶען: אָבֶּער
וֶוען עֶס אִיז פוּן גָאט, אַזוֹי קֶענְט אִיהְר עֶס נִיט שְׁטֶערֶען;
וָוארִין טָאמֶער וֶועט אִיהְר גֶעפִינֶען וֶוערֶען צוּ שְׁטְרֵייטֶען
40 קֶעגֶען גָאט: אַזוֹי הָאבֶּען זַייא אִיהְם צוּגֶעהָארְכְט; אוּנְד
זַייא הָאבֶּען גֶערוּפֶען דִיא אַפָּאסְטֶעל אוּנְד הָאבֶּען זַייא
גֶעשְׁלָאגֶען אוּנְד אָנְגֶעזָאגְט אַז זַייא זָאלֶען נִיט רֶעדֶען אִין

דֶעם נָאמֶען פוּן יֵשוּעַ, אוּנְד הָאבֶּען זֵייא פְרֵייא גֶעלָאזְט:
41 דַאן זֶענֶען זֵייא אַוֶועקְגֶעגַאנְגֶען פוּן בֶּעפָאר דִיא סַנְהֶדְרִין,
אוּנְד הָאבֶּען זִיךְ גֶעפְרֵייט דָאס זֵייא זֶענֶען וֶוערְט גֶעוֶועזֶען
42 פֶערְשֶׁעמְט צוּ וֶוערֶען דוּרְךְ זֵיין נָאמֶען: אוּנְד זֵייא הָאבֶּען
נִיט אוֹיפְגֶעהֶערְט צוּ לֶערְנֶען אוּנְד צוּ פְרֶעדִיגֶען יֵשוּעַ דֶעם
מָשִׁיחַ, אַלֶע טָאג אִין בֵּית הַמִקְדָשׁ אוּנְד פוּן הוֹיז צוּ הוֹיז:

קאפיטעל ו

1 אוּנְד אִין יֶענֶע טֶעג וֶוען דִיא תַּלְמִידִים הָאבֶּען זִיךְ גֶעַ־
מֶעהְרְט, אַזוֹי הָאבֶּען דִיא גְרִיכֶען גֶעמוּרְמֶעלְט קֶעגֶען דִיא
הֶעבְּרֶעעֶר, וָוייל זֵייעֶרֶע אַלְמָנוֹת וַוארֶען אִיבֶּערְגֶעזֶעהֶען
2 אִין דֶעם טֶעגְלִיכֶען דִינְסְט: אַזוֹי הָאבֶּען דִיא צְוֶועלְף צוּ־
זַאמֶען גֶערוּפֶען אַלֶע תַּלְמִידִים אוּנְד הָאבֶּען גֶעזָאגְט, עֶס
אִיז נִיט רֶעכְט מִיר זָאלֶען פֶערְלָאזֶען דָאס וָוארְט פוּן גָאט,
3 אוּנְד זָאלֶען דִינֶען בֵּייא טִישֶׁען: דְרוּם בְּרִידֶער, זוּכְט אוֹיס
צְוִוישֶׁען אֵייךְ זִיבֶּען בֶּעגְלוֹיבְּטֶע מֶענֶער וָואס זֶענֶען פוּל
מִיט רוּחַ הַקוֹדֶשׁ אוּנְד מִיט חָכְמָה, וֶועלְכֶע מִיר זָאלֶען זֶע־
4 צֶען אִיבֶּער דִיזֶע נֶעטְהִיגֶע זַאכֶען: אוּנְד מִיר וֶועלֶען בֶּע־
שְׁטֶענְדִיג עוֹסֵק זַיין אִים גֶעבֶּעט אוּנְד אִין דֶעם דִינְסְט פוּן
5 דֶעם וָוארְט: אוּנְד דִיזֶע רֶעד אִיז דֶער גַאנְצֶען פֶערְזַאמְ־
לוּנְג גֶעפֶעלֶען, אוּנְד זֵייא הָאבֶּען אוֹיסְדֶערְוֶועלְט
סְטֶעפַאנוֹס אַ מַאן פוּל מִיט גְלוֹיבֶּען אוּנְד מִיט דֶעם
רוּחַ הַקוֹדֶשׁ, אוּנְד פִילִיפּוֹס, אוּנְד פְּרוֹכוֹרוֹס, אוּנְד נִקָנוֹר,
אוּנְד טִימוֹן, אוּנְד פַּרְמְנָס, אוּנְד נִיקוֹלַאס, אַ גֵר פוּן
6 אַנְטִיוֹכְיָא: אוּנְד זֵייא הָאבֶּען זֵייא גֶעשְׁטֶעלְט פָאר דִיא
אַפָּאסְטֶעל אוּנְד זֵייא הָאבֶּען גֶעבֶּעטֶען אוּנְד דִיא הֶענְד
7 אוֹיף זֵייא גֶעלֶעגְט: אוּנְד דָאס וָוארְט פוּן גָאט הָאט זִיךְ
גֶעמֶעהְרְט, אוּנְד דִיא צָאל פוּן דִיא תַּלְמִידִים וַואר זֶעהְר
גְרוֹיס אִין יְרוּשָׁלַיִם, אוּנְד אַ גְרוֹיסֶע מַחֲנָה פוּן דִיא כֹּהֲנִים
8 הָאבֶּען דֶעם גְלוֹיבֶּען צוּגֶעהָארְכְט: אוּנְד סְטֶעפַאנוֹס פוּל
מִיט גְלוֹיבֶּען אוּנְד גְבוּרָה, הָאט גֶעטְהוּן גְרוֹיסֶע וְואוּנְדֶער
אוּנְד צֵייכֶען צְוִוישֶׁען דֶעם פָאלְק:
9 אוּנְד עֶטְלִיכֶע פוּן דֶער שׁוּל זֶענֶען אוֹיפְגֶעשְׁטַאנֶען, וָואס
וַואר גֶערוּפֶען דִיא שׁוּל פוּן דִיא לִיבֶּערְטִינֶער, אוּנְד לֵייט
פוּן קוּרֶענִי אוּנְד אַלֶכְּסַנְדְרְיָא, אוּנְד פוּן קִילִיקְיָא אוּנְד אַסְיָא,

אוּנְד זַייא הָאבֶּען אַ וִויכּוּחַ גֶעהַאט מִיט סְטֶעפַאנוֹס:
אוּנְד זַייא הָאבֶּען נִיט גֶעקֶענְט וִוידֶערְשְׁטֶעהְן דִיא חָכְמָה 10
אוּנְד דֶעם גֵייסְט מִיט וֶועלְכֶען עֶר הָאט גֶערֶעט: דֶערְנָאךְ 11
הָאבֶּען זַייא אָנְגֶעשְׁטֶעלְט מֶענֶער וָואס הָאבֶּען גֶעזָאגְט,
מִיר הָאבֶּען אִיהְם גֶעהֶערְט רֶעדֶען לֶעסְטֶערִינְגֶע רֶעד קֶע־
גֶען מֹשֶׁה אוּנְד גָאט: אוּנְד זַייא הָאבֶּען אוֹיפְגֶעהֶעצְט דָאס 12
פָאלְק, אוּנְד דִיא עֶלְצְטֶע, אוּנְד דִיא סוֹפְרִים. אוּנְד זֵייא
זֶענֶען גֶעקוּמֶען אוּנְד הָאבֶּען אִיהְם גֶענוּמֶען מִיט גֶעוַואלְד,
אוּנְד הָאבֶּען אִיהְם גֶעבְּרַאכְט צוּ דִיא סַנְהֶדְרִין: אוּנְד זֵייא 13
הָאבֶּען אוֹיפְגֶעשְׁטֶעלְט פַאלְשֶׁע עֵדוּת וָואס הָאבֶּען גֶעזָאגְט,
דִיזֶער מַאן הֶערְט נִיט אוֹיף צוּ רֶעדֶען לֶעסְטֶערִינְגֶע רֶעד
קֶעגֶען דִיזֶען הֵיילִיגֶען אָרְט אוּנְד דֶער תּוֹרָה: וָוארִין מִיר 14
הָאבֶּען אִיהְם גֶעהֶערְט זָאגֶען, אַז דִיזֶער יֵשׁוּעַ הַנָּצְרִי וֶועט
דִיזֶען אָרְט צֶערְשְׁטֶערֶען, אוּנְד וֶועט עֶנְדֶערֶען דִיא מִנְהָגִים
וָואס מֹשֶׁה הָאט אוּנְס אִיבֶּערְגֶעגֶעבֶּען: אוּנְד אַלֶע וָואס 15
זֶענֶען גֶעזֶעסֶען אִין דִיא סַנְהֶדְרִין הָאבֶּען אוֹיף אִיהְם גֶע־
קוּקְט, אוּנְד זֵייא הָאבֶּען גֶעזֶעהֶען זַיין פָּנִים, אַזוֹי וִויא דָאס
פָּנִים פוּן אַ מַלְאָךְ:

קאפיטעל ז

אוּנְד דֶער כֹּהֵן הַגָּדוֹל הָאט גֶעזָאגְט, זֶענֶען דִיזֶע זַאכֶען אַזוֹי? 1
אוּנְד עֶר הָאט גֶעזָאגְט, בְּרִידֶער אוּנְד פֶעטֶער, הֶערְט צוּ! 2
דֶער גָאט פוּן הֶערְלִיכְקֵייט הָאט זִיךְ בֶּעוִויזֶען צוּ אוּנְזֶער
פָאטֶער אַבְרָהָם, וֶוען עֶר וַואר אִין אֲרַם נַהֲרַיִם, אֵיידֶער עֶר
הָאט גֶעווֹאוֹינְט אִין חָרָן: אוּנְד עֶר הָאט צוּ אִיהְם גֶעזָאגְט, 3
גֶעה אַוֶועק פוּן דֵיין לַאנְד אוּנְד פוּן דַיינֶע פֶערְוַואנְדְטֶע,
אוּנְד גֶעה צוּ דֶעם לַאנְד וָואס אִיךְ וֶועל דִיר וֵוייזֶען: אַזוֹי 4
אִיז עֶר אֵוֶועקְגֶעגַאנְגֶען פוּן דֶעם לַאנְד פוּן כַּשְׂדִים
אוּנְד הָאט זִיךְ בֶּעזֶעצְט אִין חָרָן. אוּנְד נָאךְ דֶעם וִויא זֵיין
פָאטֶער אִיז גֶעשְׁטָארְבֶּען הָאט עֶר אִיהְם פוּן דָארְטֶען
אַרִיבֶּערְגֶעבְּרַאכְט אִין דִיזֶען לַאנְד אַרַיין וְואוּ אִיהְר אַצוּנְד
וְואוֹינְט: אוּנְד עֶר הָאט אִיהְם דְרִינֶען קֵיינֶע עֶרְבְּשַׁאפְט 5
גֶעגֶעבֶּען, אַפִילוּ נִיט וְואוּ זַיין פוּס צוּ שְׁטֶעלֶען. אָבֶּער עֶר
הָאט אִיהְם דָאס צוּגֶעזָאגְט צוּ גֶעבֶּען פַאר זֵיין אֵייגֶענְ־
טְהוּם, אוּנְד צוּ זַיין זָאמֶען נָאךְ אִיהְם, וֶוען עֶר הָאט נָאךְ

6 קֵיין קִינְד גֶעהַאט: אוּנְד גָאט הָאט אַזוֹי גֶעזָאגְט, אַז זֵיין
זָאמֶען װֶעט זֵיין אַ גֵר אִין אַ פְרֶעמְד לַאנְד, אוּנְד זֵייא
װֶעלֶען אִיהְם מַאכֶען דִינֶען, אוּנְד װֶעלֶען אִיהְם אִיבֶּעל טְהוּן
7 פִיר הוּנְדֶערְט יָאהְר: אוּנְד דָאס פָאלְק װָאס זֵייא װֶעלֶען
דִינֶען װֶעל אִיךְ רִיכְטֶען, הָאט גָאט גֶעזָאגְט. אוּנְד דֶערְ־
נָאךְ װֶעלֶען זֵייא אַרוֹיסְגֶעהֶען אוּנְד װֶעלֶען מִיר דִינֶען אִין
8 דִיזֶען אָרְט: אוּנְד עֶר הָאט אִיהְם גֶעגֶעבֶּען דֶעם בְּרִית פוּן
מִילָה. אוּנְד אַזוֹי הָאט עֶר גֶעבּוֹירֶען יִצְחָק, אוּנְד הָאט
אִיהְם מַל גֶעװֶעזֶען דֶעם אַכְטֶען טָאג; אוּנְד יִצְחָק הָאט
גֶעבּוֹירֶען יַעֲקֹב, אוּנְד יַעֲקֹב דִיא צְװֶעלְף הוֹיפְּט־פֶעטֶער:
9 אוּנְד דִיא הוֹיפְּט־פֶעטֶער הָאבֶּען יוֹסֵף מְקַנֵא גֶעװֶעזֶען,
אוּנְד הָאבֶּען אִיהְם פֶערְקוֹיפְט קֵיין מִצְרַיִם, אָבֶּער גָאט
10 װַאר מִיט אִיהְם: אוּנְד עֶר הָאט אִיהְם מַצִיל גֶעװֶעזֶען פוּן
אַלֶע זֵיינֶע צָרוֹת. אוּנְד הָאט אִיהְם גֶעגֶעבֶּען גֶענָאד אוּנְד
װֵייזְהֵייט בֶּעפָאר פַּרְעֹה דֶעם קֶענִיג פוּן מִצְרַיִם, אוּנְד עֶר
הָאט אִיהְם גֶעמַאכְט פַאר אַ הֶערְשֶׁער אִיבֶּער מִצְרַיִם
11 אוּנְד אִיבֶּער זֵיין גַאנְצֶעס הוֹיז: אוּנְד אַ הוּנְגֶער אִיז גֶע־
קוּמֶען אִיבֶּער דֶעם גַאנְצֶען לַאנְד מִצְרַיִם אוּנְד כְּנַעַן, אוּנְד
אַ גְרוֹיסֶע צָרָה, אוּנְד אוּנְזֶערֶע אָבוֹת הָאבֶּען נִיט גֶעפוּנֶען
12 קֵיינֶע שְׁפֵּייז: אוּנְד װֶען יַעֲקֹב הָאט גֶעהֶערְט אַז עֶס װַאר
קָארְן אִין מִצְרַיִם, אַזוֹי הָאט עֶר צוּעֶרְשְׁט אַרוֹיס גֶעשִׁיקְט
13 אוּנְזֶערֶע אָבוֹת: אוּנְד צוּם אַנְדֶערְן מָאל װַאר יוֹסֵף דֶערְ־
קֶענְט צוּ זֵיינֶע בְּרִידֶער, אוּנְד דִיא מִשְׁפָּחָה פוּן יוֹסֵף אִיז
14 בֶּעקָאנְט גֶעװָארֶען צוּ פַּרְעֹה: אוּנְד יוֹסֵף הָאט גֶעשִׁיקְט
אוּנְד הָאט גֶערוּפֶען זֵיין פָאטֶער יַעֲקֹב אוּנְד זֵיינֶע גַאנְצֶע
15 מִשְׁפָּחָה, פִינְף אוּנְד זִיבְּצִיג נְפָשׁוֹת: אוּנְד יַעֲקֹב אִיז אַרוּפּ־
גֶעקוּמֶען קֵיין מִצְרַיִם, אוּנְד עֶר אִיז גֶעשְׁטָארְבֶּען אוּנְד
16 אוּנְזֶערֶע אָבוֹת: אוּנְד זֵייא װַארֶען אַרִיבֶּערְגֶעבְּרַאכְט קֵיין
שְׁכֶם, אוּנְד װַארֶען אִין דֶעם קֶבֶר אַרֵיינְגֶעלֶעגְט װָאס
אַבְרָהָם הָאט גֶעקוֹיפְט פַאר גֶעלְד פוּן דִיא קִינְדֶער פוּן
17 חֲמוֹר, דֶער פָאטֶער פוּן שְׁכֶם: אָבֶּער דִיא צֵייט פוּן דֶער
הַבְטָחָה אִיז נָאהְנְט גֶעקוּמֶען, װָאס גָאט הָאט גֶעשְׁװָאוֹירֶען
צוּ אַבְרָהָם, אַזוֹי הָאט דָאס פָאלְק גֶעװַאקְסֶען אוּנְד הָאט זִיךְ
18 גֶעמֶעהְרְט אִין מִצְרַיִם: בִּיז אֵיין אַנְדֶערֶער קֶענִיג אִיז

19 אוֹיפְגֶעשְׁטַאנֶען וָואס הָאט נִיט גֶעקֶענְט יוֹסֵף: דִיזֶער הָאט
שְׁלוּיא גֶעהַאנְדֶעלְט (מִיט עָרְמָה) קֶעגֶען אוּנְזֶער דוֹר, אוּנְד
הָאט אִיבֶּעל גֶעטְהוּן צוּ אוּנְזֶערֶע אָבוֹת, אוּנְד הָאט גֶעהֵייסֶען
אַרוֹיסְוַוארְפֶען זֵיירֶע יוּנְגֶע קִינְדֶער אַז זַייא זָאלֶען נִיט לֶע־
20 בֶּען: אִין דֶער צֵייט אִיז משֶׁה גֶעבּוֹירֶען גֶעוָוארֶען, אוּנְד
עֶר וַואר זֶעהְר שֶׁעהְן. אוּנְד עֶר וַואר דֶערְנֶערְט דְרֵייא
21 חֳדָשִׁים אִין זַיין פָּאטֶערְס הוֹיז: אוּנְד וֶוען עֶר וַואר אַרוֹיסְ־
גֶעוָוארְפֶען, אַזוֹי הָאט אִיהְם דִיא טָאכְטֶער פוּן פַּרְעֹה צוּ־
גֶענוּמֶען, אוּנְד הָאט אִיהְם אוֹיפְגֶעצוֹיגֶען פַאר אִיהר אֵייגֶענֶעם
22 זוּהְן: אוּנְד משֶׁה וַואר גֶעלֶערְנְט אִין אַלֶע חָכְמוֹת פוּן מִצְרַיִם,
23 אוּנְד וַואר מֶעכְטִיג אִין וָוארְט אוּנְד אִין וֶוערְק: אוּנְד וֶוען
עֶר אִיז פִירְצִיג יָאהְר אַלְט גֶעוָוארֶען, אִיז אִיהְם אִין הַארְץ
אַרֵיינְגֶעקוּמֶען אַז עֶר זָאל בֶּעזוּכֶען זַיינֶע בְּרִידֶער דִיא
24 קִינְדֶער יִשְׂרָאֵל: אוּנְד וֶוען עֶר הָאט גֶעזֶעהֶען אֵיינֶעם
אוּמְרֶעכְט לֵיידֶען, אַזוֹי הָאט עֶר אִיהְם בֵּייגֶעשְׁטַאנֶען, אוּנְד
הָאט זִיךְ נוֹקֵם גֶעוֶועזֶען פַאר דֶעם וָואס הָאט גֶעלִיטֶען,
25 אוּנְד הָאט דֶעם מִצְרִי דֶערְשְׁלָאגֶען: אוּנְד עֶר הָאט גֶעדַאכְט
אַז זַיינֶע בְּרִידֶער וֶועלֶען פֶערְשְׁטֶעהֶען אַז גָאט וֶועט זַייא
גֶעבֶּען הִילְף דוּרְךְ זַיינֶע הַאנְד. אָבֶּער זַייא הָאבֶּען עֶס נִיט
26 פֶערְשְׁטַאנֶען: אוּנְד אוֹיף דֶעם אַנְדֶערֶען טָאג אִיז עֶר וִוי־
דֶער צוּ זַייא אַרוֹיסְגֶעגַאנְגֶען וֶוען זַייא הָאבֶּען זִיךְ גֶעקְרִיגְט,
אַזוֹי הָאט עֶר זַייא גֶעבֶּעטֶען אַז זַייא זָאלֶען שָׁלוֹם מַאכֶען,
אוּנְד הָאט גֶעזָאגְט, מֶענֶער, אִיהְר זֶענְט דָאךְ בְּרִידֶער.
וָוארוּם טְהוּט אִיהְר אֵיינֶער דֶעם אַנְדֶערֶען אוּמְרֶעכְט?
27 אָבֶּער דֶער וָואס הָאט זַיין חָבֵר אוּמְרֶעכְט גֶעטְהוּן הָאט
אִיהְם אַוֶועקְגֶעשְׁטוֹיסְט אוּנְד הָאט גֶעזָאגְט, וֶוער הָאט דִיךְ
גֶעמַאכְט צוּם פִירְשְׁטֶען אוּנְד אַ רִיכְטֶער אִיבֶּער אוּנְס?
28 ווִילְסְט דוּא מִיךְ טוֹיטְשְׁלָאגֶען, אַזוֹי וִויא דוּא הָאסְט גֶעכְ־
29 טֶען דֶעם מִצְרִי טוֹיט גֶעשְׁלָאגֶען: אַזוֹי אִיז משֶׁה אַנְט־
לָאפֶען אִיבֶּער דִיזֶע רֶעד, אוּנְד עֶר וַואר אַ פְרֶעמְדֶער אִין
דֶעם לַאנְד מִדְיָן, אוּנְד הָאט דָארְט גֶעבּוֹירֶען צְוַוייא זִיהְן:
30 אוּנְד וֶוען פִירְצִיג יָאהְר וַוארֶען דֶערְפִילְט, אַזוֹי הָאט זִיךְ אַ
אַ מַלְאָךְ צוּ אִיהְם בֶּעוִויזֶען אִין דֶער מִדְבָּר פוּן דֶעם בַּארְג
סִינַי, אִין אַ פְלַאם פוּן פֵייעֶר אִין דֶעם דָארְנְבּוּשׁ:

שמות ג׳ ב; דברים ל״ג ט״ז.

31 אוּנְד וִויא משֶׁה הָאט דָאס גֶעזֶעהֶען, הָאט עֶר זִיךְ פֶערְ־
וְואוּנְדֶערְט אִיבֶּער דֶער עֶרְשֵׁיינוּנְג, אוּנְד וֶוען עֶר אִיז צוּ־
גֶעגַאנְגֶען צוּ בֶּעטְרַאכְטֶען, אִיז אַ קוֹל פוּן דֶעם הַאר צוּ
32 אִיהְם גֶעקוּמֶען: אִיךְ בִּין דֶער גָאט פוּן דֵיינֶע אָבוֹת, דֶער
גָאט פוּן אַבְרָהָם, אוּנְד פוּן יִצְחָק, אוּנְד פוּן יַעֲקֹב, אוּנְד
משֶׁה הָאט גֶעצִיטֶערְט, אוּנְד הָאט מוֹרָא גֶעהַאט עֶס אָנְצוּ־
33 זֶעהֶען: אוּנְד דֶער הַאר הָאט צוּ אִיהְם גֶעזָאגְט, טְהוּא אוֹיס
דִיא שִׁיךְ פוּן דֵיינֶע פִים, וָוארִין דֶער אָרְט אוֹיף וָואס דוּא
34 שְׁטֶעהְסְט אִיז הֵיילִיגֶער גְרוּנְד: אִיךְ הָאבּ אָנְגֶעזֶעהֶען דָאס
לֵיידֶען פוּן מֵיין פָאלְק, וָואס אִיז אִין מִצְרַיִם, אוּנְד הָאבּ
גֶעהֶערְט זֵייעֶר זִיפְצֶען, אוּנְד אִיךְ בִּין אַרוּפּ גֶעקוּמֶען זֵייא
אוֹיסְצוּלֶעזֶען. אוּנְד אַצוּנְד קוּם, אִיךְ וֶועל דִיךְ שִׁיקֶען קֵיין
35 מִצְרַיִם: דִיזֶען משֶׁה וָואס זֵייא הָאבֶּען פֶערְלֵייקֶענְט, אוּנְד
הָאבֶּען גֶעזָאגְט, וֶוער הָאט דִיךְ גֶעמַאכְט צוּם פִירְשְׁט אוּנְד
רִיכְטֶער, דִיזֶען הָאט גָאט גֶעשִׁיקְט פַאר אֵיין הַאר אוּנְד
דֶערְלֶעזֶער, דוּרְךְ דֶעם מַלְאָךְ וָואס הָאט זִיךְ צוּ אִיהְם בֶּעווִי־
36 זֶען אִין דֶעם דָארְנְבּוּשׁ: דִיזֶער הָאט זֵייא אַרוֹיסְגֶעבְּרַאכְט,
אוּנְד הָאט גֶעטְהוּן וְואוּנְדֶער אוּנְד צֵייכֶען אִים לַאנְד
מִצְרַיִם, אוּנְד בֵּיים יַם סוּף, אוּנְד אִין דֶער מִדְבָּר פִירְצִיג
37 יָאהְר: דָאס אִיז דֶער משֶׁה וָואס הָאט גֶעזָאגְט צוּ דִיא
קִינְדֶער יִשְׂרָאֵל, דֶער הַאר, אֵייעֶר גָאט, וֶועט אֵייךְ אוֹיפְ־
שְׁטֶעלֶען אַ נָבִיא פוּן צְווִישֶׁען אֵיירֶע בְּרִידֶער, גְלֵייךְ וִויא
38 מִיךְ, אִיהְם זָאלְט אִיהְר גֶעהָארְכֶען: דָאס אִיז דֶער הַאר
וָואס וַואר אִין דֶער קְהִלָּה אִין דֶער מִדְבָּר, מִיט דֶעם מַלְאָךְ
וָואס הָאט צוּ אִיהְם גֶערֶעט אוֹיף דֶעם בַּארְג סִינַי, אוּנְד מִיט
אוּנְזֶערֶע אָבוֹת, אוּנְד עֶר הָאט דֶערְהַאלְטֶען דִיא רֶעדֶען פוּן
39 לֶעבֶּען, עֶר זָאל זֵייא אוּנְס גֶעבֶּען: וֶועלְכֶען אוּנְזֶערֶע אָבוֹת
הָאבֶּען נִיט גֶעוָואלְט גֶעהָארְכֶען, נֵייעֶרְט זֵייא הָאבֶּען אִיהְם
פֶערְוָוארְפֶען, אוּנְד זֵייא הָאבֶּען צוּרִיקְגֶעקֶעהְרְט אִין זֵייעֶר
40 הַארְץ קֵיין מִצְרַיִם: אוּנְד זֵייא הָאבֶּען גֶעזָאגְט צוּ אַהֲרֹן,
מַאךְ צוּ אוּנְס גֶעטֶער וָואס זָאלֶען פָאר אוּנְס גֶעהְן. וָוארִין
דִיזֶער משֶׁה וָואס הָאט אוּנְס אַרוֹיסְגֶעבְּרַאכְט פוּן דֶעם
לַאנְד מִצְרַיִם, ווִיסֶען מִיר נִיט וָואס אִיז צוּ אִיהְם גֶעשֶׁעהֶען:
41 אוּנְד זֵייא הָאבֶּען גֶעמַאכְט אֵיין עֵגֶל אִין יֶענֶע טֶעג, אוּנְד

הָאבֶּען אוֹיפְגֶעבְּרַאכְט אַ קָרְבָּן צוּם אָפְּגָאט, אוּנְד הָאבֶּען זִיךְ
42 גֶעפְרֵייט אִין דִיא וֶוערְק פוּן זֵיירֶע הֶענְד: אוּנְד גָאט הָאט
זִיךְ אוּמְגֶעקֶעהְרְט, אוּנְד הָאט זֵייא אִיבֶּערְגֶעגֶעבֶּען צוּ דִינֶען
דִיא הֶערְשַׁארֶען פוּן דֶעם הִימֶעל, אַזוֹי וִויא עֶס שְׁטֶעהְט
גֶעשְׁרִיבֶּען אִים בּוּךְ פוּן דִיא נְבִיאִים, אִיהְר הוֹיז פוּן יִשְׂרָאֵל,
הָאט אִיהְר צוּ מִיר מַקְרִיב גֶעוֶועזֶען זְבָחִים אוּנְד מְנָחוֹת אִין
43 דֶער מִדְבָּר פִירְצִיג יָאהְר: אִיהְר הָאט אוֹיפְגֶענוּמֶען דָאס
גֶעצֶעלְט פוּן מוֹלֶךְ, אוּנְד דֶעם שְׁטֶערְן פוּן דֶעם גָאט רַאמְ־
פַאן, דִיא בִּילְדֶער וָואס אִיהְר הָאט גֶעמַאכְט אִיהְר זָאלְט
אֵייךְ צוּ זֵייא בִּיקֶען. אוּנְד אִיךְ וֶועל אֵייךְ פֶערְטְרֵייבֶּען צוּ
41 יֶענֶער זֵייט בָּבֶל: אוּנְזֶערֶע אָבוֹת הָאבֶּען גֶעהַאט דָאס
מִשְׁכַּן הָעֵדוּת אִין דֶער מִדְבָּר, אַזוֹי וִויא עֶר הָאט בֶּעפוֹילֶען
וָואס הָאט גֶערֶעדט צוּ מֹשֶׁה, אַז עֶר זָאל עֶס מַאכֶען נָאךְ
45 דֶער גֶעשְׁטַאלְט וָואס עֶר הָאט גֶעזֶעהֶען: אוּנְד אוּנְזֶערֶע
אָבוֹת וָואס הָאבֶּען עֶס מִיט זִיךְ גֶענוּמֶען, הָאבֶּען עֶס מִיט
יְהוֹשֻׁעַ אַרֵיינְגֶעבְּרַאכְט אִין דֶער עֶרְבְּשַׁאפְט פוּן דִיא גוֹיִם,
וֶועלְכֶע גָאט הָאט אַרוֹיסְגֶעטְרִיבֶּען פַאר אוּנְזֶערֶע אָבוֹת,
46 בִּיז צוּ דִיא טֶעג פוּן דָוִד: וָואס הָאט גֶעפוּנֶען גְנָאד פָאר
גָאט, אוּנְד הָאט גֶעבֶּעטֶען עֶר זָאל גֶעפִינֶען אַ וְואוֹינוּנְג
47 פַאר דֶעם גָאט פוּן יַעֲקֹב: אוּנְד שְׁלֹמֹה הָאט אִיהְם גֶע־
48 בּוֹיעֶט אַ הוֹיז: אָבֶּער דֶער אוֹיבֶּערְשְׁטֶער וְואוֹינְט נִיט אִין
טֶעמְפֶּעל וָואס זֶענֶען גֶעמַאכְט מִיט הֶענְד, אַזוֹי וִויא דֶער
49 נָבִיא הָאט גֶעזָאגְט: דֶער הִימֶעל אִיז מֵיין שְׁטוּהל, אוּנְד דִיא
עֶרְד מֵיינֶע פוּסְבַּאנְק. וְואוּ אִיז דָאס הוֹיז וָואס אִיהְר ווִילְט
מִיר בּוֹיעֶן? זָאגְט דֶער הַאר. אוּנְד וְואוּ אִיז דֶער אָרְט
50 פוּן מֵיינֶע רוּה? הָאט נִיט מֵיינֶע הַאנְד דָאס אַלֶעס גֶע־
51 מַאכְט? אִיהְר הַארְטְנֶעקִיגֶע אוּנְד אוּמְבֶּעשְׁנִיטֶענֶע אִין
הַארְץ אוּנְד אוֹיֶרֶען, אִיהְר ווִידֶערְשְׁטֶעהֶעט תָּמִיד דֶעם רוּחַ
52 הַקוֹדֶשׁ, אַזוֹי וִויא אֵייעֶרֶע אָבוֹת, אַזוֹי אוֹיךְ אִיהְר: וֶועלְכֶען
פוּן דִיא נְבִיאִים הָאבֶּען אֵייעֶרֶע אָבוֹת נִיט פֶערְפָאלְגְט? אוּנְד
זֵייא הָאבֶּען אוּמְגֶעבְּרַאכְט דִיא וָואס הָאבֶּען נְבוּאוֹת גֶע־
זָאגְט אוֹיף דֶעם קוּמֶען פוּן דֶעם צַדִיק, צוּ וֶועלְכֶען אִיהְר
זֶענְט אַצוּנְד גֶעוָוארֶען זֵיינֶע פֶערְרֶעטֶער אוּנְד מֶערְדֶער:
53 וָואס אִיהְר הָאט מְקַבֵּל גֶעוֶועזֶען דִיא תּוֹרָה דוּרְךְ דִיא

פֶערְמִיטֶלְעֶרשַׁאפְט פוּן מַלְאָכִים, אוּנְד אִיהְר הָאט זִיא נִיט
גֶעהַאלְטֶען:

54 אוּנְד וֶוען זַייא הָאבֶּען דָאס גֶעהֶערְט, הָאט עֶס זַייא אִין
זַיירֶע הֶערְצֶער גֶעשְׁטָאכֶען, אוּנְד הָאבֶּען קֶעגֶען אִיהְם מִיט
55 דִיא צֵיין גֶעקְרִיצְט: אוּנְד עֶר וַואר דֶערְפִילְט מִיט דֶעם
רוּחַ הַקוֹדֶשׁ, אוּנְד הָאט אַרוֹיפְגֶעזֶעהֶען קֶעגֶען הִימֶעל, אוּנְד
הָאט גֶעזֶעהֶען דִיא הֶערְלִיכְקֵייט פוּן גָאט, אוּנְד יֵשׁוּעַ
56 שְׁטֶעהֶענְדִיג צוּ דֶער רֶעכְטֶער הַאנְד פוּן גָאט: אוּנְד עֶר
הָאט גֶעזָאגְט, נוּן, זֶעה אִיךְ דֶעם הִימֶעל אָפֶען, אוּנְד דֶעם
57 בֶּן־אָדָם שְׁטֶעהְן צוּ דֶער רֶעכְטֶער הַאנְד פוּן גָאט: אָבֶּער
זַייא הָאבֶּען גֶעשְׁרִיעֶן מִיט אַ הוֹיךְ קוֹל, אוּנְד הָאבֶּען זִיךְ
דִיא אוֹירֶען צוּגֶעהַאלְטֶען, אוּנְד זֶענֶען מִיט אַמָאל אִיבֶּער
58 אִיהְם גֶעפַאלֶען: אוּנְד זַייא הָאבֶּען אִיהְם אוֹיס דֶער שְׁטָאט
אַרוֹיסְגֶעוָוארְפֶען, אוּנְד הָאבֶּען אִיהְם גֶעשְׁטֵיינִיגְט; אוּנְד
דִיא עֵדוּת הָאבֶּען זַיינֶע קְלֵיידֶער גֶעלֶעגְט פָאר דִיא פִים
59 פוּן אַ יוּנְגֶען מַאן, וָואס הָאט גֶעהֵייסֶען שָׁאוּל: בְּשַׁעַת זַייא
הָאבֶּען סְטֶעפַאנוּס גֶעשְׁטֵיינִיגְט הָאט עֶר אוֹיסְגֶערוּפֶען אוּנְד
60 גֶעזָאגְט, הַאר יֵשׁוּעַ נֶעם מֵיין גֵייסְט: אוּנְד עֶר הָאט אַנִידֶער־
גֶעקְנִיעֶט אוּנְד הָאט גֶעשְׁרִיעֶן מִיט אַ הוֹיךְ קוֹל, הַאר, רֶע־
כֶען צוּ זַייא נִיט דִיזֶע זִינְד. אוּנְד וֶוען עֶר הָאט דָאס
גֶעזָאגְט אִיז עֶר אַנְטְשְׁלָאפֶען גֶעוָוארֶען:

קאַפִּיטעל ח

1 אוּנְד שָׁאוּל הָאט אוֹיךְ אֵיינְגֶעוִוילִיגְט צוּ זַיין טוֹיט. אוּנְד
עֶס וַואר אִין יֶענֶער צֵייט אַ גְרוֹיסֶע פֶערְפָאלְגוּנְג קֶעגֶען
דֶער קְהִלָּה וָואס וַואר אִין יְרוּשָׁלַיִם. אוּנְד זַייא וַוארֶען אַלֶע
צוּשְׁפְּרֵייט אִין דִיא לֶענְדֶער פוּן יְהוּדָה אוּנְד שֹׁמְרוֹן, חוּץ
2 דִיא אַפָּאסְטֶעל: אוּנְד פְרוּמֶע לֵייט הָאבֶּען סְטֶעפַאנוּס בֶּע־
גְרוּבֶּען, אוּנְד הָאבֶּען אַ גְרוֹיסֶען הֶסְפֵּד אִיבֶּער אִיהְם גֶעמַאכְט:
3 אָבֶּער שָׁאוּל הָאט דִיא קְהִלָּה צוּשְׁטֶערְט, אוּנְד אִיז אַרוּמְגֶע־
גַאנְגֶען אִין דִיא הֵייזֶער אוּנְד הָאט גֶעשְׁלֶעפְּט מֶענֶער אוּנְד
4 וַוייבֶּער אוּנְד הָאט זַייא אִין דֶער תְּפִיסָה אֵיינְגֶעזֶעצְט: דְרוּם
דִיא וָואס וַוארֶען צוּשְׁפְּרֵייט זֶענֶען אַרוּמְגֶעגַאנְגֶען אוּנְד
5 הָאבֶּען גֶעפְּרֶעדִיגְט דָאס וָוארְט: אוּנְד פִילִיפּוּס אִיז אַרוּפּ־
גֶעקוּמֶען צוּ דֶער שְׁטָאט שֹׁמְרוֹן, אוּנְד הָאט צוּ זַייא

6 גֶעפְּרֶעדִיגְט פוּן מָשִׁיחַ: אוּנְד דִיא לַייט הָאבֶּען מִיט כַּוָּנָה
צוּגֶעהָארְכְט צוּ דֶעם וָואס פִּילִיפּוּס הָאט גֶערֶעט, וַוייל זַייא
הָאבֶּען גֶעהֶערְט אוּנְד גֶעזֶעהֶען דִיא וְואוּנְדֶער וָואס עֶר הָאט
7 גֶעטְהוּן: וָוארִין אוּמְרֵיינֶע רוּחוֹת זֶענֶען אַרוֹיס פוּן פִּילֶע,
אוּנְד הָאבֶּען גֶעשְׁרִיעֶן מִיט אַ הוֹיךְ קוֹל. אוּנְד פִּילֶע גִיכְטְ־
8 בְּרִיכִיגֶע אוּנְד קְרוּמֶע זֶענֶען גֶעהֵיילְט גֶעוָוארֶען: אוּנְד עֶס
וַואר אַ גְרוֹיסֶע שִׂמְחָה אִין יֶענֶער שְׁטָאט:
9 אוּנְד אַ מַאן וָואס הָאט גֶעהֵייסֶען שִׁמְעוֹן, אִיז פְרִיעֶר גֶעוֶוע־
זֶען אַ צוֹיבֶּערֶער אִין דֶער שְׁטָאט, אוּנְד הָאט בֶּעצוֹיבֶּערְט
דָאס פָאלְק פוּן שֹׁמְרוֹן, אוּנְד הָאט זִיךְ אוֹיסְגֶעגֶעבֶּען פַאר אַ
10 גְרוֹיסֶען מַאן: צוּ דֶעם הָאבֶּען זַייא אַלֶע צוּגֶעהָארְכְט פוּן
קְלֵיין בִּיז גְרוֹיס, אוּנְד הָאבֶּען גֶעזָאגְט אַז עֶר אִיז דִיא גְבוּרָה
11 פוּן גָאט, דִיא גְרוֹיסֶע: אוּנְד זַייא הָאבֶּען אִיהְם צוּגֶעהֶערְט,
וַוייל עֶר הָאט זַייא אַ לַאנְגֶע צֵייט בֶּעצוֹיבֶּערְט מִיט כִּישׁוּף:
12 אָבֶּער וֶוען זַייא הָאבֶּען גֶעגְלֵייבְּט פִּילִיפּוּס וֶוען עֶר הָאט
גֶעפְּרֶעדִיגְט דִיא גוּטֶע בְּשׂוּרָה פוּן דֶעם קֶענִיגְרַייךְ פוּן
גָאט אוּנְד פוּן דֶעם נָאמֶען פוּן יֵשׁוּעַ הַמָּשִׁיחַ, אַזוֹי זֶענֶען זַייא
13 גֶעטוֹבֶלְט גֶעוָוארֶען, מֶענֶער אוּנְד וַוייבֶּער: אוּנְד שִׁמְעוֹן
זֶעלְבְּסְט הָאט אוֹיךְ גֶעגְלוֹיבְּט, אוּנְד אִיז גֶעטוֹבֶלְט גֶעוָוארֶען,
אוּנְד עֶר וַואר בֶּעשְׁטֶענְדִיג מִיט פִּילִיפּוּס. אוּנְד וֶוען עֶר
הָאט גֶעזֶעהֶען דִיא גְרוֹיסֶע צֵייכֶען אוּנְד וְואוּנְדֶער וָואס
וַוארֶען גֶעשֶׁעהֶען, הָאט עֶר זִיךְ גֶעוְואוּנְדֶערְט:
14 אוּנְד וֶוען דִיא אַפָּאסְטֶעל וָואס וַוארֶען אִין יְרוּשָׁלַיִם הָאבֶּען
גֶעהֶערְט אַז שֹׁמְרוֹן הָאט אָנְגֶענוּמֶען דָאס וָוארְט פוּן גָאט,
15 הָאבֶּען זַייא צוּ זַייא גֶעשִׁיקְט פֶּעטְרוֹס אוּנְד יוֹחָנָן: אוּנְד
וֶוען זַייא זֶענֶען אַרוּפְּגֶעקוּמֶען, אַזוֹי הָאבֶּען זַייא פַאר זַייא
גֶעבֶּעטֶען, אַז זַייא זָאלֶען דֶערְהַאלְטֶען דֶעם רוּחַ הַקוֹדֶשׁ:
16 (וָוארִין עֶר וַואר נָאךְ נִיט גֶעפַאלֶען אוֹיף קֵיינֶעם פוּן זַייא,
נוּר זַייא וַוארֶען גֶעטוֹבֶלְט אִין דֶעם נָאמֶען פוּן דֶעם הַאר
17 יֵשׁוּעַ): דֶערְנָאךְ הָאבֶּען זַייא דִיא הֶענְד אוֹיף זַייא גֶעלֶעגְט,
18 אוּנְד זַייא הָאבֶּען דֶערְהַאלְטֶען דֶעם רוּחַ הַקוֹדֶשׁ: אוּנְד
וְוִיא שִׁמְעוֹן הָאט גֶעזֶעהֶען אַז דֶער רוּחַ הַקוֹדֶשׁ וַואר גֶעגֶע־
בֶּען וֶוען דִיא אַפָּאסְטֶעל הָאבֶּען דִיא הֶענְד אוֹיף זַייא
19 גֶעלֶעגְט, אַזוֹי הָאט עֶר זַייא אָנְגֶעבָּאטֶען גֶעלְד: אוּנְד

געזאגט, גיבט מיר אויך דיזע מאכט, אז אויף וועמען איך
וועל דיא הענד לעגען זאל ער דערהאלטען דעם רוח הקודש:
20 אבער פעטרוס האט צו איהם געזאגט, לאז דיין געלד מיט
דיר פערלוירען ווערען, ווייל דוא האסט געדענקט אז דיא
21 גאב פון גאט קען פאר געלד געקויפט ווערען: דוא האסט
ניט קיין טייל אונד קיין גורל אין דיזער זאך, ווארין דיין
22 הארץ איז ניט אויפריכטיג צו גאט: דרום טהוא תשובה
פאר דיזער שלעכטיגקייט, אונד בעט צו גאט, טאמער וועט
דיר דער געדאנקען פון דיין הארץ פערגעבען ווערען:
23 ווארין איך זעה אז דוא ביסט אין דער גאל פון ביטערניס
24 אונד אין דעם באנד פון אומרעכט: אונד שמעון האט
געענטפערט אונד געזאגט, בעט איהר צום האר פאר מיר,
אז עס זאל אויף מיר ניט קומען קיינס פון דיא זאכען וואס
25 איהר האט געזאגט: אונד ווען זייא האבען בעצייגט אונד
האבען גערעט דאס ווארט פון דעם האר, האבען זייא זיך
אומגעקערט קיין ירושלים, אונד האבען געפרעדיגט אין
פילע דערפער פון שמרון:
26 אונד א מלאך פון דעם האר האט גערעט צו פיליפוס אונד
געזאגט, שטעה אויף אונד געה קעגען דרום זייט, צו
דעם וועג וואס געהט ארופ פון ירושלים קיין עזה, וואס
27 איז וויסט: אונד ער איז אויפגעשטאנען אונד איז
אוועקגעגאנגען. אונד זעה, דא וואר א כושי פערשניטע־
נער, וואס וואר א געוועלטיגער בייא קאנדאקה דיא מלכה
פון כוש, ער וואר געזעצט איבער אלע איהרע אוצרות;
28 אונד ער איז געקומען קיין ירושלים אנצובעטען: אונד ער
איז צוריקגעקעהרט, אונד איז געזעסען אין זיין וואגען אונד
29 האט געליינט ישעיה הנביא: אונד דער גייסט האט געזאגט
צו פיליפוס, געה צו, אונד בעהעפט דיך צו דיזען וואגען:
30 אונד פיליפוס איז צוגעלאפען אונד האט איהם געהערט
ליינען ישעיה הנביא; אונד ער האט צו איהם געזאגט,
31 פערשטעהסט דוא וואס דוא ליינסט? אונד ער האט געזאגט,
וויא אזוי קען איך, אויסגענומען אימעצער וועט מיך בע־
לעהרען? אונד ער האט געבעטען פיליפוס אז ער זאל
32 אויפשטייגען אונד זאל מיט איהם זיצען: אונד דאס וואר

דער ארט אין דער שריפט וואס ער האט געלייענט, ער וואר
געפירט וויא א שאף צום שעכטען, אונד אזוי וויא א לאם
איז שטום פאר זיין שערער, אזוי האט ער זיין מויל ניט
33 אויפגעמאכט: אין זיינע נידריגקייט וואר זיין געריכט
אוועקגענומען, אונד ווער קען דערצעהלען זיין דור? וואריך
34 זיין לעבען וואר פון דער וועלט אוועקגענומען: אונד דער
פערשניטענער האט געענטפערט צו פיליפוס אונד האט
געזאגט, איך בעט דיך, פון וועמען רעט דאס דער נביא?
35 פון זיך אליין, אדער פון איין אנדערן? אונד פיליפוס האט
אויפגעמאכט זיין מויל אונד האט אנגעהויבען פון דיזער
36 שריפט, אונד האט צו איהם געפרעדיגט ישוע: אונד וויא
זייא זענען געפארען אויף דעם וועג, זענען זייא געקומען
צו א וואסער. אונד דער פערשניטענער האט געזאגט, זעה,
דא איז וואסער, וואס הינדערט מיך געטובלט צו ווערען?
37 אונד פיליפוס האט געזאגט, ווען דוא גלויבסט מיט דיין
גאנצען הארץ, מעגסט דוא, אונד ער האט געענטפערט אונד
געזאגט, איך גלויב אז ישוע המשיח איז דער זוהן פון
38 גאט: אונד ער האט געהייסען דעם וואגען שטעהן בלייבען,
אונד זייא זענען ביידע ארונטערגעגאנגען אין דעם וואסער
אריין, פיליפוס אונד דער פערשניטענער, אונד ער האט
39 איהם געטובלט: אונד ווען זייא זענען ארויסגעקומען פון
דעם וואסער, אזוי האט דער גייסט פון דעם האר אוועקגע־
נומען פיליפוס, אונד דער פערשניטענער האט איהם ניט
מעהר געזעהען. אונד ער איז זיין וועג אוועקגעגאנגען
40 אונד האט זיך געפרייט: אונד פיליפוס וואר געפונען אין
אשדוד. אונד ער איז ארומגעגאנגען אונד האט געפרעדיגט
אין אלע שטעט ביז ער איז געקומען קיין קסרין:

קאפיטעל ט

1 אונד שאול האט נאך געאטהעמט שרעקען אונד רציחה
קעגען דיא תלמידים פון דעם האר, אונד איז געקומען צום
2 כהן גדול: אונד האט פון איהם פערלאנגט בריף קיין
דמשק צו דיא שולען, אז ווען ער וועט עטליכע געפינען
וואס געהען נאך דיזען וועג, עס מעג זיין מענער אדער
ווייבער, אזוי זאל ער זייא ברענגען געבונדען קיין ירושלים;

3 אוּנְד וִויא עֶר אִיז גֶעגַאנְגֶען אוּנְד אִיז גֶעקוּמֶען נָאהְנְט צוּ
דַמֶשֶׂק, אַזוֹי הָאט פְּלוּצְלִינְג אַ לִיכְט פוּן הִימֶעל אַרוּם אִיהְם
4 גֶעשַׁיינְט: אוּנְד עֶר אִיז צוּ דֶער עֶרְד גֶעפַאלֶען, אוּנְד הָאט
גֶעהֶערְט אַ קוֹל וָואס הָאט צוּ אִיהְם גֶעזָאגְט, שָׁאוּל, שָׁאוּל,
5 וַוארוּם פֶערְפָאלְגְסְט דוּא מִיךְ? אוּנְד עֶר הָאט גֶעזָאגְט, וֶוער
בִּיסְט דוּא הַאר? אוּנְד דֶער הַאר הָאט גֶעזָאגְט, אִיךְ בִּין
יֵשׁוּעַ וֶועלְכֶען דוּא פֶערְפָאלְגְסְט. עֶס אִיז שְׁוֶוער פַאר דִיר
6 צוּ שְׁטוֹיסֶען קֶעגֶען דִיא שְׁטַאכִיל: אוּנְד עֶר הָאט גֶעצִיי־
טֶערְט אוּנְד וַואר. דֶערְשְׁרָאקֶען אוּנְד הָאט גֶעזָאגְט, הַאר,
וָואס ווִילְסְט דוּא אַז אִיךְ זָאל טְהוּן? אוּנְד דֶער הַאר הָאט
צוּ אִיהְם גֶעזָאגְט, שְׁטֶעה אוֹיף, אוּנְד גֶעה אִין דִיא שְׁטָאט
אַרַיין, אוּנְד עֶס וֶועט דִיר גֶעזָאגְט וֶוערֶען וָואס דוּא מוּסְט
7 טְהוּן: אוּנְד דִיא לַייט וָואס זֶענֶען מִיט אִיהְם גֶעגַאנְגֶען
זֶענֶען גֶעשְׁטַאנֶען פֶערְשְׁטוּמְט, אוּנְד הָאבֶען דָאס קוֹל
8 גֶעהֶערְט, אָבֶער זַייא הָאבֶען קֵיינֶעם נִיט גֶעזֶעהֶען: אוּנְד
שָׁאוּל אִיז אוֹיפְגֶעשְׁטַאנֶען פוּן דֶער עֶרְד. אוּנְד וֶוען עֶר
הָאט דִיא אוֹיגֶען אוֹיפְגֶעמַאכְט, הָאט עֶר גָארְנִיט גֶעזֶעהֶען.
אוּנְד זַייא הָאבֶען אִיהְם גֶעפִירְט בַּייא דֶער הַאנְד אוּנְד
9 הָאבֶען אִיהְם גֶעבְּרַאכְט קֵיין דַמֶשֶׂק: אוּנְד עֶר וַואר דְרַייא
טֶעג נִיט זֶעהֶענְדִיג. אוּנְד הָאט נִיט גֶעגֶעסֶען אוּנְד נִיט
גֶעטְרוּנְקֶען:
10 נוּן עֶס וַואר אַ גֶעווִיסֶער תַּלְמִיד אִין דַמֶשֶׂק וָואס הָאט
גֶעהֵייסֶען חֲנַנְיָה, אוּנְד דֶער הַאר הָאט צוּ אִיהְם גֶעזָאגְט אִין
אֵיינֶע עֶרְשַׁיינוּנְג. חֲנַנְיָה. אוּנְד עֶר הָאט גֶעזָאגְט, דָא בִּין
11 אִיךְ, הַאר: אוּנְד דֶער הַאר הָאט צוּ אִיהְם גֶעזָאגְט, שְׁטֶעה
אוֹיף, אוּנְד גֶעה צוּ דֶער גַאס וָואס הֵייסְט דִיא גְלַייכֶע גַאס,
אוּנְד פְרֶעג אִין דֶעם הוֹיז פוּן יְהוּדָה אוֹיף אַ מַאן וָואס הֵייסְט
12 שָׁאוּל פוּן תַּרְשִׁישׁ. דֶען זֶעה, עֶר בֶּעטֶעט: אוּנְד עֶר הָאט
גֶעזֶעהֶען אִין אֵיינֶע עֶרְשַׁיינוּנְג אַז אַ מַאן וָואס הֵייסְט חֲנַנְיָה
אִיז צוּ אִיהְם גֶעקוּמֶען, אוּנְד הָאט דִיא הַאנְד אוֹיף אִיהְם
13 גֶעלֶעגְט, אַז עֶר זָאל זֶעהֶענְדִיג וֶוערֶען: אוּנְד חֲנַנְיָה הָאט
גֶעעֶנְטְפֶערְט, הַאר, אִיךְ הָאבּ גֶעהֶערְט פוּן פִיל לַייט וֶועגֶען
דִיזֶען מַאן, וִויא פִיל שְׁלֶעכְטֶעס עֶר הָאט גֶעטְהוּן צוּ דַיינֶע
14 הֵיילִיגֶע אִין יְרוּשָׁלַיִם: אוּנְד דָא הָאט עֶר מַאכְט פוּן דִיא

עֶרְשְׁטֶע כֹּהֲנִים צוּ בִּינְדֶען אַלֶע וָואס רוּפֶען אָן דֵיין נָאמֶען:
15 אָבֶּער דֶער הַאר הָאט צוּ אִיהְם גֶעזָאגְט, גֶעה אַהִין? וָוארִין
עֶר אִיז אַיין אוֹיסְדֶערְוֶועלְטֶע כֵּלִי צוּ מִיר, אַז עֶר זָאל
טְרָאגֶען מַיין נָאמֶען פָאר דִיא גוֹיִם, אוּנְד מְלָכִים, אוּנְד דִיא
16 קִינְדֶער יִשְׂרָאֵל: וָוארִין אִיךְ וֶועל אִיהְם וַוייזֶען וִויא פִילֶע
17 זַאכֶען עֶר מוּז לַיידֶען פוּן מַיין נָאמֶענְס וֶועגֶען: אוּנְד חֲנַנְיָה
אִיז אַוֶועקְגֶעגַאנְגֶען, אוּנְד אִיז אַרַיינְגֶעקוּמֶען אִין דֶעם הוֹיז
אוּנְד הָאט דִיא הֶענְד אוֹיף אִיהְם גֶעלֶעגְט אוּנְד הָאט גֶעזָאגְט,
בְּרוּדֶער שָׁאוּל, דֶער הַאר יֵשׁוּעַ, וָואס הָאט זִיךְ צוּ דִיר בֶּעַ־
וִויזֶען אִין דֶעם וֶועג וָואס דוּא בִּיסְט גֶעקוּמֶען, הָאט מִיךְ
גֶעשִׁיקְט אַז דוּא זָאלְסְט זֶעהֶענְדִיג וֶוערֶען, אוּנְד זָאלְסְט
18 דֶערְפִילְט וֶוערֶען מִיט דֶעם רוּחַ הַקּוֹדֶשׁ: אוּנְד עֶס זֶענֶען
גְלַייךְ פוּן זַיינֶע אוֹיגֶען אַרוּפְּגֶעפַאלֶען וִויא שׁוּפֶּען, אוּנְד עֶר
אִיז בַּאלְד זֶעהֶענְדִיג גֶעוָוארֶען, אוּנְד אִיז אוֹיפְגֶעשְׁטַאנֶען
19 אוּנְד אִיז גֶעטוֹבֶלְט גֶעוָוארֶען: אוּנְד עֶר הָאט גֶענוּמֶען
שְׁפֵּייז, אוּנְד וַואר גֶעשְׁטַארְקְט. אוּנְד שָׁאוּל וַואר עֶטְלִיכֶע
טֶעג מִיט דִיא תַּלְמִידִים וָואס זֶענֶען גֶעוֶועזֶען אִין דַמֶשֶׂק:
20 אוּנְד עֶר הָאט גְלַייךְ גֶעפְּרֶעדִיגְט יֵשׁוּעַ אִין דִיא שׁוּלֶען, אַז עֶר
21 אִיז דֶער זוּהְן פוּן גָאט: אוּנְד אַלֶע וָואס הָאבֶּען אִיהְם גֶעַ־
הֶערְט הָאבֶּען זִיךְ פֶערְוְואוּנְדֶערְט, אוּנְד הָאבֶּען גֶעזָאגְט, אִיז
דָאס נִיט דֶער וָואס הָאט פַארְשְׁטֶערְט אִין יְרוּשָׁלַיִם דִיא
וָואס הָאבֶּען אָנְגֶערוּפֶען דִיזֶען נָאמֶען, אוּנְד אִיז פוּן דֶעסְט־
וֶועגֶען אַהֶער גֶעקוּמֶען אַז עֶר זָאל זֵייא בְּרֶענְגֶען גֶעבּוּנְדֶען
22 צוּ דִיא עֶרְשְׁטֶע כֹּהֲנִים? אָבֶּער שָׁאוּל הָאט זִיךְ נָאךְ מֶעהְר
גֶעשְׁטַארְקְט, אוּנְד הָאט פֶערְטוּמֶעלְט דִיא יוּדֶען וָואס הָאבֶּען
גֶעוְואוֹינְט אִין דַמֶשֶׂק, אוּנְד הָאט בֶּעוִויזֶען אַז דָאס אִיז
דֶער מָשִׁיחַ:
23 אוּנְד וִוען פִילֶע טֶעג זֶענֶען פַארְבַּייגֶעגַאנְגֶען, הָאבֶּען דִיא
יוּדֶען אַיינֶע עֵצָה גֶעהַאלְטֶען זֵייא זָאלֶען אִיהְם הַרְגֶענֶען:
24 אָבֶּער זֵיירֶע עֵצָה וַואר אָנְגֶעזָאגְט גֶעוָוארֶען צוּ שָׁאוּל,
אוּנְד זֵייא הָאבֶּען גֶעוַואכְט דִיא טוֹירֶען טָאג אוּנְד נַאכְט אַז
25 זֵייא זָאלֶען אִיהְם הַרְגֶענֶען: אָבֶּער דִיא תַּלְמִידִים הָאבֶּען
אִיהְם גֶענוּמֶען בֵּייא דֶער נַאכְט, אוּנְד הָאבֶּען אִיהְם אַרוּפּ־
26 גֶעלָאזְט פוּן דֶער מוֹיעֶר אִין אַ קָארְבּ: אוּנְד שָׁאוּל אִיז

גֶעקוּמֶען קֵיין יְרוּשָׁלַיִם, אוּנְד הָאט זִיךְ גֶעוָואלְט בֶּעהֶעפְטֶען
צוּ דִיא תַּלְמִידִים. אָבֶּער זַייא הָאבֶּען זִיךְ אַלֶע פָאר אִיהְם
גֶעפָארְכְטֶען, אוּנְד הָאבֶּען נִיט גֶעגְלוֹיבְּט אַז עֶר אִיז אַ
27 תַּלְמִיד: אָבֶּער בַּר־נַבָּא הָאט אִיהְם אָנְגֶענוּמֶען, אוּנְד הָאט
אִיהְם גֶעבְּרַאכְט צוּ דִיא אַפָּאסְטֶעל, אוּנְד הָאט זַייא דֶערְ־
צֶעלְט וִויא עֶר הָאט גֶעזֶעהֶען דֶעם הַאר אִים וֶועג, אוּנְד אַז
עֶר הָאט צוּ אִיהְם גֶערֶעט, אוּנְד וִויא עֶר הָאט אִין דַמֶשֶׂק
28 מוּטְהִיג גֶעפְּרֶעדִיגְט אִין דֶעם נָאמֶען פוּן יֵשׁוּעַ: אוּנְד עֶר
אִיז מִיט זַייא אַיין אוּנְד אוֹיסְגֶעגַאנְגֶען אִין יְרוּשָׁלַיִם, אוּנְד
הָאט עֶפֶענְטְלִיךְ גֶעפְּרֶעדִיגְט אִין דֶעם נָאמֶען פוּן דֶעם הַאר:
29 אוּנְד עֶר הָאט גֶערֶעט אוּנְד גֶעטַענְהֶעט מִיט דִיא גְרִיכִישֶׁע
יוּדֶען, אוּנְד זַייא הָאבֶּען זִיךְ אוּנְטֶערְגֶענוּמֶען זַייא זָאלֶען
30 אִיהְם טֵייטֶען: וִויא דִיא תַּלְמִידִים הָאבֶּען דָאס גֶעוָואר
גֶעוָוארֶען, הָאבֶּען זַייא אִיהְם אַרוּפְּגֶעבְּרַאכְט קֵיין קֵסָרִין,
31 אוּנְד הָאבֶּען אִיהְם אַוֶועקְגֶעשִׁיקְט קֵיין תַּרְשִׁישׁ: אַזוֹי הָאט
דִיא קְהִלָּה פְרִידֶען גֶעהַאט אִין גַאנְץ יְהוּדָה אוּנְד אִין גָלִיל
אוּנְד אִין שֹׁמְרוֹן אוּנְד הָאט זִיךְ אוֹיפְגֶעבּוֹיעֶט, אוּנְד הָאט
גֶעוַואנְדֶעלְט אִין דֶער פוּרְכְט פוּן דֶעם הַאר, אוּנְד אִין דֶער
נְחָמָה (טְרַייסְט) פוּן דֶעם רוּחַ הַקוֹדֶשׁ, אוּנְד הָאט זִיךְ פֶערְ־
32 מֶעהְרְט: אוּנְד עֶס הַאר וֶוען פֶּעטְרוּס אִיז גֶעגַאנְגֶען דוּרְךְ
אַלֶע עֶרְטֶער, אַזוֹי אִיז עֶר אוֹיךְ אַרוּפְּגֶעקוּמֶען צוּ דִיא
33 הֵיילִיגֶע וָואס הָאבֶּען גֶעוְואוֹינְט אִין לוֹד: אוּנְד עֶר הָאט
דָארְטֶען גֶעפוּנֶען אַ מַאן וָואס הָאט גֶעהֵייסֶען אֵנֵיַס, וָואס
וַואר אַ גִיכְטבְּרִיכִיגֶער, אוּנְד אִיז שׁוֹין גֶעלֶעגֶען אַכְט יָאהְר
34 אוֹיף דֶעם בֶּעט: אוּנְד פֶּעטְרוּס הָאט צוּ אִיהְם גֶעזָאגְט,
אֵנֵיַס! יֵשׁוּעַ דֶער מָשִׁיחַ הֵיילְט דִיךְ, שְׁטֶעה אוֹיף אוּנְד מַאךְ
צוּרֶעכְט דֵיין בֶּעט, אַזוֹי אִיז עֶר בַּאלְד אוֹיפְגֶעשְׁטַאנֶען:
35 אוּנְד אַלֶע וָואס הָאבֶּען גֶעוְואוֹינְט אִין לוֹד אוּנְד אִין שָׁרוֹן
הָאבֶּען אִיהְם גֶעזֶעהֶען, אוּנְד הָאבֶּען זִיךְ צוּרִיקְגֶעקֶעהְרְט
צוּם הַאר:

36 אוּנְד אִין יָפוֹ וַואר אֵיינֶע תַּלְמִידָה וָואס הָאט גֶעהֵייסֶען טָבִיתָא,
(וָואס אִיז פֶערְדָאלְמֶעטְשְׁט דָארְקַאס), אוּנְד זִיא וַואר פוּל
37 מִיט מַעֲשִׂים טוֹבִים, אוּנְד זִיא הָאט פִיל נְדָבוֹת גֶעגֶעבֶּען: אוּנְד
אִין יֶענֶע טֶעג אִיז זִיא קְרַאנְק גֶעוֶועזֶען אוּנְד אִיז גֶעשְׁטָארְבֶּען,

אוּנְד זַייא הָאבֶּען זִיא גֶעוואַשֶׁען, אוּנְד הָאבֶּען זִיא אִין דֶער
38 אוֹיבֶּערְשְׁטוּבּ גֶעלֶעגְט: אוּנְד ווייל לוּד אִיז נָאהֶענְט צוּ
יָפוֹ, אוּנְד דִיא תַּלְמִידִים הָאבֶּען גֶעהֶערְט אַז פֶּעטְרוּס אִיז
דָארְט, הָאבֶּען זַייא צוּ אִיהְם גֶעשִׁיקְט צְווייא מֶענֶער, אוּנְד
הָאבֶּען אִיהְם גֶעבֶּעטֶען אַז עֶר זָאל זִיךְ נִיט זוּימֶען צוּ זַייא
39 צוּ קוּמֶען: אוּנְד פֶּעטְרוּס אִיז אוֹיפְגֶעשְׁטַאנֶען אוּנְד אִיז מִיט
זַייא גֶעגַאנְגֶען. אוּנְד ווען עֶר אִיז גֶעקוּמֶען הָאבֶּען זַייא
אִיהְם אַרוֹיפְגֶעפִיהְרְט אִין דֶער אוֹיבֶּערְשְׁטוּבּ אוּנְד אַלֶע
אַלְמָנוֹת זֶענֶען בֵּייא אִיהְר גֶעשְׁטַאנֶען אוּנְד הָאבֶּען גֶעווֵיינְט,
אוּנְד הָאבֶּען גֶעווִיזֶען דִיא רֶעק אוּנְד דִיא קְלֵיידֶער וָואס
40 דָארְקַאס הָאט גֶעמַאכְט ווען זִיא וואר בֵּייא זַייא: אָבֶּער
פֶּעטְרוּס הָאט אַלֶע אַרוֹיסְגֶעשִׁיקְט, אוּנְד הָאט גֶעקְנִיעֶט
אוּנְד גֶעבֶּעטֶען, אוּנְד הָאט זִיךְ גֶעקֶעהְרְט צוּם מֵת, אוּנְד
גֶעזָאגְט, טַבִיתָא, שְׁטֶעה אוֹיף! אוּנְד זִיא הָאט דִיא אוֹיגֶען
אוֹיפְגֶעמַאכְט, אוּנְד הָאט פֶּעטְרוּס גֶעזֶעהֶען, אוּנְד זִיא הָאט
41 זִיךְ אוֹיפְגֶעזֶעצְט: אוּנְד עֶר הָאט אִיהְר דִיא הַאנְד גֶעגֶעבֶּען
אוּנְד הָאט זִיא אוֹיפְגֶעשְׁטֶעלְט, אוּנְד עֶר הָאט גֶערוּפֶען דִיא
הֵיילִיגֶע אוּנְד דִיא אַלְמָנוֹת אוּנְד הָאט זִיא פַאר זַייא אַנִידֶערְ־
42 גֶעשְׁטֶעלְט לֶעבֶּעדִיג: אוּנְד דָאס אִיז בֶּעקַאנְט גֶעווָארֶען
אִין גַאנְץ יָפוֹ. אוּנְד פִילֶע הָאבֶּען גֶעגְלוֹיבְּט אִין דֶעם הַאר:
43 אוּנְד עֶר הָאט גֶעווְאוֹינְט אַ לַאנְגֶע צֵייט אִין יָפוֹ בֵּייא אַ
גֶעווִיסֶען שִׁמְעוֹן אַ גַארְבֶּער:

קאפיטעל י

1 אוּנְד אִין קִסְרִין וואר אַ מַאן וָואס הָאט גֶעהֵייסֶען קָרְנִילְיוּס,
אֵיין אוֹיבֶּערְשְׁטֶער פוּן דֶעם חַיִל וָואס וואר גֶערוּפֶען דִיא אִי־
2 טַאלֶיעֶנִישֶׁע מַחֲנֶה: דִיזֶער וואר פְרוּם אוּנְד גָאטְסְפָארְכְטִיג
מִיט זַיין גַאנְצֶען הוֹיזְגֶעזִינְד, אוּנְד הָאט פִיל נְדָבוֹת גֶעגֶעבֶּען
3 צוּ דִיא לֵייט, אוּנְד הָאט תָּמִיד גֶעבֶּעטֶען צוּ גָאט: אוּנְד
הָאט בְּפֵירוּשׁ גֶעזֶעהֶען אִין אֵיינֶע עֶרְשֵׁיינוּנְג אוּם דֶער
נֵיינְטֶער שָׁעָה פוּן טַאג, אַז אַ מַלְאָךְ פוּן גָאט אִיז צוּ אִיהְם
4 גֶעקוּמֶען, אוּנְד הָאט צוּ אִיהְם גֶעזָאגְט, קָרְנִילְיוּס! אוּנְד עֶר
הָאט אִיהְם אָנְגֶעזֶעהֶען אוּנְד הָאט זִיךְ דֶערְשְׁרָאקֶען אוּנְד
הָאט גֶעזָאגְט, וָואס אִיז עֶס, הַאר? אוּנְד עֶר הָאט צוּ אִיהְם
גֶעזָאגְט, דֵיינֶע תְּפִילוֹת אוּנְד דֵיינֶע נְדָבוֹת אִיז אוֹיפְגֶעגַאנְגֶען

5 פַאר אַ גֶעדֶעכְטְנִיס פָאר גָאט: אוּנְד אַצוּנְד שִׁיק לֵייט
6 קֵיין יָפוֹ, אוּנְד רוּף שִׁמְעוֹן, וָואס הֵייסט פֶּעטְרוּס: עֶר
שְׁטֶעהְט אֵיין בֵּייא אֵיינֶעם שִׁמְעוֹן דֶעם גַארְבֶּער, וָואס הָאט
אַ הויז בֵּיים יַם, עֶר וֶועט דִיר זָאגֶען וָואס דוּא זָאלְסְט טְהוּן:
7 אוּנְד וֶוען דֶער מַלְאָךְ וָואס הָאט גֶערֶעט צוּ קָרְנִילְיוּס אִיז
אַוֶועקְגֶעגַאנְגֶען, אַזוֹי הָאט עֶר גֶערוּפֶען צְוֵוייא פוּן זֵיינֶע
קְנֶעכְט, אוּנְד אַ פְרוּמֶען זֶעלְנֶער פוּן דִיא וָואס וַוארֶען
8 מִיט אִיהְם: אוּנְד עֶר הָאט זֵייא אַלֶעם דֶערְצֶעהְלְט, אוּנְד
הָאט זֵייא גֶעשִׁיקְט קֵיין יָפוֹ:
9 אוּנְד דֶעם אַנְדֶערֶען טָאג, וֶוען זֵייא וַוארֶען אוֹיף דֶעם
וֶועג, אוּנְד זֶענֶען גֶעקוּמֶען נָאהְנְט צוּ דֶער שְׁטָאט, אִיז
פֶּעטְרוּס אַרוֹיף גֶעגַאנְגֶען אוֹיף דֶעם דַאךְ צוּ בֶּעטֶען, אוּם
10 דֶער זֶעקְסְטֶער שָׁעָה: אוּנְד עֶר אִיז זֶעהְר הוּנְגְרִיג גֶעוָוארֶען,
אוּנְד הָאט גֶעוָואלְט עֶפֶּעס עֶסֶען; אוּנְד וַוייל זֵייא הָאבֶּען
11 עֶס אָנְגֶעגְרֵייט, אַזוֹי אִיז עֶר עֶנְטְצִיקְט גֶעוָוארֶען: אוּנְד עֶר
הָאט גֶעזֶעהֶען דֶעם הִימֶעל אָפֶען, אוּנְד עֶס אִיז צוּ אִיהְם
אַרוּפְּגֶעקוּמֶען אַ כְּלִי אַזוֹיא וִויא אַ גְרוֹיס לֵיילֶעךְ, צוּגֶע־
בּוּנְדֶען בֵּייא דִיא פִיעֶר עֶקֶען, אוּנְד צוּ דֶער עֶרְד אַרוּפּ־
12 גֶעלָאזְט: אוּנְד עֶס וַוארֶען דְרִינֶען אַלֶערְלֵייא פִיר־פִיסִיגֶע
חַיוֹת פוּן דֶער עֶרְד, אוּנְד וִוילְדֶע חַיוֹת, אוּנְד גֶעוֶוערְם, אוּנְד
13 פֶעגֶעל פוּן הִימֶעל: אוּנְד אַ קוֹל אִיז צוּ אִיהְם גֶעקוּמֶען,
14 שְׁטֶעה אוֹיף פֶּעטְרוּס, שֶׁעכְט אוּנְד עֶס: אוּנְד פֶּעטְרוּס
הָאט גֶעזָאגְט, נִיט אַזוֹי, הַאר, וָוארִין אִיךְ הָאבּ קֵיינְמָאל
15 נִיט גֶעגֶעסֶען גֶעמֵיינֶעס אָדֶער אוּמְרֵיינֶעס: אוּנְד עֶס וַואר
וִידֶער דָאס צְוֵוייטֶע מָאל אַ קוֹל צוּ אִיהְם, דָאס וָואס
16 גָאט הָאט גֶערֵיינִיגְט, מַאךְ דוּא נִיט גֶעמֵיין: אוּנְד דָאס
וַואר גֶעשֶׁעהֶען דְרֵייא מָאל. אוּנְד דָאס כְּלִי וַואר וִידֶער
17 אַרוֹיפְגֶענוּמֶען אִין הִימֶעל אַרֵיין: אוּנְד וֶוען פֶּעטְרוּס הָאט
אִין זִיךְ גֶעטְרַאכְט וָואס דִיא עֶרְשֵׁיינוּנְג בֶּעדֵייט וָואס עֶר
הָאט גֶעזֶעהֶען, אַזוֹי הָאבֶּען זִיךְ דִיא לֵייט וָואס וַוארֶען
גֶעשִׁיקְט פוּן קָרְנִילְיוּס אָנְגֶעפְרֶעגְט צוּם הויז פוּן שִׁמְעוֹן
18 אוּנְד זֶענֶען גֶעשְׁטַאנֶען בֵּייא דֶער טִיר: אוּנְד זֵייא הָאבֶּען
גֶערוּפֶען אוּנְד גֶעפְרֶעגְט אוֹיבּ שִׁמְעוֹן, וָואס וֶוערְט גֶערוּפֶען
19 פֶּעטְרוּס, שְׁטֶעהְט דָארְט אֵיין: אוּנְד וֶוען פֶּעטְרוּס הָאט זִיךְ

בֶּעדַאכְט וֶועגֶען דִיא עֶרְשֵׁיינוּנְג, אַזוֹי הָאט דֶער גֵייסְט
צוּ אִיהְם גֶעזָאגְט, דָא זֶענֶען דְרַייא מֶענֶער וָואס זוּכֶען דִיךְ:
20 דְרוּם שְׁטֶעה אוֹיף, אוּנְד קוּם אַרוּפּ אוּנְד גֶעה מִיט זֵייא,
21 אוּנְד צְוַוייפֶעל נִיט, וָוארִין אִיךְ הָאבּ זֵייא גֶעשִׁיקְט: אוּנְד
פֶּעטְרוּס אִיז אַרוּפּגֶעקוּמֶען צוּ דִיא לֵייט וָואס וַוארֶען
צוּ אִיהְם גֶעשִׁיקְט פוּן קָרְנִילִיוּס, אוּנְד הָאט גֶעזָאגְט, אִיךְ
בִּין דֶער וָועמֶען אִיהְר זוּכְט; וֶועגֶען וָואס זֶענְט אִיהְר גֶע־
22 קוּמֶען? אוּנְד זֵייא הָאבֶּען גֶעזָאגְט, קָרְנִילִיוּס, דֶער הוֹיפְּט־
מַאן, אַ גֶערֶעכְטֶער מַאן, אוּנְד אַ גָאטֶעסְפוּרְכְטִיגֶער, אוּנְד
וָואס הָאט אַ גוּטֶען שֵׁם בַּיים גַאנְצֶען-יוּדִישֶׁען פָאלְק, וַואר
גֶעוָוארֶענְט פוּן גָאט דוּרְךְ אַ הֵיילִיגֶען מַלְאָךְ אַז עֶר זָאל
נָאךְ דִיר שִׁיקֶען, אִין זַיין הוֹיז אַרֵיין, אוּנְד זָאל הֶערֶען
23 דֵיינֶע רֵייד: אַזוֹי הָאט עֶר זֵייא אַרֵיינְגֶערוּפֶען אוּנְד הָאט
זֵייא גַאסְט פְרֵיינְדְשַׁאפְט בֶּעוִויזֶען, אוּנְד דֶעם אַנְדֶערֶען
טָאג אִיז פֶּעטְרוּס מִיט זֵייא אַוֶועקְגֶעגַאנְגֶען; אוּנְד עֶטְלִיכֶע
פוּן דִיא בְּרִידֶער וָואס וַוארֶען פוּן יָפוֹ זֶענֶען מִיט זֵייא
24 גֶעגַאנְגֶען: אוּנְד-דֶעם אַנְדֶערְן טָאג זֶענֶען זֵייא אַרֵיינְגֶע־
קוּמֶען קֵיין קִסְרִין. אוּנְד קָרְנִילִיוּס הָאט אוֹיף זֵייא גֶעוַוארְט,
אוּנְד הָאט צוּזַאמֶען גֶערוּפֶען זֵיינֶע קְרוֹבִים אוּנְד פְרֵיינְד:
25 אוּנְד וִויא פֶּעטְרוּס אִיז אַרֵיינְגֶעקוּמֶען, אַזוֹי אִיז אִיהְם קָרְנִילִיוּס
אַנְטְקֶעגֶען גֶעגַאנְגֶען, אוּנְד אִיז אִיהְם צוּ דִיא פִיס גֶעפַאלֶען
26 אוּנְד הָאט זִיךְ גֶעבִּיקְט: אָבֶּער פֶּעטְרוּס הָאט אִיהְם אוֹיפְ־
גֶעהוֹיבֶּען אוּנְד גֶעזָאגְט, שְׁטֶעה אוֹיף, אִיךְ זֶעלְבְּסְט בִּין
27 אוֹיךְ נָאר אַ מֶענְשׁ: אוּנְד וַויא עֶר הָאט מִיט אִיהְם גֶערֶעט
אוּנְד אִיז אַרֵיינְגֶעגַאנְגֶען, אוּנְד הָאט גֶעפוּנֶען פִילֶע. וָואס
28 זֶענֶען צוּזַאמֶען גֶעקוּמֶען: אוּנְד עֶר הָאט צוּ זֵייא גֶעזָאגְט,
אִיהְר וֵוייסְט אַז עֶס אִיז אָסוּר צוּ אַ יוּדִישֶׁען מַאן זִיךְ צוּ
בֶּעהֶעפְטֶען אָדֶער קוּמֶען צוּ אַ פְרֶעמְדֶען, אָבֶּער גָאט הָאט
מִיר גֶעוִויזֶען אַז אִיךְ זָאל קֵיין מֶענְשׁ נִיט רוּפֶען גֶעמֵיין
29 אָדֶער אוּמְרֵיין: דָארוּם הָאבּ אִיךְ נִיט פֶערְמִיטֶען, אוּנְד בִּין
גֶעקוּמֶען וֶוען אִיהְר הָאט נָאךְ מִיר גֶעשִׁיקְט; אַצוּנְד פְרֶעג
30 אִיךְ צוּ וָואס אִיהְר הָאט נָאךְ מִיר גֶעשִׁיקְט: אוּנְד קָרְנִילִיוּס
הָאט גֶעזָאגְט, עֶס אִיז שׁוֹין פוּן פִיר טֶעג בִּיז צוּ דִיזֶער
שָׁעָה דָאס אִיךְ פַאסְט, אוּנְד וֶוען אִיךְ הָאבּ אִין דֶער

נײַנְטֶער שָׁעָה גֶעבֶּעטֶען אִין מַיין הוֹיז, אַזוֹי אִיז אַ מַאן פָאר
31 מִיר גֶעשְׁטַאנֶען אִין אַ שַׁיינֶענְדִיג קְלֵייד: אוּנְד הָאט גֶעזָאגְט,
קָרְנִילְיוּס, דַיין גֶעבֶּעט אִיז דֶערְהֶערְט גֶעוָוארֶען, אוּנְד דַיינֶע
32 נְדָבוֹת זֶענֶען גֶעקוּמֶען צוּם אָנְדֶענְקֶען פָאר גָאט: דְרוּם
שִׁיק קֵיין יָפוֹ, אוּנְד רוּף שִׁמְעוֹן, וָואס וֶוערְט גֶערוּפֶען
פֶּעטְרוּס, עֶר שְׁטֶעהְט אֵיין אִין דֶעם הוֹיז פוּן שִׁמְעוֹן דֶעם
גַארְבֶּער בֵּיים יַם, (וֶוען עֶר וֶועט קוּמֶען וֶועט עֶר צוּ דִיר
33 רֶעדֶען): אַזוֹי הָאבּ אִיךְ בַּאלְד צוּ דִיר גֶעשִׁיקְט, אוּנְד דוּא
הָאסְט רֶעכְט גֶעטְהוּן וָואס דוּא בִּיסְט גֶעקוּמֶען; אוּנְד אַצוּנְד
זֶענֶען מִיר אַלֶע דָא פָאר גָאט צוּ הֶערֶען אַלֶעס וָואס אִיז
דִיר בֶּעפוֹילֶען פוּן גָאט:
34 אוּנְד פֶּעטְרוּס הָאט אוֹיפְגֶעמַאכְט זַיין מוֹיל אוּנְד גֶעזָאגְט,
אִיךְ זֶעה אִין דֶער וָואהְרְהֵייט אַז גָאט אִיז נִיט קֵיין נוֹשֵׂא
35 פָּנִים: נַייעֶרְט אִין אִיטְלִיכֶען פָאלְק דֶער וָואס פָארְכְט זִיךְ
פַאר אִיהְם אוּנְד טְהוּט גֶערֶעכְטִיגְקֵייט, אִיז בַּייא אִיהְם אָנְ־
36 גֶענוּמֶען: אִיהְר וֵוייסְט וָואוִיל דָאס וָוארְט וָואס גָאט הָאט
גֶעשִׁיקְט צוּ דִיא בְּנֵי יִשְׂרָאֵל, וֶוען עֶר הָאט מְבַשֵּׂר גֶעוֶועזֶען
37 דוּרְךְ יֵשׁוּעַ הַמָּשִׁיחַ, (עֶר אִיז הַאר פוּן אַלֶעס): דָאס וָוארְט
וָואס וַואר אִין יְהוּדָה, אוּנְד הָאט זִיךְ אָנְגֶעהוֹיבֶּען אִין גָלִיל, נָאךְ
38 דֶער טְבִילָה וָואס יוֹחָנָן הָאט גֶעפְּרֶעדִיגְט: וִויא גָאט הָאט
גֶעזַאלְבְּט יֵשׁוּעַ הַנָּצְרִי מִיט דֶעם רוּחַ הַקוֹדֶשׁ אוּנְד מִיט
מַאכְט, אוּנְד עֶר אִיז אַרוּמְגֶעגַאנְגֶען אוּנְד הָאט גוּטֶעס גֶע־
טְהוּן, אוּנְד הָאט גֶעהֵיילְט אַלֶע וָואס דֶער שָׂטָן הָאט אִיבֶּער
39 זַייא גֶעוֶועלְטִיגְט, וָוארִין גָאט וַואר מִיט אִיהְם: אוּנְד מִיר
זֶענֶען עֵדוּת אוֹיף אַלֶע זַאכֶען וָואס עֶר הָאט גֶעטְהוּן אִין
דֶעם יוּדִישֶׁען לַאנְד, אוּנְד אִין יְרוּשָׁלַיִם, וֶועלְכֶען זַייא הָא־
בֶּען אוּנְגֶעבְּרַאכְט, אוּנְד הָאבֶּען אִיהְם גֶעהָאנְגֶען אוֹיף אַ
40 הָאלְץ: דִיזֶען הָאט גָאט אוֹיפְגֶעוֶועקְט דֶעם דְרִיטֶען טָאג,
41 אוּנְד הָאט אִיהְם גֶעלָאזְט אַנְטְפְּלֶעקְט וֶוערֶען: נִיט צוּם
גַאנְצֶען פָאלְק, נַייעֶרְט צוּ עֵדוּת וָואס וַוארֶען פְרִיעֶר פוּן
גָאט אוֹיסְדֶערְוֶועהְלְט צוּ אוּנְס, וָואס מִיר הָאבֶּען מִיט אִיהְם
גֶעגֶעסֶען אוּנְד גֶעטְרוּנְקֶען נָאכְדֶעם וִויא עֶר אִיז פוּן דִיא
42 טוֹיטֶע אוֹיפְגֶעשְׁטַאנֶען: אוּנְד עֶר הָאט אוּנְס בֶּעפוֹילֶען צוּ
פְּרֶעדִיגֶען צוּ דֶעם פָאלְק, אוּנְד צוּ בֶּעצֵייגֶען אַז דָאס אִיז

דֶער וָואס וַואר פוּן גָאט בֶּעשְׁטֶעלְט צוּם רִיכְטֶער פוּן דִיא
לֶעבֶּעדִיגֶע אוּנְד דִיא טוּיטֶע: אוֹיף אִיהְם זָאגֶען אַלֶע 43
נְבִיאִים עֵדוּת: אַז אִיטְלִיכֶער וָואס גְלוֹיבְּט אָן אִיהְם, וֶועט
דוּרְךְ זַיין נָאמֶען דֶערְהַאלְטֶען פֶערְגֶעבּוּנְג פוּן זִינְדֶען:
אוּנְד וֶוען פֶּעטְרוּס הָאט נָאךְ גֶערֶעט דִיזֶע וֶוערְטֶער, אִיז 44
דֶער רוּחַ הַקוֹדֶשׁ גֶעפַאלֶען אוֹיף אַלֶע וָואס הָאבֶּען דָאס
וָוארְט גֶעהֶערְט: אוּנְד דִיא גְלוֹיבִּיגֶע פוּן דֶער בֶּעשְׁנֵיידוּנְג 45
וָואס זֶענֶען גֶעקוּמֶען מִיט פֶּעטְרוּס הָאבֶּען זִיךְ פֶערְוְואוּנְ־
דֶערְט, וַוייל דִיא מַתָּנָה פוּן דֶעם רוּחַ הַקוֹדֶשׁ וַואר אוֹיף
דִיא גוֹיִם אוֹיךְ אוֹיסְגֶעגָאסֶען: וָוארִין זַייא הָאבֶּען גֶעהֶערְט 46
רֶעדֶען לְשׁוֹנוֹת, אוּנְד גָאט דֶערְהֵייכֶען: דַאן הָאט פֶּעטְרוּס 47
גֶעעֶנְטְפֶערְט, קֶען אֵיימֶעצֶער פֶערְבִּיטֶען דָאס וַואסֶער, אַז
דִיזֶע זָאלֶען נִיט גֶעטוֹבֶלְט וֶוערֶען, וָואס הָאבֶּען בַּאקוּמֶען
דֶעם רוּחַ הַקוֹדֶשׁ אַזוֹי גוּט וְויא מִיר? אוּנְד עֶר הָאט בֶּעְ־ 48
פוֹילֶען אַז זַייא זָאלֶען גֶעטוֹבֶלְט וֶוערֶען אִין דֶעם נָאמֶען
פוּן דֶעם הַאר; דֶערְנָאךְ הָאבֶּען זַייא אִיהְם גֶעבֶּעטֶען עֶר
זָאל עֶטְלִיכֶע טֶעג בַּייא זַייא בְּלַייבֶּען:

קאפיטעל יא

אוּנד דִיא אַפָּאסְטֶעל אוּנְד דִיא בְּרִידֶער וָואס וַוארֶען אִין 1
יְהוּדָה הָאבֶּען גֶעהֶערְט אַז דִיא גוֹיִם הָאבֶּען אוֹיךְ אָנְגֶענוּמֶען
דָאס וָוארְט פוּן גָאט: אוּנְד וֶוען פֶּעטְרוּס אִיז אַרוֹיפְגֶעְ־ 2
גַאנְגֶען קֵיין יְרוּשָׁלַיִם, אַזוֹי הָאבֶּען זִיךְ דִיא בֶּעשְׁנִיטֶענֶע
מִיט אִיהְם גֶעקְרִיגְט: אוּנְד הָאבֶּען גֶעזָאגְט, דוּא בִּיסְט 3
אַרַיינְגֶעגַאנְגֶען צוּ דִיא לַייט וָואס זֶענֶען עֲרֵלִים, אוּנְד הָאסְט
מִיט זַייא גֶעגֶעסֶען: אַזוֹי הָאט פֶּעטְרוּס אָנְגֶעהוֹיבֶּען אוּנְד 4
הָאט זַייא דֶערְצֶעהְלְט כְּסֵדֶר אוּנְד גֶעזָאגְט: אִיךְ בִּין גֶעְ־ 5
וֶועזֶען אִין דֶער שְׁטָאט יָפוֹ אוּנְד הָאב גֶעבֶּעטֶען; אוּנְד
אִיךְ הָאב גֶעזֶעהֶען אֵיינֶע עֶרְשֵׁיינוּנְג אִין אֵיינֶע אַנְטְצִיקוּנְג,
אַז אַ גֶעפֶעס אִיז אַרוּפְגֶעקוּמֶען וְויא אַ גְרוֹיס לַיילֶעךְ,
אַרוּפְּגֶעלָאזְט פוּן הִימֶעל בַּייא פִיר עֶקֶען, אוּנְד אִיז צוּ מִיר
גֶעקוּמֶען: אוּנְד וֶוען אִיךְ הָאב דְרוֹיף גֶעזֶעהֶען אוּנְד הָאב 6
עֶס בֶּעטְרַאכְט, אַזוֹי הָאב אִיךְ גֶעזֶעהֶען פִיר־פִיסִיגֶע חַיוֹת
פוּן דֶער עֶרְד, אוּנְד וִוילְדֶע חַיוֹת, אוּנְד גֶעוֶוערְם, אוּנְד דִיא
פֶעגֶעל פוּן הִימֶעל: אוּנְד אִיךְ הָאב גֶעהֶערְט אַ קוֹל וָואס 7

הָאט צוּ מִיר גֶעזָאגְט, פֶּעטְרוּס, שְׁטֶעה אוֹיף, שֶׁעכְט אוּנְד
8 עֶס: אוּנְד אִיךְ הָאבּ גֶעזָאגְט נִיט אַזוֹי, הַאר, וָוארִין גָארְ־
נִיט וָואס אִיז גֶעמֵיין אוּנְד אוּמְרֵיין אִיז קֵיינְמָאל אִין מַיין
9 מוֹיל אַרֵיינְגֶעקוּמֶען: אָבֶּער דָאס קוֹל הָאט מִיר דָאס
צְווֵייטֶע מָאל גֶעעֶנְטְפֶערְט פוּן הִימֶעל, וָואס גָאט הָאט גֶע־
10 רֵיינִיגְט, מַאךְ דוּא נִיט גֶעמֵיין: אוּנְד דָאס וַואר גֶעשֶׁעהֶען
דְרֵייא מָאל; אוּנְד אַלֶע וַוארֶען ווִידֶער אַרוֹיפְגֶעצוֹיגֶען
11 אִין הִימֶעל אַרֵיין: אוּנְד זֶעה, בַּאלְד דְרוֹיף זֶענֶען דְרֵייא
לַייט גֶעשְׁטַאנֶען בֵּייא דֶעם הוֹיז ווְאוּ אִיךְ וַואר, וָואס וַוא־
12 רֶען צוּ מִיר גֶעשִׁיקְט: אוּנְד דֶער גֵייסְט הָאט מִיר גֶעזָאגְט,
אַז אִיךְ זָאל מִיט זֵייא גֶעהְן אוּנְד זָאל נִיט צְווֵייפְלֶען; אוּנְד
דִיזֶע זֶעקְס בְּרִידֶער זֶענֶען אוֹיךְ מִיט מִיר גֶעגַאנְגֶען, אוּנְד
13 מִיר זֶענֶען אִין דֶעם מַאנְ'ס הוֹיז אַרֵיינְגֶעקוּמֶען: אוּנְד עֶר
הָאט אוּנְס דֶערְצֶעהְלְט ווִיא עֶר הָאט גֶעזֶעהֶען אַ מַלְאָךְ
שְׁטֶעהֶען אִין זַיין הוֹיז אוּנְד זָאגֶען, שִׁיק מֶענֶער קַיין יָפוֹ,
14 אוּנְד רוּף שִׁמְעוֹן וָואס ווֶערְט גֶערוּפֶען פֶּעטְרוּס: עֶר ווֶעט
צוּ דִיר רֶעדֶען ווֶערְטֶער, דוּרְךְ ווֶעלְכֶע דוּא אוּנְד דַיין
15 גַאנְץ הוֹיזְגֶעזִינְד ווֶעלֶען גֶערֶעטֶעט ווֶערֶען: אוּנְד ווִיא אִיךְ
הָאבּ אָנְגֶעהוֹיבֶּען צוּ רֶעדֶען, אִיז דֶער רוּחַ הַקוֹדֶשׁ אוֹיף
16 זֵייא גֶעפַאלֶען, אַזוֹי ווִיא אוֹיף אוּנְס אִים אָנְהֵייבּ: אַזוֹי הָאבּ
אִיךְ גֶעדֶענְקְט אָן דֶעם ווָארְט פוּן דֶעם הַאר, ווִיא עֶר הָאט
גֶעזָאגְט, יוֹחָנָן הָאט גֶעטוֹבֶלְט מִיט וַואסֶער, אָבֶּער אִיהְר
17 ווֶעט גֶעטוֹבֶלְט ווֶערֶען מִיט דֶעם רוּחַ הַקוֹדֶשׁ: דְרוּם ווֶוען
גָאט הָאט זֵייא אַ גְלֵייכֶע מַתָּנָה גֶעגֶעבֶּען מִיט אוּנְס וָואס
הָאבֶּען גֶעגְלוֹיבְּט אָן דֶעם הַאר יֵשׁוּעַ הַמָּשִׁיחַ, ווֶער בִּין
18 אִיךְ אַז אִיךְ זָאל קֶענֶען גָאט פַארְווֶערֶען: ווִיא זֵייא הָאבֶּען
דָאס גֶעהֶערְט, הָאבֶּען זֵייא שְׁטִיל גֶעשְׁווִיגֶען, אוּנְד גָאט
גֶעלוֹיבְּט, אוּנְד גֶעזָאגְט, אַזוֹי הָאט גָאט צוּ דִיא גוֹיִם אוֹיךְ
גֶעגֶעבֶּען תְּשׁוּבָה צוּם לֶעבֶּען:
19 אוּנְד דִיא וָואס וַוארֶען צוּשְׁפְּרֵייט דוּרְךְ דֶער פֶערְפָאלְגוּנְג
וָואס אִיז גֶעשֶׁעהֶען קֶעגֶען סְטֶעפַאנוּס, זֶענֶען אַרוּמְגֶעגַאנְגֶען
בִּיז קַיין פִינִיקְיָא אוּנְד קַפְרוֹס אוּנְד אַנְטִיוֹכְיָא, אוּנְד הָאבֶּען
דָאס ווָארְט צוּ קֵיינֶעם גֶעשְׁפְּרָאכֶען, אוֹיסֶער צוּ דִיא יוּדֶען
20 אַלֵיין: אוּנְד עֶטְלִיכֶע פוּן זֵייא וַוארֶען מֶענֶער פוּן קַפְרוֹס

אוּנְד קוּרִינִי, וָואס זָענֶען גֶעקוּמֶען קַיין אַנְטִיוֹכְיָא, אוּנְד
הָאבֶּען גֶערֶעט מִיט דִיא גְרִיכִישֶׁע לַייט, אוּנְד הָאבֶּען גֶע־
פְּרֶעדִיגְט דֶעם הַאר יֵשׁוּעַ: אוּנְד דִיא הַאנְד פוּן דֶעם הַאר 21
וַואר מִיט זַייא, אוּנְד אַ גְרוֹיסֶע צָאל הָאבֶּען גֶעגְלוֹיבְּט,
אוּנְד הָאבֶּען זִיךְ אוּמְגֶעקֶעהְרְט צוּם הַאר: וָוען דֶער בֶּערִיכְט 22
הָעגֶען זַייא אִיז גֶעקוּמֶען צוּ דִיא אוֹירֶען פוּן דֶער קְהִלָּה
אִין יְרוּשָׁלַיִם, הָאבֶּען זַייא אוֹיסְגֶעשִׁיקְט בַּר־נַבָּא עֶר זָאל
גֶעהְן בִּיז קַיין אַנְטִיוֹכְיָא: אוּנְד וָוען עֶר אִיז גֶעקוּמֶען אוּנְד 23
הָאט בֶּעזֶעהֶען דִיא גְנָאד פוּן גָאט, הָאט עֶר זִיךְ גֶעפְרַייט;
אוּנְד עֶר הָאט זַייא אַלֶע מַזְהִיר גֶעוֶועזֶען אַז זַייא זָאלֶען
בְּלֵייבֶּען בַּייא דֶעם הַאר מִיט אַ פֶעסְטֶען הַארְץ: וָוארִין 24
עֶר וַואר אַ גוּטֶער מַאן, אוּנְד פוּל מִיט דֶעם רוּחַ הַקוֹדֶשׁ
אוּנְד מִיט גְלוֹיבֶּען, אוּנְד פִיל לַייט זָענֶען צוּגֶעקוּמֶען צוּ
דֶעם הַאר: אוּנְד בַּר־נַבָּא אִיז אַוֶועקְגֶעגַאנְגֶען קַיין תַּרְשִׁישׁ, 25
עֶר זָאל שָׁאוּל אוֹיפְזוּכֶען: אוּנְד וָוען עֶר הָאט אִיהְם גֶע־ 26
פוּנֶען, הָאט עֶר אִיהְם גֶעבְּרַאכְט קַיין אַנְטִיוֹכְיָא, אוּנְד זַייא
הָאבֶּען זִיךְ אַ גַאנְץ יָאהְר פֶערְזַאמֶעלְט מִיט דֶער קְהִלָּה,
אוּנְד הָאבֶּען גֶעלֶעהְרְט פִילֶע לַייט, אוּנְד דִיא תַּלְמִידִים וַוא־
רֶען צוּ עֶרְשְׁט גֶערוּפֶען קְרִיסְטֶען אִין אַנְטִיוֹכְיָא: אוּנְד אִין 27
דִיזֶע טֶעג זָענֶען נְבִיאִים אַרוּפְגֶעקוּמֶען פוּן יְרוּשָׁלַיִם קַיין
אַנְטִיוֹכְיָא: אוּנְד אֵיינֶער פוּן זַייא וָואס הָאט גֶעהֵייסֶען אַגָבוּס, 28
אִיז אוֹיפְגֶעשְׁטַאנֶען אוּנְד הָאט גֶעזָאגְט, דוּרְךְ דֶעם גֵייסְט, אַז
עֶס וֶועט זַיין גְרוֹיס הוּנְגֶער אוֹיף דֶער גַאנְצֶער וֶועלְט, אַזוֹי
וְוִיא עֶס וַואר אִין דֶער צַייט פוּן דֶעם קֵייזֶער קְלוֹדִיוּס:
אַזוֹי הָאבֶּען זִיךְ דִיא תַּלְמִידִים פָארְגֶענוּמֶען, אַז זַייא זָאלֶען 29
שִׁיקֶען אִיטְלִיכֶער נָאךְ זַיין פֶערְמֶעגֶען אַ הִילְף צוּ דִיא
בְּרִידֶער וָואס הָאבֶּען גֶעוְואוֹינְט אִין יְהוּדָה: אוּנְד זַייא 30
הָאבֶּען אוֹיךְ אַזוֹי גֶעטְהוּן, אוּנְד הָאבֶּען עֶס גֶעשִׁיקְט צוּ דִיא
זְקֵנִים דוּרְךְ בַּר־נַבָּא אוּנְד שָׁאוּל:

קאפיטעל יב

אִין יֶענֶע צַייט הָאט הוֹרְדוֹס הַמֶּלֶךְ דִיא הֶענְד גֶעלֶעגְט אוֹיף 1
עֶטְלִיכֶע פוּן דֶער קְהִלָּה זַייא שְׁלֶעכְטֶעס צוּ טְהוּן: אוּנְד 2
עֶר הָאט גֶעהַרְגֶעט יַעֲקֹב דֶעם בְּרוּדֶער פוּן יוֹחָנָן, מִיט דֶעם
שְׁוֶוערְד: אוּנְד וָוען עֶר הָאט גֶעזֶעהֶען אַז דָאס אִיז דִיא 3

יוּדען גֶעפֶעלֶען, אַזוֹי הָאט עֶר פֶּעטְרוּס אוֹיךְ גֶענוּמֶען;
4 אוּנְד עֶס אִיז גֶעוֶועזֶען דִיא טֶעג פוּן חַג הַמַצוֹת: אוּנְד וֶוען
עֶר הָאט אִיהְם גֶענוּמֶען, הָאט עֶר אִיהְם אִין גֶעפֶענְגְנִיס אֵיינְ־
גֶעזֶעצְט, אוּנְד הָאט אִיהְם אִיבֶּערְגֶעגֶעבֶּען צוּ פִיער אָפִּיצִירֶען
אָבְטֵיילוּנְג, זַייא זָאלֶען אִיהְם הִיטֶען, אוּנְד הָאט גֶעדַאכְט עֶר
5 זָאל אִיהְם נָאךְ פֶּסַח פָאר דֶעם פָאלְק פָארְשְׁטֶעלֶען: אַזוֹי
וַואר דְרוּם פֶּעטְרוּס גֶעהַאלְטֶען אִים גֶעפֶענְגְנִיס, אוּנְד דִיא
6 קְהִלָה הָאט עֶרְנְסְט גֶעבֶּעטֶען צוּ גָאט פַאר אִיהְם: אוּנְד
וֶוען הוֹרְדוּס הָאט אִיהְם גֶעוָואלְט אַרוֹיסְפִיהְרֶען, הָאט פֶּעטְרוּס
אִין דֶער זֶעלְבֶּער נַאכְט גֶעשְׁלָאפֶען צְוִוישֶׁען צְווייא זֶעלְ־
נֶער, גֶעבּוּנְדֶען מִיט צְוֵוייא קֶעטֶען: אוּנְד וֶועכְטֶער הָאבֶּען
7 גֶעהִיט דָאס גֶעפֶענְגְנִיס בַּייא דֶער טִיר: אוּנְד זֶעה, אַ מַלְאָךְ
פוּן דֶעם הַאר אִיז צוּ אִיהְם גֶעקוּמֶען, אוּנְד אַ לִיכְט הָאט
גֶעשֵׁיינְט אִים צִימֶער; אוּנְד עֶר הָאט פֶּעטְרוּס גֶעשְׁלָאגֶען אָן
דֶער זַייט, אוּנְד הָאט אִיהְם אוֹיפְגֶעוֶועקְט, אוּנְד גֶעזָאגְט,
שְׁטֶעה גֶעשְׁווִינְד אוֹיף. אוּנְד דִיא קֶעטֶען זֶענֶען פוּן זַיינֶע
8 הֶענְד אַרוּפְּגֶעפַאלֶען: אוּנְד דֶער מַלְאָךְ הָאט צוּ אִיהְם גֶע־
זָאגְט, גַארְטֶעל דִיךְ אַרוּם, אוּנְד בִּינְד אָן דֵיינֶע שִׁיךְ, אוּנְד
עֶר הָאט אַזוֹי גֶעטְהוּן; אוּנְד עֶר הָאט צוּ אִיהְם גֶעזָאגְט,
9 טְהוּא אָן דֵיין מַאנְטֶעל, אוּנְד פָאלְג מִיר נָאךְ: אַזוֹי אִיז
עֶר אַרוֹיסְגֶעגַאנְגֶען אוּנְד הָאט אִיהְם נָאכְגֶעפָאלְגְט; אוּנְד
עֶר הָאט נִיט גֶעוואוּסְט אַז דָאס אִיז אִין אֱמֶת׳ן גֶעשֶׁעהֶען
דוּרְךְ דֶעם מַלְאָךְ, נֵייעֶרְט עֶר הָאט גֶעמֵיינְט אַז עֶר הָאט
10 גֶעזֶעהֶען אֵיינֶע עֶרְשֵׁיינוּנְג: אוּנְד וֶוען זַייא זֶענֶען פַארְבֵּייא־
גֶעגַאנְגֶען דִיא עֶרְשְׁטֶע אוּנְד דִיא צְווייטֶע וַואךְ, זֶענֶען
זַייא גֶעקוּמֶען צוּ דֶעם אֵייזֶערְנֶעם טוֹיעֶר וָואס פִיהְרְט
אִין דִיא שְׁטָאט אַרֵיין, וָואס הָאט זִיךְ פוּן זִיךְ זֶעלְבְּסְט צוּ
זַייא אוֹיפְגֶעמַאכְט; אוּנְד זַייא זֶענֶען אַרוֹיסְגֶעקוּמֶען אוּנְד
זֶענֶען דוּרְךְ אֵיינֶע גַאס פַארְבֵּייא גֶעגַאנְגֶען; אוּנְד דֶער
11 מַלְאָךְ אִיז בַּאלְד פוּן אִיהְם אַוֶועק: אוּנְד וִויא פֶּעטְרוּס אִיז
צוּ זִיךְ גֶעקוּמֶען הָאט עֶר גֶעזָאגְט, אַצוּנְד וֵוייס אִיךְ בֶּאֱמֶת
אַז דֶער הַאר הָאט גֶעשִׁיקְט זַיין מַלְאָךְ, אוּנְד הָאט מִיךְ גֶע־
רֶעטֶעט פוּן דִיא הֶענְד פוּן הוֹרְדוּס אוּנְד פוּן דִיא גַאנְצֶע עֶרְ־
12 וַוארְטוּנְג פוּן דֶעם יוּדִישֶׁען פָאלְק: אוּנְד וֶוען עֶר הָאט זִיךְ

בְּעדַאכְט אִיז עֶר גֶעקוּמֶען צוּ דֶעם הויז פוּן מִרְיָם דִיא מוּטֶער
פוּן יוֹחָנָן. וֶועלכֶער וַואר גֶערוּפֶען מַרְקוּס, וְואוּ פִילֶע וַוארֶען
צוּזַאמֶען פֶערְזַאמֶעלְט אוּנְד הָאבֶּען גֶעבֶּעטֶען: אוּנְד וֶוען 13
פֶּעטְרוּס הָאט אָנְגֶעקְלַאפְּט אִין דֶער טְהִיר פוּן דֶעם טוֹיעֶר, אִיז
אַ מֶעדֶעל גֶעקוּמֶען צוּ הָארְכֶען, וָואס הָאט גֶעהֵייסֶען רוֹדָה:
אוּנְד וִויא זִיא הָאט דֶערְקֶענְט דָאס קוֹל פוּן פֶּעטְרוּס, אַזוֹי 14
הָאט זִיא פַאר פְרֵייד דָאס טוֹיעֶר נִיט אוֹיפְגֶעמַאכְט, אוּנְד
אִיז אַרֵיינְגֶעלָאפֶען אוּנְד הָאט דֶערְצֶעהְלְט אַז פֶּעטְרוּס
שְׁטֶעהְט בֵּייא דֶעם טוֹיעֶר: אוּנְד זֵייא הָאבֶּען צוּ אִיהְר גֶע־ 15
זָאגְט, דוּא בִּיסְט מְשׁוּגָע, אָבֶּער זִיא אִיז דְרוֹיף בֶּעשְׁטַאנֶען
אַז עֶס אִיז אַזוֹי. אוּנְד זֵייא הָאבֶּען גֶעזָאגְט, עֶס אִיז זֵיין
מַלְאָךְ: אָבֶּער פֶּעטְרוּס הָאט וֵוייטֶער אָנְגֶעקְלַאפְּט; אוּנְד 16
וֶוען זֵייא הָאבֶּען אוֹיפְגֶעמַאכְט אוּנְד הָאבֶּען אִיהְם גֶעזֶעהֶען,
זֶענֶען זֵייא עֶרְשְׁטוֹינְט גֶעוָוארֶען: אָבֶּער עֶר הָאט צוּ זֵייא 17
גֶעוִוינְקֶען מִיט דֶער הַאנְד זֵייא זָאלֶען שְׁטִיל שְׁוֵויגֶען,
אוּנְד הָאט זֵייא דֶערְצֶעהְלְט וִויא דֶער הַאר הָאט אִיהְם
אַרוֹיסְגֶעבְּרַאכְט פוּן דֶעם גֶעפֶענְגְנִיס; אוּנְד עֶר הָאט גֶע־
זָאגְט, דֶערְצֶעהְלְט דָאס צוּ יַעֲקֹב אוּנְד צוּ דִיא בְּרִידֶער;
אוּנְד עֶר אִיז אַרוֹיסְגֶעגַאנְגֶען, אוּנְד אִיז צוּ אֵיין אַנְדֶערְן
אָרְט אַוֶועקְגֶעגַאנְגֶען: אוּנְד וֶוען עֶס אִיז טָאג גֶעוָוארֶען, 18
אִיז אַ גְרוֹיס גֶעשְׁרֶעק גֶעוֶועזֶען צְווִישֶׁען דִיא זֶעלְנֶער
אִיבֶּער וָואס אִיז פוּן פֶּעטְרוּס גֶעוָוארֶען: אוּנְד וֶוען הוֹרְדוּס 19
הָאט אִיהְם גֶעזוּכְט אוּנְד הָאט אִיהְם נִיט גֶעפוּנֶען, אַזוֹי
הָאט עֶר פַארְהֶערְט דִיא וֶועכְטֶער, אוּנְד הָאט זֵייא גֶע־
הֵייסֶען אַרוֹיסְפִיהְרֶען אוּמְצוּבְּרֶענְגֶען; אוּנְד עֶר אִיז אַרוּפּ־
גֶעגַאנְגֶען פוּן יְהוּדָה קֵיין קֵיסָרִין אוּנְד הָאט דָארְטֶען
גֶעוָואוֹינְט:

אוּנְד הוֹרְדוּס אִיז גֶעוֶועזֶען אִין כַּעַס אִיבֶּער דִיא לֵייט פוּן 20
צוֹר אוּנְד צִידוֹן; אוּנְד זֵייא זֶענֶען פֶערְאֵיינִיגְט צוּ אִיהְם
גֶעקוּמֶען, אוּנְד הָאבֶּען אִיבֶּערְגֶערֶעט בְּלַאסְטוּס, דֶער קַא־
מֶער דִינֶער פוּן דֶעם קֶענִיג, אוּנְד הָאבֶּען גֶעבֶּעטֶען אוּם
פְרִידֶען; וָוארִין זֵייעֶר לַאנְד הָאט זִיךְ דֶערְנֶעהְרְט פוּן דֶעם
קֶענִיגְס לַאנְד: אוּנְד אוֹיף אַ גֶעזֶעצְטֶען טָאג וַואר הוֹרְדוּס 21
גֶעקְלֵיידֶעט אִין קֶענִיגְלִיכֶע קְלֵיידֶער, אוּנְד אִיז גֶעזֶעסֶען

אוֹיף דֶעם רִיכְטֶערְשְׁטוּל, אוּנְד הָאט צוּ זַייא אַ רֶעדֶע
22 גֶעהַאלְטֶען: אוּנְד דָאס פָאלְק הָאט אוֹיסְגֶערוּפֶען, דָאס
23 אִיז דָאס קוֹל פוּן אַ גָאט אוּנְד נִיט פוּן אַ מֶענְשׁ: אַזוֹי
הָאט אִיהְם בַּאלְד אַ מַלְאָךְ פוּן דֶעם הַאר גֶעשְׁלָאגֶען, וַוייל
עֶר הָאט נִיט גֶעגֶעבֶּען דֶעם כָּבוֹד צוּ גָאט, אוּנְד עֶר אִיז
פוּן דִיא וֶוערֶעם גֶעפְרֶעסֶען גֶעוָוארֶען, אוּנְד אִיז גֶע־
שְׁטָארְבֶּען:
24 אָבֶּער דָאס וָוארְט פוּן גָאט אִיז גֶעוַואקְסֶען, אוּנְד הָאט זִיךְ
25 גֶעמֶעהְרְט: אוּנְד בַּר־נַבָּא אוּנְד שָׁאוּל הָאבֶּען זִיךְ אוּמְגֶע־
קֶעהְרְט פוּן יְרוּשָׁלַיִם, וֶוען זַייא הָאבֶּען דֶערְפִילְט זַייעֶר
דִינְסְט אוּנְד הָאבֶּען מִיט זִיךְ גֶענוּמֶען יוֹחָנָן וָועלְכֶער וַואר
גֶערוּפֶען מַארְקוֹס:

קאפיטעל יג

1 אוּנְד אִין דֶער קְהִלָּה וַוארֶען פוּן אַנְטְיוֹכְיָא עֶטְלִיכֶע נְבִיאִים
אוּנְד לֶעהְרֶער, בַּר־נַבָּא אוּנְד שִׁמְעוֹן וָואס וַואר גֶערוּפֶען
נִיגַר, אוּנְד לוּקְיוֹס פוּן קוּרִינִי, אוּנְד מְנַחֵם וָואס וַואר דֶערְ־
2 צוֹיגֶען בַּייא הוֹרְדוֹס דֶעם פִירְפִירְשְׁט, אוּנְד שָׁאוּל: אוּנְד
בְּשַׁעַת זַייא הָאבֶּען גֶעדִינְט דֶעם הַאר אוּנְד גֶעפַאסְט, הָאט
דֶער רוּחַ הַקּוֹדֶשׁ גֶעזָאגְט, זוֹנְדֶערְט מִיר אָפּ בַּר־נַבָּא אוּנְד
שָׁאוּל צוּ דֶעם וָוערְק צוּ וֶועלְכֶען אִיךְ הָאבּ זַייא בֶּערוּפֶען:
3 דַאן הָאבֶּען זַייא גֶעפַאסְט אוּנְד גֶעבֶּעטֶען, אוּנְד הָאבֶּען דִיא
הֶענְד אוֹיף זַייא גֶעלֶעגְט, אוּנְד הָאבֶּען זַייא אַוֶועקְגֶעשִׁיקְט:
4 אוּנְד וִויא זַייא וַוארֶען אוֹיסְגֶעשִׁיקְט בַּייא דֶעם רוּחַ הַקּוֹדֶשׁ,
זֶענֶען זַייא אַוֶועקְגֶעגַאנְגֶען קֵיין סְלוּקְיָא, אוּנְד פוּן דָארְט
5 הָאבֶּען זַייא זִיךְ גֶעשִׁיפְט קֵיין קַפְרוֹס: אוּנְד וֶוען זַייא
וַוארֶען אִין סַלָמִיס, הָאבֶּען זַייא גֶעפְּרֶעדִיגְט דָאס וָוארְט
פוּן גָאט אִין דִיא שׁוּלֶען פוּן דִיא יוּדֶען, אוּנְד זַייא הָאבֶּען
6 אוֹיךְ גֶעהַאט יוֹחָנָן פַאר זַייעֶר דִינֶער: אוּנְד וֶוען זַייא זֶע־
נֶען דִיא גַאנְצֶע אִינְזֶעל דוּרְכְגֶעגַאנְגֶען בִּיז פַּפוֹס, הָאבֶּען זַייא
גֶעפוּנֶען אַ יְהוּדִי, אַ כִּשׁוּף מַאכֶער אוּנְד פַאלְשֶׁער נָבִיא, וָואס
7 הָאט גֶעהֵייסֶען בַּר־יֵשׁוּעַ: אוּנְד עֶר וַואר מִיט סֶרְגִיוֹס
פּוֹלוּס דֶעם דֶעפּוּטִירְטֶען פוּן דֶעם לַאנְד, וָואס וַואר אַ פַארְ־
שְׁטֶענְדִיגֶער מַאן, דִיזֶער הָאט גֶערוּפֶען בַּר־נַבָּא אוּנְד שָׁאוּל,
אוּנְד הָאט בַּאגֶעהְרְט צוּ הֶערֶען דָאס וָוארְט פוּן גָאט:

אָבֶּער דֶער כִּשׁוּף מַאכֶער אוּלִימַאס (וָוארִין דָאס אִיז זַיין 8
נָאמֶען פַּארְטֵייטְשְׁט), הָאט זַייא ווִידֶערְשְׁטַאנֶען, אוּנְד הָאט
גֶעזוּכְט דֶעם פִּירְפִירְשְׁט (קֵייזֶערְלִיכֶען שְׁטֶעלְפֶערְ־
טְרֶעטֶער) פוּן דֶעם גְלוֹיבֶּען אָפְּצוּוֶוענְדֶען: אָבֶּער שָׁאוּל, 9
וָואס וַואר אוֹיךְ גֶערוּפֶען פּוֹלוֹס, וַואר פוּל מִיט דֶעם
רוּחַ הַקוֹדֶשׁ, אוּנְד הָאט אִיהְם שַׁארְף אָנְגֶעזֶעהֶען: אוּנְד 10
הָאט גֶעזָאגְט, אָ דוּא, וָואס בִּיסְט פוּל מִיט אַלֶער
לִיסְט אוּנְד אַלֶער פַאלְשְׁהֵייט, דוּא זוּהְן פוּן דֶעם שָׂטָן, דוּא
פֵּיינְד פוּן אַלֶער גֶערֶעכְטִיגְקֵייט, ווִילְסְט דוּא נִיט אוֹיפְהֶע־
רֶען צוּ פַארְקֶעהְרֶען דִיא רֶעכְטֶע וֶועגֶען פוּן דֶעם הַאר?
אוּנְד נוּן אִיז דִיא הַאנְד פוּן דֶעם הַאר אִיבֶּער דִיר, אוּנְד 11
דוּא וֶועסְט בְּלִינְד זַיין אוּנְד וֶועסְט נִיט זֶעהֶען דִיא זוּן פַאר
אַ צֵייט; אוּנְד עֶס אִיז בַּאלְד אוֹיף אִיהְם גֶעפַאלֶען אַ נֶע־
בֶּעל אוּנְד אַ פִינְסְטֶערְנִיס, אוּנְד עֶר אִיז אַרוּמְגֶעגַאנְגֶען
אוּנְד הָאט גֶעזוּכְט לֵייט וָואס זָאלֶען אִיהְם בַּייא דֶער הַאנְד
פִיהְרֶען: דֶערְנָאךְ, ווִיא דֶער פִירְפִירְשְׁט הָאט גֶעזֶעהֶען וָואס 12
אִיז גֶעשֶׁעהֶען, הָאט עֶר גֶעגְלוֹיבְּט, אוּנְד הָאט זִיךְ פַאר־
וואוּנְדֶערְט אִיבֶּער דִיא לֶעהְרֶע פוּן דֶעם הַאר:
וֶוען פּוֹלוֹס אוּנְד דִיא וָואס וַוארֶען מִיט אִיהְם הָאבֶּען זִיךְ 13
אַוֶועקְגֶעשִׁיפְט פוּן פַּפוֹס, זֶענֶען זַייא גֶעקוּמֶען קֵיין פַּארְגִי
אִין פַּמְפוּלְיָא; אוּנְד יוֹחָנָן הָאט זִיךְ פוּן זַייא אָפְּגֶעזוּנְדֶערְט
אוּנְד אִיז צוּרִיקְגֶעגַאנְגֶען קֵיין יְרוּשָׁלַיִם: אוּנְד זַייא זֶענֶען 14
אַוֶועקְגֶעגַאנְגֶען פוּן פַּרְגִי אוּנְד זֶענֶען גֶעקוּמֶען קֵיין אַנְטִ־
יוֹכְיָא אִין פִּיסִידְיָא, אוּנְד אַם שַׁבָּת זֶענֶען זַייא אִין שׁוּל
אַרֵיינְגֶעגַאנְגֶען אוּנְד הָאבֶּען זִיךְ אַנִידֶערְגֶעזֶעצְט: אוּנְד 15
נָאךְ דֶעם לֵיינֶען פוּן דֶער תּוֹרָה אוּנְד דִיא נְבִיאִים, הָאבֶּען
דִיא עֶלְצְטֶע פוּן דֶער שׁוּל צוּ זַייא גֶעשִׁיקְט אוּנְד הָאבֶּען
גֶעזָאגְט, אִיהְר בְּרִידֶער, וֶוען אִיהְר הָאט אַ וָוארְט פוּן
טְרַייסְט צוּם פָאלְק, זָאגְט: אוּנְד פּוֹלוֹס אִיז אוֹיפְגֶעשְׁטַאנֶען 16
אוּנְד הָאט גֶעווּנְקְט מִיט דֶער הַאנְד, אוּנְד גֶעזָאגְט, אִיהְר
מֶענֶער פוּן יִשְׂרָאֵל, אוּנְד אִיהְר וָואס פָארְכְט אֵייךְ פַאר
גָאט, הֶערְכְט צוּ: דֶער גָאט פוּן דִיזֶען פָאלְק יִשְׂרָאֵל הָאט 17
אוֹיסְדֶערְוֶועהְלְט אוּנְזֶערֶע אָבוֹת, אוּנְד הָאט דֶערְהוֹיבֶּען
דָאס פָאלְק וֶוען זַייא וַוארֶען פְרֶעמְדֶע אִין דֶעם לַאנְד

מִצְרַיִם, אוּנְד עֶר הָאט זַייא פוּן דָארְט אַרוֹיסְגֶעבְּרַאכְט מִיט
18 אַ הוֹיכֶען אָרֶעם: אוּנְד עֶר הָאט מִיט זַייא גֶעלִיטֶען פִיר־
19 צִיג יָאהְר אִין דֶער מִדְבָּר: אוּנְד עֶר הָאט פֶערְטִילִיגְט
זִיבֶּען פֶעלְקֶער אִים לַאנְד כְּנַעַן, אוּנְד הָאט צְווִישֶען זַייא
20 צוּטֵיילְט זַייעֶר לַאנְד: אוּנְד דֶערְנָאךְ הָאט עֶר זַייא גֶעגֶעבֶּען
רִיכְטֶער, דוּרְךְ אַ צֵייט פוּן פִיעֶר הוּנְדֶערְט אוּנְד פִופְצִיג
21 יָאהְר, בִּיז שְׁמוּאֵל הַנָבִיא: פוּן דֶענְסְמָאל אָן הָאבֶּען
זַייא גֶעבֶּעטֶען אוּם אַ קֶענִיג, אוּנְד גָאט הָאט זַייא גֶעגֶעבֶּען
פַאר־פִירְצִיג יָאהְר שָׁאוּל, דֶעם זוּהְן פוּן קִישׁ, אַ מַאן אוֹיס
22 דֶעם שֵׁבֶט בִּנְיָמִין: אוּנְד וֶוען עֶר הָאט דִיזֶען אָפְּגֶעזֶעצְט,
הָאט עֶר צוּ זַייא אוֹיפְגֶעשְׁטֶעלְט דָוִד צוּם קֶענִיג, פוּן דֶעם
עֶר הָאט אוֹיךְ בֶּעצֵייגְט אוּנְד גֶעזָאגְט, אִיךְ הָאבּ גֶעפוּנֶען
דָוִד, דֶעם זוּהְן פוּן יִשַׁי, אַ מַאן נָאךְ מֵיין הַארְץ, וָואס
23 וֶועט טְהוּן מֵיין גַאנְצֶען ווִילֶען: פוּן זַיין זָאמֶען הָאט גָאט
אוֹיפְגֶעשְׁטֶעלְט יֵשׁוּעַ, אַ הֶעלְפֶער צוּ יִשְׂרָאֵל, אַזוֹי ווִיא עֶר
24 הָאט פֶערְשְׁפְּרָאכֶען: אוּנְד יוֹחָנָן הָאט פְרִיהֶער גֶעפְּרֶעדִיגְט
דִיא טְבִילָה פוּן תְּשׁוּבָה צוּם גַאנְצֶען פָאלְק פָאר זַיין קוּ־
25 מֶען: אָבֶּער וֶוען יוֹחָנָן הָאט זַיין לוֹיף דֶערְפִילְט, הָאט עֶר
גֶעזָאגְט, וֶוער דֶענְקְט אִיהְר אַז אִיךְ בִּין? אִיךְ בִּין נִיט
דִיזֶער; נֵייעֶרְט עֶס קוּמְט אֵיינֶער נָאךְ מִיר, וָואס אִיךְ בִּין
26 נִיט וֶוערְט דִיא שִׁיךְ פוּן זַיינֶע פִיס אוֹיפְצוּבִּינְדֶען: מֶענֶער
אוּנְד בְּרִידֶער, קִינְדֶער פוּן דֶער מִשְׁפָּחָה פוּן אַבְרָהָם,
אוּנְד דִיא וָואס פָארְכְטֶען זִיךְ פָאר גָאט צְווִישֶען אֵייךְ,
צוּ אֵייךְ אִיז דָאס וָוארְט פוּן דִיזֶער יְשׁוּעָה גֶעשִׁיקְט:
27 וָוארִין דִיא וָואס וְואוֹינֶען אִין יְרוּשָׁלַיִם אוּנְד זֵייעֶרֶע עֶלְצְטֶע,
ווַייל זַייא הָאבֶּען אִיהְם נִיט גֶעקֶענְט אוּנְד אוֹיךְ נִיט דָאס
קוֹל פוּן דִיא נְבִיאִים וָואס וֶוערֶען גֶעלֵיינְט אַלֶע שַׁבָּת,
אַזוֹי הָאבֶּען זַייא דָאס זֶעלְבִּיגֶע דֶערְפִילְט וֶוען זַייא הָאבֶּען
28 אִיהְם פֶערְשׁוּלְדִיגְט: אוּנְד חָאטְשֶׁע זַייא הָאבֶּען קֵיינֶע שׁוּלְד
פוּן טוֹיט אִין אִיהְם נִיט גֶעפוּנֶען, הָאבֶּען זַייא דָאךְ פִּילָטוֹס
29 גֶעבֶּעטֶען אַז עֶר זָאל אִיהְם הַרְגֶענֶען: אוּנְד וֶוען זַייא הָאבֶּען
גֶעעֶנְדִיגְט אַלֶעס וָואס אִיז אוֹיף אִיהְם גֶעשְׁרִיבֶּען, אַזוֹי
הָאבֶּען זַייא אִיהְם אַרוּפְּגֶענוּמֶען פוּן דֶעם קְרֵייץ אוּנְד
30 הָאבֶּען אִיהְם אִין קֶבֶר אַרֵיין גֶעלֶעגְט: אָבֶּער גָאט הָאט

31 אִיהְם אוֹיפְגֶעוֶועקְט פוּן דִיא טוֹיטֶע: אוּנְד עֶר הָאט
זִיךְ גֶעוִויזֶען דוּרְךְ פִילֶע טֶעג צוּ דִיא וָואס זֶענֶען מִיט
אִיהְם אַרוֹיפְגֶעגַאנְגֶען פוּן גָלִיל קַיין יְרוּשָׁלַיִם; וָועלְכֶע זֶע־
32 נֶען אַצוּנְד זַיינֶע עֵדוּת צוּם פָאלְק: אוּנְד מִיר בְּרֶענְגֶען אַייךְ
דִיא גוּטֶע בְּשׂוֹרָה פוּן דִיא הַבְטָחָה וָואס וַואר גֶעגֶעבֶּען צוּ
33 אוּנְזֶערֶע אָבוֹת: אַז גָאט הָאט דָאס דֶערְפִילְט צוּ אוּנְס
זַיירֶע קִינְדֶער וֶוען עֶר הָאט יֵשׁוּעַ אוֹיפְגֶעוֶועקְט; אַזוֹי וִויא
עֶס שְׁטֶעהְט אוֹיךְ גֶעשְׁרִיבֶּען אִים צְוַוייטֶען מִזְמוֹר פוּן תְּהִלִּים,
„דוּא בִּיסְט מֵיין זוּהְן, הַיינְט הָאבּ אִיךְ דִיךְ גֶעבּוֹירֶען“:
34 אוּנְד אַז עֶר הָאט אִיהְם אוֹיפְגֶעוֶועקְט פוּן דִיא טוֹיטֶע אַז
עֶר זָאל נִיט ווִידֶער צוּרִיקְקֶעהְרֶען צוּם פֶארְדַארְבְּנִים,
הָאט עֶר אַזוֹי גֶעזָאגְט,
„אִיךְ וֶועל אַייךְ גֶעבֶּען דִיא הֵיילִיגֶע גֶעטְרַייעֶ חֲסָדִים
פוּן דָוִד“:
35 דְרוּם זָאגְט עֶר אוֹיךְ אוֹיף אַיין אַנְדֶערְן אָרְט,
„דוּא וֶועסְט נִיט צוּלָאזֶען דֵיין הֵיילִיגֶער זָאל זֶעהֶען
פַארְדַארְבְּנִים“:
36 וָוארִין דָוִד, וֶוען עֶר הָאט גֶעדִינְט צוּ זַיינֶע צֵייט דֶעם ווִילֶען
פוּן גָאט, אִיז עֶר אַנְטְשְׁלָאפֶען גֶעוָוארֶען אוּנְד אִיז גֶעלֶעגְט
גֶעוָוארֶען צוּ זַיינֶע אָבוֹת, אוּנְד הָאט גֶעזֶעהֶען פַארְדַארְבְּנִים:
37 אָבֶּער דֶער וָואס גָאט הָאט אִיהְם אוֹיפְגֶעוֶועקְט, הָאט נִיט
38 גֶעזֶעהֶען קֵיינֶע פַארְדַארְבְּנִים: דְרוּם זָאלְט אִיהְר ווִיסֶען,
מֶענֶער אוּנְד בְּרִידֶער, אַז דוּרְךְ דִיזֶען אִיז צוּ אַייךְ גֶע־
39 פְּרֶעדִיגְט דִיא פַארְגֶעבּוּנְג פוּן זִינְדֶען: אוּנְד אִיטְלִיכֶער
וָואס גְלוֹיבְּט אִיז דוּרְךְ אִיהְם גֶערֶעכְטְפֶערְטִיגְט פוּן אַלֶעם
וָואס אִיהְר הָאט נִיט גֶעקֶענְט גֶערֶעכְטְפֶערְטִיגְט וֶוערֶען
40 דוּרְךְ תּוֹרַת מֹשֶׁה: דְרוּם הִיט אַייךְ אַז עֶס זָאל נִיט אוֹיף
אַייךְ קוּמֶען וָואס אִיז גֶעזָאגְט אִין דִיא נְבִיאִים:
41 „זֶעהְט אִיהְר פֶערַאכְטֶער, אוּנְד וֶואוּנְדֶערְט אַייךְ, אוּנְד
וֶוערְט פַארְשְׁווִינְדֶען, וָוארִין אִיךְ טְהוּא וֶוערְקֶען אַ וֶוערְק
אִין אַיירֶע צֵייטֶען, אַ וֶוערְק וָואס אִיהְר וֶועט נִיט גְלוֹי־
בֶּען וֶוען אֵיינֶער וָואלְט עֶס אַייךְ דֶערְצֶעהְלֶען“:
42 אוּנְד וֶוען זַייא זֶענֶען אוֹיס דֶער שׁוּל אַרוֹיסְגֶעגַאנְגֶען, אַזוֹי
הָאבֶּען זַייא גֶעבֶּעטֶען אַז זַייא זָאלֶען דִיזֶע וֶוערְטֶער צוּ

43 זַייא נָאךְ אַמָאל זָאגֶען אוֹיף דֶעם אַנְדֶערֶען שַׁבָּת: אוּנְד
וֶוען עֶס וַואר נָאךְ שׁוּלְצַייט, אַזוֹי הָאבֶּען פִילֶע פוּן דיא
יוּדֶען אוּנְד פוּן דיא פְרוּמֶע גֵרִים נָאכְגֶעפָאלְגֶט פּוֹלוֹס אוּנְד
בַּר־נַבָּא, וֶועלְכֶע הָאבֶּען צוּ זַייא גֶערֶעט, אוּנְד הָאבֶּען זַייא
אָנְגֶעזָאגְט זַייא זָאלֶען בְּלֵייבֶּען אִין דֶער גְנָאד פוּן גָאט:
44 אוּנְד אוֹיף דֶעם אַנְדֶערְן שַׁבָּת אִיז כִּמְעַט דיא גַאנְצֶע שְׁטָאט
צוּזַאמֶען גֶעקוּמֶען, זַייא זָאלֶען הֶערֶען דָאס וָוארְט פוּן גָאט:
45 אוּנְד וִויא דִיא יוּדֶען הָאבֶּען גֶעזֶעהֶען דָאס פָאלְק, אַזוֹי
וַוארֶען זַייא דֶערְפִילְט מִיט קִנְאָה, אוּנְד הָאבֶּען וִוידֶערְגֶע־
שְׁפְּרָאכֶען דָאס וָואס פּוֹלוֹס הָאט גֶעזָאגְט (אוּנְד הָאבֶּען
46 אַנְטְקֶעגֶען גֶערֶעט) אוּנְד גֶעלֶעסְטֶערְט: אָבֶּער פּוֹלוֹס אוּנְד
בַּר־נַבָּא הָאבֶּען עֶפֶענְטְלִיךְ אוּנְד מוּטְהִיג גֶעזָאגְט, עֶס וַואר
נֶעטִיג אַז דָאס וָוארְט פוּן גָאט זָאל צוּעֶרְשְׁט צוּ אֵייךְ גֶע־
רֶעט וֶוערֶען, אָבֶּער וֶוען אִיהְר פֶערְוַוארְפְט עֶס אוּנְד הַאלְט
אֵייךְ נִיט וֶוערְט דָאס עֶבִּיגֶע לֶעבֶּען, אַזוֹי קֶערֶען מִיר זִיךְ
47 צוּ דִיא גוֹיִם: וָוארִין דֶער הַאר הָאט אוּנְס אַזוֹי בֶּעפוֹילֶען
זָאגֶענדִיג,
„אִיךְ הָאבּ דִיךְ גֶעזֶעצְט פַאר אַ לִיכְט צוּ דִיא פֶעלְקֶער,
אַז דוּא זָאלְסְט זַיין אַ יְשׁוּעָה בִּיז צוּ דֶעם עֶק פוּן דֶער
וֶועלְט“:
48 אוּנְד וֶוען דִיא גוֹיִם הָאבֶּען דָאס גֶעהֶערְט, הָאבֶּען זַייא זִיךְ
גֶעפְרֵייט, אוּנְד הָאבֶּען פֶערְהֶערְלִיכְט דָאס וָוארְט פוּן דֶעם
הַאר; אוּנְד אַלֶע דִיא וָואס וַוארֶען בֶּעשְׁטִימְט צוּם עֶבִּיגֶען
49 לֶעבֶּען הָאבֶּען גֶעגְלוֹיבְּט: אוּנְד דָאס וָוארְט פוּן דֶעם הַאר
50 וַואר פֶערְבְּרֵייטֶעט אִין דֶער גַאנְצֶער גֶעגֶענְד: אָבֶּער דִיא
יוּדֶען הָאבֶּען אוֹיפְגֶעהֶעצְט דִיא פְרוּמֶע אוּנְד אַנְשְׁטֶענְדִיגֶע
ווייבֶּער אוּנְד דִיא עֶלְצְטֶע פוּן דֶער שְׁטָאט, אוּנְד זַייא הָאבֶּען
גֶעבְּרַאכְט אַ פֶערְפָאלְגוּנְג קֶעגֶען פּוֹלוֹס אוּנְד בַּר־נַבָּא, אוּנְד
51 זַייא הָאבֶּען זַייא אַרוֹיסְגֶעטְרִיבֶּען פוּן זֵייעֶרֶע גֶעגֶענְד: אַזוֹי
הָאבֶּען זַייא קֶעגֶען זַייא אָפְּגֶעשָׁאקֶעלְט דֶעם שְׁטוֹיבּ פוּן זֵייעֶרֶע
52 פִיס, אוּנְד זֶענֶען גֶעגַאנְגֶען קַיין אִיקָנִיוֹן: אוּנְד דִיא תַּלְמִידִים
וַוארֶען דֶערְפִילְט מִיט פְרֵייד אוּנְד מִיט דֶעם רוּחַ הַקוֹדֶשׁ:

קאפיטעל יד

1 אוּנְד עֶס אִיז גֶעשֶׁעהֶען אִין אִיקָנִיוֹן זֶענֶען זַייא צוּזַאמֶען

גֶעקוּמֶען אִין דֶער יוּדִישֶׁער שׁוּל, אוּנְד זֵייא הָאבֶּען אַזוֹי
גֶערֶעט אַז אַ גְרוֹיס פָּאלְק פוּן דִיא יוּדֶען אוּנְד גְרִיכֶען
הָאבֶּען גֶעגְלוֹיבְּט: אָבֶּער דִיא יוּדֶען וָואס הָאבֶּען נִיט צוּ־ 2
גֶעהָארְכְט הָאבֶּען אוֹיפְגֶעהֶעצְט דִיא גוֹיִם, אוּנְד הָאבֶּען זֵייא
בֵּייז גֶעמַאכְט קֶעגֶען דִיא בְּרִידֶער: אוּנְד זֵייא זֶענֶען דָאר־ 3
טֶען גֶעבְּלִיבֶּען אַ לַאנְגֶע צֵייט, אוּנְד הָאבֶּען עֶפֶענְטְלִיךְ
גֶערֶעט אִין (בְּטָחוֹן אוֹיף) דֶעם הַאר, וָואס הָאט
בֶּעצֵייגְט צוּם וָוארְט פוּן זֵיינֶע גְנָאד, אוּנְד הָאט גֶעלָאזְט
צֵייכֶען אוּנְד וְואוּנְדֶער גֶעשֶׁעהֶען דוּרְךְ זֵיירֶע הֶענְד: אוּנְד 4
דָאס פָּאלְק פוּן דֶער שְׁטָאט וַואר צוּטֵיילְט, אֵיין טֵייל וַואר
מִיט דִיא יוּדֶען אוּנְד אֵיין טֵייל מִיט דִיא אַפָּאסְטֶעל: אוּנְד 5
וֶוען דִיא גוֹיִם אוּנְד דִיא יוּדֶען מִיט זֵיירֶע עֶלְצְטֶע הָאבֶּען
גֶעשְׁטוּרֶעמְט אַז מֶען זָאל זֵייא שְׁלֶעכְט בֶּעהַאנְדְלֶען, אוּנְד
זָאלֶען זֵייא שְׁטֵיינִיגֶען: אוּנְד זֵייא זֶענֶען דֶערְפוּן גֶעוָואר 6
גֶעוָוארֶען, אוּנְד זֶענֶען אַנְטְלָאפֶען קֵיין לוּסְטְרָא אוּנְד דֶרְבִּי,
דִיא שְׁטֶעט פוּן לוּקוֹנְיָא, אוּנְד צוּ דֶער גֶעגֶענְד אַרוּם:
אוּנְד זֵייא הָאבֶּען דָארְטֶען גֶעפְּרֶעדִיגְט דִיא גוּטֶע בְּשׂוּרָה: 7
אִין לוּסְטְרָא אִיז אַ מַאן גֶעזֶעסֶען וָואס וַואר שְׁוַואךְ אוֹיף 8
דִיא פִּיס, אוּנְד עֶר וַואר לָאם פוּן זֵיין מוּטֶערְס לֵייבּ, אוּנְד
אִיז נָאךְ קֵיינְמָאל נִיט אַרוּמְגֶעגַאנְגֶען: דִיזֶער הָאט גֶעהֶערְט 9
פּוֹלוּס רֶעדֶען, אוּנְד וֶוען עֶר הָאט אִיהם שַׁארְף אָנְגֶעקוּקְט,
אוּנְד הָאט גֶעזֶעהֶען אַז עֶר הָאט גְלוֹיבֶּען גֶעהָאלְפֶען צוּ
וֶוערֶען: אַזוֹי הָאט עֶר מִיט אַ הוֹיךְ קוֹל גֶעזָאגְט, שְׁטֶעה 10
אוֹיף דֵיינֶע פִּיס. אוּנְד עֶר אִיז אוֹיפְגֶעשְׁפּרוּנְגֶען אוּנְד אִיז
אַרוּמְגֶעגַאנְגֶען: אוּנְד וֶוען דִיא פֶערְזַאמֶעלְטֶע לֵייט הָאבֶּען 11
גֶעזֶעהֶען וָואס פּוֹלוּס הָאט גֶעטְהוּן, הָאבֶּען זֵייא אוֹיפְגֶעהוֹיבֶּען
זֵייעֶר קוֹל אוּנְד הָאבֶּען גֶעזָאגְט אוֹיף לוּקוֹנִישׁ, דִיא גֶעטֶער
זֶענֶען צוּ אוּנְס אַרוּפְגֶעקוּמֶען אִין דֶער גֶעשְׁטַאלְט פוּן
מֶענְשֶׁען: אוּנְד זֵייא הָאבֶּען גֶערוּפֶען בַּר־נַבָּא יוּפִּיטֶער, 12
אוּנְד פּוֹלוּס, הֶערְמֶעס, וֵוייל עֶר וַואר דֶער הוֹיפְּט־רֶעדֶער:
אוּנְד דֶער כֹּהֵן פוּן יוּפִּיטֶער, וָואס וַואר פָאר אִיהר שְׁטָאט, 13
הָאט גֶעבְּרַאכְט אָקְסֶען אוּנְד קְרַאנְצֶען צוּ דִיא טוֹירֶען,
אוּנְד הָאט גֶעוָואלְט בְּרֶענְגֶען קָרְבָּנוֹת מִיט דֶעם פָּאלְק:
אָבֶּער וֶוען דִיא אַפָּאסְטֶעל בַּר־נַבָּא אוּנְד פּוֹלוּס הָאבֶּען 14

דָאס גֶעהֶערְט, אַזוֹי הָאבֶּען זַייא זַייעֶרע קְלֵיידֶער צוּרִיסֶען,
אוּנְד זֶענֶען גֶעלָאפֶען צוּם פָאלְק אוּנְד הָאבֶּען אוֹיסְגֶעשְׁרִיעֶן:
15 אוּנְד הָאבֶּען גֶעזָאגְט, אִיהְר מֶענֶער, וָוארוּם טְהוּט אִיהְר
דָאס? מִיר זֶענֶען אוֹיךְ גְלַייךְ לֵיידֶענְדֶע מֶענְשֶׁען אַזוֹי וְוִיא
אִיהְר, אוּנְד מִיר פְּרֶעדִיגֶען צוּ אַייךְ אַז אִיהְר זָאלְט אַייךְ
אָװעקְקֶעהְרֶען פוּן דִיזֶע נַארִישְׁקֵייטֶען צוּם לֶעבֶּעדִיגֶען גָאט
וָואס הָאט גֶעמַאכְט הִימֶעל אוּנְד עֶרְד אוּנְד דָאס יַם אוּנְד
16 אַלֶעס וָואס אִיז אִין זַייא: וֶועלְכֶער הָאט אִין פְרִיהֶערִיגֶע דוֹרוֹת
גֶעלָאזְט אַלֶע גוֹיִם גֶעהֶען אִין זַייעֶרע אֵייגֶענֶע וֶועגֶען:
17 חָאטְשֶׁע עֶר הָאט זִיךְ נִיט גֶעלָאזְט אָהְן אֵיין עֵדוּת, אִינְדֶעם
עֶר הָאט אוּנְס גוּטֶעס גֶעטְהוּן, אוּנְד הָאט אוּנְס גֶעגֶעבֶּען
רֶעגֶען פוּן הִימֶעל, אוּנְד פְרוּכְטְבַּארֶע צֵייטֶען, אוּנְד הָאט
18 אֵיירֶע הֶערְצֶער דֶערְפִילְט מִיט שְׁפֵּייז־אוּנְד פְרֵייד: אוּנְד
וֶוען זַייא הָאבֶּען דָאס גֶעזָאגְט, אַזוֹי הָאבֶּען זַייא קוֹים דָאס
פָאלְק צוּרִיקְגֶעהַאלְטֶען אַז זַייא זָאלֶען צוּ זַייא נִיט מַקְרִיב
זַיין:
19 אוּנְד עֶס זֶענֶען אָנְגֶעקוּמֶען יוּדֶען פוּן אַנְטִיוֹכְיָא אוּנְד
אִיקָאנְיוֹן אוּנְד הָאבֶּען דָאס פָאלְק אִיבֶּערְגֶערֶעט, אוּנְד
הָאבֶּען פּוֹלוֹס גֶעשְׁטֵיינִיגְט אוּנְד הָאבֶּען אִיהְם אוֹיס דֶער
שְׁטָאט אַרוֹיסְגֶעשְׁלֶעפְּט, וָוארִין זַייא הָאבֶּען גֶעמֵיינְט אַז
20 עֶר אִיז שׁוֹין טוֹיט: אוּנְד וֶוען דִיא תַּלְמִידִים הָאבֶּען אִיהְם
אַרוּמְגֶערִינְגֶעלְט, אִיז עֶר אוֹיפְגֶעשְׁטַאנֶען אוּנְד אִיז
אִין דִיא שְׁטָאט אַרֵיינְגֶעקוּמֶען; אוּנְד צוּ מָארְגֶען אִיז עֶר
21 אַוֶועקְגֶעגַאנְגֶען מִיט בַּר־נַבָּא קֵיין דֶערְבֶּע: אוּנְד וֶוען זַייא
הָאבֶּען דִיא גוּטֶע בְּשׂוֹרָה גֶעפְּרֶעדִיגְט אִין דֶער שְׁטָאט
אוּנְד הָאבֶּען פִילֶע תַּלְמִידִים גֶעמַאכְט, הָאבֶּען זַייא זִיךְ
אוּמְגֶעקֶעהְרְט קֵיין לוּסְטְרָא אוּנְד אִיקָנְיוֹן אוּנְד אַנְטִיוֹכְיָא:
22 אוּנְד זַייא הָאבֶּען גֶעשְׁטַארְקְט דִיא הֶערְצֶער פוּן דִיא
תַּלְמִידִים, אוּנְד הָאבֶּען זַייא גֶעוָוארְנְט זַייא זָאלֶען בְּלֵייא־
בֶּען אִין דֶעם גְלוֹיבֶּען, אוּנְד אַז מִיר מוּזֶען דוּרְךְ פִיל
23 לֵיידֶען אִים קֶענִיגְרֵייךְ פוּן הִימֶעל אַרֵיין קוּמֶען: אוּנְד זַייא
הָאבֶּען אִיבֶּער זַייא בֶּעשְׁטֶעלְט עֶלְצְטֶע אִין אִיטְלִיכֶער
קְהִלָּה, אוּנְד נָאךְ פַאסְטֶען אוּנְד בֶּעטֶען הָאבֶּען זַייא זַייא
בֶּעפוֹילֶען צוּם הַאר אִין וֶועלְכֶען זַייא הָאבֶּען גֶעגְלוֹיבְּט;

24 אונד נאך דורכגעהן פיסידיא זענען זייא געקומען קיין
25 פאמפיליא: אונד זייא האבען געפרעדיגט דאס ווארט אין
26 פרגי, אונד זענען ארופגעגאנגען קיין אטליא: אונד פון
דארטען האבען זייא זיך געשיפט קיין אנטיוכיא, פון וואנען
זייא ווארען איבערגעגעבען צו דער גנאד פון גאט וועגען
27 דעם ווערק וואס זייא האבען דערפילט: אונד ווען זייא זע-
נען אנגעקומען אונד האבען דיא קהלה פערזאמעלט האבען
זייא דערצעהלט וואס גאט האט מיט זייא געטהון, אונד
וויא ער האט אויפגעמאכט דיא טהיר פון גלויבען צו דיא
28 גוים: אונד זייא זענען דארטען געבליבען ניט ווייניג צייט
מיט דיא תלמידים:

קאפיטעל טו

1 אונד עטליכע זענען ארופגעקומען פון יהודה אונד האבען
געלעהרט דיא ברידער, ווען איהר וועט ניט בעשניטען
ווערען נאך תורת משה, אזוי קענט איהר ניט גע-
2 רעטעט ווערען: אונד ווען פולוס אונד בר-נבא האבען
מיט זייא קיין קליינעם קריג אונד ויכוח געהאט, אזוי האבען
זייא בעשלאסען אז פולוס אונד בר-נבא, אונד עטליכע
אנדערע פון זייא, זאלען ארויפגעהען קיין ירושלים צו דיא
3 אפאסטעל אונד עלצטע, וועגען דיזער שאלה: אונד ווען
זייא ווארען אוועקגעשיקט ביי דער קהלה, זענען זייא גע-
גאנגען דורך פיניקיא אונד שמרון, אונד האבען דער-
צעהלט פון דער בעקערונג פון דיא גוים, אונד האבען
4 גרויסע פרייד געמאכט צו אלע ברידער: אונד ווען זייא
זענען געקומען קיין ירושלים, אזוי ווארען זייא אויפגענומען
ביי דער קהלה אונד דיא אפאסטעל אונד דיא עלצטע,
אונד זייא האבען דערצעהלט וואס גאט האט מיט זייא
5 געטהון: אבער דא זענען אויפגעשטאנען עטליכע פון
דיא כיתה פון דיא פרושים וואס האבען געגלויבט, אונד
האבען געזאגט, אז מען מוס זייא בעשניידען אונד בע-
6 פעהלען צו האלטען תורת משה: אונד דיא אפאסטעל
אונד עלצטע זענען צוזאמען געקומען זייא זאלען זיך
7 וועגען דיזער זאך בעראטען: אונד ווען דא וואר א גרויס
געצאנק, איז פעטרוס אויפגעשטאנען אונד האט צו

זייא געזאגט, איהר מענער אונד ברידער, איהר ווייסט אז
גאט האט לאנג פאר דיזער צייט צווישען אונס מיך אויס־
דערוועהלט, אז דיא גוים זאלען הערען פון מיין מויל דאס
8 ווארט פון דער גוטען בשורה אונד זאלען גלויבען: אונד
גאט, וואס ווייסט דאס הארץ, האט אויף זייא בעצייגט,
אונד האט זייא געגעבען דעם רוח הקודש, אזוי וויא צו
9 אונס: אונד ער האט גארניט קיין צווישענשייד געמאכט
צווישען אונס אונד זייא, אונד האט גערייניגט זייערע
10 הערצער דורך דעם גלויבען: אונד אצונד ווארום פרופט
איהר גאט, אונד לעגט א יאך אויף דעם האלז פון דיא
תלמידים, וואס אונזערע אבות אונד מיר אליין האבען ניט
11 געקענט דערטראגען: אבער מיר גלויבען אז דורך דער
גנאד פון דעם האר ישוע המשיח וועלען מיר גערעטעט
12 ווערען אזוי גוט וויא זייא: אונד דיא גאנצע פערזאמלונג
האט שטיל געשוויגען, אונד האבען געהערט בר־נבא אונד
פולוס דערצעהלען וואס פאר וואונדער אונד צייכען גאט
13 האט דורך זייא געטהון צווישען דיא גוים: אונד נאכדעם
זייא האבען געשוויגען, האט יעקב געענטפערט אונד
14 געזאגט, מענער אונד ברידער, הערט מיר צו: שמעון
האט דערצעהלט וויא גאט האט צום ערשטען בעזוכט
דיא גוים, אונד האט פון זייא גענומען א פאלק צו זיין
15 נאמען: אונד דאס שטימט איין מיט דיא ווערטער פון
דיא נביאים, אזוי וויא עס שטעהט געשריבען:
16 „נאך דיזע בעגעבענהייטען וועל איך אומקעהרען אונד
וועל אויפבויען דאס געצעלט פון דוד וואס איז איינגע־
פאלען, אונד איך וועל ווידער אויפבויען דיא חרבות
17 דערפון, אונד וועל עס אויפשטעלען: אז דיא איבער־
געבליבענע פון דיא מענשען זאלען פארשען נאך דעם
האר אונד אלע פעלקער, אויף וועלכען מיין נאמען
ווערט גערופען, זאגט דער האר, וואס טהוט דאס אלעס:
18 אלע ווערק פון גאט זענען צו איהם בעקאנט פון עביג אן:"
19 דרום איז עס מיינע מיינונג, אז מיר זאלען ניט אומרוהיג
מאכען דיא וואס האבען זיך פון צווישען דיא גוים אומ־
20 בעקעהרט זיך צו גאט: נייערט מיר זאלען צו זייא שרייבען

אַז זייא זָאלֶען זִיךְ עֶנְטְהַאלְטֶען פוּן דִיא אוּמְהֵייְרְדִיגְקֵייט
פוּן אָפְּגֶעטֶער, אוּנְד פוּן זְנוּת, אוּנְד פוּן דֶערְוָארְגֶענֶע
21 זַאכֶען אוּנְד פוּן בְּלוּט: וָוארִין משֶׁה הָאט פוּן אַלְטֶע צֵייטֶען
אִין אִיטְלִיכֶער שְׁטָאט דִיא וָואס פְּרֶעדִיגֶען אִיהְם, אוּנְד
וָוערְט אַלֶע שַׁבָּת גֶעלֵיינְט אִין דִיא שׁוּלֶען:
22 דַאן אִיז עֶס גֶעפֶעלֶען דִיא אַפָּאסְטֶעל אוּנְד דִיא עֶלְצְטֶע
מִיט דֶער גַאנְצֶער קְהִלָּה אַז זֵייא זָאלֶען שִׁיקֶען אוֹיסְ־
דֶערְוֶועהְלְטֶע מֶענֶער קֵיין אַנְטִיוֹכְיָא מִיט פּוֹלוֹס אוּנְד בַּר־
נַבָּא. דְהַיְינוּ, יְהוּדָה וָואס וַואר גֶערוּפֶען בַּר־שַׁבָּא,
אוּנְד סִילָא, וָואס וַוארֶען פִיהְרֶער צְוִוישֶׁען דִיא בְּרִידֶער:
23 אוּנְד זֵייא הָאבֶּען דוּרְךְ זֵייא אַזוֹי גֶעשְׁרִיבֶּען; דִיא אַפָּאסְ־
טֶעל אוּנְד דִיא עֶלְצְטֶע אוּנְד דִיא בְּרִידֶער לָאזֶען גְרִיסֶען
דִיא בְּרִידֶער פוּן דִיא גוֹיִם וָואס זֶענֶען אִין אַנְטִיוֹכְיָא, אוּנְד
24 אִין סוּרְיָא, אוּנְד אִין קִילִיקְיָא: אִינְדֶעם מִיר הָאבֶּען גֶעהֶערְט
אַז עֶטְלִיכֶע פוּן אוּנְס זֶענֶען אַרוֹיסְגֶעגַאנְגֶען אוּנְד הָאבֶּען
אֵייךְ מְצַעַר גֶעוֶועזֶען מִיט וֶוערְטֶער, אוּנְד הָאבֶּען אֵיירֶע
זֶעעֶלֶען פֶערְשְׁטֶערְט, (אוּנְד זָאגֶען, אִיהְר מוּסְט בֶּעשְׁנֵיטֶען
וֶוערֶען אוּנְד דִיא תּוֹרָה הַאלְטֶען); אוּנְד מִיר הָאבֶּען זֵייא
25 דָאס נִיט בֶּעפוֹילֶען: אַזוֹי אִיז עֶס אוּנְס גֶעפֶעלֶען,
אֵיינְשְׁטִימִיג, אַז מִיר זָאלֶען צוּ אֵייךְ שִׁיקֶען אוֹיסְ־
דֶערְוֶועהְלְטֶע מֶענֶער מִיט אוּנְזֶערֶע גֶעלִיבְּטֶע בַּר־נַבָּא
26 אוּנְד פּוֹלוֹס: מֶענֶער וָואס הָאבֶּען זֵייעֶר לֶעבֶּען אֵיינְגֶע־
שְׁטֶעלְט פַאר דֶעם נָאמֶען פוּן אוּנְזֶער הַאר יֵשׁוּעַ הַמָּשִׁיחַ:
27 דְרוּם הָאבֶּען מִיר גֶעשִׁיקְט יְהוּדָה אוּנְד סִילָא, אוּנְד זֵייא
28 וֶועלֶען אֵייךְ דָאס זֶעלְבִּיגֶע זָאגֶען פֶּה אֶל פֶּה: וָוארִין עֶס
אִיז גֶעפֶעלֶען דֶעם רוּחַ הַקוֹדֶשׁ אוּנְד אוּנְס, אַז מִיר זָאלֶען
אוֹיף אֵייךְ קֵיינֶע גְרֶעסֶערֶע לַאסְט לֶעגֶען, חוּץ דִיזֶע
29 נֵייטִיגֶע זַאכֶען: אַז אִיהְר זָאלְט אֵייךְ עֶנְטְהַאלְטֶען פוּן דִיא
קָרְבָּנוֹת פוּן אָפְּגֶעטֶער, אוּנְד פוּן בְּלוּט, אוּנְד פוּן דֶערְוָואר־
גֶענֶע זַאכֶען, אוּנְד פוּן זְנוּת; אוּנְד וֶוען אִיהְר וֶועט אֵייךְ
הִיטֶען פוּן דִיזֶע זַאכֶען, אַזוֹי וֶועט אִיהְר רֶעכְט טְהוּן.
30 שָׁלוֹם צוּ אֵייךְ: וֶוען זֵייא וַוארֶען אַוֶועקְגֶעשִׁיקְט זֶענֶען
זֵייא גֶעקוּמֶען קֵיין אַנְטִיוֹכְיָא, הָאבֶּען דָאס פָאלְק פֶער־
31 זַאמֶעלְט, אוּנְד הָאבֶּען גֶעגֶעבֶּען דֶעם בְּרִיף: אוּנְד

וָוען זַייא הָאבֶּען עֶס גֶעלֵיינְט הָאבֶּען זֵייא זִיךְ גֶעפְרֵייט
32 אִיבֶּער דֶעם טְרַייסְט: אוּנְד יְהוּדָה אוּנְד סִילָא וָואס וַואַרֶען
אוֹיךְ זֶעלְבְּסְט נְבִיאִים, הָאבֶּען דִיא בְּרִידֶער מַזְהִיר גֶעוֶועזֶען
33 מִיט פִילֶע רֵייד, אוּנְד הָאבֶּען זַייא בֶּעשְׁטַארְקְט: אוּנְד
נָאכְדֶעם וִויא זַייא הָאבֶּען זִיךְ דָארְט אַ צַייט אוֹיפְגֶעהַאלְטֶען,
וַואַרֶען זַייא מִיט פְרִידֶען אַוֶועקְגֶעשִׁיקְט פוּן דִיא בְּרִידֶער
34 צוּ דִיא אַפָּאסְטֶעל: (אוּנְד עֶס אִיז סִילָא גֶעפַאלֶען דָארְטֶען
35 צוּ בְּלַייבֶּען): אָבֶּער פוֹלוֹס אוּנְד בַּר־נַבָּא הָאבֶּען גֶעוְואוֹינְט
אִין אַנְטִיוֹכְיָא, אוּנְד הָאבֶּען גֶעלֶעהְרְט אוּנְד גֶעפְּרֶעדִיגְט
דָאס וָוארְט פוּן דֶעם הַאר, מִיט נָאךְ פִילֶע אַנְדֶערֶע:
36 אוּנְד נָאךְ עֶטְלִיכֶע טֶעג הָאט פוֹלוֹס גֶעזָאגְט צוּ בַּר־נַבָּא
לָאזֶען מִיר זִיךְ אוּמְקֶעהְרֶען אוּנְד בֶּעזוּכֶען אוּנְזֶערֶע בְּרִידֶער
אִין יֶעדֶער שְׁטָאט וְואוּ מִיר הָאבֶּען גֶעפְּרֶעדִיגְט דָאס
וָוארְט פוּן דֶעם הַאר, אוּנְד זֶעהֶען וִויא עֶס גֶעהְט
37 זַייא: אוּנְד בַּר־נַבָּא הָאט גֶעדַאכְט מִיטְצוּנֶעמֶען יוֹחָנָן,
38 וָואס וַואר גֶערוּפֶען מַארְקוּס: אָבֶּער פוֹלוֹס הָאט עֶס נִיט
פַאר רֶעכְט גֶעהַאלְטֶען דֶעם מִיטְצוּנֶעמֶען וָואס הָאט זַייא
פֶערְלָאזְט אִין פַּאמְפִילְיָא, אוּנְד אִיז נִיט מִיט זַייא גֶעגַאנְגֶען
39 צוּ דֶער אַרְבַּייט: אַזוֹי אִיז צְוִוישֶׁען זַייא אַ שַׁארְפֶער שְׁטְרֵייט
גֶעוָוארֶען, בִּיז זַייא הָאבֶּען זִיךְ פוּן אַנַאנְדֶער אָפְּגֶעשֵׁייד;
אוּנְד בַּר־נַבָּא הָאט גֶענוּמֶען מַרְקוּס אוּנְד הָאט זִיךְ גֶעשִׁיפְט
40 קֵיין קַפְרוֹס: אוּנְד פוֹלוֹס הָאט מִיט זִיךְ גֶענוּמֶען סִילָא אוּנְד
אִיז אַוֶועקְגֶעגַאנְגֶען, אוּנְד דִיא בְּרִידֶער הָאבֶּען אִיהְם בֶּע־
41 פוֹילֶען צוּ דֶער גְנָאד פוּן גָאט: אוּנְד עֶר אִיז דוּרְכְגֶעגַאנְגֶען
סוּרְיָא אוּנְד קִילִיקְיָא, אוּנְד הָאט דִיא קְהִלוֹת גֶעשְׁטַארְקְט:

קאפיטעל טז

1 אוּנְד עֶר אִיז גֶעקוּמֶען קֵיין דַרְבִּי אוּנְד לוּסְטְרָא, אוּנְד זֶעה,
דָארְטֶען וַואר אַ תַּלְמִיד וָואס הָאט גֶעהֵייסֶען טִימוֹתִיוֹס,
דֶער זוּהְן פוּן אַ יוּדִישֶׁע פְרוֹיא וָואס הָאט גֶעגְלוֹיבְּט, אָבֶּער
2 זַיין פָאטֶער וַואר אַ גְרֶעק: עֶר הָאט גֶעהַאט אַ גוּטֶעם צֵייגְנִיס
3 פוּן דִיא בְּרִידֶער אִין לוּסְטְרָא אוּנְד אִיקוֹנְיָן: אוּנְד פוֹלוֹס
הָאט גֶעוָואלְט אַז דִיזֶער זָאל מִיט אִיהְם אוֹיסְגֶעהְן; אוּנְד
הָאט אִיהְם גֶענוּמֶען אוּנְד הָאט אִיהְם בֶּעשְׁנִיטֶען, וֶועגֶען
דִיא יוּדֶען וָואס וַוארֶען אִין יֶענֶע עֶרְטֶער; וָוארִין זֵייא

הָאבֶּען אַלֶע גֶעקֶענְט זַיין פָאטֶער אַז עֶר וַואר אַ גְרֶעק:
4 אוּנְד וֶוען זַייא זֶענֶען דוּרְךְ דיא שְׁטֶעט דוּרְכְגֶעגַאנְ־
גֶען, הָאבֶּען זַייא זַייא אִיבֶּערְגֶעגֶעבֶּען צוּ הִיטֶען דיא
דִינִים וָואס וַוארֶען בֶּעשְׁלָאסֶען פוּן דיא אַפָּאסְטֶעל אוּנְד
5 דיא עֶלְצְטֶע אִין יְרוּשָׁלַיִם: אַזוֹי וַוארֶען דיא קְהִלוֹת
בֶּעפֶעסְטִיגְט אִין דֶעם גְלוֹיבֶּען, אוּנְד הָאבֶּען זִיךְ טֶעגְלִיךְ
6 גֶעמֶעהְרְט אִין דֶער צָאל: אוּנְד וֶוען זַייא זֶענֶען דוּרְכְגֶע־
גַאנְגֶען פְרוּגְיָא אוּנְד דיא גֶעגֶענְד פוּן גַאלַאטְיָא, אַזוֹי הָאט
זַייא דֶער הַיילִיגֶער גֵייסְט פַארְוֶועהְרְט דָאס וָוארְט צוּ רֶע־
7 דֶען אִין אַסְיָא: אוּנְד וִויא זַייא זֶענֶען גֶעקוּמֶען קֵיין מוּסְיָא,
הָאבֶּען זַייא גֶעפְּרוּפְט צוּ גֶעהְן קֵיין בִּיתוּנְיָא; אָבֶּער דֶער
8 גֵייסְט פוּן יֵשׁוּעַ הָאט זַייא נִיט גֶעלָאזְט: אוּנְד זַייא זֶענֶען
מוּסְיָא פָארְבַּייא גֶעגַאנְגֶען, אוּנְד זֶענֶען אַרוּפְּגֶעקוּמֶען קֵיין
9 טְרוֹאָס: אוּנְד אֵיינֶע עֶרְשַׁיינוּנְג הָאט זִיךְ בֶּעווִיזֶען צוּ פּוֹלוֹס
בַּייא דֶער נַאכְט; אַ מַאן פוּן מַקְדוֹנְיָא אִיז בַּייא אִיהְם גֶע־
שְׁטַאנֶען אוּנְד הָאט אִיהְם גֶעבֶּעטֶען אוּנְד גֶעזָאגְט, קוּם
10 אַרִיבֶּער קֵיין מַקְדוֹנְיָא אוּנְד הֶעלְף אוּנְס: אוּנְד וֶוען עֶר הָאט
דיא עֶרְשַׁיינוּנְג גֶעזֶעהֶען, אַזוֹי הָאבֶּען מִיר בַּאלְד גֶעזוּכְט
קֵיין מַקְדוֹנְיָא צוּ רֵייזֶען, וָוארִין מִיר הָאבֶּען גֶעדְרוּנְגֶען
אַז דֶער הַאר הָאט אוּנְס גֶערוּפֶען מִיר זָאלֶען צוּ זַייא
11 פְרֶעדִיגֶען דיא גוּטֶע בְּשׂוֹרָה: אַזוֹי זֶענֶען מִיר אַרוֹיס גֶע־
פָארֶען פוּן טְרוֹאָס, אוּנְד זֶענֶען גֶעקוּמֶען מִיט דֶעם גְלַייך־
כֶען וֶועג קֵיין סַאמוֹטְרַאקְיָא, אוּנְד דֶעם אַנְדֶערְן טָאג קֵיין
12 נֶעאַפּוֹלִיס: אוּנְד פוּן דָארְטֶען קֵיין פִילִיפִּי, וָואס אִיז דיא
הוֹיפְּט־שְׁטָאט פוּן דִיזֶען טֵייל פוּן מַקְדוֹנְיָא, אוּנְד אִיז אֵיינֶע
קָאלָאנְיָא; אוּנְד מִיר זֶענֶען אִין דִיזֶער שְׁטָאט גֶעבְּלִיבֶּען
13 עֶטְלִיכֶע טֶעג: אוּנְד אַם שַׁבָּת זֶענֶען מִיר אוֹיס דֶער שְׁטָאט
אַרוֹיסְגֶעגַאנְגֶען צוּם שְׁטְרוֹים, וְוא דיא לֵייט פְלֶעגֶען מִתְפַּלֵל
צוּ זַיין. אוּנְד מִיר הָאבֶּען זִיךְ אַנִידֶערְגֶעזֶעצְט אוּנְד הָאבֶּען
גֶערֶעט מִיט דיא וַוייבֶּער וָואס זֶענֶען צוּזַאמֶען גֶעקוּמֶען:
14 אוּנְד אַ גֶעווִיסֶע פְרוֹיא וָואס הָאט גֶעהֵייסֶען לוּדְיָא, אַ פּוּרְפֶּער
קְרֶעמֶערִין אוֹיס דֶער שְׁטָאט תִּיאַטִירָא, וָואס הָאט זִיךְ גֶע־
פָארְכְטֶען פָאר גָאט, הָאט אוּנְס צוּגֶעהֶערְט; אוּנְד דֶער
הַאר הָאט אִיהְר הַארְץ אוֹיפְגֶעמַאכְט, זִיא זָאל פַארְנֶעמֶען

15 דִיא זַאכֶען וָואס פּוֹלוֹס הָאט גֶערֶעט: אוּנְד וֶוען זִיא אוּנְד
אִיהְר הוֹיזְגֶעזִינְד זֶענֶען גֶעטוֹבְלְט גֶעוָוארֶען, אַזוֹי הָאט זִיא
גֶעבֶּעטֶען אוּנְד גֶעזָאגְט, וֶוען אִיהְר הַאלְט מִיךְ פַאר אַ
גְלוֹיבִּיגֶע אִין דֶעם הַאר, קוּמְט אַרַיין אִין מֵיין הוֹיז, אוּנְד
זִיא הָאט אוּנְס דֶערְצוּ גֶעצְוָואוּנְגֶען:
16 אוּנְד עֶס אִיז גֶעשֶׁעהֶען וֶוען מִיר זֶענֶען גֶעגַאנְגֶען צוּם
גֶעבֶּעט, הָאט אוּנְס בֶּעגֶעגֶענְט אַ שְׁקְלַאפִין וָואס הָאט גֶעהַאט
אַ רוּחַ פוּן אַ צוֹיבֶּער גֵייסְט, וֶועלְכֶע הָאט אִיהְרֶע הַארְרֶען
17 פִיל רֶוַח אֵיינְגֶעבְּרַאכְט דוּרְךְ צוֹיבֶּעֲרַייא: דִיזֶע הָאט נָאכְ־
גֶעפָאלְגְט פּוֹלוֹס אוּנְד אוּנְס. אוּנְד הָאט גֶעשְׁרִיעֶן אוּנְד
גֶעזָאגְט, דִיזֶע מֶענֶער זֶענֶען דִיא קְנֶעכְט פוּן דֶעם אוֹיבֶּערְשְׁ־
טֶען גָאט, וָואס דֶערְקְלֶערֶען אֵייךְ דֶעם וֶועג פוּן זֶעלִיגְקֵייט:
18 דָאס הָאט זִיא גֶעטְהוּן פִילֶע טֶעג; אָבֶּער פּוֹלוֹס הָאט זִיךְ
דֶרִיבֶּער מְצַעֵר גֶעוֶועזֶען, אַזוֹי הָאט עֶר זִיךְ אוּמְגֶעקֶעהְרְט
אוּנְד גֶעזָאגְט צוּ דֶעם גֵייסְט, אִיךְ גֶעבִּיט דִיר אִין דֶעם
נָאמֶען פוּן יֵשׁוּעַ הַמָשִׁיחַ דוּא זָאלְסְט פוּן אִיהְר אַרוֹיסְגֶע־
הֶען, אוּנְד עֶר אִיז אִין דֶער זֶעלְבֶּער שָׁעָה אַרוֹיסְגֶעגַאנְגֶען:
19 אוּנְד וִויא אִיהְרֶע הַארְרֶען הָאבֶּען גֶעזֶעהֶען אַז דִיא הָאפְנוּנְג
פוּן זַייעֶר גֶעוִוין וַאר פֶערְלוֹירֶען, הָאבֶּען זַייא אָנְגֶע־
חַאפְּט פּוֹלוֹס אוּנְד סִילָא, אוּנְד הָאבֶּען זַייא אִין מַארְק אַרַיין
20 גֶעשְׁלֶעפְּט צוּ דִיא עֶלְצְטֶע: אוּנְד זַייא הָאבֶּען זַייא גֶעפִיהְרְט
צוּ דִיא רֶעגִירֶער, אוּנְד הָאבֶּען גֶעזָאגְט דִיזֶע מֶענֶער וָואס
זֶענֶען יוּדֶען מַאכֶען אֵיין אוֹיפְרוּהר אִין אוּנְזֶערֶע שְׁטָאט:
21 אוּנְד זַייא לֶעהְרֶען אַזֶעלְכֶע מִנְהָגִים וָואס מִיר מֶעגֶען נִיט
22 אָנְנֶעמֶען אוּנְד נִיט טְהוּן, וָוארִין מִיר זֶענֶען רוֹמִים: אוּנְד
דָאס פָאלְק אִיז קֶעגֶען זַייא אוֹיפְגֶעשְׁטַאנֶען, אוּנְד דִיא
רֶעגִירֶער הָאבֶּען זַיירֶע קְלֵיידֶער אָפְּגֶערִיסֶען אוּנְד הָאבֶּען
23 זַייא גֶעהֵייסֶען שְׁמֵייסֶען: אוּנְד וֶוען זַייא הָאבֶּען זַייא
שְׁטַארְק גֶעשְׁלָאגֶען, הָאבֶּען זַייא זַייא אִים גֶעפֶענְגְנִיס
אַרַיינְגֶעוָוארְפֶען, אוּנְד הָאבֶּען דֶעם וֶועכְטֶער אָנְגֶעזָאגְט אַז
24 עֶר זָאל זַייא גוּט הִיטֶען: אוּנְד וֶוען עֶר הָאט אַזֶעלְכֶעס
גֶעבָּאט דֶערְהַאלְטֶען, אַזוֹי הָאט עֶר זַייא אִים אִינֶערְשְׁטֶען
גֶעפֶענְגְנִיס אֵיינְגֶעזֶעצְט, אוּנְד הָאט זַיירֶע פִיס אִין אַ קְלָאץ
אֵיינְגֶעשְׁלָאסֶען:

אָבֶּער אִין מִיטֶען דֶער נַאכְט הָאבֶּען פּוֹלוֹס אוּנְד סִילָא גֶע־ 25
בֶּעטֶען אוּנְד גֶעזוּנְגֶען צוּ גָאט, אוּנְד דִיא גֶעפַאנְגֶענֶע
הָאבֶּען זַייא גֶעהֶערְט: פְּלוּצְלִינְג וַואר אַ גְרוֹיס עֶרְדצִיטֶערְנִים 26
בִּיז דִיא פוּנְדַאמֶענְטֶען פוּן דֶעם גֶעפֶענְגְנִיס הָאבֶּען זִיךְ
גֶערִירְט; אוּנְד אַלֶע טְהִירֶען וַוארֶען בַּאלְד אוֹיפְגֶעמַאכְט,
אוּנְד דִיא קֶעטֶען פוּן אַלֶע וַוארֶען לוֹיז גֶעמַאכְט: אוּנְד 27
וִויא דֶער וֶועכְטֶער פוּן דֶעם גֶעפֶענְגְנִיס הָאט זִיךְ אוֹיפְגֶע־
חַאפְּט אוּנְד הָאט גֶעזֶעהֶען אַז דִיא טְהִירֶען פוּן דֶעם גֶע־
פֶענְגְנִיס זֶענֶען אוֹיפְגֶעמַאכְט, אַזוֹי הָאט עֶר דָאס שְׁוֶוערְד
אַרוֹיסְגֶעצוֹיגֶען אוּנְד הָאט זִיךְ גֶעוָואלְט אוּמְבְּרֶענְגֶען,
וָוארִין עֶר הָאט גֶעדַאכְט אַז דִיא גֶעפַאנְגֶענֶע זֶענֶען אַנְטְ־
לָאפֶען: אָבֶּער פּוֹלוֹס הָאט אוֹיסְגֶערוּפֶען מִיט אַ הוֹיךְ קוֹל 28
אוּנְד הָאט גֶעזָאגְט, טְהוּא דִיר קֵיין שְׁלֶעכְטֶעס, וָוארִין מִיר
זֶענֶען אַלֶע דָא: אוּנְד עֶר הָאט פֶערְלַאנְגְט אַ לִיכְט, אוּנְד 29
אִיז אַרֵיינְגֶעקוּמֶען צִיטֶערֶענְדִיג, אוּנְד אִיז אַנִידֶערְגֶעפַאלֶען
פָאר פּוֹלוֹס אוּנְד סִילָא: אוּנְד עֶר הָאט זֵייא אַרוֹיסְגֶעפִיהְרְט 30
אוּנְד גֶעזָאגְט, מֵיינֶע הַארֶען, וָואס מוּז אִיךְ טְהוּן אַז אִיךְ
זָאל גֶערֶעטֶעט וֶוערֶען? אוּנְד זֵייא הָאבֶּען גֶעזָאגְט, גְלוֹיבּ 31
אָן דֶעם הַאר יֵשׁוּעַ הַמָשִׁיחַ, אַזוֹי וֶועסְט דוּא גֶערֶעטֶעט
וֶוערֶען אוּנְד דַיין הוֹיזְגֶעזִינְד: אוּנְד זֵייא הָאבֶּען צוּ אִיהְם 32
גֶעזָאגְט דָאס וָוארְט פוּן דֶעם הַאר, אוּנְד צוּ אַלֶע וָואס
וַוארֶען אִין זַיין הוֹיז: אוּנְד עֶר הָאט זֵייא גֶענוּמֶען אִין 33
דִיזֶער שָׁעָה פוּן דֶער נַאכְט אוּנְד הָאט זֵיירֶע וְוֹאוּנְדֶען גֶע־
וַואשֶׁען, אוּנְד עֶר מִיט אַלֶע זֵיינֶע פְרֵיינְד זֶענֶען בַּאלְד גֶע־
טוֹבֶלְט גֶעוָוארֶען: אוּנְד עֶר הָאט זֵייא אַרֵיינְגֶעבְּרַאכְט אִין 34
זַיין הוֹיז אוּנְד הָאט זֵייא פָארְגֶעשְׁטֶעלְט צוּ עֶסֶען, אוּנְד
עֶר הָאט זִיךְ גֶעפְרֶעהְט, אוּנְד הָאט גֶעגְלוֹיבְּט אִין גָאט מִיט
זַיין גַאנְץ הוֹיזְגֶעזִינְד:
אוּנְד וֶוען עֶס אִיז טָאג גֶעוָוארֶען, אַזוֹי הָאבֶּען דִיא הוֹיפְּטְ־ 35
לַייט גֶעשִׁיקְט דִיא פָּאלִיצֵיידִינֶער אוּנְד הָאבֶּען גֶעזָאגְט,
לָאז דִיזֶע לַייט פְרֵייא: אוּנְד דֶער שׁוֹמֵר פוּן דֶעם גֶעפֶענְגְ־ 36
נִיס הָאט דִיזֶע וֶוערְטֶער גֶעזָאגְט צוּ פּוֹלוֹס, דִיא הוֹיפְּטְלֵייט
הָאבֶּען גֶעשִׁיקְט אַז אִיהְר זָאלְט פְרֵייא וֶוערֶען; דְרוּם קוּמְט
אַצוּנְד אַרוֹיס אוּנְד גֶעהְט אִין פְרִידֶען; אָבֶּער פּוֹלוֹס הָאט 37

צוּ זַייא גֶעזָאגְט, זַייא הָאבֶּען אוּנְס עֶפֶּענְטְלִיךְ גֶעשְׁלָאגֶען
אָהְן מִשְׁפָּט, וָואס מִיר זֶענֶען רוֹמִישֶׁע לֵייט, אוּנְד זַייא
הָאבֶּען אוּנְס אִים גֶעפֶענְגְנִיס אַרַיינְגֶעוָוארְפֶען, אוּנְד אַצוּנְד
טְהוּן זַייא אוּנְס שְׁטִילֶערְהֵייט אַרוֹיסְלָאזֶען? נֵיין! נֵייעֶרְט
לָאזֶען זַייא זֶעלְבְּסְט קוּמֶען אוּנְד אוּנְס אַרוֹיסְפִיהְרֶען:
38 אוּנְד דִיא פָּאלִיצַיידִינֶער הָאבֶּען דִיזֶע וֶוערְטֶער דֶערְצֶעהְלְט
צוּ דִיא הוֹיפְּטְלֵייט? אוּנְד וִויא זַייא הָאבֶּען גֶעהֶערְט אַז זַייא
39 זֶענֶען רוֹמִים, אַזוֹי הָאבֶּען זַייא זִיךְ גֶעפָארְכְטֶען: אוּנְד
זַייא זֶענֶען גֶעקוּמֶען אוּנְד הָאבֶּען זַייא אִיבֶּערְגֶעבֶּעטֶען,
אוּנְד זַייא הָאבֶּען זַייא אַרוֹיסְגֶעפִיהְרְט אוּנְד הָאבֶּען זַייא
40 גֶעבֶּעטֶען זַייא זָאלֶען פוּן דֶער שְׁטָאט אַרוֹיסְגֶעהֶען: אוּנְד
וֶוען זַייא זֶענֶען אוֹיס דֶעם גֶעפֶענְגְנִיס אַרוֹיסְגֶעקוּמֶען, זֶענֶען
זַייא אַרַיינְגֶעגַאנְגֶען צוּ לוּדְיָא, אוּנְד וִויא זַייא הָאבֶּען גֶע־
זֶעהֶען דִיא בְּרִידֶער, הָאבֶּען זַייא זַייא גֶעטְרַייסְט, אוּנְד
זַייא זֶענֶען אַוֶועקְגֶעגַאנְגֶען:

קאפיטעל יז

1 אוּנְד וֶוען זַייא זֶענֶען דוּרְכְגֶעגַאנְגֶען דוּרְךְ אַמְפִּיפּוֹלִיס
אוּנְד אַפּוֹלוֹנְיָא, זֶענֶען זַייא גֶעקוּמֶען קֵיין תֶּעסַאלוֹנִיקָא
2 וְואוּ עֶס וַואר אַ יוּדִישֶׁע שׁוּל: אוּנְד פּוֹלוֹס אִיז צוּ זַייא
אַרַיינְגֶעקוּמֶען נָאךְ זַיינֶע גֶעוְואוֹינְהַייט; אוּנְד דְרַייא
שַׁבָּתִים הָאט עֶר מִיט זַייא גֶערֶעט אוֹיס דֶער שְׁרִיפְט:
3 אוּנְד עֶר הָאט אוֹיפְגֶעמַאכְט אוּנְד הָאט זַייא גֶעוִויזֶען, אַז
דֶער מָשִׁיחַ הָאט גֶעמוּסְט לֵיידֶען אוּנְד פוּן דֶעם טוֹיט
אוֹיפְשְׁטֶעהְן, אוּנְד אַז דִיזֶער יֵשׁוּעַ וֶועלְכֶען אִיךְ פְּרֶעדִיגֶע
4 צוּ אֵייךְ אִיז דֶער מָשִׁיחַ: אוּנְד עֶטְלִיכֶע פוּן זַייא הָאבֶּען
גֶעגְלוֹיבְּט, אוּנְד הָאבֶּען זִיךְ בֶּעהֶעפְט צוּ פּוֹלוֹס אוּנְד סִילָא,
אוּנְד אַ גְרוֹיסֶע צָאהְל פוּן דִיא פְרוּמֶע גְרִיכֶען, אוּנְד נִיט וֶוענִיג
5 פוּן דִיא אַנְשְׁטֶענְדִיגֶע ווַייבֶּער: אָבֶּער דִיא יוּדֶען (וָואס
הָאבֶּען נִיט גֶעגְלוֹיבְּט) הָאבֶּען זַייא מְקַנֵא גֶעוֶועזֶען, אוּנְד
הָאבֶּען מִיט זִיךְ גֶענוּמֶען עֶטְלִיכֶע שְׁלֶעכְטֶע מֶענֶער פוּן
דֶער גַאס, אוּנְד הָאבֶּען זִיךְ גֶעמַאכְט אַ כִּתָּא אוּנְד הָאבֶּען אַ
לַארְם גֶעמַאכְט אִין דֶער שְׁטָאט; אוּנְד זַייא הָאבֶּען בֶּע־
לֶעגֶערְט דָאס הוֹיז פוּן יָסוֹן, אוּנְד הָאבֶּען זַייא גֶעוָואלְט
6 אַרוֹיסְבְּרֶענְגֶען צוּם פָאלְק: אוּנְד וֶוען זַייא הָאבֶּען זַייא

נִיט גֶעפִינֶען, הָאבֶּען זַייא יָסוֹן אוּנְד עֶטְלִיכֶע בְּרִידֶער
גֶעשְׁלֶעפְּט צוּ דִיא אוֹיבֶּערְשְׁטֶע פוּן דֶער שְׁטָאט, אוּנְד
הָאבֶּען גֶעשְׁרִיעֶן, אַז דִיזֶע וָואס הָאבֶּען דִיא וֶועלְט
אִיבֶּערְקֶעהְרְט, זֶענֶען אוֹיךְ דָא אַהֶער גֶעקוּמֶען: אוּנְד 7
יָסוֹן הָאט זַייא אוֹיפְגֶענוּמֶען; אוּנְד דִיזֶע אַלֶע וִוידֶער־
שְׁפֶּענִיגֶען קֶעגֶען דִיא גֶעזֶעץ פוּן דֶעם קֵיסָר, אִינְדֶעם
זַייא זָאגֶען אַז עֶס אִיז דָא אֵיין אַנְדֶערֶער קֶענִיג דֶער
אִיז יֵשׁוּעַ: אוּנְד זַייא הָאבֶּען דֶערְצֶערְנְט דָאס פָאלְק 8
אוּנְד דִיא אוֹיבֶּערְשְׁטֶע פוּן דֶער שְׁטָאט וֶוען זַייא הָאבֶּען
דָאס גֶעהֶערְט: אוּנְד זַייא הָאבֶּען גֶענוּמֶען פֶערְזִיכֶערוּנְג 9
פוּן יָסוֹן אוּנְד דִיא אִיבְּרִיגֶע, אוּנְד זַייא הָאבֶּען זַייא
פְרֵייא גֶעלָאזְט:
אוּנְד דִיא בְּרִידֶער הָאבֶּען בַּאלְד פּוֹלוֹס אוּנְד סִילָא בַּייא 10
נַאכְט אַרוֹיסְגֶעשִׁיקְט קֵיין בְּרוֹאָה, וֶועלְכֶע וֶוען זַייא זֶענֶען
אַהִינְגֶעקוּמֶען זֶענֶען אִין דִיא יוּדִישֶׁע שׁוּל אַרַיינְגֶעגַאנְ־
גֶען: אוּנְד דִיזֶע זֶענֶען עֶדְלֶער גֶעוֶועזֶען וִויא דִיא אִין 11
תֶּעסַאלוֹנִיקָא אִינְדֶעם זַייא הָאבֶּען דָאס וָוארְט אָנְגֶענוּמֶען
מִיט דֶעם גַאנְצֶען וִוילֶען, אוּנְד הָאבֶּען טֶעגְלִיךְ גֶעפָארְשְׁט
דִיא שְׁרִיפְט אוֹיבּ דִיזֶע זַאכֶען זֶענֶען אַזוֹי: דְרוּם הָאבֶּען 12
פִילֶע פוּן זַייא גֶעגְלוֹיבְּט, אוּנְד נִיט וֶוענִיג פוּן דִיא גְרֶעקִישֶׁע
אַנְשְׁטֶענְדִיגֶע פְרוֹיעֶן אוּנְד מֶענֶער: אָבֶּער וֶוען דִיא יוּדֶען 13
פוּן תֶּעסַאלוֹנִיקָא הָאבֶּען גֶעוָואר גֶעוָוארֶען אַז פּוֹלוֹס הָאט
אוֹיךְ אִין בְּרוֹאָה דָאס וָוארְט פוּן גָאט גֶעפְּרֶעדִיגְט, זֶענֶען זַייא
אוֹיךְ אַהִין גֶעקוּמֶען אוּנְד הָאבֶּען דִיא לֵייט אוֹיפְגֶערֶעגְט אוּנְד
אוֹיפְגֶעהֶעצְט: אוּנְד דַאן הָאבֶּען דִיא בְּרִידֶער פּוֹלוֹס גְלֵייךְ 14
אַוֶועקְגֶעשִׁיקְט, אַז עֶר זָאל גֶעהֶן בִּיז צוּם יָם; אָבֶּער סִילָא
אוּנְד טִימוֹתִיוֹס זֶענֶען דָארְט גֶעבְּלִיבֶּען: אוּנְד דִיא וָואס 15
הָאבֶּען פּוֹלוֹס בֶּעגְלֵייט הָאבֶּען אִיהְם גֶעבְּרַאכְט בִּיז קֵיין
אַתִּינַס, אוּנְד וֶוען זַייא הָאבֶּען גֶענוּמֶען אַ בֶּעפֶעהְל צוּ
סִילָא אוּנְד טִימוֹתִיוֹס, אַז זַייא זָאלֶען צוּם גֶעשְׁוִוינְדְסְטֶען
צוּ אִיהְם קוּמֶען, זֶענֶען זַייא אַוֶועקְגֶעגַאנְגֶען:
אוּנְד דֶערְוַוייל פּוֹלוֹס הָאט אוֹיף זַייא גֶעוַוארְט אִין אַתִּינַס 16
אִיז זַיין גֵייסְט אִין אִיהְם דֶערְבִּיטֶערְט גֶעוָוארֶען, וֶוען עֶר
הָאט גֶעזֶעהֶען אַז דִיא גַאנְצֶע שְׁטָאט הָאט אָפְּגֶעטֶער

17 גֶעדִינְט: דְרוּם הָאט עֶר גֶעטַעֲנֶעט אִין דֶער שׁוּל מִיט דִיא
יוּדֶען אוּנְד מִיט דִיא גָאטְסְפָארְכְטִיגֶע, אוּנְד אוֹיף דֶעם
מַארְק אַלֶע טָאג מִיט וֶועמֶען עֶר הָאט זִיךְ בֶּעגֶעגֶנְט:
18 אוּנְד עֶטְלִיכֶע פִילָאזָאפֶען פוּן דִיא אַפִּיקוֹרְיִים אוּנְד
סְטוֹאִיקֶער הָאבֶּען זִיךְ מִיט אִיהְם גֶעשְׁטְרִיטֶען. אוּנְד עֶטְ־
לִיכֶע הָאבֶּען גֶעזָאגְט, וָואס וִויל דִיזֶער פְלוֹידֶערֶער זָאגֶען?
אַנְדֶערֶע הָאבֶּען גֶעזָאגְט, עֶס זֶעהְט אוֹיס אַז עֶר דֶערְצֶעהְלְט
פוּן פְרֶעמְדֶע גֶעטֶער: וָוארִין עֶר הָאט גֶעפְּרֶעדִיגְט דִיא
19 בְּשׂוּרָה טוֹבָה פוּן יֵשׁוּעַ אוּנְד תְּחִיַּת הַמֵּתִים: אוּנְד זַייא
הָאבֶּען אִיהְם אָנְגֶעהַאלְטֶען אוּנְד גֶעפִיהְרְט צוּם אַרְעָאפַּאגוּס,
אוּנְד הָאבֶּען גֶעזָאגְט, קָאנֶען מִיר וִויסֶען וָואס דִיזֶע נַייעֶ
20 לֶעהְרֶע אִיז פוּן וֶועלְכֶע דוּא רֶעדְסְט? וָוארִין דוּא בְּרֶענְגְסְט
עֶפֶּעס פְרֶעמְדֶע זַאכֶען צוּ אוּנְזֶערֶע אוֹירֶען; דְרוּם וִוילֶען
21 מִיר וִויסֶען וָואס דִיזֶע זַאכֶען זֶענֶען: נוּן אַלֶע לַייט פוּן
אַתִּינַס אוּנְד דִיא פְרֶעמְדֶע וָואס הָאבֶּען דָארְט גֶעוְואוֹינְט
הָאבֶּען דִיא צַייט אַנְדֶערְשְׁט נִיט פֶערְבְּרַאכְט, אוֹיסֶער עֶפֶּעס
נַייעֶס צוּ זָאגֶען אָדֶער צוּ הֶערֶען:
22 אוּנְד פּוֹלוֹס אִיז גֶעשְׁטַאנֶען אִין מִיטֶען פוּן אַרְעָאפַּאגוּס
אוּנְד הָאט גֶעזָאגְט, אִיהְר מֶענֶער פוּן אַתִּינַס, אִיךְ זֶעה אַז
23 אִיהְר זֶענְט אִין אַלֶע זַאכֶען אַבִּיסֶעל אָבֶּערְגְלוֹיבִּישׁ: וָוארִין
וִויא אִיךְ בִּין פָארְבֵּייגֶעגַאנְגֶען אוּנְד הָאבּ אֵיירֶע גָאטֶעסְ־
דִינְסְטֶע גֶעזֶעהֶען, הָאבּ אִיךְ גֶעפִינֶען אַ מִזְבֵּחַ וָואס אִיז
דְרוֹיף גֶעשְׁרִיבֶּען גֶעוֶועזֶען, צוּ אֵיין אוּנְבֶּעקַאנְטֶען
גָאט. דְרוּם וֶועלְכֶען אִיהְר אוּנְוִויסֶענְדְלִיךְ דִינְט דֶערְקְלֶעהְר
24 אִיךְ אֵייךְ: דֶער גָאט וָואס הָאט בֶּעשַׁאפֶען דִיא וֶועלְט
אוּנְד אַלֶעס וָואס אִיז דְרִינֶען, דִיזֶער אִיז דֶער הַאר פוּן
הִימֶעל אוּנְד עֶרְד, אוּנְד עֶר וְואוֹינְט נִיט אִין טֶעמְפֶּעל וָואס
25 זֶענֶען גֶעמַאכְט מִיט הֶענְד: אוּנְד אִיז אוֹיךְ נִיט גֶעדִינְט־
דוּרְךְ דִיא הֶענְד פוּן מֶענְשֶׁען, אַזוֹי וִויא עֶר וָואלְט עֶפֶּעס
בֶּעדַארְפֶען, וָוארִין עֶר הָאט אַלֵיין צוּ אַלֶע גֶעגֶעבֶּען לֶע־
26 בֶּען אוּנְד אָטֶעם אוּנְד אַלֶע זַאכֶען: אוּנְד עֶר הָאט פוּן
אֵיין בְּלוּט גֶעמַאכְט אַלֶע פֶעלְקֶער פוּן מֶענְשֶׁען, אַז זַייא
זָאלֶען וְואוֹינֶען אוֹיף דִיא גַאנְצֶע עֶרְד, אוּנְד הָאט פֶסְטְ־
גֶעזֶעצְט דִיא צַייטֶען וָואס זֶענֶען פְרִיעֶר פֶערְאָרְדֶענֶעט

27 גֶעוָוארֶען, אוּנְד דִיא גְרֶענְצֶען פוּן זַייעֶר וְואוֹינוּנְג: אַז זַייא
זָאלֶען גָאט זוּכֶען, טָאמֶער וֶועלֶען זַייא אִיהְם דָאךְ פִילֶען
אוּנְד גֶעפִינֶען, חָאטְשֶׁע עֶר אִיז נִיט וַוייט פוּן יֶעדֶען פוּן
28 אוּנְס: וָוארִין אִין אִיהְם לֶעבֶּען מִיר אוּנְד בֶּעוֶועגֶען אוּנְס
אוּנְד זֶענֶען, אַזוֹי וִויא עֶטְלִיכֶע פוּן אַייעֶרֶע מְשׁוֹרְרִים הָאבֶּען גֶעזָאגְט,—וָוארִין מִיר זֶענֶען אוֹיךְ זַיינֶע אָפְּשְׁטַאמוּנְג:
29 —דְרוּם וַוייל מִיר זֶענֶען דִיא אָפְּשְׁטַאמוּנְג פוּן גָאט, זָא־
לֶען מִיר נִיט דֶענְקֶען אַז דִיא גָאטְהֵייט אִיז גְלֵייךְ צוּ גָאלְד
אָדֶער זִילְבֶּער אָדֶער שְׁטֵיין, אַ קוּנְסְטְשְׁטִיק פוּן אַ מֵייסְטֶער
30 אוּנְד פוּן מֶענְשְׁלִיכֶע גֶעדַאנְקֶען: דְרוּם הָאט גָאט אַוֶועקְ־
גֶעזֶעהֶען פוּן דִיא צֵייט פוּן דֶער אוּנְוִויסֶענְהֵייט, אָבֶּער
אַצוּנְד בֶּעפֶעהְלְט עֶר אַז אַלֶע מֶענְשֶׁען אִין אַלֶע עֶרְטֶער
31 זָאלֶען תְּשׁוּבָה טְהוּן: וָוארִין עֶר הָאט אוֹיסְגֶעזֶעצְט אַ טָאג
וֶוען עֶר וֶועט דִיא וֶועלְט רִיכְטֶען מִיט גֶערֶעכְטִיגְקֵייט, דוּרְךְ
דֶעם מַאן וָואס עֶר הָאט אוֹיסְדֶערְוֶועהְלְט; דְרוֹיף עֶר הָאט
פֶערְזִיכֶערְט צוּ אַלֶע מֶענְשֶׁען אִינְדֶעם עֶר הָאט אִיהְם
אוֹיפְגֶעוֶועקְט פוּן דִיא טוֹיטֶע:
32 אוּנְד וֶוען זַייא הָאבֶּען גֶעהֶערְט פוּן תְּחִיַּת הַמֵּתִים, הָאבֶּען
עֶטְלִיכֶע גֶעשְׁפֶּעט, אָבֶּער אַנְדֶערֶע הָאבֶּען גֶעזָאגְט, מִיר
וֶועלֶען דִיךְ וִוידֶער אַמָאל הֶערֶען וֶועגֶען דִיזֶער זַאךְ:
33 אַזוֹי אִיז פּוֹלוֹס פוּן צְוִוישֶׁען זַייא אַוֶועקְגֶעגַאנְגֶען:
34 אָבֶּער עֶטְלִיכֶע מֶענֶער הָאבֶּען זִיךְ צוּ אִיהְם בֶּעהֶעפְט
אוּנְד הָאבֶּען גֶעגְלוֹיבְּט, צְוִוישֶׁען וֶועלְכֶע אִיז גֶעוֶועזֶען
דִיוֹנוּסִיוּס פוּן אַרְעָאָפַּאגוּס אוּנְד אַ פְרוֹיא וָואס הָאט גֶע־
הֵייסֶען דַאמָארִיס אוּנְד נָאךְ אַנְדֶערֶע מִיט זַייא:

קאפיטעל יח

1 נָאכְדֶעם אִיז פּוֹלוֹס אַוֶועקְגֶעגַאנְגֶען פוּן אַתִינַס, אוּנְד אִיז
2 גֶעקוּמֶען קַיין קוֹרִינְתוֹס: אוּנְד עֶר הָאט גֶעפִינֶען אַ יוּד
וָואס הָאט גֶעהַייסֶען אַקְוִילָא, וֶועלְכֶער אִיז גֶעבּוֹירֶען אִין
פּוֹנְטוֹס, אוּנְד אִיז נִיט לַאנְג גֶעקוּמֶען פוּן אִיטַאלְיָא מִיט
זַיין וַוייבּ פְּרִיסְקִילָא, וָוארִין קְלוֹדִיוּס הָאט בֶּעפוֹילֶען אַז
3 אַלֶע יוּדֶען זָאלֶען פוּן רוֹם אַוֶועקְצִיהֶען: אוּנְד עֶר אִיז צוּ
זַייא גֶעקוּמֶען, אוּנְד וַוייל עֶר אִיז גֶעוֶועזֶען פוּן דִיא זֶעלְבִּיגֶע
מְלָאכָה אִיז עֶר בֵּייא זַייא גֶעבְּלִיבֶּען אוּנְד הָאט גֶעאַרְבֵּייט,

וָוארִין זַייעֶר מְלָאכָה אִיז גֶעוָועזֶען גֶעצֶעלְטֶען מַאכֶען:
4 אוּנְד עֶר הָאט גֶעטַענֶעט אִין דֶער שׁוּל אַלֶע שַׁבָּת, אוּנְד
הָאט דִיא יוּדֶען אוּנְד דִיא גְרֶעקֶען אִיבֶּערְגֶערֶעט:
5 אוּנְד וֶוען סִילָא אוּנְד טִימוֹתִיוֹס זֶענֶען אַרוּפְּגֶעקוּמֶען פוּן
מַקְדוֹנְיָא, אִיז פּוֹלוֹס פוּן דֶעם גֵייסְט גֶעצְוִואוּנְגֶען גֶעוָוארֶען,
אוּנְד עֶר הָאט צוּ דִיא יוּדֶען בֶּעצֵייגְט אַז יֵשׁוּעַ אִיז דֶער
6 מָשִׁיחַ: אָבֶּער זֵייא הָאבֶּען זִיךְ וִוידֶערְגֶעזֶעצְט אוּנְד הָא־
בֶּען גֶעלֶעסְטֶערְט; אוּנְד עֶר הָאט זַיין קְלֵייד אָפְּגֶעשָׁאקֶעלְט
אוּנְד הָאט צוּ זֵייא גֶעזָאגְט, אֵייעֶר בְּלוּט זָאל זַיין אוֹיף
אֵייעֶר קָאפּ, אִיךְ בִּין רַיין; פוּן אַצוּנְד אָן וֶועל אִיךְ גֶעהְן
7 צוּ דִיא גוֹיִם: אוּנְד עֶר אִיז פוּן דָארְטֶען אַוֶועקְגֶעגַאנְגֶען,
אוּנְד אִיז אַרֵיינְגֶעקוּמֶען אִין דֶעם הוֹיז פוּן אַ מַאן וָואס
הָאט גֶעהֵייסֶען טִיטִיוֹס יוּסְטוּס, וָואס אִיז גֶעוָועזֶען אַ
גָאטְסְפָארְכְטִיגֶער, וֶועמֶעס הוֹיז אִיז גֶעוָועזֶען נֶעבֶּען דֶער
8 שׁוּל: אוּנְד קְרִיסְפּוּס דֶער פַּרְנָס פוּן דֶער שׁוּל הָאט גֶע־
גְלוֹיבְּט אָן דֶעם הַאר מִיט זַיין גַאנְץ הוֹיזְגֶעזִינְד, אוּנְד פִילֶע
פוּן דִיא קָארִינְטֶער וָואס הָאבֶּען אִיהְם גֶעהֶערְט הָאבֶּען
גֶעגְלוֹיבְּט, אוּנְד זֶענֶען גֶעטוֹבֶלְט גֶעוָוארֶען:
9 אוּנְד דֶער הַאר הָאט צוּ פּוֹלוֹס גֶעזָאגְט דוּרְךְ אֵיינֶע עֶרְ־
שֵׁיינוּנְג אִין דֶער נַאכְט, פָארְכְט דִיךְ נִיט, נֵייעֶרְט רֶעד
10 אוּנְד שְׁוֵוייג נִיט שְׁטִיל: וָוארִין אִיךְ בִּין מִיט דִיר, אוּנְד
קֵיינֶער וֶועט זִיךְ אוּנְטֶערְשְׁטֶעהֶען דִיר שְׁלֶעכְטֶעס צוּ טְהוּן,
11 וָוארִין אִיךְ הָאבּ פִיל פָאלְק אִין דִיזֶער שְׁטָאט: אוּנְד עֶר
אִיז דָארְט גֶעבְּלִיבֶּען אַ יָאהְר אוּנְד זֶעקְס חֳדָשִׁים, אוּנְד
הָאט צְוִוישֶׁען זֵייא דָאס וָוארְט פוּן גָאט גֶעלֶעהְרְט:
12 אָבֶּער וֶוען גַלְיוֹן אִיז גֶעוָועזֶען פִירְשְׁט פוּן אַכַיָא, זֶענֶען
דִיא יוּדֶען אֵיינְשְׁטִימִיג אוֹיפְגֶעשְׁטַאנֶען קֶעגֶען פּוֹלוֹס,
13 אוּנְד הָאבֶּען אִיהְם גֶעבְּרַאכְט צוּם מִשְׁפָּט: אוּנְד הָאבֶּען
גֶעזָאגְט, דִיזֶער אִיבֶּערְרֶעט דִיא לֵייט אַז זֵייא זָאלֶען גָאט
14 דִינֶען קֶעגֶען דֶער תּוֹרָה: אָבֶּער וֶוען פּוֹלוֹס הָאט גֶעוָואלְט
זַיין מוֹיל אוֹיפְמַאכֶען, הָאט גַלְיוֹן גֶעזָאגְט צוּ דִיא יוּדֶען,
וֶוען עֶס וָואלְט זַיין אֵיין אוּנְרֶעכְט אָדֶער אַ קְרִימִינַאל זַאךְ,
אִיהְר יוּדֶען, אַזוֹי וָואלְט עֶס רֶעכְט גֶעוָועזֶען אִיךְ זָאל
15 אֵייךְ אוֹיסְהַאלְטֶען: אָבֶּער וֶוען עֶס זֶענֶען פְרַאגֶען וֶועגֶען

אַ וואָרט אוּנד נעמען אוּנד וועגען אייערע תּוֹרָה, זעהט
איהר זעלבּסט דערצוּ; וואָרין איך וויל ניט זיין קיין
16 ריכטער איבער דיזע זאַכען: אוּנד ער האָט זייא אַוועקגע־
17 טריבּען פוּן דעם ריכטערשטוּל: אוּנד זייא אַלע האָבּען
סאָסטענעס אָנגעפאַסט, דעם עלצטען פוּן דער שוּל, אוּנד
האָבּען איהם געשלאָגען פאָר דעם ריכטערשטוּל. אוּנד
גַלִיוֹן האָט זיך גאָרניט דאַריבּער מצער געוועזען:
18 אוּנד פּוֹלוֹס איז נאָך פילע טעג געבּליבּען, אוּנד האָט זיך
געזעגענט מיט דיא בּרידער, אוּנד האָט זיך אַוועקגעשיפט
קיין סוּרְיָא, אוּנד פּריסקילאַ אוּנד אַקווילאַ מיט איהם;
אוּנד ער האָט זיין קאָפּ געשוירען אין קאָנכריאָה, וואָרין
19 ער האָט אויף זיך געהאַט אַ נֶדֶר: אוּנד ער איז אַרוּפגע־
קוּמען קיין עפעזוּס, אוּנד האָט זייא דאָרט איבּערגעלאָזט,
אָבּער ער איז זעלבּסט אין דער שוּל אַריינגעגאַנגען אוּנד
20 האָט געטענעט מיט דיא יוּדען: אוּנד ווען זייא האָבּען
איהם געבּעטען ער זאָל בּייא זייא אַ לענגערע צייט בּלייַ־
21 בּען, האָט ער ניט געוואָלט: נייערט ער האָט זיך מיט
זייא געזעגענט אוּנד געזאָגט, איך וועל צוּ אייך ווידער
צוּריקקעהרען מיט גאָטעס ווילען. אוּנד ער איז פוּן עפעזוּס
22 אַוועקגעגאַנגען: אוּנד איז אַרוּפגעקוּמען קיין קיסרין,
אוּנד איז אַרוּפגעגאַנגען אוּנד האָט דיא קְהִלָּה געגריסט,
23 אוּנד איז אַרוּפגעגאַנגען קיין אַנטיוֹכְיָא: אוּנד ווען ער
האָט זיך דאָרט אַ צייט אויפגעהאַלטען, איז ער אַוועק־
געגאַנגען, אוּנד איז בּסֵדֶר דוּרכגעפאָרען דאָס לאַנד גאַ־
לאַטיָא אוּנד פרוּגיָא, אוּנד האָט אַלע תּלמידים געשטאַרקט:
24 אוּנד אַ געוויסער יוּד וואָס האָט געהייסען אַפּוֹלוֹס איז גע־
קוּמען קיין עפעזוּס, וואָס איז געוועזען פוּן געבּוּרט אויס
אַלעכּסַנדריָא, אַ בּערעדטער מאַן, אוּנד מעכטיג אין דיא
25 שריפט: דיזער איז געלעהרט געוועזען אין דעם וועג פוּן
דעם האַר, אוּנד איז געוועזען לעבּהאַפטיג אים גייסט, אוּנד
האָט גערעט אוּנד געלעהרט וועגען יֵשוּעַ, אָבּער ער האָט נוּר
26 געוואוּסט פוּן דער־טְבִילָה פוּן יוֹחָנָן: אוּנד ער האָט אָנ־
געהויבּען עפענטליך צוּ לעהרען אין דער שוּל. אוּנד ווען
אַקווילאַ אוּנד פּריסקילאַ האָבּען איהם געהערט, האָבּען

זַייא אִיהְם צוּ זִיךְ גֶענוּמֶען, אוּנְד הָאבֶּען אִיהְם נָאךְ בֶּע־
27 סֶער דֶעם וֶועג פוּן גָאט דֶערְקְלֶעהְרְט: אוּנְד וֶוען עֶר הָאט
גֶעוָואלְט דוּרְכְגֶעהֶען קַיין אַכַיָא, הָאבֶּען דִיא בְּרִידֶער אִיהְם
עֶרְמוּטְהִיגְט אוּנְד הָאבֶּען צוּ דִיא תַּלְמִידִים גֶעשְׁרִיבֶּען אַז
זַייא זָאלֶען אִיהְם אוֹיפְנֶעמֶען. אוּנְד וֶוען עֶר אִיז גֶעקוּמֶען,
הָאט עֶר פִיל גֶעהָאלְפֶען דִיא וָואס הָאבֶּען גֶעגְלוֹיבְּט דוּרְךְ
28 גְנָאד: וָוארִין עֶר הָאט דִיא יְהוּדִען שְׁטַארְק וִוידֶערְלֶעגְט;
אוּנְד הָאט זַייא עֶפֶענְטְלִיךְ אוֹיס דֶער שְׁרִיפְט בֶּעווִיזֶען אַז
יֵשׁוּעַ אִיז דֶער מָשִׁיחַ:

קאפיטעל יט

1 אוּנְד עֶס אִיז גֶעשֶׁעהֶען וַויל אַפּוֹלוֹס אִיז גֶעוֶועזֶען אִין
קוֹרִנְתוֹס אִיז פּוֹלוֹס דוּרְכְגֶעגַאנְגֶען דוּרְךְ דִיא אוֹיבֶּער
גֶעגֶענְד, אוּנְד אִיז גֶעקוּמֶען קַיין עֶפֶעזוֹס, אוּנְד הָאט גֶע־
2 פִינֶען עֶטְלִיכֶע תַּלְמִידִים: אוּנְד הָאט צוּ זַייא גֶעזָאגְט, הָאט
אִיהְר דֶערְהַאלְטֶען דֶעם רוּחַ הַקוֹדֶשׁ זִינְט אִיהְר הָאט גֶע־
גְלוֹיבְּט? אוּנְד זַייא הָאבֶּען צוּ אִיהְם גֶעזָאגְט, מִיר הָאבֶּען
אַפִילוּ נִיט גֶעהֶערְט אוֹיבּ עֶס אִיז פַארְהַאנֶען אַ רוּחַ הַקוֹדֶשׁ:
3 אוּנְד עֶר הָאט גֶעזָאגְט, צוּ וָואס זֶענְט אִיהְר דֶען גֶעטוֹבַלְט
גֶעוָוארֶען? אוּנְד זַייא הָאבֶּען גֶעזָאגְט צוּ דֶער טְבִילָה פוּן
4 יוֹחָנָן: אוּנְד פּוֹלוֹס הָאט גֶעזָאגְט, יוֹחָנָן הָאט גֶעטוֹבַלְט מִיט
דֶער טְבִילָה פוּן תְּשׁוּבָה אוּנְד הָאט גֶעזָאגְט צוּם פָאלְק אַז
זַייא זָאלֶען גְלוֹיבֶּען אָן אִיהְם וָואס קוּמְט נָאךְ אִיהְם, דָאס
5 אִיז אָן יֵשׁוּעַ הַמָשִׁיחַ: אוּנְד וֶוען זַייא הָאבֶּען דָאס גֶע־
הֶערְט, זֶענֶען זַייא גֶעטוֹבַלְט גֶעוָוארֶען אִין דֶעם נָאמֶען פוּן
6 דֶעם הַאר יֵשׁוּעַ: אוּנְד וֶוען פּוֹלוֹס הָאט דִיא הֶענְד אוֹיף זַייא
גֶעלֶעגְט, אִיז דֶער רוּחַ הַקוֹדֶשׁ אוֹיף זַייא גֶעקוּמֶען, אוּנְד
זַייא הָאבֶּען גֶערֶעט מִיט לְשׁוֹנוֹת אוּנְד הָאבֶּען נְבוּאוֹת גֶע־
7 זָאגְט: אוּנְד אַלֶע מֶענֶער זֶענֶען גֶעוֶועזֶען קֶענֶען צְוֶועלְף:
8 אוּנְד עֶר אִיז אִין דֶער שׁוּל אַרַיינְגֶעגַאנְגֶען אוּנְד הָאט דְרַייא
חֳדָשִׁים מוּטְהִיג גֶעשְׁפְּרָאכֶען, אוּנְד הָאט גֶעטַעֲנֶעט אוּנְד
9 אִיבֶּערְגֶערֶעט וֶוענֶען דֶעם קֶענִיגְרַייךְ פוּן גָאט: אָבֶּער וֶוען
עֶטְלִיכֶע זֶענֶען פֶערְהַארְטֶעט גֶעוֶועזֶען אוּנְד הָאבֶּען נִיט
גֶעגְלוֹיבְּט אוּנְד הָאבֶּען דֶעם וֶועג פָאר דֶעם פָאלְק גֶעלֶעסְ־
טֶערְט, אַזוֹי הָאט עֶר זִיךְ אוֹיסְגֶעצְווייכְט, אוּנְד הָאט דִיא

תַּלְמִידִים אָפְּגֶעזוּנְדֶערְט, אוּנְד הָאט טֶעגְלִיךְ גֶעטַעֲנֶעט אִין
10 דֶער שׁוּל פוּן טִירַאנוּס: אוּנְד דָאס אִיז גֶעשֶׁעהֶען צְוַויא
יָאהְר, אַזוֹי אַז אַלֶע וָואס הָאבֶּען גֶעוְואוֹינְט אִין אַסְיָא, יוּדֶען
אוּנְד גְרֶעקֶען, הָאבֶּען גֶעהֶערְט דָאס וָוארְט פוּן דֶעם הַאר:
11 אוּנְד גָאט הָאט גֶעטְהוּן גְרוֹיסֶע גְבוּרוֹת דוּרְךְ דִיא הֶענְד
12 פוּן פּוֹלוֹס: אַזוֹי אַז מֶען הָאט גֶעבְּרַאכְט פוּן זַיין לַייבּ
טִיכֶער אָדֶער פַּארְטוּכֶער צוּ דִיא קְרַאנְקֶע, אוּנְד דִיא
קְרַאנְקְהַייטֶען הָאבֶּען זַייא פֶערְלָאזְט, אוּנְד דִיא בֶּעזֶע גֵייסְ־
13 טֶער זֶענֶען אַרוֹיסְגֶעגַאנְגֶען: אוּנְד עֶטְלִיכֶע פוּן דִיא יוּדִישֶׁע
הַאנְדֶערֶער וָואס זֶענֶען גֶעוֶועזֶען בֶּעשְׁוֶוערֶער, הָאבֶּען זִיךְ
אוּנְטֶערְגֶענוּמֶען אָנְצוּרוּפֶען דֶעם נָאמֶען פוּן דֶעם הַאר
יֵשׁוּעַ אִיבֶּער דִיא וָואס הָאבֶּען גֶעהַאט בֶּעזֶע גֵייסְטֶער אוּנְד
הָאבֶּען גֶעזָאגְט, אִיךְ בֶּעשְׁוֶוער אֵייךְ בַּייא יֵשׁוּעַ, דֶעם פּוֹלוֹס
14 פְּרֶעדִיגְט: אוּנְד עֶס זֶענֶען גֶעוֶועזֶען זִיבֶּען זִיהְן פוּן אַ גֶעוִויסֶען
15 יוּדִישֶׁען כֹּהֵן גָּדוֹל וֶועלְכֶע הָאבֶּען דָאס גֶעטְהוּן: אוּנְד
דֶער בֶּעזֶער גֵייסְט הָאט גֶעעֶנְטְפֶערְט אוּנְד הָאט צוּ זֵייא
גֶעזָאגְט, יֵשׁוּעַ קֶען אִיךְ, אוּנְד פּוֹלוֹס קֶען אִיךְ, אָבֶּער וֶוער
16 זֶענְט אִיהְר? אוּנְד דֶער מַאן וָואס הָאט גֶעהַאט דֶעם בֶּעזֶען
גֵייסְט אִיז אוֹיף זֵייא גֶעשְׁפְּרוּנְגֶען, אוּנְד הָאט זַייא בֵּיידֶע
בַּייגֶעקוּמֶען, אַזוֹי אַז זַייא זֶענֶען אוֹיס דֶעם הוֹיז אַרוֹיסְגֶע־
17 לָאפֶען נַאקֶעט אוּנְד פַּארְוְואוּנְדֶעט: אוּנְד דָאס אִיז בֶּע־
קָאנְט גֶעוָוארֶען צוּ אַלֶע יוּדֶען אוּנְד גְרֶעקֶען וָואס הָאבֶּען
גֶעוְואוֹינְט אִין עֶפֶעזוּס, אוּנְד עֶס אִיז אוֹיף זַייא אַלֶע גֶע־
פַאלֶען אַ שְׁרֶעק, אוּנְד דֶער נָאמֶען פוּן דֶעם הַאר יֵשׁוּעַ
18 אִיז פֶערְהֶערְלִיכְט גֶעוָוארֶען: אוּנְד פִילֶע פוּן דִיא וָואס
הָאבֶּען גֶעגְלוֹיבְּט זֶענֶען גֶעקוּמֶען אוּנְד הָאבֶּען מִתְוַדֶה גֶע־
19 וֶועזֶען, אוּנְד הָאבֶּען דֶערְצֶעהְלְט זַייעֶרֶע מַעֲשִׂים: אוּנְד
עֶטְלִיכֶע וָואס הָאבֶּען כִּשּׁוּף גֶעטְרִיבֶּען הָאבֶּען זַייעֶרֶע
בִּיכֶער צוּנוֹיפְגֶעבְּרַאכְט אוּנְד הָאבֶּען זַייא פָאר אַלֶע פֶערְ־
בְּרֶענְט, אוּנְד זַייא הָאבֶּען בֶּערֶעכֶענְט דֶעם פְּרַייז דֶערְפוּן,
אוּנְד הָאבֶּען גֶעפִינֶען אַז עֶס הָאט בֶּעטְרָאפֶען פוּפְצִיג
20 טוֹיזֶענְד שְׁטִיק זִילְבֶּער: אַזוֹי אִיז דָאס וָוארְט פוּן דֶעם הַאר
מֶעכְטִיג גֶעוַואקְסֶען אוּנְד הָאט זִיךְ גֶעשְׁטַארְקְט:
21 אוּנְד נָאכְדֶעם דִיזֶע זַאכֶען זֶענֶען גֶעעֶנְדִיגְט גֶעוָוארֶען, הָאט

זִיךְ פּוֹלוֹס פָארְגֶענוּמֶען אִים גֵייסְט, וָוען עֶר אִיז דוּרְכְגֶע־
גַאנְגֶען דוּרְךְ מַקְדוֹנְיָא אוּנְד אַכַיָא צוּ גֶעהֶן קֵיין יְרוּשָׁלַיִם ;
אוּנְד עֶר הָאט גֶעזָאגְט, נָאכְדֶעם אִיךְ בִּין דָארְט גֶעוֶועזֶען מוּז
22 אִיךְ אוֹיךְ זֶעהֶען רוֹם: אוּנְד עֶר הָאט גֶעשִׁיקְט קֵיין מַקְדוֹנְיָא
צְוֵוייא וָואס הָאבֶּען אִיהְם בֶּעדִינְט, טִימוֹתִיוֹס אוּנְד עֶרַאסְטוֹס,
אָבֶּער עֶר הָאט זִיךְ זֶעלְבְּסְט אוֹיפְגֶעהַאלְטֶען אַ צֵייט אִין
אַסְיָא:
23 אוּנְד עֶס אִיז גֶעשֶׁעהֶען קֶעגֶען יֶענֶע צֵייט אַז עֶס אִיז קֵיין
24 קְלֵיינֶער רַעַשׁ גֶעוָועזֶען וֶועגֶען דֶעם וֶועג: וָוארִין אַ גֶע־
וִויסֶער מַאן וָואס הָאט גֶעהֵייסֶען דִימֶעטְרִיוֹס, אַ זִילְבֶּער
אַרְבֵּייטֶער וָואס פְלֶעגְט צוּ מַאכֶען קְלֵיינֶע זִילְבֶּערְנֶע
טֶעמְפֶּעל פוּן אַרְטֶעמִיס, אוּנְד הָאט צוּ דִיא אַרְבֵּייטֶער נִיט
25 וֶוענִיג בֶּעוּוִינְסְט אֵיינְגֶעבְּרַאכְט: הָאט זֵייא צוּזַאמֶענְגֶערוּפֶען
אוּנְד אוֹיךְ דִיא אַנְדֶערֶע אַרְבֵּייטֶער פוּן גְלֵייכֶער בֶּעשֶׁעפְ־
טִיגוּנְג אוּנְד הָאט גֶעזָאגְט, אִיהְר מֶענֶער, אִיהְר וֵוייסְט אַז
בַּייא דִיזֶער אַרְבֵּייט הָאבֶּען מִיר אוּנְזֶער פַארְמֶעגֶען:
26 אוּנְד אִיהְר זֶעהְט אוּנְד הֶערְט, אַז נִיט אַלֵיין אִין עֶפֶעזוֹס
נֵייעֶרְט אוֹיךְ כִּמְעַט אִין גַאנְץ אַסְיָא הָאט דִיזֶער פּוֹלוֹס
פִיל לֵייט אִיבֶּערְגֶערֶעט אוּנְד אָפְּגֶעקֶעהְרְט, אִינְדֶעם עֶר
הָאט גֶעזָאגְט, אַז עֶס זֶענֶען נִיט גֶעטֶער וָואס זֶענֶען מִיט
27 הֶענְד גֶעמַאכְט גֶעוָוארֶען, אוּנְד נִיט אַלֵיין אִיז דִיזֶער אוּנְ־
זֶער הַאנְדֶעל אִין סַכָּנָה צוּ בּוּשָׁה צוּ קוּמֶען, נֵייעֶרְט אוֹיךְ
דֶער טֶעמְפֶּעל פוּן דִיא גְרוֹיסֶע גֶעטִין אַרְטֶעמִיס וֶועט פַאר
גָארְנִיט גֶעהַאלְטֶען וֶוערֶען, אוּנְד אִיהְר גְדוּלָה וֶועט אוּנְ־
טֶערְגֶעהֶען, צוּ וֶועלְכֶער גַאנְץ אַסְיָא אוּנְד דִיא וֶועלְט דִינְט:
28 אוּנְד וֶוען זֵייא הָאבֶּען דָאס גֶעהֶערְט אוּנְד זֶענֶען זֶעהְר
בֶּעז גֶעוָוארֶען, הָאבֶּען זֵייא גֶעשְׁרִיעֶן אוּנְד גֶעזָאגְט, גְרוֹיס
29 אִיז אַרְטֶעמִיס פוּן דִיא עֶפֶעזֶער: אוּנְד דִיא גַאנְצֶע שְׁטָאט
אִיז פוּל גֶעוָוארֶען מִיט גֶעטוּמֶעל; אוּנְד זֵייא הָאבֶּען אָנְגֶע־
חַאפְּט גַאיוֹס אוּנְד אָרִיסְטַארְכוֹס, וֶועלְכֶע זֶענֶען אוֹיס מַקְדוֹנְיָא
אוּנְד הָאבֶּען מִיט פּוֹלוֹס גֶערֵייזְט, אוּנְד זַייא זֶענֶען מִיט
30 אַמָאל אִין טֶעאַטֶער אַרֵיינְגֶעלָאפֶען: אוּנְד וֶוען פּוֹלוֹס הָאט
גֶעוָואלְט צְוִוישֶׁען דֶעם פָאלְק גֶעהֶען הָאבֶּען אִיהְם דִיא
31 תַּלְמִידִים נִיט גֶעלָאזְט: אוּנְד אוֹיךְ עֶטְלִיכֶע פוּן דִיא

אַפִּיצִירֶען פוּן אַסְיָא וָואס זֶענֶען זַיינֶע פְרַיינְד גֶעוֶועזֶען
הָאבֶּען צוּ אִיהְם גֶעשִׁיקְט, אוּנְד הָאבֶּען גֶעבֶּעטֶען אַז עֶר
זָאל זִיךְ נִיט אוּנְטֶערְשְׁטֶעהְן אִין דֶעם טֶעאַטֶער אַרַיין צוּ
גֶעהֶען: אַזוֹי הָאבֶּען עֶטְלִיכֶע דָאס גֶעשְׁרִיעֶן אוּנְד אַנְדֶערֶע 32
עֶפֶּעס אַנְדֶערְשׁ; וָוארִין דִיא פֶערְזַאמְלוּנְג אִיז פַארְטוּמֶעלְט
גֶעוֶועזֶען, אוּנְד דִיא מֵייסְטֶען הָאבֶּען נִיט גֶעוְואוּסְט פוּן
וֶועסְטְוֶועגֶען זַייא זֶענֶען צוּזַאמֶענְגֶעקוּמֶען:
אוּנְד פוּן דִיא לַייט הָאבֶּען זַייא אַרוֹיסְגֶעבְּרַאכְט אַלֶכְּסַאנְדֶער 33
דֶעם דִיא יוּדֶען הָאבֶּען וַוייטֶער גֶעשְׁטִיפְּט. אוּנְד אַלֶכְּסַאנְדֶער
הָאט גֶעוְוינְקְט מִיט דֶער הַאנְד, אוּנְד הָאט זִיךְ גֶעוָואלְט
פָאר דֶעם פָאלְק פֶערְעֶנְטְפֶערְען: אָבֶּער וֶוען זַייא הָאבֶּען 34
גֶעוָואר גֶעוָוארֶען אַז עֶר אִיז אַ יוּד, הָאבֶּען אַלֶע גֶעשְׁרִיעֶן
מִיט אֵיין קוֹל פָאר צְוֶוייא שָׁעָה לַאנְג, גְרוֹיס אִיז אַרְטֶעמִיס
פוּן דִיא עֶפֶעזֶער: אוּנְד דֶער קַאנְצְלֶער הָאט דִיא לַייט 35
גֶעשְׁטִילְט אוּנְד גֶעזָאגְט, אִיהְר מֶענֶער פוּן עֶפֶעזוּס, וֶועלְ־
כֶער מֶענְשׁ וַוייסְט נִיט אַז דִיא שְׁטָאט עֶפֶעזוּס אִיז דֶער
טֶעמְפֶּעלְהִיטֶ״ר פוּן דִיא גְרוֹיסֶע אַרְטֶעמִיס, אוּנְד פוּן דֶעם
בִּילְד וָואס אִיז פוּם הִימֶעל אַרוּפְּגֶעפַאלֶען? דְרוּם וַוייל 36
דִיזֶע זַאכֶען קֶענֶען נִיט אָפְּגֶעלֵייקֶענְט וֶוערֶען, בֶּעדַארְפְט
אִיהְר שְׁטִיל צוּ זַיין אוּנְד קֵיין זַאךְ אֵיילֶענְדִיג טְהוּן:
וָוארִין אִיהְר הָאט דִיזֶע מֶענֶער אַהֶערְגֶעבְּרַאכְט, וָואס 37
הָאבֶּען נִיט דִיא טֶעמְפֶּעל גֶערוֹיבְּט, אוּנְד הָאבֶּען נִיט גֶע־
לֶעסְטֶערְט אַייעֶרֶע גֶעטִין: דְרוּם וֶוען דִימֶעטְרִיוּס אוּנְד 38
דִיא אַרְבֵּייטֶער וָואס זֶענֶען מִיט אִיהְם הָאבֶּען עֶפֶּעס קֶעגֶען
אִימֶעצֶען אַזוֹי זֶענֶען פַארְהַאנֶען מִשְׁפָּטִים, אוּנְד דָא זֶענֶען
קַייזֶערְלִיכֶע שְׁטֶעלְפֶערְטְרֶעטֶער, לָאזֶען זַייא זִיךְ אֵיינֶער
דֶעם אַנְדֶערְן פַארְקְלָאגֶען: אָבֶּער וֶוען אִיהְר פֶערְלַאנְגְט 39
עֶפֶּעס וַוייטֶער אַזוֹי וֶועט עֶס בֶּעשְׁלָאסֶען וֶוערֶען אִין אַ
גֶעזֶעצְלִיכֶע פֶערְזַאמְלוּנְג: וָוארִין מִיר זֶענֶען אִין אַ סַכָּנָה 40
פַארְקְלָאגְט צוּ וֶוערֶען וֶועגֶען קְרִיג פוּן וֶועגֶען דֶעם הַיינְ־
טִיגֶען טָאג, וָוארִין עֶס אִיז קֵיינֶע אוּרְזַאכֶע נִיט פַארְהַאנֶען,
אוּנְד דֶעסְטְוֶועגֶען קֶענֶען מִיר זִיךְ נִיט פַאר דִיזֶער פֶערְזַאמְ־
לוּנְג פַארְעֶנְטְפֶערְן: אוּנְד וֶוען עֶר הָאט דָאס גֶעזָאגְט, הָאט 41
עֶר דִיא פֶערְזַאמְלוּנְג אַוֶועקְגֶעשִׁיקְט:

קאפיטעל כ

1 אוּנְד וָוען דָאס גֶעטוּמֶעל הָאט אוֹיפְגֶעהֶערְט, הָאט פּוֹלוֹס
גֶערוּפֶען דִיא תַּלְמִידִים אוּנְד דֶערְמָאנְט, אוּנְד הָאט זִיךְ
מִיט זֵייא גֶעזֶעגֶענְט, אוּנְד אִיז אַוֶועקְגֶעגַאנְגֶען צוּ רֵייזֶען
2 קַיין מַקְדוֹנְיָא: אוּנְד וָוען עֶר אִיז יֶענֶע עֶרְטֶער דוּרְכְגֶע־
גַאנְגֶען אוּנְד הָאט זֵייא מִיט פִילֶע רֶעד דֶערְמָאנְט, אִיז עֶר
3 גֶעקוּמֶען קַיין גְרֶעקֶענְלַאנְד: אוּנְד וָוען עֶר הָאט זִיךְ דָארְט
דְרֵייא חֳדָשִׁים אוֹיפְגֶעהַאלְטֶען, אוּנְד דִיא יוּדְען הָאבֶּען
אוֹיף אִיהְם גֶעלוֹיעֶרְט, ווִיא עֶר הָאט גֶעוָואלְט קַיין סוּרְיָא
אַוֶועקְשִׁיפֶען, הָאט עֶר זִיךְ בֶּעשְׁלָאסֶען צוּרִיקְצוּקֶעהְרֶען
4 קַיין מַקְדוֹנְיָא: אוּנְד עֶס זֶענֶען מִיט אִיהְם גֶעפָאהְרֶען בִּיז
אַסְיָא, סוֹפַּטְרוֹס פוּן בִּירוֹאָה, דֶער זוּהְן פוּן פּוּרוֹס, אַרִיסְ־
טַארְכוֹס אוּנְד סֶעקוּנְדוֹס פוּן תֶּעסַאלוֹנִיקָא אוּנְד גַאיוֹס פוּן
דֶערְבִּי, אוּנְד טִימוֹתִיוֹס, אוּנְד טִיכִיקוֹס אוּנְד טְרָאפִימוֹס
5 פוּן אַסְיָא: אוּנְד דִיזֶע זֶענֶען פָארְאוֹיס גֶעגַאנְגֶען, אוּנְד
6 הָאבֶּען אוֹיף אוּנְס גֶעוַוארְט אִין טְרוֹאַס: אָבֶּער נָאךְ דִיא
טֶעג פוּן פֶּסַח הָאבֶּען מִיר אַוֶועקְגֶעשִׁיפְט פוּן פִילִיפִּי, אוּנְד
זֶענֶען צוּ זֵייא גֶעקוּמֶען קַיין טְרוֹאַס אִין פִינְף טֶעג, אוּנְד
זֶענֶען דָארְט גֶעבְּלִיבֶּען זִיבֶּען טֶעג:
7 אוּנְד אִים עֶרְשְׁטֶען טָאג פוּן דֶער וָואךְ, וָוען מִיר זֶענֶען
צוּזַאמֶענְגֶעקוּמֶען בְּרוֹיט צוּ בְּרֶעכֶען, הָאט פּוֹלוֹס צוּ זֵייא
גֶעפְּרֶעדִיגְט, וָוארִין עֶר הָאט גֶעוָואלְט דֶעם אַנְדֶערֶען טָאג
אַוֶועקְגֶעהֶען, אוּנְד הָאט זֵיינֶע רֶעדֶע גֶעהַאלְטֶען בִּיז צוּ
8 מִיטֶען נַאכְט: אוּנְד עֶס זֶענֶען פִילֶע לִיכְט גֶעוֶועזֶען אִין
דֶער אוֹיבֶּערְשְׁטוּבּ ווָאוּ מִיר זֶענֶען פֶערְזַאמֶעלְט גֶעוֶועזֶען:
9 אוּנְד אַ גֶעווִיסֶער יוּנְגֶער מַאן וָואס הָאט גֶעהֵייסֶען אַבְטוּכוֹס
אִיז גֶעזֶעסֶען בֵּייא דֶעם פֶענְסְטֶער, אוּנְד אִיז אִין אַ טִיפֶען
שְׁלָאף גֶעפַאלֶען, אוּנְד וָוען פּוֹלוֹס הָאט לַאנְג גֶעפְּרֶעדִיגְט,
הָאט אִיהְם דֶער שְׁלָאף בֵּייגֶעקוּמֶען, אוּנְד עֶר אִיז פוּן
דֶעם דְרִיטֶען שְׁטָאק אַרוּפְגֶעפַאלֶען, אוּנְד וָוען מֶען הָאט
10 אִיהְם אוֹיפְגֶעהוֹיבֶּען אִיז עֶר טוֹיט גֶעוֶועזֶען: אָבֶּער פּוֹלוֹס
אִיז אַרוּפְגֶעגַאנְגֶען אוּנְד אִיז אוֹיף אִיהְם גֶעפַאלֶען, אוּנְד
הָאט אִיהְם אַרוּמְגֶענוּמֶען אוּנְד גֶעזָאגְט, דֶערְשְׁרֶעקְט אַייךְ
11 נִיט, וָוארִין זֵיינֶע נְשָׁמָה אִיז אִין אִיהְם: אוּנְד עֶר אִיז אַרוֹיפְ־

גֶעגַאנְגֶען אוּנְד הָאט בְּרוֹיט גֶעבְּרָאכֶען אוּנְד גֶעגֶעסֶען,
אוּנְד הָאט נָאךְ פִּיל מִיט זַייא גֶערֶעט בִּיז טָאג, אוּנְד אַזוֹי
12 אִיז עֶר אַוֶועקְגֶעגַאנְגֶען: אוּנְד זַייא הָאבֶּען דֶעם יוּנְגֶען
מַאן לֶעבֶּעדִיג גֶעבְּרַאכְט, אוּנְד זַייא זֶענֶען גֶעטְרַייסְט גֶע־
וָוארֶען אָהְן מָאס:
13 אָבֶּער מִיר זֶענֶען פָאָרְאוֹיס צוּם שִׁיף גֶעגַאנְגֶען, אוּנְד
הָאבֶּען זִיךְ קֵיין אַסוֹס גֶעשִׁיפְט, וָוארִין דָארְט הָאבֶּען מִיר
גֶעוָואלְט פּוֹלוֹס אַרוֹיפְנֶעמֶען. וָוארִין עֶר הָאט אַזוֹי בֶּע־
14 פוֹילֶען, וַוייל עֶר זֶעלְבְּסְט אִיז צוּ פוּס גֶעגַאנְגֶען: אוּנְד
וָוען עֶר הָאט זִיךְ מִיט אוּנְס אִין אַסוֹס בֶּעגֶעגֶענְט, הָאבֶּען
מִיר אִיהְם אוֹיפְגֶענוּמֶען, אוּנְד זֶענֶען גֶעקוּמֶען קֵיין מִי־
15 טוּלִינִי: אוּנְד פוּן דָארְטֶען הָאבֶּען מִיר זִיךְ וַוייטֶער אַוֶועקְ־
גֶעשִׁיפְט, אוּנְד זֶענֶען אוֹיף דֶעם אַנְדֶערֶען טָאג גֶעקוּמֶען
קֶעגֶענְאִיבֶּער כִיוֹס, אוּנְד דֶעם טָאג דֶערְנָאךְ זֶענֶען מִיר
צוּ סַאמוֹס גֶעלַאנְדֶעט, אוּנְד דֶעם נֶעכְסְטֶען טָאג זֶענֶען
16 מִיר גֶעקוּמֶען קֵיין מִילֶעטוֹס: וָוארִין פּוֹלוֹס הָאט בֶּע־
שְׁלָאסֶען עֶר זָאל עֶפֶעזוֹס פַארְבַּייא שִׁיפֶען, אַז עֶר זָאל נִיט
דִיא צַייט פַארְבְּרֶענְגֶען אִין אַסְיָא; וָוארִין עֶר הָאט זִיךְ
גֶעאַיילְט אַז עֶר זָאל, וָוען עֶס אִיז מֶעגְלִיךְ, זַיין אִין יְרוּשָׁלַיִם
אוֹיף שָׁבוּעוֹת:
17 אוּנְד עֶר הָאט גֶעשִׁיקְט פוּן מִילֶעטוֹס קֵיין עֶפֶעזוֹס, אוּנְד
18 הָאט גֶערוּפֶען דִיא עֶלְצְטֶע פוּן דֶער קְהִלָה: אוּנְד וָוען
זַייא זֶענֶען צוּ אִיהְם גֶעקוּמֶען, הָאט עֶר צוּ זַייא גֶעזָאגְט,
אִיהְר ווייסְט אַז פוּן דֶעם עֶרְשְׁטֶען טָאג אָן וָוען אִיךְ הָאבּ
אַסְיָא בֶּעטְרֶעטֶען, אוֹיף וָועלְכֶען אוֹפֶן אִיךְ בִּין בַּייא
19 אֵייךְ דִיא גַאנְצֶע צַייט גֶעוֶועזֶען: אוּנְד וִויא אִיךְ הָאבּ
גֶעדִינְט דֶעם הַאר מִיט אַלֶער דֶעמוּט אוּנְד מִיט טְרֶערֶען
אוּנְד פְּרִיפוּנְגֶען, וָואס אִיז מִיר צוּגֶעטְרָאפֶען דוּרְךְ דִיא
20 לוֹיעֶרוּנְגֶען פוּן דִיא יוּדֶען: וְוִיא אִיךְ הָאבּ גָארְנִיט צוּרִיקְ־
גֶעהַאלְטֶען וָואס אִיז גֶעוֶועזֶען נִיצְלִיךְ פַאר אֵייךְ, אַז אִיךְ
זָאל אֵייךְ נִיט דֶערְקְלֶעהְרֶען אוּנְד לֶעהְרֶען עֶפֶענְטְלִיךְ פוּן
21 הוֹיז צוּ הוֹיז: אוּנְד זָאל בֶּעצַייגֶען צוּ יוּדֶען אוּנְד גְרֶעקֶען
תְּשׁוּבָה צוּ גָאט אוּנְד גְלוֹיבֶּען אָן אוּנְזֶער הַאר יֵשׁוּעַ
22 הַמָּשִׁיחַ: אוּנְד נוּן זֶעה, אִיךְ גֶעה גֶעבּוּנְדֶען אִים גֵייסְט

קיין יְרוּשָׁלַיִם, אוּנְד ווייס נִיט וָואס וֶועט מִיר דָארְט בֶּעֶ־
23 בֶּעגֶעגְנֶען: חוּץ אַז דֶער רוּחַ הַקוֹדֶשׁ בֶּעצֵייגְט צוּ מִיר אִין
יֶעדֶער שְׁטָאט אוּנְד זָאגְט, אַז קֶעטֶען אוּנְד צָרוֹת וַוארְטֶען
24 אוֹיף מִיר: אָבֶּער אִיךְ מַאךְ מִיר גָארְנִיט דֶערְפוּן, אוּנְד
אִיךְ הַאלְט נִיט מֵיין לֶעבֶּען טְהֵייעֶר צוּ מִיר זֶעלְבְּסְט, אַז
אִיךְ זָאל מֵיין לוֹיף עֶנְדִיגֶען, אוּנְד דֶעם דִינְסְט וָואס אִיךְ
הָאבּ אָנְגֶענוּמֶען פוּן דֶעם הַאר יֵשׁוּעַ, צוּ בֶּעצֵייגֶען דִיא
25 בְּשׂוֹרָה טוֹבָה פוּן דֶער גְנָאד פוּן גָאט: אוּנְד אַצוּנְד זֶעה,
אִיךְ ווייס אַז אִיהְר אַלֶע, צְווִישֶׁען וֶועלְכֶע אִיךְ בִּין אַרוּמְ־
גֶעגַאנְגֶען, אוּנְד הָאבּ גֶעפְּרֶעדִיגְט דָאס קֶענִיגְרֵייךְ, וֶועט
26 נִיט מֶעהְר זֶעהֶען מֵיין פָּנִים: דְרוּם בֶּעצֵייג אִיךְ אֵייךְ דֶעם
הַיינְטִיגֶען טָאג, אַז אִיךְ בִּין רֵיין פוּן דֶעם בְּלוּט פוּן אַלֶע:
27 וָוארִין אִיךְ הָאבּ נִיט פַארְמִיטֶען אֵייךְ צוּ צֵייגֶען דֶעם
28 גַאנְצֶען סוֹד פוּן גָאט: גִיבְּט אַכְטוּנְג אוֹיף אֵייךְ זֶעלְבְּסְט,
אוּנְד אוֹיף דִיא גַאנְצֶע סְטַאדֶע, צְווִישֶׁען וֶועלְכֶע דֶער רוּחַ
הַקוֹדֶשׁ הָאט אֵייךְ גֶעמַאכְט אוֹיפְזֶעהֶער, צוּ פַּאסֶען דִיא
קְהִלָּה פוּן גָאט וֶועלְכֶע עֶר הָאט גֶעקוֹיפְט מִיט זֵיין אֵייגֶען
29 בְּלוּט: אִיךְ ווייס אַז נָאךְ מֵיין אָפְּשֵׁיידֶען וֶועלֶען בֶּעזֶע
וָועלְף צוּ אֵייךְ אַרֵיינְקוּמֶען, אוּנְד וֶועלֶען נִיט שׁוֹינֶען דִיא
30 סְטַאדֶע: אוּנְד פוּן אֵייךְ אַלֵיין וֶועלֶען מֶענֶער אוֹיפְ־
שְׁטֶעהֶען וָואס וֶועלֶען רֶעדֶען פַארְקֶעהְרְטֶע זַאכֶען, כְּדֵי
31 זַייא זָאלֶען דִיא תַּלְמִידִים נָאךְ זִיךְ צוּצִיהֶען: דְרוּם
וַואכְט, אוּנְד גֶעדֶענְקְט, אַז דְרֵייא יָאהְר לַאנְג הָאבּ אִיךְ
נִיט אוֹיפְגֶעהֶערְט נַאכְט אוּנְד טָאג אִיטְלִיכֶען צוּ וָוארְנֶען
מִיט טְרֶערֶען:
32 אוּנְד אַצוּנְד עֶמְפְּפֶעהְל אִיךְ אֵייךְ צוּ דֶעם הַאר אוּנְד צוּם
וָוארְט פוּן זֵיינֶער גְנָאד, וָואס אִיז מֶעכְטִיג אוֹיפְצוּבּוֹיעֶן,
אוּנְד צוּ גֶעבֶּען אֵיינֶע עֶרְבְּשַׁאפְט צְווִישֶׁען אַלֶע הֵיילִיגֶע:
33 אִיךְ הָאבּ פוּן קֵיינֶעם נִיט בֶּעגֶעהְרְט זִילְבֶּער אָדֶער גָאלְד
34 אָדֶער קְלֵיידוּנְג: אִיהְר ווייסְט אַלֵיין אַז דִיזֶע הֶענְד הָאבֶּען
גֶעדִינְט צוּ מֵיינֶע בֶּעדֶערְפְנִיס, אוּנְד צוּ דִיא וָואס זָענֶען
35 מִיט מִיר גֶעוֶועזֶען: אִיךְ הָאבּ אֵייךְ אַלֶע גֶעלֶעהְרְט אַז
אִיהְר זָאלְט אַזוֹי אַרְבֵּייטֶען אוּנְד דִיא שְׁוַואכֶע הֶעלְפֶען,
אוּנְד אַז אִיהְר זָאלְט גֶעדֶענְקֶען דִיא וֶוערְטֶער פוּן דֶעם

הַאר יֵשׁוּעַ, וִויא עֶר הָאט אַלֵיין גֶעזָאגְט, עֶס אִיז מֶעהְר
36 גֶעבֶּענְשְׁט צוּ גֶעבֶּען וִויא צוּ נֶעמֶען: אוּנְד וֶוען עֶר הָאט
דָאס גֶעזָאגְט, הָאט עֶר גֶעקְנִיעט אוּנְד הָאט מִיט זַייא אַלֶע
37 גֶעבֶּעטֶען: אוּנְד זַייא הָאבֶּען אַלֶע שְׁטַארְק גֶעוַויינְט, אוּנְד
זֶענֶען פּוֹלוֹס אוֹיף דֶעם הַאלְז גֶעפַאלֶען, אוּנְד הָאבֶּען
38 אִיהְם גֶעקִישְׁט: אוּנְד זַייא זֶענֶען בֶּעזוּנְדֶערְס טְרוֹירִיג גֶעוֶוען
אִיבֶּער דֶעם וָוארְט וָואס עֶר הָאט גֶעזָאגְט, אַז זַייא וֶועלֶען
נִיט מֶעהְר זֶעהֶען זַיין פָּנִים. אוּנְד זַייא הָאבֶּען אִיהְם בֶּע־
גְלֵייט בִּיז צוּ דֶעם שִׁיף:

קאפּיטעל כא

1 אוּנְד וֶוען עֶס אִיז גֶעשֶׁעהֶען אַז מִיר הָאבֶּען זִיךְ פוּן זַייא
אָפְּגֶעזוּנְדֶערְט אוּנְד זֶענֶען אַוֶועקְגֶעשִׁיפְט, זֶענֶען מִיר
גֶעקוּמֶען מִיט אַ גְלַייכֶען וֶועג קַיין קוֹאָס, אוּנְד דֶעם
אַנְדֶערֶען טָאג קַיין רוֹדוֹס, אוּנְד פוּן דָארְטֶען קַיין פַּטָרָא:
2 אוּנְד וֶוען מִיר הָאבֶּען גֶעפִינֶען אַ שִׁיף וָואס גֶעהְט אַרִיבֶּער
קַיין פִינִיקְיָא, זֶענֶען מִיר אַרַיינְגֶעגַאנְגֶען אוּנְד הָאבֶּען זִיךְ
3 אַוֶועקְגֶעשִׁיפְט: אוּנְד וֶוען מִיר הָאבֶּען דֶערְזֶעהֶען קִיפְּרוֹס,
אוּנְד הָאבֶּען עֶס צוּ דִיא לִינְקֶע הַאנְד אִיבֶּערְגֶעלָאזְט, הָאבֶּען
מִיר זִיךְ גֶעשִׁיפְט קַיין סוּרְיָא, אוּנְד זֶענֶען אַרוּפְּגֶעקוּמֶען
קַיין צֹר; וָוארִין דָארְט הָאט דָאס שִׁיף גֶעזָאלְט אָפְּלֶעגֶען
4 מַשָׂא: אוּנְד מִיר הָאבֶּען גֶעפִינֶען דִיא תַּלְמִידִים, אוּנְד
זֶענֶען דָארְט גֶעבְּלִיבֶּען זִיבֶּען טֶעג, וֶועלְכֶע הָאבֶּען צוּ
פּוֹלוֹס דוּרְךְ דֶעם גַייסְט גֶעזָאגְט, אַז עֶר זָאל נִיט אַרוּפְ־
5 גֶעהֶען קַיין יְרוּשָׁלַיִם: אוּנְד וֶוען מִיר הָאבֶּען דִיא טֶעג
גֶעעֶנְדִיגְט, זֶענֶען מִיר אַוֶועקְגֶעגַאנְגֶען, אוּנְד זַייא הָאבֶּען
אוּנְס אַלֶע בֶּעגְלֵייט מִיט וַוייבֶּער אוּנְד קִינְדֶער בִּיז אוֹיס
דֶער שְׁטָאט אַרוֹיס, אוּנְד מִיר הָאבֶּען גֶעקְנִיעט בַּיים
6 בָּארְטֶען פוּן יַם, אוּנְד הָאבֶּען גֶעבֶּעטֶען: אוּנְד וֶוען מִיר
הָאבֶּען זִיךְ מִיט אֵיינַאנְדֶער גֶעזֶעגֶענְט, זֶענֶען מִיר צוּם
שִׁיף אַרַיינְגֶעגַאנְגֶען, אוּנְד זַייא הָאבֶּען זִיךְ אַהֵיים גֶע־
קֶעהְרְט:

7 אוּנְד וֶוען מִיר הָאבֶּען דִיא רַייזֶע פוּן צֹר גֶעעֶנְדִיגְט, זֶענֶען
מִיר אַרוּפְּגֶעקוּמֶען קַיין פְּטָאלֶעמָא, אוּנְד וֶוען מִיר הָאבֶּען
דִיא בְּרִידֶער גֶעגְרִיסְט, זֶענֶען מִיר בַּייא זַייא גֶעבְּלִיבֶּען

8 אײן טָאג: אוּנְד דֶעם אַנְדֶערֶען טָאג זֶענֶען מִיר אַװֶעקְ־
גֶעגַאנְגֶען, אוּנְד זֶענֶען גֶעקוּמֶען קֵיין קֵיסְרִין, אוּנְד זֶענֶען
אַרֵיינְגֶעגַאנְגֶען אִים הוֹיז פוּן פִילִיפּוֹס, װעלְכֶער אִיז גֶע־
װעזֶען אַ מְבַשֵׂר אוּנְד אֵיינֶער פוּן דִיא זִיבֶּען, אוּנְד מִיר
9 זֶענֶען בַּייא אִיהְם גֶעבְּלִיבֶּען: אוּנְד דִיזֶער הָאט גֶעהַאט
פִיעֶר טֶעכְטֶער װָאס זֶענֶען גֶעװעזֶען בְּתוּלוֹת, אוּנְד הָאבֶּען
נְבוּאוֹת גֶעזָאגְט:
10 אוּנְד נָאכְדֶעם מִיר זֶענֶען דָארְט גֶעבְּלִיבֶּען פִילֶע טֶעג, אִיז
אַ נָבִיא אַרוֹיפְגֶעקוּמֶען פוּן דֶעם לַאנְד יְהוּדָה, װָאס הָאט
11 גֶעהֵייסֶען אַגַאבּוּס: אוּנְד עֶר אִיז צוּ אוּנְס גֶעקוּמֶען, אוּנְד
הָאט גֶענוּמֶען דֶעם גַארְטֶעל פוּן פּוֹלוֹס, אוּנְד הָאט זִיךְ
גֶעבּוּנְדֶען הֶענְד אוּנְד פִים, אוּנְד הָאט גֶעזָאגְט, דָאס זָאגְט
דֶער רוּחַ הַקוֹדֶשׁ, אַזוֹי װעלֶען דִיא יוּדֶען אִין יְרוּשָׁלַיִם
בִּינְדֶען דֶעם מַאן װעמֶעס גַארְטֶעל דָאס אִיז, אוּנְד װעלֶען
12 אִיהְם אִיבֶּערְגֶעבֶּען אִין דִיא הֶענְד פוּן דִיא גוֹיִם; אוּנְד
װען מִיר הָאבֶּען דִיזֶע װערְטֶער גֶעהֶערְט, הָאבֶּען מִיר אוּנְד
דִיא לַייט פוּן דֶעם אָרְט אִיהְם גֶעבֶּעטֶען, אַז עֶר זָאל נִיט
13 אַרוֹיפְגֶעהֶען קֵיין יְרוּשָׁלַיִם: דַאן הָאט פּוֹלוֹס גֶעעֶנְטְפֶערְט,
װָאס טְהוּט אִיהְר, אַז אִיהְר װיינְט אוּנְד צוּבְּרֶעכְט מֵיין
הַארְץ? װָארִין אִיךְ בִּין אָנְגֶעבְּרֵייט נִיט אַלֵיין גֶעבּוּנְדֶען צוּ
װערֶען, נֵייעֶרְט אוֹיךְ צוּ שְׁטַארְבֶּען אִין יְרוּשָׁלַיִם פַאר
14 דֶעם נָאמֶען פוּן דֶעם הַאר יֵשׁוּעַ: אוּנְד װייל עֶר הָאט זִיךְ
נִיט גֶעלָאזְט אִיבֶּערְרֶעדֶען, הָאבֶּען מִיר אוֹיפְגֶעהֶערְט אוּנְד
גֶעזָאגְט, לָאז דֶער װילֶען פוּן דֶעם הַאר גֶעשֶׁעהֶען:
15 אוּנְד נָאךְ דִיזֶע טֶעג הָאבֶּען מִיר אוּנְזֶערֶע זַאכֶען אֵיינְגֶע־
16 פַּאקְט אוּנְד זֶענֶען אַרוֹיפְגֶעגַאנְגֶען קֵיין יְרוּשָׁלַיִם: אוּנְד
עֶטְלִיכֶע פוּן דִיא תַּלְמִידִים פוּן קֵיסְרִין זֶענֶען מִיט אוּנְס
גֶעגַאנְגֶען, אוּנְד הָאבֶּען מִיט זִיךְ גֶעפִיהְרְט אַ גֶעװִיסֶען
מְנָסוֹן פוּן קִיפְּרוֹס, אֵיין אַלְטֶען תַּלְמִיד, בַּייא װעלְכֶען מִיר
הָאבֶּען גֶעזָאלְט אֵיינְשְׁטֶעהֶען:
17 אוּנְד װען מִיר זֶענֶען גֶעקוּמֶען קֵיין יְרוּשָׁלַיִם, הָאבֶּען אוּנְס
18 דִיא בְּרִידֶער אוֹיפְגֶענוּמֶען מִיט פְרֵייד: אוּנְד דֶעם אַנְדֶערֶען
טָאג אִיז פּוֹלוֹס מִיט אוּנְס אַרֵיינְגֶעגַאנְגֶען צוּ יַעֲקֹב, אוּנְד
19 אַלֶע עֶלְצְטֶע זֶענֶען אַהִין גֶעקוּמֶען: אוּנְד װען עֶר הָאט

זַייא גֶעגְרִיסְט הָאט עֶר זַייא דֶערְצֶעהְלְט אֵיינְס נָאךְ דֶעם
אַנְדֶערֶען וָואס גָאט הָאט גֶעטְהוּן צְוִוישֶׁען דִיא גוֹיִם דוּרְךְ
20 זַיין דִינְסְט: אוּנְד וָוען זַייא הָאבֶּען דָאס גֶעהֶערְט, הָאבֶּען
זַייא גָאט גֶעלוֹיבְּט, אוּנְד הָאבֶּען צוּ אִיהְם גֶעזָאגְט, דוּא
זֶעהְסְט, בְּרוּדֶער, וִויא פִיל טוֹיזֶענְד צְוִוישֶׁען דִיא יוּדֶען
זֶענֶען דִיא וָואס גְלוֹיבֶּען, אוּנְד זַייא זֶענֶען אַלֶע אֵייפְרִיג
21 פַאר דֶער תּוֹרָה: אוּנְד זַייא הָאבֶּען וֶועגֶען דִיר גֶעהֶערְט,
אַז דוּא לֶעהְרְסְט אַלֶע יוּדֶען וָואס זֶענֶען צְוִוישֶׁען דִיא גוֹיִם
אַז זַייא זָאלֶען פוּן תּוֹרַת מֹשֶׁה אָפְּטְרֶעטֶען, אוּנְד דוּא
זָאגְסְט אַז זַייא זָאלֶען נִיט דִיא קִינְדֶער בֶּעשְׁנַיידֶען, אוּנְד
22 זָאלֶען נִיט נָאכְגֶעהֶען דִיא מִנְהָגִים: וָואס אִיז עֶס דֶען?
23 זַייא וֶועלֶען גֶעוִויס הֶערֶען אַז דוּא בִּיסְט גֶעקוּמֶען: דְרוּם
טְהוּא דָאס וָואס מִיר זָאגֶען צוּ דִיר; עֶס זֶענֶען מִיט אוּנְס
24 פִיעֶר מֶענֶער וָואס הָאבֶּען אוֹיף זִיךְ אַ נֶדֶר: נֶעם דִיזֶע,
אוּנְד רֵיינִיג דִיךְ מִיט זַייא, אוּנְד לָאז דִיךְ גָאהְלֶען פַאר
זַייא, אַז זַייא זָאלֶען זִיךְ דֶעם קָאפּ שֶׁערֶען, אוּנְד אַלֶע
וֶועלֶען וִויסֶען אַז דָאס וָואס זַייא הָאבֶּען וֶועגֶען דִיר גֶע־
הֶערְט אִיז גָארְנִיט, אָבֶּער דוּא וַואנְדֶעלְסְט זֶעלְבְּסְט אוֹיפְ־
25 רִיכְטִיג, אוּנְד הַאלְטְסְט דִיא תּוֹרָה: אָבֶּער וֶועגֶען דִיא גוֹיִם
וָואס גְלוֹיבֶּען, הָאבֶּען מִיר גֶעשְׁרִיבֶּען אוּנְד הָאבֶּען גֶע־
פַּאסְקֶעט אַז זַייא זָאלֶען זִיךְ הִיטֶען פוּן דִיא קָרְבָּנוֹת צוּ
דִיא אָפְּגֶעטֶער אוּנְד פוּן בְּלוּט אוּנְד פוּן דֶערְוָוארְגֶענֶע
26 זַאכֶען אוּנְד פוּן זְנוּת: דַאן הָאט פּוֹלוֹס דִיא מֶענֶער גֶע־
נוּמֶען, אוּנְד דֶעם אַנְדֶערֶען טָאג הָאט עֶר זִיךְ מִיט זַייא
גֶערֵיינִיגְט, אוּנְד אִיז אִים בֵּית הַמִּקְדָּשׁ אַרַיינְגֶעגַאנְגֶען,
אוּנְד הָאט אָנְגֶעזָאגְט דִיא דֶערְפִילוּנְג פוּן דִיא טֶעג פוּן
דֶער רֵיינִיגוּנְג, בִּיז דָאס קָרְבָּן וֶועט פַאר אִיטְלִיכֶען פוּן זַייא
גֶעבְּרַאכְט וֶוערֶען:

27 אוּנְד וָוען דִיא זִיבֶּען טֶעג זֶענֶען בַּאלְד גֶעעֶנְדִיגְט גֶעוֶועזֶען,
הָאבֶּען אִיהְם דִיא יוּדֶען פוּן אַסְיָא גֶעזֶעהֶען אִים בֵּית
הַמִּקְדָּשׁ, אוּנְד הָאבֶּען דָאס גַאנְצֶע פָאלְק אוֹיפְגֶעהֶעצְט,
28 אוּנְד הָאבֶּען זַיירֶע הֶענְד אוֹיף אִיהְם גֶעלֶעגְט: אוּנְד הָאבֶּען
גֶעשְׁרִיעֶן, מֶענֶער פוּן יִשְׂרָאֵל, הֶעלְפְט; דָאס אִיז דֶער מַאן
וָואס לֶערְט אַלֶע מֶענְשֶׁען אִין אַלֶע עֶרְטֶער קֶעגֶען דֶעם

פָּאלְק אוּנְד דֶער תּוֹרָה אוּנְד דִיזֶען אָרְט; אוּנְד עֶר הָאט
אוֹיךְ גְרֶעקֶען אִים בֵּית הַמִקְדָשׁ אַרײַנְגֶעבְּרַאכְט, אוּנְד הָאט
29 דִיזֶען הײלִיגֶען אָרְט גֶעמֵײנְ גֶעמַאכְט: וָוארִין זֵײא הָאבֶּען
פְרִיהֶער גֶעזֶעהֶען טְרוֹפִימוֹס פוּן עֶפֶעזוּס מִיט אִיהְם אִין
דֶער שְׁטָאט, אוּנְד הָאבֶּען גֶעדַאכְט אַז פּוֹלוֹס הָאט אִיהְם
30 אִים בֵּית הַמִקְדָשׁ אַרײַנְגֶעפִיהְרְט: אוּנְד דִיא גַאנְצֶע שְׁטָאט
אִיז פֶערְטִימֶעלְט גֶעוָוארֶען, אוּנְד דָאס פָאלְק אִיז צוּנוֹיףְ
גֶעלָאפֶען, אוּנְד זֵייא הָאבֶּען פּוֹלוֹס אָנְגֶענוּמֶען אוּנְד הָאַ־
בֶּען אִיהְם אַרוֹיסְגֶעשְׁלֶעפְּט פוּן דֶעם בֵּית הַמִקְדָשׁ, אוּנְד
גְלֵייךְ זֶענֶען דִיא טְהִירֶען פַארְשְׁלָאסֶען גֶעוָוארֶען:
31 אוּנְד וִויא זֵייא הָאבֶּען אִיהְם גֶעוָואלְט הַרְגֶענֶען, אִיז אָנְגֶע־
קוּמֶען אַ בֶּערִיכְט צוּם הוֹיפְּטְמַאן פוּן דֶעם חַיִל, אַז גַאנְץ
32 יְרוּשָׁלַיִם אִיז אִין אַ מְהוּמָה: אוּנְד גְלֵייךְ הָאט עֶר גֶענוּמֶען
סָאלְדַאטֶען אוּנְד אָפִיצִירֶען, אוּנְד אִיז צוּ זֵייא אַרוּפְּגֶע־
לָאפֶען; אוּנְד וֶוען זֵייא הָאבֶּען דֶעם הוֹיפְּטְמַאן אוּנְד דִיא
סָאלְדַאטֶען דֶערְזֶעהֶען הָאבֶּען זֵייא אוֹיפְגֶעהֶערְט פּוֹלוֹס צוּ
33 שְׁלָאגֶען: דַאן אִיז דֶער הוֹיפְּטְמַאן צוּגֶעקוּמֶען, אוּנְד הָאט
אִיהְם גֶענוּמֶען אוּנְד הָאט אִיהְם גֶעהֵייסֶען שְׁלִיסֶען מִיט
צְווֵייא קֶעטֶען; אוּנְד עֶר הָאט גֶעפְרֶעגְט וֶוער עֶר אִיז,
34 אוּנְד וָואס עֶר הָאט בֶּעטְהוּן: אוּנְד אִיטְלִיכֶער צְוִוישֶׁען דֶעם
פָאלְק הָאט גֶעשְׁרִיעֶן אוּנְד אַ יֶעדֶער עֶפֶּעס אַנְדֶערְשׁ;
אוּנְד וֶוען עֶר הָאט נִיט גֶעקָאנְט קֵיין זִיכֶערֶעס וִויסֶען דוּרְךְ
דֶעם גֶעטוּמֶעל, הָאט עֶר אִיהְם גֶעהֵייסֶען אִין דֶעם לַאגֶער
35 אַרײַנְפִיהְרֶען: אָבֶּער וֶוען עֶר אִיז אוֹיףְ דִיא טְרֶעפֶּען גֶע־
קוּמֶען, הָאבֶּען אִיהְם דִיא סָאלְדַאטֶען גֶעטְרָאגֶען וֶועגֶען
36 דִיא גֶעוַואלְטֶעטִיגְקֵייט פוּן דֶעם פָאלְק: וָוארִין אַ סַךְ
פָאלְק הָאט נָאכְגֶעפָאלְגְט אוּנְד גֶעשְׁרִיעֶן, אַוֶועק מִיט
אִיהְם:
37 אוּנְד וֶוען פּוֹלוֹס הָאט גֶעוָואלְט אִים לַאגֶער אַרײַנְגֶעפִיהְרְט
וֶוערֶען הָאט עֶר צוּם הוֹיפְּטְמַאן גֶעזָאגְט, מֶעג אִיךְ דִיר
עֶפֶּעס זָאגֶען? אוּנְד עֶר הָאט גֶעזָאגְט, פַארְשְׁטֶעהְסְט דוּא
38 גְרֶעקִישׁ? בִּיסְט דוּא נִיט דֶער מִצְרִי וָואס הָאסְט פָאר דִיזֶע
טֶעג אַ מְרִידָה גֶעמַאכְט, אוּנְד הָאסְט אִין דֶער וִויסְטֶענִים
אַרוֹיסְגֶעפִיהְרְט פִיעֶר טוֹיזֶענְד מֶענְשֶׁען פוּן דִיא רוֹצְחִים?

39 אוּנְד פּוֹלוֹס הָאט גֶעזָאגְט, אִיךְ בִּין אַ יוּדִישֶׁער מַאן אוֹיס
תַּרְשִׁישׁ אִין קִילִיקְיָא, אַ בִּירְגֶער פוּן קֵיינֶע גֶעמֵיינֶע
שְׁטָאט; אוּנְד אִיךְ בֶּעט דִיךְ, לָאז מִיךְ צוּם פָּאלְק רֶעדֶען:
40 אוּנְד וֶוען עֶר הָאט אִיהְם גֶעלָאזְט, הָאט זִיךְ פּוֹלוֹס גֶע־
שְׁטֶעלְט אוֹיף דִיא טְרֶעפֶּען אוּנְד הָאט מִיט דֶער הַאנְד
גֶעוִוינְקֶען צוּם פָּאלְק; אוּנְד וֶוען עֶס אִיז גַאנְץ שְׁטִיל גֶע־
וָוארֶען, הָאט עֶר צוּ זַייא גֶערֶעט אוֹיף הֶעבְּרֶעאִישׁ אוּנְד
גֶעזָאגְט:

קאַפּיטעל כב

1 מֶענֶער, בְּרִידֶער אוּנְד פֶּעטֶער, הָארְכְט אַצוּנְד מֵיינֶע פַּאר־
2 עֶנְטְפֶערוּנְג צוּ אֵייךְ: אוּנְד וֶוען זַייא הָאבֶּען גֶעהֶערְט אַז
עֶר הָאט צוּ זַייא גֶערֶעט אוֹיף הֶעבְּרֶעאִישׁ, זֶענֶען זַייא
3 נָאךְ שְׁטִילֶער גֶעוָוארֶען. אוּנְד עֶר הָאט גֶעזָאגְט: אִיךְ בִּין
אַ יוּדִישֶׁער מַאן, גֶעבּוֹירֶען אִין תַּרְשִׁישׁ אִין קִילִיקְיָא, אוּנְד
אִיךְ בִּין אוֹיפְגֶעצוֹיגֶען אִין דִיזֶער שְׁטָאט צוּ דִיא פִּיס פוּן
גַמְלִיאֵל, אוּנְד בִּין שְׁטְרֶענְג גֶעלֶעהְרְט גֶעוֶועזֶען אִין דִיא
תּוֹרָה פוּן דִיא פֶּעטֶער, אוּנְד הָאב גֶעהַאט קִנְאָה וֶועגֶען
4 גָאט אַזוֹי וִוִיא אִיהְר אַלֶע דֶעם הֵיינְטִיגֶען טָאג: אוּנְד אִיךְ
הָאב דִיזֶען וֶועג פַארְפָאלְגְט בִּיז צוּם טוֹיט, אִינְדֶעם אִיךְ
הָאב מֶענֶער אוּנְד פְרוֹיעֶן גֶעבּוּנְדֶען אוּנְד אִיבֶּערְגֶעגֶעבֶּען
5 אִין גֶעפֶענְגְנִים: אַזוֹי וִוִיא אוֹיךְ דֶער כֹּהֵן גָדוֹל אוּנְד אַלֶע
עֶלְצְטֶע מִיר בֶּעצֵייגֶען; פוּן וֶועלְכֶע אִיךְ הָאב אוֹיךְ בְּרִיף
גֶענוּמֶען צוּ דִיא בְּרִידֶער, אוּנְד בִּין גֶעגַאנְגֶען קֵיין דַמֶשֶׂק
אַז אִיךְ זָאל בְּרֶענְגֶען אוֹיךְ דִיא וָואס זֶענֶען דָארְט גֶעוֶועזֶען
גֶעבּוּנְדֶען קֵיין יְרוּשָׁלַיִם, אַז זַייא זָאלֶען בֶּעשְׁטְרָאפְט וֶוער־
6 רֶען: אוּנְד עֶס אִיז גֶעשֶׁעהֶען וִוִיא אִיךְ בִּין גֶעגַאנְגֶען אוּנְד
בִּין נָאהֶענְט גֶעקוּמֶען צוּ דַמֶשֶׂק קֶעגֶען מִיטֶען טָאג הָאט
פְּלוּצְלִינְג אַ גְרוֹיס לִיכְט פוּן הִימֶעל אַרוּם מִיר גֶעשַׁיינְט.
7 אוּנְד אִיךְ בִּין צוּ דֶער עֶרְד גֶעפַאלֶען אוּנְד הָאב גֶעהֶערְט
אַ קוֹל וָואס הָאט צוּ מִיר גֶעזָאגְט, שָׁאוּל, שָׁאוּל, וָוארוּם
8 פֶערְפָאלְגְסְט דוּא מִיךְ? אוּנְד אִיךְ הָאב גֶעעֶנְטְפֶערְט, הַאר,
וֶוער בִּיסְט דוּא? אוּנְד עֶר הָאט צוּ מִיר גֶעזָאגְט, אִיךְ בִּין
9 יֵשׁוּעַ הַנָּצְרִי, דֶעם דוּא פֶערְפָאלְגְסְט: אוּנְד דִיא וָואס זֶענֶען
מִיט מִיר גֶעוֶועזֶען הָאבֶּען דָאס לִיכְט גֶעזֶעהֶען, אָבֶּער דָאס

קוֹל וָואס הָאט צוּ מִיר גֶערֶעט הָאבֶּען זַייא נִיט גֶעהֶערְט:
10 אוּנְד אִיךְ הָאבּ גֶעזָאגְט, הַאר, וָואס זָאל אִיךְ טְהוּן? אוּנְד
דָער הַאר הָאט צוּ מִיר גֶעזָאגְט, שְׁטֶעה אוֹיף אוּנְד גֶעה
קַיין דַמֶשֶׂק, אוּנְד דָארְט וֶועט דִיר גֶעזָאגְט וֶוערֶען וֶועגֶען
11 אַלֶעם וָואס אִיז דִיר בֶּעשְׁטִימְט גֶעוָוארֶען צוּ טְהוּן: אוּנְד
וֶוען אִיךְ הָאבּ נִיט גֶעקָאנְט זֶעהֶען פַאר דִיא קְלָארְהַייט
פוּן דִיזֶעם לִיכְט, בִּין אִיךְ גֶעפִיהְרְט גֶעוָוארֶען בֵּייא דֶער
הַאנְד פוּן דִיא וָואס זֶענֶען מִיט מִיר גֶעוֶועזֶען, אוּנְד בִּין
גֶעקוּמֶען קַיין דַמֶשֶׂק:
12 אוּנְד אַ גֶעווִיסֶער חֲנַנְיָה, אַ פְרוּמֶער מַאן נָאךְ דֶעם גֶעזֶעץ,
וָואס אִיז בֶּעצֵייגְט גֶעוֶועזֶען פוּן אַלֶע יוּדֶען וָואס הָאבֶּען
13 דָארְט גֶעווְאוֹינְט: אִיז צוּ מִיר גֶעקוּמֶען, אוּנְד הָאט זִיךְ
בֵּייא מִיר גֶעשְׁטֶעלְט, אוּנְד הָאט צוּ מִיר גֶעזָאגְט, בְּרוּדֶער
שָׁאוּל, זַייא זֶעהֶענְדִיג. אוּנְד אִין דִיא זֶעלְבִּיגֶע שָׁעָה הָאבּ
14 אִיךְ אִיהְם אָנְגֶעזֶעהֶען: אוּנְד עֶר הָאט גֶעזָאגְט, דֶער גָאט
פוּן אוּנְזֶערֶע אָבוֹת הָאט דִיךְ אוֹיסְדֶערְוֶועהְלְט אַז דוּא
זָאלְסְט זַיין ווִילֶען דֶערְקֶענֶען, אוּנְד זָאלְסְט זֶעהֶען דֶעם
גֶערֶעכְטֶען אוּנְד זָאלְסְט הֶערֶען אַ קוֹל פוּן זַיין מוֹיל:
15 וָוארִין דוּא זָאלְסְט אִיהְם זַיין צוּם עֵדוּת צוּ אַלֶע מֶענְשֶׁען,
וֶועגֶען דִיא זַאכֶען וָואס דוּא הָאסְט גֶעזֶעהֶען אוּנְד גֶע־
16 הֶערְט: אוּנְד אַצוּנְד וָוארוּם זוּימְסְט דוּא דִיךְ? שְׁטֶעה אוֹיף
אוּנְד לָאז דִיךְ טוֹבְלֶען, אוּנְד וַואשׁ אָפּ דַיינֶע זִינְד, אוּנְד רוּף
אָן דֶעם נָאמֶען פוּן דֶעם הַאר:
17 אוּנְד עֶס אִיז גֶעשֶׁעהֶען וֶוען אִיךְ הָאבּ מִיךְ אוּמְגֶעקֶעהְרְט
קַיין יְרוּשָׁלַיִם, אוּנְד הָאבּ גֶעבֶּעטֶען אִים בֵּית הַמִקְדָשׁ, אַזוֹי
18 בִּין אִיךְ גֶעוֶועזֶען אִין אַיינֶע עֶרְשַׁיינוּנְג: אוּנְד אִיךְ הָאבּ
אִיהְם גֶעזֶעהֶען, אַז עֶר הָאט צוּ מִיר גֶעזָאגְט, אֵייל דִיךְ,
אוּנְד גֶעה גֶעשְׁווִינְד אַרוֹיס אוֹיס יְרוּשָׁלַיִם, וָוארִין זַייא
19 וֶועלֶען נִיט אָנְנֶעמֶען דַיין צֵייגְנִיס וֶועגֶען מִיר: אוּנְד אִיךְ
הָאבּ גֶעזָאגְט, הַאר, זַייא אַלֵיין ווִיסֶען אַז אִיךְ הָאבּ אִין
גֶעפֶענְגְנִיס אֵיינְגֶעזֶעצְט אוּנְד הָאבּ אִין אַלֶע שׁוּלֶען גֶע־
20 שְׁלָאגֶען דִיא וָואס הָאבֶּען אָן דִיר גֶעגְלוֹיבְּט: אוּנְד וֶוען
דָאס בְּלוּט פוּן דַיין עֵדוּת סְטֶעפַאנוּס אִיז פַארְגָאסֶען גֶעוָוא־
רֶען, בִּין אִיךְ זֶעלְבְּסְט דֶערְבֵּייא גֶעשְׁטַאנֶען, אוּנְד הָאבּ

אַיינְגֶעוִוילִיגְט אוּנְד הָאבּ גֶעהִיט דִיא קְלֵיידֶער פוּן דִיא וָואס
21 הָאבֶּען אִיהְם גֶעהַרְגֶעט: אוּנְד עֶר הָאט צוּ מִיר גֶעזָאגְט, גֶעה
אַהִין, וָוארִין אִיךְ וֶועל דִיךְ וַוייט אַוֶועקְשִׁיקֶען צוּ דִיא גוֹיִם:
22 אוּנְד זַייא הָאבֶּען אִיהְם צוּגֶעהֶערְט בִּיז צוּ דִיזֶעם וָוארְט,
אוּנְד הָאבֶּען אוֹיפְגֶעהוֹיבֶּען זַייעֶר קוֹל אוּנְד גֶעזָאגְט, אַוֶועק
מִיט אַזֶעלְכֶען מַאן פוּן דֶער עֶרְד, וָוארִין עֶר דַארְף נִיט
23 לֶעבֶּען: אוּנְד דֶערְוַוייל זַייא הָאבֶּען גֶעשְׁרִיעֶן אוּנְד הָאבֶּען
זַייעֶרֶע קְלֵיידֶער צוּרִיסֶען אוּנְד שְׁטוֹיבּ אִין דֶער לוּפְט
24 גֶעוָוארְפֶען: הָאט דֶער הוֹיפְּטְמַאן בֶּעפוֹילֶען אַז מֶען זָאל
אִיהְם אִים לַאגֶער אַרֵיינְבְּרֶענְגֶען, אוּנְד הָאט גֶעזָאגְט אַז זַייא
זָאלֶען אִיהְם שְׁמִיץ גֶעבֶּען אוּנְד פַארְהֶערֶען, כְּדֵי עֶר זָאל
25 וִויסֶען פַארְוָואס זַייא שְׁרַייעֶן אַזוֹי פִיל קֶעגֶען אִיהְם: אוּנְד
וִויא זַייא הָאבֶּען אִיהְם מִיט רִימֶען אָנְגֶעבּוּנְדֶען, הָאט פּוֹלוֹס
גֶעזָאגְט צוּ דֶעם אָפִיצִיעֶר דֶער אִיז דֶערְבַּייא גֶעשְׁטַאנֶען,
אִיז עֶס אוֹיךְ דֶערְלוֹיבְּט אַ רוֹמִישֶׁען מַאן אָהְן אַ מִשְׁפָּט
26 צוּ שְׁלָאגֶען? אוּנְד וֶוען דֶער אָפִיצִיעֶר הָאט דָאס גֶעהֶערְט,
אִיז עֶר צוּם הוֹיפְּטְמַאן גֶעגַאנְגֶען אוּנְד הָאט דֶערְצֶעהְלְט
אוּנְד גֶעזָאגְט, וָואס טְהוּסְט דוּא? וָוארִין דִיזֶער מַאן אִיז
27 אַ רוֹמֶער: אוּנְד דֶער הוֹיפְּטְמַאן אִיז צוּגֶעקוּמֶען אוּנְד
הָאט צוּ אִיהְם גֶעזָאגְט, זָאג מִיר, בִּיסְט דוּא אַ רוֹמֶער?
28 אוּנְד עֶר הָאט גֶעזָאגְט, יָא: אוּנְד דֶער הוֹיפְּטְמַאן הָאט
גֶעעֶנְטְפֶערְט, אִיךְ הָאבּ דִיזֶעם בִּירְגֶערְרֶעכְט פַאר פִיל
גֶעלְד בֶּעקוּמֶען; אוּנְד פּוֹלוֹס הָאט גֶעזָאגְט, אָבֶּער אִיךְ
29 בִּין פְרֵייא גֶעבּוֹירֶען: דְרוּם זֶענֶען זַייא בַּאלְד פוּן אִיהְם
אָפְּגֶעטְרֶעטֶען וָואס הָאבֶּען אִיהְם גֶעזָאלְט פַארְהֶערֶען;
אַפִילוּ דֶער הוֹיפְּטְמַאן הָאט זִיךְ גֶעפָארְכְטֶען, וֶוען עֶר
הָאט גֶעוָואר גֶעוָוארֶען אַז עֶר אִיז אַ רוֹמֶער, וַוייל עֶר
הָאט אִיהְם גֶעבּוּנְדֶען:
30 אוּנְד דֶעם אַנְדֶערֶען טָאג, וַוייל עֶר הָאט פַאר זִיכֶער
גֶעוָואלְט וִויסֶען וָוארוּם עֶר אִיז פַארְקְלָאגְט גֶעוָוארֶען פוּן
דִיא יוּדֶען, הָאט עֶר אִיהְם פְרֵייא גֶעמַאכְט, אוּנְד הָאט
גֶעהֵייסֶען דִיא עֶרְשְׁטֶע כֹּהֲנִים אוּנְד דָאס גַאנְצֶע סַנְהֶדְרִין
צוּזַאמֶענְקוּמֶען, אוּנְד הָאט פּוֹלוֹס אַרוּפְּגֶעבְּרַאכְט, אוּנְד
הָאט אִיהְם צְוִוישֶׁען זַייא גֶעשְׁטֶעלְט:

קאפיטעל כג

1 אוּנְד פּוֹלוֹס הָאט דִיא סַנְהֶדְרִין אָנְגֶעזֶעהֶען אוּנְד גֶעזָאגְט,
מֶענֶער, בְּרִידֶער, אִיךְ הָאבּ פָאר גָאט גֶעוַואנְדֶעלְט מִיט אַ
גַאנְץ גוּטֶען גֶעוִויסֶען, בִּיז צוּ דֶעם הַיינְטִיגֶען טָאג:
2 אוּנְד חֲנַנְיָה דֶער כֹּהֵן גָּדוֹל הָאט גֶעהֵייסֶען דִיא וָואס זֶענֶען
דֶערְבֵּייא גֶעשְׁטַאנֶען, אַז זַייא זָאלֶען אִיהְם אוֹיף דֶעם
3 מוֹיל שְׁלָאגֶען: דַאן הָאט פּוֹלוֹס צוּ אִיהְם גֶעזָאגְט, גָאט
וֶועט דִיךְ שְׁלָאגֶען, דוּא אִיבֶּערְגֶעקְלֶעבְּטֶע וַואנְד! זִיצְסְט
דוּא מִיךְ צוּ רִיכְטֶען נָאךְ דֶעם גֶעזֶעץ, אוּנְד קֶעגֶען דֶעם
4 גֶעזֶעץ הֵייסְט מִיךְ שְׁלָאגֶען? אוּנְד דִיא וָואס זֶענֶען
דֶערְבֵּייא גֶעשְׁטַאנֶען הָאבֶּען גֶעזָאגְט, זִידֶעלְסְט דוּא דֶעם
5 כֹּהֵן גָּדוֹל פוּן גָאט? אוּנְד פּוֹלוֹס הָאט גֶעזָאגְט, אִיךְ הָאבּ
נִיט גֶעוְואוּסְט, בְּרִידֶער, אַז עֶר אִיז כֹּהֵן גָּדוֹל; וָוארִין עֶס
שְׁטֶעהְט גֶעשְׁרִיבֶּען, דוּא זָאלְסְט נִיט אִיבֶּעל רֶעדֶען פוּן דֶעם
6 פִירְשְׁטֶען פוּן דַיין פָאלְק: שמות כ״ב כ״ז. אוּנְד וֶוען פּוֹלוֹס
הָאט גֶעוְואוּסְט אַז דֶער אֵיינֶער טְהֵייל אִיז צַדוּקִים אוּנְד
דֶער אַנְדֶערֶער טְהֵייל פְּרוּשִׁים, הָאט עֶר אִין דֶעם סַנְהֶדְרִין
גֶעשְׁרִיעֶן, מֶענֶער, בְּרִידֶער, אִיךְ בִּין אַ פָּרוּשׁ, דֶער זוּהְן
פוּן פְּרוּשִׁים; וֶוענֶען דֶער הָאפְנוּנְג אוּנְד תְּחִיַּת הַמֵּתִים בִּין
7 אִיךְ גֶערִיכְטֶעט: אוּנְד וֶוען עֶר הָאט דָאס גֶערֶעט, אִיז אַ
שְׁטְרֵייט גֶעוָוארֶען צְוִוישֶׁען דִיא פְּרוּשִׁים אוּנְד דִיא צַדוּקִים,
8 אוּנְד דִיא פֶערְזַאמְלוּנְג אִיז צוּטְהֵיילְט גֶעוָוארֶען: וָוארִין
דִיא צַדוּקִים זָאגֶען אַז עֶס אִיז נִיט פֶערְהַאנְדֶען קֵיין תְּחִיַּת
הַמֵּתִים אוּנְד קֵיין מַלְאָךְ אוּנְד קֵיין גֵייסְט; אָבֶּער דִיא פְּרוּשִׁים
9 בֶּעקֶענֶען בֵּיידֶעס: אוּנְד עֶס אִיז גֶעשֶׁעהֶען אַ גְרוֹיס
גֶעשְׁרֵייא, אוּנְד עֶטְלִיכֶע פוּן דִיא סוֹפְרִים פוּם טְהֵייל פוּן
דִיא פְּרוּשִׁים זֶענֶען אוֹיפְגֶעשְׁטַאנֶען אוּנְד הָאבֶּען גֶעשְׁטְרַיי־
טֶען אוּנְד גֶעזָאגְט, מִיר הָאבֶּען קֵיין שְׁלֶעכְטֶעס גֶעפִינֶען
אִין דִיזֶעם מַאן, אָבֶּער וָואס דֶען וֶוען אַ גֵייסְט אָדֶער אַ
10 מַלְאָךְ הָאט צוּ אִיהְם גֶערֶעט? אוּנְד וֶוען עֶס אִיז גֶעשֶׁעהֶען
אַ גְרוֹיסֶער קְרִיג, הָאט זִיךְ דֶער הוֹיפְּטְמַאן גֶעפָארְכְטֶען אַז
זַייא זָאלֶען נִיט פּוֹלוֹס צוּרֵייסֶען, אוּנְד הָאט גֶעהֵייסֶען דִיא
סָאלְדַאטֶען אַרוּפְגֶעהֶען, אוּנְד פּוֹלוֹס פוּן מִיטֶען זַייא
אַוֶועקְשְׁלֶעפֶּען, אוּנְד אִים לַאגֶער אַרֵיין פִיהְרֶען:

11 אוּנְד אִין דִיא אַנְדֶערֶע נַאכְט אִיז דֶער הַאר בַּייא אִיהְם
גֶעשְׁטַאנֶען אוּנְד הָאט גֶעזָאגְט, זַייא גֶעטְרַייסְט, וָוארִין
אַזוֹי וְויא דוּא הָאסְט בֶּעצֵייגְט וֶועגֶען מִיר אִין יְרוּשָׁלַיִם,
אַזוֹי מוּזְט דוּא אוֹיךְ אִין רוֹים בֶּעצֵייגֶען:
12 אוּנְד וֶוען עֶס אִיז טָאג גֶעוָוארֶען, הָאבֶּען דִיא יוּדֶען אַ
חֵרֶם גֶעמַאכְט, אוּנְד הָאבֶּען זִיךְ פַאֲרְשְׁוְואוֹירֶען אוּנְד
גֶעזָאגְט אַז זַייא וֶועלֶען נִיט עֶסֶען אוּנְד נִיט טְרִינְקֶען בִּיז
13 זַייא הָאבֶּען פּוֹלוֹס גֶעהַרְגֶעט: אוּנְד עֶס זֶענֶען גֶעוֶועזֶען
מֶעהְר וְויא פִירְצִיג וָואס הָאבֶּען דִיזֶע פֶערְשְׁוֶוערוּנְג
14 גֶעמַאכְט: אוּנְד זַייא זֶענֶען גֶעקוּמֶען צוּ דִיא עֶרְשְׁטֶע
כֹּהֲנִים אוּנְד צוּ דִיא עֶלְצְטֶע אוּנְד הָאבֶּען גֶעזָאגְט, מִיר
הָאבֶּען שְׁטְרֶענְג בְּחֵרֶם גֶעשְׁוְואוֹירֶען אַז מִיר וֶועלֶען נִיט
15 עֶסֶען בִּיז מִיר וֶועלֶען פּוֹלוֹס הַרְגֶענֶען: דְרוּם לָאזְט אִיהְר
אַצוּנְד דֶעם הוֹיפְּטְמַאן אוּנְד דִיא סַנְהֶדְרִין וִויסֶען, אַז עֶר
זָאל אִיהְם אַרוּפְּבְּרֶענְגֶען צוּ אֵייךְ, גְלֵייךְ אוֹיבּ אִיהְר וָואלְט
בֶּעסֶער נָאכְפָארְשֶׁען דִיא זַאכֶען וֶועגֶען אִיהְם; אוּנְד מִיר
זֶענֶען פַארְטִיג אִיהְם, אַזוֹי בַּאלְד עֶר וֶועט נָאהֶענְט קוּמֶען,
אוּמְצוּבְּרֶענְגֶען:
16 אָבֶּער דֶער זוּהְן פוּן פּוֹלוֹס'ס שְׁוֶועסְטֶער הָאט פוּן דֶער
לוֹיעֶרוּנְג גֶעהֶערְט, אוּנְד עֶר אִיז גֶעקוּמֶען אוּנְד אִיז אִים
לַאגֶער אַרַיינְגֶעגַאנְגֶען אוּנְד הָאט דָאס צוּ פּוֹלוֹס דֶערְ-
17 צֶעהְלְט: אוּנְד פּוֹלוֹס הָאט אֵיינֶעם פוּן דִיא אָפִיצִירֶען
גֶערוּפֶען אוּנְד גֶעזָאגְט, פִיהְר דִיזֶען יוּנְגֶען מַאן אַוֶועק
צוּם הוֹיפְּטְמַאן, וָוארִין עֶר הָאט אִיהְם עֶפֶּעס צוּ
18 דֶערְצֶעהְלֶען: דְרוּם הָאט עֶר אִיהְם גֶענוּמֶען אוּנְד הָאט
אִיהְם צוּם הוֹיפְּטְמַאן גֶעבְּרַאכְט אוּנְד גֶעזָאגְט, פּוֹלוֹס דֶער
גֶעפַאנְגֶענֶער הָאט מִיךְ גֶערוּפֶען אוּנְד הָאט גֶעבֶּעטֶען אַז
אִיךְ זָאל דִיזֶען יוּנְגֶען מַאן צוּ דִיר פִיהְרֶען, וֶועלְכֶער
19 הָאט דִיר עֶפֶּעס צוּ זָאגֶען: אוּנְד דֶער הוֹיפְּטְמַאן הָאט
אִיהְם אָנְגֶענוּמֶען בַּייא דֶער הַאנְד, אוּנְד אִיז אוֹיף דֶער
זַייט גֶעגַאנְגֶען, אוּנְד הָאט אִיהְם גֶעפְרֶעגְט, וָואס אִיז דָאס
20 וָואס דוּא הָאסְט מִיר צוּ דֶערְצֶעהְלֶען? אוּנְד עֶר הָאט
גֶעזָאגְט, דִיא יוּדֶען הָאבֶּען זִיךְ פֶערְאֵייניגְט דִיךְ צוּ בֶּעטֶען
אַז דוּא זָאלְסְט פּוֹלוֹס מָארְגֶען צוּ דִיא סַנְהֶדְרִין אַרוּפּ-

בְּרֶענְגֶען גְלֵייךְ וִויא דוּא וָואלְסְט עֶפֶּעס בֶּעסֶער נָאכְפְרָעגֶען
21 וֶועגֶען אִיהְם: דְרוּם פָאלְג דוּא זֵייא נִיט; וָוארֶין מֶעהְר
וִויא פִירְצִיג מֶענֶער פוּן זֵייא לוֹיעֶרְן אוֹיף אִיהְם, וָואס
הָאבֶּען אַ חֵרֶם גֶעמַאכְט אַז זֵייא וֶועלֶען נִיט עֶסֶען אוּנְד
נִיט טְרִינְקֶען בִּיז זֵייא וֶועלֶען אִיהְם אוּמְבְּרֶענְגֶען; אוּנְד
אַצוּנְד זֶענֶען זֵייא אָנְגֶעבְּרֵייט, אוּנְד וַוארְטֶען אוֹיף דֶעם
צוּזָאגֶען פוּן דִיר:
22 אַזוֹי הָאט דֶער הוֹיפְּטְמַאן דֶעם יוּנְגֶען מַאן אָפְּגֶעלָאזְט,
אוּנְד הָאט אִיהְם אָנְגֶעזָאגְט, דוּא זָאלְסְט פַאר קֵיינֶעם נִיט
אוֹיסְזָאגֶען אַז דוּא הָאסְט מִיר דִיזֶע זַאכֶען צוּ וִויסֶען
23 גֶעטְהוּן: אוּנְד עֶר הָאט צְוֵייא פוּן דִיא אָפִיצִירֶען גֶערוּפֶען
אוּנְד גֶעזָאגְט, גְרֵייט אָן צְווֵייא הוּנְדֶערְט סָאלְדַאטֶען אַז
זֵייא זָאלֶען גֶעהֶען בִּיז קֵיסָרִין, אוּנְד זִיבֶּעצִיג רֵייטֶער,
אוּנְד צְווֵייא הוּנְדֶערְט וָואס טְרָאגֶען שְׁפִּיזֶען, אוֹיף דִיא
24 דְרִיטֶע שָׁעָה פוּן דֶער נַאכְט: אוּנְד שְׁטֶעל צוּ בְּהֵמוֹת, אַז
זֵייא זָאלֶען פּוֹלוֹס אוֹיפְזֶעצֶען אוּנְד זָאלֶען אִיהְם זִיכֶער
25 פִיהְרֶען צוּ פֶעלִיקְס דֶעם גוּבֶּערְנֶער: אוּנְד עֶר הָאט אִין
26 אַ בְּרִיף נָאךְ דִיזֶער גֶעשְׁטַאלְט גֶעשְׁרִיבֶּען: קְלוֹדִיוּס
לוּסִיאַס לָאזְט גְרִיסֶען דֶעם עֶדֶעלְסְטֶען גוּבֶּערְנֶער פֶעלִיקְס:
27 דִיזֶער מַאן אִיז גֶעפַאנְגֶען גֶעוֶועזֶען פוּן דִיא יוּדֶען, אוּנְד
וֶוען זֵייא הָאבֶּען אִיהְם גֶעוָואלְט אוּמְבְּרֶענְגֶען בִּין אִיךְ
צוּגֶעקוּמֶען מִיט סָאלְדַאטֶען אוּנְד הָאבּ אִיהְם אוֹיסְגֶערִיסֶען,
28 וֵוייל אִיךְ הָאבּ גֶעוְואוּסְט אַז עֶר אִיז אַ רוֹמֶער: אוּנְד
וֵוייל אִיךְ הָאבּ גֶעוָואלְט דִיא אוּרְזַאךְ וִויסֶען וָוארוּם
זֵייא פַארְקְלָאגֶען אִיהְם, הָאבּ אִיךְ אִיהְם פָאר זֵייעֶרֶע
29 סַנְהֶדְרִין גֶעבְּרַאכְט: אוּנְד אִיךְ הָאבּ גֶעפִינֶען אַז עֶר אִיז
פַארְקְלָאגְט גֶעוֶועזֶען וֶועגֶען שַׁאֲלוֹת פוּן זֵייעֶרֶע תּוֹרָה,
אָבֶּער עֶס אִיז קֵיינֶע פַארְקְלָאג וָואס אִיז וֶוערְט דֶעם
30 טוֹיט אָדֶער קֶעטֶען: אוּנְד וֶוען עֶס אִיז מִיר אָנְגֶעזָאגְט
גֶעוָוארֶען אַז עֶס וֶועט זֵיין אַ לוֹיעֶרוּנְג קֶעגֶען דֶעם מַאן,
הָאבּ אִיךְ אִיהְם גְלֵייךְ צוּ דִיר גֶעשִׁיקְט, אוּנְד הָאבּ דִיא
פַארְקְלֶעגֶער גֶעהֵייסֶען אַז זֵייא זָאלֶען פָאר דִיר זָאגֶען
וָואס זֵייא הָאבֶּען קֶעגֶען אִיהְם:
31 אַזוֹי הָאבֶּען דִיא סָאלְדַאטֶען פּוֹלוֹס גֶענוּמֶען, וִויא עֶס אִיז

זַייא בֶּעפוֹילֶען גֶעוֶועזֶען, אוּנְד הָאבֶּען אִיהְם גֶעבְּרַאכְט
32 בַּייא דֶער נַאכְט קֵיין אַנְטִיפַּאטְרִיס: אוּנְד אוֹיף מָארְגֶען
הָאבֶּען זַייא גֶעלָאזְט דִיא רַייטֶער מִיט אִיהְם אַװעקְגֶעהֶען,
33 אוּנְד הָאבֶּען זִיךְ צוּם לַאגֶער אוּמְגֶעקֶעהְרְט: אוּנְד
זַייא זֶענֶען אִין קֵיסְרִין אַרַיינְגֶעקוּמֶען, אוּנְד הָאבֶּען דֶעם
בְּרִיף אִיבֶּערְגֶעגֶעבֶּען צוּם גוּבֶּערְנֶער, אוּנְד הָאבֶּען אִיהְם
34 פּוֹלוֹס אוֹיךְ פָּארְגֶעשְׁטֶעלְט: אוּנְד װֶען עֶר הָאט דֶעם
בְּרִיף גֶעלַייעְנְט, אוּנְד הָאט אִיהְם גֶעפְרֶעגְט פוּן װֶעלְכֶער
מְדִינָה עֶר אִיז, אוּנְד הָאט פַארְשְׁטַאנֶען אַז עֶר אִיז אוֹיס
35 קִילִיקְיָא: הָאט עֶר גֶעזָאגְט, אִיךְ װֶעל דִיךְ פַארְהֶערֶען
װֶען דֵיינֶע פַארְקְלֶעגֶער װֶעלֶען אוֹיךְ קוּמֶען. אוּנְד
עֶר הָאט אִיהְם גֶעהֵייסֶען הִיטֶען אִין דֶעם גֶערִיכְטְהוֹיף
פוּן הוֹרְדוֹס:

קאפיטעל כד

1 אוּנְד נָאךְ פִינְף טֶעג אִיז חֲנַנְיָה, דֶער כֹּהֵן גָדוֹל, אַרוּפְּגֶע־
קוּמֶען מִיט עֶטְלִיכֶע פוּן דִיא עֶלְצְטֶע, אוּנְד מִיט אַ
גֶעװִיסֶען רֶעדְנֶער טֶערְטוּלוֹס, אוּנְד זַייא הָאבֶּען צוּם
2 גוּבֶּערְנֶער װֶעגֶען פּוֹלוֹס דֶערְצֶעהְלְט: אוּנְד װֶען עֶר אִיז
גֶערוּפֶען גֶעװָארֶען, הָאט טֶערְטוּלוֹס אָנְגֶעהוֹיבֶּען אִיהְם צוּ
פַארְקְלָאגֶען, אוּנְד הָאט גֶעזָאגְט, מִיר לֶעבֶּען אִין גְרוֹיס
פְרִידֶען דוּרְךְ דִיר, אוּנְד פִילֶע זַאכֶען זֶענֶען פַארְבֶּעסֶערְט
3 צוּ דִיזֶעם פָאלְק דוּרְךְ דֵיינֶע פָארְזִיכְטִיגְקֵייט: אוּנְד מִיר
נֶעמֶען עֶס אָן אַלֶע צֵייט אוּנְד אִין אַלֶע עֶרְטֶער מִיט פִיל
4 דַאנְק, עֶדֶעלְסְטֶער פֶעלִיקְס: אָבֶּער כְּדֵי אִיךְ זָאל דִיךְ נִיט
לֶענְגֶער אוֹיפְהַאלְטֶען, בֶּעט אִיךְ דִיךְ דוּא זָאלְסְט אוּנְס
5 בְּקִצוּר צוּהֶערֶען אִין דֵיינֶע גוּטִיגְקֵייט: װָארִין מִיר
הָאבֶּען דִיזֶען מַאן גֶעפִינֶען װִיא אַ פְּלָאג, אוּנְד עֶר מַאכְט
קְרִיגֶערַייא צְװִישֶׁען אַלֶע יוּדֶען אִין דִיא גַאנְצֶע װֶעלְט,
אוּנְד אִיז דֶער הוֹיפְּטְפִיהְרֶער פוּן דֶער כִּתָּה פוּן דִיא
6 נָצְרִים: אוּנְד עֶר הָאט אוֹיךְ פְּרָאבִּירְט דָאס בֵּית הַמִּקְדָּשׁ
צוּפֶערְאוּנְרֵיינִיגֶען, דֶעם מִיר הָאבֶּען אוֹיפְגֶעהַאלְטֶען, (אוּנְד
הַאבֶּען אִיהְם גֶעװָאלְט רִיכְטֶען נָאךְ אוּנְזֶער גֶעזֶעץ:
7 אָבֶּער לוּסִיאַס דֶער הוֹיפְּטְמַאן אִיז צוּגֶעקוּמֶען, אוּנְד הָאט
אִיהְם אַװעקְגֶענוּמֶען מִיט גְרוֹיס גֶעװַאלְד אוֹיס אוּנְזֶערֶע

הענד אונד ער האט געהייסען זיינע פארקלעגער צו
8 דיר קומען): דעם, וועו דוא וועסט אליין פערהערען
וועסט דוא וויסען וועגען אלע זאכען פארוואס מיר
9 פארקלאגען איהם: אונד דיא יודען האבען אויך דרינען
איינגעוויליגט, אונד האבען געזאגט אז דיזע זאכען
זענען אזוי:
10 אונד ווען דער הויפטמאן האט צו פולוס געווינקען אז
ער זאל רעדען, האט ער געענטפערט, ווייל איך וויים אז
דוא ביסט שוין פילע יאהרען אלס א ריכטער איבער
דיזען פאלק, אזוי מאך איך מיט פרעהליכען הארצען
11 מיינע פערענטפערונג: ווארין דוא קאנסט וויסען אז עס
זענען ניט מעהר וויא צוועלף טעג זינט איך בין ארויפ־
12 געגאנגען קיין ירושלים אנצובעטען: אונד זייא האבען
מיך ניט געפינען אים בית המקדש מיט אימעצען א
ויכוח האלטען אדער א קריג מאכען צווישען דיא לייט,
13 ניט אין דיא שולען אונד ניט אין דער שטאט: אונד
זייא קענען אויך ניט בעווייזען וועגען דיא זאכען וועלכע
14 זייא פארקלאגען מיך אצונד: אבער דאס בין איך מודה
פאר דיר, אז נאך דעם וועג וואס זייא רופען א כתה,
אזוי דיען איך דעם גאט פון מיינע אבות, אונד גלויב
אין אלע זאכען וואס שטעהען געשריבען אין דער
15 תורה אונד אין דיא נביאים: אונד איך האב דיא האפנונג
צו גאט, אויף וועלכע זייא אליין אויך ווארטען, אז עס
וועט זיין איינע אויפערשטעהונג פון דיא צדיקים אונד
16 דיא רשעים: אין דיזעם בין איך מיך אליין אויך מטריח,
אז איך זאל בעשטענדיג האבען א ריינעם געוויסען פאר
17 גאט אונד פאר מענשען: אונד נאך פילע יאהרען בין
איך געקומען אונד האב צדקה געבראכט צו מיין
18 פאלק, אונד קרבנות: אונד מיט דיזעם האבען זייא מיך
געפינען אים בית המקדש נאך מיינע ריינינונג, ניט מיט
קיינע לייט אונד ניט מיט קיין געטומעל; אבער עס
19 זענען דא געוויסע יודען פון אסיא: וועלכע האבען
געזאלט פאר דיר זיין אונד פארקלאגען ווען זייא
20 וואלטען עפעס געהאט קעגען מיר: אדער לאזען דיזע

זעלבסט זאגען, וואס פאר אונרעכט זייא האבען אין מיר
געפינען ווען איך בין געשטאנען פאר דיא סנהדרין:
21 חוץ פאר דיזעם איינציגען ווארט וואס איך האב געשריען
ווען איך בין צווישען זייא געשטאנען; אז איך בין
דעם היינטיגען טאג בייא אייך געריכטעט וועגען
תחית המתים:
22 אונד פעליקס האט זייא אויף שפעטער אפגעלעגט, ווארין
ער האט בעסער וועגען דיזען וועג געוואוסט, אונד האט
געזאגט, ווען לוסיאס דער הויפטמאן וועט ארופקומען,
23 וועל איך וועגען אייך געוואר ווערען: אונד ער האט
דעם אפיציר אנגעזאגט אז ער זאל איהם היטען אונד
זאל איהם פרייהייט געבען, אונד אז מען זאל קיינעם פון
זיינע פריינד ניט פערביטען איהם צו בעדינען:
24 אונד נאך עטליכע טעג איז פעליקס געקומען מיט זיין
אייגען ווייב דרוסילה, וואס איז געוועזען א יודענע,
אונד האט געשיקט נאך פולוס, אונד האט איהם געהערט
25 וועגען דעם גלויבען אן דעם משיח: אונד וויא ער האט
גערעט וועגען גערעכטיגקייט אונד מעסיגקייט, אונד
דעם געריכט וואס וועט קומען, האט פעליקס געציטערט
אונד געענטפערט, געה אצונד אוועק, אבער ווען איך
האב א פאסענדע געלעגענהייט וועל איך דיך לאזען
26 רופען: אונד ער האט אויך געהאפט אז פולוס וועט
איהם געלד געבען; דרום האט ער מעהר אפט נאך
27 איהם געשיקט אונד האט מיט איהם געשמיאוסט: אונד
ווען צוויא יאהר זענען דערפילט געווארען איז פרקיוס
פעסטוס געקומען אויף דעם ארט פון פעליקס; אונד
פעליקס האט געוואלט דיא יודען א געפעלען טהון, האט
ער פולוס געבונדען איבערגעלאזט:

קאפיטעל כה

1 דרום ווען פעסטוס איז אין דער מדינה אריינגעקומען,
איז ער נאך דרייא טעג ארויפגעגאנגען פון קיסרין קיין
2 ירושלים: אונד דיא ערשטע כהנים מיט דיא עלצטע פון
דיא יודען האבען איהם דערצעהלט קעגען פולוס, אונד
3 האבען איהם געבעטען: אונד האבען פון איהם פערלאנגט

אַ חֶסֶד, אַז עֶר זָאל אִיהְם קַיין יְרוּשָׁלַיִם רוּפֶען, אִינְדֶעם
זַייא הָאבֶּען אוֹיף אִיהְם גֶעלוֹיעֶרְט אַז זַייא זָאלֶען אִיהְם
4 אוּמְבְּרֶענְגֶען אוֹיף דֶעם וֶועג: דָאךְ הָאט פֶעסְטוּס גֶעעֶנְטְ־
פֶערְט, אַז פּוֹלוֹס זָאל אִין קֵיסָרִין גֶעהַאלְטֶען וֶוערֶען, אוּנְד
5 אַז עֶר וֶועט אַלֵיין בַּאלְד אַהִין אַוֶועקְגֶעהֶען: לָאזֶען דְרוּם
דִיא מֶעכְטִיגֶע צְוִוישֶׁען אֵייךְ, הָאט עֶר גֶעזָאגְט, מִיט מִיר
אַרוּפְגֶעהֶען, אוּנְד וֶוען זַייא הָאבֶּען עֶפֶּעס אַ זַאךְ קֶעגֶען
דֶעם מַאן לָאזֶען זַייא אִיהְם פֶערְקְלָאגֶען:
6 אוּנְד וֶוען עֶר אִיז בַּייא זַייא גֶעבְּלִיבֶּען נִיט מֶעהְר וִויא
אַכְט אָדֶער צֶעהְן טֶעג, אִיז עֶר אַרוּפְגֶעגַאנְגֶען קַיין
קֵיסָרִין, אוּנְד דֶעם אַנְדֶערְן טָאג הָאט עֶר זִיךְ גֶעזֶעצְט
אוֹיף דֶעם רִיכְטֶערְשְׁטוּהְל, אוּנְד הָאט גֶעהֵייסֶען פּוֹלוֹס
7 בְּרֶענְגֶען: אוּנְד וֶוען עֶר אִיז גֶעקוּמֶען, הָאבֶּען אִיהְם דִיא
יוּדֶען וָואס זֶענֶען אַרוּפְגֶעקוּמֶען פוּן יְרוּשָׁלַיִם אַרוּמְגֶערִינְגְ־
גֶעלְט, אוּנְד הָאבֶּען פִילֶע אוּנְד שְׁוֶוערֶע פֶערְשׁוּלְדוּנְגֶען
גֶעבְּרַאכְט, וֶועלְכֶע זַייא הָאבֶּען נִיט גֶעקָאנְט בֶּעוֵוייזֶען:
8 פּוֹלוֹס הָאט זִיךְ פַארֶענְטְפֶערְט, אִיךְ הָאבּ גָארְנִיט גֶעזִינְדִיגְט
קֶעגֶען דֶער תּוֹרָה פוּן דִיא יוּדֶען, אוֹיךְ נִיט קֶעגֶען דֶעם
9 בֵּית הַמִקְדָשׁ, אוּנְד אוֹיךְ נִיט קֶעגֶען דֶעם קֵיסַר: אָבֶּער
פֶעסְטוּס הָאט גֶעוָואלְט דִיא יוּדֶען אַ גֶעפֶעלֶען טְהוּן, אוּנְד
הָאט פּוֹלוֹס גֶעעֶנְטְפֶערְט אוּנְד גֶעזָאגְט, וִוילְסְט דוּא
אַרוֹיפְגֶעהֶען קַיין יְרוּשָׁלַיִם אוּנְד דָארְט פָאר מִיר
10 גֶערִיכְטֶעט וֶוערֶען וֶועגֶען דִיזֶע זַאכֶען? אָבֶּער פּוֹלוֹס
הָאט גֶעזָאגְט, אִיךְ שְׁטֶעה פָאר דֶעם רִיכְטֶערְשְׁטוּהְל פוּן
דֶעם קֵיסַר, וְואוּ אִיךְ מוּז גֶערִיכְטֶעט וֶוערֶען. דִיא יוּדֶען
הָאבּ אִיךְ קַיין אוּנְרֶעכְט נִיט גֶעטְהוּן, אַזוֹי וִויא דוּא גַאנְץ
11 גוּט וֵוייסְט: דְרוּם וֶוען אִיךְ הָאבּ אוּנְרֶעכְט גֶעטְהוּן אוּנְד
אַ זַאךְ וָואס אִיז וֶוערְט דֶעם טוֹיט, בִּין אִיךְ בֶּערֵייט צוּ
שְׁטַארְבֶּען; אָבֶּער וֶוען עֶס אִיז גָארְנִיט וָואס דִיזֶע מִיךְ
פֶערְקְלָאגֶען, אַזוֹי קָאן מִיךְ קֵיינֶער צוּ זַייא נִיט אִיבֶּערְגֶע־
12 בֶּען; אִיךְ בֶּערוּף מִיךְ אוֹיף דֶעם קֵיסַר: דַאן הָאט
זִיךְ פֶעסְטוּס בֶּערָאטְהֶען מִיט דֶעם רָאט, אוּנְד הָאט
גֶעעֶנְטְפֶערְט, דוּא הָאסְט דִיךְ דֶעם אוֹיף קֵיסַר בֶּערוּפֶען,
דוּא זָאלְסְט צוּם קֵיסַר גֶעהֶען:

13 אוּנְד װֶען עֶטְלִיכֶע טֶעג זֶענְען פַארְבֵּייא גֶעגַאנְגֶען, אִיז
דֶער קֶענִיג אַגְרִיפַּא אוּנְד בֶּערְנִיקִי אַרוּפְגֶעקוּמֶען קֵיין
14 קֵיסְרִין אוּם פֶעסְטוּס צוּ גְרִיסֶען: אוּנְד װֶען זֵייא זֶענֶען
דָארְט פִילֶע טֶעג גֶעבְּלִיבֶּען, הָאט פֶעסְטוּס פָארְגֶעשְׁטֶעלְט
דִיא זַאכֶען װֶעגֶען פּוֹלוֹס צוּ דֶעם קֶענִיג אוּנְד גֶעזָאגְט,
אַ גֶעװִיסֶער מַאן אִיז אִיבֶּערְגֶעלָאזְט גֶעבּוּנְדֶען פוּן פֶעלִיקְס:
15 אוּנְד װֶען אִיךְ בִּין גֶעװֶעזֶען אִין יְרוּשָׁלַיִם, הָאבֶּען דִיא
עֶרְשְׁטֶע כֹּהֲנִים אוּנְד דִיא עֶלְצְטֶע פוּן דִיא יוּדֶען
װֶעגֶען אִיהְם אַיינֶע אָנְקְלַאג גֶעמַאכְט, אוּנְד הָאבֶּען
16 גֶעבֶּעטֶען אוּם אַ פְּסַק קֶעגֶען אִיהְם: אוּנְד אִיךְ הָאבּ זֵייא
גֶעעֶנְטְפֶערְט, אַז עֶס אִיז נִיט דֶער מִנְהָג בֵּייא דִיא רוֹמֶער
אַ מַאן צוּם טוֹיט אִיבֶּערְצוּגֶעבֶּען בִּיז דֶער װָאס אִיז
פֶערְקְלָאגְט הָאט זַיינֶע פֶערְקְלֶעגֶער פָּנִים לְפָנִים, אוּנְד
הָאט אַ גֶעלֶעגֶענְהֵייט זִיךְ צוּ פַארְעֶנְטְפֶערְן װֶעגֶען דֶער
17 אָנְקְלָאג: דְרוּם װֶען זֵייא זֶענֶען דָא צוּזַאמֶענְגֶעקוּמֶען,
הָאבּ אִיךְ גָאר קֵיין אוֹיפְהַאלְט גֶעמַאכְט, אוּנְד בִּין דֶעם
אַנְדֶערְן טָאג אוֹיף דֶעם רִיכְטֶערְשְׁטוּהְל גֶעזֶעסֶען, אוּנְד
18 הָאבּ גֶעהֵייסֶען דֶעם מַאן בְּרֶענְגֶען: אוּנְד װֶען דִיא
פֶערְקְלֶעגֶער זֶענֶען אוֹיפְגֶעשְׁטַאנֶען, הָאבֶּען זֵייא װֶעגֶען
אִיהְם קֵיינֶע בֶּעשׁוּלְדִיגוּנְג פוּן שְׁלֶעכְטֶע זַאכֶען נִיט
19 גֶעבְּרַאכְט אַזוֹי װִיא אִיךְ הָאבּ גֶעדַאכְט: אָבֶּער זֵייא
הָאבֶּען עֶטְלִיכֶע פְרַאגֶען קֶעגֶען אִיהְם װֶעגֶען זֵיירֶע
אֵייגֶענֶע אַבֶּערְגְלוֹיבִּיגְקֵייט, אוּנְד װֶעגֶען אַ גֶעװִיסֶען יֵשׁוּעַ
װֶעלְכֶער אִיז גֶעשְׁטָארְבֶּען, אוֹיף דֶעם פּוֹלוֹס הָאט גֶעזָאגְט
20 אַז עֶר לֶעבְּט: אוּנְד װֵייל אִיךְ בִּין מְסוּפָּק גֶעװָארֶען
װֶעגֶען אַזֶעלְכֶע פְרַאגֶען, הָאבּ אִיךְ גֶעזָאגְט אוֹיבּ עֶר
װִיל קֵיין יְרוּשָׁלַיִם גֶעהֶען אוּנְד דָארְט װֶעגֶען דִיזֶע זַאכֶען
21 גֶערִיכְטֶעט װֶערֶען? אָבֶּער װֶען פּוֹלוֹס הָאט זִיךְ בֶּערוּפֶען
אַז עֶר זָאל גֶעהַאלְטֶען װֶערֶען בִּיז אוֹיגוּסְטוּס װֶעט
בֶּעשֵׁיידֶען, הָאבּ אִיךְ אִיהְם גֶעהֵייסֶען הִיטֶען בִּיז אִיךְ װֶעל
22 אִיהְם צוּם קֵיסַר שִׁיקֶען: אוּנְד אַגְרִיפַּא הָאט צוּ פֶעסְטוּס
גֶעזָאגְט, אִיךְ הָאבּ אוֹיךְ זֶעלְבְּסְט גֶעװִאוּנְשְׁט אַז אִיךְ זָאל
דֶעם מַאן הֶערֶען. אוּנְד עֶר הָאט גֶעזָאגְט, אוֹיף מָארְגֶען
זָאלְסְט דוּא אִיהְם הֶערֶען:

23 דרוּם דֶעם אַנְדֶערְן טָאג הָען אַגְרִיפַּא אוּנְד בֶּערְנִיקִי זָענֶען
גֶעקוּמֶען מִיט גְרוֹיסֶער פְּרַאכְט, אוּנְד זָענֶען אִין דֶער
פַארְהֶערְשְׁטוּבּ אַרַיינְגֶעגַאנְגֶען מִיט דִיא הוֹיפְּטְמֶענֶער אוּנְד
דִיא פָארְנֶעמְסְטֶע מֶענֶער פוּן דֶער שְׁטָאט, וָוען פֶעסְטוּס
הָאט אַ בֶּעפֶעהְל גֶעגֶעבֶען הָאט מֶען פּוֹלוּס אַרַיינְגֶע־
24 בְּרַאכְט: אוּנְד פֶעסְטוּס הָאט גֶעזָאגְט, קֶענִיג אַגְרִיפַּא אוּנְד
אַלֶע וָואס זֶענֶען דָא מִיט אוּנְס, אִיהְר זֶעהְט דֶעם דָאזִיגֶען
וֶועגֶען וֶועלְכֶען דִיא פֶערְזַאמְלוּנְג פוּן דִיא יוּדֶען הָאט מִיךְ
גֶעבֶּעטֶען אִין יְרוּשָׁלַיִם אוּנְד אוֹיךְ דָא, אוּנְד זַייא שְׁרַייעֶן
25 אַז עֶר בֶּעדַארְף נִיט לֶענְגֶער לֶעבֶען: אָבֶער אִיךְ הָאבּ
דֶערְקֶענְט אַז עֶר הָאט נִיט גֶעטְהוּן קֵיין זַאךְ וָואס אִיז
וֶוערְט דֶעם טוֹיט; אוּנְד וָוען עֶר הָאט זִיךְ אַלֵיין בֶּערוּפֶען
אוֹיף אוֹיגוּסְטוּס, הָאבּ אִיךְ בֶּעשְׁלָאסֶען אַז אִיךְ זָאל אִיהְם
26 שִׁיקֶען: אוּנְד וֶועגֶען אִיהְם הָאבּ אִיךְ גָארְנִיט זִיכֶערֶעס צוּם
הַאר'ן צוּ שְׁרַייבֶען; דְרוּם הָאבּ אִיךְ אִיהְם פָאר אֵייךְ
גֶעבְּרַאכְט, אוּנְד בֶּעזוּנְדֶערְס פָאר דִיר, קֶענִיג אַגְרִיפַּא,
אַז נָאכְדֶעם דֶער פַארְהֶער וֶועט גֶעשֶׁעהֶען אִיךְ זָאל
27 עֶפֶּעס הָאבֶען צוּ שְׁרַייבֶען: וָוארִין עֶס שַׁיינְט מִיר
אוּנְפֶערְשְׁטֶענְדִיג צוּ זַיין, אַ גֶעפַאנְגֶענֶען צוּ שִׁיקֶען, אוּנְד
נִיט דִיא פֶערְשׁוּלְדִיגוּנְג קֶענֶען אִיהְם אָנְצוּצֵייגֶען:

קאפיטעל כו

1 אוּנְד אַגְרִיפַּא הָאט גֶעזָאגְט צוּ פּוֹלוּס, דוּא מֶעגְסְט פָאר
דִיר זֶעלְבְּסְט רֶעדֶען. דַאן הָאט פּוֹלוּס דִיא הַאנְד אוֹיסְגֶע־
2 שְׁטְרֶעקְט אוּנְד הָאט זִיךְ פַארְעֶנְטְפֶערְט: אִיךְ שֶׁעץ מִיךְ
גְלִיקְלִיךְ, קֶענִיג אַגְרִיפַּא, אַז אִיךְ זָאל מִיךְ הַיינְט פָאר
דִיר פַארֶענְטְפֶערְן וֶועגֶען אַלֶע זַאכֶען פַאר וֶועלְכֶע אִיךְ
3 בִּין פֶערְקְלָאגְט פוּן דִיא יוּדֶען: בֶּעזוּנְדֶערְס וַוייל דוּא
פַארְשְׁטֶעהְסְט אַלֶע מִנְהָגִים אוּנְד שַׁאֲלוֹת וָואס זֶענֶען בַּייא
דִיא יוּדֶען; דְרוּם בֶּעט אִיךְ דִיךְ אַז דוּא זָאלְסְט מִיךְ
4 גֶעדוּלְדִיג הֶערֶען: מֵיין לֶעבֶען פוּן מֵיינֶע יוּגֶענְד אוֹיף,
וָואס אִיז פוּן אָנְהוֹיבּ אָן גֶעוֶועזֶען צְוִוישֶׁען מֵיין פָאלְק
5 אוּנְד אִין יְרוּשָׁלַיִם, ווייסֶען אַלֶע יוּדֶען: וֶועלְכֶע הָאבֶען
מִיךְ פוּן אָנְהוֹיבּ אָן גֶעקֶענְט, וָוען זַייא וָואלְטֶען בֶּעצֵייגֶען,
אַז אִיךְ הָאבּ גֶעלֶעבְּט וִויא אַ פָּרוּשׁ נָאךְ דֶער

שְׁטְרֶענְגְסְטֶען כַּתָּה פוּן אוּנְזֶערֶע רֶעלִיגְיָאן: אוּנְד אַצוּנְד 6
שְׁטֶעה אִיךְ גֶערִיכְטֶעט צוּ וֶוערֶען וֶועגֶען דֶער הָאפְנוּנְג
פוּן דֶער הַבְטָחָה וָואס גָאט הָאט גֶעגֶעבֶּען צוּ אוּנְזֶערֶע
אָבוֹת: וָועלְכֶע אוּנְזֶערֶע צְוֶועלְף שְׁבָטִים הָאפֶען צוּ 7
דֶערְלַאנְגֶען, אוּנְד זַייא דִינֶען גָאט בֶּעשְׁטֶענְדִיג, טָאג אוּנְד
נַאכְט; וֶועגֶען דִיזֶער הָאפְנוּנְג, קֶענִיג אַגְרִיפַּא, בִּין אִיךְ
פֶערְקְלָאגְט פוּן דִיא יוּדֶען: וָוארוּם הַאלְט אִיהְר עֶס פַּאר 8
אוּנְגְלוֹיבְּלִיךְ אַז גָאט וֶועט דִיא טוֹיטֶע אוֹיפְוֶועקֶען? אִיךְ 9
הָאבּ בֶּייא מִיר זֶעלְבְּסְט גֶעדַאכְט, אַז אִיךְ מוּז פִיל טְהוּן
קֶעגֶען דֶעם נָאמֶען פוּן יֵשׁוּעַ הַנָּצְרִי: אוּנְד אִיךְ הָאבּ עֶס 10
אוֹיךְ גֶעטְהוּן אִין יְרוּשָׁלַיִם, אוּנְד הָאבּ פִילֶע פוּן דִיא
הֵיילִיגֶע אִין גֶעפֶענְגְנִיס אַיינְגֶעשְׁלָאסֶען, וֶוען אִיךְ הָאבּ
מַאכְט דֶערְהַאלְטֶען פוּן דִיא עֶרְשְׁטֶע כֹּהֲנִים, אוּנְד וֶוען
זַייא זֶענֶען אוּמְגֶעבְּרַאכְט גֶעוָוארֶען, הָאבּ אִיךְ דֶערְצוּ
בֶּייגֶעשְׁטִימְט: אוּנְד אִיךְ הָאבּ זַייא אָפְט אִין אַלֶע שׁוּלֶען 11
גֶעפֵּיינִיגְט, אוּנְד הָאבּ זַייא גֶעצְוָואוּנְגֶען צוּ לֶעסְטֶערְן,
אוּנְד וַוייל אִיךְ בִּין קֶעגֶען זַייא זֶעהְר גְרוֹיזַאם גֶעוֶועזֶען,
הָאבּ אִיךְ זַייא פֶערְפָאלְגְט בִּיז אִין פְרֶעמְדֶע שְׁטֶעט:
אוּנְד דֶערְוַוייל אִיךְ בִּין קַיין דַמֶשֶׂק גֶעגַאנְגֶען מִיט מַאכְט 12
אוּנְד אַ בֶּעפֶעהְל פוּן דִיא עֶרְשְׁטֶע כֹּהֲנִים: הָאבּ אִיךְ 13
גֶעזֶעהֶען אוֹיף דֶעם וֶועג, אִין מִיטֶען טָאג, אָ קֶענִיג, אַ
לִיכְט פוּן הִימֶעל, הֶערְלִיכֶער וִויא דִיא שַׁיינוּנְג פוּן דֶער
זוּן, וָואס הָאט גֶעשַׁיינְט אַרוּם מִיר אוּנְד דִיא וָואס זֶענֶען
מִיט מִיר גֶעגַאנְגֶען: אוּנְד וֶוען מִיר זֶענֶען אַלֶע צוּ דֶער 14
עֶרְד גֶעפַאלֶען, הָאבּ אִיךְ גֶעהֶערְט אַ קוֹל וָואס הָאט
צוּ מִיר גֶעזָאגְט אִין לָשׁוֹן עִבְרִי, שָׁאוּל שָׁאוּל, וָוארוּם
פֶערְפָאלְגְסְט דוּא מִיךְ? עֶס אִיז שְׁוֶוער פַאר דִיר קֶעגֶען
דִיא שְׁטַאכֶעל צוּ שְׁטוֹיסֶען: אוּנְד אִיךְ הָאבּ גֶעזָאגְט, 15
וֶוער בִּיסְט דוּא, הַאר? אוּנְד דֶער הַאר הָאט גֶעזָאגְט, אִיךְ
בִּין יֵשׁוּעַ דֶעם דוּא פֶערְפָאלְגְסְט: אָבֶּער שְׁטֶעה אוֹיף, אוּנְד 16
שְׁטֶעה אוֹיף דַיינֶע פִּיס, וָוארִין אִיךְ הָאבּ מִיךְ פוּן דֶעסְט־
וֶועגֶען צוּ דִיר בֶּעוִויזֶען אַז אִיךְ זָאל דִיךְ מַאכֶען צוּם
דִינֶער אוּנְד צוּם עֵדוּת וֶועגֶען דִיא זַאכֶען וָואס דוּא הָאסְט
גֶעזֶעהֶען, אוּנְד וֶועגֶען דִיא וָואס אִיךְ וֶועל מִיךְ צוּ דִיר

17 בֶּעוַויינֶזען: אוּנְד אִיךְ וֶועל דִיךְ מַצִיל זַיין פוּן דֶעם פָאלְק
18 אוּנְד פוּן דִיא גוֹיִם, צוּ וֶועלְכֶע אִיךְ שִׁיק דִיךְ: אַז דוּא
זָאלְסְט אוֹיפְמַאכֶען זַייעֶרֶע אוֹיגֶען, זַייא אוּמְצוּקֶעהְרֶען
פוּן דֶער פִינְסְטֶערְנִיס צוּם לִיכְט, אוּנְד פוּן דֶער מַאכְט
פוּן דֶעם שָׂטָן צוּ גָאט, אַז זַייא זָאלֶען דֶערְהַאלְטֶען
פֶערְגֶעבּוּנְג פוּן זִינְד, אוּנְד אֵיינֶע עֶרְבְּשַׁאפְט צְווִישֶׁען דִיא
וָואס זֶענֶען גֶעהֵיילִיגְט דוּרְךְ דֶעם גְלוֹיבֶּען וָואס אִיז
אָן מִיר:
19 דְרוּם, קֶענִיג אַגְרִיפַּא, בִּין אִיךְ נִיט וִידֶערְשְׁפֶּענִיג גֶעוֶוע־
20 זֶען קֶעגֶען דִיא הִימְלִישֶׁע עֶרְשֵׁיינוּנְג: נֵייעֶרְט אִיךְ הָאבּ
דֶערְקְלֶעהְרְט צוּעֶרְשְׁט צוּ דִיא וָואס זֶענֶען אִין דַמֶשֶׂק
אוּנְד אִין יְרוּשָׁלַיִם, אוּנְד אִים גַאנְצֶען לַאנְד פוּן יְהוּדָה,
אוּנְד צוּ דִיא גוֹיִם, אַז זַייא זָאלֶען תְּשׁוּבָה טְהוּן אוּנְד
זָאלֶען זִיךְ צוּ גָאט אוּמְקֶעהְרֶען, אוּנְד זָאלֶען טְהוּן וֶוערְק
21 וָואס זֶענֶען וִירְדִיג פוּן תְּשׁוּבָה: וֶועגֶען דִיזֶע זַאכֶען
הָאבֶּען מִיךְ דִיא יוּדֶען אִים בֵּית הַמִקְדָשׁ גֶענוּמֶען, אוּנְד
22 הָאבֶּען מִיךְ גֶעפְּרִיפְט אוּמְצוּבְּרֶענְגֶען: דְרוּם וֵוייל אִיךְ
הָאבּ דֶערְהַאלְטֶען הִילְף פוּן גָאט, שְׁטֶעה אִיךְ בִּיז צוּ
דִיזֶען טָאג, אוּנְד בֶּעצֵייג צוּ קְלֵיין אוּנְד גְרוֹיס, אִינְדֶעם
אִיךְ זָאג נִיט קֵיינֶע אַנְדֶערֶע זַאךְ אוֹיסֶער וָואס דִיא
נְבִיאִים אוּנְד מֹשֶׁה הָאבֶּען גֶעזָאגְט אַז עֶס וֶועט גֶעשֶׁעהֶען:
23 אַז דֶער מָשִׁיחַ וֶועט לֵיידֶען, אוּנְד אַז עֶר וֶועט זַיין דֶער
עֶרְשְׁטֶער וָואס וֶועט פוּן דִיא טוֹיטֶע אוֹיפְשְׁטֶעהֶען, אוּנְד
וֶועט פְרֶעדִיגֶען לִיכְט צוּם פָאלְק אוּנְד צוּ דִיא גוֹיִם:
24 אוּנְד דֶערְוַוייל עֶר הָאט זִיךְ אַזוֹי פַארְעֶנְטְפֶערְט, הָאט
פֶעסְטוּס גֶעזָאגְט מִיט אַ הוֹיךְ קוֹל, פּוֹלוּס, דוּא בִּיסְט
25 אוּנְזִינִיג, דָאס פִילֶע לֶערְנֶען מַאכְט דִיךְ מְשׁוּגֶע: אָבֶּער
פּוֹלוּס הָאט גֶעזָאגְט, אִיךְ בִּין נִיט מְשׁוּגֶע, פָארְנֶעמְסְטֶער
פֶעסְטוּס, נֵייעֶרְט אִיךְ רֶעד דִיא וֶוערְטֶער פוּן וָואהְרְהֵייט
26 אוּנְד פֶערְשְׁטַאנְד: וָוארִין דֶער קֶענִיג וִוייסְט וֶועגֶען דִיזֶע
זַאכֶען, פָאר דֶעם אִיךְ רֶעד אוֹיךְ עֶפֶענְטְלִיךְ, וָוארִין אִיךְ
בִּין גֶעוִוים אַז קֵיינְס פוּן דִיזֶע זַאכֶען אִיז פוּן אִיהְם נִיט
פֶערְבָּארְגֶען, וָוארִין דָאס אִיז נִיט אִין אַ וִוינְקֶעל
27 גֶעשֶׁעהֶען: קֶענִיג אַגְרִיפַּא, גְלוֹיבְּסְט דוּא דִיא נְבִיאִים?

28 איך ווייס אז דוא גלויבסט: אונד אגריפא האט געזאגט
צו פולוס, מיט ווענינ איבערדעדסט דוא מיך א קריסט
29 צו ווערען: אונד פולוס האט געזאגט, הלואי זאל גאט
געבען, אז אויב מיט ווענינ אדער מיט פיל, ניט אליין
דוא, נייערט אויך אלע וואס הערען מיך היינט זאלען
אזעלכע זיין וויא איך בין, חוץ דיזע קעטען:
30 אונד דער קעניג איז אויפגעשטאנען, אונד דער גובער־
נער, אונד ברניקי, אונד דיא וואס זענען מיט זייא געזע־
31 סען: אונד זענען אין דער זייט געגאנגען אונד האבען
צווישען זיך גערעט אונד געזאגט, דיזער מאן האט גאר־
ניט געטהון וואס פערדינט דעם טויט אדער דיא קעטען:
32 אונד אגריפא האט געזאגט צו פעסטוס, דיזער מאן וואלט
געקאנט בעפרייט ווערען, ווען ער וואלט זיך ניט בערופען
אויף דעם קיסר:

קאפיטעל כז

1 אונד ווען עס איז בעשלאסען געווארען אז מיר זאלען זיך
אוועקשיפען קיין איטאליא, האבען זייא פולוס אונד עט־
ליכע אנדערע געפאנגענע איבערגעגעבען צו א הויפטמאן
וואס האט געהייסען יוליוס, פון דעם חיל פון אויגוסטוס:
2 אונד מיר זענען אריינגעגאנגען אין א שיף פון ארדאמיטע
וואס האט געזאלט זעגלען אין דיא ערטער פון אסיא,
אונד האבען אוועקגעשיפט; אונד עס איז מיט אונס גע־
ווען אריסטארכוס פון תעסאלוניקא אוים מקדוניא:
3 אונד דעם אנדערן טאג זענען מיר ארופגעקומען קיין
צידון; אונד יוליוס האט זיך פריינדליך געהאלטען קעגען
פולוס, אונד האט איהם דערלויבט צו זיינע פריינד צו געהען,
4 כדי זייא זאלען איהם פארזארגען: אונד פון דארטען זע־
נען מיר אוועקגעשיפט, אונד האבען געזעגעלט אונטער
קיפרוס, ווייל דיא ווינד זענען אונס אנטקעגען געוועזען:
5 אונד ווען מיר האבען געזעגעלט איבער דעם ים פון
קיליקיא אונד פאמפיליא, זענען מיר ארופגעקומען קיין
6 מירא אין לוקיא: אונד דארט האט דער הויפטמאן גע־
פינען א שיף פון אלעכסאנדריא, וואס איז געגאנגען קיין
7 איטאליא, אונד האט אונס דרויף אריינגעשיפט: אונד ווען

מִיר הָאבֶּען זִיךְ פִילֶע טֶעג לַאנְגְזַאם בֶּעוֶועגֶעלְט, אוּנְד זֶענֶען
קוֹים גֶעקוּמֶען קֶעגֶען קְנִידוֹס, וֵוייל דֶער ווִינְד הָאט אוּנְס
נִיט גֶעלָאזְט, הָאבֶּען מִיר זִיךְ אוּנְטֶער קְרֵטָא גֶעזֶעגֶעלְט
8 קֶעגֶענְאִיבֶּער סַלְמוֹנִי: אוּנְד מִיר זֶענֶען דִיזֶעם קוֹים פַארְ־
בַּייא גֶעגַאנְגֶען, אוּנְד זֶענֶען גֶעקוּמֶען צוּ אַ גֶעווִיסֶען אָרְט
וָואס אִיז גֶערוּפֶען דֶער שֶׁעהְנֶער הַאפֶען, אוּנְד נָאהֶענְט
דֶערְבַּייא אִיז גֶעוֶועזֶען דִיא שְׁטָאט לַאסֶיָא:
9 אוּנְד נָאךְ אַ לַאנְגֶע צֵייט וֶוען עֶס אִיז שׁוֹין גֶעפֶעהְרְלִיךְ
גֶעוֶועזֶען זִיךְ צוּ שִׁיפֶען, וֵוייל דָאס פַאסְטֶען אִיז אוֹיךְ
שׁוֹין פַארְבַּייא גֶעוֶועזֶען, הָאט זֵייא פּוֹלוֹס גֶעוָוארֶענְט:
10 אוּנְד הָאט צוּ זֵייא גֶעזָאגְט, אִיהְר מֶענֶער, אִיךְ זֶעה, אַז
דִיזֶע רֵייזֶע וֶועט שְׁלֶעכְט זַיין אוּנְד מִיט גְרוֹיסֶען שָׁאדֶען,
נִיט אַלֵיין צוּ דֶער לָאדוּנְג אוּנְד צוּ דֶעם שִׁיף, נֵייעֶרְט אוֹיךְ
11 צוּ אוּנְזֶער לֶעבֶּען: אָבֶּער דֶער הוֹיפְּטְמַאן הָאט מֶעהְר
גֶעגְלוֹיבְּט דֶעם פִיהְרֶער אוּנְד דֶעם הַאר פוּן דֶעם שִׁיף
12 ווִיא דִיא וֶוערְטֶער פוּן פּוֹלוֹס: אוּנְד וֵוייל דֶער הַאפֶען
אִיז נִיט גוּט גֶעוֶועזֶען דְרִינֶען צוּ ווִינְטֶערְן הָאבֶּען דִיא
מֵייסְטֶען בֶּערָאטֶען אַז זֵייא זָאלֶען פוּן דָארְטֶען אַוֶועקְ־
שִׁיפֶען, וֶוען מֶעגְלִיךְ צוּ קוּמֶען קֵיין פֵינִיקָס אוּנְד אִיבֶּערְ־
ווִינְטֶערְן, וָואס אִיז אַ הַאפֶען פוּן קְרֵאטָא אוּנְד לִיגְט קֶע־
גֶען זִיד־וֶועסְט אוּנְד נָארְד־וֶועסְט זֵייט:
13 אוּנְד וֶוען דֶער זִיד ווִינְד הָאט לֵייכְט גֶעבְּלָאזֶען, הָאבֶּען זֵייא
גֶעדַאכְט אַז זֵייא הָאבֶּען זֵייעֶר תַּכְלִית דֶערְהַאלְטֶען,
אוּנְד זֶענֶען אַרוֹיסְגֶעפָאהְרֶען אוּנְד זֶענֶען קְרֵאטָא
14 פַארְבַּייא גֶעשִׁיפְט: אָבֶּער נִיט לַאנְג דֶערְנָאךְ הָאט זִיךְ
קֶעגֶען אִיהְר דֶערְהוֹיבֶּען אַ שְׁטוּרְמְווִינְד, וָואס אִיז גֶערוּפֶען
15 אַוְרַקִילוֹן: אוּנְד וֶוען דָאס שִׁיף אִיז דֶערְגְרִיפֶען גֶעוֶועזֶען,
אוּנְד הָאט נִיט גֶעקָאנְט קֶעגֶען דֶעם ווִינְד בֶּעשְׁטֶעהֶען,
הָאבֶּען מִיר עֶס גֶעלָאזְט גֶעהֶען אוּנְד זֶענֶען גֶעפָארֶען:
16 אוּנְד לוֹיפֶענְדִיג אוּנְטֶער אַ גֶעווִיסֶע אִינְזֶעל וָואס הֵייסְט
קְלוֹידָא, הָאבֶּען מִיר קוֹים גֶעקָאנְט דָאס קְלֵיינֶע שִׁיפֶעלֶע
17 אֵיינְהַאלְטֶען: אוּנְד וֶוען זֵייא הָאבֶּען עֶס אַרוֹיפְגֶע־
צוֹיגֶען הָאבֶּען זֵייא בֶּענוּצְט מִיטֶעל, אוּנְד הָאבֶּען דָאס
שִׁיף אוּנְטֶערְגֶעגַארְטֶעלְט. אוּנְד זֵייא הָאבֶּען זִיךְ גֶעפָארְכְט

אַז זַייא זָאלֶען נִיט אִין דִיא סִרְטִים אַרַיינְפַאלֶען, הָאבֶּען
זַייא דָאס טַאקֶעלְוֶוערְק אַרוּפְּגֶעלָאזְט, אוּנְד זֶענֶען אַזוֹי
גֶעפָאהְרֶען: אוּנְד וֶוען מִיר זֶענֶען אִין אַ גְרוֹיסֶען שְׁטוּרְמְ־ 18
וִוינְד גֶעוֶועזֶען, הָאבֶּען זַייא דֶעם אַנְדֶערְן טָאג אוֹיסְטָאסוּנְג
גֶעמַאכְט: אוּנְד דֶעם דְרִיטֶען טָאג הָאבֶּען זַייא מִיט זַייעֶרֶע 19
אַייגֶענֶע הֶענְד דִיא מַשָׂא פוּן דֶעם שִׁיף אַרוֹיסְגֶעוָוארְפֶען:
אוּנְד וֶוען דִיא זוּן אוּנְד דִיא שְׁטֶערֶען הָאבֶּען זִיךְ פַאר 20
פִילֶע טֶעג נִיט בֶּעוִוידֶען, אוּנְד קַיין קְלֵיינֶער שְׁטוּרְם אִיז
קָעגֶען אוּנְס גֶעוֶועזֶען, אִיז אַלֶע הָאפְנוּנְג אַז מִיר זָאלֶען
גֶערֶעטֶעט וֶוערֶען אָוֶועקְגֶענוּמֶען גֶעוָוארֶען:
אוּנְד וֶוען זַייא הָאבֶּען שׁוֹין לַאנְג גֶעפַאסְט, דַאן אִיז פּוֹלוֹס 21
צְווִישֶׁען זַייא אוֹיפְגֶעשְׁטַאנֶען אוּנְד הָאט גֶעזָאגְט, אִיהְר
מֶענֶער, אִיהְר הָאט מִיךְ גֶעזָאלְט צוּהֶערֶען אוּנְד נִיט פוּן
קְרֵאטָא אַרוֹיסְשִׁיפֶען, אוּנְד אַזוֹי צוּ גֶעווִינֶען דִיזֶע גֶעפַאהְר
אוּנְד שָׁאדֶען: אָבֶּער אַצוּנְד עֶרְמָאהְן אִיךְ אֵייךְ אִיהְר 22
זָאלְט הָאבֶּען גוּטֶען מוּטְה, וָוארִין קֵיין נֶפֶשׁ פוּן אֵייךְ וֶועט
פֶערְלוֹירֶען וֶוערֶען, נֵייעֶרְט דָאס שִׁיף אַלֵיין: וָוארִין אִין 23
דִיזֶער נַאכְט אִיז בֵּייא מִיר גֶעשְׁטַאנֶען אַ מַלְאָךְ פוּן גָאט,
וֶועמֶעם אִיךְ בִּין, וֶועלְכֶען אִיךְ אוֹיךְ דִינֶען: אוּנְד הָאט 24
גֶעזָאגְט, פָארְכְט דִיךְ נִיט, פּוֹלוֹס, וָוארִין דוּא מוּזְט שְׁטֶע־
הֶען פָאר דֶעם קֵיסַר: אוּנְד זֶעה, גָאט הָאט דִיר גֶעגֶעבֶּען
אַלֶע וָואס שִׁיפֶען זִיךְ מִיט דִיר: דְרוּם אִיהְר מֶענֶער, הָאט 25
גוּטֶען מוּטְה; וָוארִין אִיךְ הָאבּ אַ בִּטָחוֹן אִין גָאט אַז עֶס
וֶועט גֶעשֶׁעהֶען וִויא עֶס אִיז מִיר צוּגֶעזָאגְט גֶעוָוארֶען:
אָבֶּער מִיר מוּזֶען אוֹיף אַ גֶעווִיסֶע אִינְזֶעל גֶעוָוארְפֶען 26
וֶוערֶען:
אוּנְד וֶוען עֶס אִיז גֶעוֶועזֶען דִיא פִירְצֶענְטֶע נַאכְט, דֶערְ־ 27
וַוייל מִיר זֶענֶען אִין אַדְרִיָא אַרוּמְגֶעטְרִיבֶּען, אִין מִיטֶען
דֶער נַאכְט הָאבֶּען דִיא שִׁיפְלַייט גֶעדֶענְקְט אַז זַייא קוּמֶען
נָאהֶענְט צוּ לַאנְד: אוּנְד זַייא הָאבֶּען דָאס זוּנְקְבְּלַייא גֶע־ 28
זוּנְקֶען, אוּנְד הָאבֶּען גֶעפִינֶען צְוַואנְצִיג קְלַאפְטֶער טִיף,
אוּנְד וֶוען זַייא זֶענֶען אַבִּיסֶעל וַוייטֶער גֶעפָארֶען, הָאבֶּען זַייא
וִוידֶער גֶעזוּנְקֶען, אוּנְד הָאבֶּען גֶעפִינֶען פוּפְצֶעהְן קְלַאפְ־
טֶער: אוּנְד וַוייל זַייא הָאבֶּען גֶעפָארְכְטֶען אַז מִיר זָאלֶען 29

נִיט אָן פֶעלְזֶען אָנְשְׁטוֹיסֶען, הָאבֶּען זַייא גֶעוָוארְפֶען פִיעֶר
אַנְקֶער הִינְטֶען פוּן דֶעם שִׁיף, אוּנְד הָאבֶּען גֶעוואוּנְשְׁט עֶס
30 זָאל טָאג וֶוערֶען: אוּנְד וֶוען דִיא שִׁיפְלַייט הָאבֶּען גֶעזוּכְט
פוּן דֶעם שִׁיף צוּ אַנְטְלוֹיפֶען, אוּנְד הָאבֶּען דָאס קְלֵיינֶע שִׁיפֶעל
אִים יַם אַרוּפְגֶעלָאזְט, אַזוֹי וִויא זַייא הָאבֶּען גֶעוָואלְט אַנְ־
31 קֶער וַוארְפֶען פוּן דֶער פָארְדֶער זַייטֶע פוּן דֶעם שִׁיף: הָאט
פּוֹלוֹס גֶעזָאגְט צוּ דֶעם הוֹיפְּטְמַאן אוּנְד צוּ דִיא סָאלְדַאטֶען,
וֶוען דִיזֶע וֶועלֶען נִיט אִים שִׁיף בְּלֵייבֶּען, קָאנְט אִיהְר נִיט
32 גֶערֶעטֶעט וֶוערֶען: דַאן הָאבֶּען דִיא סָאלְדַאטֶען אָפְּגֶע־
שְׁנִיטֶען דִיא שְׁטְרִיק פוּן דֶעם קְלֵיינֶעם שִׁיף, אוּנְד הָאבֶּען
עֶס גֶעלָאזְט פַאלֶען:
33 אוּנְד בִּיז עֶס הָאט אָנְגֶעהוֹיבֶּען צוּ טָאגֶען, הָאט פּוֹלוֹס אַלֶע
גֶעבֶּעטֶען אַז זַייא זָאלֶען עֶפֶּעס נֶעמֶען צוּ עֶסֶען, אוּנְד
הָאט גֶעזָאגְט, עֶס אִיז שׁוֹין הַיינְט פִירְצֶעהְן טֶעג זִינְט אִיהְר
וַוארְט אוּנְד בְּלֵייבְּט אוּנְגֶעגֶעסֶען, אוּנְד אִיהְר הָאט גָארְ־
34 נִיט פֶערְזוּכְט: דְרוּם בֶּעט אִיךְ אֵייךְ אִיהְר זָאלְט אֵייךְ נֶע־
מֶען צוּ עֶסֶען, וָוארִין דָאס אִיז פַאר אֵיירֶע שְׁטַארְקְהַייט.
וָוארִין עֶס וֶועט קֵיינֶעם פוּן אֵייךְ נִיט קֵיין הָאר פוּן דֶעם
35 קָאפּ פֶערְלוֹירֶען וֶוערֶען: אוּנְד וֶוען עֶר הָאט דָאס גֶע־
זָאגְט, אוּנְד הָאט גֶענוּמֶען בְּרוֹיט, הָאט עֶר פַאר אַלֶע גָאט
גֶעדַאנְקְט, אוּנְד הָאט עֶס צוּבְּרָאכֶען אוּנְד הָאט אָנְגֶעהוֹי־
36 בֶּען צוּ עֶסֶען: אוּנְד זַייא זֶענֶען אַלֶע פְרֶעהְלִיךְ גֶעוֶועזֶען,
37 אוּנְד הָאבֶּען אוֹיךְ זֶעלְבְּסְט גֶענוּמֶען צוּ עֶסֶען: אוּנְד מִיר
זֶענֶען אַלֶע צוּזַאמֶען גֶעוֶועזֶען אִים שִׁיף צְוֵויא הוּנְדֶערְט
38 אוּנְד זִיבֶּענְצִיג נְפָשׁוֹת: אוּנְד וֶוען זַייא הָאבֶּען זִיךְ זַאט
גֶעגֶעסֶען, הָאבֶּען זַייא דָאס שִׁיף גְרִינְגֶער גֶעמַאכְט אִינְדֶעם
זַייא הָאבֶּען דָאס קָארְן אִין יַם אַרַיינְגֶעוָוארְפֶען:
39 אוּנְד וֶוען עֶס אִיז טָאג גֶעוָוארֶען הָאבֶּען זַייא נִיט דֶערְ־
קֶענְט דָאס לַאנְד, אָבֶּער זַייא הָאבֶּען אַ צוּנְג פוּן יַם
דֶערְזֶעהֶען וָואס הָאט גֶעהַאט אַ בָּארְטֶען אוֹיף דֶעם הָאבֶּען
זַייא גֶעוָואלְט וֶוען מֶעגְלִיךְ דָאס שִׁיף אַרַיינְטְרַייבֶּען:
40 אוּנְד זַייא הָאבֶּען אוֹיפְגֶעהוֹיבֶּען דִיא אַנְקֶער אוּנְד הָאבֶּען
זִיךְ גֶעלָאזְט אוֹיף דֶעם יַם, אוּנְד הָאבֶּען אוֹיךְ דִיא בֶּענְדֶער
פוּן דִיא רוּדֶער לוֹיז גֶעמַאכְט, אוּנְד הָאבֶּען אוֹיפְגֶעשְׁטֶעלְט

דֶעם פַארְזֶעגֶעל קֶעגֶען דֶעם ווִינְד, אוּנְד הָאבֶּען גֶעשִׁיפְט
41 צוּם בָּארְטֶען: אוּנְד זֵייא הָאבֶּען אָנְגֶעשְׁלָאגֶען אָן אֵיין
אָרְט ווָאוּ דָאס יַם אִיז אוֹיף בֵּיידֶע זֵייטֶען, אוּנְד דָאס שִׁיף
אִיז גֶעבְּלִיבֶּען שְׁטֶעהֶען אוֹיף דֶעם גְרוּנְד, אוּנְד דֶער פָארְ־
דֶערְשְׁטֶער טְהֵייל הָאט פֶעסְט גֶעשְׁטֶעקְט אוּנְד אִיז
גֶעבְּלִיבֶּען אוּנְבֶּעוֶועגְלִיךְ; אָבֶּער דֶער אוּנְטֶערְשְׁטֶער
טְהֵייל אִיז דוּרְךְ דֶער מַאכְט פוּן דִיא ווֶעלֶען צוּבְּרָאכֶען
גֶעווָארֶען:
42 אוּנְד דִיא סָאלְדַאטֶען הָאבֶּען גֶערָאטֶען אַז זֵייא זָאלֶען דִיא
גֶעפַאנְגֶענֶע הַרְגֶענֶען, אַז קֵיינֶער פוּן זֵייא זָאל נִיט אַוֶועקְ־
43 שְׁווִימֶען אוּנְד אַנְטְרִינֶען: אָבֶּער דֶער הוֹיפְּטְמַאן הָאט גֶע־
ווָאלְט פּוֹלוֹס רֶעטֶען, אַזוֹי הָאט עֶר זֵייעֶר עֵצָה פַארְוֶועהְרְט.
אוּנְד עֶר הָאט בֶּעפוֹילֶען אַז דִיא ווָאס קֶענֶען שְׁווִימֶען
זָאלֶען זִיךְ צוּעֶרְשְׁט אִים יַם אַרֵיינְווַארְפֶען אוּנְד צוּ דֶעם
44 לַאנְד אַוֶועקְגֶעהֶען: אוּנְד אַז דִיא אִיבְּרִיגֶע זָאלֶען אַזוֹי
טְהוּן, עֶטְלִיכֶע אוֹיף בְּרֶעטֶער, אוּנְד עֶטְלִיכֶע אוֹיף שְׁטִי־
קֶער פוּן דֶעם שִׁיף. אוּנְד עֶס אִיז אַזוֹי גֶעשֶׁעהֶען אַז זֵייא
זֶענֶען אַלֶע זִיכֶער צוּם לַאנְד אַנְטְרִינֶען:

קאפיטעל כח

1 אוּנְד ווֶען מִיר זֶענֶען זִיכֶער אַנְטְרוּנֶען דַאן הָאבֶּען מִיר
2 גֶעווָאוּסְט אַז דִיא אִינְזֶעל אִיז גֶערוּפֶען מֶעלִיטָא: אוּנְד דִיא
לַאנְדְסְלֵייט הָאבֶּען אוּנְס אוּנְגֶעוֶועהְנְלִיכֶע פְרֵיינְדְשַׁאפְט
בֶּעווִיזֶען; ווָארִין זֵייא הָאבֶּען אָנְגֶעצוּנְדֶען אַ פֵייעֶר, אוּנְד
הָאבֶּען אוּנְס אַלֶע אַרֵיינְגֶענוּמֶען, ווֶעגֶען דֶעם רֶעגֶען ווָאס
3 אִיז גֶעווֶעזֶען אוּנְד ווֶעגֶען דֶער קֶעלְט: אוּנְד ווֶען פּוֹלוֹס
הָאט צוּנוֹיפְגֶעקְלִיבֶּען פִיל שְׁטִיקֶער הָאלְץ אוּנְד הָאט זֵייא
גֶעלֶעגְט אוֹיף דֶעם פֵייעֶר אִיז פוּן דֶער הִיץ אַ שְׁלַאנְג
אַרוֹיסְגֶעקוּמֶען, אוּנְד הָאט זִיךְ בֶּעהֶעפְט אָן זֵיינֶע הַאנְד:
4 אוּנְד ווֶען דִיא לַאנְדְסְלֵייט הָאבֶּען גֶעזֶעהֶען דִיא שְׁלַאנְג
אוֹיף זֵיינֶע הַאנְד הֶענְגֶען, הָאבֶּען זֵייא גֶעזָאגְט אֵיינֶער צוּם
אַנְדֶערְן, דִיזֶער מַאן אִיז גֶעווִיס אַ רוֹצֵחַ, עֶר אִיז אַנְטְרִינֶען
פוּן דֶעם יַם, אָבֶּער דִיא נְקָמָה לָאזְט אִיהְם נִיט לֶעבֶּען:
5 אַזוֹי הָאט עֶר דִיא שְׁלַאנְג אָפְּגֶעשָׁאקֶעלְט אִים פֵייעֶר אָהִין
6 שָׁאדֶען: אָבֶּער זֵייא הָאבֶּען גֶעדַאכְט אַז עֶר ווֶעט אוֹיפְ־

געשוואלען ווערען אדער פליצלינג טויט אנידערפאלען.
אבער ווען זייא האבען לאנג געווארט, אונד האבען גאר־
ניט געזעהען קיין איבעל אן איהם געשעהען, אזוי האבען
זייא זיך מישב געוועזען אונד האבען געזאגט אז ער איז
א גאט:
7 אונד אין דיזע ערטער האט דער פירשט פון דער אינזעל
בעזיצונגען געהאט, מיט דעם נאמען פובליוס, דער האט
אונס פריינדליך אויפגענומען, אונד האט אונס דרייא טעג
8 איינקווארטירט: אונד עס איז געשעהען אז דער פאטער
פון פובליוס איז קראנק געלעגען אויף פיבער אונד לאק־
סירען, אונד פולוס איז צו איהם אריינגעגאנגען אונד האט
געבעטען, אונד האט דיא הענד אויף איהם געלעגט, אונד
9 האט איהם געהיילט: אונד ווען דאס איז געשעהען, זענען
אויך דיא איבריגע אין דער אינזעל וואס האבען געהאט
קראנקהייטען צו איהם געקומען, אונד זענען געהיילט
10 געווארען: אונד זייא האבען אונס גרויסען כבוד אנגעטהון,
אונד ווען מיר זענען אוועקגעשיפט, האבען זייא אונס
פערזארגט מיט וואס מיר האבען בעדארפט:
11 אונד נאך דרייא חדשים האבען מיר זיך אוועקגעשיפט
אין א שיף פון אלעקסאנדריא וואס האט אין דער אינזעל
איבערווינטערט, וועמעס דער צייכען איז געוועזען צווי־
12 לינג ברידער: אונד מיר זענען ארופגעשיפט קיין סיראקוס,
13 אונד זענען דארט דרייא טעג געבליבען: אונד פון דארט
זענען מיר ארומגעגאנגען, אונד זענען אנגעקומען קיין
רעגיום; אונד נאך איין טאג איז דער דרום ווינד אנגע־
קומען, אונד מיר זענען געקומען דעם אנדערן טאג קיין
14 פוטעאלי: וואו מיר האבען געפינען ברידער, אונד זענען
געבעטען געוועזען, אז מיר זאלען בייא זייא זיבען טעג
בלייבען; אונד אזוי זענען מיר געגאנגען קיין רום:
15 אונד פון דארטען, ווען דיא ברידער האבען פון אונס גע־
הערט, זענען זייא אונס אנטקעגען געקומען ביז צום מארק
פון אפיום אונד דיא דרייא גאסטהייזער; אונד ווען פולוס
האט זייא געזעהען, האט ער גאט געדאנקט אונד האט
16 מוטה בעקומען: אונד ווען מיר זענען אין רום אריינגע־

קוּמֶען, אִיז צוּ פּוֹלוֹס עֶרְלוֹיבְּט גֶעוֶועזֶען פַאר זִיךְ צוּ
בְּלַייבֶּען מִיט דִיא סָאלְדַאטֶען וָואס הָאבֶּען אִיהְם גֶעהִיט:
17 אוּנְד עֶס אִיז גֶעשֶׁעהֶען נָאךְ דְרַייא טֶעג אַזוֹי הָאט עֶר דִיא
עֶלְצְטֶע פוּן דִיא יוּדֶען צוּזַאמֶענְגֶערוּפֶען; אוּנְד וֶוען זַייא
הָאבֶּען זִיךְ פֶערְזַאמֶעלְט, הָאט עֶר צוּ זַייא גֶעזָאגְט, מֶענֶער
אוּנְד בְּרִידֶער, אִיךְ הָאבּ גָארְנִיט גֶעטְהוּן קֶעגֶען דֶעם פָאלְק
אָדֶער דִיא מִנְהָגִים פוּן דִיא אָבוֹת, דָאךְ בִּין אִיךְ אִיבֶּערְ־
גֶעגֶעבֶּען פוּן יְרוּשָׁלַיִם אַ גֶעפַאנְגֶענֶער אִין דִיא הֶענְד פוּן
18 דִיא רוֹמֶער: וֶועלְכֶע וֶוען זַייא הָאבֶּען מִיךְ פַארְהֶערְט
הָאבֶּען זַייא מִיךְ גֶעוָואלְט פְרַייא לָאזֶען, וַוייל עֶס אִיז אִין
19 מִיר קַיין שׁוּם שׁוּלְד פוּן טוֹיט גֶעוֶועזֶען: אָבֶּער וֶוען דִיא
יוּדֶען הָאבֶּען וִוידֶערְגֶעשְׁפְּרָאכֶען, אַזוֹי בִּין אִיךְ גֶעצְוִוינְגֶען
גֶעוֶועזֶען מִיךְ צוּ בֶּערוּפֶען אוֹיף דֶעם קֵיסָר, נִיט אוֹיבּ אִיךְ
20 הָאבּ עֶפֶּעס מֵיין פָאלְק צוּ פַארְקְלָאגֶען: דְרוּם הָאבּ אִיךְ
אַייךְ גֶערוּפֶען אַז אִיךְ זָאל אַייךְ זֶעהֶען אוּנְד מִיט אַייךְ
רֶעדֶען; וָוארִין פוּן וֶועגֶען דֶער הָאפְנוּנְג צוּ יִשְׂרָאֵל בִּין אִיךְ
21 מִיט דִיזֶער קֶעט גֶעבּוּנְדֶען: אוּנְד זַייא הָאבֶּען צוּ אִיהְם
גֶעזָאגְט מִיר הָאבֶּען וֶועגֶען דִיר׳ פוּן לַאנְד יְהוּדָה קֵיינֶע
בְּרִיף דֶערְהַאלְטֶען, אוּנְד קֵיינֶער פוּן דִיא בְּרִידֶער וָואס
זֶענֶען גֶעקוּמֶען הָאט פוּן דִיר דֶערְצֶעהְלְט אָדֶער עֶפֶּעס
22 שְׁלֶעכְטֶעס גֶערֶעט: אָבֶּער מִיר בֶּעגֶעהְרֶען פוּן דִיר צוּ הֶערֶען
וָואס דוּא דֶענְקְסְט, וָוארִין וֶועגֶען דִיזֶע כִּתָּה אִיז עֶס אוּנְס
בֶּעקָאנְט אַז מֶען רֶעט דֶערְקֶעגֶען אִין אַלֶע עֶרְטֶער:
23 אוּנְד זַייא הָאבֶּען אִיהְם אַ טָאג בֶּעשְׁטֶעלְט, אוּנְד פִילֶע
זֶענֶען צוּ אִיהְם אִין זַיינֶע וְואוֹינוּנְג גֶעקוּמֶען, צוּ וֶועלְכֶע
עֶר הָאט דֶערְקְלֶעהְרְט אוּנְד בֶּעצֵייגְט דָאס קֶענִיגְרַייךְ פוּן
גָאט, אוּנְד הָאט זַייא אִיבֶּערְגֶערֶעט וֶועגֶען יֵשׁוּעַ פוּן תּוֹרַת
24 מֹשֶׁה אוּנְד דִיא נְבִיאִים פוּן מָארְגֶען בִּיז אָבֶענְד: אוּנְד
עֶטְלִיכֶע הָאבֶּען גֶעגְלוֹיבְּט דִיא זַאכֶען וָואס זֶענֶען גֶע־
שְׁפְּרָאכֶען גֶעוֶועזֶען, אוּנְד עֶטְלִיכֶע הָאבֶּען נִיט גֶעגְלוֹיבְּט:
25 אוּנְד וַוייל זַייא זֶענֶען נִיט אֵיינִיג גֶעוֶועזֶען אוּנְטֶער אֵיינְ־
אַנְדֶער, זֶענֶען זַייא אַוֶועקְגֶעגַאנְגֶען, וֶוען פּוֹלוֹס הָאט נָאךְ
אֵיין וָוארְט גֶעזָאגְט, אַז דֶער רוּחַ הַקּוֹדֶשׁ הָאט דוּרְךְ
יְשַׁעְיָהוּ הַנָּבִיא צוּ אוּנְזֶערֶע אָבוֹת גֶערֶעט אוּנְד גֶעזָאגְט:

26 „גֶעה צוּ דִיזֶען פָאלְק אוּנְד זָאג זַייא, הֶערֶענְדִיג װֶעט
אִיהְר הֶערֶען אוּנְד װֶעט נִיט פֶערְשְׁטֶעהֶען; אוּנְד
זֶעהֶענְדִיג װֶעט אִיהְר זֶעהֶען אוּנְד װֶעט נִיט אֵיינְזֶעהֶען:
27 װָארִין דָאס הַארְץ פוּן דִיזֶעם פָאלְק אִיז פֶעט גֶעװָארֶען,
אוּנְד זֵייעֶרֶע אוֹיעֶרֶען זֶענֶען שְׁװֶער צוּ הֶערֶען, אוּנְד
הָאבֶּען זֵייעֶרֶע אוֹיגֶען צוּגֶעמַאכְט; אַז זֵייא זָאלֶען נִיט
זֶעהֶען מִיט זֵייעֶרֶע אוֹיגֶען, אוּנְד נִיט הֶערֶען מִיט זֵייעֶרֶע
אוֹיעֶרֶען, אוּנְד נִיט פֶערְשְׁטֶעהֶן מִיט זֵייעֶר הַארְץ אוּנְד
זִיךְ אוּמְקֶעהְרֶען, אוּנְד אִיךְ זָאל זֵייא הֵיילֶען“:

ישעיה ו׳, ט׳ י׳.

28 דְרוּם זָאל עֶס אֵייךְ בֶּעקַאנְט זַיין אַז דִיא יְשׁוּעָה פוּן גָאט
אִיז גֶעשִׁיקְט צוּ דִיא גוֹיִם; זֵייא װֶעלֶען עֶס אוֹיךְ הֶערֶען:
29 אוּנְד װֶען עֶר הָאט דָאס גֶעזָאגְט, זֶענֶען דִיא יוּדֶען אַװֶעקְ־
גֶעגַאנְגֶען, אוּנְד הָאבֶּען צְװִישֶׁען זִיךְ גֶעהַאט אַ גְרוֹיסֶען
וִכּוּחַ:
30 אוּנְד עֶר הָאט גֶעװָאוֹינְט צְװֵייא גַאנְצֶע יָאהְר אִין זַיין
אַייגֶען גֶעדוּנְגֶענֶעם הױז, אוּנְד הָאט אוֹיפְגֶענוּמֶען אַלֶע
31 װָאס זֶענֶען צוּ אִיהְם אַרֵיינְגֶעקוּמֶען: אוּנְד הָאט גֶעפְּרֶע־
דִיגְט דָאס קֶענִיגְרֵייךְ פוּן גָאט, אוּנְד הָאט גֶעלֶעהְרְט װֶעגֶען
דֶעם הַאר יֵשׁוּעַ הַמָשִׁיחַ גַאנְץ עֶפֶענְטְלִיךְ אוּנְד קֵיינֶער
הָאט אִיהְם פַארְװֶעהְרְט

דֶער בְּרִיף פוּן דֶעם

אַפָּאסְטֶעל פוֹלוֹס צוּ דִיא רוֹמֶער.

---

1 פוֹלוֹס אַ קְנֶעכְט פוּן יֵשׁוּעַ הַמָּשִׁיחַ, גֶערוּפֶען צוּ זַיין
אַיין אַפָּאסְטֶעל, אָפְּגֶעזוּנְדֶערְט צוּ דֶער בְּשׂוֹרָה טוֹבָה פוּן
2 גָאט: וֶועלְכֶע עֶר הָאט פְרִיהֶער צוּגֶעזָאגְט דוּרְךְ זַיינֶע
3 נְבִיאִים אִין דִיא הַיילִיגֶע שְׁרִיפְטֶען: וֶועגֶען זַיין זוּהְן,
וֶועלְכֶער אִיז גֶעבּוֹירֶען גֶעוָוארֶען פוּן דֶעם זָאמֶען פוּן דָוִיד
4 נָאךְ דֶעם פְלֵיישׁ: אוּנְד אִיז בֶּעשְׁטֶעלְט צוּ זַיין דֶער זוּהְן
פוּן גָאט מִיט מַאכְט נָאךְ דֶעם גֵייסְט פוּן הֵיילִיגְקַייט, דוּרְךְ
5 דִיא אוֹיפֶערְשְׁטֶעהוּנְג פוּן דִיא טוֹיטֶע: יֵשׁוּעַ הַמָּשִׁיחַ אוּנְ־
דְזֶער הַאר דוּרְךְ דֶעם מִיר הָאבֶּען דֶערְהַאלְטֶען גְנָאד אוּנְד
שְׁלִיחוּת צוּם גֶעהָארְזַאם פוּן דֶעם גְלוֹיבֶּען צְוִוישֶׁען אַלֶע
6 גוֹיִם וֶועגֶען זַיין נָאמֶען: צְוִוישֶׁען וֶועלְכֶע זֶענְט אִיהְר
7 אוֹיךְ דִיא גֶערוּפֶענֶע פוּן יֵשׁוּעַ הַמָּשִׁיחַ: צוּ אַלֶע וָואס
זֶענֶען אִין רוֹם, דִיא גֶעלִיבְּטֶע פוּן גָאט, גֶערוּפֶענֶע הֵיי־
לִיגֶע, גְנָאד זַייא מִיט אֵייךְ אוּנְד פְרִידֶען פוּן גָאט אוּנְזֶער
פָאטֶער אוּנְד פוּן דֶעם הַאר יֵשׁוּעַ הַמָּשִׁיחַ:
8 צוּעֶרְשְׁט דַאנְק אִיךְ מֵיין גָאט דוּרְךְ יֵשׁוּעַ הַמָּשִׁיחַ וֶועגֶען
אֵייךְ אַלֶע, אַז אֵייעֶר גְלוֹיבֶּען אִיז אִין דִיא גַאנְצֶע וֶועלְט
9 דֶערְצֶעהְלְט: וָוארִין גָאט אִיז מֵיין עֵדוּת, וֶועלְכֶען אִיךְ
דִיעֶן אִין מֵיין גֵייסְט אִין דֶער בְּשׂוֹרָה טוֹבָה פוּן זַיין זוּהְן,
10 וִויא אִיךְ גֶעדֶענְק אֵייךְ בֶּעשְׁטֶענְדִיג: אַלֶע צֵייטֶען אִין
מֵיינֶע תְּפִילוֹת בֶּעט אִיךְ, אַז אִיךְ זָאל שׁוֹין אַמָאל מַצְלִיחַ
זַיין אִין מֵיין וֶועג דוּרְךְ דֶעם וִוילֶען פוּן גָאט צוּ אֵייךְ צוּ
11 קוּמֶען: וָוארִין אִיךְ פֶערְלַאנְג אֵייךְ צוּ זֶעהֶען, כְּדֵי אִיךְ
אִיךְ זָאל אֵייךְ גֶעבֶּען מַאנְכֶע גֵייסְטְלִיכֶע מַתָּנָה, כְּדֵי אִיהְר
12 זָאלְט פֶעסְט גֶעגְרִינְדֶעט וֶוערֶען: דָאס הֵייסְט, כְּדֵי אִיךְ
זָאל מִיט אֵייךְ גֶעטְרַייסְט וֶוערֶען, דוּרְךְ דֶעם גְלוֹיבֶּען וָואס
מִיר הָאבֶּען מִיט אֵיינַאנְדֶער:

13 אוּנְד אִיךְ וְוִיל נִיט אַז אִיהר זָאלְט עֶס נִיט וְוִיסֶען, בְּרִידֶער,
אַז אִיךְ הָאבּ מִיר, אָפְט פָּארְגֶענוּמֶען צוּ אֵייךְ צוּ קוּמֶען,
אָבֶּער אִיךְ בִּין בִּיז אַהֶער אוֹיפְגֶעהַאלְטֶען גֶעוָוארֶען, כְּדֵי
אִיךְ זָאל צְווִישֶׁען אֵייךְ אוֹיךְ אַבִּיסֶעל פְּרוּכְט דֶערְהַאלְטֶען,
14 אַזוֹי וְוִיא צְווִישֶׁען דִיא אִיבְּרִיגֶע פֶעלְקֶער: אִיךְ בִּין אַ
בַּעַל חוֹב אוֹיךְ צוּ דִיא גְרֶעקֶען אוּנְד אוֹיךְ צוּ דִיא פְרֶעמְדֶע
15 לֵייט, צוּ דִיא קְלוּגֶע אוּנְד צוּ דִיא נַארִישֶׁע: דְרוּם אַזוֹי
וְוֵייט וְוִיא אִיךְ קָאן בִּין אִיךְ בֶּערֵייט אוֹיךְ צוּ אֵייךְ וָואס
16 זֶענְט אִין רוֹם צוּ פְרֶעדִיגֶען: וָוארִין אִיךְ שֶׁעהְם מִיךְ נִיט
מִיט דֶער בְּשׂוֹרָה טוֹבָה פוּן דֶעם מָשִׁיחַ, וָוארִין עֶס אִיז
דִיא מַאכְט פוּן גָאט צוּ יְשׁוּעָה צוּ אִיטְלִיכֶען וָואס גְלוֹיבְּט,
17 צוּעֶרְשְׁט צוּ דֶעם יְהוּדִי אוּנְד אוֹיךְ צוּם גְרֶעק: וָוארִין
דִיא גֶערֶעכְטִיגְקֵייט פוּן גָאט אִיז דְרִינֶען אַנְטְפְּלֶעקְט פוּן
גְלוֹיבֶּען צוּם גְלוֹיבֶּען, אַזוֹי וְוִיא עֶס שְׁטֶעהְט גֶעשְׁרִיבֶּען,
דֶער גֶערֶעכְטֶער וֶועט לֶעבֶּען דוּרְךְ דֶעם גְלוֹיבֶּען: חבקוק ב׳ ד׳.
18 וָוארִין דֶער צָארְן פוּן גָאט אִיז אַנְטְפְּלֶעקְט פוּן הִימֶעל
אִיבֶּער אַלֶע רִשְׁעוּת אוּנְד אוּנְגֶערֶעכְטִיגְקֵייט פוּן מֶענְשֶׁען
19 וָואס הַאלְטֶען דִיא וָואהְרְהֵייט אִין אוּנְגֶערֶעכְטִיגְקֵייט: וָוארִין
דָאס וָואס מֶען קָאן וְוִיסֶען וֶועגֶען גָאט אִיז אִין זֵייא
אַנְטְפְּלֶעקְט גֶעוָוארֶען, וָוארִין גָאט הָאט עֶס צוּ זֵייא אַנְטְ־
20 פְּלֶעקְט: וָוארִין דִיא נִיט גֶעזֶעהֶענֶע זַאכֶען פוּן דֶעם
בֶּעשֶׁעפֶענִים פוּן דֶער וֶועלְט זֶענֶען אָנְגֶעזֶעהֶען אוּנְד בֶּע־
מֶערְקְט דוּרְךְ דִיא וֶוערְק, דָאס הֵייסְט זֵיינֶע עֶבִּיגֶע קְרַאפְט
אוּנְד גָאטְהֵייט, אַזוֹי אַז זֵייא הָאבֶּען גָאר קֵיינֶע עֶנְטְשׁוּלְ־
21 דִיגוּנְג: וְוֵייל וֶוען זֵייא הָאבֶּען גָאט גֶעקֶענְט, הָאבֶּען זֵייא
אִיהְם נִיט אַלְס גָאט גֶעלוֹיבְּט אָדֶער גֶעדַאנְקְט, נֵייעֶרְט
זֵייא זֶענֶען אִין זֵייעֶרֶע גֶעדַאנְקֶען נַארִישׁ גֶעוָוארֶען, אוּנְד
זֵייעֶר אוּנְפֶערְשְׁטֶענְדִיג הַארְץ אִיז פֶערְפִינְסְטֶערְט גֶע־
22 וָוארֶען: אִינְדֶעם זֵייא הָאבֶּען זִיךְ גֶעהַאלְטֶען פַאר קְלוּג
23 זֶענֶען זֵייא גֶעוָוארֶען נַארִישׁ: אוּנְד זֵייא הָאבֶּען דִיא
הֶערְלִיכְקֵייט פוּן דֶעם אוּנְפֶערְדֶערְבְּלִיכֶען גָאט פֶערְבִּיטֶען
פַאר אַ בִּילְד גְלֵייךְ צוּ דִיא גֶעשְׁטַאלְט פוּן אַ פֶערְדֶערְבְּלִי־
כֶען מֶענְשׁ אוּנְד פוּן פֶעגֶעל אוּנְד פִיעֶרְפִיסִיגֶע חַיּוֹת אוּנְד
גֶעוָוערְם:

24 דְרוּם הָאט זַייא גָאט אִיבֶּערְגֶעגֶעבֶּען אִים גְלוּסְטֶען פוּן
זַייעֶרֶע הֶערְצֶער צוּ אוּנְרֵיינִיגְקֵייט, זַייעֶרֶע לַייבֶּער צוּ
25 שַׁאנְד צוּ מַאכֶען צְווִישֶׁען זִיךְ זֶעלְבְּסְט: װֶעלְכֶע הָאבֶּען דִיא
וָואהְרְהֵייט פוּן גָאט פֶערְבִּיטֶען צוּ אַ לִיגֶען, אוּנְד זַייא
הָאבֶּען פֶערְעֶהְרְט אוּנְד גֶעדִינְט דָאס בֶּעשֶׁעפֶענִים מֶעהְר
וִויא דֶעם בֶּעשֶׁעפֶער, דֶער אִיז אוֹיף עֶבִּיג גֶעלוֹיבְּט, אָמֵן:
26 דֶעסְטְוֶועגֶען הָאט זַייא גָאט אִיבֶּערְגֶעגֶעבֶּען צוּ שֶׁענְדְלִיכֶע
גְלוּסְטִיגְקֵייט; וָוארִין זַייעֶרֶע נְקֵבוֹת הָאבֶּען זַייעֶר בֶּע־
דַארְף מִן הַטֶבַע פֶערְבִּיטֶען פַאר דֶעם וָואס אִיז קֶעגֶען
27 דֶער טֶבַע: אוּנְד אַזוֹי אוֹיךְ דִיא זְכָרִים הָאבֶּען דֶעם בֶּע־
דַארְף מִן הַטֶבַע פוּן דֶער נְקֵבָה פֶערְלָאזְט, אוּנְד הָאבֶּען
אִין זַייעֶרֶע וִוילְדֶע גְלוּסְטֶען גֶעבְּרֶענְט אֵיינֶער צוּם אַנְ־
דֶערֶען, אוּנְד זְכָרִים מִיט זְכָרִים הָאבֶּען שַׁאנְד גֶעמַאכְט,
אוּנְד הָאבֶּען אִין זִיךְ זֶעלְבְּסְט בֶּעקוּמֶען דֶעם לוֹין פוּן זַייעֶר
טָעוּת, אַזוֹי וִויא זַייא הָאבֶּען פֶערְדִינְט:
28 אוּנְד גְלֵייךְ וִויא זַייא הָאבֶּען נִיט גֶעוָואלְט גָאט הָאבֶּען אִין
זַייעֶר יְדִיעָה, אַזוֹי הָאט זַייא גָאט אִיבֶּערְגֶעגֶעבֶּען צוּ אַ
פֶערְוָוארְפֶענֶען פֶערְשְׁטַאנְד, צוּ טְהוּן וָואס טוֹיג נִיט:
29 אִינְדֶעם זַייא זֶענֶען אָנְגֶעפִילְט גֶעוָוארֶען מִיט יֶעדֶע אוּנְ־
גֶערֶעכְטִיגְקֵייט, רִשְׁעוּת, תַּאֲוֹת, שְׁלֶעכְטֶעס, פוּל פוּן
30 קִנְאָה, מָארְד, שְׁטְרֵייט, בֶּעטְרִיגֶערַייא, רְכִילוּת: פֶערְלֵיימְ־
דֶער, פַיינְד פוּן גָאט, עַזוּת פָּנִים, לֶעסְטֶערֶער, שְׁטָאלְצֶע,
בַּארִיהְמֶער, אוֹיסְגֶעפִינֶער פוּן שְׁלֶעכְטֶע זַאכֶען, וִוידֶערְ־
31 שְׁפֶּענִיג קֶעגֶען דִיא עֶלְטֶערְן: אוּנְפֶערְשְׁטֶענְדִיג, אוּנְגֶע־
32 טְרַייא, אוּנְנַאטִירְלִיכֶע לִיבֶּע, אוּנְבַּארְמְהֶערְצִיג: װֶעלְכֶע
וֶוען זַייא הָאבֶּען אַפִילוּ גֶעוָואוּסְט דָאס מִשְׁפָּט פוּן גָאט,
אַז דִיא וָואס טְהוּן אַזֶעלְכֶע זַאכֶען זֶענֶען וֶוערְט דֶעם
טוֹיט, נִיט נוּר טְהוּן זַייא, נַייעֶרְט בֶּעוִוילִיגֶען אוֹיךְ דִיא
וָואס טְהוּן זַייא:

קאפיטעל ב

1 דְרוּם בִּיסְט דוּא אָהְן אֵיינֶע עֶנְטְשׁוּלְדִיגוּנְג, אָ מֶענְשׁ,
וֶוער דוּא אוֹיךְ בִּיסְט וָואס דוּא רִיכְטֶעסְט; וָוארִין אִינְדֶעם
דוּא רִיכְטֶעסְט דֶעם אַנְדֶערֶען, פֶערְשׁוּלְדִיגְסְט דוּא דִיךְ
אַלֵיין; וָוארִין דוּא וָואס רִיכְטֶעסְט טְהוּסְט דָאסְזֶעלְבֶּע:

2 אָבֶּער מִיר וִויסֶען אַז דָאס גֶערִיכְט פוּן גָאט אִיז נָאךְ
דֶער וָואהְרְהֵייט אִיבֶּער דִיא וָואס טְהוּן אַזֶעלְכֶע זַאכֶען:
3 אָבֶּער מֵיינְסְט דוּא דָאס, אָ מֶענְשׁ, וָואס דוּא רִיכְטֶעסְט
דִיא וָואס טְהוּן אַזֶעלְכֶע זַאכֶען אוּנְד טְהוּסְט זֵייא, אַז
4 דוּא וֶועסְט דָאס גֶערִיכְט פוּן גָאט אַנְטְרִינֶען? אָדֶער בִּיסְט
דוּא מְבַזֶה דֶעם רַייכְטְהוּם פוּן דַיינֶער גִיטִיגְקֵייט אוּנְד גֶע־
דוּלְד אוּנְד לַאנְגְמִיטִיגְקֵייט, אוּנְד דוּא וֵוייסְט נִיט אַז דִיא
5 גִיטִיגְקֵייט פוּן גָאט פִיהְרְט דִיךְ צוּ תְּשׁוּבָה? אָבֶער נָאךְ
דֵיינֶע הַארְטִיגְקֵייט אוּנְד אוּנְבֶּעקֶעהְרְטֶען הַארְצֶען זַא־
מֶעלְסְט דוּא דִיר צָארְן אִים טָאג פוּן צָארְן, אוּנְד אַנְטְ־
6 פְּלֶעקוּנְג פוּן דֶעם גֶערֶעכְטֶען מִשְׁפָּט פוּן גָאט: וֶועלְכֶער
7 וֶועט בֶּעצָאהְלֶען צוּ אִיטְלִיכֶען נָאךְ זֵיינֶע וֶוערְק: צוּ דִיא
וֶועלְכֶע דוּרְךְ אוּיסְהַארֶען אִין אַ גוּטֶען וֶוערְק וִוינְשֶׁען
אוּם הֶערְלִיכְקֵייט אוּנְד כָּבוֹד אוּנְד אוּנְפֶערְדָארְבֶּענְהַייט,
8 עֶבִּיגֶעם לֶעבֶּען: אָבֶּער צוּ דִיא וָואס צַאנְקֶען זִיךְ אוּנְד גֶע־
הָארְכֶען נִיט דִיא וָואהְרְהֵייט, נֵייעֶרְט גֶעהָארְכֶען אוּנְרֶעכְט,
9 וֶועט זַיין צָארְן אוּנְד גְרִימְצָארְן: בֶּעטְרִיבְּנִיס אוּנְד אַנְגְסְט
אִיבֶּער אִיטְלִיכֶע זֶעלֶע פוּן אַ מֶענְשׁ וָואס טְהוּט אִיבֶּעל,
10 צוּעֶרְשְׁט פוּן דֶעם יוּד אוּנְד אוֹיךְ פוּן דֶעם גְרֶעק: אָבֶּער
הֶערְלִיכְקֵייט אוּנְד כָּבוֹד אוּנְד פְרִידֶען צוּ אִיטְלִיכֶען וָואס
טְהוּט גוּטֶעס, צוּעֶרְשְׁט צוּם יוּד אוּנְד אוֹיךְ צוּם גְרֶעק:
11 וָוארִין עֶס אִיז נִיט דָא קֵיין נוֹשֵׂא פָּנִים בַּייא גָאט:
12 וָוארִין אַלֶע דִיא וָואס הָאבֶּען אָהְן אַ גֶעזֶעץ גֶעזִינְדִיגְט,
וֶועלֶען אוֹיךְ אָהְן אַ גֶעזֶעץ פֶערְלוֹירֶען וֶוערֶען; אוּנְד דִיא
וָואס הָאבֶּען אוּנְטֶער אַ גֶעזֶעץ גֶעזִינְדִיגְט וֶועלֶען דוּרְךְ אַ
13 גֶעזֶעץ גֶערִיכְטֶעט וֶוערֶען: וָוארִין נִיט דִיא הֶערֶער פוּן
דֶעם גֶעזֶעץ זֶענֶען גֶערֶעכְט פַאר גָאט, נֵייעֶרְט דִיא טְהוּעֶר
פוּן דֶעם גֶעזֶעץ וֶועלֶען גֶערֶעכְטְפֶערְטִיגְט וֶוערֶען:
14 וָוארִין וֶוען דִיא גוֹיִם וָואס הָאבֶּען נִיט דָאס גֶעזֶעץ טְהוּן
מִן הַטֶבַע דִיא גֶעבָּאט פוּן דֶעם גֶעזֶעץ, דִיזֶע וֶוען זֵייא
הָאבֶּען נִיט קֵיין גֶעזֶעץ, זֶענֶען אַ גֶעזֶעץ צוּ זִיךְ אַלֵיין:
15 אוּנְד זֵייא בֶּעוַוייזֶען דָאס וֶוערְק פוּן דֶעם גֶעזֶעץ גֶעשְׁרִיבֶּען
אִין זֵייעֶר הַארְץ, אִינְדֶעם זֵייעֶר גֶעוִויסֶען בֶּעצֵייגְט מִיט
זֵייא צוּזַאמֶען, אוּנְד זֵייעֶרֶע גֶעדַאנְקֶען צְווִישֶׁען אֵיינַאנְדֶער

פֶּערְקְלָאגֶען אָדֶער רֶעכְטְפֶערְטִיגֶען זִיךְ: אִים טָאג וֶוען 16
גָאט וֶועט רִיכְטֶען דִיא פֶערְבָּארְגֶענֶע זַאכֶען פוּן מֶענְשֶׁען
דוּרְךְ יֵשׁוּעַ הַמָּשִׁיחַ נָאךְ מֵיינֶע בְּשׂוּרָה טוֹבָה:
אָבֶּער וֶוען דוּא וֶוערְסְט אָנְגֶערוּפֶען אַ יוּד, אוּנְד פֶערְלָאזְט 17
דִיךְ רוּהִיג אוֹיף דֶעם גֶעזֶעץ, אוּנְד רִיהְמְסְט דִיךְ אִין
גָאט: אוּנְד וֵוייסְט זֵיין וִוילֶען, אוּנְד פְּרוּפְסְט דִיא זַאכֶען 18
וָואס זֶענֶען מֶעהְר וֶוערְט, אִינְדֶעם דוּא בִּיסְט גֶעלֶעהְרְט פוּן
דֶער תּוֹרָה: אוּנְד דוּא בִּיסְט זִיכֶער אַז דוּא בִּיסְט אַלֵיין 19
אַ פִיהְרֶער פוּן דִיא בְּלִינְדֶע, אַ לִיכְט צוּ דִיא וָואס זֶענֶען
אִין דֶער פִינְסְטֶער: אַ לֶעהְרֶער צוּ דִיא נַארֶען, אַ דֶערְ־ 20
צִיהֶער פוּן קְלֵיינֶע קִינְדֶער, אֵיינֶער וָואס הָאסְט דִיא גֶעשְׂ־
טַאלְט פוּן דֶערְקֶענְטְנִיס אוּנְד דִיא וָואהְרְהֵייט אִין דֶער תּוֹרָה:
דְרוּם דוּא וָואס לֶעהְרְסְט אֵיין אַנְדֶערֶען, לֶעהְרְסְט דוּא נִיט 21
דִיךְ אַלֵיין? דוּא וָואס פְּרֶעדִיגְסְט אַז מֶען זָאל נִיט גַנְבֶענֶען,
טְהוּסְט דוּא גַנְבֶענֶען? דוּא וָואס זָאגְסְט אַז מֶען זָאל נִיט 22
מְזַנֶה־זֵיין, בִּיסְט דוּא מְזַנֶה? דוּא וָואס פֶערְאוּמְוִוירְדִיגְסְט
דִיא אָפְּגֶעטֶער, רוֹיבְּסְט דוּא דִיא טֶעמְפֶּעל? דוּא וָואס 23
רִיהְמְסְט דִיךְ מִיט דֶעם גֶעזֶעץ, דוּרְךְ אִיבֶּערְטְרֶעטוּנְג פוּן
דֶעם גֶעזֶעץ פֶערְשֶׁעהְמְסְט דוּא גָאט? וָוארִין דֶער נָאמֶען 24
פוּן גָאט אִיז דוּרְךְ אֵייךְ גֶעלֶעסְטֶערְט צְווִישֶׁען דִיא גוֹיִם,
אַזוֹי וִויא עֶס שְׁטֶעהְט גֶעשְׁרִיבֶּען: ישעיה נ״ב ה׳. וָוארִין דִיא 25
מִילָה טְהוּט וְואוֹיל הֶעלְפֶען וֶוען דוּא הַאלְסְט דִיא תּוֹרָה;
אָבֶּער וֶוען דוּא בִּיסְט אֵיין אִיבֶּערְטְרֶעטֶער פוּן דֶער תּוֹרָה
אִיז דֵיינֶע מִילָה גֶעוָוארֶען אַלְס עָרְלָה: דְרוּם וֶוען דֶער 26
עָרֵל הַאלְט דִיא גֶערֶעכְטִיגְקֵייט פוּן דֶער תּוֹרָה, וֶועט נִיט
זַיינֶע עָרְלָה פַאר מִילָה גֶערֶעכֶענְט וֶוערֶען? אוּנְד דִיא 27
עָרְלָה וָואס אִיז מִן הַטֶבַע, וֶוען זִיא הַאלְט דָאס גֶעזֶעץ,
וֶועט דִיךְ רִיכְטֶען וָואס דוּא דוּרְךְ דֶעם בּוּכְשְׁטַאבּ אוּנְד
דִיא מִילָה אִיבֶּערְטְרֶעטֶעסְט דִיא תּוֹרָה: וָוארִין נִיט דֶער 28
אִיז אַ יוּד וָואס אִיז אַזוֹי אוֹיסֶעוֶוענִיג, אוֹיךְ אִיז דָאס נִיט
בֶּעשְׁנֵיידוּנְג וָואס אִיז אוֹיסֶעוֶוענִיג אִין דֶעם פְלֵיישׁ: נֵייעֶרְט 29
דֶער אִיז אַ יוּד וָואס אִיז אִינֶעוֶוענִיג, אוּנְד דִיא מִילָה אִיז
דִיא פוּן דֶעם הַארְץ אִים גֵייסְט נִיט אִים בּוּכְשְׁטַאבּ, וָואס
זֵיין לוֹיבּ אִיז נִיט פוּן מֶענְשֶׁען נֵייעֶרְט פוּן גָאט:

קאפיטעל ג

וואס איז דען דער פארטהייל פון דעם יוד? אדער וואס 1
איז דער נוצען פון דער בעשניידונג? פיל, יעדענ־ 2
פאלס; צוערשט ווייל צו זייא זענען דיא ווערטער פון
גאט אנפערטרויעט: ווארין וואס איז דען ווען עטליכע 3
האבען ניט געגלויבט? זאל זייער אונגלויבען צושטערען
דיא טרייהייט פון גאט? חלילה; לאז ליבער גאט וואהר 4
זיין אונד איטליכער מענש א ליגנער, אזוי וויא עס
שטעהט געשריבען, כדי דוא זאלסט גערעכטפערטיגט
זיין אין דיינע ווערטער, אונד זאלסט בייקומען ווען דוא
ווערסט געריכטעט: תהלים נ״א ה׳. אבער ווען אונזערע 5
אונגערעכטיגקייט בעשטעטיגט דיא גערעכטיגקייט פון
גאט, וואס זאלען מיר זאגען? איז גאט דער שטראפט
מיט צארן אונגערעכט? איך רעד מענשליך: חלילה; 6
ווען אזוי, וויא וועט גאט דיא וועלט ריכטען? אבער 7
ווען דיא וואהרהייט פון גאט געווייכט מעהר צו זיין כבוד
דורך מיין ליגען, ווארום בין איך דען נאך געריכטעט
וויא א זינדער? אונד ווארום ניט גלייך וויא מיר זענען 8
געלעסטערט, אונד וויא עטליכע בעהויפטען אז מיר זאגען,
לאזען מיר שלעכטעס טהון כדי גוטעס זאל קומען; צו
וועלכע איז דאס משפט גערעכט:
וואס דען? זענען מיר ארגער וויא זייא? געווים ניט. 9
ווארין מיר האבען פריהער בעוויזען אז יודען אונד גוים
זענען אלע אונטער זינד: אזוי וויא עס שטעהט גע־ 10
שריבען:

„עס איז קיינער ניט גערעכט אויך ניט איינער: עס איז 11
קיינער וואס איז פערשטעהנדיג, עס איז קיינער וואס
פארשט נאך גאט: זייא זענען אלע אפגעקעהרט, זייא 12
זענען צוזאמען אונניציג געווארען, עס איז קיינער וואס
טהוט גוטעס, עס איז ניט איין איינציגער: תהלים י״ד א׳ ג׳.
זייער האלז איז איינע אפענע גרוב, זייא בעטריגען 13
מיט זיירע צונג, דאס גיפט פון א שלאנג איז אונטער
זיירע ליפען: תהלים ה׳ י׳, ק״מ ד׳. וועמעס מויל איז 14
פול מיט פלוכונג אונד ביטערקייט: תהלים י׳ ז׳. זיירע 15

פִים זֶענֶען אֵיילֶענְדִיג בְּלוּט צוּ פֶערְגִיסֶען: פֶערְדַארְבֶּען 16
אוּנְד יַאמֶער זֶענֶען אִין זַיירֶע וֶועגֶען: אוּנְד דֶעם וֶועג 17
פוּן פְרִידֶען הָאבֶּען זַייא נִיט גֶעוְואוּסְט: ישעיה נ״ט ז׳, ח׳.
דִיא פָארְכְט פוּן גָאט אִיז נִיט פָאר זַיירֶע אוֹיגֶען״: 18
תהלים ל״ו ב׳.

מִיר וִויסֶען נוּן אַז אַלֶעס וָואס דִיא תּוֹרָה זָאגְט, דָאס 19
זָאגְט זִיא צוּ דִיא וָואס זֶענֶען אוּנְטֶער דֶער תּוֹרָה, כְּדֵי
אִיטְלִיכֶעס מוֹיל זָאל פֶערְשְׁטָאפְּט וֶוערֶען, אוּנְד דִיא
גַאנְצֶע וֶועלְט זָאל פֶערְשׁוּלְדִיגְט וֶוערֶען פָאר גָאט:
דְרוּם דוּרְךְ דִיא וֶוערְק פוּן דֶער תּוֹרָה וֶועט קֵיין מֶענְשׁ 20
פָאר אִיהְם גֶערֶעכְטְפֶערְטִיגְט וֶוערֶען, וָוארִין דוּרְךְ דֶער
תּוֹרָה אִיז דִיא דֶערְקֶענְטְנִיס פוּן זִינְד: תהלים קמ״ג ב׳.
אָבֶּער נוּן אִיז דִיא גֶערֶעכְטִיגְקֵייט פוּן גָאט אָהְן דֶעם 21
גֶעזֶעץ אַנְטְפְּלֶעקְט, אִינְדֶעם עֶס אִיז דוּרְךְ דֶער תּוֹרָה אוּנְד
דִיא נְבִיאִים בֶּעצֵייגְט גֶעוָוארֶען: אוּנְד דִיא גֶערֶעכְטִיגְקֵייט 22
פוּן גָאט אִיז דוּרְךְ גְלוֹיבֶּען אָן יֵשׁוּעַ הַמָּשִׁיחַ צוּ אַלֶע וָואס
גְלוֹיבֶּען; וָוארִין עֶס אִיז קֵיין אוּנְטֶערְשֵׁייד: וָוארִין אַלֶע 23
הָאבֶּען גֶעזִינְדִיגְט, אוּנְד הָאבֶּען גֶעפֶעהְלְט אִין דֶער
הֶערְלִיכְקֵייט פוּן גָאט: אִינְדֶעם זַייא זֶענֶען אוּמְזוּסְט 24
גֶערֶעכְטְפֶערְטִיגְט פוּן זַיינֶע גְנָאד דוּרְךְ דִיא דֶערְלֶעזוּנְג
וָואס אִיז אִין יֵשׁוּעַ הַמָּשִׁיחַ: וֶועלְכֶען גָאט הָאט פָארְאוֹיס 25
גֶעשְׁטֶעלְט פַאר אַ כַּפּוֹרֶת דוּרְךְ דֶעם גְלוֹיבֶּען אִין זַיין
בְּלוּט, כְּדֵי עֶר זָאל זַיינֶע גֶערֶעכְטִיגְקֵייט בֶּעוַויזֶען דוּרְךְ
דֶער פֶערְגֶעבּוּנְג פוּן דִיא פַארְגַאנְגֶענֶע זִינְד אִין דֶער
לַאנְגְמִיטִיגְקֵייט פוּן גָאט: כְּדֵי אִין דִיזֶער צֵייט צוּ בֶּעוַוייר 26
זֶען זַיינֶע גֶערֶעכְטִיגְקֵייט, כְּדֵי עֶר זָאל גֶערֶעכְט זֵיין, אוּנְד
דֶער רֶעכְטְפֶערְטִיגֶער פוּן דֶעם וָואס גְלוֹיבְּט אָן יֵשׁוּעַ:
דְרוּם וְואוּ אִיז דָאס רִיהְמֶען? עֶס אִיז אוֹיסְגֶעשְׁלָאסֶען. 27
דוּרְךְ וֶועלְכֶען גֶעזֶעץ? פוּן דִיא וֶוערְק? נֵיין, נֵייעֶרְט
דוּרְךְ דֶעם גֶעזֶעץ פוּן גְלוֹיבֶּען: וָוארִין מִיר רֶעכְנֶען אַז אַ 28
מֶענְשׁ אִיז גֶערֶעכְטְפֶערְטִיגְט דוּרְךְ דֶעם גְלוֹיבֶּען אָהְן דִיא
וֶוערְק פוּן דֶעם גֶעזֶעץ: אִיז עֶר דֶען דֶער גָאט פוּן דִיא 29
יוּדֶען אַלֵיין? אִיז עֶר נִיט אוֹיךְ דֶער גָאט פוּן דִיא גוֹיִם:
יָא, אוֹיךְ פוּן דִיא גוֹיִם: וֶוען עַל כָּל פָּנִים גָאט אִיז 30

אֵיינער וָועלכֶער וָועט דיא בֶּעשְׁנֵיידוּנג פוּן דֶעם גלוֹיבֶּען
רֶעכְטפֶערְטִיגֶען אִין דיא עָרְלָה דוּרְךְ דֶעם גְלוֹיבֶּען:
31 זֶענֶען מִיר דֶען מְבַטֵל דָאס גֶעזֶעץ דוּרְךְ דֶעם גְלוֹיבֶּען?
חָלִילָה; נֵייעֶרְט מִיר בֶּעשְׁטֶעטִיגֶען דָאס גֶעזֶעץ:

קאפּיטעל ד

1 וָואס זָאלֶען מִיר דֶען זָאגֶען אַז אַבְרָהָם אוּנְזֶער פָּאטֶער
2 נָאךְ דֶעם פְלֵיישׁ הָאט דֶערלַאנְגְט? וָוארין וֶוען אַבְרָהָם
אִיז גֶערֶעכְטפֶערְטִיגְט גֶעוֶועזֶען דוּרְךְ וֶוערק הָאט עֶר
3 זִיךְ מִיט וָואס צוּ רִיהְמֶען, אָבֶּער נִיט פָאר גָאט: וָוארין
וָואס זָאגְט דיא שְׁרִיפְט? אַבְרָהָם הָאט גֶעגְלוֹיבְּט
גָאט, אוּנְד עֶס אִיז צוּ אִיהְם צוּגֶערֶעכֶענְט גֶעוֶועזֶען פַאר
4 גֶערֶעכְטִיגְקֵייט: בראשית ט״ו ו׳. אָבֶּער צוּ דֶעם וָואס
וֶוערְקְט אִיז דֶער לוֹין נִיט גֶערֶעכֶענְט פַאר אַ גְנָאד,
5 נֵייעֶרְט פַאר אַ חוֹב: אָבֶּער צוּ דֶעם וָואס וֶוערְקְט נִיט,
נֵייעֶרְט גְלוֹיבְּט אָן אִיהְם וָואס רֶעכְטפֶערְטִיגְט דֶעם רָשָׁע,
6 זַיין גְלוֹיבֶּען אִיז גֶערֶעכֶענְט אַלְס גֶערֶעכְטִיגְקֵייט: אַזוֹי
וִויא אוֹיךְ דָוִד הֵייסְט דֶעם מֶענְשׁ גֶעבֶּענְשְׁט, צוּ דֶעם גָאט
רֶעכֶענְט גֶערֶעכְטִיגְקֵייט אָהְן וֶוערק:
7 „גֶעבֶּענְשְׁט זֶענֶען דיא צוּ וֶועלְכֶע דיא אוּנְגֶערֶעכְטִיגְ־
קֵייטֶען זֶענֶען פֶערְגֶעבֶּען אוּנְד דיא זִינְד זֶענֶען
8 צוּגֶעדֶעקְט: גֶעבֶּענְשְׁט אִיז דֶער מֶענְשׁ צוּ וֶועלְכֶען
גָאט רֶעכֶענְט נִיט קֵיינֶע זִינְד״: תהלים ל״ב א׳ ב׳.
9 אִיז דֶען דִיזֶע בְּרָכָה אִיבֶּער דֶער בֶּעשְׁנֵיידוּנג גֶעזָאגְט,
אָדֶער אוֹיךְ אִיבֶּער דֶער עָרְלָה? וָוארין מִיר זָאגֶען אַז
דֶער גְלוֹיבֶּען אִיז גֶערֶעכֶענְט גֶעוֶועזֶען צוּ אַבְרָהָם פַאר
10 גֶערֶעכְטִיגְקֵייט: בראשית ט״ו ו׳. וִויא אִיז עֶס דֶען צוּ
אִיהְם גֶערֶעכֶענְט גֶעוָוארֶען? אִין בֶּעשְׁנֵיידוּנג אָדֶער אִין
11 עָרְלָה? נִיט אִין בֶּעשְׁנֵיידוּנג, נֵייעֶרְט אִין עָרְלָה: אוּנְד עֶר
הָאט דֶערְהַאלְטֶען דָאס צֵייכֶען פוּן בֶּעשְׁנֵיידוּנג אַלְס
חוֹתָם פוּן דֶער גֶערֶעכְטִיגְקֵייט פוּן דֶעם גְלוֹיבֶּען וָואס עֶר
הָאט גֶעהַאט וֶוען עֶר אִיז נָאךְ גֶעוֶועזֶען אִין עָרְלָה, כְּדֵי עֶר
זָאל זַיין דֶער פָאטֶער פוּן אַלֶע וָואס גְלוֹיבֶּען, חָאטְשֶׁע
זֵייא זֶענֶען אוּנְבֶּעשְׁנִיטֶען, כְּדֵי דיא גֶערֶעכְטִיגְקֵייט זָאל
12 אוֹיךְ צוּ זֵייא גֶערֶעכֶענְט וֶוערֶען: אוּנְד דֶער פָאטֶער פוּן

דער בעשניידונג ניט נור צו דיא וואס זענען פון דער
בעשניידונג, נייערט אויך צו דיא וואס געהען אין דיא
פוסטריט פון דעם גלויבען פון אונזער פאטער אברהם,
וואס ער האט געהאט ווען ער איז נאך געוועזען אין
ערלה:
13 וואריך דיא הבטחה צו אברהם אדער צו זיין זאמען, אז
ער זאל זיין יורש פון דער וועלט, איז ניט געווארען
דורך דעם געזעץ, נייערט דורך דער גערעכטיגקייט
14 פון דעם גלויבען: ווארין ווען דיא וואס זענען פון דעם
געזעץ זענען יורשים, אזוי איז דער גלויבען צו נישט
15 געמאכט, אונד דיא הבטחה איז בטל געוועזען: ווארין
דאס געזעץווירקט צארן; ווארין וואו עס איז קיין
16 געזעץ דא איז אויך קיינע עבירה: דעסטוועגען איז עס
פון דעם גלויבען, כדי עס זאל זיין דורך גנאד, אז דיא
הבטחה זאל זיין פעסט צום גאנצען זאמען, ניט נור צו
דעם וואס איז פון דעם געזעץ, נייערט אויך צו דעם וואס
איז פון דעם גלויבען פון אברהם, וואס איז דער פאטער
17 פון אונס אלע: אזוי וויא עס שטעהט געשריבען, איך
האב דיך געמאכט צום פאטער פון פילע פעלקער, פאר
גאט אן וועלכען ער האט געגלויבט, דער דיא טויטע
לעבעדיג מאכט, אונד רופט דיא זאכען וואס זענען ניט
דא גלייך וויא זייא וואלטען געוועזען: בראשית י"ז ה'.
18 וועלכער קעגען דער האפנונג האט געגלויבט אין דער
האפנונג, כדי ער זאל זיין דער פאטער פון פילע
פעלקער, אזוי וויא עס איז געזאגט געוועזען, אזוי וועט
19 דיין זאמען זיין: בראשית ט"ו ה'. אונד וויל ער איז ניט
שוואך געוועזען אים גלויבען, האט ער זיין אייגענעם לייב
אנגעזעהען גלייך וויא עס איז שוין טויט געוועזען, ווען
ער איז קעגען הונדערט יאהר אלט געווארען, אונד אויך
20 דעם טויטען מוטערלייב פון שרה: אבער אין דער
הבטחה פון גאט האט ער קיין ספק געהאט דורך אונגלויי־
ביגקייט, נייערט איז שטארק געווארען דורך גלויבען,
21 אונד האט געגעבען כבוד צו גאט: אונד איז זיכער
געוועזען, אז וואס ער האט פערשפראכען דאס קאן ער

22 אוֹיךְ טְהוּן: דְרוּם אִיז עֶס אִיהְם אוֹיךְ צוּגֶערֶעכֶענְט גֶעוָועזֶען
פַאר גֶערֶעכְטִיגְקֵייט: בראשית ט״ו ו׳.
23 אוּנְד עֶס אִיז נִיט גֶעשְׁרִיבֶּען פוּן זַיינֶעטְוֶועגֶען אַלֵיין, אַז
24 עֶס אִיז צוּ אִיהְם גֶערֶעכֶענְט גֶעוָועזֶען: נֵייעֶרְט אוֹיךְ פוּן
אוּנְזֶערְטְוֶועגֶען, צוּ וֶועמֶען עֶס וֶועט גֶערֶעכֶענְט וֶוערֶען,
וֶועלְכֶע גְלוֹיבֶּען אָן אִיהְם דֶער הָאט אוּנְזֶער הַאר יֵשׁוּעַ
25 אוֹיפְגֶעוָועקְט פוּן דִיא טוֹיטֶע: וֶועלְכֶער אִיז וֶועגֶען
אוּנְזֶערֶע זִינְד אִיבֶּערְגֶעגֶעבֶּען גֶעוָועזֶען, אוּנְד וֶועגֶען
אוּנְזֶערֶע גֶערֶעכְטְפֶערְטִיגְקֵייט אוֹיפְגֶעוָועקְט גֶעוָוארֶען:

קאפיטעל ה

1 דְרוּם וֶוען מִיר זֶענֶען גֶערֶעכְטְפֶערְטִיגְט דוּרְךְ דֶעם
גְלוֹיבֶּען, אַזוֹי הָאבֶּען מִיר פְרִידֶען מִיט גָאט דוּרְךְ אוּנְזֶער
2 הַאר יֵשׁוּעַ הַמָּשִׁיחַ: דוּרְךְ דֶעם מִיר הָאבֶּען אוֹיךְ אוּנְזֶער
צוּטְרִיט דֶערְלַאנְגְט דוּרְךְ דֶעם גְלוֹיבֶּען צוּ דִיזֶער גְנָאד
אִין וֶועלְכֶער מִיר שְׁטֶעהֶען, אוּנְד לָאזְט אוּנְס פְרֶעהְלִיךְ
זַיין אִין דֶער הָאפְנוּנְג פוּן דֶער הֶערְלִיכְקֵייט פוּן גָאט:
3 אוּנְד נִיט נוּר אַזוֹי, נֵייעֶרְט לָאזְט אוּנְס אוֹיךְ פְרֶעהְלִיךְ זַיין
אִין אוּנְזֶער לֵיידֶען, ווִיסֶענְדִיג אַז לֵיידֶען ווִירְקְט גֶעדוּלְד:
4 אוּנְד דִיא גֶעדוּלְד פְּרִיפוּנְג, אוּנְד דִיא פְּרִיפוּנְג הָאפְנוּנְג:
5 אוּנְד דִיא הָאפְנוּנְג בְּרֶענְגְט נִיט צוּ שַׁאנְד, וָוארִין דִיא
לִיבֶּע פוּן גָאט אִיז אוֹיסְגֶעגָאסֶען אִין אוּנְזֶערֶע הֶערְצֶער
דוּרְךְ דֶעם רוּחַ הַקּוֹדֶשׁ וָואס אִיז אוּנְס גֶעגֶעבֶּען
גֶעוָוארֶען:
6 וָוארִין וֶוען מִיר זֶענֶען נָאךְ גֶעוֶועזֶען שְׁוַואךְ אַזוֹי אִיז
מָשִׁיחַ אוֹיף דִיא רֶעכְטֶע צַייט פַאר דִיא רְשָׁעִים גֶעשְׁטָארְ־
7 בֶּען: וָוארִין קוֹים וֶועט אִימִיצֶער פַאר אַ גֶערֶעכְטֶען
שְׁטַארְבֶּען; וָוארִין טָאמֶער פַאר דֶעם גוּטֶען וֶועט זִיךְ
8 אִימִיצֶער אוּנְטֶערְשְׁטֶעהֶען צוּ שְׁטַארְבֶּען: אָבֶּער גָאט
שְׁטֶעלְט אַזוֹי זַיינֶע אֵייגֶענֶע לִיבֶּע קֶעגֶען אוּנְס, אִינְדֶעם
וֶוען מִיר זֶענֶען נָאךְ גֶעוֶועזֶען זִינְדֶער אִיז מָשִׁיחַ פַאר
9 אוּנְס גֶעשְׁטָארְבֶּען: דְרוּם נָאךְ פִיל מֶעהְר וֶוען מִיר זֶענֶען
אִיצְט גֶערֶעכְטְפֶערְטִיגְט דוּרְךְ זַיין בְּלוּט וֶועלֶען מִיר דוּרְךְ
10 אִיהְם גֶערֶעטֶעט וֶוערֶען פוּן דֶעם צָארְן: וָוארִין וֶוען מִיר
זֶענֶען מִיט גָאט בֶּעוָוילִיגְט גֶעוָוארֶען דוּרְךְ דֶעם טוֹיט פוּן

זַיין זוּהְן, וֶוען מִיר זֶענֶען גֶעוֶועזֶען פֵיינְד, פִיל מֶעהְר וֶוען
מִיר זֶענֶען בֶּעזֶוילִיגְט וֶועלֶען מִיר דוּרְךְ זַיין לֶעבֶּען
11 בֶּערֶעטֶעט הֶערֶען: אוּנְד נִיט נוּר אַזוֹי, נֵייעֶרְט מִיר זֶענֶען
אוֹיךְ פְרֶעהְלִיךְ אִין גָאט דוּרְךְ אוּנְזֶער הַאר יֵשׁוּעַ הַמָשִׁיחַ,
דוּרְךְ וֶועלְכֶען מִיר הָאבֶּען אַצוּנְד דֶערְהַאלְטֶען דִיא
אִיבֶּערְבֶּעטוּנְג:
12 דֶעסְטְוֶועגֶען, גְלֵייךְ וִויא דִיא זִינְד אִיז אִין דֶער וֶועלְט
אַיינְגֶעטְרֶעטֶען דוּרְךְ אֵיין מֶענְשׁ, אוּנְד דֶער טוֹיט דוּרְךְ
דִיא זִינְד, אוּנְד אַזוֹי אִיז דֶער טוֹיט אִיבֶּער אַלֶע מֶענְשֶׁען
13 גֶעקוּמֶען, אִינְדֶעם אַלֶע הָאבֶּען גֶעזִינְדִיגְט: וָוארִין בִּיז צוּם
גֶעזֶעץ אִיז דִיא זִינְד גֶעוֶועזֶען אִין דֶער וֶועלְט, אָבֶּער וָואו
עֶס אִיז קֵיין גֶעזֶעץ, דָא אִיז דִיא זִינְד נִיט צוּגֶערֶעכֶענְט:
14 דָאךְ הָאט דֶער טוֹיט גֶעהֶערְשְׁט פוּן אָדָם בִּיז מֹשֶׁה אוֹיךְ
אִיבֶּער דִיא וָואס הָאבֶּען נִיט גֶעזִינְדִיגְט אִין דֶער גְלֵייכְהַייט
פוּן דֶער-עֲבֵירָה פוּן אָדָם, וֶועלְכֶער אִיז אַ פָארְבִּילְד פוּן
15 דֶעם וֶועלְכֶער זָאל קוּמֶען: אָבֶּער נִיט גְלֵייךְ וִויא מִיט
דֶער זִינְד אַזוֹי אוֹיךְ מִיט דֶער פְרֵייעֶן מַתָּנָה; וָוארִין וֶוען
דוּרְךְ דִיא זִינְד פוּן אֵיינֶעם זֶענֶען פִילֶע גֶעשְׁטָארְבֶּען, פִיל
מֶעהְר הָאט דִיא גְנָאד פוּן גָאט אוּנְד דִיא פְרֵייעֶ מַתָּנָה אִין
דֶער גְנָאד פוּן דֶעם אֵיינֶעם מֶענְשֶׁען יֵשׁוּעַ הַמָשִׁיחַ זִיךְ
16 גֶעמֶעהְרְט קֶעגֶען פִילֶע: אוּנְד נִיט גְלֵייךְ וִויא דוּרְךְ אֵיינֶעם
וָואס הָאט גֶעזִינְדִיגְט, אַזוֹי אִיז דִיא גְנֶעדִיגֶע מַתָּנָה; וָוארִין
דָאס מִשְׁפָּט אִיז גֶעוֶועזֶען דוּרְךְ אֵיינֶעם צוּ פֶערְשׁוּלְדִיגוּנְג,
אָבֶּער דִיא פְרֵייעֶ מַתָּנָה אִיז פוּן פִילֶע עֲבֵירוֹת צוּ
17 רֶעכְטְפֶערְטִיגוּנְג: וָוארִין, וֶוען דוּרְךְ דֶער עֲבֵירָה פוּן
אֵיינֶעם הָאט דֶער טוֹיט גֶעהֶערְשְׁט דוּרְךְ דֶעם אֵיינֶעם,
פִיל מֶעהְר דִיא וָואס דֶערְהַאלְטֶען דִיא אִיבֶּערְפְלִיסֶענְדֶע
גְנָאד אוּנְד דִיא מַתָּנָה פוּן גֶערֶעכְטִיגְקֵייט וֶועלֶען אִים
לֶעבֶּען הֶערְשֶׁען דוּרְךְ דֶעם אֵיינֶעם יֵשׁוּעַ הַמָשִׁיחַ:
18 דְרוּם, גְלֵייךְ וִויא דוּרְךְ אֵיינֶע עֲבֵירָה אִיז דָאס גֶערִיכְט
גֶעקוּמֶען אִיבֶּער אַלֶע מֶענְשֶׁען צוּ פֶערְשׁוּלְדִיגוּנְג, אַזוֹי
אִיז אוֹיךְ דוּרְךְ אֵיינֶע גֶערֶעכְטִיגְקֵייט דִיא פְרֵייעֶ מַתָּנָה
אִיבֶּער אַלֶע מֶענְשֶׁען גֶעקוּמֶען צוּ רֶעכְטְפֶערְטִיגוּנְג
19 פוּן לֶעבֶּען: וָוארִין גְלֵייךְ וִויא דוּרְךְ דֶעם אוּנְגֶעהָארְכֶען

פוּן דֶעם אֵיינֶעם מֶענְשׁ זֶענֶען פִילֶע זִינְדֶער גֶעוָוארֶען, אַזוֹי
אוֹיךְ דוּרְךְ דֶעם גֶעהָארְכֶען פוּן דֶעם אֵיינֶעם וֶועלֶען פִילֶע
20 גֶערֶעכְט גֶעמַאכְט וֶוערֶען: אוּנְד דָאס גֶעזֶעץ אִיז צְוִוישֶׁען
גֶעקוּמֶען כְּדֵי דִיא עֲבֵירָה זָאל פֶערְמֶעהְרְט וֶוערֶען, אָבֶער
וְואוּ דִיא זִינְד אִיז פֶערְמֶעהְרְט גֶעוָוארֶען, דָארְט אִיז
21 דִיא גְנָאד נָאךְ גַאנְץ מֶעהְר גֶעוָוארֶען: כְּדֵי גְלֵייךְ וְוִיא
דִיא זִינְד הָאט גֶעהֶערְשְׁט אִים טוֹיט, אַזוֹי זָאל אוֹיךְ דִיא
גְנָאד הֶערְשֶׁען דוּרְךְ גֶערֶעכְטִיגְקֵייט צוּם עֶבִּיגֶען לֶעבֶּען
דוּרְךְ יֵשׁוּעַ הַמָשִׁיחַ אוּנְזֶער הַאר:

קאפיטעל ו

1 וָואס זָאלֶען מִיר דֶען זָאגֶען? זָאלֶען מִיר אִין זִינְד וֵוייטֶער
2 בְּלֵייבֶּען, כְּדֵי דִיא גְנָאד זָאל פֶערְמֶעהְרְט וֶוערֶען? חָלִילָה,
מִיר, וָואס זֶענֶען צוּ דֶער זִינְד גֶעשְׁטָארְבֶּען, וְוִיא אַזוֹי
3 זָאלֶען מִיר נָאךְ לֶענְגֶער דְרִינֶען לֶעבֶּען? אָדֶער וֵוייסְט
אִיהְר נִיט אַז מִיר אַלֶע וָואס זֶענֶען צוּ יֵשׁוּעַ הַמָשִׁיחַ
גֶעטוֹבֵלְט גֶעוָוארֶען, זֶענֶען גֶעטוֹבֵלְט גֶעוָוארֶען צוּ זַיין
4 טוֹיט? דְרוּם זֶענֶען מִיר מִיט אִיהְם דוּרְךְ דֶער טְבִילָה צוּם
טוֹיט בֶּעגְרוּבֶּען גֶעוָוארֶען, כְּדֵי גְלֵייךְ וְוִיא מָשִׁיחַ אִיז פוּן
דִיא טוֹיטֶע אוֹיפְגֶעוֶועקְט גֶעוֶועזֶען דוּרְךְ דֶער הֶערְלִיכְקֵייט
פוּן דֶעם פָאטֶער, אַזוֹי זָאלֶען מִיר אוֹיךְ וַואנְדְלֶען אִין
5 נֵייעֶרוּנְג פוּן לֶעבֶּען: וָוארִין וֶוען מִיר זֶענֶען צוּזַאמֶען
גֶעפְלַאנְצְט גֶעוָוארֶען אִין דֶער גְלֵייכְהֵייט פוּן זַיין טוֹיט,
אַזוֹי וֶועלֶען מִיר אוֹיךְ זַיין אִין דֶער גְלֵייכְהֵייט פוּן זַיינֶע
6 אוֹיפֶערְשְׁטֶעהוּנְג: אוּנְד דָאס וְוִיסֶען מִיר אַז אוּנְזֶער
אַלְטֶער מֶענְשׁ אִיז מִיט אִיהְם גֶעקְרֵייצִיגְט גֶעוָוארֶען, כְּדֵי
דֶער לֵייבּ פוּן זִינְד זָאל צוּשְׁטֶערְט וֶוערֶען, אַז מִיר זָאלֶען
7 נִיט מֶעהְר דִינֶען צוּ זִינְד: וָוארִין דֶער וָואס אִיז גֶעשְׁטָארְבֶּען
8 אִיז גֶערֶעכְטְפֶערְטִיגְט פוּן זִינְד: אָבֶּער וֶוען מִיר זֶענֶען מִיט
מָשִׁיחַ גֶעשְׁטָארְבֶּען, גְלוֹיבֶּען מִיר אַז מִיר וֶועלֶען אוֹיךְ מִיט
9 אִיהְם לֶעבֶּען: וָוארִין מִיר וִויסֶען אַז מָשִׁיחַ אִיז אוֹיפְגֶע־
שְׁטַאנֶען פוּן דִיא טוֹיטֶע אוּנְד שְׁטַארְבְּט נִיט מֶעהְר, דֶער
10 טוֹיט הֶערְשְׁט נִיט מֶעהְר אִיבֶּער אִיהְם: וָוארִין אִים טוֹיט
וָואס עֶר אִיז גֶעשְׁטָארְבֶּען, אִיז עֶר אֵיינְמָאל גֶעשְׁטָארְבֶּען
צוּ דֶער זִינְד. אָבֶּער אִים לֶעבֶּען וָואס עֶר לֶעבְּט דָאס

לעבט ער צו גאט: אַזוי בעטראכט איהר אייך זעלבסט 11
אויך אַז איהר זענט טויט צו דער זינד, אָבער לעבעדיג
צו גאט אין ישוע המשיח:
דרום לאָז ניט דיא זינד הערשען אין אייער שטערבליכען 12
לייב, אַז איהר זאָלט איהר געהארכען צו זיינע גלוסטיג־
קייטען: אונד שטעלט ניט אייערע גלידער צו זינד פאַר 13
האָפען פון אונגערעכטיגקייט, נייערט שטעלט אייך צו
גאָט ווי דיא לעבעדיגע פון דיא טויטע, אונד אייערע גלידער
צו גאָט פאַר וואָפען פון גערעכטיגקייט: וואָרין דיא זינד 14
וועט ניט איבער אייך געוועלטיגען; וואָרין איהר זענט ניט
אונטער דעם געזעץ, נייערט אונטער דער גנאַד:
וואָס דען? זאָלען מיר זינדיגען ווייל מיר זענען ניט אונ־ 15
טער דעם געזעץ, נייערט אונטער דער גנאַד? חלילה:
ווייסט איהר ניט אַז צו וועמען איהר גיבט אייך פאַר 16
קנעכט צו געהאָרכען, אַזוי זענט איהר דיא קנעכט פון
דיא צו וועמען איהר געהאָרכט, ענטוועדער פון זינד צום
טויט, אָדער פון געהאָרכען צו גערעכטיגקייט? אָבער 17
דאַנק זייא צו גאָט, אַז איהר זענט געוועזען דיא קנעכט
פון זינד, אָבער איהר האָט פון האַרצען געהאָרכט צו דער
געשטאַלט פון דער לעהרע צו וועלכער איהר זענט אי־
בערגעגעבען געוואָרען: אונד איהר זענט בעפרייעט גע־ 18
וואָרען פון זינד אונד זענט געמאַכט געוואָרען קנעכט
צו גערעכטיגקייט: איך רעד מענשליך וועגען דער שוואַכ־ 19
הייט פון אייער פלייש; וואָרין גלייך ווי איהר האָט
געשטעלט אייערע גלידער פאַר קנעכט צו דער אונריי־
ניגקייט אונד אונרעכט צו אונרעכט, אַזוי שטעלט איצט
אייערע גלידער פאַר קנעכט צור גערעכטיגקייט צו
הייליגקייט: וואָרין ווען איהר זענט געוועזען קנעכט פון 20
זינד, זענט איהר פרייא געוועזען וועגען גערעכטיגקייט:
וואָס פאַר פרוכט האָט איהר דאַן געהאַט אין דיא זאַכען 21
מיט וועלכע איהר שעמט אייך אַצונד? וואָרין דער סוף
פון יענע זאַכען איז דער טויט: אָבער אינדעם איהר זענט 22
פון דער זינד בעפרייעט געוואָרען אונד זענט געמאַכט
געוואָרען צו קנעכט פון גאָט, האָט איהר אייערע פרוכט

23 צוּ הַיילִיגְקֵייט, אוּנְד צוּם סוֹף עֶבִּיגֶעם לֶעבֶּען: וָוארִין דֶער
שְׂכַר פוּן זִינְד אִיז דֶער טוֹיט, אָבֶּער דִיא פְרַייעֶ מַתָּנָה
פוּן גָאט אִיז עֶבִּיגֶעם לֶעבֶּען אִין אוּנְזֶער הַאר יֵשׁוּעַ
הַמָשִׁיחַ:

קאפיטעל ז

1 אָדֶער וַוייסְט אִיהְר נִיט, בְּרִידֶער, וָוארִין אִיךְ רֶעד צוּ
דִיא וָואס קֶענֶען דָאס גֶעזֶעץ, אַז דָאס גֶעזֶעץ הֶערְשְׁט
2 אִיבֶּער דֶעם מֶענְשׁ אַזוֹי לַאנְג וִויא עֶר לֶעבְּט? וָוארִין
דִיא פְרוֹיא וָואס הָאט אַ מַאן אִיז בֵּייא דֶעם גֶעזֶעץ
צוּם מַאן גֶעבּוּנְדֶען אַזוֹי לַאנְג וִויא עֶר לֶעבְּט; אָבֶּער
וֶוען דֶער מַאן אִיז גֶעשְׁטָארְבֶּען, אַזוֹי אִיז זִיא בֶּעפְרַייעֶט
3 פוּן דֶעם גֶעזֶעץ פוּן אִיהְר מַאן: דְרוּם וֶוען זִיא וֶועט
חֲתוּנָה הָאבֶּען צוּ אֵיין אַנְדֶערֶען בְּשַׁעַת אִיהְר מַאן לֶעבְּט,
וֶועט מֶען זִיא הֵייסֶען אַ זוֹנָה; אָבֶּער וֶוען דֶער מַאן אִיז
גֶעשְׁטָארְבֶּען אִיז זִיא פְרַייא פוּן דֶעם גֶעזֶעץ, אַזוֹי אַז
זִיא אִיז נִיט קֵיינֶע זוֹנָה וֶוען זִיא וֶוערְט דָאס וַוייבּ פוּן
4 אֵיין אַנְדֶערֶען מַאן: דְרוּם, מֵיינֶע בְּרִידֶער, אִיהְר זֶענְט
אוֹיךְ טוֹיט גֶעוָוארֶען צוּם גֶעזֶעץ דוּרְךְ דֶעם לֵייבּ פוּן
מָשִׁיחַ, אַז אִיהְר זָאלְט וֶוערֶען צוּם אַנְדֶערֶען, צוּ דֶעם
וֶועלְכֶער אִיז פוּן דִיא טוֹיטֶע אוֹיפְגֶעוֶועקְט גֶעוָוארֶען,
5 כְּדֵי מִיר זָאלֶען פְרוּכְט בְּרֶענְגֶען צוּ גָאט: וָוארִין וֶוען
מִיר זֶענֶען גֶעוֶועזֶען אִים פְלֵיישׁ, הָאבֶּען דִיא תַּאֲוֹת פוּן
דִיא זִינְד וָואס זֶענֶען גֶעוֶועזֶען דוּרְךְ דֶעם גֶעזֶעץ גֶע־
וִוירְקְט אִין אוּנְזֶערֶע גְלִידֶער, כְּדֵי מִיר זָאלֶען פְרוּכְט
6 בְּרֶענְגֶען צוּם טוֹיט: אָבֶּער אִיצְט זֶענֶען מִיר בֶּעפְרַייעֶט
גֶעוָוארֶען פוּן דֶעם גֶעזֶעץ, וַוייל מִיר זֶענֶען גֶעשְׁטָארְבֶּען
צוּ דֶעם מִיט וֶועלְכֶען מִיר זֶענֶען פֶעסְט גֶעהַאלְטֶען
גֶעוֶועזֶען, כְּדֵי מִיר זָאלֶען דִינֶען אִין נֵייהֵייט פוּן דֶעם גֵייסְט,
אוּנְד נִיט אִין דֶער עֶלְטֶער פוּן דֶעם בּוּכְשְׁטַאבּ:
7 וָואס זָאלֶען מִיר דֶען זָאגֶען? אִיז דָאס גֶעזֶעץ זִינְד?
חָלִילָה; אָבֶּער אִיךְ וָואלְט נִיט גֶעקָאנְט זִינְד וֶוען נִיט
דוּרְךְ דֶעם גֶעזֶעץ, וָוארִין אִיךְ וָואלְט נִיט גֶעוְואוּסְט פוּן
תַּאֲוָה, וֶוען דָאס גֶעזֶעץ וָואלְט נִיט גֶעזָאגְט, דוּא זָאלְסְט
8 נִיט גְלוּסְטֶען שמות כ׳ ט״ו: דברים ה׳ י״ח; אָבֶּער דִיא זִינְד

הָאט גֶענוּמֶען גֶעלֶעגֶענְהֵייט דוּרְךְ דֶעם גֶעבָּאט, אוּנְד
הָאט אִין מִיר גֶעוִוירְקְט אַלֶערְלֵייא תַּאֲוָה; וָוארִין אָהְן דֶעם
גֶעזֶעץ אִיז זִינְד טוֹיט גֶעוֶועזֶען: אוּנְד אִיךְ הָאבּ אַמָאל 9
גֶעלֶעבְּט אָהְן דֶעם גֶעזֶעץ, אָבֶּער וֶוען דָאס גֶעבָּאט אִיז
גֶעקוּמֶען אִיז דִיא זִינְד ווִידֶער לֶעבֶּעדִיג גֶעוָוארֶען, אוּנְד
אִיךְ בִּין גֶעשְׁטָארְבֶּען: אוּנְד דָאס גֶעבָּאט וָואס זָאל זַיין 10
צוּם לֶעבֶּען אִיז מִיר אוֹיסְגֶעפִינֶען צוּם טוֹיט: וָוארִין דִיא 11
זִינְד הָאט דוּרְךְ דֶעם גֶעבָּאט גֶעלֶעגֶענְהֵייט גֶענוּמֶען,
אוּנְד הָאט מִיךְ פֶערְפִיהְרְט, אוּנְד דָארְדוּרְךְ גֶעטֶעטֶעט:
אַזוֹי דֶען אִיז דָאס גֶעזֶעץ הֵיילִיג, אוּנְד דָאס גֶעבָּאט אִיז 12
הֵיילִיג אוּנְד גֶערֶעכְט אוּנְד גוּט:
אִיז דֶען דָאס וָואס אִיז גוּט צוּ מִיר גֶעוָוארֶען צוּם טוֹיט? 13
חָלִילָה; נֵייעֶרְט דִיא זִינְד, כְּדֵי זִיא זָאל זִיךְ בֶּעוַוייזֶען
וִויא זִינְד, הָאט אִין מִיר דוּרְךְ דֶעם גוּטֶען גֶעוִוירְקְט דֶעם
טוֹיט, כְּדֵי דִיא זִינְד זָאל דוּרְךְ דֶעם גֶעזֶעץ אִיבֶּער מָאס
זִינְדִיג וֶוערֶען: וָוארִין מִיר וִויסֶען אַז דָאס גֶעזֶעץ אִיז 14
גֵייסְטְלִיךְ; אָבֶּער אִיךְ בִּין פְלֵיישְׁלִיךְ, פֶערְקוֹיפְט אוּנְטֶער
דִיא זִינְד: וָוארִין דָאס וָואס אִיךְ טְהוּא וִויל אִיךְ נִיט; 15
וָוארִין נִיט דָאס וָואס אִיךְ וִויל טְהוּא אִיךְ, נֵייעֶרְט וָואס
אִיךְ הָאבּ פֵיינְד דָאס טְהוּא אִיךְ: אוּנְד וֶוען אִיךְ טְהוּא 16
דָאס וָואס אִיךְ וִויל נִיט, אַזוֹי בִּין אִיךְ מוֹדֶה אַז דָאס
גֶעזֶעץ אִיז גוּט: אוּנְד אִיצְט בִּין אִיךְ עֶס נִיט מֶעהְר וָואס 17
טְהוּא עֶס, נֵייעֶרְט דִיא זִינְד וָואס ווְאוֹינְט אִין מִיר: וָוארִין 18
אִיךְ וֵויים אַז אִין מִיר, דָאס הֵייסְט אִין מֵיין פְלֵיישׁ, ווְאוֹינְט
קֵיינֶע גוּטֶע זַאךְ; וָוארִין אִיךְ הָאבּ אַוַדַאי דֶעם ווִילֶען, אָבֶּער
נִיט דָאס גוּטֶע צוּ טְהוּן: וָוארִין דָאס גוּטֶע וָואס אִיךְ וִויל 19
טְהוּא אִיךְ נִיט, אָבֶּער דָאס שְׁלֶעכְטֶע וָואס אִיךְ וִויל נִיט
דָאס טְהוּא אִיךְ: אָבֶּער וֶוען אִיךְ טְהוּא דָאס וָואס אִיךְ וִויל 20
נִיט, אַזוֹי בִּין אִיךְ נִיט מֶעהְר דֶער וָואס טְהוּט עֶס, נֵייעֶרְט
דִיא זִינְד וָואס ווְאוֹינְט אִין מִיר: אִיךְ גֶעפִין דֶען דָאס 21
גֶעזֶעץ, אַז וֶוען אִיךְ וִויל טְהוּן דָאס גוּטֶע אִיז דָאס שְׁלֶעכְטֶע
בַּייא מִיר: וָוארִין אִיךְ הָאבּ תַּעֲנוּג אִים גֶעזֶעץ פוּן גָאט 22
נָאךְ דֶעם אִינֶערֶען מֶענְשׁ: אָבֶּער אִיךְ זֶעה אַיין אַנְדֶערֶעס 23
גֶעזֶעץ אִין מֵיינֶע גְלִידֶער, וָואס שְׁטְרֵייט קֶעגֶען דֶעם

גֶעזֶעץ פוּן מֵיין פֶערְשְׁטַאנְד, אוּנְד נֶעמְט מִיךְ גֶעפַאנְגֶען
צוּם גֶעזֶעץ פוּן דֶער זִינְד וָואס אִיז אִין מֵיינֶע גְלִידֶער:
24 אַךְ, אִיךְ עֶלֶענְדֶער מֶענְשׁ! וֶוער וֶועט מִיךְ אוֹיסְלֶעזֶען פוּן
25 דֶעם לֵייבּ פוּן דִיזֶען טוֹיט? אִיךְ דַאנְק גָאט דוּרְךְ אוּנְזֶערְן
הַאר יֵשׁוּעַ הַמָשִׁיחַ. דְרוּם מִיט דֶעם פֶערְשְׁטַאנְד דִינֶען אִיךְ
זֶעלְבְּסְט דָאס גֶעזֶעץ פוּן גָאט, אָבֶּער מִיט דֶעם פְלֵיישׁ דָאס
גֶעזֶעץ פוּן זִינְד:

קאפיטעל ח

1 דְרוּם אִיז אַצוּנְד קֵיינֶע פֶערְמִשְׁפָּטוּנְג פַאר דִיא וָואס זֶענֶען
2 אִין יֵשׁוּעַ הַמָשִׁיחַ: וָוארִין דָאס גֶעזֶעץ פוּן דֶעם גֵייסְט פוּן
לֶעבֶּען אִין יֵשׁוּעַ הַמָשִׁיחַ הָאט מִיךְ פְרֵייא גֶעמַאכְט פוּן
3 דֶעם גֶעזֶעץ פוּן זִינְד אוּנְד טוֹיט: וָוארִין דָאס וָואס אִיז
אוּנְמֶעגְלִיךְ גֶעוֶועזֶען צוּם גֶעזֶעץ, אִינְדֶעם עֶס אִיז גֶעוֶועזֶען
שְׁוַואךְ דוּרְךְ דֶעם פְלֵיישׁ, הָאט גָאט גֶעשִׁיקְט זֵיין אֵייגֶענֶען
זוּהְן אִין דֶער גְלֵייכְהֵייט פוּן דֶעם פְלֵיישׁ פוּן זִינְד אוּנְד
וֶועגֶען זִינְד, אוּנְד הָאט אַזוֹי פֶערְמִשְׁפָּט דִיא זִינְד אִין דֶעם
4 פְלֵיישׁ: כְּדֵי דִיא גֶערֶעכְטִיגְקֵייט פוּן דֶעם גֶעזֶעץ זָאל אִין
אוּנְס דֶערְפִילְט וֶוערֶען, וָואס וַואנְדְלֶען נִיט נָאךְ דֶעם
5 פְלֵיישׁ נֵייעֶרְט נָאךְ דֶעם גֵייסְט: וָוארִין דִיא וָואס זֶענֶען
נָאךְ דֶעם פְלֵיישׁ טְרַאכְטֶען דִיא זַאכֶען פוּן דֶעם פְלֵיישׁ,
אָבֶּער דִיא וָואס זֶענֶען נָאךְ דֶעם גֵייסְט טְרַאכְטֶען דִיא
6 זַאכֶען פוּן דֶעם גֵייסְט: וָוארִין דָאס טְרַאכְטֶען פוּן דֶעם
פְלֵיישׁ אִיז דֶער טוֹיט, אָבֶּער דָאס טְרַאכְטֶען פוּן דֶעם
7 גֵייסְט אִיז לֶעבֶּען אוּנְד פְרִידֶען: וַוייל דָאס טְרַאכְטֶען פוּן
דֶעם פְלֵיישׁ אִיז פֵיינְדְשַׁאפְט קֶעגֶען גָאט; וָוארִין עֶס אִיז
נִיט אוּנְטֶערְטֶענִיג צוּם גֶעזֶעץ פוּן גָאט, וָוארִין עֶס קָאן
8 אוֹיךְ נִיט זֵיין: אוּנְד דִיא וָואס זֶענֶען אִים פְלֵיישׁ קֶענֶען
נִיט גָאט גֶעפֶעלֶען:
9 אָבֶּער אִיהְר זֶענְט נִיט אִים פְלֵיישׁ נֵייעֶרְט אִים גֵייסְט, וֶוען
דֶער גֵייסְט פוּן גָאט וָואוֹינְט וִוירְקְלִיךְ אִין אֵייךְ. אָבֶּער
וֶוער עֶס הָאט נִיט דֶעם גֵייסְט פוּן דֶעם מָשִׁיחַ דֶער אִיז
10 נִיט זֵיינֶער: אָבֶּער וֶוען דֶער מָשִׁיחַ אִיז אִין אֵייךְ, אַזוֹי אִיז
דֶער לֵייבּ טוֹיט וֶועגֶען זִינְד, אָבֶּער דֶער גֵייסְט אִיז לֶע־
11 בֶּעדִיג וֶועגֶען גֶערֶעכְטִיגְקֵייט: אוּנְד וֶוען דֶער גֵייסְט פוּן

אִיהָם דֶער הָאט יֵשׁוּעַ אוֹיפְגֶעוֶועקְט פוּן דִיא טוֹיטֶע וְואוֹינְט
אִין אֵייךְ, דֶער וֶועלְכֶער הָאט יֵשׁוּעַ הַמָשִׁיחַ אוֹיפְגֶעוֶועקְט
פוּן דִיא טוֹיטֶע וֶועט אֵייעֶרֶע שְׁטֶערְבְּלִיכֶע לֵייבֶּער לֶע־
בֶּעדִיג מַאכֶען דוּרְךְ זַיין גֵייסְט וָואס וְואוֹינְט אִין אֵייךְ:
אַזוֹי דֶען, בְּרִידֶער, זֶענֶען מִיר שׁוּלְדִיגֶער, נִיט צוּם פְלֵיישׁ, 12
אַז מִיר זָאלֶען לֶעבֶּען נָאךְ דֶעם פְלֵיישׁ: וָוארִין וֶוען אִיהְר 13
לֶעבְּט נָאךְ דֶעם פְלֵיישׁ, וֶועט אִיהְר שְׁטַארְבֶּען; אָבֶער
וֶוען אִיהְר דוּרְךְ דֶעם גֵייסְט טֶעטֶעט דִיא וֶוערְק פוּן דֶעם
לֵייב, וֶועט אִיהְר לֶעבֶּען: וָוארִין אַזוֹי פִילֶע וָואס זֶענֶען 14
גֶעפִיהְרְט פוּן דֶעם גֵייסְט פוּן גָאט, דִיזֶע זֶענֶען דִיא זִיהְן
פוּן גָאט: וָוארִין אִיהְר הָאט נִיט דֶערְהַאלְטֶען דֶעם גֵייסְט 15
פוּן קְנֶעכְטְשַׁאפְט ווִידֶער צוּ פָארְכְט, נֵייעֶרְט אִיהְר הָאט
דֶערְהַאלְטֶען דֶעם גֵייסְט פוּן קִינְדְשַׁאפְט, דוּרְךְ וֶועלְכֶען
מִיר רוּפֶען אַבָּא, פָאטֶער: דֶער גֵייסְט אַלֵיין בֶּעצֵייגְט מִיט 16
אוּנְזֶערְן גֵייסְט אַז מִיר זֶענֶען דִיא קִינְדֶער פוּן גָאט: אוּנְד 17
וֶוען מִיר זֶענֶען קִינְדֶער, זֶענֶען מִיר אוֹיךְ יוֹרְשִׁים; יוֹרְשִׁים
פוּן גָאט אוּנְד מִיט־יוֹרְשִׁים מִיט דֶעם מָשִׁיחַ, וֶוען מִיר
לֵיידֶען מִיט אִיהְם, כְּדֵי מִיר זָאלֶען אוֹיךְ מִיט אִיהְם פֶערְ־
הֶערְלִיכְט וֶוערֶען:
וָוארִין אִיךְ רֶעכֶען אַז דִיא לֵיידֶען פוּן דִיזֶער צֵייט זֶענֶען 18
נִיט וֶוערְט פֶערְגְלֵייכְט צוּ וֶוערֶען מִיט דֶער הֶערְלִיכְקֵייט וָואס
וֶועט אִין אוּנְס אַנְטְפְּלֶעקְט וֶוערֶען: וָוארִין דִיא עֶרְנְצְטֶע 19
אוֹיסְהַארוּנְג פוּן דֶער בֶּעשֶׁעפֶענִים וַוארְטֶעט אוֹיף דֶעם
אַנְטְפְּלֶעקֶען פוּן דִיא זִיהְן פוּן גָאט: וָוארִין דִיא בֶּע־ 20
שֶׁעפֶענִים אִיז אוּנְטֶערְטֶענִיג גֶעוֶועזֶען צוּ אֵייטֶעלְקֵייט,
נִיט פוּן אִיהְר אֵייגֶען ווִילֶען נֵייעֶרְט וֶוענֶען אִיהְם
וָואס הָאט זִיא אוּנְטֶערְטֶענִיג גֶעמַאכְט: אוֹיף הָאפְנוּנְג 21
אַז דִיא בֶּעשֶׁעפֶענִים אַלֵיין וֶועט בֶּעפְרֵייעֶט וֶוערֶען פוּן
דֶער קְנֶעכְטְשַׁאפְט פוּן פֶערְדָארְבֶּענְהַייט צוּ דֶער פְרֵייְ־
הַייט פוּן דֶער הֶערְלִיכְקֵייט פוּן דִיא קִינְדֶער פוּן גָאט:
וָוארִין מִיר ווִיסֶען אַז דִיא גַאנְצֶע בֶּעשֶׁעפֶענִים זִיפְצְט 22
צוּזַאמֶען אוּנְד קְרֶעכְצְט בִּיז אַצוּנְד: אוּנְד נִיט נוּר דָאס, 23
נֵייעֶרְט אוֹיךְ מִיר אַלֵיין וָואס הָאבֶּען דִיא עֶרְשְׁטֶע פְרוּכְט
פוּן דֶעם גֵייסְט, אַפִילוּ מִיר אַלֵיין זִיפְצֶען אִין אוּנְס,

אִינְדֶעם מִיר וַוארְטֶען אוֹיף דֶער קִינְדְשַׁאפְט, דָאס הֵייסְט,
24 אוֹיף דֶער אוֹיסְלֶעזוּנְג פוּן אוּנְזֶערֶען לֵייבּ: וָוארִין דוּרְךְ
אוּנְזֶערֶע הָאפְנוּנְג זֶענֶען מִיר גֶערֶעטֶעט גֶעוָוארֶען; אָבֶּער
דִיא הָאפְנוּנְג וָואס אִיז גֶעזֶעהֶען אִיז קֵיינֶע הָאפְנוּנְג;
25 וָוארִין וֶוער הָאפְט אוֹיף דֶעם וָואס עֶר זֶעהְט; אָבֶּער
וֶוען מִיר הָאפֶען אוֹיף דֶעם וָואס מִיר זֶעהֶען נִיט, אַזוֹי
וַוארְטֶען מִיר דֶרוֹיף מִיט גֶעדוּלְד:
26 אוּנְד גְלֵייךְ דֶעם הֶעלְפְט אוֹיךְ דֶער גֵייסְט אוּנְזֶערֶע שְׁוַואכְ־
הֵייטֶען, וָוארִין מִיר וִויסֶען נִיט וָואס מִיר זָאלֶען בֶּעטֶען
אַזוֹי וִויא מֶען בֶּעדַארְף, אָבֶּער דֶער גֵייסְט אַלֵיין פֶערְ־
27 טְרֶעט פַאר אוּנְס מִיט זִיפְצֶען נִיט אוֹיסְצוּרֶעדֶען: אוּנְד
דֶער וֶועלְכֶער פָארְשְׁט דִיא הֶערְצֶער וֵוייסְט דָאס טְרַאכְטֶען
פוּן דֶעם גֵייסְט, וָוארִין עֶר פֶערְטְרֶעט פַאר דִיא הֵיילִיגֶע נָאךְ
28 דֶעם ווִילֶען פוּן גָאט: אוּנְד מִיר ווִיסֶען אַז אַלֶע זַאכֶען
וֶוערְקֶען מִיט צוּם גוּטֶען צוּ דִיא וָואס לִיבֶּען גָאט, צוּ דִיא
29 וָואס זֶענֶען בֶּערוּפֶען נָאךְ זַיין פָארְזַאץ: וָוארִין דִיא וֶועלְכֶע
עֶר הָאט פָארְגֶעוְואוּסְט הָאט עֶר אוֹיךְ פֶערְאָרְדְנֶעט אַז
זֵייא זָאלֶען גְלֵייךְ גֶעמַאכְט וֶוערֶען צוּם בִּילְד פוּן זַיין זוּהְן,
כְּדֵי עֶר זָאל זַיין דֶער עֶלְצְטֶער צְווִישֶׁען פִילֶע בְּרִידֶער:
30 אוּנְד וֶועלְכֶע עֶר הָאט פָארְפֶערְאָרְדְנֶעט, דִיזֶע הָאט עֶר אוֹיךְ
גֶערוּפֶען; אוּנְד וֶועלְכֶע עֶר הָאט גֶערוּפֶען, דִיזֶע הָאט עֶר
אוֹיךְ גֶערֶעכְטְפֶערְטִיגְט; אוּנְד וֶועלְכֶע עֶר הָאט גֶערֶעכְטְ־
פֶערְטִיגְט, דִיזֶע הָאט עֶר אוֹיךְ פֶערְהֶערְלִיכְט:
31 וָואס זָאלֶען מִיר דֶען זָאגֶען צוּ דִיזֶע זַאכֶען? וֶוען גָאט אִיז
32 פַאר אוּנְס וֶוער אִיז קֶעגֶען אוּנְס? דֶער וֶועלְכֶער הָאט נִיט
פֶערְשׁוֹינְט זַיין אֵייגֶענֶעם זוּהְן, נֵייעֶרְט הָאט אִיהְם פַאר
אוּנְס אַלֶע אִיבֶּערְגֶעגֶעבֶּען, ווִיא זָאל עֶר נִיט מִיט אִיהְם
33 אוּנְס אוֹיךְ אַלֶע זַאכֶען שֶׁענְקֶען? וֶוער וֶועט דִיא אוֹיסְ־
דֶערְוֶועהְלְטֶע פוּן גָאט פֶערְקְלָאגֶען? עֶס אִיז גָאט דֶער
34 רֶעכְטְפֶערְטִיגְט: וֶוער אִיז דֶער וֶועלְכֶער פֶערְשׁוּלְדִיגְט?
עֶס אִיז יֵשׁוּעַ הַמָּשִׁיחַ דֶער אִיז גֶעשְׁטָארְבֶּען, אָבֶּער
לִיבֶּער דֶער אִיז אוֹיפְגֶעוֶועקְט, דֶער אִיז אוֹיךְ צוּ דִיא
רֶעכְטֶע הַאנְד פוּן גָאט, דֶער בֶּעט אוֹיךְ פַאר אוּנְס:
35 וֶוער זָאל אוּנְס שֵׁיידֶען פוּן דֶער לִיבֶּע פוּן מָשִׁיחַ? זָאל

לֵיידֶען, אָדֶער אַנְגְסְט, אָדֶער פֶערְפָאלְגוּנְג, אָדֶער הוּנְגֶער,
36 אָדֶער נַאקְטְהַייט, אָדֶער סַכָּנָה, אָדֶער שְׁוֶוערְד? גְלֵייךְ
וְוִיא עֶס שְׁטֶעהְט גֶעשְׁרִיבֶּען,

„פוּן דֵיינֶעט וֶועגֶען זֶענֶען מִיר גֶעהַרְגֶעט דֶעם גַאנְצֶען
טָאג, מִיר זֶענֶען גֶערֶעכֶענְט וְוִיא שָׁאף צוּם שֶׁעכְטֶען":

תהלים מ"ד כ"ג.

37 אָבֶּער אִין אַלֶע דִיזֶע זַאכֶען אִיבֶּערְוֶועלְטִיגֶען מִיר דוּרְךְ
38 אִיהְם וָואס הָאט אוּנְס גֶעלִיבְּט: וָוארִין אִיךְ בִּין אִיבֶּערְ־
צֵייגְט אַז נִיט טוֹיט, נִיט לֶעבֶּען, נִיט מַלְאָכִים, נִיט
פִירְשְׁטֶען, נִיט אִיצְטִיגֶע אוּנְד נִיט קוּמֶענְדִיגֶע זַאכֶען, נִיט
39 גְבוּרוֹת: אוּנְד נִיט הֵייךְ, נִיט טִיפֶע, אוּנְד קֵיין שׁוּם אַנְ־
דֶערֶע בֶּעשֶׁעפֶענִים וֶועט אוּנְס קֶענֶען אָפְּשֵׁיידֶען פוּן
דֶער לִיבֶּע פוּן גָאט, וָואס אִיז אִין אוּנְזֶער הַאר יֵשׁוּעַ
הַמָּשִׁיחַ:

קאפיטעל ט

1 אִיךְ רֶעד דִיא וָואהְרְהַייט אִין מָשִׁיחַ, אוּנְד זָאג קֵיין לִיגֶען,
אוּנְד מֵיין גֶעוְוִיסֶען בֶּעצֵייגְט מִיר אוֹיךְ אִים הֵיילִיגֶען
2 גֵייסְט: אַז אִיךְ הָאבּ גְרוֹיסֶע אַנְגְסְט אוּנְד אוּנְאוֹיפְהֶערֶענְדִיגֶע
3 וֶועהְטִיג אִין מֵיין הַארְץ: וָוארִין אִיךְ וָואלְט גֶעוְוִינְשְׁט אַלֵיין
אִין חֵרֶם צוּ זַיין פוּן מָשִׁיחַ פַאר מֵיינֶע בְּרִידֶער, וָואס זֶע־
4 נֶען מֵיינֶע קְרוֹבִים נָאךְ דֶעם פְלֵיישׁ: וֶועלְכֶע זֶענֶען
יִשְׂרָאֵלִים, אוּנְד זֵייעֶרְס אִיז דָאס רֶעכְט פוּן דִיא קִינְדְשַׁאפְט,
אוּנְד דִיא הֶערְלִיכְקֵייט, אוּנְד דִיא בְּרִיתוֹת אוּנְד מַתַּן תּוֹרָה,
5 אוּנְד דִיא עֲבוֹדָה אוּנְד דִיא הַבְטָחוֹת: אוּנְד זֵייעֶרְס זֶענֶען
דִיא אָבוֹת, פוּן וֶועלְכֶע שְׁטַאמְט אָפּ דֶער מָשִׁיחַ נָאךְ
דֶעם פְלֵיישׁ, דֶער אִיז גָאט אִיבֶּער אַלֶע גֶעלוֹיבְּט אוֹיף
עֶבִּיג, אָמֵן:

6 אָבֶּער עֶס אִיז נִיט מֶעגְלִיךְ אַז דָאס וָוארְט פוּן גָאט אִיז
אַוֶועקְגֶעפַאלֶען. וָוארִין נִיט אַלֶע וָואס זֶענֶען פוּן יִשְׂרָאֵל
7 זֶענֶען יִשְׂרָאֵלִים: אוּנְד אוֹיךְ זֶענֶען נִיט אַלֶע קִינְדֶער וֵוייל
זַייא זֶענֶען דֶער זָאמֶען פוּן אַבְרָהָם, נֵייעֶרְט אִין יִצְחָק זָאל דַיין
8 זָאמֶען גֶערוּפֶען וֶוערֶען: בראשית כ"א י"ב. דָאס הֵייסְט דִיא
קִינְדֶער פוּן דֶעם פְלֵיישׁ זֶענֶען נִיט דִיא קִינְדֶער פוּן גָאט,
נֵייעֶרְט דִיא קִינְדֶער פוּן דֶער הַבְטָחָה זֶענֶען גֶערֶעכֶענְט

9 פַאר זָאמֶען: וָוארִין דָאס אִיז וָוארְט פוּן דֶער הַבְטָחָה,
צוּ דִיזֶער צַייט וֶועל אִיךְ קוּמֶען, אוּנְד שָׂרָה וֶועט הָאבֶּען
10 אַ זוּהְן: בראשית י״ח י׳. אוּנְד נִיט נוּר דָאס, נֵייעֶרְט אוֹיךְ
רִבְקָה וֶוען זִיא אִיז טְרָאגֶענְדִיג גֶעוָוארֶען פוּן אֵיינֶעם, פוּן
11 אוּנְזֶער פָאטֶער יִצְחָק: וָוארִין אֵיידֶער דִיא קִינְדֶער זֶענֶען
נָאךְ גֶעבּוֹירֶען גֶעוָוארֶען אוּנְד הָאבֶּען קֵיין גוּטֶעס אָדֶער
שְׁלֶעכְטֶעס גֶעטְהוּן, אַז דֶער פָארְזַאץ פוּן גָאט זָאל
בְּלֵייבֶּען נָאךְ דֶער בְּחִירָה, נִיט דוּרְךְ וֶוערְק נֵייעֶרְט דוּרְךְ
12 אִיהְם וֶועלְכֶער רוּפְט: אִיז עֶס צוּ אִיהְר גֶעזָאגְט גֶעוָוארֶען
אַז דֶער עֶלְצְטֶער וֶועט דִינֶען דֶעם יוּנְגֶערֶען: בראשית כ״ה ל״ג.
13 גְלֵייךְ וִויא עֶס שְׁטֶעהְט גֶעשְׁרִיבֶּען, יַעֲקֹב הָאבּ אִיךְ גֶעלִיבְּט
אוּנְד עֵשָׂו הָאבּ אִיךְ גֶעהַאסְט: מלאכי א׳ ב׳, ג׳.
14 וָואס זָאלֶען מִיר דֶען זָאגֶען? אִיז אוּנְגֶערֶעכְטִיגְקֵייט בֵּייא
15 גָאט? חָלִילָה: וָוארִין עֶר הָאט גֶעזָאגְט צוּ מֹשֶׁה, אִיךְ
וֶועל בֶּעגְנַאדִיגֶען וֶועמֶען אִיךְ וִויל בֶּעגְנַאדִיגֶען, אוּנְד אִיךְ
וֶועל מִיךְ דֶערְבַּארְמֶען אִיבֶּער וֶועמֶען אִיךְ וִויל מִיךְ דֶערְ־
16 בַּארְמֶען: שמות ל״ג י״ט. אַזוֹי דֶען אִיז עֶס נִיט פוּן אִיהְם
וָואס וִויל, אוּנְד נִיט פוּן אִיהְם וָואס לוֹיפְט, נֵייעֶרְט פוּן גָאט
17 דֶער בֶּעגְנַאדִיגְט: וָוארִין דִיא שְׁרִיפְט זָאגְט צוּ פַּרְעֹה,
וֶועגֶען דִיזֶען הָאבּ אִיךְ דִיךְ אוֹיפְגֶעשְׁטֶעלְט, כְּדֵי אִיךְ זָאל
אִין דִיר מֵיינֶע מַאכְט בֶּעוֵוייזֶען, אוּנְד אַז מֵיין נָאמֶען זָאל
18 דֶערְצֶעהְלְט וֶוערֶען אוֹיף דִיא גַאנְצֶע עֶרְד: שמות ט׳ ט״ז.
אַזוֹי דֶען בֶּעגְנַאדִיגְט עֶר וֶועמֶען עֶר וִויל, אוּנְד וֶועמֶען
עֶר וִויל פֶערְהַארְטֶעט עֶר:
19 דוּא וֶועסְט צוּ מִיר זָאגֶען, פַארְוָואס גֶעפִינְט עֶר נָאךְ פֶעהְ־
20 לֶער? וָוארִין וֶוער הָאט זַיין וִוילֶען ווִידֶערְשְׁטַאנֶען? אָ
מֶענְשׁ, וֶוער בִּיסְט דוּא, אַז דוּא זָאלְסְט גָאט קֶעגֶענְעֶנְטְ־
פֶערְן? זָאל דָאס וֶוערְק זָאגֶען צוּם מֵייסְטֶער, וָוארוּם הָאסְט
21 דוּא מִיךְ אַזוֹי גֶעמַאכְט? אָבֶּער הָאט נִיט דֶער טֶעפֶּער
מַאכְט אִיבֶּער דֶעם לֶעהְם, אַז עֶר זָאל פוּן דֶעם אֵיינֶענֶען
שְׁטִיק מַאכֶען אֵיין כְּלִי צוּ כָּבוֹד אוּנְד אֵיין אַנְדֶערֶעס צוּ
22 שַׁאנְד? אוּנְד וָואס זָאלֶען מִר זָאגֶען וֶוען גָאט הָאט גֶע־
וָואלְט זַיין צָארְן בֶּעוֵוייזֶען אוּנְד זֵיינֶע מַאכְט צוּ וִויסֶען
טְהוּן, אוּנְד הָאט מִיט גְרוֹיסֶער גֶעדוּלְד גֶעלִיטֶען דִיא כֵּלִים

פוּן צָארְן וָואס זֶענֶען פַארְטִיג גֶעמַאכְט צוּם פֶערְדַארְבֶּען:
23 אוּנְד אַז עֶר זָאל צוּ ווִיסֶען טְהוּן דָאס עֲשִׁירוּת פוּן זַיינֶע
הֶערְלִיכְקֵייט אִיבֶּער דִיא כֵּלִים פוּן בַּארְמְהֶערְצִיגְקֵייט,
וָועלְכֶע עֶר הָאט פְרִיהֶער אָנְגֶעבְּרֵייט צוּ הֶערְלִיכְקֵייט:
24 אֲפִילוּ אוּנְס וָועלְכֶע עֶר הָאט אוֹיךְ בֶּערוּפֶען, נִיט נוּר פוּן
25 דִיא יוּדֶען, נַייעֶרְט אוֹיךְ פוּן דִיא גוֹיִם? גְלֵייךְ ווִיא עֶר
הָאט אוֹיךְ גֶעזָאגְט אִין הוֹשֵׁעַ,
„אִיךְ וֶועל דָאס לֹא עַמִי, רוּפֶען מַיין פָאלְק אוּנְד דִיא
26 נִיט גֶעלִיבְּטֶע גֶעלִיבְּט: אוּנְד עֶס וֶועט זַיין אִין דֶעם
אָרְט ווָאוּ עֶס אִיז צוּ זַייא גֶעזָאגְט גֶעוָוארֶען אִיהְר זֶענְט
נִיט מַיין פָאלְק, דָארְט וֶועלֶען זַייא גֶערוּפֶען וֶוערֶען
דִיא זִיהְן פוּן דֶעם לֶעבֶּעדִיגֶען גָאט”: הושע א׳ י׳.
27 אוּנְד יְשַׁעְיָה שְׁרֵייעֶט וֶועגֶען יִשְׂרָאֵל, וֶוען דִיא צָאהְל פוּן
דִיא קִינְדֶער יִשְׂרָאֵל וֶועט זַיין ווִיא דֶער זַאנְד פוּן דֶעם יָם,
28 דִיא אִיבֶּערְבְּלֵייבּוּנְג וֶועט גֶערֶעטֶעט וֶוערֶען: וָוארִין דֶער
הַאר וֶועט זַיין וָוארְט דֶערְפִילֶען אוּנְד וֶועט עֶס אוֹיף דֶער
29 עֶרְד עֶנְדִיגֶען אוּנְד קוּרְץ מַאכֶען: אוּנְד גְלֵייךְ ווִיא יְשַׁעְיָה
הָאט פְרִיהֶער גֶעזָאגְט,
„וֶוען דֶער הַאר פוּן דִיא הֶערְשַׁארֶען וָואלְט אוּנְס נִיט
אִיבֶּערְגֶעלָאזְט אַ זָאמֶען, וָואלְטֶען מִיר גֶעוֶועזֶען ווִיא
סְדוֹם אוּנְד גְלֵייךְ גֶעמַאכְט ווִיא עֲמוֹרָה”: ישעיה א׳ ט׳.
30 וָואס זָאלֶען מִיר דֶען זָאגֶען? אַז דִיא גוֹיִם וָואס הָאבֶּען
נִיט נָאכְגֶעפָאלְגְט גֶערֶעכְטִיגְקֵייט הָאבֶּען גֶערֶעכְטִיגְקֵייט
דֶערְהַאלְטֶען, דָאס אִיז דִיא גֶערֶעכְטִיגְקֵייט וָואס אִיז דוּרְךְ
31 דֶעם גְלוֹיבֶּען: אָבֶּער יִשְׂרָאֵל וָואס הָאט נָאכְגֶעפָאלְגְט
דָאס גֶעזֶעץ פוּן גֶערֶעכְטִיגְקֵייט, הָאט צוּם גֶעזֶעץ פוּן גֶע־
32 רֶעכְטִיגְקֵייט נִיט דֶערְלַאנְגְט: וָוארוּם? ווַייל זַייא הָאבֶּען
עֶס נִיט גֶעזוּכְט דוּרְךְ דֶעם גְלוֹיבֶּען נַייעֶרְט דוּרְךְ דִיא
וֶוערְק. זַייא הָאבֶּען זִיךְ אָנְגֶעשְׁטוֹיסֶען אָן דֶעם שְׁטֵיין פוּן
33 אָנְשְׁטוֹיכוּנְג: אַזוֹי ווִיא עֶס שְׁטֶעהְט גֶעשְׁרִיבֶּען,
„זֶעה, אִיךְ לֶעג אִין צִיוֹן אַ שְׁטֵיין פוּן אָנְשְׁטוֹיסוּנְג
אוּנְד אַ פֶעלְזֶען פוּן שְׁטְרוֹיכְלוּנְג, אוּנְד דֶער וָואס
גְלוֹיבְּט אָן אִיהְם וֶועט נִיט פֶערְשֶׁעהְמְט וֶוערֶען”:
ישעיה כ״ח ט״ז.

קאַפּיטעל י

1 בְּרִידֶער, דָאס פֶּערלַאנְגֶען פוּן מֵיין הַארְץ אוּנְד מֵיין גֶע־
בֶּעט צוּ גָאט אִיז פַאר זֵייא (יִשְׂרָאֵל) אַז זֵייא זָאלֶען גֶע־
2 רֶעטֶעט וֶוערֶען: וָוארִין אִיךְ זָאג זֵייא עֵדוּת אַז זֵייא זֶענֶען
3 אֵייפְרִיג פַאר גָאט, אָבֶּער נִיט נָאךְ דֶערְקֶענְטֶענִיס: וָוארִין
וֵוייל זֵייא קֶענֶען נִיט דִיא גֶערֶעכְטִיגְקֵייט פוּן גָאט, אוּנְד
זוּכֶען זֵייעֶרֶע אֵייגֶענֶע גֶערֶעכְטִיגְקֵייט אוֹיפְצוּרִיכְטֶען,
דֶענֶען זֵייא נִיט אוּנְטֶערְטֶענִיג צוּ דֶער גֶערֶעכְטִיגְקֵייט פוּן
4 גָאט: וָוארִין מָשִׁיחַ אִיז דֶער קֵץ פוּן דֶער תּוֹרָה צוּ גֶע־
5 רֶעכְטִיגְקֵייט צוּ אִיטְלִיכֶען וָואס גְלוֹיבְּט: וָוארִין משֶׁה
שְׁרֵייבְּט אַז דֶער מֶענְשׁ וָואס טְהוּט דִיא גֶערֶעכְטִיגְקֵייט
וָואס אִיז פוּן דֶער תּוֹרָה וֶועט דֶּרִינֶען לֶעבֶּען: ויקרא י״ח ה׳.
6 אָבֶּער דִיא גֶערֶעכְטִיגְקֵייט וָואס אִיז פוּן דֶעם גְלוֹיבֶּען זָאגְט
אַזוֹי, זָאג נִיט אִין דֵיין הַארְץ, וֶוער וֶועט אַרוֹיפְגֶעהְן אִין
7 הִימֶעל? דָאס אִיז מָשִׁיחַ אַרוּפְצוּבְּרֶענְגֶען: אָדֶער וֶוער וֶועט
אַרוּפְּגֶעהֶען אִין דֶער טִיפֶענִיס? דָאס אִיז מָשִׁיחַ אַרוֹיפְצוּ־
8 בְּרֶענְגֶען פוּן דִיא טוֹיטֶע? דברים ל׳ י״ב, י״ג. אָבֶּער וָואס זָאגְט
עֶס? דָאס וָוארְט אִיז נָאהֶענְט צוּ דִיר, אִין דֵיין מוֹיל אוּנְד אִין
דֵיין הַארְץ; דברים ל׳ י״ד. דָאס אִיז דָאס וָוארְט פוּן דֶעם
9 גְלוֹיבֶּען וָואס מִיר פְּרֶעדִיגֶען: וָוארִין וֶוען דוּא וֶועסְט
בֶּעקֶענֶען מִיט דֵיין מוֹיל דֶעם הַאר יֵשׁוּעַ, אוּנְד וֶועסְט
גְלוֹיבֶּען אִין דֵיין הַארְץ אַז גָאט הָאט אִיהְם אוֹיפְגֶעוֶועקְט
10 פוּן דִיא טוֹיטֶע, וֶועסְט דוּא גֶערֶעטֶעט וֶוערֶען: וָוארִין מִיט
דֶעם הַארְץ גְלוֹיבְּט מֶען צוּ גֶערֶעכְטִיגְקֵייט, אוּנְד מִיט דֶעם
11 מוֹיל בֶּעקֶענְט מֶען צוּ דֶער יְשׁוּעָה: וָוארִין דִיא שְׁרִיפְט זָאגְט
אִיטְלִיכֶער וָואס גְלוֹיבְּט אָן אִיהְם וֶועט נִיט פֶערְשֶׁעהְמְט
12 וֶוערֶען: ישעיה כ״ח ט״ז. וָוארִין עֶס אִיז קֵיין אוּנְטֶערְשִׁיד
צְוִוישֶׁען יִהוּדִים אוּנְד גְרֶעקֶען; וָוארִין דֶער זֶעלְבִּיגֶער הַאר
אִיז אִיבֶּער אַלֶע, אוּנְד עֶר אִיז רֵייךְ צוּ אַלֶע וֶועלְכֶע רוּפֶען
13 אִיהְם אָן: וָוארִין אִיטְלִיכֶער וָואס וֶועט אָנְרוּפֶען דֶעם
נָאמֶען פוּן דֶעם הַאר וֶועט גֶערֶעטֶעט וֶוערֶען: יואל ב׳ ל״ב.
14 וִויא זָאלֶען זֵייא אִיהְם דֶען אָנְרוּפֶען אָן דֶעם זֵייא הָאבֶּען
נִיט גֶעגְלוֹיבְּט? אוּנְד וִויא זָאלֶען זֵייא גְלוֹיבֶּען אָן אִיהְם
וֶועגֶען דֶעם זֵייא הָאבֶּען נִיט גֶעהֶערְט? אוּנְד וִויא זָאלֶען

זַייא הֶערֶען אָהְן דֶעם פְּרֶעדִיגֶער׃ אוּנְד וִויא זָאלֶען זַייא 15
פְּרֶעדִיגֶען וֶוען זַייא זֶענֶען נִיט גֶעשִׁיקְט? גְלֵייךְ וִויא עֶס
שְׁטֶעהְט גֶעשְׁרִיבֶּען, וִויא שֶׁעהְן זֶענֶען דִיא פִּיס וָואס
בְּרֶענְגֶען אַ בְּשׂוֹרָה טוֹבָה פוּן גוּטֶע זַאכֶען׃ ישעיה נ״ב ז׳.
אָבֶּער זַייא הָאבֶּען נִיט אַלֶע גֶעהָארְכְט צוּ דֶער בְּשׂוֹרָה 16
טוֹבָה. וָוארִין יְשַׁעְיָה זָאגְט, הַאר, וֶוער הָאט גֶעגְלוֹיבְּט
אוּנְזֶערְן בֶּערִיכְט? ישעיה נ״ג א׳. אַזוֹי דֶען קוּמְט דֶער גְלוֹיבֶּען 17
דוּרְךְ דֶעם הֶערֶען, אוּנְד דָאס הֶערֶען דוּרְךְ דֶעם וָוארְט
פוּן מָשִׁיחַ׃ אָבֶּער אִיךְ זָאג, הָאבֶּען זַייא דֶען נִיט גֶעהֶערְט? 18
פַאר גֶעווִיס,

„זַייעֶר קוֹל אִיז אוֹיסְגֶעגַאנְגֶען אִין דִיא גַאנְצֶע עֶרְד
אוּנְד זַייעֶרְע וֶוערְטֶער בִּיז צוּ דֶעם עֶנְד פוּן דֶער וֶועלְט“׃
תהלים י״ט ה׳.

אָבֶּער אִיךְ זָאג, הָאט דֶען יִשְׂרָאֵל נִיט גֶעוְואוּסְט? צוּעֶרְשְׁט 19
זָאגְט מֹשֶׁה,

„אִיךְ וֶועל אֵייךְ אֵייפְרִיג מַאכֶען מִיט דִיא וָואס
דֶענֶען נִיט אַ פָאלְק, אוּנְד מִיט אַ נַארִישֶׁען פָאלְק וֶועל
אִיךְ אֵייךְ דֶערְצֶערְנֶען“׃ דברים ל״ב כ״א.

אָבֶּער יְשַׁעְיָה אוּנְטֶערְשְׁטֶעהְט זִיךְ אוּנְד זָאגְט, 20

„אִיךְ בִּין גֶעפִינֶען פוּן דִיא וָואס זוּכֶען מִיךְ נִיט, אִיךְ
הָאבּ מִיךְ בֶּעווִיזֶען צוּ דִיא וָואס פֶערְלַאנְגֶען נִיט
נָאךְ מִיר“׃ ישעיה ס״ה א׳.

אָבֶּער צוּ יִשְׂרָאֵל זָאגְט עֶר, דֶעם גַאנְצֶען טָאג הָאבּ אִיךְ 21
אִיךְ אוֹיסְגֶעשְׁטְרֶעקְט מֵיינֶע הַאנְד, צוּ אֵיין אוּנְגֶעהָארְ־
כֶענְדִיג אוּנְד ווִידֶערְשְׁפֶּענִיג פָאלְק׃ ישעיה ס״ה ב׳.

קאפיטעל יא

אִיךְ זָאג, דֶען הָאט גָאט פֶערְשְׁטוֹיסֶען זַיין פָאלְק? חָלִילָה; 1
וָוארִין אִיךְ בִּין אוֹיךְ אַ בֶּן יִשְׂרָאֵל, פוּן דֶעם זָאמֶען פוּן
אַבְרָהָם, פוּן שֵׁבֶט בִּנְיָמִין׃ גָאט הָאט נִיט פֶערְשְׁטוֹיסֶען זַיין 2
פָאלְק וָואס עֶר הָאט פְרִיהֶער גֶעווְאוּסְט. אָדֶער ווֵייסְט אִיהְר
נִיט וָואס דִיא שְׁרִיפְט זָאגְט וֶועגֶען אֵלִיָה, וִויא עֶר הָאט
גֶעטַעֶנֶעט פָאר גָאט קֶעגֶען יִשְׂרָאֵל? הַאר, זַייא הָאבֶּען 3
דֵיינֶע נְבִיאִים גֶעהַרְגֶעט, דֵיינֶע מִזְבְּחוֹת הָאבֶּען זַייא צוּ־
בְּרָאכֶען, אוּנְד אִיךְ בִּין אַלֵיין אִיבֶּערְגֶעבְּלִיבֶּען, אוּנְד זַייא

4 זוּכֶען מֵיין לֶעבֶּען: מלכים א׳ י״ט י׳. אָבֶּער וָואס זָאגְט
צוּ אִיהְם דִיא עֶנְטְפֶער פוּן גָאט? אִיךְ הָאבּ מִיר אִיבֶּערְ־
גֶעלָאזְט זִיבֶּען טוֹיזֶענְד מֵאן וָועלְכֶע הָאבֶּען נִיט גֶע־
5 קְנִיעֶט צוּ בַּעַל: מלכים א׳ י״ט י״ח. דְרוּם אוֹיךְ אַצוּנְד
אִיז פַארְהַאנֶען אֵיינֶע אִיבֶּערְבְּלֵייבּוּנְג נָאךְ דֶער אוֹיסְדֶערְ־
6 וָועהְלוּנְג פוּן דֶער גְנָאד: אוּנְד וָוען עֶס אִיז דוּרְךְ גְנָאד,
אַזוֹי אִיז עֶס נִיט מֶעהְר דוּרְךְ וָוערְק, אוֹיף דֶעם אוֹפֶן אִיז
7 דִיא גְנָאד נִיט מֶעהְר גְנָאד: וָואס דֶען? וָואס יִשְׂרָאֵל הָאט
גֶעזוּכְט, דָאס הָאט עֶר נִיט דֶערְהַאלְטֶען, אָבֶּער דִיא אוֹיסְ־
דֶערְוָועהְלוּנְג הָאט עֶס דֶערְהַאלְטֶען; אוּנְד דִיא אִיבְּרִיגֶע
8 זֶענֶען פֶערְהַארְטֶעט גֶעוָוארֶען: אַזוֹי וִויא עֶס שְׁטֶעהְט גֶע־
שְׁרִיבֶּען, גָאט הָאט זַייא גֶעגֶעבֶּען אַ גֵייסְט פוּן טִיפֶען
שְׁלָאף, אוֹיגֶען אַז זַייא זָאלֶען נִיט זֶעהֶען, אוּנְד אוֹיעֶרֶען
אַז זַייא זָאלֶען נִיט הֶערֶען בִּיז צוּם הֵיינְטִיגֶען טָאג:
ישעיה כ״ט י׳; דברים כ״ט ג׳.

9 אוּנְד דָוִיד הָאט גֶעזָאגְט,
„לָאז זַייעֶר טִישׁ וָוערֶען פַאר אַ נֶעץ אוּנְד צוּם פַאנְג,
אוּנְד פַאר אַ שְׁטְרוֹיכְלוּנְג אוּנְד פַאר אֵיינֶע פֶערְגֶעלְטוּנְג
10 צוּ זַייא: לָאזֶען זַייעֶרֶע אוֹיגֶען פֶערְפִינְסְטֶערְט וָוערֶען
אַז זַייא זָאלֶען נִיט זֶעהֶען, אוּנְד בֵּייג אִימֶער פָארְט
אַרוּפּ זַייעֶר רוּקֶען״: תהלים ס״ט כ״ג, כ״ד.
11 אִיךְ זָאג דֶען, הָאבֶּען זַייא זִיךְ אָנְגֶעשְׁטוֹיסֶען אַז זַייא זָאלֶען
פַאלֶען? חָלִילָה; נֵייעֶרְט דוּרְךְ זַייעֶר פַאלֶען אִיז יְשׁוּעָה
גֶעקוּמֶען צוּ דִיא גוֹיִם, כְּדֵי זַייא אֵייפֶרִיג צוּ מַאכֶען:
12 אָבֶּער וָוען זַייעֶר פַאל אִיז גֶעוָועזֶען דָאס עֲשִׁירוּת פוּן
דֶער וָועלְט, אוּנְד זַייעֶרֶע פֶערְמִינְדֶערוּנְג דָאס עֲשִׁירוּת
פוּן דִיא גוֹיִם, וִויא פִיל מֶעהְר זַייעֶרֶע דֶערְפִילוּנְג?
13 אָבֶּער אִיךְ רֶעד צוּ אֵייךְ גוֹיִם. אִינְדֶעם אִיךְ בִּין דֶער
אַפָּאסְטֶעל פוּן דִיא גוֹיִם, אַזוֹי בִּין אִיךְ מֵיינֶען דִינְסְט מְכַבֵּד:
14 וָוען מֶעגְלִיךְ אִיךְ זָאל אֵייפֶרִיג מַאכֶען דִיא וָואס זֶענֶען
15 מֵיין פְלֵיישׁ, אוּנְד זָאל עֶטְלִיכֶע פוּן זַייא רֶעטֶען: וָוארִין
וָוען דָאס פֶערְוַוארְפֶען פוּן זַייא אִיז גֶעוָועזֶען דִיא פֶערְ־
דֶעהְנוּנְג פוּן דֶער וָועלְט, וָואס וָועט דָאס אָנְנֶעמֶען זַיין וָוען
16 נִיט לֶעבֶּען פוּן דִיא טוֹיטֶע? אָבֶּער וָוען דִיא עֶרְשְׁטֶע פְרוּכְט

זענען הייליג, אזוי איז אויך דער טייג; אונד ווען דיא
וואורצעל איז הייליג, אזוי זענען אויך דיא צווייגען:
17 אונד ווען עטליכע פון דיא צווייגען זענען אפגעבראכען,
אונד דוא וואס ביסט א ווילדער עהלבוים ביסט צווישען
זייא איינגעפלאנצט, אונד האסט דערהאלטען מיט זייא א
טהייל אין דער וואורצעל אונד פעטיגקייט פון דעם עהלבוים:
18 אזוי ריהם דיך ניט קעגען דיא צווייגען; אבער ווען דוא
ריהמסט דיך אזוי איז עס ניט דוא וואס טראגסט דיא
19 וואורצעל נייערט דיא וואורצעל דיך: דוא וועסט דען
זאגען, דיא צווייגען זענען אפגעבראכען געווארען כדי
20 איך זאל איינגעפלאנצט ווערען: גוט; ווענען אונגלויביג־
קייט זענען זייא אפגעבראכען, אונד דוא שטעהסט דורך
דעם גלויבען. זייא ניט הויכמוטיג, נייערט פארכט דיך:
21 ווארין ווען גאט האט ניט פערשוינט דיא נאטירליכע
22 צווייגען, וועט ער דיך אויך ניט פערשוינען: דרום זעה
אן דיא מדת החסד אונד דיא מדת הדין פון גאט; איבער
דיא וואס זענען געפאלען מדת הדין, אבער איבער דיר
מדת החסד פון גאט, ווען דוא בלייבסט אין זיין חסד, ווען
23 ניט וועסט דוא אויך אפגעשניטען ווערען: אונד זייא אויך,
ווען זייא וועלען ניט בלייבען אין אונגלויביגקייט, וועלען
איינגעפלאנצט ווערען, ווארין גאט קאן זייא ווידער איינ־
24 פלאנצען: ווארין ווען דוא ביסט אפגעשניטען געווארען
פון דעם עהלבוים וואס איז ווילד פון נאטור, אונד ביזט
קעגען דער נאטור איינגעפלאנצט געווארען אין א גוטען
עהלבוים, וויא פיל מעהר וועלען דיזע נאטירליכע צווייגען
איינגעפלאנצט ווערען אין זייער אייגענען עהלבוים:
25 ווארין איך וויל ניט, ברידער, אז איהר זאלט אונוויסענד
בלייבען פון דיזען סוד. כדי איהר זאלט ניט קלוג זיין אין
אייערע געדאנקען, אז בלינדהייט איז אים טהייל צו
ישראל געווארען ביז דיא דערפילונג פון דיא גוים וועט
26 איינטרעטען: אונד אזוי וועט גאנץ ישראל גערעטעט
ווערען, אזוי וויא עס שטעהט געשריבען,
„דער גואל וועט קומען צו ציון, אונד וועט אפקעהרען
27 דיא גאטלאזיגקייט פון יעקב: אונד דאס איז מיין

בְּרִית מִיט זֵייא, װען אִיךְ װעל אַװעקנעמען זֵייעֶרֶע
זִינְד״: ישעיה נ״ט כ׳, כ״א; כ״ז ט׳.
28 נָאךְ דֶער בְּשׂוֹרָה טוֹבָה זֶענֶען זֵייא פֵיינְד פוּן אֵייעֶרעט
װעגֶען, אָבֶּער נָאךְ דֶער אוֹיסְדֶערְװעהלוּנְג זֶענֶען זֵייא גֶע־
29 לִיבְּט פוּן װעגֶען דִיא אָבוֹת: װָארִין גָאט הָאט קֵיין חֲרָטָה
30 װעגֶען זֵיינֶע מַתָּנוֹת אוּנְד רוּפוּנְג: װָארִין גְלֵייךְ װִיא אִיהְר
הָאט פְרִיהֶער נִיט גֶעהָארְכְט גָאט, אָבֶּער זֶענְט אַצוּנְד בֶּע־
31 גְנָאדִיגְט גֶעװָארֶען דוּרְךְ זֵייעֶרֶע אוּנְגֶעהָארְזַאמְקֵייט: אַזוֹי
הָאבֶּען זֵייא אַצוּנְד אוֹיךְ נִיט גֶעהָארְכְט, כְּדֵי דוּרְךְ דִיא
בֶּעגְנָאדִיגוּנְג צוּ אֵייךְ זָאלֶען זֵייא אַצוּנְד אוֹיךְ בֶּעגְנָאדִיגְט
32 װערֶען: װָארִין גָאט הָאט דִיא אַלֶע אִין אוּנְגֶעהָארְזַאמְקֵייט
אֵיינְגֶעשְׁלָאסֶען, כְּדֵי עֶר זָאל אַלֶע בֶּעגְנָאדִיגֶען:
33 אָ װעלְכֶע טִיפֶע פוּן עֲשִׁירוּת אוּנְד חָכְמָה אוּנְד דֶערְקֶענְט־
נִיס פוּן גָאט; װִיא אוּנְאוֹיסְצוּפָארְשֶׁען זֶענֶען זֵיינֶע מִשְׁפָּטִים,
אוּנְד זֵיינֶע װעגֶען קָאן מֶען נִיט אוֹיסְשְׁפּוּרֶען:
34 „װָארִין װער הָאט גֶעקֶענְט דִיא גֶעדַאנְקֶען פוּן דֶעם הַאר?
אָדֶער װער אִיז טְהֵיילְנֶעמֶער גֶעװעזֶען פוּן זֵיינֶע עֵצָה?
35 אָדֶער װער הָאט אִיהְם פְרִיהֶער גֶעגֶעבֶּען, אוּנְד עֶס זָאל
אִיהְם צוּרִיקְפֶערְגָאלְטֶען װערֶען״:

ישעיה מ׳ י״ג; איוב ל״ה ז׳; מ״א ג׳.

36 װָארִין אַלֶעס אִיז פוּן אִיהְם אוּנְד דוּרְךְ אִיהְם אוּנְד צוּ
אִיהְם; צוּ אִיהְם זָאל זַיין דֶער כָּבוֹד אוֹיף עֶבִּיג. אָמֵן:

קאפיטעל יב

1 דְרוּם בֶּעט אִיךְ אֵייךְ, בְּרִידֶער, בַּייא דִיא בַארְמְהֶערְצִיגְ־
קֵייטֶען פוּן גָאט, אַז אִיהְר זָאלְט אֵייעֶרֶע לֵייבֶּער שְׁטֶעלֶען
צוּם לֶעבֶּעדִיגֶען הֵיילִיגֶען אוּנְד אָנְגֶענֶעהְמֶען קָרְבָּן צוּ גָאט,
2 װָאס אִיז אֵייעֶר פֶערְשְׁטֶענְדִיגֶער דִינְסְט: אוּנְד זַייט נִיט
גֶעבִּילְדֶעט גְלֵייךְ צוּ דִיזֶען צֵייטַאלְטֶער, נֵייעֶרְט זַייט
פֶערְעֶנְדֶערְט דוּרְךְ דֶער דֶערְנֵייעֶרוּנְג פוּן אֵייעֶר פֶערְ־
שְׁטַאנְד, כְּדֵי אִיהְר זָאלְט פְּרִיפֶען װָאס אִיז דֶער גוּטֶע אוּנְד
װָאוֹילְגֶעפֶעלִיגֶע אוּנְד גַאנְצֶער װִילֶען פוּן גָאט:
3 װָארִין אִיךְ זָאג דוּרְךְ דֶער גְנָאד װָאס אִיז מִיר גֶעגֶעבֶּען
צוּ אִיטְלִיכֶען פוּן אֵייךְ, כְּדֵי עֶר זָאל פוּן זִיךְ נִיט מֶעהְר
דֶענְקֶען װִיא עֶר בֶּעדַארְף צוּ דֶענְקֶען, נֵייעֶרְט עֶר זָאל

פוּן זִיךְ שֶׂכֶלְדִיג דֶענְקֶען, צוּ אִיטְלִיכֶען אַזוֹי וִוִיא גָאט
הָאט צוּ אִיהְם אָפְּגֶעטְהֵיילְט אַ מָאָס פוּן גְלוֹיבֶּען:
וָוארִין גְלַייךְ וִוִיא מִיר הָאבֶּען פִילֶע גְלִידֶער אִין אֵיין לֵייבּ, 4
אָבֶּער אַלֶע גְלִידֶער הָאבֶּען נִיט דָאס זֶעלְבִּיגֶע טְהוּן:
אַזוֹי זֶענֶען מִיר פִילֶע אֵיין לֵייבּ אִין מָשִׁיחַ, אוּנְד אֵיינְצֶעלְ־ 5
וֵוייז גְלִידֶער פוּן אֵיינַאנְדֶער: אוּנְד אִינְדֶעם מִיר הָאבֶּען 6
פֶערְשִׁידֶענֶע גָאבֶּען נָאךְ דֶער גְנָאד וָואס אִיז אוּנְס
גֶעגֶעבֶּען, אִיז עֶס נְבוּאוֹת, לָאזֶען מִיר נְבוּאוֹת זָאגֶען נָאךְ
דֶעם מָאָס פוּן אוּנְזֶער גְלוֹיבֶּען: אִיז עֶס אַ דִינְסְט, לָאזֶען 7
מִיר אֵייפְרִיג זַיין אִין דֶעם דִינְסְט; אָדֶער דֶער וָואס
לֶעהְרְט, אִין זַיינֶע לֶעהְרֶע: אָדֶער דֶער וָואס דֶערְמָאהְנְט, 8
אִין זַיינֶע דֶערְמָאהְנוּנְג; דֶער וָואס גִיבְּט, לָאז עֶר גֶעבֶּען
מִיט אֵיינְפֶעלְטִיגְקַייט, דֶער וָואס רֶעגִיעֶרְט מִיט זָארְגְפֶעלְ־
טִיגְקַייט, דֶער וָואס דֶערְבַּארְמְט זִיךְ מִיט פְרֵייד: לָאז נִיט 9
דִיא לִיבֶּע פֶערְשְׁטֶעלְט זַיין. פַארְאַבְשֵׁייעֶט דָאס אִיבֶּעל,
בְּעהֶעפְט אֵייךְ צוּם גוּטֶען: לִיבְּט אֵיינֶער דֶעם אַנְדֶערְן 10
מִיט בְּרִידֶערְלִיכֶע לִיבֶּע, לָאז אֵיינֶער דֶעם אַנְדֶערְן צוּפָאר
קוּמֶען כָּבוֹד צוּ גֶעבֶּען: זַייט נִיט פוֹיל אִין גֶעשֶׁעפְטֶען, 11
נֵייעֶרְט גְלִיהֶענְדִיג אִים גֵייסְט, דִינֶענְדִיג דֶעם הַאר: פְרַייעֶט 12
אֵייךְ אִין הָאפְנוּנְג, גֶעדוּלְדִיג אִין לֵיידֶען, פְלֵייסִיג אִים
גֶעבֶּעט: הֶעלְפְט דִיא הֵיילִיגֶען אִין דֶער נוֹיט, זַייט מַכְנִיס 13
אוֹרְחִים: בֶּענְשְׁט דִיא וָואס פֶערְפָאלְגֶען אֵייךְ, בֶּענְשְׁט 14
אוּנְד שֶׁעלְט נִיט: פְרַייעֶט אֵייךְ מִיט דִיא וָואס פְרֵייעֶן זִיךְ, 15
וֵויינְט מִיט דִיא וָואס וֵויינֶען: זַייט גְלַייךְ גֶעזִינְט אֵיינֶער 16
צוּם אַנְדֶערְן, טְרַאכְט נִיט פוּן הוֹיכֶע זַאכֶען, נֵייעֶרְט לָאזְט
אֵייךְ אַרוּפ צוּ דִיא נִידְרִיגֶע; זַייט נִיט קְלוּג אִין אֵייעֶרֶע
אֵייגֶענֶע גֶעדַאנְקֶען: פֶערְגֶעלְט קֵיינֶעם נִיט שְׁלֶעכְטֶעם 17
פַאר שְׁלֶעכְטֶעם; הַאנְדֶעלְט עֶהְרְלִיךְ פָאר אַלֶע מֶענְשֶׁען:
וֶוען עֶס אִיז מֶעגְלִיךְ, וִוִיא וֵוייט אִיהְר קָאנְט, הָאט שָׁלוֹם 18
מִיט אַלֶע מֶענְשֶׁען: גֶעלִיבְּטֶע, זַייט אֵייךְ נִיט נוֹקֵם, 19
נֵייעֶרְט גִיבְּט פְּלַאץ צוּם צָארְן; וָוארִין עֶס שְׁטֶעהְט
גֶעשְׁרִיבֶּען, דִיא נְקָמָה אִיז מַיין, אִיךְ וֶועל פֶערְגֶעלְטֶען,
זָאגְט דֶער הַאר: דברים ל״ב ל״ה. אָבֶּער וֶוען דַיין פֵיינְד 20
אִיז הוּנְגְרִיג, גִיבּ אִיהְם צוּ עֶסֶען, וֶוען עֶר אִיז דוּרְשְׁטִיג,

גִיבּ אִיהְם צוּ טְרִינְקֶען; וָוארִין וֶוען דוּא דָאס טְהוּסְט,
וֶועסְט דוּא שִׁיטֶען פֵייעֶרִיגֶע קוֹילֶען אוֹיף זַיין
21 קָאפּ: משלי כ"ה כ"א, כ"ב. זַייא נִיט בֵּייגֶעקוּמֶען פוּן דֶעם
שְׁלֶעכְטֶען, נֵייעֶרְט אִיבֶּערְקוּם דָאס שְׁלֶעכְטֶע מִיט גוּטֶעס:

קאפיטעל יג

1 לָאז אִיטְלִיכֶעס נֶפֶשׁ אוּנְטֶערְטֶענִיג זַיין צוּ דִיא אִיבֶּערְ־
גֶעשְׁטֶעלְטֶע הֶערְשַׁאפְטֶען, וָוארִין עֶס אִיז נִיט קֵיינֶע
הֶערְשַׁאפְט חוּץ פוּן גָאט, אוּנְד דִיא פַארְהַאנֶענֶע
2 הֶערְשַׁאפְטֶען זֶענֶען בֶּעפוֹילֶען פוּן גָאט: דְרוּם וֶוער עֶס
וִוידֶערְשְׁטֶעהְט דִיא הֶערְשַׁאפְט, דֶער וִוידֶערְשְׁטֶעהְט דִיא
אָרְדְנוּנְג פוּן גָאט; אוּנְד דִיא וָואס וִוידֶערְשְׁטֶעהֶען וֶועלֶען
3 אִיבֶּער זִיךְ בֶּעקוּמֶען אַ שְׁטְרָאף־גֶערִיכְט: וָוארִין דִיא
הֶערְשֶׁער זֶענֶען נִיט פַאר אַ פָארְכְט צוּם גוּטֶען וֶוערְק,
נֵייעֶרְט צוּ דֶעם שְׁלֶעכְטֶען. ווִילְסְט דוּא דֶען נִיט פָארְכְטֶען
דִיא הֶערְשַׁאפְט? אַזוֹי טְהוּא דָאס וָואס אִיז רֶעכְט, אוּנְד
4 דוּא וֶועסְט הָאבֶּען לוֹיבּ פוּן אִיהְר: וָוארִין זִיא אִיז אַ
דִינֶער פוּן גָאט דִיר צוּם גוּטֶען. אָבֶּער וֶוען דוּא טְהוּסְט
שְׁלֶעכְטֶעס אַזוֹי פָארְכְט דִיךְ; וָוארִין זִיא טְרָאגְט נִיט דָאס
שְׁוֶוערְד בְּחִנָם; וָוארִין זִיא אִיז אַ דִינֶער פוּן גָאט, וָואס
טְהוּט זִיךְ נוֹקֵם זַיין אִין צָארְן אוֹיף דֶעם וָואס טְהוּט
5 שְׁלֶעכְטֶעס: דְרוּם אִיז עֶס נֶעטְהִיג אוּנְטֶערְטֶענִיג צוּ זַיין,
נִיט נוּר וֶועגֶען דֶעם צָארְן, נֵייעֶרְט אוֹיךְ וֶועגֶען דֶעם
6 גֶעווִיסֶען: וָוארִין דֶעסְטְוֶועגֶען צָאהְלְט אִיהְר אוֹיךְ
שְׁטֵייעֶר; וָוארִין זַייא זֶענֶען דִינֶער פוּן גָאט, אוּנְד זֶענֶען
7 בֶּעשְׁטֶענְדִיג אִין דִיזֶען בֶּעשֶׁעפְטִיגְט: גִיבְּט צוּ אִיטְלִיכֶען
וָואס אִיהְר זֶענְט מְחוּיָב, שְׁטֵייעֶר צוּ וֶועמֶען שְׁטֵייעֶר,
צָאל צוּ וֶועמֶען צָאל, פָארְכְט צוּ וֶועמֶען פָארְכְט,
עֶהְרֶע צוּ וֶועמֶען עֶהְרֶע:
8 זַייט קֵיינֶעם גָארְנִיט שׁוּלְדִיג, אוֹיסֶער אֵיינֶער דֶעם אַנְדֶערְן
צוּ לִיבֶּען; וָוארִין דֶער וָואס לִיבְּט דֶעם אַנְדֶערְן הָאט
9 דֶערְפִילְט דָאס גֶעזֶעץ: וָוארִין דָאס וָואס עֶס אִיז גֶעזָאגְט,
דוּא זָאלְסְט נִיט מְזַנֶה זַיין, דוּא זָאלְסְט נִיט מָארְדֶען, דוּא
זָאלְסְט נִיט גַנְבֶענֶען, דוּא זָאלְסְט נִיט גְלוּסְטֶען, אוּנְד
אוֹיבּ עֶס אִיז פַארְהַאנֶען אֵיין אַנְדֶער גֶעבָּאט, אִיז עֶס

עֶנְטהַאלְטֶען אִין דִיזֶעם וָוארְט, דוּא זָאלְסְט דֵיין גֶעזֶעלֶען
לִיבֶּען וִויא דִיךְ זֶעלְבְּסְט: שמות כ׳ י״ג, י״ד; ויקרא י״ח, י״ט.
דִיא לִיבֶּע טְהוּט קֵיין שְׁלֶעכְטֶעס צוּם גֶעזֶעלֶען; דְרוּם אִיז 10
דִיא לִיבֶּע דִיא דֶערְפִילוּנְג פוּן דֶעם גֶעזֶעץ:
אוּנְד דָאס, וֵוייל מִיר וִויסֶען דִיא רֶעכְטֶע צֵייט, אַז עֶס אִיז 11
שׁוֹין צֵייט אִיהְר זָאלְט אוֹיפְשְׁטֶעהֶען פוּן דֶעם שְׁלָאף;
וָוארִין אַצוּנְד אִיז אוּנְזֶערֶע יְשׁוּעָה נָאהֶענְטֶער וִויא וָוען
מִיר הָאבֶּען גֶעגְלוֹיבְּט: דִיא נַאכְט אִיז בַּאלְד פַארְבֵּייא 12
גֶעגַאנְגֶען, אוּנְד דֶער טָאג אִיז נָאהֶענְט. דְרוּם לָאזֶען מִיר
אָפְּטְהוּן דִיא וֶוערְק פוּן דֶער פִינְסְטֶערְנִיס אוּנְד לָאזֶען מִיר
אָנְטְהוּן דִיא וַואפֶען פוּן דֶעם לִיכְט: לָאזֶען מִיר וַואנְדְלֶען 13
בְּכָבוֹד וִויא בֵּייא טָאג, נִיט אִין פְרֶעסֶען אוּנְד זוֹיפֶען, נִיט
אִין שְׁלָאפֶען אוּנְד אוֹיסְגֶעלַאסֶענְהַייט, נִיט אִין גֶעצַאנְק
אוּנְד נֵייד: נֵייעֶרְט טְהוּט אָן דֶעם הַאר יֵשׁוּעַ הַמָּשִׁיחַ, 14
אוּנְד בְּרֵייט נִיט אָן פַאר דֶעם פְלֵיישׁ צוּ זֵיינֶע
גְלוּסְטֶען:

קאפיטעל יד

אָבֶּער נֶעמְט אוֹיף דֶעם וָואס אִיז שְׁוַואךְ אִים גְלוֹיבֶּען, 1
דָאךְ נִיט צוּ מִשְׁפָּטֶען פוּן גֶעדַאנְקֶען: אֵיינֶער גְלוֹיבְּט אַז 2
עֶר מֶעג אַלֶעס עֶסֶען, אָבֶּער דֶער וָואס אִיז שְׁוַואךְ עֶסְט
קְרֵייטֶער: דֶער וָואס עֶסְט, לָאז עֶר נִיט פֶערְשֶׁעהְמֶען דֶעם 3
וָואס עֶסְט נִיט; אוּנְד דֶער וָואס עֶסְט נִיט, לָאז עֶר נִיט
רִיכְטֶען דֶעם וָואס עֶסְט, וָוארִין גָאט הָאט אִיהְם אוֹיפְגֶע־
נוּמֶען: וֶוער בִּיסְט דוּא וָואס דוּא רִיכְטֶעסְט דֶעם קְנֶעכְט 4
פוּן אֵיין אַנְדֶערֶען? עֶר שְׁטֶעהְט אָדֶער עֶר פַאלְט צוּ זֵיין
אֵייגֶענֶען הַאר; אוּנְד עֶר וֶועט אוֹיפְגֶערִיכְטֶעט וֶוערֶען,
וָוארִין דֶער הַאר אִיז מֶעכְטִיג אִיהְם אוֹיפְצוּרִיכְטֶען:
וָוארִין אֵיינֶער הַאלְט חָשׁוּב דֶעם אֵיינֶען טָאג אִיבֶּער דֶעם 5
אַנְדֶערְן, אָבֶּער דֶער אַנְדֶערֶער הַאלְט חָשׁוּב אִיטְלִיכֶען
טָאג; לָאז אִיטְלִיכֶער גֶעווּיס אִיבֶּערְצֵייגְט זַיין אִין זֵיינֶע
אֵייגֶענֶע גֶעדַאנְקֶען: דֶער וָואס הִיט דֶעם טָאג, הִיט עֶר 6
אִיהְם צוּם הַאר; דֶער וָואס עֶסְט עֶסְט צוּם הַאר, וָוארִין
עֶר דַאנְקְט גָאט; אוּנְד דֶער וָואס עֶסְט נִיט צוּם הַאר עֶסְט
עֶר נִיט, אוּנְד דַאנְקְט גָאט: וָוארִין קֵיינֶער פוּן אוּנְס לֶעבְּט 7

פַאר זִיךְ זֶעלְבְּסט, אוּנְד קֵיינֶער שְׁטַארְבְּט פַאר זִיךְ זֶעלְבְּסְט:
8 וָוארִין אוֹיבּ מִיר לֶעבֶּען, לֶעבֶּען מִיר צוּם הַאר, אוּנְד וָוען
מִיר שְׁטַארְבֶּען, שְׁטַארְבֶּען מִיר צוּם הַאר; דְרוּם אוֹיבּ
מִיר לֶעבֶּען אָדֶער שְׁטַארְבֶּען, זֶענֶען מִיר צוּם הַאר:
9 ווָארִין צוּ דֶעם אִיז מָשִׁיחַ גֶעשְׁטָארְבֶּען אוּנְד אִיז לֶעבֶּעדִיג
גֶעוָוארֶען, אַז עֶר זָאל זֵיין דֶער הַאר פוּן דִיא לֶעבֶּעדִיגֶע
10 אוּנְד פוּן דִיא טוֹיטֶע: אָבֶּער דוּא, וָוארוּם רִיכְטֶעסְט דוּא
דֵיין בְּרוּדֶער? אָדֶער אוֹיךְ דוּא, וָוארוּם פֶערְאַכְטֶעסְט
דוּא דֵיין בְּרוּדֶער? ווָארִין מִיר וֶועלֶען אַלֶע שְׁטֶעהֶען פָאר
11 דֶעם רִיכְטֶערְשְׁטוּהְל פוּן גָאט: ווָארִין עֶס שְׁטֶעהְט
גֶעשְׁרִיבֶּען,
„אַזוֹי וָואהְר וִויא אִיךְ לֶעבּ, זָאגְט דֶער הַאר, צוּ מִיר
וֶועט זִיךְ בֵּייגֶען אִיטְלִיכֶעס קְנִיא, אוּנְד אִיטְלִיכֶע צוּנְג
וֶועט מִתְוַדָה זֵיין צוּ גָאט“: יְשַׁעְיָה מ״ה כ״ג.
12 אַזוֹי דֶען וֶועט אִיטְלִיכֶער פוּן אוּנְס גֶעבֶּען חֶשְׁבּוֹן פוּן זִיךְ
זֶעלְבְּסְט צוּ גָאט:
13 דְרוּם לָאזֶען מִיר נִיט מֶעהְר אֵיינֶער דֶעם אַנְדֶערְן רִיכְטֶען;
נֵייעֶרְט רִיכְטֶעט דָאס לִיבֶּער, אַז קֵיינֶער זָאל זֵיין בְּרוּדֶער
14 אֵיין אָנְשְׁטוֹיס אָדֶער שְׁטְרוֹיכְלוּנְג אִים וֶועג לֶעגֶען: אִיךְ
וֵויים אוּנְד בִּין פֶערְזִיכֶערְט אִין דֶעם הַאר יֵשׁוּעַ, אַז קֵיינֶע
זַאךְ אִיז נִיט אוּנְרֵיין פוּן זִיךְ זֶעלְבְּסְט; נֵייעֶרְט צוּ דֶעם
וָואס דֶענְקְט אַז אַ זַאךְ אִיז אוּנְרֵיין, צוּ דֶעם אִיז עֶס
15 אוּנְרֵיין: וָוארִין וֶוען דֵיין בְּרוּדֶער אִיז בֶּעטְרִיבְּט אִיבֶּער
דֵיין עֶסֶען, אַזוֹי וַואנְדֶעלְסְט דוּא נִיט מֶעהְר נָאךְ דֶער
לִיבֶּע. לָאז נִיט דֶער פֶערְלוֹירֶען גֶעהֶען דוּרְךְ דֵיין עֶסֶען,
16 פַאר וֶועלְכֶען מָשִׁיחַ אִיז גֶעשְׁטָארְבֶּען: דְרוּם לָאז נִיט
17 אֵייעֶר גוּטֶעס גֶעלֶעסְטֶערְט וֶוערֶען: ווָארִין דָאס קֶענִיגְרֵייךְ
פוּן גָאט אִיז נִיט עֶסֶען אוּנְד טְרִינְקֶען, נֵייעֶרְט גֶערֶעכְטִיג־
18 קֵייט אוּנְד פְרִידֶען אוּנְד פְרֵייד אִים רוּחַ הַקוֹדֶשׁ: ווָארִין
דֶער וָואס דִינְט אִין דֶעם מָשִׁיחַ אִיז גָאט וָואוֹילְגֶעפֶעלִיג,
אוּנְד אִיז בֶּעווִילִיגְט פוּן מֶענְשֶׁען:
19 אַזוֹי דֶען לָאזֶען מִיר נָאכְפָאלְגֶען דִיא זַאכֶען וָואס דִינֶען
צוּם פְרִידֶען, אוּנְד מִיט וֶועלְכֶע מִיר קֶענֶען אֵיינֶער דֶעם
20 אַנְדֶערֶען פֶערְבֶּעסֶערְן: צֶערְשְׁטֶער נִיט פוּן שְׁפֵּייז וֶועגֶען

דָאס וֶוערְק פוּן גָאט. אַלֶע זַאכֶען זֶענֶען רַיין, אָבֶּער עֶס
אִיז שְׁלֶעכְט פַאר דֶעם מֶענְשׁ וָואס עֶסְט מִיט אָנְשְׁטוֹיסוּנְג:
21 עֶס אִיז גוּט נִיט קֵיין פְלֵיישׁ צוּ עֶסֶען, אוּנְד נִיט קֵיין וַויין
צוּ טְרִינְקֶען, אוּנְד נִיט קֵיין זַאךְ צוּ טְהוּן אַן וֶועלְכֶע דַיין
22 בְּרוּדֶער שְׁטְרוֹיכֶעלְט זִיךְ: דֶעם גְלוֹיבֶּען וָואס דוּא הָאסְט,
הָאבּ צוּ דִיר זֶעלְבְּסְט פָאר גָאט; גֶעבֶּענְשְׁט אִיז דֶער וָואס
רִיכְטֶעט זִיךְ זֶעלְבְּסְט נִיט אִין דֶעם וָואס עֶר בֶּעוִוילִיגְט:
23 אָבֶּער דֶער וָואס צְוַוייפֶעלְט אִיז פֶערְשׁוּלְדִיגְט וֶוען עֶר עֶסְט,
וַוייל עֶר אִיז נִיט פוּן דֶעם גְלוֹיבֶּען; אוּנְד אַלֶעס וָואס אִיז
נִיט פוּן דֶעם גְלוֹיבֶּען אִיז זִינְד:

קאפיטעל טו

1 מִיר דֶען וָואס זֶענֶען שְׁטַארְק זֶענֶען מְחוּיָב צוּ לֵיידֶען דִיא
שְׁוַואכְהַייטֶען פוּן דִיא שְׁוַואכֶע, אוּנְד נִיט זִיךְ זֶעלְבְּסְט
2 גֶעפֶעלֶען: לָאז אִיטְלִיכֶער פוּן אוּנְס זַיין גֶעזֶעלֶען אִין
3 גוּטֶען גֶעפֶעלֶען צוּם פֶערְבֶּעסֶערְן: וָוארִין אַפִילוּ מָשִׁיחַ
הָאט נִיט זִיךְ זֶעלְבְּסְט גֶעפֶעלֶען, נַייעֶרְט אַזוֹי וִויא עֶס
שְׁטֶעהְט גֶעשְׂרִיבֶּען, דִיא לֶעסְטֶערוּנְגֶען פוּן דִיא וָואס
הָאבֶּען דִיךְ גֶעלֶעסְטֶערְט זֶענֶען אוֹיף מִיר גֶעפַאלֶען:
4 תהלים ס"ט י'. וָוארִין דָאס וָואס אִיז פְרִיהֶער גֶעשְׂרִיבֶּען
גֶעוָוארֶען אִיז פַאר אוּנְזֶערֶע בֶּעלֶעהְרוּנְג גֶעשְׂרִיבֶּען, אַז
מִיר זָאלֶען הָאבֶּען הָאפְנוּנְג דוּרְךְ דֶער גֶעדוּלְד אוּנְד דוּרְךְ
5 דֶעם טְרַייסְט פוּן דִיא שְׂרִיפְטֶען: אוּנְד מֶעג אֵייךְ דֶער
גָאט פוּן גֶעדוּלְד אוּנְד טְרַייסְט גֶעבֶּען אַז אִיהְר
זָאלְט הָאבֶּען אֵיינֶערְלֵייא גֶעדַאנְקֶען אֵיינֶער צוּם אַנְדֶערְן
6 נָאךְ יֵשׁוּעַ הַמָּשִׁיחַ: כְּדֵי אִיהְר זָאלְט צוּזַאמֶען מִיט אֵיין
מוֹיל לוֹיבֶּען גָאט, דֶעם פָאטֶער פוּן אוּנְזֶערְן הַאר
יֵשׁוּעַ הַמָּשִׁיחַ:
7 דְרוּם נֶעמְט אוֹיף אֵיינֶער דֶעם אַנְדֶערְן אַזוֹי וִויא מָשִׁיחַ
8 הָאט אוּנְס אוֹיךְ אוֹיפְגֶענוּמֶען צוּם כָּבוֹד פוּן גָאט: וָוארִין
אִיךְ זָאג, אַז מָשִׁיחַ אִיז גֶעוָוארֶען אַ דִינֶער פוּן דֶער
בֶּעשְׁנַיידוּנְג וֶועגֶען דֶער וָואהְרְהַייט פוּן גָאט, כְּדֵי עֶר זָאל
9 בֶּעשְׁטֶעטִיגֶען דִיא הַבְטָחוֹת פוּן דִיא אָבוֹת: אוּנְד אַז דִיא
גוֹיִם זָאלֶען גָאט לוֹיבֶּען פַאר זַיינֶע גְנָאד, גְלֵייךְ וִויא עֶס
שְׁטֶעהְט גֶעשְׂרִיבֶּען, דֶעסְטְוֶועגֶען וֶועל אִיךְ דִיךְ לוֹיבֶּען

צְווִישֶׁען זִיא פֶעלְקֶער, אוּנְד אִיךְ וֶועל זִינְגֶען צוּ דַיין
10 נָאמֶען: תהלים י"ח נ'. אוּנְד ווִידֶער זָאגְט עֶר, פְרֵייעֶט
אֵייךְ, אִיהְר גוֹיִם, מִיט זַיין פָאלְק: דברים ל"ב, מ"ג.
11 אוּנְד ווִידֶער,
„פְּרֵייזְט דֶעם הַאר אַלֶע גוֹיִם, אוּנְד לָאזְט אִיהְם אַלֶע
פֶעלְקֶער לוֹיבֶּען": תהלים קי"ז א'.
12 אוּנְד ווִידֶער זָאגְט יְשַׁעְיָה,
„עֶס וֶועט זַיין דִיא וָואוּרְצֶעל פוּן יִשַׁי, אוּנְד דֶער
וֶועלְכֶער שְׁטֶעהְט אוֹיף צוּ הֶערְשֶׁען אִיבֶּער דִיא גוֹיִם,
אוֹיף אִיהְם וֶועלֶען דִיא גוֹיִם הָאפֶען": ישעיה י"א י'.
13 אוּנְד מֶעג דֶער גָאט פוּן הָאפְנוּנְג אֵייךְ דֶערְפִילֶען מִיט
אַלֶע פְרֵייד אוּנְד פְרִידֶען אִים גְלוֹיבֶּען, כְּדֵי אֵייעֶרֶע
הָאפְנוּנְג זָאל פֶערְמֶעהְרְט וֶוערֶען דוּרְךְ דֶער מַאכְט פוּן
דֶעם רוּחַ הַקוֹדֶשׁ:
14 אוּנְד אִיךְ בִּין אַלֵיין אִיבֶּערְצֵייגְט וֶוענֶען אֵייךְ, מֵיינֶע
בְּרִידֶער, אַז אִיהְר זֶענְט אוֹיךְ פוּל מִיט גוּטִיגְקֵייט,
דֶערְפִילְט מִיט אַלֶערְלֵייא דֶערְקֶענְטְנִיס, אוּנְד קֶענְט אוֹיךְ
15 אֵיינֶער דֶעם אַנְדֶערְן מַזְהִיר זַיין: אָבֶּער אִיךְ הָאבּ צוּ אֵייךְ
גֶעשְׁרִיבֶּען צוּם טְהֵייל מִיט מֶעהְר פְרֵייהֵייט, בְּרִידֶער, אַזוֹי
דֶערְמָאהְן אִיךְ אֵייךְ דוּרְךְ דֶער גְנָאד וָואס אִיז מִיר
16 גֶעגֶעבֶּען פוּן גָאט: אַז אִיךְ זָאל זַיין אַ דִינֶער פוּן יֵשׁוּעַ
הַמָּשִׁיחַ צוּ דִיא גוֹיִם, אִים דִינְסְט פוּן דֶער בְּשׂוֹרָה טוֹבָה
פוּן גָאט, כְּדֵי דָאס קָרְבָּן פוּן דִיא גוֹיִם זָאל בֶּעוִוילִיגְט
וֶוערֶען, אִינְדֶעם עֶס אִיז גֶעהֵיילִיגְט גֶעוָוארֶען אִים רוּחַ
17 הַקוֹדֶשׁ: דְרוּם הָאבּ אִיךְ מֵיין רִיהְמֶען אִין יֵשׁוּעַ הַמָּשִׁיחַ
18 וֶוענֶען דִיא זַאכֶען פוּן גָאט: וָוארִין אִיךְ וֶועל מִיךְ נִיט
אוּנְטֶערְשְׁטֶעהֶען עֶפֶּעס צוּ רֶעדֶען פוּן דִיא זַאכֶען וָואס
מָשִׁיחַ הָאט נִיט דוּרְךְ מִיר גֶעווִירְקְט אִין וָוארְט אוּנְד
19 וֶוערְק, כְּדֵי דִיא גוֹיִם גֶעהָארְזַאם צוּ מַאכֶען: דוּרְךְ קְרַאפְט
פוּן צֵייכֶען אוּנְד וְואוּנְדֶער, דוּרְךְ דֶער מַאכְט פוּן דֶעם
רוּחַ הַקוֹדֶשׁ; אַזוֹי אַז אִיךְ הָאבּ דֶערְפִילְט דִיא בְּשׂוֹרָה
טוֹבָה פוּן מָשִׁיחַ, פוּן יְרוּשָׁלַיִם אוּנְד אַרוּם בִּיז אִילִירִיקוּם:
20 אוּנְד אַזוֹי בִּין אִיךְ גֶעגֶעטִיגְט גֶעוֶועזֶען דִיא בְּשׂוֹרָה טוֹבָה
צוּ פְּרֶעדִיגֶען, נִיט דָארְט וְואוּ דֶער נָאמֶען פוּן מָשִׁיחַ אִיז

בֶּעקַאנְט גֶעוֶועזֶען, כְּדֵי אִיךְ זָאל נִיט בּוֹיֶען אוֹיף דֶעם
גְרוּנְד פוּן אֵיין אַנְדֶערֶען מַאן: נֵייעֶרְט אַזוֹי וִויא עֶס 21
שְׁטֶעהְט גֶעשְׁרִיבֶּען,
„צוּ וֶועלְכֶע עֶס אִיז נִיט וֶועגֶען אִיהְם דֶערְצֶעהְלְט
גֶעוָוארֶען, דִיא וֶועלֶען זֶעהֶען, אוּנְד דִיא וָואס הָאבֶּען
נִיט גֶעהֶערְט וֶועלֶען עֶס פֶערְשְׁטֶעהֶען״: ישעיה נ״ב ט״ו.
דְרוּם בִּין אִיךְ אוֹיךְ זֶעהְר גֶעהִינְדֶערְט גֶעוָוארֶען צוּ אֵייךְ 22
צוּ קוּמֶען: אָבֶּער אַצוּנְד וֶוען אִיךְ הָאבּ נִיט מֶעהְר פְּלַאץ 23
אִין דִיזֶע לֶענְדֶער, אוּנְד הָאבּ שׁוֹין פִילֶע יָאהְרֶען פֶערְ־
לַאנְגְט צוּ אֵייךְ צוּ קוּמֶען: וֶוען אִיךְ וֶועל גֶעהֶען קַיין 24
שְׁפַּאנְיֶען; וָוארִין אִיךְ הָאף אֵייךְ צוּ זֶעהֶען וֶוען אִיךְ
וֶועל דוּרְכְפָּארֶען, אוּנְד פוּן אֵייךְ אַהִין גֶעשִׁיקְט צוּ
וֶוערֶען, וֶוען אִיךְ וֶועל מִיךְ פְרִיהֶער מִיט אֵייךְ אַבִּיסֶעל
זֶעטִיגֶען: אָבֶּער אַצוּנְד גֶעה אִיךְ קַיין יְרוּשָׁלַיִם, צוּ בֶּע־ 25
דִינֶען דִיא הֵיילִיגֶע: וָוארִין עֶס הָאט דִיא פוּן מַקְדוֹנְיָא 26
אוּנְד אַכַיָא וְואוֹילְגֶעפַאלֶען, אַז זֵייא זָאלֶען מַאכֶען אַ
נְדָבָה פַאר דִיא אָרְמֶע הֵיילִיגֶע וָואס זֶענֶען אִין יְרוּשָׁלַיִם:
וָוארִין עֶס הָאט זֵייא וְואוֹילְגֶעפַאלֶען, אוּנְד זֵייא זֶענֶען 27
אוֹיךְ זֵייעֶרֶע שׁוּלְדְנֶער; וָוארִין וֶוען דִיא גוֹיִם הָאבֶּען אַ
טְהֵייל גֶענוּמֶען אִין זֵייעֶרֶע גֵייסְטְלִיכֶע זַאכֶען, אַזוֹי זֶענֶען
זֵייא אוֹיךְ מְחוּיָּב אִין וֶועלְטְלִיכֶע זַאכֶען זֵייא צוּ בֶּע־
דִינֶען: דְרוּם וֶוען אִיךְ וֶועל דָאס עֶנְדִיגֶען, אוּנְד וֶועל זֵייא 28
דִיזֶע פְרוּכְט פֶערְזִיגֶעלְן, וֶועל אִיךְ בֵּייא אֵייךְ דוּרְכְרֵייזֶען
קַיין שְׁפַּאנְיֶען: אוּנְד אִיךְ וֵוייס אַז וֶוען אִיךְ וֶועל צוּ אֵייךְ 29
קוּמֶען, וֶועל אִיךְ קוּמֶען מִיט דִיא פוּלֶע בְּרָכָה פוּן מָשִׁיחַ:
אוּנְד אִיךְ בֶּעט אֵייךְ, בְּרִידֶער, בֵּייא אוּנְזֶערְן הַאר יֵשׁוּעַ 30
הַמָּשִׁיחַ אוּנְד בֵּייא דֶער לִיבֶּע פוּן דֶעם גֵייסְט, אִיהְר זָאלְט
מִיט מִיר רִינְגֶען אִין אֵייעֶרֶע גֶעבֶּעט צוּ גָאט פַאר מִיר:
כְּדֵי אִיךְ זָאל בֶּעפְרֵייעֶט וֶוערֶען פוּן דִיא אוּנְגֶעהָארְזַאמֶע 31
אִים לַאנְד יְהוּדָה, אוּנְד מֵיין דִינְסְט אִין יְרוּשָׁלַיִם זָאל
פוּן דִיא הֵיילִיגֶע בֶּעוִוילִיגְט וֶוערֶען: כְּדֵי אִיךְ זָאל צוּ 32
אֵייךְ קוּמֶען מִיט פְרֵיידֶען דוּרְךְ דֶעם ווִילֶען פוּן גָאט,
אוּנְד זָאל מִיךְ מִיט אֵייךְ דֶערְקְוִויקֶען: אוּנְד דֶער גָאט פוּן 33
פְרִידֶען זֵייא מִיט אֵייךְ אַלֶע. אָמֵן:

קאפיטעל טז .

1 אִיךְ בֶּעפֶעהְל צוּ אֵייךְ אוּנְזֶערֶע שְׁוועסְטֶער פֶעבֶּע, וָואס
2 אִיז אַ דִינֶערִין פוּן דֶער קְהִלָּה אִין קֶענְקְרֵי: אַז אִיהְר
זָאלְט זִיא אוֹיפְנֶעמֶען אִים הַאר׳ן וְוִיא עֶס אִיז וְוִירְדִיג
פַאר דִיא הֵיילִיגֶע, אוּנְד זָאלְט אִיהְר הֶעלְפֶען אִין וָואס
פַאר אַ זַאךְ זִיא וֶועט אֵייעֶרְם בֶּעדַארְפֶען; וָוארִין זִיא
אִיז אוֹיךְ גֶעוֶועזֶען אַ שְׁטִיצֶע צוּ פִילֶע, אוּנְד אוֹיךְ צוּ
מִיר אַלֵיין:
3 גְרִיסְט פְּרִיסְקָא אוּנְד אַקְוִוילָא מֵיינֶע מִיטְאַרְבֵּייטֶער אִין
4 יֵשׁוּעַ הַמָשִׁיחַ: וֶועלְכֶע הָאבֶּען זֵייעֶר אֵיינֶענֶען הַאלְז
אַנִידֶערְגֶעלֶעגְט פַאר מֵיין לֶעבֶּען, צוּ וֶועלְכֶע נִיט אִיךְ
אַלֵיין דַאנְק, נֵייעֶרְט אוֹיךְ אַלֶע קְהִלּוֹת פוּן דִיא גוֹיִם:
5 גְרִיסְט אוֹיךְ דִיא קְהִלָּה וָואס אִיז אִין זֵייעֶר הוֹיז. גְרִיסְט
עֶפֵּינֶעטוּס מֵיין גֶעלִיבְּטֶען, וֶועלְכֶע אִיז דִיא עֶרְשְׁטֶע
6 פְרוּכְט פוּן אַסְיָא אִין מָשִׁיחַ: גְרִיסְט מִרְיָם, וֶועלְכֶע הָאט
7 פִיל גֶעאַרְבֵּייט וֶועגֶען אֵייךְ: גְרִיסְט אַנְדְרוֹנִיקוּס אוּנְד
יוּנִיאָס מֵיינֶע קְרוֹבִים אוּנְד מֵיינֶע ·חֲבֵרִים אִים גֶעפֶענְגְנִיס,
וָואס זֶענֶען בֶּערִיהְמְט צְווִישֶׁען דִיא אַפָּאסְטֶעל, אוּנְד וָואס
8 זֶענֶען גֶעוֶועזֶען אִין מָשִׁיחַ פְרִיהֶער וְוִיא אִיךְ: גְרִיסְט
9 אַמְפְּלִיאָטוּס מֵיין גֶעלִיבְּטֶען אִים הַאר׳ן: גְרִיסְט אוּרְבַּאנוּס
אוּנְזֶערְן מִיטְאַרְבֵּייטֶער אִין מָשִׁיחַ, אוּנְד סְטַאכִים מֵיין גֶע־
10 לִיבְּטֶען: גְרִיסְט אַפֶּעלֶעס דֶעם גֶעפְּרִיפְטֶען אִין מָשִׁיחַ.
11 גְרִיסְט דָאס הוֹיזְגֶעזִינְד פוּן אַרִיסְטוֹבּוּלוּס: גְרִיסְט הֶערוֹדִיוֹן
מֵיין קָרוֹב. גְרִיסְט דָאס הוֹיזְגֶעזִינְד פוּן נַארְקִיסוּס, וָואס
12 זֶענֶען אִים הַאר׳ן: גְרִיסְט טְרִיפֵינָא אוּנְד טְרִיפוֹסָא, וָואס
אַרְבֵּייטֶען אִים הַאר׳ן. גְרִיסְט דִיא גֶעלִיבְּטֶע פֶּערְסִים,
13 וָואס הָאט פִיל גֶעאַרְבֵּייט אִים הַאר׳ן: גְרִיסְט רוּפוּס דֶעם
אוֹיסְדֶערְוֶועהְלְטֶען אִים הַאר׳ן, אוּנְד זֵיינֶע מוּטֶער אוּנְד
14 מֵיינֶע: גְרִיסְט אַסִינְקְרִיטוּס, פְלֶעגוֹן, הֶערְמֶעס, פַּאטְרָאבָּאס,
15 הֶערְמַאס, אוּנְד דִיא בְּרִידֶער וָואס זֶענֶען מִיט זֵייא: גְרִיסְט
פִילָאלָאגוּס אוּנְד יוּלְיָא, נֶערֶעאוּס אוּנְד זֵיינֶע שְׁוֶועסְטֶער,
אוּנְד אָלִימְפַּאס, אוּנְד אַלֶע הֵיילִיגֶע וָואס זֶענֶען מִיט זֵייא:
16 גְרִיסְט אֵיינֶער דֶעם אַנְדֶערֶען מִיט אַ הֵיילִיגֶען קִישׁ. אַלֶע
קְהִלּוֹת פוּן מָשִׁיחַ גְרִיסֶען אֵייךְ:

17 אוּנְד אִיךְ בֶּעט אֵייךְ, בְּרִידֶער, גִיבְּט אַכְטוּנְג אוֹיף דִיא, וָואס
מַאכֶען מַחֲלוֹקֶת אוּנְד שְׁטְרוֹיכְלוּנְגֶען קֶעגֶען דֶער לֶעהְרֶע
18 וָואס אִיהְר הָאט גֶעלֶערְנְט, אוּנְד פֶערְמֵייד זַייא: וָוארִין
אַזֶעלְכֶע דִינֶען נִיט אוּנְזֶער הַאר מָשִׁיחַ, נֵייעֶרְט זַייעֶר
אֵייגֶענֶען בּוֹיךְ, אוּנְד מִיט גוּטֶע אוּנְד פֵיינֶע וֶוערְטֶער
פֶערְפִיהְרֶען זַייא דִיא הֶערְצֶער פוּן דִיא אוּנְשׁוּלְדִיגֶע:
19 וָוארִין אֵייעֶר גֶעהָארְזַאם אִיז צוּ אַלֶע אוֹיסְגֶעגַאנְגֶען. דְרוּם
פְרַייעֶ אִיךְ מִיךְ וֶועגֶען אֵייךְ, אָבֶּער אִיךְ וִויל אַז אִיהְר
זָאלְט קְלוּג זַיין צוּם גוּטֶען אוּנְד אוּנְשׁוּלְדִיג צוּם שְׁלֶעכְטֶען:
20 אוּנְד דֶער גָאט פוּן פְרִידֶען וֶועט בַּאלְד דֶעם שָׂטָן אוּנְטֶער
אֵייעֶרֶע פִים צוּטְרֶעטֶען.
דִיא גְנָאד פוּן אוּנְזֶער הַאר יֵשׁוּעַ הַמָּשִׁיחַ זַייא מִיט אֵייךְ:
21 טִימוֹתִיוּס, מֵיין מִיטְאַרְבֵּייטֶער, אוּנְד לוּקִיוּס אוּנְד יָסוֹן
22 אוּנְד סָאסִיפַּאטֶער מֵיינֶע קְרוֹבִים, גְרִיסֶען אֵייךְ: אִיךְ טֶערְ־
טִיוּס, וָואס הָאבּ דִיזֶען בְּרִיף גֶעשְׁרִיבֶּען, גְרִיס אֵייךְ אִים
23 הַאר'ן: גַאיוּס מֵיין וִוירְט, אוּנְד דֶער וִוירְט פוּן דִיא גַאנְצֶע
קְהִלָּה גְרִיסְט אֵייךְ. עֶרַאסְטוּס דֶער פֶערְוַואלְטֶער פוּן דֶער
24 שְׁטָאט גְרִיסְט אֵייךְ, אוּנְד קְוַוארְטוּס דֶער בְּרוּדֶער: (דִיא
גְנָאד פוּן אוּנְזֶער הַאר יֵשׁוּעַ הַמָּשִׁיחַ זַייא מִיט אֵייךְ
אַלֶע. אָמֵן:
25 נוּן צוּ אִיהְם וָועלְכֶער קָאן אֵייךְ שְׁטַארְק מַאכֶען נָאךְ מֵיינֶע
בְּשׂוֹרָה טוֹבָה אוּנְד דָאס פְרֶעדִיגֶען פוּן יֵשׁוּעַ הַמָּשִׁיחַ, נָאךְ
דֶעם אַנְטְפְּלֶעקֶען פוּן דֶעם סוֹד וָואס אִיז פֶערְבָּארְגֶען
26 גֶעוֶועזֶען פוּן עֶבִּיגֶע צֵייטֶען: אָבֶּער אִיז אַצוּנְד עֶפֶענְטְלִיךְ
בֶּעקַאנְט גֶעמַאכְט, אוּנְד אִיז דוּרְךְ דִיא שְׁרִיפְטֶען פוּן דִיא
נְבִיאִים צוּ אַלֶע פֶעלְקֶער צוּ וִויסֶען גֶעטְהוּן גֶעוָוארֶען צוּם
גֶעהָארְזַאם פוּן גְלוֹיבֶּען, נָאךְ דֶעם גֶעבָּאט פוּן דֶעם עֶבִּיגֶען
27 גָאט: דֶעם אֵיינְצִיגֶען וַוייזֶען גָאט דוּרְךְ יֵשׁוּעַ הַמָּשִׁיחַ
צוּ דֶעם זָאל זַיין דִיא הֶערְלִיכְקֵייט פוּן עֶבִּיגְקֵייט צוּ עֶבִּיגְ־
קֵייט. אָמֵן:

דֶער עֶרְשְׁטֶער בְּרִיף פוּן דֶעם
אַפָּאסְטֶעל פּוּלוֹס צוּ דִיא קָארִינְטֶער.

---

1 פּוּלוֹס אַ גֶערוּפֶענֶער אַפָּאסְטֶעל פוּן יֵשׁוּעַ הַמָּשִׁיחַ דוּרְךְ
2 דֶעם ווִילֶען פוּן גָאט, אוּנְד סָאסְטֶענִים דֶער בְּרוּדֶער: צוּ
דֶער קְהִלָּה פוּן גָאט וָואס אִיז אִין קָארִינְט, גֶעהֵיילִיגְטֶע
אִין יֵשׁוּעַ הַמָּשִׁיחַ, בֶּערוּפֶענֶע הֵיילִיגֶע, מִיט אַלֶע וָואס אִין
אִיטְלִיכֶען אָרְט רוּפֶען אָן דֶעם נָאמֶען פוּן אוּנְזֶער הַאר
3 יֵשׁוּעַ הַמָּשִׁיחַ, זֵייעֶר אוּנְד אוּנְזֶער: גְנָאד זֵייא מִיט אֵייךְ
אוּנְד פְרִידֶען פוּן גָאט אוּנְזֶער פָאטֶער אוּנְד פוּן דֶעם הַאר
יֵשׁוּעַ הַמָּשִׁיחַ:
4 אִיךְ דַאנְק מֵיין גָאט אַלֶע צֵייט וָועגֶען אֵייךְ, פַאר דִיא
גְנָאד פוּן גָאט וָואס אִיז אֵייךְ גֶעגֶעבֶּען אִין יֵשׁוּעַ הַמָּשִׁיחַ:
5 אַז אִיהְר זֶענְט אִין אַלֶעם רֵייךְ גֶעמַאכְט אִין אִיהְם, אִין
6 יֶעדֶעם וָוארְט אוּנְד אִין יֶעדֶע דֶערְקֶענְטְנִים: אַזוֹי וִויא
דָאס צֵייגְנִים פוּן דֶעם מָשִׁיחַ אִיז אִין אֵייךְ פֶעסְט גֶע־
7 וָוארֶען: אַזוֹי אַז עֶס פֶעהְלְט אֵייךְ קֵיינֶע גְנֶעדִיגֶע מַתָּנָה,
אִינְדֶעם אִיהְר וַוארְטֶעט אוֹיף דֶער אַנְטְפְּלֶעקוּנְג פוּן אוּנְ־
8 זֶער הַאר יֵשׁוּעַ הַמָּשִׁיחַ: וָועלְכֶער וָועט אֵייךְ אוֹיךְ בֶּע־
פֶעסְטִיגֶען בִּיז צוּם עֶנְד, אַז אִיהְר זָאלְט אוּנְשׁוּלְדִיג זֵיין
9 אִים טָאג פוּן אוּנְזֶער הַאר יֵשׁוּעַ הַמָּשִׁיחַ: גָאט אִיז גֶע־
טְרֵייא, דוּרְךְ וָועלְכֶען אִיהְר זֶענְט גֶערוּפֶען גֶעוָוארֶען צוּ
דֶער גֶעמֵיינְשַׁאפְט פוּן זֵיינֶעם זוּהְן יֵשׁוּעַ הַמָּשִׁיחַ אוּנְזֶער
הַאר:
10 נוּן בֶּעט אִיךְ אֵייךְ, בְּרִידֶער, בַּייא דֶעם נָאמֶען פוּן אוּנְזֶער
הַאר יֵשׁוּעַ הַמָּשִׁיחַ, אַז אִיהְר זָאלְט אַלֶע אֵיינֶערְלֵייא
רֶעדֶען הָאבֶּען, אוּנְד אַז עֶס זָאל נִיט זֵיין קֵיינֶע אָפְּטֵייל־
לוּנְגֶען צְווִישֶׁען אֵייךְ, אִיהְר זָאלְט לִיבֶּער אִים דָאזִיגֶען
11 זִין אוּנְד אִין דִיא דָאזִיגֶע מֵיינוּנְג פָאלְקָאמֶען זֵיין: וָוארִין
אִיךְ בִּין וָועגֶען אֵייךְ גֶעוָואר גֶעוָוארֶען, מֵיינֶע בְּרִידֶער,
דוּרְךְ דֶעם הוֹיזְגֶעזִינְד פוּן כְּלוֹאָה, אַז עֶס אִיז צְווִישֶׁען

12 אֵייךְ קְרִיגֶערַייא: אָבֶּער דָאס זָאג אִיךְ, אַז אִיטְלִיכֶער פוּן
אֵייךְ זָאגְט, אִיךְ קֶעהֶר צוּ פּוֹלוֹס, אוּנְד אִיךְ צוּ אַפָּאלָאס,
13 אוּנְד אִיךְ צוּ כֵּיפָא, אוּנְד אִיךְ צוּ מָשִׁיחַ: אִיז מָשִׁיחַ צוּ־
טֵיילְט גֶעוָועזֶען? אִיז פּוֹלוֹס פַאר אֵייךְ גֶעקְרֵייצִיגְט גֶע־
וָוארֶען, אָדֶער זֶענְט אִיהְר גֶעטוֹבֶלְט גֶעוָוארֶען אִים נָאמֶען
14 פוּן פּוֹלוֹס? אִיךְ דַאנְק גָאט אַז אִיךְ הָאבּ קֵיינֶעם פוּן אֵייךְ
15 גֶעטוֹבֶלְט, חוּץ קְרִיסְפּוּס אוּנְד גַאיוּס: כְּדֵי קֵיינֶער זָאל
16 נִיט זָאגֶען אַז אִיךְ הָאבּ אִין מֵיין נָאמֶען גֶעטוֹבֶלְט: אוּנְד
אִיךְ הָאבּ אוֹיךְ גֶעטוֹבֶלְט דָאס הוֹיזְגֶעזִינְד פוּן סְטֶעפָאנוּס;
ווייטֶער ווייס אִיךְ נִיט אוֹיבּ אִיךְ הָאבּ נָאךְ אֵיין אַנְדֶערֶען
17 גֶעטוֹבֶלְט: וָוארִין מָשִׁיחַ הָאט מִיךְ נִיט גֶעשִׁיקְט צוּ טוֹבֶל׳ן,
נֵייעֶרְט צוּ פְּרֶעדִיגֶען דִיא בְּשׂוֹרָה טוֹבָה, נִיט מִיט קְלוּגֶע
וֶוערְטֶער, כְּדֵי דָאס קְרֵייץ פוּן מָשִׁיחַ זָאל נִיט וֶוערֶען אָהְן
קְרַאפְט:
18 וָוארִין דָאס וָוארְט פוּן דֶעם קְרֵייץ אִיז נַארִישְׁקֵייט צוּ דִיא
וָואס וֶוערֶען פַארְלוֹירֶען, אָבֶּער צוּ אוּנְס וָואס וֶוערֶען גֶע־
19 רֶעטֶעט אִיז עֶס דִיא מַאכְט פוּן גָאט: וָוארִין עֶס שְׁטֶעהְט
גֶעשְׁרִיבֶּען,

„אִיךְ וֶועל פַארְשְׁטֶערֶען דִיא קְלוּגְהֵייט פוּן דִיא קְלוּגֶע,
אוּנְד דֶעם פֶערְשְׁטַאנְד פוּן דִיא פֶערְשְׁטֶענְדִיגֶע וֶועל אִיךְ
פֶערְוַוארְפֶען“: ישעיה כ״ט י״ד.

20 וְואוּ אִיז דֶער חָכָם? וְואוּ אִיז דֶער סוֹפֵר? וְואוּ אִיז דֶער
שְׁטְרֵייטֶער פוּן דִיזֶער וֶועלְט? הָאט נִיט גָאט נַארִישׁ גֶע־
21 מַאכְט דִיא קְלוּגְהֵייט פוּן דִיזֶער וֶועלְט? וָוארִין ווייל אִין
דֶער קְלוּגְהֵייט פוּן גָאט הָאט דִיא וֶועלְט דוּרְךְ אִיהְרֶע
קְלוּגְהֵייט נִיט גָאט גֶעקֶענְט, אִיז עֶס גָאט גֶעפֶעלֶען דוּרְךְ
דֶער נַארִישְׁקֵייט פוּן דֶעם פְּרֶעדִיגֶען עֶר זָאל רֶעטֶען דִיא
22 וָואס גְלוֹיבֶּען: וָוארִין דִיא יוּדֶען פֶערְלַאנְגֶען אַ צֵייכֶען,
23 אוּנְד דִיא גְרֶעקֶען זוּכֶען קְלוּגְהֵייט: אָבֶּער מִיר פְּרֶעדִיגֶען
מָשִׁיחַ דֶעם גֶעקְרֵייצִיגְטֶען, צוּ דִיא יוּדֶען אַ שְׁטְרוֹיכְלוּנְג
24 אוּנְד צוּ דִיא גְרֶעקֶען נַארִישְׁקֵייט: אָבֶּער צוּ דִיא וָואס
זֶענֶען בֶּערוּפֶען, יוּדֶען אוּנְד גְרֶעקֶען, פְּרֶעדִיגֶען מִיר מָשִׁיחַ
25 דִיא מַאכְט פוּן גָאט אוּנְד דִיא קְלוּגְהֵייט פוּן גָאט: וָוארִין
דִיא נַארִישְׁקֵייט פוּן גָאט אִיז קְלוּגֶער ווִיא דִיא מֶענְשֶׁען,

אוּנְד דִיא שְׁוַואכְהַייט פוּן גָאט אִיז שְׁטַארְקֶער ווִיא דִיא
מֶענְשֶׁען:
26 ווָארִין זֶעהְט אֵייעֶרֶע רוּפוּנְג, בְּרִידֶער, אַז נִיט פִילֶע קְלוּגֶע
נָאךְ דֶעם פְלֵיישׁ, נִיט פִילֶע מֶעכְטִיגֶע, נִיט פִילֶע עֶדֶעלֶע
27 זֶענֶען גֶערוּפֶען: נֵייעֶרְט גָאט הָאט אוֹיסְדֶערְוֶועהְלְט דִיא
נַארִישֶׁע זַאכֶען פוּן דֶער וֶועלְט, כְּדֵי עֶר זָאל פַארְשֶׁעהְמֶען
דִיא קְלוּגֶע, אוּנְד דִיא שְׁוַואכֶע זַאכֶען פוּן דֶער וֶועלְט
הָאט גָאט אוֹיסְדֶערְוֶועהְלְט, כְּדֵי עֶר זָאל פֶערְשֶׁעהְמֶען
28 דִיא שְׁטַארְקֶע: אוּנְד דִיא נִיט עֶדֶעלֶע זַאכֶען פוּן דֶער
וֶועלְט, אוּנְד דִיא וָואס זֶענֶען פֶערְאַכְטֶעט הָאט גָאט אוֹיסְ־
דֶערְוֶועהְלְט, אוֹיךְ דִיא וָואס זֶענֶען נִיט, כְּדֵי עֶר זָאל
29 פֶערְשְׁטֶערֶען דִיא וָואס זֶענֶען: אַז קֵיין פְלֵיישׁ זָאל זִיךְ
30 פָאר גָאט בֶּערִיהְמֶען: אָבֶּער פוּן אִיהְם זֶענְט אִיהְר אִין
יֵשׁוּעַ הַמָשִׁיחַ, דֶער אִיז צוּ אוּנְס גֶעוָוארֶען פוּן גָאט חָכְמָה,
אוּנְד גֶערֶעכְטִיגְקֵייט, אוּנְד הֵיילִיגְקֵייט אוּנְד אוֹיסְלֶעזוּנְג:
31 כְּדֵי עֶס זָאל זַיין אַזוֹי ווִיא עֶס שְׁטֶעהְט גֶעשְׁרִיבֶּען, דֶער
וָואס רִיהְמְט זִיךְ לָאז עֶר זִיךְ רִיהְמֶען אִין דֶעם הַאר׳ן:

ירמיה ט׳ כ״ג.

קאפיטעל ב

1 אוּנְד אִיךְ, ווֶען אִיךְ בִּין צוּ אֵייךְ גֶעקוּמֶען, בְּרִידֶער, בִּין
אִיךְ נִיט גֶעקוּמֶען מִיט פֵיינֶע ווֶערְטֶער אָדֶער קְלוּגְהֵייט,
2 אוּנְד הָאבּ צוּ אֵייךְ בֶּעווִיזֶען דֶעם סוֹד פוּן גָאט: ווָארִין
אִיךְ הָאבּ מִיר פָארְגֶענוּמֶען אַז אִיךְ זָאל צְווִישֶׁען אֵייךְ
קֵיינֶע אַנְדֶערֶע זַאכֶען נִיט ווִיסֶען, אוֹיסֶער יֵשׁוּעַ הַמָשִׁיחַ
3 אוּנְד אִיהְם גֶעקְרֵייצִיגְט: אוּנְד אִיךְ בִּין בַּייא אֵייךְ גֶעוֶועזֶען
אִין שְׁוַואכְהֵייט אוּנְד אִין פוּרְכְט אוּנְד אִין גְרוֹיס צִיטֶערְנִיס:
4 אוּנְד מֵיין רֶעדֶען אוּנְד מֵיין פְּרֶעדִיגֶען זֶענֶען נִיט מִיט
אִיבֶּערְרֶעדֶענְדִיגֶע ווֶערְטֶער פוּן מֶענְשְׁלִיכֶער קְלוּגְהֵייט,
נֵייעֶרְט מִיט בֶּעווֵייז פוּן דֶעם גֵייסְט אוּנְד פוּן דֶער מַאכְט:
5 כְּדֵי אֵייעֶר גְלוֹיבֶּען זָאל נִיט זַיין אִין דֶער קְלוּגְהֵייט פוּן
מֶענְשֶׁען, נֵייעֶרְט אִין דֶער מַאכְט פוּן גָאט:
6 אָבֶּער מִיר רֶעדֶען קְלוּגְהֵייט צְווִישֶׁען דִיא פָאלְקָאמֶענֶע,
דָאךְ נִיט דִיא קְלוּגְהֵייט פוּן דִיזֶער וֶועלְט, אוּנְד נִיט פוּן
דִיא פִירְשְׁטֶען פוּן דִיזֶער וֶועלְט וָואס וֶוערֶען צוּ נִישְׁט:

7 נייערט מיר רעדען דיא קלוגהייט פון גאָט אין אַ סוד,
דיא פערבאָרגענע קלוגהייט וואָס גאָט האָט בעשטעלט
8 פון עביג אָן צו אונזערער הערליכקייט: וואָס קיינער פון
דיא פירשטען פון דיזער וועלט האָט ניט געקענט;
וואָרין ווען זייא וואָלטען עס געקענט, וואָלטען זייא ניט
9 געקרייציגט דעם האַר פון הערליכקייט: אָבער וויא עס
שטעהט געשריבען,

„דאָס אויג האָט ניט געזעהען אונד דאָס אויער האָט
ניט געהערט, אונד עס איז ניט אַריינגעקומען אים
האַרצען פון מענשען וואָס גאָט האָט אָנגעבּרייט פֿאַר
דיא וועלכע איהם ליבען“: ישעיה ס״ד ג׳.

10 וואָרין גאָט האָט עס אַנטפּלעקט צו אונס דורך דעם גייסט;
וואָרין דער גייסט פאָרשט אַלעס, אויך דיא טיפע זאַכען
11 פון גאָט: וואָרין ווער פון מענשען ווייסט דיא זאַכען
פון דעם מענש, חוץ דער גייסט פון דעם מענש וואָס
איז אין איהם; אַזוי ווייסט אויך קיינער דיא זאַכען פון
12 גאָט נייערט דער גייסט פון גאָט: אָבער מיר האָבען ניט
דערהאַלטען דעם גייסט פון דער וועלט, נייערט דעם
גייסט וואָס איז פון גאָט, כּדי מיר זאָלען וויסען וואָס איז
13 אונס גנעדיגליך בעשענקט פון גאָט: אונד דיזע זאַכען
רעדען מיר אויך ניט אין מענשליכע לעהרען מיט ווער־
טער פון קלוגהייט נייערט אין לעהרען פון דעם גייסט,
אונד מיר פערגלייכען גייסטליכע זאַכען מיט גייסטליכע:
14 אָבער דער נאַטירליכער מענש נעמט ניט אָן דיא זאַכען
פון דעם גייסט פון גאָט; וואָרין זייא זענען צו איהם נאַ־
רישקייט, אונד ער קאָן זייא ניט וויסען, ווייל זייא זענען
15 גייסטליך געריכטעט: אָבער דער גייסטליכער מענש ריכ־
טעט אַלע זאַכען, אָבער ער אַליין איז פון קיינעם ניט גע־
16 ריכטעט: וואָרין ווער האָט געקענט דעם זין פון דעם האַר,
אַז ער זאָל איהם בעלעהרען? אָבער מיר האָבען דיא זין
פון משיח!

קאַפּיטעל ג

1 אונד איך, ברידער, האָב ניט געקאָנט צו אייך רעדען וויא
צו גייסטליכע לייט, נייערט וויא צו פליישליכע, וויא קליינע

2 קִינְדֶער אִין מָשִׁיחַ: אִיךְ הָאבּ אֵייךְ גֶעגֶעבֶּען מִילְךְ צוּ
טְרִינְקֶען אוּנְד נִיט שְׁטַארְקֶע שְׁפֵּייז; וָוארִין אִיהְר הָאט עֶס
נָאךְ נִיט גֶעקָאנְט פֶערְטְרָאגֶען; אוּנְד אוֹיךְ אַצוּנְד קֶענְט
3 אִיהְר נִיט: וָוארִין אִיהְר זֶענְט נָאךְ פְלֵיישְׁלִיךְ. וָוארִין וֶוען
עֶס אִיז צְווִישֶׁען אֵייךְ קִנְאָה אוּנְד קְרִיגֶערֵייא, זֶענְט אִיהְר
נִיט פְלֵיישְׁלִיךְ אוּנְד וַואנְדֶעלְט נָאךְ דֶעם מִנְהָג פוּן מֶענְ־
4 שֶׁען? וָוארִין וֶוען אֵיינֶער זָאגְט, אִיךְ קֶעהְר צוּ פּוֹלוֹס,
אוּנְד אֵיין אַנְדֶערֶער, אִיךְ צוּ אַפָּאלָאס, זֶענְט אִיהְר נִיט
5 מֶענְשֶׁען? וָואס אִיז דֶען אַפָּאלָאס? אוּנְד וָואס אִיז פּוֹלוֹס?
דִינֶער דוּרְךְ וֶועלְכֶע אִיהְר הָאט גֶעגְלוֹיבְּט ווִיא דֶער הַאר
6 הָאט גֶעגֶעבֶּען צוּ אִיטְלִיכֶען: אִיךְ הָאבּ גֶעפְלַאנְצְט, אַפָּאלָאס
הָאט בֶּעגָאסֶען, אָבֶּער גָאט הָאט עֶס גֶעלָאזְט וַואקְסֶען:
7 דְרוּם אִיז נִיט דֶער וָואס פְלַאנְצְט עֶפֶּעס, אוּנְד נִיט דֶער
וָואס בֶּעגִיסְט, נֵייעֶרְט גָאט דֶער לָאזְט עֶס וַואקְסֶען:
8 דֶער וָואס פְלַאנְצְט אוּנְד דֶער וָואס בֶּעגִיסְט זֶענֶען אֵיינְס,
אוּנְד אִיטְלִיכֶער וֶועט זַיין אֵייגֶענֶען לוֹין דֶערְהַאלְטֶען נָאךְ
9 זַיינֶע אֵייגֶענֶע אַרְבֵּייט: וָוארִין מִיר זֶענֶען מִיטְאַרְבֵּייטֶער
מִיט גָאט; אִיהְר זֶענְט גָאטְ'ס אַקֶער, גָאטְ'ס גֶעבֵּיידֶע:
10 נָאךְ דֶער גְנָאד פוּן גָאט וָואס אִיז מִיר גֶעגֶעבֶּען, הָאבּ אִיךְ
ווִיא אַ קְלוּגֶער בּוֹימֵייסְטֶער גֶעלֶעגְט דֶעם גְרוּנְד, אוּנְד
אֵיין אַנְדֶערֶער בּוֹיעֶט דְרוֹיף; אָבֶּער לָאז אִיטְלִיכֶער אַכְ־
11 טוּנְג גֶעבֶּען ווִיא עֶר בּוֹיעֶט דְרוֹיף: וָוארִין קֵיין אַנְדֶערֶען
גְרוּנְד קָאן קֵיינֶער נִיט לֶעגֶען אוֹיסֶער דֶעם וָואס אִיז גֶע־
12 לֶעגְט, וָואס אִיז יֵשׁוּעַ הַמָּשִׁיחַ: נוּן וֶוען אֵיינֶער בּוֹיעֶט
אוֹיף דֶעם גְרוּנְד גָאלְד, זִילְבֶּער, טְהֵייעֶרֶע שְׁטֵיינֶער, הָאלְץ,
13 הֵייא, שְׁטְרוֹיא: פוּן אִיטְלִיכֶען וֶועט דָאס וֶוערְק אַנְטְ־
פְּלֶעקְט וֶוערֶען; וָוארִין דֶער טָאג וֶועט עֶס קְלָאר מַאכֶען;
וָוארִין עֶס וֶועט אַנְטְפְּלֶעקְט וֶוערֶען אִין פֵייעֶר; אוּנְד דָאס
פֵייעֶר אַלֵיין וֶועט פְּרִיפֶען דָאס וֶוערְק פוּן אִיטְלִיכֶען ווִיא
14 עֶס אִיז: וֶוען דָאס וֶוערְק פוּן אִימִיצֶען וָואס עֶר הָאט דְרוֹיף
גֶעבּוֹיעֶט וֶועט בְּלֵייבֶּען וֶועט עֶר דֶערְהַאלְטֶען אַ לוֹין:
15 וֶוען דָאס וֶוערְק פוּן אִימִיצֶען וֶועט פֶערְבְּרֶענְט וֶוערֶען,
וֶועט עֶר לֵיידֶען שָׁאדֶען, אָבֶּער עֶר אַלֵיין וֶועט גֶערֶעטֶעט
וֶוערֶען, דָאךְ אַזוֹי ווִיא דוּרְךְ פֵייעֶר:

16 וֵויסְט אִיהְר נִיט אַז אִיהְר זֶענְט אַ טֶעמְפֶּעל פוּן גָאט,
17 אוּנְד דֶער גֵייסְט פוּן גָאט וְואוֹינְט אִין אֵייךְ? וֶוען אֵיינֶער
פַארְדַארְבְּט דֶעם טֶעמְפֶּעל פוּן גָאט, אִיהְם וֶועט גָאט
פַארְדַארְבֶּען; וָוארִין דֶער טֶעמְפֶּעל פוּן גָאט אִיז הֵיילִיג,
אוּנְד דָאס זֶענְט אִיהְר:
18 לָאז זִיךְ קֵיינֶער נִיט בֶּעטְרִיגֶען; וֶוען אֵיינֶער פוּן אֵייךְ
דֶענְקְט אַז עֶר אִיז קְלוּג אִין דִיזֶער וֶועלט, לָאז עֶר וֶוערֶען
19 אַ נַאר, כְּדֵי עֶר זָאל קְלוּג וֶוערֶען: וָוארִין דִיא קְלוּגהֵייט
פוּן דִיזֶער וֶועלְט אִיז נַארִישְׁקֵייט בֵּייא גָאט. וָוארִין עֶס
שְׁטֶעהְט גֶעשְׂרִיבֶּען, עֶר פַאנְגְט דִיא קְלוּגֶע אִין זֵייעֶרֶע
20 לִיסְט: איוב ה׳ י״ג. אוּנְד וִוידֶער, דֶער הַאר וֵויסְט דִיא
גֶעדַאנְקֶען פוּן דִיא קְלוּגֶע, אַז זֵייא זֶענֶען אֵייטֶעל: תהלים
21 צ״ד י״א. אַזוֹי דֶען לָאז זִיךְ קֵיינֶער נִיט רִיהְמֶען אִין
22 מֶענְשֶׁען; וָוארִין אַלֶע זַאכֶען זֶענֶען אֵייעֶרְס אוֹיבּ עֶס אִיז
פּוֹלוֹס, אָדֶער אַפָּאלָאס, אָדֶער כֵּיפָא, אָדֶער דִיא וֶועלְט,
אָדֶער לֶעבֶּען, אָדֶער טוֹיט, אָדֶער אַצוּנְדִיגֶע זַאכֶען, אָדֶער
23 קוּמֶענְדִיגֶע זַאכֶען, אַלֶעס אִיז אֵייעֶרְס: אוּנְד אִיהְר זֶענְט
צוּ מָשִׁיחַ, אוּנְד מָשִׁיחַ אִיז גָאטְ׳ס:

קאפיטעל ד

1 לָאז אַ מֶענְשׁ אוּנְס אַזוֹי הַאלְטֶען, וִויא דִיא דִינֶער פוּן דֶעם
2 מָשִׁיחַ, אוּנְד פֶערְוַואלְטֶער פוּן דִיא סוֹדוֹת פוּן גָאט: מֶען
פָארְדֶערְט נוּן וַוייטֶער אִין פֶערְוַואלְטֶער, אַז אַ מַאן זָאל
3 גֶעטְרַייא גֶעפִינֶען וֶוערֶען: אָבֶּער מִיר אִיז עֶס אַ קְלֵיינִיגְ־
קֵייט אַז אִיךְ זָאל פוּן אֵייךְ גֶערִיכְטֶעט וֶוערֶען, אָדֶער פוּן
אַ מֶענְשְׁלִיכֶע מֵיינוּנְג; אִיךְ רִיכְטֶע מִיךְ אַפִילוּ אַלֵיין אוֹיךְ
4 נִיט: וָוארִין אִיךְ וֵוייס גָארְנִיט קֶעגֶען מִיר אַלֵיין, אָבֶּער
אִין דִיזֶען בִּין אִיךְ נִיט גֶערֶעכְטְפֶערְטִיגְט; אָבֶּער דֶער
5 וֶועלְכֶער רִיכְטֶעט מִיךְ, אִיז דֶער הַאר: דְרוּם זָאלְט אִיהְר
נִיט עֶפֶּעס רִיכְטֶען פָאר דֶער צֵייט, בִּיז דֶער הַאר וֶועט
קוּמֶען, דֶער וֶועט אוֹיךְ בְּרֶענְגֶען צוּם לִיכְט וָואס אִיז
פֶערְבָּארְגֶען אִין דֶער פִינְסְטֶערְנִיס, אוּנְד וֶועט אַנְטְפְּלֶעקֶען
דִיא גֶעדַאנְקֶען פוּן דִיא הֶערְצֶער; אוּנְד דַאן וֶועט אִיטְ־
לִיכֶער הָאבֶּען לוֹיבּ פוּן גָאט:
6 אוּנְד דִיזֶע זַאכֶען, בְּרִידֶער, הָאבּ אִיךְ אִיבֶּערְגֶעטְרָאגֶען אִין

אַ מָשָׁל אוֹיף מִיר אוּנְד אַפָּאלָאס פוּן אֵייעֶרְט װעֶגֶען, כְּדֵי
אִיהְר זָאלְט אִין אוּנְס לֶערְנֶען דָאס נִיט װײטֶער װִיא עֶס
שְׁטֶעהְט גֶעשְׁרִיבֶּען; כְּדֵי קֵיינֶער זָאל זִיךְ מִיט גַדְלוּת הַאלְ־
7 טֶען אֵיינֶער קֶעגֶען דֶעם אַנְדֶערֶען: װָארִין װֶער הָאט
דִיךְ אָפְּגֶעשֵׁיידֶעט פוּן אֵיין אַנְדֶערֶען? אוּנְד װָאס הָאסְט
דוּא װָאס דוּא הָאסְט נִיט בֶּעקוּמֶען? אָבֶּער װֶען דוּא
הָאסְט עֶס בֶּעקוּמֶען, װָארוּם רִיהְמְסְט דוּא דִיךְ גְלֵייךְ װִיא
8 דוּא הָאסְט עֶס נִיט בֶּעקוּמֶען? אִיהְר זֶענְט שׁוֹין זַאט גֶע־
װָארֶען; אִיהְר זֶענְט שׁוֹין רֵייךְ גֶעװָארֶען; אִיהְר הָאט
אָהְן אוּנְס גֶעהֶערְשְׁט; הַלְוַאי װָאלְט אִיהְר גֶעהֶערְשְׁט,
9 כְּדֵי מִיר זָאלֶען אוֹיךְ מִיט אֵייךְ הֶערְשֶׁען: װָארִין אִיךְ
דֶענְק אַז גָאט הָאט אוּנְס דִיא אַפָּאסְטֶעל, דִיא לֶעצְטֶע
פָארְגֶעשְׁטֶעלְט, װִיא צוּם טוֹיט אִיבֶּערְגֶעגֶעבֶּען; װָארִין מִיר
זֶענֶען גֶעװָארֶען צוּם אָנְזֶעהֶען צוּ דֶער װֶעלְט אוּנְד צוּ
10 מַלְאָכִים אוּנְד צוּ מֶענְשֶׁען: מִיר זֶענֶען נַארֶען װֶעגֶען
מָשִׁיחַ, אָבֶּער אִיהְר זֶענְט קְלוּג אִין מָשִׁיחַ; מִיר זֶענֶען
שְׁװַאךְ, אָבֶּער אִיהְר זֶענְט שְׁטַארְק; אִיהְר זֶענְט גֶעעֶהְרְט,
11 אָבֶּער מִיר זֶענֶען פַארַאכְטֶעט: בִּיז צוּ דִיזֶער שָׁעָה לֵיידֶען
מִיר הוּנְגֶער אוּנְד דוּרְשְׁט, אוּנְד זֶענֶען נַאקֶעט, אוּנְד װֶע־
12 רֶען מִיט דֶער פוּיסְט גֶעשְׁלָאגֶען אוּנְד זֶענֶען נָע וָנָד: אוּנְד
מִיר הָארֶעװֶען אוּנְד אַרְבֵּייטֶען מִיט אוּנְזֶערֶע אֵייגֶענֶע
הֶענְד; װֶען מִיר װֶערֶען גֶעשָׁאלְטֶען בֶּענְשֶׁען מִיר, װֶען
13 מִיר װֶערֶען פֶערְפָאלְגְט לֵיידֶען מִיר עֶס: װֶען מִיר װֶערֶען
גֶעלֶעסְטֶערְט בֶּעטֶען מִיר; מִיר זֶענֶען גֶעװָארֶען װִיא דֶער
אוֹיסְװָארְף פוּן דֶער װֶעלְט, דָאס מִיסְט פוּן אַלֶע בִּיז אַצוּנְד:
14 אִיךְ שְׁרֵייבּ נִיט דִיזֶע זַאכֶען אוּם אֵייךְ צוּ פַארְשֶׁעמֶען,
נֵייעֶרְט װִיא מֵיינֶע גֶעלִיבְּטֶע קִינְדֶער זָאג אִיךְ אֵייךְ
15 מוּסָר: װָארִין װֶען אִיהְר הֶעט אוֹיךְ צֶעהְן טוֹיזֶענְד לֶעהְ־
רֶער אִין מָשִׁיחַ, הָאט אִיהְר דָאךְ נִיט פִילֶע פֶעטֶער; װָארִין
אִין יֵשׁוּעַ הַמָּשִׁיחַ הָאבּ אִיךְ אֵייךְ גֶעבּוֹירֶען דוּרְךְ דִיא
16 בְּשׂוֹרָה טוֹבָה: דְרוּם בֶּעט אִיךְ אֵייךְ, זֵייט מֵיינֶע נָאכְ־
פָאלְגֶער:
17 דֶעסְטְװֶעגֶען הָאבּ אִיךְ צוּ אֵייךְ גֶעשִׁיקְט טִימוֹתִיוֹס, דֶער
אִיז מֵיין גֶעלִיבְּטֶער אוּנְד גֶעטְרֵייעֶר זוּהְן אִים הַאר׳ן,

וָועלְכֶער וָועט אַייךְ דֶערְמָאנֶען אָן מֵיינֶע וָועגֶען אִין
מָשִׁיחַ, אַזוֹי וִויא אִיךְ לֶעהְר אִין אַלֶע עֶרְטֶער אוּנְד אִין
18 אַלֶע קְהִלּוֹת: נוּן עֶטְלִיכֶע זֶענֶען אוֹיפְגֶעבְּלָאזֶען גְלֵייךְ
19 וִויא אִיךְ וָואלְט נִיט צוּ אֵייךְ קוּמֶען: אָבֶער אִיךְ וָועל
גֶעשְׁוִוינְד צוּ אֵייךְ קוּמֶען, אִם יִרְצֶה הַשֵּׁם, אוּנְד אִיךְ וָועל
וִויסֶען, נִיט דִיא רֶעד פוּן דִיא וָואס זֶענֶען אוֹיפְגֶעבְּלָאזֶען,
20 נֵייעֶרְט דִיא מַאכְט: וָוארִין דָאס קֶענִיגְרֵייךְ פוּן גָאט אִיז נִיט
21 אִין וָוערְטֶער, נֵייעֶרְט אִין מַאכְט: וָואס ווִילְט אִיהְר? זָאל
אִיךְ צוּ אֵייךְ קוּמֶען מִיט אַ רוּט, אָדֶער מִיט לִיבֶּע אוּנְד
מִיט דֶעם גֵייסְט פוּן זַאנְפְמוּטִיגֶע?

קאפיטעל ה

1 מֶען הֶערְט אוּמֶעטוּם אַז עֶס אִיז צְוִוישֶׁען אֵייךְ זְנוּת, אוּנְד
אַזֶעלְכֶע זְנוּת וָואס אִיז אַפִילוּ נִיט דֶערְהֶערְט צְוִוישֶׁען
2 דִיא גוֹיִם, אַז אֵיינֶער הָאט זַיין פָאטֶערְ׳ס וַוייבּ: אוּנְד אִיהְר
זֶענְט אוֹיפְגֶעבְּלָאזֶען, אוּנְד הָאט נִיט לִיבֶּער גֶעטְרוֹיעֶרְט,
כְּדֵי דֶער וָואס הָאט גֶעטְהוּן דִיזֶע זַאךְ זָאל פוּן צְוִוישֶׁען
3 אֵייךְ אַוֶועקְגֶענוּמֶען וָוערֶען: וָוארִין אִיךְ, וָואס אִיךְ בִּין
אִים לֵייבּ וַוייט פוּן אֵייךְ אָבֶער מִיט אֵייךְ אִים גֵייסְט, הָאבּ
שׁוֹין גֶעמִשְׁפָּט גְלֵייךְ וִויא אִיךְ וָואלְט בַּייא אַייךְ גֶעוֶועזֶען,
4 וֶועגֶען דֶעם וָואס הָאט דִיזֶע זַאךְ גֶעטְהוּן: אִים נָאמֶען פוּן
דֶעם הַאר יֵשׁוּעַ, וָוען אִיהְר זֶענְט פֶערְזַאמֶעלְט גֶעוֶועזֶען
מִיט מֵיין גֵייסְט אוּנְד מִיט דֶער מַאכְט פוּן דֶעם הַאר יֵשׁוּעַ:
5 אַז אִיהְר זָאלְט אַזֶעלְכֶען אִיבֶּערְגֶעבֶּען צוּם שָׂטָן צוּם
פֶערְדַארְבֶּען פוּן דֶעם פְלַיישׁ, כְּדֵי דֶער גֵייסְט זָאל גֶערֶע־
6 טֶעט וָוערֶען אִים טָאג פוּן דֶעם הַאר: אֵייעֶר בֶּערִיהְמֶען
אִיז נִיט גוּט; ווייסְט אִיהְר נִיט אַז אַ קְלֵיין שְׁטִיקֶעל זוֹיעֶרְ־
7 טֵייג מַאכְט זוֹיעֶר דֶעם גַאנְצֶען טֵייג? דְרוּם רֵיינִיגְט אוֹיס
דֶעם אַלְטֶען זוֹיעֶרְטֵייג, כְּדֵי אִיהְר זָאלְט זַיין אַ נֵייעֶר טֵייג
אַזוֹי וִויא אִיהְר זֶענְט אוּמְגֶעזוֹיעֶרְט; וָוארִין מָשִׁיחַ אוּנְזֶער
קָרְבָּן פֶּסַח אִיז אוֹיךְ פַאר אוּנְס גֶעאָפְּפֶערְט גֶעוָוארֶען:
8 דְרוּם לָאזֶען מִיר הַאלְטֶען דָאס פֶעסְט, נִיט מִיט דֶעם אַלְ־
טֶען זוֹיעֶרְטֵייג פוּן שְׁלֶעכְטִיגְקֵייט אוּנְד אוֹיסְגֶעלַאסֶענְהַייט,
נֵייעֶרְט מִיט דֶעם אוּנְגֶעזֵייעֶרְטֶען בְּרוֹיט פוּן לוֹיטֶערְקֵייט
אוּנְד וָואהְרְהַייט:

9 אִיךְ הָאבּ אֵייךְ אִין דֶעם בְּרִיף גֶעשְׁרִיבֶּען אַז אִיהְר זָאלְט
10 קֵיינֶע גֶעמֵיינְשַׁאפְט נִיט הָאבֶּען מִיט נוֹאֲפִים: דָאךְ נִיט אִים
גַאנְצֶען מִיט דִיא נוֹאֲפִים פוּן דִיזֶער וָועלְט, אָדֶער מִיט דִיא
גֵייצִיגֶע אוּנְד רוֹיבֶּער אוּנְד גֶעצֶענְדִינֶער, וָוארִין אוֹיף דֶעם
11 אוֹפֶן מוּזְט אִיהְר פוּן דֶער וָועלְט אַרוֹיסְגֶעהֶען: אָבֶּער
אַצוּנְד הָאבּ אִיךְ צוּ אֵייךְ גֶעשְׁרִיבֶּען, אַז אִיהְר זָאלְט קֵיינֶע
גֶעמֵיינְשַׁאפְט נִיט הָאבֶּען, וָוען אַ בְּרוּדֶער וָוערְט גֶערוּפֶען אַ
נוֹאֵף, אָדֶער אַ גֵייצִיגֶער, אָדֶער אַ גֶעצֶענְדִינֶער, אָדֶער אַ
לֶעסְטֶערֶער, אָדֶער אַ זוֹיפֶער, אָדֶער אַ רוֹיבֶּער; מִיט
12 אַזֶעלְכֶע זָאלְט אִיהְר אֲפִילוּ נִיט עֶסֶען: וָוארִין וָואס הָאבּ
אִיךְ נָאךְ צוּ רִיכְטֶען דִיא וָואס זֶענֶען פוּן דְרוֹיסֶען? רִיכְ־
13 טֶעט אִיהְר דֶען נִיט דִיא וָואס זֶענֶען פוּן דְרִינֶען? אָבֶּער
דִיא וָואס זֶענֶען פוּן דְרוֹיסֶען רִיכְטֶעט גָאט. דְרוּם רוֹימְט
אוֹים פוּן צְוִוישֶׁען אֵייךְ דֶעם שְׁלֶעכְטֶען:

קאפיטעל ו

1 קָאן זִיךְ אֵיינֶער פוּן אֵייךְ וָועלְכֶער הָאט עֶפֶּעס אַ זַאךְ קֶע־
גֶען דֶעם אַנְדֶערֶען אוּנְטֶערְשְׁטֶעהְן אַז עֶר זָאל גֶעהֶען צוּם
גֶערִיכְט בֵּייא דִיא אוּנְגֶערֶעכְטֶע אוּנְד נִיט בֵּייא דִיא הֵיי־
2 לִיגֶע? אָדֶער וֵוייסְט אִיהְר נִיט אַז דִיא הֵיילִיגֶע וֶועלֶען
דִיא וָועלְט רִיכְטֶען? אוּנְד וָוען דִיא וָועלְט וָועט פוּן אֵייךְ
גֶערִיכְטֶעט וָוערֶען, זֶענְט אִיהְר נִיט וָוערְט צוּ רִיכְטֶען דִיא
3 קְלֵיינְסְטֶע זַאכֶען פוּן דִיזֶער וָועלְט? וֵוייסְט אִיהְר נִיט אַז
מִיר וֶועלֶען רִיכְטֶען מַלְאָכִים? ווִיא פִיל מֶעהְר דִיא זַאכֶען
4 פוּן דֶעם לֶעבֶּען: אַזוֹי דֶען ווִיא אִיהְר הָאט מִשְׁפָּטִים וֶוע־
גֶען זַאכֶען פוּן דֶעם לֶעבֶּען, ווִיא אַזוֹי זֶעצְט אִיהְר דִיא
וָואס זֶענֶען צוּם וֶועניגְסְטֶען אָנְגֶעזֶעהֶען אִין דֶער קְהִלָּה אַז
5 זֵייא זָאלֶען רִיכְטֶען? אִיךְ זָאג דָאס צוּ אֵייעֶר שַׁאנְד. אִיז
דֶען נִיט פַארְהַאנְדֶען צְוִוישֶׁען אֵייךְ אֵיין קְלוּגֶער, וָואס זָאל
6 קֶענֶען רִיכְטֶען צְוִוישֶׁען זַיינֶע בְּרִידֶער, נֵייעֶרְט אַ בְּרוּדֶער
קְרִיגְט זִיךְ מִיט אַ בְּרוּדֶער? אוּנְד דָאס פָאר אוּנְגְלוֹיבִּיגֶע:
7 אַזוֹי עֶס אִיז שׁוֹין אִים גַאנְצֶען אַ פֶעהְלֶער אִין אֵייךְ, אַז
אִיהְר הָאט מִשְׁפָּטִים צְוִוישֶׁען אֵייךְ. וָוארוּם טְהוּט אִיהְר
נִיט בֶּעסֶער אוּנְרֶעכְט לֵיידֶען? וָוארוּם לָאזְט אִיהְר אֵייךְ נִיט
8 לִיבֶּער בֶּערוֹיבֶּען? אָבֶּער אִיהְר טְהוּט אוּנְרֶעכְט אוּנְד

9 בְּערוֹיבְּט, אוּנְד דָאס צוּ בְּרִידֶער: אָבֶּער ווייסְט אִיהְר דֶען
נִיט אַז דִיא אוּנְגֶערֶעכְטֶע וועלֶען נִיט יַרְשֶׁענֶען דָאס קֶע־
נִיגְרַייךְ פוּן גָאט? לָאזְט אַייךְ נִיט פַארְפִירֶען. קֵיינֶע זוֹנִים,
אוּנְד קֵיינֶע גֶעצֶענְדִינֶער, אוּנְד קֵיינֶע נוֹאֲפִים, אוּנְד קֵיינֶע
10 ווייבִּישֶׁע, אוּנְד קֵיינֶע מֶענֶער שֶׁענְדֶער: אוּנְד קֵיינֶע גַנָבִים,
אוּנְד קֵיינֶע גֵייצִיגֶע, נִיט שִׁכּוֹרִים, נִיט לֶעסְטֶערֶער, נִיט
11 רוֹיבֶּער, וועלֶען יַרְשֶׁענֶען דָאס קֶענִיגְרַייךְ פוּן גָאט: אוּנְד
אַזֶעלְכֶע זֶענֶען עֶטְלִיכֶע פוּן אַייךְ גֶעוועזֶען; אָבֶּער אִיהְר
זֶענְט אָפְּגֶעוואַשֶׁען, אָבֶּער אִיהְר זֶענְט גֶעהֵיילִיגְט, אָבֶּער
אִיהְר זֶענְט גֶערֶעכְטְפֶערְטִיגְט גֶעוואָרֶען אִים נָאמֶען פוּן דֶעם
הַאר יֵשׁוּעַ הַמָשִׁיחַ, אוּנְד אִין דֶעם גֵייסְט פוּן אוּנְזֶער גָאט:
12 אַלֶעס אִיז מִיר דֶערְלוֹיבְּט, אָבֶּער נִיט אַלֶעס אִיז גוּט;
אַלֶעס אִיז מִיר דֶערְלוֹיבְּט, אָבֶּער אִיךְ וועל נִיט ווערֶען
13 אוּנְטֶער דִיא מַאכְט פוּן אַ שׁוּם זַאךְ: דִיא שְׁפֵּייזֶע פַאר
דֶעם בּוֹיךְ, אוּנְד דֶער בּוֹיךְ פַאר דִיא שְׁפֵּייזֶע; אָבֶּער גָאט
וועט אוֹיךְ דִיזֶען אוּנְד אוֹיךְ יֶענֶע צוּשְׁטֶערֶען. אוּנְד דֶער
לֵייבּ אִיז נִיט צוּ זְנוּת, נֵייעֶרְט צוּם הַאר'ן, אוּנְד דֶער הַאר
14 צוּ דֶעם לֵייבּ: גָאט דֶער הָאט דֶעם הַאר אוֹיפְגֶע־
וועקְט, וועט אוּנְס אוֹיךְ אוֹיפְוועקֶען דוּרְךְ זַיינֶע מַאכְט:
15 ווייסְט אִיהְר נִיט אַז אַייעֶרֶע לֵייבֶּער זֶענֶען דִיא גְלִידֶער
פוּן דֶעם מָשִׁיחַ? זָאל אִיךְ דֶען נֶעמֶען דִיא גְלִידֶער פוּן
דֶעם מָשִׁיחַ, אוּנְד זַייא מַאכֶען דִיא גְלִידֶער פוּן אַ זוֹנָה?
16 חָלִילָה: אָדֶער ווייסְט אִיהְר דֶען נִיט אַז ווער עֶס אִיז
בֶּעהֶעפְט צוּ אַ זוֹנָה, דֶער אִיז מִיט אִיהְר אֵיין לֵייבּ; וואָרִין
עֶר זָאגְט, זַייא וועלֶען בֵּיידֶע זַיין אֵיין פְלֵיישׁ: בראשית ב׳ כ״ד.
17 אָבֶּער דֶער וואָס אִיז בֶּעהֶעפְט צוּם הַאר, דֶער אִיז אֵיין
18 גֵייסְט מִיט אִיהְם: פְלִיהְט פוּן זְנוּת. אִיטְלִיכֶע זִינְד וואָס
דֶער מֶענְשׁ טְהוּט אִיז אוֹיסֶער דֶעם לֵייבּ; אָבֶּער דֶער וואָס
19 אִיז מְזַנֶה זִינְדִיגְט קֶעגֶען זַיין אֵייגֶענֶעם לֵייבּ: אָדֶער ווייסְט
אִיהְר דֶען נִיט אַז אַייעֶר לֵייבּ אִיז דֶער טֶעמְפֶּעל פוּן דֶעם
רוּחַ הַקוֹדֶשׁ וואָס אִיז אִין אַייךְ, וועלְכֶען אִיהְר הָאט פוּן
20 גָאט, אוּנְד אִיהְר זֶענְט נִיט אַייעֶרֶע אֵייגֶענֶע? וואָרִין אִיהְר
זֶענְט אָפְּגֶעקוֹיפְט גֶעוועזֶען פַאר אַ פְּרַייז, אַזוֹי פֶערְהֶערְ־
לִיכְט גָאט אִין אַייעֶר לֵייבּ:

קאפיטעל ז

1 נון וועגען דיא זאכען וואס איהר האט צו מיר געשריבען,
עס איז גוט פאר א מענש קיינע פרויא ניט אנצורירען:
2 אבער פון וועגען זנות לאז איטליכער האבען זיין איי־
גענעם וויב, אונד לאז איטליכע פרויא האבען איהר
3 אייגענעם מאן: לאז דער מאן זיין חיוב אפגעבען צום
4 וייב, אונד אזוי אויך דאס וייב צום מאן: דאס וייב
האט קיינע מאכט איבער איהר אייגענעם לייב, נייערט
דער מאן; אונד אזוי אויך האט דער מאן קיינע מאכט
5 איבער זיין אייגענעם לייב, נייערט דאס וייב: האלט
אייך ניט צוריק צווישען איינאנדער, נייערט פון אייער
גוטען ווילען פאר א צייט, אז איהר זאלט אייך אפגעבען
צום פאסטען אונד געבעט. אונד ווידער צוזאמענקומען,
אז דער שטן זאל אייך ניט פרופען דורך אייער ניט
6 איינהאלטען: אונד דאס זאג איך אלס איין עצה, ניט
7 אלס א געבאט: אבער איך וויל אז איטליכער מענש
זאל זיין וויא איך זעלבסט; אבער איטליכער האט זיינע
אייגענע גאב פון גאט, איינער אזוי, אונד דער אנדערער
אזוי:
8 אבער איך זאג צו דיא וואס זענען ניט פארהייראטעט
אונד צו דיא אלמנות, אז עס איז גוט פאר זייא ווען זייא
9 בלייבען אזוי וויא איך: אבער ווען זייא קענען זיך ניט
איינהאלטען לאזען זייא הייראטען; ווארין עס איז בע־
10 סער צו הייראטען איידער צו ברענען: אבער צו דיא
וואס זענען פערהייראטעט בעפעהל איך, דאך ניט איך
נייערט דער האר, אז א וויב זאל זיך ניט שיידען פון
11 דעם מאן: אבער ווען זיא איז אויך געשיידעט, לאז זיא
אונפערהייראטעט בלייבען, אדער לאז זיא זיך איבער־
בעטען מיט איהר מאן; אונד אז א מאן זאל ניט פער־
12 לאזען זיין וויב: אבער צו דיא איבריגע זאג איך, ניט
דער האר, ווען א ברודער האט א וויב וואס גלויבט ניט,
אונד עס געפעלט איהר מיט איהם צו וואוינען, לאז ער
13 זיא ניט פערלאזען: אונד ווען א פרויא האט א מאן וואס
גלויבט ניט, אונד עס געפעלט איהם מיט איהר צו וואוינען,

14 לָאז זִיא אִיהְם נִיט פֶערְלָאזֶען: וָוארִין דֶער מַאן וָואס
גְלוֹיבְּט נִיט אִיז דוּרְךְ דֶעם וַוייבּ גֶעהֵיילִיגְט גֶעוָוארֶען,
אוּנְד דָאס וַוייבּ וָואס גְלוֹיבְּט נִיט אִיז דוּרְךְ דֶעם מַאן
גֶעהֵיילִיגְט גֶעוָוארֶען; וֶוען נִיט וָואלְטֶען אֵייעֶרֶע קִינְדֶער
15 אוּנְרֵיין גֶעוֶועזֶען, אָבֶּער אַצוּנְד זֶענֶען זַייא הֵיילִיג: אָבֶּער
וֶוען דֶער וָואס גְלוֹיבְּט נִיט שֵׁיידֶעט זִיךְ אָפּ, לָאז עֶר זִיךְ
אָפְּשֵׁיידֶען; דֶער בְּרוּדֶער אָדֶער דִיא שְׁוֶועסְטֶער אִיז נִיט
גֶעבּוּנְדֶען אִין אַזֶעלְכֶען פַאל; אָבֶּער גָאט הָאט אוּנְס
16 גֶערוּפֶען אִין פְרִידֶען: וָוארִין וָואס וֵוייסְט דוּא, אָ וַוייבּ,
אוֹיבּ דוּא וֶועסְט דֶעם מַאן רֶעטֶען? אָדֶער וָואס וֵוייסְט
17 דוּא, אָ מַאן, אוֹיבּ דוּא וֶועסְט דָאס וַוייבּ רֶעטֶען? נוּר
אַזוֹי וִויא דֶער הַאר הָאט צוּ אִיטְלִיכֶען מֶענְשׁ אָפְּגֶעטֵיילְט,
אַזוֹי וִויא גָאט הָאט אִיטְלִיכֶען בֶּערוּפֶען, אַזוֹי לָאז עֶר
18 וַואנְדְלֶען. אוּנְד אַזוֹי גֶעבִּיט אִיךְ אִין אַלֶע קְהִלוֹת: אִיז אַ
מַאן אַלְס בֶּעשְׁנִיטֶענֶער בֶּערוּפֶען, לָאז עֶר נִיט אַן עָרֵל
וֶוערֶען; אִיז אַ מַאן אַלְס עָרֵל בֶּערוּפְען, לָאז עֶר נִיט
19 בֶּעשְׁנִיטֶען וֶוערֶען: דִיא בֶּעשְׁנֵיידוּנְג אִיז גָארְנִיט, אוּנְד דִיא
עָרְלָה אִיז גָארְנִיט, נַייעֶרְט דָאס הִיטֶען פוּן דִיא גֶעבָּאטֶע
20 פוּן גָאט: לָאז אִיטְלִיכֶער בְּלֵייבֶּען אִין דֶער בֶּערוּפוּנְג אִין
21 וֶועלְכֶער עֶר אִיז בֶּערוּפֶען גֶעוָוארֶען: בִּיסְט דוּא אַלְס אַ
קְנֶעכְט בֶּערוּפֶען, אַזוֹי בֶּעזָארְג דִיךְ נִיט; אָבֶּער וֶוען דוּא
22 קָאנְסְט פְרֵייא וֶוערֶען, בֶּענוּץ עֶס לִיבֶּער: וָוארִין דֶער
קְנֶעכְט וָואס אִיז בֶּערוּפֶען אִים הַאר אִיז דֶער בֶּעפְרֵייטֶער
פוּן דֶעם הַאר. אַזוֹי אוֹיךְ דֶער בֶּעפְרֵייטֶער וָואס אִיז
23 בֶּערוּפֶען, אִיז דֶער קְנֶעכְט פוּן מָשִׁיחַ: אִיהְר זֶענְט אָפְּ־
גֶעקוֹיפְט מִיט אַ פְּרֵייז; וֶוערְט נִיט דִיא קְנֶעכְט פוּן
24 מֶענְשֶׁען: בְּרִידֶער, לָאז אִיטְלִיכֶער בְּלֵייבֶּען בַּייא גָאט
אִין דֶעם אִין וֶועלְכֶען עֶר אִיז בֶּערוּפֶען:
25 נוּן וֶועגֶען דִיא בְּתוּלוֹת הָאבּ אִיךְ קֵיין בֶּעפֶעהְל פוּן דֶעם
הַאר, אָבֶּער אִיךְ גִיבּ מֵיינֶע מֵיינוּנְג אַזוֹי וִויא אֵיינֶער
וָואס הָאט דֶערְהַאלְטֶען גְנָאד פוּן דֶעם הַאר טְרֵייא צוּ זַיין:
26 דְרוּם דֶענְק אִיךְ אַז דָאס אִיז גוּט וֶועגֶען דֶער צָרָה וָואס
אִיז פַארְהַאנֶען, אַז עֶס אִיז גוּט פַאר אַ מֶענְשׁ אַזוֹי צוּ
27 זַיין: בִּיסְט דוּא גֶעבּוּנְדֶען צוּ אַ וַוייבּ, זוּךְ נִיט לוֹיז צוּ

וֶוערֶען; בִּיסְט דוּא לוֹיז פוּן אַ וַוייבּ, זוּךְ נִיט קֵיין
28 וַוייבּ: אָבֶּער וֶוען דוּא הָאסְט חֲתוּנָה גֶעהַאט, הָאסְט דוּא נִיט גֶע־
זִינְדִיגְט, אוּנְד וֶוען אַ בְּתוּלָה הָאט חֲתוּנָה גֶעהַאט, הָאט זִיא נִיט
גֶעזִינְדִיגְט. אָבֶּער אַזֶעלְכֶע וֶועלֶען הָאבֶּען לֵיידֶען אִים
פְלֵיישׁ, אָבֶּער אִיךְ פַארְשְׁפָּאר אֵייךְ:
29 אָבֶּער דָאס זָאג אִיךְ, בְּרִידֶער, דִיא צֵייט אִיז פַארְ־
קֶערְצְט; כְּדֵי פוּן אַצוּנְד זָאלֶען אוֹיךְ דִיא וָואס הָאבֶּען
30 וַוייבֶּער גְלֵייךְ זֵיין וִויא זֵייא וָואס הָאבֶּען נִיט: אוּנְד דִיא
וָואס וֵויינֶען גְלֵייךְ וִויא זֵייא וָואס וֵויינֶען נִיט, אוּנְד דִיא
וָואס פְרֵייעֶן זִיךְ גְלֵייךְ וִויא זֵייא וָואס פְרֵייעֶן זִיךְ נִיט,
אוּנְד דִיא וָואס קוֹיפֶען גְלֵייךְ וִויא זֵייא וָואס בֶּעזִיצֶען
31 נִיט: אוּנְד דִיא וָואס בֶּענוּצֶען דִיא וֶועלְט גְלֵייךְ וִויא
זֵייא הָאבֶּען זִיא נִיט אָפְּגֶענוּצְט; וָוארִין דִיא גֶעשְׁטַאלְט
פוּן דִיזֶער וֶועלְט פַארְגֶעהְט:
32 אָבֶּער אִיךְ וִויל אַז אִיהְר זָאלְט נִיט בֶּעזָארְגְט זֵיין. דֶער
וָואס אִיז נִיט פֶערְהֵיירַאטֶעט זָארְגְט פַאר דִיא זַאכֶען
פוּן דֶעם הַאר, וִויא אַזוֹי עֶר זָאל דֶעם הַאר גֶעפֶעלֶען:
33 אָבֶּער דֶער וָואס אִיז פֶערְהֵיירַאטֶעט זָארְגְט פַאר דִיא
זַאכֶען פוּן דֶער וֶועלְט, וִויא אַזוֹי עֶר זָאל דֶעם וַוייבּ
34 גֶעפֶעלֶען: אוּנְד אִיז צוּטְהֵיילְט גֶעוֶועזֶען. דִיא פְרוֹיא וָואס
אִיז נִיט פֶערְהֵיירַאטֶעט אוּנְד דִיא בְּתוּלָה זָארְגְט פַאר
דִיא זַאכֶען פוּן דֶעם הַאר, אַז זִיא זָאל הֵיילִיג זֵיין אִים
לֵייבּ אוּנְד אִים גֵייסְט; אָבֶּער דִיא וָואס אִיז פֶערְהֵיירַאטֶעט
זָארְגְט פַאר דִיא זַאכֶען פוּן דֶער וֶועלְט, וִויא אַזוֹי זִיא
35 זָאל דֶעם מַאן גֶעפֶעלֶען: אוּנְד דָאס זָאג אִיךְ אֵייךְ צוּ
אֵייעֶר בֶּעסְטֶען נוּצֶען, נִיט כְּדֵי אֵייךְ אַ נֶעץ פָארְצוּלֶעגֶען,
נֵייעֶרְט צוּ דֶעם וָואס אִיז אָנְגֶעזֶעהֶען, אוּנְד אַז אִיהְר זָאלְט
36 דֶעם הַאר דִינֶען אָהְן הִינְדֶערְנִיס: אָבֶּער וֶוען אַ מַאן
דֶענְקְט אַז עֶר טְהוּט אַ בּוּשָׁה צוּ זַיינֶע בְּתוּלָה, וֶוען זִיא
אִיז שׁוֹין אוֹיף אִיהְר עֶלְטֶער, אוּנְד עֶס מוּז אַזוֹי זֵיין, לָאז
עֶר טְהוּן וָואס עֶר וִויל; עֶר זִינְדִיגְט נִיט; לָאזֶען זֵייא
37 הֵייַראטֶען: אָבֶּער דֶער וָואס שְׁטֶעהְט פֶעסְט אִין זֵיין הַארְץ,
אוּנְד הָאט עֶס נִיט נֶעטִיג, אָבֶּער הָאט מַאכְט אִיבֶּער זֵיין
אֵייגֶענֶעם וִוילֶען, אוּנְד הָאט דָאס בֶּייא זִיךְ בֶּעשְׁלָאסֶען אִין

זַיין אֵייגֶען הַארְץ, אַז עֶר זָאל זַיינֶע בְּתוּלָה הִיטֶען, וֶועט
רֶעכְט טְהוּן: אַזוֹי דֶער וָואס מַאכְט אִיהְר חֲתוּנָה טְהוּט 38
רֶעכְט, אוּנְד דֶער וָואס מַאכְט אִיהְר נִיט חֲתוּנָה וֶועט בֶּע־
סֶער טְהוּן:
אַ ווייבּ אִיז גֶעבּוּנְדֶען אַזוֹי לַאנְג וִויא אִיהְר מַאן לֶעבְּט; 39
אָבֶּער וֶוען דֶער מַאן אִיז גֶעשְׁטָארְבֶּען, אִיז זִיא פְרַייא
זִיךְ צוּ פֶערְהֵיירַאטֶען צוּ וֶועמֶען זִיא וִויל, נוּר אִין דֶעם
הַאר: אָבֶּער זִיא אִיז לִיבֶּער גְלִיקְלִיךְ נָאךְ מֵיינֶע מֵיינוּנְג 40
וֶוען זִיא בְּלַייבְּט אַזוֹי; אוּנְד אִיךְ דֶענְק אַז אִיךְ הָאבּ אוֹיךְ
דֶעם גֵייסְט פוּן גָאט:

קאפיטעל ח

נוּן וֶועגֶען דִיא קָרְבָּנוֹת פוּן דִיא אָפְּגֶעטֶער, מִיר וִויסֶען אַז 1
מִיר הָאבֶּען אַלֶע דֶערְקֶענְטְנִיס. דִיא דֶערְקֶענְטְנִיס בְּלָאזְט
אוֹיף, אָבֶּער דִיא לִיבֶּע בּוֹיעט אוֹיף: וֶוען אֵיינֶער דֶענְקְט 2
אַז עֶר ווייס עֶפֶּעס, ווייס עֶר נָאךְ נִיט וִויא מֶען בַּאדַארְף
צוּ וִויסֶען: אָבֶּער וֶוען אֵיינֶער לִיבְּט גָאט, דֶער אִיז פוּן 3
אִיהְם אָנְדֶערְקֶענְט:
דְרוּם וֶועגֶען דֶעם עֶסֶען פוּן קָרְבָּנוֹת צוּ דִיא אָפְּגֶעטֶער, 4
מִיר וִויסֶען אַז אֵיין אָפְּגָאט אִיז גָארְנִיט אִין דֶער וֶועלְט,
אוּנְד אַז עֶס אִיז נִיט פַארְהַאנֶען קֵיין גָאט אוֹיסֶער אֵיינֶער:
וָוארִין חָאטְשֶׁע עֶס זֶענֶען אַפִילוּ פַארְהַאנֶען אַזֶעלְכֶע וָואס 5
וֶוערֶען אָנְגֶערוּפֶען גֶעטֶער, עֶנְטְוֶועדֶער אִים הִימֶעל אָדֶער
אוֹיף דֶער עֶרְד, מַחְמַת עֶס זֶענֶען פִילֶע גֶעטֶער אוּנְד פִילֶע
הַארֶען: אָבֶּער צוּ אוּנְס אִיז אֵיין גָאט, דֶער פָאטֶער, פוּן 6
וֶועלְכֶען עֶס זֶענֶען אַלֶע זַאכֶען אוּנְד מִיר צוּ אִיהְם, אוּנְד
אֵיין הַאר יֵשׁוּעַ הַמָשִׁיחַ, דוּרְךְ וֶועלְכֶען זֶענֶען אַלֶע זַאכֶען
אוּנְד מִיר דוּרְךְ אִיהְם: אָבֶּער נִיט אִין אַלֶע אִיז 7
דֶערְקֶענְטְנִיס; אָבֶּער עֶטְלִיכֶע מִיט גֶעוִויסֶען פוּן דֶעם
אָפְּגָאט עֶסֶען בִּיז אַצוּנְד וִויא אַ קָרְבָּן צוּם אָפְּגָאט, אוּנְד
אִינְדֶעם עֶס אִיז שְׁוַואךְ אִיז זֵייעֶר גֶעוִויסֶען בֶּעפְלֶעקְט:
אָבֶּער דִיא שְׁפֵּייז וֶועט אוּנְס נִיט עֶמְפֶּעהְלֶען צוּ גָאט; 8
וָוארִין וֶוען מִיר עֶסֶען אַפִילוּ נִיט זֶענֶען מִיר נִיט עֶרְגֶער,
אוּנְד וֶוען מִיר עֶסֶען זֶענֶען מִיר נִיט בֶּעסֶער: אָבֶּער גִיבְּט 9
אַכְטוּנְג אַז דִיזֶע אֵייעֶרֶע מַאכְט זָאל נִיט זַיין אַ שְׁטְרוֹיכְלוּנְג

10 צוּ דִיא שְׁוַואכֶע: וָוארִין וֶוען אִימִיצֶער וֶועט דִיךְ זֶעהֶען,
וָואס דוּא הָאסְט דֶערְקֶענְטְנִים, אַז דוּא זִיצְט צוּ טִישׁ
אִים טֶעמְפֶּעל פוּן אֵיין אָפְּגָאט, וֶועט נִיט דָאס גֶעוִויסֶען
פוּן דֶעם שְׁוַואכֶען גֶעשְׁטַארְקְט וֶוערֶען צוּ עֶסֶען דִיא
11 קָרְבָּנוֹת צוּ דִיא אָפְּגֶעטֶער? וָוארִין דוּרְךְ דֵיינֶע
דֶערְקֶענְטְנִים אִיז דֶער שְׁוַואכֶער פֶערְלוֹירֶען גֶעגַאנְגֶען,
דֶער בְּרוּדֶער פַאר וֶועלְכֶען מָשִׁיחַ אִיז גֶעשְׁטָארְבֶּען:
12 אָבֶּער וֶוען אִיהְר זִינְדִיגְט אַזוֹי קֶעגֶען דִיא בְּרִידֶער,
אוּנְד שְׁלָאגְט זֵייעֶר שְׁוַואכֶעם גֶעוִויסֶען, זִינְדִיגְט אִיהְר
13 קֶעגֶען מָשִׁיחַ: אַזוֹי דֶען וֶוען שְׁפֵּייז מַאכְט מֵיין בְּרוּדֶער
שְׁטְרוֹיכְלֶען, וִויל אִיךְ עֶבִּיג קֵיין פְלֵיישׁ נִיט עֶסֶען, כְּדֵי
אִיךְ זָאל נִיט מֵיין בְּרוּדֶער שְׁטְרוֹיכְלֶען מַאכֶען:

קאפיטעל ט

1 בִּין אִיךְ נִיט אֵיין אַפָּאסְטֶעל? בִּין אִיךְ נִיט פְּרֵייא?
הָאבּ אִיךְ נִיט גֶעזֶעהֶען יֵשׁוּעַ אוּנְזֶערְן הַאר? זֶענְט
2 אִיהְר נִיט מֵיין וֶוערְק אִין דֶעם הַאר? וֶוען אִיךְ בִּין
נִיט אֵיין אַפָּאסְטֶעל צוּ אַנְדֶערֶע, בִּין אִיךְ דָאךְ צוּ אֵייךְ;
וָוארִין דֶער זִיגֶעל פוּן מֵיין שְׁלִיחוּת זֶענְט אִיהְר אִין
3 דֶעם הַאר: מֵיין עֶנְטְפֶער צוּ דִיא וָואס פֶערְהֶערֶען מִיךְ
4 אִיז דָאס: הָאבֶּען מִיר נִיט קֵיינֶע מַאכְט צוּ עֶסֶען אוּנְד
5 צוּ טְרִינְקֶען? הָאבֶּען מִיר נִיט קֵיינֶע מַאכְט אַרוּמְצוּ־
פִיהְרֶען אַ ווֵייבּ וָואס אִיז אַ גְלוֹיבִּיגֶע, אַזוֹי וִויא דִיא
אַנְדֶערֶע אַפָּאסְטֶעל, אוּנְד דִיא בְּרִידֶער פוּן דֶעם הַאר,
6 אוּנְד כֵּיפָא? אָדֶער אִיךְ אַלֵיין אוּנְד בַּר־נַבָּא הָאבֶּען
מִיר נִיט קֵיינֶע מַאכְט מִיר זָאלֶען נִיט אַרְבֵּייטֶען?
7 וֶועלְכֶער בַּעַל מִלְחָמָה גֶעהְט אַרוֹים אוֹיף זֵיינֶע אֵייגֶענֶע
קָאסְטֶען? וֶוער פְלַאנְצְט אַ וֵויינְגָארְטֶען אוּנְד עֶסְט נִיט
דִיא פְרוּכְט דֶערְפוּן? אָדֶער וֶוער פִיטֶערְט אַ סְטַאדֶע,
8 אוּנְד עֶסְט נִיט פוּן דֶער מִילְךְ פוּן דֶער סְטַאדֶע? רֶעד
אִיךְ דֶען דָאס וִויא אַ מֶענְשׁ? אָדֶער זָאגְט נִיט אוֹיךְ
9 דָאס גֶעזֶעץ דִיזֶעס? וָוארִין אִין תּוֹרַת משֶׁה שְׁטֶעהְט
עֶס גֶעשְׁרִיבֶּען, דוּא זָאלְסְט נִיט פֶערְשְׁלִיסֶען דָאס מוֹיל
פוּן דֶעם אָקְס וֶוען עֶר דְרֶעשְׁט. דברים כ״ה ד׳. זָארְגְט
10 דֶען גָאט פַאר אָקְסֶען? אָדֶער זָאגְט עֶר דָאס אִים גַאנְצֶען

פוּן אוּנְזֶערְט וֶועגֶען? וָוארִין פוּן אוּנְזֶערְט וֶועגֶען אִיז
עֶס גֶעשְׁרִיבֶּען, ווייל דֶער וָואס אַקֶערְט אִיז מְחוּיָב צוּ
אַקֶערְן מִיט הָאפְנוּנְג, אוּנְד דֶער וָואס דְרֶעשְׁט אַ טְהֵייל
צוּ הָאבֶּען מִיט הָאפְנוּנְג:

11 וֶוען מִיר הָאבֶּען צוּ אֵייךְ גֶעזֵייעט גֵייסְטְלִיכֶע זַאכֶען, אִיז
עֶס צוּ פִיל וֶוען מִיר וֶועלֶען שְׁנַיידֶען אֵייעֶרֶע פְלֵיישְׁלִיכֶע
12 זַאכֶען? וֶוען אַנְדֶערֶע הָאבֶּען אַ טְהֵייל אִיז דִיזֶער מַאכְט
אִיבֶּער אֵייךְ, זָאלֶען מִיר נִיט פִיל מֶעהְר? אָבֶּער מִיר
הָאבֶּען נִיט בֶּענוּצְט דִיזֶע מַאכְט, נֵייעֶרְט מִיר לֵיידֶען
אַלֶעס, כְּדֵי מִיר זָאלֶען קֵיין שׁוּם הִינְדֶערְנִיס נִיט מַאכֶען
13 צוּ דֶער בְּשׂוּרָה טוֹבָה פוּן מָשִׁיחַ: ווייסְט אִיהְר נִיט אַז
דִיא וָואס דִינֶען אִין הֵיילִיגֶע זַאכֶען עֶסֶען פוּן דֶעם
בֵּית הַמִקְדָשׁ, אוּנְד דִיא וָואס דִינֶען בֵּייא דֶעם מִזְבֵּחַ
14 הָאבֶּען אַ טְהֵייל פוּן דֶעם מִזְבֵּחַ? אַזוֹי הָאט אוֹיךְ דֶער
הַאר בֶּעשְׁטֶעלְט אַז דִיא וָואס פְּרֶעדִיגֶען דִיא בְּשׂוּרָה
15 טוֹבָה זָאלֶען לֶעבֶּען פוּן דִיא בְּשׂוּרָה טוֹבָה: אָבֶּער אִיךְ
הָאבּ קֵיינֶע פוּן דִיזֶע זַאכֶען נִיט בֶּענוּצְט, אוּנְד אִיךְ הָאבּ
דִיזֶעס נִיט גֶעשְׁרִיבֶּען אַז עֶס זָאל צוּ מִיר אַזוֹי גֶעשֶׁעהֶען;
וָוארִין עֶס אִיז מִיר לִיבֶּער צוּ שְׁטַארְבֶּען אֵיידֶער
16 אִימִיצֶער זָאל מֵיין רִיהְמֶען צוּ נִישְׁט מַאכֶען: וָוארִין וֶוען
אִיךְ פְּרֶעדִיג דִיא בְּשׂוּרָה טוֹבָה אִיז צוּ מִיר קֵיין רִיהְמֶען;
וָוארִין אִיךְ מוּז עֶס טְהוּן; וָוארִין וֶועה מִיר וֶוען אִיךְ
17 פְּרֶעדִיג נִיט דִיא בְּשׂוּרָה טוֹבָה: וָוארִין וֶוען אִיךְ טְהוּא
דָאס פוּן גוּטֶען ווילֶען, אַזוֹי הָאבּ אִיךְ אַ שָׂכָר; אָבֶּער וֶוען
18 אוּנְגֶערְן, אִיז מִיר אֵיינֶע אָנְרִיכְטוּנְג אַנְפֶערְטְרוֹיעט: וָואס
אִיז דֶען מֵיין לוֹין? אַז וֶוען אִיךְ פְּרֶעדִיג דִיא בְּשׂוּרָה
טוֹבָה, זָאל אִיךְ דִיא בְּשׂוּרָה טוֹבָה פוּן הוֹצָאוֹת פְרֵייא
מַאכֶען, כְּדֵי אִיךְ זָאל נִיט מֵיינֶע מַאכְט אִין דֶער בְּשׂוּרָה
טוֹבָה שְׁלֶעכְט אָפְּנוּצֶען:

19 וָוארִין הָאטְשֶׁע אִיךְ בִּין פְרֵייא פוּן אַלֶע, הָאבּ אִיךְ מִיךְ
דָאךְ גֶעמַאכְט פַאר אַ קְנֶעכְט צוּ אַלֶע, כְּדֵי אִיךְ זָאל
20 מֶעהְר גֶעווינֶען: אוּנְד צוּ דִיא יוּדֶען בִּין אִיךְ גֶעוָוארֶען
וִויא אַ יוּד, כְּדֵי אִיךְ זָאל דִיא יוּדֶען גֶעווינֶען; צוּ דִיא
וָואס זֶענֶען אוּנְטֶער דֶעם גֶעזֶעץ וִויא אֵיינֶער אוּנְטֶער

דֶעם גֶעזֶעץ, אִינְדֶעם אִיךְ בִּין נִיט זֶעלְבְּסְט אוּנְטֶער דֶעם
גֶעזֶעץ, כְּדֵי אִיךְ זָאל דִיא גֶעוִוינֶען וָואס זֶענֶען אוּנְטֶער
21 דֶעם גֶעזֶעץ: צוּ דִיא וָואס זֶענֶען אָהְן גֶעזֶעץ וִויא אֵיינֶער
אָהְן גֶעזֶעץ, אִינְדֶעם אִיךְ בִּין נִיט אָהְן גֶעזֶעץ צוּ גָאט,
נֵייעֶרְט אִים גֶעזֶעץ צוּ מָשִׁיחַ, כְּדֵי אִיךְ זָאל דִיא גֶעוִוינֶען
22 וָואס זֶענֶען אָהְן גֶעזֶעץ: צוּ דִיא שְׁוַואכֶע בִּין אִיךְ
גֶעוָוארֶען וִויא אַ שְׁוַואכֶער, כְּדֵי אִיךְ זָאל גֶעוִוינֶען דִיא
שְׁוַואכֶע; אִיךְ בִּין גֶעוָוארֶען אַלֶעם צוּ אַלֶע, כְּדֵי אִיךְ זָאל
23 אוֹיף יֶעדֶען אוֹפֶן עֶטְלִיכֶע רֶעטֶען: אוּנְד דָאס אַלֶעם
טְהוּא אִיךְ וֶועגֶען דֶער בְּשׂוּרָה טוֹבָה, כְּדֵי אִיךְ זָאל
24 דְרִינֶען אַ טְהֵייל הָאבֶען: וַוייסְט אִיהְר נִיט אַז דִיא
וָואס לוֹיפֶען אִין אַ לוֹיף־גֶעוֶועט לוֹיפֶען אַלֶע, אָבֶּער
אֵיינֶער בַּאקוּמְט דֶעם פְּרֵייז? לוֹיפְט אִיהְר אַזוֹי, כְּדֵי
25 אִיהְר זָאלְט אִיהְם דֶערְהַאלְטֶען: אוּנְד אִיטְלִיכֶער וָואס
שְׁטְרֵייטֶעט דֶער הַאלְט זִיךְ אִין אַלֶעם אָפּ, דֶען יֶענֶע
טְהוּן אַזוֹי כְּדֵי זֵייא זָאלֶען בֶּעקוּמֶען אַ פֶערְדֶערְבְּלִיכֶע
26 קְרוֹין, אָבֶּער מִיר אֵיינֶע אוּנְפֶערְדֶערְבְּלִיכֶע: דְרוּם לוֹיף
אִיךְ אַזוֹי, נִיט וִויא אוֹיף אוּנְגֶעוִויסֶעם, אִיךְ שְׁטְרֵייט אַזוֹי
27 נִיט וִויא אִיךְ שְׁלָאג אִין דִיא לוּפְט: נֵייעֶרְט אִיךְ
אוּנְטֶערְדְרִיק מֵיין לֵייבּ אוּנְד הַאלְט אִיהְם אִין קְנֶעכְטְשַׁאפְט,
כְּדֵי וֶוען אִיךְ הָאבּ צוּ אַנְדֶערֶע גֶעפְּרֶעדִיגְט, אִיךְ זָאל נִיט
זֶעלְבְּסְט פֶערְוָוארְפֶען וֶוערֶען:

קאפיטעל י

1 וָוארִין אִיךְ וִויל נִיט אַז אִיהְר זָאלְט נִיט וִויסֶען, בְּרִידֶער,
אַז אוּנְזֶערֶע אָבוֹת זֶענֶען אַלֶע אוּנְטֶער דֶעם וָואלְקֶען גֶע־
וֶועזֶען, אוּנְד זֶענֶען אַלֶע דוּרְךְ דֶעם יַם אַרִיבֶּערְגֶעגַאנְגֶען:
2 אוּנְד זֶענֶען אַלֶע גֶעטוֹבֶלְט גֶעוָוארֶען צוּ משֶׁה אִים וָואלְקֶען
3 אוּנְד אִים יַם: אוּנְד הָאבֶּען אַלֶע דִיא זֶעלְבִּיגֶע גֵייסְטְלִיכֶע
4 שְׁפֵּייז גֶעגֶעסֶען: אוּנְד הָאבֶּען אַלֶע דָאס זֶעלְבִּיגֶע גֵייסְטְלִיכֶע
גֶעטְרֶענְק גֶעטְרוּנְקֶען; וָוארִין זֵייא הָאבֶּען גֶעטְרוּנְקֶען פוּן
דֶעם גֵייסְטְלִיכֶען פֶעלְז וָואס הָאט זֵייא נָאכְגֶעפָאלְגְט, אוּנְד
5 דֶער פֶעלְז אִיז גֶעוֶועזֶען דֶער מָשִׁיחַ: אָבֶּער דִיא מֵיינְסְטֶע
פוּן זֵייא הָאבֶּען נִיט גָאט וְואוֹילְגֶעפַאלֶען; וָוארִין זֵייא
זֶענֶען אוּמְגֶעקוּמֶען אִין דֶער מִדְבָּר:

6 אוּנד דיזֶע זַאכֶען זֶענֶען פַאר אוּנְס גֶעשֶׁעהֶען צוּ פָארְבִּילְ־
דֶער, כְּדֵי מִיר זָאלֶען נִיט זַיין גְלוּסְטֶער צוּם שְׁלֶעכְטֶען,
7 אַזוֹי וִוי זַייא הָאבֶּען גֶעגְלוּסְט: זַייט אִיהְר אוֹיךְ נִיט
גֶעצֶענְדִינֶער, אַזוֹי וִויא עֶטְלִיכֶע פוּן זַייא; אַזוֹי וִויא עֶס
שְׁטֶעהְט גֶעשְׁרִיבֶּען, דָאס פָאלְק הָאט זִיךְ אַנִידֶערְגֶע־
זֶעצְט צוּ עֶסֶען אוּנְד צוּ טְרִינְקֶען, אוּנְד זֶענֶען
8 אוֹיפְגֶעשְׁטַאנֶען צוּ שְׁפִּילֶען: שמות ל״ב ו׳. אוֹיךְ לָאזֶען
מִיר אוּנְס נִיט מְזַנֶה זַיין, אַזוֹי וִויא עֶטְלִיכֶע פוּן זַייא
הָאבֶּען מְזַנֶה גֶעוֶועזֶען, אוּנְד זֶענֶען אִין אֵיין טָאג
9 גֶעפַאלֶען דְרַייא אוּנְד צְוַאנְצִיג טוֹיזֶענְד: אוֹיךְ לָאזֶען
מִיר נִיט פְּרוּפֶען דֶעם הַאר, אַזוֹי וִויא עֶטְלִיכֶע פוּן זַייא
הָאבֶּען גֶעפְּרוּפְט אוּנְד זֶענֶען אוּמְגֶעקוּמֶען דוּרְךְ שְׁלַאנְגֶען:
10 מוּרְמֶעלְט אִיהְר נִיט, אַזוֹי וִויא עֶטְלִיכֶע פוּן זַייא הָאבֶּען
גֶעמוּרְמֶעלְט אוּנְד זֶענֶען אוּמְגֶעקוּמֶען דוּרְךְ דֶעם
11 פֶערְדֶערְבֶּער: אוּנְד דִיזֶע זַאכֶען הָאבֶּען זִיךְ צוּ זַייא
גֶעטְרָאפֶען צוּ פָארְבִּילְדֶער, אוּנְד זַייא זֶענֶען צוּ אוּנְס
גֶעשְׁרִיבֶּען פַאר אַ וַוארְנוּנְג, צוּ וֶועלְכֶע דָאס עֶנְד פוּן דֶער
12 וֶועלְט אִיז גֶעקוּמֶען: דְרוּם, דֶער וָואס דֶענְקְט אַז עֶר
שְׁטֶעהְט, לָאז עֶר אַכְטוּנְג גֶעבֶּען אַז עֶר זָאל נִיט פַאלֶען:
13 עֶס הָאט אֵייךְ קֵיינֶע פְּרִיפוּנְג נִיט גֶעטְרָאפֶען נֵייעֶרְט וָואס
אִיז מֶענְשְׁלִיךְ; אָבֶּער גָאט אִיז גֶעטְרַייא, דֶער וֶועט אֵייךְ
נִיט לָאזֶען גֶעפְּרוּפְט וֶוערֶען מֶעהְר וַויא אִיהְר קָאנְט
אוֹיסְהַאלְטֶען, נֵייעֶרְט עֶר וֶועט מִיט דֶער פְּרִיפוּנְג אוֹיךְ
מַאכֶען דֶעם אוֹיסְגַאנְג, כְּדֵי אִיהְר זָאלְט עֶס קֶענֶען
דֶערְטְרָאגֶען:
14 דְרוּם, מֵיינֶע גֶעלִיבְּטֶע, פְלִיהְט פוּן גֶעצֶענְדִינְסְט:
15 אִיךְ רֶעד וִויא צוּ קְלוּגֶע לֵייט; רִיכְטֶעט אִיהְר וָואס אִיךְ
16 זָאג: דֶער כּוֹס פוּן בְּרָכָה וָואס מִיר בֶּענְשֶׁען, אִיז עֶס נִיט
דִיא גֶעמֵיינְשַׁאפְט פוּן דֶעם בְּלוּט פוּן מָשִׁיחַ? דָאס בְּרוֹיט
וָואס מִיר בְּרֶעכֶען, אִיז עֶס נִיט דִיא גֶעמֵיינְשַׁאפְט פוּן
17 דֶעם לֵייבּ פוּן מָשִׁיחַ? וָוארִין מִיר וָואס זֶענֶען פִילֶע זֶענֶען
אֵיין בְּרוֹיט אוּנְד אֵיין לֵייבּ; וָוארִין מִיר הָאבֶּען אַלֶע אַ
18 טְהַייל אִין אֵיין בְּרוֹיט: זֶעהְט אָהְן דִיא יִשְׂרָאֵל נָאךְ דֶעם
פְלֵיישׁ; דִיא וָואס עֶסֶען דִיא קָרְבָּנוֹת זֶענֶען זַייא נִיט

19 שׁוּתְּפִים אִים מִזְבֵּחַ? וָואס זָאג אִיךְ דֶען? אַז וָואס מֶען
אִיז מַקְרִיב צוּ אֵיין אָפְּגָאט אִיז עֶפֶּעס? אָדֶער אַז אֵיין
20 אָפְּגָאט אִיז עֶפֶּעס? אָבֶּער אִיךְ זָאג, אַז דָאס וָואס דִיא
גוֹיִם דֶענֶען מַקְרִיב זֶענֶען זֵייא מַקְרִיב צוּ שֵׁדִים אוּנְד
נִיט צוּ גָאט; אוּנְד אִיךְ וִויל נִיט אַז אִיהְר זָאלְט גֶעמֵיינְ־
21 שַׁאפְט הָאבֶּען מִיט שֵׁדִים: אִיהְר קֶענְט נִיט טְרִינְקֶען דֶעם
כּוֹס פוּן דֶעם הַאר אוּנְד דֶעם כּוֹס פוּן שֵׁדִים; אִיהְר קֶענְט
נִיט הָאבֶּען אַ טְהֵייל אִים טִישׁ פוּן דֶעם הַאר אוּנְד
22 אִים טִישׁ פוּן שֵׁדִים: אָדֶער דֶערְצָערְנֶען מִיר דֶעם
הַאר צוּ קִנְאָה? זֶענֶען מִיר שְׁטַארְקֶער וְוִיא עֶר?
23 אַלֶעס אִיז דֶערְלוֹיבְּט, אָבֶּער נִיט אַלֶעס אִיז נוּצְלִיךְ;
אַלֶעס אִיז דֶערְלוֹיבְּט, אָבֶּער נִיט אַלֶעס פֶערְ־
24 בֶּעסֶערְט: לָאז קֵיינֶער נִיט זוּכֶען זֵיין אֵייגֶענֶעם נוּצֶען,
25 נֵייעֶרְט אִיטְלִיכֶער דֶעם נוּצֶען פוּן דֶעם אַנְדֶערֶען: אַלֶעס
וָואס אִיז אִין דֶער יַאטְקֶע פֶערְקוֹיפְט, דָאס עֶסְט, אוּנְד
26 פְרֶעגְט נִיט נָאךְ וֶועגֶען דֶעם גֶעוִויסֶען: וָוארִין דִיא
עֶרְד אִיז דֶעם הַאר'ס, אוּנְד אַלֶעס וָואס אִיז דְרִינֶען:
27 תהלים כ"ד א׳. וֶוען אֵיינֶער פוּן דִיא אוּנְגְלוֹיבִּיגֶע וֶועט אֵייךְ
אֵיינְבֶּעטֶען צוּ אַ סְעוּדָה אוּנְד אִיהְר וִוילְט גֶעהֶען, עֶסְט
אַלֶעס וָואס אִיז אֵייךְ פָארְגֶעשְׁטֶעלְט אוּנְד פְרֶעגְט נִיט נָאךְ
28 וֶועגֶען דֶעם גֶעוִויסֶען: אָבֶּער וֶוען אֵיינֶער וֶועט צוּ אֵייךְ
זָאגֶען, דָאס אִיז אַ קָרְבָּן צוּ אָפְּגֶעטֶער, אַזוֹי עֶסְט נִיט וֶועְ־
גֶען דֶעם וָואס הָאט עֶס אֵייךְ גֶעזָאגְט אוּנְד וֶועגֶען דֶעם
29 גֶעוִויסֶען: דָאס גֶעוִויסֶען זָאג אִיךְ, נִיט פוּן דִיר אַלֵיין,
נֵייעֶרְט פוּן דֶעם אַנְדֶערֶען; וָוארוּם זָאל מֵיינֶע פְרֵייהֵייט
30 גֶערִיכְטֶעט וֶוערֶען בֵּייא אֵיין אַנְדֶערְנְס גֶעוִויסֶען? וָוארִין
וֶוען אִיךְ נֶעם אַ טְהֵייל דְרִינֶען דוּרְךְ דֶער גְנָאד, וָוארוּם בִּין
אִיךְ גֶעלֶעסְטֶערְט אִיבֶּער אַ זַאךְ וָואס אִיךְ הָאבּ דֶערְפַאר
31 גֶעדַאנְקְט: דְרוּם אוֹיבּ אִיהְר עֶסְט אָדֶער טְרִינְקְט אָדֶער
32 וָואס אִיהְר טְהוּט, טְהוּט אַלֶעס צוּם כָּבוֹד פוּן גָאט: גִיבְּט
נִיט קֵיין אָנְשְׁטוֹיס צוּ דִיא יוּדֶען. אָדֶער צוּ דִיא גְרֶעקֶען
33 אָדֶער צוּ דֶער קְהִלָּה פוּן גָאט; גְלֵייךְ וִויא אִיךְ אוֹיךְ גֶעפֶעל
אִין אַלֶעם, אוּנְד זוּךְ נִיט מֵיין אֵייגֶענֶעם נוּצֶען נֵייעֶרְט דֶעם
נוּצֶען פוּן פִילֶע, כְּדֵי זֵייא זָאלֶען גֶערֶעטֶעט וֶוערֶען:

קאפיטעל יא

1 זייט נאָכפָאלְגֶער פוּן מִיר, אַזוֹי וויא אִיךְ אוֹיךְ פוּן מָשִׁיחַ׃
2 נוּן אִיךְ לוֹיבּ אייך, בּרִידֶער, אַז אִיהְר גֶעדֶענְקְט מִיךְ אִין
אַלֶעם, אוּנְד אַז אִיהְר הַאלְט דִיא אִיבֶּערְלִיפֶערוּנְגֶען אַזוֹי
3 וויא אִיךְ הָאבּ זַייא אייךְ אִיבֶּערְגֶעגֶעבֶּען׃ אָבֶּער אִיךְ ווִיל
אַז אִיהְר זָאלְט ווִיסֶען, אַז מָשִׁיחַ אִיז דָאס הוֹיפְּט פוּן אִיטְ־
לִיכֶען מַאן, אוּנְד דָאס הוֹיפְּט פוּן דֶעם ווַייבּ אִיז דֶער מַאן,
4 אוּנְד דֶער הוֹיפְּט פוּן מָשִׁיחַ אִיז גָאט׃ אִיטְלִיכֶער מַאן וָואס
בֶּעטֶעט אָדֶער זָאגְט נְבוּאוֹת, אוּנְד זַיין קָאפּ אִיז בֶּעדֶעקְט,
5 דֶער פֶערְשֶׁעמְט זַיין קָאפּ׃ אוּנְד אִיטְלִיכֶע פְרוֹיא וָואס
בֶּעטֶעט אָדֶער זָאגְט נְבוּאוֹת, אוּנְד אִיהְר קָאפּ אִיז נִיט
בֶּעדֶעקְט, דִיא פֶערְשֶׁעהמְט אִיהְר קָאפּ, וָוארִין עֶס אִיז אַזוֹי
6 גְלֵייךְ וויא זִיא הָאט זִיךְ גֶעגָאלְט׃ וָוארִין וֶוען אַ פְרוֹיא
אִיז נִיט בֶּעדֶעקְט, לָאז זִיא זִיךְ אוֹיךְ שֶׁערֶען; אָבֶּער וֶוען
עֶס אִיז אַ שַׁאנְד פַאר אַ פְרוֹיא אַז זִיא זָאל זִיךְ שֶׁערֶען
7 אָדֶער גָאלֶען לָאז זִיא בֶּעדֶעקְט זַיין׃ וָוארִין אַ מַאן בַּאַ־
דַארְף נִיט דֶעם קָאפּ בֶּעדֶעקֶען, ווַייל עֶר אִיז דָאס בִּילְד
אוּנְד דֶער כָּבוֹד פוּן גָאט; אָבֶּער דִיא פְרוֹיא אִיז דֶער
8 כָּבוֹד פוּן דֶעם מַאן׃ וָוארִין דֶער מַאן אִיז נִיט פוּן דֶער
9 פְרוֹיא נֵייעֶרְט דִיא פְרוֹיא פוּן דֶעם מַאן׃ וָוארִין דֶער מַאן
אִיז נִיט בֶּעשַׁאפֶען גֶעוָוארֶען וֶועגֶען דֶער פְרוֹיא, נֵייעֶרְט
10 דִיא פְרוֹיא וֶועגֶען דֶעם מַאן׃ דֶעסְטְוֶועגֶען בֶּעדַארְף דִיא
פְרוֹיא הָאבֶּען אַ צֵייכֶען פוּן מַאכְט אוֹיף אִיהְר קָאפּ וֶועגֶען
11 דִיא מַלְאָכִים׃ אָבֶּער דָאךְ אִיז דִיא פְרוֹיא נִיט אָהְן דֶעם
מַאן אוּנְד דֶער מַאן אִיז נִיט אָהְן דֶער פְרוֹיא אִין דֶעם
12 הַאר׃ וָוארִין גְלֵייךְ וויא דִיא פְרוֹיא אִיז פוּן דֶעם מַאן,
אַזוֹי אִיז אוֹיךְ דֶער מַאן דוּרְךְ דֶער פְרוֹיא; אָבֶּער אַלֶעס
13 אִיז פוּן גָאט׃ רִיכְטֶעט בַּייא אייךְ זֶעלְבְּסְט; פַּאסְט עֶס
14 פַאר אַ פְרוֹיא אוּנְבֶּעדֶעקְט צוּ גָאט צוּ בֶּעטֶען? לֶעהְרְט
אייךְ נִיט אוֹיךְ דִיא נַאטוּר זֶעלְבְּסְט, אַז עֶס אִיז אַ שַׁאנְד
15 פַאר אַ מַאן וֶוען עֶר הָאט לַאנְגֶע הָאר? אָבֶּער וֶוען אַ פְרוֹיא
הָאט לַאנְגֶע הָאר אִיז פַאר אִיהְר אַ כָּבוֹד; וָוארִין דִיא הָאר
16 זֶענֶען צוּ אִיהְר גֶעגֶעבֶּען פַאר אַ שְׁלֵייעֶר׃ אָבֶּער וֶוען אַ
מַאן שֵׁיינְט צוּ זַיין אַ לִיבְּהָאבֶּער פוּן קְרִיגֶערַייא, אַזוֹי

הָאבֶּען מִיר נִיט אַזֶעלְכֶען מִנְהָג, אוּנְד אוֹיךְ נִיט דִיא קְהִלוֹת
פוּן גָאט:
17 אָבֶּער װֶען אִיךְ זָאג אֵייךְ דָאס אָן, אַזוֹי לוֹיבּ אִיךְ נִיט אַז
אִיהְר קוּמְט צוּזַאמֶען נִיט צוּם בֶּעסֶערְן נֵייעֶרְט צוּם עֶרְ־
18 גֶערְן: װָארִין צוּעֶרְשְׁט הֶער אִיךְ אַז עֶס זֶענֶען מַחְלוֹקוֹת
צְוִוישֶׁען אֵייךְ, װֶען אִיהְר קוּמְט צוּזַאמֶען אִין דֶער קְהִלוֹת,
19 אוּנְד צוּם טְהֵייל גְלוֹיבּ אִיךְ עֶס: װָארִין עֶס מוּזֶען זַיין
כִּתּוֹת צְוִוישֶׁען אֵייךְ, כְּדֵי דִיא אוֹיךְ װֶעלְכֶע הָאבֶּען
פְּרוּפוּנְג בֶּעשְׁטַאנֶען זָאלֶען צְוִוישֶׁען אֵייךְ דֶערְקֶענְט
20 װֶערֶען: דְרוּם װֶען אִיהְר קוּמְט צוּזַאמֶען, אַזוֹי אִיז עֶס
אוּנְמֶעגְלִיךְ דָאס אָבֶּענְדְמָאל פוּן דֶעם הַאר צוּ עֶסֶען:
21 װָארִין װֶען אִיהְר עֶסְט, אַזוֹי נֶעמְט אִיטְלִיכֶער צוּעֶרְשְׁט
זַיין אֵיינֶען אָבֶּענְדְמָאל אוּנְד אֵיינֶער אִיז הוּנְגֶעריג
22 אוּנְד אֵיין אַנְדֶערֶער בֶּעטְרוּנְקֶען: הָאט אִיהְר דֶען נִיט
קֵיינֶע הֵייזֶער כְּדֵי אִיהְר זָאלְט אִין דִיזֶע עֶסֶען אוּנְד טְרִינְ־
קֶען? אָדֶער זֶענְט אִיהְר מְבַזֶּה דִיא קְהִלוֹת פוּן גָאט, אוּנְד
פֶערְשֶׁעמְט דִיא װָאס הָאבֶּען נִיט? װָאס זָאל אִיךְ צוּ
אֵייךְ זָאגֶען? זָאל אִיךְ אֵייךְ לוֹיבֶּען? אִין דִיזֶעם לוֹיבּ אִיךְ
אֵייךְ נִיט:
23 װָארִין אִיךְ הָאבּ פוּן דֶעם הַאר מְקַבֵּל גֶעװֶעזֶען װָאס אִיךְ
הָאבּ אֵייךְ אִיבֶּערְגֶעגֶעבֶּען, אַז דֶער הַאר יֵשׁוּעַ אִין דֶער
זֶעלְבִּיגֶער נַאכְט אִין דֶער עֶר אִיז פֶערְרָאהְטֶען גֶעװָארֶען
24 הָאט גֶענוּמֶען בְּרוֹיט: אוּנְד הָאט אַ בְּרָכָה גֶעמַאכְט אוּנְד
הָאט עֶס צוּבְּרָאכֶען אוּנְד גֶעזָאגְט, דָאס אִיז מֵיין לֵייבּ װָאס
25 אִיז פַאר אֵייךְ; טְהוּט דָאס צוּ מֵיין אָנְדֶענְקֶען: אַזוֹי אוֹיךְ
דֶעם כּוֹס נָאךְ דֶעם אָבֶּענְדְמָאל, אוּנְד עֶר הָאט גֶעזָאגְט,
דִיזֶער כּוֹס אִיז דֶער נֵייעֶר בְּרִית אִין מֵיין בְּלוּט; טְהוּט
דָאס, אַזוֹי אָפְט וִויא אִיהְר טְרִינְקְט, צוּ מֵיין אָנְדֶענְקֶען:
26 װָארִין אַזוֹי אָפְט וִויא אִיהְר עֶסְט דִיזֶעם בְּרוֹיט אוּנְד
טְרִינְקְט דִיזֶעם כּוֹס, זֶענְט אִיהְר מוֹדִיעַ דֶעם טוֹיט פוּן דֶעם
27 הַאר בִּיז עֶר װֶעט קוּמֶען: דְרוּם דֶער װָאס עֶסְט דָאס
בְּרוֹיט אָדֶער טְרִינְקְט דֶעם כּוֹס פוּן דֶעם הַאר אוּנְװִירְדִיג,
דֶער װֶעט פֶערְשׁוּלְדִיגֶען קֶעגֶען דֶעם לֵייבּ אוּנְד דֶעם
28 בְּלוּט פוּן דֶעם הַאר: אָבֶּער לָאז זִיךְ דֶער מֶענְשׁ פְּרוּפֶען,

אוּנְד אַזוֹי לָאז עֶר עֶסֶען פוּן דֶעם בְּרוֹיט אוּנְד טְרִינְקֶען
פוּן דֶעם כּוֹס: וָוארִין דֶער וָואס עֶסְט אוּנְד טְרִינְקְט, עֶסְט אוּנְד 29
טְרִינְקְט צוּ זִיךְ זֶעלְבְּסְט דָאס גֶערִיכְט, עֶר דֶערְקֶענְט נִיט
דֶעם לֵייבּ פוּן דֶעם הַאר: דְרוּם זֶענֶען פִילֶע שְׁוַואךְ אוּנְד 30
קְרֶענְקְלִיךְ צְוִוישֶׁען אֵייךְ, אוּנְד פִילֶע שְׁלָאפֶען: אָבֶּער 31
וֶוען מִיר וָואלְטֶען זִיךְ זֶעלְבְּסְט דֶערְקֶענֶען אַזוֹי וָואלְטֶען
מִיר נִיט גֶערִיכְטֶעט וֶוערֶען: אָבֶּער וֶוען מִיר וֶוערֶען גֶע־ 32
רִיכְטֶעט, זֶענֶען מִיר גֶעשְׁטְרָאפְט פוּן דֶעם הַאר, כְּדֵי מִיר
זָאלֶען נִיט פֶערְשׁוּלְדִיגְט וֶוערֶען מִיט דֶער וֶועלְט: דְרוּם, 33
מֵיינֶע בְּרִידֶער, וֶוען אִיהְר קוּמְט צוּזַאמֶען אַז אִיהְר זָאלְט
עֶסֶען, אַזוֹי וַוארְטֶעט אֵיינֶער אוֹיף דֶעם אַנְדֶערֶען: וֶוען 34
אֵיינֶער אִיז הוּנְגֶערִיג לָאז עֶר אִין דֶערְהֵיים עֶסֶען, כְּדֵי
אִיהְר זָאלְט נִיט צוּם פַארְשׁוּלְדִיגֶען צוּזַאמֶענְקוּמֶען. אוּנְד
דָאס אִיבְּרִיגֶע וֶועל אִיךְ אֵיינְרִיכְטֶען וֶוען אִיךְ וֶועל קוּמֶען:

קאַפִּיטעל יב

אָבֶּער וֶועגֶען דִיא גֵייסְטְלִיכֶע מַתָּנוֹת, בְּרִידֶער, וִויל אִיךְ 1
נִיט אַז אִיהְר זָאלְט נִיט וִויסֶען: אִיהְר וֵוייסְט אַז וֶוען 2
אִיהְר זֶענְט גֶעוֶועזֶען גוֹיִם, דֶענְט אִיהְר נָאכְגֶעגַאנְגֶען שְׁטוּמֶע
אָפְּגֶעטֶער, אַזוֹי וִויא אִיהְר זֶענְט גֶעפִיהְרְט גֶעוָוארֶען:
דְרוּם טְהוּא אִיךְ אֵייךְ צוּ וִויסֶען, אַז קֵיינֶער וָואס רֶעט 3
דוּרְךְ דֶעם גֵייסְט פוּן גָאט זָאגְט אַז יֵשׁוּעַ אִיז אִין חֵרֶם,
אוּנְד אַז קֵיינֶער קֶען זָאגֶען אַז יֵשׁוּעַ אִיז דֶער הַאר, חוּץ
דוּרְךְ דֶעם רוּחַ הַקוֹדֶשׁ:
נוּן עֶס זֶענֶען פַארְהַאנֶען פֶערְשִׁידֶענֶע מַתָּנוֹת, אָבֶּער דֶער 4
זֶעלְבִּיגֶער גֵייסְט: אוּנְד עֶס זֶענֶען פֶערְשִׁידֶענֶע דִינְסְט, 5
אָבֶּער דֶער זֶעלְבִּיגֶער הַאר: אוּנְד עֶס זֶענֶען פֶערְשִׁידֶענֶע 6
וָוערְק, אָבֶּער עֶס אִיז דֶער זֶעלְבִּיגֶער גָאט, דֶער וִוירְקְט
אַלֶעס אִין אַלֶען: אָבֶּער דָאס אַנְטְפְּלֶעקֶען פוּן דֶעם גֵייסְט 7
צוּ אִיטְלִיכֶען אִיז גֶעגֶעבֶּען צוּם נוּצֶען אִין כְּלַל: וָוארִין 8
צוּ אֵיינֶעם אִיז גֶעגֶעבֶּען דוּרְךְ דֶעם גֵייסְט דָאס וָוארְט פוּן
וֵוייזְהֵייט, אוּנְד צוּ אֵיין אַנְדֶערֶען דָאס וָוארְט פוּן דֶערְ־
קֶענְטְנִיס נָאךְ דֶעם זֶעלְבִּיגֶען גֵייסְט: צוּ אֵיין אַנְדֶערֶען 9
גְלוֹיבֶּען דוּרְךְ דֶעם זֶעלְבִּיגֶען גֵייסְט, אוּנְד צוּ אֵיין אַנְדֶערְן
מַתָּנוֹת פוּן רְפוּאוֹת דוּרְךְ דֶעם אֵיינֶעם גֵייסְט: אוּנְד צוּ אֵיין 10

אנדערען דאס ווירקען פון מאכט, אונד צו איין אנדערען
נבואות צו זאגען, אונד צו איין אנדערען גייסטער צו
אונטערשיידען, צו איין אנדערען פערשידענע ארט פון
לשונות, אונד צו איין אנדערען לשונות צו פערטייטשען:
11 אבער דאס אלעס ווירקט איין אונד דערזעלביגער גייסט
אינדעם ער טהיילט אפ צו איטליכען נאך זיין ווילען:
12 ווארין אזוי וויא דער לייב איז איינס אונד האט פילע
גלידער, אבער אלע גלידער פון דעם איינעם לייב, אפילו
ווען זייא זענען פילע זענען זייא דאך איין לייב, אזוי איז
13 אויך דער משיח: ווארין דורך איין גייסט זענען מיר אלע
אויך געטובלט צו איין לייב, אויב מיר זענען יודען אדער
גריעקען, אויב מיר זענען קנעכט אדער פרייא. אונד מיר
14 זענען אלע אנגעטרונקען מיט איין גייסט: ווארין דער
15 לייב איז אויך ניט איין גליד, נייערט פילע: ווען דער
פוס זאל זאגען, וויל איך בין ניט דיא האנד, אזוי בין
איך ניט פון דעם לייב; איז ער ניט דעסטוועגען פון דעם
16 לייב? אונד ווען דאס אויער זאל זאגען, וויל איך בין
ניט דאס אויג, אזוי בין איך ניט פון דעם לייב; איז עס
17 ניט דעסטוועגען פון דעם לייב? ווען דער גאנצע לייב
זאל זיין איין אויג, וואו וועט זיין דאס געהער? ווען דאס
גאנצע זאל זיין געהער, וואו וועט זיין דאס שמעקען?
18 אבער אצונד האט גאט געזעצט דיא גלידער איטליכעם
19 אים לייב, אזוי וויא ער האט געוואלט: אונד ווען אלע
20 זאלען זיין איין גליד, וואו וועט זיין דער לייב? אבער
אצונד זענען דא פילע גלידער, אונד דאך איין לייב:
21 אונד דאס אויג קאן ניט זאגען צו דער האנד, איך בע־
דארף דיך ניט; אדער ווידער דער קאפ צו דיא פיס,
22 איך בעדארף אייך ניט: נייערט פיל מעהר דיא גלידער
פון דעם לייב וואס מיר בעטראכטען אז דיא שוואכסטע
23 זענען נעטיג: אונד דיא גלידער פון דעם לייב וואס מיר
בעטראכטען אז מיאוסע צו דיא טהון מיר מעהר כבוד
אן, אונד דיא וואס זענען ניט אנשטענדיג, דיא זענען
24 מעהר אנשטענדיג געהאלטען: אבער אונזערע אנשטענ־
דיגע גלידער בעדארפען עס ניט; אבער גאט האט דעם

ליבּ צוזאַמענגעהעפט, אונד האָט געגעבּען צו דעם
25 טהייל וואָס האָט אַ חסרון מעהר כּבוד: כּדי עס זאָל ניט
זיין קיינע מחלוקת אים ליבּ, נייערט דיא גלידער זאָלען
26 איינס פאַר דעם אַנדערען גלייך זאָרגען: אונד ווען איין
גליד וועט ליידען, אַזוי ליידען אַלע גלידער דערמיט;
ווען איין גליד איז ערהעבּט, אַזוי פרייען זיך אַלע גלידער
27 צוזאַמען: אונד איהר זענט דער ליבּ פון משיח, אונד
גלידער יעדער נאָך זיין טהייל:
28 אונד גאָט האָט עטליכע איינגעשטעלט אין דער קהלה,
ערשטענס אַפּאָסטעל, צווייטענס נביאים, דריטענס לעה־
רער, דערנאָך גבורות, דערנאָך מתּנות פון רפואות, העל־
29 פער, רעגירונגען, פערשידענע אַרט פון לשונות: זענען
אַלע אַפּאָסטעל? זענען אַלע נביאים? זענען אַלע לעה־
30 רער? זענען אַלע גבורות? האָבּען אַלע מתּנות פון רפואות?
רעדען אַלע לשונות? זענען אַלע פערטייטשער פון
31 לשונות? אָבּער בּעגעהרט איהר שטאַרק דיא גרעסערע
מתּנות. אונד דאָך וויז איך אייך אַ בּעסערען וועג:

קאַפּיטעל יג

1 ווען איך רעד מיט לשונות פון מענשען אונד פון מלאכים
אונד האָבּ ניט קיינע ליבּע, אַזוי בּין איך וויא שאַלענדיג
2 קופּער אָדער אַ קלינגענדער צימבּעל: אונד ווען איך
האָבּ דיא מתּנה פון נבואות, אונד וויים אַלע סודות אונד
אַלע דערקענטניס, אונד ווען איך האָבּ אַלען גלויבּען
אפילו בּערג אַוועקצורוקען, אונד האָבּ ניט קיינע ליבּע,
3 אַזוי בּין איך גאַרניט: אונד ווען איך צוטהייל מיין גאַנץ
פערמעגען, אונד ווען איך גיבּ מיין לייבּ אַז ער זאָל
פערבּרענט ווערען, אונד האָבּ ניט קיינע ליבּע, אַזוי נוצט
4 עס מיר גאַרניט: דיא ליבּע איז געדולדיג, דיא ליבּע איז
גוטיג, דיא ליבּע איז ניט מקנא, דיא ליבּע בּאַריהמט זיך
5 ניט אונד איז ניט אויפגעבּלאָזען: זיא איז ניט אונאַנ־
שטענדיג, זיא זוכט ניט איהר אייגענעס, ווערט ניט אין
6 כּעס, זיא טראַכט ניט שלעכטעס: זיא פרייעט זיך ניט
אין אונרעכט, אָבּער זיא פרייעט זיך מיט דער וואַהר־
7 הייט: זיא פערטראָגט אַלעס, גלויבּט אַלעס, האָפט אויף

8 אַלֶעס, אִיז גֶעדוּלְדִיג אִין אַלֶעס: דִיא לִיבֶּע פֶעהְלְט קֵיינְ־
מָאל; אָבֶּער אוֹיבּ עֶס זֶענֶען נְבוּאוֹת וֶועלֶען זַייא אָפְּגֶע־
טְהוּן וֶוערֶען, אָדֶער לְשׁוֹנוֹת וֶועלֶען זַייא אוֹיפְהֶערֶען,
9 אָדֶער דֶערְקֶענְטְנִיס וֶועט זַיא אָפְּגֶעטְהוּן וֶוערֶען: וָוארִין
מִיר וַוייסֶען אוּנְד זָאגֶען נְבוּאוֹת יֶעדֶער נָאךְ זַיין טְהֵייל:
10 אַבֶּער וֶוען דָאס פָאלְקָאמֶענֶע וֶועט קוּמֶען, וֶועט דָאס וָואס
11 אִיז נָאךְ זַיין טְהֵייל אָפְּגֶעטְהוּן וֶוערֶען: וֶוען אִיךְ בִּין
גֶעוֶועזֶען אַ קִינְד, הָאבּ אִיךְ גֶערֶעט ווִיא אַ קִינְד, פֶערְ־
שְׁטַאנֶען ווִיא אַ קִינְד, הָאבּ גֶעדֶענְקְט ווִיא אַ קִינְד; וֶוען
אִיךְ בִּין אַ מַאן גֶעוָוארֶען, הָאבּ אִיךְ אַוֶועקְגֶעלֶעגְט דִיא
12 זַאכֶען פוּן דֶעם קִינְד: וָוארִין אַצוּנְד זֶעהֶען מִיר דוּרְךְ אַ
שְׁפִּיגֶעל ווִיא אִין אַ רֶעהְטֶעסֶעל, דָאךְ דַאן וֶועלֶען מִיר
זֶעהֶען פָּנִים לְפָנִים; אַצוּנְד ווייס אִיךְ צוּם טְהֵייל, דָאךְ
דַאן וֶועל אִיךְ דֶערְקֶענֶען גְלֵייךְ ווִיא אִיךְ בִּין אוֹיךְ
13 דֶערְקֶענְט: אָבֶּער אַצוּנְד בְּלֵייבֶּען דִיזֶע דְרֵייא, גְלוֹיבֶּען
הָאפְנוּנְג אוּנְד לִיבֶּע; אָבֶּער גְרֶעסֶער ווִיא דִיזֶע אִיז דִיא
לִיבֶּע:

קאפיטעל יד

1 פָּאלְגְט נָאךְ דֶער לִיבֶּע, דָאךְ בֶּעגֶעהְרְט שְׁטַארְק גֵייסְטְ־
לִיכֶע מַתָּנוֹת אָבֶּער נָאךְ מֶעהְר אַז אִיהְר זָאלְט נְבוּאוֹת
2 זָאגֶען: וָוארִין דֶער וָואס רֶעט אִין אַ לָשׁוֹן, רֶעט נִיט
צוּ מֶענְשֶׁען נֵייעֶרְט צוּ גָאט; וָוארִין קֵיינֶער הֶערְט עֶס,
3 אָבֶּער אִים גֵייסְט רֶעט עֶר סוֹדוֹת: אָבֶּער דֶער וָואס
זָאגְט נְבוּאוֹת, רֶעט צוּ מֶענְשֶׁען צוּ זֵייעֶרֶע בֶּעסֶערוּנְג
4 אוּנְד וָוארְנוּנְג אוּנְד טְרַייסְט: דֶער וָואס רֶעט אִין אַ
לָשׁוֹן בֶּעסֶערְט זִיךְ זֶעלְבְּסְט, אָבֶּער דֶער וָואס זָאגְט
5 נְבוּאוֹת בֶּעסֶערְט דִיא קְהִלָּה: אִיךְ ווִיל אַז אִיהְר זָאלְט
אַלֶע רֶעדֶען לְשׁוֹנוֹת, אָבֶּער לִיבֶּער אַז אִיהְר זָאלְט נְבוּאוֹת
זָאגֶען; אוּנְד דֶער וָואס זָאגְט נְבוּאוֹת אִיז גְרֶעסֶער ווִיא
דֶער וָואס רֶעט לְשׁוֹנוֹת, עֶס זַייא דֶען וֶוען אֵיינֶער וֶועט
6 אוֹיסְלֶעגֶען, כְּדֵי דִיא קְהִלָּה זָאל זִיךְ בֶּעסֶערְן: אוּנְד
אַצוּנְד בְּרִידֶער, וֶוען אִיךְ זָאל צוּ אֵייךְ קוּמֶען אוּנְד זָאל
רֶעדֶען לְשׁוֹנוֹת וָואס וֶועל אִיךְ אֵייךְ נוּצֶען, עֶס זַייא דֶען
אִיךְ וֶועל צוּ אֵייךְ רֶעדֶען עֶנְטְוֶועדֶער אִין אַנְטְפֶּלֶעקוּנְג,

אָדער אִין דֶערְקֶענְטְנִים, אָדֶער אִין נְבוּאוֹת, אָדֶער אִין
7 לֶעהְרֶע? אַפִּילוּ אוֹיךְ דִיא זַאכֶען אָהְן לֶעבֶּען װֶען זַייא
גֶעבֶּען אַרוֹיס אַ קוֹל, אוֹיף אַ פַּייף אָדֶער אַ הַארְפֶּע,
װֶען זַייא מַאכֶען נִיט קֵיין אוּנְטֶערְשִׁיד אִין דִיא קוֹלוֹת,
װִיא אַזוֹי װֶעט מֶען װִיסֶען װָאס זַייא פֵּייפֶען אָדֶער
8 שְׁפִּילֶען? װָארִין אַפִּילוּ װֶען אַ טְרָאמְפֶּעט זָאל נִיט אַ
קְלָאר קוֹל גֶעבֶּען, װֶער װֶעט זִיךְ פַּארְבֶּערַייטֶען צוּ דֶער
9 מִלְחָמָה? אַזוֹי אִיהְר אוֹיךְ, װֶען אִיהְר גִיבְּט נִיט קֵיין
פַארְשְׁטֶענְדִיגֶע רֶעד דוּרְךְ דֶעם לָשׁוֹן, װִיא אַזוֹי זָאל
מֶען װִיסֶען װָאס אִיז גֶעשְׁפְּרָאכֶען? װָארִין אִיהְר װֶעט
10 רֶעדֶען צוּם װִינְד; עֶס זֶענֶען פַארְהַאנֶען אַלֶערְלֵייא מִינִים
פוּן קוֹלוֹת אִין דֶער װֶעלְט, אוּנְד קֵיינֶער אִיז אָהְן אַ
11 קוֹל: דְרוּם װֶען אִיךְ װֵייס נִיט דִיא קְרַאפְט פוּן דֶעם
קוֹל, אַזוֹי װֶעל אִיךְ זַיין אַ פְרֶעמְדֶער צוּ דֶעם װָאס רֶעט,
12 אוּנְד דֶער װָאס רֶעט װֶעט זַיין אַ פְרֶעמְדֶער צוּ מִיר: אַזוֹי
אוֹיךְ אִיהְר, װַייל אִיהְר בֶּעגֶעהְרְט גֵייסְטְלִיכֶע מַתָּנוֹת,
אַזוֹי זוּכְט אַז אִיהְר זָאלְט נָאךְ מֶעהְר בֶּעקוּמֶען צוּ דִיא
פֶערְבֶּעסֶערֶען פוּן דֶער קְהִלָּה:
13 דְרוּם דֶער װָאס רֶעט אִין אַ לָשׁוֹן, לָאז עֶר בֶּעטֶען עֶס
14 זָאל זַיין אַיין אוֹיסְלֶעגֶער: װָארִין װֶען אִיךְ בֶּעט אִין אַ
לָשׁוֹן, אַזוֹי בֶּעטֶעט מֵיין גֵייסְט, אָבֶּער מֵיין פֶערְשְׁטַאנְד
15 בְּלֵייבְּט אָהְן פְרוּכְט: װָאס אִיז עֶס דֶען? אִיךְ װֶעל בֶּע־
טֶען מִיט דֶעם גֵייסְט, אוּנְד אִיךְ װֶעל בֶּעטֶען מִיט דֶעם
פֶערְשְׁטַאנְד; אִיךְ װֶעל לוֹיבּ זִינְגֶען מִיט דֶעם גֵייסְט,
16 אוּנְד אִיךְ װֶעל לוֹיבּ זִינְגֶען מִיט דֶעם פֶערְשְׁטַאנְד: װָארִין
װֶען דוּא מַאכְסְט אַ בְּרָכָה מִיט דֶעם גֵייסְט, װִיא אַזוֹי
זָאל דֶער װָאס שְׁטֶעהְט אִים אָרְט פוּן דֶעם אוּנְגֶעלֶעהְרְטֶען
צוּ דַיינֶע בְּרָכָה זָאגֶען אָמֵן? װָארִין עֶר װֵייסְט נִיט װָאס דוּא
17 זָאגְסְט: װָארִין דוּא מַאכְסְט אַוַדַאי אַ שֶׁעהְנֶע בְּרָכָה, אָבֶּער
18 דֶער אַנְדֶערֶער אִיז נִיט גֶעבֶּעסֶערְט: אִיךְ דַאנְק גָאט אַז
19 אִיךְ רֶעד לְשׁוֹנוֹת מֶעהְר װִיא אִיהְר אַלֶע: אָבֶּער אִין
דֶער פֶערְזַאמְלוּנְג װִיל אִיךְ בֶּעסֶער רֶעדֶען פִינְף װֶערְטֶער
מִיט מֵיין פֶערְשְׁטַאנְד, כְּדֵי אִיךְ זָאל אַנְדֶערֶע אוֹיךְ לֶעהְ־
רֶען, אֵיידֶער צֶעהְן טוֹיזֶענְד װֶערְטֶער מִיט אַ לָשׁוֹן:

20 בְּרִידֶער, זַייט נִיט קֵיינֶע קִינְדֶער אִין פֶערְשְׁטַאנְד, גֵייעֶרְט
זֵייט קִינְדֶער אִין שְׁלֶעכְטִיגְקֵייט, אָבֶּער אִין פֶערְשְׁטַאנְד
21 זֵייט פָאלְקָאמֶען: עֶס שְׁטֶעהְט גֶעשְׁרִיבֶּען אִין דֶער תּוֹרָה,
אִין אַנְדֶערֶע לְשׁוֹנוֹת אוּנְד אוּנְד מִיט דִיא לֶעפְּצֶען פוּן
אַנְדֶערֶע וֶועל אִיךְ רֶעדֶען צוּ דִיזֶען פָאלְק, אוּנְד אַפִילוּ
אַזוֹי וֶועלֶען זֵייא מִיךְ נִיט צוּהֶערֶען, זָאגְט דֶער הַאר׃
22 ישעיה כ״ח י״א, י״ב. אַזוֹי דָען לְשׁוֹנוֹת זֶענֶען פַאר אַ צֵייכֶען
נִיט צוּ דִיא וָואס גְלוֹיבֶּען, נֵייעֶרְט צוּ דִיא אוּנְגְלוֹיבִּיגֶע;
אָבֶּער דָאס נְבוּאוֹת זָאגֶען אִיז אַ צֵייכֶען נִיט צוּ דִיא אוּנְ־
גְלוֹיבִּיגֶע, נֵייעֶרְט צוּ דִיא וָואס גְלוֹיבֶּען׃
23 דְרוּם וֶוען דִיא גַאנְצֶע קְהִלָה קוּמְט צוּזַאמֶען אוֹיף אֵיין
אָרְט, אוּנְד זֵייא וֶועלֶען אַלֶע רֶעדֶען מִיט לְשׁוֹנוֹת, אוּנְד
עֶס וֶועלֶען אַרֵיינְקוּמֶען אוּנְגֶעלֶעהְרְטֶע אָדֶער אוּנְגְלוֹיבִּיגֶע,
24 וֶועלֶען זֵייא נִיט זָאגֶען אַז אִיהְר זֶענְט מְשׁוּגָע? אָבֶּער
וֶוען אַלֶע זָאגֶען נְבוּאוֹת אוּנְד אֵיין אוּנְגְלוֹיבִּיגֶער אָדֶער
אוּנְגֶעלֶעהְרְטֶער וֶועט אַרֵיינְקוּמֶען, אַזוֹי אִיז עֶר פוּן אַלֶע
25 אִיבֶּערְצֵייגְט, אוּנְד פוּן אַלֶע גֶערִיכְטֶעט׃ אוּנְד דִיא
פַארְבָּארְגֶענֶע זַאכֶען פוּן זַיין הַארְץ זֶענֶען אַנְטְפְּלֶעקְט,
אוּנְד אַזוֹי וֶועט עֶר אוֹיף זַיין פָּנִים פַאלֶען אוּנְד וֶועט גָאט
אָנְבֶּעטֶען, אוּנְד וֶועט דֶערְצֶעהְלֶען אַז גָאט אִיז אַוַדאי
צְוִוישֶׁען אֵייךְ׃
26 וָואס אִיז עֶס דֶען, בְּרִידֶער? וֶוען אִיהְר קוּמְט צוּזַאמֶען הָאט
אִיטְלִיכֶער אַ מִזְמוֹר, הָאט אַ לֶעהְרֶע, הָאט אֵיינֶע אַנְטְ־
פְּלֶעקוּנְג, הָאט אַ לָשׁוֹן, אוּנְד הָאט אֵיינֶע אוֹיסְלֶעגוּנְג;
27 לָאז אַלֶעס גֶעשֶׁעהֶען צוּ פַארְבֶּעסֶערוּנְג׃ וֶוען אֵיינֶער
רֶעט מִיט אַ לָשׁוֹן, לָאז עֶס זַיין צְוֵוייא אָדֶער צוּם מֵייסְטֶען
דְרֵייא, אוּנְד אֵיינֶער נָאךְ דֶעם אַנְדֶערְן, אוּנְד לָאז אֵיינֶער
28 אוֹיסְלֶעגֶען׃ אָבֶּער וֶוען עֶס אִיז נִיט דָא קֵיין אוֹיסְלֶעגֶער,
לָאז עֶר שְׁטִיל שְׁוֵוייגֶען אִין דֶער קְהִלָה, אוּנְד לָאז עֶר
29 רֶעדֶען צוּ זִיךְ אַלֵיין אוּנְד צוּ גָאט׃ אוּנְד לָאזֶען דִיא
נְבִיאִים רֶעדֶען צְוֵוייא אָדֶער דְרֵייא, אוּנְד לָאזֶען דִיא
30 אַנְדֶערֶע רִיכְטֶען׃ אוּנְד וֶוען עֶס וֶועט עֶפֶּעס אַנְטְפְּלֶעקְט
וֶוערֶען צוּ אֵיין אַנְדֶערְן וָואס זִיצְט דֶערְבֵּייא, לָאז דֶער
31 עֶרְשְׁטֶער שְׁטִיל שְׁוֵוייגֶען׃ וָוארִין אִיהְר קָאנְט אַלֶע

נְבוּאוֹת זָאגֶען אֵיינֶער נָאךְ דֶעם אַנְדֶערְן, כְּדֵי אַלֶע זָאלֶען
לֶערְנֶען אוּנְד אַלֶע זָאלֶען גֶעטְרֵייסְט װערֶען׃ אוּנְד יא 32
גֵייסְטֶער פוּן דִיא נְבִיאִים זֶענֶען אוּנְטֶערְטֶענִיג צוּ דִיא נְבִיאִים׃
וָוארִין גָאט אִיז נִיט פוּן גֶעטוּמֶעל, נֵייעֶרְט פוּן פְרִידֶען, אַזוֹי 33
וִויא אִין אַלֶע פֶערְזַאמְלוּנְגֶען פוּן דִיא הֵיילִיגֶע׃
לָאזֶען אֵייעֶרֶע פְרוֹיעֶן אִין דִיא פֶערְזַאמְלוּנְגֶען שְׁטִיל 34
שְׁװײגֶען; װָארִין זַייא זָאלֶען נִיט רֶעדֶען, נֵייעֶרְט אוּנְטֶערְ־
טֶענִיג זַיין, אַזוֹי וִויא דִיא תּוֹרָה אוֹיךְ זָאגְט׃ אָבֶּער װֶען 35
זַייא װִילֶען עֶפֶּעס לֶערְנֶען, לָאזֶען זַייא אִין דֶער הֵיים
פְרֶעגֶען זַיירֶע אֵייגֶענֶע מֶענֶער, װָארִין עֶס אִיז אַ בּוּשָׁה
פַאר אַ פְרוֹיא צוּ רֶעדֶען אִין דֶער פֶערְזַאמְלוּנְג׃ אִיז דֶען 36
דָאס װָארְט פוּן גָאט פוּן אֵייךְ אַרוֹיסְגֶעגַאנְגֶען, אָדֶער אִיז
עֶס נוּר גֶעקוּמֶען צוּ אֵייךְ אַלֵיין? װֶען אֵיינֶער דַאכְט זִיךְ 37
אַז עֶר אִיז אַ נָבִיא אָדֶער אַ בַּאגֵייסְטֶערְטֶער, לָאז עֶר
דֶערְקֶענֶען אַז דָאס װָאס אִיךְ שְׁרֵייבּ צוּ אֵייךְ אִיז אַ
גֶעבָּאט פוּן דֶעם הַאר׃ אָבֶּער װֶען אֵיינֶער אִיז אוּנְװִיסֶענְד, 38
לָאז עֶר אוּנְװִיסֶענְד זַיין׃ דְרוּם מֵיינֶע בְּרִידֶער, בַּאגֶעהְרְט 39
שְׁטַארְק נְבוּאוֹת צוּ זָאגֶען, אוּנְד פַארְװֶעהְרְט נִיט. צוּ
רֶעדֶען מִיט לְשׁוֹנוֹת׃ לָאז אַלֶעס אָנְשְׁטֶענְדִיג אוּנְד 40
אָרְדֶענְטְלִיךְ גֶעטְהוּן װֶערֶען׃

קאפיטעל טו

נוּן לָאז אִיךְ אֵייךְ װִיסֶען, בְּרִידֶער, דִיא בְּשׂוֹרָה טוֹבָה װָאס 1
אִיךְ הָאבּ צוּ אֵייךְ גֶעפְּרֶעדִיגְט, װֶעלְכֶע אִיהְר הָאט אוֹיךְ
דֶערְהַאלְטֶען, אִין װֶעלְכֶע אִיהְר אוֹיךְ שְׁטֶעהְט׃ דוּרְךְ 2
װֶעלְכֶע אִיהְר װֶערְט אוֹיךְ גֶערֶעטֶעט װֶען אִיהְר הַאלְט
פֶעסְט דָאס װָארְט מִיט װֶעלְכֶען אִיךְ הָאבּ צוּ אֵייךְ
גֶעפְּרֶעדִיגְט, אוֹיסֶער אִיהְר הָאט אוּמְזוּסְט גֶעגְלוֹיבְּט׃
װָארִין אִיךְ הָאבּ צוּ אֵייךְ צוּעֶרְשְׁט דָאס אִיבֶּערְגֶעגֶעבֶּען, 3
װָאס אִיךְ הָאבּ אוֹיךְ דֶערְהַאלְטֶען, אַז מָשִׁיחַ אִיז
גֶעשְׁטָארְבֶּען פַאר אוּנְזֶערֶע זִינְדֶען נָאךְ דִיא שְׁרִיפְטֶען׃
אוּנְד אַז עֶר אִיז בֶּעגְרוּבֶּען גֶעװָארֶען, אוּנְד דֶעם דְרִיטֶען 4
טָאג אִיז עֶר אוֹיפְגֶעשְׁטַאנֶען נָאךְ דִיא שְׁרִיפְטֶען׃ אוּנְד 5
אַז עֶר הָאט זִיךְ בֶּעװִיזֶען צוּ כֵּיפָא, דֶערְנָאךְ צוּ דִיא
צְװֶעלְף׃ דֶערְנָאךְ הָאט עֶר זִיךְ בֶּעװִיזֶען צוּ מֶעהְר װִיא 6

פִינְף הוּנְדֶערְט בְּרִידֶער אוֹיף אַמָאל, פוּן וֶועלְכֶע דִיא
מֵייסְטֶע בְּלֵייבֶּען בִּיז אַצוּנְד, אָבֶּער עֶטְלִיכֶע זֶענֶען
7 אֵיינְגֶעשְׁלָאפֶען גֶעוָוארֶען: דֶערְנָאךְ הָאט עֶר זִיךְ בֶּעוִויזֶען
8 צוּ יַעֲקֹב, דֶערְנָאךְ צוּ אַלֶע אַפָּאסְטֶעל: אוּנְד צוּלֶעצְט
הָאט עֶר זִיךְ צוּ מִיר אוֹיךְ בֶּעוִויזֶען, אַזוֹי וִויא צוּם
9 אוּנְצֵייטִיגֶען קִינְד: וָוארוּם אִיךְ בִּין דֶער יוּנְגְסְטֶער צְוִוישֶׁען
דִיא אַפָּאסְטֶעל, אוּנְד אִיךְ בִּין נִיט וֶוערְט אֵיין
אַפָּאסְטֶעל גֶערוּפֶען צוּ וֶוערֶען, וֵוייל אִיךְ הָאבּ פֶערְ־
10 פָאלְגְט דִיא קְהִלָּה פוּן גָאט: אָבֶּער דוּרְךְ דֶער גְנָאד
פוּן גָאט בִּין אִיךְ וָואס אִיךְ בִּין, אוּנְד זֵיינֶע גְנָאד קֶעגֶען
מִיר אִיז נִיט אוּמְזוּסְט גֶעוָוארֶען, נֵייעֶרְט אִיךְ הָאבּ
מֶעהְר גֶעאַרְבֵּייט וִויא זֵייא אַלֶע, אָבֶּער נִיט אִיךְ, נֵייעֶרְט
11 דִיא גְנָאד פוּן גָאט וָואס אִיז מִיט מִיר: דְרוּם וֶוען אִיךְ
בִּין עֶס אָדֶער זֵייא, אַזוֹי הָאבֶּען מִיר גֶעפְּרֶעדִיגְט, אוּנְד
אַזוֹי הָאט אִיהְר גֶעגְלוֹיבְּט:
12 אָבֶּער וֶוען מָשִׁיחַ אִיז גֶעפְּרֶעדִיגְט, אַז עֶר אִיז אוֹיפְגֶע־
שְׁטַאנֶען פוּן דִיא טוֹיטֶע, וִויא אַזוֹי זָאגֶען עֶטְלִיכֶע פוּן
אֵייךְ אַז עֶס אִיז נִיט פַארְהַאנֶען קֵיין תְּחִיַּת הַמֵּתִים?
13 אָבֶּער וֶוען עֶס אִיז נִיט פַארְהַאנֶען קֵיין תְּחִיַּת הַמֵּתִים,
14 אַזוֹי אִיז מָשִׁיחַ אוֹיךְ נִיט אוֹיפְגֶעשְׁטַאנֶען: אוּנְד וֶוען
מָשִׁיחַ אִיז נִיט אוֹיפְגֶעשְׁטַאנֶען אַזוֹי אִיז אוּנְזֶער פְּרֶעדִיגֶען
אוּמְזוּסְט, אוּנְד אֵייעֶר גְלוֹיבֶּען אִיז אוֹיךְ אוּמְזוּסְט:
15 אוּנְד מִיר זֶענֶען אוֹיךְ אַלְס פַאלְשֶׁע עֵדוּת פוּן גָאט
גֶעפִינֶען, וֵוייל מִיר הָאבֶּען עֵדוּת גֶעזָאגְט אוֹיף גָאט אַז
עֶר הָאט דֶעם מָשִׁיחַ אוֹיפְגֶעוֶועקְט, וֶועלְכֶען עֶר הָאט
נִיט אוֹיפְגֶעוֶועקְט, וֶוען דִיא טוֹיטֶע שְׁטֶעהֶען נִיט אוֹיף:
16 וָוארִין וֶוען דִיא טוֹיטֶע שְׁטֶעהֶען נִיט אוֹיף, אַזוֹי אִיז
17 מָשִׁיחַ אוֹיךְ נִיט אוֹיפְגֶעשְׁטַאנֶען: אוּנְד וֶוען מָשִׁיחַ אִיז
נִיט אוֹיפְגֶעשְׁטַאנֶען, אַזוֹי אִיז אֵייעֶר גְלוֹיבֶּען גָארְנִיט,
18 אִיהְר זֶענְט נָאךְ אִין אֵייעֶרֶע זִינְד: אַזוֹי זֶענֶען אוֹיךְ
דִיא וָואס זֶענֶען אֵיינְגֶעשְׁלָאפֶען גֶעוָוארֶען אִין מָשִׁיחַ
19 פַארְלוֹירֶען גֶעוָוארֶען: וֶוען נוּר אִין דִיזֶען לֶעבֶּען אַלֵיין
הָאבֶּען מִיר הָאפְנוּנְג אִין מָשִׁיחַ, אַזוֹי זֶענֶען מִיר עֶלֶענְדֶער
וִויא אַלֶע מֶענְשֶׁען:

20 נוּן אָבֶער אִיז מָשִׁיחַ אוֹיפְגֶעשְׁטַאנֶען פוּן דִיא טוֹיטֶע
אַלְס דִיא עֶרְשְׁטֶע פְּרוּכְט פוּן דִיא וָואס זֶענֶען אַיינְגֶע־
21 שְׁלָאפֶען גֶעוָוארֶען: וָוארִין וֶוען דוּרְךְ אַיין מֶענְשׁ אִיז
דֶער טוֹיט, אַזוֹי אִיז דוּרְךְ אַיין מֶענְשׁ דִיא אוֹיפֶערְשְׁטֶעהוּנְג
22 פוּן דִיא טוֹיטֶע: וָוארִין גְלַייךְ ווִיא אִין אָדָם אַלֶע
שְׁטַארְבֶּען, אַזוֹי וֶועלֶען אַלֶע אִין מָשִׁיחַ לֶעבֶּעדִיג וֶוערֶען:
23 אָבֶער אִיטְלִיכֶער אִין זַיינֶע אָרְדְנוּנְג; מָשִׁיחַ אִיז דִיא
עֶרְשְׁטֶע פְּרוּכְט, דֶערְנָאךְ דִיא וָואס זֶענֶען צוּם מָשִׁיחַ
24 וֶוען עֶר הֶעט קוּמֶען: דֶערְנָאךְ דֶער סוֹף, וֶוען עֶר וֶועט
דָאס קֶענִיגְרַייךְ אִיבֶּערְגֶעבֶּען צוּ גָאט דֶעם פָאטֶער, וֶוען
עֶר וֶועט אַלֶע הֶערְשַׁאפְט אוּנְד אַלֶע גֶעוָועלְטִיגְקֵייט
25 אוּנְד מַאכְט פֶערְשְׁטֶערֶען: וָוארִין עֶר מוּז הֶערְשֶׁען בִּיז
26 עֶר וֶועט לֶעגֶען אַלֶע פֵיינְד אוּנְטֶער זַיינֶע פִיס: דֶער
לֶעצְטֶער פֵיינְד וָואס וֶועט פֶערְשְׁטֶערְט וֶוערֶען אִיז דֶער
27 טוֹיט: וָוארִין עֶר הָאט אַלֶעס אוּנְטֶער זַיינֶע פִיס אוּנְטֶערְ־
טֶענִיג גֶעמַאכְט. אָבֶער וֶוען עֶר זָאגְט אַז אַלֶעס אִיז
צוּ אִיהְם אוּנְטֶערְטֶענִיג גֶעמַאכְט, אַזוֹי אִיז עֶס קְלָאר אַז
דֶער אִיז אוֹיסְגֶענוּמֶען וֶועלְכֶער הָאט אַלֶעס צוּ אִיהְם
28 אוּנְטֶערְטֶענִיג גֶעמַאכְט: אוּנְד וֶוען אַלֶעס אִיז צוּ אִיהְם
אוּנְטֶערְטֶענִיג גֶעמַאכְט, דַאן וֶועט דֶער זוּהְן אַלֵיין אוֹיךְ
אוּנְטֶערְטֶענִיג זַיין צוּ דֶעם וָואס הָאט אַלֶעס צוּ אִיהְם
אוּנְטֶערְטֶענִיג גֶעמַאכְט, כְּדֵי גָאט זָאל זַיין אַלֶעס אִין
אַלֶעם:

29 וֶוען נִיט, וָואס וֶועלֶען דִיא טְהוּן וָואס זֶענֶען פַאר דִיא
טוֹיטֶע גֶעטוֹבַלְט? וֶוען דִיא טוֹיטֶע זָאלֶען דוּרְכְאוֹיס נִיט
אוֹיפְשְׁטֶעהֶען, וָוארוּם זֶענֶען זַייא גֶעטוֹבַלְט פַאר דִיא
30 טוֹיטֶע? וָוארוּם זֶענֶען מִיר אוֹיךְ אַלֶע שָׁעָה אִין אַ סַכָּנָה?
31 אַזוֹי ווִיא בַּייא דֶעם רִיהְמֶען פוּן אַייךְ וָואס אִיךְ הָאבּ
אִין יֵשׁוּעַ הַמָּשִׁיחַ אוּנְזֶער הַאר, אִיךְ שְׁטַארְבּ טֶעגְלִיךְ:
32 וֶוען אִיךְ הָאבּ גֶעפֶאכְטֶען אוֹיף מֶענְשְׁלִיכֶער מִדָּה מִיט
ווִילְדֶע חַיּוֹת אִין עֶפֶעזוּס, וָואס נוּצְט עֶס מִיר? וֶוען דִיא
טוֹיטֶע שְׁטֶעהֶען נִיט אוֹיף, לָאזֶען מִיר עֶסֶען אוּנְד טְרִינְקֶען
33 וָוארִין מָארְגֶען שְׁטַארְבֶּען מִיר: ישעיה כ״ב י״ג. לָאזְט
אַייךְ נִיט זֶעלְבְּסְט פַארְפִיהְרֶען; אוּמְגַאנְג מִיט שְׁלֶעכְטֶע

34 פֿאַרדאַרבֶּען גוּטֶע מִנְהָגִים: וָוערְט נִיכְטֶערְן צוּ גֶערֶעכְ־
טִיגְקֵייט, אוּנְד זִינְדִיגְט נִיט; וָוארִין עֶטְלִיכֶע הָאבֶּען נִיט
דֶערְקֶענְטְנִיס פוּן גָאט; אִיךְ זָאג דָאס צוּ אֵייעֶרֶע שַׁאנְד:
35 אָבֶּער אֵיינֶער וֶועט זָאגֶען, ווִיא אַזוֹי שְׁטֶעהֶען דִיא
טוֹיטֶע אוֹיף? אוּנְד מִיט וָואס פַאר לַייבֶּער קוּמֶען זַייא?
36 דוּא נַאר, וָואס דוּא זַייעֶסְט דָאס וֶוערְט נִיט לֶעבֶּעדִיג
37 אוֹיסֶער עֶס שְׁטַארְבְּט: אוּנְד דָאס וָואס דוּא זַייעֶסְט, זַייעֶסְט
דוּא נִיט דֶעם לֵייבּ וָואס וֶועט זַיין, נֵייעֶרְט בְּלוֹיסֶען זָאמֶען,
38 עֶס זַייא ווייץ עֶס זַייא עֶפֶּעס אַנְדֶערְשׁ: אָבֶּער גָאט גִיבְּט
אִיהְם א לֵייבּ נָאךְ זַיין ווילֶען, אוּנְד צוּ אִיטְלִיכֶען פוּן דִיא
39 זָאמֶען זַיין אֵייגֶענֶעם לֵייבּ: נִיט אַלֶעס פְלֵיישׁ אִיז דָאס
זֶעלְבִּיגֶע פְלֵיישׁ, נֵייעֶרְט אֵיינְס אִיז דָאס פְלֵיישׁ פוּן מֶענְשֶׁען,
אוּנְד אֵיין אַנְדֶערֶעס פְלֵיישׁ פוּן בְּהֵמוֹת, אוּנְד אֵיין אַנְדֶערֶעס
40 פוּן פֶעגֶעל, אוּנְד אֵיין אַנְדֶערֶעס פוּן פִישׁ: אוּנְד עֶס זֶענֶען
פַארְהַאנֶען הִימְלִישֶׁע לֵייבֶּער, אוּנְד עֶרְדִישֶׁע לֵייבֶּער;
אָבֶּער דִיא הִימְלִישֶׁע הָאבֶּען אֵיינֶע אַנְדֶערֶע הֶערְלִיכְקֵייט,
41 אוּנְד דִיא עֶרְדִישֶׁע אֵיינֶע אַנְדֶערֶע הֶערְלִיכְקֵייט: עֶס אִיז
אֵיינֶע הֶערְלִיכְקֵייט צוּ דִיא זוּן אוּנְד אֵיינֶע אַנְדֶערֶע הֶערְ־
לִיכְקֵייט צוּ דִיא לְבָנָה, אוּנְד אֵיינֶע אַנְדֶערֶע הֶערְלִיכְקֵייט
צוּ דִיא שְׁטֶערְען; וָוארִין א שְׁטֶערְן אוּנְטֶערְשֵׁיידֶעט זִיךְ
42 פוּן אַ שְׁטֶערְן אִין הֶערְלִיכְקֵייט: אַזוֹי אִיז אוֹיךְ תְּחִיַּית
הַמֵּתִים. עֶס אִיז גֶעזֵייעֶט אִין פַארְדַארְבֶּענִים, עֶס שְׁטֶעהְט
43 אוֹיף אִין אוּנְפַארְדַארְבֶּענִים: עֶס אִיז גֶעזֵייעֶט אִין שַׁאנְד,
עֶס שְׁטֶעהְט אוֹיף אִין הֶערְלִיכְקֵייט; עֶס אִיז גֶעזֵייעֶט אִין
44 שְׁוַואכְהֵייט, עֶס שְׁטֶעהְט אוֹיף מִיט מַאכְט: עֶס אִיז גֶעזֵייעֶט
אַ נַאטוּרְלִיכֶער לֵייבּ, עֶס שְׁטֶעהְט אוֹיף אַ גֵייסְטְלִיכֶער
לֵייבּ, וֶוען עֶס אִיז פַארְהַאנֶען אַ נַאטוּרְלִיכֶער לֵייבּ, אִיז
45 אוֹיךְ פַארְהַאנֶען אַ גֵייסְטְלִיכֶער לֵייבּ: אַזוֹי ווִיא עֶס שְׁטֶעהְט
אוֹיךְ גֶעשְׁרִיבֶּען, דֶער עֶרְשְׁטֶער מֶענְשׁ אָדָם אִיז גֶעוָוארֶען
אַ לֶעבֶּעדִיגֶע זֶעלֶע, דֶער לֶעצְטֶער אָדָם אִיז אַ בֶּעלֶעבֶּענְ־
46 דֶער גֵייסְט: בראשית ב׳ ז׳. אָבֶּער דָאס גֵייסְטְלִיכֶע אִיז נִיט דָאס
עֶרְשְׁטֶע נֵייעֶרְט דָאס נַאטוּרְלִיכֶע, דֶערְנָאךְ דָאס גֵייסְטְ־
47 לִיכֶע: דֶער עֶרְשְׁטֶער מֶענְשׁ אִיז פוּן דֶער עֶרְד אוּנְד אִיז
עֶרְדִישׁ, דֶער צְווייטֶער מֶענְשׁ אִיז דֶער הַאר פוּן דֶעם

48 הימעל: אזוי וויא דער ערדישער אזעלכע זענען אויך
דיא וואס זענען ערדישע, אונד אזוי וויא דער הימלישער,
49 אזעלכע זענען דיא וואס זענען הימלישע: אונד גלייך וויא
מיר האבען געטראגען דאס בילד פון דעם ערדישען,
וועלען מיר אויך טראגען דאס בילד פון דעם הימלישען:
50 אבער דאס זאג איך, ברידער, אז פלייש אונד בלוט קע־
נען ניט ירשענען דאס קעניגרייך פון גאט, אונד דיא פער־
דארבענים ירשעת אויך ניט דאס אונפערדארבענע:
51 זעה, איך זאג אייך א סוד, מיר וועלען ניט אלע איינ־
שלאפען, נור מיר וועלען אלע פערוועקסעלט ווערען:
52 פלוצלונג, אין איין אויגענבליק, ביי דעם לעצטען שופר;
ווארין מען וועט שופר בלאזען, אונד דיא טויטע וועלען
אויפשטעהען אונפערדארבליך, אונד מיר וועלען פער־
53 וועקסעלט ווערען: ווארין דיזעס פערדארבענע מוז
אנטהון אונפערדארבליכקייט, אונד דיזעס שטערבליכע
53 מוז אנטהון דיא אונשטערבליכקייט: אבער ווען דיזעס
פערדארבענע וועט אנטהון דיא אונפערדארבליכקייט,
אונד דיזעס שטערבליכע וועט אנטהון דיא אונשטערב־
ליכקייט, דאן וועט געשעהען דאס ווארט וואס איז גע־
שריבען, דער טויט איז פערשלונגען אים זיג: ישעיה כ"ה ח'.
55 א טויט, וואו איז דיין זיג? א טויט, וואו איז דיין שטאכעל?
56 הושע י"ג י"ד. דער שטאכעל פון דעם טויט איז דיא זינד,
57 אונד דיא מאכט פון דער זינד איז דאס געזעץ: אבער גאט
זייא געדאנקט דער אונס גיבט דעם זיג דורך ישוע
המשיח אונזער האר:
58 דרום מיינע געליבטע ברידער, זייט פעסט, אונבעוועגליך,
אונד מעהרט אייך בעשטענדיג אים ווערק פון דעם האר,
ווייל איהר ווייסט אז אייערע ארבייט איז ניט אומזונסט
אין דעם האר:

קאפיטעל טז

1 נון וועגען דיא נדבות וואס זענען פאר דיא הייליגע גע־
זאמעלט געווארען, גלייך וויא איך האב בעפוילען צו דיא
2 קהלה פון גאלאטיא, אזוי זאלט איהר אויך טהון: אן דעם
ערשטען טאג פון דער וואך לאז איטליכער פון אייך בייא

דער זייט לעגען, אונד לאז ער אפשפארען אזוי וויא ער
איז מצליח, כדי עס זאלען קיינע נדבות זיין ווען איך וועל
3 קומען: אונד ווען איך וועל קומען, אזוי וועל איך שיקען
מיט בריפע דיזע וואס איהר וועט אכטען, אז זייא זאלען
4 אייערע נדבה ברענגען קיין ירושלים: אונד ווען עס וועט
רעכט זיין אז איך זאל אויך געהען, אזוי זאלען זייא מיט
מיר געהען:
5 אבער איך וועל צו אייך קומען ווען איך וועל דורכגע־
העהן דורך מקדוניא ווארין איך וועל דורך מקדוניא דורכ־
6 געהען: אונד אפשר וועל איך ביא אייך בלייבען אדער
אויך איבערווינטערן, כדי איהר זאלט מיך פארטשיקען
7 וואו אהין איך וועל געהען: ווארין איך וועל אייך אצונד ניט
זעהען אויף דעם וועג; ווארין איך האף ביא אייך פאר
א צייט לאנג צו בלייבען, ווען דער האר וועט דערלויבען:
8 אבער איך וועל בלייבען אין עפעזוס ביז שבועות:
9 ווארין א גרויסע אונד מעכטיגע טהיר איז צו מיר אויפ־
געמאכט, אונד עס זענען דא פילע הידערווערטיגע:
10 נון ווען טימותיוס וועט קומען, גיבט אכטונג אז ער זאל
מיט אייך זיין אהן פארכט; ווארין ער ווירקט דאס ווערק
11 פון דעם האר אזוי וויא אויך איך: דרום לאז איהם קיינער
ניט פעראכטען; אבער שיקט איהם פארט אין פרידען,
אז ער זאל צו מיר קומען; ווארין איך ווארט אויף איהם
12 מיט דיא ברידער: אבער וועגען דעם ברודער אפאלאס,
איך האב איהם זעהר געבעטען אז ער זאל צו אייך קומען
מיט דיא ברידער; אונד עס איז גארניט געוועזען זיין
ווילען אז ער זאל אצונד קומען; אבער ער וועט קומען
ווען ער וועט א גוטע צייט האבען:
13 וואכט איהר, שטעהט פעסט אין דעם גלויבען, זייט מע־
14 נער, זייט שטארק: לאזען אלע אייערע ווערק געשעהען
אין ליבע:
15 אונד איך בעט אייך, ברידער, איהר קענט דאס הויז פון
סטעפאנוס, אז עס איז דיא ערשטע פרוכט פון אכאיא,
אונד זייא האבען זיך אפגעגעבען דיא היליגע צו בע־
16 דינען: כדי איהר זאלט אויך אונטערטעניג זיין צו אזעלכע,

אוּנְד צוּ אִיטְלִיכֶען· וָואס וִוירְקְט מִיט אוּנְס אוּנְד אַרְבַּייט:
17 אוּנְד אִיךְ פְרַייא מִיךְ אַז סְטֶעפַאנוּס אוּנְד פָארְטוּנַאטוּס
אוּנְד אַכַאיָקוּס זֶענֶען מִיט אוּנְס וָוארִין דָאס וָואס פֶעהְלְט
18 מִיר פוּן אַייךְ הָאבֶּען זַייא דֶערְפִילְט: וָוארִין זַייא הָאבֶּען
דֶערְפְרִישְׁט מַיין גֶעמִיט אוּנְד אַייעֶרְס, דְרוּם דֶערְקֶענְט
אַזֶעלְכֶע:
19 דִיא קְהִלּוֹת פוּן אַסְיָא גְרִיסֶען אַייךְ; אַקְוִוילָא אוּנְד פְּרִיסְקָא
גְרִיסֶען אַייךְ פִיל אִין דֶעם הַאר, אוּנְד אוֹיךְ דִיא פֶערְזַאמְ־
20 לוּנְג וָואס אִיז אִין זַייעֶר הוֹיז: אַלֶע בְּרִידֶער גְרִיסֶען אַייךְ;
21 גְרִיסְט אַיינֶער דֶעם אַנְדֶערֶען מִיט אַ הַיילִיגֶען קוּשׁ: דֶער
גְרוּס פוּן מִיר פּוֹלוֹס מִיט מַיין אַייגֶענֶער הַאנְד:
22 וֶוען אַיינֶער לִיבְּט נִיט דֶעם הַאר לָאז עֶר זַיין אַ חֵרֶם. מָרָן
23 אָתָא: דִיא גְנָאד פוּן דֶעם הַאר יֵשׁוּעַ זַייא מִיט אַייךְ:
24 מַיינֶע לִיבֶּע זַייא מִיט אַייךְ אַלֶע אִין יֵשׁוּעַ הַמָּשִׁיחַ. אָמֵן:

דֶער צְוֵוייטֶער בְּרִיף פוּן דֶעם
אַפָּאסְטֶעל פּוֹלוּס צוּ דִיא קָארִינְטֶער.

---

1 פּוֹלוּס אֵיין אַפָּאסְטֶעל פוּן יֵשׁוּעַ הַמָּשִׁיחַ דוּרְךְ דֶעם
וִוילֶען פוּן גָאט, אוּנְד טִימוֹתִיוּס דֶער בְּרוּדֶער, צוּ דֶער
קְהִלָּה פוּן גָאט וָואס אִיז אִין קָארִינְט מִיט אַלֶע הֵיילִיגֶע
2 וָואס זֶענֶען אִין גַאנְץ אַכַאיָא: גְנָאד זֵייא מִיט אֵייךְ אוּנְד
פְרִידֶען פוּן גָאט אוּנְזֶער פָאטֶער אוּנְד פוּן דֶעם הַאר יֵשׁוּעַ
הַמָּשִׁיחַ:
3 גֶעלוֹיבְּט זֵייא גָאט אוּנְד דֶער פָאטֶער פוּן אוּנְזֶער הַאר
יֵשׁוּעַ הַמָּשִׁיחַ, דֶער פָאטֶער פוּן בַּארְמְהֶערְצִיגְקֵייטֶען אוּנְד
4 גָאט פוּן אַלֶען טְרֵייסְט: דֶער טְרֵייסְט אוּנְס אִין אַלֶע
אוּנְזֶערֶע צָרוֹת, כְּדֵי מִיר זָאלֶען קֶענֶען טְרֵייסְטֶען דִיא
וָואס זֶענֶען אִין אַלֶערְלֵייא צָרוֹת מִיט דֶעם טְרֵייסְט מִיט
דֶעם מִיר זֶענֶען אַלֵיין פוּן גָאט גֶעטְרֵייסְט גֶעוָוארֶען:
5 וָוארִין גְלֵייךְ וִויא דִיא לֵיידֶען פוּן דֶעם מָשִׁיחַ מֶעהְרֶען זִיךְ
צוּ אוּנְס אַזוֹי מֶעהְרְט זִיךְ אוֹיךְ אוּנְזֶער טְרֵייסְט דוּרְךְ דֶעם
6 מָשִׁיחַ: אוּנְד וֶוען מִיר לֵיידֶען צָרוֹת, אִיז עֶס פַאר אֵייעֶר
טְרֵייסְט אוּנְד יְשׁוּעָה; וֶוען מִיר זֶענֶען גֶעטְרֵייסְט, אִיז עֶס
פַאר אֵייעֶר טְרֵייסְט וָואס אִיז מֶעכְטִיג אִין דֶער גֶעדוּלְד
7 פוּן דִיא זֶעלְבִּיגֶע צָרוֹת וָואס מִיר אוֹיךְ לֵיידֶען: אוּנְד
אוּנְזֶערֶע הָאפְנוּנְג פַאר אֵייךְ אִיז פֶעסְט, וָוארִין מִיר וִויסֶען
אַז גְלֵייךְ וִויא אִיהְר הָאט אַ טְהֵייל אִין דִיא לֵיידֶען, אַזוֹי
אוֹיךְ אִין דֶעם טְרֵייסְט:
8 וָוארִין מִיר וִוילֶען נִיט אַז אִיהְר זָאלְט נִיט וִויסֶען, בְּרִיי־
דֶער, וֶועגֶען אוּנְזֶערֶע צָרוֹת וָואס זֶענֶען גֶעשֶׁעהֶען אִין
אַסְיָא, אַז מִיר הָאבֶּען אִיבֶּער אוּנְזֶערֶע קְרַאפְט שְׁוֶוער
גֶעלִיטֶען, אַזוֹי אַז מִיר הָאבֶּען אַפִילוּ אוֹיף אוּנְזֶער לֶעבֶּען
9 פֶערְצְוֵוייפֶעלְט: אָבֶּער מִיר הָאבֶּען אַלֵיין אִין אוּנְס זֶעלְבְּסְט
גֶעהַאט דֶעם עֶנְטְפֶער פוּן טוֹיט, כְּדֵי מִיר זָאלֶען נִיט אִין
אוּנְס זֶעלְבְּסְט פֶערְטְרוֹיעֶן, נֵייעֶרְט אִין גָאט דֶער דִיא

10 טוֹיטֶע לֶעבֶּעדִיג מַאכְט: דֶער הָאט אוּנְס פוּן אַזוֹי אַ
גְרוֹיסֶען טוֹיט בֶּערֶעטֶעט, אוּנְד טְהוּט אוּנְס רֶעטֶען, אִין
וֶועלְכֶעם מִיר הָאפֶען אַז עֶר וֶועט אוּנְס אוֹיךְ נָאךְ רֶעטֶען:
11 וֶוען אִיהְר וֶועט אוּנְס אוֹיךְ מִיטְהֶעלְפֶען אִין אֵייעֶר גֶעבֶּעט
פַאר אוּנְס כְּדֵי דִיא מַתָּנָה צוּ אוּנְס וָואס מִיר הָאבֶּען דוּרְךְ
פִילֶע זָאלֶען פִילֶע פַאר אוּנְס דַאנְק גֶעבֶּען:
12 וָוארִין דָאס אִיז אוּנְזֶער רִיהְמֶען, דָאס בֶּעצֵייגְנִיס פוּן
אוּנְזֶער גֶעוִויסֶען, אַז מִיר הָאבֶּען אִין דֶער וֶועלְט גֶעהַאנְ-
דֶעלְט מִיט גֶעטְלִיכֶער הֵיילִיגְקֵייט אוּנְד לוֹיטֶערְקֵייט, נִיט
מִיט מֶענְשְׁלִיכֶער וֵוייזְהֵייט נֵייעֶרְט אִין דֶער גְנָאד פוּן
13 גָאט, אוּנְד בֶּעזוּנְדֶערְס קֶעגֶען אֵייךְ: וָוארִין מִיר שְׁרֵייבֶּען
אֵייךְ קֵיינֶע אַנְדֶערֶע זַאכֶען נֵייעֶרְט וָואס אִיהְר לֵיינְט
אָדֶער אוֹיךְ בֶּעקֶענְט, אוּנְד אִיךְ הָאף אַז אִיהְר וֶועט בִּיז
14 צוּם סוֹף בֶּעקֶענֶען: גְלֵייךְ וִויא אִיהְר הָאט אוּנְס אוֹיךְ
צוּם טְהֵייל בֶּעקֶענְט, אַז מִיר זֶענֶען אֵייעֶרֶע רִיהְמֶען אַזוֹי
וִויא אִיהְר אוֹיךְ זֶענְט אוּנְזֶערֶע אִים טָאג פוּן דֶעם הַאר
יֵשׁוּעַ:
15 אוּנְד אִין דִיזֶער פֶערְזִיכֶערוּנְג הָאבּ אִיךְ גֶעוָואלְט צוּ אֵייךְ
פְרִיהֶער קוּמֶען, כְּדֵי אִיהְר זָאלְט הָאבֶּען אַ צְווֵייטֶע גְנָאד:
16 אוּנְד דוּרְךְ אֵייךְ צוּ גֶעהֶען קֵיין מַקְדוֹנְיָא, אוּנְד וִוידֶער פוּן
מַקְדוֹנְיָא צוּ אֵייךְ צוּ קוּמֶען, אוּנְד פוּן אֵייךְ פָארְטְגֶעשִׁיקְט
17 צוּ וֶוערֶען קֵיין יְהוּדָה: דְרוּם וֶוען אִיךְ הָאבּ דָאס גֶעוָואלְט
בִּין אִיךְ לֵייכְטְזִינִיג גֶעוֶועזֶען? אָדֶער דָאס וָואס אִיךְ ווִינְשׁ,
ווִינְשׁ אִיךְ עֶס נָאךְ דֶעם פְלֵיישׁ, אַז עֶס זָאל בַּייא מִיר
18 זַיין יָא, יָא, אוּנְד נֵיין, נֵיין? אָבֶּער אַזוֹי וִויא גָאט אִיז
גֶעטְרֵייא, אוּנְזֶער וָוארְט צוּ אֵייךְ אִיז נִיט יָא אוּנְד נֵיין:
19 וָוארִין דֶער זוּהְן פוּן גָאט, יֵשׁוּעַ הַמָּשִׁיחַ, דֶער אִיז דוּרְךְ
אוּנְס צְווִישֶׁען אֵייךְ גֶעפְּרֶעדִיגְט, דוּרְךְ מִיר אוּנְד סִילְ-
וַואנוּס אוּנְד טִימוֹתִיוֹס, אִיז נִיט גֶעוֶועזֶען יָא אוּנְד נֵיין,
20 נֵייעֶרְט אִיז אִין אִיהְם גֶעוֶועזֶען יָא: וָוארִין וִויא עֶס
זֶענֶען פִילֶע הַבְטָחוֹת פוּן גָאט, אִין אִיהְם זֶענֶען זֵייא יָא;
דְרוּם אִיז עֶס אוֹיךְ דוּרְךְ אִיהְם אָמֵן צוּם כָּבוֹד פוּן גָאט
21 דוּרְךְ אוּנְס: אָבֶּער דֶער וָואס בֶּעפֶעסְטִיגְט אוּנְס מִיט אֵייךְ
22 אִין מָשִׁיחַ אוּנְד הָאט אוּנְס גֶעזַאלְבְּט אִיז גָאט: וֶועלְכֶער

הָאט אוּנְס אוֹיךְ פֶערְזִיגֶעלְט, אוּנְד הָאט גֶעגֶעבֶּען דִיא
פֶערְזִיכֶערוּנְג פוּן דֶעם גֵייסְט אִין אוּנְזֶערֶע הֶערְצֶער:
23 נוּן רוּף אִיךְ גָאט צוּ עֵדוּת אִיבֶּער מֵיינֶע נְשָׁמָה, אַז
אִיךְ בִּין נִיט גֶעקוּמֶען קֵיין קָארִינְט כְּדֵי אֵייךְ צוּ שׁוֹינֶען:
24 נִיט אַז מִיר הֶערְשֶׁען אִיבֶּער אֵייעֶר גְלוֹיבֶּען, נֵייעֶרְט מִיר
זֶענֶען הֶעלְפֶער פוּן אֵייעֶרֶע פְרֵייד; וָוארִין אִיהְר שְׁטֶעהְט
דוּרְךְ אֵייעֶר גְלוֹיבֶּען;

קאַפִּיטעל ב

1 אָבֶּער דָאס הָאבּ אִיךְ פַאר מִיר בֶּעשְׁלָאסֶען, אַז אִיךְ
2 זָאל נִיט וִוידֶער טְרוֹיעֶרִיג צוּ אֵייךְ קוּמֶען: וָוארִין וֶוען
אִיךְ מַאךְ אֵייךְ טְרוֹיעֶרִיג, וֶוער מַאכְט מִיךְ דֶען פְרֶעהְלִיךְ
חוּץ דֶער וָואס אִיז דוּרְךְ מִיר טְרוֹיעֶרִיג גֶעוָוארֶען?
3 אוּנְד אִיךְ הָאבּ אֵייךְ דָאס זֶעלְבִּיגֶע גֶעשְׁרִיבֶּען, כְּדֵי וֶוען
אִיךְ וֶועל קוּמֶען זָאל אִיךְ נִיט טְרוֹיעֶרִיג וֶוערֶען פוּן דִיא
פוּן וֶועלְכֶע אִיךְ זָאל פְרֵייד הָאבֶּען, וַוייל אִיךְ בִּין אוֹיף
אֵייךְ אַלֶע פֶערְזִיכֶערְט אַז מֵיינֶע פְרֵייד אִיז דִיא פְרֵייד
4 פוּן אֵייךְ אַלֶע: וָוארִין אִיךְ הָאבּ אֵייךְ גֶעשְׁרִיבֶּען מִיט
פִיל טְרֶערֶען אִין גְרוֹיסֶער צָרָה אוּנְד אַנְגְסְט פוּן הַארְץ,
נִיט כְּדֵי אִיהְר זָאלְט טְרוֹיעֶרִיג זַיין, נֵייעֶרְט אִיהְר זָאלְט
דִיא גְרוֹיסֶע לִיבֶּע וִויסֶען וָואס אִיךְ הָאבּ נָאךְ מֶעהְר צוּ
אֵייךְ:
5 אָבֶּער וֶוען אִימִיצֶער הָאט טְרוֹיעֶרִיג גֶעמַאכְט, אַזוֹי הָאט
עֶר מִיךְ נִיט טְרוֹיעֶרִיג גֶעמַאכְט, נֵייעֶרְט צוּם טְהֵייל
6 אֵייךְ אַלֶע, כְּדֵי אִיךְ זָאל אֵייךְ נִיט שְׁוֶוער דְרִיקֶען: דִיזֶע
שְׁטְרָאף וָואס אִיז פוּן פִילֶע אִיז גֶענוּג פַאר אַזֶעלְכֶען:
7 אַזוֹי אַז אוּמְגֶעקֶעהְרְט אִיהְר זָאלְט אִיהְם לִיבֶּער פֶערְגֶעבֶּען
אוּנְד טְרֵייסְטֶען, כְּדֵי אַזֶעלְכֶער זָאל נִיט אִין צוּ פִיל
8 טְרוֹיעֶרְקֵייט פֶערְזִינְקֶען: דְרוּם בֶּעט אִיךְ אֵייךְ, אַז אִיהְר
9 זָאלְט אִיהְם אֵייעֶרֶע לִיבֶּע בֶּעפֶעסְטִיגֶען: וָוארִין פוּן
דֶעסְטְוֶועגֶען הָאבּ אִיךְ אוֹיךְ גֶעשְׁרִיבֶּען, כְּדֵי אִיךְ זָאל
אֵייעֶרֶען בֶּעוַויז וִויסֶען, אוֹיבּ אִיהְר זֶענְט אִין אַלֶע זַאכֶען
10 גֶעהָארְזַאם: וֶועמֶען אִיהְר פֶערְגִיבְּט עֶפֶּעס, אַזוֹי פֶערְגִיבּ
אִיךְ אוֹיךְ; וָוארִין וֶוען אִיךְ הָאבּ עֶפֶּעס פֶערְגֶעבֶּען, הָאבּ
אִיךְ עֶס פוּן אֵייעֶרְטְוֶועגֶען פֶערְגֶעבֶּען אִין דֶעם מָשִׁיחַ:

11 כְּדֵי מִיר זָאלֶען נִיט אִיבֶּערְפָאָרְטְהֵיילְט וָוערֶען פוּן דָעם
שָׂטָן: וָוארִין מִיר זֶענֶען נִיט אוּנְבֶּעקַאנְט מִיט זַיינֶע
גֶעדַאנְקֶען:
12 אָבֶּער וָוען אִיךְ בִּין גֶעקוּמֶען קַיין טְרוֹאַס מַחֲמַת דָער
בְּשׂוֹרָה טוֹבָה פוּן מָשִׁיחַ, אוּנְד אַ טְהִיר אִיז צוּ מִיר אוּפְ־
13 גֶעמַאכְט גֶעוָוארֶען אִין דָעם הַאר: הָאבּ אִיךְ קַיינֶע דָער־
קְוִויקוּנְג גֶעהַאט אִין מַיין גֶעמִיט, וַוייל אִיךְ הָאבּ מַיין
בְּרוּדֶער טִיטוֹס נִיט גֶעפִינֶען, נֵייעֶרְט אִיךְ הָאבּ מִיךְ מִיט
זַייא בֶּעזֶעגֶענְט אוּנְד בִּין אַוֶועקְגֶעגַאנְגֶען קַיין מַקְדוֹנְיָא:
14 נוּן גָאט זַייא גֶעדַאנְקְט דָער אוּנְס פִירְט בֶּעשְׂטֶענְדִיג
אִין זִיג אִין דָעם מָשִׁיחַ, אוּנְד אַנְטְפְּלֶעקְט דוּרְךְ אוּנְס
דָעם גֶעשְׂמַאק פוּן זַיינֶע דֶערְקֶענְטְנִיס אִין אַלֶע עָרְטֶער:
15 וָוארִין מִיר זֶענֶען צוּ גָאט אַ ווֹאוֹילְגֶעשְׂמַאק פוּן מָשִׁיחַ
אִין דִיא וָואס וֶוערֶען גֶערֶעטֶעט אוּנְד אִין דִיא וָואס
16 וֶוערֶען פֶערְלוֹירֶען: צוּ דִיא אֵיינֶע זֶענֶען מִיר אַ גֶע־
שְׂמַאק פוּן טוֹיט צוּם טוֹיט, אָבֶּער צוּ דִיא אַנְדֶערֶע אַ
גֶעשְׂמַאק פוּן לֶעבֶּען צוּם לֶעבֶּען. אוּנְד וֶוער טוֹיג צוּ
17 דִיזֶע זַאכֶען? וָוארִין מִיר זֶענֶען נִיט גְלֵייךְ וִויא פִילֶע
וָואס פַארְפֶעלְשֶׁען דָאס וָוארְט פוּן גָאט, נֵייעֶרְט אַזוֹי וִויא
אוֹיס לוֹיטֶערְקַייט, אוּנְד אַזוֹי וִויא פוּן גָאט רֶעדֶען מִיר
פָאר גָאט אִין מָשִׁיחַ:

קאַפִּיטֶעל ג

1 הֶעבֶּען מִיר וִוידֶער אָן זִיךְ זֶעלְבְּסְט צוּ עֶמְפֶּעהְלֶען?
אָדֶער בֶּעדַארְפֶען מִיר, גְלֵייךְ וִויא עֶטְלִיכֶע לַייט, עֶמְ־
2 פֶּעהְלְבְּרִיף צוּ אֵייךְ אָדֶער פוּן אֵייךְ? אִיהְר זֶענְט אוּנְ־
זֶערֶע בְּרִיף, גֶעשְׁרִיבֶּען אִין אוּנְזֶערֶע הֶערְצֶער, גֶעלֵיינְט
3 אוּנְד דֶערְקֶענְט פוּן אַלֶע מֶענְשֶׁען: אִיהְר זֶענְט בֶּעקַאנְט
גֶעמַאכְט אַז אִיהְר זֶענְט דָער בְּרִיף פוּן מָשִׁיחַ וָואס אִיז
צוּגֶעבְּרֵייט דוּרְךְ אוּנְס, אוּנְד אִיז גֶעשְׁרִיבֶּען נִיט מִיט
טִינְט נֵייעֶרְט מִיט דָעם גֵייסְט פוּן דָעם לֶעבֶּעדִיגֶען גָאט,
נִיט אוֹיף שְׁטֵיינֶערְנֶע לוּחוֹת, נֵייעֶרְט אוֹיף דִיא פְלֵיישֶׁערְנֶע
לוּחוֹת פוּן דָעם הַארְץ:
4 אוּנְד אַזֶעלְכֶעס פֶערְטְרוֹיעֶן הָאבֶּען מִיר צוּ גָאט דוּרְךְ
5 דָעם מָשִׁיחַ: נִיט אַז מִיר זֶענֶען אִים שְׁטַאנְד עֶפֶּעס פוּן

אוּנְס זֶעלְבְּסְט צוּ יְדֶענְקֶען, אַזוֹי וִויא פוּן אוּנְס זֶעלְבְּסְט,
6 נֵייעֶרְט אוּנְזֶערֶע טוֹיגְלִיכְקֵייט אִיז פוּן נָאט: וֶועלְכֶער
הָאט אוּנְס גֶעמַאכְט טוֹיגְלִיכֶע דִינֶער פוּן דֶעם נֵייעֶם
בּוּנְד, נִיט פוּן דֶעם בּוּכְשְׁטַאבּ נֵייעֶרְט פוּן דֶעם גֵייסְט;
וָוארִין דֶער בּוּכְשְׁטַאבּ טֶעטֶעט, אָבֶּער דֶער גֵייסְט מַאכְט
7 לֶעבֶּעדִיג: אָבֶּער וֶוען דֶער דִינְסְט פוּן דֶעם טוֹיט, וָואס
אִיז דוּרְךְ בּוּכְשְׁטַאבֶּען אוֹיסְגֶעקְרִיצְט אִין שְׁטֵיינֶער, אִיז
גֶעוֶועזֶען מִיט הֶערְלִיכְקֵייט, אַזוֹי אַז דִיא קִינְדֶער פוּן
יִשְׂרָאֵל הָאבֶּען נִיט גֶעקָאנְט אָנְזֶעהֶען דָאס פָּנִים פוּן
משֶׁה וֶועגֶען דֶער הֶערְלִיכְקֵייט פוּן זֵיין פָּנִים וָואס אִיז
8 צוּם פֶערְגֶעהֶען: וִויא אַזוֹי זָאל נִיט דֶער דִינְסְט פוּן דֶעם
9 גֵייסְט פִיל מֶעהְר זֵיין מִיט הֶערְלִיכְקֵייט? וָוארִין וֶוען דֶער
דִינְסְט פוּן דֶעם פֶערְשׁוּלְדֶען אִיז הֶערְלִיךְ, פִיל מֶעהְר
דֶערְלַאנְגְט גְרֶעסֶערֶע הֶערְלִיכְקֵייט דֶער דִינְסְט פוּן דֶער
10 גֶערֶעכְטִיגְקֵייט: וָוארִין אוֹיךְ דָאס פֶערְהֶערְלִיכְטֶע אִיז
צוּם טְהֵייל נִיט הֶערְלִיךְ גֶעוֶועזֶען, דוּרְךְ דֶער פִיל גְרֶע־
11 סֶערֶער הֶערְלִיכְקֵייט: וָוארִין וֶוען דָאס וָואס אִיז צוּם
פֶערְגֶעהֶען אִיז הֶערְלִיךְ, וִויא פִיל מֶעהְר אִיז דָאס וָואס
בְּלֵייבְּט מִיט הֶערְלִיכְקֵייט?
12 דְרוּם וֵוייל מִיר הָאבֶּען אַזֶעלְכֶע הָאפְנוּנְג רֶעדֶען מִיר
13 מִיט פִיל פְרֵייהֵייט: אוּנְד נִיט גְלֵייךְ וִויא משֶׁה וָואס
הָאט אִיבֶּער זַיין פָּנִים גֶעלֶעגְט אַ שְׁלֵייעֶר, כְּדֵי דִיא קִינְ־
דֶער פוּן יִשְׂרָאֵל זָאלֶען נִיט אָנְזֶעהֶען דָאס עֶנְד פוּן
14 דֶעם וָואס אִיז צוּם פֶערְגֶעהֶען: נֵייעֶרְט זֵייעֶרֶע גֶע־
דַאנְקֶען זֶענֶען פֶערְהַארְטֶעט גֶעוָוארֶען; וָוארִין בִּיז צוּם
הֵיינְטִיגֶען טָאג בְּלֵייבְּט דֶערְזֶעלְבִּיגֶער שְׁלֵייעֶר נִיט אוֹיפְ־
גֶעדֶעקְט אִים לֵיינֶען פוּן דֶעם אַלְטֶען בּוּנְד, וָוארִין אִין
15 מָשִׁיחַ אִיז עֶר אָפְּגֶעטְהוּן: אָבֶּער בִּיז צוּם הֵיינְטִיגֶען טָאג
לִיגְט דֶער שְׁלֵייעֶר אִיבֶּער זֵייעֶר הַארְץ וֶוען משֶׁה אִיז
16 גֶעלֵיינְט: אָבֶּער וֶוען עֶס וֶועט זִיךְ אוּמְקֶעהְרֶען צוּם
17 הַאר, אִיז דֶער שְׁלֵייעֶר אַוֶועקְגֶענוּמֶען: נוּן דֶער הַאר אִיז
דֶער גֵייסְט; אוּנְד וְואוּ דֶער גֵייסְט פוּן דֶעם הַאר אִיז,
18 דָא אִיז פְרֵייהֵייט: אָבֶּער מִיר אַלֶע זֶעהֶען מִיט אֵיין
אוֹיפְגֶעדֶעקְט פָּנִים דִיא הֶערְלִיכְקֵייט פוּן דֶעם הַאר גְלֵייךְ

וויא אין א שפיגעל, אונד זענען פארענדערט צו דעם־
זעלביגען בילד פון הערליכקייט צו הערליכקייט, גאנץ
אזוי וויא דורך דעם גייסט פון דעם האר:

קאפיטעל ד

1 דעסטוועגען וויל מיר האבען דיזען דינסט, אזוי וויא
מיר האבען דערהאלטען בארעמהערציגקייטען, זענען
2 מיר ניט מיד: אבער מיר האבען אפגעזאגט דיא פער־
בארגענע שענדליכע זאכען, אונד געהען ניט ארום מיט
בעזהייט, אונד פארפעלשען ניט דאס ווארט פון גאט,
נייערט מיר עמפעהלען אונס זעלבסט דורך דעם אנט־
פלעקען פון דער וואהרהייט צום געוויסען פון אלע
3 מענשען פאר גאט: אונד ווען אפילו אונזערע בשורה
טובה איז פערהילט, איז עס פערהילט צווישען דיא
4 וואס זענען פערלוירען: אין וועלכע דער גאט פון דיזער
וועלט האט פערבלענדעט דיא געדאנקען פון דיא אונ־
גלויביגע, כדי דאס ליכט פון דער בשורה טובה פון
דער הערליכקייט פון משיח, דער איז דאס בילד פון
5 גאט, זאל ניט אויף זייא שטראהלען: ווארין מיר פרע־
דיגען ניט אונס זעלבסט, נייערט דעם האר ישוע המשיח,
אונד מיר זעלבסט זענען אייערע קנעכט פון ישוע'ס
6 וועגען: ווארין דער גאט וועלכער האט געזאגט לאז
ליכט אויס דער פינסטערניס לייכטען, ער האט געלייכט
אין אונזערע הערצער, כדי צו געבען דאס ליכט פון
דער דערקענטניס פון דער הערליכקייט פון גאט אין דעם
פנים פון ישוע המשיח:
7 אבער מיר האבען דיזען אוצר אין ערדענע כלים, כדי
דיא זעהר הויכע מאכט זאל זיין פון גאט אונד ניט פון
8 אונס: אין אלעם ליידען מיר אבער מיר זענען ניט אין
אנגסט, מיר האבען נויט אבער מיר זענען ניט פער־
9 צווייפעלט: מיר זענען פערפאלגט אבער ניט פערלאזט,
10 אנידערגעשלאגען אבער ניט אומגעבראכט: מיר טראגען
בעשטענדיג ארום אין דעם לייב דאס שטארבען פון
דעם האר ישוע, כדי דאס לעבען פון ישוע זאל אויך
אין אונזער שטערבליכען לייב אנטפלעקט ווערען:

11 וָוארִין מִיר וָואס לֶעבֶּען וֶוערֶען בֶּעשְׁטֶענְדִיג אִיבֶּערְגֶע־
גֶעבֶּען צוּם טוֹיט וֶועגֶען יֵשׁוּעַ, כְּדֵי דָאס לֶעבֶּען פוּן
יֵשׁוּעַ זָאל אוֹיךְ אִין אוּנְזֶערֶען שְׁטֶערְבְּלִיכֶען פְלֵיישׁ
12 אַנְטְפְּלֶעקְט וֶוערֶען: דֶען אַזוֹי ווִירְקְט דֶער טוֹיט אִין
13 אוּנְס, אָבֶּער דָאס לֶעבֶּען אִין אֵייךְ: אוּנְד ווייל מִיר
הָאבֶּען דֶעם זֶעלְבִּיגֶען גֵייסְט פוּן גְלוֹיבֶּען, אַזוֹי ווִיא עֶס
שְׁטֶעהְט גֶעשְׁרִיבֶּען, אִיךְ הָאבּ גֶעגְלוֹיבְּט דְרוּם הָאבּ אִיךְ
גֶערֶעדְט, מִיר גְלוֹיבֶּען אוֹיךְ דְרוּם רֶעדֶען מִיר אוֹיךְ:
14 וָוארִין מִיר ווִיסֶען אַז דֶער וָואס הָאט אוֹיפְגֶעוֶועקְט דֶעם
הַאר יֵשׁוּעַ וֶועט אוּנְס אוֹיךְ אוֹיפְוֶועקֶען דוּרךְ יֵשׁוּעַ,
15 אוּנְד וֶועט אוּנְס מִיט אֵייךְ פָארְשְׁטֶעלֶען: וָוארִין אַלֶע
זַאכֶען זֶענֶען פוּן אֵייעֶרְטְוֶועגֶען, כְּדֵי דִיא גְנָאד זָאל דוּרךְ
פִילֶע פֶערְמֶעהְרֶען אוּנְד זָאל גוֹרֵם זֵיין דָאס גְרֶעסְטֶע דַאנְ־
קֶען צוּם כָּבוֹד פוּן גָאט:
16 דְרוּם זֶענֶען מִיר נִיט מִיד, נֵייעֶרְט חָאטְשֶׁע אוּנְזֶער אוֹי־
סֶערְלִיכֶער מֶענְשׁ וֶוערְט פֶערְדָארְבֶּען, וֶוערְט דָאךְ דֶער
17 אִינֶערְלִיכֶער פוּן טָאג צוּ טָאג דֶערְנַייעֶרְט: וָוארִין אוּנְ־
זֶערֶע גְרִינְגֶע צָרָה וָואס אִיז נוּר פַאר אֵיין אוֹיגֶענְבְּלִיק
ווִירְקְט פַאר אוּנְס אַ פִיל מֶעהְר ווִיכְטִיגֶע אוּנְד עֶבִּיגֶע
18 הֶערְלִיכְקֵייט: אִינְדֶעם מִיר קוּקֶען נִיט אוֹיף דִיא זַאכֶען
וָואס זֶענֶען גֶעזֶעהֶען, נֵייעֶרְט אוֹיף דִיא וָואס זֶענֶען נִיט
גֶעזֶעהֶען; וָוארִין דִיא זַאכֶען וָואס זֶענֶען גֶעזֶעהֶען זֶענֶען
נוּר פַאר אַ צֵייט, אָבֶּער דִיא וָואס זֶענֶען נִיט גֶעזֶעהֶען
זֶענֶען אוֹיף עֶבִּיג:

קאפיטעל ה

1 וָוארִין מִיר ווִיסֶען אַז וֶוען אוּנְזֶער עֶרְדִישֶׁעס הוֹיז פוּן
דֶעם גֶעצֶעלְט וֶועט צוּשְׁטֶערְט וֶוערֶען, הָאבֶּען מִיר אַ
גֶעבֵּייד פוּן גָאט, אַ הוֹיז וָואס אִיז נִיט גֶעמַאכְט מִיט
2 הֶענְד, אֵיין עֶבִּיגֶעס אִים הִימֶעל: וָוארִין אִין דִיזֶען זִיפְצֶען
מִיר, אוּנְד בֶּעגֶעהְרֶען זֶעהְר גֶעקְלֵיידֶעט צוּ וֶוערֶען מִיט
3 אוּנְזֶער הוֹיז וָואס אִיז פוּן דֶעם הִימֶעל: וֶוען אוֹיךְ מִיר
וֶועלֶען אָנְגֶעקְלֵיידֶעט וֶוערֶען וֶועלֶען מִיר נִיט נַאקֶעט
4 גֶעפִינֶען וֶוערֶען: וָוארִין מִיר אוֹיךְ וָואס זֶענֶען אִים
גֶעצֶעלְט זִיפְצֶען וֶועגֶען דֶער לַאסְט, ווייל מִיר ווִילֶען

נִיט אוֹיסְגֶעקְלֵיידֶעט וֶוערֶען נַייעֶרְט אָנְגֶעקְלֵיידֶעט, כְּדֵי
דָאס שְׁטֶערְבְּלִיכֶע זָאל פֶּערְשְׁלוּנְגֶען וֶוערֶען פוּן דֶעם
5 לֶעבֶּען: אָבֶּער דֶער וֶועלְכֶער הָאט אוּנְס דֶערְצוּ גֶע־
ווִירְקְט אִיז גָאט, דֶער אוּנְס הָאט גֶעגֶעבֶּען דֶעם עֲרָבוֹן
6 פוּן דֶעם גֵייסְט: דְרוּם הָאבֶּען מִיר בֶּעשְׁטֶענְדִיג גוּטֶען
מוּטְה, אוּנְד ווִיסֶען אַז וֶוען מִיר זֶענֶען אִין דֶערְהֵיים אִים
7 לֵייבּ זֶענֶען מִיר אַוֶועק פוּן דֶעם הַאר: וָוארִין מִיר
8 וַואנְדְלֶען דוּרְךְ גְלוֹיבֶּען נִיט דוּרְךְ זֶעהֶען: אָבֶּער מִיר
הָאבֶּען גוּטֶען מוּטְה אוּנְד ווִינְשֶׁען לִיבֶּער אַוֶועק צוּ
זַיין פוּן דֶעם לֵייבּ אוּנְד אִין דֶערְהֵיים צוּ זַיין מִיט דֶעם
9 הַאר: דְרוּם זֶענֶען מִיר אוֹיךְ אֵייפְרִיג, אוֹיבּ מִיר זֶענֶען
אִין דֶערְהֵיים אָדֶער אַוֶועק, אַז מִיר זָאלֶען אִיהְם ווָאוֹילְ־
10 גֶעפֶעלֶען: וָוארִין מִיר מוּזֶען אַלֶע אַנְטְפְּלֶעקְט וֶוערֶען
פָאר דֶעם רִיכְטֶערְשְׁטוּהְל פוּן דֶעם מָשִׁיחַ, כְּדֵי אִיטְלִיכֶער
זָאל דֶערְהַאלְטֶען דִיא זַאכֶען פוּן דֶעם לֵייבּ נָאכְדֶעם וִויא
עֶר הָאט בֶּעטְהוּן, אוֹיבּ עֶס אִיז גוּטֶעס אָדֶער שְׁלֶעכְטֶעס:
11 דְרוּם ווַייל מִיר קֶענֶען דִיא פוּרְכְט פוּן דֶעם הַאר, אַזוֹי
רֶעדֶען מִיר אָן מֶענְשֶׁען, אָבֶּער מִיר זֶענֶען אַנְטְפְּלֶעקְט צוּ
גָאט; אוּנְד אִיךְ הָאףּ אַז מִיר זֶענֶען אוֹיךְ אִין אֵייעֶר
12 גֶעוִויסֶען אַנְטְפְּלֶעקְט גֶעוָוארֶען: מִיר עֶמְפֶּעהְלֶען אוּנְס נִיט
ווִידֶער צוּ אֵייךְ, נַייעֶרְט מִיר גֶעבֶּען אֵייךְ אַ גֶעלֶעגֶענְהֵייט
אַז אִיהְר זָאלְט אֵייךְ רִיהְמֶען וֶועגֶען אוּנְס, כְּדֵי אִיהְר
זָאלְט הָאבֶּען אֵיין עֶנְטְפֶער צוּ דִיא וָואס רִיהְמֶען זִיךְ אִים
13 אוֹיסְזֶעהֶען אוּנְד נִיט אִים הַארְצֶען: וָוארִין אוֹיבּ מִיר
זֶענֶען אוֹיסֶער זִיךְ, אִיז עֶס צוּ גָאט; אוֹיבּ מִיר זֶענֶען
14 בַּיים שֵׂכֶל, אִיז עֶס פוּן אֵייעֶרְט וֶועגֶען: וָוארִין דִיא לִיבֶּע
פוּן דֶעם מָשִׁיחַ דְרֶענְגְט אוּנְס, ווַייל מִיר רִיכְטֶען אַזוֹי אַז
אֵיינֶער אִיז פַאר אַלֶע גֶעשְׁטָארְבֶּען; דְרוּם זֶענֶען אַלֶע
15 גֶעשְׁטָארְבֶּען: אוּנְד אַז עֶר אִיז פַאר אַלֶע גֶעשְׁטָארְבֶּען,
כְּדֵי דִיא וָואס לֶעבֶּען זָאלֶען נִיט מֶעהְר צוּ זִיךְ אַלֵיין
לֶעבֶּען, נַייעֶרְט צוּ אִיהְם וֶועלְכֶער אִיז פַאר זַייא
גֶעשְׁטָארְבֶּען אוּנְד אִיז ווִידֶער אוֹיפְגֶעשְׁטַאנֶען:
16 דְרוּם פוּן אַצוּנְד אָן קֶענֶען מִיר קֵיינֶעם נִיט נָאךְ דֶעם
פְלֵייש; וֶוען אַפִילוּ מִיר הָאבֶּען מָשִׁיחַ גֶעקֶענְט נָאךְ דֶעם

פְלֵיישׁ, אָבֶּער אַצוּנְד קֶענֶען מִיר אִיהְם נִיט מֶעהְר:
17 אַזוֹי דֶען וֶוען אֵיינֶער אִיז אִין מָשִׁיחַ, אִיז עֶר אַ נֵייעֶ
בֶּעשֶׁעפֶּענִים; דִיא אַלְטֶע זַאכֶען זֶענֶען פַארְבֵּייא גֶעגַאנְגֶען,
18 זֶעה, זַייא זֶענֶען נֵייא גֶעוָוארֶען: אוּנְד אַלֶע זֶענֶען פוּן
גָאט, דֶער אוּנְס הָאט מִיט זִיךְ דוּרְךְ יֵשׁוּעַ הַמָשִׁיחַ מְכַפֵּר
גֶעוֶועזֶען, אוּנְד הָאט אוּנְס גֶעגֶעבֶּען דֶעם דִינְסְט פוּן.דֶער
19 פֶערְזֶעהוּנְג: דְהַיְנוּ אַז גָאט הָאט דִיא וֶועלְט מִיט זִיךְ
פֶערְזֶעהְנְט אִין מָשִׁיחַ, אוּנְד הָאט זַייא נִיט צוּגֶערֶעכֶענְט
זֵייעֶרֶע עֲבֵירוֹת, אוּנְד הָאט אוּנְס אִיבֶּערְגֶעגֶעבֶּען דָאס
20 וָוארְט פוּן דֶער פֶערְזֶעהְנוּנְג: דְרוּם זֶענֶען מִיר שְׁלוּחִים
וֶועגֶען מָשִׁיחַ, גְלֵייךְ וִויא גָאט וָואלְט אֵייךְ דוּרְךְ אוּנְס
גֶעבֶּעטֶען; מִיר בֶּעטֶען אֵייךְ פוּן מָשִׁיחַ'ס וֶועגֶען זַייט
21 פֶערְזֶעהֶענְט מִיט גָאט: דֶער וֶועלְכֶער הָאט קֵיינֶע זִינְד
גֶעקֶענְט הָאט עֶר גֶעמַאכְט אַלְס זִינְד פַאר אוּנְס, כְּדֵי מִיר
זָאלֶען אִין אִיהְם וֶוערֶען דִיא גֶערֶעכְטִיגְקֵייט פוּן גָאט:

קאַפּיטעל ו

1 אוּנְד מִיר זֶענֶען זַיינֶע מִיטְאַרְבֵּייטֶער אוּנְד בֶּעטֶען אֵייךְ
אַז אִיהְר זָאלְט נִיט אוּמְזוּסְט דֶערְהַאלְטֶען דִיא גְנָאד פוּן
2 גָאט: וָוארִין עֶר זָאגְט,

„אִיךְ הָאבּ דִיךְ אִין אַ בֶּעוִוילִיגְטֶע צֵייט גֶעהֶערְט, אוּנְד
אִין אַ טָאג פוּן יְשׁוּעָה הָאבּ אִיךְ דִיר גֶעהָאלְפֶען“:

ישעיה מ"ט ח׳.

זֶעה, אַצוּנְד אִיז דִיא בֶּעוִוילִיגְטֶע צֵייט, זֶעה, אַצוּנְד אִיז
3 דֶער טָאג פוּן יְשׁוּעָה: מִיר גֶעבֶּען אִין קֵיין שׁוּם זַאךְ
קֵיין אָנְשְׁטוֹיס, כְּדֵי דֶער דִינְסְט זָאל נִיט צוּ שַׁאנְד וֶוערֶען:
4 נֵייעֶרְט אִין אַלֶעם בֶּעוֵוייזֶען מִיר זִיךְ וִויא דִיא דִינֶער פוּן
גָאט, אִין פִיל גֶעדוּלְד, אִין לֵיידֶען, אִין דֶער נוֹיט, אִין
5 אַנְגְסְטֶען: אִין שְׁלֶעג, אִין גֶעפֶענְגְנִיסֶען, אִין מְרִידוֹת, אִין
6 אַרְבֵּייטֶען, אִין וַואכֶען, אִין פַאסְטֶען: אִין רֵיינְהַייט, אִין
דֶערְקֶענְטְנִיס, אִין לַאנְגְמוּטִיגְקֵייט, אִין גוּטִיגְקֵייט, אִים רוּחַ
7 הַקוֹדֶשׁ, אִין לִיבֶּע אָהְן חֲנִיפָה: אִים וָוארְט פוּן וָואהְרְהֵייט,
אִין דֶער מַאכְט פוּן גָאט; דוּרְךְ דִיא וָואפֶען פוּן גֶערֶעכְ־
טִיגְקֵייט צוּ דִיא רֶעכְטֶע הַאנְד אוּנְד צוּ דִיא לִינְקֶע:
8 דוּרְךְ כָּבוֹד אוּנְד שַׁאנְד, דוּרְךְ אַ שְׁלֶעכְטֶען נָאמֶען אוּנְד אַ

גוּטֶען נָאמֶען; וִויא פַארְפִיהְרֶער, אוּנְד דָאךְ וָואהְרְהַאפְטִיג:
וִויא אוּנְבֶּעקַאנְט, אוּנְד דָאךְ גוּט בֶּעקַאנְט, וִויא שְׁטַארְ־ 9
בֶּענְדִיגֶע, אוּנְד זֶעה מִיר לֶעבֶּען, וִויא גֶעשְׁטְרָאפְט אוּנְד
נִיט אוּמְגֶעבְּרַאכְט: וִויא טְרוֹיעֶרִיגֶע אוּנְד דָאךְ בֶּעשְׁטֶענְדִיג 10
פְרֶעלִיךְ, וִויא אָרְמֶע לַייט, אוּנְד דָאךְ מַאכֶען מִיר פִילֶע
רַייךְ, וִויא דִיא וָואס הָאבֶּען גָארְנִיט אוּנְד פֶערְמָאגֶען
אַלֶע זַאכֶען:
אָ אִיהְר קָארִינְטֶער, אוּנְזֶער מוֹיל אִיז צוּ אַייךְ אוֹיפְגֶעמַאכְט, 11
אוּנְזֶער הַארְץ אִיז בְּרֵייט: אִיהְר זֶענְט נִיט עֶנְג גֶעמַאכְט 12
אִין אוּנְס, נֵייעֶרְט אִיהְר זֶענְט בֶּעעֶנְגְט אִין אֵייעֶרֶע
אֵייגֶענֶע גֶעדֶערְם: אָבֶּער מִיט דִיא זֶעלְבִּיגֶע פַארְגֶעלְטוּנְג, 13
אִיךְ רֶעד וִויא צוּ קִינְדֶער, זַייט אִיהְר אוֹיךְ דֶערְוַוייטֶערְט:
זַייט נִיט וִויא זֶעלְכֶע וָואס שְׁלֶעפֶּען אַ פְרֶעמְדֶעס יָאךְ 14
מִיט אוּנְגְלוֹיבִּיגֶע; וָוארִין וָואס פַאר אַ חַבְרוּתָה הָאט
דִיא גֶערֶעכְטִיגְקֵייט מִיט דֶער אוּנְגֶערֶעכְטִיגְקֵייט? אוּנְד
וָואס פַאר אַ גֶעמֵיינְשַׁאפְט הָאט דָאס לִיכְט מִיט דֶער
פִינְסְטֶערְנִיס? אוּנְד וָואס פַאר אֵיין אַחְדוּת אִיז דָא 15
צְוִוישֶׁען דֶעם מָשִׁיחַ אוּנְד בְּלִיַעל? אָדֶער וָואס פַאר אַ
חֵלֶק הָאט אַ גְלוֹיבִּיגֶער מִיט אֵיין אוּנְגְלוֹיבִּיגֶען?
אוּנְד וָואס פַאר אֵיינִיגְקֵייט הָאט דֶער טֶעמְפֶּעל פוּן גָאט 16
מִיט אָפְּגֶעטֶער? וָוארִין מִיר זֶענֶען דֶער טֶעמְפֶּעל פוּן
דֶעם לֶעבֶּעדִיגֶען גָאט; אַזוֹי וִויא גָאט הָאט גֶעזָאגְט,
„אִיךְ וֶועל צְוִוישֶׁען זַייא וְואוֹינֶען אוּנְד הַאנְדְלֶען, אוּנְד
אִיךְ וֶועל זַיין זַייעֶר גָאט אוּנְד זַייא וֶועלֶען זַיין מֵיין
פָאלְק: יחזקאל ל״ז כ״ז. דְרוּם קוּמְט אַרוֹיס פוּן צְוִוישֶׁען 17
זַייא אוּנְד שֵׁיידֶעט אֵייךְ אָפּ, זָאגְט דֶער הַאר, אוּנְד
רִיהְרְט נִיט אָן אַ שׁוּם אוּנְרֵיינֶע זַאךְ; אוּנְד אִיךְ וֶועל
אֵייךְ אוֹיפְנֶעמֶען: ירמיה נ״א מ״ה; ישעיה נ״ב י״א.
אוּנְד וֶועל צוּ אֵייךְ זַיין אַלְס אַ פָאטֶער, אוּנְד אִיהְר וֶועט 18
זַיין צוּ מִיר אַלְס זִיהְן אוּנְד טֶעכְטֶער, זָאגְט דֶער
אַלְמֶעכְטִיגֶער הַאר״: ירמיה ל״ב ל״ח; הושע ב׳ א׳.

קאפיטעל ז

דְרוּם גֶעלִיבְּטֶע, וַוייל מִיר הָאבֶּען דִיזֶע הַבְטָחוֹת, לָאזֶען 1
מִיר אוּנְס רֵיינִיגֶען פוּן אַלֶע בֶּעפְלֶעקוּנְג פוּן דֶעם

פלייש אונד דעם גייסט, אונד לאָזען מיר גאַנץ זיין
אין הייליגקייט אין דער פורכט פון גאָט:
2 נעמט אונס אויף, מיר האָבען קיינעם ניט אונרעכט
געטהון, מיר האָבען קיינעם ניט פערדאָרבען, מיר
3 האָבען קיינעם שלעכט בעהאַנדעלט: איך זאָג דאָס ניט
כדי צו פערשולדיגען; וואָרין איך האָב פריהער געזאָגט
אַז איהר זענט אין אונזער האַרץ, מיט אייך צו
4 שטאַרבען אונד צו לעבען: איך אונטערשטעה מיך
פיל קעגען אייך, איך ריהם מיך פיל וועגען אייך, איך
בין דערפילט מיט טרייסט, איך האָב זעהר פיל פרייד
5 אין אַלע אונזערע ליידען: וואָרין ווען מיר זענען
געקומען קיין מקדוניא האָט אונזער פלייש קיין רוה
ניט געהאַט, נייערט מיר האָבען פון אַלע זייטען
געליטען; פון דרויסען שטרייט, פון דרינען פורכט:
6 אָבער גאָט, דער טרייסט דיא וואָס האָבען אַ נידריג
געמיט האָט אונס געטרייסט מיט דעם קומען פון
7 טיטוס: אונד ניט נור מיט זיין קומען, נייערט אויך
מיט דעם טרייסט מיט דעם ער איז וועגען אייך
געטרייסט געוואָרען, ווען ער האָט אונס דערצעהלט,
אייער פערלאַנגען, אייער טרויערן, אייער אייפער
מיינעטוועגען, אַזוי אַז איך האָב מיך נאָך מעהר
8 געפרייט: וואָרין ווען איך האָב אייך אויך טרויעריג
געמאַכט דורך דעם בריף, אַזוי האָב איך ניט חרטה,
חאָטשע איך האָב אויך חרטה געהאַט; וואָרין איך זעה
אַז יענער בריף האָט אייך טרויעריג געמאַכט, ווען אויך
9 נור פאַר אַ קליינע צייט: אַצונד פריי איך מיך, ניט
אַז איהר זענט טרויעריג געמאַכט, נייערט אַז איהר
זענט טרויעריג געמאַכט צו תשובה. וואָרין איהר זענט
טרויעריג געמאַכט פון גאָטעס וועגען, כדי איהר זאָלט
10 גאָר קיין שאָדען ליידען דורך אונס: וואָרין דאָס טרויערן
פון גאָטעס וועגען ווירקט תשובה צו ישועה וואָס מען
האָט ניט חרטה דרויף; אָבער דאָס טרויערן פון דער
11 וועלט ווירקט דעם טויט: וואָרין זעהט דאָס זעלביגע,
אַז איהר האָט געטרויערט פון גאָטעס וועגען, וויא

גְרוֹים אִיז גֶעוֶועזֶען דִיא פְלֵייסִיגְקֵייט דִיא עֶס הָאט אִין
אֵייךְ גֶעוִוירְקְט, יָא, וַויא גְרוֹים דִיא פַארְעֶנְטְפֶערוּנְג, דֶער
צָארְן, דִיא פוּרְכְט, דָאס פֶערְלַאנְגֶען, דִיא קִנְאָה, דִיא
נְקָמָה, אִין אַלֶעם הָאט אִיהְר אֵייךְ בֶּעצֵייגְט אַז אִיהְר
זֶענְט אִין דֶער זַאךְ רֵיין: אַזוֹי דֶען וֶוען אִיךְ הָאבּ 12
אֵייךְ אוֹיךְ גֶעשְׁרִיבֶּען אִיז עֶס נִיט וֶועגֶען דֶעם וָואס
הָאט אוּנְרֶעכְט גֶעטְהוּן, אוּנְד נִיט וֶועגֶען דֶעם וָואס
הָאט אוּנְרֶעכְט גֶעלִיטֶען, נֵייעֶרְט אַז אֵייעֶרֶע פְלֵייסִיגְקֵייט
קֶעגֶען אוּנְס זָאל פָאר גָאט בֶּעקַאנְט וֶוערֶען:
דְרוּם זֶענֶען מִיר גֶעטְרֵייסְט גֶעוָוארֶען; אוּנְד מִיר הָאבֶּען 13
אוּנְס נָאךְ פִיל מֶעהְר גֶעפְרֵייט אִיבֶּער דִיא פְרֵייד פוּן
טִיטוּס, וַוייל זַיין גֶעמִיט אִיז פוּן אֵייךְ אַלֶע דֶערְקְוִויקְט
גֶעוָוארֶען: וָוארִין וֶוען אִיךְ הָאבּ מִיךְ עֶפֶּעס בֶּערִיהְמְט 14
בֵּייא אִיהְם וֶועגֶען אֵייךְ, אַזוֹי בִּין אִיךְ נִיט פֶערְשֶׁעהְמְט
גֶעוָוארֶען; נֵייעֶרְט גְלֵייךְ וִויא מִיר הָאבֶּען צוּ אֵייךְ אַלֶע
גֶערֶעט אִין וָואהְרְהֵייט, אַזוֹי אִיז אוֹיךְ אוּנְזֶער בֶּערִיהְמֶען
וֶועגֶען טִיטוּס וָואהְר גֶעוָוארֶען: אוּנְד זַיינֶע הֶערְצְלִיכֶע 15
לִיבֶּע צוּ אֵייךְ אִיז נָאךְ מֶעהְר גֶענֵייגְט, וֶוען עֶר גֶעדֶענְקְט
דָאס גֶעהָארְכֶען פוּן אֵייךְ אַלֶע, וִויא אִיהְר הָאט אִיהְם
אוֹיפְגֶענוּמֶען מִיט פוּרְכְט אוּנְד צִיטֶערְנִיס: אִיךְ פְרֵייא מִיךְ 16
אַז אִיךְ פֶערְזִיכֶער מִיךְ אוֹיף אֵייךְ אִין אַלֶע זַאכֶען:

קאַפִּיטֶעל ח

אוּנְד מִיר טְהוּן אַייךְ צוּ וִויסֶען, בְּרִידֶער, דִיא גְנָאד פוּן 1
גָאט וָואס אִיז גֶעוֶועזֶען צוּ דִיא קְהִלּוֹת פוּן מַקְדוֹנְיָא: אַז 2
וֶוען זַייא זֶענֶען זֶעהְר גֶעפְּרִיפְט גֶעוָוארֶען מִיט לֵיידֶען,
הָאט זִיךְ זַייעֶרֶע גְרוֹיסֶע פְרֵייד אוּנְד זַייעֶרֶע טִיפֶע אָרֶעמְ־
קֵייט גֶעמֶעהְרְט צוּם רֵייכְטוּם פוּן זַייעֶרֶע פְרֵייגֶעבִּיגְקֵייט:
וָוארִין אִיךְ זָאג זַייא עֵדוּת, אַז וֶועדְלִיג זַייעֶר כֹּחַ אוּנְד 3
אַפִילוּ אִיבֶּער זַייעֶר כֹּחַ הָאבֶּען זַייא גֶעגֶעבֶּען אוֹיס פְרֵייעֶן
ווִילֶען: אוּנְד זַייא הָאבֶּען אוּנְס גֶעבֶּעטֶען מִיט פִיל גֶעבֶּעט 4
וֶועגֶען דֶער גְנָאד אוּנְד דִיא גֶעמֵיינְשַׁאפְט פוּן דֶעם דִינְסְט
צוּ דִיא הֵיילִיגֶע: אוּנְד דָאס. נִיט וִויא מִיר הָאבֶּען גֶע־ 5
הָאפְט, נֵייעֶרְט זַייא הָאבֶּען זִיךְ זֶעלְבְּסְט צוּעֶרְשְׁט צוּ גָאט
גֶעגֶעבֶּען, אוּנְד צוּ אוּנְס דוּרְךְ דֶעם ווִילֶען פוּן גָאט: אַזוֹי 6

אַז מִיר הָאבֶּען טִיטוּס מַזְהִיר גֶעוֶועזֶען, כְּדֵי גְלֵייךְ וִויא עֶר
הָאט אָנְגֶעהוֹיבֶּען אַזוֹי זָאל עֶר אוֹיךְ אִין אֵייךְ דִיזֶע גְנָאד
7 עֶנְדִיגֶען: אָבֶּער גְלֵייךְ וִויא אִיהְר מֶעהְרְט אֵייךְ אִין אַלֶעם,
אִים גְלוֹיבֶּען אוּנְד וָוארְט, אוּנְד דֶערְקֶענְטְנִיס, אוּנְד אִין אַלֶער
פְלֵייסִיגְקֵייט, אוּנְד אִין אֵייעֶרֶע לִיבֶּע צוּ אוּנְס, זֶעהְט אַז
אִיהְר מֶעהְרְט אֵייךְ אוֹיךְ אִין דִיזֶער גְנָאד:
8 אִיךְ זָאג דָאס נִיט וִויא אַ בֶּעפֶעהְל, נֵייעֶרְט דוּרְךְ דֶער
פְלֵייסִיגְקֵייט פוּן אַנְדֶערֶע צוּ פְּרִיפֶען דִיא וָואהְרְהֵייט פוּן
9 אֵייעֶרֶע לִיבֶּע: וָוארִין אִיהְר וֵוייסְט דִיא גְנָאד פוּן אוּנְזֶער
הַאר יֵשׁוּעַ הַמָשִׁיחַ, אַז הָאטְשֶׁע עֶר אִיז רֵייךְ גֶעוֶועזֶען
אִיז עֶר דָאךְ פוּן אֵייעֶרְט וֶועגֶען אָרֶעם גֶעוָוארֶען, כְּדֵי אִיהְר
10 זָאלְט דוּרְךְ זֵיינֶע אָרֶעמְקֵייט רֵייךְ וֶוערֶען: אוּנְד אִין דִיזֶעם
גִיבּ אִיךְ מֵיינֶע מֵיינוּנְג; וָוארִין דָאס אִיז אֵייךְ נִיצְלִיךְ,
וָואס אִיהְר הָאט שׁוֹין פַאר אַ יָאהְר אָנְגֶעהוֹיבֶּען נִיט נוּר
11 צוּ טְהוּן נֵייעֶרְט אוֹיךְ וִוילִיג צוּ זֵיין: אָבֶּער אַצוּנְד עֶנְדִיגְט
אוֹיךְ דָאס טְהוּן, כְּדֵי גְלֵייךְ וִויא עֶס אִיז גֶעוֶועזֶען אַ נֵייגוּנְג
צוּ וִוילֶען, אַזוֹי זָאל אוֹיךְ זֵיין צוּ עֶנְדִיגֶען פוּן דֶעם וָואס
12 אִיהְר הָאט: וָוארִין וֶוען דֶער וִוילֶען אִיז דָא, אַזוֹי אִיז עֶס
אָנְגֶענוּמֶען נָאךְ דֶעם וִויא אַ מַאן הָאט, אוּנְד נִיט נָאךְ דֶעם
13 וִויא עֶר הָאט נִיט: וָוארִין אִיךְ מֵיין נִיט אַז אַנְדֶערֶע זָאלֶען
14 הָאבֶּען רוּהֶע אוּנְד אִיהְר זָאלְט לֵיידֶען: נֵייעֶרְט נָאךְ גְלֵייכְ־
הֵייט צוּ דִיזֶער צֵייט זָאל אֵייעֶר אִיבֶּערְפְלוּס זֵיין צוּ זֵייעֶר
בֶּעדֶערְפֶענִיס, כְּדֵי זֵייעֶר אִיבֶּערְפְלוּס זָאל אוֹיךְ זֵיין צוּ
15 אֵייעֶר בֶּעדֶערְפֶענִיס, אַז עֶס זָאל זֵיין גְלֵייכְהֵייט: אַזוֹי וִויא
עֶס שְׁטֶעהְט גֶעשְׁרִיבֶּען, דֶער וָואס הָאט פִיל אֵיינְגֶעזַאמֶעלְט
הָאט נִיט אִיבְּרִיג גֶעהַאט, אוּנְד דֶער וָואס הָאט וֶוענִיג אֵיינְגֶע־
זַאמֶעלְט הָאט קֵיין בֶּעדֶערְפְנִיס נִיט גֶעהַאט: שמות ט"ז י"ח.
16 נוּן גָאט זַייא גֶעדַאנְקְט, דֶער הָאט גֶעגֶעבֶּען דֶעם זֶעלְבִּיגֶען
17 אֵייפֶער וֶועגֶען אֵייךְ אִים הַארְץ פוּן טִיטוּס: וַוייל עֶר הָאט
אָנְגֶענוּמֶען דִיא דֶערְמַאהְנוּנְג, אוּנְד אִינְדֶעם עֶר אִיז זֶעהְר
אֵייפְרִיג גֶעוֶועזֶען. אִיז עֶר פוּן זַיין אֵייגֶענֶעם וִוילֶען צוּ
18 אֵייךְ אַרוֹיסְגֶעגַאנְגֶען: אוּנְד מִיר הָאבֶּען מִיט אִיהְם גֶע־
שִׁיקְט דֶעם בְּרוּדֶער, וָואס זַיין לוֹיבּ אִין דֶער בְּשׂוֹרָה טוֹבָה
19 אִיז אִין אַלֶע קְהִלוֹת: אוּנְד נִיט נוּר דָאס, נֵייעֶרְט עֶר אִיז

אוֹיךְ אוֹיסְדֶערְוֶועהְלְט גֶעוָואָרֶען פוּן דִיא קְהִלוֹת אַז עֶר
זָאל מִיט אוּנְס רַייזֶען, וֶועגֶען דִיזֶער גְנָאד וָואס אִיז דוּרְךְ
אוּנְס גֶעדִינְט צוּם לוֹיבּ פוּן דֶעם הַאר אַלֵיין אוּנְד צוּם בֶּע־
וַוייז פוּן אוּנְזֶער וִוילֶען: אוּנְד דָאס פֶערְמֵיידֶען מִיר, אַז 20
קֵיינֶער זָאל אִין אוּנְס גֶעפִינֶען אַ פֶעהְלֶער וֶועגֶען דִיזֶער
רַייכֶער גָאבּ וָואס אִיז דוּרְךְ אוּנְס גֶעדִינְט: וָוארִין מִיר 21
דֶענְקֶען מַשְׁגִיחַ אוֹיף גוּטֶע זַאכֶען נִיט נוּר פָאר גָאט, נַייעֶרְט
אוֹיךְ פָאר מֶענְשֶׁען: אוּנְד מִיר הָאבֶּען מִיט זַייא גֶעשִׁיקְט 22
אוּנְזֶער בְּרוּדֶער, וֶועלְכֶען מִיר הָאבֶּען אָפְט גֶעפְּרִיפְט אַז
עֶר אִיז עֶרִינְצְט אִין פִילֶע זַאכֶען, אָבֶּער אַצוּנְד אִיז עֶר
פִיל מֶעהְר עֶרִינְצְט, דוּרְךְ דֶעם גְרוֹיסֶען פֶערְטְרוֹיעֶן וָואס
עֶר הָאט צוּ אֵייךְ: אוֹיבּ מֶען הָאט גֶעפְרֶעגְט וֶועגֶען טִיטוֹס, 33
אִיז עֶר מֵיין גֶעזֶעלֶען אוּנְד הֶעלְפֶער צְוִוישֶׁען אֵייךְ; אָדֶער
וֶועגֶען אוּנְזֶערֶע בְּרִידֶער, זַייא זֶענֶען דִיא שְׁלוּחִים פוּן דִיא
קְהִלוֹת, אוּנְד דֶער כָּבוֹד פוּן מָשִׁיחַ: דְרוּם גִיבְּט צוּ זַייא 24
אַ בֶּעוַוייז פוּן אֵייעֶרֶע לִיבֶּע פָאר דִיא קְהִלוֹת, אוּנְד פוּן
אוּנְזֶער בֶּערִיהְמֶען וֶועגֶען אֵייךְ:

קאַפּיטעל ט

וָוארִין וֶועגֶען דֶעם דִינְסְט צוּ דִיא הֵיילִיגֶע בֶּעדַארְף אִיךְ 1
אֵייךְ נִיט שְׁרַייבֶּען: וָוארִין אִיךְ וַוייס אֵייעֶר גוּטֶען וִוילֶען, 2
דְרוּם הָאבּ אִיךְ מִיךְ וֶועגֶען אֵייךְ בַּארִיהְמְט צוּ דִיא לֵייט
פוּן מַקְדוֹנְיָא, אַז אַכַאיָא אִיז שׁוֹין פַארְטִיג גֶעוֶועזֶען
פַאר אַ יָאהְר אוּנְד אֵייעֶר אֵייפֶער הָאט אָנְגֶערֵייצְט פִילֶע:
אוּנְד אִיךְ הָאבּ גֶעשִׁיקְט דִיא בְּרִידֶער, כְּדֵי אוּנְזֶער בַּא־ 3
רִיהְמֶען וֶועגֶען אֵייךְ זָאל נִיט זַיין אוּמְזוּסְט אִין דִיזֶעם
טְהֵייל, כְּדֵי גְלֵייךְ וִויא אִיךְ הָאבּ גֶעזָאגְט אִיהְר זָאלְט פַארְטִיג
זַיין: דֶערְמִיט וֶוען דִיא לֵייט פוּן מַקְדוֹנְיָא וֶועלֶען מִיט מִיר 4
קוּמֶען אוּנְד וֶועלֶען אֵייךְ נִיט פַארְטִיג גֶעפִינֶען, וֶועלֶען
מִיר, אַז מִיר זָאגֶען, נִיט אִיהְר, אִין דִיזֶען פֶערְטְרוֹיעֶן פֶערְ־
שֶׁעהְמְט וֶוערֶען: דְרוּם הָאבּ אִיךְ עֶס פַאר נֶעטִיג גֶעהַאלְ־ 5
טֶען דִיא בְּרִידֶער צוּ בֶּעטֶען אַז זַייא זָאלֶען פָארְאוֹיס צוּ
אֵייךְ גֶעהֶען, אוּנְד זָאלֶען פָארְאוֹיס פַארְטִיג מַאכֶען דִיא נְדָבָה
וֶועלְכֶע אִיהְר הָאט פְרִיהֶער צוּגֶעזָאגְט, אַז זִיא זָאל זַיין אָנְ־
גֶעבְּרֵייט אַזוֹי וִויא אַ נְדָבָה אוּנְד נִיט וִויא אַ גֵייצִיגֶע זַאךְ:

6 אָבֶּער דָאס זָאג אִיךְ, דֶער וָואס זֵייעט מִיט קַארְגְהֵייט וֶועט
אוֹיךְ מִיט קַארְגְהֵייט אֵיינְזַאמֶעלְן, אוּנְד דֶער וָואס זֵייעט
מִיט אִיבֶּערְפְלוּס וֶועט אוֹיךְ מִיט אִיבֶּערְפְלוּס אֵיינְזַאמֶעלְן:
7 אִיטְלִיכֶער אַזוֹי וִויא עֶר נֶעמְט זִיךְ פָאר אִין זֵיין הַארְץ,
נִיט מִיט בֶּעטְרִיבֶּענִים אָדֶער גֶעצְוְואוּנְגֶען; וָוארִין גָאט
8 לִיבְּט אַ פְרֶעהְלִיכֶען גֶעבֶּער: אוּנְד גָאט קָאן צוּ אֵייךְ
פֶערְמֶעהְרֶען אַלֶע גְנָאד, כְּדֵי אִיהְר זָאלְט בֶּעשְׁטֶענְדִיג אִין
אַלֶעם גֶענוּג הָאבֶּען, אוּנְד זָאלְט אֵייךְ מֶעהְרֶען אִין יֶעדֶעם
9 גוּטֶען וֶוערְק: אַזוֹי וִויא עֶס שְׁטֶעהְט גֶעשְׁרִיבֶּען,
„עֶר הָאט צוּשְׁפְּרֵייט, עֶר הָאט גֶעגֶעבֶּען צוּ דִיא אָרֶעמֶע
לֵייט, זֵיינֶע גֶערֶעכְטִיגְקֵייט בְּלֵייבְּט אוֹיף עֶבִּיג“:
תהלים קי״ב ט׳.
10 אוּנְד דֶער וָועלְכֶער גִיבְּט דֶעם זָאמֶען צוּם זֵייעֶר אוּנְד
בְּרוֹיט פַאר שְׁפֵּייז וֶועט אֵייעֶר זָאמֶען גֶעבֶּען אוּנְד מֶעהְ
רֶען, אוּנְד וֶועט לָאזֶען וַואקְסֶען דִיא פְרוּכְט פוּן אֵייעֶרֶע
11 גֶערֶעכְטִיגְקֵייט: כְּדֵי אִיהְר זָאלְט אִין אַלֶעם רֵייךְ גֶעמַאכְט
זֵיין צוּ אַלֶער פְרֵייגֶעבִּיגְקֵייט, וָואס ווירְקְט דוּרְךְ אוּנְס
12 דַאנְק צוּ גָאט: וָוארִין הֵייל דָאס פֶערְזָארְגֶען פוּן דִיזֶען
דִינְסְט דֶערְפִילְט נִיט נוּר וָואס דִיא הֵיילִיגֶע בֶּעדַארְפֶען,
נֵייעֶרְט עֶס מֶעהְרְט זִיךְ אוֹיךְ דוּרְךְ פִיל דַאנְקֶען צוּ גָאט:
13 אִינְדֶעם דוּרְךְ דֶעם בֶּעוַויז פוּן דִיזֶען דִינְסְט דַאנְקֶען
זֵייא גָאט פַאר דִיא אוּנְטֶערְטֶענִיגְקֵייט פוּן אֵייעֶר בֶּעקֶענְטְ־
נִיס צוּ דֶער בְּשׂוֹרָה טוֹבָה פוּן מָשִׁיחַ, אוּנְד פַאר דִיא פְרֵייא־
גֶעבִּיגְקֵייט פוּן אֵייעֶרֶע נְדָבָה צוּ זֵייא אוּנְד צוּ אַלֶע מֶענְ־
14 שֶׁען: דֶערְוַוייל מִיט גֶעבֶּעט פַאר אֵייךְ גְלִיסְטֶען זֵייא אוֹיךְ
נָאךְ אֵייךְ דוּרְךְ דֶער גְרוֹיסֶער גְנָאד פוּן גָאט אִיבֶּער אֵייךְ:
15 גָאט זֵייא גֶעדַאנְקְט פַאר זֵיינֶע אוּנְאוֹיסְשְׁפְּרֶעכְלִיכֶע מַתָּנָה:

קאפיטעל י

1 אָבֶּער אִיךְ פּוֹלוֹס, בֶּעט אֵייךְ בַּייא דֶער ווייכְהֶערְצִיגְקֵייט
אוּנְד גֶעלִינְדִיגְקֵייט פוּן מָשִׁיחַ, וָועלְכֶער, וֶוען אִיךְ בִּין בַּייא
אֵייךְ בִּין צְווִישֶׁען אֵייךְ נִידְרִיג, אָבֶּער וֶוען אִיךְ בִּין אַוֶועק
2 בִּין שְׁטַארְקְמוּטִיג קֶעגֶען אֵייךְ: אִיךְ בֶּעט אֵייךְ, אַז וֶוען
אִיךְ וֶועל בַּייא אֵייךְ זֵיין זָאל אִיךְ נִיט שְׁטַארְקְמוּטִיג זֵיין
מִיט דֶעם בְּטָחוֹן מִיט וָועלְכֶען אִיךְ דֶענְק פְרֵיימוּטִיג צוּ

זַיין קֶענֶען דִיא וָואס דֶענְקֶען אַז מִיר וַואנְדְלֶען נָאךְ דֶעם
פְלֵיישׁ: וָוארִין חָאטְשֶׁע מִיר וַואנְדְלֶען אִיז דֶעם פְלֵיישׁ, 3
דָאךְ שְׁטְרַייטֶען מִיר נִיט נָאךְ דֶעם פְלֵיישׁ: וָוארִין דִיא 4
וַואפֶען פוּן אוּנְזֶער שְׁטְרַייט זֶענֶען נִיט פְלֵיישְׁלִיכֶע,
נֵייעֶרְט זֶענֶען מֶעכְטִיג צוּ גָאט צוּם אֵיינְוַוארְפֶען פוּן
פֶעסְטוּנְגֶען: אִינְדֶעם מִיר פֶערְשְׁטֶערֶען דִיא גֶעדַאנְקֶען 5
אוּנְד אִיטְלִיכֶע הוֹיכֶע זַאךְ וָואס דֶערְהֶעבְּט זִיךְ קֶעגֶען
דֶער דֶערְקֶענְטְנִיס פוּן גָאט, אוּנְד נֶעמֶען גֶעפַאנְגֶען אִיטְ־
לִיכֶע גֶעדַאנְקֶען צוּם גֶעהָארְזַאם פוּן מָשִׁיחַ: אוּנְד זֶענֶען 6
פַארְטִיג יֶעדֶען אוּנְגֶעהָארְזַאם צוּ שְׁטְרָאפֶען, וֶוען אֵייעֶר
גֶעהָארְזַאם אִיז דֶערְפִילְט:
אִיהְר זֶעהְט אוֹיף דֶעם וָואס אִיז פָאר אַייעֶרֶע אוֹיגֶען: וֶוען 7
אֵיינֶער פֶערְטְרוֹיעֶט אִין זִיךְ אַלֵיין אַז עֶר אִיז צוּם מָשִׁיחַ,
לָאז עֶר דָאס וִוידֶער בַּיא זִיךְ דֶענְקֶען, אַז גְלֵייךְ וִויא עֶר
אִיז צוּם מָשִׁיחַ אַזוֹי זֶענֶען מִיר אוֹיךְ צוּ מָשִׁיחַ:
וָוארִין וֶוען אִיךְ זָאל מִיךְ אוֹיךְ עֶפֶּעס מֶעהְר בַּארִיהְמֶען 8
וֶועגֶען, אוּנְזֶערֶע מַאכְט, וֶוען דֶער הַאר הָאט אוּנְס גֶע־
גֶעבֶּען אַייךְ צוּ פֶערְבֶּעסֶערְן אוּנְד נִיט צוּ פֶערְדַארְבֶּען,
וֶועל אִיךְ נִיט פֶערְשֶׁעמְט וֶוערֶען: כְּדֵי אִיךְ זָאל נִיט אוֹיסְ־ 9
זֶעהֶען אַז אִיךְ וֶועל אַייךְ דֶערְשְׁרֶעקֶען מִיט מֵיינֶע בְּרִיף:
וָוארִין זַיינֶע בְּרִיף, זָאגְט מֶען, זֶענֶען וִויכְטִיג אוּנְד שְׁטַארְק, 10
אָבֶּער זַיין לֵייבְּלִיכֶעס קוּמֶען בַּייא אוּנְס אִיז שְׁוַואךְ, אוּנְד
דִיא וֶוערְטֶער צוּם פֶערְאַכְטֶען: לָאז אַזֶעלְכֶער דָאס גֶע־ 11
דֶענְקֶען, אַז גְלֵייךְ וִויא מִיר זֶענֶען אִין דֶער רֶעד דוּרְךְ
בְּרִיף וֶוען מִיר זֶענֶען אַוֶועק, אַזוֹי זֶענֶען מִיר אוֹיךְ וִוירְקְ־
לִיךְ וֶוען מִיר זֶענֶען גֶעגֶענְוֶוערְטִיג:
וָוארִין מִיר אוּנְטֶערְשְׁטֶעהֶען אוּנְס נִיט אַז מִיר זָאלֶען אוּנְס 12
רֶעכְנֶען אָדֶער פֶערְגְלֵייכֶען מִיט דִיא וָואס לוֹיבֶּען זִיךְ
זֶעלְבְּסְט; אָבֶּער וַוייל זַייא מֶעסְטֶען זִיךְ בַּייא זִיךְ זֶעלְבְּסְט,
אוּנְד פֶערְגְלֵייכֶען זִיךְ מִיט זִיךְ זֶעלְבְּסְט, זֶענֶען זַייא נִיט
קְלוּג: אָבֶּער מִיר בַּארִיהְמֶען אוּנְס נִיט מִיט זַאכֶען אוֹיסֶער 13
דֶעם מָאס, נֵייעֶרְט נָאךְ דֶעם מָאס פוּן דֶער רֶעגֶעל וָואס
גָאט הָאט צוּ אוּנְס צוּגֶעטְהֵיילְט, אַ מָאס צוּ דֶערְלַאנְגֶען
בִּיז צוּ אֵייךְ: וָוארִין מִיר שְׁטְרֶעקֶען אוּנְס נִיט אוֹיסֶער 14

דְעם מָאָס, גְלֵייךְ ווִיא מִיר וָואלְטֶען צוּ אֵייךְ נִיט דֶערלַאנְ־
גֶען, וָוארִין מִיר זֶענֶען גֶעקוּמֶען בִּיז צוּ אֵייךְ אִין דֶער
15 בְּשׂוֹרָה טוֹבָה פוּן מָשִׁיחַ: מִיר בַּארִיהְמֶען אוּנְס נִיט מִיט
זַאכֶען אוּיסֶער דֶעם מָאָס אִין פְרֶעמְדֶע אַרְבַּייט, אָבֶּער
מִיר הָאפֶען אַז וֶוען אֵייעֶר גְלוֹיבֶּען וֶועט וַואקְסֶען, וֶועלֶען
מִיר דוּרְךְ אֵייךְ פֶערְגְרֶעסֶערְט וֶוערֶען נָאךְ אוּנְזֶערֶע
16 רֶעגֶעל צוּם אִיבֶּערְפְלוּס: כְּדֵי מִיר זָאלֶען פְרֶעדִיגֶען דִיא
בְּשׂוֹרָה טוֹבָה אִין דִיא לֶענְדֶער וָואס לִיגֶען וַוייטֶער פוּן
אֵייךְ, אוּנְד זָאלֶען זִיךְ נִיט בַּארִיהְמֶען מִיט אַ פְרֶעמְדֶע
רֶעגֶעל וֶוענֶען דִיא זַאכֶען וָואס זֶענֶען פַאר אוּנְס פַארְטִיג
17 גֶעמַאכְט: אָבֶּער דֶער וָואס רִיהְמְט זִיךְ לָאז עֶר זִיךְ רִיהְ־
18 מֶען אִין דֶעם הַאר: ירמיה ט׳ כ״ג. וָוארִין נִיט דֶער וָואס
לוֹיבְּט זִיךְ זֶעלְבְּסְט אִיז אָנְגֶענוּמֶען, נֵייעֶרְט דֶעם וֶועלְכֶען
דֶער הַאר לוֹיבְּט:

קאַפִּיטֶעל יא

1 אִיךְ ווִינְשׁ אִיהְר וָואלְט אַבִּיסֶעל אוּיסְהַאלְטֶען מִיט מֵיינֶע
נַארִישְׁקַייט, אָבֶּער אַוַדַאי הַאלְט אִיהְר אוֹיךְ מִיט מִיר אוֹיס:
2 וָוארִין אִיךְ בִּין וֶועגֶען אֵייךְ אֵייפֶערִיג מִיט אַ גֶעטְלִיכֶער
אֵייפֶערִיגְקַייט, וָוארִין אִיךְ הָאבּ אֵייךְ פֶערְקְנַאסְט צוּ אֵיין
מַאן, אַז אִיךְ זָאל אֵייךְ פָארְשְׁטֶעלֶען אַ רֵיינֶע בְּתוּלָה צוּ
3 מָשִׁיחַ: אָבֶּער אִיךְ הָאבּ מוֹרָא, טָאמֶער גְלֵייךְ ווִיא דִיא
שְׁלַאנְג הָאט פֶערְפִיהְרְט חַוָה מִיט אִיהְרֶע לִיסְט, אַזוֹי וֶועלֶען
אוֹיךְ אֵייעֶרֶע גֶעדַאנְקֶען פַארְדָארְבֶּען וֶוערֶען פוּן דֶער
פְּרֵיינֶעבִּיגְקַייט אוּנְד לוֹיטֶערְקַייט וָואס אִיז צוּם מָשִׁיחַ:
4 וָוארִין דֶער וָואס קוּמְט זָאל פְרֶעדִיגֶען אֵיין אַנְדֶערֶען יֵשׁוּעַ
וֶועלְכֶען מִיר הָאבֶּען נִיט גֶעפְּרֶעדִיגְט, אָדֶער וֶוען אִיהְר
זָאלְט אֵיין אַנְדֶערֶען גֵייסְט אָנְגֶעמֶען וֶועלְכֶען אִיהְר הָאט
נִיט אָנְגֶענוּמֶען, אָדֶער אֵיינֶע אַנְדֶערֶע בְּשׂוֹרָה טוֹבָה וֶועלְכֶע
אִיהְר הָאט נִיט דֶערְהַאלְטֶען, אַזוֹי מֶעכְט אִיהְר דֶערְמִיט
5 גוּט אוּיסְהַאלְטֶען: וָוארִין אִיךְ דֶענְק אַז אִיךְ בִּין אִין קֵיין
6 שְׁטִיק וֶוענִיגֶער ווִיא דִיא הֶעכְסְטֶע אַפָּאסְטֶעל: אָבֶּער וֶוען
אִיךְ בִּין אֲפִילוּ פְּרָאסְטֶער אִין רֶעדֶען, דָאךְ בִּין אִיךְ נִיט
אִין דֶערְקֶענְטְנִיס, נֵייעֶרְט אִין אַלֶעם זֶענֶען מִיר קֶענֶען
אֵייךְ אַנְטְפְּלֶעקְט גֶעוָוארֶען:

אָדער הָאבּ אִיךְ דֶערמִיט גֶעזִינְדִיגְט װײל אִיךְ הָאבּ מִיךְ דֶער־ 7
נִידְרִיגְט כְּדֵי אִיהר זָאלְט דֶערהוֹיכְט װערֶען, אִינְדֶעם אִיךְ הָאבּ
צוּ אײַךְ דִיא בְּשׂוֹרָה טוֹבָה פוּן גָאט אוּמְזוּסְט גֶעפְּרֶעדִיגְט?
אִיךְ הָאבּ אַנְדֶערֶע קְהִלּוֹת גֶערוֹיבְּט, אוּנְד הָאבּ פוּן זײא 8
לוֹין גֶענוּמֶען צוּ אײַיער דִינְסְט: אוּנְד װען אִיךְ בִּין בּײא 9
אײַךְ גֶעװעזֶען אוּנְד הָאבּ נוֹיט גֶעהַאט, אַזוֹי הָאבּ אִיךְ
קֵיינֶעם נִיט בֶּעלֶעסְטִיגְט, װָארִין דִיא בְּרִידֶער, װען זײא
זֶענֶען גֶעקוּמֶען פוּן מַקְדוֹנִיָא הָאבֶּען מֵיין בֶּעדֶערְפֶעניִם
דֶערְזֶעצְט. אוּנְד אִין אַלֶעם הָאבּ אִיךְ מִיךְ גֶעהִיט אַז אִיךְ
זָאל צוּ אײַךְ נִיט אַ לַאסְט זַיין, אוּנְד אִיךְ װעל מִיךְ װײַי־
טֶער הִיטֶען: אַזוֹי װיא דִיא װָאהְרְהֵייט פוּן מָשִׁיחַ אִיז אִין 10
מִיר, קֵיינֶער זָאל דִיא דָאזִיגֶע בֶּארִיהְמוּנְג מִיר נִיט װעהְרֶען
אִין דִיא גֶעגֶענְד פוּן אַכַאיָא: װָארוּם? װײל אִיךְ לִיבּ אײַךְ 11
נִיט? גָאט װײסְט עֶס: אָבֶּער װָאס אִיךְ טְהוּא דָאס װעל 12
אִיךְ אוֹיךְ טְהוּן, כְּדֵי אִיךְ זָאל הִינְדֶערְן אַ גֶעלֶעגֶענְהֵייט
פוּן דִיא װָאס זוּכֶען אַ גֶעלֶעגֶענְהֵייט, כְּדֵי אִין דֶעם װָאס זײא
בַּארִיהְמֶען זִיךְ, זָאלֶען זײא גֶעפִינֶען װערֶען גְלַייךְ װיא אוֹיךְ
מִיר: װָארִין אַזֶעלְכֶע זֶענֶען פַאלְשֶׁע אַפָּאסְטֶעל, בֶּעטְרִיי־ 13
גֶערִישֶׁע אַרְבֵּייטֶער, װָאס פֶערְשְׁטֶעלֶען זִיךְ אַלְס אַפָּאסְטֶעל
פוּן מָשִׁיחַ: אוּנְד קֵיין װאוּנְדֶער; װָארִין דֶער שָׂטָן אַלֵיין 14
פֶערְשְׁטֶעלְט זִיךְ אַלְס אַ מַלְאָךְ פוּן לִיכְט: דְרוּם אִיז עֶס 15
קֵיינֶע גְרוֹיסֶע זַאךְ װען זֵיינֶע דִינֶער פֶערְשְׁטֶעלֶען זִיךְ אַלְס
דִינֶער פוּן גֶערֶעכְטִיגְקֵייט; װעמֶעם סוֹף װעט זַיין נָאךְ
זֵייעֶרֶע װערְק:
אִיךְ זָאג װידֶער, לָאז מִיךְ קֵיינֶער הַאלְטֶען אוּנְפֶערְשְׁטֶענְדִיג; 16
אָבֶּער װען אַזוֹי, אַפִילוּ אַלְס אוּנְפֶערְשְׁטֶענְדִיג נֶעמְט מִיךְ
אָן, כְּדֵי אִיךְ זָאל מִיךְ אוֹיךְ אַבִּיסֶעל בַּארִיהְמֶען: װָאס 17
אִיךְ רֶעד, דָאס רֶעד אִיךְ נִיט נָאךְ דֶעם מִנְהָג פוּן דֶעם
הַאר, נֵייעֶרְט װיא אִין נַארִישְׁקֵייט אִין דִיזֶער פֶערְזִיכֶערוּנְג
פוּן בַּארִיהְמֶען: װײל פִילֶע בַּארִיהְמֶען זִיךְ נָאךְ דֶעם פְלֵיישׁ, 18
אַזוֹי װעל אִיךְ מִיךְ אוֹיךְ בַּארִיהְמֶען: װָארִין אִיהר פֶערְ־ 19
טְרָאגְט גֶערְן דִיא נַארֶען, אִינְדֶעם אִיהר זֶענְט קְלוּג:
װָארִין אִיהר פֶערְטְרָאגְט װען אִימִיצֶער מַאכְט אײַךְ פַאר 20
קְנֶעכְט, װען אִימִיצֶער פֶערְצֶעהְרְט אײַךְ, װען אִימִיצֶער

פַאנְגְט. אֵייךְ, וֶוען אִימִיצֶער דֶערְהֶעבְּט זִיךְ קֶעגֶען אֵייךְ,
21 וֶוען אִימִיצֶער שְׁלָאגְט אֵייךְ אוֹיף דֶעם פָּנִים: אִיךְ זָאג
דָאס פַאר בּוּשָׁה, גְלֵייךְ וִוּיא מִיר וָואלְטֶען שְׁוַואךְ גֶעוֶועזֶען.
אָבֶּער אִין וָואס פַאר אַ זַאךְ אִיז אִימִיצֶער הֶערְצְהַאפְט, אִיךְ
רֶעד מִיט נַארִישְׁקֵייט, אַזוֹי בִּין אִיךְ אוֹיךְ הֶערְצְהַאפְט:
22 זֶענֶען זֵייא עִבְרִים? אִיךְ אוֹיךְ. זֶענֶען זֵייא יִשְׂרָאֵלִים? אִיךְ
23 אוֹיךְ. זֶענֶען זֵייא זֶרַע אַבְרָהָם? אִיךְ אוֹיךְ: זֶענֶען זֵייא
דִינֶער פוּן מָשִׁיחַ? אִיךְ רֶעד וִוּיא אַיינֶער אוֹיסֶער זִיךְ, אִיךְ
בִּין מֶעהְר; אִין אַרְבֵּייטֶען פִיל מֶעהְר, אִין גֶעפֶענְגְנִיסֶען
פִיל מֶעהְר, אִין מַלְקוֹת אִיבֶּער דֶעם מָאס, אִין טוֹיט אָפְט:
24 פוּן דִיא יוּדֶען הָאבּ אִיךְ פִינְף מָאל בֶּעקוּמֶען פִירְצִיג
25 מַלְקוֹת וֶועניגֶער אֵיינְס: דְרֵייא מָאל בִּין אִיךְ מִיט רוּטֶער
גֶעשְׁלָאגֶען גֶעוָוארֶען, אֵיינְמָאל בִּין אִיךְ גֶעשְׁטֵיינִיגְט גֶע־
וָוארֶען, דְרֵייא מָאל הָאבּ אִיךְ שִׁיפְבְּרוּךְ גֶעלִיטֶען, אַ טָאג
26 אוּנְד אַ נַאכְט בִּין אִיךְ גֶעוֶועזֶען אִין דֶער טִיפֶענִים: אִין
רֵייזֶען אָפְט, אִין גֶעפַאהְרֶען פוּן וַואסֶער, אִין גֶעפַאהְרֶען
פוּן רוֹיבֶּער, אִין גֶעפַאהְרֶען פוּן מֵיין פָאלְק, אִין גֶעפַאהְ־
פוּן דִיא גוֹיִם, אִין גֶעפַאהְרֶען אִין דֶער שְׁטָאט, אִין גֶע־
פַאהְרֶען אִין דֶער וִוּיסְטֶענִים, אִין גֶעפַאהְרֶען אוֹיף דֶעם
27 יַם, אִין גֶעפַאהְרֶען צְוִוישֶׁען פַאלְשֶׁע בְּרִידֶער: אִין אַרְבֵּייט
אוּנְד מִידִיגְקֵייט, אִין וַואכֶען אָפְט, אִין הוּנְגֶער אוּנְד דוּרְשְׁט,
28 אִין פַאסְטֶען אָפְט, אִין קֶעלְט אוּנְד נַאקְטְהֵייט: חוּץ
דִיא אוֹיסֶערְלִיכֶע זַאכֶען, דִיא זָארְג פַאר אַלֶע קְהִלוֹת,
29 וָואס פַאלְט אוֹיף מִיר טֶעגְלִיךְ: וֶוער אִיז שְׁוַואךְ, אוּנְד
אִיךְ בִּין נִיט שְׁוַואךְ? וֶוער אִיז גֶעעֶרְגֶערְט אוּנְד אִיךְ בְּרֶען
30 נִיט? וֶוען אִיךְ מוּז מִיךְ בַּארִיהְמֶען, אַזוֹי וֶועל אִיךְ מִיךְ
31 בַּארִיהְמֶען מִיט דִיא זַאכֶען פוּן מֵיינֶע שְׁוַואכְהֵייט: דֶער
גָאט אוּנְד פָאטֶער פוּן דֶעם הַאר יֵשׁוּעַ, דֶער אִיז גֶעלוֹיבְּט
32 אוֹיף עֶבִּיג, וֵוייסְט אַז אִיךְ זָאג קֵיין לִיגֶען: אִין דַמֶשֶׂק
הָאט דֶער גוּבֶּערְנֶער פוּן אַרֶעטַאס דֶעם קֶענִיג בֶּעהִיט דִיא
33 שְׁטָאט פוּן דִיא בְּנֵי דַמֶשֶׂק, כְּדֵי מִיךְ צוּ פַאנְגֶען: אוּנְד
מֶען הָאט מִיךְ אַרוּפְּגֶעלָאזְט אִין אַ קָארְבּ דוּרְךְ אַ
פֶענְסְטֶער דוּרְךְ דֶער מוֹיעֶר, אוּנְד אִיךְ בִּין פוּן זֵיינֶע הֶענְד
אַנְטְרִינֶען:

קאפיטעל יב

1 אִיךְ מוּז מִיךְ בַּארִיהְמֶען, דָאךְ נִיצְט עֶס מִיר נִיט; אָבֶּער
אִיךְ וָועל קוּמֶען צוּ גֶעזִיכְטֶען אוּנְד אַנְטְפְּלֶעקֶען פוּן דֶעם
2 הַאר: אִיךְ וַויים אַ מַאן אִין מָשִׁיחַ פָאר פִירְצֶען יָאהְר,
אוֹיבּ אִין דֶעם לֵייבּ ווייס אִיךְ נִיט, אָדֶער אוֹיסֶער דֶעם
לֵייבּ ווייס אִיךְ נִיט, גָאט ווייסְט; אִיךְ וַויים אַזֶעלְכֶען
3 אַרוֹיפְגֶענוּמֶען צוּם דְרִיטֶען הִימֶעל: אוּנְד אִיךְ ווייס
אַזֶעלְכֶען מַאן, אוֹיבּ אִין דֶעם לֵייבּ אָדֶער אוֹיסֶער דֶעם
4 לֵייבּ ווייס אִיךְ נִיט, גָאט ווייסְט: אַז עֶר אִיז אַרוֹיפְגֶענוּמֶען
גֶעוָוארֶען צוּ פַּרְדֵס אוּנְד הָאט גֶעהֶערְט אוּנְאוֹיסְשְׁפְּרֶעכְלִיכֶע
וֶוערְטֶער, וָואס עֶס אִיז נִיט דֶערְלוֹיבְּט אַז אַ מֶענְשׁ זָאל
5 אוֹיסְרֶעדֶען: וֶועגֶען אַזֶעלְכֶען וָועל אִיךְ מִיךְ בַּארִיהְמֶען,
אָבֶּער וֶועגֶען מִיךְ זֶעלְבְּסְט וֶועל אִיךְ מִיךְ נִיט בַּארִיהְמֶען,
חוּץ אִין מֵיינֶע שְׁוַואכְהֵייטֶען:
6 וָוארִין וֶוען אִיךְ זָאל מִיךְ וֶועלֶען בַּארִיהְמֶען, וֶועל אִיךְ
קֵיין נַאר זַיין, וָוארִין אִיךְ וֶועל זָאגֶען דִיא וָוארְהֵייט;
אָבֶּער אִיךְ פֶערְמֵייד עֶס, כְּדֵי קֵיינֶער זָאל פוּן מִיר נִיט
מֶעהְר הַאלְטֶען וִויא עֶר זֶעהְט אִין מִיר אָדֶער הֶערְט פוּן
7 מִיר: אוּנְד אַז אִיךְ זָאל מִיךְ נִיט צוּפִיל דֶערְהֶעבֶּען דוּרְךְ
דֶער גְרוֹיסְהֵייט פוּן דִיא פִילֶע אַנְטְפְּלֶעקֶען, אִיז מִיר
גֶעגֶעבֶּען אַ דָארְן אִין פְלֵיישׁ, אַ שָׁלִיחַ פוּן שָׂטָן, אַז עֶס
זָאל מִיךְ פַּאטְשֶׁען, כְּדֵי אִיךְ זָאל מִיךְ נִיט צוּפִיל דֶערְ־
8 הֶעבֶּען: וֶועגֶען דִיזֶעם הָאבּ אִיךְ צוּ דֶעם הַאר דְרֵייא מָאל
9 גֶעבֶּעטֶען, אַז עֶס זָאל זִיךְ פוּן מִיר אָפְּטְהוּן: אוּנְד עֶר
הָאט צוּ מִיר גֶעזָאגְט, מֵיינֶע גְנָאד אִיז גֶענוּג פַאר דִיר,
וָוארִין מֵיינֶע מַאכְט אִיז אִין דֶער שְׁוַואכְהֵייט פָאלְקָאמֶען,
דְרוּם וֶועל אִיךְ מִיךְ זֶעהְר גֶערְן לִיבֶּער בַּארִיהְמֶען אִין
מֵיינֶע שְׁוַואכְהֵייטֶען, כְּדֵי דִיא מַאכְט פוּן מָשִׁיחַ זָאל אוֹיף
10 מִיר רוּהֶען: דְרוּם הָאבּ אִיךְ הֲנָאָה אִין שְׁוַואכְהֵייטֶען, אִין
לֶעסְטֶערוּנְגֶען, אִין צָרוֹת, אִין פֶערְפָאלְגוּנְגֶען, אוּנְד אִין
אַנְגְסְטֶען, פוּן וֶועגֶען מָשִׁיחַ; וָוארִין וֶוען אִיךְ בִּין שְׁוַואךְ,
דַאן בִּין אִיךְ שְׁטַארְק:
11 אִיךְ בִּין נַארִישׁ גֶעוָוארֶען; אִיהְר הָאט מִיךְ גֶענֶעטִיגְט.
וָוארִין אִיךְ הָאבּ גֶעזָאלְט פוּן אֵייךְ עֶמְפְּפוֹילֶען וֶוערֶען.

װָארִין אִיךְ בִּין גָארְנִיט װֶענִיגֶער װִיא דִיא הֶעכְסְטֶע אַפָּאסְטֶעל,
12 חָאטְשֶׁע אִיךְ בִּין גָארְנִיט גֶעװֶעזֶען: דִיא צֵייכֶען פוּן אֵיין
אַפָּאסְטֶעל זֶענֶען צְװִישֶׁען אֵייךְ גֶעװִירְקְט גֶעװָארֶען מִיט
אַלֶער גֶעדוּלְד, דוּרְךְ צֵייכֶען אוּנְד װְואוּנְדֶער אוּנְד גְבוּרוֹת:
13 װָארִין װָאס הָאט אֵייךְ גֶעפֶעהְלְט מֶעהְר װִיא דִיא אַנְדֶערֶע
קְהִלוֹת, חוּץ אַז אִיךְ זֶעלְבְּסְט בִּין אֵייךְ נִיט צוּ לַאסְט
גֶעװֶעזֶען? פֶערְגִיבְּט מִיר דִיזֶעס אוּמְרֶעכְט:
14 זֶעה דִיזֶעס דְרִיטֶע מָאל בִּין אִיךְ פַארְטִיג צוּ אֵייךְ צוּ קוּמֶען,
אוּנְד אִיךְ װֶעל אֵייךְ נִיט בֶּעלֶעסְטִיגֶען; װָארִין אִיךְ זוּךְ
נִיט דָאס אֵייעֶרִיגֶע, נֵייעֶרְט אֵייךְ. װָארִין דִיא קִינְדֶער
זָאלֶען נִיט זַאמְלֶען פַאר דִיא עֶלְטֶערְן, נֵייעֶרְט דִיא עֶלְטֶערְן
15 פַאר דִיא קִינְדֶער: אוּנְד אִיךְ װֶעל זֶעהְר גֶערְן אוֹיסְגֶעבֶּען
אוּנְד אוֹיסְגֶעגֶעבֶּען װֶערֶען װֶעגֶען אֵייעֶרֶע נְשָׁמוֹת. װֶען
16 אִיךְ לִיבּ אֵייךְ נָאךְ מֶעהְר בִּין אִיךְ װֶענִיגֶער גֶעלִיבְּט? אָבֶּער
לָאז עֶס אַזוֹי זַיין, אִיךְ בִּין אֵייךְ נִיט צוּ לַאסְט גֶעװֶעזֶען;
נֵייעֶרְט װַייל אִיךְ בִּין קִינְסְטְלֶערִישׁ, אַזוֹי הָאבּ אִיךְ אֵייךְ מִיט
17 לִיסְט גֶעפַאנְגֶען: הָאבּ אִיךְ פוּן אֵייךְ גֶעהַאט מֵיינֶע אֵייגֶענֶע
18 טוֹבָה דוּרְךְ דִיא װָאס אִיךְ הָאבּ צוּ אֵייךְ גֶעשִׁיקְט? אִיךְ הָאבּ
טִיטוּס גֶעבֶּעטֶען אוּנְד אִיךְ הָאבּ מִיט אִיהְם גֶעשִׁיקְט דֶעם
בְּרוּדֶער; הָאט טִיטוּס פוּן אֵייךְ אַ פָארְטְהֵייל גֶעהַאט? זֶענֶען
מִיר נִיט אִין דִיא זֶעלְבִּיגֶע טְרִיט גֶעגַאנְגֶען?
19 אִיהְר דֶענְקְט שׁוֹין לַאנְג אַז מִיר פֶערְעֶנְטְפֶערְן אוּנְס פַאר
אֵייךְ. מִיר רֶעדֶען פָאר גָאט אִין מָשִׁיחַ; אָבֶּער אַלֶע
20 זַאכֶען, גֶעלִיבְּטֶע, זֶענֶען צוּ אֵייעֶרֶע אוֹיפְבּוֹיאוּנְג: װָארִין
אִיךְ פָארְכְט מִיךְ, טָאמֶער װֶען אִיךְ װֶעל קוּמֶען װֶעל אִיךְ
אֵייךְ גֶעפִינֶען נִיט אַזוֹי װִיא אִיךְ װִינְשׁ, אוּנְד אִיהְר װֶעט
מִיךְ אוֹיךְ גֶעפִינֶען נִיט אַזוֹי װִיא אִיהְר װִינְשְׁט; טָאמֶער װֶעט
זַיין גֶעצַאנְק, קִנְאָה, צָארְן, מַחְלוֹקֶת, לָשׁוֹן הָרָע, רְכִילוֹת,
21 אוֹיפְבְּלָאזוּנְג, גֶעטוּמֶעל: טָאמֶער װֶען אִיךְ װֶעל װִידֶער־
קוּמֶען, װֶעט מִיךְ מֵיין גָאט דֶערְנִידֶערְן צְװִישֶׁען אֵייךְ,
אוּנְד אִיךְ װֶעל טְרוֹיעֶרֶען אִיבֶּער פִילֶע װָאס הָאבֶּען פְרִיהֶער
גֶעזִינְדִיגְט, אוּנְד הָאבֶּען נִיט תְּשׁוּבָה גֶעטְהוּן פַאר דֶער
אוּנְרֵיינִיגְקֵייט אוּנְד הוּרֶעְרֵייא אוּנְד אוֹיסְגֶעלַאסֶענְהֵייט װָאס
זַייא הָאבֶּען בֶּעגַאנְגֶען:

קאַפּיטעל יג

1 דיזעס איז דאָס דריטע מאָל אַז איך קום צו אייך. דורך
צוויא אָדער דרייא עדות זאָל איטליכעס וואָרט בעשטע־
2 טיגט ווערען: איך האָב שוין פאָרהער געזאָגט, אונד איך
זאָג פאָרהער, גלייך וויא איך בין בייא אייך צום צווייטען
מאָל, ווען אפילו איך בין אַוועק פון אייך, צו דיא וואָס
האָבען פריהער געזינדיגט אונד צו אַלע איבעריגע, אַז
ווען איך וועל ווידער אַמאָל קומען וועל איך ניט שפּאָרען:
3 וויל איהר זוכט אַ בעווייז אַז משיח רעט אין מיר,
וועלכער איז ניט שוואַך געגען אייך נייערט איז מעכטיג
4 צווישען אייך: וואָרין ווען ער איז אויך באמת אויס
שוואַכהייט בעקרייציגט געוואָרען, לעבט ער דאָך דורך
דער קראַפט פון גאָט. וואָרין מיר זענען אויך שוואַך אין
איהם, אָבער מיר וועלען אין איהם לעבען דורך דער
מאַכט פון גאָט קעגען אייך:
5 פּריפט אייך זעלבסט אויב איהר זענט אים גלויבען,
ריכטעט אייך זעלבסט; אָדער ווייסט איהר ניט זעלבסט
אַז ישוע המשיח איז אין אייך? עס זייא דען איהר טויגט
6 ניט: אָבער איך האָף אַז איהר וועט וויסען אַז מיר
7 זענען קיינע וואָס טויגען ניט: נון בעטען מיר צו גאָט אַז
איהר זאָלט קיין שלעכטעס טהון, ניט אַז מיר זאָלען
אויסזעהען וויא בעוויליגט, נייערט אַז איהר זאָלט גוטעס
טהון, אונד מיר זאָלען זיין וויא דיא וואָס טויגען ניט:
8 וואָרין מיר קענען גאָרניט טהון קעגען דער וואָהרהייט,
9 נייערט פאַר דיא וואָהרהייט: וואָרין מיר זענען פרעהליך,
ווען מיר זענען שוואַך אונד איהר זענט שטאַרק; דאָס
10 ווינשען מיר אויך, אייערע גאַנצהייט: דרום שרייב איך
דיזע זאַכען ווען איך בין אַוועק, אַז ווען איך בין בייא
אייך זאָל איך ניט שאַרף זיין נאָך דער מאַכט וואָס דער
האַר האָט מיר געגעבען צום אויפבויען אונד ניט צום
נידערנייסען:
11 צולעצט, ברידער, זייט געגריסט, זייט פאָלקאָמען, זייט
געטרייסט, האָט איינערלייא מיינונג, זייט פרידליך; אונד
דער גאָט פון ליבע אונד פון פרידען וועט מיט אייך זיין:

12 גריסט איינער דעם אנדערען מיט א היילינען קיש:
13 אלע היילינע גריסען אייך:
14 דיא גנאד פון דעם האר ישוע המשיח, אונד דיא ליבע פון
גאט, אונד דיא געמיינשאפט פון דעם היילינען גייסט זאל
מיט אייך אלע זיין:

דער בריף פון דעם

אפאסטעל פולוס צו דיא גאלאטער.

---

1 פולוס איין אפאסטעל, ניט פון מענשען אונד ניט דורך
א מענש, נייערט דורך ישוע המשיח אונד גאט דעם
פאטער, וועלכער האט איהם אויפגעוועקט פון דיא
2 טויטע: אונד אלע ברידער וועלכע זענען מיט מיר, צו
3 דיא קהלות פון גאלאטיא: גנאד צו אייך אונד פרידען
פון גאט אונזער פאטער אונד פון דעם האר ישוע
4 המשיח: וועלכער האט זיך זעלבסט געגעבען פאר
אונזערע זינד, כדי ער זאל אונס מציל זיין פון דער
איצטיגען איבעלען וועלטצייט נאך דעם ווילען פון
5 אונזער גאט אונד פאטער: צו וועלכעם זאל זיין דיא
הערליכקייט פון עביגקייט צו עביגקייט; אמן:
6 איך וואונדער מיך אז איהר קעהרט אזוי געשווינד אפ
פון איהם וועלכער האט אייך בערופען אין דער גנאד
7 פון משיח צו איינע אנדערע בשורה טובה: וועלכע איז
ניט קיינע אנדערע; אויסער עס זענען דא עטליכע דיא
אייך פערטומלען אונד ווילען פערקעהרען דיא בשורה
8 טובה פון דעם משיח: אבער ווען אויך מיר, אדער א מלאך
פון הימעל זאל צו אייך איינע אנדערע בשורה טובה
פרעדיגען חוץ דיא וועלכע מיר האבען צו אייך
9 געפרעדיגט, דער זאל זיין חרם: גלייך וויא מיר האבען
פריהער געזאגט, אזוי זאג איך ווידער איצט, ווען

אִימִיצֶער פְּרֶעדִיגְט צוּ אֵייךְ אֵיינֶע אַנְדֶערֶע בְּשׂוּרָה טוֹבָה
אוֹיסֶער דִיא וָואס אִיהְר הָאט אָנְגֶענוּמֶען, לָאז עֶר זַיין
10 חֵרֶם: וָוארִין אִיבֶּערְרֶעד אִיךְ אִיצְט מֶענְשֶׁען אָדֶער גָאט?
אָדֶער זוּךְ אִיךְ מֶענְשֶׁען צוּ גֶעפֶעלֶען? וֶוען אִיךְ זָאל
נָאךְ מֶענְשֶׁען גֶעפֶעלֶען וָואלְט אִיךְ נִיט גֶעוֶועזֶען אַ
קְנֶעכְט פוּן מָשִׁיחַ:
11 וָוארִין אִיךְ לָאז אֵייךְ צוּ וִויסֶען, בְּרִידֶער, דִיא בְּשׂוּרָה
טוֹבָה וֶועלְכֶע אִיז פוּן מִיר גֶעפְּרֶעדִיגְט, אַז זִיא אִיז נִיט
12 נָאךְ מֶענְשֶׁען: וָוארִין אִיךְ הָאבּ זִיא נִיט דֶערְהַאלְטֶען
פוּן אַ מֶענְשׁ, אוֹיךְ נִיט גֶעלֶערְנְט, נֵייעֶרְט דוּרְךְ אַיינֶע
13 אַנְטְפְּלֶעקוּנְג פוּן יֵשׁוּעַ הַמָּשִׁיחַ: וָוארִין אִיהְר הָאט
גֶעהֶערְט וִויא אִיךְ הָאבּ פְרִיהֶער גֶעוַואנְדֶעלְט אִין דֶעם
יוּדֶענְטְהוּם, אַז אִיךְ הָאבּ אִיבֶּער דֶעם מָאס דִיא קְהִלָּה
פוּן גָאט פֶערְפָאלְגְט, אוּנְד הָאבּ זִיא פֶערְוִויסְטֶעט:
14 אוּנְד אִיךְ הָאבּ מֶעהְר צוּגֶענוּמֶען אִין יוּדֶענְטְהוּם וִויא
פִילֶע פוּן דִיא אִין מֵיינֶע יָאהְרֶען צְוִוישֶׁען מֵיין פָאלְק,
וֵוייל אִיךְ בִּין זֶעהְר אֵייפְרִיג גֶעוֶועזֶען פַאר דִיא
15 אִיבֶּערְלִיפֶערוּנְג פוּן מֵיינֶע אָבוֹת: אָבֶּער וֶוען עֶס הָאט
גָאט גֶעפֶעלֶען, וֶועלְכֶער הָאט מִיךְ אָפְּגֶעזוּנְדֶערְט פוּן
מֵיין מוּטֶערְ׳ס לֵייבּ, אוּנְד הָאט מִיךְ גֶערוּפֶען דוּרְךְ זֵיינְע
16 גְנָאד: זַיין זוּהְן אִין מִיר צוּ אַנְטְפְּלֶעקֶען, אַז אִיךְ זָאל
אִיהְם פְּרֶעדִיגֶען צְוִוישֶׁען דִיא גוֹיִם, הָאבּ אִיךְ מִיךְ נִיט גְלֵייךְ
17 בֶּערָאטֶען מִיט פְלֵיישׁ אוּנְד בְּלוּט: אוֹיךְ בִּין אִיךְ נִיט
אַרוֹיפְגֶעגַאנְגֶען קֵיין יְרוּשָׁלַיִם צוּ דִיא וֶועלְכֶע זֶענֶען
פָאר מִיר גֶעוָוארֶען אַפָּאסְטֶעל, נֵייעֶרְט אִיךְ בִּין
אַוֶועקְגֶעגַאנְגֶען קֵיין אַרַאבִּיעֶן אוּנְד בִּין וִוידֶער צוּרִיקְ־
גֶעקֶעהְרְט קֵיין דַמֶּשֶׂק:
18 דַאן נָאךְ דְרַייא יָאהְר בִּין אִיךְ אַרוֹיפְגֶעגַאנְגֶען קֵיין
יְרוּשָׁלַיִם, כֵּיפָא צוּ בֶּעזוּכֶען, אוּנְד בִּין בַּייא אִיהְם
19 גֶעבְּלִיבֶּען פוּפְצֶעהְן טֶעג: אָבֶּער אִיךְ הָאבּ קֵיין אַנְדֶערְן
פוּן דִיא אַפָּאסְטֶעל גֶעזֶעהֶען, אוֹיסֶער יַעֲקֹב דֶעם בְּרוּדֶער
20 פוּן דֶעם הַאר: נוּן דִיא זַאכֶען וָואס אִיךְ שְׁרַייבּ צוּ אֵייךְ,
21 זֶעה, גָאט וֵוייסְט אַז אִיךְ זָאג נִיט קֵיין לִיגֶען: דֶערְנָאךְ
בִּין אִיךְ גֶעקוּמֶען אִין דִיא גֶעגֶענְד פוּן סוּרְיָא אוּנְד

22 קִלִיקְיָא׃ אוּנְד אִיךְ בִּין אוּנְבֶּעקַאנְט גֶעוֶועזֶען פָּנִים אֶל
פָּנִים צוּ דִיא קְהִלוֹת פוּן יְהוּדָה וָואס זֶענֶען אִין מָשִׁיחַ׃
23 נוּר זַייא הָאבֶּען גֶעהֶערְט, אַז דֶער וֶועלְכֶער הָאט אוּנְס
פְרִיהֶער פֶערְפָאלְגְט פְּרֶעדִיגְט אִיצְט דֶעם גְלוֹיבֶּען וָואס
24 עֶר הָאט פְרִיהֶער פֶערְשְׁטֶערְט׃ אוּנְד זַייא הָאבֶּען אִין
מִיר גָאט פֶערְהֶערְלִיכְט׃

קאפיטעל ב

1 דֶערְנָאךְ נָאךְ פִירְצֶעהְן יָאהְר בִּין אִיךְ וִוידֶער אַרוֹיפְ־
גֶעגַאנְגֶען קֵיין יְרוּשָׁלַיִם מִיט בַּרְנַבָּא, אוּנְד הָאבּ אוֹיךְ
2 טִיטוֹס מִיטְגֶענוּמֶען׃ אוּנְד אִיךְ בִּין אַרוֹיפְגֶעגַאנְגֶען
מַחֲמַת אֵיינֶע אַנְטְפָּלֶעקוּנְג, אוּנְד הָאבּ זַייא פָארְגֶעלֶעגְט
דִיא בְּשׂוּרָה טוֹבָה וֶועלְכֶע אִיךְ פְּרֶעדִיגֶע צְוִוישֶׁען דִיא
גוֹיִם, אָבֶּער בֶּעזוּנְדֶערְס צוּ דִיא אָנְגֶעזֶעהֶענֶע לֵייט, כְּדֵי
אִיךְ זָאל נִיט לוֹיפֶען אָדֶער בִּין גֶעלָאפֶען אוּמְזוּסְט׃
3 אָבֶּער אַפִילוּ נִיט טִיטוֹס, וֶועלְכֶער אִיז מִיט מִיר
גֶעוֶועזֶען, וֶוען אוֹיךְ אַ גְרֶעק, אִיז גֶעצְוְואוּנְגֶען גֶעוָוארֶען
4 בֶּעשְׁנִיטֶען צוּ וֶוערֶען׃ אָבֶּער וֶועגֶען דִיא פַאלְשֶׁע
בְּרִידֶער, וָואס הָאבֶּען זִיךְ שְׁטִילֶערְהֵייט אַרֵיינְגֶעשְׁטִיפְּט,
וֶועלְכֶע זֶענֶען אַרֵיינְגֶעקוּמֶען אוֹיסְצוּשְׁפֶּעהֶען אוּנְזֶערֶע
פְרֵייהֵייט וָואס מִיר הָאבֶּען אִין יֵשׁוּעַ הַמָּשִׁיחַ, כְּדֵי זַייא
5 זָאלֶען אוּנְס בְּרֶענְגֶען אִין קְנֶעכְטְשַׁאפְט׃ צוּ וֶועלְכֶע
מִיר הָאבֶּען נִיט נָאכְגֶעגֶעבֶּען אוּנְטֶערְטֶענִיג צוּ זַיין,
אַפִילוּ נִיט אַ שָׁעָה, כְּדֵי דִיא וָואהְרְהֵייט פוּן דֶער
6 בְּשׂוּרָה טוֹבָה זָאל בֵּייא אֵייךְ בְּלֵייבֶּען׃ אָבֶּער פוּן דִיא
וָואס הָאבֶּען אוֹיסְגֶעזֶעהֶען עֶפֶּעס צוּ זַיין, וִויא חָשׁוּב
זַייא זֶענֶען אוֹיךְ גֶעוֶועזֶען גֶעהְט מִיךְ נִיט אָן, גָאט אִיז
נִיט קֵיין נוֹשֵׂא פָּנִים; וָוארִין מִיר הָאבֶּען דִיא אָנְגֶעזֶעהֶענֶע
7 גָארְנִיט מִיטְגֶעטֵהיילְט׃ נֵייעֶרְט אוּמְגֶעקֶעהְרְט, וֶוען זַייא
הָאבֶּען גֶעזֶעהֶען אַז מִיר אִיז אָנְפֶערְטְרוֹיעֶט דִיא בְּשׂוּרָה
טוֹבָה פַאר דִיא עֲרֵלִים, גְלֵייךְ וִויא צוּ פֶּעטְרוֹס דִיא צוּ
8 דִיא בֶּעשְׁנִיטֶענֶע׃ וָוארִין דֶער וֶועלְכֶער הָאט אִין
פֶּעטְרוֹס גֶעווִירְקְט צוּם שְׁלִיחוּת צוּ דִיא בֶּעשְׁנִיטֶענֶע,
9 הָאט אוֹיךְ אִין מִיר גֶעווִירְקְט צוּ דִיא גוֹיִם׃ אוּנְד וֶוען
זַייא הָאבֶּען אֵיינְגֶעזֶעהֶען דִיא גְנָאד וֶועלְכֶע אִיז מִיר

געגעבען געוואָרען, האָבען יַעֲקֹב אונד כֵּיפָא אונד
יוֹחָנָן, וועלכע זענען אַלס זיילען אָנגעזעהען, צו מיר
אונד בַּרְנַבָּא געגעבען דיא רעכטע האַנד דער געמיינ־
שאַפט אַז מיר זאָלען געהען צו גוֹיִם, אונד זייא צו
10 דיא בעשניטענע: נור אַז מיר זאָלען געדענקען אָן
דיא אָרמע לייט, וואָס איך האָב מיך זעלבסט בעפלייסיגט
צו טהון:
11 אָבער ווען פעטרוס איז געקומען קיין אַנטיוֹכְיָא, בין איך
איהם פָּנִים אֶל פָּנִים ווידערשטאַנען, ווייל ער איז
12 פערשולדיגט געוועזען: וואָרין איידער עטליכע לייט
פון יַעֲקֹב זענען געקומען, האָט ער געגעסען מיט דיא
גוֹיִם; אָבער ווען זייא זענען געקומען האָט ער זיך
צוריקגעצויגען אונד האָט זיך פון זייא אָפּגעזונדערט,
ווייל ער האָט מוֹרָא געהאַט פאַר דיא בעשניטענע:
13 אונד אַפילו דיא איבריגע יודען האָבען זיך אויך מיט
איהם פערשטעלט, אַזוֹי אַז בַּרְנַבָּא איז אויך דורך זייערע
הייכלעריא פערפיהרט געוואָרען:
14 אָבער ווען איך האָב געזעהען אַז זייא האָבען ניט
אויפריכטיג געוואַנדעלט נאָך דער וואַהרהייט פון דער
בְּשׂוֹרָה טוֹבָה, האָב איך צו פעטרוס פאָר אַלע געזאָגט,
ווען דוא, דער ביסט אַ יוּד לעבסט גוֹאִיש אונד ניט
יודיש, וויא צווינגסט דוא דיא גוֹיִם יודיש צו לעבען?
15 מיר וואָס זענען יודען פון נאַטור, אונד ניט זינדער פון
16 דיא גוֹיִם: דאָך וויסען מיר אַז אַ מענש איז ניט
גערעכטפערטיגט דורך דיא ווערק פון דעם געזעץ,
נייערט דורך דעם גלויבען אָן יֵשׁוּעַ הַמָּשִׁיחַ, האָבען מיר
אַפילו אָן יֵשׁוּעַ הַמָּשִׁיחַ געגלויבט, כְּדֵי מיר זאָלען גערעכט־
פערטיגט ווערען דורך דעם גלויבען אָן מָשִׁיחַ אונד ניט
דורך דיא ווערק פון דעם געזעץ, וואָרין דורך דיא ווערק
פון דעם געזעץ וועט קיין פליש גערעכטפערטיגט
17 ווערען: תהלים קמ"ג ב'. אָבער אינדעם ווען מיר זוכען
גערעכטפערטיגט צו ווערען אין מָשִׁיחַ, זענען מיר
זעלבסט אויך זינדער געפינען, איז דער מָשִׁיחַ אַ
18 דינער פון זינד? חָלִילָה: וואָרין ווען איך בוֹיע ווידער אויף

דִיא זַאכֶען וָואס אִיךְ הָאבּ אֵיינְגֶעוָוארְפֶען, אַזוֹי בֶּעוַוייז
19 אִיךְ מִיךְ זֶעלְבְּסְט אַלְס אַיין אִיבֶּערְטְרֶעטֶער: וָוארִין דוּרְךְ
דֶער תּוֹרָה בִּין אִיךְ צוּ דֶער תּוֹרָה גֶעשְׁטָארְבֶּען, כְּדֵי אִיךְ
20 זָאל צוּ גָאט לֶעבֶּען: אִיךְ בִּין גֶעקְרֵייצִיגְט מִיט מָשִׁיחַ, דָאךְ
לֶעבּ אִיךְ, אָבֶּער נִיט מֶעהְר אִיךְ, נֵייעֶרְט מָשִׁיחַ לֶעבְּט אִין
מִיר; אוּנְד וָואס אִיךְ לֶעבּ אַצוּנְד אִין דֶעם פְלֵיישׁ, דָאס
לֶעבּ אִיךְ דוּרְךְ דֶעם גְלוֹיבֶּען אָן דֶעם זוּהְן פוּן גָאט,
וָועלְכֶער הָאט מִיךְ גֶעלִיבְּט אוּנְד הָאט זִיךְ זֶעלְבְּסְט פַאר
21 מִיר אָפְּגֶעגֶעבֶּען: אִיךְ מַאךְ נִיט דִיא גְנָאד פוּן גָאט בָּטֵל;
וָוארִין וָוען דִיא גֶערֶעכְטִיגְקֵייט אִיז דוּרְךְ דֶער תּוֹרָה, אַזוֹי
אִיז מָשִׁיחַ אוּמְזוּסְט גֶעשְׁטָארְבֶּען:

קאפיטעל ג

1 אָ נַארִישֶׁע גַאלַאטֶער, וֶוער הָאט אַייךְ בֶּעצוֹיבֶּערְט, צוּ
וָועלְכֶע יֵשׁוּעַ הַמָּשִׁיחַ אִיז פָאר דִיא אוֹיגֶען פָארְגֶעצֵייכֶענְט
2 גֶעוָוארֶען אַלְס גֶעקְרֵייצִיגְט? דָאס וִויל אִיךְ נוּר פוּן אַייךְ
לֶערְנֶען, הָאט אִיהְר דֶעם גֵייסְט בֶּעקוּמֶען דוּרְךְ דִיא וֶוערְק
פוּן דֶעם גֶעזֶעץ אָדֶער דוּרְךְ דֶעם הֶערֶען פוּן גְלוֹיבֶּען?
3 זֶענְט אִיהְר אַזוֹי נַארִישׁ? וֶוען אִיהְר הָאט אִים גֵייסְט
4 אָנְגֶעהוֹיבֶּען, עֶנְדִיגְט אִיהְר אִיצְט אִים פְלֵיישׁ? הָאט אִיהְר
אַזוֹי פִיל אוּמְזוּסְט גֶעלִיטֶען? וֶוען וִוירְקְלִיךְ עֶס אִיז
5 אוּמְזוּסְט? דְרוּם דֶער וָועלְכֶער דֶערְלַאנְגְט אַייךְ דֶעם
גֵייסְט אוּנְד וִוירְקְט וְואוּנְדֶער צְוִוישֶׁען אַייךְ, טְהוּט עֶר עֶס
דוּרְךְ דִיא וֶוערְק פוּן דֶעם גֶעזֶעץ, אָדֶער דוּרְךְ דֶעם
6 הֶערֶען פוּן גְלוֹיבֶּען? גְלֵייךְ וִויא אַבְרָהָם הָאט גָאט
גֶעגְלוֹיבְּט, אוּנְד עֶס אִיז אִיהְם צוּגֶערֶעכֶענְט גֶעוָוארֶען
אַלְס גֶערֶעכְטִיגְקֵייט: בראשית ט"ו ו'.
7 דְרוּם זָאלְט אִיהְר וִויסֶען אַז דִיא וָואס זֶענֶען פוּן גְלוֹיבֶּען
8 דִיזֶע זֶענֶען דִיא קִינְדֶער פוּן אַבְרָהָם: אָבֶּער דִיא שְׁרִיפְט
הָאט פָארָאוֹיס גֶעזֶעהֶען אַז גָאט וֶועט דִיא גוֹיִם
רֶעכְטְפֶערְטִיגֶען דוּרְךְ גְלוֹיבֶּען, אוּנְד הָאט פָארָאוֹיס
גֶעפְּרֶעדִיגְט דִיא בְּשׂוֹרָה טוֹבָה צוּ אַבְרָהָם, אִין דִיר
וֶועלֶען אַלֶע פֶעלְקֶער גֶעבֶּענְשְׁט וֶוערֶען: בראשית י"ב ג'.
9 אַזוֹי דֶען, דִיא וָועלְכֶע זֶענֶען פוּן גְלוֹיבֶּען זֶענֶען גֶעבֶּענְשְׁט
10 מִיט דֶעם גְלוֹיבִּיגֶען אַבְרָהָם: וָוארִין אַזוֹי פִיל וָואס זֶענֶען

פֿון דיא װערק פֿון דעם געזעץ, דיא זענען אונטער דעם
פֿלוך; װאָרין עס שטעהט געשריבען, פֿערפֿלוכט איז
איטליכער װאָס בלייבט ניט אין אַלעם װאָס איז
געשריבען אים ספר תּוֹרה זייא צו טהון: דברים כ"ז כ"ו.
11 אָבער אַז קיינער איז בייא גאָט גערעכטפֿערטיגט דורך
דעם געזעץ איז קלאָר, װאָרין דער גערעכטער װעט דורך
12 דעם גלויבען לעבען: חבקוק ב' ד'. אונד דאָס געזעץ איז
ניט פֿון גלויבען, נייערט דער װעלכער טהוט זייא װעט
13 אין זייא לעבען: ויקרא י"ח ה'. משיח האָט אונז אויסגע־
לעזט פֿון דעם פֿלוך פֿון דעם געזעץ, אינדעם ער איז
אַ פֿלוך פֿאַר אונז געװאָרען, װאָרין עס שטעהט
געשריבען, פֿערפֿלוכט איז איטליכער װאָס הענגט אויף
14 אַ בוים: דברים כ"א כ"ג. כּדי דיא בּרכה פֿון אַברהם זאָל
קומען אויף דיא גוים דורך ישוע המשיח, אַז מיר
זאָלען דערהאַלטען דיא הבטחה פֿון דעם גייסט דורך
דעם גלויבען:

15 בּרידער, איך רעד מענשליך. אַ בונד װען ער איז
אויך נור פֿון אַ מענש, דאָך װען ער איז בעשטעטיגט
מאַכט איהם קיינער אונגילטיג אָדער טהוט עפּעס
16 דערצו: נון זענען דיא הבטחות צוגעזאָגט געװאָרען צו
אַברהם אונד צו זיין זאָמען. ער זאָגט ניט, אונד צו
דיא זאָמען, װיא פֿון פֿילע, נייערט װיא פֿון איינעם,
אונד צו דיין זאָמען, דאָס איז דער משיח: בראשית י"ג ט"ו.
17 אונד דאָס זאָג איך, אַ בונד װעלכער איז פֿון גאָט
פֿריהער בעשטעטיגט געװאָרען, קאָן דיא תּוֹרה, װעלכע
איז געװעזען פֿיער הונדערט אונד דרייסיג יאָהר דערנאָך,
ניט צושטערן, אַז זיא זאָל דיא הבטחה בטל מאַכען:
18 װאָרין װען דיא ירושה איז דורך דיא תּוֹרה, אַזוי איז
עס ניט מעהר דורך דיא הבטחה; אָבער גאָט האָט זיא
געגעבען אויס גנאַד צו אַברהם דורך דיא הבטחה:
19 צו װאָס איז דען דיא תּוֹרה? זיא איז צוגעזאָגט
געװאָרען װעגען דער איבערטרעטונג, בּיז דער זאָמען
װעט קומען צו דעם דיא הבטחה איז געגעבען, אונד
זיא איז פֿעראָרדענט געװאָרען דורך מלאָכים אין דער

20 האנד פון א פערמיטלער: נון דער פערמיטלער איז ניט
21 פון איינעם, אבער גאט איז איינער: איז דען דיא תורה
קעגען דיא הבטחות פון גאט? חלילה. ווארין ווען א
געזעץ וואלט געגעבען געווארען וועלכעס קאן געבען
לעבען, אזוי וואלט ווירקליך געוועזען דיא גערעכטיגקייט
22 דורך דעם געזעץ: אבער דיא שריפט האט אלע אונטער
זינד איינגעשלאסען, כדי דיא הבטחה דורך גלויבען
אן ישוע המשיח זאל געגעבען ווערען צו דיא וואס
גלויבען:
23 אבער איידער דער גלויבען איז געקומען, זענען מיר
געהאלטען געווארען אין פערוואהרונג אונטער דער
תורה. אונד זענען איינגעשלאסען צו דעם גלויבען,
24 וועלכער זאלט דערנאך אנטפלעקט ווערען: אזוי דען איז
דיא תורה געווארען אונזער בעהעלפער צו משיח, כדי מיר
זאלען דורך דעם גלויבען גערעכטפערטיגט ווערען:
25 אבער ווען דער גלויבען איז געקומען, אזוי זענען מיר
26 ניט מעהר אונטער א בעהעלפער: ווארין איהר זענט אלע
זיהן פון גאט דורך דעם גלויבען אן ישוע המשיח:
27 ווארין אזוי פילע פון איך וואס זענען צום משיח געטובלט
28 געווארען, דיא האבען משיח אנגעטהון: עס איז ניט
דא יוד אדער גריעק, עס איז ניט דא קנעכט אדער
פרייער, עס איז ניט דא זכר אדער נקבה; ווארין איהר
29 זענט אלע איינס אין ישוע המשיח: אונד ווען איהר
געהערט צו משיח, אזוי זענט איהר דער זאמען פון
אברהם אונד יורשים נאך דער הבטחה:

קאפיטעל ד

1 נון זאג איך, כל זמן דער יורש איז א קינד איז קיין
אונטערשיד צווישען איהם אונד א קנעכט, האטשע ער
2 איז דער האר פון אלעם: נייערט ער איז אונטער
פערוואלטער אונד הויזהאלטער, ביז צו דער צייט וואס
3 זיין פאטער האט בעשטימט: אזוי אויך מיר, ווען
מיר זענען געוועזען קינדער, זענען מיר געמאכט קנעכט
4 אונטער דיא יסודות פון דער וועלט: אבער ווען דיא
דערפילטע צייט איז געקומען, האט גאט ארויסגעשיקט

זַיין זוּהְן דֶער אִיז גֶעבּוֹירֶען פוּן אַ פְרוֹיא, אוּנְד אִיז
גֶעוָוארֶען אוּנְטֶער דֶער תּוֹרָה: כְּדֵי עֶר זָאל אוֹיסְלֶעזֶען 5
דִיא וָואס זֶענֶען אוּנְטֶער דֶער תּוֹרָה, כְּדֵי מִיר זָאלֶען
דֶערְהַאלְטֶען דִיא קִינְדְשַׁאפְט: אוּנְד וַוייל אִיהְר זֶענְט 6
זִיהְן הָאט גָאט גֶעשִׁיקְט דֶעם גֵייסְט פוּן זַיין זוּהְן אִין
אוּנְזֶערֶע הֶערְצֶער, דֶער רוּפְט, אַבָּא פָאטֶער: אַזוֹי דֶען 7
בִּיזְט דוּא נִיט מֶעהְר אַ קְנֶעכְט, נַייעֶרְט אַ זוּהְן; אוּנְד וֶוען
אַ זוּהְן בִּיזְט דוּא אוֹיךְ אַ יוֹרֵשׁ דוּרְךְ גָאט:
אָבֶּער דַאן וֶוען אִיהְר הָאט גָאט נִיט בֶּעקֶענְט, הָאט אִיהְר 8
גֶעדִינְט דִיא וָואס זֶענֶען נִיט גֶעטֶער פוּן דֶער נַאטוּר:
אָבֶּער אַצוּנְד וֶוען אִיהְר הָאט גָאט דֶערְקֶענְט, אָדֶער 9
לִיבֶּער זֶענְט פוּן אִיהְם דֶערְקֶענְט, וִויא אַזוֹי קֶעהְרְט אִיהְר
וִוידֶער צוּרִיק צוּ דִיא שְׁוַואכֶע אוּנְד אָרְמֶע יְסוֹדוֹת וֶועלְכֶע
אִיהְר ווִילְט ווִידֶער אַמָאל דִינֶען? אִיהְר הַאלְט טֶעג אוּנְד 10
חֳדָשִׁים אוּנְד צֵייטֶען אוּנְד יָאהְרֶען: אִיךְ הָאבּ מוֹרָא 11
וֶועגֶען אֵייךְ, טָאמֶער הָאבּ אִיךְ אוּמְזוּסְט וֶועגֶען אֵייךְ
גֶעאַרְבֵּייט:
בְּרִידֶער, אִיךְ בֶּעט אֵייךְ, זַייט אַזוֹי וִויא אִיךְ בִּין, וָוארִין 12
אִיךְ בִּין אַזוֹי וִויא אִיהְר. אִיהְר הָאט מִיר קֵיין אוּנְרֶעכְט
נִיט גֶעטְהוּן: אָבֶּער אִיהְר ווייסְט אַז דוּרְךְ אַ שְׁוַואכְהֵייט 13
פוּן דֶעם פְלֵיישׁ הָאבּ אִיךְ צוּ אֵייךְ צוּעֶרְשְׁט דִיא בְּשׂוֹרָה
טוֹבָה גֶעפְּרֶעדִיגְט: אוּנְד אַייעֶרֶע פְּרִיפוּנְג וָואס אִיז גֶע־ 14
וֶועזֶען אִין מֵיין פְלֵיישׁ הָאט אִיהְר נִיט פֶערְשֶׁעהְמְט אוּנְד
נִיט פֶערְוָוארְפֶען, נֵייעֶרְט אִיהְר הָאט מִיךְ אוֹיפְגֶענוּמֶען
ווִיא אַ מַלְאָךְ פוּן גָאט, וִויא יֵשׁוּעַ הַמָּשִׁיחַ: ווְאוּ אִיז דֶען 15
יֶענֶע גְלִיקְזֶעלִיגְקֵייט פוּן אֵייךְ זֶעלְבְּסְט? וָוארִין אִיךְ זָאג
אֵייךְ עֵדוּת, אַז וֶוען עֶס זָאל מֶעגְלִיךְ זֵיין וָואלְט אִיהְר
אֵייעֶרֶע אוֹיגֶען אוֹיסְגֶערִיסֶען אוּנְד וָואלְט זֵייא מִיר גֶע־
גֶעבֶּען: אַזוֹי דֶען בִּין אִיךְ גֶעוָוארֶען אֵייעֶר פֵיינְד וַוייל 16
אִיךְ זָאג אֵייךְ דִיא וָואהְרְהֵייט? זֵייא זֶענֶען אֵייפְרִיג וֶועגֶען 17
אֵייךְ, אָבֶּער נִיט גוּט, נֵייעֶרְט זֵייא ווִילֶען אֵייךְ אוֹיסְ־
שְׁלִיסֶען כְּדֵי אִיהְר זָאלְט וֶועגֶען זֵייא אֵייפְרִיג וֶוערֶען:
אָבֶּער עֶס אִיז גוּט בֶּעשְׁטֶענְדִיג אִין אַ גוּטֶע זַאךְ אֵייפְרִיג 18
צוּ זֵיין, אוּנְד נִיט נוּר וֶוען אִיךְ בִּין בֵּייא אֵייךְ: מֵיינֶע 19

קִינְדֶער, מִיט װעלְכֶע אִיךְ הָאבּ װידער אַמָאל גֶעבּוּרְסְטְ־
װעהְן, בִּיז מָשִׁיחַ װעט אִין אַייךְ גֶעבִּילְדֶעט װערְען:
20 אָבֶּער אִיךְ הָאבּ גֶעװאוּנְשְׁט בַּייא אַייךְ אַצוּנְד צוּ זַיין,
אוּנְד מַיין קוֹל צוּ פֶערְעֶנְדֶערְן, װָארִין אִיךְ בִּין װעגֶען אַייךְ
פֶערְטִימֶעלְט:
21 זָאגְט מִיר, אִיהְר װָאס װילְט זַיין אוּנְטֶער דֶעם גֶעזֶעץ,
22 הֶערְט אִיהְר נִיט דָאס גֶעזֶעץ? װָארִין עֶס שְׁטֶעהְט גֶע־
שְׁרִיבֶּען אַז אַבְרָהָם הָאט גֶעהַאט צְװייא זִיהְן, אֵיינֶעם פוּן
23 דֶער דִינְסְט אוּנְד אֵיינֶעם פוּן דֶער פְרַייעֶן פְרוֹיא: אָבֶּער
דֶער פוּן דֶער דִינְסְט אִיז גֶעבּוֹירֶען גֶעװָארֶען נָאךְ דֶעם
פְלֵיישׁ, אָבֶּער דֶער פוּן דֶער פְרַייעֶן פְרוֹיא דוּרְךְ דֶער
24 הַבְטָחָה: אוּנְד דִיזֶע זַאכֶען זֶענֶען אַ מָשָׁל, װָארִין דִיזֶע
פְרוֹיעֶן זֶענֶען צְװייא בּוּנְדֶען, אֵיינֶער פוּן דֶעם בַּארְג סִינַי,
25 װָאס גֶעװִינְט קִינְדֶער צוּר קְנֶעכְטְשַׁאפְט, װָאס אִיז הָגָר: נוּן הָגָר
אִיז דֶער בַּארְג סִינַי אִין אַרַאבִּיעֶן, אוּנְד זִיא אִיז גְלֵייךְ צוּם
אִיצְטִיגֶען יְרוּשָׁלַיִם, װָארִין זִיא אִיז אִין קְנֶעכְטְשַׁאפְט מִיט
26 אִיהְרֶע קִינְדֶער: אָבֶּער יְרוּשָׁלַיִם װָאס אִיז אוֹיבֶּען אִיז
27 פְרַייא, װָאס אִיז אוּנְזֶערֶע מוּטֶער: װָארִין עֶס שְׁטֶעהְט
גֶעשְׁרִיבֶּען

„זַייא פְרֶעלִיךְ דוּא עֲקָרָה װעלְכֶע גֶעװִינְט נִיט. רוּף
אוֹיס אוּנְד שְׁרַייא דוּא װָאס הָאסְט קֵיינֶע גֶעבּוּרְטְס־
װעהֶען, װָארִין דִיא קִינְדֶער פוּן דֶער פֶערְװִיסְטֶער פְרוֹיא
זֶענֶען מֶעהְר װִיא דִיא קִינְדֶער פוּן דֶער װָאס הָאט אַ מַאן“:

ישעיה נ״ד א׳.

28 נוּן מִיר, בְּרִידֶער, זֶענֶען דִיא קִינְדֶער פוּן דֶער הַבְטָחָה,
29 אַזוֹי װִיא יִצְחָק: אָבֶּער גְלֵייךְ װִיא דַאן, דֶער װָאס אִיז גֶע־
בּוֹירֶען גֶעװָארֶען נָאךְ דֶעם פְלֵיישׁ הָאט פֶערְפָאלְגְט דֶעם נָאךְ
30 דֶעם גֵייסְט, אַזוֹי אִיז עֶס אוֹיךְ אַצוּנְד: אָבֶּער װָאס זָאגְט דִיא
שְׁרִיפְט? טְרַייבּ אַרוֹיס דִיא דִינְסְט אוּנְד אִיהְרֶען זוּהְן,
װָארִין דֶער זוּהְן פוּן דֶער דִינְסְט זָאל נִיט יַרְשֶׁענֶען מִיט
31 דֶעם זוּהְן פוּן דֶער פְרַייעֶן פְרוֹיא: בראשית כ״א י׳. דְרוּם
בְּרִידֶער, זֶענֶען מִיר נִיט דִיא קִינְדֶער פוּן אַ דִינְסְט, נֵייעֶרְט
פוּן דֶער פְרַייעֶן:

קאפיטעל ה

1 מִיט פְרַייהַייט הָאט אוּנְס מָשִׁיחַ בֶּעפְרַייעְט, דְרוּם שְׁטֶעהְט
פֶּעסְט אוּנְד פֶּערְשְׁטְרִיקְט אֵייךְ נִיט וִוידֶער דוּרְךְ דֶעם יָאךְ
פוּן קְנֶעכְטְשַׁאפְט:
2 זֶעה, אִיךְ פּוֹלוֹס זָאג אֵייךְ, אַז וֶוען אִיהְר וֶועט בֶּעשְׁנִיטֶען
3 וֶוערֶען וֶועט אֵייךְ מָשִׁיחַ גָארְנִיט נוּצֶען: אוּנְד אִיךְ בֶּעצֵייג
וִוידֶער צוּ אִיטְלִיכֶען וָואס וֶועט בֶּעשְׁנִיטֶען, אַז עֶר אִיז
4 שׁוּלְדִיג צוּ הַאלְטָען דִיא גַאנְצֶע תּוֹרָה: אִיהְר זֶענְט אָפְּ־
גֶעזוּנְדֶערְט פוּן מָשִׁיחַ וָואס אִיהְר רֶעכְטְפֶערְטִיגְט אֵייךְ
דוּרְךְ דִיא תּוֹרָה, אִיהְר זֶענְט גֶעפַאלֶען פוּן דֶער גְנָאד:
5 וָוארִין דוּרְךְ דֶעם גֵייסְט וַוארְטֶען מִיר אוֹיף דֶער הָאפְנוּנְג
6 פוּן גֶערֶעכְטִיגְקַייט דוּרְךְ דֶעם גְלוֹיבֶּען: וָוארִין אִין
יֵשׁוּעַ הַמָשִׁיחַ אִיז דִיא בֶּעשְׁנֵיידוּנְג גָארְנִיט, דִיא עָרְלָה
אוֹיךְ נִיט, נֵייעֶרְט דֶער גְלוֹיבֶּען וָואס וִוירְקְט דוּרְךְ לִיבֶּע:
7 אִיהְר זֶענְט גוּט גֶעלָאפֶען, וֶוער הָאט אֵייךְ גֶעהִינְדֶערְט אַז
8 אִיהְר זָאלְט נִיט גֶעהָארְכֶען דִיא וָואהְרְהַייט? דִיזֶע אִיר־
בֶּערְרֶעדוּנְג אִיז נִיט פוּן אִיהְם דֶער אֵייךְ הָאט גֶערוּפֶען:
9 אַבִּיסֶעל זוֹיעֶר טֵייג פֶערְזוֹיעֶרְט דֶעם גַאנְצֶען טֵייג:
10 אִיךְ הָאבּ דָאס פֶערְטְרוֹיעֶן אִין דֶעם הַאר וֶועגֶען אֵייךְ,
אַז אִיהְר וֶועט נִיט אַנְדֶערְשׁ דֶענְקֶען, אָבֶּער דֶער וָואס
בֶּעטְרִיבְּט אֵייךְ וֶועט זַיין מִשְׁפָּט לֵיידֶען, וַויא עֶר וֶוער
11 עֶר וִויל: אָבֶּער אִיךְ, בְּרִידֶער, וֶוען אִיךְ נָאךְ פְּרֶעדִיג
בֶּעשְׁנֵיידוּנְג, וָוארוּם בִּין אִיךְ נָאךְ פֶערְפָאלְגְט? אַזוֹי דֶען
אִיז דִיא שְׁטְרוֹיכְלוּנְג פוּן דֶעם קְרַייץ אָפְּגֶעזוּנְדֶערְט:
12 הַלְוַאי וָואלְטֶען דִיא וָואס פֶערְשְׁטֶערֶען אֵייךְ פֶערְשְׁנִיטֶען
וֶוערֶען:
13 וָוארִיךְ, בְּרִידֶער, אִיהְר זֶענְט בֶּערוּפֶען גֶעוָוארֶען צוּ פְרַיי־
הַייט, נוּר בֶּענִיצְט נִיט דִיא פְרַייהַייט אַלְס גֶעלֶעגֶענְהַייט צוּם
פְלֵיישׁ, נֵייעֶרְט דִינְט אֵיינֶער דֶעם אַנְדֶערֶען דוּרְךְ דִיא לִיבֶּע:
14 וָוארִין דִיא גַאנְצֶע תּוֹרָה אִיז דֶערְפִילְט אִין אֵיין וָוארְט,
דוּא זָאלְסְט דַיין גֶעזֶעלֶען לִיבֶּען וִויא דִיךְ זֶעלְבְּסְט: ויקרא
15 י"ט י"ח. אָבֶּער וֶוען אִיהְר בֵּייסְט אוּנְד פֶערְצֶעהְרְט אֵיינֶער
דֶעם אַנְדֶערֶען, גִיבְּט אַכְטוּנְג אַז אִיהְר זָאלְט נִיט אֵיינֶער פוּן
דֶעם אַנְדֶערֶען אוֹיפְגֶעצֶעהְרְט וֶוערֶען:

16 אָבֶּער אִיךְ זָאג, וַואנְדֶעלְט דוּרְךְ דֶעם גֵייסְט, אוּנְד אִיהְר
וֶועט נִיט אוֹיסְפִיהְרֶען דָאס גְלִיסְטֶען פוּן דֶעם פְלֵיישׁ:
17 וָוארִין דָאס פְלֵיישׁ גְלִיסְט קֶעגֶען דֶעם גֵייסְט, אוּנְד דֶער
גֵייסְט קֶעגֶען דֶעם פְלֵיישׁ, וָוארִין דִיזֶע זֶענֶען זִיךְ קֶעגֶען
אֵיינַאנְדֶער, אַזוֹי אַז אִיהְר טְהוּט נִיט דִיא זַאכֶען וָואס
18 אִיהְר ווִילְט: אָבֶּער וֶוען אִיהְר זֶענְט גֶעפִיהְרְט פוּן דֶעם
גֵייסְט, אַזוֹי זֶענְט אִיהְר נִיט אוּנְטֶערְוָוארְפֶען צוּ דֶעם גֶע־
19 זֶעץ: נוּן דִיא וֶוערְק פוּן דֶעם פְלֵיישׁ זֶענֶען בֶּעקַאנְט, וָואס
זֶענְען אַזֶעלְכֶע — ווִיא זְנוּת, אוּנְרֵיינִיגְקֵייט אוֹיסְגֶעלַאסֶענְ־
20 הֵייט: אָפְּגֶעטֶערֵייא, כִשׁוּף, פֵיינְדְשַׁאפְט, שְׁטְרֵייט, קִנְאָה,
21 צָארְן, קְרִיג, מַחְלוֹקֶת, כִּתּוֹת: נֵייד, זוֹיפֶען, פְרֶעסֶען, אוּנְד
גְלֵייךְ דֶעם. דֶערְפוּן זָאג אִיךְ אֵייךְ אִים פָארְאוֹיס, אַזוֹי ווִיא
אִיךְ הָאב אֵייךְ פְרִיהֶער גֶעזָאגְט, אַז דִיא וָואס טְהוּן אַזֶעלְכֶע
זַאכֶען וֶועלֶען נִיט יַרְשֶׁענֶען דָאס קֶענִיגְרֵייךְ פוּן גָאט:
22 אָבֶּער דִיא פְרוּכְט פוּן דֶעם גֵייסְט אִיז לִיבֶּע, פְרֵייד, פְרִי־
23 דֶען, גֶעדוּלְד, פְרֵיינְדְשַׁאפְט, גוּטִיגְקֵייט, גְלוֹיבֶּען: זַאנְפְטְ־
מִיטִיגְקֵייט, עֶנְטְהַאלְטְזַאמְקֵייט, קֶעגֶען אַזֶעלְכֶע זַאכֶען אִיז
24 נִיט קֵיין גֶעזֶעץ: אוּנְד דִיא וָואס גֶעהֶערֶען צוּם מָשִׁיחַ
הָאבֶּען גֶעקְרֵייצִיגְט דָאס פְלֵיישׁ מִיט דִיא בֶּעגֶעהְרֶען אוּנְד
גְלִיסְטֶען:
25 וֶוען מִיר לֶעבֶּען דוּרְךְ דֶעם גֵייסְט, לָאזֶען מִיר אוֹיךְ וַואנְדְ־
26 לֶען דוּרְךְ דֶעם גֵייסְט: לָאזֶען מִיר נִיט זוּכֶען לֶעדִיגֶען
כָּבוֹד, אוּנְד לָאזֶען מִיר נִיט אֵיינֶער דֶעם אַנְדֶערֶען דֶערְ־
צֶערְנֶען אוּנְד מְקַנֵא זַיין:

קאפיטעל ו

1 בְּרִידֶער, וֶוען אַ מֶענְשׁ וֶועט אוֹיךְ אִין אַ פֶעהְלֶער אַרֵיינְ־
פַאלֶען, אִיהְר וָואס זֶענְט גֵייסְטְלִיךְ שְׁטֶעלְט אַזֶעלְכֶען
צוּרֶעכְט מִיט אַ זַאנְפְטְמִיטִיגֶען גֵייסְט; אוּנְד הִיט דִיךְ אַלֵיין
2 כְּדֵי דוּא זָאלְסְט אוֹיךְ נִיט גֶעפְּרִיפְט וֶוערֶען: טְרָאגְט דִיא
לַאסְט אֵיינֶער פוּן דֶעם אַנְדֶערֶען, אוּנְד אַזוֹי דֶערְפִילְט דָאס
3 גֶעזֶעץ פוּן מָשִׁיחַ: וָוארִין וֶוען אֵיינֶער דֶענְקְט אַז עֶר אִיז
עֶפֶּעס, וֶוען עֶר אִיז גָארְנִיט, בֶּעטְרִיגְט עֶר זִיךְ זֶעלְבְּסְט:
4 אָבֶּער לָאז אִיטְלִיכֶער זַיין אֵייגֶענֶען וֶוערְק פְּרִיפֶען, אוּנְד
אַזוֹי וֶועט עֶר הָאבֶּען זַיין רִיהְמֶען פַאר זִיךְ אַלֵיין אוּנְד נִיט

5 פֿאַר דֶעם אַנְדֶערֶען: וָוארִין אִיטְלִיכֶער וֶועט טְרָאגֶען זַייגֶע
אֵייגֶענֶע לַאסְט:
6 אָבֶּער לָאז דֶער וָואס אִיז גֶעלֶעהְרְט אִין דֶעם וָוארְט אִין
חַבְרוּתָא זַיין מִיט דֶעם וָואס לֶעהְרְט אִין אַלֶע גוּטֶע
7 זַאכֶען: זַייט נִיט פֶערְפִיהְרְט; גָאט אִיז נִיט אוּיסְגֶעשְׁפֶּעט;
וָוארִין וָואס אַ מֶענְשׁ זַייעֶט דָאס וֶועט עֶר אוֹיךְ אֵיינְזַאמֶעלְן:
8 וָוארִין דֶער וָואס זַייעֶט צוּ זַיין פְלֵיישׁ וֶועט פוּן דֶעם פְלֵיישׁ
אֵיינְזַאמֶעלְן פֶערְדַארְבֶּענִים, אוּנְד דֶער וָואס זַייעֶט צוּ דֶעם
גֵייסְט וֶועט פוּן דֶעם גֵייסְט אֵיינְזַאמֶעלְן עֶבִּיגֶעס לֶעבֶּען:
9 אוּנְד לָאזֶען מִיר נִיט מִיד וֶוערֶען גוּטֶעס צוּ טְהוּן; וָוארִין
צוּ דִיא רֶעכְטֶע צֵייט וֶועלֶען מִיר אֵיינְזַאמֶעלְן, וֶוען מִיר וֶועלֶען
10 נִיט מִיד וֶוערֶען: אַזוֹי דֶען בְּשַׁעַת מִיר הָאבֶּען צֵייט לָאזֶען
מִיר טְהוּן גוּטֶעס צוּ אַלֶע, אוּנְד בֶּעזוּנְדֶערְס צוּ דֶעם הוֹיז־
גֶעזִינְד פוּן דֶעם גְלוֹיבֶּען:
11 אִיהְר זֶעהְט וִויא מִיט גְרוֹיסֶע בּוּכְשְׁטַאבֶּען אִיךְ הָאבּ אֵייךְ
12 גֶעשְׁרִיבֶּען מִיט מֵיינֶע אֵייגֶענֶע הַאנְד: אַזוֹי פִילֶע וָואס
ווִילֶען אַ גוּטֶעס אוּיסְזֶעהֶען מַאכֶען אִים פְלֵיישׁ, דִיזֶע
צְוִוינְגֶען אֵייךְ אִיהְר זָאלְט בֶּעשְׁנֵיטֶען וֶוערֶען; נוּר כְּדֵי זֵייא
זָאלֶען נִיט פֶערְפָאלְגְט וֶוערֶען וֶועגֶען דֶעם קְרֵייץ פוּן מָשִׁיחַ:
13 וָוארִין דִיא בֶּעשְׁנִיטֶענֶע זֶעלְבְּסְט הַאלְטֶען אוֹיךְ נִיט דִיא
תּוֹרָה, נֵייעֶרְט זַייא ווִילֶען אַז אִיהְר זָאלְט בֶּעשְׁנִיטֶען וֶוע־
רֶען, כְּדֵי זֵייא זָאלֶען זִיךְ רִיהְמֶען אִין אֵייעֶר פְלֵיישׁ:
14 אָבֶּער אִיךְ וִויל מִיךְ חָלִילָה נִיט רִיהְמֶען, חוּץ אִין דֶעם קְרֵייץ
פוּן אוּנְזֶער הַאר יֵשׁוּעַ הַמָּשִׁיחַ, דוּרְךְ וֶועלְכֶען דִיא וֶועלְט
15 אִיז צוּ מִיר גֶעקְרֵייצִיגְט, אוּנְד אִיךְ צוּ דִיא וֶועלְט: וָוארִין
דִיא בֶּעשְׁנֵיידוּנְג אִיז נִיט עֶפֶּעס, אוּנְד אוֹיךְ נִיט דִיא עָרְלָה,
16 נֵייעֶרְט אַ נֵייעֶ בֶּעשֶׁעפֶענִים: אוּנְד אַזוֹי פִילֶע וֶועלְכֶע
וַואנְדְלֶען נָאךְ דִיזֶע רֶעגֶעל, אִיבֶּער דִיא זַייא פְרִידֶען אוּנְד
גְנָאד, אוּנְד צוּ דִיא יִשְׂרָאֵל פוּן גָאט:
17 פוּן אַצוּנְד אָן לָאז מִיךְ קֵיינֶער נִיט בֶּעמִיהֶען, וָוארִין אִיךְ
טְרָאג דִיא צֵייכֶען פוּן יֵשׁוּעַ אִין מֵיין לֵייבּ:
18 בְּרִידֶער, דִיא גְנָאד פוּן אוּנְזֶער הַאר יֵשׁוּעַ הַמָּשִׁיחַ זַייא
מִיט אֵייעֶר גֵייסְט; אָמֵן:

דער בריף פון דעם

אפאסטעל פולוס צו דיא עפעזער.

---

1 פולוס איין אפאסטעל פון ישוע המשיח דורך דעם ווילען
פון גאט צו דיא היילינע וואס זענען אין עפעזוס אונד צו
2 דיא גלויבינע אין ישוע המשיח: גנאד זייא מיט אייך אונד
פרידען פון גאט אונזער פאטער, אונד פון דעם האר ישוע
המשיח:
3 געלויבט זייא דער גאט אונד פאטער פון אונזער האר
ישוע המשיח, דער האט אונס געבענשט מיט יעדע גייסט־
4 ליכע ברכה אין דיא הימלישע ערטער אין משיח: גלייך
ווייא ער האט אונס אויסדערוועהלט אין איהם איידער דיא
וועלט איז געגרונדעט געוועזען, אז מיר זאלען זיין הייליג
5 אונד אהן א פעהלער פאר איהם: אינדעם ער האט אונס
אין ליבע פאראהער בעשטימט צו קינדשאפט אין זיך דורך
ישוע המשיח, אזוי וויא עס איז אין זיין גוטען ווילען
6 וואוילגעפאלען: צום לויב פון דעם כבוד פון זיינע גנאד,
7 וואס ער האט אונס בעגנאדיגט אין דעם געליבטען: אין
וועלכען מיר האבען אונזערע דערלעזונג דורך זיין בלוט,
דיא פערגעבונג פון זינד, נאך דער רייכקייט פון זיינע
8 גנאד: אין וועלכער ער האט זיך קעגען אונס געמעהרט
9 אין אלער קלוגהייט אונד פערשטאנד: אינדעם ער האט
אונס צו וויסען געטהון דעם סוד פון זיין ווילען נאך זיין
וואוילגעפאלען וואס ער האט אין זיך פארגעזעצט:
10 צו א הויזארדנונג פון דער דערפילטע צייט, דערמיט אלע
זאכען זאלען אין משיח פעראייניגט ווערען וויא אונטער
איין ראש, דיא וואס זענען אים הימעל, אונד וואס זענען
11 אויף דער ערד: אין איהם דורך וועלכען מיר זענען אויך
געווארען יורשים, אינדעם מיר זענען פאראהער פער־
ארדנעט געווארען נאך דעם פארזאץ פון איהם, וועלכער
12 ווירקט אלעס נאך דער עצה פון זיין ווילען: כדי מיר

וואס האבען פריהער געהאפט אין משיח זאלען זיין צום
לויב פון זיינע הערליכקייט: אין וועלכען איהר אויך נאכ־ 13
דעם איהר האט געהערט דיא בשורה טובה פון אייערע
ישועה אין וועלכען נאכדעם איהר האט אויך געגלויבט,
זענט פארזיגעלט געווארען מיט דעם רוח הקודש פון דער
הבטחה: וואס איז איין ערבון פון אונזערע ירושה צו דער 14
דערלעזונג פון זיין אייגענטהום, צום לויב פון זיינע הער־
ליכקייט:

דעסטוועגען, נאכדעם איך האב געהערט פון אייער גלויר־ 15
בען אין דעם האר ישוע, אונד אייערע ליבע צו דיא
היילינע: הער איך ניט אויף וועגען אייך גאט צו דאנקען, 16
דערוויל איך געדענק אייך אין מיינע געבעטע: כדי דער 17
גאט פון אונזער האר ישוע המשיח, דער פאטער פון
הערליכקייט, זאל אייך געבען דעם גייסט פון קלוגהייט
אונד אנטפלעקען אין דער דערקענטניס פון איהם: אז 18
דיא אויגען פון אייערע הערצער זאלען דערלייכט ווערען,
כדי איהר זאלט וויסען וואס איז דיא האפנונג פון זיינע
בערופונג, אונד וואס איז דיא רייכקייט פון דער הערליכ־
קייט פון זיינע ירושה צווישען דיא היילינע: אונד וויא 19
זעהר גרויס איז זיינע מאכט קעגען אונס וואס גלויבען,
נאך דעם ווירקען פון זיינע מעכטיגע קראפט: וואס ער 20
האט געווירקט אין משיח, אינדעם ער האט איהם אויפ־
געוועקט פון דיא טויטע, אונד האט איהם געזעצט צו
זיינע רעכטע האנד אין דיא הימלישע ערטער: הויך ער־ 21
הויבען איבער אלע רעגירונג אונד געוועלטיגקייט אונד
מאכט אונד הערשאפט אונד איטליכען נאמען וואס איז
גערופען ניט נור אין דיזער וועלט, נייערט אויך אין דער
קומענדיגען: אונד ער האט אלע זאכען געזעצט אונטער 22
זיינע פיס, אונד האט איהם געגעבען צום ראש איבער
אלעם צו דער קהלה: וואס איז זיין לייב, דיא דערפילונג 23
פון איהם וועלכער דערפילט אלעם אין אלעם:

קאפיטעל ב

אונד אייך האט ער לעבעדיג געמאכט, וואס איהר זענט 1
טויט געוועזען אין אייערע עבירות אונד זינד: אין וועלכע 2

אִיהְר הָאט פְרִיהֶער גֶעוַואנְדֶעלְט נָאךְ דֶעם צֵייטְלוֹיף פוּן
דִיזֶער װעלְט, נָאךְ דֶעם פִירְשְׁט פוּן דֶער מַאכְט פוּן דֶער
לוּפְט, דֶעם גֵייסְט וָואס וִוירְקְט אַצוּנְד אִין דִיא קִינְדֶער פוּן
3 אוּנְגֶעהָארְזַאם: צְווִישֶׁען װעלְכֶע מִיר הָאבֶּען אוּנְס אַלֶע
אוֹיךְ אוֹיפְגֶעפִיהְרְט אִין דִיא גְלִיסְטֶען פוּן אוּנְזֶער פְלֵיישׁ,
אוּנְד הָאבֶּען גֶעטְהוּן דֶעם װִילֶען פוּן דֶעם פְלֵיישׁ אוּנְד פוּן דִיא
מַחְשָׁבוֹת, אוּנְד מִיר זֶענֶען פוּן דֶער נַאטוּר גֶעוֶועזֶען קִינְ־
4 דֶער פוּן צָארְן גְלֵייךְ וִויא דִיא אִיבְּרִיגֶע: אָבֶּער גָאט דֶער
אִיז רֵייךְ אִין בַּארֶעמְהֶערְצִיגְקֵייט, דוּרְךְ דִיא גְרוֹיסֶע לִיבֶּע
5 מִיט װעלְכֶע עֶר הָאט אוּנְס גֶעלִיבְּט: הָאט אוּנְס לֶעבֶּעדִיג
גֶעמַאכְט מִיט מָשִׁיחַ, אַפִילוּ װען מִיר זֶענֶען גֶעוֶועזֶען טוֹיט
אִין זִינְד; דוּרְךְ גְנָאד זֶענְט אִיהְר גֶערֶעטֶעט גֶעוָוארֶען:
6 אוּנְד עֶר הָאט אוּנְס מִיט אִיהְם אוֹיפְגֶעוֶועקְט אוּנְד הָאט
אוּנְס מִיטְגֶעזֶעצְט אִין דִיא הִימְלִישֶׁע עֶרְטֶער אִין יֵשׁוּעַ
7 הַמָּשִׁיחַ: כְּדֵי עֶר זָאל בֶּעוֵוייזֶען אִין דִיא צֵייטֶען וָואס
װעלֶען קוּמֶען דִיא זֶעהְר גְרוֹיסֶע רֵייכְקֵייט פוּן זֵיינֶע גְנָאד
8 אִין גוּטִיגְקֵייט צוּ אוּנְס אִין יֵשׁוּעַ הַמָּשִׁיחַ: וָוארִין דוּרְךְ
גְנָאד זֶענְט אִיהְר גֶערֶעטֶעט גֶעוָוארֶען דוּרְךְ דֶעם גְלוֹיבֶּען;
אוּנְד דָאס אִיז נִיט פוּן אֵייךְ זֶעלְבְּסְט, עֶס אִיז דִיא מַתָּנָה
9 פוּן גָאט: נִיט פוּן װערְק, כְּדֵי קֵיינֶער זָאל זִיךְ נִיט בַּא־
10 רִיהְמֶען: וָוארִין מִיר זֶענֶען זֵיין װערְק, בֶּעשַׁאפֶען אִין
יֵשׁוּעַ הַמָּשִׁיחַ צוּ גוּטֶע מַעֲשִׂים, וָואס גָאט הָאט פְרִיהֶער
אָנְגֶעבְּרֵייט אַז מִיר זָאלֶען אִין זֵייא וַואנְדְלֶען:
11 דְרוּם גֶעדֶענְקְט, אַז אִיהְר וָואס זֶענְט פְרִיהֶער גֶעוֶועזֶען
גוֹיִם אִין דֶעם פְלֵיישׁ, אוּנְד זֶענְט גֶערוּפֶען גֶעוָוארֶען עָרְלָה
פוּן דִיא וָואס הֵייסֶען דִיא בֶּעשְׁנֵיידוּנְג וָואס אִיז אִין דֶעם
12 פְלֵיישׁ גֶעמַאכְט מִיט דֶער הַאנְד: אַז אִיהְר זֶענְט אִין יֶענֶע
צֵייט גֶעוֶועזֶען אָהְן מָשִׁיחַ, אָפְּגֶעזוּנְדֶערְט פוּן דֶער בִּירְ־
גֶערְשַׁאפְט פוּן יִשְׂרָאֵל אוּנְד פְרֶעמְדֶע צוּ דִיא בְּרִיתוֹת פוּן
דֶער הַבְטָחָה, אִינְדֶעם אִיהְר הָאט קֵיינֶע הָאפְנוּנְג נִיט גֶע־
הַאט, אוּנְד זֶענְט גֶעוֶועזֶען אָהְן גָאט אִין דֶער װעלְט:
13 אָבֶּער אַצוּנְד אִין יֵשׁוּעַ הַמָּשִׁיחַ אִיהְר וָואס זֶענְט פְרִיהֶער
גֶעוֶועזֶען וַוייט, זֶענְט נָאהֶענְט גֶעוָוארֶען דוּרְךְ דֶעם בְּלוּט
14 פוּן מָשִׁיחַ: וָוארִין עֶר אִיז זֶעלְבְּסְט אוּנְזֶער פְרִידֶען,

דֶער הָאט גֶעמַאכְט אוּים בֵּיידֶע אֵיינְס, אוּנְד הָאט אֵיינְגֶע־
וָוארְפֶען דִיא צְוִוישֶׁענְוַואנְד: אוּנְד הָאט אִין זַיין פְלֵיישׁ 15
צוּשְׁטֶערְט דִיא פֵיינְדְשַׁאפְט, דָאס גֶעזֶעץ פוּן גֶעבָּאטֶע וָואס
זֶענֶען גֶעוֶועזֶען אִין לֶעהְרֶען, כְּדֵי עֶר זָאל אִין זִיךְ זֶעלְבְּסְט
בֶּעשַׁאפֶען דִיא צְוַוייא אִין אַ נַייעֶם מֶענְשֶׁען, אוּנְד זָאל
אַזוֹי מַאכֶען פְרִידֶען: אוּנְד זָאל בֵּיידֶע פֶערְאֵיינִיגֶען מִיט 16
גָאט אִין אֵיין לֵייבּ דוּרְךְ דֶעם קְרֵייץ, אִינְדֶעם עֶר הָאט
אִין אִיהְם דִיא פֵיינְדְשַׁאפְט גֶעשְׁלַאכְט: אוּנְד עֶר אִיז גֶע־ 17
קוּמֶען אוּנְד הָאט גֶעפְּרֶעדִיגְט פְרִידֶען צוּ אֵייךְ וָואס זֶענְט
גֶעוֶועזֶען וַוייט, אוּנְד צוּ דִיא וָואס זֶענֶען גֶעוֶועזֶען נָאהֶענְט:
וָוארִין דוּרְךְ אִיהְם הָאבֶּען מִיר בֵּיידֶע אוּנְזֶערְן צוּגַאנְג צוּם 18
פָאטֶער אִין אֵיינֶעם גֵייסְט:
אַזוֹי דֶען זֶענְט אִיהְר נִיט מֶעהְר פְרֶעמְדֶע אוּנְד גֵרִים, נַייִ־ 19
עֶרְט אִיהְר זֶענְט מִיטְבִּירְגֶער מִיט דִיא הֵיילִיגֶע אוּנְד פוּן
דֶעם הוֹיזְגֶעזִינְד פוּן גָאט: אוּנְד אִיהְר זֶענְט אוֹיפְגֶעבּוֹיעֶט 20
אוֹיף דֶעם גְרוּנְדְשְׁטַיין פוּן דִיא אַפָּאסְטֶעל אוּנְד נְבִיאִים,
דֶערְפוּן יֵשׁוּעַ הַמָּשִׁיחַ אַלֵיין אִיז דֶער עֶקְשְׁטֵיין: אִין וֶועלְ־ 21
כֶען אִיטְלִיכֶעם גֶעבֵּייד אִיז גוּט צוּזַאמֶענְגֶעהֶעפְט אוּנְד
וַואקְסְט צוּ אֵיין הֵיילִיגֶען טֶעמְפֶּעל אִין דֶעם הַאר: אִין 22
וֶועלְכֶען אִיהְר זֶענְט אוֹיךְ צוּזַאמֶענְגֶעבּוֹיעֶט צוּ אַ וְואוֹינוּנְג
פוּן גָאט אִין דֶעם גֵייסְט:

קאפיטעל ג

דֶעסְטְוֶועגֶען בִּין אִיךְ פּוֹלוֹס, דֶער גֶעפַאנְגֶענֶער פוּן יֵשׁוּעַ 1
הַמָּשִׁיחַ פַאר אֵייךְ גוֹיִם: אוֹיבּ אִיהְר הָאט גֶעהֶערְט פוּן 2
דֶער אָרְדְנוּנְג פוּן דֶער גְנָאד פוּן גָאט וָואס אִיז מִיר גֶע־
גֶעבֶּען צוּ אֵייךְ: וִויא עֶס אִיז מִיר אַנְטְפְּלֶעקְט צוּ וִויסֶען 3
דֶעם סוֹד, גְלֵייךְ וִויא אִיךְ הָאבּ בִּקְצוּר פְרִיהֶער גֶעשְׁרִיבֶּען:
וֶועלְכֶעם וֶוען אִיהְר וֶועט לֵיינֶען וֶועט אִיהְר קָענֶען בֶּע־ 4
מֶערְקֶען מַיין פֶערְשְׁטֶעהֶען אִים סוֹד פוּן מָשִׁיחַ: וָואס אִיז 5
אִין אַנְדֶערֶע דוֹרוֹת נִיט בֶּעקַאנְט גֶעוָוארֶען צוּ דִיא מֶענְ־
שֶׁען קִינְדֶער, אַזוֹי וִויא עֶס אִיז אַצוּנְד אַנְטְפְּלֶעקְט צוּ
זַיינֶע הֵיילִיגֶע אַפָּאסְטֶעל אוּנְד נְבִיאִים אִין דֶעם גֵייסְט:
אַז דִיא גוֹיִם זֶענֶען מִיטְיוֹרְשִׁים אוּנְד מִיטְגְלִידֶער אוּנְד מִיטְ־ 6
טְהֵיילֶער פוּן דֶער הַבְטָחָה אִין יֵשׁוּעַ הַמָּשִׁיחַ דוּרְךְ דֶער

7 בְּשׂוֹרָה טוֹבָה: פוּן דֶער אִיךְ בִּין גֶעוָוארֶען אַ דִינֶער נָאךְ דִיא
פְרַייעֶ מַתָּנָה פוּן גָאט וָואס אִיז מִיר גֶעגֶעבֶּען נָאךְ דִיא ווִירְקוּנְג
8 פוּן זַיינֶע קְרַאפְט: צוּ מִיר, דֶעם קְלֶיינְסְטֶען פוּן אַלֶע הַיי־
לִיגֶע אִיז דִיזֶע גְנָאדֶע גֶעגֶעבֶּען, אַז אִיךְ זָאל פְּרֶעדִיגֶען
צְווִישֶׁען דִיא גוֹיִם דִיא רַייכְקַייט פוּן מָשִׁיחַ וָואס אִיז נִיט
9 צוּ דֶערְפָארְשֶׁען: אוּנְד זָאל דֶערְלַייכְטֶען צוּ אַלֶע וָואס
אִיז דִיא תְּקָנָה פוּן דֶעם סוֹד וָואס אִיז פוּן וֶועלְטְצַייטֶען אָן
פֶערְבָּארְגֶען אִין גָאט, דֶער הָאט אַלֶע זַאכֶען בֶּעשַׁאפֶען
10 דוּרְךְ יֵשׁוּעַ הַמָּשִׁיחַ: כְּדֵי דִיא פִיל־פֶעלְטִיגֶע חָכְמָה פוּן
גָאט זָאל אַצוּנְד בֶּעקַאנְט גֶעמַאכְט וֶוערֶען צוּ דִיא
הֶערְשַׁאפְטֶען אוּנְד גֶעוֶועלְטִיגֶער אִין דִיא הִימְלִישֶׁע עֶרְ־
11 טֶער דוּרְךְ דֶער קְהִלָּה: נָאךְ דֶעם פָּארְזַאץ פוּן דֶעם
צַייטְאַלְטֶער וָואס עֶר הָאט בֶּעשְׁטִימְט אִין יֵשׁוּעַ הַמָּשִׁיחַ
12 אוּנְזֶער הַאר: אִין וֶועלְכֶען מִיר הָאבֶּען דֶעם גוּטֶען מוּטְה
אוּנְד צוּגַאנְג מִיט בִּטָּחוֹן דוּרְךְ דֶעם גְלוֹיבֶּען אַן אִיהְם:
13 דֶעסְטְוֶועגֶען בֶּעט אִיךְ אַז אִיךְ זָאל נִיט בֶּעטְרִיבְּט זַיין
אִיבֶּער מֵיינֶע לֵיידֶען פַאר אֵייךְ, וָואס אִיז אַייעֶר כָּבוֹד:
14 15 דֶעסְטְוֶועגֶען בֵּייג אִיךְ מֵיינֶע קְנִיעֶן צוּם פָּאטֶער: פוּן דֶעם
יֶעדֶע מִשְׁפָּחָה אִים הִימֶעל אוּנְד אוֹיף דֶער עֶרְד הָאט אָנְ־
16 גֶערוּפֶען זַייעֶר נָאמֶען: כְּדֵי עֶר זָאל אֵייךְ גֶעבֶּען נָאךְ דִיא
רַייכְקַייט פוּן זַיינֶע הֶערְלִיכְקֵייט, דוּרְךְ זַיין גֵייסְט פֶעסְט
17 בֶּעשְׁטַארְקְט צוּ וֶוערֶען אִים אִינֶעוֶוענִיגֶען מֶענְשֶׁען: אַז
מָשִׁיחַ זָאל ווְאוֹינֶען אִין אֵייעֶרֶע הֶערְצֶער דוּרְךְ דֶעם גְלוֹיבֶּען
כְּדֵי אִיהְר זָאלְט זַיין אַיינְגֶעוָוארְצֶעלְט אוּנְד בֶּעגְרוּנְדֶעט
18 אִין דֶער לִיבֶּע: אוּנְד זָאלְט קֶענֶען פֶערְשְׁטֶעהֶען מִיט אַלֶע
הֵיילִיגֶע וָואס אִיז דִיא בְּרֵייט אוּנְד דִיא לֶענְג אוּנְד דִיא
19 הֵייךְ אוּנְד דִיא טִיפֶע: אוּנְד זָאלְט ווִיסֶען דִיא לִיבֶּע פוּן
מָשִׁיחַ וָואס אִיז אִיבֶּער אַלֶע דֶערְקֶענְטְנִים, כְּדֵי אִיהְר זָאלְט
דֶערְפִילְט וֶוערֶען בִּיז צוּ דֶער גַאנְצֶען פוּלְקֵייט פוּן גָאט:
20 נוּן צוּ אִיהְם דֶער קָאן פִיל מֶעהְר טְהוּן אִיבֶּער אַלֶעם וָואס
מִיר בֶּעטֶען אָדֶער פֶערְשְׁטֶעהֶען, נָאךְ דֶער מַאכְט וָואס
21 ווִירְקְט אִין אוּנְס: צוּ אִיהְם זָאל זַיין דִיא הֶערְלִיכְקֵייט אִין
דֶער קְהִלָּה אוּנְד אִין יֵשׁוּעַ הַמָּשִׁיחַ בִּיז צוּ אַלֶע צֵייטֶען
פוּן עֶבִּיגְקֵייט צוּ עֶבִּיגְקֵייט: אָמֵן:

קאפיטעל ד

1 דְרוּם בִּין אִיךְ אֵייךְ מַזְהִיר, דֶער גֶעפַאנְגֶענֶער אִין דֶעם
הַאר, אַז אִיהְר זָאלְט וַואנְדְלֶען וִוירְדִיג פוּן דֶער בֶּערוּפוּנְג
2 נָאךְ וֶועלְכֶע אִיהְר זֶענְט בֶּערוּפֶען גֶעוָוארֶען: מִיט אַלֶער
נִידְרִיגְקֵייט אוּנְד זַאנְפְטְמוּטִיגְקֵייט, מִיט גֶעדוּלְד, אוּנְד
3 פֶערְטְרָאגְט אֵיינֶער דֶעם אַנְדֶערֶען אִין לִיבֶּע: אוּנְד בֶּע־
פְלֵייסִיגְט אֵייךְ צוּ הַאלְטֶען דִיא אֵיינִיגְקֵייט פוּן דֶעם גֵייסְט
4 אִים בַּאנְד פוּן פְרִידֶען: עֶס אִיז אֵיין לֵייבּ אוּנְד אֵיין גֵייסְט,
גְלֵייךְ וִויא אִיהְר זֶענְט בֶּערוּפֶען אִין אֵיינֶע הָאפְנוּנְג פוּן
5 אֵייעֶרֶע בֶּערוּפוּנְג: אֵיין הַאר, אֵיין גְלוֹיבֶּען, אֵיינֶע טְבִילָה:
6 אֵיין גָאט אוּנְד פָאטֶער פוּן אַלֶע, דֶער אִיז אִיבֶּער אַלֶע
7 אוּנְד דוּרְךְ אַלֶע אוּנְד אִין אַלֶע: אָבֶּער צוּ אִיטְלִיכֶען פוּן
אוּנְס אִיז גֶעגֶעבֶּען דִיא גְנָאד נָאךְ דֶעם מָאָס פוּן דֶער
8 מַתָּנָה פוּן מָשִׁיחַ: דְרוּם זָאגְט עֶר,

„וֶוען עֶר אִיז אַרוֹיפְגֶעגַאנְגֶען אִין דֶער הֵייךְ הָאט עֶר
גֶעפַאנְגֶען אַ גֶעפַאנְגֶענְשַׁאפְט, אוּנְד הָאט גֶעגֶעבֶּען
מַתָּנוֹת צוּ מֶענְשֶׁען“: תהלים ס"ח י"ט.

9 נוּן דָאס עֶר אִיז אַרוֹיפְגֶעגַאנְגֶען, וָואס אִיז עֶס אוֹיסֶער אַז
עֶר אִיז אוֹיךְ אַרוּפְגֶעגַאנְגֶען אִין דֶעם אוּנְטֶערְשְׁטֶען טְהֵייל
10 פוּן דֶער עֶרְד? דֶער וָואס אִיז אַרוּפְגֶעגַאנְגֶען אִיז
דֶערְזֶעלְבִּיגֶער וָואס אִיז אוֹיךְ אַרוֹיפְגֶעגַאנְגֶען אִיבֶּער אַלֶע
הִימֶעל, כְּדֵי עֶר זָאל אַלֶע זַאכֶען דֶערְפִילֶען:
11 אוּנְד עֶר הָאט גֶעגֶעבֶּען עֶטְלִיכֶע פַאר אַפָּאסְטֶעל, אוּנְד
עֶטְלִיכֶע פַאר נְבִיאִים, אוּנְד עֶטְלִיכֶע פַאר מְבַשְּׂרִים, אוּנְד
12 עֶטְלִיכֶע פַאר פַאסְטָארֶען אוּנְד לֶעהְרֶער: צוּם פֶערְפַאךְ־
טִיגֶען פוּן דִיא הֵיילִיגֶע, צוּם וֶוערְק פוּן דֶעם דִינְסְט, אוּנְד
13 צוּ דֶער אוֹיפְבּוֹיאוּנְג פוּן דֶעם לֵייבּ פוּן מָשִׁיחַ: בִּיז מִיר
קוּמֶען אַלֶע צוּ דֶער אֵיינִיגְקֵייט פוּן דֶעם גְלוֹיבֶּען אוּנְד
פוּן דֶער דֶערְקֶענְטְנִיס פוּן דֶעם זוּהְן פוּן גָאט, צוּ אַ גַאנְצֶען
מֶענְשֶׁען, צוּ דֶעם מָאָס פוּן דֶער פוּלְקֵייט פוּן מָשִׁיחַ:
14 כְּדֵי מִיר זָאלֶען נִיט מֶעהְר זַיין קִינְדֶער, אוּנְד זָאלֶען נִיט
בֶּעוֶועגְט וֶוערֶען אוּנְד אַרוּמְגֶעטְרָאגֶען פוּן אִיטְלִיכֶען וִוינְד
פוּן לֶעהְרֶע, דוּרְךְ דֶער קִינְסְטְלִיכֶע פַאלְשְׁהֵייט פוּן מֶענְ־
שֶׁען, דוּרְךְ דֶער לִיסְט צוּ דֶער וִוירְקוּנְג פוּן פֶערְפִיהְרוּנְג:

15 נײעֶרְט מִיר זָאלֶען רֶעדֶען דִיא וָואהְרְהֵייט אִין לִיבֶּע, אוּנְד
זָאלֶען אִין אַלֶע זַאכֶען אוֹיפְוַואקְסֶען צוּ אִיהְם וֶועלְכֶער אִיז
16 דָאס הוֹיפְּט, דָאס אִיז מָשִׁיחַ: פוּן דֶעם דֶער גַאנְצֶער לֵייבּ
אִיז צוּזַאמֶען גֶעגְלִידֶערְט אוּנְד פֶעסְט צוּגֶעהֶעפְט דוּרְךְ
יֶעדֶעם בַּאנְד פוּן דֶער הִילְף, נָאךְ דֶעם ווִירְקֶען פוּן אִיטְ־
לִיכֶען טְהֵייל אִין זַיין מָאס, דֶער מַאכְט דֶעם לֵייבּ וַואקְסֶען
אִין זִיךְ זֶעלְבְּסְט צוּ אוֹיפְבּוֹיאוּנְג אִין לִיבֶּע:
17 דֶען דָאס זָאג אִיךְ אוּנְד בֶּעצֵייג אִין דֶעם הַאר, אַז אִיהְר
זָאלְט נִיט מֶעהְר וַואנְדְלֶען גְלֵייךְ ווִיא דִיא גוֹיִם וַואנְדְלֶען,
18 אִין דִיא נַארִישְׁקֵייט פוּן זַייעֶרֶע גֶעדַאנְקֶען: וָואס זַייעֶר
פֶערְשְׁטַאנְד אִיז פֶערְפִינְסְטֶערְט, אוּנְד זַייא זֶענֶען פֶערְ־
פְרֶעמְדֶעט פוּן דֶעם לֶעבֶּען פוּן גָאט דוּרְךְ דֶער אוּנְוִויסֶענְ־
הֵייט וָואס אִיז אִין זַייא, דוּרְךְ דֶער בְּלִינְדְהֵייט פוּן זַייעֶר
19 הַארְץ: וֶועלְכֶע זֶענֶען אָהְן בּוּשָׁה אוּנְד הָאבֶּען זִיךְ אִיבֶּערְ־
גֶעגֶעבֶּען צוּם יֵצֶר הָרָע, אַז זַייא זָאלֶען ווִירְקֶען אַלֶערְלֵייא
20 אוּנְרֵיינִיגְקֵייט מִיט גְלוּסְטִיגְקֵייט: אָבֶּער אִיהְר הָאט נִיט
21 אַזוֹי גֶעלֶערְנְט מָשִׁיחַ: וֶוען אַנְדֶערְשׁ אִיהְר הָאט אִיהְם גֶע־
הֶערְט אוּנְד זֶענְט אִין אִיהְם גֶעלֶעהְרְט גֶעוָוארֶען, גְלֵייךְ ווִיא
22 דִיא וָואהְרְהֵייט אִיז אִין יֵשׁוּעַ: אַז אִיהְר זָאלְט אוֹיסְטְהוּן
דֶעם אַלְטֶען מֶענְשֶׁען נָאךְ דֶער פְרִיהֶערְן וַואנְדְלֶען, וָואס
אִיז פַארְדָארְבֶּען נָאךְ דִיא גְלִיסְטֶען פוּן בֶּעטְרִיגֶערַייא:
23 אוּנְד זָאלְט דֶערְנֵייעֶרְט וֶוערֶען אִים גֵייסְט פוּן אֵייעֶר
24 פֶערְשְׁטַאנְד: אוּנְד זָאלְט אָנְטְהוּן דֶעם נֵייעֶם מֶענְשֶׁען, וָואס
אִיז בֶּעשַׁאפֶען נָאךְ דֶעם בִּילְד פוּן גָאט אִין גֶערֶעכְטִיגְ־
קֵייט אוּנְד אִין הֵיילִיגְקֵייט פוּן דֶער וָואהְרְהֵייט:
25 דְרוּם לֶעגְט אַוֶועק לִיגֶען אוּנְד רֶעט דִיא וָואהְרְהֵייט
אִיטְלִיכֶער מִיט זַיין חַבֵר, וָוארִין מִיר זֶענֶען גְלִידֶער
26 אֵיינֶער פוּן דֶעם אַנְדֶערְן: דֶערְצֶערְנְט אֵייךְ אוּנְד זִינְדִיגְט
נִיט; לָאז נִיט דִיא זוּן אוּנְטֶערְגֶעהֶען אִיבֶּער אַייעֶר
27 צָארְן: אוּנְד גִיבְּט אוֹיךְ נִיט פְּלַאץ צוּם שָׂטָן: דֶער
28 וָואס הָאט גֶעגַנְבֶעט, לָאז עֶר נִיט מֶעהְר גַאנְבֶענֶען, נֵייעֶרְט
לָאז עֶר לִיבֶּער אַרְבֵּייטֶען אוּנְד דָאס גוּטֶע טְהוּן מִיט
זַיינֶע אֵייגֶענֶע הֶענְד, כְּדֵי עֶר זָאל הָאבֶּען צוּ גֶעבֶּען צוּ
29 דֶעם בֶּעדֶערְפְטִיגֶען: לָאז קֵיין שְׁלֶעכְטֶעס וָוארְט נִיט

אַרױסְגֶעהֶען פוּן אֵייעֶר מױל, נֵייעֶרְט װָאס אִיז גוּט צוּ
דֶער פֶערְבֶּעסֶערוּנְג נָאךְ דֶעם בֶּעדַארְף, כְּדֵי עֶס זָאל
גֶעבֶּען גְנָאד צוּ דִיא װָאס הֶערֶען: אוּנְד בֶּעטְרִיבְּט נִיט 30
דֶעם רוּחַ הַקּוֹדֶשׁ פוּן גָאט, אִין װֶעלְכֶען אִיהְר זֶענְט
פֶערְזִיגֶעלְט גֶעװָארֶען צוּ דֶעם טָאג פוּן דֶער דֶערְלֶעזוּנְג:
לָאז אַלֶערְלֵייא בִּיטֶערְקֵייט אוּנְד גְרִים אוּנְד צָארְן אוּנְד 31
גֶעשְׁרֵייא אוּנְד לֶעסְטֶערוּנְג פוּן אֵייךְ אָפְּגֶעטְהוּן װֶערֶען
מִיט אַלֶער בֵּייזְהֵייט: אוּנְד זֵייט פְרֵיינְדְלִיךְ אֵיינֶער צוּם 32
אַנְדֶערֶען, אוּנְד בַּארֶעמְהֶערְצִיג, אוּנְד פַארְגִיבְּט אֵיינֶער
דֶעם אַנְדֶערְן, גְלֵייךְ װִיא גָאט הָאט אֵייךְ אוֹיךְ פַארְגֶעבֶּען
אִין מָשִׁיחַ:

קאפיטעל ה

דְרוּם זֵייט נָאכְטְהוּעֶר פוּן גָאט װִיא גֶעלִיבְּטֶע קִינְדֶער: 1
אוּנְד װַאנְדֶעלְט אִין לִיבֶּע, אַזוֹי װִיא מָשִׁיחַ הָאט אֵייךְ אוֹיךְ 2
גֶעלִיבְּט, אוּנְד הָאט זִיךְ פַאר אוּנְס גֶעגֶעבֶּען אַ קָרְבָּן אוּנְד
אַ זֶבַח צוּ גָאט פַאר אַ גֶעשְׁמַאקֶען רֵיחַ: אָבֶּער זְנוּת אוּנְד 3
אַלֶע אוּנְרֵיינִיגְקֵייט אָדֶער גֵייצִיגְקֵייט לָאז עֶס נִיט דֶערְ־
מָאהְנְט װֶערֶען צְװִישֶׁען אֵייךְ, אַזוֹי װִיא עֶס פַּאסְט צוּ דִיא
הֵיילִיגֶע: אוֹיךְ נִיט קֵיינֶע שֶׁענְדְלִיכֶע זַאכֶען אוּנְד נַארִישֶׁע 4
רֶעד אָדֶער גֶעשְׁפֶּעט װָאס אִיז נִיט אַנְשְׁטֶענְדִיג, נֵייעֶרְט
לִיבֶּער גָאט דַאנְקֶען: װָארִין דָאס װֵייסְט אִיהְר, אַז קֵיין 5
נוֹאֵף, אָדֶער אוּנְרֵיינֶער, אָדֶער גֵייצִיגֶער, דֶער אִיז טַאקִי
אַ גֶעצֶענְדִינֶער, הָאט קֵיינֶע יְרוּשָׁה אִים קֶענִיגְרֵייךְ פוּן
מָשִׁיחַ אוּנְד פוּן גָאט:
לָאז אֵייךְ קֵיינֶער נִיט בֶּעטְרִיגֶען מִיט לֶעדִיגֶע װֶערְטֶער; 6
װָארִין דֶעסְטְװֶעגֶען קוּמְט דֶער צָארְן פוּן גָאט אִיבֶּער דִיא
אוּנְגֶעהָארְזָאמֶע קִינְדֶער: דְרוּם זֵייט אִיהְר נִיט זֵייעֶרֶע 7
חַבֵרִים: װָארִין אִיהְר זֶענְט אַמָאל גֶעװֶעזֶען פִינְסְטֶערְנִיס, 8
אָבֶּער אַצוּנְד זֶענְט אִיהְר לִיכְט אִין דֶעם הַאר; װַאנְדֶעלְט
װִיא קִינְדֶער פוּן לִיכְט: װָארִין דִיא פְרוּכְט פוּן דֶעם לִיכְט 9
אִיז אִין אַלֶערְלֵייא גוּטִיגְקֵייט אוּנְד גֶערֶעכְטִיגְקֵייט אוּנְד
װָאהְרְהֵייט: אוּנְד פְּרִיפְט װָאס אִיז װאוֹילְגֶעפֶעלִיג צוּם 10
הַאר: אוּנְד הָאט קֵיינֶע גֶעמֵיינְשַׁאפְט מִיט דִיא װֶערְקֶע 11
פוּן פִינְסְטֶערְנִיס װָאס זֶענֶען אָהְן פְרוּכְט, נֵייעֶרְט לִיבֶּער

12 שְׁטְרָאפְט זֵייא: וָוארִין עֶס אִיז אֲפִילוּ אַ שַׁאנְד צוּ רֶעדֶען
פוּן דִיא זַאכֶען וָואס זֵייא טְהוּן אִין פֶערְבָּארְגֶענֶעם:
13 אָבֶּער אַלֶע זַאכֶען וָואס זֶענֶען גֶעשְׁטְרָאפְט זֶענֶען פוּן
דֶעם לִיכְט אַנְטְפְּלֶעקְט; וָוארִין אַלֶעס וָואס אַנְטְפְּלֶעקְט
14 זִיךְ אִיז לִיכְט: דְרוּם זָאגְט עֶר,
„וַואךְ אוֹיף דוּא וָואס שְׁלָאפְסְט, אוּנְד שְׁטֶעה אוֹיף פוּן
דִיא טוֹיטֶע, אוּנְד מָשִׁיחַ וֶועט דִיךְ דֶערְלֵייכְטֶען“:
ישעיה ס׳ א׳.
15 דְרוּם זֶעהְט פָארְזִיכְטִיג וִויא אִיהְר וַואנְדֶעלְט, נִיט וִויא
16 נַארֶען, נֵייעֶרְט וִויא קְלוּגֶע לֵייט: קוֹיפְט אוֹיס דִיא צֵייט,
17 וָוארִין דִיא טֶעג זֶענֶען אִיבֶּעל: דֶעסְטְוֶועגֶען זֵייט אִיהְר
נִיט אוּנְפֶערְשְׁטֶענְדִיג, נֵייעֶרְט פֶערְשְׁטֶעהְט וָואס אִיז דֶער
18 וִוילֶען פוּן דֶעם הַאר: אוּנְד זֵייט נִיט שִׁכּוֹר מִיט וַויין,
דְרִינֶען אִיז אוֹיסְגֶעלַאסֶענְהֵייט, נֵייעֶרְט זֵייט דֶערְפִילְט
19 מִיט דֶעם גֵייסְט: רֶעדֶענְדִיג צְוִוישֶׁען אֵייךְ מִזְמוֹרִים אוּנְד
לוֹיבֶּען אוּנְד גֵייסְטְלִיכֶע לִידֶער, זִינְגֶענְדִיג אוּנְד שְׁפִּילֶענְ־
20 דִיג אִין אֵייעֶר הַארְץ צוּם הַאר: אוּנְד דַאנְקְט גָאט אוּנְד
דֶעם פָאטֶער בֶּעשְׁטֶענְדִיג פַאר אַלֶע זַאכֶען אִים נָאמֶען
21 פוּן אוּנְזֶער הַאר יֵשׁוּעַ הַמָשִׁיחַ: אוּנְד זֵייט אֵיינֶער צוּם
אַנְדֶערְן אוּנְטֶערְטֶענִיג אִין דֶער פוּרְכְט פוּן מָשִׁיחַ:
22 וַוייבֶּער, זֵייט אוּנְטֶערְטֶענִיג צוּ אֵייעֶרֶע אֵייגֶענֶע מֶענֶער,
23 וִויא צוּם הַאר: וָוארִין דֶער מַאן אִיז דָאס הוֹיפְּט פוּן
דֶעם וַוייבּ, גְלֵייךְ וִויא מָשִׁיחַ אִיז דָאס הוֹיפְּט פוּן דֶער
קְהִלָה, דֶער אִיז אַלֵיין דֶער רֶעטֶער פוּן דֶעם לֵייבּ:
24 אָבֶּער גְלֵייךְ וִויא דִיא קְהִלָה אִיז אוּנְטֶערְטֶענִיג צוּ מָשִׁיחַ,
אַזוֹי זֶענֶען אוֹיךְ דִיא וַוייבֶּער צוּ זֵייעֶרֶע מֶענֶער אִין
25 אַלֶעם: מֶענֶער, לִיבְּט אֵייעֶרֶע וַוייבֶּער, גְלֵייךְ וִויא מָשִׁיחַ
הָאט דִיא קְהִלָה גֶעלִיבְּט אוּנְד הָאט זִיךְ פַאר אִיהְר
26 גֶעגֶעבֶּען: כְּדֵי עֶר זָאל זִיא הֵיילִיגֶען, אִינְדֶעם עֶר הָאט
זִיא גֶערֵיינִיגְט מִיט דֶעם וַואשֶׁען פוּן וַואסֶער דוּרְךְ דֶעם
27 וָוארְט: כְּדֵי עֶר זָאל צוּ זִיךְ זֶעלְבְּסְט דִיא קְהִלָה
פָארְשְׁטֶעלֶען הֶערְלִיךְ, אָהְן אַ פְלֶעק אָדֶער פַאלְטֶען
אָדֶער עֶפֶּעס דֶערְגְלֵייכֶען, נֵייעֶרְט כְּדֵי זִיא זָאל זֵיין
28 הֵיילִיג אוּנְד אָהְן אַ מוּם: אַזוֹי זֶענֶען דִיא מֶענֶער מְחוּיָב

זייערע אייגענע ווייבער צו ליבען, וויא זייער אייגענעם
לייב. דער וואס ליבט זיין אייגען ווייב ליבט זיך אליין:
29 ווארין קיינער האט אמאל זיין אייגען פלייש פיינד
געהאט, נייערט ער שפייזט אונד דערנעהרט עס, גלייך
30 וויא אויך דער משיח דיא קהלה: ווארין מיר זענען דיא
31 גלידער פון זיין לייב: דעסטוועגען זאל א מענש
פערלאזען זיין פאטער אונד זיינע מוטער אונד זאל זיך
בעהעפטען צו זיין ווייב, אונד זייא ביידע וועלען זיין
32 איין פלייש: בראשית ב׳ כ״ד. דיזער סוד איז גרויס, אבער
33 איך רעד וועגען משיח אונד דער קהלה: דאך לאז
אויך איטליכער פון אייך זיין אייגען ווייב ליבען אזוי
וויא זיך זעלבסט; אונד לאז דאס ווייב אכטונג געבען אז
זיא האט פורכט פאר דעם מאן:

קאפיטעל ו

1 קינדער, געהארכט אייערע עלטערן אין דעם האר,
2 ווארין דאס איז רעכט: עהרע דיין פאטער אונד דיינע
מוטער, וואס איז דיא ערשטע מצוה מיט הבטחה: שמות כ׳ י״ב.
3 כדי עס זאל דיר גוט זיין, אונד דוא זאלסט לאנג לעבען
4 אויף דער ערד: דברים ה׳ ט״ז. אונד איהר פעטער, דער-
צערנט ניט אייערע קינדער, נייערט דערציהט זייא אין
דער אזהרה אונד מוסר פון דעם האר:
5 איהר קנעכט געהארכט דיא וואס זענען אייערע הערען
נאך דעם פלייש מיט פארכט אונד ציטערנים, אין
איינפעלטיגקייט פון דעם הארץ, אזוי וויא צו משיח:
6 ניט מיט אויגענדינסט, וויא דיא וואס געפעלען מענשען,
נייערט וויא דיא קנעכט פון משיח, דיא טהון דעם
7 ווילען פון גאט פון הארצען: וועלכע דינען מיט גוטען
8 ווילען וויא דעם האר אונד ניט וויא מענשען: ווארין
איהר ווייסט אז דאס גוטע וואס איטליכער טהוט, דאס
וועט ער דערהאלטען פון דעם האר, אויב ער איז א
9 קנעכט אדער א פרייער: אונד איהר הערען, טהוט
איהר דאס זעלביגע צו זייא, אונד בעדרויהעט זייא ניט,
ווארין איהר ווייסט אז אייער אונד אויך זייער האר איז
אין הימעל, אונד אז ער איז קיינעם ניט נושא פנים:

10 אִים אִיבְּרִיגֶען, זַייט שְׁטַארְק אִין דֶעם הַאר אוּנְד אִין
11 דֶער קְרַאפְט פוּן זַיינֶע מַאכְט: טְהוּט אָן דִיא גַאנְצֶע
וַואפֶען פוּן גָאט, אַז אִיהְר זָאלְט קֶענֶען בֶּעשְׁטֶעהֶען דִיא
12 לִיסְט פוּן דֶעם שָׂטָן: וָוארִין אוּנְזֶער רַאנְגְלֶען אִיז נִיט
קֶעגֶען בְּלוּט אוּנְד פְלֵיישׁ, נֵייעֶרְט קֶעגֶען דִיא הֶערְשַׁאפְ־
טֶען, קֶעגֶען דִיא מֶעכְטֶען, קֶעגֶען דִיא וֶועלְטְ־הֶערְשֶׁער
פוּן דִיזֶער פִינְסְטֶערְנִיס, קֶעגֶען דִיא גֵייסְטְלִיכֶע שַׁאר פוּן
13 אִיבֶּעל אִין דִיא הִימְלִישֶׁע עֶרְטֶער: דֶעסְטְוֶועגֶען נֶעמְט
אוֹיף אֵייךְ דִיא גַאנְצֶע וַואפֶען פוּן גָאט, כְּדֵי אִיהְר
זָאלְט קֶענֶען בֶּעשְׁטֶעהֶען אִים שְׁלֶעכְטֶען טָאג, אוּנְד
וֶוען אִיהְר הָאט אַלֶעס אוֹיסְגֶערִיכְטֶעט שְׁטֶעהֶען בְּלֵייבֶּען:
14 שְׁטֶעהְט דֶען פֶעסְט אוּנְד גַארְטֶעלְט אַרוּם אֵייעֶרֶע
לֶענְדֶען מִיט וָאהְרְהֵייט, אוּנְד טְהוּט אָן דֶעם פַּאנְצֶער
15 פוּן גֶערֶעכְטִיגְקֵייט: אוּנְד פַאר אֵייעֶרֶע שִׁיךְ דָאס
16 אָנְבְּרֵייטֶען פוּן דִיא בְּשׂוֹרָה טוֹבָה פוּן פְרִידֶען: אוּנְד
אִיבֶּער אַלֶעם נֶעמְט אוֹיף אֵייךְ דָאס שִׁילְד פוּן דֶעם
גְלוֹיבֶּען, מִיט וֶועלְכֶען אִיהְר וֶועט קֶענֶען פַארְלֶעשֶׁען
17 אַלֶע פֵייעֶרִיגֶע פֵיילֶען פוּן דֶעם בֶּעזֶען: אוּנְד נֶעמְט
דֶעם הֶעלְם פוּן זֶעלִיגְקֵייט, אוּנְד דָאס שְׁוֶוערְד פוּן דֶעם
18 גֵייסְט, וָואס אִיז דָאס וָוארְט פוּן גָאט: דֶערְוַוייל אִיהְר
בֶּעטֶעט מִיט אַלֶערְלֵייא גֶעבֶּעט אוּנְד תְּחִנָּה אַלֶע
צֵייטֶען אִין דֶעם גֵייסְט, אוּנְד וַואכְט דָערְצוּ מִיט אַלֶע
19 בֶּעשְׁטֶענְדִיגְקֵייט אוּנְד תְּחִנָּה פַאר אַלֶע הֵיילִיגֶע: אוּנְד
פַאר מִיר, כְּדֵי אַ וָוארְט זָאל מִיר גֶעגֶעבֶּען וֶוערֶען וֶוען
אִיךְ עֶפֶען מֵיין מוֹיל, אַז אִיךְ זָאל מִיט פְרֵייהֵייט צוּ
20 וִויסֶען טְהוּן דֶעם סוֹד פוּן דֶער בְּשׂוֹרָה טוֹבָה: פַאר
וֶועלְכֶע אִיךְ בִּין אַ שָׁלִיחַ אִין קֶעטֶען, כְּדֵי אִיךְ זָאל
דְרִינֶען עֶפֶענְטְלִיךְ רֶעדֶען אַזוֹי וִויא אִיךְ בֶּעדַארְף צוּ
רֶעדֶען:
21 אָבֶּער אַז אִיהְר זָאלְט אוֹיךְ וִויסֶען מֵיינֶע זַאכֶען, וָואס אִיךְ
טְהוּא, וֶועט אֵייךְ טִיכִיקוֹס אַלֶעס צוּ וִויסֶען טְהוּן, וֶועלְכֶער
אִיז מֵיין גֶעלִיבְּטֶער בְּרוּדֶער אוּנְד גֶעטְרֵייעֶר דִינֶער אִין דֶעם
22 הַאר: דֶעם אִיךְ הָאבּ פוּן דֶעסְטְוֶועגֶען צוּ אֵייךְ גֶעשִׁיקְט,
אַז אִיהְר זָאלְט וִויסֶען וִויא עֶס גֶעהְט אוּנְס, אוּנְד אַז עֶר

23 זָאל אֵייעֶרֶע הֶערְצֶער טְרֵייסְטֶען ׃ פְרִידֶען זָאל זַיין צוּ דִיא
בְּרִידֶער, אוּנְד לִיבֶּע מִיט גְלוֹיבֶּען פוּן גָאט דֶעם פָאטֶער
24 אוּנְד פוּן דֶעם הַאר יֵשׁוּעַ הַמָשִׁיחַ׃ גְנָאד זַייא מִיט אַלֶע
וָואס לִיבֶּען אוּנְזֶער הַאר יֵשׁוּעַ הַמָשִׁיחַ אִין אוּנְ־
פֶערְדָארְבֶּענְהַייט׃

דֶער בְּרִיף פוּן דֶעם

אַפָּאסְטֶעל פּוֹלוֹס צוּ דִיא פִילִיפֶּער.

---

1 פּוֹלוֹס אוּנְד טִימוֹתִיוֹס דִיא קְנֶעכְט פוּן יֵשׁוּעַ הַמָשִׁיחַ צוּ
אַלֶע הֵיילִיגֶע אִין יֵשׁוּעַ הַמָשִׁיחַ וָואס זֶענֶען אִין פִילִיפִּי
2 מִיט דִיא אוֹיפְזֶעהֶער אוּנְד דִינֶער׃ גְנָאד זַייא מִיט אֵייךְ
אוּנְד פְרִידֶען פוּן גָאט אוּנְזֶער פָאטֶער אוּנְד פוּן דֶעם הַאר
יֵשׁוּעַ הַמָשִׁיחַ׃
3 אִיךְ דַאנְק מֵיין גָאט אִין יֶעדֶען דֶערְמַאנֶען פוּן אֵייךְ׃
4 אוּנְד אִיךְ בֶּעט בֶּעשְׁטֶענְדִיג פַאר אֵייךְ אַלֶע אִין יֶעדֶער
5 תְּחִנָה מִיט פְרֵייד׃ פַאר אֵייעֶרֶע חַברוּתָא אִין דֶער בְּשׂוֹרָה
6 טוֹבָה פוּן דֶעם עֶרְשְׁטֶען טָאג אָן בִּיז אַצוּנְד׃ אוּנְד אִיךְ בִּין
אִים בְּטָחוֹן וֶועגֶען דֶעמְזֶעלְבִּיגֶען, אַז דֶער וָואס הָאט אִין אֵייךְ
אָנְגֶעהוֹיבֶּען אַ גוּטֶעס וֶוערְק וֶועט עֶס עֶנְדִיגֶען בִּיז צוּם
7 טָאג פוּן יֵשׁוּעַ הַמָשִׁיחַ׃ אַזוֹי וִויא עֶס אִיז רֶעכְט דָאס צוּ
דֶענְקֶען וֶועגֶען אֵייךְ אַלֶע, וֵוייל אִיךְ הָאב אֵייךְ אִים הַאר־
צֶען, אַפִילוּ אִין מֵיינֶע קֶעטֶען אִין מֵיין גֶעפֶענְגְנִיס אוּנְד
אִין דֶער פַארֶענְטְפֶערוּנְג אוּנְד בֶּעפֶעסְטִיגוּנְג פוּן דֶער
בְּשׂוֹרָה טוֹבָה הָאט אִיהְר אַלֶע אַ טְהֵייל גֶעהַאט אִין מֵיינֶע
8 גְנָאד׃ וָוארִין גָאט אִיז מֵיין עֵדוּת וִויא אִיךְ פֶערְלַאנְג
נָאךְ אֵייךְ אַלֶע אִין דֶער בַּארֶעמְהֶערְצִיגְקֵייט פוּן יֵשׁוּעַ
9 הַמָשִׁיחַ׃ אוּנְד דָאס בֶּעט אִיךְ, אַז אֵייעֶרֶע לִיבֶּע זָאל זִיךְ
זֶעהְר פִיל מֶעהְרֶען אִין דֶערְקֶענְטְנִיס אוּנְד אִין יֶעדֶע עֶרְ־
10 פַאהְרוּנְג׃ אַז אִיהְר זָאלְט פְּרִיפֶען דִיא זַאכֶען וָואס זֶענֶען

מֶעהְר וֶוערְט, כְּדֵי אִיהְר זָאלְט זַיין אוֹיפְרִיכְטִיג אוּנְד אָהְן
11 שְׁטְרוֹיכְלוּנְגֶען בִּיז צוּם טָאג פוּן מָשִׁיחַ: אוּנְד זָאלְט דֶערְ־
פִילְט זַיין מִיט דִיא פְרוּכְט פוּן גֶערֶעכְטִיגְקֵייט וָואס אִיז
דוּרְךְ יֵשׁוּעַ הַמָּשִׁיחַ, צוּ דֶער הֶערְלִיכְקֵייט אוּנְד לוֹיבּ פוּן
גָאט:
12 נוּן וִויל אִיךְ, בְּרִידֶער, אַז אִיהְר זָאלְט וִויסֶען אַז דִיא זַאכֶען
וָואס זֶענֶען צוּ מִיר גֶעשֶׁעהֶען הָאבֶּען לִיבֶּער גֶעהָאלְפֶען
13 דִיא בְּשׂוּרָה טוֹבָה צוּ פֶערְבְּרֵייטֶען: אַזוֹי אַז מֵיינֶע קֶעטֶען
אִין מָשִׁיחַ זֶענֶען אַנְטְפְּלֶעקְט גֶעוָוארֶען אִים גַאנְצֶען הוֹיף
14 אוּנְד צוּ דִיא אַלֶע אִיבְּרִיגֶע: אוּנְד מֵייסְטֶע פוּן דִיא בְּרִידֶער
אִין דֶעם הַאר זֶענֶען בָּטוּחַ גֶעוָוארֶען דוּרְךְ מֵיינֶע קֶעטֶען,
אוּנְד הָאבֶּען מֶעהְר מוּטְה גֶעהַאט דָאס וָוארְט פוּן גָאט
אָהְן פוּרְכְט צוּ רֶעדֶען:
15 עֶטְלִיכֶע פְּרֶעדִיגֶען מָשִׁיחַ אַוַדַאי אוּיס נֵייד אוּנְד שְׁטְרֵייט,
16 אוּנְד עֶטְלִיכֶע אוֹיךְ אוּיס דֶעם גוּטֶען וִוילֶען: דִיזֶע טְהוּן עֶס
אוּיס לִיבֶּע, אִינְדֶעם זֵייא וִויסֶען אַז אִיךְ בִּין גֶעזֶעצְט דִיא
17 בְּשׂוּרָה טוֹבָה צוּ פֶערְעֶנְטְפֶערְן: אָבֶּער יֶענֶע פְּרֶעדִיגֶען
מָשִׁיחַ אוּיס קְרִיג, נִיט אִין רֵיינְהֵייט, אִינְדֶעם זֵייא דֶענְקֶען
18 זֵייא וֶועלֶען אוּיפְשְׁטֶעלֶען צָרָה צוּ מֵיינֶע קֶעטֶען: וָואס
אִיז עֶס דֶען? וֶוען נוּר עַל כָּל פָּנִים מָשִׁיחַ אִיז גֶעפְּרֶעדִיגְט,
אוֹיבּ פַאר אֵיין אוֹיסְרֶעד אָדֶער אִין וָואהְרְהֵייט, אוּנְד אִין
דִיזֶען פְרֵייעֶ אִיךְ מִיךְ, אוּנְד וֶועל מִיךְ אוֹיךְ פְרֵייעֶן:
19 וָוארִין אִיךְ וֵוייס אַז דָאס וֶועט אוֹיסְפַאלֶען צוּ מֵיינֶע רֶעטּ־
טוּנְג דוּרְךְ אֵייעֶר תְּחִנָה, אוּנְד דֶעם בֵּייְשְׁטַאנְד פוּן דֶעם
20 גֵייסְט פוּן יֵשׁוּעַ הַמָּשִׁיחַ: נָאךְ מֵיינֶע עֶרְנְצְטֶע אוֹיסְהַארוּנְג
אוּנְד הָאפְנוּנְג אַז אִיךְ וֶועל אִין קֵיינֶע זַאךְ נִיט פֶערְשֶׁעהְמְט
וֶוערֶען נֵייעֶרְט מִיט אַלֶער בֶּעהֶערְצִיגְקֵייט גְלֵייךְ וִויא אַלֶע
צֵייטֶען אַזוֹי אוֹיךְ אַצוּנְד וֶועט מָשִׁיחַ אִין מֵיין לֵייבּ פֶערְ־
הֶערְלִיכְט וֶוערֶען, עֶס זֵייא דוּרְךְ לֶעבֶּען אָדֶער דוּרְךְ
טוֹיט:
21 וָוארִין פַאר מִיר צוּ לֶעבֶּען אִיז מָשִׁיחַ, אוּנְד צוּ שְׁטַארְבֶּען
22 אִיז אַ גֶעוִוין: אָבֶּער וֶוען צוּ לֶעבֶּען אִין דֶעם פְלֵיישׁ אִיז
דִיא פְרוּכְט פוּן מֵיינֶע אַרְבֵּייט, אַזוֹי וֵוייס אִיךְ נִיט וָואס
23 אִיךְ זָאל אוֹיסְדֶערְוֶועהְלֶען: אָבֶּער אִיךְ בִּין גֶעדְרֶענְגְט

צווישען דיא צוויא וועגען, אינדעם איך בעגעהר אָפּ־
צושיידען אונד צו זיין מיט משיח, וואָרין עס איז
פיל בעסער: אָבער אים פלייש צו בלייבען איז נע־ 24
טיגער פאַר אייך: אונד אים פערטרויען דרויף ווייס 25
איך אַז איך וועל בלייבען אונד וועל נאָך בייא אייך
אַלע בלייבען כדי איך ווייטער צו ברענגען צו אייערע
פרייד אים גלויבען: כדי אייער ריהמען אין ישוע 26
המשיח זאָל אין מיר וואַקסען דורך מיין ווידער זיין
בייא אייך:

וואַנדעלט נור ווירדיג פון דער בשורה טובה פון משיח, 27
כדי ווען איך וועל קומען אונד וועל אייך זעהען אָדער
וועל ניט מיט אייך זיין, איך זאָל הערען וויא עס
געהט מיט אייך, אַז איהר שטעהט פעסט אין איינעם
גייסט, אונד אַז איהר שטרייט צוזאַמען מיט איינע זעלע
פאַר דעם גלויבען פון דער בשורה טובה: אונד דער־ 28
שרעקט אייך ניט אין עטליכע זאַכען פון וועגען
אייערע פיינד; וואָס איז צו זייא אַ בעוויז פון פער־
דאַרבען, אָבער פון אייערע רעטונג, אונד דאָס פון
גאָט: וואָרין צו אייך איז עס געגעבען וועגען משיח, אַז 29
איהר זאָלט ניט נור אָן איהם גלויבען, נייערט איהר
זאָלט אויך פאַר איהם ליידען: אינדעם איהר האָט 30
דעם זעלבען שטרייט וואָס איהר האָט געזעהען אין
מיר, אונד הערט אַצונד אַז עס איז אין מיר:

קאפיטעל ב

דרום ווען עס איז אַ שום נחמה אין משיח, ווען אַ 1
טרייסט פון ליבע, ווען אַ געמיינשאַפט פון דעם גייסט,
ווען גוטיגקייט אונד באַרעמהערציגקייט: דערפילט 2
איהר מיינע פרייד אַז איהר זאָלט דיא זעלבע געדאַנ־
קען האָבען אונד דיא זעלבע ליבע, אונד זאָלט איינ־
מיטהיג זיין פון איינע מחשבה: אונד זאָלט גאָרניט 3
טהון דורך שטרייט אָדער אַ פאַלשען כבוד, נייערט מיט
אַ נידריג געמיט לאָז איטליכער דעם אַנדערן גרעסער
האַלטען וויא זיך זעלבסט: לאָז ניט איטליכער אַכטונג 4
געבען אויף דאָס זייניגע נייערט אויך אויף דיא זאַכען

5 וָואס זֶענֶען צוּם אַנְדֶערֶען: לָאז דִיזֶער גֶעדַאנְקֶען אִין
אֵייךְ זֵיין וָואס אִיז אוֹיךְ גֶעוֶועזֶען אִין יֵשׁוּעַ הַמָשִׁיחַ:
6 דֶער, אַפִּילוּ עֶר אִיז גֶעוֶועזֶען אִין דֶער גֶעשְׁטַאלְט פוּן
גָאט, דָאךְ הָאט עֶר עֶס נִיט פַאר אַ פְּרֵייז גֶעהַאלְטֶען
7 עֶר זָאל זֵיין גְלֵייךְ צוּ גָאט: אָבֶּער עֶר הָאט זִיךְ זֶעלְבְּסְט
אוֹיסְגֶעלֶעדִיגְט, אִינְדֶעם עֶר הָאט אָנְגֶענוּמֶען דִיא גֶע־
שְׁטַאלְט פוּן אַ קְנֶעכְט, אוּנְד אִיז גֶעוָוארֶען אִין דֶעם
8 גְלֵייכְנִיס פוּן אַ מֶענְשׁ: אוּנְד וֶוען עֶר אִיז גֶעפִינֶען
גֶעוָוארֶען אִין דֶער גֶעשְׁטַאלְט וִויא אַ מֶענְשׁ, הָאט עֶר
זִיךְ דֶערְנִידְרִיגְט אוּנְד אִיז גֶעהָארְזַאם גֶעוָוארֶען בִּיז צוּם
9 טוֹיט, אַפִּילוּ דֶעם טוֹיט פוּן דֶעם קְרֵייץ: דְרוּם הָאט
אִיהְם גָאט אוֹיךְ זֶעהְר דֶערְהֵייכְט, אוּנְד הָאט אִיהְם גֶע־
גֶעבֶּען דֶעם נָאמֶען וָואס אִיז אִיבֶּער יֶעדֶעם נָאמֶען:
10 כְּדֵי אִיטְלִיכֶעס קְנִיא פוּן דִיא וָואס זֶענֶען אִים הִימֶעל
אוּנְד אוֹיף דֶער עֶרְד אוּנְד אוּנְטֶער דֶער עֶרְד זָאל זִיךְ
11 בֶּעגֶען אִים נָאמֶען פוּן יֵשׁוּעַ: אוּנְד אִיטְלִיכֶע צוּנְג זָאל
בֶּעקֶענֶען אַז יֵשׁוּעַ הַמָשִׁיחַ אִיז הַאר צוּם כָּבוֹד פוּן
12 גָאט דֶעם פָאטֶער: אַזוֹי דֶען, מֵיינֶע גֶעלִיבְּטֶע, גְלֵייךְ
וִויא אִיהְר הָאט בֶּעשְׁטֶענְדִיג צוּגֶעהָארְכְט, נִיט נוּר וֶוען
אִיךְ בִּין בֵּייא אֵייךְ גֶעוֶועזֶען, נֵייעֶרְט אַצוּנְד פִיל מֶעהְר
וֶוען אִיךְ בִּין נִיט מִיט אֵייךְ, וִוירְקְט אוֹיס אֵייעֶרֶע יְשׁוּעָה
13 מִיט פוּרְכְט אוּנְד צִיטֶערְנִיס: וָוארִין עֶס אִיז גָאט וֶועלְ־
כֶער וִוירְקְט אִין אֵייךְ צוּ וִוילֶען אוּנְד צוּ טְהוּן נָאךְ
14 זֵיין וָואוֹילְגֶעפַאלֶען: טְהוּט אַלֶעס אָהְן גֶעמוּרְמֶעל אוּנְד
15 קְרִיגֶערֵייא: כְּדֵי אִיהְר זָאלְט זֵיין אָהְן טָאדֶעל אוּנְד
אוּנְשׁוּלְדִיג, דִיא קִינְדֶער פוּן גָאט אָהְן אַ פֶעהְלֶער אִין
מִיטֶען פוּן אַ פֶערְקֶעהְרְטֶען אוּנְד פֶערְדְרֶעהְטֶען דוֹר, צְוִוי־
שֶׁען וֶועלְכֶע אִיהְר שֵׁיינְט וִויא לִיכְטְהַאלְטֶער אִין דֶער
16 וֶועלְט: אוּנְד הַאלְט אֵייךְ אָן דֶעם וָוארְט פוּן לֶעבֶּען,
כְּדֵי אִיךְ זָאל מִיךְ רִיהְמֶען אִים טָאג פוּן מָשִׁיחַ אַז
אִיךְ בִּין נִיט אוּמְזוּסְט גֶעלָאפֶען אוּנְד הָאבּ נִיט אוּמְ־
17 זוּסְט גֶעאַרְבֵּייט: אָבֶּער וֶוען אִיךְ בִּין אוֹיךְ גֶעאָפְּפֶערְט
פַאר דֶעם קָרְבָּן אוּנְד דִינְסְט פוּן אֵייעֶר גְלוֹיבֶּען, אַזוֹי
פְרֶעה אִיךְ מִיךְ, אוּנְד בִּין פְרֶעהְלִיךְ מִיט אֵייךְ אַלֶע:

18 אוּנְד אִיבֶּער דִיזֶעס פְרֶעהְט אִיהְר אֵייךְ אוֹיךְ אוּנְד זַייט
19 פְרֶעהְלִיךְ מִיט מִיר: אָבֶּער אִיךְ הָאף אִין דֶעם הַאר
יֵשׁוּעַ טִימוֹתִיוֹס גְלֵייךְ צוּ אֵייךְ צוּ שִׁיקֶען, אַז אִיךְ
זָאל אוֹיךְ דֶערְקְוִויקְט וֶוערֶען וֶוען אִיךְ וֶועל וִויסֶען
20 וִויא עֶס גֶעהְט מִיט אֵייךְ: וָוארִין אִיךְ הָאבּ קֵיינֶעם
גְלֵייכְדֶענְקֶענְדִיגֶען, דֶער זָאל אוֹיפְרִיכְטִיג פַאר אֵייךְ זָארְ־
21 גֶען: וָוארִין זֵייא זוּכֶען אַלֶע דָאס זֵייעֶרִיגֶע, אוּנְד נִיט דִיא
22 זַאכֶען פוּן יֵשׁוּעַ הַמָשִׁיחַ: אָבֶּער אִיהְר וֵוייסְט זֵיינֶע
אוֹיסְפְּרִיפוּנְג אַז עֶר הָאט מִיט מִיר גֶעדִינְט צוּ דֶער
23 בְּשׂוֹרָה טוֹבָה גְלֵייךְ וִויא אַ קִינְד צוּם פָאטֶער: דְרוּם
הָאף אִיךְ אִיהְם בַּאלְד צוּ שִׁיקֶען, וֶוען אִיךְ וֶועל זֶעהֶען
24 וִויא עֶס גֶעהְט מִיט מִיר: אוּנְד אִיךְ פֶערְטְרוֹיעֶ אִין דֶעם
25 הַאר אַז אִיךְ זֶעלְבְּסְט וֶועל אוֹיךְ גְלֵייךְ קוּמֶען: אָבֶּער
אִיךְ הָאבּ עֶס פַאר נֶעטִיג גֶעהַאלְטֶען אַז אִיךְ זָאל
עֶפַּאפְרָדִיטוּס צוּ אֵייךְ שִׁיקֶען, וָואס אִיז מֵיין בְּרוּדֶער
אוּנְד מִיטְאַרְבֵּייטֶער אוּנְד מִיטְשְׁטְרֵייטֶער, אוּנְד אֵייעֶר
שָׁלִיחַ, וֶועלְכֶער הָאט מֵיין בֶּעדַארְפְנִיס פַארְזָעהֶען:
26 וָוארִין עֶר הָאט נָאךְ אֵייךְ אַלֶע בֶּעגְלוּסְט, אוּנְד הָאט
זִיךְ מְצַעֵר גֶעוֶועזֶען, וַוייל אִיהְר הָאט גֶעהֶערְט אַז עֶר
27 אִיז קְרַאנְק גֶעוֶועזֶען: וָוארִין עֶר אִיז טַאקֶע קְרַאנְק
גֶעוֶועזֶען נָאהֶענְט צוּם טוֹיט; אָבֶּער גָאט הָאט זִיךְ
אִיבֶּער אִיהְם דֶערְבַּארֶעמְט, אוּנְד נִיט נוּר אִיבֶּער אִיהְם
נֵייעֶרְט אוֹיךְ אִיבֶּער מִיר, אַז אִיךְ זָאל נִיט הָאבֶּען
28 טְרוֹיעֶר אוֹיף טְרוֹיעֶר: דְרוּם הָאבּ אִיךְ אִיהְם מֶעהְר
פְלֵייסִיג גֶעשִׁיקְט כְּדֵי אִיהְר זָאלְט אִיהְם וִוידֶער זֶעהֶען
אוּנְד זָאלְט אֵייךְ פְרֵייעֶן, אוּנְד כְּדֵי אִיךְ זָאל וֶועניגֶער
29 טְרוֹיעֶר הָאבֶּען: דְרוּם נֶעמְט אִיהְם אוֹיף אִין דֶעם הַאר
מִיט אַלֶער פְרֵייד, אוּנְד הַאלְט אַזֶעלְכֶע אִין כָּבוֹד:
30 וַוייל וֶועגֶען דֶעם וֶוערְק פוּן מָשִׁיחַ אִיז עֶר נָאהֶענְט גֶע־
וֶועזֶען בִּיז צוּם טוֹיט, אוּנְד הָאט זַיין לֶעבֶּען אֵיינְגֶע־
שְׁטֶעלְט כְּדֵי עֶר זָאל דֶערְפִילֶען דָאס וָואס פֶעהְלְט אִין
אֵייעֶר דִינְסְט צוּ מִיר:

קאפיטעל ג

1 אִים אִיבְּרִיגֶען, מֵיינֶע בְּרִידֶער, פְרֶעהְט אֵייךְ אִין דֶעם

הַאר. עֶס אִיז מִיר נִיט פַארדְרִיסְלִיךְ אִיךְ זָאל אֵייךְ דָאס
זֶעלְבִּיגֶע שְׁרֵייבֶּען, אָבֶּער פַאר אֵייךְ אִיז עֶס זִיכֶער:
2 הִיט אֵייךְ פַאר דִיא הוּנְט, הִיט אֵייךְ פַאר דִיא שְׁלֶעכְטֶע
3 אַרְבֵּייטֶער, הִיט אֵייךְ פַאר דֶער צוּשְׁנֵיידוּנְג: וָוארִין מִיר
זֶענֶען דִיא בֶּעשְׁנֵיידוּנְג וָואס הַאלְטֶען גָאטֶעס דִינְסְט
דוּרְךְ דֶעם גֵייסְט, אוּנְד רִיהְמֶען אוּנְס אִין יֵשׁוּעַ הַמָּשִׁיחַ,
4 אוּנְד פֶערְטְרוֹיעֶן נִיט אִים פְלֵיישׁ: חָאטְשֶׁע אִיךְ הָאבּ
אוֹיךְ בֶּעקָאנְט אִים פְלֵיישׁ פֶערְטְרוֹיעֶן. וֶוען אֲפִילוּ אֵיין
אַנְדֶערֶער דֶענְקְט צוּ הָאבֶּען פֶערְטְרוֹיעֶן אִים פְלֵיישׁ,
5 אִיךְ פִיל מֶעהְר: אִיךְ בִּין בֶּעשְׁנִיטֶען גֶעוָוארֶען דֶעם
אַכְטֶען טָאג, אוּנְד אִיךְ בִּין פוּן דֶעם פָאלְק יִשְׂרָאֵל,
פוּן שֵׁבֶט בִּנְיָמִין, אֵיין עִבְרִי פוּן דִיא עִבְרִים, וֶועגֶען
6 דֶעם גֶעזֶעץ אַ פָּרוּשׁ: וֶועגֶען אֵייפֶער הָאבּ אִיךְ פֶערְ־
פָאלְגְט דִיא קְהִלָּה, וֶועגֶען דֶער גֶערֶעכְטִיגְקֵייט אִים
גֶעזֶעץ בִּין אִיךְ גֶעוֶועזֶען אָהְן אַ פֶעהְלֶער:
7 אָבֶּער דִיא זַאכֶען וָואס זֶענֶען מִיר גֶעוֶועזֶען אַ גֶעוִוין,
דִיא הָאבּ אִיךְ גֶערֶעכֶענְט אַ שָׁאדֶען פוּן וֶועגֶען דֶעם
8 מָשִׁיחַ: אָבֶּער אִיךְ רֶעכֶען אֲפִילוּ אַלֶע זַאכֶען פַאר
שָׁאדֶען וֶועגֶען דֶער זֶעהְר גְרוֹיסֶע דֶערְקֶענְטְנִיס פוּן
יֵשׁוּעַ הַמָּשִׁיחַ מֵיין הַאר, פוּן וֶועגֶען וֶועלְכֶען אִיךְ הָאבּ
אִין אַלֶע זַאכֶען שָׁאדֶען בֶּעלִיטֶען, אוּנְד רֶעכֶען זֵייא
9 אַלְס מִיסְט, כְּדֵי אִיךְ זָאל גֶעוִוינֶען מָשִׁיחַ: אוּנְד זָאל
אִין אִיהְם גֶעפִינֶען וֶוערֶען, אִינְדֶעם אִיךְ הָאבּ נִיט מֵיינֶע
אֵיינֶענֶע גֶערֶעכְטִיגְקֵייט וָואס אִיז פוּן דֶעם גֶעזֶעץ, נֵייא־
עֶרְט דִיא וָואס אִיז דוּרְךְ דֶעם גְלוֹיבֶּען אָן מָשִׁיחַ,
דִיא גֶערֶעכְטִיגְקֵייט וָואס אִיז פוּן גָאט אִין דֶעם גְלוֹי־
10 בֶּען: כְּדֵי אִיךְ זָאל אִיהְם דֶערְקֶענֶען, אוּנְד דִיא מַאכְט
פוּן זֵיינֶע אוֹיפֶערְשְׁטֶעהוּנְג, אוּנְד דִיא גֶעמֵיינְשַׁאפְט פוּן
זֵיינֶע לֵיידֶען, אוּנְד זָאל מִיטְגֶעשְׁטֶעלְט וֶוערֶען צוּ זֵיין
11 טוֹיט: אוֹיבּ אִיךְ וֶועל קֶענֶען אוֹיף יֶעדֶען אוֹפֶן דֶערְ־
12 לַאנְגֶען צוּ תְּחִיַּת הַמֵּתִים: נִיט אַז אִיךְ הָאבּ שׁוֹין דֶערְ־
לַאנְגְט, אָדֶער בִּין שׁוֹין פָאלְקָאמֶען, נֵייעֶרְט אִיךְ פָאלְגֶע
נָאךְ וֶוען אִיךְ וֶועל אוֹיךְ דָאס דֶערְגְרֵייפֶען וֶועגֶען וֶועלְכֶען
13 אִיךְ בִּין אוֹיךְ דֶערְגְרִיפֶען פוּן יֵשׁוּעַ הַמָּשִׁיחַ: בְּרִידֶער, אִיךְ

רֶעכֶען מִיךְ נָאךְ נִיט אַז אִיךְ הָאבּ דֶערְגְרִיפֶען; אָבֶּער
דִיא אֵיינְצִיגֶע זַאךְ טְהוּא אִיךְ, אִיךְ פֶערְגֶעס דִיא זַאכֶען
וָואס זֶענֶען הִינְטֶען, אוּנְד שְׁטְרֶעק אוּיס נָאךְ דִיא וָואס
זֶענֶען צוּפָאר: אוּנְד אִיךְ פָאלְג נָאךְ דֶעם צִיעֶל צוּם 14
פְּרַייז פוּן דֶער הוֹיכֶען בֶּערוּפוּנְג פוּן גָאט אִין יֵשׁוּעַ
הַמָשִׁיחַ: דְרוּם, אַזוֹי פִילֶע וָואס זֶענֶען פָאלְקָאמֶען, לָאזֶען 15
מִיר אַזוֹי דֶענְקֶען; אוּנְד וֶוען אִיהְר אִין עֶפֶּעס אַנְדֶערְשׁ
דֶענְקְט, דָאס וֶועט אֵייךְ גָאט אוֹיךְ אַנְטְפְּלֶעקֶען: דָאךְ 16
וִויא וַוייט מִיר הָאבֶּען דֶערְלַאנְגְט לָאזֶען מִיר וַואנְדֶעלְן
נָאךְ דֶעם כְּלַל:
בְּרִידֶער, זַייט נָאכְפָאלְגֶער מִיט מִיר, אוּנְד זֶעהְט 17
אוֹיף דִיא וָואס וַואנְדְלֶען וִויא אִיהְר הָאט אוּנְס פַאר אַ
בֵּיישְׁפִּיל: וָוארִין פִילֶע וַואנְדְלֶען, פוּן וֶועלְכֶע אִיךְ הָאבּ 18
אֵייךְ אָפְט גֶעזָאגְט, אוּנְד אַצוּנְד זָאג אִיךְ אַפִילוּ מִיט
וַויינֶען, אַז זַייא זֶענֶען דִיא פֵיינְד פוּן דֶעם קְרַייץ פוּן
מָשִׁיחַ: וָואס זַייעֶר עֶנְד אִיז פַארְדַארְבְּנִים, זַייעֶר גָאט 19
אִיז דֶער בּוֹיךְ, אוּנְד זַייעֶר כָּבוֹד אִיז אִין זַייעֶר שַׁאנְד,
וֶועלְכֶע זֶענֶען עֶרְדִישׁ גֶעזִינְט: וָוארִין אוּנְזֶערֶע בִּירְגֶער־ 20
שַׁאפְט אִיז אִים הִימֶעל, פוּן וַואנֶען מִיר דֶערְוַוארְטֶען
אוֹיךְ דֶעם רֶעטֶער, דֶעם הַאר יֵשׁוּעַ הַמָשִׁיחַ: דֶער 21
וֶועט אוּמְבִּילְדֶען דֶעם לַייבּ פוּן אוּנְזֶערֶע נִידְרִיגְקֵייט
כְּדֵי עֶר זָאל זַיין אַ גְלֵייכְגֶעשְׁטֶעלְטֶער לֵייבּ פוּן זַיינֶע
הֶערְלִיכְקֵייט, נָאךְ דֶער מַאכְט מִיט וֶועלְכֶער עֶר קָאן
אוֹיךְ אַלֶע זַאכֶען צוּ זִיךְ אוּנְטֶערְטֶענִיג מַאכֶען:

קאפיטעל ד

אַזוֹי דֶען מֵיינֶע גֶעלִיבְּטֶע אוּנְד בֶּעגֶעהְרְטֶע בְּרִידֶער, 1
מֵיינֶע פְרַייד אוּנְד קְרוֹין, שְׁטֶעהְט פֶעסְט אִין דֶעם הַאר,
גֶעלִיבְּטֶע:
אִיךְ זָאג אָן אַבְהוֹדְיָא, אוּנְד אִיךְ זָאג אָן סִינְטִיכֵי זַייא 2
זָאלֶען אֵיינֶערְלַייא גֶעדַאנְקֶען הָאבֶּען אִין דֶעם הַאר:
יָא, אִיךְ זָאג דִיר אוֹיךְ אָן מֵיין גֶעטְרַייעֶר גֶעזֶעל, הֶעלְף 3
דִיא פְרוֹיעֶן וָואס הָאבֶּען מִיט מִיר גֶעאַרְבֵּייט אִין דֶער
בְּשׂוֹרָה טוֹבָה, מִיט קְלֶעמֶענְס אוּנְד אוֹיךְ מֵיינֶע אַנְדֶערֶע
הֶעלְפֶער, וֶועמֶעס נֶעמֶען זֶענֶען אִים סֵפֶר הַחַיִים: פְרֶעהְט 4

אֵייךְ בֶּעשְׂטֶענְדִיג אִין דֶעם הַאר; ווִידֶער אַמָאל זָאג
5 אִיךְ פְרֶעהְט אֵייךְ: לָאז אֵייעֶרֶע דֶעמִיטִיגְקֵייט בֶּעקַאנְט
6 זַיין צוּ אַלֶע מֶענְשֶׁען. דֶער הַאר אִיז נָאהֶענְט: זָארְגְט
נִיט פַאר קֵיין זַאךְ, נֵייעֶרְט אִין אַלֶעם לָאזְט אֵייעֶרֶע
בֶּעדֶערְפְנִיסֶע ווִיסֶען צוּ גָאט דוּרְךְ גֶעבֶּעט אוּנְד תְּחִנָּה
7 מִיט דַאנְק: אוּנְד דֶער פְרִידֶען פוּן גָאט ווָאס אִיז אִיבֶּער
אַלֶען פֶערְשְׁטַאנְד ווֶעט בֶּעווָאהְרֶען אֵייעֶר הַארְץ אוּנְד
גֶעדַאנְקֶען אִין יֵשׁוּעַ הַמָּשִׁיחַ:
8 אִים אִיבְּרִיגֶען, בְּרִידֶער, אַזוֹי פִילֶע זַאכֶען ווָאס זֶענֶען
ווָאהְר, אַזוֹי פִילֶע ווָאס זֶענֶען אָנְשְׁטֶענְדִיג, אַזוֹי פִילֶע
ווָאס זֶענֶען גֶערֶעכְט, אַזוֹי פִילֶע ווָאס זֶענֶען רֵיין, אַזוֹי
פִילֶע ווָאס זֶענֶען לִיבְּלֶעךְ, אַזוֹי פִילֶע ווָאס הָאבֶּען אַ
גוּטֶען שֵׁם, ווֶען עֶס אִיז אַ שׁוּם גוּטֶער ווֶערְט אָדֶער אַ
9 שׁוּם לוֹיב, גֶעדֶענְקְט אָן דִידֶע זַאכֶען: ווָאס אִיהְר הָאט
גֶעלֶערְנְט אוּנְד אָנְגֶענוּמֶען אוּנְד גֶעהֶערְט אוּנְד גֶעזֶעהֶען
אִין מִיר, דָאס טְהוּט; אוּנְד דֶער גָאט פוּן פְרִידֶען ווֶעט
מִיט אֵייךְ זַיין:
10 אוּנְד אִיךְ הָאבּ מִיךְ זֶעהְר גֶעפְרֶעהְט אִים הַאר, אַז אֵייעֶר
טְרַאכְטֶען פַאר מִיר בְּלִיהְט שׁוֹין ווִידֶער; הָאטְשֶׁע אִיהְר
הָאט אוֹיךְ פְרִיהֶער גֶעטְרַאכְט, אָבֶּער אִיהְר הָאט קֵיינֶע
11 גֶעלֶעגֶענְהֵייט נִיט גֶעהַאט: נִיט אַז אִיךְ זָאג דָאס ווֶע־
גֶען בֶּעדֶערְפְנִיס, ווָארִין אִיךְ הָאבּ גֶעלֶערְנְט צוּפְרִידֶען
12 צוּ זַיין אִין ווָאס פַאר אַ שְׁטַאנְד אִיךְ בִּין: אִיךְ ווֵייס
ווִיא דֶערְנִידְרִיגְט צוּ זַיין, אוּנְד אִיךְ ווֵייס ווִיא דֶערְפִילְט
צוּ זַיין; אִין אַלֶעם אוּנְד אִין אַלֶע זַאכֶען בִּין אִיךְ גֶע־
לֶערְנְט זַאט צוּ זַיין אוּנְד צוּ הוּנְגֶערְן, אִיבְּרִיג צוּ הָא־
13 בֶּען אוּנְד נוֹיט צוּ לֵיידֶען: אִיךְ קָאן אַלֶעם טְהוּן דוּרְךְ
14 אִיהְם דֶער מִיךְ שְׁטַארְקְט: דָאךְ הָאט אִיהְר גוּט גֶע־
טְהוּן אִינְדֶעם אִיהְר הָאט אַ טְהֵייל גֶענוּמֶען אִין מֵיינֶע
15 צָרָה: אוּנְד אִיהְר ווֵייסְט אוֹיךְ זֶעלְבְּסְט, אִיהְר פִילִיפֶּער,
אַז אִים אָנְהֵייבּ פוּן דֶער בְּשׂוֹרָה טוֹבָה, ווֶען אִיךְ בִּין
אַרוֹיסְגֶעגַאנְגֶען פוּן מַקְדוֹנְיָא הָאט קֵיינֶע קְהִלָּה נִיט מִיט
מִיר גֶעמֵיינְשַׁאפְט גֶעהַאט ווֶעגֶען גֶעבֶּען אוּנְד נֶעמֶען,
16 נֵייעֶרְט אִיהְר אַלֵיין: ווָארִין אִין טֶעסַאלוֹנִיקִי הָאט אִיהְר

אוֹיךְ אֵיין מָאל אוּנְד ווִידֶער אַמָאל צוּ מֵיין בֶּעדֶערְפְנִיס
17 גֶעשִׁיקְט: נִיט אַז אִיךְ פֶערְלַאנְג דִיא מַתָּנָה, נֵייעֶרְט
אִיךְ פֶערְלַאנְג דִיא פְרוּכְט וָואס זָאל זִיךְ מֶעהְרֶען צוּ
18 אֵייעֶרֶע רֶעכְנוּנְג: דָאךְ הָאבּ אִיךְ אַלֶעס, אוּנְד אִיךְ הָאבּ
נָאךְ אִיבְּרִיג; אִיךְ בִּין דֶערְפִילְט ווֵייל אִיךְ הָאבּ דֶערְ־
הַאלְטֶען דוּרְךְ עֶפַּאפְרוֹדִיטוֹס דִיא זַאכֶען וָואס אִיהְר
הָאט גֶעשִׁיקְט, אַ רֵיחַ נִיחֹחַ, אֵיין אָנְגֶענֶעהְמֶעס קָרְבָּן,
19 וָואס אִיז גֶעפֶעלִיג צוּ גָאט: אוּנְד מֵיין גָאט וֶועט דֶערְ־
פִילֶען אֵייעֶר בֶּעדֶערְפְנִיס נָאךְ זֵיינֶע רֵייכְקֵייט אִין הֶערְ־
20 לִיכְקֵייט אִין יֵשׁוּעַ הַמָשִׁיחַ: נוּן צוּ אוּנְזֶער גָאט אוּנְד
פָאטֶער זָאל זַיין דֶער כָּבוֹד פוּן עֶבִּיגְקֵייט צוּ עֶבִּיגְ־
קֵייט; אָמֵן:
21 גְרִיסְט יֶעדֶען הֵיילִיגֶען אִין יֵשׁוּעַ הַמָשִׁיחַ. דִיא בְּרִידֶער
22 וָואס זֶענֶען מִיט מִיר גְרִיסֶען אֵייךְ: אַלֶע הֵיילִיגֶע גְרִי־
סֶען אֵייךְ, אוּנְד מֵייסְטֶענְס דִיא וָואס זֶענֶען פוּן דֶעם
הוֹיזְגֶעזִינְד פוּן קֵיסַר:
23 דִיא גְנָאד פוּן אוּנְזֶער הַאר יֵשׁוּעַ הַמָשִׁיחַ זָאל זַיין מִיט
אֵייעֶר גֵייסְט:

דֶער בְּרִיף פוּן דֶעם

אַפָּאסְטֶעל פּוּלוּס צוּ דִיא קָאלָאסֶער.

1 פּוֹלוֹס אַיין אַפָּאסְטֶעל פוּן יֵשׁוּעַ הַמָּשִׁיחַ דוּרךְ דֶעם
2 ווִילֶען פוּן גָאט, אוּנְד טִימוֹתִיוֹס דֶער בְּרוּדֶער: צוּ דִיא
הֵיילִיגֶע וָואס זֶענֶען אִין קָאלָאסֶע דִיא גֶעטְרַייעֶ בְּרִידֶער
אִין מָשִׁיחַ; גְנָאד זַייא מִיט אֵייךְ אוּנְד פְרִידֶען פוּן גָאט
3 אוּנְזֶער פָאטֶער: מִיר דַאנְקֶען אַלֶע צַייט גָאט דֶעם
פָאטֶער פוּן אוּנְזֶער הַאר יֵשׁוּעַ הַמָּשִׁיחַ אוּנְד מִיר בֶּע־
4 טֶען וֶועגֶען אֵייךְ: אִינְדֶעם מִיר הָאבֶּען גֶעהֶערְט וֶועגֶען
דֶעם גְלוֹיבֶּען וָואס אִיהְר הָאט אִין יֵשׁוּעַ הַמָּשִׁיחַ אוּנְד
5 אֵייעֶרֶע לִיבֶּע צוּ אַלֶע הֵיילִיגֶע: דוּרךְ דֶער הָאפְנוּנְג
וָואס אִיז פַאר אֵייךְ אוֹיפְבֶּעהַאלְטֶען אִים הִימֶעל, וָואס
אִיהְר הָאט פְרִיהֶער גֶעהֶערְט אִים וָוארְט פוּן דֶער
6 וָואהְרְהֵייט פוּן דֶער בְּשׂוֹרָה טוֹבָה: וָואס אִיז בַּייא אֵייךְ,
גְלֵייךְ וִויא עֶס אִיז אוֹיךְ אִין דִיא גַאנְצֶע וֶועלְט, אוּנְד
טְרָאגְט פְרוּכְט אוּנְד מֶעהְרְט זִיךְ, אַזוֹי וִויא אוֹיךְ צְווִישֶׁען
אֵייךְ, פוּן דֶעם טָאג אָן וֶוען אִיהְר הָאט גֶעהֶערְט אוּנְד
7 דֶערְקֶענְט דִיא גְנָאד פוּן גָאט אִין וָואהְרְהֵייט: גְלֵייךְ
וִויא אִיהְר הָאט גֶעלֶערְנְט פוּן עֶפַּאפְרָאס אוּנְזֶער גֶע־
לִיבְּטֶען מִיטְקְנֶעכְט, וֶועלְכֶער אִיז פַאר אֵייךְ אַ גֶעטְרֵייעֶר
8 דִינֶער פוּן מָשִׁיחַ: דֶער הָאט אוֹיךְ אוּנְס צוּ וִויסֶען
גֶעטְהוּן אֵייעֶרֶע לִיבֶּע אִים גֵייסְט:
9 דֶעסְטְוֶועגֶען פוּן דֶעם טָאג אָן אַז מִיר הָאבֶּען עֶס גֶעהֶערְט
הֶערֶען מִיר נִיט אוֹיף פַאר אֵייךְ מִתְפַּלֵּל צוּ זַיין, אוּנְד
צוּ בֶּעטֶען אַז אִיהְר זָאלְט דֶערְפִילְט וֶוערֶען מִיט דֶער
דֶערְקֶענְטְנִיס פוּן זַיין ווִילֶען אִין יֶעדֶע גֵייסְטְלִיכֶע חָכְמָה
10 אוּנְד פֶערְשְׁטַאנְד: אַז אִיהְר זָאלְט הַאנְדְלֶען ווִירְדִיג
פוּן דֶעם הַאר צוּ אַלֶען ווָאוֹילְגֶעפֶעלֶען, אוּנְד זָאלְט
פְרוּכְט בְּרֶענְגֶען אִין אִיטְלִיכֶען גוּטֶען וֶוערְק, אוּנְד זָאלְט
אֵייךְ מֶעהְרֶען אִין דֶער דֶערְקֶענְטְנִיס פוּן גָאט:

11 גֶעשְׁטַארְקְט מִיט אַלֶער מַאכְט נָאךְ דֶער קְרַאפְט פוּן
זַיינֶע הֶערְלִיכְקֵייט צוּ אַלֶער גֶעדוּלְד אוּנְד לַאנְגְמוּטִיג־
12 קֵייט מִיט פְרֵייד: אוּנְד זָאלְט דַאנְקֶען דֶעם פָאטֶער
דֶער אוּנְס הָאט טוֹיגְלִיךְ גֶעמַאכְט צוּ זַיין טֵיילְנֶעהמֶער
13 פוּן דֶער נַחֲלָה פוּן דִיא הֵיילִיגֶע אִים לִיכְט: וָועלְכֶער
הָאט אוּנְס גֶערֶעטֶעט פוּן דֶער מַאכְט פוּן דֶער
פִינְסְטֶערְנִיס, אוּנְד הָאט אוּנְס אִיבֶּערְגֶעזֶעצְט אִים
14 קֶענִיגְרֵייךְ פוּן דֶעם זוּהְן פוּן זַיינֶע לִיבֶּע: אִין וָועלְכֶען
מִיר הָאבֶּען אוּנְזֶערֶע דֶערְלֶעזוּנְג, דִיא פֶערְגֶעבּוּנְג פוּן
15 זִינְד: וָועלְכֶער אִיז דִיא גֶעשְׁטַאלְט פוּן דֶעם אוּנְגֶעזֶעהֶע־
16 נֶען גָאט, דֶער בְּכוֹר פוּן אַלֶע בֶּעשֶׁעפֶענִיס: וָוארִין
דוּרְךְ אִיהְם זֶענֶען אַלֶע זַאכֶען בֶּעשַׁאפֶען גֶעוָוארֶען וָואס
זֶענֶען אִים הִימֶעל אוּנְד אוֹיף דֶער עֶרְד, דִיא גֶעזֶעהֶענֶע
אוּנְד דִיא נִיט גֶעזֶעהֶענֶע, אוֹיבּ זַייא זֶענֶען טְרוֹינְשְׁטוּהְלֶען
אָדֶער הֶערְשַׁאפְטֶען אָדֶער אוֹיבְּרִיגְקֵייטֶען אָדֶער מֶעכְטֶע;
אַלֶע זַאכֶען זֶענֶען דוּרְךְ אִיהְם אוּנְד צוּ אִיהְם בֶּעשַׁאפֶען
17 גֶעוָוארֶען: אוּנְד עֶר אִיז פָאר אַלֶע זַאכֶען, אוּנְד אַלֶע
18 זַאכֶען בֶּעשְׁטֶעהֶען אִין אִיהְם: אוּנְד עֶר אִיז דֶער קָאפּ
פוּן דֶעם לֵייבּ וָואס אִיז דִיא קְהִלָה. אוּנְד עֶר אִיז דֶער
אָנְהֵייבּ, דֶער בְּכוֹר פוּן דִיא טוֹיטֶע, כְּדֵי עֶר זָאל אִין
19 אַלֶע זַאכֶען אַלֵיין זַיין דֶער עֶרְשְׁטֶער: וָוארִין עֶס אִיז
דֶעם פָאטֶער וְואוֹילְגֶעפַאלֶען אַז אִין אִיהְם זָאל דִיא
20 גַאנְצֶע פוּלְהֵייט וְואוֹינֶען: אוּנְד אַז עֶר זָאל דוּרְךְ אִיהְם
אַלֶע זַאכֶען מִיט זִיךְ אִיבֶּערְבֶּעטֶען, דִיא וָואס זֶענֶען אוֹיף
דֶער עֶרְד אוּנְד אִים הִימֶעל, אִינְדֶעם עֶר הָאט גֶעמַאכְט
שָׁלוֹם דוּרְךְ דֶעם בְּלוּט פוּן זַיין קְרֵייץ:
21 אוּנְד אֵייךְ וָואס אִיהְר זֶענְט אַמָאל פְרֶעמְד גֶעוָועזֶען אוּנְד
פֵיינְד אִין אֵייעֶרֶע מַחֲשָׁבוֹת דוּרְךְ שְׁלֶעכְטֶע מַעֲשִׂים, הָאט
22 עֶר אַצוּנְד אִיבֶּערְגֶעבֶּעטֶען: אִין דֶעם לֵייבּ פוּן זַיין
פְלֵיישׁ דוּרְךְ דֶעם טוֹיט, כְּדֵי עֶר זָאל אֵייךְ הֵיילִיג אוּנְד
אוּנְשׁוּלְדִיג אוּנְד אָהְן אַ פֶעהְלֶער פָאר אִיהְם פָארְשְׁטֶע־
23 לֶען: וֶוען אִיהְר וֶועט בְּלֵייבֶּען אִים גְלוֹיבֶּען גֶעגְרוּנְדִיגְט
אוּנְד בֶּעפֶעסְטִיגְט, אוּנְד וֶועט נִיט אַוֶועקְבֶּעוֶועגְט וֶוערֶען
פוּן דֶער הָאפְנוּנְג פוּן דֶער בְּשׂוֹרָה טוֹבָה וָואס אִיהְר הָאט

געהערט, וואס איז געפרעדיגט געווארען צווישען אלע
בעשעפעניס אונטער דעם הימעל, פון וועלכען איך
·פולוס בין געווארען א דינער:
24 אצונד פרעה איך מיך אין מיינע ליידען פאר אייך, אונד
איך דערפיל אין מיין פלייש דאס וואס פעהלט אין
דיא ליידען פון משיח, פאר זיין לייב, וואס איז דיא
25 קהלה: פון וועלכע איך בין געווארען א דינער נאך
דער פערארדנונג פון גאט וואס איז מיר געגעבען
פון אייערטוועגען, צו דערפילען דאס ווארט פון
26 גאט: דער סוד וואס איז פערבארגען געוועזען
פון דיא צייטען אונד דיא דורות, אבער איז אצונד
27 אנטפלעקט געווארען צו זיינע היילינע: צו וועלכע גאט
האט געוואלט בעקאנט מאכען וואס איז דיא רייכקייט
פון דער הערליכקייט פון דיזעם סוד צווישען דיא
גוים, וואס איז משיח אין אייך, דיא האפנונג פון
28 הערליכקייט: דעם מיר פרעדיגען, אונד ווארנען איט־
ליכען מענש אונד לעהרען איטליכען מענש מיט
אלערלייא וויזהייט, כדי מיר זאלען איטליכען מענש
29 שטעלען פאלקאמען אין משיח: צו דעם תכלית
ארבייט איך אויך, אינדעם איך שטרייט נאך זיינער
מאכט וואס ווירקט אין מיר מיט גבורה:

קאפיטעל ב

1 ווארין איך וויל אז איהר זאלט וויסען וואס פאר א
גרויסען שטרייט איך האב פאר אייך, אונד פאר
דיא וואס זענען אין לאודיקיא, אונד פאר אלע וואס
2 האבען ניט געזעהען מיין פנים אין דעם פלייש: כדי
זייערע הערצער זאלען געטרייסט ווערען, אונד זייא
זאלען בעפעסטיגט ווערען אין דער ליבע אפילו צו
אלע רייכקייט פון א גאנץ דערפילטען פערשטאנד,
צו דער דערקענטניס פון דעם סוד פון גאט וואס איז
3 אין משיח: אין וועלכען זענען פערבארגען אלע
4 אוצרות פון חכמה אונד דערקענטניס: דאס זאג
איך, כדי קיינער זאל אייך ניט בעטריגען מיט איי־
5 בערעדענדיגע קראפט: ווארין האטשע איך בין ניט

בֵּייא אֵייךְ אִים לֵייבּ דָאךְ בִּין אִיךְ בֵּייא אֵייךְ אִים
גֵייסְט, אוּנְד אִיךְ פְרֶעה מִיךְ אוּנְד זֶעה אָן אֵייעֶרֶע
אָרְדְנוּנְג, אוּנְד דִיא פֶעסְטִיגְקַייט פוּן אֵייעֶר גְלוֹיבֶּען
אָן מָשִׁיחַ:
6 דְרוּם גְלֵייךְ וְוִיא אִיהְר הָאט אָנְגֶענוּמֶען דֶעם הַאר
7 יֵשׁוּעַ הַמָשִׁיחַ, אַזוֹי וַואנְדֶעלְט אִין אִיהְם: אוּנְד זַייט
אֵיינְגֶעוָואְרְצֶעלְט אוּנְד אוֹיפְגֶעבּוֹיעט אִין אִיהְם, בֶּעפֶעסְ־
טִיגְט אִים גְלוֹיבֶּען אַזוֹי וְוִיא אִיהְר הָאט גֶעלֶערְנְט,
אוּנְד מֶעהְרְט אֵייךְ דְרִינֶען מִיט דַאנְקֶען:
8 גִיבְּט אַכְטוּנְג אַז קֵיינֶער זָאל אֵייךְ נִיט פַאר אַ רוֹיבּ
מַאכֶען דוּרְךְ פִילָאסָאפִי אוּנְד לֶעדִיגֶע פַארְפִיהְרוּנְג נָאךְ
דִיא קַבָּלָה פוּן מֶענְשֶׁען, נָאךְ דִיא יְסוֹדוֹת פוּן דֶער
9 וֶועלְט, אוּנְד נִיט נָאךְ מָשִׁיחַ: וָוארִין אִין אִיהְם וְואוֹינְט
דִיא גַאנְצֶע פוּלְהַייט פוּן דֶער גָאטְהַייט לֵייבְּהַאפְטִיג:
10 אוּנְד אִיהְר זֶענְט דֶערְפִילְט אִין אִיהְם, וֶועלְכֶער אִיז
11 דֶער קָאפּ פוּן יֶעדֶער הֶערְשַׁאפְט אוּנְד מַאכְט: אִין
וֶועלְכֶער אִיהְר זֶענְט אוֹיךְ בֶּעשְׁנִיטֶען מִיט דֶער בֶּעשְׁנַיי־
דוּנְג וָואס אִיז נִיט גֶעמַאכְט מִיט דֶער הַאנְד, מִיט דֶעם
אוֹיסְטְהוּן דֶעם לֵייבּ פוּן דֶעם פְלֵיישׁ, אִין דֶער בֶּעשְׁנַיידוּנְג
12 פוּן מָשִׁיחַ: אוּנְד אִיהְר זֶענְט מִיט אִיהְם בֶּעגְרוּבֶּען
גֶעוָוארֶען אִין דֶער טְבִילָה, אִין וֶועלְכֶער אִיהְר זֶענְט
אוֹיךְ מִיט אִיהְם אוֹיפְגֶעשְׁטַאנֶען דוּרְךְ דֶעם גְלוֹיבֶּען
אִים ווירְקֶען פוּן גָאט, דֶער הָאט אִיהְם אוֹיפְגֶעוֶועקְט
13 פוּן דִיא טוֹיטֶע: אוּנְד אֵייךְ, וָואס אִיהְר זֶענְט טוֹיט
גֶעוֶועזֶען דוּרְךְ אֵייעֶרֶע עֲבֵירוֹת אוּנְד דֶער עָרְלָה פוּן
אֵייעֶר פְלֵיישׁ, הָאט עֶר מִיט אִיהְם לֶעבֶּעדִיג גֶעמַאכְט,
14 אִינְדֶעם עֶר הָאט אוּנְס פֶערְגֶעבֶּען אַלֶע עֲבֵירוֹת: אוּנְד
הָאט אוֹיסְגֶעמֶעקְט דִיא הַאנְדְשְׁרִיפְט דוּרְךְ זֵיינֶע חוּקִים
וָואס זֶענֶען קֶעגֶען אוּנְס גֶעוֶועזֶען, וָואס אִיז אוֹיךְ אוּנְס
דֶערְווידֶער, אוּנְד הָאט עֶס אַרוֹיסְגֶענוּמֶען אוֹיס דֶער
מִיטֶען אִינְדֶעם עֶר הָאט עֶס אָנְגֶעשְׁטֶעלְט צוּם קְרֵייץ:
15 אוּנְד עֶר הָאט אוֹיסְגֶעצוֹיגֶען דִיא הֶערְשַׁאפְטֶען אוּנְד
דִיא מֶעכְטֶען, אוּנְד הָאט זֵייא עֶפֶענְטְלִיךְ בֶּעווִיזֶען,
אוּנְד הָאט דְרִינֶען אִיבֶּער זֵייא בֶּעזִיגְט:

16 דרום לאז אייך קיינער ניט ריכטען וועגען עסען אונד
טרינקען אדער וועגען א יום טוב אדער א ראש חדש
17 אדער שבתות: וואס זענען א שאטען פון דיא זאכען
וואס וועלען קומען, אבער דער לייב געהערט צו
18 משיח: לאז אייך קיינער ניט רויבען דעם שכר דורך
דינען אין נידריגקייט אונד פערעהרונג פון דיא מלאכים,
אינדעם ער דרינגט אויף דיא זאכען וואס ער האט
געזעהען, אונד איז אומזוסט אויפגעבלאזען פון זיין
19 פליישליכען פערשטאנד: אונד ער האלט ניט פעסט
אן דעם קאפ, פון וועלכען דער גאנצער לייב איז
גענעהרט אונד בעפעסטיגט דורך דיא בענדע אונד
אדערן, אונד וואקסט מיט דעם געוועקס פון גאט:
20 ווען איהר זענט געשטארבען מיט משיח פון דיא
גרונדזעצע פון דער וועלט, ווארום גלייך וויא איהר
זענט לעבעדיג אין דער וועלט אונטערוואַרפט איהר
21 אייך זעלבסט צו געזעצען: ריהר ניט אן, פערזוך ניט,
22 נעם ניט אין דער האנד: וואס אלע זענען צום פער־
דארבען מיט דעם ניצען, נאך דיא געבאטע אונד
23 לעהרען פון מענשען? וואס האבען וואויל א שיין פון
חכמה אין בעוויליגטען דינסט אונד נידריגקייט אונד
ניט פערשוינונג פון דעם לייב, ניט אין א שום כבוד
צו זעטיגונג פון דעם פלייש:

קאפיטעל ג

1 דרום ווען איהר זענט אויפגעשטאנען מיט משיח, זוכט
דיא זאכען וואס זענען אויבען, וואו משיח איז זיצענדיג
2 צו דיא רעכטע האנד פון גאט: טראכט דיא זאכען
וואס זענען אויבען, ניט דיא וואס זענען אויף דער
3 ערד: ווארין איהר זענט געשטארבען, אונד אייער
4 לעבען איז פערבארגען מיט משיח אין גאט: ווען
משיח דער איז אונזער לעבען וועט אנטפלעקט ווערען,
דאן וועט איהר אויך מיט איהם אנטפלעקט ווערען
אין הערליכקייט:
5 דרום זאלט איהר טעטען אייערע גלידער וואס זענען
אויף דער ערד, הורעריא, אונרייניגקייט, ליידענשאפט,

שְׁלֶעכְטֶעס בֶּעגֶעהְרֶען, אוּנְד גַייצִיגְקַייט, וָואס אִיז אָפְּ־
6 גֶעטֶערַייא: דוּרְךְ וָועלְכֶע דֶער צָארְן פוּן גָאט קוּמְט
7 אִיבֶּער דִיא וִוידֶערְשְׁפֶּענִיגֶע קִינְדֶער: אִין וָועלְכֶע זַאכֶען
אִיהְר הָאט אוֹיךְ אַמָאל גֶעוַואנְדֶעלְט, וָוען אִיהְר הָאט
8 דְרִינֶען גֶעלֶעבְּט: אָבֶּער אַצוּנְד לֶעגְט אִיהְר אוֹיךְ אַוֶועק
דִיא אַלֶע, צָארְן, גְרִים, רִשְׁעוֹת, לֶעסְטֶערוּנְג, שֶׁענְדְלִיכֶע
9 רֶעד פוּן אֵייעֶר מוֹיל: זָאגְט נִיט קֵיין לִיגֶען צְוִוישֶׁען
אֵיינַאנְדֶער; אִינְדֶעם אִיהְר הָאט אוֹיסְגֶעטְהוּן דֶעם אַלְטֶען
10 מֶענְשׁ מִיט זַיינֶע מַעֲשִׂים: אוּנְד הָאט אָנְגֶעטְהוּן דֶעם
נַייעֶן מֶענְשׁ וָועלְכֶער אִיז דֶערְנַייעֶרְט אִין דֶערְקֶענְטְנִיס
נָאךְ דֶער גֶעשְׁטַאלְט פוּן אִיהְם דֶער הָאט אִיהְם
11 בֶּעשַׁאפֶען: וְואוּ עֶס קָאן נִיט זַיין גְרֶעק אוּנְד יוּד,
בֶּעשְׁנַיידוּנְג אוּנְד אוּנְבֶּעשְׁנַיידוּנְג, פְרֶעמְדֶע אוּנְד סְקוּטֶער,
קְנֶעכְט אוּנְד פְרֵייעֶר; נֵייעֶרְט מָשִׁיחַ אִיז אַלֶעס אוּנְד
אִין אַלֶעם:
12 דְרוּם טְהוּט אָן אַלְס אוֹיסְדֶערְוֶועהְלְטֶע פוּן גָאט, הֵיילִיגֶע
אוּנְד גֶעלִיבְּטֶע, הֶערְצֶער פוּן בַּארֶעמְהֶערְצִיגְקַייט,
פְרַיינְדְלִיכְקֵייט, אַ נִידְרִיג גֶעמִיט, זַאנְפְטְמוּטִיגְקֵייט,
13 לַאנְגְמוּטִיגְקַייט: פֶערְטְרָאגְט אֵיינֶער דֶעם אַנְדֶערֶען
אוּנְד פֶערְגִיבְּט אַיינֶער דֶעם אַנְדֶערְן, וָוען אֵיינֶער הָאט
עֶפֶּעס אַ פַארְקְלָאג קֶעגֶען דֶעם אַנְדֶערֶען; גְלֵייךְ וִויא
דֶער הַאר הָאט אַייךְ פֶערְגֶעבֶּען, אַזוֹי טְהוּט אוֹיךְ אִיהְר:
14 אוּנְד אִיבֶּער אַלֶע דִיזֶע זַאכֶען טְהוּט אָן דִיא לִיבֶּע,
15 וָואס אִיז דָאס בַּאנְד פוּן פָאלְקָאמֶענְהֵייט: אוּנְד לָאז
דֶער פְרִידֶען פוּן מָשִׁיחַ הֶערְשֶׁען אִין אֵייעֶרֶע הֶערְצֶער,
צוּ וָועלְכֶע אִיהְר זֶענְט אוֹיךְ גֶערוּפֶען אִין אֵיין לֵייבּ;
16 אוּנְד זַייט בֶּעדַאנְקֶענְדִיג: לָאז דָאס וָוארְט פוּן מָשִׁיחַ
רַייכְלִיךְ אִין אַייךְ וְואוֹינֶען, מִיט אַלֶערְלֵייא חָכְמָה
לֶעהְרְט אוּנְד דֶערְמָאהְנְט אֵיינֶער דֶעם אַנְדֶערְן, אִין
מִזְמוֹרִים אוּנְד גֶעזַאנְג אוּנְד גֵייסְטְלִיכֶע לִידֶער, אוּנְד
17 זִינְגְט מִיט גְנָאד אִין אֵייעֶרֶע הֶערְצֶער צוּם הַאר: אוּנְד
וָואס פַאר אַ זַאךְ אִיהְר טְהוּט אִין וָוארְט אָדֶער אִין
וָוערְק, טְהוּט אַלֶעס אִים נָאמֶען פוּן דֶעם הַאר יֵשׁוּעַ,
אוּנְד דַאנְקְט גָאט דֶעם פָאטֶער דוּרְךְ אִיהְם:

18 אִיהְר װײבֶּער, זײט אוּנְטֶערְטֶענִיג צוּ אײעֶרע מֶענֶער,
19 װִיא עֶס אִיז אַנְשְׁטֶענְדִיג אִין דֶעם הַאר: אִיהְר מֶענֶער,
לִיבְּט אײעֶרע װײבֶּער, אוּנְד זײט נִיט עֶרְבִּיטֶערְט קֶעגֶען
20 זײא: אִיהְר קִינְדֶער, גֶעהָארְכְט אײעֶרע עֶלְטֶערְן אִין
אַלֶע זַאכֶען, װָארִין דָאס אִיז װָאוֹילְגֶעפֶעלִיג צוּ דֶעם
21 הַאר: אִיהְר פֶעטֶער, דֶערְצֶערְנְט נִיט אײעֶרע קִינְדֶער, כְּדֵי
22 זײא זָאלֶען נִיט פֶערְלִירֶען דֶעם מוּטְה: אִיהְר קְנֶעכְט
גֶעהָארְכְט אִין אַלֶע זַאכֶען אײעֶרע הֶערְרֶען נָאךְ דֶעם
פְלֵיישׁ, נִיט מִיט אוֹיגֶענְדִינְסְט אַלְס דִיא װָאס מֶענְשֶׁען
גֶעפֶעלֶען, נײעֶרְט מִיט אַ רֵיין הַארְץ פָארְכְט דֶעם
23 הַאר: אַלֶעס װָאס אִיהְר טְהוּט, װֶערְקְט עֶס מִיט גַאנְצֶען
24 בֶּעמִיט װִיא צוּם הַאר אוּנְד נִיט צוּ מֶענְשֶׁען: װָארִין
אִיהְר װײסְט אַז אִיהְר װֶעט פוּן דֶעם הַאר בֶּעקוּמֶען
דֶעם שְׂכַר פוּן דֶער יְרוּשָׁה; אִיהְר דִינְט דֶעם הַאר
25 מָשִׁיחַ: װָארִין דֶער װָאס טְהוּט אוּנְרֶעכְט װֶעט בֶּעקוּ־
מֶען פַאר דֶעם אוּנְרֶעכְט װָאס עֶר הָאט גֶעטְהוּן, אוּנְד
עֶס נִיט פַארְהַאנֶען קֵיין נוֹשֹׂא פָּנִים:

קאפיטעל ד

1 אִיהְר הֶערְרֶען, בֶּעצָאהְלְט צוּ אײעֶרע קְנֶעכְט דָאס
װָאס אִיז רֶעכְט אוּנְד גְלֵייךְ, װָארִין אִיהְר װײסְט אַז
אִיהְר הָאט אוֹיךְ אֵיין הַאר אִין דֶעם הִימֶעל:
2 זײט בֶּעשְׁטֶענְדִיג אִים גֶעבֶּעט, אוּנְד װַאכְט דְרִינֶען מִיט
3 דַאנְק: אוּנְד בֶּעטֶעט אִיהְר אוֹיךְ פַאר אוּנְס כְּדֵי גָאט
זָאל אוּנְס עֶפְנֶען אַ טִיהְר פַאר דֶעם װָארְט, אַז מִיר
זָאלֶען רֶעדֶען דֶעם סוֹד פוּן מָשִׁיחַ, װֶעגֶען װֶעלְכֶען
4 אִיךְ בִּין אוֹיךְ גֶעבּוּנְדֶען: כְּדֵי אִיךְ זָאל עֶס אַנְטְפְּלֶע־
5 קֶען, אַזוֹי װִיא אִיךְ בֶּעדַארְף עֶס רֶעדֶען: הַאנְדֶעלְט
מִיט קְלוּגְהַייט קֶעגֶען דִיא װָאס זֶענֶען פוּן דְרוֹיסֶען, אוּנְד
6 קוֹיפְט אוֹיס דִיא צֵייט: לָאז אײעֶרע רֶעד בֶּעשְׁטֶענְדִיג
זַיין מִיט גְנָאד, גֶעזַאלְצֶען מִיט זַאלְץ, אַז אִיהְר זָאלְט
װִיסֶען װִיא אִיהְר זָאלְט אִיטְלִיכֶען עֶנְטְפֶערְן:
7 טִיכִיקוֹס, דֶער גֶעלִיבְּטֶער בְּרוּדֶער אוּנְד גֶעטְרֵייעֶר דִינֶער
אוּנְד מִיטְקְנֶעכְט אִין דֶעם הַאר, װֶעט אֵייךְ אַלֶעס צוּ
8 װִיסֶען טְהוּן װִיא עֶס גֶעהְט מִיר: װֶעלְכֶען אִיךְ הָאבּ

צוּ אֵייךְ פוּן דֶעסְטְוֶועגֶען גֶעשִׁיקְט, אַז אִיהְר זָאלְט ווִיסֶען
ווִיא עֶס גֶעהְט אוּנְס, אוּנְד אַז עֶר זָאל אֵייעֶרֶע הֶערְ־
צֶער טְרֵייסְטֶען: מִיט אוֹנִיסִימוֹס, דֶעם גֶעטְרֵייעֶן אוּנְד 9
גֶעלִיבְּטֶען בְּרוּדֶער, וֶועלְכֶער אִיז פוּן אֵייךְ; זֵייא וֶועלֶען
אֵייךְ צוּ ווִיסֶען טְהוּן אַלֶעס וָואס טְהוּט זִיךְ דָא:
אַרִיסְטַארְכוֹס מֵיין מִיטְגֶעפַאנְגֶענֶער גְרִיסְט אֵייךְ, אוּנְד 10
מַרְקוֹס דֶער שְׁוֶועסְטֶערְס זוּהְן פוּן בַּרְנַבָּא, אִיבֶּער
וֶועלְכֶען אִיהְר הָאט בֶּעפֶעהְל דֶערְהַאלְטֶען, וֶוען עֶר
קוּמְט צוּ אֵייךְ נֶעמְט אִיהְם אוֹיף: אוּנְד יֵשׁוּעַ וָואס 11
אִיז גֶערוּפֶען יוּסְטוֹס, וָואס זֶענֶען פוּן דֶער בֶּעשְׁנֵיידוּנְג;
דִיזֶע זֶענֶען דִיא אֵיינְצִיגֶע מִיטְאַרְבֵּייטֶער צוּם קֶענִיגְרֵייךְ
פוּן גָאט, וֶועלְכֶע זֶענֶען צוּ מִיר גֶעוֶועזֶען אַ טְרֵייסְט:
עֶפַּאפְרַאס גְרִיסְט אֵייךְ, דֶער אִיז פוּן אֵייךְ, אַ קְנֶעכְט 12
פוּן יֵשׁוּעַ הַמָשִׁיחַ, וֶועלְכֶער רַאנְגֶעלְט בֶּעשְׁטֶענְדִיג פַאר
אֵייךְ אִים גֶעבֶּעט, כְּדֵי אִיהְר זָאלְט שְׁטֶעהֶען פָאלְקָא־
מֶען אוּנְד דֶערְפִילְט מִיט דֶעם גַאנְצֶען ווִילֶען פוּן גָאט:
וָוארִין אִיךְ זָאג אִיהְם עֵדוּת אַז עֶר הָאט פִיל מִיה 13
פַאר אֵייךְ, אוּנְד פַאר דִיא וָואס זֶענֶען אִין לָאוֹדִיקִיָא
אוּנְד פַאר דִיא וָואס זֶענֶען אִין הִיעֶרַאפָּאלִיס: לוּקַאס 14
דֶער גֶעלִיבְּטֶער רוֹפֵא אוּנְד דִימַאס גְרִיסֶען אֵייךְ:
גְרִיסְט דִיא בְּרִידֶער וָואס זֶענֶען אִין לָאוֹדִיקִיָא אוּנְד 15
נוּמְפַאס אוּנְד דִיא קְהִלָה וָואס אִיז אִין זֵיין הוֹיז:
אוּנְד וֶוען דִיזֶער בְּרִיף וֶועט בַּייא אֵייךְ גֶעלֵיינְט וֶוערֶען, 16
זֶעהְט אַז עֶר זָאל אוֹיךְ גֶעלֵיינְט וֶוערֶען אִין דֶער
קְהִלָה פוּן לָאוֹדִיקִיָא, אוּנְד אַז אִיהְר זָאלְט אוֹיךְ לֵיינֶען
דֶעם בְּרִיף פוּן לָאוֹדִיקִיָא: אוּנְד זָאגְט צוּ אַרְכִיפּוּס, גִיבּ 17
אַכְטוּנְג צוּם דִינְסְט וָואס דוּא הָאסְט דֶערְהַאלְטֶען אִין
דֶעם הַאר, אַז דוּא זָאלְסְט עֶס דֶערְפִילֶען:
דֶער גְרִיס פוּן מִיר פּוֹלוֹס מִיט מֵיינֶע הַאנְד. גֶעדֶענְקְט 18
אָן מֵיינֶע קֶעטֶען. דִיא גְנָאד זָאל מִיט אֵייךְ זֵיין:

דֶער עֶרְשְׁטֶער בְּרִיף פוּן דֶעם

אַפָּאסְטֶעל פּוּלוּס צוּ דִיא טֶעסַאלוֹנִיקֶער.

---

1 פּוּלוּס אוּנְד סִלְוַאנוּס אוּנְד טִימוֹתִיוּס צוּ דֶער קְהִלָה פוּן
דִיא טֶעסַאלוֹנִיקֶער אִין גָאט דֶעם פָּאטֶער אוּנְד אִין
דֶעם הַאר יֵשׁוּעַ הַמָשִׁיחַ; גְנָאד זָאל מִיט אֵייךְ זַיין
אוּנְד פְרִידֶען:
2 מִיר דַאנְקֶען גָאט בֶּעשְׁטֶענְדִיג וֶועגֶען אֵייךְ אַלֶע, וֶוען
3 מִיר גֶעדֶענְקֶען אֵייךְ אִין אוּנְזֶערֶע גֶעבֶּעט: אוּנְד מִיר
גֶעדֶענְקֶען אָהְן אוֹיפְהֶערֶען אֵייעֶר וֶוערְק פוּן גְלוֹיבֶּען
אוּנְד אַרְבֵּייט פוּן לִיבֶּע אוּנְד גֶעדוּלְד פוּן הָאפְנוּנְג אִין
אוּנְזֶער הַאר יֵשׁוּעַ הַמָשִׁיחַ פָאר אוּנְזֶער גָאט אוּנְד
4 פָּאטֶער: אִינְדֶעם מִיר וִויסֶען, בְּרִידֶער, גֶעלִיבְּטֶע פוּן
5 גָאט, אֵייעֶרֶע אוֹיסְדֶערְוֶועהְלוּנְג: אַז אוּנְזֶערֶע בְּשׂוֹרָה
טוֹבָה אִיז צוּ אֵייךְ גֶעקוּמֶען נִיט נוּר אִין וָוארְט, נֵייעֶרְט
אוֹיךְ אִין קְרַאפְט אוּנְד אִים רוּחַ הַקוֹדֶשׁ אוּנְד אִין
גְרוֹיסֶע בֶּעוִוסְהַייט, גְלֵייךְ וִויא אִיהְר וֵוייסְט וָואס פַאר
מֶענְשֶׁען מִיר הָאבֶּען אוּנְס צְוִוישֶׁען אֵייךְ בֶּעוִויזֶען פוּן
אֵייעֶרְטְוֶועגֶען:
6 אוּנְד אִיהְר זֶענְט גֶעוָוארֶען נָאכְטְהוּעֶר פוּן אוּנְס אוּנְד
פוּן דֶעם הַאר, אִינְדֶעם אִיהְר הָאט דָאס וָוארְט אָנְגֶע־
נוּמֶען אִין פִיל לֵיידֶען מִיט פְרֵייד פוּן דֶעם רוּחַ
7 הַקוֹדֶשׁ: אַזוֹי אַז אִיהְר זֶענְט אַ פָארְבִּילְד
גֶעוָוארֶען צוּ אַלֶע וָואס גְלוֹיבֶּען אִין מַקְדוֹנְיָא אוּנְד
8 אַכַיָא: וָוארִין פוּן אֵייךְ אִיז דָאס וָוארְט פוּן דֶעם
הַאר גֶעהֶערְט גֶעוָוארֶען נִיט נוּר אִין מַקְדוֹנְיָא אוּנְד
אַכַיָא, נֵייעֶרְט אִין אִיטְלִיכֶען אָרְט אִיז אֵייעֶר גְלוֹיבֶּען
צוּ גָאט אוֹיסְגֶעגַאנְגֶען, אַזוֹי אַז מִיר בֶּעדַארְפֶען דֶערְפוּן
9 גָארְנִיט צוּ רֶעדֶען: וָוארִין זַייא אַלֵיין דֶערְצֶעהְלֶען
וֶועגֶען אוּנְס וָואס פַאר אֵיינְגַאנְג מִיר הָאבֶּען צוּ
אֵייךְ גֶעהַאט אוּנְד וִויא אִיהְר הָאט אֵייךְ אוּמְגֶעקֶעהְרְט

פון דיא אפגעטער צו גאט, אז איהר זאלט דינען
10 דעם לעבעדיגען אונד וואהרען גאט: אונד זאלט
ווארטען אויף זיין זוהן פום הימעל, וועלכען ער האט
אויפגעוועקט פון דיא טויטע, אויף ישוע, דער רעטעט
אונס פון דעם קומענדיגען צארן:

קאפיטעל ב

1 ווארין איהר ווייסט אליין, ברידער, אונזערען איינגאנג
2 צו אייך, אז עס איז ניט אומזוסט געוועזען: נייערט
מיר האבען פריהער געליטען אונד זענען אין פיליפי
שענדליך בעהאנדעלט געווארען, אזוי וויא איהר ווייסט,
דאך זענען מיר מוטהיג געווארען אין אונזער גאט
דיא בשורה טובה פון גאט מיט פיל קאמפף צו אייך
3 צו רעדען: ווארין אונזערע ווארנונג איז ניט געוועזען
פון טעות, אונד ניט פון אונרייניגקייט, אונד ניט
4 מיט פאלשהייט: נייערט גלייך וויא גאט האט אונס
חשוב געהאלטען אז ער זאל אונס אנפערטרויען דיא
בשורה טובה, אזוי רעדען מיר, ניט וויא מענשען
צו געפעלען נייערט גאט, דער פריפט אונזערע הערץ-
5 צער: ווארין מיר האבען קיינמאל ניט בענוצט
שמייכעלדיגע רעד, אזוי וויא איהר ווייסט, אונד אויך
ניט קיינע אויסרעד פאר גייציגקייט, גאט איז עדות:
6 אונד אויך האבען מיר ניט געזוכט קיין כבוד פון
מענשען, ניט פון אייך אונד אויך ניט פון אנדערע,
ווען מיר האבען אייך געקאנט בעשווערליך זיין אלס
7 אפאסטעל פון משיח: נייערט מיר זענען ליבענדיג
צווישען אייך געוועזען, אזוי וויא א זייגערין דערנעהרט
8 איהרע אייגענע קינדער: אזוי האבען מיר אייך הערצליך
געליבט, אונד האבען הנאה געהאט אייך צו איבער-
געבען ניט נור דיא בשורה טובה פון גאט, נייערט
אויך אונזערע אייגענע נשמות, ווארין איהר זענט
געווארען אונזערע געליבטע:
9 ווארין איהר געדענקט, ברידער, אונזערע ארבייט אונד
טרחא; נאכט אונד טאג האבען מיר געארבייט אז
מיר זאלען קיינעם פון אייך ניט בעשווערליך זיין,

אוּנְד מִיר הָאבֶּען צוּ אֵייךְ גֶעפְּרֶעדִיגְט דִיא בְּשׂוֹרָה
10 טוֹבָה: אִיהְר זֶענְט עֵדוּת אוּנְד אוֹיךְ גָאט, וִויא הֵיילִיג
אוּנְד גֶערֶעכְט אוּנְד אָהְן אַ פֶּעהְלֶער מִיר זֶענֶען צְוִוי־
11 שֶׁען אֵייךְ גֶעוֶועזֶען וָואס גְלוֹיבֶּען: אַזוֹי וִויא אִיהְר
וֵוייסְט, אַז מִיר הָאבֶּען אֵייךְ גֶעוָוארֶענְט אוּנְד גֶעטְרֵייסְט,
12 וִויא אַ פָּאטֶער זֵיינֶע אֵייגֶענֶע קִינְדֶער: אוּנְד הָאבֶּען
בֶּעצֵייגְט אַז אִיהְר זָאלְט וַואנְדְלֶען וִוירְדִיג פוּן גָאט,
דֶער הָאט אֵייךְ בֶּערוּפֶען צוּ זֵיין אֵייגֶען קֶענִיגְרֵייךְ
13 אוּנְד הֶערְלִיכְקֵייט: דְרוּם דַאנְקֶען מִיר אוֹיךְ גָאט אָהְן
אוֹיפְהֶערֶען, אִינְדֶעם וֶוען אִיהְר הָאט פוּן אוּנְס דֶערְ־
הַאלְטֶען דָאס וָוארְט פוּן גָאט וָואס אִיהְר הָאט גֶעהֶערְט,
הָאט אִיהְר עֶס אָנְגֶענוּמֶען נִיט וִויא דָאס וָוארְט פוּן
מֶענְשֶׁען, נֵייעֶרְט וִויא עֶס אִיז אִין דֶער וָואהְרְהֵייט,
דָאס וָוארְט פוּן גָאט, וָואס וִוירְקְט אוֹיךְ אִין אֵייךְ וָואס
14 גְלוֹיבֶּען: וָוארִין אִיהְר, בְּרִידֶער, זֶענְט גֶעוָוארֶען נָאכְ־
טְהוּעֶר פוּן דִיא קְהִלּוֹת פוּן גָאט וָואס זֶענֶען אִים לַאנְד
יְהוּדָה אִין יֵשׁוּעַ הַמָּשִׁיחַ; וָוארִין אִיהְר הָאט אוֹיךְ דָאס
זֶעלְבִּיגֶע גֶעלִיטֶען פוּן אֵייעֶרֶע לַאנְדְסְלֵייט, גְלֵייךְ וִויא
15 זֵייא הָאבֶּען אוֹיךְ פוּן דִיא יוּדֶען: וֶועלְכֶע הָאבֶּען
אוֹיךְ גֶעטֶעטֶעט דֶעם הַאר יֵשׁוּעַ אוּנְד דִיא נְבִיאִים,
אוּנְד הָאבֶּען אוּנְס פֶּערְפָאלְגְט, אוּנְד זֶענֶען גָאט נִיט
16 גֶעפֶעלֶען, אוּנְד זֶענֶען דֶערְוִוידֶער אַלֶע מֶענְשֶׁען: אִינְדֶעם
זֵייא פַארְוֶועהְרֶען אוּנְס צוּ דִיא גוֹיִם צוּ רֶעדֶען אַז
זֵייא זָאלֶען גֶערֶעטֶעט וֶוערֶען, כְּדֵי זֵייא זָאלֶען אַלֶע
צֵייט זֵייעֶרֶע זִינְד פִילֶען. אָבֶּער דֶער צָארְן אִיז אִיבֶּער
זֵייא גֶעקוּמֶען בִּיז צוּם עֶנְד:
17 אָבֶּער מִיר, בְּרִידֶער, נָאכְדֶעם מִיר זֶענֶען פוּן אֵייךְ
וִויא יְתוֹמִים בֶּערוֹיבְּט גֶעוָוארֶען פַאר אַ צֵייט אִין
פָּנִים נִיט אִין הַאַרְץ, הָאבֶּען מִיר זִיךְ זֶעהְר בֶּעפְלֵיי־
סִיגְט מִיט פִיל פֶערְלַאנְגֶען מִיר זָאלֶען אֵייעֶר פָּנִים
18 זֶעהֶען: דֶעסְטְוֶועגֶען הָאבֶּען מִיר גֶעוָואלְט צוּ אֵייךְ
קוּמֶען, אִיךְ פּוֹלוֹס אוֹיךְ אֵיין מָאל אוּנְד וִוידֶער אַמָאל,
19 אָבֶּער דֶער שָׂטָן הָאט אוּנְס גֶעהִינְדֶערְט: וָוארִין וָואס
אִיז אוּנְזֶערֶע הָאפְנוּנְג אָדֶער פְרֵייד אָדֶער קְרוֹין פוּן

ריהמען? זענט איהר דאס ניט, פאר אונזער האר ישוע
ביא זיין קומען? וואָרין איהר זענט אונזערע הער־ 20
ליכקייט אונד אונזערע פרייד:

קאפיטעל ג

דרום ווען מיר האבען עס ניט מעהר געקאנט דערטראגען, 1
איז עס אונס געפעלען אליין צו בלייבען אין אתינאס:
אונד מיר האבען געשיקט טימותיוס אונזער ברודער 2
אונד דינער פון גאט אין דער בשורה טובה פון משיח,
כדי ער זאל אייך שטארקען אונד טרעסטען וועגען
אייער גלויבען: אז קיינער זאל ניט בעוועגט ווערען 3
דורך דיזע ליידען; וואָרין איהר ווייסט זעלבסט אז מיר
זענען דערצו בעשטעלט: וואָרין ווען מיר זענען אויך 4
ביא אייך געוועזען האבען מיר אייך פאראויס געזאגט
אז מיר וועלען צרות ליידען, אזוי וויא עס איז אויך גע־
שעהען אונד איהר ווייסט: דעסטוועגען ווען אויך איך 5
האב עס ניט מעהר געקאנט דערטראגען, האב איך
געשיקט כדי געוואהר צו ווערען וועגען אייער גלויבען,
וואָרין טאמער האט דער פרופער אייך געפריפט, אונד
אונזערע טרחא וועט אומזוסט ווערען: אבער ווען 6
טימותיוס איז אצונד צו אונס פון אייך געקומען, אונד
האט אונס א גוטע בשורה געבראכט פון אייער גלויבען
אונד ליבע, אונד אז איהר האט בעשטענדיג א גוטע
אנדענקען פון אונס אונד ווינשט אונס צו זעהען, אזוי
וויא מיר ווינשען אייך אויך צו זעהען: דעסטוועגען, 7
ברידער, זענען מיר געווען אייך געטרייסט געוואָרען, אין
אלע אונזערע ליידען אונד נויט דורך אייער גלויבען:
וואָרין אצונד לעבען מיר ווען איהר שטעהט פעסט אין 8
דעם האר: וואָרין וואס פאר א דאנק קענען מיר אפגע־ 9
בען צו גאט פאר אלע אייערע פרייד מיט וועלכער מיר
פרייען זיך פאר אונזער גאט פון אייערטוועגען: דערוויל 10
מיר בעטען פיל טאג אונד נאכט אייער פנים צו זעהען,
אונד דאס וואס פעהלט אין אייער גלויבען צו דערגענצען:
נון אונזער גאט אונד פאטער אליין, אונד אונזער האר 11
ישוע זאל אונס פיהרען אויף דעם וועג צו אייך: אונד 12

דֶער הַאר זָאל אֵייךְ גֶעבֶּען אַז אִיהְר זָאלְט צוּנֶעמֶען, אוּנְד
אֵייךְ מֶעהְרֶען אִין לִיבֶּע אֵיינֶער צוּם אַנְדֶערְן אוּנְד צוּ
13 אַלֶע, אַזוֹי וִויא מִיר אוֹיךְ צוּ אֵייךְ: כְּדֵי עֶר זָאל אֵייעֶרֶע
הֶערְצֶער בֶּעפֶעסְטִיגֶען אָהְן פֶעהְלֶער אִין הֵיילִיגְקַייט פָאר
אוּנְזֶער גָאט אוּנְד פָאטֶער, אִין דֶעם קוּמֶען פוּן אוּנְזֶער
הַאר יֵשׁוּעַ מִיט אַלֶע זַיינֶע הֵיילִיגֶע:

קאפיטעל ד

1 אִים אִיבְּרִיגֶען, בְּרִידֶער, בֶּעטֶען מִיר אֵייךְ אוּנְד וָוארְנֶען
אֵייךְ אִין דֶעם הַאר יֵשׁוּעַ, כְּדֵי אַזוֹי וִויא אִיהְר הָאט פוּן
אוּנְס אָנְגֶענוּמֶען וִויא אַזוֹי אִיהְר זָאלְט הַאנְדְלֶען אוּנְד
גָאט גֶעפֶעלֶען, וִויא אִיהְר אוֹיךְ הַאנְדֶעלְט, אַזוֹי זָאלְט
2 אִיהְר אֵייךְ נָאךְ פִיל מֶעהְר מֶעהְרֶען: וָוארִין אִיהְר וַויסְט
וָואס פָאר גֶעבָּאטֶע מִיר הָאבֶּען אֵייךְ גֶעגֶעבֶּען דוּרְךְ דֶעם
3 הַאר יֵשׁוּעַ: וָוארִין דָאס אִיז דֶער ווִילֶען פוּן גָאט, אֵייעֶרֶע
הֵיילִיגְקֵייט, אַז אִיהְר זָאלְט אֵייךְ אָפְּהַאלְטֶען פוּן זְנוּת:
4 אַז אִיטְלִיכֶער פוּן אֵייךְ זָאל ווִיסֶען זַיין אֵייגֶענֶע כֵּלִי צוּ
5 דֶערְהַאלְטֶען אִין הֵיילִיגְקֵייט אוּנְד אִין כָּבוֹד: נִיט אִין
תַּאֲוָה פוּן זְנוּת, אַזוֹי וִויא דִיא גוֹיִם וָואס קֶענֶען נִיט גָאט:
6 אוּנְד אַז קֵיינֶער זָאל נִיט אִיבֶּערְטְרֶעטֶען אוּנְד בֶּעטְרִיגֶען
זַיין בְּרוּדֶער אִין דִיזֶער זַאךְ, וָוארִין דֶער הַאר אִיז זִיךְ נוֹקֵם
אִיבֶּער אַלֶע אַזֶעלְכֶע זַאכֶען, אַזוֹי וִויא מִיר הָאבֶּען אֵייךְ
7 פְרִיהֶער גֶעזָאגְט אוּנְד בֶּעצֵייגְט: וָוארִין גָאט הָאט אוּנְס
נִיט בֶּערוּפֶען צוּ אוּנְרֵיינִיגְקֵייט, נֵייעֶרְט אִין הֵיילִיגְקֵייט:
8 דְרוּם דֶער וָואס אִיז מְבַזֶּה, דֶער אִיז נִיט אַ מֶענְשׁ מְבַזֶּה,
נֵייעֶרְט גָאט דֶער גִיבְּט אֵייךְ אוֹיךְ זַיין רוּחַ הַקוֹדֶשׁ:
9 אָבֶּער וֶוענֶען דִיא בְּרִידֶערְלִיכֶע לִיבֶּע בֶּעדַארְפְט אִיהְר
נִיט אַז אִיךְ זָאל אֵייךְ שְׁרַייבֶּען; וָוארִין אִיהְר זֶעלְבְּסְט
זֶענְט פוּן גָאט גֶעלֶעהְרְט, אַז אִיהְר זָאלְט אֵיינֶער דֶעם
10 אַנְדֶערְן לִיבֶּען: וָוארִין אִיהְר טְהוּט דָאס אוֹיךְ צוּ אַלֶע
דִיא בְּרִידֶער וָואס זֶענֶען אִין גַאנְץ מַקְדוֹנְיָא, אָבֶּער מִיר
בֶּעטֶען אֵייךְ, בְּרִידֶער, אַז אִיהְר זָאלְט עֶס נָאךְ פֶערְמֶעהְ־
11 רֶען: אוּנְד אַז אִיהְר הַאלְט עֶס פָאר אַ כָּבוֹד שְׁטִיל צוּ
זַיין אוּנְד אֵייעֶרֶע אֵייגֶענֶע זַאכֶען צוּ טְהוּן אוּנְד מִיט
אֵייעֶרֶע אֵייגֶענֶע הֶענְד צוּ אַרְבֵּייטֶען, אַזוֹי וִויא מִיר

12 הָאבֶּען אֵייךְ גֶעבָּאטֶען: כְּדֵי אִיהְר זָאלְט בְּכָבוֹד וַואנְדְלֶען
קֶעגֶען דִיא וָואס זֶענֶען פוּן דְרוֹיסֶען, אוּנְד זָאלְט קֵיינֶעם
נִיט בֶּעדַארְפֶען:
13 אָבֶּער מִיר וִוילֶען נִיט אַז אִיהְר זָאלְט נִיט וִויסֶען, בְּרִידֶער,
וֶועגֶען דִיא וָואס שְׁלָאפֶען, אַז אִיהְר זָאלְט נִיט טְרוֹיעֶרְן
גְלֵייךְ וִויא דִיא אִיבְּרִיגֶע וָואס הָאבֶּען נִיט קֵיינֶע הָאפְנוּנְג:
14 וָוארִין וֶוען מִיר גְלוֹיבֶּען אַז יֵשׁוּעַ אִיז גֶעשְׁטָארְבֶּען אוּנְד
אִיז וִוידֶער אוֹיפְגֶעשְׁטַאנֶען, אַזוֹי אוֹיךְ דִיא וָואס שְׁלָאפֶען
15 דוּרְךְ יֵשׁוּעַ וֶועט גָאט מִיט אִיהְם בְּרֶענְגֶען: וָוארִין דָאס
זָאגֶען מִיר אֵייךְ דוּרְךְ דֶעם וָוארְט פוּן דֶעם הַאר, אַז מִיר
וָואס לֶעבֶּען אוּנְד אִיבֶּערְבְּלֵייבֶּען בִּיז צוּם קוּמֶען פוּן דֶעם
הַאר וֶועלֶען נִיט פְרִיהֶער קוּמֶען וִויא דִיא וָואס שְׁלָאפֶען:
16 וָוארִין דֶער הַאר זֶעלְבְּסְט וֶועט אַרוּפְקוּמֶען פוּן הִימֶעל מִיט
שַׁאלֶען, מִיט דֶעם קוֹל פוּן דֶעם עֶלְצְטֶען מַלְאָךְ אוּנְד מִיט
דֶעם שׁוֹפָר פוּן גָאט, אוּנְד דִיא טוֹיטֶע אִים מָשִׁיחַ וֶועלֶען
17 צוּעֶרְשְׁט אוֹיפְשְׁטֶעהֶען: דֶערְנָאךְ מִיר וָואס לֶעבֶּען אוּנְד
אִיבֶּערְבְּלֵייבֶּען וֶועלֶען אַרוֹיפְגֶענוּמֶען וֶוערֶען מִיט זֵייא
אִין דִיא וָואלְקֶען, כְּדֵי דֶעם הַאר צוּ בֶּעגֶעגְנֶען אִין דֶער
לוּפְט; אוּנְד אַזוֹי וֶועלֶען מִיר בֶּעשְׁטֶענְדִיג זַיין מִיט דֶעם
18 הַאר: דְרוּם טְרֵייסְטֶעט אֵיינֶער דֶעם אַנְדֶערְן דוּרְךְ דִיזֶע
וֶוערְטֶער:

קאפיטעל ה

1 אָבֶּער וֶועגֶען דִיא צֵייטֶען אוּנְד זְמַנִים, בְּרִידֶער, בֶּעדַארְפְט
2 אִיהְר נִיט אַז מֶען זָאל אֵייךְ שְׁרֵייבֶּען: וָוארִין אִיהְר
זֶעלְבְּסְט וֵוייסְט זֶעהְר גוּט אַז דֶער טָאג פוּן דֶעם הַאר
3 קוּמְט אַזוֹי וִויא אַ גַנָב אִין דֶער נַאכְט: וֶוען זֵייא זָאגֶען
פְרִידֶען אוּנְד זִיכֶערְהֵייט, דַאן קוּמְט פְלוּצְלִינְג אִיבֶּער זֵייא
פֶערְדַארְבֶּען, וִויא דִיא וֶועהְטִיג צוּ אַ טְרָאגֶענְדִיגֶע פְרוֹיא,
אוּנְד זֵייא זָאלֶען נִיט אַנְטְרִינֶען:
4 אָבֶּער אִיהְר, בְּרִידֶער, זֶענְט נִיט אִין פִינְסְטֶערְנִיס, אַז
5 דֶער טָאג זָאל אֵייךְ אָנְחַאפֶּען וִויא אַ גַנָב: וָוארִין אִיהְר
זֶענְט אַלֶע זִיהְן פוּן דֶעם לִיכְט אוּנְד זִיהְן פוּן דֶעם טָאג.
מִיר זֶענֶען נִיט פוּן דֶער נַאכְט אוֹיךְ נִיט פוּן דֶער
6 פִינְסְטֶערְנִיס: אַזוֹי דֶען לָאזֶען מִיר נִיט שְׁלָאפֶען גְלֵייךְ

וִויא דִיא אִיבְּרִיגֶע, נֵייעֶרְט לָאזֶען מִיר וַואכֶען אוּנְד
7 נִיכְטֶערְן זַיין: וָוארִין דִיא וָואס שְׁלָאפֶען אִין
דֶער נַאכְט, אוּנְד דִיא וָואס זֶענֶען שִׁכּוֹר
8 אִין דֶער נַאכְט: אָבֶּער אִינְדֶעם מִיר זֶענֶען פוּן דֶעם
טָאג לָאזֶען מִיר נִיכְטֶערְן זַיין, אוּנְד לָאזֶען מִיר אָנְטָהוּן
דֶעם פַּאנְצֶער פוּן גְלוֹיבֶּען אוּנְד לִיבֶּע, אוּנְד פַאר אַיין
9 הֶעלְם דִיא הָאפְנוּנְג פוּן רֶעטוּנְג: וָוארִין גָאט הָאט
אוּנְס נִיט בֶּעשְׁטֶעלְט צוּם צָארְן, נֵייעֶרְט מִיר זָאלֶען
דֶערְהַאלְטֶען רֶעטוּנְג דוּרְךְ אוּנְזֶער הַאר יֵשׁוּעַ הַמָשִׁיחַ:
10 דֶער אִיז פַאר אוּנְס גֶעשְׁטָארְבֶּען, כְּדֵי מִיר זָאלֶען מִיט
אִיהְם צוּזַאמֶען לֶעבֶּען, אוֹיבּ מִיר וַואכֶען אָדֶער שְׁלָאפֶען:
11 דְרוּם טְרַייסְט אֵיינֶער דֶעם אַנְדֶערְן, אוּנְד בּוֹיעֶט אֵיינֶער
דֶעם אַנְדֶערְן אוֹיף, אַזוֹי וִויא אִיהְר אוֹיךְ טְהוּט:
12 אָבֶּער מִיר בֶּעטֶען אֵייךְ, בְּרִידֶער, אִיהְר זָאלְט קֶענֶען דִיא
וָואס אַרְבֵּייטֶען צְוִוישֶׁען אֵייךְ, אוּנְד דִיא וָואס זֶענֶען
אִיבֶּער אֵייךְ גֶעזֶעצְט אִין דֶעם הַאר, אוּנְד דִיא וָואס זֶענֶען
13 אֵייךְ מַזְהִיר: אוּנְד אַז אִיהְר זָאלְט זַייא זֶעהְר הוֹיךְ
שֶׁעצֶען מִיט לִיבֶּע וֶועגֶען זַייעֶרֶע וֶוערְק. הָאט פְרִידֶען
14 צְוִוישֶׁען אֵייךְ זֶעלְבְּסְט: אוּנְד מִיר דֶערְמָאנֶען אֵייךְ,
בְּרִידֶער, זַייט מַזְהִיר דִיא אוּנְרוּהִיגֶע, טְרַייסְט דִיא קְלֵיינְ־
מִיטִיגֶע, הֶעלְפְט דִיא שְׁוַואכֶע, זַייט לַאנְגְמוּטִיג קֶעגֶען
15 אַלֶע מֶענְשֶׁען: זֶעהְט אַז קֵיינֶער זָאל קֵיינֶעם נִיט שְׁלֶעכְטֶעס
מִיט שְׁלֶעכְטֶעס בֶּעצָאהְלֶען, נֵייעֶרְט פָאלְגְט בֶּעשְׁטֶענְדִיג
נָאךְ דֶעם גוּטֶען אֵיינֶער צוּם אַנְדֶערְן אוּנְד אוֹיךְ צוּ אַלֶע
16 17 מֶענְשֶׁען: זַייט בֶּעשְׁטֶענְדִיג פְרֶעהְלִיךְ: בֶּעט אָהְן
18 אוֹיפְהֶערֶען: אִין אַלֶעם דַאנְקְט; וָוארִין דָאס אִיז דֶער
19 וִוילֶען פוּן גָאט צוּ אֵייךְ אִין יֵשׁוּעַ הַמָשִׁיחַ: פֶערְלֶעשְׁט
20 21 נִיט דֶעם גֵייסְט: פֶערְאַכְט נִיט נְבוּאוֹת: פְּרִיפְט אַלֶע
22 זַאכֶען; הַאלְט פֶעסְט דָאס גוּטֶע: פֶערְמֵייד אַלֶע גֶע־
שְׁטַאלְטֶען פוּן אִיבֶּעל:
23 אוּנְד דֶער גָאט פוּן פְרִידֶען זֶעלְבְּסְט זָאל אֵייךְ אִים גַאנְצֶען
הֵיילִיגֶען; אוּנְד לָאז אֵייעֶר גֵייסְט אוּנְד אֵייעֶרֶע נְשָׁמָה אוּנְד
לֵייבּ פָאלְקָאמֶען בֶּעהִיט וֶוערֶען, אָהְן אַ פֶעהְלֶער, בִּיז
24 אוֹיף דֶעם קוּמֶען פוּן אוּנְזֶער הַאר יֵשׁוּעַ הַמָשִׁיחַ: דֶער

וועלכער האט אייך בערופען איז געטרייא, דער וועט עס
אויך טהון: ברידער, בעט פאר אונס: 25
גריסט אלע ברידער מיט דעם היילינען קיש: 26
איך בעשווער אייך בייא דעם האר אז דיזער בריף זאל 27
געלייענט ווערען צו אלע היילינע ברידער: דיא גנאד פון 28
דעם האר ישוע המשיח זאל מיט אייך זיין:

דער צווייטער בריף פון דעם

אפאסטעל פולוס צו דיא טעסאלוניקער.

פולוס אונד סילוואנוס אונד טימותיוס צו דער קהלה פון 1
דיא טעסאלוניקער אין גאט אונזער פאטער אונד אין
דעם האר ישוע המשיח: גנאד זייא מיט אייך אונד פריי־ 2
דען פון גאט דעם פאטער אונד פון דעם האר ישוע המשיח:
מיר זענען מחויב גאט צו דאנקען אלע צייט וועגען אייך, 3
ברידער, גלייך וויא עס איז ווירדיג, ווייל אייער גלויבען
וואקסט זעהר, אונד דיא ליבע פון יעדעם פון אייך איינער
צום אנדערען מעהרט זיך: אזוי אז מיר זעלבסט בע־ 4
ריהמען זיך איבער אייך אין דיא קהלות פון גאט וועגען
אייערע געדולד אונד גלויבען אין אלע אייערע פער־
פאלגונגען אונד דיא צרות וואס איהר לייעדט: וואס איז 5
א בעווייז פון דעם גערעכטען משפט פון גאט, אז איהר
זאלט ווירדיג גערעכענט ווערען פון דעם קעניגרייך פון
גאט פאר וועלכען איהר לייעדט אויך: ווען עס איז אודאי 6
גערעכט פאר גאט ער זאל צרות פערגעלטען צו דיא
וואס טהון אייך אן צרות: אונד צו אייך וואס לייען 7
צרות מנוחה מיט אונס אין דער אנטפלעקונג פון דעם
האר ישוע פון הימעל מיט דיא מלאכים פון זיינע מאכט:
אין א פלאם פייער, זיך נוקם צו זיין אן דיא וואס קענען 8
ניט גאט, אונד וואס געהארכען ניט צו דער בשורה טובה
פון אונזער האר ישוע המשיח: וועלכע וועלען געשטראפט 9

װֶערֶען מִיט אֵײבִּיגֶע צוּשְׁטֶערוּנְג פוּן דֶעם פָּנִים פוּן
דֶעם הַאר, אוּנְד פוּן דֶער הֶערְלִיכְקֵייט פוּן זַיינֶע מַאכְט:
10 װֶען עֶר װֶעט קוּמֶען פֶערְהֶערְלִיכְט צוּ װֶערֶען אִין זַיינֶע
הַיילִיגֶע, אוּנְד בֶּעװָאוּנְדֶערְט צוּ װֶערֶען אִין אַלֶע װָאס גְלוֹי־
בֶּען; װָארִין אוּנְזֶער צֵייגְנִים אִיז צְװִישֶׁען אֵייךְ גֶעגְלוֹיבְּט
גֶעװֶעזֶען אִין יֶענֶעם טָאג:
11 צוּ דֶעם תַּכְלִית בֶּעטֶען מִיר אוֹיךְ אַלֶע צֵייט װֶעגֶען אֵייךְ,
כְּדֵי אוּנְזֶער גָאט זָאל אֵייךְ װִירְדִיג רֶעכְנֶען פוּן דֶער בֶּע־
רוּפוּנְג, אוּנְד זָאל דֶערְפִילֶען דָאס גַאנְצֶע װָאוֹילְגֶעפֶעלֶען
פוּן זַיינֶע גוּטִיגְקֵייט, אוּנְד דָאס װֶערְק פוּן גְלוֹיבֶּען מִיט
12 מַאכְט: כְּדֵי דֶער נָאמֶען פוּן אוּנְזֶער הַאר יֵשׁוּעַ הַמָּשִׁיחַ
זָאל פֶערְהֶערְלִיכְט װֶערֶען אִין אֵייךְ אוּנְד אִיהְר אִין אִיהְם,
נָאךְ דֶער גְנָאד פוּן אוּנְזֶער גָאט אוּנְד דֶעם הַאר יֵשׁוּעַ
הַמָּשִׁיחַ:

קאפיטעל ב

1 נוּן בֶּעטֶען מִיר אֵייךְ, בְּרִידֶער, װֶעגֶען דֶער עֶרְשֵׁיינוּנְג פוּן
אוּנְזֶער הַאר יֵשׁוּעַ הַמָּשִׁיחַ אוּנְד אוּנְזֶערֶע פֶערְזַאמְלוּנְג צוּ
2 אִיהְם: אַז אִיהְר זָאלְט נִיט גֶעשְׁװִינְד בֶּעװֶעגְט װֶערֶען פוּן
אֵייעֶר פֶערְשְׁטַאנְד אוּנְד זָאלְט נִיט דֶערְשְׁרָאקֶען װֶערֶען,
נִיט דוּרְךְ גֵייסְט אוּנְד נִיט דוּרְךְ װָארְט אוּנְד נִיט דוּרְךְ
בְּרִיף אַזוֹי װִיא פוּן אוּנְס גְלֵייךְ אוֹיב דֶער טָאג פוּן דֶעם הַאר
3 אִיז שׁוֹין דָא: לָאז קֵיינֶער אֵייךְ נִיט בְּשׁוּם אוֹפֶן בֶּעטְרִיגֶען;
װָארִין עֶס װֶעט נִיט גֶעשֶׁעהֶען עֶס זַייא דֶען דִיא מְרִידָה
װֶעט צוּעֶרְשְׁט־קוּמֶען, אוּנְד דֶער מֶענְשׁ פוּן זִינְד
װֶעט אַנְטְפְּלֶעקְט װֶערֶען, דֶער זוּהְן פוּן פֶערְדַארְבְּנִים:
4 װָאס װִידֶערְזֶעצְט זִיךְ אוּנְד דֶערְהֵייכְט זִיךְ אִיבֶּער אַלֶעס
װָאס אִיז אָנְגֶערוּפֶען גָאט אָדֶער װָאס אִיז אָנְגֶעבֶּעטֶען,
אַזוֹי אַז עֶר זֶעצְט זִיךְ אִים הֵיכָל פוּן גָאט, אִינְדֶעם עֶר
שְׁטֶעלְט זִיךְ פָאר אַז עֶר אִיז גָאט:
5 גֶעדֶענְקְט אִיהְר נִיט, אַז אִיךְ הָאבּ אֵייךְ דָאס גֶעזָאגְט װֶען
6 אִיךְ בִּין נָאךְ בַּייא אֵייךְ גֶעװֶעזֶען? אוּנְד אַצוּנְד װֵייסְט
אִיהְר װָאס עֶס טְהוּט אֵיינְהַאלְטֶען, כְּדֵי עֶר זָאל אִין זַיינֶע
7 צֵייט אַנְטְפְּלֶעקְט װֶערֶען: װָארִין דֶער סוֹד פוּן אוּנְרֶעכְט
אִיז שׁוֹין װִירְקְזַאם; נוּר עֶס אִיז אַצוּנְד דֶער אוֹיפְהַאלְטֶער

8 בִּיז עֶר וֶועט פוּן מִיטְען אַוֶועקְגֶענוּמֶען וֶוערֶען: אוּנְד דַאן
וֶועט דֶער רָשָׁע אַנְטְפְּלֶעקְט וֶוערֶען, וֶועלְכֶען דֶער הַאר
וֶועט טֶעטֶען מִיט דֶעם אָטְהֶעם פוּן זַיין מוֹיל אוּנְד וֶועט צוּ
גָארְנִיט מַאכֶען מִיט דֶער עֶרְשַׁיינוּנְג פוּן זַיין קוּמֶען:
9 וָואס זַיין קוּמֶען אִיז נָאךְ דֶעם ווירְקֶען פוּן שָׂטָן מִיט אַלֶערְ־
10 לֵייא מַאכְט אוּנְד צֵייכֶען אוּנְד פַאלְשֶׁע וְואוּנְדֶער: אוּנְד
מִיט אַ יֶעדֶע בֶּעטְרִיגֶערַייא פוּן רִשְׁעוּת צוּ דִיא וָואס
וֶוערֶען פֶערְלוֹירֶען ווייל זַייא הָאבֶען נִיט אָנְגֶענוּמֶען דִיא
לִיבֶּע פוּן דֶער וָואהְרְהֵייט אַז זַייא זָאלֶען גֶערֶעטֶעט
11 וֶוערֶען: אוּנְד דֶעסְטְוֶועגֶען שִׁיקְט זַייא גָאט אַ ווירְקוּנְג פוּן
12 בֶּעטְרִיגֶערַייא, אַז זַייא זָאלֶען גְלוֹיבֶּען דִיא לִיגֶען: כְּדֵי
זַייא זָאלֶען אַלֶע גֶעמִשְׁפָּט וֶוערֶען וָואס הָאבֶען נִיט גֶע־
גְלוֹיבְּט אִין דֶער וָואהְרְהֵייט, נֵייעֶרְט הָאבֶען גֶעהַאט
תַּעֲנוּג אִין אוּנְגֶערֶעכְטִיגְקֵייט:
13 אָבֶּער מִיר זֶענֶען מְחוּיָב אַלֶע צֵייט גָאט צוּ דַאנְקֶען פַאר
אֵייךְ, בְּרִידֶער, גֶעלִיבְּטֶע פוּן דֶעם הַאר, ווייל גָאט הָאט
אֵייךְ פוּן אָנְהֵייבּ אָן אוֹיסְדֶערְוֶועהְלְט צוּר רֶעטוּנְג אִין
דֶער הֵיילִיגוּנְג פוּן דֶעם גֵייסְט אוּנְד דֶעם גְלוֹיבֶּען אִין דֶער
14 וָואהְרְהֵייט: צוּ דֶעם הָאט עֶר אֵייךְ אוֹיךְ בֶּערוּפֶען דוּרְךְ
אוּנְזֶערֶע בְּשׂוֹרָה טוֹבָה, צוּם דֶערְהַאלְטֶען פוּן דֶער הֶערְ־
15 לִיכְקֵייט פוּן אוּנְזֶער הַאר יֵשׁוּעַ הַמָּשִׁיחַ: אַזוֹי דֶען בְּרִידֶער,
שְׁטֶעהְט פֶּעסְט, אוּנְד הַאלְט דִיא אִיבֶּערְלִיפֶערוּנְגֶען וָואס
אִיהְר הָאט גֶעלֶערֶענְט עֶם זַייא דֶען דוּרְךְ וָוארְט אָדֶער
דוּרְךְ אוּנְזֶערֶען בְּרִיף:
16 נוּן אוּנְזֶער הַאר יֵשׁוּעַ הַמָּשִׁיחַ זֶעלְבְּסְט אוּנְד גָאט אוּנְזֶער
פָאטֶער דֶער אוּנְס הָאט גֶעלִיבְּט אוּנְד הָאט אוּנְס גֶעגֶעבֶּען
17 אֵייבִּיגֶען טְרֵייסְט אוּנְד גוּטֶע הָאפְנוּנְג דוּרְךְ גְנָאד: זָאל
אֵייעֶרֶע הֶערְצֶער טְרֵייסְטֶען אוּנְד שְׁטַארְקֶען אִין אִיטְלִיכֶען
גוּטֶען וָוארְט אוּנְד וֶוערְק:

קאפיטעל ג

1 אִים אִיבְּרִיגֶען, בְּרִידֶער, בֶּעט פַאר אוּנְס, כְּדֵי דָאס וָוארְט
פוּן דֶעם הַאר זָאל לוֹיפֶען אוּנְד פֶערְהֶערְלִיכְט וֶוערֶען גְלֵייךְ
2 ווִיא אוֹיךְ בַּייא אֵייךְ: אוּנְד כְּדֵי מִיר זָאלֶען גֶערֶעטֶעט
וֶוערֶען פוּן אוּנְפֶערְשְׁטֶענְדִיגֶע אוּנְד שְׁלֶעכְטֶע מֶענְשֶׁען;

3 וָוארִין נִיט אַלֶע הָאבֶּען גְלוֹיבֶּען: אָבֶּער דֶער הַאר אִיז
גֶעטְרֵייא, דֶער וֶועט אֵייךְ שְׁטַארְקֶען אוּנְד וֶועט אֵייךְ בֶּע־
4 הִיטֶען פוּן דֶעם שְׁלֶעכְטֶען: אוּנְד מִיר הָאבֶּען בְּטָחוֹן אִין
דֶעם הַאר וֶועגֶען אֵייךְ, אַז אִיהְר טְהוּט אוּנְד וֶועט טְהוּן
5 וָואס מִיר בֶּעפֶעהְלֶען אֵייךְ: אוּנְד דֶער הַאר זָאל אֵיירֶע
הֶערְצֶער פִיהְרֶען צוּ דֶער לִיבֶּע פוּן גָאט אוּנְד צוּ דֶער גֶע־
דוּלְד פוּן מָשִׁיחַ:

6 נוּן בֶּעפֶעהְלֶען מִיר אֵייךְ, בְּרִידֶער, אִים נָאמֶען פוּן אוּנְזֶער
הַאר יֵשׁוּעַ הַמָּשִׁיחַ אַז אִיהְר זָאלְט אֵייךְ אָפְּשֵׁיידֶען פוּן
אִיטְלִיכֶען בְּרוּדֶער וָואס וַואנְדֶעלְט אוּנְאָרְדֶענְטְלִיךְ, אוּנְד
נִיט נָאךְ דֶער לֶעהְרֶע וָואס אִיהְר הָאט פוּן אוּנְס דֶערְהַאלְ־
7 טֶען: וָוארִין אִיהְר זֶעלְבְּסְט וֵוייסְט וִויא מֶען בֶּעדַארְף אוּנְס
נָאכְצוּטְהוּן; וָוארִין מִיר זֶענֶען נִיט אוּנְאָרְדֶענְטְלִיךְ צְוִוישֶׁען
8 אֵייךְ גֶעוֶועזֶען: אוּנְד הָאבֶּען אוֹיךְ נִיט דָאס בְּרוֹיט פוּן קֵיי־
נֶעם אוּמְזוּסְט גֶעגֶעסֶען, נֵייעֶרְט מִיט אַרְבֵּייט אוּנְד מִיה הָאבֶּען
מִיר נַאכְט אוּנְד טָאג גֶעאַרְבֵּייט אַז מִיר זָאלֶען קֵיינֶעם
9 פוּן אֵייךְ נִיט צוּ לַאסְט פַאלֶען: נִיט וַוייל מִיר הָאבֶּען נִיט
מַאכְט, נֵייעֶרְט כְּדֵי מִיר זָאלֶען אֵייךְ וַוייזֶען אַ בֵּיישְׁפִּיל אַז
10 אִיהְר זָאלְט אוּנְס נָאכְטְהוּן: וָוארִין וֶוען מִיר זֶענֶען בֵּייא
אֵייךְ גֶעוֶועזֶען הָאבֶּען מִיר אֵייךְ דָאס בֶּעפוֹילֶען, אַז וֶוען
11 אֵיינֶער וִויל נִיט אַרְבֵּייטֶען דֶער זָאל אוֹיךְ נִיט עֶסֶען: וָוא־
רִין מִיר הֶערֶען אַז עֶטְלִיכֶע צְוִוישֶׁען אֵייךְ וַואנְדְלֶען אוּנְ־
אָרְדֶענְטְלִיךְ, אוּנְד אַרְבֵּייטֶען גָארְנִיט, נֵייעֶרְט זֶענֶען אוּמֶעטוּם
12 בֶּעשֶׁעפְטִיגְט: אוּנְד אַזֶעלְכֶע בֶּעפֶעהְלֶען מִיר אוּנְד וָוארְנֶען
אִין דֶעם הַאר יֵשׁוּעַ הַמָּשִׁיחַ כְּדֵי זַייא זָאלֶען שְׁטִילֶערְהֵייט
אַרְבֵּייטֶען אוּנְד זָאלֶען עֶסֶען זַייעֶר אֵייגֶען בְּרוֹיט:

13 14 אָבֶּער אִיהְר, בְּרִידֶער, זַייט נִיט מִיד גוּטֶעס צוּ טְהוּן: אוּנְד
וֶוען אֵיינֶער גֶעהָארְכְט נִיט אוּנְזֶער וָוארְט דוּרְךְ דֶעם בְּרִיף,
בֶּעמֶערְקְט אִיהְם, כְּדֵי נִיט מִיט אִיהְם אוּמְגַאנְג צוּ הָאבֶּען,
15 אַז עֶר זָאל פֶערְשֶׁעהְמְט וֶוערֶען: אָבֶּער רֶעכֶענְט אִיהְם נִיט
פַאר אַ פֵיינְד, נֵייעֶרְט שְׁטְרָאפְט אִיהְם וִויא אַ בְּרוּדֶער:
16 נוּן זָאל אֵייךְ דֶער הַאר פוּן פְרִידֶען זֶעלְבְּסְט בֶּעשְׁטֶענְדִיג
פְרִידֶען גֶעבֶּען אוֹיף אַלֶערְלֵייא אַרְט. דֶער הַאר זַייא מִיט
אֵייךְ אַלֶע:

דֶער גְרוּס פוּן פוּלוּס מִיט מֵיינֶע אֵייגֶענֶע הַאנְד, וָואס אִיז 17
אַ צֵייכֶען אִין אִיטְלִיכֶען בְּרִיף; אַזוֹי שְׁרַייבּ אִיךְ: דִיא 18
גְנָאד פוּן אוּנְזֶער הַאר יֵשׁוּעַ הַמָשִׁיחַ זָאל זֵיין מִיט אֵייךְ
אַלֶע:

דֶער עֶרְשְׁטֶער בְּרִיף פוּן דֶעם
אַפָּאסְטֶעל פוּלוּס צוּ טִימוֹתִיוּס.

פּוּלוּס אֵיין אַפָּאסְטֶעל פוּן יֵשׁוּעַ הַמָשִׁיחַ נָאךְ דֶעם גֶעבָּאט 1
פוּן גָאט אוּנְזֶערֶען רֶעטֶער אוּנְד יֵשׁוּעַ הַמָשִׁיחַ אוּנְזֶערֶע
הָאפְנוּנְג: צוּ טִימוֹתִיוּס מֵיין וָואהְרֶעס קִינְד אִים גְלוֹיבֶּען; 2
גְנָאד בַּארֶעמְהֶערְצִיגְקֵייט אוּנְד פְרִידֶען פוּן גָאט דֶעם פָּא־
טֶער, אוּנְד פוּן יֵשׁוּעַ הַמָשִׁיחַ אוּנְזֶער הַאר:
גְלֵייךְ וִויא אִיךְ הָאבּ דִיךְ גֶעוָוארֶענְט אַז דוּא זָאלְסְט בְּלֵייי־ 3
בֶּען אִין עֶפֶּעזוּס, וֶוען אִיךְ בִּין גֶעגַאנְגֶען קֵיין מַקְדוֹנְיָא,
כְּדֵי דוּא זָאלְסְט אָנְזָאגֶען צוּ עֶטְלִיכֶע זַייא זָאלֶען נִיט
לֶעהְרֶען קֵיינֶע אַנְדֶערֶע לֶעהְרֶע: אוּנְד זָאלֶען נִיט הֶערֶען 4
צוּ פִּיסְטֶע הַגָדוֹת, אוּנְד צוּ יִחוּס בְּרִיף וָואס הָאבֶּען קֵיין
סוֹף, וֶועלְכֶע וִכּוּחִים שְׁטֶעלֶען אוֹיף מֶעהְר וִויא דִיא פֶּערְ־
בֶּעסֶערוּנְג וָואס אִיז פוּן גָאט אִים גְלוֹיבֶּען: נוּן דֶער סוֹף 5
פוּן דֶעם גֶעבָּאט אִיז לִיבֶּע אוֹיס אַ רֵיין הַארְץ אוּנְד אַ גוּטֶעם
גֶעוִויסֶען אוּנְד גְלוֹיבֶּען אָהְן חַנִיפָה: עֶטְלִיכֶע הָאבֶּען פוּן 6
דֶעם אָפְּגֶענֵייגְט, אוּנְד הָאבֶּען זִיךְ גֶעקֶעהְרְט צוּ פְּלוֹידֶערַייא:
אִינְדֶעם זַייא וִוילֶען זֵיין לֶעהְרֶער פוּן דֶער תּוֹרָה, דָאךְ 7
פֶערְשְׁטֶעהֶען זַייא אַפִילוּ נִיט וָואס זַייא זָאגֶען, אוֹיךְ נִיט
וָואס זַייא פֶעסְט דֶעצֶען:
אָבֶּער מִיר וִויסֶען אַז דִיא תּוֹרָה אִיז גוּט, וֶוען אֵיינֶער 8
בֶּענוּצְט זִיא כְּפִי הַתּוֹרָה: אִינְדֶעם מִיר דָאס וִויסֶען אַז אַ 9
גֶעזֶעץ אִיז נִיט גֶעשְׁטֶעלְט פַאר דֶעם צַדִיק, נֵייעֶרְט פַאר
דִיא אוּנְגֶערֶעכְטֶע אוּנְד וִוידֶערְשְׁפֶּענִיגֶע, פַאר דִיא גָאטְ־
לוֹיזֶע אוּנְד זִינְדֶער, פַאר דִיא אוּנְהֵיילִיגֶע אוּנְד רְשָׁעִים,

פַאר דִיא וָואס טֶעטֶען פָאטֶער אָדֶער מוּטֶער, פַאר דִיא וָואס
10 טֶעטֶען מֶענְשֶׁען: פַאר הוּרֶער, פַאר דִיא וָואס לִיגֶען מִיט
זְכָרִים, פַאר דִיא וָואס גַנְבֶענֶען מֶענְשֶׁען, פַאר לִיגְנֶער, פַאר
דִיא וָואס שְׁוֶוערֶען פַאלְשׁ, אוּנְד פַאר עֶפֶּעס אַנְדֶערְשׁ וָואס
11 אִיז קֶעגֶען דִיא גוּטֶע לֶעהְרֶע: נָאךְ דֶער בְּשׂוֹרָה טוֹבָה פוּן
דֶער הֶערְלִיכְקַייט פוּן דֶעם גֶעבֶּענְשְׁטֶען גָאט, וָואס אִיז
מִיר אַנְפֶערְטְרוֹיעֶט גֶעוָוארֶען:
12 אִיךְ דַאנְק אוּנְזֶער הַאר יֵשׁוּעַ הַמָשִׁיחַ דֶער מִיךְ הָאט גֶע־
שְׁטַארְקְט, ווַייל עֶר הָאט מִיךְ גֶעטְרַייא גֶעהַאלְטֶען אוּנְד
13 הָאט מִיךְ בֶּעשְׁטִימְט צוּם דִינְסְט: אִיךְ, וָואס בִּין פְרִיהֶער
גֶעוֶועזֶען אַ לֶעסְטֶערֶער אוּנְד אַ פֶערְפָאלְגֶער אוּנְד אַ גֶע־
פֶעהְרְלִיכֶער; אָבֶּער אִיךְ הָאבּ דֶערְהַאלְטֶען גְנָאד, ווַייל אִיךְ
הָאבּ עֶס גֶעטְהוּן אִין אוּנְוויסֶען אוּנְד אִין אוּנְגְלוֹיבֶּען:
14 אוּנְד דִיא גְנָאד פוּן אוּנְזֶער הַאר הָאט זִיךְ זֶעהְר גֶעמֶעהְרְט
15 מִיט גְלוֹיבֶּען אוּנְד לִיבֶּע וָואס אִיז אִין יֵשׁוּעַ הַמָשִׁיחַ: דָאס
וָוארְט אִיז זִיכֶער, אוּנְד זֶעהְר וֶוערְט אָנְצוּנֶעמֶען, אַז יֵשׁוּעַ
הַמָשִׁיחַ אִיז אִין דִיא וֶועלְט גֶעקוּמֶען כְּדֵי זִינְדֶער צוּ רֶעטֶען;
16 פוּן וֶועלְכֶע אִיךְ בִּין דֶער עֶרְצְטֶער: אָבֶּער פוּן דֶעסְטְוֶועגֶען
הָאבּ אִיךְ דֶערְהַאלְטֶען גְנָאד, אַז יֵשׁוּעַ הַמָשִׁיחַ זָאל אִין מִיר
דֶעם עֶרְצְטֶען בֶּעוַויינֶען אַלֶע לַאנְגְמוּטִיגְקַייט פַאר אַ בַּיישְׁפִּיל
צוּ דִיא וָואס וֶועלֶען דֶערְנָאךְ אָן אִיהְם גְלוֹיבֶּען צוּם עֶבִּיגֶען
לֶעבֶּען:
17 נוּן צוּם עֶבִּיגֶען קֶענִיג דֶעם אוּנְפֶערְדֶערְבְּלִיכֶען אוּנְד
אוּנְגֶעזֶעהֶענֶען דֶעם אֵיינְצִיגֶען גָאט זָאל זַיין כָּבוֹד אוּנְד
הֶערְלִיכְקַייט פוּן עֶבִּיגְקַייט צוּ עֶבִּיגְקַייט; אָמֵן:
18 דִיזֶעס גֶעבָּאט גִיבּ אִיךְ דִיר אִיבֶּער, מֵיין זוּהְן טִימוֹתִיוֹס,
נָאךְ דִיא נְבוּאוֹת וָואס זֶענֶען פְרִיהֶער גֶעזָאגְט גֶעוָוארֶען,
כְּדֵי דוּא זָאלְסְט דוּרְכֶען שְׁטְרַייטֶען דֶעם גוּטֶען שְׁטְרַייט:
19 אוּנְד זָאלְסְט הַאלְטֶען גְלוֹיבֶּען אוּנְד אַ גוּטֶעס גֶעווִיסֶען, וָואס
עֶטְלִיכֶע הָאבֶּען פֶערְוָוארְפֶען אוּנְד הָאבֶּען שִׁיפְבְּרוּךְ גֶע־
20 לִיטֶען וֶועגֶען דֶעם גְלוֹיבֶּען: צְווִישֶׁען דִיא אִיז הִימֶענֶעאוּס
אוּנְד אַלֶעכְּסַאנְדֶער וֶועלְכֶע אִיךְ הָאבּ אִיבֶּערְגֶעגֶעבֶּען צוּם
שָׂטָן, כְּדֵי זֵייא זָאלֶען לֶערְנֶען נִיט צוּ לֶעסְטֶערְן:

קאפיטעל ב

1 דרום בעט איך צוערשט פון אלע אז מען זאל זאגען
בקשות תפילות תחנות אונד ברכות פאר אלע מענשען:
2 פאר מלכים אונד אלע וואס געוועלטיגען, כדי מיר זאלען
פיהרען א רוהיג אונד שטילעס לעבען אין אלע פרומיגקייט
3 אונד ערהרליכקייט: דאס איז גוט אונד אנגענומען פאר
4 גאט אונזער רעטער: דער וויל האבען אז אלע מענשען
זאלען גערעטעט ווערען, אונד זאלען קומען צו דער דער־
5 קענטניס פון דער וואהרהייט: וואָרין גאט איז איינער,
איינער איז אויך דער פערמיטלער צווישען גאט אונד
6 מענשען, ישוע המשיח, זעלבסט א מענש: דער האט זיך
זעלבסט געגעבען אלס א כפר פאר אלע, דאס צייגניס אין
7 זיינע צייטען: דערצו בין איך געשטעלט צום פרעדיגער
אונד צום אפאסטעל, איך זאג דיא וואהרהייט איך ליג ניט,
א לעהרער פון דיא גוים אין גלויבען אונד אין וואהרהייט:
8 דרום וויל איך אז דיא מענשען זאלען בעטען אין איט־
ליכען ארט, אונד זאלען אויפהעבען הייליגע הענד אהן
9 צארן אונד מחלוקת: אזוי אויך דיא פרויען זאלען זיך
צירען מיטעלמעסיג מיט ענוה אונד צניעות, ניט מיט (האר)
פלעכטען אונד גאלד, אדער מיט פערעל אונד טהייערע
10 קליידער: נייערט אזוי וויא עס קערט צו זיין פאר פרויען
11 וואס בעקענען גאטעס פורכט דורך גוטע ווערק: לאז א
פרויא לערנען שטילערהייט מיט אלער אונטערטעניגקייט:
12 אבער איך דערלויב ניט אז א פרויא זאל לעהרען אדער זאל
זיך דערהייכען איבער דעם מאן, נייערט זיא זאל שטיל
13 זיין: וואָרין אדם איז צוערשט בעשאפען געווארען, דער־
14 נאך חוה: אונד אדם איז ניט פערפיהרט געווארען, נייערט
דיא פרויא איז פערפיהרט געווארען אונד איז אין איינע
15 עבירה געפאלען: דאך וועט זיא גערעטעט ווערען דורך
דעם געווינען פון קינדער, ווען זייא בלייבען אין גלויבען
אונד ליבע אונד הייליגקייט מיט צניעות:

קאפיטעל ג

1 דאס ווארט איז זיכער; ווען איינער טראכט נאך דעם
אמט פון איין אויפזעהער בעגעהרט ער א גוטעם ווערק:

2 דְרוּם מוּז דֶער אוֹיפְזֶעהֶער זַיין אָהְן אַ פַארְוְואוּרְף, דֶער
מַאן פוּן אֵיינֶע פְרוֹיא, נִיכְטֶערְן, זוֹיבֶּער, זִיטִיג, אַ מְכַנֵיס
3 אוֹרֵחַ, אַ גוּטֶער לֶעהְרֶער: נִיט אַ שִׁכּוֹר, נִיט אַ שְׁלֶעגֶער,
נֵייעֶרְט נָאכְגֶעבֶּענְדִיג, נִיט אַ שְׁטְרֵייטֶער, נִיט אַ לִיבְּהָאבֶּער
4 פוּן גֶעלְד: וָועלְכֶער רֶעגִירְט גוּט אִיבֶּער זַיין אֵייגֶען הוֹיז,
אוּנְד הַאלְט זַיינֶע קִינְדֶער אוּנְטֶערְטֶענִיג מִיט אַלֶער זִירְ־
5 דִיגְקֵייט: נוּן וֶוען אֵיינֶער וֵוייסְט נִיט זַיין אֵייגֶען הוֹיז צוּ
רֶעגִירֶען, וְוִיא אַזוֹי זָאל עֶר בֶּעזָארְגֶען דִיא קְהִלָּה פוּן
6 גָאט? אוּנְד עֶר זָאל נִיט זַיין קֵיין נֵייעֶר תַּלְמִיד, כְּדֵי עֶר
זָאל נִיט אוֹיפְגֶעבְּלָאזֶען וֶוערֶען אוּנְד אַרֵיינְפַאלֶען אִים
7 מִשְׁפָּט פוּן דֶעם שָׂטָן: אוּנְד, עֶר מוּז אוֹיךְ הָאבֶּען אַ גוּט
צֵייגְנִיס פוּן דִיא וָואס זֶענֶען דְרוֹיסֶען, כְּדֵי עֶר זָאל נִיט
אַרֵיינְפַאלֶען אִין שַׁאנְד אוּנְד אִים נֶעץ פוּן דֶעם שָׂטָן:
8 גְלֵייכְדֶעם אוֹיךְ דִיא דִינֶער פוּן דֶער קְהִלָּה מוּזֶען זַיין
עֶרְנְסְטְהַאפְט, נִיט רֶעדֶען מִיט צְוֵויא שְׁמֵייכְלֶערְצוּנְגֶען,
נִיט פִיל וויין טְרִינְקֶען, אוּנְד נִיט גֵייצִיג נָאךְ שֶׁענְדְלִיכֶען
9 גֶעווִינְסְט: וָואס הַאלְטֶען דֶעם סוֹד פוּן דֶעם גְלוֹיבֶּען אִין אַ
10 רֵיין גֶעוִויסֶען: אוּנְד לָאזֶען דִיזֶע צוּעֶרְשְׁט גֶעפְּרִיפְט וֶוערֶען,
דֶערְנָאךְ לָאזֶען זַייא דִינֶען וֶוען זַייא זֶענֶען אוּנְשׁוּלְדִיג:
11 גְלֵייכְדֶעם מוּזֶען פְרוֹיעֶן עֶרְנְסְטְהַאפְט זַיין, נִיט רְכִילוּת
12 זָאגֶער, נִיכְטֶערְן, גֶעטְרֵייא אִין אַלֶע זַאכֶען: לָאזֶען דִיא
דִינֶער זַיין מֶענֶער פוּן אֵיין ווייבּ, אוּנְד גוּט רֶעגִירֶען אִיבֶּער
13 זֵייעֶרֶע קִינְדֶער אוּנְד זֵייעֶרֶע הֵייזֶער: וָוארִין דִיא וָואס
זֶענֶען גוּטֶע דִינֶער דֶערְוֶוערְבֶּען אַ גוּטֶען שְׁטַאנְד אוּנְד גְרוֹי־
סֶען בִּטָּחוֹן אִים גְלוֹיבֶּען וָואס אִיז אִין יֵשׁוּעַ הַמָּשִׁיחַ:
14 דִיזֶע זַאכֶען שְׁרֵייבּ אִיךְ דִיר, אִינְדֶעם אִיךְ הָאף גְלֵייךְ צוּ
15 דִיר צוּ קוּמֶען: אָבֶּער וֶוען אִיךְ זוֹימֶע מִיךְ, אַז דוּא זָאלְסְט
וִויסֶען וְוִיא אַזוֹי מֶען בֶּעדַארְף זִיךְ אוֹיפְפִיהְרֶען אִין דֶעם
הוֹיז פוּן גָאט, וָואס אִיז דִיא קְהִלָּה פוּן דֶעם לֶעבֶּעדִיגֶען
16 גָאט, אַ זֵייל אוּנְד גְרוּנְד פוּן דֶער וָואהְרְהֵייט: אוּנְד פַאר
גֶעוִויס אִיז עֶס אָנֶערְקֶענְט אַז גְרוֹיס אִיז דֶער סוֹד פוּן
גָאטֶעסְפוּרְכְט:

דֶער וָועלְכֶער אִיז אַנְטְפְּלֶעקְט גֶעוָוארֶען אִים פְלֵיישׁ,
גֶערֶעכְטְפֶערְטִיגְט אִים גֵייסְט, הָאט זִיךְ בֶּעוִוזֶען צוּ

מלאכים, איז צווישען דיא גוים געפרעדיגט געוועזען
איז געגלויבט אין דער וועלט, איז ארויפגענומען אין
הערליכקייט:

קאפיטעל ד

1 אבער דער גייסט זאגט דייטליך אז אין שפעטערע צייטען
וועלען עטליכע אוועקפאלען פון דעם גלויבען אונד ווע־
לען אויפמערקזאם זיין צו פערפיהרענדיגע גייסטער אונד
2 לעהרען פון שדים: וואס רעדען ליגען מיט חניפה, וועמענס
געוויסען איז איינגעצייכענט אזוי וויא מיט א הייס אייזען:
3 וואס פערביטען חתונה צו האבען אונד געביטען זיך אפ־
צוהאלטען פון שפייז, וואס גאט האט בעשאפען אז דיא
וואס גלויבען אונד דערקענען דיא וואהרהייט זאלען עס
4 אננעמען מיט דאנק: ווארין איטליכעס בעשעפעניס פון
גאט איז גוט, אונד קיין זאך איז פארווארפען צו ווערען
5 ווען מען נעמט עס אן מיט דאנק: ווארין עס איז געהיי־
ליגט דורך דעם ווארט פון גאט אונד תחנות:
6 ווען דוא זאלסט דיזע זאכען עמפעהלען צו דיא ברידער
זאלסט דוא זיין א גוטער דינער פון ישוע המשיח, וואס
ביזט אויפגעצויגען אין דיא ווערטער פון דעם גלויבען
אונד פון דיא גוטע לעהרע וואס דוא ביזט נאכגעגאנגען:
7 אבער פערמייד דיא אלטע ווייבערישע אונד אונווירדיגע
מעשות; אונד איב דיך זעלבסט צו דער פרומיגקייט:
8 ווארין דיא איבונג פון גוף איז וועניג ניצליך; אבער פרו־
מיגקייט איז צו אלעם ניצליך, אינדעם זיא האט הבטחה
9 פון דיזעם לעבען אונד פון דעם וואס וועט קומען: דאס
10 ווארט איז זיכער, אונד גאנץ ווערט אנצונעמען: ווארין
דעסטוועגען ארבייטען מיר אונד שטרייטען, וויל מיר
האבען געהאפט אים לעבעדיגען גאט, וועלכער איז דער
רעטער פון אלע מענשען, מייסטענס פון דיא גלויביגע:
11 דיזע זאכען זאלסט דוא בעפעהלען אונד לעהרען:
12 לאז דיך קיינער ניט פעראכטען פאר דיינע יוגענד, ניי־
ערט זייא א פארבילד צו דיא גלויביגע אין ווארט, אין
13 אויפפיהרונג, אין ליבע, אין גלויבען, אין ריינינקייט: ביז
איך וועל קומען גיב אכטונג צום לייענען, צום ווארנען, צו

14 דֶער לֶעהְרֶע: פֶערְלָאז נִיט דִיא מַתָּנָה וָואס אִיז אִין דִיר,
וָואס אִיז דִיר גֶעגֶעבֶּען דוּרְךְ נְבוּאָה מִיט דֶעם אוֹיפְלֶעגֶען
15 פוּן דִיא הֶענד פוּן דִיא זְקֵנִים: הָאבּ דַאגָה אִין דִיזֶע זַאכֶען,
זַייא בֶּעשְׁטֶענְדִיג אִין זֵייא, כְּדֵי דַיין פָּארְטְשְׁרִיט זָאל פוּן
16 אַלֶע גֶעזֶעהֶען וֶוערֶען: גִיבּ אַכְטוּנְג אוֹיף דִיר זֶעלְבְּסְט
אוּנְד אוֹיף דִיא לֶעהְרֶע, בְּלֵייבּ דְרִינֶען; וָוארִין וֶוען דוּא
וֶועסְט דִיזֶעס טְהוּן, וֶועסְט דוּא דִיךְ זֶעלְבְּסְט רֶעטֶען אוּנְד
אוֹיךְ דִיא וָואס הֶערֶען דִיךְ:

קאפיטעל ה

1 אַ זָקֵן זָאלְסְט דוּא נִיט אָנְשְׁרֵייעֶן, נֵייעֶרְט זַייא אִיהְם מַזְהִיר
2 וִויא אַ פָּאטֶער, דִיא יוּנְגֶע לַייט וִויא בְּרִידֶער: דִיא אַלְטֶע
פְרוֹיעֶן וִויא מוּטֶער, דִיא יוּנְגֶע וִויא שְׁוֶועסְטֶער מִיט אַלֶערְ־
3 לֵייא לוֹיטֶערְקֵייט: הַאלְט אִין כָּבוֹד דִיא אַלְמָנוֹת, וָואס
4 זֶענֶען וָואהְרֶע אַלְמָנוֹת: אָבֶּער וֶוען אֵיינֶע אַלְמָנָה הָאט
קִינְדֶער אָדֶער אֵיינִיקְלֶעךְ, לָאזֶען זֵייא צוּעֶרְשְׁט לֶערְנֶען
אַז זֵייא זָאלֶען פְרוּם זַיין אִין דֶערְהֵיים אוּנְד זָאלֶען פֶערְ־
גֶעלְטֶען זֵייעֶרֶע עֶלְטֶערְן; וָוארִין דָאס אִיז גוּט אוּנְד אָנְ־
5 גֶענוּמֶען פָאר גָאט: נוּן דִיא וָואהְרֶע אַלְמָנָה דִיא וָואס אִיז
אַלֵיין גֶעבְּלִיבֶּען הָאט בִּטָּחוֹן אִין גָאט, אוּנְד אִיז בֶּעְ־
שְׁטֶענְדִיג אִין אִיהְרֶע תְּחִנּוֹת אוּנְד גֶעבֶּעט נַאכְט אוּנְד טָאג:
6 אָבֶּער דִיא וָואס לֶעבְּט אִין תַּעֲנוּג אִיז טוֹיט בֵּייא אִיהְר
7 לֶעבֶּען: אוּנְד דִיזֶע זַאכֶען זָאלְסְט דוּא זֵייא אָנְזָאגֶען, כְּדֵי
8 זֵייא זָאלֶען זַיין אָהְן פָּארְוָואוּרְף: אָבֶּער וֶוען אֵיינֶע פֶערְ־
זָארְגְט נִיט אִיהְרֶע אֵייגֶענֶע, אוּנְד בִּפְרַט אִיהְר הוֹיזְגֶעזִינְד,
אַזוֹי הָאט זִיא אָפְּגֶעלֵייקֶענְט דֶעם גְלוֹיבֶּען, אוּנְד אִיז
אַרְגֶער וִויא אַיין אוּנְגְלוֹיבִּיגֶער:
9 אֵיינֶע אַלְמָנָה זָאל אוֹיסְדֶערְוֶועהְלְט וֶוערֶען וֶוען זִיא אִיז
נִיט יוּנְגֶער וִויא זֶעכְצִיג יָאהְר, אוּנְד אִיז גֶעוֶועזֶען דָאס
10 וַוייבּ פוּן אֵיין מַאן: וָואס הָאט אַ גוּטֶען נָאמֶען פָאר
מַעֲשִׂים טוֹבִים, וֶוען זִיא הָאט אוֹיפְגֶעצוֹיגֶען קִינְדֶער, וֶוען
זִיא הָאט אוֹיפְגֶענוּמֶען אוֹרְחִים, וֶוען זִיא הָאט גֶעוַואשֶׁען
דִיא פִיס פוּן דִיא הֵיילִיגֶע, וֶוען זִיא הָאט אוֹיסְגֶעהָאלְפֶען
דִיא וָואס הָאבֶּען גֶעלִיטֶען, וֶוען זִיא הָאט נָאכְגֶעפָאלְגְט
11 אִיטְלִיכֶעס גוּטֶע וֶוערְק: אָבֶּער דִיא יוּנְגֶערֶע אַלְמָנוֹת פֶערְ־

מַייד; וָוארִין וֶוען זַייא זֶענֶען אָפְּקֶעהֶרֶענְדִיג קֶעגֶען מָשִׁיחַ,
ווִילֶען זַייא חֲתוּנָה הָאבֶּען: אוּנְד זַייא הָאבֶּען מִשְׁפָּט וֶוייל 12
זַייא הָאבֶּען זַייעֶר עֶרְשְׁטֶען גְלוֹיבֶּען מְבַזֶה גֶעוֶועזֶען: אוּנְד 13
זַייא לֶערְנֶען אוֹיךְ פוֹיל צוּ זַיין, אוּנְד אַרוּמְצוּגֶעהֶען פוּן
אֵיין הוֹיז צוּם אַנְדֶערֶען, אוּנְד נִיט נוּר פוֹיל, נֵייעֶרְט אוֹיךְ
פְּלוֹידֶערֶער, אוּנְד זַייא מִישֶׁען זִיךְ אִין פְרֶעמְדֶע גֶעשֶׁעפְ־
טֶען, אוּנְד רֶעדֶען דָאס וָואס זַייא זָאלֶען נִיט: דְרוּם ווִיל 14
אִיךְ אַז דִיא יוּנְגֶערֶע פְרוֹיעֶן זָאלֶען חֲתוּנָה הָאבֶּען, קִינְדֶער
גֶעווִינֶען, דֶעם הוֹיזְגֶעזִינְד פִיהְרֶען, אוּנְד זָאלֶען קֵיינֶע גֶע־
לֶעגֶענְהֵייט דֶעם פֵיינְד גֶעבֶּען צוּ לֶעסְטֶערְן: וָוארִין עֶטְלִיכֶע 15
הָאבֶּען זִיךְ שׁוֹין אַוֶועקְגֶעקֶעהְרְט נָאךְ דֶעם שָׂטָן: וֶוען אַ 16
גְלוֹיבִּיגֶע פְרוֹיא הָאט אַלְמָנוֹת לָאז זִיא זֵייא אוֹיסְהֶעלְפֶען,
אוּנְד לָאז דִיא קְהִלָּה נִיט בֶּעשְׁוֶוערְט וֶוערֶען כְּדֵי זִיא זָאל
קֶענֶען אוֹיסְהֶעלְפֶען דִיא וָואס זֶענֶען וָואהְרֶע אַלְמָנוֹת:
דִיא עֶלְצְטֶע וָואס זֶענֶען גוּטֶע בֶּעוֶועלְטִיגֶער הַאלְט ווִירְדִיג 17
פוּן דָאפֶּעלְטֶען כָּבוֹד, מֵייסְטֶען דִיא וָואס אַרְבֵּייטֶען אִין
וָוארְט אוּנְד לֶעהְרֶע: וָוארִין דִיא שְׁרִיפְט זָאגְט, דוּא זָאלְסְט 18
נִיט פֶערְשְׁלִיסֶען דָאס מוֹיל פוּן דֶעם אָקְס וֶוען עֶר דְרֶעשְׁט;
דברים כ״ה ד׳. אוּנְד דֶער אַרְבֵּייטֶער אִיז וֶוערְט זַיין לוֹין:
נֶעם נִיט קֵיין אָנְקְלָאג קֶעגֶען אֵיין עֶלְצְטֶען, עֶס זֵייא דֶען פָאר 19
צְווֵייא אָדֶער דְרַייא עֵדוֹת: דִיא וָואס זִינְדִיגֶען זָאלְסְט דוּא פַאר 20
אַלֶע שְׁטְרָאפֶען, כְּדֵי דִיא אִיבְּרִיגֶע זָאלֶען זִיךְ פָארְכְטֶען:
אִיךְ זָאג דִיר אָן פָאר גָאט אוּנְד פָאר יֵשׁוּעַ הַמָשִׁיחַ, אוּנְד 21
פָאר דִיא אוֹיסְדֶערְוֶועהְלְטֶע מַלְאָכִים, אַז דוּא זָאלְסְט
דִיזֶע זַאכֶען הַאלְטֶען אָהְן פָארְאוּרְטְהֵייל, אוּנְד זָאלְסְט אִין
קֵיינֶע זַאךְ זַיין אַ נוֹשֵׂא פָּנִים: לֶעג אוֹיף קֵיינֶעם דִיא 22
הֶענְד גֶעשְׁווִינְד, אוּנְד הָאב נִיט קֵיין טְהֵייל אַן פְרֶעמְדֶע
זִינְד; הַאלְט דִיךְ רַיין: טְרִינְק נִיט מֶעהְר וַואסֶער, נֵייעֶרְט 23
נֶעם אַבִּיסֶעל וויין וֶועגֶען דַיין מָאגֶען אוּנְד דֵיינֶע פִילֶע
קְרַאנְקְהֵייטֶען: דִיא זִינְד פוּן עֶטְלִיכֶע מֶענְשֶׁען זֶענֶען קְלָאר 24
פָארְאוֹיס, אוּנְד זֵייא גֶעהֶען פָארְאוֹיס צוּ מִשְׁפָּט, אוּנְד אַנְ־
דֶערֶע פָאלְגֶען זַייא נָאךְ: אַזוֹי אוֹיךְ דִיא מַעֲשִׂים טוֹבִים 25
פוּן עֶטְלִיכֶע מֶענְשֶׁען זֶענֶען קְלָאר פָארְאוֹיס, אוּנְד דִיא
וָואס זֶענֶען נִיט אַזוֹי קֶענֶען נִיט פֶערְבָּארְגֶען וֶוערֶען:

קאפיטעל ו

1 אַזוֹי פִיל קְנֶעכְט וָואס זֶענֶען אוּנְטֶער דֶעם יָאךְ זָאלֶען זַייְרֶע
אֵייגֶענֶע הַארֶען וֶוירְדִיג הַאלְטֶען אִין אַלֶערְלַייא כָּבוֹד, כְּדֵי
דֶער נָאמֶען פוּן גָאט אוּנְד דִיא לֶעהְרֶע זָאלֶען נִיט גֶעלֶעסְ־
2 טֶערְט וֶוערֶען: אוּנְד דִיא וָואס הָאבֶּען גְלוֹיבִּיגֶע הַארֶען
זָאלֶען זֵייא נִיט פֶערַאכְטֶען, וֵוייל זֵייא זֶענְען בְּרִידֶער,
נֵייעֶרְט לָאזֶען זֵייא לִיבֶּער דִינֶען, וֵוייל זֵייא זֶענֶען גְלוֹיבִּיגֶע
אוּנְד גֶעלִיבְּטֶע, וָואס הָאבֶּען אַ טְהֵייל אִים גוּטֶען וֶוערְק;
דִיזֶע זַאכֶען זָאלְסְט דוּא לֶעהְרֶען אוּנְד וָוארְנֶען:
3 וֶוען אֵיינֶער לֶעהְרְט אַנְדֶערְשׁ, אוּנְד אִיז נִיט מַסְכִּים
צוּ דִיא גֶעזוּנְדֶע וֶוערְטֶער פוּן אוּנְזֶער הַאר יֵשׁוּעַ הַמָּשִׁיחַ
4 אוּנְד צוּ דִיא לֶעהְרֶע וָואס אִיז כְּפִי הַדָּת: אַזוֹי אִיז עֶר
אוֹיפְגֶעבְּלָאזֶען, אוּנְד פַארְשְׁטֶעהְט גָארְנִיט, נֵייעֶרְט קְרֶענְקְט
זִיךְ מִיט שַׁאֲלוֹת אוּנְד שְׁטְרֵייט אִיבֶּער וֶוערְטֶער, דֶערְפוּן
קוּמְט אַרוֹיס קִנְאָה, גֶעצַאנְק, לֶעסְטֶערוּנְגֶען, שְׁלֶעכְטֶע
5 גֶעדַאנְקֶען: מַחְלוֹקֶת פוּן מֶענְשֶׁען וָואס הָאבֶּען אַ פֶערְ־
דָארְבֶּענֶעם פֶערְשְׁטַאנְד אוּנְד קֶענֶען נִיט דִיא וָואהְרְהַייט,
וָואס דֶענְקֶען אַז פְרוּמִיגְקַייט אִיז אַ מִיטֶעל צוּם גֶעוִוין:
6 אוּנְד פְרוּמִיגְקַייט מִיט צוּפְרִידֶענְהַייט אִיז גְרוֹיסֶער גֶעוִוין:
7 וָוארִין מִיר הָאבֶּען גָארְנִיט אִין דֶער וֶועלְט אַרַיינְגֶעבְּרַאכְט,
8 וָוארִין מִיר קֶענֶען אוֹיךְ גָארְנִיט אַרוֹיסְפִיהְרֶען: אָבֶּער
וֶוען מִיר הָאבֶּען שְׁפֵּייז אוּנְד קְלֵיידוּנְג לָאזֶען מִיר דֶערְ־
9 מִיט צוּפְרִידֶען זַיין: אָבֶּער דִיא וָואס ווִילֶען רַייךְ וֶוערֶען
פַאלֶען אַרַיין אִין אַ פְּרִיפוּנְג אוּנְד אַ נֶעץ אוּנְד פִילֶע
נַארִישֶׁע אוּנְד שֶׁעדְלִיכֶע גְלוּסְטִיגְקֵייטֶען, וָואס פַארְזִינְקֶען
דִיא מֶענְשֶׁען אִין פֶערְדַארְבֶּענִים אוּנְד אוּנְטֶערְגַאנְג:
10 וָוארִין דִיא לִיבֶּע פוּן גֶעלְד אִיז אַ וָוארְצֶעל פוּן אַלֶערְ־
לֵייא אִיבֶּעל, וָואס אֵייניגֶע הָאבֶּען גֶעגְלוּסְט אוּנְד זֶענֶען
פוּן דֶעם גְלוֹיבֶּען פֶערְפִיהְרְט גֶעוָוארֶען, אוּנְד הָאבֶּען
זִיךְ גֶעשְׁטָאכֶען מִיט פִיל יִסוּרִים:
11 אוּנְד דוּא, אָ מַאן פוּן גָאט, פְלִיה פוּן דִיזֶע זַאכֶען;
אָבֶּער יָאג נָאךְ גֶערֶעכְטִיגְקֵייט, פְרוּמִיגְקַייט, גְלוֹיבֶּען,
12 לִיבֶּע, גֶעדוּלְד, דֶעמוּטְהִיגְקַייט: שְׁטְרֵייט דֶעם גוּטֶען
שְׁטְרֵייט פוּן דֶעם גְלוֹיבֶּען, דֶערְגְרֵייךְ דָאס עֶבִּיגֶע לֶעבֶּען,

צוּ וֶועלְכֶען דוּא בִּיסְט אוֹיךְ גֶערוּפֶען, אוּנְד הָאסְט בֶּעֽ
13 צֵייגְט דָאס גוּטֶע צֵייגְנִים פָאר פִילֶע עֵדוֹת: אִיךְ זָאג
דִיר אָן פָאר גָאט וֶועלְכֶער מַאכְט אַלֶעס לֶעבֶּעדִיג אוּנְד
פָאר יֵשׁוּעַ הַמָשִׁיחַ דֶער הָאט אוּנְטֶער פָּנְטִיוּס פִּילָאטוּס
14 בֶּעצֵייגְט דָאס גוּטֶע צֵייגְנִים: אַז דוּא זָאלְסְט הַאלְטֶען
דָאס גֶעבָּאט אָהְן אַ פְלֶעק אוּנְד אָהְן אַ פָארְוָואוּרְף בִּיז
15 צוּם אַנְטְפְּלֶעקֶען פוּן אוּנְזֶער הַאר יֵשׁוּעַ הַמָשִׁיחַ: וֶועלְכֶער
וֶועט בֶּעוַוייזֶען אִין זַיינֶע אֵייגֶענֶע צֵייטֶען, דֶער גֶעבֶּענְשְׁטֶער
אוּנְד אַלֵיין מֶעכְטִיגֶער, דֶער קֶענִיג פוּן קֶענִיגֶע אוּנְד
16 דֶער הַאר פוּן הַארֶען: וֶועלְכֶער אַלֵיין הָאט אוּנְשְׁטֶערְבְּ־
לִיכְקֵייט, דֶער וְואוֹינְט אִים לִיכְט וָואס מֶען קָאן נִיט
דֶערְצוּ צוּטְרֶעטֶען, וֶועלְכֶען קֵיין מֶענְשׁ הָאט גֶעזֶעהֶען
אוּנְד קָאן אִיהְם נִיט זֶעהֶען; צוּ דֶעם זַייא דֶער כָּבוֹד
אוּנְד דִיא עֶבִּיגֶע מַאכְט; אָמֵן:
17 גֶעבִּיט דִיא וָואס זֶענֶען רַייךְ אִין דִיזֶער וֶועלְט, אַז זַייא
זָאלֶען נִיט הוֹיכְמוּטְהִיג זַיין, אוּנְד זָאלֶען נִיט הָאפֶען אִין
עַשִׁירוּת וָואס אִיז נִיט זִיכֶער, נֵייעֶרְט אִין דֶעם לֶעבֶּעֽ
דִיגֶען גָאט דֶער גִיבְּט אוּנְס אַלֶעס רַייכְלִיךְ צוּ גֶענִיסֶען:
18 אַז זַייא זָאלֶען גוּטֶעס טְהוּן, זָאלֶען זַיין רַייךְ אִין מַעֲשִׂים
טוֹבִים, זָאלֶען זַיין פְרֵייגֶעבִּיג, זָאלֶען אַנְדֶערֶע הֶעלְפֶען:
19 אוּנְד זָאלֶען זִיךְ אָפְּלֶעגֶען אַ גוּטֶען גְרוּנְד פַאר שְׁפֶּעטֶערֶע
צֵייטֶען, כְּדֵי זַייא זָאלֶען דָאס וָואהְרְלִיכֶע לֶעבֶּען אָנְנֶעמֶען:
20 אָ טִימוֹתִיוֹס, הִיט דָאס וָואס אִיז דִיר אָנְפֶערְטְרוֹיעֶט, אוּנְד
פֶערְמַייד אוּנְוִוירְדִיגֶע אוּנְד לֶעדִיגֶע רֶעד אוּנְד דִיא וִכּוּחִים
21 פוּן דֶער פַאלְשֶׁער דֶערְקֶענְטְנִים: וָואס עֶטְלִיכֶע הָאבֶּען
אָנְגֶעצֵייגְט, אוּנְד הָאבֶּען זִיךְ גֶעאִירְט וֶועגֶען דֶעם
גְלוֹיבֶּען.
גְנָאד זָאל זַיין מִיט אַייךְ:

דֶער צְוֶוייטֶער בְּרִיף פוּן דֶעם

אַפָּאסְטֶעל פּוֹלוֹס צוּ טִימוֹתִיוֹס.

1 פּוֹלוֹס, אֵיין אַפָּאסְטֶעל פוּן יֵשׁוּעַ הַמָּשִׁיחַ דוּרְךְ דֶעם
ווִילֶען פוּן גָאט נָאךְ דֶער הַבְטָחָה פוּן לֶעבֶּען וָואס אִיז
2 אִין יֵשׁוּעַ הַמָּשִׁיחַ: צוּ טִימוֹתִיוֹס מֵיין גֶעלִיבְּטֶעס קִינְד;
גְנָאד בַּארֶעמְהֶערְצִיגְקֵייט אוּנְד פְרִידֶען פוּן גָאט דֶעם
פָאטֶער, אוּנְד פוּן דֶעם הַאר יֵשׁוּעַ הַמָּשִׁיחַ:
3 אִיךְ דַאנְק גָאט, דֶעם אִיךְ דִין פוּן מֵיינֶע אָבוֹת אָן מִיט
רֵיינֶעם גֶעווִיסֶען, אַז אִיךְ גֶעדֶענְק דִיךְ אָהְן אוֹיפְהֶערֶען
4 אִין מֵיינֶע גֶעבֶּעטֶע נַאכְט אוּנְד טָאג: אוּנְד אִיךְ פֶערְ־
לַאנְג זֶעהר דִיךְ צוּ זֶעהֶען, ווֵייל אִיךְ גֶעדֶענְק דֵיינֶע
טְרֶערֶען, כְּדֵי אִיךְ זָאל דֶערְפִילְט ווֶערֶען מִיט פְרֵייד:
5 ווֶען אִיךְ דֶערְמָאהְן מִיךְ אָן דֶעם גְלוֹיבֶּען וָואס אִיז אִין
דִיר אָהְן חֲנִיפָה, וָואס הָאט צוּעֶרְשְׁט גֶעווֹאוֹינְט אִין דֵיינֶע
בָּאבֶּע לוֹאִיס אוּנְד אִין דֵיינֶע מוּטֶער אַבְנִיקָא, אוּנְד אִיךְ
בִּין פֶערְזִיכֶערְט אַז עֶר אִיז אוֹיךְ אִין דִיר:
6 דֶעסְטְווֶעגֶען דֶערְמָאהְן אִיךְ דִיךְ דוּא זָאלְסְט דֶערְווֶעקֶען
דִיא מַתָּנָה פוּן גָאט וָואס אִיז אִין דִיר דוּרְךְ דֶעם אוֹיפְ־
7 לֶעגֶען פוּן מֵיינֶע הֶענְד: ווָארִין גָאט הָאט אוּנְס נִיט
גֶעגֶעבֶּען אַ גֵייסְט פוּן פָּארְכְט, נֵייעֶרְט פוּן קְרַאפְט אוּנְד
8 לִיבֶּע אוּנְד פֶערְשְׁטַאנְד: דְרוּם שֶׁעהְם דִיךְ נִיט מִיט דֶעם
צֵייגְנִים פוּן אוּנְזֶערֶען הַאר, אוּנְד מִיט מִיר זֵיין גֶע־
פַאנְגֶענֶעם, נֵייעֶרְט הָאבּ אַ טְהֵייל אִין דִיא לֵיידֶען מִיט
9 דֶער בְּשׂוֹרָה טוֹבָה נָאךְ דֶער מַאכְט פוּן גָאט: דֶער הָאט
אוּנְס גֶערֶעטֶעט, אוּנְד הָאט אוּנְס בֶּערוּפֶען מִיט אֵיינֶע
הֵיילִיגֶע בֶּערוּפוּנְג, נִיט נָאךְ אוּנְזֶערֶע מַעֲשִׂים נֵייעֶרְט
נָאךְ זֵיינֶע אֵייגֶענֶע כַּוָּנָה אוּנְד גְנָאד, וָואס אִיז אוּנְס
גֶעגֶעבֶּען גֶעווָארֶען אִין יֵשׁוּעַ הַמָּשִׁיחַ פוּן עֶבִּיגֶע צֵייטֶען
10 אָן: אָבֶּער אִיז אַצוּנְד אַנְטְפְּלֶעקְט גֶעווָארֶען דוּרְךְ דֶער
אַנְטְפְּלֶעקוּנְג פוּן אוּנְזֶערֶען רֶעטֶער יֵשׁוּעַ הַמָּשִׁיחַ, דֶער

הָאט צוּשְׁטֶערְט דֶעם טוֹיט, אוּנְד הָאט גֶעבְּרַאכְט לֶעבֶּען
אוּנְד אוּנְפֶערְדֶערְבֶּענִיס צוּם לִיכְט דוּרְךְ דֶער בְּשׂוּרָה
טוֹבָה: דֶערְצוּ בִּין אִיךְ אָנְגֶעשְׁטֶעלְט אַלְס אַ פְּרֶעדִיגֶער 11
אוּנְד אַפָּאסְטֶעל אוּנְד לֶעהְרֶער: דֶעסְטְוֶועגֶען לֵייד אִיךְ 12
אוֹיךְ דִיזֶע זַאכֶען, אָבֶּער אִיךְ שֶׁעהְם מִיךְ נִיט, וָוארִין
אִיךְ ווייס אִין וֶועמֶען אִיךְ הָאבּ גֶעגְלוֹיבְּט, אוּנְד אִיךְ
בִּין גֶעווִיס אַז עֶר אִיז מֶעכְטִיג צוּ בֶּעוָואהְרֶען דָאס וָואס
אִיךְ הָאבּ אִיהְם פֶערְטְרוֹיעט בִּיז צוּ יֶענֶעם טָאג: הַאלְט 13
פֶּעסְט דָאס פָארְבִּילְד פוּן דִיא גֶעזוּנְדֶע וֶוערְטֶער, וָואס
דוּא הָאסְט פוּן מִיר גֶעהֶערְט אִין גְלוֹיבֶּען אוּנְד לִיבֶּע
וָואס אִיז אִין יֵשׁוּעַ הַמָּשִׁיחַ: הִיט דָאס גוּטֶע וָואס אִיז 14
דִיר אָנְפֶערְטְרוֹיעט דוּרְךְ דֶעם רוּחַ הַקוֹדֶשׁ וָואס וְואוֹינְט
אִין אוּנְס:
דָאס ווייסְט דוּא, אַז אַלֶע וָואס זֶענֶען אִין אַסְיָא הָאבֶּען 15
זִיךְ פוּן מִיר אָװעקְגֶעקֶעהְרְט, צְווִישֶׁען װעלְכֶע אִיז פִּיגֶעלוֹס
אוּנְד הֶערְמָאגֶענִיס: דֶער הַאר זָאל גֶעבֶּען חֶסֶד צוּ דֶעם 16
הוֹיז פוּן אָנִיסִיפָארוּס, וָוארִין עֶר הָאט מִיךְ אָפְט דֶערְ־
קְוִויקְט, אוּנְד הָאט זִיךְ נִיט גֶעשֶׁעהְמְט מִיט מֵיינֶע
קֶעטֶען: נֵייעֶרְט וֶוען עֶר אִיז גֶעוֶועזֶען אִין רוֹים הָאט 17
עֶר מִיךְ אוֹיפְמֶערְקְזָאם גֶעזוּכְט אוּנְד הָאט מִיךְ גֶעפִינֶען:
דֶער הַאר זָאל אִיהְם גֶעבֶּען אַז עֶר זָאל גֶעפִינֶען גְנָאד 18
בֵּייא דֶעם הַאר אִין יֶענֶעם טָאג. אוּנְד וִויא פִיל עֶר הָאט
מִיר אִין עֶפֶעזוּס גֶעדִינְט ווייסְט דוּא זֶעהְר גוּט:

קאפיטעל ב

דְרוּם, דוּא מֵיין קִינְד, זַייא שְׁטַארְק אִין דֶער גְנָאד וָואס 1
אִיז אִין יֵשׁוּעַ הַמָּשִׁיחַ: אוּנְד דִיא זַאכֶען וָואס דוּא הָאסְט 2
פוּן מִיר גֶעהֶערְט דוּרְךְ פִילֶע עֵדוּת, דִיזֶע אִיבֶּערְגִיבּ צוּ
גֶעטְרַייעֶ מֶענְשֶׁען, וָואס זָאלֶען אוֹיךְ קֶענֶען אַנְדֶערֶע
לֶעהְרֶען: לֵייד מִיט אִין אִיבֶּעל וִויא אַ גוּטֶער סָאלְדַאט 3
פוּן יֵשׁוּעַ הַמָּשִׁיחַ: קֵיינֶער וָואס אִיז אָנְגֶעוָוארְבֶּען פַארְ־ 4
ווִיקֶעלְט זִיךְ אִין דִיא זַאכֶען פוּן דֶעם לֶעבֶּען, כְּדֵי עֶר זָאל
גֶעפֶעלֶען דֶעם וָואס הָאט אִיהְם גֶענוּמֶען פַאר אַ סָאלְדַאט:
אוּנְד וֶוען אֲפִילוּ אֵיינֶער שְׁטְרַייט, אִיז עֶר נִיט גֶעקְרֵיינְט 5
עֶם זַייא דֶען עֶר שְׁטְרַייט נָאךְ דֶעם גֶעזֶעץ: דֶער אַקֶערְמַאן 6

וָאס אַרְבַּייט מוּז צוּעֶרְשְׁט נֶעמֶען פוּן דִיא פְרוּכְט:
7 פֶערְשְׁטֶעה וָאס אִיךְ זָאג; וָוארִין דֶער הַאר וֶועט דִיר
פֶערְשְׁטַאנְד גֶעבֶּען אִין אַלֶע זַאכֶען:
8 גֶעדֶענְק אָן יֵשׁוּעַ הַמָשִׁיחַ דֶער אִיז פוּן דֶעם זָאמֶען פוּן
דָוִיד, דֶער אִיז אוֹיפְגֶעשְׁטַאנֶען פוּן דִיא טוֹיטֶע נָאךְ מֵיינֶע
9 בְּשׂוֹרָה טוֹבָה: דְרִינֶען לֵייד אִיךְ אִיבֶּעל בִּיז צוּ קֶעטֶען,
וִויא אַיין אִיבֶּעלְטָהֶעטֶער, אָבֶּער דָאס וָוארְט פוּן גָאט אִיז
10 נִיט גֶעקֶעטֶעט: דֶעסְטְוֶועגֶען דֶערְטְרָאג אִיךְ אַלֶעס וֶועגֶען
דִיא אוֹיסְדֶערְוֶועהְלְטֶע, כְּדֵי זַייא זָאלֶען אוֹיךְ דֶערְהַאלְטֶען
דִיא יְשׁוּעָה וָואס אִיז אִין יֵשׁוּעַ הַמָשִׁיחַ מִיט עֶבִּיגֶער
11 הֶערְלִיכְקֵייט: דָאס וָוארְט אִיז זִיכֶער; וָוארִין וֶוען מִיר
שְׁטַארְבֶּען מִיט אִיהְם וֶועלֶען מִיר אוֹיךְ מִיט אִיהְם לֶעבֶּען:
12 וֶוען מִיר דֶערְטְרָאגֶען וֶועלֶען מִיר אוֹיךְ מִיט אִיהְם הֶערְשֶׁען,
וֶוען מִיר אִיהְם פֶערְלֵייקֶענֶען וֶועט עֶר אוּנְס אוֹיךְ פֶער־
13 לֵייקֶענֶען: וֶוען מִיר זֶענֶען אוּנְגֶעטְרֵייא בְּלֵייבְּט עֶר דָאךְ
גֶעטְרֵייא, וָוארִין עֶר קָאן זִיךְ נִיט זֶעלְבְּסְט פֶערְלֵייקֶענֶען:
14 דֶערְמָאהְן זַייא אָן דִיזֶע זַאכֶען, אוּנְד בֶּעצֵייג פָאר דֶעם
הַאר אַז זַייא זָאלֶען נִיט צַאנְקֶען אִיבֶּער וֶוערְטֶער גָארְנִיט
צוּם נוּצֶען, נֵייעֶרְט צוּם פֶערְדַארְבֶּען פוּן דִיא וָואס הֶערֶען:
15 פְלֵייסִיג דִיךְ אַז דוּא זָאלְסְט דִיךְ בֶּעוַוייזֶען גֶעפְּרִיפְט צוּ
גָאט, אַיין אַרְבַּייטֶער וָואס בֶּעדַארְף זִיךְ נִיט צוּ שֶׁעהְמֶען,
16 וָואס צוּטְהֵיילְט רִיכְטִיג דָאס וָוארְט פוּן וָואהְרְהֵייט: אָבֶּער
פֶערְמֵייד דִיא אוּנְהֵיילִיגֶע אוּנְד לֶעדִיגֶע רֶעד; וָוארִין זַייא
17 וֶועלֶען וַואקְסֶען צוּם רְשָׁעוֹת: אוּנְד זֵייעֶר וָוארְט וֶועט
פְרֶעסֶען וִויא אַ קְרֶעבְּס; צְוִוישֶׁען וֶועלְכֶע זֶענֶען
18 הִימֶענֶעאוּס אוּנְד פִילֶעטוּס: וֶועלְכֶע הָאבֶּען זִיךְ גֶעאִירְט
וֶועגֶען דֶער וָואהְרְהֵייט, אִינְדֶעם זַייא זָאגֶען אַז תְּחִיַת
הַמֵתִים אִיז שׁוֹין גֶעשֶׁעהֶען, אוּנְד זַייא צוּשְׁטֶערֶען דֶעם
19 גְלוֹיבֶּען פוּן עֶטְלִיכֶע: אָבֶּער דֶער פֶעסְטֶער גְרוּנְד פוּן
גָאט שְׁטֶעהְט, אוּנְד הָאט דִיזֶען זִיגֶעל, דֶער הַאר קֶען דִיא
וָואס זֶענֶען זַיין; אוּנְד לָאז זִיךְ אִיטְלִיכֶער וָואס נֶענְט דֶעם
נָאמֶען פוּן דֶעם הַאר אָפְּטְהוּן פוּן אוּנְגֶערֶעכְטִיגְקֵייט:
20 ישעיה כ"ו י"ג; במדבר ט"ז ה'. אִין אַ גְרוֹיס הוֹיז אִיז פַארְהַאנֶען
נִיט נוּר גָאלְדֶענֶע אוּנְד זִילְבֶּערְנֶע כֵּלִים, נֵייעֶרְט אוֹיךְ

הילְצֶערְנֶע אוּנְד עֶרְדִישֶׁע, אוּנְד אֵיינִיגֶע צוּ כָּבוֹד, אוּנְד
אַנְדֶערֶע צוּ שַׁאנְד: דְרוּם וֶוען אִימִיצֶער וֶועט זִיךְ 21
רֵיינִיגֶען פוּן דִיזֶע, וֶועט עֶר זַיין אַ כְּלִי צוּ כָּבוֹד, גֶעהֵיי־
לִיגְט, נוּצְלִיךְ צוּ דֶעם בַּעַל הַבַּיִת, אָנְגֶעבְּרֵייט צוּ אִיטְלִיכֶען
גוּטֶען וֶוערְק:
פְלִיה נוּן פוּן דִיא גְלוּסְטִיגְקֵייטֶען פוּן דֶער יוּגֶענְד, אָבֶּער 22
יָאג נָאךְ גֶערֶעכְטִיגְקֵייט, גְלוֹיבֶּען, לִיבֶּע, פְרִידֶען מִיט דִיא
וָואס רוּפֶען אָן דֶעם הַאר אוֹיס אַ רֵיינֶעם הַארְצֶען: אוּנְד 23
פֶערְמֵייד דִיא נַארִישֶׁע אוּנְד אוּנְגֶעלֶעהְרְטֶע שַׁאֲלוֹת, וַוייל
דוּא ווייסְט אַז זַייא מַאכֶען קְרִיגֶערַייא: אוּנְד דֶער קְנֶעכְט 24
פוּן דֶעם הַאר מוּז נִיט זַיין אַ קְרִיגֶער, נֵייעֶרְט גֶעלִינְד צוּ
אַלֶע מֶענְשֶׁען, אַ גוּטֶער לֶעהְרֶער וָואס קָאן אַפִילוּ
שְׁלֶעכְטֶעס לֵיידֶען: וָואס קָאן שְׁטְרָאפֶען מִיט נִידְרִיגְקֵייט 25
דִיא וָואס זֶענֶען זִיךְ דֶערְהִידֶער, טָאמֶער וֶועט זַייא גָאט
גֶעבֶּען תְּשׁוּבָה צוּם דֶערְקֶענְטְנִיס פוּן דִיא וָואהְרְהֵייט:
אוּנְד זַייא זָאלֶען אַנְטְרִינֶען וֶוערֶען פוּן דֶעם נֶעץ פוּן דֶעם 26
שָׂטָן, אִינְדֶעם זַייא זֶענֶען בַּייא אִיהְם גֶעפַאנְגֶען נָאךְ
זַיין ווילֶען:

קאפיטעל ג

אוּנְד דוּא זָאלְסְט ווִיסֶען, אַז אִין דִיא לֶעצְטֶע טֶעג וֶועלֶען 1
שְׁוֶוערְלִיכֶע צֵייטֶען וֶוערֶען: וָוארִין דִיא מֶענְשֶׁען וֶועלֶען 2
זַיין לִיבְּהָאבֶּער פוּן זִיךְ זֶעלְבְּסְט, לִיבְּהָאבֶּער פוּן גֶעלְד,
בַּארִיהְמֶער, שְׁטָאלְץ, לֶעסְטֶערֶער, אוּנְגֶעהָארְזַאם קֶעגֶען
דִיא עֶלְטֶערְן, אוּנְדַאנְקְבַּאר, אוּנְהֵיילִיג: אַכְזָרִים, אוּנְגֶע־ 3
טְרֵייעֶ, רְכִילוֹת זָאגֶער, פַארְשֵׁייטֶע, אוּנְגִיטִיג, וָואס לִיבֶּען
נִיט דָאס גוּטֶע: מוֹסְרִים, הִיצִיג, אוֹיפְגֶעבְּלָאזֶען, וָואס 4
לִיבֶּען דָאס פֶערְגְנִיגֶען מֶעהְר ווִיא זַייא לִיבֶּען גָאט: וָואס 5
הָאבֶּען דִיא גֶעשְׁטַאלְט פוּן גָאטֶעסְפוּרְכְט, אָבֶּער זַייא
פֶערְלֵייקֶענֶען דִיא קְרַאפְט דֶערְפוּן; אוֹיךְ פוּן אַזֶעלְכֶע
מֶענְשֶׁען קֶעהְר דִיךְ אָפּ: וָוארִין פוּן דִיזֶע זֶענֶען דִיא 6
וָואס קְרִיכֶען אַרַיין אִין דִיא הַייזֶער, אוּנְד נֶעמֶען גֶעפַאנְ־
גֶען נַארִישֶׁע פְרוֹיעֶן וָואס זֶענֶען בֶּעלָאדֶען מִיט זִינְד,
אוּנְד זֶענֶען פֶערְפִיהְרְט מִיט פִילֶערְלֵייא גְלוּסְטִיגְקֵייטֶען:
וָואס זֶענֶען בֶּעשְׁטֶענְדִיג לֶערְנֶער, אוּנְד קֶענֶען קֵיינְמָאל 7

נִיט קוּמֶען צוּ דֶער דֶערְקֶענְטְנִיס פוּן דֶער וָואהְרְהַייט:
8 אוּנְד גְלַייךְ וִויא יַאנֶעס אוּנְד יַאמְבְּרֶעס הָאבֶּען זִיךְ דֶערְ־
ווידֶער גֶעזֶעצְט קֶעגֶען מֹשֶׁה, אַזוֹי ווִידֶערְזֶעצֶען זִיךְ דִיזֶע
אוֹיךְ קֶעגֶען דֶער וָואהְרְהַייט, וֶועלְכֶע הָאבֶּען אַ פֶערְ־
דָארְבֶּענֶעם פֶערְשְׁטַאנְד, אוּנְד זֶענֶען פֶערְוָוארְפֶען פוּן
9 דֶעם גְלוֹיבֶּען: אָבֶּער זַייא וֶועלֶען נִיט וַוייטֶער גֶעהֶען;
וָוארִין זַייעֶרֶע נַארִישְׁקַייט וֶועט עֶפֶענְטְלִיךְ בֶּעקַאנְט
וֶוערֶען צוּ אַלֶע לַייט, אַזוֹי וִויא זַייעֶרְס אִיז אוֹיךְ
גֶעוֶועזֶען:
10 אָבֶּער דוּא הָאסְט מִיר נָאכְגֶעפָאלְגְט אִין דֶער לֶעהְרֶע,
אִים אוֹיפְפִיהְרֶען, אִים פָארְנֶעמֶען, אִים גְלוֹיבֶּען, אִין
דֶער לַאנְגְמוּטִיגְקַייט, אִין דֶער לִיבֶּע, אִין דֶער גֶעדוּלְד:
11 אִין דִיא פֶערְפָאלְגוּנְגֶען, אִין דִיא לֵיידֶען, וָואס זֶענֶען
אִיבֶּער מִיר גֶעקוּמֶען אִין אַנְטִיוֹכְיָא, אִין אִיקוֹנְיָא, אִין
לוּסְטְרָא; ווִיא פִילֶע פֶערְפָאלְגוּנְגֶען אִיךְ הָאבּ גֶעלִיטֶען,
12 אוּנְד דֶער הַאר הָאט מִיךְ פוּן אַלֶע מַצִיל גֶעוֶועזֶען: אוּנְד
אַלֶע מֶענְשֶׁען וָואס ווִילֶען לֶעבֶּען פְרוּם אִין יֵשׁוּעַ
13 הַמָשִׁיחַ וֶועלֶען פֶערְפָאלְגְט וֶוערֶען: אָבֶּער שְׁלֶעכְטֶע
מֶענְשֶׁען אוּנְד פֶערְפִיהְרֶער וֶועלֶען בֶּעשְׁטֶענְדִיג אַרְגֶער
וֶוערֶען, אוּנְד וֶועלֶען פֶערְפִיהְרֶען אוּנְד פֶערְפִיהְרְט וֶוערֶען:
14 אָבֶּער בְּלֵייב דוּא אִין דִיא זַאכֶען וָואס דוּא הָאסְט
גֶעלֶערְנְט אוּנְד אִין וֶועלְכֶע דוּא בִּיסְט אִיבֶּערְצַייגְט,
וָוארִין דוּא ווֵייסְט פוּן וֶועמֶען דוּא הָאסְט גֶעלֶערְנְט:
15 אוּנְד אַז דוּא הָאסְט פוּן דֵיינֶע יוּגֶענְד אוֹיף גֶעקֶענְט
דִיא הֵיילִיגֶע שְׁרִיפְט וָואס קֶענֶען דִיךְ קְלוּג מַאכֶען צוּ
יְשׁוּעָה דוּרְךְ דֶעם גְלוֹיבֶּען וָואס אִיז אָן יֵשׁוּעַ הַמָשִׁיחַ:
16 אַז יֶעדֶע שְׁרִיפְט אִיז פוּן גָאט אֵיינְגֶעהוֹיכְט, אוּנְד אִיז אוֹיךְ
נוּצְלִיךְ צוּ לֶעהְרֶע, צוּ שְׁטְרָאף, צוּ פֶערְבֶּעסֶערוּנְג, צוּ
17 מוּסָר וָואס אִיז אִין גֶערֶעכְטִיגְקַייט: כְּדֵי דֶער מַאן פוּן
גָאט זָאל זֵיין גַאנְץ אוּנְד צוּבֶּעְרֵייטֶעט צוּ אִיטְלִיכֶען
גוּטֶען וֶוערְק:

קַאפִּיטֶעל ד

1 אִיךְ בֶּעצֵייג דִיר פָאר גָאט, אוּנְד פָאר יֵשׁוּעַ הַמָשִׁיחַ,
וֶועלְכֶער וֶועט רִיכְטֶען דִיא לֶעבֶּעדִיגֶע אוּנְד דִיא טוֹיטֶע,

אוּנְד װעגֶען זַיינֶע אַנְטפְּלֶעקוּנְג אִין זַיין קֶענִיגְרַייךְ:
2 פְּרֶעדִיגֶע דָאס װָארְט, זַייא אַייפְרִיג אִין דֶער צַייט
אוּנְד אוֹיסֶער דֶער צַייט, שְׁטְרָאף, דֶערְמָאהְן, טְרַייסְט,
3 אִין אַלֶערְלַייא גֶעדוּלְד אוּנְד בֶּעלֶעהְרוּנְג: װָארִין עֶס
װֶעט זַיין אַ צַייט װֶען זַייא װֶעלֶען נִיט פֶערְטְרָאגֶען
גֶעזוּנְדֶע לֶעהְרֶע, נֵייעֶרְט נָאךְ זַייעֶרֶע אֵייגֶענֶע גְלוּסְטִיג־
קַייטֶען װֶעלֶען זַייא זִיךְ צוּנוֹיפְבְּרֶענְגֶען לֶעהְרֶער אִינְדֶעם
4 זַייעֶרֶע אוֹיעֶרֶען זֶענֶען קְרֶעצִיג גֶעװָארֶען: אוּנְד זַייא
קֶעהְרֶען אַװֶעק זַייעֶרֶע אוֹיעֶרֶען פוּן דֶער װָאהְרְהַייט,
5 אוּנְד קֶעהְרֶען זִיךְ צוּ דִיא נַארִישֶׁע רֶעדֶע: אָבֶּער זַייא
דוּא אִין אַלֶעם נִיכְטֶערְן, לַייד שְׁלֶעכְטֶעס, טְהוּא דָאס
װֶערְק פוּן אַ מְבַשֵּׂר, דֶערְפִּיל דַיין דִינְסְט:
6 װָארִין אִיךְ בִּין שׁוֹין אַ קָרְבָּן אוּנְד דִיא צַייט פוּן מֵיין אַפְּ־
7 שֵׁייד אִיז נָאהֶענְט: אִיךְ הָאבּ גֶעשְׁטְרִיטֶען דֶעם גוּטֶען
שְׁטְרַייט, אִיךְ הָאבּ דֶערְפִּילְט דֶעם לוֹיף, אִיךְ הָאבּ גֶע־
8 הַאלְטֶען דֶעם גְלוֹיבֶּען: פוּן אַצוּנְד אָן אִיז פָאר מִיר
אָפְּגֶעלֶעגְט דִיא קְרוֹין פוּן גֶערֶעכְטִיגְקַייט, װָאס דֶער הַאר
דֶער גֶערֶעכְטֶער רִיכְטֶער, װֶעט מִיר גֶעבֶּען אִין יֶענֶעם
טָאג, אוּנְד נִיט צוּ מִיר אַלֵיין, נֵייעֶרְט צוּ אַלֶע װָאס הָאבֶּען
גֶעלִיבְּט זַיין אַנְטפְּלֶעקֶען:
9 10 אַייל דִיךְ בַּאלְד צוּ מִיר צוּ קוּמֶען: װָארִין דֶעמַאס הָאט
מִיךְ פַארְלָאזְט אִינְדֶעם עֶר הָאט גֶעלִיבְּט דִיא אִיצְטִיגֶע
װֶעלְט, אוּנְד אִיז אַװֶעקְגֶעגַאנְגֶען קַיין טֶעסַאלוֹנִיקָא, קְרֶעסְ־
11 קֶענְס קַיין גַאלַאטְיָא, טִיטוּס קַיין דַאלְמַאטְיָא: לוּקָאס אִיז
נוּר מִיט מִיר. נֶעם מַרְקוּס אוּנְד בְּרֶענְג אִיהְם מִיט דִיר;
12 װָארִין עֶר אִיז מִיר נוּצְלִיךְ צוּ דֶעם דִינְסְט: טִיכִיקוּס הָאבּ
13 אִיךְ גֶעשִׁיקְט קַיין עֶפֶעזוּס: װֶען דוּא קוּמְסְט אַזוֹי בְּרֶענְג
מִיט דִיר דֶעם מַאנְטֶעל װָאס אִיךְ הָאבּ אִיבֶּערְגֶעלָאזְט אִין
טְרוֹיאַס בַּייא קַרְפּוּס, אוּנְד אוֹיךְ דִיא בִּיכֶער, בִּפְרַט דִיא
14 פַּארְמֶענְטְרָאלֶען: אַלֶעכְּסַאנְדֶער דֶער קוּפֶּערְשְׁמִיד הָאט
מִיר פִיל שְׁלֶעכְטֶעס גֶעטְהוּן. דֶער הַאר זָאל אִיהְם פֶערְ־
15 גֶעלְטֶען נָאךְ זַיינֶע מַעֲשִׂים: פַאר דֶעם הִיט דוּא דִיךְ אוֹיךְ;
װָארִין עֶר הָאט זִיךְ שְׁטַארְק דֶערְוִידֶער גֶעזֶעצְט קֶעגֶען
אוּנְזֶערֶע רֶעדֶען:

16 בַּייא מֵיינֶע עֶרְשְׁטֶע פַאַרְעֶנְטְפֶערוּנְג אִיז קֵיינֶער נִיט מִיט מִיר
גֶעשְׁטַאנֶען, נֵייעֶרְט זֵייא הָאבֶּען מִיךְ אַלֶע פֶערְלָאזְט. לָאז
17 עֶס זֵייא נִיט צוּגֶערֶעכֶענְט וֶוערֶען: אָבֶּער דֶער הַאר אִיז בַּייא
מִיר גֶעשְׁטַאנֶען אוּנְד הָאט מִיךְ גֶעשְׁטַארְקְט, כְּדֵי דָאס
פְּרֶעדִיגֶען זָאל דוּרְךְ מִיר דֶערְפִילְט וֶוערֶען אוּנְד אַלֶע גוֹיִם
זָאלֶען הֶערֶען; אוּנְד אִיךְ בִּין גֶערֶעטֶעט גֶעוָוארֶען פוּן
18 דֶעם מוֹיל פוּן דֶעם לֵייבּ: דֶער הַאר וֶועט מִיךְ רֶעטֶען פוּן
אִיטְלִיכֶען שְׁלֶעכְטֶען וֶוערְק, אוּנְד וֶועט מִיךְ בֶּעוָואהְרֶען
צוּ זֵיין הִימְלִישֶׁען קֶענִיגְרֵייךְ; צוּ דֶעם זֵייא דִיא הֶערְלִיכְ־
קֵייט פוּן עֶבִּיגְקֵייט צוּ עֶבִּיגְקֵייט; אָמֵן:
19 גְרִים פְּרִיסְקָא אוּנְד אַקְוִוילָא, אוּנְד דָאס הוֹיזְגֶעזִינְד פוּן
20 אָנִיסִיפָארוּס: עֶרַאסְטוּס אִיז גֶעבְּלִיבֶּען אִין קָארִינְט, אוּנְד
טְרָאפִימוּס הָאבּ אִיךְ קְרַאנְק אִיבֶּערְגֶעלָאזְט אִין מִילִיטוּס:
21 אֵייל דִיךְ צוּ קוּמֶען פָאר דֶעם וִוינְטֶער. עֶבְּבּוּלוּס גְרִיסְט
דִיךְ, אוּנְד פּוּדֶענְס, אוּנְד לִינוּס, אוּנְד קְלוֹדִיָא, אוּנְד אַלֶע
בְּרִידֶער:
22 דֶער הַאר זָאל זֵיין מִיט דַיין גֵייסְט, דִיא גְנָאד זֵייא מִיט אֵייךְ:

דֶער בְּרִיף פוּן דֶעם
אַפָּאסְטֶעל פּוֹלוֹס צוּ טִיטוּס.

---

1 פּוֹלוֹס, אַ קְנֶעכְט פוּן גָאט, אוּנְד אֵיין אַפָּאסְטֶעל פוּן יֵשׁוּעַ
הַמָשִׁיחַ, נָאךְ דֶעם גְלוֹיבֶּען פוּן דִיא אוֹיסְדֶערְוֶועהְלְטֶע
פוּן גָאט אוּנְד דִיא דֶערְקֶענְטְנִיס פוּן דֶער וָואהְרְהֵייט וָואס
2 אִיז נָאךְ פְּרוּמִיגְקַייט: אִין דֶער הָאפְנוּנְג פוּן עֶבִּיגֶען לֶע־
בֶּען, וָואס גָאט, דֶער זָאגְט נִיט לִיגֶען, הָאט מַבְטִיחַ גֶע־
3 וֶועזֶען פוּן עֶבִּיגֶע צֵייטֶען: אוּנְד הָאט אִין זַיינֶע אֵייגֶענֶע
צֵייטֶען אַנְטְפְּלֶעקְט זַיין וָוארְט דוּרְךְ דֶעם פְּרֶעדִיגֶען וָואס
אִיז מִיר אָנְפֶּערְטְרוֹיעֶט נָאךְ דֶעם גֶעבָּאט פוּן גָאט אוּנְזֶערֶען
4 רֶעטֶער: צוּ טִיטוּס מֵיין וָואהְרֶעס קִינְד נָאךְ דֶעם גֶעמֵיינְ־
זַאמֶען גְלוֹיבֶּען; גְנָאד אוּנְד פְרִידֶען פוּן גָאט דֶעם פָאטֶער
אוּנְד פוּן יֵשׁוּעַ הַמָשִׁיחַ אוּנְזֶער רֶעטֶער:
5 דֶערְסְטְוֶועגֶען הָאבּ אִיךְ דִיךְ אִיבֶּערְגֶעלָאזְט אִין קְרֶעטָא,
כְּדֵי דוּא זָאלְסְט צוּרֶעכְט מַאכֶען דָאס וָואס פֶעהְלְט, אוּנְד
זָאלְסְט אָנְשְׁטֶעלֶען עֶלְצְטֶע אִין אִיטְלִיכֶער שְׁטָאט, אַזוֹי
6 וִויא אִיךְ הָאבּ דִיר בֶּעפוֹילֶען: וֶוען אֵיינֶער אִיז אוּנְשׁוּלְדִיג,
דֶער מַאן פוּן אַ וַוייבּ, דֶער גְלוֹיבִּיגֶע קִינְדֶער הָאט, אוּנְד
אִיז נִיט פַארְקְלָאגְט וֶועגֶען שֶׁענְדְלִיכֶעס לֶעבֶּען אוּנְד
7 וִוידֶערְשְׁפֶּענִיגְקַייט: וָוארִין דֶער אוֹיפְזֶעהֶער מוּז זַיין אוּנְ־
שׁוּלְדִיג, אַלְס אַ פֶערְוַואלְטֶער פוּן גָאט, נִיט הוֹיכְמוּטִיג,
נִיט צָארְנִיג, קַיין וַויין זוֹיפֶער, קַיין שְׁלֶעגֶער, נִיט גֵייצִיג
8 נָאךְ שֶׁענְדְלִיכֶען גֶעוִוינְסְט: נֵייעֶרְט אַ מַכְנִיס אוֹרֵחַ, אַ לִיבְּ־
הָאבֶּער פוּן גוּטֶען, פַארְשְׁטֶענְדִיג, גֶערֶעכְט, הֵיילִיג, מֶעסִיג:
9 וָואס הַאלְט פֶעסְט דָאס פֶערְזִיכֶערְטֶע וָוארְט נָאךְ דֶער
לֶעהְרֶע, כְּדֵי עֶר זָאל אוֹיךְ קֶענֶען וָוארְנֶען אִין דִיא גֶעזוּנְדֶע
לֶעהְרֶע אוּנְד וִוידֶערְשְׁפְּרֶעכֶער שְׁטְרָאפֶען:
10 וָוארִין פִילֶע זֶענֶען וִוידֶערְשְׁפֶּענִיגֶער, פְּלוֹידֶערֶער אוּנְד
11 בֶּעטְרִיגֶער, בֶּעזוּנְדֶערְס פוּן דֶער בְּרִית מִילָה: וָואס
מֶען בֶּעדַארְף זֵייא דָאס מוֹיל פַארְשְׁטָאפֶען, וֶועלְכֶע

פארקעהרען גאנצע הייזער, אינדעם זייא לערנען דאס וואס
12 איז ניט רעכט פון וועגען שענדליכען געווינסט: איינער פון
זייא, זייער אייגענער נביא האט געזאגט, דיא קרעטער
זענען בעשטענדיג ליגנער, חיות רעות, פוילע בייכער:
13 דיזעס צייגניס איז וואהר: דעסטוועגען שטראף זייא
14 שארף, כדי זייא זאלען שארף זיין אים גלויבען: אונד
זאלען ניט אכטונג געבען אויף יודישע הגדות אונד מצות
פון מענשען וואס קעהרען זיך אפ פון דער וואהרהייט:
15 אלע זאכען זענען ריין צו דיא ריינע; אבער צו דיא בע־
פלעקטע אונד אונגלויביגע איז קיין זאך ריין, נייערט
זייער פערשטאנד אונד אפילו זייער געוויסען זענען בע־
16 פלעקט: זייא בעהויפטען אז זייא קענען גאט, אבער
זייא פערלייקענען איהם אין זייערע מעשים, אונד זענען
אומהירדיג אונד ווידערשפעניג אונד פערווארפען פון
איטליכען גוטען ווערק:

קאפיטעל ב

1 נון דוא זאלסט רעדען דיא זאכען וואס פאסט צו דיא
2 געזונדע לעהרע: אז דיא עלצטע זאלען זיין ניכטערן,
ערנסטהאפטיג, פארשטענדיג, געזונד אים גלויבען, אין
3 ליבע, אין געדולד: אזוי אויך אז דיא אלטע פרויען זאלען
זיך הייליג אויפפיהרען, זאלען ניט רכילות זאגען, ניט
פיל ווייך טרינקען, נייערט זאלען זיין לעהרערין פון
4 גוטען: כדי זייא זאלען דיא יונגע פרויען פארשטענדיג
מאכען, אז זייא זאלען ליבען זייערע מענער אונד זייערע
5 קינדער: אונד זאלען פארשטענדיג זיין, ריינע, הויזהאל־
טער, גוטיג, אונטערטעניג צו זייערע אייגענע מענער,
כדי דאס ווארט פון גאט זאל ניט געלעסטערט ווערען:
6 אויך דיא יונגע לייט זייא מזהיר אז זייא זאלען פאר־
7 שטענדיג זיין: אונד ווייז דיך אין אלע זאכען א ביישפיל
פון גוטע ווערק, אין דער לעהרע, אונפערדארבענהייט,
8 ערנסט: געזונדען אונד אונפערשולדיגטען ווארט, כדי
דער וואס זעצט דיך דערווידער זאל פערשעהמט ווערען,
אינדעם ער האט קיין שלעכטעס וועגען אונס צו זאגען:
9 זייא אויך מזהיר דיא קנעכט אז זייא זאלען אונטער־

טֶענִיג זַיין צוּ זַייעֶרע אֵייגֶענֶע הֶערְרֶן, ווֹאוֹילגֶעפֶעלִיג
זַיין אִין אַלֶע זַאכֶען, נִיט אַקֶעגֶענְרֶעדֶען: נִיט גַנְבֶענֶען, 10
נֵייעֶרְט בֶּעווַייזֶען אַלֶערְלֵייא גוּטֶע גֶעטְרֵייְשַׁאפְט, כְּדֵי
זַייא זָאלֶען אִין אַלֶע זַאכֶען צִיעֶרֶען דִיא לֶעהְרֶע פוּן
גָאט אוּנְזֶער רֶעטֶער:
ווָארִין דִיא גְנָאד פוּן גָאט ווָאס בְּרֶענְגְט יְשׁוּעָה צוּ אַלֶע 11
מֶענְשֶׁען אִיז אַנְטְפְּלֶעקְט גֶעווָארֶען: אוּנְד זִיא לֶעהְרְט 12
אוּנְס אַז מִיר זָאלֶען פַארְלֵייקֶענֶען דָאס רִשְׁעוּת אִין דִיא
ווֶעלְטְלִיכֶע גְלוּסְטֶען, אוּנְד זָאלֶען לֶעבֶּען פַארְשְׁטֶענְדִיג
אוּנְד גֶערֶעכְט אוּנְד פְרוּם אִין אִיצְטִיגֶען צֵייטְאַלְטֶער:
אוּנְד זָאלֶען ווַארְטֶען אוֹיף דִיא גֶעבֶּענְשְׁטֶע הָאפְנוּנְג 13
אוּנְד דָעם אַנְטְפְּלֶעקֶען פוּן דָעם כָּבוֹד פוּן דָעם גְרוֹיסֶען
גָאט אוּנְד יֵשׁוּעַ הַמָשִׁיחַ אוּנְזֶער רֶעטֶער: ווֶעלְכֶער 14
הָאט זִיךְ אַלֵיין פַאר אוּנְס גֶעגֶעבֶּען, כְּדֵי עֶר זָאל אוּנְס
אוֹיסְלֶעזֶען פוּן אַלֶע אוּנְגֶערֶעכְטִיגְקֵייט, אוּנְד זָאל צוּ זִיךְ
רֵיינִיגֶען אֵיין אוֹיסְדֶערְווֶעהְלְטֶעס פָאלְק ווָאס אִיז אֵייפְרִיג
פַאר גוּטֶע ווֶערְק: דִיזֶע זַאכֶען רֶעד אוּנְד זֵייא מַזְהִיר 15
אוּנְד שְׁטְרָאף מִיט אַלֶערְלֵייא מַאכְט, לָאז דִיךְ קֵיינֶער
נִיט פֶערְאַכְטֶען:

קאפיטעל ג

דֶערְמָאהְן זֵייא אַז זֵייא זָאלֶען אוּנְטֶערְטֶענִיג זַיין צוּ 1
הֶערְשַׁאפְטֶען אוּנְד מַאכְטֶען, גֶעהָארְכֶען צוּ דִיא גֶעווֶעלְ־
טִיגֶער, אָנְגֶעבְּרֵייט זַיין צוּ אִיטְלִיכֶען גוּטֶען ווֶערְק: זֵייא 2
זָאלֶען פוּן קֵיינֶעם נִיט שְׁלֶעכְטֶעס רֶעדֶען, נִיט קְרִיגֶערִישׁ
זַיין, נֵייעֶרְט נָאכְגֶעבֶּענְדִיג, אוּנְד זָאלֶען בֶּעווַייזֶען
אַלֶערְלֵייא זַאנְפְטמוּטִיגְקֵייט צוּ אַלֶע מֶענְשֶׁען: ווָארִין מִיר 3
זָענֶען אוֹיךְ אַמָאל גֶעווֶעזֶען אוּנְפֶערְשְׁטֶענְדִיג, ווִידֶערְ־
שְׁפֶּענְסְטִיגֶע, פֶערְפִיהְרְט, דִינֶער פוּן גְלוּסְטֶען אוּנְד
פֶערְשִׁידֶענֶע פֶערְגְנִיגֶען, אוּנְד הָאבֶּען גֶעלֶעבְּט אִין רִשְׁעוּת
אוּנְד קִנְאָה, אֵיינֶער ווִירְדִיג פוּן דָעם אַנְדֶערְן פֶערְהַאסְט:
אָבֶּער ווֶען דִיא גוּטִיגְקֵייט פוּן גָאט אוּנְזֶער רֶעטֶער אוּנְד 4
זַיינֶע לִיבֶּע הָאבֶּען זִיךְ צוּ מֶענְשֶׁען בֶּעווִיזֶען: נִיט דוּרְךְ 5
מַעֲשִׂים פוּן גֶערֶעכְטִיגְקֵייט ווָאס מִיר הָאבֶּען גֶעטְהוּן,
נֵייעֶרְט נָאךְ זַיינֶער בַּארְמְהֶערְצִיגְקֵייט הָאט עֶר אוּנְס

גֶערֶעטֶעט דוּרךְ דֶעם וַואשֶׁען פוּן דֶער ווידֶערגֶעבּוּרט
6 אוּנְד דֶער דֶערנֵייעֶרוּנג פוּן דֶעם רוּחַ הַקוֹדֶשׁ: וָואס
עֶר הָאט אוֹיף אוּנְס רַייכְלִיךְ אוֹיסְגֶעגָאסֶען דוּרךְ יֵשׁוּעַ
7 הַמָשִׁיחַ אוּנְזֶער רֶעטֶער: כְּדֵי מִיר זָאלֶען גֶערֶעכְט־
פֶערְטִיגְט וֶוערֶען דוּרךְ זַיינֶע גְנָאד, אוּנְד זָאלֶען וֶוערֶען
יוֹרְשִׁים נָאךְ דֶער הָאפְנוּנְג פוּן עֶבִּיגֶען לֶעבֶּען:
8 דָאס וָוארְט אִיז זִיכֶער, אוּנְד אִיךְ וִויל אַז דוּא זָאלְסְט
דִיזֶע זַאכֶען פֶעסְט זֶעצֶען, כְּדֵי דִיא וָואס הָאבֶּען גֶעגְלוֹיבְּט
אָן גָאט זָאלֶען אַכְטוּנְג גֶעבֶּען אִין גוּטֶע וֶוערְקֶען פָארְ־
אַנְצוּגֶעהֶען. דִיזֶע זַאכֶען זֶענֶען גוּט אוּנְד נוּצְלִיךְ צוּ
9 מֶענְשֶׁען: אָבֶּער פֶערְמֵייד נַארִישֶׁע שַׁאֲלוֹת אוּנְד יִחוּס
סְפָרִים אוּנְד גֶעצַאנְק אוּנְד מַחְלוֹקֶת וֶועגֶען דֶעם גֶעזֶעץ,
10 וָוארִין זֵייא זֶענֶען אוּנְנוּצְלִיךְ אוּנְד אוּמְזוּסְט: אַ מַאן
וָואס אִיז אַיין אֶפִּיקוֹרוֹס זָאלְסְט דוּא נָאךְ דֶער עֶרְשְׁטֶער
11 אוּנְד צְוֵוייטֶער וָוארְנוּנְג אוֹיסְמֵיידֶען: אִינְדֶעם דוּא וֵוייסְט
אַז אַזֶעלְכֶער אִיז פַארְקֶעהְרְט אוּנְד זִינְדִיגְט, וֵוייל עֶר
פֶערְשׁוּלְדִיגְט זִיךְ זֶעלְבְּסְט:
12 וֶוען אִיךְ וֶועל צוּ דִיר שִׁיקֶען אַרְטֶעמַאס אָדֶער טִיכִיקוֹס
אַיילֶע דִיךְ צוּ מִיר צוּ קוּמֶען קַיין נִיקָאפָאלִיס; וָוארִין
13 אִיךְ הָאבּ גֶעדֶענְקְט דָארְט אִיבֶּערְצוּוִוינְטֶערְן: שִׁיק
אַייפְרִיג פָאר זֶענַאס דֶעם יוֹעֵץ אוּנְד אַפָּאלָאס אוֹיף
זַייעֶרֶע רַייזֶע, כְּדֵי עֶס זָאל זֵייא גָארְנִיט פֶעהְלֶען:
14 אוּנְד לָאזֶען דִיא אוּנְזֶערֶע אוֹיךְ לֶערְנֶען אִין גוּטֶע
וֶוערְקֶען פָארַאנְצוּגֶעהֶען פַאר דֶעם וָואס מֶען בֶּעדַארְף
נֶעטִיג, כְּדֵי זֵייא זָאלֶען נִיט זַיין אָהְן פְרוּכְט:
15 אַלֶע וָואס זֶענֶען מִיט מִיר גְרִיסֶען דִיךְ, גְרִיס דִיא וָואס
לִיבֶּען אוּנְס אִים גְלוֹיבֶּען. גְנָאד זָאל זַיין מִיט אַייךְ
אַלֶע:

דֶער בְּרִיף פוּן דֶעם
אַפָּאסְטֶעל פּוּלוֹס צוּ פִילֶעמוֹן.

פּוּלוֹס אַ גֶעפַאנְגֶענֶער פוּן יֵשׁוּעַ הַמָּשִׁיחַ, אוּנְד טִימוֹתִיוֹס 1
דֶער בְּרוּדֶער, צוּ פִילֶעמוֹן אוּנְזֶער גֶעלִיבְּטֶען אוּנְד מִיטְ־
אַרְבֵּייטֶער׃ אוּנְד צוּ אַפְּפִיָא דֶער שְׁוֶועסְטֶער, אוּנְד צוּ 2
אַרְכִיפּוּס אוּנְזֶער מִיטְשְׁטְרֵייטֶער, אוּנְד צוּ דֶער קְהִלָּה וָואס
אִיז אִין דֵיין הוֹיז׃ גְנָאד זַייא מִיט אֵייךְ אוּנְד פְרִידֶען פוּן 3
גָאט אוּנְזֶער פָאטֶער אוּנְד פוּן דֶעם הַאר יֵשׁוּעַ הַמָּשִׁיחַ׃
אִיךְ דַאנְק בֶּעשְׁטֶענְדִיג מֵיין גָאט, וֶוען אִיךְ גֶעדֶענְק דִיךְ 4
אִין מֵיינֶע גֶעבֶּעטֶע׃ אִינְדֶעם אִיךְ הֶער וֶועגֶען דֵיינֶע לִיבֶּע 5
אוּנְד דֵיין גְלוֹיבֶּען וָואס דוּא הָאסְט צוּ דֶעם הַאר יֵשׁוּעַ
אוּנְד צוּ אַלֶע הֵיילִיגֶע׃ כְּדֵי דִיא גֶעמֵיינְשַׁאפְט פוּן דֵיין 6
גְלוֹיבֶּען זָאל מֶעכְטִיג וֶוערֶען אִין דֶער דֶערְקֶענְטְנִים פוּן
אַלֶעם גוּטֶען וָואס אִיז אִין אוּנְס צוּם מָשִׁיחַ׃ וָוארִין אִיךְ 7
הָאבּ גֶעהַאט פִיל פְרֵייד אוּנְד טְרֵייסְט וֶועגֶען דֵיינֶע לִיבֶּע,
וֵוייל דִיא הֶערְצֶער פוּן דִיא הֵיילִיגֶע זֶענֶען דוּרְךְ דִיר
דֶערְקְוִויקְט גֶעוָוארֶען, בְּרוּדֶער׃
דֶעסְטְוֶועגֶען, חָאטְשֶׁע אִיךְ הָאבּ פִיל פְרֵייהֵייט אִין מָשִׁיחַ 8
אַז אִיךְ זָאל דִיר גֶעבִּיטֶען וָואס גֶעהֶערְט זִיךְ׃ אָבֶּער פוּן 9
וֶועגֶען דֶער לִיבֶּע בֶּעט אִיךְ דִיךְ לִיבֶּער, אִינְדֶעם אִיךְ בִּין
אַזֶעלְכֶער וִויא פּוּלוֹס דֶער אַלְטֶער, אוּנְד אַצוּנְד אוֹיךְ אַ
גֶעפַאנְגֶענֶער פוּן יֵשׁוּעַ הַמָּשִׁיחַ׃ אִיךְ בֶּעט דִיךְ וֶועגֶען 10
מֵיין זוּהְן אָנֶעסִימוּס, דֶעם אִיךְ הָאבּ גֶעוְוִינֶען אִין מֵיינֶע
קֶעטֶען׃ וֶועלְכֶער אִיז פְרִיהֶער צוּ דִיר אוּנְנוּצְלִיךְ גֶעוֶוער־ 11
זֶען, אָבֶּער אַצוּנְד נוּצְלִיךְ צוּ דִיר אוּנְד אוֹיךְ צוּ מִיר׃
דֶעם הָאבּ אִיךְ צוּ דִיר צוּרִיק גֶעשִׁיקְט, אִיהְם זֶעלְבְּסְט, 12
דָאס אִיז מֵיין אֵייגֶען הַארְץ׃ וֶועלְכֶען אִיךְ הָאבּ גֶעוָואלְט 13
בֵּייא מִיר זֶעלְבְּסְט הַאלְטֶען, כְּדֵי עֶר זָאל מִיךְ פַאר דִיר
בֶּעדִינֶען אִין דִיא קֶעטֶען פוּן דֶער בְּשׂוֹרָה טוֹבָה׃ אָבֶּער 14
אָהְן דֵיינֶע מֵיינוּנְג הָאבּ אִיךְ גָארְנִיט גֶעוָואלְט טְהוּן, כְּדֵי

דַיין גוּטֶעס זָאל נִיט גֶעצְווִינְגֶען זַיין, נֵייעֶרְט פוּן גוּטֶען
ווִילֶען:
15 וָוארִין אֶפְשַׁר אִיז עֶר דֶערְפְּטְוֶועגֶען פוּן דִיר פַאר אַ צֵייט
אָפְּגֶעזוּנְדֶערְט גֶעוָוארֶען, כְּדֵי דוּא זָאלְסְט אִיהְם אוֹיף
16 עֶבִּיג אַוַדַאי בֶּעקוּמֶען: נִיט מֶעהְר אַלְס אַ קְנֶעכְט, נֵייעֶרְט
הֶעכֶער ווִיא אַ קְנֶעכְט, אַלְס אַ גֶעלִיבְּטֶען בְּרוּדֶער,
בֶּעזוּנְדֶערְס צוּ מִיר, אָבֶּער פִיל מֶעהְר צוּ דִיר אִים פְלֵיישׁ
17 אוּנְד אוֹיךְ אִין דֶעם הַאר: דְרוּם וֶוען דוּא הַאלְסְט מִיךְ
18 פַאר אַ חַבֵר, אַזוֹי נֶעם אִיהְם אוֹיף ווִיא מִיךְ: אוּנד וֶוען
עֶר הָאט דִיר עֶפֶּעס אוּנְרֶעכְט גֶעטְהוּן, אָדֶער עֶר אִיז דִיר
19 עֶפֶּעס שׁוּלְדִיג, רֶעכֶען דָאס צוּ מִיר: אִיךְ פּוֹלוֹס שְׁרֵייבּ
עֶס מִיט מֵיינֶע אֵייגֶענֶע הַאנְד, אִיךְ וֶועל עֶס בֶּעצָאהְלֶען;
חָאטְשֶׁע אִיךְ זָאג דִיר נִיט אַז דוּא בִּיסְט אוֹיךְ דִיךְ
20 זֶעלְבְּסְט צוּ מִיר שׁוּלְדִיג: יָא בְּרוּדֶער, אִיךְ זָאל מִיךְ
אִיבֶּער דִיר פְרֵייעֶן אִין דֶעם הַאר; דֶערְקְווִיק מֵיין הַארְץ
אִין דֶעם מָשִׁיחַ:
21 אִים פֶּערְטְרוֹיעֶן אִין דֵיין גֶעהָארְכֶען שְׁרֵייבּ אִיךְ דִיר,
אִינְדֶעם אִיךְ ווֵייס אַז דוּא וֶועסְט אַפִילוּ מֶעהְר טְהוּן ווִיא
22 אִיךְ זָאג: אוּנְד גְלֵייכְצֵייטִיג גְרֵייט מִיר אוֹיךְ אָן אַ דִירָה;
וָוארִין אִיךְ הָאף אַז דוּרְךְ אֵייעֶרֶע גֶעבֶּעטֶע וֶועל אִיךְ צוּ
אֵייךְ גֶעגֶעבֶּען וֶוערֶען:
23 עֶפַּאפְרַאס מֵיין מִיטְגֶעפַאנְגֶענֶער אִין יֵשׁוּעַ הַמָשִׁיחַ גְרִיסְט
דִיךְ, אוּנְד מַארְקוּס, אוּנְד אַרִיסְטַארְכוּס, אוּנְד דֶעמַאס,
אוּנְד לוּקַאס, מֵיינֶע מִיטְאַרְבֵּייטֶער:
24 דִיא גְנָאד פוּן דֶעם הַאר יֵשׁוּעַ הַמָשִׁיחַ זָאל זַיין מִיט
אֵייעֶר גֵייסְט:

דער בריף צו דיא עברים.

---

1 גאט, דער האט פארצייטען אין פיל חלקים אונד אויף
פילערלייא אופנים גערעט צו דיא אבות דורך דיא
2 נביאים: האט אין דעם ענד פון דיזע טעג צו אונס
גערעט דורך דעם זוהן, וועלכען ער האט בעשטעלט
יורש פון אלעם, דורך וועלכען ער האט אויך דיא וועלטען
3 געמאכט: וועלכער איז דער גלאנץ פון זיינער הערליכ־
קייט, אונד דיא געשטאלט פון זיין וועזען, אונד דערהאלט
אלע זאכען דורך דעם ווארט פון זיינע קראפט, ווען ער
האט געמאכט דיא ריינינגונג פון זינד האט ער זיך געזעצט
צו דיא רעכטע האנד פון דער מאיעסטעט אין דער הייך:
4 אינדעם ער איז אזוי פיל בעסער געווארען וויא דיא
מלאכים, אז ער האט א פיל העכערען נאמען וויא זייא
גע־ירשעט:

5 וואָרין צו וועלכע פון דיא מלאכים האט ער אמאל געזאגט,
„דוא ביסט מיין זוהן, היינט האב איך דיך געבוירען?
אונד ווידער, איך וועל צו איהם זיין צום פאטער, אונד
ער וועט צו מיר זיין צום זוהן״: תהלים ב׳ ז׳; שמואל ב ז׳ י״ד.
6 אונד ווען ער ברענגט ווידער דעם בכור אין דער
וועלט זאגט ער,
„אונד לאזען אלע מלאכים פון גאט זיך צו איהם ביקען״:
תהלים צ״ז ז׳.
7 אונד וועגען דיא מלאכים זאגט ער,
„וועלכער מאכט זיינע מלאכים רוחות אונד זיינע דינער
א פלאם פון פייער״: תהלים ק״ד ד׳.
8 אבער וועגען דעם זוהן זאגט ער,
„דיין שטוהל א גאט איז פון עביגקייט צו עביגקייט,
אונד דאס סצעפטער פון גראדהייט איז דאס סצעפטער
9 פון דיין קעניגרייך: דוא האסט געליבט גערעכטיג־
קייט אונד געהאסט אונרעכט, דרום האט דיך, א גאט,
דיין גאט געזאלבט מיט דעם עהל פון פרייד מעהר

10 וִויא דֵיינֶע חֲבֵרִים": תהלים מ"ה ז' ח'. אוּנְד „דוּא, אָ
הַאר, הָאסְט אִים אָנְהוֹיבּ גֶעגְרִינְדֶעט דִיא עֶרְד, אוּנְד
11 דִיא הִימֶעל זֶענֶען דִיא וֶוערְק פוּן דֵיינֶע הֶענְד: זֵייא
וֶועלֶען פֶערְלוֹירֶען וֶוערֶען אָבֶּער דוּא בְּלֵייבְּסְט; אוּנְד
12 זֵייא וֶועלֶען אַלֶע אַלְט וֶוערֶען וִויא אַ קְלֵייד: אוּנְד וִויא
אַ מַאנְטֶעל וֶועסְט דוּא זֵייא אוֹיפְרָאלֶען, זֵייא וֶועלֶען
אוֹיךְ וִויא אַ קְלֵייד פֶערְעֶנְדֶערְט וֶוערֶען, אָבֶּער דוּא
בִּיסְט דֶערְזֶעלְבִּיגֶער, אוּנְד דֵיינֶע יָאהְרֶען וֶועלֶען נִיט
פֶערְגֶעהֶען": תהלים ק"ב כ"ו כ"ח.
13 אָבֶּער צוּ וֶועלְכֶע פוּן דִיא מַלְאָכִים הָאט עֶר אַמָאל
גֶעזָאגְט,
„זִיץ צוּ מֵיינֶע רֶעכְטֶע הַאנְד, בִּיז אִיךְ וֶועל דֵיינֶע
פֵיינְד מַאכֶען פַאר אַ פוּסֶענְבֶּענְקֶעל צוּ דֵיינֶע פִיס?
תהלים ק"י א'.
14 זֶענֶען זֵייא נִיט אַלֶע בֶּעדִינֶענְדִיגֶע גֵייסְטֶער, אוֹיסְגֶעשִׁיקְט
דִיא צוּ בֶּעדִינֶען וָואס וֶועלֶען יַרְשֶׁענֶען יְשׁוּעָה?

קאפיטעל ב

1 דֶעסְטְוֶועגֶען מוּזֶען מִיר נָאךְ מֶעהְר אַכְטוּנְג גֶעבֶּען צוּ
דִיא זַאכֶען וֶועלְכֶע מִיר הָאבֶּען גֶעהֶערְט, דֶערְמִיט מִיר
2 זָאלֶען נִיט אַמָאל אָפְּפַאלֶען: וָוארִין וֶוען דָאס וָוארְט
וֶועלְכֶעס אִיז דוּרְךְ מַלְאָכִים גֶערֶעט גֶעוָוארֶען אִיז פֶעסְט
גֶעוֶועזֶען, אוּנְד יֶעדֶע אִיבֶּערְטְרֶעטוּנְג אוּנְד וִוידֶערְשְׁפֶּע-
נִיגְקֵייט הָאט אַ גֶערֶעכְטֶע פֶערְגֶעלְטוּנְג דֶערְהַאלְטֶען:
3 וִויא וֶועלֶען מִיר אַנְטְרִינֶען וֶוען מִיר פֶערְאַכְטֶען אַזוֹי אַ
גְרוֹיסֶע יְשׁוּעָה? וָואס אִיז אִים אָנְהוֹיבּ דוּרְךְ דֶעם הַאר
גֶעזָאגְט גֶעוָוארֶען, אוּנְד אִיז צוּ אוּנְס בֶּעשְׁטֶעטִיגְט דוּרְךְ
4 דִיא וָואס הָאבֶּען עֶס גֶעהֶערְט: אִינְדֶעם גָאט הָאט
מִיטְבֶּעצֵייגְט מִיט צֵייכֶען אוּנְד וְואוּנְדֶער אוּנְד פִילֶערְלֵייא
גְבוּרוֹת אוּנְד אוֹיסְגֶעטְהֵיילְטֶע מַתָּנוֹת פוּן דֶעם רוּחַ הַקוֹדֶשׁ
נָאךְ זֵיין ווִילֶען:
5 וָוארִין עֶר הָאט נִיט צוּ מַלְאָכִים אוּנְטֶערְטֶענִיג גֶעמַאכְט
6 דִיא קוּמֶענְדִיגֶע וֶועלְט פוּן וֶועלְכֶע מִיר רֶעדֶען: אָבֶּער
אֵיינֶער הָאט אוֹיף אַ גֶעוִויסֶען אָרְט בֶּעצֵייגְט אוּנְד
גֶעזָאגְט,

„וָואס אִיז דֶער מֶענְשׁ אַז דוּא זָאלְסְט אָן אִיהְם
גֶעדֶענְקֶען? אָדֶער דֶער בֶּן אָדָם אַז דוּא זָאלְסְט אִיהְם
בֶּעזוּכֶען? דוּא הָאסְט אִיהְם אַבִּיסֶעל דֶערְנִידְרִיגְט 7
מֶעהְר וִויא דִיא מַלְאָכִים, מִיט הֶערְלִיכְקֵייט אוּנְד כָּבוֹד
הָאסְט דוּא אִיהְם גֶעקְרוֹינְט. אוּנְד הָאסְט אִיהְם גֶעזֶעצְט
אִיבֶּער דִיא וֶוערְק פוּן דֵיינֶע הֶענְד: דוּא הָאסְט אַלֶע 8
זַאכֶען אוּנְטֶערְטֶענִיג גֶעמַאכְט אוּנְטֶער דֵיינֶע פִּיס“:
תהלים ח׳ ה׳־ז׳.

וָוארִין וֶוען עֶר הָאט אַלֶע זַאכֶען צוּ אִיהְם אוּנְטֶערְטֶענִיג
גֶעמַאכְט, הָאט עֶר קֵיינֶע זַאךְ אִיבֶּערְגֶעלָאזְט וָואס אִיז נִיט
צוּ אִיהְם אוּנְטֶערְטֶענִיג. אָבֶּער אַצוּנְד זֶעהֶען מִיר נָאךְ
נִיט אַלֶע זַאכֶען צוּ אִיהְם אוּנְטֶערְטֶענִיג גֶעמַאכְט:
אָבֶּער מִיר זֶעהֶען יֵשׁוּעַ, דֶער אִיז אַבִּיסֶעל דֶערְנִידְרִיגְט 9
מֶעהְר וִויא דִיא מַלְאָכִים דוּרְךְ דָאס לֵיידֶען פוּן דֶעם טוֹיט,
מִיט הֶערְלִיכְקֵייט אוּנְד כָּבוֹד גֶעקְרוֹינְט אַז עֶר זָאל דוּרְךְ
דֶער גְנָאד פוּן גָאט פֶערְזוּכֶען דֶעם טוֹיט פַאר יֶעדֶעם
מֶענְשׁ:
וָוארִין עֶס הָאט צוּ אִיהְם גֶעפַּאסְט וָואס אַלֶעס אִיז פוּן 10
זַיינֶעטְוֶועגֶען אוּנְד אַלֶעס אִיז דוּרְךְ אִיהְם, אִינְדֶעם עֶר הָאט
פִילֶע זִיהְן גֶעבְּרַאכְט צוּ הֶערְלִיכְקֵייט, אַז עֶר זָאל
דוּרְךְ לֵיידֶען פָאלְקָאמֶען מַאכֶען דֶעם פִירְשְׁט פוּן זַייעֶרֶע
יְשׁוּעָה: וָוארִין דֶער וֶועלְכֶער הֵיילִיגְט אוּנְד דִיא וָואס 11
זֶענֶען גֶעהֵיילִיגְט זֶענֶען אַלֶע פוּן אֵיינֶעם; דֶעסְטְוֶועגֶען
שֶׁעהְמְט עֶר זִיךְ נִיט עֶר זָאל זֵייא רוּפֶען בְּרִידֶער:
אוּנְד זָאגֶען, 12

„אִיךְ וֶועל דֵיין נָאמֶען אָנְזָאגֶען צוּ מֵיינֶע בְּרִידֶער,
אִין מִיטֶען פוּן דֶער פֶערְזַאמְלוּנְג וֶועל אִיךְ דִיךְ לוֹיבֶּען“:
תהלים כ״ב כ״ג.

אוּנְד וִוידֶער, 13

„אִיךְ וֶועל אוֹיף אִיהְם פֶערְטְרוֹיעֶן“;
אוּנְד וִוידֶער,

„דֶעה אִיךְ אוּנְד דִיא קִינְדֶער וָואס גָאט הָאט מִיר
גֶעגֶעבֶּען“: ישעיה ח׳ י״ז י״ח.
דְרוּם וֵוייל דִיא קִינְדֶער הָאבֶּען אַ טְהֵייל אִין פְלֵיישׁ אוּנְד 14

בְּלוּט אַזוֹי הָאט עֶר אוֹיךְ אִין זַייא אַ טְהֵייל גֶענוּמֶען, כְּדֵי
עֶר זָאל דוּרְךְ דֶעם טוֹיט צוּשְׁטֶערֶען דֶעם וָואס הָאט דִיא
15 מַאכְט פוּן דֶעם טוֹיט, דָאס אִיז דֶער שָׂטָן: אוּנְד זָאל
בֶּעפְרֵייעֶן דִיא וָואס דוּרְךְ דֶער פוּרְכְט פוּן דֶעם טוֹיט
זֶענֶען זַייעֶר גַאנְצֶעם לֶעבֶּען צוּ קְנֶעכְטְשַׁאפְט אוּנְטֶערְ־
16 וָוארְפֶען גֶעוֶועזֶען: וָוארִין עֶר נֶעמְט זִיךְ נִיט אָן דִיא
נַאטוּר פוּן דִיא מַלְאָכִים, נֵייעֶרְט עֶר נֶעמְט אָן דֶעם
17 זָאמֶען פוּן אַבְרָהָם: דֶעסְטְוֶועגֶען הָאט עֶר בֶּעדַארְפְט אִין
אַלֶעם גְלֵייךְ צוּ וֶוערֶען צוּ זַיינֶע בְּרִידֶער, כְּדֵי עֶר זָאל
זַיין בַּארְמְהֶערְצִיג אוּנְד אַ גֶעטְרֵייעֶר כֹּהֵן גָדוֹל אִין דִיא
זַאכֶען וָואס גֶעהֶערֶען צוּ גָאט מְכַפֵּר צוּ זַיין דִיא זִינְד פוּן
18 דֶעם פָאלְק: וָוארִין אִינְדֶעם עֶר הָאט אַלֵיין גֶעלִיטֶען,
אוּנְד אִיז גֶעפְּרִיפְט גֶעוָוארֶען, קָאן עֶר הֶעלְפֶען דִיא וָואס
זֶענֶען גֶעפְּרִיפְט: ישעיה נ״ג ד׳־י״ב.

קאפיטעל ג

1 דֶעסְטְוֶועגֶען, הֵיילִיגֶע בְּרִידֶער, חֲבֵרִים פוּן דִיא הִימְלִישֶׁע
בֶּערוּפוּנְג, בֶּעטְרַאכְט דֶעם אַפָּאסְטֶעל אוּנְד כֹּהֵן גָדוֹל פוּן
2 אוּנְזֶער צֵייגְנִים, יֵשׁוּעַ הַמָּשִׁיחַ: וֶועלְכֶער אִיז גֶעטְרֵייא
גֶעוֶועזֶען צוּ דֶעם וָואס הָאט אִיהְם אָנְגֶעשְׁטֶעלְט, גְלֵייךְ
3 וִויא אוֹיךְ מֹשֶׁה אִין זַיין גַאנְצֶען הוֹיז: וָוארִין דִיזֶער אִיז
חָשׁוּב גֶעהַאלְטֶען פַאר גְרֶעסֶערֶע הֶערְלִיכְקֵייט וִויא מֹשֶׁה,
אַזוֹי וִויא דֶער וָואס הָאט דָאס הוֹיז גֶעבּוֹיעֶט הָאט מֶעהְר
4 כָּבוֹד וִויא דָאס הוֹיז: וָוארִין אִיטְלִיכֶעס הוֹיז אִיז פוּן
אִימִיצֶען גֶעבּוֹיעֶט, אָבֶּער דֶער וָואס הָאט אַלֶעס גֶעבּוֹיעֶט
5 אִיז גָאט: אוּנְד מֹשֶׁה אִיז אַוַדַאי גֶעטְרֵייא גֶעוֶועזֶען אִין
זַיין גַאנְצֶען הוֹיז וִויא אַ דִינֶער, פַאר אֵיין עֵדוּת פוּן דִיא
6 זַאכֶען וָואס זָאלֶען גֶערֶעט וֶוערֶען: אָבֶּער דֶער מָשִׁיחַ
אַלְס אַ זוּהְן אִיבֶּער זַיין הוֹיז; וֶועמֶעס הוֹיז מִיר זֶענֶען,
וֶוען מִיר הַאלְטֶען פֶעסְט דֶעם בִּטָּחוֹן אוּנְד דֶעם לוֹיבּ פוּן
אוּנְזֶערֶע הָאפְנוּנְג בִּיז צוּם סוֹף:
7 דֶעסְטְוֶועגֶען אַזוֹי וִויא דֶער רוּחַ הַקּוֹדֶשׁ זָאגְט,
8 „הַיינְט וֶוען אִיהְר וָועלְט זַיין קוֹל הֶערֶען: פֶערְ־
הַארְטֶעט נִיט אֵייעֶרֶע הֶערְצֶער אַזוֹי וִויא אִין מְרִיבָה,
9 אִים טָאג פוּן מַסָּה אִין דֶער מִדְבָּר: וֶוען אֵייעֶרֶע אָבוֹת

האָבען מיך געפּריפט אין פּרובירען, אונד האָבען גע־
10 זעהען מיינע ווערק פירציג יאָהר: דעסוועגען האָב
איך געצאָרנט אויף דיזעם דור, אונד האָב געזאָגט,
זייא אירען בעשטענדיג אין זייער הארץ, אונד זייא
11 האָבען ניט דערקענט מיינע וועגען: אַזוי וויא איך האָב
געשוואוירען אין מיין צאָרן, זייא זאָלען ניט אַריינקו־
מען צו מיינע מנוחה״: תהלים צ״ה ז׳־י״א.
12 זעהט צו, ברידער, אַז עס זאָל ניט אַמאָל אין קיינעם פון
אייך זיין אַ שלעכטעס הארץ פון אונגלויבען, אינדעם
13 איהר קעהרט אייך אָפּ פון דעם לעבעדיגען גאָט: נייערט
וואָרענט איינער דעם אַנדערען טעגליך, אַזוי לאַנג עס
הייסט היינט, כדי קיינער פון אייך זאָל ניט פערהאַרטעט
14 ווערען דורך דיא פערפיהרונג פון דער זינד: וואָרין מיר
זענען געוואָרען חברים פון משיח, ווען מיר האַלטען פעסט
15 דעם אנהויב פון אונזער בטחון ביז צום סוף: דערווייל
עס איז געזאָגט,

„היינט ווען איהר וועלט זיין קול הערען, פערהאַרטעט
ניט אייערע הערצער אַזוי וויא אין מריבה״:

תהלים צ״ה ז׳ ח׳.

16 וואָרין וועלכע האָבען געהערט אונד האָבען געקריגט?
האָבען דען ניט אַלע דיא וואָס זענען אַרויסגעגאַנגען אויס
17 מצרים דורך משה? אונד איבער וועלכע האָט ער גע־
צאָרנט פירציג יאָהר? איז עס ניט געוועזען איבער דיא
וואָס האָבען געזינדיגט, פון וועלכע דיא פגרים זענען גע־
18 פאַלען אין דער מדבר? אונד צו וועלכע האָט ער גע־
שוואוירען אַז זייא זאָלען ניט אַריינקומען צו זיינע מנוחה,
19 ווען ניט צו דיא וואָס האָבען ווידערגעשפעניגט? אונד
מיר זעהען אַז זייא האָבען ניט געקאָנט אַריינקומען ווע־
גען אונגלויבען: תהלים צ״ה י״א.

קאפיטעל ד

1 דרום לאָזען מיר פאָרכטען, דערווייל עס בלייבט נאָך
איינע הבטחה אַז מיר זאָלען אַריינקומען אין זיינע מנוחה,
2 אַז קיינער פון אייך זאָל פערזוימען: וואָרין דיא בשורה
טובה איז אויך געפּרעדיגט צו אונס אַזוי וויא צו יענע;

אָבֶּער דָאס וָוארְט פוּן דֶעם בֶּערִיכְט הָאט זֵייא נִיט גֶענִיצְט,
וֵוייל עֶס הָאט זִיךְ נִיט פֶערְאֵייניגְט מִיט גְלוֹיבֶּען פַאר דִיא
3 וָואס הָאבֶּען גֶעהֶערְט: וָוארִין מִיר וָואס הָאבֶּען גֶעגְלוֹיבְּט
קוּמֶען אַרֵיין אִין דֶער מְנוּחָה, אַזוֹי וִויא עֶר הָאט גֶעזָאגְט,
„אַזוֹי וִויא אִיךְ הָאבּ גֶעשְׁוְואוֹירֶען אִין מֵיין צָארְן זֵייא
זָאלֶען נִיט אַרֵיינְקוּמֶען צוּ מֵיינֶע מְנוּחָה,״
חָאטְשֶׁע דִיא וֶוערְק זֶענֶען פוּן דֶער גְרִינְדוּנְג פוּן דֶער
וֶועלְט גֶעוָוארֶען:
4 וָוארִין אוֹיף אֵיין אָרְט הָאט עֶר אַזוֹי גֶעזָאגְט וֶועגֶען דֶעם
זִיבֶּעטֶען טָאג, אוּנְד גָאט הָאט גֶערוּהְט דֶעם זִיבֶּעטֶען טָאג
5 פוּן אַלֶע זֵיינֶע וֶוערְק: בראשית ב׳ ב׳. אוּנְד דָא וִוידֶער, זֵייא
זָאלֶען נִיט אַרֵיינְקוּמֶען צוּ מֵיינֶע מְנוּחָה: תהלים צ״ה י״א.
6 דְרוּם אִינְדֶעם עֶס בְּלֵייבְּט אַז עֶטְלִיכֶע זָאלֶען דְרִינְגֶען אַרֵיינְ־
קוּמֶען, אוּנְד דִיא צוּ וֶועלְכֶע דִיא גוּטֶע בְּשׂוֹרָה אִיז צוּעֶרְשְׁט
גֶעפְּרֶעדִיגְט גֶעוָוארֶען זֶענֶען נִיט אַרֵיינְגֶעקוּמֶען דוּרְךְ דֶעם
7 אוּנְגְלוֹיבֶּען: הָאט עֶר וִוידֶער אֵיין אַנְדֶערֶען טָאג בֶּע־
שְׁטֶעלְט, וֶוען עֶר הָאט גֶעזָאגְט אִין דָוִד נָאךְ אַזוֹי אַ לַאנְגֶע
צֵייט, גְלֵייךְ וִויא שׁוֹין אוֹיבֶּען אִיז גֶעזָאגְט גֶעוָוארֶען,
„הֵיינְט וֶוען אִיהְר וָועלְט זֵיין קוֹל הֶערֶען, פֶערְהַארְטֶעט
נִיט אֵייעֶרֶע הֶערְצֶער״: תהלים צ״ה ז׳ ח׳.
8 וָוארִין וֶוען יַהוֹשֻׁעַ וָואלְט זֵייא רוּהֶע גֶעגֶעבֶּען, וָואלְט עֶר
9 נִיט גֶערֶעט פוּן אֵיין אַנְדֶערֶען טָאג: אַזוֹי דֶען בְּלֵייבְּט אַ
10 שַׁבָּת פַאר דֶעם פָאלְק פוּן גָאט: וָוארִין דֶער וֶועלְכֶער אִיז
אַרֵיינְגֶעקוּמֶען אִין זֵיינֶע מְנוּחָה דֶער הָאט אוֹיךְ אַלֵיין גֶע־
רוּהֶעט פוּן זֵיינֶע וֶוערְק, גְלֵייךְ וִויא גָאט הָאט פוּן זֵיינֶע
11 אֵייגֶענֶע: דְרוּם לָאזֶען מִיר דֶען מִיט עֶרְנְסְט טְרַאכְטֶען
אַרֵיינְצוּקוּמֶען אִין יֶענֶע מְנוּחָה, כְּדֵי קֵיינֶער זָאל נִיט פַאלֶען
נָאךְ דֶעם זֶעלְבֶּען בֵּיישְׁפִּיל פוּן אוּנְגֶעהָארְזַאמְקֵייט:
12 וָוארִין דָאס וָוארְט פוּן גָאט אִיז לֶעבֶּעדִיג אוּנְד קְרֶעפְטִיג
אוּנְד שַׁארְפֶער וִויא אַ צְוֵוייא־שְׁנֵיידִיגֶעס שְׁוֶוערְד, אוּנְד
דְרִינְגְט דוּרְךְ בִּיז צוּ דֶער צוּטְהֵיילוּנְג פוּן נְשָׁמָה אוּנְד
גֵייסְט, פוּן גְלִידֶער אוּנְד מַארְךְ, אוּנְד פְּרִיפְט דִיא גֶעדַאנְ־
13 קֶען אוּנְד טְרַאכְטֶען פוּן דֶעם הַארְץ: אוּנְד קֵיין בֶּעשֶׁע־
פֶענִיס אִיז פָאר אִיהְם פֶערְבָּארְגֶען, נֵייעֶרְט אַלֶע זַאכֶען

זֶענֶען נַאקֶעט אוּנְד אוֹיפְגֶעדֶעקְט פַאר דִיא אוֹיגֶען פוּן
דֶעם מִיט וֶועלְכֶען מִיר הָאבֶּען צוּ טְהוּן: משלי ט״ו ג׳.
14 דְרוּם אִינְדֶעם מִיר הָאבֶּען אַ גְרוֹיסֶען כֹּהֵן גָדוֹל וֶועלְכֶער אִיז
דִיא הִימֶעל דוּרְכְגֶעגַאנְגֶען, יֵשׁוּעַ דֶער זוּהְן פוּן גָאט, לָאזֶען
15 מִיר פֶעסְטְהַאלְטֶען אוּנְזֶער בֶּעקֶענְטְנִיס: וָוארִין מִיר
הָאבֶּען נִיט אַ כֹּהֵן גָדוֹל דֶער קָאן נִיט מִיטְלֵייד הָאבֶּען מִיט
אוּנְזֶערֶע שְׁוַואכְהֵייטֶען, נֵייעֶרְט דֶער אִיז אִין אַלֶע זַאכֶען גֶע־
16 פְּרִיפְט גֶעוָוארֶען גְלֵייך וִויא מִיר, אָבֶּער אָהְן זִינְד: דְרוּם
לָאזֶען מִיר צוּטְרֶעטֶען צוּ דֶעם שְׁטוּהְל פוּן גְנָאד מִיט אַ
בִּטָחוֹן, כְּדֵי מִיר זָאלֶען בַּארֶעמְהֶערְצִיגְקֵייט דֶערְהַאלְטֶען,
אוּנְד זָאלֶען גֶעפִינֶען גְנָאד אוּנְס צוּ הֶעלְפֶען אִין דִיא
שְׁוֶועכְלִיכֶע צֵייט:

קאפיטעל ה

1 וָוארִין אִיטְלִיכֶער כֹּהֵן גָדוֹל וָואס אִיז גֶענוּמֶען פוּן צְוִוישֶׁען
דִיא מֶענְשֶׁען, אִיז פַאר מֶענְשֶׁען אֵיינְגֶעשְׁטֶעלְט אִין
דִיא זַאכֶען פוּן גָאט, כְּדֵי עֶר זָאל מַקְרִיב זַיין מַתָּנוֹת אוּנְד
2 זְבָחִים פַאר זִינְד: וֶועלְכֶער קָאן מִיטְלֵייד הָאבֶּען מִיט דִיא
אוּנְוִויסֶענְדֶען אוּנְד פֶערְאִירְטֶען, אִינְדֶעם עֶר אִיז אוֹיךְ אַלֵיין
3 אַרוּמְגֶערִינְגֶעלְט מִיט שְׁוַואכְהֵייטֶען: אוּנְד דֶעסְטְוֶועגֶען
מוּז עֶר גְלֵייךְ וִויא פַאר דֶעם פָאלְק, אַזוֹי אוֹיךְ פַאר זִיךְ
4 זֶעלְבְּסְט מַקְרִיב זַיין: אוּנְד קֵיינֶער נֶעמְט צוּ זִיךְ זֶעלְבְּסְט דֶעם
כָּבוֹד, נֵייעֶרְט וֶוען עֶר אִיז גֶערוּפֶען פוּן גָאט, גְלֵייךְ וִויא
5 אוֹיךְ אַהֲרֹן: אַזוֹי הָאט זִיךְ דֶער מָשִׁיחַ זֶעלְבְּסְט אוֹיךְ
נִיט פֶערְהֶערְלִיכְט צוּ וֶוערֶען אַ כֹּהֵן גָדוֹל, נֵייעֶרְט דֶער
וֶועלְכֶער הָאט צוּ אִיהְם גֶעזָאגְט,

„דוּא בִּיסְט מֵיין זוּהְן, הֵיינְט הָאב אִיךְ דִיךְ גֶעבּוֹירֶען״:
תהלים ב׳ ז׳.

6 גְלֵייךְ וִויא עֶר זָאגְט אוֹיף אֵיין אַנְדֶערֶען אָרְט,

„דוּא בִּיזְט אַ כֹּהֵן אוֹיף עֶבִּיג נָאךְ דֶער אָרְדְנוּנְג פוּן
מַלְכִּיצֶדֶק״: תהלים ק״י ד׳.

7 דֶער הָאט אִין דִיא טֶעג פוּן זַיין פְלֵיישׁ גֶעבֶּעטֶען אוּנְד
אוֹיפְגֶעבְּרַאכְט בַּקָשׁוֹת מִיט שְׁטַארְק גֶעשְׁרַייא אוּנְד
טְרֶערֶען, צוּ דֶעם וֶועלְכֶער הָאט אִיהְם גֶעקָאנְט מַצִיל
זַיין פוּן דֶעם טוֹיט, אוּנְד אִיז וֶוערֶען זַיין יִרְאַת שָׁמַיִם

8 דֶערְהֶערְט גֶעוָוארֶען: אַפִילוּ וֶוען עֶר אִיז אַ זוּהְן הָאט
עֶר דָאךְ גֶעלֶערְנְט גֶעהָארְזַאם דוּרְךְ דִיא זַאכֶען וָואס
9 עֶר הָאט גֶעלִיטֶען: אוּנְד עֶר אִיז פָאלְקָאמֶען גֶעוָוארֶען,
אוּנְד אִיז גֶעוָוארֶען דֶער אָנְהֶעבֶּער פוּן עֶבִּיגֶע יְשׁוּעָה
10 צוּ אַלֶע וָואס הֶערֶען אִיהְם צוּ: אִינְדֶעם עֶר אִיז גֶערוּפֶען
גֶעוָוארֶען אַ כֹּהֵן גָדוֹל פוּן גָאט נָאךְ דֶער אָרְדְנוּנְג פוּן
מַלְכִּיצֶדֶק: תהלים ק״י ד׳.
11 וֶועגֶען וֶועלְכֶען מִיר הָאבֶּען פִיל צוּ רֶעדֶען דָאךְ אִיז עֶס
שְׁוֶוער אוֹיסְצוּלֶעגֶען, אִינְדֶעם אִיהְר זֶענְט אִים הֶערֶען
12 שְׁוֶוער גֶעוָוארֶען: וָוארִין אִיהְר הָאט בֶּעדַארְפְט וֶועגֶען
דֶער צֵייט לֶעהְרֶער זַיין, אָבֶּער אִיהְר בֶּעדַארְפְט וִוידֶער
אַז אֵיינֶער זָאל אֵייךְ לֶערְנֶען וָואס זֶענֶען דִיא עִקָרִים
פוּן דֶעם אָנְהוֹיבּ פוּן דִיא רֶעדֶען פוּן גָאט, אוּנְד אִיהְר
זֶענְט גֶעוָוארֶען דִיא וָואס בֶּעדַארְפֶען מִילְךְ, נִיט שְׁטַארְקֶע
13 שְׁפֵּייז: וָוארִין אִיטְלִיכֶער וָואס אִיז דֶערְנֶעהְרְט פוּן מִילְךְ
אִיז אָהְן פֶערְפָאהְרֶען אִים וָוארְט פוּן גֶערֶעכְטִיגְקֵייט,
14 וָוארִין עֶר אִיז אַ זַייגֶענְדִיגֶעם קִינְד: אָבֶּער שְׁטַארְקֶע
שְׁפֵּייז אִיז פַאר דִיא דֶערְוַואקְסֶענֶע מֶענְשֶׁען, וֶועלְכֶע קֶע־
נֶען אוּנְטֶערְשֵׁיידֶען דוּרְךְ דֶער אִיבּוּנְג פוּן גֶעבְּרוֹיךְ
צְווִישֶׁען גוּטֶעם אוּנְד שְׁלֶעכְטֶעם:

קאפיטעל ו

1 דֶעסְטְוֶועגֶען לָאזֶען מִיר אִיבֶּערְלָאזֶען דֶעם אָנְהוֹיבּ פוּן
דֶער לֶעהְרֶע פוּן מָשִׁיחַ, אוּנְד לָאזֶען מִיר ווייטֶער גֶעהֶען
צוּ דֶער פָאלְקָאמֶענְהֵייט. אוּנְד לָאזֶען מִיר נִיט נָאכְאַמָאל
לֶעגֶען אַ גְרוּנְד פוּן תְּשׁוּבָה פוּן טוֹיטֶע וֶוערְק, אוּנְד פוּן
2 גְלוֹיבֶּען אָן גָאט: אוּנְד פוּן דֶער לֶעהְרֶע פוּן טְבִילוֹת אוּנְד
פוּן סְמִיכַת יָדַיִם, פוּן תְּחִיַת הַמֵתִים, אוּנְד פוּן דֶעם עֶבִּיגֶען
3 מִשְׁפָּט: אוּנְד דָאס וֶועלֶען מִיר טְהוּן מִיט גָאטֶעס ווִילֶען:
4 וָוארִין עֶס אִיז אוּנְמֶעגְלִיךְ אַז דִיא וָואס זֶענֶען אַמָאל
דֶערְלַייכְטֶעט גֶעוָוארֶען, אוּנְד הָאבֶּען גֶעהַאט אַ טַעַם פוּן
דֶער הִימְלִישֶׁען מַתָּנָה, אוּנְד גֶענוּמֶען אַ טְהֵייל פוּן דֶעם
5 רוּחַ הַקוֹדֶשׁ: אוּנְד הָאבֶּען גֶעהַאט אַ טַעַם פוּן דֶעם
גוּטֶען וָוארְט פוּן גָאט אוּנְד דִיא קְרֶעפְטֶען פוּן עוֹלָם
6 הַבָּא: וֶוען זֵייא זֶענֶען אָפְּגֶעפַאלֶען, אַז זֵייא זָאלֶען זֵייא

ווידֶער אַמָאל דֶערנַייעֶרעֶן צוּ תְּשׁוּבָה, אִינְדֶעם זַייא קְרֵייר־
צִיגֶען צוּ זִיךְ אַלֵיין דֶעם זוּהְן פוּן גָאט, אוּנְד מַאכֶען אִיהְם
עֶפֶענְטְלִיךְ צוּ שַׁאנְד: וָוארִין דִיא עֶרְד וָואס טְרִינְקְט אַיין 7
דֶעם רֶעגֶען וָואס קוּמְט אָפְט דְרוּיף, אוּנְד בְּרֶענְגְט אַרוֹיס
קְרֵייטֶער גוּטֶע פַאר דִיא דוּרְךְ וֶועלְכֶע זִיא אִיז אוֹיךְ בֶּע־
אַרְבֵּייט בַּאקוּמְט בְּרָכָה פוּן גָאט: אָבֶּער דִיא וָואס בְּרֶענְגְט 8
אַרוֹיס דֶערְנֶער אוּנְד דִיסְטְלֶען אִיז פֶערְוָוארְפֶען אוּנְד אִיז
נָאהֶענְט צוּם פְלוּךְ, וֶועמֶעס סוֹף אִיז פֶערְבְּרֶענְט צוּ וֶוערֶען:
אָבֶּער, גֶעלִיבְּטֶע, מִיר זֶענֶען פֶערְזִיכֶערְט וֶועגֶען אַייךְ 9
אוֹיף בֶּעסֶערֶע זַאכֶען אוּנְד דִיא וָואס גֶעהֶערֶען צוּ יְשׁוּעָה
וֶוען אֲפִילוּ מִיר רֶעדֶען אַזוֹי: וָוארִין גָאט אִיז נִיט אוּנְגֶע־ 10
רֶעכְט אַז עֶר זָאל פֶערְגֶעסֶען אַייעֶרֶע וֶוערְק אוּנְד דִיא
לִיבֶּע וָואס אִיהְר הָאט בֶּעווִיזֶען צוּ זַיין נָאמֶען, אִינְדֶעם
אִיהְר הָאט דִיא הֵיילִיגֶע בֶּעדִינְט, אוּנְד בֶּעדִינְט זַייא נָאךְ:
אָבֶּער מִיר ווִינְשֶׁען אַז אִיטְלִיכֶער פוּן אַייךְ זָאל דִיא זֶעלְבֶּע 11
אַייפְרִיגְקַייט בֶּעווַייזֶען צוּ דֶעם גַאנְצֶען בִּטָּחוֹן פוּן דֶער
הָאפְנוּנְג בִּיז צוּם עֶנְד: כְּדֵי אִיהְר זָאלְט נִיט פוֹיל וֶוערֶען, 12
נַייעֶרְט נָאכְפָאלְגֶער פוּן דִיא וֶועלְכֶע דוּרְךְ גְלוֹיבֶּען אוּנְד
גֶעדוּלְד יַרְשֶׁענֶען דִיא הַבְטָחוֹת: שופטים י״ח ט׳.
וָוארִין וֶוען גָאט הָאט מַבְטִיחַ גֶעוֶועזֶען צוּ אַבְרָהָם, אִינְ־ 13
דֶעם עֶר הָאט נִיט גֶעקָאנְט בַּייא קֵיין גְרֶעסֶערֶען שְׁוֶוערֶען,
הָאט עֶר בַּייא זִיךְ אַלֵיין גֶעשְׁוָואוֹירֶען: אוּנְד גֶעזָאגְט, 14
גֶעווִיס וֶועל אִיךְ דִיךְ בֶּענְשֶׁען אוּנְד גֶעווִיס וֶועל אִיךְ דִיךְ
פֶערְמֶעהְרֶען: בראשית כ״ב י״ז. אוּנְד וֶוען עֶר הָאט אַזוֹי מִיט 15
גֶעדוּלְד אוֹיסְגֶעהַארְט הָאט עֶר דֶערְהַאלְטֶען דִיא הַבְטָחוֹת:
וָוארִין מֶענְשֶׁען שְׁוֶוערֶען בַּייא דֶעם גְרֶעסֶערֶען, ווַייל דִיא 16
שְׁבוּעָה צוּ בֶּעשְׁטֶעטִיגֶען אִיז צוּ זַייא אַיין עֶנְד פוּן אַלֶע
קֶעגֶענְרֶעדֶען: דְרִינֶען גָאט, וֶוען עֶר הָאט גֶעוָואלְט נָאךְ 17
מֶעהְר בֶּעווַייזֶען צוּ דִיא יוֹרְשִׁים פוּן דִיא הַבְטָחָה אַז זַיינֶע
עֵצָה פֶערְעֶנְדֶערְט נִיט, הָאט זִיךְ גֶעשְׁטֶעלְט אַלְס פֶערְמִיטְ־
לֶער מִיט אַ שְׁבוּעָה: כְּדֵי דוּרְךְ צְווֵייא אוּנְפֶערְעֶנְדֶערְלִיכֶע 18
זַאכֶען, אִין וֶועלְכֶע עֶס אִיז אוּנְמֶעגְלִיךְ אַז גָאט זָאל לֵייר־
קֶענֶען, זָאלֶען מִיר הָאבֶּען אַ שְׁטַארְקֶען בִּטָּחוֹן, מִיר וֶועלְכֶע
זֶענֶען אַנְטְרִינֶען פֶּעסְט צוּ הַאלְטֶען דִיא הָאפְנוּנְג וָואס אִיז

19 פָאר אוּנְס גֶעזֶעצְט: וָועלְכֶע הָאפְנוּנְג מִיר הָאבֶּען אַלְס
אֵיין אַנְקֶער צוּ אוּנְזֶערֶע נְשָׁמָה, זִיכֶער אוּנְד פֶעסְט, אוּנְד
20 וָואס גֶעהְט אַרֵיין אִינְוֶוענִיג פוּן דֶעם פָּרוֹכֶת: וְואוּהִין יֵשׁוּעַ,
אַ פָארְלוֹיפֶער, אִיז פַאר אוּנְס אַרֵיינְגֶעגַאנְגֶען, אִינְדֶעם עֶר
אִיז גֶעוָוארֶען אַ כֹּהֵן גָדוֹל אוֹיף עֶבִּיג נָאךְ דֶער אָרְדְנוּנְג
פוּן מַלְכִּיצֶדֶק: ויקרא ד׳ י״ז; תהלים ק״י ד׳.

קאפיטעל ז

1 וָוארִין דִיזֶער מַלְכִּיצֶדֶק, דֶער מֶלֶךְ פוּן שָׁלֵם, אַ כֹּהֵן פוּן
דֶעם אוֹיבֶּערְשְׁטֶען גָאט, וָועלְכֶער הָאט אַבְרָהָם בֶּעגֶעגֶענְט
וָוען עֶר הָאט זִיךְ צוּרִיקְגֶעקֶעהְרְט פוּן דֶעם שְׁלָאגֶען פוּן
דִיא מְלָכִים אוּנְד הָאט אִיהְם גֶעבֶּענְשְׁט: בראשית י״ד י״ח־כ׳.
2 צוּ וָועלְכֶען אַבְרָהָם הָאט אוֹיךְ אָפְּגֶעטְהֵיילְט מַעֲשֵׂר פוּן
אַלֶעם, דֶער הֵייסְט צוּעֶרְשְׁט אוֹיף טֵייטְשׁ קֶענִיג פוּן גֶע־
רֶעכְטִיגְקֵייט, אוּנְד דֶערְנָאךְ אוֹיךְ קֶענִיג פוּן שָׁלֵם, וָואס
3 הֵייסְט קֶענִיג פוּן פְרִידֶען: אָהְן פָאטֶער, אָהְן מוּטֶער, אָהְן
סֵפֶר הַיַחַשׂ, דֶער הָאט קֵיין אָנְהוֹיבּ פוּן טֶעג אוּנְד קֵיין סוֹף
פוּן לֶעבֶּען, אָבֶּער וָועלְכֶער אִיז גְלֵייךְ צוּם זוּהְן פוּן גָאט,
בְּלֵייבְּט בֶּעשְׁטֶענְדִיג אַ כֹּהֵן:
4 אוּנְד אִיהְר קֶענְט זֶעהֶען וִויא גְרוֹיס דִיזֶער אִיז גֶעוֶועזֶען,
צוּ וָועלְכֶען דֶער עֶלְטֶער־פָאטֶער אַבְרָהָם הָאט גֶעגֶעבֶּען
5 מַעֲשֵׂר פוּן דֶעם רוֹיבּ: אוּנְד דִיא וָואס זֶענֶען פוּן דִיא
קִינְדֶער פוּן לֵוִי הָאבֶּען דֶערְהַאלְטֶען דִיא כְּהוּנָּה אוּנְד
אַ גֶעבָּאט זֵייא זָאלֶען נֶעמֶען מַעֲשֵׂר פוּן דֶעם פָאלְק נָאךְ
דֶעם גֶעזֶעץ, דָאס אִיז פוּן זֵייעֶרֶע בְּרִידֶער, אַפִילוּ זֵייא
6 קוּמֶען אַרוֹיס פוּן דִיא לֶענְדֶען פוּן אַבְרָהָם: אָבֶּער דֶער
וָועלְכֶער שְׁטַאמְט נִיט אָפּ פוּן זֵייעֶר מִשְׁפָּחָה הָאט מַעֲשֵׂר
גֶענוּמֶען פוּן אַבְרָהָם, אוּנְד הָאט גֶעבֶּענְשְׁט דֶעם וָואס הָאט
7 גֶעהַאט דִיא הַבְטָחוֹת: אוּנְד אָהְן שׁוּם וִכּוּחַ דֶער נִידְרִיגֶער אִיז
8 גֶעבֶּענְשְׁט פוּן דֶעם הֶעכֶערֶען: אוּנְד דָא נֶעמֶען שְׁטֶערְבְּ־
לִיכֶע מֶענְשֶׁען מַעֲשֵׂר, אָבֶּער דָארְט, דֶער וָואס עֶס אִיז
9 בֶּעצֵייגְט אַז עֶר לֶעבְּט: אוּנְד אַזוֹי צוּ זָאגֶען, לֵוִי וָואס
נֶעמְט מַעֲשֵׂר הָאט אוֹיךְ גֶעגֶעבֶּען מַעֲשֵׂר דוּרְךְ אַבְרָהָם:
10 וָוארִין עֶר אִיז נָאךְ גֶעוֶועזֶען אִין דִיא לֶענְדֶען פוּן זֵיין
פָאטֶער וָוען מַלְכִּיצֶדֶק הָאט אִיהְם גֶעבֶּענְשְׁט:

אַזוֹי דֶען וָוען דִיא פָאלְקָאמֶענְהַייט אִיז גֶעשֶׁעהֶען דוּרְךְ 11
דִיא כְּהוּנָה פוּן לֵוִי, וָוארִין דָאס פָאלְק הָאט אוֹיף דֶעם
דֶערְהַאלְטֶען דִיא תּוֹרָה, וָואס הָאט מֶען נָאךְ בֶּעדַארְפְט אַז
אַיין אַנְדֶערֶער כֹּהֵן זָאל אוֹיפְשְׁטֶעהֶען נָאךְ דֶער אָרְדְנוּנְג
פוּן מַלְכִּיצֶדֶק, אוּנְד זָאל נִיט גֶערוּפֶען וָוערֶען נָאךְ דֶער
אָרְדְנוּנְג פוּן אַהֲרֹן? וָוארִין וָוען דִיא כְּהוּנָה אִיז פֶערְעֶנְ־ 12
דֶערְט, אַזוֹי מוּז אוֹיךְ זַיין אַ פֶערְעֶנְדֶערוּנְג פוּן דֶער תּוֹרָה:
וָוארִין דֶער, אוֹיף וָועלְכֶען דִיזֶעס אִיז גֶעזָאגְט גֶעוָוארֶען, 13
גֶעהֶערְט צוּ אַיין אַנְדֶערֶען שֵׁבֶט, וָואס קֵיינֶער פוּן זַייא
הָאט מַקְרִיב גֶעוֶועזֶען בַּיים מִזְבֵּחַ: וָוארִין עֶס אִיז קְלָאר 14
אַז אוּנְזֶער הַאר אִיז אַרוֹיסְגֶעקוּמֶען פוּן יְהוּדָה, פוּן וָועלְ־
כֶען שֵׁבֶט משֶׁה הָאט גָארְנִיט גֶערֶעדְט וֶועגֶען כֹּהֲנִים: אוּנְד 15
דָאס אִיז נָאךְ פִיל קְלָארֶער, וָוען אַיין אַנְדֶערֶער כֹּהֵן שְׁטֶעהְט
אוֹיף נָאךְ דֶעם גְלַייכְנִיס פוּן מַלְכִּיצֶדֶק: וָועלְכֶער אִיז נִיט 16
גֶעוָוארֶען נָאךְ דֶעם גֶעזֶעץ פוּן אַ פְלֵיישְׁלִיכֶען גֶעבָּאט,
נֵייעֶרְט נָאךְ דֶער קְרַאפְט פוּן אַ לֶעבֶּען וָואס הֶערְט עֶבִּיג
נִיט אוֹיף: וָוארִין עֶס אִיז בֶּעצֵייגְט, דוּא בִּיסְט אַ כֹּהֵן אוֹיף 17
עֶבִּיג נָאךְ דֶער אָרְדְנוּנְג פוּן מַלְכִּיצֶדֶק: תהלים ק"י ד'.
וָוארִין עֶס אִיז גֶעוָוארֶען אַ פֶערְוַוארְפוּנְג פוּן דֶעם פְרִיד־ 18
הֶערְדִיגֶען גֶעבָּאט, וֶועגֶען זַיינֶע שְׁוַואכְהַייט אוּנְד אוּמְנוּ־
צִיגְקֵייט: וָוארִין דִיא תּוֹרָה הָאט גָארְנִיט פָאלְקָאמֶען 19
גֶעמַאכְט, נֵייעֶרְט דִיא אַיינְפִיהְרוּנְג פוּן אַ בֶּעסֶערֶע הָאפְ־
נוּנְג, דוּרְךְ וָועלְכֶער מִיר קוּמֶען נָאהֶענְט צוּ גָאט:
אוּנְד גְלַייךְ וִויא עֶר אִיז נִיט גֶעמַאכְט כֹּהֵן אָהְן אַ שְׁבוּעָה: 20
וָוארִין יֶענֶע זֶענֶען גֶעוָוארֶען כֹּהֲנִים אָהְן אַ שְׁבוּעָה, אָבֶּער 21
דִיזֶער מִיט אַ שְׁבוּעָה דוּרְךְ דֶעם וָועלְכֶער הָאט צוּ אִיהְם
גֶעזָאגְט, דֶער הַאר הָאט גֶעשְׁוָואוֹירֶען אוּנְד וֶועט נִיט
חֲרָטָה הָאבֶּען, דוּא בִּיסְט אַ כֹּהֵן אוֹיף עֶבִּיג נָאךְ דֶער
אָרְדְנוּנְג פוּן מַלְכִּיצֶדֶק: תהלים ק"י ד'. אַזוֹי אִיז יֵשׁוּעַ אַיין 22
עָרֵב גֶעוָוארֶען פוּן אַ בֶּעסֶערֶען בּוּנְד: אוּנְד יֶענֶע זֶענֶען 23
פִילֶע גֶעוָוארֶען כֹּהֲנִים, וֵוייל זַייא הָאבֶּען נִיט גֶעקָאנְט
בְּלַייבֶּען דוּרְךְ דֶעם טוֹיט וָואס הָאט זַייא גֶעהִינְדֶערְט:
אָבֶּער עֶר, וֵוייל עֶר בְּלַייבְּט אוֹיף עֶבִּיג, הָאט אַ כְּהוּנָה 24
וָואס פֶערְגֶעהְט נִיט: דְרוּם קָאן עֶר אוֹיךְ פָאלְקָאמֶען 25

רֶעטְעֶן דִיא וָואס קוּמֶען צוּ גָאט דוּרְךְ אִיהָם, ווייל עֶר
לֶעבְּט אוֹיף עֶבִּיג אַז עֶר זָאל פַאר זֵייא בֶּעטֶען:
26 וָוארִין אַזֶעלְכֶער כֹּהֵן גָדוֹל הָאט אוּנְס גֶעפַּאסְט, דֶער אִיז
הֵיילִיג, אוּנְשׁוּלְדִיג, אָהְן אַ פְלֶעק, אָפְּגֶעזוּנְדֶערְט פוּן זִינְד,
27 אוּנְד אִיז הֶעכֶער גֶעוָוארֶען וויא דִיא הִימֶעל: דֶער בֶּעדַארְף
נִיט טֶעגְלִיךְ וויא יֶענֶע כֹּהֲנִים גְדוֹלִים, אַז עֶר זָאל מַקְרִיב
זַיין קָרְבָּנוֹת צוּעֶרְשְׁט פַאר זַיינֶע אֵייגֶענֶע זִינְד, דֶערְנָאךְ
פַאר דִיא זִינְד פוּן דֶעם פָאלְק; וָוארִין דָאס הָאט עֶר אוֹיף
אֵיין אֵיינְצִיג מָאל גֶעטְהוּן, אִינְדֶעם עֶר הָאט זִיךְ אַלֵיין
28 מַקְרִיב גֶעוֶועזֶען: וָוארִין דָאס גֶעזֶעץ שְׁטֶעלְט אָן מֶענְשֶׁען
פַאר כֹּהֲנִים גְדוֹלִים, וָואס הָאבֶּען שְׁוַואכְהֵייט; אָבֶּער דָאס
וָוארְט פוּן דֶער שְׁבוּעָה וָואס אִיז שְׁפֶּעטֶער וויא דָאס גֶע־
זֶעץ, שְׁטֶעלְט אָן דֶעם זוּהְן דֶער אִיז אוֹיף עֶבִּיג פָאלְקָאמֶען:

קאפיטעל ח

1 נוּן דָאס אִיז דִיא הוֹיפְּטזַאךְ פוּן דֶעם וָואס מִיר הָאבֶּען
גֶעזָאגְט, מִיר הָאבֶּען אַזֶעלְכֶען כֹּהֵן גָדוֹל, דֶער הָאט זִיךְ
גֶעזֶעצְט צוּ דִיא רֶעכְטֶע הַאנְד פוּן דֶעם כִּסֵא הַכָּבוֹד אִין
2 דִיא הִימֶעל: אַ דִינֶער פוּן דֶעם הֵיילִיגְטְהוּם אוּנְד פוּן דֶעם
וָואהְרֶען מִשְׁכָּן, וָואס דֶער הַאר הָאט אוֹיפְגֶעשְׁטֶעלְט אוּנְד
3 נִיט קֵיין מֶענְשׁ: וָוארִין יֶעדֶער כֹּהֵן גָדוֹל אִיז אָנְגֶעשְׁטֶעלְט
מַקְרִיב צוּ זַיין מְנָחוֹת אוּנְד קָרְבָּנוֹת; דְרוּם אִיז עֶס נֶעטִיג
אַז דִיזֶער זָאל אוֹיךְ עֶפֶּעס הָאבֶּען וָואס עֶר זָאל מַקְרִיב
זַיין:
4 וָוארִין וֶוען עֶר וָואלְט גֶעוֶועזֶען אוֹיף דֶער עֶרד וָואלְט עֶר
אֲפִילוּ נִיט גֶעוֶועזֶען אַ כֹּהֵן, ווייל עֶס זֶענֶען דִיא וָואס
5 זֶענֶען מַקְרִיב דִיא מַתָּנוֹת נָאךְ דֶער תּוֹרָה: וָועלְכֶע דִינֶען
פַאר אַ בִּילְד אוּנְד שָׁאטֶען פוּן דִיא הִימְלִישֶׁע זַאכֶען,
גְלֵייךְ וויא מֹשֶׁה אִיז גֶעוָוארְנְט גֶעוָוארֶען, וֶוען עֶר הָאט
גֶעדַאכְט דָאס מִשְׁכָּן פָאלְשְׁטֶענְדִיג צוּ מַאכֶען, וָוארִין עֶר
זָאגְט, גִיבּ אַכְטוּנְג אַז דוּא זָאלְסְט אַלֶעס מַאכֶען נָאךְ דֶעם פָאר־
בִּילְד וָואס אִיז דִיר גֶעוויזֶען אוֹיף דֶעם בַּארְג: שמות כ״ה מ׳.
6 אָבֶּער אִיצְט הָאט עֶר אַ פִיל בֶּעסֶערֶען דִינְסְט דֶערְהַאלְטֶען,
אִינְדֶעם עֶר אִיז אוֹיךְ אַ פֶערְמִיטְלֶער פוּן אַ בֶּעסֶערֶען בּוּנְד,
וָואס אִיז אוֹיף בֶּעסֶערֶע הַבְטָחוֹת בֶּעשְׁטֶעלְט גֶעוָוארֶען:

7 ווארין ווען דער ערשטער בונד וואלט געוועזען אהן א
פעהלער, אזוי וואלט ניט געוועזען איין ארט פאר איין
8 אנדערען: ווארין ער געפינט פעהלער, אונד זאגט,
„זעה עס קומען טעג, זאגט דער הער, אז איך וועל
מאכען א נייען בונד מיט דעם הויז פון ישראל אונד
9 מיט דעם הויז פון יהודה: ניט נאך דעם בונד וואס איך
האב געמאכט מיט זייערע אבות, אים טאג ווען איך
האב זייא גענומען ביי דער האנד זייא ארויסצופיהרען
פון דעם לאנד מצרים, ווארין זייא זענען ניט געבליבען
אין מיין בונד, אונד איך האב זייא פארווארפען, זאגט
10 דער הער: ווארין דאס איז דער בונד וואס איך וועל
מאכען מיט דעם הויז פון ישראל נאך יענע טעג, זאגט
דער הער, איך וועל געבען מיינע תורה אין זייער
פערשטאנד, אונד אויף זייערע הערצער וועל איך זיא
אנשרייבען, אונד איך וועל זיין זייער גאט, אונד זייא
11 וועלען זיין מיין פאלק: אונד זייא זאלען ניט לערנען
איטליכער זיין חבר, אונד איטליכער זיין ברודער, אונד
זאגען, דערקענט דעם הער, ווארין אלע וועלען מיך
12 קענען, פון זייער קליינסטען ביז צום גרעסטען: ווארין
איך וועל מיך דערבארמען איבער זייערע אונגע־
רעכטיגקייטען, אונד זייערע זינד וועל איך ניט מעהר
בעדענקען: ירמיה ל"א ל"א-ל"ד.
13 ווען ער זאגט א נייען בונד, אזוי האט ער דעם ערשטען
אלט געמאכט; נון דאס וועלכעס איז אלט געמאכט אונד
פעראלטערט, איז נאהענט צום פערשווינדען

קאפיטעל ט

1 אזוי דען האט אויך דער ערשטער בונד געבאטע פון
גאטעסדינסט אונד דאס היילינגטהום וואס געהערט צו
2 דיזער וועלט: ווארין דאס ערשטע משכן איז אויפגע־
שטעלט געווארען, אין וועלכען איז געוועזען דיא מנורה
אונד דער שלחן, אונד דאס לחם הפנים, וואס הייסט קדש:
3 אונד הינטער דעם אנדערען פרוכת איז געוועזען דאס
4 משכן וואס הייסט קדש הקדשים: וואס האט א גאלדענע
פייערפאן, אונד דעם ארון הברית בעדעקט פון אלע

זייטען מיט גאלד, דרינען איז געוועזען א גאלדענער
קרוג וואס האט אין זיך געהאלטען דעם מן, אונד דער
שטעקען פון אהרן וואס האט געבליט, אונד דיא לוחות
5 הברית: אונד דריבער זענען דיא כרובים פון הערליכ־
קייט, וואס בעשאטען דעם כפורת, פון וועלכע זאכען
מיר קאנען איצט ניט אייגציגווייס רעדען:
6 אונד ווען דיזע זאכען זענען אזוי איינגעריכטעט געווארען,
געהען דיא כהנים בעשטענדיג אין דעם ערשטען משכן
7 אריין דיא עבודה צו טהון: אבער אין דעם צווייטען
געהט נור דער כהן גדול אריין איין מאל אים יאהר, ניט
אהן בלוט, וואס ער איז פאר זיך אליין מקריב אונד אויך
8 פאר דיא שגגות פון דעם פאלק: דרינען ווייזט דער רוח
הקודש אן אז דער וועג צו דעם קודש הקדשים איז נאך
ניט אויפגעמאכט געווארען אזוי לאנג דאס ערשטע משכן
9 האט נאך א בעשטאנד: וואס איז א משל אויף דיא
איצטיגע צייט, ווען מען איז מקריב מתנות אונד זבחים,
וואס קאנען ניט פאלקאמען מאכען נאך דעם געוויסען פון
10 דעם וואס טהוט דיא עבודה: אינדעם זייא בעשטעהען
נור אין עסען אונד טרינקען אונד פערשידענע טבילות,
וואס זענען געבאטע אויפגעלעגט פון דעם פלייש ביז צו
דער צייט פון פערבעסערונג: ויקרא י"א ב'; במדבר י"ט ז'.
11 אבער משיח איז געקומען א כהן גדול פון דיא בעסערע
זאכען וואס זענען געווארען דורך דעם גרעסערען אונד
פאלקאמענערען משכן, וואס איז ניט מיט דיא האנד
12 געמאכט, דאס הייסט, ניט פון דיזען בעשעפענים: אויך
ניט דורך דעם בלוט פון ציגען אונד קעלבער, נייערט
דורך זיין אייגען בלוט איז ער איין איינציג מאל אין דיא
הייליגע ערטער אריינגעגאנגען, אונד האט אויסגעווירקט
13 עביגע דערלעזונג: ירמיה ל"א ל"ג. ווארין ווען דאס בלוט
פון ציגען אונד אקסען אונד דיא אש פון א קוה, ווען עס
איז געשפרענקעלט אויף דיא אונריינע, מאכט הייליג צו
14 דיא ריינינונג פון דעם פלייש: וויא פיל מעהר וועט דאס
בלוט פון דעם משיח, דער זיך האט אליין דורך דעם
עביגען גייסט אהן א מום מקריב געוועזען, כדי צו

רֵיינִיגֶען אוּנְזֶער גֶעוִויסֶען פוּן טוֹיטֶע וֶוערְק צוּ דִינֶען דֶעם
לֶעבֶּעדִיגֶען גָאט?
15 אוּנְד דֶעסְטְוֶועגֶען אִיז עֶר פֶּערְמִיטְלֶער פוּן דֶעם נֵייעֶן
בּוּנְד, כְּדֵי דוּרְךְ דֶעם טוֹיט וָואס אִיז גֶעשֶׁעהֶען צוּ דֶער
אוֹיסְלֶעזוּנְג פוּן דִיא זִינְד וָואס זֶענֶען גֶעוֶועזֶען אוּנְטֶער
דֶעם עֶרְשְׁטֶען בּוּנְד, דִיא בֶּערוּפֶענֶע זָאלֶען דֶערְהַאלְטֶען
16 דִיא הַבְטָחָה פוּן דֶער עֶבִּיגֶע יְרוּשָׁה: וָוארִין דָארְט וְואוּ
עֶס אִיז דָא אַ צְוָואָה אִיז אוֹיךְ מְחוּיָב צוּ זַיין דֶער טוֹיט
17 פוּן דֶעם וָואס הָאט גֶעמַאכְט דִיא צְוָואָה: וָוארִין אַ צְוָואָה
שְׁטֶעהְט פֶּעסְט אוֹיף דִיא טוֹיטֶע, וָוארִין עֶס הָאט קֵיינֶע
קְרַאפְט נִיט דֶערְוַוייל דֶער לֶעבְּט וָואס הָאט דִיא צְוָואָה
18 גֶעמַאכְט: דְרוּם אַפִילוּ דֶער עֶרְשְׁטֶער בּוּנְד אִיז אוֹיךְ נִיט
19 אָהְן בְּלוּט אֵיינְגֶעוַויהְט גֶעוָוארֶען: וָוארִין וֶוען מֹשֶׁה
הָאט אוֹיסְגֶערֶעט אִיטְלִיכֶעס גֶעבָּאט צוּ דֶעם גַאנְצֶען
פָאלְק נָאךְ דֶעם גֶעזֶעץ, הָאט עֶר גֶענוּמֶען דָאס בְּלוּט
פוּן דִיא קֶעלְבֶּער אוּנְד דִיא צִיגֶען מִיט וַואסֶער אוּנְד
רוֹיטְהֶע וָואל אוּנְד אֵזוֹב, אוּנְד הָאט בֶּעשְׁפְּרֶענְגְט דָאס
20 סֵפֶר אַלֵיין אוּנְד דָאס גַאנְצֶע פָאלְק: אוּנְד הָאט גֶעזָאגְט,
דָאס אִיז דָאס בְּלוּט פוּן דֶעם בּוּנְד וָואס גָאט הָאט אֵייךְ גֶע־
21 בָּאטֶען: שמות כ"ד ח'. אוּנְד אוֹיךְ דָאס מִשְׁכָּן אוּנְד אַלֶע כֵּלִים
פוּן דֶעם דִינְסְט הָאט עֶר גְלֵייכְדֶעם בֶּעשְׁפְּרֶענְגְט מִיט בְּלוּט:
22 אוּנְד כִּמְעַט אַלֶע זַאכֶען זֶענֶען נָאךְ דֶער תּוֹרָה מִיט
בְּלוּט גֶערַיינִיגְט, אוּנְד אָהְן פֶּערְגִיסוּנְג פוּן בְּלוּט וֶוערְט
קַיינֶע פֶּערְגֶעבּוּנְג: ויקרא י"ז י"א.
23 דְרוּם אִיז עֶס נֶעטִיג גֶעוֶועזֶען אַז דָאס מוּסְטֶער פוּן דִיא
הִימְלִישֶׁע זַאכֶען זָאלֶען מִיט דִיזֶען גֶערַיינִיגְט וֶוערֶען,
אָבֶּער דִיא הִימְלִישֶׁע זַאכֶען אַלֵיין מִיט בֶּעסֶערֶע קָרְבָּנוֹת
24 וִויא דִיזֶע: וָוארִין מָשִׁיחַ אִיז נִיט אַרַיינְגֶעגַאנְגֶען אִין
עֶרְטֶער וָואס זֶענֶען מִיט דִיא הַאנְד גֶעמַאכְט, וָואס זֶענֶען
מוּסְטֶער פוּן דִיא וָואהְרֶען, נֵייעֶרְט אִים הִימֶעל אַלֵיין, אַז
25 עֶר זָאל זִיךְ אִיצְט וַויידֶען פָאר גָאט וֶועגֶען אוּנְס: אוֹיךְ
נִיט כְּדֵי עֶר זָאל זִיךְ אָפְט מַקְרִיב זַיין, גְלֵייךְ וִויא דֶער
כֹּהֵן גָדוֹל אִיז אִין דִיא הֵיילִיגֶע עֶרְטֶער יֶעדֶעס יָאהְר
26 אַרַיינְגֶעגַאנְגֶען מִיט פְרֶעמְדֶעס בְּלוּט: וָוארִין אוֹיף אַזוֹי

אֵיין אוֹפֶן הָאט עֶר אָפְּט גֶעמוּזְט לֵיידֶען פוּן דֶער גְרִינְ־
דוּנְג פוּן דֶער וֶועלְט אָן; אָבֶּער אִיצְט הָאט עֶר זִיךְ אֵיין
מָאל בֶּעווִיזֶען אַם עֶנְדֶע פוּן דֶעם צַייטאַלְטֶער, אַז עֶר
27 זָאל אוֹיסְטִילִיגֶען דִיא זִינְד דוּרְךְ זַיין קָרְבָּן: אוּנְד גְלֵייךְ
וִויא עֶס אִיז בֶּעשְׁטִימְט פַאר דִיא מֶענְשֶׁען אֵיין מָאל צוּ
28 שְׁטַארְבֶּען, אוּנְד דֶערְנָאךְ אִיז דָאס מִשְׁפָּט: אַזוֹי הָאט
זִיךְ אוֹיךְ דֶער מָשִׁיחַ אֵיין מָאל מַקְרִיב גֶעוֶועזֶען כְּדֵי
עֶר זָאל טְרָאגֶען דִיא זִינְד פוּן פִילֶע, אוּנְד עֶר וֶועט
זִיךְ אַ צְוֵוייטֶעס מָאל בֶּעווֵייזֶען אָהְן זִינְד צוּ יְשׁוּעָה צוּ
דִיא וָואס וַוארְטֶען אוֹיף אִיהְם: ישעיה כ"ה ט'.

קאפיטעל י

1 וָוארִין דִיא תּוֹרָה הָאט אַ שָׁאטֶען פוּן דִיא גוּטֶע קוּמֶענְ־
דִיגֶע זַאכֶען אוּנְד נִיט דָאס וִוירְקְלִיכֶע בִּילְד פוּן דִיא
זַאכֶען, אוּנְד קָאן קֵיין מָאל נִיט פָאלְקָאמֶען מַאכֶען דִיא
וָואס קוּמֶען דֶערְצוּ מִיט דִיא זֶעלְבֶּע קָרְבָּנוֹת וָואס זַייא
2 זֶענֶען בֶּעשְׁטֶענְדִיג אַלֶע יָאהְר מַקְרִיב: וָוארִין אוֹיף אַזוֹי
אֵיין אוֹפֶן וָואלְטֶען זַייא נִיט אוֹיפְגֶעהֶערְט מַקְרִיב צוּ
זַיין, וַוייל דִיא דִינֶער וָואס זֶענֶען אֵיינְמָאל גֶערֵיינִיגְט
גֶעוָוארֶען וָואלְטֶען נִיט מֶעהְר גֶעהַאט קֵיין גֶעווִיסֶען פוּן
3 זִינְד? אָבֶּער אִין זַייא אִיז יֶעדֶעם יָאהְר דֶערְמָאנֶען פוּן
4 זִינְד: וָוארִין עֶס אִיז אוּנְמֶעגְלִיךְ אַז דָאס בְּלוּט פוּן
5 אָקְסֶען אוּנְד צִיגֶען זָאל אַוֶועקְנֶעמֶען זִינְד: דְרוּם וֶוען
עֶר קוּמְט אִין דִיא וֶועלְט אַרֵיין זָאגְט עֶר,
„קָרְבָּן אוּנְד שְׁפֵּייזְאָפְּפֶער הָאסְט דוּא נִיט גֶעוָואלְט,
6 אָבֶּער אַ לֵייבּ הָאסְט דוּא מִיר אָנְגֶעבְּרֵייט: בְּרַאנְדְ־
אָפְּפֶער אוּנְד זִינְדְאָפְּפֶער זֶענֶען דִיר נִיט גֶעפֶעלֶען:
7 דַאן הָאבּ אִיךְ גֶעזָאגְט, זֶעה, אִיךְ קוּם, אִין דֶער מְגִלָּה
פוּן דֶעם בּוּךְ אִיז עֶס וֶועגֶען מִיר גֶעשְׁרִיבֶּען, דַיין
ווִילֶען צוּ טְהוּן, אָ גָאט" תהלים מ' ז'-ט'.
8 וֶוען עֶר זָאגְט אוֹיבֶּען, קָרְבָּנוֹת אוּנְד שְׁפֵּייזְאָפְּפֶער אוּנְד
בְּרַאנְדְאָפְּפֶער אוּנְד זִינְדְאָפְּפֶער הָאסְט דוּא נִיט גֶעוָואלְט,
אוּנְד זַייא גֶעפֶעלֶען דִיר נִיט, וֶועלְכֶע מֶען הָאט מַקְרִיב
9 גֶעוֶועזֶען נָאךְ דֶעם גֶעזֶעץ: דַאן זָאגְט עֶר, זֶעה, אִיךְ קוּם
דַיין ווִילֶען צוּ טְהוּן. עֶר נֶעמְט אַוֶועק דָאס עֶרְשְׁטֶע, כְּדֵי

10 עֶר זָאל אוּיפְשְׁטֶעלֶען דָאס צְוֵויטֶע: אִין װעֶלְכֶען װִילֶען
זֶענֶען מִיר גֶעהֵיילִיגְט דוּרְךָ דֶעם אָפְּפֶער פוּן דֶעם לֵייבּ
פוּן יֵשׁוּעַ הַמָשִׁיחַ אֵיין אֵיינְצִיג מָאל: ישעיה נ״ג ד׳־י״ב.
11 אוּנְד יֶעדֶער כֹּהֵן שְׁטֶעהְט טֶעגְלִיךְ אִין דֶער עֲבוֹדָה, אוּנְד
אִיז אָפְּט מַקְרִיב דִיא זֶעלְבֶּע קָרְבָּנוֹת, וָואס קָאנֶען קֵיינְ־
12 מָאל נִיט אַװעקְנֶעמֶען זִינְד: אָבֶּער דִיזֶער, װען עֶר הָאט
מַקְרִיב גֶעוֶועזֶען אֵיין קָרְבָּן פַאר דִיא זִינְד אוֹיף עֶבִּיג,
13 הָאט זִיךְ גֶעזֶעצְט צוּ דִיא רֶעכְטֶע הַאנְד פוּן גָאט: אוּנְד
פוּן אַצוּנְד אָן װַארְטֶעט עֶר בִּיז זַיינֶע פֵיינְד זֶענֶען גֶעמַאכְט
14 פַאר אַ פוּסְבֶּענְקֶעל צוּ זַיינֶע פִיס: תהלים ק״י א׳. װָארִין
דוּרְךָ אֵיין קָרְבָּן הָאט עֶר אוֹיף עֶבִּיג פָאלְקָאמֶען גֶעמַאכְט
דִיא וָואס זֶענֶען גֶעהֵיילִיגְט:
15 אוּנְד דֶער רוּחַ הַקוֹדֶשׁ גִיבְּט אוּנְס אוֹיךְ עֵדוּת; װָארִין
נָאכְדֶעם עֶר הָאט גֶעזָאגְט:
16 „דָאס אִיז דֶער בּוּנְד וָואס אִיךְ װעל מִיט זֵייא מַאכֶען
נָאךְ יֶענֶע טֶעג, זָאגְט דֶער הַאר, אִיךְ װעל מֵיינֶע גֶע־
זֶעצֶע גֶעבֶּען אוֹיף זַייעֶרֶע הֶערְצֶער, אוּנְד אוֹיף זַייעֶר
17 פֶערְשְׁטַאנְד װעל אִיךְ זַייא אָנְשְׁרַייבֶּען: אוּנְד זַייעֶרֶע
זִינְד אוּנְד זַייעֶרֶע אִיבֶּערְטְרֶעטוּנְגֶען װעל אִיךְ נִיט מֶעהְר
גֶעדֶענְקֶען”: ירמיה ל״א ל״ג ל״ד.
18 נוּן װאוּ עֶס אִיז פֶערְהַאנְדֶען פֶערְגֶעבּוּנְג פוּן דִיזֶע, דָארְט
אִיז נִיט מֶעהְר פֶערְהַאנֶען קֵיין קָרְבָּן פַאר זִינְד:
19 דְרוּם בְּרִידֶער, װייל מִיר הָאבֶּען אַ בִּטָחוֹן אַרַיינְצוּקוּמֶען
20 אִין דֶעם הֵיילִיגֶען אָרְט דוּרְךָ דֶעם בְּלוּט פוּן יֵשׁוּעַ: דוּרְךָ
דֶעם נֵייעֶן אוּנְד לֶעבֶּעדִיגֶען װעג וָואס עֶר הָאט פַאר אוּנְס
מְחַנֵךְ גֶעוֶועזֶען דוּרְךָ דֶעם פָּרוֹכֶת, דָאס הֵייסְט זַיין פְלֵיישׁ:
21 אוּנְד װייל מִיר הָאבֶּען אַ כֹּהֵן גָדוֹל אִיבֶּער דֶעם הוֹיז פוּן
22 גָאט: לָאזֶען מִיר אֵיינְטְרֶעטֶען מִיט אַ וָואהְרֶען הַארְצֶען
אִים פָאלֶען גְלוֹיבֶּען, אוּנְזֶערֶע הֶערְצֶער גֶעשְׁפְּרֶענְקֶעלְט
פוּן אַ שְׁלֶעכְטֶען גֶעװיסֶען אוּנְד אוּנְזֶערֶע לַייבֶּער גֶעוַואשֶׁען
23 מִיט רֵיין װַאסֶער: לָאזֶען מִיר פֶעסְטְהַאלְטֶען אוּנְבֶּעוֶועגְלִיךְ
דָאס בֶּעקֶענְטְנִיס פוּן אוּנְזֶערֶע הָאפְנוּנְג, וָוארִין דֶער װעלְ־
24 כֶער הָאט גֶעגֶעבֶּען דִיא הַבְטָחָה אִיז גֶעטְרֵייא: אוּנְד
לָאזֶען מִיר בֶּעטְרַאכְטֶען אֵיינֶער דֶעם אַנְדֶערֶען צוּ אֵייפֶערְן

25 צוּ לִיבֶּע אוּנְד גוּטֶע מַעֲשִׂים: אִינְדֶעם מִיר פֶערְלָאזֶען נִיט
אוּנְזֶער צוּזַאמֶענְקוּמֶען, גְלֵייךְ ווִיא עֶס אִיז דֶער מִנְהָג פוּן
עֶטְלִיכֶע, נֵייעֶרְט מִיר דֶערְמָאנֶען, אוּנְד נָאךְ מֶעהְר וֶוען
אִיהְר זֶעהְט דֶעם טָאג נָאהֶענְט קוּמֶען:
26 וָוארִין וֶוען מִיר זִינְדִיגֶען מוּטְווִילִיג נָאכְדֶעם מִיר הָאבֶּען
בֶּעקוּמֶען דִיא דֶערְקֶענְטְנִיס פוּן דֶער וָואהְרְהֵייט, בְּלֵייבְּט
27 גִיט מֶעהְר אִיבֶּער קֵיין קָרְבָּן פַאר זִינְד: נֵייעֶרְט אַ שְׁרֶעקְ־
לִיכֶעס וַוארְטֶען פוּן מִשְׁפָּט אוּנְד פֵייעֶרְדִיגֶע קִנְאָה וָואס
28 וֶועט דִיא ווִידֶערְשְׁפֶּענִיגֶע פֶערְצֶעהְרֶען: וֶוען אֵיינֶער הָאט
עוֹבֵר גֶעוֶועזֶען תּוֹרַת מֹשֶׁה, אִיז עֶר אָהְן רַחְמָנוּת
29 גֶעשְׁטָארְבֶּען דוּרְךְ צְווֵייא אָדֶער דְרֵייא עֵדוּת: ווִיא פִיל
אַרְגֶערֶע שְׁטְרָאף, מֵיינְט אִיהְר, וֶועט דֶער וֶוערְט זַיין וָואס
הָאט גֶעטְרֶעטֶען מִיט דִיא פִיס דֶעם זוּהְן פוּן גָאט, אוּנְד
הָאט גֶעהַאלְטֶען פַאר אַ גֶעמֵיינֶע זַאךְ דָאס בְּלוּט פוּן דֶעם
בּוּנְד, אִין וֶועלְכֶען עֶר אִיז גֶעהֵיילִיגְט גֶעוָוארֶען, אוּנְד הָאט
30 גֶעלֶעסְטֶערְט דֶעם גֵייסְט פוּן דֶער גְנָאד: וָוארִין מִיר
קֶענֶען דֶעם וֶועלְכֶער הָאט גֶעזָאגְט, דִיא נְקָמָה אִיז מַיין,
אִיךְ וֶועל פֶערְגֶעלְטֶען; אוּנְד ווִידֶער, דֶער הַאר וֶועט זַיין
31 פָאלְק רִיכְטֶען: דברים ל״ב ל״ה ל״ו. עֶס אִיז אַ שְׁרֶעקְלִיכֶע
זַאךְ אַרַיין צוּ פַאלֶען אִין דִיא הֶענְד פוּן דֶעם לֶעבֶּעדִיגֶען
גָאט: דברים ד׳ כ״ד.
32 אָבֶּער גֶעדֶענְקְט דִיא פְרִיהֶערְדִיגֶע טֶעג, אִין וֶועלְכֶע אִיהְר
זֶענְט דֶערְלֵייכְטֶעט גֶעוֶועזֶען, אוּנְד הָאט אוֹיסְגֶעשְׁטַאנֶען
33 אַ גְרוֹיסֶען קַאמְפְּף פוּן לֵיידֶען: צוּם טְהֵייל וֶוען אִיהְר זֶענְט
דוּרְךְ חַרְפּוֹת אוּנְד צָרוֹת צוּם אָנְזֶעהֶען גֶעוָוארֶען, אוּנְד
צוּם טְהֵייל וֶוען אִיהְר זֶענְט גֶעוָוארֶען חֲבֵרִים פוּן דִיא
34 וֶועלְכֶע זֶענֶען אַזוֹי בֶּעהַאנְדֶעלְט: וָוארִין אִיהְר הָאט מִיטְ־
לֵייד גֶעהַאט מִיט דִיא גֶעפַאנְגֶענֶע, אוּנְד אִיהְר הָאט צוּ־
גֶעזֶעהֶען מִיט פְרֵייד דֶעם רוֹיבּ פוּן אֵייעֶרֶע גִיטֶער, אִינְדֶעם
אִיהְר ווֵייסְט אַז אִיהְר הָאט זֶעלְבְּסְט אַ בֶּעסֶערֶעס אוּנְד
35 בֶּעשְׁטֶענְדִיגֶעס אֵייגֶענְטְהוּם: דְרוּם פֶערְוַוארְפְט נִיט אֵייעֶר
36 בִּטָּחוֹן וָואס הָאט אַ גְרוֹיסֶען שְׂכַר: וָוארִין אִיהְר בֶּעדַארְפְט
גֶעדוּלְד, כְּדֵי אִיהְר זָאלְט טְהוּן דֶעם ווִילֶען פוּן גָאט, אוּנְד
זָאלְט דֶערְהַאלְטֶען דִיא הַבְטָחָה:

„וואָרין עס איז נאָך אַ קליינע ווייִלע, דער וועלכער 37
קומט וועט קומען אונד וועט זיך ניט פאַרזוימען:
אָבער אַ צדיק וועט דורך זיין גלויבען לעבען, אונד 38
ווען ער וועט זיך צוריקציהען, האָט מיינע זעלע אין
איהם קיין נחת“: חבקוק ב׳ ו׳ ד׳; ישעיה כ״ו כ״א.
אָבער מיר זענען ניט פון דיא וואָס ציהען זיך צוריק צום 39
פערדאַרבען, נייערט פון דיא וואָס גלויבען צו דער
רעטונג פון דער זעלע:

קאפיטעל יא

נון גלויבען איז דער בטחון פון דיא זאַכען אויף 1
וועלכע מען האָפט, דער בעוויז פון דיא זאַכען וואָס
מען זעהט ניט: וואָרין דורכען האָבען דיא זקנים דאָס 2
צייגניס דערהאַלטען: דורך גלויבען פערשטעהען מיר, 3
אַז דיא וועלטען זענען דורך דעם וואָרט פון גאָט
אָנגעבריים, אַזוֹי אַז דאָס וואָס מען זעהט איז ניט
געמאַכט געוואָרען פון זאַכען וואָס ערשיינען: דורך 4
גלויבען האָט הבל מקריב געוועזען צו גאָט אַ בעסער־
רעם קרבן וויא קין, דורך וועלכען עס איז איהם עדות
געגעבען אַז ער איז געוועזען אַ צדיק, אינדעם גאָט
בעצייגט אויף זיינע מתנות, אונד דורך דעם רעט ער
נאָך אַפילו ער איז טויט: דורך גלויבען איז חנוך 5
אַוועקגענומען געוואָרען, אַז ער זאָל ניט דעם טויט
זעהען, אונד איז ניט געפינען געוואָרען, ווייל גאָט
האָט איהם אַוועקגענומען; וואָרין פאָר זיין אַוועקנעמען
האָט ער געהאַט דאָס צייגניס אַז ער האָט גאָט וואוילגע־
געפאַלען: אָבער אָהן גלויבען איז עס אונמעגליך 6
איהם צו געפעלען; וואָרין דער וואָס קומט צו איהם
מוז גלויבען אַז ער איז, אונד אַז ער איז אַ פערגעל־
טער צו דיא וואָס זוכען איהם: דורך גלויבען האָט 7
נח, ווען ער האָט בעקומען אַ וואָרנונג פון גאָט וועגען
דיא זאַכען וואָס מען האָט נאָך ניט געזעהען, בעוועגט
מיט געטליכע פורכט צוגעבריים אַ תיבה פאַר דיא
רעטונג פון זיין הויז, דורך וועלכען ער האָט דיא
וועלט בעשולדיגט, אונד איז געוואָרען אַ יורש פון

8 דֶער גֶערֶעכְטִיגְקֵייט וָואס אִיז נָאךְ גְלוֹיבֶּען: דוּרְךְ
גְלוֹיבֶּען הָאט אַבְרָהָם, וֶוען עֶר אִיז בֶּערוּפֶען גֶעוָוארֶען
גֶעהָארְכְט אוֹיסְצוּגֶעהֶען אִין אֵיין אָרְט וֶועלְכֶען עֶר
זָאל דֶערְנָאךְ דֶערְהַאלְטֶען פָאר אַ יְרוּשָּׁה; אוּנְד עֶר
אִיז אוֹיסְגֶעגַאנְגֶען אָהִין צוּ וִויסֶען וְואוּ אַהִין עֶר וֶועט
9 גֶעהֶען: דוּרְךְ גְלוֹיבֶּען הָאט עֶר זִיךְ אוֹיפְגֶעהַאלְטֶען
אִים לַאנְד פוּן דֶער הַבְטָחָה אַזוֹי וִויא אִין אַ פְרֶעמְד
לַאנְד, אוּנְד הָאט גֶעוְואוֹינְט אִין גֶעצֶעלְטֶען מִיט יִצְחָק
אוּנְד יַעֲקֹב דִיא יוֹרְשִׁים מִיט אִיהְם פוּן דִיא זֶעלְבֶּע
10 הַבְטָחָה: וָוארִין עֶר הָאט גֶעוַוארְט אוֹיף אַ שְׁטָאט וָואס
הָאט אַ גְרוּנְד, דֶער בּוֹימֵייסְטֶער אוּנְד בֶּעשֶׁעפֶער דֶערְפוּן
11 אִיז גָאט: דוּרְךְ גְלוֹיבֶּען הָאט אַפִילוּ שָׂרָה קְרַאפְט
בֶּעקוּמֶען מְעוּבֶּרֶת צוּ וֶוערֶען, חָאטְשֶׁע זִיא אִיז אִיבֶּער
אִיהְרֶע עֶלְטֶער גֶעוֶועזֶען, וֵוייל זִיא הָאט דֶעם גֶעטְרֵייא
12 גֶעהַאלְטֶען וֶועלְכֶער הָאט גֶעגֶעבֶּען דִיא הַבְטָחָה: דְרוּם
אִיז אוֹיךְ פוּן אֵיינֶעם וָואס אִיז גֶעוֶועזֶען אַזוֹי גוּט וִויא
טוֹיט, גֶעבּוֹירֶען גֶעוָוארֶען גְלֵייךְ וִויא דִיא שְׁטֶערְן פוּן
דֶעם הִימֶעל אִין מֶענְגֶע, אוּנְד וִויא דֶער זַאמְד וָואס אִיז
בַּייא דֶעם בָּארְטֶען פוּן יַם אָהְן אַ צָאהְל: בראשית כ"ב י"ז.
13 דִיזֶע אַלֶע זֶענֶען גֶעשְׁטָארְבֶּען אִין גְלוֹיבֶּען, אוּנְד הָאבֶּען
נִיט דֶערְהַאלְטֶען דִיא הַבְטָחוֹת, נֵייעֶרְט זֵייא הָאבֶּען זֵייא פוּן
וֵוייטֶען גֶעזֶעהֶען אוּנְד גֶעגְרִיסְט, אוּנְד הָאבֶּען בֶּעקֶענְט אַז
זֵייא זֶענֶען גֶעוֶועזֶען פְרֶעמְדֶע אוּנְד גֶעסְט אוֹיף דֶער עֶרְד:
14 וָוארִין דִיא וָואס זָאגֶען אַזֶעלְכֶע זַאכֶען, צֵייגֶען קְלָאר אָן
15 אַז זֵייא זוּכֶען אַ פָאטֶערְלַאנְד: אוּנְד וֶוען זֵייא וָואלְטֶען
גֶעדֶענְקְט אָן דֶעם לַאנְד פוּן וֶועלְכֶען זֵייא זֶענֶען אַרוֹיסְ־
גֶעקוּמֶען, וָואלְטֶען זֵייא צֵייט גֶעהַאט צוּרִיקְצוּקֶעהְרֶען:
16 אָבֶּער אִיצְט וִוינְשֶׁען זֵייא אַ בֶּעסֶערֶעם לַאנְד, דָאס אִיז
אַ הִימְלִישֶׁעס. דְרוּם שֶׁעהְמְט זִיךְ נִיט גָאט מִיט זֵייא,
עֶר זָאל הֵייסֶען זֵייעֶר גָאט; וָוארִין עֶר הָאט זֵייא אָנְגֶעבְּרֵייט
אַ שְׁטָאט: שמות ג׳ ו׳; י"ז.
17 דוּרְךְ גְלוֹיבֶּען הָאט אַבְרָהָם מַקְרִיב גֶעוֶועזֶען זֵיין זוּהְן
יִצְחָק, וֶוען עֶר אִיז גֶעפְּרִיפְט גֶעוָוארֶען, אוּנְד דֶער וָואס
הָאט דֶערְהַאלְטֶען דִיא הַבְטָחוֹת הָאט מַקְרִיב גֶעוֶועזֶען

18 זַיין אֵיינְצִיגֶען זוּהְן: װעגען װעלכֶען עֶס אִיז גֶעזָאגְט
גֶעװָארֶען, אַז אִין יִצְחָק װעט צוּ דִיר אַ נָאמֶען גֶערוּפֶען
19 װערֶען: אִינְדֶעם עֶר הָאט גֶערֶעכֶענְט אַז גָאט קָאן אִיהְם
אוֹיךְ אוֹיפְװעקֶען פוּן דִיא טוֹיטֶע; פוּן װַאנֶען עֶר הָאט
20 אִיהְם אוֹיךְ צוּרִיקְגֶענוּמֶען אִים גְלֵייכְנִיס: דוּרְךְ גְלוֹיבֶּען
הָאט יִצְחָק גֶעבֶּענְשְׁט יַעֲקֹב אוּנְד עֵשָׂו אַפִילוּ װעגֶען
21 זַאכֶען װָאס װעלֶען גֶעשֶׁעהֶען: דוּרְךְ גְלוֹיבֶּען הָאט
יַעֲקֹב בֵּיים שְׁטַארְבֶּען גֶעבֶּענְשְׁט בֵּיידֶע זִיהְן פוּן יוֹסֵף,
אוּנְד הָאט גֶעבֶּעטֶען אָנְגֶעלֶעהְנְט אָן דֶער שְׁפִּיץ פוּן זַיין
22 שְׁטֶעקֶען: דוּרְךְ דֶעם גְלוֹיבֶּען הָאט יוֹסֵף גֶעדֶענְקְט בֵּיים
שְׁטַארְבֶּען אָן דֶעם אוֹיסְגַאנְג פוּן דִיא קִינְדֶער פוּן יִשְׂרָאֵל
אוּנְד הָאט בֶּעפוֹילֶען װעגֶען זַיינֶע בֵּיינֶער:
23 דוּרְךְ גְלוֹיבֶּען, װען מֹשֶׁה אִיז גֶעבּוֹירֶען גֶעװָארֶען, הָאבֶּען
אִיהְם זַיינֶע עֶלְטֶערְן בֶּעהַאלְטֶען דְרֵייא חֳדָשִׁים, װייל זַייא
הָאבֶּען גֶעזֶעהֶען אַז עֶר אִיז אַ שֶׁעהְנֶעס קִינְד, אוּנְד
זַייא הָאבֶּען זִיךְ נִיט גֶעפָארְכְטֶען פַאר דֶעם בֶּעפֶעהְל פוּן
24 דֶעם קֶענִיג: דוּרְךְ גְלוֹיבֶּען הָאט מֹשֶׁה, װען עֶר אִיז
אוֹיפְגֶעװַאקְסֶען, נִיט גֶעװָאלְט גֶערוּפֶען װערֶען דֶער זוּהְן
25 פוּן דֶער טָאכְטֶער פוּן פַּרְעֹה: אִינְדֶעם עֶר הָאט גֶעװֶעהְלְט
לִיבֶּער צוּ לֵיידֶען מִיט דֶעם פָאלְק פוּן גָאט, אֵיידֶער דָאס
26 צַייטְלִיכֶע פֶערְגֶענִיגֶען פוּן זִינְד צוּ דֶערְהַאלְטֶען: אוּנְד עֶר
הָאט גֶערֶעכֶענְט דִיא חֶרְפָּה פוּן מָשִׁיחַ פַאר אַ גְרֶעסֶערֶע
עֲשִׁירוּת װִיא דִיא אוֹצְרוֹת פוּן מִצְרַיִם; װָארִין עֶר הָאט
הִינְגֶעבְּלִיקְט אוֹיף דִיא פֶערְגֶעלְטוּנְג פוּן דֶעם שָׂכָר:
27 דוּרְךְ גְלוֹיבֶּען הָאט עֶר פֶערְלָאזְט מִצְרַיִם, אוּנְד הָאט זִיךְ
נִיט גֶעפָארְכְטֶען פַאר דֶעם צָארְן פוּן דֶעם קֶענִיג; װָארִין
עֶר הָאט אוֹיסְגֶעהַאלְטֶען אַזוֹי װִיא עֶר זֶעהְט דֶעם װעלְכֶען
28 מֶען קֶען נִיט זֶעהֶען: דוּרְךְ גְלוֹיבֶּען הָאט עֶר גֶעהַאלְטֶען
פֶּסַח אוּנְד דִיא שְׁפְּרֶענְגוּנְג פוּן דֶעם בְּלוּט, כְּדֵי דֶער
פֶערְדַארְבֶּער פוּן דִיא בְּכוֹרִים זָאל זַייא נִיט אָנְרִיהְרֶען:
29 דוּרְךְ גְלוֹיבֶּען זֶענֶען זַייא דוּרְכְגֶעגַאנְגֶען דָאס יַם סוּף
גְלֵייךְ װִיא אִיבֶּער טְרוּקֶענֶעם לַאנְד, װָאס דִיא מִצְרַיִם
הָאבֶּען גֶעפְּרִיפְט אוּנְד זֶענֶען דֶערְטְרוּנְקֶען גֶעװָארֶען:
30 דוּרְךְ גְלוֹיבֶּען זֶענֶען דִיא מוֹיעֶרְן פוּן יְרִיחוֹ אֵיינְגֶעפַאלֶען,

נָאכדֶעם מֶען הָאט זַייא אַרוּמְגֶערִינְגֶעלְט זִיבֶּען טֶעג:
31 דוּרְךְ גְלוֹיבֶּען אִיז רָחָב הַזּוֹנָה נִיט אוּמְגֶעקוּמֶען מִיט דִיא
אוּנְגֶעהָארְכֶענְדֶע, אִינְדֶעם זִיא הָאט דִיא מְרַגְּלִים אוֹיפְגֶע־
נוּמֶען מִיט פְרִידֶען: יהושע ו׳ כ״ג.
32 אוּנְד וָואס זָאל אִיךְ נָאךְ מֶעהר זָאגֶען? וָוארִין דִיא צַייט
וֶועט מִיר פֶעהלֶען צוּ דֶערְצֶעהְלֶען וֶועגֶען גִּדְעוֹן, בָּרָק,
שִׁמְשׁוֹן, יִפְתָּח, דָּוִיד אוּנְד שְׁמוּאֵל אוּנְד דִיא נְבִיאִים:
33 וֶועלְכֶע הָאבֶּען דוּרְךְ גְלוֹיבֶּען קֶענִיגְרַייכֶע אוּנְטֶערְטֶענִיג
גֶעמַאכְט, גֶערֶעכְטִיגְקֵייט גֶעטְהוּן, דִיא הַבְטָחוֹת דֶערְהַאלְ־
34 טֶען, פֶערְשְׁטָאפְּט דִיא מֵיילֶער פוּן לֵייבֶּען: פֶערְלָאשֶׁען
דִיא קְרַאפְט פוּן פֵייעֶר, זֶענֶען אַנְטְרִינֶען פוּן דֶער שַׁארְף
פוּן דֶעם שְׁוֶוערְד, פוּן שְׁוַואכְהֵייטֶען זֶענֶען קְרֶעפְטִיג
גֶעוָוארֶען, זֶענֶען אִין דֶער מִלְחָמָה גִּבּוֹרִים גֶעוָוארֶען,
35 הָאבֶּען פֶערְיָאגְט דִיא פְרֶעמְדֶע חַיָּלוֹת: פְרוֹיעֶן הָאבֶּען
צוּרִיקְבֶּעקוּמֶען אִיהְרֶע טוֹיטֶע דוּרְךְ תְּחִיַּת הַמֵּתִים, אוּנְד
עֶטְלִיכֶע זֶענֶען גֶעפְּלָאגְט גֶעוָוארֶען אוּנְד הָאבֶּען קֵיינֶע
בֶּעפְרֵייאוּנְג אָנְגֶענוּמֶען, כְּדֵי זַייא זָאלֶען דֶערְהַאלְטֶען אַ
36 בֶּעסֶערֶע אוֹיפְעֶרְשְׁטֶעהוּנְג: אוּנְד אַנְדֶערֶע זֶענֶען גֶעפְּרִיפְט
גֶעוָוארֶען דוּרְךְ שְׁפָּאט אוּנְד שְׁמֵייסֶען מִיט רִיטֶער, אוּנְד
37 אֲפִילוּ דוּרְךְ קֶעטֶען אוּנְד גֶעפֶענְגְנִיס: זַייא זֶענֶען
גֶעשְׁטֵיינִיגְט גֶעוָוארֶען, גֶעפְּרִיפְט גֶעוָוארֶען, דוּרְכְגֶעזֶעגְט
גֶעוָוארֶען, מִיט דֶעם שְׁוֶוערְד גֶעטֵייטֶעט גֶעוָוארֶען, זַייא
זֶענֶען אַרוּמְגֶעגַאנְגֶען אִין פֶעל פוּן שָׁאף אוּנְד פוּן צִיגֶען,
זַייא זֶענֶען גֶעוֶועזֶען אִין דֶער נוֹיט אוּנְד אִין צָרוֹת,
38 אוּנְד שְׁלֶעכְט בֶּעהַאנְדֶעלְט: פוּן וֶועלְכֶע דִיא וֶועלְט אִיז
נִיט וֶוערְט גֶעוֶועזֶען; זַייא הָאבֶּען אַרוּמְגֶעוַואנְדֶערְט אִין
פּוּסְטֶע עֶרְטֶער אוּנְד אוֹיף בֶּערְג אוּנְד אִין הֶעהְלֶען
39 אוּנְד לֶעכֶער פוּן דֶער עֶרְד: אוּנְד דִיזֶע אַלֶע הָאבֶּען
עֵדוּת בֶּעקוּמֶען דוּרְךְ זֵייעֶר גְלוֹיבֶּען, דָאךְ הָאבֶּען זַייא
40 נִיט דֶערְהַאלְטֶען דִיא הַבְטָחָה: אִינְדֶעם גָאט הָאט
עֶפֶּעס בֶּעסֶערֶעס פַאר אוּנְס פָארְאוֹיס גֶעזֶעהֶען, כְּדֵי
זַייא זָאלֶען נִיט אָהְן אוּנְס פָאלְקָאמֶען גֶעמַאכְט וֶוערֶען:

קאפיטעל יב

1 דֶערְטְוֶוענֶען וַויְיל מִיר הָאבֶּען אַרוּם אוּנְס אַזֶעלְכֶע

וָואלְקֶען פוּן עֵדוּת, לָאזֶען מִיר אוֹיךְ אָפּלֶעגֶען יֶעדֶע לַאסְט
אוּנְד דִיא אִיטְלִיכֶע זִינְד, אוּנְד לָאזֶען מִיר לוֹיפֶען מִיט
2 גֶעדוּלְד דֶעם לוֹיף וָואס אִיז פָאר אוּנְס גֶעזֶעצְט: אוּנְד
אוֹיפְבְּלִיקֶען אוֹיף יֵשׁוּעַ דֶער אִיז דֶער אָנְהֶעבֶּער אוּנְד
פָאלֶענְדֶער פוּן אוּנְזֶערְן גְלוֹיבֶּען, וָועלְכֶער וֶועגֶען דֶער
פְרֵיידֶע וָואס אִיז פָאר אִיהְם גֶעזֶעצְט גֶעוֶועזֶען הָאט דֶערְ־
טְרָאגֶען דָאס קְרֵייץ, מִיט פֶערְאַכְטוּנְג פוּן דֶער שַׁאנְד,
אוּנְד הָאט זִיךְ גֶעזֶעצְט צוּ דֶער רֶעכְטֶע הַאנְד פוּן דֶעם
שְׁטוּהְל פוּן גָאט: תהלים ק״י א.
3 וָוארִין בֶּעטְרַאכְטֶעט דֶעם וָועלְכֶער הָאט אַזֶעלְכֶען וִוידֶערְ־
שְׁפְּרוּךְ פוּן זִינְדֶער קֶעגֶען זִיךְ גֶעלִיטֶען, כְּדֵי אִיהְר זָאלְט
נִיט מִיד וֶוערֶען אוּנְד נִיט שְׁוַואךְ זֵיין אִין אֵייעֶרֶע
4 זֶעלֶען: אִיהְר הָאט נָאךְ נִיט וִוידֶערְשְׁטַאנֶען בִּיז צוּם בְּלוּט
5 אִים שְׁטְרֵייט אוֹיף דֶער זִינְד: אוּנְד אִיהְר הָאט פֶערְגֶעסֶען
דִיא וָוארְנוּנְג וָואס רֶעט צוּ אֵייךְ וִויא צוּ זִיהְן,

„מֵיין זוּהְן, פֶערְאַכְט נִיט דִיא שְׁטְרָאף פוּן דֶעם הַאר,
אוּנְד פֶערְצָאג נִיט וֶוען דוּא בִּיסְט פוּן אִיהְם גֶעטָאדֶעלְט:
6 וָוארִין וֶועמֶען דֶער הַאר לִיבְּט דֶעם שְׁטְרָאפְט עֶר,
אוּנְד עֶר צִיכְטִיגְט אִיטְלִיכֶען זוּהְן דֶעם עֶר נֶעמְט אָן״:
משלי ג׳ י״א י״ב.

7 עֶס אִיז צוּ שְׁטְרָאף וֶוען אִיהְר דֶערְטְרָאגְט; הַאנְדֶעלְט גָאט
מִיט אֵייךְ אַזוֹי וִויא מִיט זִיהְן; וָוארִין וָואס פַאר אַ זוּהְן
8 אִיז דֶער וָועלְכֶען זֵיין פָאטֶער שְׁטְרָאפְט נִיט? וֶוען אִיהְר
זֶענְט אָהְן שְׁטְרָאף, דְרִינֶען אַלֶע הָאבֶּען אַ טְהֵייל גֶעהַאט,
9 אַזוֹי זֶענְט אִיהְר מַמְזֵרִים אוּנְד נִיט זִיהְן: דֶערְצוּ הָאבֶּען
מִיר אוֹיךְ גֶעהַאט לֵייבְּלִיכֶע פֶעטֶער וָואס הָאבֶּען אוּנְס
גֶעשְׁטְרָאפְט, אוּנְד מִיר הָאבֶּען פָאר זַייא מוֹרָא גֶעהַאט.
זָאלֶען מִיר נִיט פִיל מֶעהְר אוּנְטֶערְטֶענִיג זֵיין צוּ דֶעם
10 פָאטֶער פוּן דִיא גֵייסְטֶער אוּנְד לֶעבֶּען? וָוארִין זַייא הָאבֶּען
אוּנְס גֶעשְׁטְרָאפְט פַאר עֶטְלִיכֶע טֶעג נָאךְ זֵייעֶר גֶעפֶעלֶען;
אָבֶּער עֶר טְהוּט עֶס צוּ אוּנְזֶער גוּטֶען, כְּדֵי מִיר זָאלֶען
11 הָאבֶּען אַ טְהֵייל אִין זֵיינֶע הֵיילִיגְקֵייט: קֵיינֶע שְׁטְרָאף שֵׁיינְט
נִיט פְרֶעהְלִיךְ צוּ זֵיין פַאר דִיא אִיצְטִיגֶע צֵייט, נֵייעֶרְט
טְרוֹיְרִיג; אָבֶּער דֶערְנָאךְ בְּרֶענְגְט זִיא דִיא פְרִידְלִיכֶע פְרוּכְט

פוּן גֶערֶעכְטִיגְקֵייט צוּ דִיא וָואס זֶענֶען דְרִינְען גֶעאִיבְּט:
12 דְרוּם רִיכְטֶעט אוֹיף דִיא שְׁלַאפֶע הֶענְד אוּנְד דִיא קְנִיעֶן
13 וָואס שְׁטְרוֹיכְלֶען זִיךְ: אוּנְד מַאכְט גְלַייךְ דִיא שְׁטֶעגֶען
פַאר אֵייעֶרֶע פִיס, כְּדֵי דָאס הִינְקֶענְדִיגֶע זָאל זִיךְ נִיט אָפְּ־
קֶעהְרֶען פוּן דֶעם וֶועג, נֵייעֶרְט עֶר זָאל לִיבֶּער גֶעהֵיילְט
14 וֶוערֶען: יָאגְט נָאךְ דֶעם פְרִידֶען מִיט אַלֶע מֶענְשֶׁען אוּנְד
הֵיילִיגְקֵייט, אָהְן וֶועלְכֶעם וֶועט קֵיינֶער דֶעם הַאר נִיט זֶע־
15 הֶען: אוּנְד גִיבְּט אַכְטוּנְג אַז קֵיינֶער זָאל נִיט צוּרִיקְבְּלֵייבֶּען
פוּן דֶער גְנָאד פוּן גָאט, אַז עֶס זָאל נִיט אַרוֹיסְשְׁפְּרָאצֶען
אַ וָוארְצֶעל פוּן בִּיטֶערְקֵייט אֵייךְ צוּ בֶּעטְרִיבֶּען, אוּנְד
16 דוּרְךְ דֶעם זָאלֶען פִילֶע בֶּעפְלֶעקְט וֶוערֶען: אַז עֶס זָאל
נִיט זַיין אַ נוֹאֵף אָדֶער חָלָל וְוִיא עֵשָׂו, וָואס הָאט פַאר אַ
17 שְׁפֵּייז פֶערְקוֹיפְט זֵיינֶע בְּכוֹרָה: וָוארִין אִיהְר וֵוייסְט אַז
דֶערְנָאךְ וֶוען עֶר הָאט גֶעוָואלְט יַרְשֶׁענֶען דִיא בְּרָכָה, אִיז
עֶר פֶערְוָוארְפֶען גֶעוֶועזֶען; וָוארִין עֶר הָאט קֵיינֶע גֶעלֶע־
גֶענְהֵייט גֶעפוּנֶען פוּן תְּשׁוּבָה, וֶוען אַפִילוּ עֶר הָאט זִיא
גֶעזוּכְט מִיט טְרֶערֶען: בראשית כ״ז ל״ד.
18 וָוארִין אִיהְר זֶענְט נִיט גֶעקוּמֶען צוּ אַ בַּארְג וָואס קָאן אָנְ־
גֶערִיהְרְט וֶוערֶען, אוּנְד וָואס בְּרֶענְט מִיט פֵייעֶר, אוּנְד צוּ
דִיא דוּנְקֶעל וָואלְקֶען אוּנְד פִינְסְטֶערְנִיס אוּנְד שְׁטוּרְם:
19 אוּנְד צוּם שַׁאלְל פוּן אַ שׁוֹפָר, אוּנְד צוּם קוֹל פוּן וֶוערְטֶער,
וָואס דִיא וָואס הָאבֶּען עֶס גֶעהֶערְט הָאבֶּען גֶעבֶּעטֶען אַז
20 דָאס וָוארְט זָאל נִיט מֶעהְר צוּ זֵייא גֶערֶעט וֶוערֶען: וָוארִין
זֵייא הָאבֶּען נִיט גֶעקָאנְט אוֹיסְהַאלְטֶען דָאס וָואס אִיז גֶע־
בָּאטֶען גֶעוָוארֶען, אַפִילוּ וֶוען אַ בְּהֵמָה וֶועט דֶעם בַּארְג
אָנְרִיהְרֶען זָאל זִיא פֶערְשְׁטֵיינִיגְט וֶוערֶען: שמות י״ט י״ג.
21 אוּנְד דִיא עֶרְשֵׁיינוּנְג אִיז גֶעוֶועזֶען אַזוֹי שְׁרֶעקְלִיךְ, אַז מֹשֶׁה
הָאט גֶעזָאגְט, אִיךְ הָאבּ שְׁטַארְק מוֹרָא אוּנְד בִּין זֶעהְר
22 דֶערְשְׁרָאקֶען: דברים ט׳ י״ט. נֵייעֶרְט אִיהְר זֶענְט גֶעקוּמֶען
צוּ דֶעם בַּארְג צִיוֹן, אוּנְד צוּ דֶער שְׁטָאט פוּן דֶעם לֶעבֶּע־
דִיגֶען גָאט, צוּ דֶעם הִימְלִישֶׁען יְרוּשָׁלַיִם, אוּנְד צוּ צֶעהְן
23 טוֹיזֶענְדֶע פוּן מַלְאָכִים: צוּ דֶער אַלְגֶעמֵיינֶע פֶערְזַאמְלוּנְג
אוּנְד קְהִלָּה פוּן עֶרְשְׁטְגֶעבּוֹירֶענֶע, וָואס זֶענֶען אֵייְנְגֶע־
שְׁרִיבֶּען אִים הִימֶעל אוּנְד צוּ גָאט דֶעם רִיכְטֶער פוּן אַלֶע

מענשען, אונד צו דיא גייסטער פון דיא פאלקאמענע
24 צדיקים: אונד צו ישוע דעם פערמיטלער פון א נייען
בונד, אונד צו דעם בלוט פון שפרענקלונג, וואס רעט
בעסערע זאכען וויא דאס פון הבל: שמות כ״ד ח׳.
25 זעהט צו אז איהר זאלט ניט פעראכטען דעם רעדנער;
וואריך ווען דיא זענען ניט אנטרינען וואס האבען פער־
אכטעט דעם וואס האט גערעט אויף דער ערד, וויא פיל
מעהר וועלען מיר ניט אנטרינען, וועלכע אונס אפקעהרען
26 פון דעם וועלכער רעט פון דעם הימעל: וועמעס קול
האט דאן דיא ערד ציטערן געמאכט, אבער איצט האט
ער פערשפראכען אונד געזאגט, איך וועל נאך אמאל
בעוועגען ניט נור דיא ערד, נייערט אויך דעם הימעל:
27 חגי ב׳ ו׳. אונד דאס ווארט, נאך אמאל, צייגט אן דיא
פערענדערונג פון דיא וואס האבען געציטערט, וויא פון
זאכען וואס זענען געמאכט, כדי דיא וואס האבען ניט
28 געציטערט זאלען בלייבען: דעסטוועגען, אינדעם מיר
דערהאלטען א קעניגרייך וואס איז ניט בעוועגט, לאזען
מיר האבען גנאד דורך דעם מיר זאלען גאט וואוילגע־
29 פעליג דינען מיט עהרליכקייט אונד פורכט: ווארין אונ־
זער גאט איז א פערצעהרענדעם פייער: שמות כ״ד י״ז.

קאפיטעל יג

1 2 לאז דיא ברידערליכע ליבע בלייבען: פערגעסט ניט
הכנסת אורחים; ווארין דורך דעם האבען עטליכע, אהן
3 צו וויסען, אויפגענומען מלאכים: געדענקט אן דיא וואס
זענען געפאנגען גלייך וויא איהר זענט מיטגעפאנגענע,
אן דיא וואס זענען שלעכט בעהאנדעלט גלייך וויא
4 איהר אליין זענט אויך אים לייב: לאז דער חתונה
שטאנד צווישען אלע אין כבוד געהאלטען זיין, אונד
דאס בעט ניט אין חלול געמאכט; ווארין זונים אונד
5 הורער וועט גאט ריכטען: לאזט אייערע לעבענסארט
זיין אהן געלדליבע, זייט צופרידען מיט דעם וואס
איהר האט; ווארין ער האט געזאגט, איך וועל דיר
אויף קיין אופן פעהלען אונד איך וועל דיך בשום אופן ניט
6 פערלאזען: יהושע א׳ ה׳. אזוי אז מיר קענען מיט בטחון זאגען,

"דער האר איז מיין העלפֿער, איך וועל מיך ניט
פֿירכטען; וואָס אַ מענש וועט מיר טהון"? תהלים קי"ח ו'.
7 געדענקט אָן אייערע פֿיהרער, דיא וואָס האָבען צו אייך
גערעדט דאָס וואָרט פֿון גאָט, אונד בעטראַכטעט דעם
אויסגאַנג פֿון זייער וואַנדלען, אונד פֿאָלגט נאָך זייער
8 גלויבען: ישוע המשיח איז דערזעלבּיגער נעכטען, אונד
9 היינט, אונד אויף עביג: זייט ניט אַרומגעטריבען מיט
פֿערשידענע אונד פֿרעמדע לעהרען; וואָרין עס איז
גוט אַז דאָס האַרץ זאָל בעפֿעסטיגט זיין מיט גנאָד,
ניט דורך שפּייז וואָס נוצט ניט צו דיא וואָס האָבען
10 זיך דערמיט בעשעפֿטיגט: מיר האָבען אַ מזבּח, פֿון
דעם דיא וואָס דינען פֿאַר דעם משכּן האָבען קיין רעכט
11 דערפֿון צו עסען: וואָרין דיא לייבער פֿון יענע בּהמות,
פֿון וועלכע דער כּהן גדול האָט דאָס בּלוט אַריינגע־
בּראַכט אים הייליגען אָרט פֿאַר זינד, ווערען אויסער דעם
12 לאַגער פֿערבּרענט געוואָרען: דרום האָט אויך ישוע
געליטען אויסער דעם טויער, כּדי ער זאָל דאָס פֿאָלק
13 הייליגען דורך זיין אייגען בּלוט: דעסטוועגען לאָזען
מיר צו איהם אַרויסגעהען אויסער דעם לאַגער, אונד
14 טראָגען זיינע שאַנד: וואָרין מיר האָבען ניט דאָ קיינע
שטאָט וואָס בּלייבּט, נייערט מיר זוכען דיא וואָס וועט
15 קומען: דרום לאָזען מיר דורך איהם בעשטענדיג מקריב
זיין אַ קרבּן פֿון לויב צו גאָט, דאָס הייסט דיא פֿרוכט
פֿון אונזערע ליפּען וועלכע זענען מודיע צו זיין נאָמען:
16 אָבּער וועגען גוטעס טהון אונד געמיינשאַפֿט פֿערגעסט
ניט; וואָרין אַזעלכע קרבּנות זענען גאָט געפֿעלען:
17 הערט צו אייערע פֿאָרשטעהער אונד זייט זייא אונ־
טערטעניג, וואָרין זייא וואַכען פֿאַר אייערע זעלען,
אַזוי וויא זייא וועלען רעכנונג אָפּגעבען, כּדי זייא זאָ־
לען דאָס טהון מיט פֿרייד אונד ניט מיט זיפֿצען;
וואָרין דאָס נוצט אייך ניט: יחזקאל ל"ג ב' ז'.
18 בּעטעט פֿאַר אונס וואָרין מיר זענען פֿאַרזיכערט אַז
מיר האָבען אַ גוטעס געוויסען, אינדעם מיר ווילען אין
19 אַלע זאַכען עהרליך לעבען: אונד נאָך מעהר בּין איך

אֵייךְ מַזְהִיר דָאס צוּ טְהוּן, כְּדֵי אִיךְ זָאל צוּ אֵייךְ גֶע־
20 שְׁווינְדֶער צוּרִיקְגֶעגֶעבֶּען װֶערֶען: אוּנְד דֶער גָאט פוּן
פְּרִידֶען דֶער הָאט אַרוֹיפְגֶעבְּרַאכְט פוּן דִיא טוֹיטֶע
אוּנְזֶער הַאר יֵשׁוּעַ, דֶעם גְרוֹיסֶען פַּאסְטוּךְ פוּן דִיא שָׁאף,
21 אִים בְּלוּט פוּן דֶעם עֶבִּיגֶען בּוּנְד: זָאל אֵייךְ פָּאלְקָאמֶען
מַאכֶען אִין יֶעדֶעם גוּטֶען, כְּדֵי צוּ טְהוּן זַיין ווִילֶען,
אִינְדֶעם עֶר ווִירְקְט אִין אֵייךְ דָאס ווָאס אִיז פָּאר אִיהְם
ווָאוֹילְגֶעפֶעלִיג דוּרְךְ יֵשׁוּעַ הַמָּשִׁיחַ; צוּ אִיהְם זָאל זַיין
דִיא הֶערְלִיכְקַייט פוּן עֶבִּיגְקַייט צוּ עֶבִּיגְקַייט, אָמֵן:
22 נוּן בִּין אִיךְ אֵייךְ מַזְהִיר בְּרִידֶער, דֶערְטְרָאגְט דָאס ווָארְט
פוּן ווָארְנוּנְג; ווָארִין אִיךְ הָאבּ צוּ אֵייךְ גֶעשְׁרִיבֶּען אִין
23 קוּרְצֶען: אִיהְר זָאלְט ווִיסֶען אַז אוּנְזֶער בְּרוּדֶער טִימוֹתִיוֹס
אִיז פְּרֵייא גֶעוָוארֶען, מִיט ווֶעלְכֶען, ווֶען עֶר ווֶעט גְלֵייךְ
קוּמֶען ווֶעל אִיךְ אֵייךְ זֶעהֶען:
24 גְרִיסְט אַלֶע אֵייעֶרֶע פָארְשְׁטֶעהֶער אוּנְד אַלֶע הֵיילִיגֶע.
דִיא ווָאס זֶענֶען פוּן אִיטַאלִיָא גְרִיסֶען אֵייךְ:
25 גְנָאד זָאל זַיין מִיט אֵייךְ אַלֶע; אָמֵן:

—

דֶער בְּרִיף פוּן דֶעם אַפָּאסְטֶעל יַעֲקֹב.

1 יַעֲקֹב, אַ קְנֶעכְט פוּן גָאט, אוּנְד פוּן דֶעם הַאר יֵשׁוּעַ
הַמָשִׁיחַ צוּ דִיא צְוֶועלְף שְׁבָטִים וָואס זֶענֶען צוּשְׁפְּרַייט
אַ גְרִים:
2 מַיינֶע בְּרִידֶער, הַאלְט עֶס פַאר גַאנְצֶע פְרַייד וֶוען אִיהְר
3 זֶענְט גֶעפְּרִיפְט מִיט פֶערְשִׁידֶענֶע פְּרִיפוּנְגֶען: אִינְדֶעם
אִיהְר ווייסְט אַז דִיא פְּרִיפוּנְג פוּן אֵייעֶר גְלוֹיבֶּען ווירְקְט
4 גֶעדוּלְד: אָבֶּער לָאז דִיא גֶעדוּלְד הָאבֶּען אִיהְר גַאנְצֶעם
וֶוערְק, כְּדֵי אִיהְר זָאלְט גַאנְץ אוּנְד פָאלְקָאמֶען זַיין אוּנְד
5 זָאלְט גָארְנִיט בֶּעדַארְפֶען: וֶוען אֵיינֶער פוּן אֵייךְ בֶּע־
דַארְף חָכְמָה, לָאז עֶר בֶּעטֶען פוּן גָאט, דֶער גִיבְּט
פְרֵייא צוּ אַלֶע מֶענְשֶׁען, אוּנְד שֶׁעלְט קַיינֶעם, אוּנְד עֶס
6 וֶועט אִיהְם גֶעגֶעבֶּען וֶוערֶען: אָבֶּער לָאז עֶר בֶּעטֶען
מִיט גְלוֹיבֶּען אוּנְד לָאז עֶר נִיט צְוֵוייפְלֶען: וָוארִין דֶער
וָואס צְוֵוייפֶעלְט אִיז גְלֵייךְ צוּ אַ וֶועלֶע פוּן דֶעם יַם
וָואס אִיז אַרוּמְגֶעטְרִיבֶּען פוּן דֶעם ווִינְד אוּנְד גֶעשְׁטוֹיסֶען:
7 וָוארִין לָאז נִיט יֶענֶער מַאן מֵיינֶען אַז עֶר וֶועט עֶפֶּעס
8 דֶערְהַאלְטֶען פוּן דֶעם הַאר: וֶועלְכֶער אִיז אַ מַאן צוּ־
טְהֵיילְט אִים הַארְץ, אוּנְבֶּעשְׁטֶענְדִיג אִין אַלֶע זַיינֶע וֶועֶ־
9 גֶען: אָבֶּער לָאז זִיךְ דֶער דֶעמִיטְהִיגֶע בְּרוּדֶער רִיהְמֶען
10 וֶוען עֶר אִיז דֶערְהֵייכְט: אָבֶּער דֶער רֵייכֶער וֶוען עֶר
אִיז דֶערְנִידְרִיגְט, וָוארִין עֶר וֶועט פֶערְגֶעהֶען גְלֵייךְ
11 ווִיא אַ בְּלוּם פוּן דֶעם גְרָאז: וָוארִין דִיא זוּן גֶעהְט אוֹיף
מִיט דֶעם גְלִיהֶענְדִיגֶען ווִינְד, אוּנְד פֶערְוֶועלְקְט דָאס גְרָאז,
אוּנְד דִיא בְּלוּם דֶערְפוּן פַאלְט אַוֶועק, אוּנְד דִיא שֶׁענֶע
גֶעשְׁטַאלְט אִיז פֶערְדָארְבֶּען גֶעוָוארֶען; אַזוֹי וֶועט אוֹיךְ
דֶער רֵייכֶער פֶערְצֶעהְרְט וֶוערֶען אִין זַיינֶע וֶועגֶען:
12 גֶעבֶּענְשְׁט אִיז דֶער מַאן וָואס בֶּעשְׁטֶעהְט אִין נִסָיוֹן,
וָוארִין וֶוען עֶר הָאט פְּרִיפוּנְג בֶּעשְׁטַאנֶען, וֶועט עֶר
דֶערְהַאלְטֶען דִיא קְרוֹין פוּן לֶעבֶּען, וָואס דֶער הַאר הָאט

13 צוּגֶעזָאגְט צוּ דִיא װעלְכֶע אִיהם לִיבֶּען: װען אֵיינֶער
אִיז גֶעפְּרִיפְט, לָאז עֶר נִיט זָאגֶען אִיךְ בִּין גֶעפְּרִיפְט פוּן
גָאט, װָארִין גָאט אִיז נִיט גֶעפְּרִיפְט פוּן שְׁלֶעכְטֶען, אוּנְד
14 עֶר אַלֵיין פְּרִיפְט קֵיינֶעם נִיט: אָבֶּער אִיטְלִיכֶער מַאן אִיז
גֶעפְּרִיפְט װען עֶר אִיז פוּן זַיינֶע אֵיינֶענֶע גְלוּסְטִיגְקֵייטֶען
15 אַװֶעקְגֶעצוֹיגֶען אוּנְד פֶערְפִיהְרְט: דֶערְנָאךְ אִיז דִיא גְלוּסְ־
טִיגְקֵייט טְרָאגֶענְדִיג גֶעװָארֶען אוּנְד גֶעװִינְט זִינְד, אוּנְד דִיא
זִינְד װען זִיא אִיז פָאלְקָאמֶען גֶעװָארֶען גֶעװִינְט דֶעם טוֹיט:
16 זַייט אֵייךְ נִיט טוֹעֶה, מֵיינֶע גֶעלִיבְּטֶע בְּרִידֶער: יֶעדֶע
17 גוּטֶע מַתָּנָה אוּנְד יֶעדֶעם פָאלְקָאמֶענֶע גֶעשֶׁענְק אִיז פוּן
אוֹיבֶּען, אוּנְד קוּמְט אַרוּפּ פוּן דֶעם פָאטֶער פוּן דִיא לִיכְט,
בַּייא װעלְכֶען עֶס אִיז נִיט פֶערְהַאנֶען קֵיינֶע פֶערְעֶנְדֶע־
18 רוּנְג, אוּנְד נִיט קֵיין שָׁאטֶען פוּן פֶערְװֶעקְסְלוּנְג: װען עֶר
הָאט בֶּעװִילִיגְט הָאט עֶר אוּנְס גֶעװִינֶען דוּרךְ דֶעם װָארְט
פוּן װָאהְרְהֵייט, כְּדֵי מִיר זָאלֶען זַיין אַ מִין עֶרְשְׁטֶע
פְּרוּכְט פוּן זַיינֶע בְּרִיאוֹת:
19 אִיהְר װַייסְט דָאס מֵיינֶע גֶעלִיבְּטֶע בְּרִידֶער, אָבֶּער לָאז
אִיטְלִיכֶער מֶענְשׁ גֶעשְׁװִינְד זַיין צוּם הֶערֶען, שְׁװֶער צוּם
20 רֶעדֶען, שְׁװֶער צוּם צָארְן: װָארִין דֶער צָארְן פוּן דֶעם
21 מֶענְשֶׁען װִירְקְט נִיט דִיא גֶערֶעכְטִיגְקֵייט פוּן גָאט: דְרוּם
טְהוּט אָפּ אַלֶע אוּנְרֵיינִיגְקֵייט אוּנְד אִיבֶּערְפְלוּס פוּן
שְׁלֶעכְטִיגְקֵייט, אוּנְד נֶעמְט אָן מִיט אַ נִידְרִיג גֶעמִיט
דָאס אֵיינְגֶעפְּלַאנְצְטֶע װָארְט, װָאס קֶען אֵייעֶרֶע נְשָׁמוֹת
22 רֶעטֶען: אָבֶּער זַייט טְהוּעֶר פוּן דֶעם װָארְט אוּנְד נִיט נוּר
23 הֶערֶער דֶערְפוּן, דִיא אֵייךְ אַלֵיין פֶערְפִיהְרֶען: װָארִין
װען אֵיינֶער אִיז אַ הֶערֶער פוּן דֶעם װָארְט אוּנְד נִיט אַ
טְהוּעֶר, עֶר אִיז גְלֵייךְ צוּ אַ מַאן װָאס זֶעהְט זַיין נַא־
24 טִירְלִיךְ פָּנִים אִין אַ שְׁפִּיגֶעל: װָארִין עֶר זֶעהְט זִיךְ אָן
אוּנְד גֶעהְט אַװֶעק אוּנְד גְלֵייךְ פֶערְגֶעסְט װָאס פַאר אַ
25 מַאן עֶר אִיז גֶעװֶעזֶען: אָבֶּער דֶער װָאס קוּקְט אַרֵיין
אִין דֶעם פָאלְקָאמֶענֶען גֶעזֶעץ פוּן פְרֵייהַייט אוּנְד בְּלֵייבְּט
דֶערְבַּייא, דֶער אִיז נִיט אַ הֶערֶער װָאס פֶערְגֶעסְט נֵיי־
עֶרְט אַ טְהוּעֶר װָאס װִירְקְט, אוּנְד דִיזֶער װֶעט גֶע־
בֶּענְשְׁט װֶערֶען אִין זַיין טְהוּן:

26 װֶען אֵיינֶער מֵיינְט אַז עֶר אִיז פְרוּם, אוּנְד הַאלְט נִיט
זֵיינֶע צוּנְג אִין דֶעם צוֹים, נַייעֶרְט פֶערְפִיהְרְט זַיין אֵייגֶען
27 הַארְץ, פוּן דִיזֶעם אִיז דִיא פְרוּמְקֵייט אוּמְזוּנְסְט: רֵיינֶע
פְרוּמְקַייט אוּנְד אָהְן אַ פְלֶעק פָאר גָאט אוּנְד דֶעם פָאָ־
טֶער אִיז דָאס, יְתוֹמִים אוּנְד אַלְמָנוֹת צוּ בֶּעזוּכֶען אִין
זֵייעֶרֶע צָרוֹת, אוּנְד זִיךְ צוּ הַאלְטֶען אוּנְבֶּעפְלֶעקְט פוּן
דֶער װֶעלְט:

קאפיטעל ב

1 מַיינֶע בְּרִידֶער, הַאלְט נִיט דֶעם גְלוֹיבֶּען פוּן אוּנְזֶער
הַאר פוּן הֶערְלִיכְקֵייט, יֵשׁוּעַ הַמָּשִׁיחַ, מִיט אָנְזֶעהֶען פוּן
2 פָּנִים: װָארִין װֶען עֶס קוּמְט אַרֵיין אִין אֵייעֶרֶע בֵּית
הַכְּנֶסֶת אַ מַאן מִיט אַ גָאלְדֶענֶעם רִינְג אִין אַ פֵיינֶעם
קְלֵייד, אוּנְד עֶס קוּמְט אוֹיךְ אַרֵיין אֵיין אָרְמֶער מַאן אִין
3 אַ מִיאוּס קְלֵייד: אוּנְד אִיהְר זֶענְט נוֹשֵׂא פָּנִים דֶעם װָאס
אִיז אָנְגֶעטְהוּן אִין דֶעם פֵיינֶעם קְלֵייד, אוּנְד זָאגְט צוּ
אִיהְם, זֶעץ דִיךְ דָא אִים גוּטֶען פְּלַאץ, אוּנְד צוּם אָרְ־
מֶען זָאגְט אִיהְר, דוּא שְׁטֶעה דָארְט, אָדֶער זֶעץ דִיךְ
4 אוּנְטֶער מֵיין פוּסְבֶּענְקֶעל: זֶענְט אִיהְר נִיט אִין אֵייעֶרֶע
דֵעוֹת גֶעטְהֵיילְט גֶעװָארֶען, אוּנְד זֶענְט גֶעװָארֶען רִיכְטֶער
פוּן שְׁלֶעכְטֶע גֶעדַאנְקֶען?
5 הֶערְט צוּ, מֵיינֶע גֶעלִיבְּטֶע בְּרִידֶער, הָאט נִיט גָאט
אוּיסְדֶערְװֶעהְלְט דִיא אָרְמֶע לֵייט פוּן דֶער װֶעלְט רֵייךְ
אִים גְלוֹיבֶּען צוּ זַיין אוּנְד יוֹרְשִׁים פוּן דֶעם קֶענִיגְרֵייךְ
װָאס עֶר הָאט צוּגֶעזָאגְט צוּ דִיא װָאס לִיבֶּען אִיהְם?
6 אָבֶּער אִיהְר הָאט דִיא אָרְמֶע לֵייט מְבַזֶה גֶעװֶעזֶען.
זֶענֶען עֶס נִיט דִיא רֵייכֶע װֶעלְכֶע אֵייךְ אוּנְטֶערְדְרִיקֶען,
אוּנְד זַייא זֶעלְבְּסְט שְׁלֶעפֶּען אֵייךְ צוּ דֶעם גֶערִיכְט?
7 לֶעסְטֶערְן זַייא נִיט דֶעם גוּטֶען נָאמֶען בֵּייא װֶעלְכֶען
8 אִיהְר זֶענְט גֶערוּפֶען? אָבֶּער װֶען אִיהְר זֶענְט מְקַיֵם דָאס
קֶענִיגְלִיכֶע גֶעזֶעץ נָאךְ דֶער שְׁרִיפְט, דוּא זָאלְסְט דַיין
גֶעזֶעלֶען לִיבֶּען װִיא דִיךְ זֶעלְבְּסְט, ויקרא י״ט י״ח. טְהוּט
9 אִיהְר רֶעכְט: אָבֶּער װֶען אִיהְר זֶענְט נוֹשֵׂא פָּנִים, טְהוּט
אִיהְר זִינְד, אוּנְד אִיהְר זֶענְט גֶעשְׁטְרָאפְט פוּן דֶעם
10 גֶעזֶעץ אַלְס אִיבֶּערְטְרֶעטֶער: װָארִין דֶער װָאס װֶעט

דאס גאנצע געזעץ האלטען אונד דאך וועט אין איינע
זאך שטרויכלען, ער איז שולדיג אויף דאס גאנצע:
11 ווארין דער וועלכער האט געזאגט, דוא זאלסט ניט
מזנה זיין האט אויך געזאגט דוא זאלסט ניט טעטען;
שמות כ׳ י״ג י״ד; דברים ה׳ י״ז. נון ווען דוא ביסט ניט מזנה
אבער דוא טעטעסט, אזוי האסט דוא עובר געוועזען
12 דאס געזעץ: רעט אזוי, אונד טהוט אזוי, גלייך וויא
דיא וואס וועלען דורך דעם געזעץ פון פרייהייט גע־
13 ריכטעט ווערען: ווארין דאס משפט איז אהן רחמנות
צו דעם וואס האט ניט בעוויזען רחמנות; רחמנות
ריהמט זיך קעגען משפט:
14 וואס ניצט עס, מיינע ברידער, ווען איינער זאגט אז ער
האט גלויבען, אונד ער האט ניט קיין ווערק? קאן איהם
15 גלויבען רעטען? ווען א ברודער אדער א שוועסטער איז
16 נאקעט, אונד האט ניט דיא טעגליכע מחיה: אונד איינער
פון אייך זאגט צו זייא געהט אין פרידען, ווארמט אייך
אונד זעטיגט אייך, אבער איהר גיבט זייא גארניט וואס
17 זייא בעדארפען פאר דעם לייב, וואס ניצט דאס? אזוי
אויך דער גלויבען ווען ער האט ניט קיינע ווערק איז אין
18 זיך זעלבסט טויט: אבער איינער וועט זאגען, דוא האסט
גלויבען אונד איך האב ווערק; ווייז מיר דיין גלויבען אהן
דיא ווערק, אונד איך וועל דיר ווייזען מיין גלויבען דורך
19 דיא ווערק: דוא גלויבסט אז גאט איז איינער; דוא טהוסט
20 רעכט; דיא שדים גלויבען אויך אונד ציטערן: אבער
ווילסט דוא וויסען, לעדיגער מענש, אז דער גלויבען אהן
21 ווערק איז אומנוצליך? איז ניט אונזער פאטער אברהם
גערעכטפערטיגט געווארען דורך ווערק, ווען ער האט זיין
22 זוהן יצחק מקריב געוועזען אויף דעם מזבח? דוא זעהסט
אז דער גלויבען האט מיט זיינע ווערק געווירקט, אונד
דורך דיא ווערק איז דער גלויבען פאלקאמען געמאכט:
23 אונד דיא שריפט איז דערפילט געווארען, וואס זאגט,
אונד אברהם האט געגלויבט גאט אונד עס איז צו איהם
גערעכענט געווארען פאר גערעכטיגקייט, אונד ער איז
24 גערופען דער פריינד פון גאט: בראשית ט״ו ו׳. איהר זעהט

אַז אַ מֶענְשׁ אִיז גֶערֶעכְטְפֶערְטִיגְט דוּרְךְ װֶערְק, אוּנְד נִיט
25 דוּרְךְ גְלוֹיבֶּען: גְלֵייכְדֶעם אִיז רָחָב הַזוֹנָה אוֹיךְ נִיט גֶער־
רֶעכְטְפֶערְטִיגְט גֶעוָארֶען דוּרְךְ װֶערְק, אִינְדֶעם זִיא הָאט
אוֹיפְגֶענוּמֶען דִיא מְרַגְלִים, אוּנְד הָאט זַייא אַװֶעקְגֶעשִׁיקְט
26 אוֹיף אֵיין אַנְדֶערֶען װֶעג? װָארִין גְלֵייךְ װִיא דֶער גוּף
אָהְן דֶער נְשָׁמָה אִיז טוֹיט, אַזוֹי אִיז אוֹיךְ דֶער גְלוֹיבֶּען אָהְן
װֶערְק טוֹיט:

קאפיטעל ג

1 מֵיינֶע בְּרִידֶער, זַייט נִיט פִילֶע לֶעהְרֶער, װֵייל אִיהְר װֵייסְט
2 אַז מִיר װֶעלֶען אַ גְרֶעסֶער מִשְׁפָּט אוֹיפְנֶעמֶען: װָארִין
אִין פִילֶע זַאכֶען שְׁטְרוֹיכְלֶען מִיר אַלֶע; װֶען אֵיינֶער
שְׁטְרוֹיכֶעלְט נִיט אִין װָארְט, אִיז עֶר אַ פָאלְקָאמֶענֶער מַאן
אוּנְד קָאן אוֹיךְ דֶעם גַאנְצֶען לֵייבּ אִים צוֹים הַאלְטֶען:
3 נוּן װֶען מִיר לֶעגֶען צוֹימֶען אִין דִיא מֵיילֶער פוּן דִיא
פֶערְד, כְּדֵי זַייא זָאלֶען אוּנְס גֶעהָארְכֶען, אַזוֹי פִיהְרֶען מִיר
4 אוֹיךְ זַייעֶר גַאנְצֶען לֵייבּ: זֶעה אוֹיךְ דִיא שִׁיפֶען װִיא גְרוֹיס
זַייא זֶענֶען, אוּנְד װִיא זַייא זֶענֶען פוּן שְׁטַארְקֶע װִינְדֶען
אַרוּמְגֶעטְרִיבֶּען, זַייא זֶענֶען דָאךְ גֶעפִיהְרְט מִיט אַ קְלֵיינֶעם
5 רוּדֶער, װוּא אַהִין דֶער שִׁיפְמֵייסְטֶער װִיל: אַזוֹי אוֹיךְ דִיא
צוּנְג אִיז אַ קְלֵיין גְלִיד, אוּנְד בַּארִיהְמְט זִיךְ פוּן גְרוֹיסֶע
זַאכֶען. זֶעה װִיא אַ קְלֵיין פַייעֶר צִינְדֶעט אָן אַ גְרוֹיסֶען
6 װַאלְד: אוּנְד דִיא צוּנְג אִיז אַלְס אַ פַייעֶר, דִיא װֶעלְט פוּן
אוּנְרֶעכְט, צְװִישֶׁען אוּנְזֶערֶע גְלִידֶער גֶעשְׁטֶעלְט, װֶעלְכֶע
בֶּעפְלֶעקְט דֶעם גַאנְצֶען לֵייבּ, אוּנְד צִינְדֶעט אָן דָאס רָאד
פוּן דֶער נַאטוּר, אוּנְד זִיא אִיז אָנְגֶעצוּנְדֶען פוּן גֵיהִנָּם:
7 װָארִין יֶעדֶע טֶבַע פוּן בְּהֵמוֹת אוּנְד פוּן עוֹפוֹת, פוּן קְרִי־
כֶענְדִיגֶע אוּנְד פוּן חַיוֹת אִים יָם אִיז גֶעצוֹימְט אוּנְד אִיז
8 גֶעצוֹימְט גֶעוָארֶען דוּרְךְ דִיא מֶענְשְׁלִיכֶע טֶבַע: אָבֶּער
דִיא צוּנְג קָאן קֵיין מֶענְשׁ נִיט צוֹימֶען; זִיא אִיז אֵיין אוּנ־
9 רוּהִיגֶעס אִיבֶּעל, פוֹל מִיט גִיפְט װָאס בְּרֶענְגְט טוֹיט: מִיט
אִיהְר בֶּענְשֶׁען מִיר דֶעם הַאר אוּנְד פַאטֶער, אוּנְד מִיט אִיהְר
שֶׁעלְטֶען מִיר דִיא מֶענְשֶׁען װָאס זֶענֶען אִין דֶער גֶעשְׁטַאלְט
10 פוּן גָאט: פוּן דֶעם זֶעלְבִּיגֶען מוֹיל קוּמְט אַרוֹיס בְּרָכָה
אוּנְד קְלָלָה. מֵיינֶע בְּרִידֶער, דִידֶע זַאכֶען זָאלֶען נִיט אַזוֹי

זַיין: בְּרֶענְגְט דֶער בְּרוּנֶען אַרוֹיס פוּן דִיא זֶעלְבִּינֶע קְוֶועלֶע 11
זִיס אוּנְד בִּיטֶער וַואסֶער? קָאן אַ פֵייגֶענְבּוֹים, מֵיינֶע בְּרִי־ 12
דֶער, אַרוֹיסְבְּרֶענְגֶען עֶהלְבֶּעהְרֶען, אָדֶער אַ וֵויינְשְׁטָאק
פֵייגֶען? אַזוֹי קָאן נִיט גֶעזַאלְצֶען וַואסֶער אַרוֹיסְבְּרֶענְגֶען
זִיס:
וֶוער אִיז צְווִישֶׁען אֵייךְ אַ קְלוּגֶער אוּנְד פֶערְשְׁטֶענְדִיגֶער 13
מַאן? לָאז עֶר וַוייזֶען זַיינֶע מַעֲשִׂים פוּן אַ גוּטֶען וַואנְדֶעל
מִיט זַאנְפְטמוּטִיגְקֵייט פוּן חָכְמָה: אָבֶּער וֶוען אִיהְר הָאט 14
אִין אֵייעֶר הַארְץ בִּיטֶערֶע קִנְאָה אוּנְד קְרִיג, בַּארִיהְמְט
אֵייךְ נִיט אוּנְד לֵייקֶענְט נִיט קֶעגֶען דֶער וָואהְרְהֵייט:
דִיזֶע חָכְמָה אִיז נִיט פוּן אוֹיבֶּען, נֵייעֶרְט אִיז עֶרְדִישׁ, 15
נַאטִירְלִיךְ, טֵייפְלִישׁ: וָוארִין וְואוּ עֶס אִיז קִנְאָה אוּנְד קְרִיג, 16
דָארְט אִיז פֶערְטִימְלוּנְג אוּנְד אַלֶעס שְׁלֶעכְטֶע וֶוערְק:
אָבֶּער דִיא חָכְמָה וָואס אִיז פוּן אוֹיבֶּען אִיז צוּעֶרְשְׁט רַיין, 17
דֶערְנָאךְ פְרִידְלִיךְ, דֶעמוּטִיג, גְרִינְג, לָאזְט זִיךְ אִיבֶּערְבֶּע־
טֶען, פוּל מִיט רַחֲמָנוּת אוּנְד גוּטֶע פְרוּכְט, אוּנְפַּארְטֵייאִישׁ,
אָהְן חֲנִיפָה: אוּנְד דִיא פְרוּכְט פוּן גֶערֶעכְטִיגְקֵייט אִיז אִין 18
פְרִידֶען אוֹיסְגֶעזֵייעֶט פַאר דִיא וָואס מַאכֶען פְרִידֶען:

קאפיטעל ד

פוּן וַואנֶען זֶענֶען מַחֲלוֹקֶת אוּנְד שְׁטְרֵייטֶען צְווִישֶׁען אֵייךְ? 1
זֶענֶען זַייא נִיט פוּן דַאנֶען, פוּן אֵייעֶרֶע גְלוּסְטִיגְקֵייטֶען
וָואס שְׁטְרֵייטֶען אִין אֵייעֶרֶע גְלִידֶער? אִיהְר גְלוּסְט אוּנְד 2
הָאט נִיט; אִיהְר בֶּעגֶעהְט רְצִיחָה אוּנְד זֶענְט מְקַנֵא, אוּנְד
אִיהְר קָאנְט נִיט דֶערְלַאנְגֶען; אִיהְר קְרִיגְט אֵייךְ אוּנְד
הַאלְט מִלְחָמָה. אִיהְר הָאט נִיט וַוייל אִיהְר בֶּעטֶעט נִיט:
אִיהְר בֶּעטֶעט אוּנְד בֶּעקוּמְט נִיט, וַוייל אִיהְר בֶּעטֶעט 3
שְׁלֶעכְט, כְּדֵי אִיהְר זָאלְט עֶס פֶערְצֶעהְרֶען אִין אֵייעֶרֶע
פֶערְגְנִיגֶען: אִיהְר נוֹאֲפוֹת, וְוייסְט אִיהְר נִיט אַז דִיא 4
פְרֵיינְדְשַׁאפְט פוּן דֶער וֶועלְט אִיז פֵיינְדְשַׁאפְט קֶעגֶען
גָאט? דְרוּם אִיטְלִיכֶער וָואס וִויל זַיין אַ פְרֵיינְד פוּן דֶער
וֶועלְט, אִיז בֶּעשְׁטִימְט אַ פֵיינְד פוּן גָאט: אָדֶער דֶענְקְט 5
אִיהְר אַז דִיא שְׁרִיפְט זָאגְט אוּמְזוּסְט, דֶער גֵייסְט וָואס עֶר
הָאט אִין אוּנְס גֶעמַאכְט וְואוֹינֶען גְלוּסְטֶעט צוּ קִנְאָה?
בראשית ו׳ ה׳; משלי ג׳ ל״ד. אָבֶּער עֶר גִיבְּט מֶעהְר גְנָאד; 6

דְרוּם זָאגְט דִיא שְׁרִיפְט, גָאט ווִידֶערְשְׁטֶעהְט דִיא שְׁטָאלְצֶע
אָבֶּער עֶר גִיבְּט גְנָאד צוּ דִיא דֶעמוּטִיגֶע: משלי ג׳ ל״ד.
7 דְרוּם זַייט אוּנְטֶערְטֶענִיג צוּ גָאט; אָבֶּער זֶעצְט אֵייך דֶערְ־
ווִידֶער דֶעם שָׂטָן, אוּנְד עֶר וֶועט פוּן אֵייך אַוֶועקְפְלִיהֶען:
8 גֶענֶעהְנְט אֵייך צוּ גָאט, אוּנְד עֶר וֶועט זִיךְ צוּ אֵייך גֶענֶע־
נֶעהֶענֶען. רֵיינִיגְט אֵייעֶרֶע הֶענְד אִיהְר זִינְדֶער, אוּנְד מַאכְט
רֵיין אֵייעֶרֶע הֶערְצֶער אִיהְר וָואס הָאט דֶעם פֶערְשְׁטַאנְד
9 צוּטְהֵיילְט: זַייט עֶלֶענְד אוּנְד טְרוֹיעֶרְט אוּנְד ווֵיינְט; לָאזֶען
זִיךְ אֵייעֶרֶע גֶעלֶעכְטֶער פֶערְקֶעהְרֶען צוּ קְלָאג אוּנְד אֵייעֶרֶע
10 פְרֵייד צוּ נִידְרִיגְקֵייט: דֶערְנִידְרִיגְט אֵייךְ פָאר דֶעם הַאר,
אוּנְד עֶר וֶועט אֵייךְ דֶערְהֵייכֶען:
11 רֶעט נִיט אֵיינֶער קֶעגֶען דֶעם אַנְדֶערֶען, בְּרִידֶער; דֶער
וָואס רֶעט קֶעגֶען אַ בְּרוּדֶער אָדֶער רִיכְטֶעט זַיין בְּרוּדֶער
רֶעט קֶעגֶען דֶעם גֶעזֶעץ אוּנְד רִיכְטֶעט דָאס גֶעזֶעץ; נוּן
וֶוען דוּא רִיכְטֶעסְט דָאס גֶעזֶעץ, אַזוֹי בִּיסְט דוּא נִיט אַ
12 טְהוּעֶר פוּן דֶעם גֶעזֶעץ נֵייעֶרְט אַ רִיכְטֶער: עֶס אִיז אֵיין
גֶעזֶעצְגֶעבֶּער אוּנְד רִיכְטֶער, דֶער קָאן רֶעטֶען אוּנְד צוּ־
שְׁטֶערֶען; אָבֶּער וֶוער בִּיסְט דוּא אַז דוּא רִיכְטֶעסְט דַיין
חַבֵר?
13 קוּמְט נוּן, אִיהְר וָואס זָאגְט, הֵיינְט אָדֶער מָארְגֶען וֶועלֶען
מִיר אַוֶועקְגֶעהֶען אִין דִיזֶער שְׁטָאט אַרֵיין אוּנְד דָארְט
בְּלֵייבֶּען אַ יָאהְר, אוּנְד וֶועלֶען הַאנְדְלֶען אוּנְד פֶערְדִינֶען:
14 אוּנְד אִיהְר ווֵייסְט נִיט וָואס וֶועט זִיךְ מָארְגֶען טְרֶעפֶען.
וָואס אִיז אֵייעֶר לֶעבֶּען? וָוארִין אִיהְר זֶענְט אַ דַאמְפְּף
וָואס אִיז גֶעזֶעהֶען פַאר אַ קְלֵיינֶע ווֵיילֶע, דֶערְנָאךְ אִיז עֶס
15 אוֹיךְ פֶערְשְׁווִינְדֶען: אַנְשְׁטָאט דֶעם זָאלְט אִיהְר זָאגֶען,
וֶוען דֶער הַאר ווִיל, וֶועלֶען מִיר לֶעבֶּען אוּנְד טְהוּן יֶענֶעם
16 אָדֶער דָאס: אָבֶּער אַצוּנְד בַּארִיהְמְט אִיהְר אֵייךְ אִין אֵייעֶר
שְׁטָאלְץ, אַלֶע אַזֶעלְכֶע בַּארִיהְמֶערַייא אִיז שְׁלֶעכְט:
17 דְרוּם דֶער וָואס ווֵייסְט גוּטֶעס צוּ טְהוּן אוּנְד טְהוּט עֶס נִיט,
דֶעם אִיז עֶס אַ זִינְד:

קאפיטעל ה

1 גֶעהְט נוּר אִיהְר רֵייכֶע, ווֵיינְט אוּנְד קְלָאגְט אִיבֶּער
2 אֵייעֶרֶע צָרוֹת וָואס וֶועלֶען קוּמֶען: אֵייעֶר רֵייכְקֵייט אִיז

פֶערְצֶעהְרְט גֶעוָוארְעֶן, אוּנְד אֵייעֶרֶע קְלֵיידֶער זֶענֶען מוּלְבִּיג
3 גֶעוָוארֶען: אֵייעֶר גָאלְד אוּנְד אֵייעֶר זִילְבֶּער זֶענֶען פֶערְ־
רָאסְטֶעט גֶעוָוארֶען, אוּנְד דֶער רָאסְט דֶערְפוּן וֶועט זֵיין
פַאר אַ צֵייגְנִים צוּ אֵייךְ, אוּנְד וֶועט אוֹיפְפְרֶעסֶען אֵייעֶר
פְלֵיישׁ גְלֵייךְ וִויא אַ פֵייעֶר. אִיהְר הָאט אוֹצְרוֹת אֵיינְגֶע־
4 זַאמֶעלְט אִין דִיא לֶעצְטֶע טֶעג: זֶעה, דֶער לוֹין פוּן דִיא
אַרְבֵּייטֶער וָואס הָאבֶּען אֵייעֶרֶע פֶעלְדֶער גֶעשְׁנִיטֶען, וָואס
אִיז פוּן אֵייךְ צוּרִיקְגֶעהַאלְטֶען שְׁרֵייט אוֹיס, אוּנְד דָאס
גֶעשְׁרֵייא פוּן דִיא וָואס הָאבֶּען גֶעשְׁנִיטֶען אִיז אַרֵיינְגֶע־
קוּמֶען אִין דִיא אוֹיעֶרֶען פוּן דֶעם הַאר פוּן דִיא הֶערְשַׁארֶען:
5 אִיהְר הָאט לוּסְטִיג גֶעלֶעבְּט אוֹיף דֶער עֶרְד אוּנְד הָאט
תַּעֲנוּג גֶעהַאט, אִיהְר הָאט אֵייעֶרֶע הֶערְצֶער גֶענֶעהְרְט אִים
6 טָאג פוּן שְׁלַאכְט: אִיהְר הָאט פֶערְשׁוּלְדִיגְט אוּנְד גֶעהַרְגֶעט
דֶעם גֶערֶעכְטֶען; אוּנְד עֶר הָאט אֵייךְ נִיט וִוידֶערְשְׁטַאנֶען:
7 דֶעסְטְוֶועגֶען, בְּרִידֶער, זֵייט גֶעדוּלְדִיג בִּיז צוּם קוּמֶען פוּן
דֶעם הַאר. זֶעה דֶער אַקֶערֶער וַוארְטֶעט פַאר דִיא טְהֵייעֶרֶע
פְרוּכְט פוּן דֶער עֶרְד, אוּנְד הָאט גֶעדוּלְד מִיט אִיהְר בִּיז
8 זִיא בֶּעקוּמְט דֶעם פְרִיה אוּנְד דֶעם שְׁפֶּעט רֶעגֶען: הָאט
אִיהְר אוֹיךְ גֶעדוּלְד, בֶּעפֶעסְטִיגְט אֵייעֶרֶע הֶערְצֶער, וָוארִין
9 דָאס קוּמֶען פוּן דֶעם הַאר אִיז נָאהֶענְט: מוּרְמֶעלְט נִיט
בְּרִידֶער אֵיינֶער קֶעגֶען דֶעם אַנְדֶערֶען, כְּדֵי אִיהְר זָאלְט
נִיט פֶערְשׁוּלְדִיגְט וֶוערֶען; זֶעה דֶער רִיכְטֶער שְׁטֶעהְט פָאר
10 דִיא טְהִיר: נֶעמְט, מֵיינֶע בְּרִידֶער, פַאר אַ בֵּיישְׁפִּיל פוּן
לֵיידֶען אוּנְד גֶעדוּלְד דִיא נְבִיאִים, וָואס הָאבֶּען גֶערֶעט
11 אִים נָאמֶען פוּן דֶעם הַאר: זֶעה, מִיר רוּפֶען זֵייא
גֶעבֶּענְשְׁט דִיא וָואס הָאבֶּען אוֹיסְגֶעהַאלְטֶען. אִיהְר הָאט
גֶעהֶערְט פוּן דֶער גֶעדוּלְד פוּן אִיוֹב, אוּנְד אִיהְר הָאט
גֶעזֶעהֶען דֶעם סוֹף פוּן דֶעם הַאר, אַז דֶער הַאר הָאט פִיל
מִיטְלֵייד אוּנְד אִיז בַּארֶעמְהֶערְצִיג:
12 אָבֶּער פָאר אַלֶע זַאכֶען, מֵיינֶע בְּרִידֶער שְׁוֶוערְט נִיט, נִיט
בַּיים הִימֶעל אוּנְד נִיט בַּייא דֶער עֶרְד, אוּנְד נִיט קֵיינֶע
אַנְדֶערֶע שְׁבוּעָה; אָבֶּער לָאז אֵייעֶר יָא זֵיין יָא, אוּנְד אֵייעֶר
נֵיין זֵיין נֵיין, כְּדֵי אִיהְר זָאלְט נִיט אִין אַ מִשְׁפָּט אַרֵיינְ־
פַאלֶען:

13 הָאט אֵיינֶער צְווִישֶׁען אֵייךְ יְסוּרִים, לָאז עֶר בֶּעטֶען. אִיז
14 אֵיינֶער פְרֶעהְלִיךְ, לָאז עֶר לוֹיבּ זִינְגֶען: אִיז אֵיינֶער צְווִי־
שֶׁען אֵייךְ קְרַאנְק, לָאז עֶר רוּפֶען דִיא זְקֵנִים פוּן דֶער
קְהִלָּה, אוּנְד לָאזֶען זַייא פַאר אִיהְם בֶּעטֶען, נָאכְדֶעם זַייא
הָאבֶּען אִיהְם גֶעזַאלְבְּט מִיט עֶהְל אִים נָאמֶען פוּן דֶעם הַאר:
15 אוּנְד דָאס גֶעבֶּעט פוּן גְלוֹיבֶּען וֶועט דֶעם קְרַאנְקֶען רֶעטֶען,
אוּנְד דֶער הַאר וֶועט אִיהְם אוֹיפְהֶעבֶּען; אוּנְד וֶוען עֶר הָאט
עֶפֶּעס גֶעזִינְדִיגְט וֶועט עֶס אִיהְם פֶערְגֶעבֶּען וֶוערֶען:
16 דְרוּם זַייט מִתְוַדֶה דִיא זִינְדֶען אֵיינֶער צוּם אַנְדֶערֶען, אוּנְד
בֶּעטֶעט אֵיינֶער פַאר דֶעם אַנְדֶערֶען, כְּדֵי אִיהְר זָאלְט
גֶעהֵיילִיגְט וֶוערֶען. דִיא תְּחִנָּה פוּן אַ צַדִיק ווִירְקְט פִיל וֶוען
17 זִיא אוֹיסְדוֹיעֶרְט: אֵלִיָּה אִיז גֶעוֶועזֶען אַ מֶענְשׁ גְלַייכְאַרְטִיג
ווִיא מִיר, אוּנְד עֶר הָאט עֶרְנְסְט גֶעבֶּעטֶען אַז עֶס זָאל
נִיט רֶעגְנֶען, אוּנְד עֶס הָאט נִיט גֶערֶעגֶענְט אוֹיף דֶער עֶרְד
18 דְרַייא יָאהְר אוּנְד זֶעקְס חֳדָשִׁים: אוּנְד עֶר הָאט ווִידֶער
גֶעבֶּעטֶען, אוּנְד דֶער הִימֶעל הָאט גֶעגֶעבֶּען רֶעגֶען, אוּנְד
דִיא עֶרְד הָאט אַרוֹיסְגֶעשְׁפְּרָאצְט אִיהְרֶע פְרוּכְט:
19 מֵיינֶע בְּרִידֶער, וֶוען אֵיינֶער צְווִישֶׁען אֵייךְ פֶערְאִירְט זִיךְ
פוּן דֶער וָואהְרְהֵייט, אוּנְד אֵיינֶער וֶועט אִיהְם אוּמְקֶעהְרֶען:
20 לָאז עֶר ווִיסֶען אַז דֶער וֶועלְכֶער קֶעהְרְט אוּם אַ זִינְדֶער
פוּן דֶעם טָעוּת פוּן זַיין וֶועג וֶועט רֶעטֶען אַ זֶעלֶע פוּן
טוֹיט, אוּנְד וֶועט פֶערְדֶעקֶען אַ פִילְהֵייט פוּן זִינְד:

דֶער עֶרְשְׁטֶער בְּרִיף פוּן דֶעם
אַפָּאסְטֶעל פֶּעטְרוּס.

---

1 פֶּעטְרוּס אֵיין אַפָּאסְטֶעל פוּן יֵשׁוּעַ הַמָּשִׁיחַ צוּ דִיא אוֹיסְ־
דֶערְוֶועהְלְטֶע וָואס זֶענֶען אִין פָּאנְטוּס, גַאלַאטְיָא, כַּאפַּא־
2 דָאקְיָא, אַסְיָא אוּנְד בִּיתוּנְיָא: וָואס זֶענֶען אוֹיסְדֶערְוֶועהְלְט
נָאךְ דֶער פָארְקֶענְטְנִיס פוּן גָאט דֶעם פָּאטֶער אִין דֶער
הֵיילִיגוּנְג פוּן דֶעם גֵייסְט, צוּם גֶעהָארְכֶען אוּנְד שְׁפְּרֶענְקְלֶען
פוּן דֶעם בְּלוּט פוּן יֵשׁוּעַ הַמָּשִׁיחַ, גְנָאד אוּנְד פְרִידֶען זָאלֶען
זִיךְ צוּ אֵייךְ מֶעהְרֶען:
3 גֶעבֶּענְשְׁט זַייא גָאט אוּנְד דֶער פָּאטֶער פוּן אוּנְזֶער הַאר
יֵשׁוּעַ הַמָּשִׁיחַ, דֶער הָאט אוּנְס ווִידֶערְגֶעבּוֹירֶען נָאךְ זַיינֶע
גְרוֹיסֶע בַּארֶעמְהֶערְצִיגְקֵייט צוּ אַ לֶעבֶּעדִיגֶע הָאפְנוּנְג דוּרְךְ
4 דִיא אוֹיפְערְשְׁטֶעהוּנְג פוּן יֵשׁוּעַ הַמָּשִׁיחַ פוּן דִיא טוֹיטֶע: צוּ
אַ יְרוּשָּׁה וָואס אִיז אוּנְפֶערְדָארְבֶּען, אָהְן אַ פְלֶעק, אוּנְד
אִיז נִיט פֶערְוֶועלְקְט, וָואס אִיז בֶּעהַאלְטֶען פַאר אֵייךְ אִים
5 הִימֶעל: וֶועלְכֶע זֶענֶען גֶעהִיט אִין דֶער מַאכְט פוּן גָאט
דוּרְךְ גְלוֹיבֶּען, צוּ אַ יְשׁוּעָה וָואס אִיז אָנְגֶעבְּרֵייט אַנְטְ־
6 פְּלֶעקְט צוּ וֶוערֶען אִין דִיא לֶעצְטֶע צַייט: דְרִינֶען אִיהְר
פְרֵייעְט אֵייךְ זֶעהְר חָאטְשֶׁע וֶוען עֶס מוּס זַיין אַז אִיהְר
זֶענְט אַצוּנְד אַבִּיסֶעל אִין צַעַר גֶעוֶועזֶען דוּרְךְ פֶערְשִׁידֶענֶע
7 פְּרִיפוּנְגֶען: כְּדֵי דִיא פְּרִיפוּנְג פוּן אֵייעֶר גְלוֹיבֶּען וָואס
אִיז פִיל טֶהֵייעֶרֶער ווַיא דִיא פוּן גָאלְד וָואס אִיז פֶערְ־
דָארְבֶּען, אָבֶּער אִיז גֶעפְּרִיפְט דוּרְךְ פֵייעֶר, זָאל גֶעפִינֶען
וֶוערֶען צוּ לוֹיבּ אוּנְד כָּבוֹד אוּנְד הֶערְלִיכְקֵייט אִין דֶער
8 אַנְטְפְּלֶעקוּנְג פוּן יֵשׁוּעַ הַמָּשִׁיחַ: וֶועלְכֶען אִיהְר לִיבְּט
חָאטְשֶׁע אִיהְר הָאט אִיהְם נִיט גֶעזֶעהֶען, אוּנְד אָן אִיהְם
אִיהְר גְלוֹיבְּט, הָאטְשֶׁע אִיהְר זֶעהְט אִיהְם נִיט אַצוּנְד, אוּנְד
אִיהְר פְרֵייעְט אֵייךְ מִיט אַ הֶערְלִיכֶע פְרֵייד וָואס קֶען נִיט
9 אוֹיסְגֶערֶעט וֶוערֶען: אִינְדֶעם אִיהְר בֶּעקוּמְט דֶעם תַּכְלִית
פוּן אֵייעֶר גְלוֹיבֶּען, דִיא רֶעטוּנְג פוּן אֵייעֶרֶע נְשָׁמוֹת:

10 וֶועגֶען וֶועלְכֶע רֶעטוּנְג דִיא נְבִיאִים הָאבֶּען גֶעזוּכְט אוּנְד
אֵייפְרִיג גֶעפָארְשְׁט, וָואס הָאבֶּען נְבוּאוֹת גֶעזָאגְט וֶועגֶען
11 דֶער גְנָאד וָואס אִיז צוּ אֵייךְ: דֶערְוֵוייל זֵייא הָאבֶּען גֶע־
פָארְשְׁט אוֹיף וֶועלְכֶע אוּנְד וֶועלְכֶערְלֵייא צֵייט דֶער גֵייסְט
פוּן מָשִׁיחַ וָואס אִיז אִין זֵייא גֶעוֶועזֶען הָאט בֶּעדֵייטֶעט, וֶוען
עֶר הָאט פְרִיהֶער בֶּעצֵייגְט דִיא לֵיידֶען פוּן מָשִׁיחַ, אוּנְד
12 דִיא הֶערְלִיכְקֵייט וָואס וֶועט דֶערְנָאךְ קוּמֶען: צוּ וֶועלְכֶע
אִיז אַנְפְּלֶעקְט גֶעוָוארֶען, אַז נִיט צוּ זִיךְ אַלֵיין נֵייעֶרְט צוּ
אֵייךְ הָאבֶּען זֵייא גֶעדִינְט אִין דִיא זַאכֶען וָואס זֶענֶען צוּ
אֵייךְ אַצוּנְד דֶערְצֶעהְלְט גֶעוָוארֶען דוּרְךְ דִיא וָואס הָאבֶּען
צוּ אֵייךְ גֶעפְּרֶעדִיגְט דִיא בְּשׂוֹרָה טוֹבָה אִים רוּחַ הַקוֹדֶשׁ
וָואס אִיז פוּן דֶעם הִימֶעל אַרוּפְּגֶעשִׁיקְט, אִין וֶועלְכֶע זַאכֶען
מַלְאָכִים הָאבֶּען בֶּעגֶעהְרְט אַרֵיינְצוּקוּקֶען:
13 דְרוּם גַארְטֶעלְט אַרוּם דִיא לֶענְדֶען פוּן אֵייעֶר פֶערְשְׁטַאנְד,
זַייט נִיכְטֶערְן, אוּנְד זֶעצְט אֵייעֶרֶע גַאנְצֶע הָאפְנוּנְג אוֹיף
דִיא גְנָאד וָואס וֶועט צוּ אֵייךְ גֶעבְּרַאכְט וֶוערֶען אִים אַנְטְ־
14 פְּלֶעקֶען פוּן יֵשׁוּעַ הַמָשִׁיחַ: אַלְס קִינְדֶער וָואס גֶעהָארְכֶען,
בִּילְדֶעט נִיט אֵייעֶר כַאַרַאקְטֶער נָאךְ דִיא פְרִיהֶערֶע תַּאֲוֹת
15 אִין אֵייעֶרֶע אוּנְוִויסֶענְהֵייט: נֵייעֶרְט נָאךְ דֶעם הֵיילִיגֶען
וֶועלְכֶער הָאט אֵייךְ בֶּערוּפֶען, אַזוֹי זַייט אִיהְר אוֹיךְ הֵיילִיג
16 אִין אַלֶעם הַאנְדֶעל: וָוארִין עֶס שְׁטֶעהְט גֶעשְׁרִיבֶּען, זַייט
17 אִיהְר הֵיילִיג וֵוייל אִיךְ בִּין הֵיילִיג: ויקרא י״א מ״ד. אוּנְד
וֶוען אִיהְר רוּפְט אָן דֶעם פָאטֶער וֶועלְכֶער אִיז נִיט נוֹשֵׂא
פָּנִים אוּנְד רִיכְטֶעט יֶעדֶען נָאךְ זֵיין וֶוערְק, אַזוֹי פֶערְ־
בְּרֶענְגְט דָא דִיא צֵייט פוּן אֵייעֶר אוֹיפְהַאלְטוּנְג אִין פָארְכְט:
18 וָוארִין אִיהְר וֵוייסְט אַז אִיהְר זֶענְט נִיט אוֹיסְגֶעלֶעזְט גֶע־
וָוארֶען מִיט פֶערְדֶערְבְּלִיכֶע זַאכֶען, זִילְבֶּער אוּנְד גָאלְד
פוּן אֵייעֶרֶען נַארִישֶׁען וַואנְדֶעל וָואס אִיהְר הָאט פוּן אֵייעֶרֶע
19 פֶעטֶער דֶערְהַאלְטֶען: נֵייעֶרְט מִיט דֶעם טְהֵייעֶרֶען בְּלוּט
פוּן מָשִׁיחַ, אַזוֹי וִויא פוּן אַ לַאם וָואס אִיז אָהְן אַ מוּם
20 אוּנְד אוּנְבֶּעפְלֶעקְט: דֶער אִיז בֶּעשְׁטִימְט גֶעוֶועזֶען פָאר
דֶער גְרוּנְדוּנְג פוּן דֶער וֶועלְט, אָבֶּער אִיז אִין דִיא לֶעצְטֶע
21 צֵייטֶען פוּן אֵייעֶרְטְוֶועגֶען אַנְטְפְּלֶעקְט גֶעוָוארֶען: וָואס
דוּרְךְ אִיהְם גְלוֹיבֶּען אָן גָאט, דֶער הָאט אִיהְם אוֹיפְגֶעוֶועקְט

פוּן דִיא טוֹיטֶע, אוּנְד הָאט אִיהם גֶעגֶעבֶּען הֶערְלִיכְקֵייט,
אַזוֹי אַז אֵייעֶר גְלוֹיבֶּען אוּנְד הָאפְנוּנְג זָענֶען אִין גָאט:
אִינְדֶעם אִיהְר הָאט אֵייעֶרֶע נְשָׁמוֹת גֶערֵיינִיגְט אִים 22
גֶעהָארְזַאם פוּן דֶער וָואהְרְהֵייט נִיט צוּ פֶערְשְׁטֶעלְטֶע
בְּרוּדֶערְלִיבֶּע, אַזוֹי לִיבְּט אֵיינֶער דֶעם אַנְדֶערְן מִיט
עֶרְינְסְט פוּן דֶעם הַארְצֶען: וָוייל אִיהְר זָענְט וִוידֶערְגֶע־ 23
בּוֹירֶען, נִיט פוּן פֶערְדָארְבֶּענֶעם זָאמֶען, נֵייעֶרְט פוּן
אוּנְפֶערְדָארְבֶּענֶעם, דוּרְךְ דֶעם וָוארְט פוּן גָאט וָואס
לֶעבְּט אוּנְד בְּלֵייבְּט:
„וָוארִין אַלֶעם פְלֵיישׁ אִיז וִויא גְרָאז, אוּנְד אַלֶע 24
זַיינֶע הֶערְלִיכְקֵייט וִויא אַ בְּלוּם פוּן גְרָאז, דָאס גְרָאז
אִיז פֶערְדָארְבֶּען אוּנְד דִיא בְּלוּם אִיז אָוֶועקְגֶעפַאלֶען:
אָבֶּער דָאס וָוארְט פוּן דֶעם הַאר בְּלֵייבְּט אוֹיף 25
עֶבִּיג: ישעיה מ׳ ו׳ ז׳ ח׳.
אוּנְד דָאס אִיז דָאס וָוארְט וָואס אִיז צוּ אֵייךְ גֶעפְּרֶעדִיגְט:

קאפיטעל ב

דְרוּם טְהוּט אָפּ אַלֶע שְׁלֶעכְטְהֵייט, אוּנְד אַלֶע פַאלְשְׁ־ 1
הֵייט, אוּנְד חֲנִיפָה, אוּנְד קִנְאָה, אוּנְד אַלֶע רְכִילוּת:
וִויא נֵייא גֶעבּוֹירֶענֶע קִינְדֶער בֶּעגֶעהְרְט דִיא לוֹיטֶערֶע 2
מִילְךְ פוּן דֶעם וָוארְט, כְּדֵי אִיהְר זָאלְט דוּרְךְ דֶעם
וַואקְסֶען צוּ יְשׁוּעָה: וֶוען אִיהְר הָאט פֶערְזוּכְט אַז 3
דֶער הַאר אִיז גוּטִיג: צוּ וֶועלְכֶען אִיהְר קוּמְט וִויא 4
צוּ אַ לֶעבֶּעדִיגֶען שְׁטֵיין, וָואס אִיז פוּן מֶענְשֶׁען פֶערְ־
וָוארְפֶען, אָבֶּער פוּן גָאט אוֹיסְדֶערְוֶועהְלְט אוּנְד טְהֵייעֶר:
אִיהְר אוֹיךְ וִויא לֶעבֶּעדִיגֶע שְׁטֵיינֶער זָענְט אוֹיפְגֶעבּוֹיעֶט 5
פַאר אַ גֵייסְטְלִיכֶעם הוֹיז, אֵיינֶע הֵיילִיגֶע כְּהוּנָה, אַז
אִיהְר זָאלְט בְּרֶענְגֶען גֵייסְטְלִיכֶע קָרְבָּנוֹת, וָואס זָענֶען
אָנְגֶענוּמֶען פַאר גָאט דוּרְךְ יֵשׁוּעַ הַמָּשִׁיחַ: וָוייל עֶס 6
שְׁטֶעהְט גֶעשְׁרִיבֶּען אִין דֶער שְׁרִיפְט,
„זֶעה, אִיךְ לֶעג אִין צִיּוֹן אֵיין עֶקְשְׁטֵיין אוֹיסְדֶערְ־
וֶועהְלְט, טְהֵייעֶר, אוּנְד דֶער וָואס גְלוֹיבְּט אָן אִיהם
וֶועט נִיט פֶערְשֶׁעהְמְט וֶוערֶען״: ישעיה כ״ח ט״ז.
דְרוּם צוּ אֵייךְ וָואס גְלוֹיבֶּען אִיז דִינֶער כָּבוֹד; אָבֶּער צוּ 7
דִיא וָואס גְלוֹיבֶּען נִיט, דֶער שְׁטֵיין וָואס דִיא בּוֹימֵייסְטֶער

האבען פערוואָרפען, דער איז צום עקשטיין געוואָרען:
8 תהלים קי״ח כ״ב. אונד ער איז א שטיין פון אנשטויס
אונד א פעלז פון שטרויכלונג; וועלכע שטרויכלען
אינדעם זייא זענען אונגעהאָרזאם דעם וואָרט, דערצו זענען
9 זייא אויך געשטעלט: ישעיה ח׳ י״ד. אבער איהר זענט
איין אויסדערוועהלטעס דור, א קעניגליכע כהונה, א
הייליג פאָלק, א פאָלק צום בעזיץ, כדי איהר זאָלט
דערצעהלען דעם לויב פון איהם דער האָט אייך גע־
רופען פון דער פינסטערניס צו זיין וואונדער־
10 ליכען ליכט: וואָס איהר זענט פריהער ניט
געוועזען א פאָלק, אבער אצונד זענט איהר דאָס
פאָלק פון גאָט; וואָס איהר האָט ניט קיינע בארעמ־
הערציגקייט דערהאַלטען, אבער אצונד האָט איהר
דערהאַלטען בארעמהערציגקייט: הושע א׳ ט׳; ב׳ כ״ג.
11 געליבטע, איך בעט אייך וויא פרעמדע אונד וואנדערער,
אז איהר זאָלט אייך אפּהאַלטען פון די גלוסטען פון
דעם פלייש, וואָס שטרייטען קעגען דער נשמה:
12 אונד פיהרט איהר אייך גוט אויף צווישען די גוים,
כדי אין דעם אין וועלכען זייא לעסטערן אייך אלס
איבעלטהוער, זייא זאָלען אנזעהען אייערע גוטע ווערק,
אונד זאָלען גאָט לויבען אים טאָג פון בעזוכונג:
13 זייט אונטערטעניג צו יעדע מענשליכע אָרדנונג פון
וועגען דעם האַר; אויב עס איז צום קעניג וויא צום
14 עלצטען: אָדער צו פירשטען אזוי וויא זייא זענען פון
איהם געשיקט צו שטראָפונג פון די איבעלטהוער אונד
15 צום לויב פון די וואָס טהון גוטעס: וואָרין דאָס איז
דער ווילען פון גאָט, אז איהר זאָלט גוטעס טהון אונד
זאָלט פערשטומען די אונווויסענהייט פון נארישע
16 מענשען: אלס פרייע מענשען, אונד ניט אזוי וויא
איהר האַלט אייערע פרייהייט פאר א שלייער פון
17 שלעכטהייט, נייערט אלס קנעכט פון גאָט: האַלט אלע
אין כבוד, ליבט די ברידערשאַפט, פאַרכט אייך פאַר
גאָט, האַלט אין כבוד דעם קעניג:
18 איהר קנעכט, זייט אונטערטעניג צו אייערע הערן

מִיט אַלֶערלַייא פָּארְכְט, נִיט נוּר צוּ דִיא גוּטֶע אוּנְד
19 עֶדֶעלֶע, נֵייעֶרְט אוֹיךְ צוּ דִיא הַארְטֶע: וָוארִין דָאס אִיז
גְנָאדֶענְפָאל, וֶוען אַיינֶער לַיידֶעט צַעַר וֶועגֶען זַיין
גֶעוִויסֶען קֶעגֶען גָאט אוּנְד דֶערְטְרָאגְט אוּנְשׁוּלְדִיג:
20 וָוארִין וָואס פַאר אַ לוֹיבּ אִיז עֶס וֶוען אִיהְר דֶערְטְרָאגְט
נָאכְדֶעם אִיהְר הָאט גֶעזִינְדִיגְט אוּנְד זֶענְט גֶעשְׁלָאגֶען?
אָבֶּער וֶוען אִיהְר דֶערְטְרָאגְט נָאכְדֶעם אִיהְר הָאט גוּטֶעס
גֶעטְהוּן אוּנְד הָאט גֶעלִיטֶען, דָאס אִיז גְנָאדֶענְפָאל פָאר
21 גָאט: וָוארִין אִיהְר זֶענְט דֶערְצוּ בֶּערוּפֶען, ווייל מָשִׁיחַ
הָאט אוֹיךְ גֶעלִיטֶען פַאר אַייךְ, אוּנְד הָאט־אַייךְ אַ בֵּייא־
שְׁפִּיל אִיבֶּערְגֶעלָאזְט, כְּדֵי אִיהְר זָאלְט נָאכְפָאלְגֶען זַיינֶע
22 שְׁרִיט: וֶועלְכֶער הָאט קֵיינֶע זִינְד נִיט גֶעטְהוּן, אוֹיךְ
אִיז קֵיין בֶּעטְרוּג אִין זַיין מוֹיל גֶעפִינֶען גֶעוָוארֶען:
23 ישעיה נ"ג ט'. דֶער, וֶוען עֶר אִיז בֶּעלַיידִיגְט הָאט נִיט
צוּרִיקְבֶּעלַיידִיגְט, וֶוען עֶר הָאט גֶעלִיטֶען הָאט נִיט
גֶעסְטְרַאשֶׁעט, נֵייעֶרְט עֶר הָאט זִיךְ אִיבֶּערְגֶעגֶעבֶּען צוּ
24 אִיהְם דֶער טְהוּט רֶעכְט מִשְׁפָּט: דֶער הָאט זֶעלְבְּסְט
אוּנְזֶערֶע זִינְד גֶעטְרָאגֶען אִין זַיין לֵייבּ אוֹיף דֶעם בּוֹים,
כְּדֵי מִיר זָאלֶען אָפְּשְׁטַארְבֶּען צוּ זִינְד אוּנְד זָאלֶען לֶע־
בֶּען צוּ גֶערֶעכְטִיגְקֵייט; דוּרְךְ וֶועמֶעס וָואוּנְדֶען אִיהְר
25 זֶענְט גֶעהֵיילְט גֶעוָוארֶען: וָוארִין אִיהְר זֶענְט גֶעוֶועזֶען
וִויא פֶערְאִירְטֶע שָׁאף, אָבֶּער אַצוּנְד הָאט אִיהְר אַייךְ
אוּמְגֶעקֶעהְרְט צוּם פַּאסְטוּךְ אוּנְד אוֹיפְזֶעהֶער פוּן אַייעֶרֶע
נְשָׁמוֹת:

קאפיטעל ג

1 גְלֵייכְדֶעם אִיהְר ווייבֶּער זַייט אוּנְטֶערְטֶענִיג צוּ אַייעֶרֶע
אַיינֶענֶע מֶענֶער, כְּדֵי, וֶוען אֲפִילוּ עֶטְלִיכֶע גְלוֹיבֶּען נִיט
אִים וָוארְט, זַייא זָאלֶען דוּרְךְ דֶעם וַואנְדֶעל פוּן דִיא
2 וַוייבֶּער אָהְן דֶעם וָוארְט גֶעווּנֶען וֶוערֶען: אִינְדֶעם זַייא
3 זֶעהֶען אַייעֶרֶען רַיינֶען וַואנְדֶעל מִיט פָּארְכְט: אוּנְד לָאז
אַייעֶרֶע צִירוּנְגֶען נִיט זַיין דִיא אוֹיסֶערֶע פוּן גֶעפְלָאכְטֶענֶע
הָאר אוּנְד גִילְדֶענֶע בֶּענְדֶער, אָדֶער שֶׁעהְנֶע קְלֵיידוּנְג:
4 נֵייעֶרְט לָאז זַייא זַיין דֶער פֶערְבָּארְגֶענֶער מֶענְשׁ פוּן־דֶעם
הַארְץ אִין אוּנְפֶערְדַארְבְּלִיכֶע צִירוּנְגֶען פוּן אַ זַאנְפְטמוּטִיגֶען

אונד שטילען גייסט, וואס איז זעהר טהייער פאר
5 גאט: ווארין גלייכדעם פלעגען זיך דיא הייליגע פרויען
פארצייטען צירען וועלכע האבען אין גאט געהאפט,
אונד זענען אונטערטעניג געוועזען צו זייערע מענער:
6 אזוי וויא שרה האט געהארכט צו אברהם, אינדעם זיא
האט איהם גערופען הערר; וועמעס קינדער איהר זענט
ווען איהר טהוט גוטעס אונד פארכט אייך ניט מיט קיין
שרעקען:
7 גלייכדעם איהר מענער, וואוינט מיט זייא נאך פערר־
שטאנד, וויא מיט דעם שוואכערען כלי אונד גיבט זייא
כבוד, גלייך וויא אויך מיט־יורשים פון דער גנאד
פון לעבען, אז אייערע געבעטע זאלען ניט געשטערט
ווערען:
8 נון צום לעצטען זייט אלע גלייכגעדאנקענדיג, מיטליידיג,
9 ברידערליך, בארעמהערציג, דעמוטהיג: אונד פערגעלט
ניט שלעכטעס פאר שלעכטעס אדער בעליידיגונג פאר
בעליידיגונג, נייערט אים געגענטהייל בענשט, ווייל איהר
זענט דערצו בערופען, כדי איהר זאלט ירשענען ברכה:
10 „ווארין דער וואס וויל ליב האבען דאס לעבען אונד
זעהען גוטע טעג, לאז ער האלטען זיינע צונג פון
שלעכטעס, אונד זיינע ליפען אז זייא זאלען ניט
11 פאלשהייט רעדען: אבער לאז ער אפקעהרען פון
שלעכטעס אונד טהון גוטעס, לאז ער זוכען פרידען
12 אונד עס נאכפאלגען: ווארין דיא אויגען פון דעם
האר זענען אויף דיא צדיקים, אונד זיינע אויערען
זענען אפען צו זייער געבעט, אבער דאס פנים פון
דעם האר איז קעגען דיא וואס טהון שלעכטעס“:
תהלים ל״ד י״ג-י״ז.
13 ווער וועט אייך דען שאדען, ווען איהר זענט אייפריג
14 נאך דעם גוטען? אבער ווען איהר אויך ליידעט וועגען
גערעכטיגקייט זענט איהר געבענשט, אונד האט קיין
מורא פאר זייער שרעקען, אויך זייט ניט בעטריבט:
15 אבער הייליגט דעם האר משיח אין אייערע הערצער
אונד זייט בעשטענדיג בערייט צו ענטפערן איטליכען

וָואס פְרֶעגְט אֵייךְ וֶועגֶען דֶער הָאפְנוּנְג וָואס אִיז אִין
16 אֵייךְ, דָאךְ מִיט דֶעמוּטְה אוּנְד פָארְכְט: אוּנְד הָאט אַ
גוּטֶעם גֶעוִויסֶען, כְּדֵי אִין וָואס אִיהְר זֶענְט בֶּערֶעדֶעט
פָאר דִיא וָואס פֶערְשֶׁעהְמֶען אֵייעֶר גוּטֶען וַואנְדֶעל
17 אִין מָשִׁיחַ זָאלֶען צוּ שַׁאנְד וֶוערֶען: וָוארִין עֶס אִיז
לִיבֶּער, וָוען עֶס אִיז דֶער ווִילֶען פוּן גָאט, אַז אִיהְר
זָאלְט לֵיידֶען פַאר גוּטֶעס טְהוּן אֵיידֶער פַאר שְׁלֶעכְטֶעס:
18 ווַייל מָשִׁיחַ אִיז אוֹיךְ אֵיינְמָאל גֶעשְׁטָארְבֶּען פַאר זִינְד
דֶער גֶערֶעכְטֶער פַאר דִיא אוּנְגֶערֶעכְטֶע, כְּדֵי עֶר זָאל
אוּנְס בְּרֶענְגֶען צוּ גָאט, אִינְדֶעם עֶר אִיז גֶעטֶעטֶעט
גֶעוָוארֶען אִים פְלֵיישׁ, אָבֶּער אִיז לֶעבֶּעדִיג גֶעוָוארֶען
19 אִים גֵייסְט: דְרוּם אִיז עֶר אוֹיךְ גֶעגַאנְגֶען אוּנְד הָאט
גֶעפְּרֶעדִיגְט צוּ דִיא גֵייסְטֶער וָואס זֶענֶען אִין גֶעפֶענְגְנִים:
20 וָואס הָאבֶּען פָארְצַייטֶען נִיט גֶעגְלוֹיבְּט, וָוען דִיא
לַאנְגְמוּטִיגְקֵייט פוּן גָאט הָאט אִין דִיא טֶעג פוּן נֹחַ
גֶעוַוארְט, דֶערְוַוייל דִיא תֵּיבָה אִיז פָארְבֶּערֵייטֶעט
גֶעוָוארֶען, אִין וֶועלְכֶער עֶטְלִיכֶע, דָאס הֵייסְט אַכְט
נְפָשׁוֹת, זֶענֶען דוּרְךְ וַואסֶער גֶערֶעטֶעט גֶעוָוארֶען:
21 וֶועלְכֶעס אִיז אַצוּנְד נָאךְ אַ פָארְבִּילְד, אוֹיךְ אַז
טְבִילָה רֶעטֶעט אֵייךְ, נִיט דָאס אָפְּטְהוּן פוּן דִיא
אוּנְרֵיינִיגְקֵייט פוּן דֶעם פְלֵיישׁ, נֵייעֶרְט דִיא בֶּערוּפוּנְג
פוּן אַ גוּטֶען גֶעוִויסֶען אוֹיף גָאט, דוּרְךְ דִיא אוֹיפֶערְ־
22 שְׁטֶעהוּנְג פוּן יֵשׁוּעַ הַמָשִׁיחַ: וֶועלְכֶער אִיז אִין הִימֶעל
גֶעגַאנְגֶען, אוּנְד אִיז צוּ דִיא רֶעכְטֶע הַאנְד פוּן גָאט,
צוּ דֶעם דִיא מַלְאָכִים אוּנְד הֶערְשַׁאפְטֶען אוּנְד מֶעכְטֶען
זֶענֶען אוּנְטֶערְטֶענִיג גֶעוָוארֶען:

קאפיטעל ד

1 דֶערְסְטְוֶועגֶען, אִינְדֶעם מָשִׁיחַ הָאט אִים פְלֵיישׁ גֶעלִיטֶען,
וָואפֶענְט אִיהְר אֵייךְ אוֹיךְ מִיט דֶעם זֶעלְבִּיגֶען פֶערְ־
שְׁטַאנְד, ווַייל דֶער וָואס הָאט אִים פְלֵיישׁ גֶעלִיטֶען
2 הָאט אוֹיפְגֶעהֶערְט פוּן זִינְד: כְּדֵי אִיהְר זָאלְט נִיט
מֶעהְר דִיא אִיבְּרִיגֶע צַייט לֶעבֶּען אִים פְלֵיישׁ צוּ דִיא
גְלוּסְטֶען פוּן מֶענְשֶׁען, נֵייעֶרְט דוּרְךְ דֶעם ווִילֶען פוּן גָאט:
3 וָוארִין דִיא פֶערְגַאנְגֶענֶע צַייט אִיז גֶענוּג אַז מִיר הָאבֶּען

גֶעווִירְקְט דֶעם ווִילֶען פוּן דִיא גוֹיִם, אוּנְד הָאבֶּען גֶעוואַנְ־
דֶעלְט אִין אוֹיסְגֶעלַאסֶענְהַייט, גְלוּסְטֶען, ווַיינְזוֹיפֶען,
טַאנְצֶען, פְרֶעסֶען, אוּנְד גֶעזֶעצְלוֹיזִיגֶע אָפְּגֶעטֶערַייא:
4 דְרִינֶען אִיז זַייא אַ חִדוּשׁ ווֶען אִיהְר לוֹיפְט נִיט מִיט זַייא
צוּ דִיא זֶעלְבִּיגֶע פֶערְשְׁווֶענְדוּנְג פוּן אוּנְמֶעסִיגְקַייט,
5 דֶערְבַּייא לֶעסְטֶערְן זַייא אֵייךְ: ווֶעלְכֶע ווֶעלֶען אָפְּגֶעבֶּען
חֶשְׁבּוֹן צוּ דֶעם ווֶעלְכֶער אִיז אָנְגֶעבְּרַייט צוּ רִיכְטֶען
6 דִיא לֶעבֶּעדִיגֶע אוּנְד דִיא טוֹיטֶע: ווָארִין דֶערְצוּ אִיז
אוֹיךְ דִיא בְּשׂוּרָה טוֹבָה גֶעפְּרֶעדִיגְט גֶעווָארֶען צוּ דִיא
טוֹיטֶע, כְּדֵי זַייא זָאלֶען אִים פְלֵיישׁ נָאךְ מֶענְשֶׁען גֶע־
רִיכְטֶעט ווֶערֶען, אָבֶּער נָאךְ גָאט זָאלֶען לֶעבֶּען אִים
גֵייסְט:
7 אָבֶּער דָאס עֶנְד פוּן אַלֶע זַאכֶען אִיז נָאהֶענְט; דְרוּם זַייט
8 קְלוּג אוּנְד ווַאכְט צוּ גֶעבֶּעט: פָאר אַלֶעם הָאט הֶערְצְלִיכֶע
לִיבֶּע צְווִישֶׁען אֵייךְ; ווָארִין לִיבֶּע דֶעקְט צוּ פִילֶע זִינְד:
9 זַייט מַכְנִיס אוֹרְחִים אֵיינֶער צוּם אַנְדֶערְן אָהְן גֶעמוּרְמֶעל:
10 גְלֵייךְ ווִיא יֶעדֶער אֵיינֶער פוּן אֵייךְ הָאט בֶּעקוּמֶען אַ
מַתָּנָה, אַזוֹי זָאל עֶר דֶעם אַנְדֶערְן דֶערְמִיט בֶּעדִינֶען
אַלְס גוּטֶע פֶערְוַאלְטֶער פוּן דִיא פִילֶערְלַייא גְנָאד פוּן
11 גָאט: ווֶען אֵיינֶער רֶעט, לָאז עֶר רֶעדֶען ווִיא מִיט דִיא
ווֶערְטֶער פוּן גָאט; ווֶען אֵיינֶער בֶּעדִינְט, לָאז עֶר בֶּעדִינֶען
ווִיא פוּן דֶער קְרַאפְט ווָאס גָאט הָאט גֶעגֶעבֶּען; כְּדֵי גָאט
זָאל אִין אַלֶע זַאכֶען פֶערְהֶערְלִיכְט ווֶערֶען דוּרְךְ יֵשׁוּעַ
הַמָּשִׁיחַ, צוּ דֶעם אִיז דֶער כָּבוֹד אוּנְד דִיא קְרַאפְט פוּן
עֶבִּיגְקַייט צוּ עֶבִּיגְקַייט; אָמֵן:
12 גֶעלִיבְּטֶע, לָאזְט אֵייךְ נִיט אָפְּוֶוענְדִיג גֶעמַאכְט ווֶערֶען
דוּרְךְ דִיא פֵייעֶרְדִיגֶע פְּרִיפוּנְג ווָאס קוּמְט צְווִישֶׁען אֵייךְ
כְּדֵי אֵייךְ צוּ פְּרִיפֶען, גְלֵייךְ ווִיא עֶס הָאט זִיךְ אֵייךְ עֶפֶּעס
13 נַייעֶס צוּגֶעטְרָאפֶען: נַייעֶרְט פְרֵייעֶט אֵייךְ, אִינְדֶעם אִיהְר
הָאט אַ טְהֵייל אִין דִיא לֵיידֶען פוּן מָשִׁיחַ, כְּדֵי אִיהְר זָאלְט
אֵייךְ אוֹיךְ פְרֵייעֶן מִיט גְרוֹיסֶע שִׂמְחָה אִין דֶער אַנְטְפְּלֶעקֶ־
14 קוּנְג פוּן זַיינֶע הֶערְלִיכְקַייט: ווֶען אִיהְר, ווֶערְט גֶעלֶעסְטֶערְט
ווֶעגֶען דֶעם נָאמֶען פוּן מָשִׁיחַ, גֶעבֶּענְשְׁט זֶענְט אִיהְר,
ווֵייל דֶער גֵייסְט פוּן הֶערְלִיכְקַייט אוּנְד פוּן גָאט רוּהְט

15 אוֹיף אֵייךְ: וָוארִין, לָאז קֵיינֶער פוּן אֵייךְ נִיט לֵיידֶען אַלְס
רוֹצֵחַ אָדֶער גַּנָּב אָדֶער אַיין אִיבֶּעלְטֶהוּעֶר, אָדֶער ווִיא
16 אֵיינֶער וָואס מִשְׁפָּט זִיךְ אִין פְרֶעמְדֶע זַאכֶען: אָבֶּער וֶוען
אֵיינֶער לֵיידֶעט אַלְס אַ קְרִיסְט, לָאז עֶר זִיךְ נִיט שֶׁעהֶמֶען,
17 נֵייעֶרְט לָאז עֶר גָאט לוֹיבֶּען אִין דִיזֶען נָאמֶען: וָוארִין אִין
דִיא צֵייט וֶוען דָאס מִשְׁפָּט וֶועט פוּן דֶעם-הוֹיז פוּן גָאט
אָנְהֶעבֶּען; אוּנְד וֶוען צוּעֶרְשְׁט פוּן אוּנְס, וָואס וֶועט דֶער
סוֹף זַיין פוּן דִיא וָואס גֶעהָארְכֶען נִיט דִיא בְּשׂוֹרָה טוֹבָה
18 פוּן גָאט? אוּנְד וֶוען דֶער גֶערֶעכְטֶער וֶועט קוֹים גֶערֶע-
טֶעט וֶוערֶען, וְואוּ וֶועט דֶער גָאטְלָאזִינֶער אוּנְד דֶער
19 זִינְדֶער עֶרְשֵׁיינֶען? דְרוּם לָאזֶען אוֹיךְ דִיא וָואס לֵיידֶען
נָאךְ דֶעם ווִילֶען פוּן גָאט זַייעֶרֶע נְשָׁמוֹת אִיבֶּערְגֶעבֶּען
מִיט גוּטֶעס טְהוּן צוּ אַ גֶעטְרֵייעֶן בֶּעשֶׁעפֶער:

קאפיטעל ה

1 דְרוּם בִּין אִיךְ מַזְהִיר דִיא זְקֵנִים וָואס זֶענֶען צְווִישֶׁען
אֵייךְ, וָואס אִיךְ בִּין אוֹיךְ דֶער זָקֵן אוּנְד עֵדוּת פוּן דִיא
לֵיידֶען פוּן יֵשׁוּעַ, אוֹיךְ דֶער חָבֵר פוּן דֶער הֶערְלִיכְקֵייט
2 וָואס וֶועט אַנְטְפְּלֶעקְט וֶוערֶען: ווַיידֶעט דִיא סְטַאדֶע פוּן
גָאט וָואס אִיז צְווִישֶׁען אֵייךְ, נִיט ווִיא גֶעצְווִינְגֶען
נֵייעֶרְט מִיט גוּטֶען ווִילֶען אַזוֹי ווִיא צוּ גָאט, אוּנְד
נִיט פַאר שֶׁענְדְלִיכֶען גֶעווִינְסְט, נֵייעֶרְט מִיט אַ רֵיינֶעם
3 אֵייפֶער: אוּנְד נִיט גְלֵייךְ ווִיא דִיא וָואס הֶערְשֶׁען
אִיבֶּער דִיא וָואס זֶענֶען צוּ זֵייא אָנְפֶּערְטְרוֹיעט, נֵייעֶרְט
4 זַייט אַ בֵּיישְׁפִּיל צוּ דֶער סְטַאדֶע: אוּנְד וֶוען דֶער
אוֹיבֶּערְשְׁטֶער פַּאסְטוּךְ וֶועט אַנְטְפְּלֶעקְט וֶוערֶען, וֶועט
אִיהְר דֶערְהַאלְטֶען דִיא קְרוֹין פוּן הֶערְלִיכְקֵייט וָואס
וֶועט נִיט פֶערְגֶעהֶען:
5 גְלֵייכְדֶעם אִיהְר יוּנְגֶערֶע, זַייט אוּנְטֶערְטֶענִיג צוּ דִיא
זְקֵנִים. אוּנְד אַלֶע פוּן אֵייךְ זַייט אֵיינֶער צוּם אַנְדֶערְן
אוּנְטֶערְטֶענִיג מִיט דֶעמוּטְה, וָוארִין גָאט אִיז קֶעגֶען
דִיא שְׁטָאלְצֶע, אָבֶּער צוּ דִיא דֶעמוּטְהִיגֶע גִיבְּט עֶר
גְנָאד:
6 דְרוּם דֶעמוּטְהִיגְט אֵייךְ אוּנְטֶער דִיא מֶעכְטִיגֶע הַאנְד
פוּן גָאט, כְּדֵי עֶר זָאל אֵייךְ אִין דֶער צֵייט דֶערְהֵייבֶּען:

7 אוּנְד וַוארְפְט. אַלֶע אַייעֶרֶע דַאגָה אוֹיף אִיהְם, וָוארִין
8 עֶר זָארְגְט פַאר אֵייךְ: זַייט נִיכְטֶערְן, אוּנְד וַואכְט; אֵייעֶר
פֵיינְד דֶער שָׂטָן, גֶעהְט אַרוּם וִויא אַ בְּרוּמֶענְדִיגֶער
9 לֵייבּ אוּנְד זוּכְט וֶועמֶען עֶר זָאל אֵיינְשְׁלִינְגֶען: דֶעם
וִוידֶערְשְׁטֶעהְט אִים גְלוֹיבֶּען, אִינְדֶעם אִיהְר וֵוייסְט אַז
דִיא זֶעלְבִּיגֶע לֵיידֶען דֶענֶען דֶערְפִילְט אִין אֵייעֶרֶע
בְּרִידֶער וָואס זֶענֶען אִין דֶער וֶועלְט:
10 אוּנְד דֶער גָאט פוּן אַלֶער גְנָאד, דֶער אוּנְס בֶּערוּפֶען
הָאט צוּ זֵיינֶע עֶבִּיגֶע הֶערְלִיכְקֵייט אִין מָשִׁיחַ, נָאכְדֶעם
אִיהְר הָאט אַ קְלֵיינֶע צֵייט גֶעלִיטֶען וֶועט אֵייךְ פָּאלְ־
קָאמֶען מַאכֶען, וֶועט אֵייךְ שְׁטַארְקֶען, בֶּעפֶעסְטִיגֶען,
11 גְרִינְדֶען: צוּ אִיהְם זָאל זֵיין דִיא הֶערְשַׁאפְט פוּן
עֶבִּיגְקֵייט צוּ עֶבִּיגְקֵייט; אָמֵן:
12 דוּרְךְ סִלְוַואנוּס דֶעם גֶעטְרֵייעֶן בְּרוּדֶער, וִויא אִיךְ הַאלְט,
הָאבּ אִיךְ בְּקִיצוּר גֶעשְׁרִיבֶּען, אוּנְד אִיךְ וָוארְן אוּנְד
בֶּעצֵייג אַז דָאס אִיז דִיא וָואהְרֶע גְנָאד פוּן גָאט וָואס
13 אִיהְר שְׁטֶעהְט דְרִינֶען: דִיא אוֹיסְדֶערְוֶועהְלְטֶע וָואס
אִיז אִין בָּבֶל, אוּנְד מֵיין זוּהְן מַרְקוּס גְרִיסֶען אֵייךְ:
14 גְרִיסְט אֵיינֶער דֶעם אַנְדֶערְן מִיט אַ קִישׁ פוּן לִיבֶּע.
פְרִידֶען זֵייא מִיט אֵייךְ אַלֶע וָואס זֶענֶען אִין מָשִׁיחַ:

דֶער צְוֵוייטֶער בְּרִיף פוּן דֶעם
אַפָּאסְטֶעל פֶּעטְרוּס.

---

1 שִׁמְעוֹן פֶּעטְרוּס, אַ קְנֶעכְט אוּנְד אֵיין אַפָּאסְטֶעל פוּן
יֵשׁוּעַ הַמָּשִׁיחַ, צוּ דִיא וָואס הָאבֶּען דֶערְהַאלְטֶען אַ
גְלֵייכְוֶוערְטִיגֶען גְלוֹיבֶּען מִיט אוּנְס, אִין דֶער גֶערֶעכְטִיגְ־
קֵייט פוּן אוּנְזֶער גָאט אוּנְד רֶעטֶער, יֵשׁוּעַ הַמָּשִׁיחַ:
2 גְנָאד אוּנְד פְרִידֶען זָאלֶען זִיךְ צוּ אֵייךְ מֶעהְרֶען אִין
דֶער דֶערְקֶענְטְנִיס פוּן גָאט אוּנְד אוּנְזֶער הַאר יֵשׁוּעַ:
3 גְלֵייךְ וִויא זַיינֶע גֶעטְלִיכֶע קְרַאפְט הָאט אוּנְס גֶעשֶׁענְקְט
אַלֶע זַאכֶען וָואס קֶעהְר צוּם לֶעבֶּען אוּנְד פְרוּמְקֵייט דוּרְךְ
דֶער דֶערְקֶענְטְנִיס פוּן אִיהְם, וֶועלְכֶער הָאט אוּנְס בֶּערוּפֶען
4 דוּרְךְ זַיינֶע אֵייגֶענֶע הֶערְלִיכְקֵייט אוּנְד לוֹיבּ: דוּרְךְ
וֶועלְכֶע עֶס זֶענֶען צוּ אוּנְס גֶעגֶעבֶּען דִיא טְהֵייעֶרֶע אוּנְד
זֶעהְר גְרוֹיסֶע הַבְטָחוֹת, כְּדֵי אִיהְר זָאלְט דוּרְךְ דִיזֶע
הָאבֶּען אַ טְהֵייל אִין דִיא גֶעטְלִיכֶע נַאטוּר, אִינְדֶעם אִיהְר
זֶענְט אַנְטְרִינֶען פוּן דֶעם פֶערְדַארְבֶּען וָואס אִין אִיז דֶער
5 וֶועלְט דוּרְךְ גְלוּסְטֶען: אוּנְד אִין דֶעמְזֶעלְבֶּען אַלֶערְלֵייא
פְלֵייסִיגְקֵייט דֶערְשְׁטֶעלְט, אוּנְד זֶעצְט צוּ צוּ אֵייעֶר גְלוֹי־
בֶּען גוּטֶע מִדּוֹת, אוּנְד צוּ גוּטֶע מִדּוֹת דֶערְקֶענְטְנִיס:
6 אוּנְד צוּ דֶערְקֶענְטְנִיס מֶעסִיגְקֵייט, אוּנְד צוּ מֶעסִיגְקֵייט
7 גֶעדוּלְד, אוּנְד צוּ גֶעדוּלְד פְרוּמְקֵייט: אוּנְד צוּ פְרוּמְקֵייט
8 בְּרִידֶערְלִיכְקֵייט, אוּנְד צוּ בְּרִידֶערְלִיכְקֵייט לִיבֶּע: וָוארִין
וֶוען דִיזֶע זַאכֶען זֶענֶען אִין אֵייךְ אוּנְד מֶעהְרֶען זִיךְ,
לָאזֶען זֵייא אֵייךְ נִיט פוֹיל זַיין אוּנְד אוֹיךְ נִיט אָהְן פְרוּכְט
וֶועגֶען דֶער דֶערְקֶענְטְנִיס פוּן אוּנְזֶער הַאר יֵשׁוּעַ הַמָּשִׁיחַ:
9 וָוארִין דֶער וָואס הָאט נִיט דִיזֶע זַאכֶען אִיז בְּלִינְד, אִינְדֶעם
עֶר זֶעהְט נוּר דָאס וָואס אִיז נָאהֶענְט, אוּנְד הָאט פֶערְגֶע־
סֶען אַז עֶר אִיז פוּן זַיינֶע אַלְטֶע זִינְד גֶערֵיינִיגְט גֶעוָוארֶען:
10 דֶעסְטְוֶועגֶען בְּרִידֶער, בֶּעפְלֵייסִיגְט אֵייךְ נָאךְ מֶעהְר אַז

אִיהְר זָאלְט אֵייעֶרֶע בֶּערוּפוּנְג אוּנְד אוֹיסְדֶערְוֶועהְלוּנְג
זִיכֶער מַאכֶען; וָוארִין וֶוען אִיהְר טְהוּט דִיזֶע זַאכֶען וֶועט
11 אִיהְר קֵיינְמָאל נִיט שְׁטְרוֹיכְלֶען: וָוארִין אַזוֹי וֶועט אֵייךְ
רֵייכְלִיךְ גֶעגֶעבֶּען וֶוערֶען דֶער אֵיינְגַאנְג צוּם עֶבִּיגֶען
קֶענִיגְרֵייךְ פוּן אוּנְזֶער הַאר אוּנְד רֶעטֶער יֵשׁוּעַ הַמָשִׁיחַ:
12 דֶעסְטְוֶועגֶען ווִיל אִיךְ נִיט אוֹיפְהֶערֶען אֵייךְ בֶּעשְׁטֶענְדִיג
הֶעגֶען דִיזֶע זַאכֶען צוּ דֶערְמָאהְנֶען, אַפִילוּ וֶוען אִיהְר
קֶענְט זֵייא אוּנְד זֶענְט בֶּעפֶעסְטִיגְט אִין דִיא וָואהְרְהֵייט
13 וָואס אִיז מִיט אֵייךְ: אָבֶּער אִיךְ הַאלְט עֶס פַאר רֶעכְט,
אַזוֹי לַאנְג ווִיא אִיךְ בִּין אִין דִיזֶען גֶעצֶעלְט, אַז אִיךְ זָאל
14 אֵייךְ דוּרְךְ דֶערְמָאהְנוּנְג דֶערְוֶועקֶען: אִינְדֶעם אִיךְ וֵוייס
אַז דָאס אָפְּלֶעגֶען פוּן מֵיין גֶעצֶעלְט קוּמְט גֶעשְׁווִינְד,
גְלֵייךְ ווִיא אוּנְזֶער הַאר יֵשׁוּעַ הַמָשִׁיחַ הָאט מִיר גֶעווִיזֶען:
15 אוּנְד אִיךְ וֶועל מִיךְ פְלַייסִיגֶען אַז אִיהְר זָאלְט דִיזֶע זַאכֶען
אוֹיךְ בֶּעשְׁטֶענְדִיג גֶעדֶענְקֶען נָאךְ מֵיין אַוֶועקְגֶעהֶען:
16 וָוארִין מִיר הָאבֶּען נִיט נָאכְגֶעפָאלְגְט קֵיינֶע אוֹיסְגֶעטְרַאכְ־
טֶע לִיגֶען וֶוען מִיר הָאבֶּען אֵייךְ צוּ ווִיסֶען גֶעטְהוּן דִיא
קְרַאפְט אוּנְד דִיא עֶרְשֵׁיינוּנְג פוּן אוּנְזֶער הַאר יֵשׁוּעַ הַמָשִׁיחַ,
נֵייעֶרְט מִיר הָאבֶּען זֵיינֶע גְדוּלָה מִיט אוּנְזֶערֶע אוֹיגֶען
17 גֶעזֶעהֶען: וָוארִין עֶר הָאט דֶערְהַאלְטֶען פוּן גָאט דֶעם
פָאטֶער כָּבוֹד אוּנְד הֶערְלִיכְקֵייט, וֶוען אַזֶעלְכֶעס קוֹל אִיז
צוּ אִיהְם גֶעקוּמֶען פוּן דֶער זֶעהְר הוֹיכֶע הֶערְלִיכְקֵייט,
דָאס אִיז מֵיין גֶעלִיבְּטֶער זוּהְן, אִין וֶועלְכֶען אִיךְ הָאבּ
18 וְואוֹילְגֶעפַאלֶען: מתי ג׳ י״ז, י״ז ה׳. אוּנְד דִיזֶעס קוֹל הָאבֶּען
מִיר גֶעהֶערְט פוּן הִימֶעל קוּמֶען, וֶוען מִיר זֶענֶען מִיט
אִיהְם גֶעוֶועזֶען אוֹיף דֶעם הֵיילִיגֶען בַּארְג:
19 אוּנְד מִיר הָאבֶּען דָאס וָוארְט פוּן נְבוּאָה וָואס אִיז
אוֹיךְ פֶעסְטֶער גֶעמַאכְט, דְרוֹיף וֶועט אִיהְר רֶעכְט טְהוּן
וֶוען אִיהְר גִיבְּט אַכְטוּנְג גְלֵייךְ ווִיא אוֹיף אַ לִיכְט וָואס
שֵׁיינְט אִין אַ פִינְסְטֶערְן אָרְט, בִּיז עֶס וֶועט טָאג וֶוערֶען
אוּנְד דֶער מָארְגֶענְשְׁטֶערְן וֶועט אוֹיפְגֶעהֶען אִין אֵייעֶרֶע
20 הֶערְצֶער: אוּנְד דָאס זָאלְט אִיהְר צוּעֶרְשְׁט ווִיסֶען, אַז
דִיא גַאנְצֶע נְבוּאָה פוּן דֶער שְׁרִיפְט אִיז נִיט פוּן אֵיי־
21 גֶענֶע אוֹיסְלֶעגוּנְג: וָוארִין נְבוּאָה אִיז נִיט גֶעקוּמֶען צוּ

יעדער צייט דורך דעם ווילען פון מענשען, נייערט
דיא מענשען זענען פון דעם רוח הקודש געפיהרט
אונד האבען גערעדט פון גאט:

קאפיטעל ב

1 אונד עס זענען אויך פאלשע נביאים געוועזען צווישען
דעם פאלק, אזוי וויא עס וועלען אויך זיין צווישען
אייך פאלשע לעהרער, וועלכע וועלען אריינברענגען
שטילערהייט פערדארבליכע מצות, אונד וועלען פער־
לייקענען דעם האר דער האט זייא אויסגעקויפט, אונד
וועלען איבער זיך זעלבסט ברענגען געשווינדעם
2 פערדארבען: אונד פילע וועלען נאכפאלגען זייערע
אויסגעלאסענהייטען, דורך דיא וועט דער וועג פון
3 וואהרהייט געלעסטערט ווערען: אונד דורך גייציגקייט
וועלען זייא אויס אייך מיט אויסגעטראכטע ווערטער
סחורה מאכען; פאר וועלכע דאס געריכט פון לאנג
אן זוימט זיך שוין ניט, אונד זייער פערדארבען
דרימעלט ניט:
4 ווארין ווען גאט האט ניט פערשפארט מלאכים וואס
האבען געזינדיגט, נייערט האט זייא אין גיהנם ארופ־
געווארפען אין גריבער פון פינסטערנים, אונד האט
זייא איבערגעגעבען צום געריכט בעהאלטען צו ווערען:
5 אונד ער האט ניט פערשפארט דיא אלטע וועלט,
נייערט האט געהיט נח מיט זיבען אנדערע, א פרעדיגער
פון גערעכטיגקייט, אונד האט געבראכט א מבול
6 איבער דיא וועלט פון דיא רשעים: אונד ער האט
געמאכט צו אש דיא שטעט פון סדום אונד עמורה,
אונד האט זייא פארשולדיגט דורך איין אומשטורץ,
דרינען האט ער א ביישפיל געמאכט פון דיא וואס
7 וועלען רשעות טהון: אונד האט מציל געוועזען דעם
גערעכטען לוט, וועלכען דיא רשעים האבען געפלאגט
מיט זייערע שלעכטע מדות דורך אויסגעלאסענהייט:
8 ווארין דיזער צדיק וואס האט צווישען זייא געוואוינט,
ווען ער האט געזעהען אונד געהערט זייערע אונגע־
זעצליכע מעשים, האט ער טעגליך געהאט יסורים אין

9 זיינע גערעכטע נשמה: דער האר ווייסט וויא אזוי
דיא פרומע ליט מציל צו זיין פון פריפונג, אונד דיא
רשעים צו בעהאלטען צום יום הדין בעשטראפט צו
10 ווערען: דאך מייסטענס דיא וואס געהען נאך דעם
פלייש דורך דעם גלוסטען פון אונריינינקייט, אונד
פעראכטען דיא הערשאפט. דיזע זענען עזות פנים,
הקשנים, דיא לעסטערן דיא הערליכקייט אהן פארכט:
11 ווען אפילו דיא מלאכים וואס זענען גרעסער אין קראפט
אונד אין מאכט ברענגען ניט קענען זייא קיין אנקלאג
12 פון לעסטערונג בייא דעם האר: אבער דיזע, גלייך וויא
אונפערנונפטיגע חיות, וואס זענען פון נאטור געבוירען
געהאפט אונד אומגעבראכט צו ווערען, לעסטערן אין
דיא זאכען וואס זייא פערשטעהען ניט, אונד וועלען
אויך פערלוירען ווערען אין זייערע פערדארבענהייט:
13 אינדעם זייא ליידען אונרעכט פאר א לוין פון אונרעכט;
דיא וואס האלטען עס פאר א תענוג צו זויפען ביים
קלארען טאג, אונד וויא פלעקען אונד פעהלער קוועלען
זייא אין זייערע ליבעסמאלצייטען בשעת זייא עסען
14 מיט אייך: אונד זייא האבען אויגען פול מיט זנות, אונד
וואס קענען ניט אויפהערען פון זינד, וועלכע פערפיהרען
לייכטזיניגע זעלען, אונד האבען הערצער געלערנט גייציג
15 צו זיין, אונד זענען קינדער פון דעם פלוך: זייא
האבען דעם רעכטען וועג פערלאזען, אונד זענען פער־
פיהרט געווארען, אונד זענען נאכגעגאנגען דעם וועג פון
בלעם דעם זוהן פון בעור, וואס האט געליבט דעם לוין
16 פון אונרעכט: אונד איז געשטראפט געווארען פאר
זיין אייגען איבעל; א שטומער עזעל האט גערעדט מיט
דעם קול פון א מענש, אונד האט געהינדערט דאס
משוגעת פון דעם נביא:
17 דיזע זענען ברונען אהן וואסער, וואלקען וואס זענען
ארומגעטריבען פון א שטורמווינד, פאר וועלכע דיא
שווארצעסטע פינסטערניס איז אויף עביג בעהאלטען:
18 וואריך זייא רעדען זעהר שטאלצע נארישקייטען, אונד
דורך דיא גלוסטען פון דעם פלייש פערפיהרען זייא

דורך אויסגעלאססענהייט די וואס זענען קוים אנטרינען
19 פון די וואס וואנדלען אים טעות: די וואס זאגען
זייא צו פרייהייט, דערווייל זענען זייא אליין די קנעכט
פון פערדארבען; וואָרין צו דעם איינער האט זיך אונ־
טערגעווארפען פון דיזעם איז ער א קנעכט געמאכט:
20 וואָרין ווען זייא זענען אנטרינען פון די אומרייניגקיי־
טען פון דער וועלט דורך די דערקענטניס פון דעם
הער אונד רעטער ישוע המשיח, אונד דאך זענען זייא
ווידער דרינגען פערוויקעלט געווארען אונד האבען זיך
אונטערגעווארפען, אזוי זענען זייא מיט די לעצטע
21 זאכען ארגער ווי די ערשטע: וואָרין עס וואלט פאר
זייא בעסער געוועזען אז זייא וואלטען ניט געקענט
דעם וועג פון גערעכטיגקייט, איידער נאכדעם זייא
האבען עס געקענט זיך אפקעהרען פון דעם הייליגען
22 געבאט וואס איז צו זייא איבערגעגעבען: עס האט זיך
צו זייא געטראפען נאך דעם וואהרען משל, א הונד
קעהרט זיך צו זיין אייגענע מעקיכך, אונד איין אפגע־
וואשענעס חזיר וואלגערט זיך ווידער אים גרובען:

משלי כ"ו י"א.

קאפיטעל ג

1 דאס איז שוין דער צווייטער בריף, געליבטע, וואס איך
שרייב צו אייך, אין וועלכען איך דערוועק אייער לוי־
2 טערען פערשטאנד: דורך דערמאהנען אז איהר זאלט
געדענקען די ווערטער וועלכע זענען אייך פריהער
געזאגט געווארען פון די הייליגע נביאים, אונד דאס
געבאט צו אייך פון די אפאסטעל פון דעם הער אונד
3 רעטער: אונד דאס זאלט איהר צוערשט וויסען, אז
אין די לעצטע טעג וועלען קומען שפעטער מיט
שפעטערייא, וועלכע וועלען נאכגעהען זייערע אייגענע
4 גלוסטען: אונד זאגען, וואו איז די הבטחה פון זיין
קומען? וואָרין פון דער צייט אן זינט די אבות זענען
אנטשלאפען געווארען זענען אלע זאכען אזוי ווי פון
5 אנהויב פון דער בעשעפעניס: וואָרין מוטוויליג פער־
געסען זייא, אז פון אלטע צייטען זענען געוועזען

הימעל דורך דעם ווארט פון גאט, אונד די ערד
וואס איז דורך וואסער אונד אים וואסער בעשטאנען:
6 דורך וועלכע די וועלט וואס איז דאן געוועזען איז
דורך וואסער פערפלייצט אונד פערלוירען געווארען:
7 אבער די הימעל אונד די ערד וואס זענען אצונד
זענען דורך דעם זעלבען ווארט בעוואהרט, בעהאלטען
צום פייער ביז צום יום הדין אונד דער צושטערונג
פון די רשעים:
8 אבער דאס איינע פערגעסט ניט געליבטע, אז איין
טאג איז ביי דעם האר וויא טויזענד יאהר, אונד
9 טויזענד יאהר וויא איין טאג: תהלים צ׳ ד׳. דער האר
פערשפעטיגט ניט זיינע הבטחה וויא עטליכע האלטען
פערשפעטיגקייט, נייערט, ער איז לאנגמוטיג קעגען
אייך אונד וויל ניט אז איינער זאל פערלוירען ווער־
רען, נייערט אז אלע זאלען אומקעהרען צו תשובה:
10 נון דער טאג פון דעם האר וועט קומען אזוי וויא א
גנב, אין וועלכעם די הימעל וועלען פערגעהען מיט
א גרויסען רעש, אונד די גרונדען וועלען פאר היץ
צושמאלצען ווערען אונד וועלען צוגעהען. אונד די
ערד אונד די ווערק וואס זענען דרינען וועלען פער־
11 ברענט ווערען: ווען אלע דיזע זאכען וועלען אזוי
צוגעהען, וואס פאר מענשען קעהרט איהר צו זיין אין
12 הייליגען וואנדעל אונד פרומקייט: דערווייל איהר
ווארטעט אונד ערינסט בעגעהרט די ערשיינונג פון
דעם טאג פון גאט, דורך דעם די הימעל וועלען
פערברענט ווערען אונד וועלען צוגעהען, אונד די
גרונדען וועלען פאר היץ צושמאלצען ווערען אונד
13 וועלען פערניכטעט ווערען: אבער מיר ווארטען נאך
זיינע הבטחה אויף נייע הימעל אונד א נייע ערד,
דרינען גערעכטיגקייט וואוינט:
14 דעסטוועגען, געליבטע, וויל איהר ווארט אויף דיזע
זאכען בעפלייסיגט אייך אז איהר זאלט פון איהם אין
פרידען געפינען ווערען, אהן א פלעק אונד אהן א
15 פעהלער: אונד רעכענט אז די לאנגמוטיגקייט פון

אוּנְזֶער הַאר אִיז יְשׁוּעָה, גְלֵייךְ וְוִיא אוּנְזֶער גֶעלִיבְּטֶער
בְּרוּדֶער פּוֹלוֹס הָאט אֵייךְ אוֹיךְ גֶעשְׁרִיבֶּען נָאךְ דֶער
חָכְמָה וָואס אִיז אִיהְם גֶעגֶעבֶּען: אַזוֹי וְוִיא אוֹיךְ אִין 16
אַלֶע בְּרִיף רֶעט עֶר וָועגֶען דִיזֶע זַאכֶען, אִין וֶועלְכֶע
זֶענֶען עֶטְלִיכֶע זַאכֶען שְׁוֶוער צוּ פֶערְשְׁטֶעהֶען, וָואס
דִיא אוּנְגֶעלֶהְרְטֶע אוּנְד אוּנְפֶערְשְׁטֶענְדִיגֶע פֶערְדְרֶעהֶען,
אַזוֹי וְוִיא אוֹיךְ דִיא אִיבְּרִיגֶע שְׁרִיפְטֶען צוּ זֵייעֶרֶע אֵייר־
גֶענֶען פֶערְדַארְבֶּען:
דְרוּם, גֶעלִיבְּטֶע, וְוייל אִיהְר וֵוייסְט עֶס פָארְאוֹיס, הִיט 17
אֵייךְ כְּדֵי אִיהְר זָאלְט נִיט פֶערְפִיהְרְט וֶוערֶען מִיט דֶעם
טָעוּת פוּן דִיא רְשָׁעִים, אוּנְד זָאלְט נִיט אַוָועקְפַאלֶען
פוּן אֵייעֶרֶע אֵייגֶענֶע בֶּעשְׁטֶענְדִיגְקֵייט: נֵייעֶרְט וַואקְסְט 18
אִין דֶער גְנָאד אוּנְד דֶערְקֶענְטְנִים פוּן אוּנְזֶער הַאר אוּנְד
רֶעטֶער יֵשׁוּעַ הַמָשִׁיחַ. צוּ אִיהְם זָאל זַיין דֶער כָּבוֹד
אַצוּנְד אוּנְד אוֹיף עֵבִּיגֶע צֵייטֶען; אָמֵן:

דֶער עֶרְשְׁטֶער בְּרִיף פוּן דֶעם
אַפָּאסְטֶעל יוֹחָנָן.

1 דָאס וָואס אִיז גֶעוֶועזֶען פוּן אָנְהוֹיבּ וָואס מִיר הָאבֶּען
גֶעהֶערְט, וָואס מִיר הָאבֶּען גֶעזֶעהֶען מִיט אוּנְזֶערֶע אוֹי־
גֶען, וָואס מִיר הָאבֶּען בֶּעטְרַאכְט אוּנְד אוּנְזֶערֶע הֶענְד
הָאבֶּען אָנְגֶערִיהְרְט, וֶועגֶען דֶעם וָוארְט פוּן לֶעבֶּען:
2 אוּנְד דָאס לֶעבֶּען אִיז אַנְטְפֶּלֶעקְט גֶעוָוארֶען, אוּנְד מִיר
הָאבֶּען גֶעזֶעהֶען אוּנְד בֶּעצֵייגֶען אוּנְד דֶערְצֶעהְלֶען צוּ
אֵייךְ דָאס עֶבִּיגֶע לֶעבֶּען, וָואס אִיז גֶעוֶועזֶען מִיט דֶעם
פָאטֶער אוּנְד וָואס אִיז צוּ אוּנְס אַנְטְפֶּלֶעקְט גֶעוָוארֶען:
3 וָואס מִיר הָאבֶּען גֶעזֶעהֶען אוּנְד גֶעהֶערְט דֶערְצֶעהְלֶען
מִיר אוֹיךְ אֵייךְ, כְּדֵי אִיהְר זָאלְט אוֹיךְ גֶעמֵיינְשַׁאפְט
הָאבֶּען מִיט אוּנְס. אוּנְד אוּנְזֶערֶע גֶעמֵיינְשַׁאפְט אִיז מִיט
4 דֶעם פָאטֶער אוּנְד מִיט זֵיין זוּהְן יֵשׁוּעַ הַמָשִׁיחַ: אוּנְד
דִיזֶע זַאכֶען שְׁרַייבֶּען מִיר צוּ אֵייךְ, כְּדֵי אוּנְזֶערֶע פְרֵייד
זָאל פָאלְקָאמֶען וֶוערֶען:
5 אוּנְד דָאס אִיז דִיא בָּאטְשַׁאפְט וָואס מִיר הָאבֶּען פוּן
אִיהְם גֶעהֶערְט אוּנְד דֶערְצֶעהְלֶען צוּ אֵייךְ, אַז גָאט
אִיז לִיכְט, אוּנְד אִין אִיהְם אִיז גָארְנִיט קֵיינֶע פִינְסְ־
6 טֶערְנִיס: וֶוען מִיר זָאגֶען אַז מִיר הָאבֶּען מִיט אִיהְם
גֶעמֵיינְשַׁאפְט, אוּנְד וַואנְדְלֶען אִין דֶער פִינְסְטֶערְנִיס,
זָאגֶען מִיר לִיגֶען אוּנְד טְהוּן נִיט דִיא וָואהְרְהֵייט?
7 אָבֶּער וֶוען מִיר וַואנְדְלֶען אִים לִיכְט גְלֵייךְ וִויא עֶר
אִיז אִים לִיכְט הָאבֶּען מִיר גֶעמֵיינְשַׁאפְט אֵיינֶער מִיט
דֶעם אַנְדֶערֶען, אוּנְד דָאס בְּלוּט פוּן יֵשׁוּעַ זֵיין זוּהְן
8 רֵיינִיגְט אוּנְס פוּן אַלֶע זִינְד: וֶוען מִיר זָאגֶען אַז מִיר
הָאבֶּען נִיט קֵיינֶע זִינְד פֶערְפִיהְרֶען מִיר אוּנְס זֶעלְבְּסְט,
9 אוּנְד דִיא וָואהְרְהֵייט אִיז נִיט אִין אוּנְס: וֶוען מִיר בֶּע־
קֶענֶען אוּנְזֶערֶע זִינְד, אִיז עֶר גֶעטְרֵייא אוּנְד גֶערֶעכְט
אַז עֶר זָאל אוּנְס דִיא זִינְד פֶערְגֶעבֶּען, אוּנְד זָאל אוּנְס

דִּייכִיגֶען פוּן אַלֶע אוּנגֶערֶעכְטִיגְקֵייט: וֶוען מִיר זָאגֶען 10
אַז מִיר הָאבֶּען נִיט גֶעזִינְדִיגְט מַאכֶען מִיר אִיהְם פַאר
אַ לִיגְנֶער, אוּנְד זַיין וָוארְט אִיז נִיט אִין אוּנְס:

קאפיטעל ב

מַיינֶע קְלֵיינֶע קִינְדֶער, דִיזֶע זַאכֶען שְׁרַייבּ אִיךְ צוּ 1
אֵייךְ, כְּדֵי אִיהְר זָאלְט נִיט זִינְדִיגֶען. אוּנְד וֶוען אֵיי־
נֶער זִינְדִיגְט אַזוֹי הָאבֶּען מִיר אַ מֵלִיץ בֵּייא דֶעם
פָאטֶער, יֵשׁוּעַ הַמָּשִׁיחַ דֶעם גֶערֶעכְטֶען: אוּנְד עֶר אִיז 2
אַלֵיין אַיין אוֹיסְדֶערְלֶעזוּנְג פַאר אוּנְזֶערֶע זִינְד, אוּנְד
נִיט נוּר פַאר אוּנְזֶערֶע זִינְד, נֵייעֶרְט אוֹיךְ פַאר דִיא
זִינְד פוּן דֶער גַאנְצֶען וֶועלְט: אוּנְד דוּרְךְ דֶעם וִויסֶען 3
מִיר אַז מִיר קֶענֶען אִיהְם, וֶוען מִיר הַאלְטֶען זַיינֶע
גֶעבָּאטֶע: דֶער וָואס זָאגְט, אִיךְ קֶען אִיהְם אוּנְד הַאלְט 4
נִיט זַיינֶע גֶעבָּאטֶע, דֶער אִיז אַ לִיגְנֶער, אוּנְד דִיא
וָואהְרְהֵייט אִיז נִיט אִין אִיהְם: אָבֶּער דֶער וָואס הַאלְט 5
זַיין וָוארְט, בֶּאֱמֶת, אִין דִיזֶעם אִיז דִיא לִיבֶּע פוּן גָאט
פָאלְקָאמֶען גֶעוָוארֶען; דְרוּיף וִויסֶען מִיר אַז מִיר זֶע־
נֶען אִין אִיהְם: דֶער וָואס זָאגְט אַז עֶר בְּלֵייבְּט אִין 6
אִיהְם, גְלֵייךְ וִויא יֶענֶער הָאט גֶעהַאנְדֶעלְט אַזוֹי זָאל
עֶר אַלֵיין אוֹיךְ הַאנְדֶעלְן:
גֶעלִיבְּטֶע, אִיךְ שְׁרַייבּ נִיט צוּ אֵייךְ קֵיין נֵייעֶס גֶעבָּאט, 7
נֵייעֶרְט אַיין אַלְטֶעס גֶעבָּאט וָואס אִיהְר הָאט גֶעהַאט
פוּן אָנְהוֹיבּ; דָאס אַלְטֶע גֶעבָּאט אִיז דָאס וָוארְט וָואס
אִיהְר הָאט גֶעהֶערְט: אַ נֵייעֶס גֶעבָּאט שְׁרַייבּ אִיךְ וִויי־ 8
דֶער צוּ אֵייךְ, וָואס אִיז וָואהְר אִין אִיהְם אוּנְד אִין
אֵייךְ, וֶוייל דִיא פִינְסְטֶערְנִיס פֶערְשְׁוִוינְדֶעט, אוּנְד דָאס
וָואהְרֶע לִיכְט שַׁיינְט שׁוֹין: דֶער וָואס זָאגְט אַז עֶר אִיז 9
אִים לִיכְט אוּנְד הַאסְט זַיין בְּרוּדֶער, אִיז אִין דֶער פִינְסְ־
טֶערְנִיס בִּיז אַצוּנְד: דֶער וָואס לִיבְּט זַיין בְּרוּדֶער בְּלֵייבְּט 10
אִים לִיכְט, אוּנְד עֶס אִיז נִיט קֵיינֶע שְׁטְרוֹיכְלוּנְג אִין
אִיהְם: אָבֶּער דֶער וָואס הַאסְט זַיין בְּרוּדֶער אִיז אִין דֶער 11
פִינְסְטֶערְנִיס אוּנְד הַאנְדֶעלְט אִין דֶער פִינְסְטֶערְנִיס, אוּנְד
וֵייסְט נִיט וְואוּ אַהִין עֶר גֶעהְט, וָוארִין דִיא פִינְסְטֶערְ־
נִיס הָאט זַיינֶע אוֹיגֶען פֶערְבְּלֶענְדֶעט:

12 אִיךְ שְׁרֵייבּ צוּ אֵייךְ קְלֵיינֶע קִינְדֶער, וֵוייל אֵייעֶרֶע זִינְד
13 זֶענֶען פֶערְגֶעבֶּען פוּן זַיין נָאמֶענְס וֶועגֶען: אִיךְ שְׁרֵייבּ
צוּ אֵייךְ, פֶעטֶער, וֵוייל אִיהְר הָאט אִיהְם דֶערְקֶענְט
וֶועלְכֶער אִיז פוּן אָנְהוֹיבּ. אִיךְ שְׁרֵייבּ צוּ אֵייךְ, יוּנְגֶע
מֶענֶער, ווייל אִיהְר הָאט דֶעם שְׁלֶעכְטֶען בֵּייגֶעקוּמֶען.
אִיךְ הָאבּ צוּ אֵייךְ גֶעשְׁרִיבֶּען קְלֵיינֶע קִינְדֶער, וֵוייל
14 אִיהְר הָאט דֶערְקֶענְט דֶעם פָאטֶער: אִיךְ הָאבּ צוּ אֵייךְ
גֶעשְׁרִיבֶּען פֶעטֶער, וֵוייל אִיהְר הָאט דֶערְקֶענְט וֶועלְכֶער
אִיז פוּן אָנְהוֹיבּ. אִיךְ הָאבּ צוּ אֵייךְ גֶעשְׁרִיבֶּען יוּנְגֶע
מֶענֶער, וֵוייל אִיהְר זֶענְט שְׁטַארְק אוּנְד דָאס וָוארְט פוּן
גָאט בְּלֵייבְּט אִין אֵייךְ, אוּנְד אִיהְר הָאט דֶעם שְׁלֶעכְטֶען
15 בֵּייגֶעקוּמֶען: לִיבְּט נִיט דִיא וֶועלְט, אוֹיךְ נִיט דִיא זַאר־
כֶען וָואס זֶענֶען אִין דֶער וֶועלְט. וֶוען אֵיינֶער לִיבְּט
דִיא וֶועלְט, אַזוֹי אִיז נִיט דִיא לִיבֶּע פוּן דֶעם פָאטֶער
16 אִין אִיהְם: וֵוייל אַלֶעס וָואס אִיז אִין דֶער וֶועלְט, דִיא
גְלוּסְטֶען פוּן דֶעם פְלֵיישׁ אוּנְד דִיא גְלוּסְטֶען פוּן דִיא
אוֹיגֶען אוּנְד דֶער שְׁטָאלְץ פוּן דֶעם לֶעבֶּען, אִיז נִיט
17 פוּן דֶעם פָאטֶער נֵייעֶרְט פוּן דֶער וֶועלְט: אוּנְד דִיא
וֶועלְט פֶערְשְׁווִינְדֶעט, אוּנְד אוֹיךְ אִיהְר גְלוּסְטֶען; אָבֶּער
דֶער וָואס טְהוּט דֶעם ווִילֶען פוּן גָאט בְּלֵייבְּט אוֹיף
עֶבִּיג:
18 קְלֵיינֶע קִינְדֶער, עֶס אִיז דִיא לֶעצְטֶע שָׁעָה; אוּנְד גְלֵייךְ
ווִיא אִיהְר הָאט גֶעהֶערְט אַז דֶער גֶעגְנֶער פוּן מָשִׁיחַ
קוּמְט, אַזוֹי זֶענֶען שׁוֹין אַצוּנְד דָא פִילֶע גֶעגְנֶער פוּן
מָשִׁיחַ, דְרוּם ווִיסֶען מִיר אַז עֶס אִיז דִיא לֶעצְטֶע
19 שָׁעָה: זֵייא זֶענֶען פוּן אוּנְס אַרוֹיסְגֶעגַאנְגֶען, אָבֶּער
זֵייא זֶענֶען נִיט פוּן אוּנְס גֶעוֶועזֶען; וָוארִין וֶוען זֵייא
וָואלְטֶען פוּן אוּנְס גֶעוֶועזֶען וָואלְטֶען זֵייא מִיט אוּנְס
גֶעבְּלִיבֶּען, אָבֶּער זֵייא זֶענֶען אַוֶועק כְּדֵי, זֵייא זָאלֶען
אַנְטְפְּלֶעקְט וֶוערֶען, אַז זֵייא זֶענֶען נִיט אַלֶע פוּן אוּנְס:
20 אוּנְד אִיהְר הָאט אַ זַאלְבּוּנְג פוּן דֶעם הֵיילִיגֶען, אוּנְד
21 אִיהְר אַלֶע ווֵייסְט: אִיךְ הָאבּ נִיט צוּ אֵייךְ גֶעשְׁרִיבֶּען
ווֵייל אִיהְר ווֵייסְט נִיט דִיא וָואהְרְהֵייט, נֵייעֶרְט ווֵייל
אִיהְר ווֵייסְט זִיא, אוּנְד אַז קֵיינֶע לִיגֶען אִיז נִיט פוּן דֶער־

וָואהְרְהַייט: וֶוער אִיז דֶער לִיגְנֶער וֶוען נִיט דֶער וָואס 22
לֵייקֶענְט אָפּ אַז יֵשׁוּעַ אִיז דֶער מָשִׁיחַ? דִיזֶער אִיז דֶער
גֶעגְנֶער פוּן מָשִׁיחַ, וָואס לֵייקֶענְט אָפּ דֶעם פָּאטֶער אוּנְד
דֶעם זוּהְן: יֶעדֶער וָואס לֵייקֶענְט אָפּ דֶעם זוּהְן הָאט 23
דֶעם פָּאטֶער אוֹיךְ נִיט; דֶער וָואס בֶּעקֶענְט דֶעם זוּהְן
הָאט אוֹיךְ דֶעם פָּאטֶער: לָאז דָאס אִין אֵייךְ בְּלֵייר 24
בֶּען וָואס אִיהְר הָאט פוּן אָנְהוֹיב גֶעהֶערְט; וֶוען דָאס
וָואס אִיהְר הָאט פוּן אָנְהוֹיב גֶעהֶערְט וֶועט אִין אֵייךְ
בְּלֵייבֶּען, אַזוֹי וֶועט אִיהְר אוֹיךְ בְּלֵייבֶּען אִים זוּהְן אוּנְד
אִין דֶעם פָּאטֶער: אוּנְד דָאס אִיז דִיא הַבְטָחָה וָואס עֶר 25
הָאט אוּנְס צוּגֶעזָאגְט, דָאס עֶבִּיגֶע לֶעבֶּען:
דִיזֶע זַאכֶען הָאבּ אִיךְ צוּ אֵייךְ גֶעשְׁרִיבֶּען וֶועגֶען דִיא 26
וָואס, פֶערְפִיהְרֶען אֵייךְ: אוּנְד דִיא זַאלְבּוּנְג וָואס אִיהְר 27
הָאט פוּן אִיהְם דֶערְהַאלְטֶען בְּלֵייבְּט אִין אֵייךְ, אוּנְד
אִיהְר בֶּעדַארְפְט נִיט אַז אֵיינֶער זָאל אֵייךְ לֶערְנֶען, נֵייר
עֶרְט גְלֵייךְ וִויא זַיינֶע זַאלְבּוּנְג לֶעהְרְט אֵייךְ וֶועגֶען
אַלֶע זַאכֶען אוּנְד אִיז וָואהְר אוּנְד אִיז נִיט קֵיין לִיגֶען,
אוּנְד גְלֵייךְ וִויא זִיא הָאט אֵייךְ גֶעלֶערְנְט, אַזוֹי בְּלֵייבְּט
אִיהְר אִין אִיהְם: אוּנְד אַצוּנְד קְלֵיינֶע קִינְדֶער בְּלֵייבְּט 28
אִין אִיהְם, כְּדֵי וָוען עֶר וֶועט אַנְטְפְּלֶעקְט וֶוערֶען זָאלֶען
מִיר הָאבֶּען בִּטָחוֹן, אוּנְד זָאלֶען נִיט פֶערְשֶׁעהְמְט וֶוערֶען
פוּן אִיהְם וָוען עֶר וֶועט קוּמֶען: וֶוען אִיהְר וֵייסְט אַז 29
עֶר אִיז גֶערֶעכְט, אַזוֹי זָאלְט אִיהְר וִויסֶען אַז אִיטְלִיכֶער
וָואס טְהוּט גֶערֶעכְטִיגְקֵייט אִיז פוּן אִיהְם גֶעבּוֹירֶען:

קאפיטעל ג

זֶעהְט וָואס פַאר אַ מִין לִיבֶּע דֶער פָּאטֶער הָאט אוּנְס 1
גֶעגֶעבֶּען, אַז מִיר זָאלֶען הֵייסֶען קִינְדֶער פוּן גָאט, אוּנְד
אַזֶעלְכֶע זֶענֶען מִיר; דֶעסְטְוֶועגֶען קֶען אוּנְס דִיא וֶועלְט
נִיט, וֵוייל זִיא הָאט אִיהְם נִיט גֶעקֶענְט: גֶעלִיבְּטֶע, 2
אַצוּנְד זֶענֶען מִיר קִינְדֶער פוּן גָאט, אוּנְד עֶס אִיז נָאךְ
נִיט אַנְטְפְּלֶעקְט גֶעוָוארֶען וָואס מִיר וֶועלֶען זַיין. מִיר
וִויסֶען אַז וָוען עֶר וֶועט אַנְטְפְּלֶעקְט וֶוערֶען וֶועלֶען מִיר
צוּ אִיהְם גְלֵייךְ זַיין, וָוארִין מִיר וֶועלֶען אִיהְם זֶעהֶען
אַזוֹי וִויא עֶר אִיז: אוּנְד אִיטְלִיכֶער וָואס הָאט דִיזֶע 3

האפנונג אן איהם רייניגט זיך אזוי וויא ער איז ריין:
4 איטליכער וואס טהוט זינד טהוט אויך דאס אונרעכט,
5 אונד דיא זינד איז דאס אונרעכט: אונד איהר ווייסט
אז ער איז אנטפלעקט געווארען כדי ער זאל אונזערע
זינד אוועקנעמען, אונד אין איהם איז ניט קיינע זינד:
6 איטליכער וואס בלייבט אין איהם זינדיגט ניט; איט־
ליכער וואס זינדיגט האט איהם ניט געזעהען אונד האט
איהם אויך ניט דערקאנט:
7 קליינע קינדער, לאז אייך קיינער ניט פערפיהרען; דער
וואס טהוט גערעכטיגקייט איז גערעכט, גלייך וויא יע־
8 נער איז גערעכט: דער וואס טהוט דיא זינד איז פון
דעם שטן, ווארין דער שטן זינדיגט פון אנהויב;
דעסטוועגען איז דער זוהן פון גאט אנטפלעקט גע־
ווארען, כדי ער זאל צושטערען דיא ווערק פון דעם
9 שטן: איטליכער וואס איז פון גאט געבוירען טהוט
ניט זינד, וויל זיין זאמען בלייבט אין איהם; אונד ער
קאן ניט זינדיגען, וויל ער איז פון גאט געבוירען:
10 דרינען זענען קלאר דיא קינדער פון גאט אונד דיא
קינדער פון דעם שטן; איטליכער וואס טהוט ניט גע־
רעכטיגקייט איז ניט פון גאט, אויך ניט דער וואס
11 ליבט ניט זיין ברודער: ווארין דיזעס איז דיא דער־
צעהלונג וואס איהר האט פון אנהויב געהערט, אז מיר
12 זאלען איינער דעם אנדערען ליבען: ניט אזוי וויא קין
וועלכער איז געוועזען פון דעם שלעכטען אונד האט
זיין ברודער אומגעבראכט. אונד פאר וואס האט ער
איהם אומגעבראכט? וויל זיינע ווערק זענען געוועזען
שלעכט, אבער דיא ווערק פון זיין ברודער זענען גע־
וועזען גערעכט:
13 וואונדערט אייך ניט, ברידער, ווען דיא וועלט האט
14 אייך פיינד: מיר ווייסען אז מיר זענען פון דעם טויט
צום לעבען איבערגעגאנגען, וויל מיר ליבען דיא
ברידער; ווען איינער ליבט ניט אזוי בלייבט ער אים
15 טויט: איטליכער וואס האט זיין ברודער פיינד איז א
רוצח, אונד איהר ווייסט אז קיין רוצח האט ניט דאס

16 עֶבִּינָע לֶעבֶּען אִין אִיהְם: דְרִינֶען הָאבֶּען מִיר דֶערְקֶענְט
זַיינֶע לִיבֶּע, ווִייל עֶר הָאט פַאר אוּנְס אַנִידֶערְגֶעלֶעגְט
זַיין לֶעבֶּען; אוּנְד מִיר בֶּעדַארְפֶען אוּנְזֶער לֶעבֶּען אַנִי־
17 דֶערְצוּלֶעגֶען פַאר דִיא בְּרִידֶער: אָבֶּער דֶער וָואס הָאט
דָאס פֶערְמֶעגֶען פוּן דִיזֶער וֶועלְט, אוּנְד זֶעהְט אַז זַיין
בְּרוּדֶער הָאט נוֹיט, אוּנְד פֶערְשְׁלִיסְט זַיינֶע בַּארֶעמְ־
הֶערְצִיגְקֵייט פוּן אִיהְם, ווִיא אַזוֹי וָואוֹינְט דִיא לִיבֶּע
18 פוּן גָאט אִין אִיהְם? קְלֵיינֶע קִינְדֶער, לָאזֶען מִיר נִיט
לִיבֶּען מִיט וֶוערְטֶער אוֹיךְ נִיט מִיט דֶער צוּנְג, נֵייר־
19 עֶרְט אִין וֶוערְק אוּנְד אִין וָואהְרְהֵייט: אִין דִיזֶע זָאלֶען
מִיר ווִיסֶען אַז מִיר זֶענֶען פוּן דֶער וָואהְרְהֵייט, אוּנְד
20 זָאלֶען אוּנְזֶער הַארְץ פָאר אִיהְם בֶּעפְרִידִיגֶען: אַז
אִין וָואס פַאר אַ זַאךְ אוּנְזֶער הַארְץ פֶערְשׁוּלְדִיגְט
אוּנְס, גָאט אִיז גְרֶעסֶער ווִיא אוּנְזֶער הַארְץ אוּנְד
21 ווֵייסְט אַלֶע זַאכֶען: גֶעלִיבְּטֶע, וֶוען אוּנְזֶער הַארְץ
פֶערְשׁוּלְדִיגְט אוּנְס נִיט, אַזוֹי הָאבֶּען מִיר אַ בְּטָחוֹן
22 צוּ גָאט: אוּנְד וָואס מִיר בֶּעטֶען בֶּעקוּמֶען מִיר פוּן
אִיהְם, ווֵייל מִיר הַאלְטֶען זַיינֶע גֶעבָּאטֶע, אוּנְד טְהוּן
23 דָאס וָואס אִיהְם גֶעפֶעלְט: אוּנְד דָאס אִיז זַיין גֶעבָּאט,
אַז מִיר זָאלֶען גְלוֹיבֶּען אִין דֶעם נָאמֶען פוּן זַיין זוּהְן
יֵשׁוּעַ הַמָּשִׁיחַ, אוּנְד זָאלֶען אֵיינֶער דֶעם אַנְדֶערֶען לִי־
בֶּען, אַזוֹי ווִיא עֶר הָאט אוּנְס אַ גֶעבָּאט גֶעגֶעבֶּען:
24 אוּנְד דֶער וָואס הַאלְט זַיינֶע גֶעבָּאטֶע בְּלֵייבְּט אִין אִיהְם
אוּנְד עֶר אִין אִיהְם; אוּנְד דְרִינֶען ווִיסֶען מִיר אַז עֶר
בְּלֵייבְּט אִין אוּנְס דוּרְךְ דֶעם גֵייסְט וָואס עֶר הָאט
אוּנְס גֶעגֶעבֶּען:

קאפיטעל ד

1 גֶעלִיבְּטֶע, גְלוֹיבְּט נִיט אִיטְלִיכֶען גֵייסְט, נֵייעֶרְט פְּרִיפְט
דִיא גֵייסְטֶער אוֹיבּ זֵייא זֶענֶען פוּן גָאט, וָוארִין פִילֶע
פַאלְשֶׁע נְבִיאִים זֶענֶען אוֹיסְגֶעגַאנְגֶען אִין דֶער וֶועלְט:
2 אִין דִיזֶעם דֶערְקֶענְט אִיהְר דֶעם גֵייסְט פוּן גָאט; אִיטְ־
לִיכֶער גֵייסְט וָואס בֶּעקֶענְט אַז יֵשׁוּעַ הַמָּשִׁיחַ אִיז גֶע־
3 קוּמֶען אִים פְלֵיישׁ אִיז פוּן גָאט: אוּנְד אִיטְלִיכֶער גֵייסְט
וָואס בֶּעקֶענְט נִיט יֵשׁוּעַ, אִיז נִיט פוּן גָאט; אוּנְד דָאס

אִיז דֶער גֵייסְט פוּן דֶעם גֶעגְנֶער פוּן מָשִׁיחַ, וָואס אִיהְר
הָאט גֶעהֶערְט אַז עֶר קוּמְט, אוּנְד עֶר אִיז שׁוֹין אֲצוּנְד
4 אִין דֶער וֶועלְט: אִיהְר זֶענְט פוּן גָאט, קְלֵיינֶע קִינְדֶער.
אוּנְד אִיהְר הָאט זַייא בֵּייגֶעקוּמֶען: וָוארִין דֶער וָואס
אִיז אִין אֵייךְ אִיז גְרֶעסֶער ווִיא דֶער וָואס אִיז אִין דֶער
5 וֶועלְט: זַייא זֶענֶען פוּן דֶער וֶועלְט: דֶעסְטְוֶועגֶען רֶע־
דֶען זַייא פוּן דֶער וֶועלְט, אוּנְד דִיא וֶועלְט הֶערְט זַייא:
6 מִיר זֶענֶען פוּן גָאט: דֶער וָואס קֶען גָאט הֶערְט אוּנְס,
דֶער וָואס אִיז נִיט פוּן גָאט הֶערְט אוּנְס נִיט, דוּרְךְ דֶעם
קֶענֶען מִיר דֶעם גֵייסְט פוּן וָואהְרְהֵייט אוּנְד דֶעם גֵייסְט
פוּן טָעוּת:
7 גֶעלִיבְּטֶע, לָאזֶען מִיר אֵיינֶער דֶעם אַנְדֶערֶען לִיבֶּען,
וָוארִין דִיא לִיבֶּע אִיז פוּן גָאט, אוּנְד אִיטְלִיכֶער וָואס
8 לִיבְּט אִיז פוּן גָאט גֶעבּוֹירֶען אוּנְד קֶען גָאט: וֶוער אֵיינֶער
לִיבְּט נִיט הָאט עֶר נִיט גָאט דֶערְקֶענְט, וָוארִין גָאט אִיז
9 לִיבֶּע: אִין דִיזֶעם אִיז דִיא לִיבֶּע פוּן גָאט אַנְטְפְּלֶעקְט
גֶעוָוארֶען, אִינְדֶעם גָאט הָאט זַיין אֵיינְצִיגֶען זוּהְן אִין
דֶער וֶועלְט גֶעשִׁיקְט, כְּדֵי מִיר זָאלֶען דוּרְךְ אִיהְם לֶע־
10 בֶּען: דְרִינֶען אִיז לִיבֶּע, נִיט אַז מִיר הָאבֶּען גָאט גֶע־
לִיבְּט, נֵייעֶרְט אַז עֶר הָאט אוּנְס גֶעלִיבְּט אוּנְד הָאט
גֶעשִׁיקְט זַיין זוּהְן פַאר אַ כַּפָּרָה פַאר אוּנְזֶערֶע זִינְד:
11 גֶעלִיבְּטֶע, וֶוען גָאט הָאט אוּנְס אַזוֹי גֶעלִיבְּט, זָאלֶען מִיר
אוֹיךְ אֵיינֶער דֶעם אַנְדֶערֶען לִיבֶּען:
12 קֵיינֶער הָאט גָאט קֵיינְמָאל גֶעזֶעהֶען: וֶוען מִיר לִיבֶּען
אֵיינֶער דֶעם אַנְדֶערֶען, אַזוֹי בְּלֵייבְּט גָאט אִין אוּנְס, אוּנְד
13 זֵיינֶע לִיבֶּע אִיז אִין אוּנְס פָאלְקָאמֶען גֶעוָוארֶען: אִין
דִיזֶעם דֶערְקֶענֶען מִיר אַז מִיר בְּלֵייבֶּען אִין אִיהְם אוּנְד
עֶר אִין אוּנְס, ווייל עֶר הָאט אוּנְס פוּן זַיין גֵייסְט אַ
14 טְהֵייל גֶעגֶעבֶּען: אוּנְד מִיר הָאבֶּען גֶעזֶעהֶען אוּנְד בֶּע־
צֵייגֶען אַז דֶער פָאטֶער הָאט גֶעשִׁיקְט דֶעם זוּהְן אַלְס
15 דֶעם רֶעטֶער פוּן דֶער וֶועלְט: דֶער וָואס בֶּעקֶענְט אַז
יֵשׁוּעַ אִיז דֶער זוּהְן פוּן גָאט, גָאט בְּלֵייבְּט אִין אִיהְם
16 אוּנְד עֶר אִין גָאט: אוּנְד מִיר הָאבֶּען דֶערְקֶענְט אוּנְד
גֶעגְלוֹיבְּט אִין דֶער לִיבֶּע וָואס גָאט הָאט צוּ אוּנְס. גָאט

איז ליבע, אונד דער וואס בלייבט אין דער ליבע בלייבט
17 אין גאט אונד גאט אין איהם: אין דיזעם איז דיא ליד־
בע אין אונס פאלקאמען געווארען, כדי מיר זאלען
האבען בטחון אים יום הדין, ווארין גלייך וויא ער איז
18 אזוי זענען מיר אויך אין דיזער וועלט: עס איז ניט
קיינע פורכט אין דער ליבע, נייערט דיא פאלקאמענע
ליבע ווארפט ארויס דיא פורכט, ווארין דיא פורכט
האט שטראף, אונד דער וואס פורכט זיך איז ניט
19 פאלקאמען געמאכט אין דער ליבע: מיר ליבען, וויל
20 ער האט אונס צוערשט געליבט: ווען איינער זאגט,
איך ליב גאט, אונד ער האט זיין ברודער פיינד, אזוי
איז ער א ליגנער; ווארין ווען איינער ליבט ניט זיין
ברודער וואס ער האט געזעהען, אזוי קאן ער ניט
21 גאט ליבען דעם ער האט ניט געזעהען: אונד דיזעם
געבאט האבען מיר פון איהם, אז דער וואס ליבט גאט
זאל זיין ברודער אויך ליבען:

קאפיטעל ה

1 איטליכער וואס גלויבט אז ישוע איז דער משיח איז
געבוירען פון גאט; אונד איטליכער וואס ליבט דעם
וועלכער האט געבוירען ליבט אויך דעם וועלכער איז
2 פון איהם געבוירען: אין דיזעם דערקענען מיר אז מיר
ליבען דיא קינדער פון גאט, ווען מיר ליבען גאט
3 אונד האלטען זיינע געבאטע: ווארין דאס איז דיא
ליבע פון גאט, אז מיר זאלען זיינע געבאטע האלטען;
4 אונד זיינע געבאטע זענען ניט שווער: וויל איטליכער
וואס איז פון גאט געבוירען איבערוועלטיגט דיא וועלט;
אונד דאס איז דער נצחון וואס איבערוועלטיגט דיא וועלט,
5 אונזער גלויבען: ווער איז דער וואס איבערוועלטיגט
דיא וועלט, ווען ניט דער וואס גלויבט אז ישוע איז
6 דער זוהן פון גאט? דיזער איז דער וועלכער איז גע־
קומען דורך וואסער אונד בלוט, ישוע המשיח; ניט
נור אים וואסער, נייערט אים וואסער אונד אים בלוט:
7 אונד עס איז דער גייסט וואס בעצייגט, ווארין דער
8 גייסט איז דיא וואהרהייט: ווארין עס זענען דריא וואס

בֶּעצֵייגֶען, דֶער גֵייסְט אוּנְד דָאס וַואסֶער אוּנְד דָאס
9 בְּלוּט, אוּנְד דִיזֶע דְרַייא זֶענֶען אֵיינְס: וֶוען מִיר נֶעמֶען
אָן דָאס צֵייגְנִיס פוּן מֶענְשֶׁען, אִיז דָאס צֵייגְנִיס פוּן
גָאט גְרֶעסֶער, וֵוייל דָאס אִיז דָאס צֵייגְנִיס פוּן גָאט
10 וָואס עֶר הָאט בֶּעצֵייגְט וֶועגֶען זַיין זוּהְן: דֶער וָואס גְלוֹיבְּט
אָן דֶעם זוּהְן פוּן גָאט הָאט אָן אִיהְם דָאס צֵייגְנִיס;
וֶוען אַיינֶער גְלוֹיבְּט נִיט אִין גָאט הָאט עֶר אִיהְם גֶע־
מַאכְט פַאר אַ לִיגְנֶער, וֵוייל עֶר הָאט נִיט גֶעגְלוֹיבְּט דָאס
צֵייגְנִיס וָואס גָאט הָאט בֶּעצֵייגְט וֶועגֶען זַיין זוּהְן:
11 אוּנְד דָאס אִיז דָאס צֵייגְנִיס, אַז גָאט הָאט אוּנְס גֶעגֶע־
בֶּען עֶבִּיגֶעס לֶעבֶּען, אוּנְד דִיזֶעס לֶעבֶּען אִיז אִין זַיין
12 זוּהְן: דֶער וָואס הָאט דֶעם זוּהְן הָאט דָאס לֶעבֶּען; וֶוען
אֵיינֶער הָאט נִיט דֶעם זוּהְן פוּן גָאט דֶער הָאט נִיט
13 דָאס לֶעבֶּען: דִיזֶע זַאכֶען הָאבּ אִיךְ צוּ אֵייךְ גֶעשְׁרִיבֶּען,
כְּדֵי אִיהְר זָאלְט וִויסֶען אַז אִיהְר הָאט עֶבִּיגֶעס לֶעבֶּען,
צוּ אֵייךְ וָואס גְלוֹיבֶּען אָן דֶעם נָאמֶען פוּן דֶעם זוּהְן
פוּן גָאט:
14 אוּנְד דָאס אִין דֶער בִּטָחוֹן וָואס מִיר הָאבֶּען צוּ אִיהְם,
אַז וֶוען מִיר בֶּעטֶען עֶפֶּעס נָאךְ זַיין ווִילֶען הֶערְט עֶר
15 אוּנְס: אוּנְד וֶוען מִיר ווִיסֶען אַז עֶר הֶערְט אוּנְס אִין
וָואס מִיר בֶּעטֶען, אַזוֹי ווִיסֶען מִיר אַז מִיר הָאבֶּען דִיא
גֶעבֶּעטֶע וָואס מִיר הָאבֶּען פוּן אִיהְם גֶעבֶּעטֶען:
16 וֶוען אֵיינֶער זֶעהְט זַיין בְּרוּדֶער זִינְדִיגֶען אַ זִינְד נִיט צוּם
טוֹיט, זָאל עֶר בֶּעטֶען, אוּנְד עֶר וֶועט אִיהְם גֶעבֶּען
לֶעבֶּען פַאר דִיא וָואס זִינְדִיגֶען נִיט צוּם טוֹיט. עֶס אִיז
פַארְהַאנֶען אַ זִינְד צוּם טוֹיט; אִיךְ זָאג נִיט וֶועגֶען יֶע־
17 נֶעם אַז עֶר זָאל בֶּעטֶען: יֶעדֶע אוּנְגֶערֶעכְטִיגְקֵייט אִיז
זִינְד, אוּנְד עֶס אִיז פַארְהַאנֶען אַ זִינְד נִיט צוּם טוֹיט:
18 מִיר ווִיסֶען אַז אִיטְלִיכֶער וָואס אִיז פוּן גָאט גֶעבּוֹירֶען
בֶּעוָוארֶען זִינְדִיגְט נִיט, נֵייעֶרְט דֶער וֶועלְכֶער אִיז פוּן
גָאט גֶעבּוֹירֶען בֶּעוָואהְרְט אִיהְם, אוּנְד דֶער שְׁלֶעכְ־
19 טֶער רִיהְרְט אִיהְם נִיט אָן: מִיר ווִיסֶען אַז מִיר זֶענֶען
פוּן גָאט, אוּנְד דִיא גַאנְצֶע וֶועלְט לִיגְט אִין דֶעם
20 שְׁלֶעכְטֶען: אוּנְד מִיר ווִיסֶען אַז דֶער זוּהְן פוּן גָאט אִיז

גֶעקוּמֶען, אוּנְד הָאט אוּנְס גֶעגֶעבֶּען אַ פֶערְשְׁטַאנְד אַז
מִיר זָאלֶען דֶערְקֶענֶען דֶעם וָואהְרְהַאפְטִיגֶען; אוּנְד מִיר
זֶענֶען אִים וָואהְרְהַאפְטִיגֶען, אִין זַיין זוּהְן יֵשׁוּעַ הַמָּשִׁיחַ.
דִיזֶער אִיז דֶער וָואהְרְהַאפְטִיגֶער גָאט, אוּנְד עֶבִּיגֶעס
לֶעבֶּען: קְלֵיינֶע קִינְדֶער, הִיט אֵייךְ זֶעלְבְּסְט פוּן דִיא 21
אָפְּגֶעטֶער:

דֶער צְוֵוייטֶער בְּרִיף פוּן דֶעם
אַפָּאסְטֶעל יוֹחָנָן.

דֶער זָקֵן צוּ דֶער אוֹיסְדֶערְוֶועהְלְטֶען גְבִירָה אוּנְד צוּ 1
אִיהְרֶע קִינְדֶער וֶועלְכֶע אִיךְ לִיבּ אִין דֶער וָואהְרְהֵייט,
אוּנְד נִיט נוּר אִיךְ, נֵייעֶרְט אוֹיךְ אַלֶע וָואס הָאבֶּען דִיא
וָואהְרְהֵייט דֶערְקֶענְט: וֶועגֶען דֶער וָואהְרְהֵייט וָואס 2
בְּלֵייבְּט אִין אוּנְס אוּנְד וֶועט מִיט אוּנְס זַיין אוֹיף עֶבִּיג:
גְנָאד זָאל זַיין מִיט אֵייךְ, בַּארְמְהֶערְצִיגְקֵייט אוּנְד פְרִידֶען 3
פוּן גָאט דֶעם פָאטֶער אוּנְד פוּן יֵשׁוּעַ הַמָּשִׁיחַ דֶעם זוּהְן
פוּן דֶעם פָאטֶער, אִין וָואהְרְהֵייט אוּנְד אִין לִיבֶּע:
אִיךְ הָאבּ מִיךְ זֶעהְר גֶעפְרֵייעֶט אַז אִיךְ הָאבּ גֶעפִינֶען 4
צְווִישֶׁען דַיינֶע קִינְדֶער דִיא וָואס וַואנְדְלֶען אִין דֶער
וָואהְרְהֵייט, אַזוֹי וִויא מִיר הָאבֶּען דֶערְהַאלְטֶען אַ גֶעבָּאט
פוּן דֶעם פָאטֶער: אוּנְד אַצוּנְד בֶּעט אִיךְ דִיךְ, גְבִירָה, נִיט 5
אַזוֹי וִויא אִיךְ שְׁרַייבּ דִיר אַ נֵייעֶס גֶעבָּאט, נֵייעֶרְט דָאס
וָואס מִיר הָאבֶּען פוּן אָנְהוֹיבּ גֶעהַאט, אַז מִיר זָאלֶען
אֵיינֶער דֶעם אַנְדֶערְן לִיבֶּען: אוּנְד דָאס אִיז לִיבֶּע, אַז 6
מִיר זָאלֶען וַואנְדְלֶען נָאךְ זַיינֶע גֶעבָּאטֶע; דָאס אִיז דָאס
גֶעבָּאט, גְלֵייךְ וִויא אִיהְר הָאט פוּן אָנְהוֹיבּ גֶעהֶערְט, אַז
אִיהְר זָאלְט דְרִינֶען וַואנְדְלֶען: ווייל פִילֶע בֶּעטְרִיגֶער 7
זֶענֶען אִין דֶער וֶועלְט אַרוֹיסְגֶעגַאנְגֶען, וֶועלְכֶע בֶּעקֶענֶען
נִיט אַז יֵשׁוּעַ הַמָּשִׁיחַ אִיז גֶעקוּמֶען אִים פְלֵיישׁ, דָאס אִיז
דֶער בֶּעטְרִיגֶער אוּנְד דֶער גֶעגְנֶער פוּן מָשִׁיחַ:
גִיבְּט אַכְטוּנְג צוּ אֵייךְ זֶעלְבְּסְט, כְּדֵי אִיהְר זָאלְט נִיט 8

פֶערלִירֶען דָאס וָואס מִיר הָאבֶּען גֶעווירְקְט, נֵייעֶרְט אִיהְר
9 זָאלְט דֶערהַאלְטֶען אַ גַאנְצֶען לוֹין: אִיטְלִיכֶער וָואס גֶעהְט
פָארָאן אוּנְד בְּלֵייבְּט נִיט אִין דֶער לֶעהְרֶע פוּן מָשִׁיחַ,
דֶער הָאט נִיט גָאט; דֶער וָואס בְּלֵייבְּט אִין דֶער לֶעהְרֶע
10 פוּן מָשִׁיחַ הָאט אוֹיךְ דֶעם פָאטֶער אוּנְד דֶעם זוּהְן: וֶוען
אֵיינֶער קוּמְט צוּ אֵייךְ אוּנְד בְּרֶענְגְט נִיט דִיזֶע לֶעהְרֶע,
נֶעמְט אִיהְם נִיט אִים הוֹיז אַרֵיין, אוּנְד זָאגְט אִיהְם נִיט
11 שָׁלוֹם: וָוארִין דֶער וָואס זָאגְט אִיהְם שָׁלוֹם הָאט אַ טְהֵייל
אִין זֵיינֶע שְׁלֶעכְטֶע מַעֲשִׂים:
12 דֶערְוֵוייל אִיךְ הָאבּ פִילֶע זַאכֶען צוּ אֵייךְ צוּ שְׁרֵייבֶּען,
הָאבּ אִיךְ נִיט גֶעוָואלְט שְׁרֵייבֶּען מִיט פַּאפִּיר אוּנְד טִינְט,
נֵייעֶרְט אִיךְ הָאף צוּ אֵייךְ צוּ קוּמֶען אוּנְד צוּ רֶעדֶען פֶּה
אֶל פֶּה, כְּדֵי אוּנְזֶערֶע פְרֵייד זָאל פָאלְקָאמֶען זַיין:
13 דִיא קִינְדֶער פוּן דֵיינֶע אוֹיסְדֶערְוֶועהְלְטֶע שְׁוֶועסְטֶער
גְרִיסֶען דִיךְ:

דֶער דְרִיטֶער בְּרִיף פוּן דֶעם אַפָּאסְטֶעל יוֹחָנָן.

1 דֶער זָקֵן צוּם גֶעלִיבְּטֶען גַאיוּס, דֶעם אִיךְ לִיבּ אִין דֶער
וָואהְרְהֵייט:
2 גֶעלִיבְּטֶער, וֶוענֶען אַלֶע זַאכֶען בֶּעט אִיךְ אַז דוּא זָאלְסְט
מַצְלִיחַ זֵיין אוּנְד זָאלְסְט גֶעזוּנְד זֵיין, גְלֵייךְ וִויא דֵיינֶע
3 נְשָׁמָה אִיז מַצְלִיחַ: וָוארִין אִיךְ הָאבּ מִיךְ זֶעהְר גֶעפְרֵייעֶט
וֶוען בְּרִידֶער זֶענֶען גֶעקוּמֶען אוּנְד הָאבֶּען בֶּעצֵייגְט צוּ
דֵיינֶער וָואהְרְהֵייט, גְלֵייךְ וִויא דוּא וַואנְדֶעלְסְט אִין דֶער
4 וָואהְרְהֵייט: אִיךְ הָאבּ נִיט קֵיינֶע גְרֶעסֶערֶע פְרֵייד וִויא
דִיזֶע, אַז אִיךְ זָאל הֶערֶען אַז מֵיינֶע קִינְדֶער וַואנְדְלֶען אִין
5 דֶער וָואהְרְהֵייט: גֶעלִיבְּטֶער, דוּא הַאנְדֶעלְסְט גֶעטְרֵייא
אִין וָואס דוּא טְהוּסְט קֶעגֶען דִיא בְּרִידֶער וָואס זֶענֶען
6 אוֹיךְ פְרֶעמְדֶע: וֶועלְכֶע הָאבֶּען בֶּעצֵייגְט פָאר דִיא קְהִלָּה
צוּ דֵיינֶע לִיבֶּע; אוּנְד דוּא וֶועסְט רֶעכְט טְהוּן וֶוען דוּא

וועסט זייא אַוועקשיקען וויא עס איז ווירדיג פון גאט:
7 וואָרין זייא זענען אויסגעגאַנגען פון זיין נאמען וועגען,
8 אונד האבען גאָרניט גענומען פון דיא גוים: דרום
זאָלען מיר אַזעלכע אויפנעמען, כדי מיר זאָלען זיין
מיטאַרבייטער מיט דער וואַהרהייט:
9 איך האב עפּעס געשריבען צו דער קהלה. אָבער
דיאָטרעפעס וועלכער ליבט צו זיין דער ערשטער
10 צווישען זייא נעמט אונס ניט אויף: דעסטוועגען ווען
איך וועל קומען וועל איך געדענקען זיינע מעשים וואָס
ער טהוט, אינדעם ער רעט קעגען אונס שלעכטע רעד,
אונד איז ניט צופרידען, דערמיט נעמט ער אויך זעלבסט
ניט אויף דיא ברידער, אונד ער פערוועהרט נאָך דיא
וואָס נעמען זייא אויף, אונד וואַרפט זייא אַרויס פון דער
קהלה:
11 געליבטער פאָלג ניט נאָך דאָס שלעכטע נייערט דאָס
גוטע. דער וואָס טהוט גוטעס איז פון גאָט; דער וואָס
12 טהוט שלעכטעס האט גאָט ניט געזעהען: וועגען
דימעטריוס האבען אַלע מענשען גוטעס בעצייגט אונד
אויך דיא וואַהרהייט אַליין; אונד מיר האבען אויך בע־
צייגט, אונד דוא ווייסט אַז אונזער צייגניס איז וואָהר:
13 איך האב פילע זאַכען געהאַט דיר צו שרייבען, אָבער
איך וויל דיר ניט שרייבען מיט טינט אונד פעדער:
14 אָבער איך האָף דיך באַלד צו זעהען, אונד מיר וועלען
רעדען פה אל פה:
15 שלום זאָל זיין מיט דיר, דיא פריינד גריסען דיך. גריס
דיא פריינד מיט נאָמען:

דֶער בְּרִיף פוּן דֶעם אַפָּאסְטֶעל יְהוּדָה.

1 יְהוּדָה אַ קְנֶעכְט פוּן יֵשׁוּעַ הַמָּשִׁיחַ, אוּנְד בְּרוּדֶער פוּן
יַעֲקֹב, צוּ דִיא בֶּערוּפֶענֶע גֶעלִיבְּטֶע אִין גָאט דֶעם פָּאטֶער
2 אוּנְד בֶּעוָואַרְטֶע פַאר יֵשׁוּעַ הַמָּשִׁיחַ: בַּארְמְהֶערְצִיגְקֵייט
צוּ אֵייךְ אוּנְד פְרִידֶען אוּנְד לִיבֶּע זָאל זִיךְ מֶעהְרֶען:
3 גֶעלִיבְּטֶע, אִינְדֶעם אִיךְ הָאבּ מִיךְ זֶעהְר בֶּעפְלֵייסִיגְט אִיךְ
זָאל צוּ אֵייךְ שְׁרֵייבֶּען וֶועגֶען דֶער יְשׁוּעָה וָואס מִיר
הָאבֶּען צוּזַאמֶען, אִיז עֶס מִיר נֶעטְהִיג גֶעוֶועזֶען אִיךְ זָאל
צוּ אֵייךְ שְׁרֵייבֶּען, אוּנְד זָאל אֵייךְ דֶערְמָאהְנֶען אַז אִיהְר
זָאלְט מִיט עֶרְנְסְט שְׁטְרֵייטֶען פַאר דֶעם גְלוֹיבֶּען וָואס
אִיז אֵיינְמָאל צוּ דִיא הֵיילִיגֶע אִיבֶּערְגֶעגֶעבֶּען גֶעוָוארֶען:
4 וָוארִין עֶטְלִיכֶע מֶענְשֶׁען זֶענֶען שְׁטִילֶערְהֵייט אַרֵיינְגֶעקוּ־
מֶען וָואס זֶענֶען שׁוֹין פְרִיהֶער צוּ דִיזֶען מִשְׁפָּט אָנְגֶעשְׁרִיבֶּען
גֶעוָוארֶען, וֶועלְכֶע רְשָׁעִים פֶערְקֶעהְרֶען דִיא גְנָאד פוּן
אוּנְזֶער גָאט צוּ אוֹיסְגֶעלַאסֶענְהֵייט, אוּנְד פֶערְלֵייקֶענֶען
דֶעם אֵיינְצִיגֶען מֵייסְטֶער אוּנְד אוּנְזֶער הַאר יֵשׁוּעַ
הַמָּשִׁיחַ:
5 אָבֶּער אִיךְ וִויל אֵייךְ גֶעדֶענְקֶען, אַפִילוּ וֶוען אִיהְר וֵוייסְט
אֵיינְמָאל אַלֶע זַאכֶען אַז דֶער הַאר הָאט אַ פָאלְק מַצִיל
גֶעוֶועזֶען פוּן דֶעם לַאנְד מִצְרַיִם, אוּנְד הָאט דֶערְנָאךְ
6 אוּמְגֶעבְּרַאכְט דִיא וָואס הָאבֶּען נִיט גֶעגְלוֹיבְּט: אוּנְד דִיא
מַלְאָכִים וָואס הָאבֶּען נִיט גֶעהַאלְטֶען זֵייעֶרֶע אֵייגֶענֶע
הֶערְשַׁאפְט נֵייעֶרְט הָאבֶּען זֵייעֶרֶע אֵייגֶענֶע וְואוֹינוּנְג
פֶערְלָאזְט, הָאט עֶר בֶּעוָוארְט צוּ דֶעם מִשְׁפָּט פוּן
דֶעם גְרוֹיסֶען טָאג אִין עֶבִּיגֶע קֶעטֶען אִין דֶער
7 פִינְסְטֶערְנִיס: אַזוֹי וִויא סְדוֹם אוּנְד עֲמוֹרָה אוּנְד דִיא
שְׁטֶעט אַרוּם זֵייא הָאבֶּען אוֹיךְ אוֹיף דֶעם גְלֵייכֶען אוֹפֶן
וִויא דִיזֶע מְזַנֶה גֶעוֶועזֶען, אוּנְד זֶענֶען אַוֶועקְגֶעגַאנְגֶען נָאךְ
אַ פְרֶעמְדֶען פְלֵיישׁ, אוּנְד זֶענֶען גֶעזֶעצְט פַאר אַ בֵּיישְׁפִּיל
אִינְדֶעם זֵייא לֵיידֶען דִיא שְׁטְרָאף פוּן עֶבִּיגֶען פֵייעֶר:
8 דָאךְ גְלֵייכְדֶעם זֶענֶען אוֹיךְ דִיזֶע טְרֵיימֶער אוּנְד פֶער־

אוּנְרֵיינִיגֶען דָאס פְלֵיישׁ, אוּנְד פֶערְאַכְטֶען גֶעוָועלְטִיגְקֵייט,
9 אוּנְד לֶעסְטֶערְן הֶערְשַׁאפְטֶען: אָבֶּער מִיכָאֵל דֶער
עֶלְצְטֶער מַלְאָךְ, וֶוען עֶר הָאט זִיךְ גֶעקְרִיגְט מִיט דֶעם
שָׂטָן, אוּנְד הָאט מִיט אִיהְם אַ וִכּוּחַ גֶעהַאט וֶועגֶען דֶעם
לַייבּ פוּן מֹשֶׁה, הָאט זִיךְ נִיט אוּנְטֶערְשְׁטַאנֶען עֶר זָאל
קֶענֶען אִיהְם בְּרֶענְגֶען אַ מִשְׁפָּט פוּן לֶעסְטֶערוּנְג, נֵייעֶרְט
10 עֶר הָאט גֶעזָאגְט, דֶער הַאר זָאל דִיךְ אָנְשְׁרֵייעֶן: אָבֶּער
דִיזֶע לֶעסְטֶערְן דָאס וָואס זֵייא וִויסֶען נִיט, אוּנְד וָואס זֵייא
קֶענֶען מִן הַטֶבַע, אַפִילוּ אַזוֹי וִויא דִיא אוּנְפֶערְשְׁטֶענְדִיגֶע
11 חַיוֹת, פֶערְדַארְבֶּען זֵייא זִיךְ אִין דִיזֶע זַאכֶען: וֶועה צוּ
זֵייא, וָוייל זֵייא זֶענֶען גֶעגַאנְגֶען אִים וֶועג פוּן קַיִן, אוּנְד
זֶענֶען גֶעלָאפֶען נָאךְ דֶער בֶּעטְרִיגֶערַייא פוּן בִּלְעָם פַאר
אַ לוֹין, אוּנְד זֶענֶען אִין דֶער וִוידֶערְשְׁפֶּענִיגְקֵייט פוּן קֹרַח
פַארְלוֹירֶען גֶעוָוארֶען:
12 דִיזֶע זֶענֶען וִויא פֶערְבָּארְגֶענֶע פֶעלְזֶען אִין אֵייעֶרֶע
מָאלְצֵייטֶען פוּן לִיבֶּע, וֶועלְכֶע זֵייא פְרֶעסֶען מִיט אֵייךְ אָהְן
פוּרְכְט, פַּאסְטוּכֶער דִיא זִיךְ פִיטֶערְן, וָואלְקֶען אָהְן וַואסֶער
אַרוּמְגֶעטְרִיבֶּען פוּן וִוינְד, וִוינְטֶער־בֵּיימֶער אָהְן פְרוּכְט,
13 צְוֵייא מָאל טוֹיט אוֹיסְגֶעוָוארְצֶעלְט: שְׁטוּרֶעמְדִיגֶע וֶועלֶען
פוּן דֶעם יַם, וָואס שׁוֹימֶען אִיבֶּער אִין זֵייעֶרֶע אֵייגֶענֶע
שַׁאנְד, פְלִיעֶנְדֶע שְׁטֶערְן, פַאר וֶועלְכֶע דִיא שְׁוַוארְצֶעסְטֶע
14 פִינְסְטֶערְנִיס אִיז אוֹיף עֶבִּיג בֶּעהַאלְטֶען: אוּנְד צוּ דִיזֶע
הָאט אוֹיךְ חֲנוֹךְ דֶער זִיבֶּעטֶער פוּן אָדָם נְבוּאוֹת גֶעזָאגְט,
אוּנְד הָאט גֶעזָאגְט, זֶעה, דֶער הַאר אִיז גֶעקוּמֶען מִיט
15 צֶעהְן טוֹיזֶענְדֶע פוּן זַיינֶע הֵיילִיגֶע: דברים ל״ג ב׳. כְּדֵי
עֶר זָאל אַלֶע רִיכְטֶען אוּנְד זָאל שְׁטְרָאפֶען אַלֶע רְשָׁעִים
פַאר אַלֶע זֵייעֶרֶע שְׁלֶעכְטֶע מַעֲשִׂים וָואס זֵייא הָאבֶּען
אַזוֹי שְׁלֶעכְט גֶעטְהוּן, אוּנְד פַאר אַלֶע הַארְטֶע זַאכֶען וָואס
דִיא גָאטְלָאזִיגֶע זִינְדֶער הָאבֶּען קֶעגֶען אִיהְם גֶערֶעט:
16 דִיזֶע זֶענֶען דִיא וָואס מוּרְמְלֶען אוּנְד קְלָאגֶען זִיךְ, וֶועלְכֶע
גֶעהֶען נָאךְ זֵייעֶרֶע גְלוּסְטֶען, אוּנְד זֵייעֶר מוֹיל רֶעט
שְׁטָאלְצֶע רֶעדֶען, אוּנְד זֵייא זֶענֶען נוֹשֵׂא פָּנִים פוּן אַ
פָארְטְהֵייל וֶועגֶען:
17 אָבֶּער אִיהְר, גֶעלִיבְּטֶע, גֶעדֶענְקְט אָן דִיא וֶוערְטֶער וָואס

זֶענֶען פְרִיהֶער גֶעזָאגְט גֶעוָוארֶען פוּן דִיא אַפָּאסְטֶעל פוּן
18 אוּנְזֶער הַאר יֵשׁוּעַ הַמָשִׁיחַ: אַז זֵייא הָאבֶּען אֵייךְ גֶעזָאגְט,
אַז אִין דִיא לֶעצְטֶע צֵייט וֶועלֶען קוּמֶען שְׁפֶּעטֶער, וָואס
19 וֶועלֶען נָאכְגֶעהֶען זֵייעֶרֶע שְׁלֶעכְטֶע גְלוּסְטֶען: דִיזֶע זֶענֶען
דִיא וָואס מַאכֶען אָפְּזוּנְדֶערוּנְג, לֵיידֶענְשַׁאפְטְלִיךְ, וָואס
20 הָאבֶּען נִיט דֶעם גֵייסְט: אָבֶּער אִיהְר, גֶעלִיבְּטֶע, בּוֹיעֶט
אֵייךְ אוֹיף אִין אֵייעֶר הֵיילִיגְסְטֶען גְלוֹיבֶּען, אוּנְד בֶּעטֶעט
21 אִים רוּחַ הַקוֹדֶשׁ: אוּנְד הַאלְט אֵייךְ אִין דֶער לִיבֶּע פוּן
גָאט, אִינְדֶעם אִיהְר וַוארְטֶעט אוֹיף דֶער בַּארְמְהֶערְצִיגְקֵייט
פוּן אוּנְזֶער הַאר יֵשׁוּעַ הַמָשִׁיחַ צוּם עֶבִּיגֶען לֶעבֶּען:
22 אוּנְד דֶערְבַּארְמְט אֵייךְ אִיבֶּער עֶטְלִיכֶע וֶועלְכֶע זֶענֶען
23 אִין סָפֵק: אוּנְד אַנְדֶערֶע זָאלְט אִיהְר רֶעטֶען אִינְדֶעם
אִיהְר זָאלְט זֵייא מַצִיל זַיין אוֹיס דֶעם פֵייעֶר; אוּנְד
אִיבֶּער עֶטְלִיכֶע דֶערְבַּארְמְט אֵייךְ מִיט פוּרְכְט; אוּנְד
הָאט פֵיינְד אַפִילוּ דָאס קְלֵייד וָואס אִיז פוּן דֶעם פְלֵיישׁ
בֶּעפְלֶעקְט:
24 נוּן צוּ דֶעם וָואס אִיז מֶעכְטִיג אֵייךְ צוּ בֶּעהִיטֶען אַז אִיהְר
זָאלְט נִיט שְׁטְרוֹיכְלֶען, אוּנְד אֵייךְ פָארְשְׁטֶעלֶען פָאר
זֵיינֶע הֶערְלִיכְקֵייט אָהְן אַ פֶעהְלֶער מִיט גְרוֹיסֶע פְרֵייד:
25 צוּ דֶעם אֵיינְצִיגֶען גָאט אוּנְזֶער רֶעטֶער דוּרְךְ אוּנְזֶער הַאר
יֵשׁוּעַ הַמָשִׁיחַ זָאל זַיין דֶער כָּבוֹד אוּנְד דִיא גְדוּלָה אוּנְד
דִיא קְרַאפְט אוּנְד דִיא מַאכְט פַאר אַלֶע צֵייט אַצוּנְד אוּנְד
אוֹיף אַלֶע עֶבִּיגְקֵייטֶען; אָמֵן:

דִיא אַנְטְפְּלֶעקוּנְג פוּן יוֹחָנָן.

1 דִיא אַנטפְּלֶעקוּנְג פוּן יֵשׁוּעַ הַמָשִׁיחַ, וָואס גָאט הָאט אִיהְם
גֶעגֶעבֶּען, כְּדֵי צוּ וֵוייזֶען צוּ זַיינֶע קְנֶעכְט דִיא זַאכֶען וָואס
מוּזֶען בַּאלְד גֶעשֶׁעהֶען, אוּנְד עֶר הָאט גֶעשִׁיקְט דוּרְךְ זַיין
מַלְאָךְ, אוּנְד הָאט עֶס גֶעלָאזְט וִויסֶען צוּ זַיין קְנֶעכְט יוֹחָנָן:
2 וֶועלְכֶער הָאט בֶּעצֵייגְט אוֹיף דֶעם וָוארְט פוּן גָאט, אוּנְד
אוֹיף דֶעם צֵייגְנִים פוּן יֵשׁוּעַ הַמָשִׁיחַ, אַפִילוּ אוֹיף אַלֶע
3 זַאכֶען וָואס עֶר הָאט גֶעזֶעהֶען: גֶעבֶּענְשְׁט אִיז דֶער וָואס
לֶעזְט, אוּנְד דִיא וָואס הֶערֶען דִיא וֶוערְטֶער פוּן דִיא נְבוּאָה
אוּנְד הַאלְטֶען דִיא זַאכֶען וָואס זֶענֶען דְרִינֶען גֶעשְׁרִיבֶּען;
וָוארִין דִיא צֵייט אִיז נָאהֶענְט:
4 יוֹחָנָן צוּ דִיא זִיבֶּען קְהִלוֹת וָואס זֶענֶען אִין אַסְיָא; גְנָאד
זָאל זַיין מִיט אֵייךְ, אוּנְד פְרִידֶען פוּן אִיהְם וֶועלְכֶער
אִיז אוּנְד אִיז גֶעוֶועזֶען אוּנְד וֶועט קוּמֶען, אוּנְד פוּן דִיא
5 זִיבֶּען גֵייסְטֶער וָואס זֶענֶען פָאר זַיין שְׁטוּהְל: אוּנְד פוּן
יֵשׁוּעַ הַמָשִׁיחַ דֶער אִיז דֶער גֶעטְרֵייעֶר עֵדוּת, דֶער עֶרְשְׁטְ־
גֶעבּוֹירֶענֶער פוּן דִיא טוֹיטֶע אוּנְד דֶער הֶערְשֶׁער פוּן דִיא
קֶענִיגֶע פוּן דֶער עֶרְד; צוּ דֶעם וֶועלְכֶער הָאט אוּנְס לִיבּ
אוּנְד הָאט אוּנְס לוֹיז גֶעמַאכְט פוּן אוּנְזֶערֶע זִינְד אִין זַיין
6 בְּלוּט: אוּנְד הָאט אוּנְס גֶעמַאכְט פַאר אַ קֶענִיגְרֵייךְ, (דִיא
זָאלֶען זַיין) כֹּהֲנִים צוּ זַיין גָאט אוּנְד פָאטֶער; צוּ אִיהְם
זָאל זַיין דִיא הֶערְלִיכְקֵייט אוּנְד דִיא קְרַאפְט פוּן עֶבִּיגְקֵייט
צוּ עֶבִּיגְקֵייט; אָמֵן:
7 זֶעה, עֶר קוּמְט מִיט דִיא וָואלְקֶען, אוּנְד אִיטְלִיכֶעס אוֹיג
וֶועט אִיהְם זֶעהֶען, אוֹיךְ דִיא וָואס הָאבֶּען אִיהְם גֶעשְׁטָאַ־
כֶען, אוּנְד אַלֶע שְׁבָטִים פוּן דֶער עֶרְד וֶועלֶען אִיבֶּער
אִיהְם קְלָאגֶען; יָא, אָמֵן:
8 אִיךְ בִּין דִיא „א“ אוּנְד דִיא „ת“ זָאגְט דֶער הַאר גָאט,
דֶער וֶועלְכֶער אִיז אוּנְד אִיז גֶעוֶועזֶען אוּנְד וֶועט קוּמֶען,
דֶער אַלְמֶעכְטִיגֶער:

9 איך יוֹחָנָן, וָואס בִּין אייער בְּרוּדער אוּנד אַ טְהיילנֶע־
מֶער מִיט אייך אִין דָער אַנְגְסְט אוּנד דָעם קֶענִיגְרייך
אוּנד דָער גֶעדוּלְד אִין יֵשׁוּעַ, בִּין גֶעוֶועזֶען אוֹיף דָער
אִינְזֶעל וָואס הֵייסְט פַּאטְמוֹס, וֶועגֶען דָעם וָוארְט פוּן
10 גָאט אוּנד דָעם צֵייגְנִיס פוּן יֵשׁוּעַ: אִיךְ בִּין גֶעוֶועזֶען
אִים גֵייסְט אוֹיף דָעם טָאג פוּן דָעם הַאר, אוּנד אִיךְ
הָאבּ הִינְטֶער מִיר גֶעהֶערְט אַ גְרוֹיס קוֹל, אַזוֹי וִויא פוּן אַ
11 שׁוֹפָר: וָואס הָאט גֶעזָאגְט, דָאס וָואס דוּא זֶעהְסְט
שְׁרֵייבּ אִין אַ בּוּךְ, אוּנד שִׁיק עֶס צוּ דִיא זִיבֶּען קְהִלּוֹת;
צוּ עֶפֶעסוֹס, אוּנד צוּ סְמִירְנָא, אוּנד צוּ פֶּערְגַאמוֹס, אוּנד
צוּ תִיאַטִירָא, אוּנד צוּ סַרְדִיס, אוּנד צוּ פִילַאדֶעלְפְיָא,
12 אוּנד צוּ לַאוֹדִיקְיָא: אוּנד אִיךְ הָאבּ מִיךְ אוּמְגֶעקֶעהְרְט
צוּ זֶעהֶען דָאס קוֹל וָואס הָאט מִיט מִיר גֶערֶעט; אוּנד
וֶוען אִיךְ הָאבּ מִיךְ אוּמְגֶעקֶעהְרְט הָאבּ אִיךְ גֶעזֶעהֶען
13 זִיבֶּען גָאלְדֶענֶע מְנוֹרוֹת: אוּנד אִין מִיטֶען פוּן דִיא זִיבֶּען
מְנוֹרוֹת אִיז גֶעוֶועזֶען אֵיינֶער גְלֵייךְ צוּ אַ זוּהְן פוּן מֶענְ־
שֶׁען, בֶּעקְלֵייד אִין אַ מַאנְטֶעל צוּ דִיא פִּיס, אוּנד
בֶּעגַארְטֶעלְט מִיט אַ גָאלְדֶענֶעם גַארְטֶעל אַרוּם זֵיינֶע
14 בְּרוּסְט: אוּנד זֵיין קָאפּ אוּנד זֵיינֶע הָאר זֶענֶען גֶעוֶועזֶען
ווייס אַזוֹי וִויא וָואל, אַזוֹי וִויא ווייס שְׁנֶעה, אוּנד זֵיינֶע
15 אוֹיגֶען וִויא אַ פְלַאם פוּן פֵייעֶר: אוּנד זֵיינֶע פִּיס אַזוֹי
וִויא פֵיינֶעם קוּפֶּער, גְלֵייךְ וִויא זֵייא זֶענֶען גֶעגְלִיהְט
גֶעוָוארֶען אִין אֵיין אוֹיבֶען, אוּנד זֵיין קוֹל אִיז גֶעוֶועזֶען
16 וִויא אַ קוֹל פוּן פִילֶע וַואסֶער: אוּנד אִין זֵיינֶע רֶעכְטֶע
הַאנְד הָאט עֶר גֶעהַאט זִיבֶּען שְׁטֶערֶען, אוּנד פוּן זֵיין מוֹיל
אִיז אַרוֹיסְגֶעגַאנְגֶען אַ צְוֵויא־שְׁנֵיידִיגֶעס שַׁארְפֶעס שְׁוֶוערְד,
אוּנד זֵיין פָּנִים אִיז גֶעוֶועזֶען גְלֵייךְ וִויא דִיא זוּן וָואס
שַׁיינְט אִין אִיהר מַאכְט:

17 אוּנד וֶוען אִיךְ הָאבּ אִיהְם גֶעזֶעהֶען, בִּין אִיךְ אַנִידֶערְגֶע־
פַאלֶען פָאר זֵיינֶע פִּיס וִויא אַ טוֹיטֶער, אוּנד עֶר הָאט
זֵיינֶע רֶעכְטֶע הַאנְד אוֹיף מִיר גֶעלֶעגְט, אוּנד הָאט צוּ
מִיר גֶעזָאגְט, פָארְכְט דִיךְ נִיט; אִיךְ בִּין דָער עֶרְשְׁטֶער
18 אוּנד דָער לֶעצְטֶער: אוּנד דָער לֶעבֶּעדִיגֶער; אוּנד אִיךְ
בִּין טוֹיט גֶעוֶועזֶען, אוּנד זֶעה, אִיךְ לֶעבּ פוּן עֶבִּיגְקֵייט

צוּ עֶבִּיגְקֵייט, אוּנְד אִיךְ הָאבּ דִיא שְׁלִיסֶעל פוּן טוֹיט
19 אוּנְד פוּן גֵיהִנוֹם: דְרוּם שְׁרַייבּ דִיא זַאכֶען וָואס דוּא
הָאסְט גֶעזֶעהֶען, אוּנְד דִיא זַאכֶען וָואס זֶענֶען, אוּנְד
20 דִיא זַאכֶען וָואס וֶועט דֶערְנָאךְ גֶעשֶׁעהֶען: דֶעם סוֹד פוּן
דִיא זִיבֶּען שְׁטֶערֶען וָואס דוּא הָאסְט גֶעזֶעהֶען אִין מֵיינֶע
רֶעכְטֶע הַאנְד אוּנְד דִיא זִיבֶּען גָאלְדֶענֶע מְנוֹרוֹת. דִיא
זִיבֶּען שְׁטֶערֶען זֶענֶען דִיא מַלְאָכִים פוּן דִיא זִיבֶּען קְהִלּוֹת,
אוּנְד דִיא זִיבֶּען מְנוֹרוֹת וָואס דוּא הָאסְט גֶעזֶעהֶען זֶענֶען
זִיבֶּען קְהִלּוֹת:

קאפיטעל ב

1 צוּ דֶעם מַלְאָךְ פוּן דֶער קְהִלָּה וָואס אִיז אִין עֶפֶעסוּס
שְׁרַייבּ. דִיזֶעס זָאגְט דֶער וֶועלְכֶער הַאלְט דִיא זִיבֶּען
שְׁטֶערֶען אִין זַיינֶע רֶעכְטֶע הַאנְד, וֶועלְכֶער גֶעהְט אַרוּם
2 אִין מִיטֶען פוּן דִיא זִיבֶּען גָאלְדֶענֶע מְנוֹרוֹת: אִיךְ וֵוייס
דֵיינֶע מַעֲשִׂים אוּנְד דֵיינֶע אַרְבֵּייט אוּנְד דֵיינֶע גֶעדוּלְד,
אוּנְד אַז דוּא קָאנְסְט נִיט לֵיידֶען שְׁלֶעכְטֶע מֶענְשֶׁען, אוּנְד
הָאסְט גֶעפְּרִיפְט דִיא וָואס זָאגֶען זֵייא זֶענֶען אַפָּאסְטֶעל
אוּנְד זֵייא זֶענֶען נִיט, אוּנְד הָאסְט גֶעפִינֶען אַז זֵייא
3 זֶענֶען פַאלְשׁ: אוּנְד דוּא הָאסְט גֶעהַאט גֶעדוּלְד, אוּנְד
פוּן וֶועגֶען מֵיין נָאמֶען הָאסְט דוּא דֶערְטְרָאגֶען אוּנְד
4 בִּיסְט נִיט מִיד גֶעוָוארֶען: אָבֶּער אִיךְ הָאבּ דָאס קֶעגֶען
דִיר, אַז דוּא הָאסְט פֶערְלָאזְט דֵיינֶע עֶרְשְׁטֶע לִיבֶּע:
5 דְרוּם גֶעדֶענְק פוּן וַואנֶען דוּא בִּיסְט גֶעפַאלֶען, אוּנְד
טְהוּא תְּשׁוּבָה, אוּנְד טְהוּא דִיא עֶרְשְׁטֶע מַעֲשִׂים: אָבֶּער
וֶוען נִיט, וֶועל אִיךְ צוּ דִיר קוּמֶען, אוּנְד וֶועל אַוֶועקְרִיקֶען
דֵיינֶע מְנוֹרָה פוּן אִיהְרֶען אָרְט, וֶוען דוּא וֶועסְט נִיט תְּשׁוּבָה
6 טְהוּן: אָבֶּער דָאס הָאסְט דוּא, אַז דוּא הָאסְט פֵיינְד
דִיא מַעֲשִׂים פוּן דִיא נִיקָאלַאִיטֶען, וָואס אִיךְ הָאבּ
7 אוֹיךְ פֵיינְד: דֶער וָואס הָאט אֵיין אוֹיעֶר לָאז עֶר הֶערֶען
וָואס דֶער גֵייסְט זָאגְט צוּ דִיא קְהִלּוֹת. צוּ דֶעם וָואס
אִיבֶּערְוֶועלְטִיגְט וֶועל אִיךְ גֶעבֶּען צוּ עֶסֶען פוּן דֶעם
בּוֹים פוּן לֶעבֶּען וָואס אִיז אִים גַן עֵדֶן פוּן גָאט:
8 אוּנְד צוּ דֶעם מַלְאָךְ פוּן דֶער קְהִלָּה וָואס אִיז אִין
סְמִירְנָא שְׁרַייבּ. דִיזֶע זַאכֶען זָאגְט דֶער עֶרְשְׁטֶער אוּנְד

דער לעצטער, דער איז טויט געוועזען אונד איז
9 לעבעדיג: איך ווייס דיינע ליידען אונד דיינע ארמ־
קייט, אבער דוא ביסט רייך, אונד דיא לעסטערונג
פון דיא וואס זאגען אז זייא זענען יודען אונד זענען
10 ניט, נייערט (זייא זענען) א שול פון דעם שטן: פארכט
דיך ניט פאר דיא זאכען וואס דוא וועסט ליידען.
זעה, דער שטן וועט עטליכע פון אייך אין געפענגנים
אריינווארפען, כדי איהר זאלט געפריפט ווערען, אונד
איהר וועט ליידען האבען צעהן טעג, זייא געטרייא
ביז צום טויט, אונד איך וועל דיר געבען דיא קרוין
11 פון לעבען: דער וואס האט איין אויער לאז ער
הערען וואס דער גייסט זאגט צו דיא קהלות. דער
וואס איבערוועלטיגט וועט ניט געשאדעט ווערען פון
דעם צווייטען טויט:
12 אונד צו דעם מלאך פון דער קהלה וואס איז אין
פערגאמום שרייב. דיזע זאכען זאגט דער וועלכער
13 האט דאס צווייא שניידיגעם שארפעם שווערד: איך
ווייס וואו דוא וואוינסט, וואו דער שטוהל פון דעם
שטן איז; אונד דוא האלסט מיין נאמען, אונד האסט
ניט פערלייקענט מיין גלויבען אפילו אין דיא טעג
פון אנטיפאס מיין טרייער עדות, וועלכער איז בייא
14 אייך געהרגעט געוועזען, וואו דער שטן וואוינט: אבער
איך האב א וועניג קעגען דיר, אז דוא האסט דארט
דיא וואס האלטען דיא לעהרע פון בלעם, וואס האט
געלערנט בלק צו ווארפען א שטרויכלונג פאר דיא
קינדער פון ישראל, אז זייא זאלען עסען פון דיא
15 קרבנות פון אפגעטער, אונד זאלען מזנה זיין: גלייכ־
דעם האסט דוא אויך דיא וואס האלטען דיא לעהרע
16 פון ניקאלאיטען: דרום טהוא תשובה; אבער ווען ניט,
וועל איך צו דיר באלד קומען, אונד וועל מיט זייא
17 שטרייטען מיט דעם שווערד פון מיין מויל: דער
וואס האט איין אויער לאז ער הערען וואס דער גייסט
זאגט צו דיא קהלות. צו דעם וואס איבערוועלטיגט
וועל איך געבען א טהייל פון דעם פערבארגענעם מן,

אונד איך וועל איהם געבען א ווייסען שטיין, אונד
אויף דעם שטיין געשריבען א נייען נאמען, וואס קיי־
נער ווייסט ניט, חוץ דער וואס בעקומט איהם:
18 אונד צו דעם מלאך פון דער קהלה וואס איז אין
תיאטירא שרייב. דיזע זאכען זאגט דער זוהן פון גאט,
דער האט זיינע אויגען אזוי וויא א פלאם פון פייער,
19 אונד זיינע פיס זענען גלייך וויא פיינעם קופער: איך
ווייס דיינע ווערק אונד דיינע ליבע אונד דיין גלויבען,
אונד דיין דינסט אונד דיינע געדולד, אונד דיינע לעצטע
20 ווערק זענען מעהר וויא דיא ערשטע: אבער איך האב
דאס קעגען דיר, אז דו לאזט דיא פרויא איזעבל וועלכע
זאגט אז זיא איז א נביאה, אונד זיא לעהרט אונד
פערפיהרט מיינע קנעכט, מזנה צו זיין אונד צו עסען
21 קרבנות פון אפגעטער: אונד איך האב איהר צייט גע־
געבען אז זיא זאל תשובה טהון, אונד זיא וויל ניט
22 תשובה טהון וועגען איהרע זנות: זעה איך וועל זיא
אריינווארפען אין א בעט, אונד דיא וואס מיט איהר
ארומהורען אין גרויסע צרות, ווען זייא טהון ניט
23 תשובה פון זייערע מעשים: אונד איך וועל איהרע
קינדער טויט שלאגען; אונד אלע קהלות וועלען וויסען
אז איך בין דער וועלכער פארשט דיא נירען אונד דיא
הערצער. אונד איך וועל אייך געבען איטליכען נאך
24 אייערע ווערק: אבער איך זאג צו אייך דיא איבריגע
וואס זענען אין תיאטירא, וויא פילע האבען ניט דיזע
לעהרע, וועלכע האבען ניט געוואוסט דיא טיפענים פון
דעם שטן, וויא זייא זאגען; איך לעג ניט אויף אייך
25 קיינע אנדערע לאסט: אבער וואס איהר האט האלט
26 פעסט ביז איך וועל קומען: אונד דער וואס איבער־
וועלטיגט אונד היט מיינע ווערק ביז צום סוף, איהם
27 וועל איך געבען מאכט איבער דיא גוים: אונד ער וועט
איבער זייא הערשען מיט אייזערנע רוט, גלייך
וויא דיא כלים פון א טעפער זענען צובראכען; אזוי
28 וויא איך האב אויך פון מיין פאטער דערהאלטען: אונד
29 איך וועל איהם געבען דעם מארגענשטערען: דער וואס

הָאט אֵיין אוֹיעֶר לָאז עֶר הֶערֶען וָואס דֶער גֵייסְט זָאגְט
צוּ דיא קְהִלּוֹת:

קאפיטעל ג

1 אוּנְד צוּ דֶעם מַלְאָךְ פוּן דֶער קְהִלָּה וָואס אִיז אִין סַרְדִּיס
שְׁרֵייבּ. דִיזֶע זַאכֶען זָאגְט דֶער וֶועלְכֶער הָאט דיא זִיבֶּען
גֵייסְטֶער פוּן גָאט אוּנְד דיא זִיבֶּען שְׁטֶערֶען, אִיךְ ווייס
דֵיינֶע וֶוערְק, אַז דוּא הָאסְט אַ נָאמֶען אַז דוּא לֶעבְּסְט
2 אוּנְד דוּא בִּיסְט טוֹיט: וֶועק דִיךְ אוֹיף אוּנְד בֶּעפֶעסְטִיג
דיא אִיבְּרִיגֶע זַאכֶען וָואס זֶענֶען נָאהֶענְט צוּם טוֹיט;
וָוארִין אִיךְ הָאבּ נִיט גֶעפִינֶען דֵיינֶע וֶוערְק פָאלְקָאמֶען
3 פַאר מֵיינֶעם גָאט: דְרוּם גֶעדֶענְק וִויא דוּא הָאסְט דֶערְ־
הַאלְטֶען אוּנְד גֶעהֶערְט, אוּנְד הַאלְט פֶעסְט אוּנְד טְהוּא
תְּשׁוּבָה. דְרוּם וֶוען דוּא וֶועסְט דִיךְ נִיט אוֹיפְוַועקֶען,
וֶועל אִיךְ קוּמֶען וִויא אַ גַנָב, אוּנְד דוּא וֶועסְט נִיט
וִויסֶען אִין וֶועלְכֶע שָׁעָה אִיךְ וֶועל אִיבֶּער דִיר קוּמֶען:
4 אָבֶּער דוּא הָאסְט אוֹיךְ עֶטְלִיכֶע נֶעמֶען אִין סַרְדִּיס וָואס
הָאבֶּען נִיט בֶּעפְלֶעקְט זֵייעֶרֶע קְלֵיידֶער, אוּנְד זֵייא וֶועלֶען
מִיט מִיר אַרוּמְגֶעהֶען אִין ווייסֶען, וָוארִין זֵייא זֶענֶען ווירְדִיג:
5 דֶער וָואס אִיבֶּערְוֶועלְטִיגְט וֶועט אַזוֹי גֶעקְלֵיידֶעט וֶוערֶען
אִין ווייסֶע קְלֵיידֶער, אוּנְד אִיךְ וֶועל נִיט זַיין נָאמֶען אוֹיס־
מֶעקֶען פוּן דֶעם סֵפֶר הַחַיִּים, אוּנְד אִיךְ וֶועל זַיין נָאמֶען
בֶּעקֶענֶען פָאר מֵיין פָאטֶער אוּנְד פָאר זֵיינֶע מַלְאָכִים:
6 דֶער וָואס הָאט אֵיין אוֹיעֶר לָאז עֶר הֶערֶען וָואס דֶער
גֵייסְט זָאגְט צוּ דיא קְהִלּוֹת:
7 אוּנְד צוּ דֶעם מַלְאָךְ פוּן דֶער קְהִלָּה וָואס אִיז אִין
פִילַאדֶעלְפְיָא שְׁרֵייבּ. דִיזֶע זַאכֶען זָאגְט דֶער הֵיילִיגֶער,
דֶער וָואהְרְהַאפְטִיגֶער, דֶער וָואס הָאט דֶעם שְׁלִיסֶעל פוּן
דָוִד, דֶער וָואס עֶפֶענְט אוּנְד קֵיינֶער וֶועט פֶערְשְׁלִיסֶען,
8 אוּנְד פֶערְשְׁלִיסְט אוּנְד קֵיינֶער עֶפֶענְט: אִיךְ ווייס דֵיינֶע
וֶוערְק; זֶעה, אִיךְ הָאבּ פַאר דִיר גֶעשְׁטֶעלְט אֵיינֶע אָפֶענֶע
טְהִיר, וֶועלְכֶע קֵיינֶער קָאן פֶערְשְׁלִיסֶען; וָוארִין דוּא
הָאסְט קְלֵיינֶע קְרַאפְט; אוּנְד הָאסְט מֵיין וָוארְט דֶערְ־
הַאלְטֶען אוּנְד הָאסְט נִיט פֶערְלֵייקֶענְט מֵיין נָאמֶען:
9 זֶעה, אִיךְ גִיבּ דיא פוּן דֶער שׁוּל פוּן דֶעם שָׂטָן וֶועלְכֶע

זָאגֶען אַז זַייא זֶענֶען יוּדֶען, אוּנְד זַייא זֶענֶען נִיט, נֵייר־
עֶרְט זַייא זָאגֶען לִיגֶען; זֶעה, אִיךְ וֶועל מַאכֶען אַז
זַייא זָאלֶען קוּמֶען אוּנְד זִיךְ בִּיקֶען פָאר דַיינֶע פִים,
אוּנְד זַייא זָאלֶען וִויסֶען אַז אִיךְ הָאבּ דִיךְ גֶעלִיבְּט:
10 וֵוייל דוּא הָאסְט גֶעהַאלְטֶען דָאס וָוארְט פוּן מֵיינֶע
גֶעדוּלְד, וֶועל אִיךְ אוֹיךְ דִיךְ הַאלְטֶען פוּן דֶער שָׁעָה
פוּן פְּרִיפוּנְג וָואס וֶועט קוּמֶען אוֹיף דִיא גַאנְצֶע וֶועלְט,
11 צוּ פְּרִיפֶען דִיא וָואס וְואוֹינֶען אוֹיף דֶער עֶרְד: אִיךְ קוּם
גֶעשְׁוִינְד; הַאלְט פֶעסְט וָואס דוּא הָאסְט, כְּדֵי קַיינֶער
12 זָאל נִיט אַוֶועקְנֶעמֶען דַיינֶע קְרוֹין: דֶער וָואס אִיבֶּערְ־
וֶועלְטִיגְט דֶעם וֶועל אִיךְ מַאכֶען פַאר אַ זֵייל אִים טֶעמְפֶּעל
פוּן מֵיין גָאט, אוּנְד עֶר זָאל נִיט מֶעהְר אַרוֹיסְגֶעהֶען,
אוּנְד אִיךְ וֶועל אוֹיף אִיהְם שְׁרַייבֶּען דֶעם נָאמֶען פוּן
מֵיין גָאט אוּנְד דֶעם נָאמֶען פוּן דֶער שְׁטָאט פוּן מֵיין
גָאט, פוּן דֶעם נֵייעֶן יְרוּשָׁלַיִם וָואס קוּמְט אַרוּפּ פוּן הִי־
13 מֶעל פוּן מֵיין גָאט, אוּנְד מֵיין נֵייעֶן נָאמֶען: דֶער וָואס
הָאט אֵיין אוֹיעֶר לָאז עֶר הֶערֶען וָואס דֶער גֵייסְט זָאגְט
צוּ דִיא קְהִלּוֹת:
14 אוּנְד צוּ דֶעם מַלְאָךְ פוּן דֶער קְהִלָּה וָואס אִיז אִין לָאוֹדִיקִיָא
שְׁרַייבּ. דִיזֶע זַאכֶען זָאגְט דֶער אָמֵן, דֶער גֶעטְרַייעֶר
אוּנְד וָואהְרְהַאפְטִיגֶער עֵדוּת, דֶער אָנְהוֹיבּ פוּן דֶער בֶּע־
15 שֶׁעפֶענִים פוּן גָאט: אִיךְ וֵויים דַיינֶע וֶוערְק, אַז דוּא
בִּיסְט נִיט קַאלְט אוּנְד נִיט וַוארֶעם; הַלְוַאי וָואלְסְט
16 דוּא גֶעוֶועזֶען קַאלְט אָדֶער וַוארֶעם: אָבֶּער וֵוייל דוּא
בִּיסְט נוּר לֶעבְּלִיךְ, אוּנְד נִיט קַאלְט אוּנְד נִיט וַוארֶעם,
17 וֶועל אִיךְ דִיךְ אוֹיסְשְׁפֵּייעֶן אוֹים מֵיין מוֹיל: וֵוייל דוּא
זָאגְסְט, אִיךְ בִּין רַייךְ אוּנְד הָאבּ פִיל פֶערְמֶעגֶען אוּנְד
אִיךְ הָאבּ אִין קֵיין זַאךְ נוֹיט, אוּנְד דוּא וֵוייסְט נִיט אַז
דוּא בִּיסְט עֶלֶענְד, אוּנְד יָעמֶערְלִיךְ, אוּנְד אָרֶעם, אוּנְד
18 בְּלִינְד, אוּנְד נַאקֶעט: אִיךְ גִיבּ דִיר אֵיין עֵצָה אַז דוּא
זָאלְסְט פוּן מִיר קוֹיפֶען גָאלְד גֶעלֵייטֶערְט אִים פֵייעֶר,
כְּדֵי דוּא זָאלְסְט רַייךְ זַיין, אוּנְד וֵוייסֶע קְלֵיידֶער, כְּדֵי
דוּא זָאלְסְט דִיךְ אָנְקְלַיידֶען אוּנְד דַיינֶע בְּלוֹיסֶע שַׁאנְד
זָאל נִיט אַנְטְפְּלֶעקְט וֶוערֶען, אוּנְד זַאלְבּ דַיינֶע אוֹיגֶען

19 צו זאלבען, כדי דוא זאלסט זעהען: אזוי פילע וואס
איך האב ליב שטראף איך, אונד שלאג, דרום זייא
20 אייפריג אונד טהוא תשובה: זעה, איך שטעה ביים דער
טהיר אונד קלאפ אן; ווען איינער וועט מיין קול הער
רען אונד וועט דיא טהיר עפענען, אזוי וועל איך צו
איהם אריינקומען אונד וועל מיט איהם עסען, אונד ער
21 מיט מיר: דער וואס איבערוועלטיגט דעם וועל איך
געבען אז ער זאל מיט מיר זיצען אויף מיין שטוהל,
אזוי וויא איך האב איבערוועלטיגט אונד האב מיך
22 בעזעצט מיט מיין פאטער אויף זיין שטוהל: דער
וואס האט איין אויער, לאז ער הערען וואס דער
גייסט זאגט צו דיא קהלות:

קאפיטעל ד

1 נאך דיזע זאכען האב איך געזעהען, אונד זעה א טהיר
איז אים הימעל אויפגעמאכט געווארען, אונד דאס
ערשטע קול וואס איך האב געהערט איז געוועזען
גלייך וויא דאס קול פון א שופר, וואס האט מיט מיר
גערעט אונד געזאגט, קום ארויף אהער, אונד איך וועל
דיר ווייזען דיא זאכען וואס מוז דערנאך געשעהען:
2 גלייך בין איך געוועזען אים גייסט, אונד זעה א שטוהל
איז געשטאנען אים הימעל, אונד איינער איז געזעסען
3 אויף דעם שטוהל: אונד דער געזעסענע איז גלייך גע־
וועזען צו א שטיין פון א-יספים אונד פון א סארדים,
אונד א רעגענבויגען איז געוועזען ארום דעם שטוהל,
4 גלייך וויא דיא געשטאלט פון א סמארגאד: אונד ארום
דעם שטוהל האב איך געזעהען פיער אונד צוואנציג
שטוהלען, אונד אויף דיא שטוהלען פיער אונד צוואנציג
זקנים זיצען, געקליידעט אין ווייסע קליידער, אונד אויף
5 זייערע קעפ גאלדענע קרוינען: אונד פון דעם שטוהל
זענען ארויסגעגאנגען בליצען אונד קולות; אונד זיבען
פלאקער פון פייער האבען געברענט פאר דעם שטוהל,
6 וואס זענען דיא זיבען גייסטער פון גאט: אונד פאר
דעם שטוהל איז געוועזען וויא א גלעזערנעס ים גלייך
צו קריסטאל; אונד אין דער מיטען פון דעם שטוהל

אוּנְד אַרוּם דֶעם שְׁטוּהְל זֶענֶען גֶעוֶועזֶען פִיער חַיוֹת פוּל
7 מִיט אוֹיגֶען פוּן פָארֶענְט אוּנְד פוּן הִינְטֶען: אוּנְד דִיא
עֶרְשְׁטֶע חַיָה אִיז גֶעוֶועזֶען גְלֵייךְ וִויא אַ לֵייבּ, אוּנְד דִיא
צְווֵייטֶע חַיָה גְלֵייךְ וִויא אַ קַאלְבּ, אוּנְד דִיא דְרִיטֶע חַיָה
הָאט גֶעהַאט דָאס פָּנִים אַזוֹי וִויא פוּן אַ מֶענְשׁ, אוּנְד
דִיא פִיעֶרְטֶע חַיָה אִיז גֶעוֶועזֶען גְלֵייךְ וִויא אַ פְלִיהֶענְ־
8 דִיגֶער אָדְלֶער: אוּנְד דִיא פִיעֶר חַיוֹת הָאבֶּען אִיטְלִיכֶער
גֶעהַאט זֶעקְס פְלִיגֶעל, אוּנְד אַרוּם זִיךְ פוּן אִינְוֶוענִיג
פוּל מִיט אוֹיגֶען; אוּנְד זֵייא הָאבֶּען נִיט קֵיינֶע רוּהֶע טָאג
אוּנְד נַאכְט דֶערְוַוייל זֵייא זָאגֶען,

הֵיילִיג, הֵיילִיג, הֵיילִיג, אִיז דֶער הַאר גָאט, דֶער
אַלְמֶעכְטִיגֶער, וֶועלְכֶער אִיז גֶעוֶועזֶען אוּנְד אִיז, אוּנְד
וֶועט קוּמֶען:

9 אוּנְד וֶוען דִיא חַיוֹת וֶועלֶען גֶעבֶּען הֶערְלִיכְקֵייט אוּנְד
כָּבוֹד אוּנְד דַאנְק צוּ דֶעם וֶועלְכֶער אִיז גֶעזֶעסֶען אוֹיף
דֶעם שְׁטוּהְל, וֶועלְכֶער לֶעבְּט פוּן עֶבִּיגְקֵייט צוּ עֶבִּיגְקֵייט:
10 וֶועלֶען דִיא פִיעֶר אוּנְד צְוַואנְצִיג זְקֵנִים אַנִידֶערְפַאלֶען
פָאר דֶעם וֶועלְכֶער אִיז גֶעזֶעסֶען אוֹיף דֶעם שְׁטוּהְל,
אוּנְד וֶועלֶען זִיךְ בִּיקֶען צוּ דֶעם וֶועלְכֶער לֶעבְּט פוּן
עֶבִּיגְקֵייט צוּ עֶבִּיגְקֵייט, אוּנְד וֶועלֶען זֵייעֶרֶע קְרוֹינֶען
אַנִידֶערְוַוארְפֶען פָאר דֶעם שְׁטוּהְל דֶערְוַוייל זֵייא זָאגֶען:

11 דוּא בִּיזְט ווִירְדִיג, אוּנְזֶער הַאר אוּנְד גָאט, אַז
דוּא זָאלְסְט דֶערְהַאלְטֶען הֶערְלִיכְקֵייט אוּנְד כָּבוֹד אוּנְד
מַאכְט, ווָארִין דוּא הָאסְט אַלֶע זַאכֶען בֶּעשַׁאפֶען,
אוּנְד דוּרְךְ דֵיין ווִילֶען זֶענֶען זֵייא גֶעוָוארֶען אוּנְד
זֶענֶען בֶּעשַׁאפֶען:

קאפיטעל ה.

1 אוּנְד אִיךְ הָאבּ גֶעזֶעהֶען אִין דִיא רֶעכְטֶע הַאנְד פוּן
דֶעם וֶועלְכֶער אִיז גֶעזֶעסֶען אוֹיף דֶעם שְׁטוּהְל אַ בּוּךְ,
גֶעשְׁרִיבֶּען פוּן אִינְוֶוענִיג אוּנְד פוּן אוֹיסְוֶוענִיג אוּנְד
2 פֶערְזִיגֶעלְט מִיט זִיבֶּען זִיגֶעל: אוּנְד אִיךְ הָאבּ גֶעזֶעהֶען
אַ שְׁטַארְקֶען מַלְאָךְ וָואס הָאט אוֹיסְגֶערוּפֶען מִיט אַ הוֹיךְ
קוֹל, וֶוער אִיז ווִירְדִיג דָאס בּוּךְ אוֹיפְצוּמַאכֶען אוּנְד דִיא
3 חֲתִימוֹת דֶערְפוּן אוֹיפְצוּבְּרֶעכֶען? אוּנְד קֵיינֶער אִין דֶעם

הִימֶעל אָדֶער אוֹיף דֶער עֶרד אָדֶער אוּנְטֶער דֶער
עֶרד הָאט גֶעקָאנְט דָאס בּוּךְ אוֹיפְמַאכֶען, נִיט אַפִּילוּ
4 דְרוֹיף קוּקֶען: אוּנְד אִיךְ הָאבּ זֶעהְר גֶעוַויינְט, וָוייל
קֵיינֶער אִיז נִיט ווִירְדִיג גֶעפִינֶען גֶעוָוארֶען דָאס בּוּךְ
5 אוֹיפְצוּמַאכֶען, אַפִּילוּ נִיט דְרוֹיף צוּ קוּקֶען: אוּנְד אֵיינֶער
פוּן דִיא זְקֵנִים הָאט צוּ מִיר גֶעזָאגְט, וויין נִיט; זֶעה,
דֶער לֵייבּ וָואס אִיז פוּן דֶעם שֵׁבֶט יְהוּדָה, דִיא וָוארְצֶעל
פוּן דָוִד, הָאט אִיבֶּערְוֶועלְטִיגְט דָאס בּוּךְ אוֹיפְצוּמַא־
כֶען אוּנְד דִיא זִיבֶּען הַתִּימוֹת דֶערְפוּן:
6 אוּנְד אִיךְ הָאבּ גֶעזֶעהֶען אִין מִיטֶען דֶעם שְׁטוּהְל אוּנְד
דִיא פִיעֶר חַיוֹת אוּנְד אִין מִיטֶען דִיא זְקֵנִים אַ לַאם
שְׁטֶעהֶען אַזוֹי ווִיא גֶעשָׁאכְטֶען, אוּנְד עֶס הָאט גֶעהַאט
זִיבֶּען הֶערְנֶער אוּנְד זִיבֶּען אוֹיגֶען, וָואס זֶענֶען דִיא
זִיבֶּען גֵייסְטֶער פוּן גָאט, דִיא זֶענֶען צוּ דִיא גַאנְצֶע
7 עֶרְד אַרוֹיסְגֶעשִׁיקְט: אוּנְד עֶר אִיז גֶעקוּמֶען אוּנְד הָאט
עֶס גֶענוּמֶען פוּן דִיא רֶעכְטֶע הַאנְד פוּן דֶעם וָועלְכֶער
8 אִיז גֶעזֶעסֶען אוֹיף דֶעם שְׁטוּהְל: אוּנְד וָוען עֶר הָאט
דָאס בּוּךְ גֶענוּמֶען, זֶענֶען דִיא פִיעֶר חַיוֹת אוּנְד דִיא פִיעֶר
אוּנְד צְוַואנְצִיג זְקֵנִים אַנִידֶערְגֶעפַאלֶען פָאר דֶעם לַאם,
אוּנְד אִיטְלִיכֶער פוּן זַייא הָאט גֶעהַאט אַ הַארְף, אוּנְד
גָאלְדֶענֶע בֶּעקֶען פוּל מִיט קְטוֹרֶת, וָואס זֶענֶען דִיא
9 תְּפִילוֹת פוּן דִיא הֵיילִיגֶע: אוּנְד זַייא הָאבֶּען גֶעזוּנְגֶען
אַ נַייעֶן גֶעזַאנְג אוּנְד גֶעזָאגְט,
ווִירְדִיג בִּיזְט דוּא דָאס בּוּךְ צוּ נֶעמֶען, אוּנְד דִיא
חֲתִימוֹת דֶערְפוּן צוּ עֶפֶענֶען, וָוארִין דוּא בִּיסְט גֶע־
שָׁאכְטֶען גֶעוָוארֶען, אוּנְד הָאסְט דוּרְךְ דַיין בְּלוּט גֶע־
קוֹיפְט צוּ גָאט פוּן יֶעדֶעם שֵׁבֶט אוּנְד לָשׁוֹן אוּנְד
10 פָאלְק אוּנְד גוֹי: אוּנְד הָאסְט זַייא גֶעמַאכְט צוּ אוּנְ־
זֶערֶעם גָאט פַאר אַ קֶענִיגְרֵייךְ אוּנְד כֹּהֲנִים אוּנְד זַייא
וֶועלֶען הֶערְשֶׁען אוֹיף דֶער עֶרְד:
11 אוּנְד אִיךְ הָאבּ גֶעזֶעהֶען, אוּנְד הָאבּ גֶעהֶערְט אַ קוֹל פוּן
פִילֶע מַלְאָכִים אַרוּם דֶעם שְׁטוּהְל אוּנְד דִיא חַיוֹת אוּנְד דִיא
זְקֵנִים, אוּנְד זַייעֶר צָאהְל אִיז גֶעוֶועזֶען צֶעהְן טוֹיזֶענְד
מָאל צֶעהְן טוֹיזֶענְד אוּנְד פִיל טוֹיזֶענְד מָאל טוֹיזֶענְד:

וֶועלְכֶע הָאבֶּען גֶעזָאגְט מִיט אַ הױךְ קוֹל, 12
ווירדיג אִיז דָאס לַאם וָואס אִיז גֶעשָׁאכְטֶען גֶעוָוארֶען
אַז עֶר זָאל דֶערְהַאלְטֶען קְרַאפְט, אוּנְד רַייכְטְהוּם, אוּנְד
חָכְמָה, אוּנְד מַאכְט, אוּנְד כָּבוֹד, אוּנְד הֶערְלִיכְקֵייט,
אוּנְד בְּרָכָה:
אוּנְד אִיטְלִיכֶעס בֶּעשֶׁעפֶּענִים וָואס אִיז אִים הִימֶעל אוּנְד 13
אוֹיף דֶער עֶרְד אוּנְד אוּנְטֶער דֶער עֶרְד, אוּנְד אִין דֶעם
יַם, אוּנְד אַלֶעס וָואס אִיז אִין זַייא, הָאבּ אִיךְ גֶעהֶערְט זָאגֶען,
צוּ דֶעם וֶועלְכֶער זִיצְט אוֹיף דֶעם שְׁטוּהְל אוּנְד צוּ
דֶעם לַאם זָאל זַיין דִיא בְּרָכָה, אוּנְד דֶער כָּבוֹד, אוּנְד
דִיא הֶערְלִיכְקֵייט, אוּנְד דִיא קְרַאפְט פוּן עֶבִּיגְקֵייט
צוּ עֶבִּיגְקֵייט:
אוּנְד דִיא פִיעֶר חַיוֹת הָאבֶּען גֶעזָאגְט, אָמֵן; אוּנְד דִיא 14
זְקֵנִים זֶענֶען אַנִידֶערְגֶעפַאלֶען, אוּנְד הָאבֶּען זִיךְ גֶעבִּיקְט:

קאפיטעל ו

אוּנְד אִיךְ הָאבּ גֶעזֶעהֶען וֶוען דָאס לַאם הָאט אוֹיפְגֶע־ 1
מַאכְט אֵיינְס פוּן דִיא זִיבֶּען חֲתִימוֹת, אוּנְד אִיךְ הָאבּ
גֶעהֶערְט אֵיינֶע פוּן דִיא פִיעֶר חַיוֹת זָאגֶען אַזוֹי וִויא מִיט
דֶעם קוֹל פוּן אַ דוּנֶער, קוּם: אוּנְד אִיךְ הָאבּ גֶעזֶעהֶען, 2
אוּנְד זֶעה, אַ ווייס פֶערְד, אוּנְד דֶער וֶועלְכֶער אִיז דְרוֹיף
גֶעזֶעסֶען הָאט גֶעהַאט אַ בּוֹיגֶען, אוּנְד מֶען הָאט צוּ אִיהְם
גֶעגֶעבֶּען אַ קְרוֹין, אוּנְד עֶר אִיז אַרוֹיסְגֶעגַאנְגֶען אַלְס אֵיין
אִיבֶּערְוֶועלְטִיגֶער אוּנְד צוּ אִיבֶּערְוֶועלְטִיגֶען:
אוּנְד וֶוען עֶר הָאט אוֹיפְגֶעמַאכְט דִיא צְווייטֶע חֲתִימָה, 3
הָאבּ אִיךְ גֶעהֶערְט דִיא צְווייטֶע חַיָה זָאגֶען, קוּם: אוּנְד 4
עֶס אִיז אַרוֹיסְגֶעגַאנְגֶען אֵיין אַנְדֶערֶעס פֶערְד, אַ רוֹיטֶעס,
אוּנְד צוּ דֶעם וֶועלְכֶער אִיז דְרוֹיף גֶעזֶעסֶען הָאט מֶען
גֶעגֶעבֶּען אַז עֶר זָאל אַוֶועקְנֶעמֶען פְרִידֶען פוּן דֶער עֶרְד,
אוּנְד כְּדֵי זַייא זָאלֶען אֵיינֶער דֶעם אַנְדֶערְן שְׁלַאכְטֶען,
אוּנְד מֶען הָאט צוּ אִיהְם גֶעגֶעבֶּען אַ גְרוֹיסֶעס שְׁוֶוערְד:
אוּנְד וֶוען עֶר הָאט אוֹיפְגֶעמַאכְט דִיא דְרִיטֶע חֲתִימָה, 5
הָאבּ אִיךְ גֶעהֶערְט דִיא דְרִיטֶע חַיָה זָאגֶען, קוּם. אוּנְד אִיךְ
הָאבּ גֶעזֶעהֶען, אוּנְד זֶעה, אַ שְׁווַארְצֶעס פֶערְד, אוּנְד דֶער
וֶועלְכֶער אִיז דְרוֹיף גֶעזֶעסֶען הָאט גֶעהַאט אַ וָואגְשָׁאל

6 אין זיינע האנד: אונד איך האב געהערט אזוי וויא א
קול אין מיטען דיא פיער חיות זאגען, א מאס ווייץ
פאר א גראשען, אונד דרייא מאס גערשטען פאר א
גראשען; גר׳ דינר. אונד פארדארב ניט דאס עהל אונד
דעם וויין:
7 אונד ווען ער האט אויפגעמאכט דיא פיערטע
חתימה, האב איך געהערט דאס קול פון דער פיערטע
8 חיה זאגען, קום: אונד איך האב געזעהען, אונד זעה, א
בלייך פערד, אונד דער וועלכער איז דרויף געזעסען
זיין נאמען איז געוועזען טויט, אונד דער שאול איז
מיט איהם נאכגעגאנגען, אונד מען האט צו זייא געגעבען
מאכט איבער דעם פיערטען טהייל פון דער ערד, זייא
זאלען אומברענגען מיט דעם שווערד אונד מיט הונגער
אונד מיט טויט אונד דורך דיא חיות פון דער ערד:
9 אונד ווען ער האט אויפגעמאכט דיא פינפטע חתימה,
האב איך געזעהען אונטער דעם מזבח דיא נשמות פון
דיא וואס זענען אומגעבראכט געווארען וועגען דעם
ווארט פון גאט אונד וועגען דעם צייגנים וואס זייא
10 האבען געהאלטען: אונד זייא האבען געשריען מיט א
הויך קול אונד געזאגט, וויא לאנג א הייליגער אונד
וואהרהאפטיגער מייסטער, ריכטעסט דוא ניט אונד ביסט
דיך ניט נוקם פאר אונזער בלוט פון דיא וואס וואוינען
11 אויף דער ערד? אונד מען האט צו איטליכען פון זייא
געגעבען א וויים קלייד, אונד צו זייא געזאגט אז
זייא זאלען רוהיג זיין נאך א קליינע צייט, ביז דיא צאהל
פון זייערע מיטקנעכט אונד זייערע ברידער וועט דערד
פילט ווערען, וואס וועלען אויך געטעטעט ווערען אזוי
וויא זייא:
12 אונד איך האב געזעהען ווען ער האט אויפגעמאכט
דיא זעקסטע חתימה, אונד עס איז געשעהען א גרוים
ערדציטערניס, אונד דיא זון איז שווארץ געווארען
גלייך וויא א זאק פון האר, אונד דיא גאנצע לבנה איז
13 געווארען וויא בלוט: אונד דיא שטערען פון דעם
הימעל זענען אויף דער ערד ארופגעפאלען, גלייך וויא

אַ פֵייגֶענבּוֹים וַוארְפְט אַרוּפּ זַיינֶע אוּנְצַייטִיגֶע פֵייגֶען,
14 וָוען עֶר אִיז גֶעשָׁאקֶעלְט פוּן אַ גְרוֹיסֶען ווִינְד: אוּנְד דֶער
הִימֶעל אִיז פַארְבִּייא גֶעגַאנְגֶען אַזוֹי וִויא אַ צוּגֶעוִויקֶעלְטֶע
מְגִילָה, אוּנְד יֶעדֶער בַּארְג אוּנְד אִינְזֶעל זֶענֶען פוּן זַייעֶרֶע
15 עֶרְטֶער אַוֶועקְגֶערִיקְט גֶעוָוארֶען: אוּנְד דִיא קֶענִיגֶע פוּן
דֶער עֶרְד אוּנְד דִיא פִירְשְׁטֶען, אוּנְד דִיא הוֹיפְּטְלַייט,
אוּנְד דִיא רַייכֶע אוּנְד דִיא מֶעכְטִיגֶע, אוּנְד יֶעדֶער
קְנֶעכְט, אוּנְד יֶעדֶער פְרַייער מֶענְשׁ הָאבֶּען זִיךְ פֶערְ־
בָּארְגֶען אִין דִיא הֶעהְלֶען אוּנְד אִין דִיא פֶעלְזֶען פוּן
16 דִיא בֶּערְג: אוּנְד זַייא הָאבֶּען גֶעזָאגְט צוּ דִיא בֶּערְג
אוּנְד צוּ דִיא פֶעלְזֶען, פַאלְט אוֹיף אוּנְס, אוּנְד פֶערְבַּארְגְט
אוּנְס פוּן דֶעם פָּנִים פוּן דֶעם וָועלְכֶער זִיצְט אוֹיף
דֶעם שְׁטוּהְל, אוּנְד פוּן דֶעם צָארְן פוּן דֶעם לַאם:
17 וָוארִין דֶער גְרוֹיסֶער טָאג פוּן זַיין צָארְן אִיז גֶעקוּמֶען,
אוּנְד וֶוער קָאן בֶּעשְׁטֶעהֶען?

קאפיטעל ז

1 דֶערְנָאךְ הָאבּ אִיךְ גֶעזֶעהֶען פִיער מַלְאָכִים וָואס זֶענֶען
גֶעשְׁטַאנֶען אוֹיף דִיא פִיער עֶקֶען פוּן דֶער עֶרְד, אוּנְד
הָאבֶּען גֶעהַאלְטֶען דִיא פִיער ווִינְדֶען פוּן דֶער עֶרְד, כְּדֵי
דֶער ווִינְד זָאל נִיט בְּלָאזֶען אוֹיף דֶער עֶרְד, אוּנְד נִיט
2 אוֹיף דֶעם יַם, אוּנְד נִיט אוֹיף קֵיין בּוֹים: אוּנְד אִיךְ
הָאבּ גֶעזֶעהֶען אַיין אַנְדֶערֶען מַלְאָךְ וָואס אִיז אוֹיפְגֶע־
גַאנְגֶען פוּן מִזְרָח, אוּנְד עֶר הָאט גֶעהַאט דִיא חֲתִימָה פוּן
דֶעם לֶעבֶּעדִיגֶען גָאט, אוּנְד עֶר הָאט גֶעשְׁרִיעֶן מִיט אַ
הוֹיךְ קוֹל צוּ דִיא פִיער מַלְאָכִים וָואס עֶס אִיז זַייא
גֶעגֶעבֶּען צוּ פֶערְדַארְבֶּען דִיא עֶרְד אוּנְד דָאס יַם:
3 אוּנְד עֶר הָאט גֶעזָאגְט, פֶערְדַארְבּ נִיט דִיא עֶרְד אוּנְד
נִיט דָאס יַם אוּנְד נִיט דִיא בֵּיימֶער, בִּיז מִיר וֶועלֶען
פֶערְחַתְמֶענֶען דִיא קְנֶעכְט פוּן אוּנְזֶער גָאט אוֹיף
4 זַייעֶרֶע שְׁטֶערְן: אוּנְד אִיךְ הָאבּ גֶעהֶערְט דִיא צָאהְל
פוּן דִיא וָואס זֶענֶען פֶערְחַתְמֶעט גֶעוָוארֶען; אַיין
הוּנְדֶערְט אוּנְד פִיער־ אוּנְד־ פִירְצִיג טוֹיזֶענְד זֶענֶען
פֶערְחַתְמֶעט גֶעוָוארֶען פוּן אַלֶע שְׁבָטִים פוּן דִיא קִינְ־
דֶער פוּן יִשְׂרָאֵל:

5 פון שֵׁבֶט יְהוּדָה זֶענֶען צְוֶועלְף טוֹיזֶענְד פֶערְחַתְ־
מֶעט גֶעוָוארֶען:
פון שֵׁבֶט רְאוּבֵן צְוֶועלְף טוֹיזֶענְד;
פון שֵׁבֶט גָד צְוֶועלְף טוֹיזֶענְד:
6 פון שֵׁבֶט אָשֵׁר צְוֶועלְף טוֹיזֶענְד;
פון שֵׁבֶט נַפְתָּלִי צְוֶועלְף טוֹיזֶענְד;
פון שֵׁבֶט מְנַשֶּׁה צְוֶועלְף טוֹיזֶענְד:
7 פון שֵׁבֶט שִׁמְעוֹן צְוֶועלְף טוֹיזֶענְד;
פון שֵׁבֶט לֵוִי צְוֶועלְף טוֹיזֶענְד;
פון שֵׁבֶט יִשָּׂשכָר צְוֶועלְף טוֹיזֶענְד:
8 פון שֵׁבֶט זְבוּלוּן צְוֶועלְף טוֹיזֶענְד;
פון שֵׁבֶט יוֹסֵף צְוֶועלְף טוֹיזֶענְד;
פון שֵׁבֶט בִּנְיָמִן זֶענֶען צְוֶועלְף טוֹיזֶענְד פֶערְחַתְ־
מֶעט גֶעוָוארֶען:
9 נָאךְ דִיזֶע זַאכֶען הָאב אִיךְ גֶעזֶעהֶען, אוּנְד זֶעה, פִיל
לֵייט, וָואס קֵיינֶער הָאט נִיט גֶעקָאנְט צֶעהְלֶען, פוּן אַלֶע
גוֹיִם אוּנְד שְׁבָטִים אוּנְד פֶעלְקֶער אוּנְד לְשׁוֹנוֹת, וָואס
זֶענֶען גֶעשְׁטַאנֶען פָאר דֶעם שְׁטוּהְל אוּנְד פָאר דֶעם
לַאם, אוּנְד זֵייא זֶענֶען גֶעקְלֵייד גֶעוֶועזֶען אִין וֵויסֶע
קְלֵיידֶער, אוּנְד הָאבֶּען גֶעהַאט אִין זֵייעֶרֶע הֶענְד פַּאלְמֶען
10 צְוֵוייגֶען: אוּנְד זֵייא הָאבֶּען גֶעשְׁרִיעֶן מִיט אַ הוֹיךְ קוֹל
אוּנְד גֶעזָאגְט,
יְשׁוּעָה זָאל זֵיין צוּ אוּנְזֶער גָאט, דֶער זִיצְט
אוֹיף דֶעם שְׁטוּהְל, אוּנְד צוּ דֶעם לַאם:
11 אוּנְד אַלֶע מַלְאָכִים זֶענֶען גֶעשְׁטַאנֶען אַרוּם דֶעם שְׁטוּהְל,
אוּנְד אַרוּם דִיא זְקֵנִים אוּנְד דִיא פִיעֶר חַיּוֹת, אוּנְד זֵייא
זֶענֶען אַנִידֶערְגֶעפַאלֶען אוֹיף זֵייעֶר פָּנִים פָאר דֶעם
12 שְׁטוּהְל, אוּנְד הָאבֶּען זִיךְ גֶעבִּיקְט צוּ גָאט: אוּנְד
גֶעזָאגְט,
אָמֵן; בְּרָכָה, אוּנְד הֶערְלִיכְקֵייט, אוּנְד חָכְמָה, אוּנְד
דַאנְק, אוּנְד כָּבוֹד, אוּנְד מַאכְט, אוּנְד קְרַאפְט, זָאל
זֵיין צוּ אוּנְזֶער גָאט פוּן עֶבִּיגְקֵייט צוּ עֶבִּיגְקֵייט;
אָמֵן:
13 אוּנְד אֵיינֶער פוּן דִיא זְקֵנִים הָאט גֶעעֶנְטְפֶערְט אוּנְד הָאט

צו מיר געזאגט, ווער זענען דיזע וואס זענען בעקלייד
אין ווייסע קליידער אונד פון וואנען זענען זייא געקו־
14 מען: אונד איך האב צו איהם געזאגט, מיין האר, דוא
ווייסט. אונד ער האט צו מיר געזאגט, דיזע זענען דיא
וואס קומען ארויס פון דיא גרויסע צרה, אונד האבען
זייערע קליידער געוואשען אונד האבען זייא ווייס גע־
15 מאכט אים בלוט פון דעם לאם: דעסטוועגען זענען זייא
פאר דעם שטוהל פון גאט, אונד דינען איהם טאג אונד
נאכט אין זיין טעמפעל, אונד דער וועלכער זיצט אויף
16 דעם שטוהל וועט זיין געצעלט בייא זייא מאכען: זייא
וועלען ניט מעהר הונגעריג זיין, אונד ניט מעהר דורש־
טיג זיין, אונד דיא זון וועט אויף זייא ניט פאלען, אונד
17 אויך ניט קיין שום היץ: וואריין דאס לאם דער איז אין
מיטען פון דעם שטוהל וועט זיין זייער פאסטוך, אונד
ער וועט זייא פיהרען צו קוועלען פון דיא וואסער פון
לעבען; אונד גאט וועט אפווישען אלע טרערען פון
זייערע אויגען:

קאפיטעל ח

1 אונד ווען ער האט אויפגעמאכט דיא זיבעטע חתימה,
איז עס שטיל געוועזען אים הימעל איין ערך פון א
2 האלבע שעה: אונד איך האב געזעהען דיא זיבען מלאכים
וואס זענען געשטאנען פאר גאט, אונד מען האט זייא
3 געגעבען זיבען שופרות: אונד איין אנדערער מלאך איז
געקומען, אונד איז געשטאנען בייא דעם מזבח. אונד
ער האט געהאט א גאלדענע ווייהרויכפאן, אונד מען
האט איהם געגעבען פיל קטורת, כדי ער זאל עס זע־
צען מיט דיא תפילות פון דיא הייליגע אויף דעם גאל־
4 דענעם מזבח וואס איז פאר דעם שטוהל: אונד דער
רויך פון דעם קטורת איז אויפגעגאנגען פון דער האנד
פון דעם מלאך פאר גאט מיט דיא תפילות פון דיא
5 הייליגע: אונד דער מלאך האט גענומען דיא ווייהרויכ־
פאן, אונד האט זיא אנגעפילט מיט דעם פייער פון דעם
מזבח, אונד האט געווארפען אויף דיא ערד; אונד עס
איז געווארען דונערען אונד קולות אונד בליצען אונד

6 אֵיין עֶרְדְצִיטֶערְנִים: אוּנְד דִיא זִיבֶּען מַלְאָכִים וָואס הָאבֶּען
גֶעהַאט דִיא זִיבֶּען שׁוֹפָרוֹת הָאבֶּען זִיךְ אָנְגֶעבְּרֵייט אַז
זַייא זָאלֶען בְּלָאזֶען:
7 אוּנְד דֶער עֶרְשְׁטֶער מַלְאָךְ הָאט גֶעבְּלָאזֶען; אוּנְד עֶס
אִיז גֶעשֶׁעהֶען אַ הָאגֶעל אוּנְד פַייעֶר גֶעמִישְׁט מִיט בְּלוּט
אוּנְד עֶס אִיז אוֹיף דֶער עֶרְד גֶעוָוארְפֶען גֶעוָוארֶען; אוּנְד
דֶער דְרִיטֶער טְהֵייל פוּן דֶער עֶרְד אִיז פֶערְבְּרֶענְט גֶע־
וָוארֶען, אוּנְד דֶער דְרִיטֶער טְהֵייל פוּן דִיא בֵּיימֶער אִיז
פֶערְבְּרֶענְט גֶעוָוארֶען, אוּנְד אַלֶעס גְרִינֶעס גְרָאז אִיז פֶערְ־
בְּרֶענְט גֶעוָוארֶען:
8 אוּנְד דֶער צְווֵייטֶער מַלְאָךְ הָאט גֶעבְּלָאזֶען; אוּנְד גְלֵייךְ
ווִיא אַ גְרוֹיסֶער בַּארְג וָואס בְּרֶענְט מִיט פַייעֶר אִיז אִים
יַם אַרַיינְגֶעוָוארְפֶען גֶעוָוארֶען; אוּנְד דֶער דְרִיטֶער טְהֵייל
9 פוּן דֶעם יַם אִיז גֶעוָוארֶען בְּלוּט: אוּנְד דֶער דְרִיטֶער
טְהֵייל פוּן דִיא לֶעבֶּעדִיגֶע בֶּעשֶׁעפֶענִים וָואס זֶענֶען אִים
יַם זֶענֶען אוֹיסְגֶעשְׁטָארְבֶּען, אוּנְד דֶער דְרִיטֶער טְהֵייל
פוּן דִיא שִׁיפֶען זֶענֶען פֶערְדָארְבֶּען גֶעוָוארֶען:
10 אוּנְד דֶער דְרִיטֶער מַלְאָךְ הָאט גֶעבְּלָאזֶען; אוּנְד עֶס
אִיז אַרוּפְּגֶעפַאלֶען פוּן דֶעם הִימֶעל אַ גְרוֹיסֶער שְׁטֶערֶען
וָואס הָאט גֶעבְּרֶענְט אַזוֹי וִויא אַ לַאמְפֶּע, אוּנְד עֶס אִיז
גֶעפַאלֶען אוֹיף דֶעם דְרִיטֶען טְהֵייל פוּן דִיא שְׁטְרוֹימֶען,
11 אוּנְד אוֹיף דִיא קְוָועלֶען פוּן דִיא וַואסֶער: אוּנְד דֶער
נָאמֶען פוּן דֶעם שְׁטֶערֶען הֵייסְט וֶוערְמוּט. אוּנְד דֶער
דְרִיטֶער טְהֵייל פוּן דִיא וַואסֶער אִיז גֶעוָוארֶען וֶוערְמוּט,
אוּנְד פִילֶע מֶענְשֶׁען זֶענֶען פוּן וֶועגֶען דִיא וַואסֶער גֶע־
שְׁטָארְבֶּען ווַייל זַייא זֶענֶען בִּיטֶער גֶעוָוארֶען:
12 אוּנְד דֶער פִיעֶרְטֶער מַלְאָךְ הָאט גֶעבְּלָאזֶען; אוּנְד דֶער
דְרִיטֶער טְהֵייל פוּן דִיא זוּן אִיז גֶעשְׁלָאגֶען גֶעוָוארֶען,
אוּנְד דֶער דְרִיטֶער טְהֵייל פוּן דִיא לְבָנָה, אוּנְד דֶער
דְרִיטֶער טְהֵייל פוּן דִיא שְׁטֶערֶען, כְּדֵי זֵייעֶר דְרִיטֶער
טְהֵייל זָאל פִינְסְטֶער וֶוערֶען, אוּנְד דֶער טָאג זָאל נִיט
שֵׁיינֶען זֵיין דְרִיטֶען טְהֵייל, אוּנְד אוֹיךְ נִיט דִיא נַאכְט:
13 אוּנְד אִיךְ הָאבּ גֶעזֶעהֶען, אוּנְד אִיךְ הָאבּ גֶעהֶערְט אֵיין
אָדְלֶער פְלִיהֶען אִין מִיטֶען פוּן דֶעם הִימֶעל, וָואס הָאט

גֶעזָאגְט מִיט אַ הוֹיךְ קוֹל, וָועה, וֶועה, וָועה, צוּ דִיא וָואס
וְואוֹינֶען אוֹיף דֶער עֶרְד, פוּן וֶועגֶען דִיא אִיבְּרִיגֶע קוֹלוֹת
פוּן דִיא שׁוֹפָרוֹת פוּן דִיא אִיבְּרִיגֶע דְרַייא מַלְאָכִים וָואס
וֶועלֶען נָאךְ בְּלָאזֶען:

קאפּיטעל ט

אוּנְד דֶער פִינְפְטֶער מַלְאָךְ הָאט גֶעבְּלָאזֶען; אוּנְד אִיךְ 1
הָאבּ גֶעזֶעהֶען אַ שְׁטֶערֶען אַרוּפּגֶעפַאלֶען פוּן דֶעם הִימֶעל
אוֹיף דֶער עֶרְד, אוּנְד מֶען הָאט אִיהְם גֶעגֶעבֶּען דֶעם
שְׁלִיסֶעל פוּן דֶעם בְּרוּנֶען פוּן דֶעם אָפְּגְרוּנְד: אוּנְד עֶר 2
הָאט אוֹיפְגֶעמַאכְט דֶעם בְּרוּנֶען פוּן דֶעם אָפְּגְרוּנְד, אוּנְד
עֶס אִיז אַרוֹיסְגֶעגַאנְגֶען אַ רוֹיךְ פוּן דֶעם בְּרוּנֶען גְלֵייךְ
וְוִיא דֶער רוֹיךְ פוּן אַ גְרוֹיסֶען קַאלְכְאוֹיבֶען, אוּנְד דִיא
זוּן אוּנְד דִיא לוּפְט זֶענֶען פִינְסְטֶער גֶעוָוארֶען פוּן וֶועגֶען
דֶעם רוֹיךְ פוּן דֶעם בְּרוּנֶען: אוּנְד פוּן דֶעם רוֹיךְ זֶענֶען 3
אַרוֹיסְגֶעגַאנְגֶען הֵיישֶׁערֶעקֶען אוֹיף דֶער עֶרְד, אוּנְד מֶען
הָאט זֵייא מַאכְט גֶעגֶעבֶּען אַזוֹי וְוִיא דִיא עֶגְדִיסֶען פוּן
דֶער עֶרְד הָאבֶּען מַאכְט: אוּנְד מֶען הָאט צוּ זֵייא גֶע־ 4
זָאגְט אַז זֵייא זָאלֶען נִיט פֶערְדַארְבֶּען דָאס גְרָאז פוּן
דֶער עֶרְד אוּנְד נִיט קַיינֶע קְרֵייטֶער, אוּנְד נִיט קַיין בּוֹים,
נֵייעֶרְט דִיא מֶענְשֶׁען וָואס הָאבֶּען נִיט דִיא חֲתִימָה פוּן
גָאט אוֹיף זֵייעֶרֶע שְׁטֶערֶען: אוּנְד מֶען הָאט זֵייא אוֹיפְּ־ 5
גֶעגֶעבֶּען אַז זֵייא זָאלֶען נִיט טֶעטֶען, נֵייעֶרְט זֵייא זָאלֶען
זֵייא פֵּיינִיגֶען פִינְף חֳדָשִׁים; אוּנְד זֵייעֶר פֵּיינִיגֶען אִיז
גְלֵייךְ וְוִיא דָאס פֵּיינִיגֶען פוּן אַיין עֶגְדִיס וֶוען עֶר שְׁטֶעכְט
אַ מֶענְשׁ: אוּנְד אִין יֶענֶע טֶעג וֶועלֶען מֶענְשֶׁען זוּכֶען 6
דֶעם טוֹיט אוּנְד וֶועלֶען אִיהְם נִיט גֶעפִינֶען, אוּנְד זֵייא
וֶועלֶען וְוִינְשֶׁען צוּ שְׁטַארְבֶּען, אוּנְד דֶער טוֹיט וֶועט פוּן
זֵייא אַנְטְלוֹיפֶען: אוּנְד דִיא גֶעשְׁטַאלְטֶען פוּן דִיא הֵייִ־ 7
שֶׁערֶעקֶען זֶענֶען גֶעוֶועזֶען גְלֵייךְ וְוִיא צוּ פֶערְד וָואס
זֶענֶען פַארְטִיג צוּ דֶער מִלְחָמָה, אוּנְד אוֹיף זֵייעֶרֶע קֶעפּ
זֶענֶען גֶעוֶועזֶען אַזוֹי וְוִיא קְרוֹינֶען גְלֵייךְ צוּ גָאלְד,
אוּנְד זֵייעֶרֶע פֶּענֶעמֶער זֶענֶען גֶעוֶועזֶען אַזוֹי וְוִיא
דָאס פָּנִים פוּן מֶענְשֶׁען: אוּנְד זֵייא הָאבֶּען גֶעהַאט 8
הָאר גְלֵייךְ וְוִיא דִיא הָאר פוּן פְרוֹיעֶן, אוּנְד זֵייעֶרֶע

צֵיין זֶענֶען גֶעוֶועזֶען אַזוֹי וִויא דִיא צֵיין פוּן לֵייבֶּען:
9 אוּנְד זֵייא הָאבֶּען גֶעהַאט פַּאנְצֶער גְלֵייךְ וִויא פַּאנְצֶער
פוּן אֵייזֶען, אוּנְד דָאם קוֹל פוּן זֵייעֶרֶע פְלִיגֶעל אִיז גֶע־
וֶועזֶען גְלֵייךְ וִויא דָאם קוֹל פוּן רֵייטְוָואגֶען פוּן פִילֶע
10 פֶערְד וָואם לוֹיפֶען צוּ דֶער מִלְחָמָה: אוּנְד זֵייא הָאבֶּען
גֶעהַאט שְׁוֶוענְץ אַזוֹי וִויא עֶגְדִיסֶען אוּנְד שְׁטֶעכִיגֶע שְׁפִּי־
צֶען, אוּנְד אִין זֵייעֶרֶע שְׁוֶוענְץ אִיז גֶעוֶועזֶען זֵייעֶרֶע מַאכְט
11 צוּ שֶׁעדִיגֶען דִיא מֶענְשֶׁען פִינְףְ חֳדָשִׁים: זֵייא הָאבֶּען אִי־
בֶּער זִיךְ גֶעהַאט אַ קֶענִיג דֶעם מַלְאָךְ פוּן דֶעם אָפְּגְרוּנְד,
וָואם זֵיין נָאמֶען אִיז אוֹיףְ הֶעבְּרֶעאִישׁ אֲבַדּוֹן, אוּנְד אוֹיףְ
12 גְרֶעקִישׁ הָאט עֶר דֶעם נָאמֶען אַפָּלְיוֹן: דֶער עֶרְשְׁטֶער וָועה
אִיז פַארְבֵּייא גֶעגַאנְגֶען; זֶעה עֶס קוּמֶען נָאךְ צְוֵוייא וֶוע־
הֶען נָאךְ דִיזֶע:
13 אוּנְד דֶער זֶעקְסְטֶער מַלְאָךְ הָאט גֶעבְּלָאזֶען; אוּנְד אִיךְ
הָאבּ גֶעהֶערְט אַ קוֹל פוּן דִיא הֶערְנֶער פוּן דֶעם גָאלְדֶענֶעם
14 מִזְבֵּחַ וָואם אִיז פָאר גָאט: וָואם הָאט גֶעזָאגְט צוּ דֶעם
זֶעקְסְטֶען מַלְאָךְ, וֶועלְכֶער הָאט גֶעהַאט דֶעם שׁוֹפָר, בִּינְד
אוֹיףְ דִיא פִיעֶר מַלְאָכִים וָואם זֶענֶען גֶעבּוּנְדֶען בֵּייא דֶעם
15 גְרוֹיסֶען שְׁטְרוֹים פְּרָת: אוּנְד דִיא פִיעֶר מַלְאָכִים זֶענֶען אוֹיפְ־
גֶעבּוּנְדֶען גֶעוָוארֶען, וֶועלְכֶע זֶענֶען אָנְגֶעבְּרֵייט גֶעוֶועזֶען
פַאר דֶער שָׁעָה אוּנְד חֹדֶשׁ אוּנְד יָאהְר, כְּדֵי זֵייא זָאלֶען
16 דֶעם דְרִיטֶען טְהֵייל פוּן דִיא מֶענְשֶׁען טֶעטֶען: אוּנְד דִיא
צָאהְל פוּן דִיא הֶערְשַׁארֶען פוּן דִיא רֵייטֶער אִיז גֶעוֶועזֶען
צְוֵוייא מָאל צֶעהֶן טוֹיזֶענְד מָאל צֶעהֶן טוֹיזֶענְד; אִיךְ הָאבּ
גֶעהֶערְט זֵייעֶר צָאהְל:
17 אוּנְד אַזוֹי הָאבּ אִיךְ גֶעזֶעהֶען אִין דֶעם גֶעזִיכְט דִיא פֶערְד,
אוּנְד דִיא וָואם זֶענֶען אוֹיףְ זֵייא גֶעזֶעסֶען, דִיא הָאבֶּען גֶע־
הַאט פֵייעֶרִיגֶע, אוּנְד פִינְקֶעלְשְׁטֵיינִיגֶע, אוּנְד שְׁוֶועבֶּעלִיגֶע
פַּאנְצֶער; אוּנְד דִיא קֶעפּ פוּן דִיא פֶערְד זֶענֶען גֶעוֶועזֶען
גְלֵייךְ וִויא קֶעפּ פוּן לֵייבֶּען, אוּנְד פוּן זֵייעֶרֶע מֵיילֶער אִיז
18 אַרוֹיסְגֶעגַאנְגֶען פֵייעֶר אוּנְד רוֹיךְ אוּנְד שְׁוֶועבֶּעל: פוּן דִיזֶע
דְרֵייא פְּלָאגֶען אִיז דֶער דְרִיטֶער טְהֵייל פוּן דִיא מֶענְשֶׁען
גֶעטֶעטֶעט גֶעוָוארֶען, פוּן דֶעם פֵייעֶר אוּנְד פוּן דֶעם רוֹיךְ
אוּנְד פוּן דֶעם שְׁוֶועבֶּעל וָואם אִיז אַרוֹיסְגֶעגַאנְגֶען פוּן

19 זַייעֶרֶע מֵיילֶער: וָוארִין דִיא מַאכְט פוּן דִיא פֶערְד אִיז
אִין זַייעֶרֶע מֵיילֶער אוּנְד אִין זַייעֶרֶע שְׁוֶוענְץ; וָוארִין
זַייעֶרֶע שְׁוֶוענְץ זֶענֶען גְלֵייךְ וִויא שְׁלַאנְגֶען, אוּנְד זַייא
20 הָאבֶּען קֶעפּ, אוּנְד דוּרְךְ דִיזֶע טְהוּן זַייא שָׁאדֶען: אוּנְד
דִיא אִיבְּרִיגֶע מֶענְשֶׁען וָואס זֶענֶען נִיט דוּרְךְ דִיזֶע פְּלָא־
גֶען גֶעהַרְגֶעט גֶעוָוארֶען, הָאבֶּען זִיךְ דָאךְ נִיט אוּמְגֶע־
קֶעהְרְט פוּן דִיא וֶוערְק פוּן זַייעֶרֶע הֶענְד, אַז זַייא זָאלֶען
זִיךְ נִיט בִּיקֶען צוּ דִיא שֵׁדִים אוּנְד צוּ דִיא אָפְּגֶעטֶער
פוּן גָאלְד, אוּנְד פוּן זִילְבֶּער, אוּנְד פוּן קוּפֶּער, אוּנְד פוּן
שְׁטֵיין, אוּנְד פוּן הָאלְץ, וָואס קָאנֶען נִיט זֶעהֶען אוּנְד
21 נִיט הֶערֶען אוּנְד נִיט אַרוּמְגֶעהֶען: אוּנְד זַייא הָאבֶּען
נִיט תְּשׁוּבָה גֶעטְהוּן פוּן זַייעֶרֶע רְצִיחוֹת, אוּנְד אוֹיךְ נִיט
פוּן זַייעֶרֶע כִּשׁוּף, אוּנְד אוֹיךְ נִיט פוּן זַייעֶרֶע זְנוּת,
אוּנְד אוֹיךְ נִיט פוּן זַייעֶרֶע גְנֵבוֹת:

קאפיטעל י

1 אוּנְד אִיךְ הָאבּ גֶעזֶעהֶען אֵיין אַנְדֶערֶען שְׁטַארְקֶען מַלְאָךְ
אַרוּפְּקוּמֶען פוּן דֶעם הִימֶעל, אָנְגֶעטְהוּן אִין אַ וָואלְקֶען,
אוּנְד דֶער רֶעגֶענְבּוֹיגֶען אִיז גֶעוֶועזֶען אוֹיף זַיין קָאפּ,
אוּנְד זַיין פָּנִים אִיז גֶעוֶועזֶען גְלֵייךְ וִויא דִיא זוּן, אוּנְד זַיי־
2 נֶע פִּיס וִויא זַיילֶען פוּן פֵייעֶר: אוּנְד עֶר הָאט גֶעהַאט
אִין זַיינֶע הַאנְד אַ קְלֵיין בִּיכֶעל גֶעעֶפֶענְט; אוּנְד עֶר הָאט
זַיין רֶעכְטֶען פוּס גֶעשְׁטֶעלְט אוֹיף דֶעם יַם אוּנְד זַיין
3 לִינְקֶען פוּס אוֹיף דֶער עֶרְד: אוּנְד עֶר הָאט גֶעשְׁרִיעֶן
מִיט אַ הוֹיךְ קוֹל אַזוֹי וִויא אַ לֵייבּ בְּרוּמְט; אוּנְד וָוען עֶר
הָאט גֶעשְׁרִיעֶן הָאבֶּען דִיא זִיבֶּען דוּנֶער גֶערֶעט, אַרוֹיס־
4 גֶעלָאזְט מִיט זַייעֶרֶע קוֹלוֹת: אוּנְד וָוען דִיא זִיבֶּען דוּנֶער
הָאבֶּען גֶערֶעט, הָאבּ אִיךְ גֶעוָואלְט שְׁרֵייבֶּען; אוּנְד אִיךְ
הָאבּ גֶעהֶערְט אַ קוֹל פוּן הִימֶעל וָואס הָאט צוּ מִיר
גֶעזָאגְט, פֶערְזִיגֶעל דִיא זַאכֶען וָואס דִיא זִיבֶּען דוּנֶער
5 הָאבֶּען גֶערֶעט, אוּנְד שְׁרֵייבּ זַייא נִיט: אוּנְד דֶער מַלְאָךְ
וֶועלְכֶען אִיךְ הָאבּ גֶעזֶעהֶען שְׁטֶעהֶען אוֹיף דֶעם יַם אוּנְד
אוֹיף דֶער עֶרְד, הָאט זַיינֶע רֶעכְטֶע הַאנְד אוֹיפְגֶעהוֹיבֶּען
6 קֶעגֶען דֶעם הִימֶעל: אוּנְד הָאט גֶעשְׁוָואוֹירֶען בַּייא דֶעם
וֶועלְכֶער לֶעבְּט פוּן עֶבִּיגְקֵייט צוּ עֶבִּיגְקֵייט, וֶועלְכֶער

הָאט דִיא הִימֶעל בֶּעשַׁאפֶען אוּנְד דִיא זַאכֶען וָואס
זֶענֶען דְרִינֶען, אוּנְד דִיא עֶרְד אוּנְד דִיא זַאכֶען וָואס
זֶענֶען דְרִינֶען, אוּנְד דָאס יַם אוּנְד דִיא זַאכֶען וָואס
זֶענֶען דְרִינֶען, אַז עֶס וֶועט נִיט מֶעהְר זַיין קֵיינֶע צֵייט:
7 אָבֶּער אִין דִיא טֶעג פוּן דֶעם קוֹל פוּן דֶעם זִיבֶּעטֶען
מַלְאָךְ, וֶוען עֶר וֶועט בְּלָאזֶען, הָאט זִיךְ דֶער סוֹד פוּן
גָאט גֶעעֶנְדִיגְט, אַזוֹי וִויא עֶר הָאט גֶעפְּרֶעדִיגְט דוּרְךְ
זַיינֶע אֵייגֶענֶע קְנֶעכְט דִיא נְבִיאִים:
8 אוּנְד דָאס קוֹל וָואס אִיךְ הָאבּ גֶעהֶערְט פוּן הִימֶעל הָאט
וִוידֶער מִיט מִיר גֶערֶעט אוּנְד גֶעזָאגְט, גֶעה אוּנְד נֶעם
דָאס גֶעעֶפֶענְטֶע בִּיכֶעל וָואס אִיז אִין דֶער הַאנְד פוּן
דֶעם מַלְאָךְ, וֶועלְכֶער שְׁטֶעהְט אוֹיף דֶעם יַם אוּנְד אוֹיף
9 דֶער עֶרְד: אוּנְד אִיךְ בִּין אַוֶועקְגֶעגַאנְגֶען צוּם מַלְאָךְ
אוּנְד הָאבּ צוּ אִיהְם גֶעזָאגְט, גִיבּ מִיר דָאס קְלֵיינֶע בִּיכֶעל,
אוּנְד עֶר הָאט צוּ מִיר גֶעזָאגְט, נֶעם עֶס אוּנְד עֶס עֶס אוֹיף,
אוּנְד עֶס וֶועט דַיין בּוֹיךְ בִּיטֶער מַאכֶען, אָבֶּער אִין דֵיין
10 מוֹיל וֶועט עֶס זַיין זִיס וִויא הָאנִיג: אוּנְד אִיךְ הָאבּ
גֶענוּמֶען דָאס קְלֵיינֶע בִּיכֶעל פוּן דֶער הַאנְד פוּן דֶעם
מַלְאָךְ, אוּנְד הָאבּ עֶס אוֹיפְגֶעגֶעסֶען; אוּנְד עֶס אִיז גֶעוֶוע־
זֶען אִין מֵיין מוֹיל זִיס וִויא הָאנִיג; אוּנְד וֶוען אִיךְ הָאבּ עֶס
11 אוֹיפְגֶעגֶעסֶען, אִיז מֵיין בּוֹיךְ בִּיטֶער גֶעוָוארֶען: אוּנְד
זֵייא הָאבֶּען צוּ מִיר גֶעזָאגְט, דוּא מוּזְט וִוידֶער נְבִיאוֹת
זָאגֶען פָאר פִילֶע פֶעלְקֶער אוּנְד גוֹיִם אוּנְד שְׁפְּרַאכֶען
אוּנְד מְלָכִים:

קאפיטעל יא

1 אוּנְד עֶס אִיז צוּ מִיר גֶעגֶעבֶּען גֶעוָוארֶען אַ רָאהְר גְלֵייךְ
וִויא אַ שְׁטֶעקֶען, אוּנְד עֶר הָאט גֶעזָאגְט, שְׁטֶעה אוֹיף
אוּנְד מֶעסְט דֶעם טֶעמְפֶּעל פוּן גָאט, אוּנְד דֶעם מִזְבֵּחַ
2 אוּנְד דִיא וָואס בֶּעטֶען דְרִינֶען: אוּנְד דֶעם הוֹיף וָואס
אִיז פוּן אוֹיסֶעוֶוענִיג פוּן דֶעם טֶעמְפֶּעל זָאלְסְט דוּא
אוֹיסְלַאזֶען אוּנְד זָאלְסְט אִיהְם נִיט מֶעסְטֶען, וָוארִין עֶר
אִיז גֶעגֶעבֶּען גֶעוָוארֶען צוּ דִיא גוֹיִם אוּנְד זֵייא וֶועלֶען
דִיא הֵיילִיגֶע שְׁטָאט צוּטְרֶעטֶען צְוֵוייא אוּנְד פִירְצִיג
3 חֳדָשִׁים: אוּנְד אִיךְ וֶועל צוּ מֵיינֶע צְוֵוייא עֵדוּת גֶעבֶּען

אַז זייא זאָלען נבואות זאָגען טויזענד צוויא הונדערט
אונד זעכציג טעג, אָנגעטהון אין זעק:
4 דיזע זענען דיא צוויא עהלבּיימער אונד דיא צוויא
מנורות וואס שטעהען פאר דעם האר פון דער ערד:
5 זכריה ד׳ י״א־י״ד. אונד ווען איינער היל זייא שאדען, געהט
ארויס פייער פון זייער מויל אונד פערצעהרט זייערע פיינד;
אונד ווען איינער וויל זייא שאדען, מוז ער אזוי גע־
6 טעטעט ווערען: דיזע האבען דיא מאכט דעם הימעל
צו פערשליסען, אז עס זאל ניט רעגענען אין דיא
טעג פון זייער נבואות זאגען, אונד זייא האבען מאכט
איבער דיא וואסער זייא צו בלוט צו פערקעהרען,
אונד אויף דער ערד צו שלאגען מיט אלערלייא
7 פּלאג אזוי אפט ווי זייא ווילען: אונד ווען זייא
האבען זייער עדות געענדיגט וועט דיא חיה וואס
קומט ארויס פון דעם אפּגרונד מיט זייא מלחמה
האלטען, אונד וועט זייא איבערוועלטיגען, אונד וועט
8 זייא טעטען: אונד זייערע טויטע לייבער ליגען אויף
דער גאס פון דיא גרויסע שטאט, וואס איז גייסטליך
אנגערופען סדום אונד מצרים, וואו אויך זייער האר
9 איז געקרייציגט געווארען: אונד פון דיא פעלקער
אונד שבטים אונד לשונות אונד גוים זעהען זייא
זייערע טויטע לייבער דרייא טעג אונד א האלב,
אונד זייא לאזען ניט זייערע טויטע לייבער בעגראבען:
10 אונד דיא וואס וואוינען אויף דער ערד פרייען זיך
איבער זייא אונד האבען שמחה, אונד זייא שיקען
מתנות איינער דעם אנדערן, ווייל דיזע צוויא נביאים
האבען געפּלאגט דיא וואס וואוינען אויף דער ערד:
11 אונד נאך דיא דרייא טעג אונד א האלב איז דער
גייסט פון לעבען פון גאט אין זייא אריינגעגאנגען
אונד זייא זענען געשטאנען אויף זייערע פיס; אונד א
גרויסע מורא איז געפאלען אויף דיא וואס האבען זייא
12 געזעהען: אונד זייא האבען געהערט א הויך קול פון
הימעל וואס האט צו זייא געזאגט, קומט אהער ארויף;
אונד זייא זענען ארויפגעגאנגען אים וואלקען אים

הִימֶעל, אוּנְד זֵייעֶרֶע פֵיינְד הָאבֶּען זֵייא אָנְגֶעזֶעהֶען:
13 אוּנְד אִין יֶענֶע שָׁעָה אִיז אַ גְרוֹיסֶע עֶרְדצִיטֶערְנִיש
גֶעוָוארֶען, אוּנְד דֶער צֶעהְנְטֶער טְהֵייל פוּן דֶער שְׁטָאט
אִיז גֶעפַאלֶען, אוּנְד זִיבֶּען טוֹיזֶענְד מֶענְשֶׁען זֶענֶען אִין
דֶער עֶרְדצִיטֶערְנִיש גֶעטֶעטֶעט גֶעוָוארֶען, אוּנְד דִיא
אִיבְּרִיגֶע הָאבֶּען מוֹרָא גֶעהַאט אוּנְד הָאבֶּען גֶעגֶעבֶּען
כָּבוֹד צוּ דֶעם גָאט פוּן דֶעם הִימֶעל:
14 דָאס צְווֵייטֶע וֶועה אִיז פַארְבֵּייא גֶעגַאנְגֶען; וֶועה, דָאס
דְרִיטֶע וֶועה קוּמְט גֶעשְׁווִינְד:
15 אוּנְד דֶער זִיבֶּעטֶער מַלְאָךְ הָאט גֶעבְּלָאזֶען; אוּנְד עֶס זֶענֶען
גֶעוָוארֶען גְרוֹיסֶע קוֹלוֹת אִים הִימֶעל וָואס הָאבֶּען גֶעזָאגְט,
דָאס קֶענִיגְרֵייךְ פוּן דֶער וֶועלְט אִיז גֶעוָוארֶען דָאס
קֶענִיגְרֵייךְ פוּן אוּנְזֶער הַאר אוּנְד פוּן זַיין מָשִׁיחַ,
אוּנְד עֶר וֶועט רֶעגִירֶען פוּן עֶבִּיגְקֵייט צוּ עֶבִּיגְקֵייט:
16 אוּנְד דִיא פִיעֶר אוּנְד צְווַאנְצִיג זְקֵנִים וֶועלְכֶע זֶענֶען
גֶעזֶעסֶען פָאר גָאט אוֹיף זֵייעֶרֶע שְׁטוּהְלֶען, זֶענֶען גֶע־
פַאלֶען אוֹיף זֵייעֶר פָּנִים אוּנְד הָאבֶּען זִיךְ גֶעבּוּקְט צוּ
17 גָאט: אוּנְד גֶעזָאגְט,
מִיר דַאנְקֶען דִיר, הַאר גָאט דֶער אַלְמֶעכְטִי־
גֶער, דֶער דוּא בִּיסְט אוּנְד בִּיסְט גֶעוֶועזֶען, ווייל
דוּא הָאסְט גֶענוּמֶען דֵיינֶע גְרוֹיסֶע קְרַאפְט אוּנְד
18 דוּא הָאסְט רֶעגִירֶט אַלְס אַ מֶלֶךְ: אוּנְד דִיא גוֹיִם
הָאבֶּען גֶעצָארְנְט, אוּנְד דֵיין צָארְן אִיז גֶעקוּמֶען,
אוּנְד דִיא צֵייט פוּן דִיא טוֹיטֶע אַז זֵייא זָאלֶען גֶערִיכְטֶעט
וֶוערֶען, אוּנְד אַז דוּא זָאלְסְט גֶעבֶּען דֶעם שְׂכַר צוּ
דֵיינֶע קְנֶעכְט דִיא נְבִיאִים אוּנְד צוּ דִיא הֵיילִיגֶע אוּנְד
צוּ דִיא וָואס הָאבֶּען מוֹרָא צוּ דֵיין נָאמֶען, דִיא קְלֵיינֶע
אוּנְד אוֹיךְ דִיא גְרוֹיסֶע, אוּנְד דוּא זָאלְסְט פֶערְדַארְבֶּען
דִיא וָואס הָאבֶּען דִיא עֶרְד פֶערְדָארְבֶּען:
19 אוּנְד דֶער טֶעמְפֶּעל פוּן גָאט אִיז אוֹיפְגֶעמַאכְט גֶעוָוא־
רֶען אִים הִימֶעל, אוּנְד דֶער אָרוֹן פוּן דֶעם בְּרִית אִיז
אִין זַיין טֶעמְפֶּעל גֶעזֶעהֶען גֶעוָוארֶען, אוּנְד עֶס זֶענֶען
גֶעוָוארֶען בְּלִיצֶען, אוּנְד קוֹלוֹת אוּנְד דוּנֶער אוּנְד
עֶרְדצִיטֶערְנִיש אוּנְד אַ גְרוֹיסֶער הָאגֶעל:

קאפיטעל יב

אוּנְד אַ גְרױסֶער צײכֶען הָאט זִיךְ בֶּעװיזֶען אִים הִימֶעל, 1
אַ פְרױא גֶעקְלֵייד מִיט דֶער זוּן, אוּנְד דִיא לְבָנָה אוּנְטֶער
אִיהְרֶע פִיס, אוּנְד אוֹיף אִיהְר קָאפּ אִיז גֶעװֶעזֶען אַ
קְרױן פוּן צְװֶעלְף שְׁטֶערְן: אוּנְד זִיא אִיז טְרָאגֶענְדִיג 2
גֶעװֶעזֶען אוּנְד הָאט גֶעשְׁרִיעֶן אִין גֶעבוּרְטְסְװֶעהֶען, אוּנְד
אִיז גֶעװֶעזֶען אִין גְרױסֶע פֵּיין בַּייא דֶעם גֶעװינֶען:
אוּנְד אֵיין אַנְדֶער צײכֶען הָאט זִיךְ אִים הִימֶעל בֶּע־ 3
װיזֶען. אוּנְד זֶעה אַ גְרױסֶע דְרַאכֶענְשְׁלַאנְג, רױט װִיא
פֵייעֶר, װָאס הָאט גֶעהַאט זִיבֶּען קֶעפּ אוּנְד צֶעהְן הֶערְ־
נֶער אוּנְד אוֹיף אִיהְרֶע קֶעפּ זִיבֶּען קְרױנֶען: אוּנְד הָאט 4
מִיט אִיהְר שְׁװַאנְץ מִיטְגֶעשְׁלֶעפְּט דֶעם דְרִיטֶען טְהֵייל
פוּן דִיא שְׁטֶערְן פוּן דֶעם הִימֶעל, אוּנְד הָאט זֵייא
אוֹיף דֶער עֶרְד אַרוּפְגֶעװָארְפֶען. אוּנְד דִיא דְרַאכֶענְ־
שְׁלַאנְג אִיז גֶעשְׁטַאנֶען פָאר דִיא פְרױא װָאס הָאט אָנְ־
גֶעהוֹיבֶּען צוּ גֶעװִינֶען, כְּדֵי זִיא זָאל אוֹיפְפְרֶעסֶען דָאס
קִינְד װָאס דִיא פְרױא װֶעט גֶעװינֶען: אוּנְד זִיא הָאט 5
גֶעװאוּנֶען אַ בֵּן זָכָר װֶעלְכֶער װֶעט הֶערְשֶׁען אִיבֶּער
אַלֶע גוֹיִם מִיט אֵיינֶע אַײזֶערְנֶע רוּט; אוּנְד אִיהְר קִינְד
אִיז אַװֶעקְגֶענוּמֶען גֶעװָארֶען צוּ גָאט אוּנְד צוּ זַיין שְׁטוּהְל:
אוּנְד דִיא פְרױא אִיז אַנְטְלָאפֶען אִין דֶער מִדְבָּר, װָאוּ 6
זִיא הָאט אָנְגֶעבְּרֵייט אֵיין אָרְט פוּן גָאט, כְּדֵי מֶען זָאל
זִיא דָארְט דֶערְנֶעהְרֶען טױזֶענְד צְװֵייא הוּנְדֶערְט אוּנְד
זֶעכְצִיג טֶעג:
אוּנְד עֶס אִיז גֶעשֶׁעהֶען אַ מִלְחָמָה אִים הִימֶעל, מִיכָאֵל 7
אוּנְד זֵיינֶע מַלְאָכִים הָאבֶּען מִלְחָמָה גֶעהַאלְטֶען מִיט דִיא
דְרַאכֶענְשְׁלַאנְג; אוּנְד דִיא דְרַאכֶענְשְׁלַאנְג אוּנְד אִיהְרֶע
מַלְאָכִים הָאבֶּען מִלְחָמָה גֶעהַאלְטֶען: אוּנְד זֵייא הָאבֶּען 8
נִיט אִיבֶּערְװֶעלְטִיגְט, אוֹיךְ אִיז קֵיין אָרְט נִיט מֶעהְר
פַאר זֵייא גֶעפִינֶען גֶעװָארֶען אִים הִימֶעל: אוּנְד דִיא 9
גְרױסֶע דְרַאכֶענְשְׁלַאנְג אִיז אַרוֹיסְגֶעװָארְפֶען גֶעװָארֶען,
דִיא אַלְטֶע שְׁלַאנְג װָאס הֵייסְט טֵייפֶעל אוּנְד שָׂטָן, װָאס
פֶערְפִיהְרְט דִיא גַאנְצֶע װֶעלְט, זִיא אִיז אוֹיף דֶער עֶרְד
גֶעװָארְפֶען גֶעװָארֶען אוּנְד אִיהְרֶע מַלְאָכִים זֶענֶען מִיט

10 אִיהָר גֶעוָוארְפֶען גֶעוָוארֶען: אוּנְד אִיךְ הָאבּ גֶעהֶערְט
אַ גְרוֹיס קוֹל אִים הִימֶעל זָאגֶען,
אִיצְט אִיז גֶעקוּמֶען דִיא יְשׁוּעָה אוּנְד דִיא קְרַאפְט
אוּנְד דָאס קֶענִיגְרֵייךְ פוּן אוּנְזֶער גָאט אוּנְד דִיא
מַאכְט פוּן זֵיין מָשִׁיחַ, וָוארִין דֶער פֶערְקְלָאגֶער פוּן
אוּנְזֶערֶע בְּרִידֶער אִיז אַרוֹיסְגֶעוָוארְפֶען גֶעוָוארֶען,
וֶועלְכֶער פֶערְקְלָאגְט זֵייא פָאר אוּנְזֶער גָאט טָאג
אוּנְד נַאכְט:
11 אוּנְד זֵייא הָאבֶּען אִיהְם אִיבֶּערְוֶועלְטִיגְט דוּרְךְ דֶעם בְּלוּט
פוּן דֶעם לַאם אוּנְד דוּרְךְ דֶעם וָוארְט פוּן זֵייעֶר עֵדוּת,
אוּנְד זֵייא הָאבֶּען נִיט זֵייעֶר לֶעבֶּען גֶעלִיבְּט בִּיז צוּם
12 טוֹיט: דֶעסְטְוֶועגֶען פְרֵייעְט אֵייךְ אִיהְר הִימֶעל אוּנְד דִיא
וָואס וְואוֹינֶען דְרִינֶען; וֶועה צוּ דֶער עֶרְד אוּנְד דֶעם
יַם, ווייל דֶער שָׂטָן אִיז צוּ אֵייךְ אַרוּפְגֶעקוּמֶען, אוּנְד
עֶר הָאט גְרוֹיס צָארְן אִינְדֶעם עֶר וֵוייסְט אַז עֶר הָאט
אַ קְלֵיינֶע צֵייט:
13 אוּנְד וֶוען דִיא דְרַאכֶענְשְׁלַאנְג הָאט גֶעזֶעהֶען אַז זִיא
אִיז אוֹיף דֶער עֶרְד גֶעוָוארְפֶען גֶעוָוארֶען, הָאט זִיא
דִיא פְרוֹיא פֶערְפָאלְגְט וָואס הָאט גֶעווינֶען דֶעם זָכָר:
14 אוּנְד מֶען הָאט צוּ דֶער פְרוֹיא גֶעגֶעבֶּען דִיא צְוֵוייא
פְלִיגֶעל פוּן דֶעם גְרוֹיסֶען אָדְלֶער, כְּדֵי זִיא זָאל אִין
דֶער מִדְבָּר אַרֵיין פְלִיהֶען צוּ אִיהְר אָרְט, וְואוּ זִיא אִיז
דֶערְנֶעהְרְט אַ צֵייט אוּנְד צֵייטֶען אוּנְד אַ הַאלְבֶּע צֵייט
15 פוּן פָאר דִיא דְרַאכֶענְשְׁלַאנְג: אוּנְד דִיא שְׁלַאנְג הָאט
אַרוֹיסְגֶעוָוארְפֶען אַ שְׁטְרוֹים וַואסֶער נָאךְ דֶער פְרוֹיא,
כְּדֵי זִיא זָאל פוּן דֶעם שְׁטְרוֹים אַוֶועקְגֶעשְׁלֶעפְּט וֶוערֶען:
16 אוּנְד דִיא עֶרְד הָאט דֶער פְרוֹיא גֶעהָאלְפֶען, אוּנְד הָאט
אִיהְר מוֹיל אוֹיפְגֶעמַאכְט אוּנְד הָאט אַיינְגֶעשְׁלוּנְגֶען דֶעם
שְׁטְרוֹים וָואס דִיא דְרַאכֶענְשְׁלַאנְג הָאט פוּן אִיהְר מוֹיל
17 אַרוֹיסְגֶעוָוארְפֶען: אוּנְד דִיא דְרַאכֶענְשְׁלַאנְג הָאט אוֹיף
דֶער פְרוֹיא גֶעצָארְנְט, אוּנְד אִיז אַוֶועקְגֶעגַאנְגֶען מִלְחָמָה
צוּ הַאלְטֶען מִיט אִיהְרֶע אִיבְּרִיגֶע זָאמֶען, וָואס הַאלְטֶען
דִיא גֶעבָּאטֶע פוּן גָאט אוּנְד הָאבֶּען דָאס צֵייגְנִיס פוּן
יֵשׁוּעַ:

קאפיטעל יג

1 אוּנְד זִיא אִיז גֶעשְׁטַאנֶען בֵּייא דֶעם זַאמְד פוּן דֶעם יַם.
אוּנְד אִיךְ הָאבּ גֶעזֶעהֶען אַ חַיָה אַרוֹיסְקוּמֶען פוּן
דֶעם יַם, וָואס הָאט גֶעהַאט זִיבֶּען קֶעפּ אוּנְד צֶעהֶן
הֶערְנֶער, אוּנְד אוֹיף אִיהְרֶע הֶערְנֶער צֶעהֶן קְרוֹינֶען, אוּנְד
2 אוֹיף אִיהְרֶע קֶעפּ נֶעמֶען פוּן לֶעסְטֶערוּנְג: אוּנְד דִיא
חַיָה וָואס אִיךְ הָאבּ גֶעזֶעהֶען אִיז גְלֵייךְ צוּ אַ לֶעמְ־
פֶּערְט, אוּנְד אִיהְרֶע פִים גְלֵייךְ וִויא דִיא פִים פוּן אַ
בֶּער, אוּנְד אִיהְר מוֹיל וִויא דָאס מוֹיל פוּן אַ לֵייבּ.
אוּנְד דִיא דְרַאכֶענְשְׁלַאנְג הָאט אִיהְר גֶעגֶעבֶּען אִיהְרֶע
3 קְרַאפְט אוּנְד אִיהְר שְׁטוּהְל אוּנְד גְרוֹיסֶע מַאכְט: אוּנְד
אִיךְ הָאבּ גֶעזֶעהֶען אֵיינֶע פוּן אִיהְרֶע קֶעפּ אַזוֹי וִויא
פַארְוְואוּנְדֶערְט צוּם טוֹיט, אוּנְד דִיא פְּלָאג פוּן זַיין
טוֹיט אִיז גֶעהֵיילְט גֶעוָוארֶען. אוּנְד דִיא גַאנְצֶע עֶרְד
4 אִיז אִיבֶּער דִיא חַיָה פֶערְוְואוּנְדֶערְט גֶעוָוארֶען: אוּנְד
זֵייא הָאבֶּען זִיךְ גֶעבִּיקְט צוּ דֶער דְרַאכֶענְשְׁלַאנְג וֵוייל
זִיא הָאט גֶעגֶעבֶּען דִיא מַאכְט צוּ דֶער חַיָה, אוּנְד זֵייא
הָאבֶּען זִיךְ גֶעבּוּקְט צוּ דֶער חַיָה אוּנְד גֶעזָאגְט, וֶוער
אִיז גְלֵייךְ צוּ דֶער חַיָה, אוּנְד וֶוער קָאן מִיט אִיהְר
5 מִלְחָמָה הַאלְטֶען? אוּנְד מֶען הָאט אִיהְר גֶעגֶעבֶּען אַ
מוֹיל וָואס הָאט גֶערֶעט גְרוֹיסֶע זַאכֶען אוּנְד לֶעסְטֶע־
רוּנְגֶען, אוּנְד מֶען הָאט אִיהְר מַאכְט גֶעגֶעבֶּען מִלְחָמָה
6 צוּ הַאלְטֶען צְוֵוייא אוּנְד פִירְצִיג חֳדָשִׁים: אוּנְד זִיא
הָאט אִיהְר מוֹיל אוֹיפְגֶעמַאכְט צוּ לֶעסְטֶערוּנְגֶען קֶעגֶען
גָאט, צוּ לֶעסְטֶערֶען זַיין נָאמֶען אוּנְד זַיין מִשְׁכָּן, אוּנְד דִיא
7 וָואס וְואוֹינֶען אִים הִימֶעל: אוּנְד מֶען הָאט אִיהְר גֶע־
גֶעבֶּען אַז זִיא זָאל מִלְחָמָה הַאלְטֶען מִיט דִיא הֵיילִיגֶע
אוּנְד זָאל זֵייא אִיבֶּערְוֶועלְטִיגֶען, אוּנְד מֶען הָאט אִיהְר
מַאכְט גֶעגֶעבֶּען אִיבֶּער יֶעדֶען שֵׁבֶט אוּנְד מִשְׁפָּחָה אוּנְד
8 לָשׁוֹן אוּנְד פָאלְק: אוּנְד אַלֶע אֵיינְוְואוֹינֶער פוּן דֶער
עֶרְד בִּיקֶען זִיךְ צוּ אִיהְר, וֶועמֶעס דִיא נֶעמֶען זֶענֶען נִיט
אֵיינְגֶעשְׁרִיבֶּען גֶעוָוארֶען אִים בּוּךְ פוּן לֶעבֶּען פוּן דֶעם
לַאם וֶועלְכֶעס אִיז גֶעשָׁאכְטֶען גֶעוָוארֶען פוּן דֶער גְרִינְ־
דוּנְג פוּן דֶער וֶועלְט:

9 ווען איינער האט איין אויער צו הערען לאז ער הער־
10 רען: ווען איינער איז צום געפענגנים צום געפענגניס
געהט ער אוועק; ווען איינער ווערט מיט דעם שווערד
טעטען דער מוז מיט דעם שווערד געטעטעט ווערען.
דא איז דיא געדולד אונד דער גלויבען פון דיא
הייליגע:
11 אונד איך האב געזעהען איינע אנדערע חיה פון דער
ערד ארויסקומען, אונד זיא האט געהאט צוויא הערנער
גלייך וויא א לאם, אונד האט גערעט אזוי וויא א
12 דראכענשלאנג: אונד דיא מאכט פון דיא ערשטע
חיה טהוט זיא אין גאנצען פאר זיך. אונד זיא מאכט
דיא ערד אונד דיא וואס וואוינען דרינען אז זייא זא־
לען זיך ביקען צו דיא ערשטע חיה, פון וועלכע דיא
13 טעטליכע וואונד איז געהיילט געווארען: אונד זיא
טהוט גרויסע צייכען אז זיא זאל אויך מאכען פייער
ארונטערקומען אויף דער ערד פון דעם הימעל פאר מענ־
14 שען: אונד זיא בעטריבט דיא וואס וואוינען אויף
דער ערד דורך דיא צייכען וואס זענען איהר געגעבען
געווארען צו טהון פאר דער חיה, אונד זיא זאגט צו דיא
וואס וואוינען אויף דער ערד אז זייא זאלען מאכען א
בילד צו דער חיה, וואס האט געהאט דיא וואונד פון דעם
15 שווערד אונד דאך האט געלעבט: אונד מען האט איהר
געגעבען אז זיא זאל געבען א גייסט צו דעם בילד פון
דער חיה, כדי דאס בילד פון דער חיה זאל רעדען אונד
זאל טהון אז וויא פילע וואס וועלען זיך ניט ביקען
צו דעם בילד פון דער חיה זאלען געטעטעט ווערען:
16 אונד זיא מאכט אלע, דיא קליינע אונד דיא גרויסע,
דיא רייכע אונד דיא ארמע, דיא פרייע אונד דיא קנעכט,
אז מען זאל צו זייא געבען א צייכען אויף זייער רעכטע
17 האנד אדער אויף זייער שטערען: אונד אז קיין מענש
זאל ניט קענען קויפען אדער פארקויפען חוץ דער וואס
האט דעם צייכען, דעם נאמען פון דער חיה, אדער דיא
18 צאהל פון זיין נאמען: דא איז חכמה. דער וואס האט
פערשטאנד לאז ער בערעכנען דיא צאהל פון דער

חַיָה, וָוארִין עֶס אִיז דִיא צָאהְל פוּן אַ מֶענְשׁ. אוּנְד אִיהְ־
רֶע צָאהְל אִיז זֶעקְס הוּנְדֶערְט אוּנְד זֶעקְס אוּנְד זֶעכְצִיג:

קאפיטעל יד

1 אוּנְד אִיךְ הָאבּ גֶעזֶעהֶען, אוּנְד זֶעה, דָאס לַאם אִיז
גֶעשְׁטַאנֶען אוֹיף דֶעם בַּארְג צִיוֹן, אוּנְד מִיט אִיהְם
הוּנְדֶערְט אוּנְד פִיעֶר אוּנְד פִירְצִיג טוֹיזֶענְד, וָואס הָאבֶּען
זַיין נָאמֶען אוּנְד דֶעם נָאמֶען פוּן זַיין פָאטֶער גֶעשְׁרִי־
2 בֶּען אוֹיף זַייעֶרֶע שְׁטֶערְן: אוּנְד אִיךְ הָאבּ גֶעהֶערְט אַ
קוֹל פוּן דֶעם הִימֶעל, אַזוֹי וִויא אַ קוֹל פוּן פִילֶע וַואסֶער
אוּנְד וִויא אַ קוֹל פוּן אַ גְרוֹיסֶען דוּנֶער, אוּנְד דָאס קוֹל
וָואס אִיךְ הָאבּ גֶעהֶערְט אִיז גֶעוֶועזֶען גְלֵייךְ וִויא דָאס
קוֹל פוּן הַארְפֶענְשְׁפִּילֶער וָואס שְׁפִּילֶען אוֹיף זַייעֶרֶע
3 הַארְפֶּען: אוּנְד זַייא זִינְגֶען אַ נֵייעֶס לִיד פָאר דֶעם שְׁטוּהְל
אוּנְד פָאר דִיא פִיעֶר חַיוֹת אוּנְד פָאר דִיא זְקֵנִים; אוּנְד
קֵיינֶער הָאט נִיט גֶעקָאנְט דִיזֶען גֶעזַאנְג לֶערְנֶען, נֵייעֶרְט
דִיא הוּנְדֶערְט אוּנְד פִיעֶר אוּנְד פִירְצִיג טוֹיזֶענְד דִיא
4 זֶענֶען פוּן דֶער עֶרְד אוֹיסְגֶעקוֹיפְט גֶעוָוארֶען: דִיזֶע
זֶענֶען דִיא וָואס הָאבֶּען זִיךְ נִיט פֶערְאוּנְרֵיינִיגְט מִיט
פְרוֹיעֶן; וָוארִין זַייא זֶענֶען אַלְס יוּנְגְפְרוֹיעֶן. דִיזֶע זֶענֶען
דִיא וָואס פָאלְגֶען נָאךְ דֶעם לַאם וְואוּ אַהִין עֶר גֶעהְט.
דִיזֶע זֶענֶען פוּן צְוִוישֶׁען דִיא מֶענְשֶׁען אוֹיסְגֶעקוֹיפְט
גֶעוָוארֶען, אֵיינֶע עֶרְשְׁטֶע פְרוּכְט צוּ גָאט אוּנְד צוּ דֶעם
5 לַאם: אוּנְד אִין זַייעֶר מוֹיל אִיז נִיט קֵיין פַאלְשׁ גֶע־
פוּנֶען גֶעוָוארֶען; זַייא זֶענֶען אָהְן אַ פְלֶעק:
6 אוּנְד אִיךְ הָאבּ גֶעזֶעהֶען אֵיין אַנְדֶערֶען מַלְאָךְ פְלִיהֶען
אִין מִיטֶען פוּן דֶעם הִימֶעל וָואס הָאט גֶעהַאט אִין זַיין
מוֹיל דִיא עֶבִּיגֶע בְּשׂוּרָה טוֹבָה צוּ פְרֶעדִיגֶען צוּ דִיא
וָואס וְואוֹינֶען אוֹיף דֶער עֶרְד, אוּנְד צוּ אַלֶע גוֹיִם אוּנְד
7 שֵׁבֶט אוּנְד לָשׁוֹן אוּנְד פָאלְק: אוּנְד עֶר הָאט גֶעזָאגְט
מִיט אַ הוֹיךְ קוֹל, פָארְכְט אֵייךְ פַאר גָאט אוּנְד גִיבְּט
אִיהְם כָּבוֹד, וָוארִין דִיא שָׁעָה פוּן זַיין מִשְׁפָּט אִיז גֶע־
קוּמֶען, אוּנְד בִּיקְט אֵייךְ צוּ אִיהְם, דֶער הָאט גֶעמַאכְט
דֶעם הִימֶעל אוּנְד דִיא עֶרְד אוּנְד דָאס יַם אוּנְד קְוָועַ־
לֶען פוּן וַואסֶער:

8 אוּנְד אֵיין אַנְדֶערֶער מַלְאָךְ אִיז נָאכְגֶעגַאנְגֶען אוּנְד הָאט
גֶעזָאגְט, גֶעפַאלֶען, גֶעפַאלֶען אִיז בָּבֶל דִיא גְרוֹיסֶע,
וָואס הָאט אַלֶע פֶעלְקֶער אָנְגֶעטְרוּנְקֶען פוּן דֶעם וֵויין
פוּן דֶעם צָארְן פוּן אִיהְרֶע הוּרֶעַרייא:
9 אוּנְד אֵיין אַנְדֶערֶער אִיז זֵייא נָאכְגֶעגַאנְגֶען, אוּנְד
הָאט גֶעזָאגְט מִיט אַ הוֹיךְ קוֹל, וֶוען אֵיינֶער בִּיקְט זִיךְ
צוּ דֶער חַיָה אוּנְד צוּ זֵיין בִּילְד אוּנְד נֶעמְט אַ צֵייכֶען
10 אוֹיף זֵיין שְׁטֶערֶען אָדֶער אוֹיף זֵיינֶע הַאנְד: אַזוֹי זָאל
עֶר טְרִינְקֶען פוּן דֶעם וֵויין פוּן דֶעם צָארְן פוּן גָאט,
וָואס אִיז גֶעמִישְׁט גֶעוָוארֶען קְלָאר אִים בֶּעכֶער פוּן
זֵיין צָארְן, אוּנְד עֶר זָאל דוּרְךְ פֵייעֶר אוּנְד שְׁוֶועבֶעל
גֶעפֵּיינִיגְט וֶוערֶען פָאר דִיא הֵיילִיגֶע מַלְאָכִים אוּנְד פָאר
11 דֶעם לַאם: אוּנְד דֶער רוֹיךְ פוּן זֵייעֶרֶע פֵּיינִיגוּנְג גֶעהְט
אוֹיף פוּן עֶבִּיגְקֵייט צוּ עֶבִּיגְקֵייט, אוּנְד דִיא וָואס בִּי־
קֶען זִיךְ צוּ דֶער חַיָה אוּנְד צוּ אִיהְר בִּילְד, אוּנְד אֵיי־
נֶער וָואס נֶעמְט אָן דֶעם צֵייכֶען פוּן אִיהְר נָאמֶען,
הָאבֶּען קֵיינֶע רוּה טָאג אוּנְד נַאכְט:
12 דָא אִיז דִיא גֶעדוּלְד פוּן דִיא הֵיילִיגֶע וָואס הִיטֶען דִיא
13 גֶעבָּאטֶע פוּן גָאט אוּנְד דֶעם גְלוֹיבֶּען פוּן יֵשׁוּעַ: אוּנְד
אִיךְ הָאבּ גֶעהֶערְט אַ קוֹל פוּן הִימֶעל וָואס הָאט גֶע־
זָאגְט שְׁרֵייבּ. גֶעבֶּענְשְׁט זֶענֶען פוּן אַצוּנְד אָן דִיא טוֹי־
טֶע וָועלְכֶע שְׁטַארְבֶּען אִין דֶעם הַאר. יָא, זָאגְט דֶער
גֵייסְט, אַז זֵייא זָאלֶען רוּהֶען פוּן זֵייעֶרֶע אַרְבֵּייט;
וָוארִין זֵייעֶרֶע וֶוערְק פָאלְגֶען זַייא נָאךְ:
14 אוּנְד אִיךְ הָאבּ גֶעזֶעהֶען אוּנְד זֶעה, אַ וֵוייסֶער וָואלְקֶען,
אוּנְד אוֹיף דֶעם וָואלְקֶען אִיז גֶעזֶעסֶען אֵיינֶער גְלַייךְ
דֶעם בֶּן אָדָם, דֶער הָאט גֶעהַאט אַ גָאלְדֶענֶע קְרוֹין
אוֹיף זֵיין קָאפּ, אוּנְד אִין זֵיינֶע הַאנְד אַ שַׁארְפֶעס
15 שְׁנֵיידְמֶעסֶער: אוּנְד אֵיין אַנְדֶערֶער מַלְאָךְ אִיז אַרוֹיסְ־
גֶעקוּמֶען פוּן דֶעם טֶעמְפֶּעל, אוּנְד עֶר הָאט גֶעשְׁרִיעֶן
מִיט אַ הוֹיךְ קוֹל צוּ דֶעם וָואס אִיז גֶעזֶעסֶען אוֹיף
דֶעם וָואלְקֶען, שִׁיק אַרוֹיס דֵיין שְׁנֵיידְמֶעסֶער אוּנְד
שְׁנֵייד, וָוארִין דִיא צֵייט אִיז גֶעקוּמֶען צוּ שְׁנֵיידֶען,
וֵוייל דֶער קָארְנְשְׁנִיט פוּן דֶער עֶרְד אִיז טְרוּקֶען

גענוארען: אונד דער וואס איז געזעסען אויף דעם 16
וואלקען האט זיין שניידמעסער אויסגעשטרעקט צו
דער ערד, אונד דיא ערד איז געשניטען געווארען:
אונד איין אנדערער מלאך איז ארויסגעקומען פון דעם 17
טעמפעל וואס איז אים הימעל, אונד ער האט אויך
געהאט א שארפעס שניידמעסער: אונד איין אנדערער 18
מלאך איז ארויסגעקומען פון דעם מזבח, וועלכער
האט מאכט געהאט איבער דעם פייער, אונד ער האט
גערופען מיט א הויך קול צו דעם וואס האט דאס
שארפע שניידמעסער, אונד האט געזאגט, שיק ארויס
דיין שארפעס שניידמעסער אונד שנייד דיא וויינ־
טרויבען פון דעם וויינשטאק פון דער ערד, וויל
איהרע וויינטרויבען זענען צייטיג: אונד דער מלאך 19
האט זיין שניידמעסער געווארפען אויף דער ערד,
אונד האט געשניטען דעם וויינשטאק פון דער ערד,
אונד האט איהם געווארפען אין דיא גרויסע קעלטער
פון דעם צארן פון גאט: אונד דיא קעלטער איז גע־ 20
טרעטען געווארען אויסעווענינ דער שטאט, אונד בלוט
איז פון דער קעלטער ארויסגעקומען ביז צו דיא
צוימען פון דיא פערד, אזוי וויט וויא טויזענד אונד
זעקס הונדערט אקערפעלד:

קאפיטעל טו

אונד איך האב געזעהען איין אנדערעס צייכען אים 1
הימעל, גרויס אונד וואונדערליך, זיבען מלאכים וועלכע
האבען געהאט דיא זיבען לעצטע פלאגען, וויל דורי־
נען איז דערפילט געווארען דער צארן פון גאט:
אונד איך האב געזעהען אזוי וויא א גלעזערנעם ים 2
געמישט מיט פייער, אונד דיא וואס האבען איבער־
וועלטיגט קעגען דער חיה אונד איהר בילד אונד
דער צאהל פון איהר נאמען, האב איך געזעהען שטע־
הען אויף דעם גלעזערנעם ים אונד זייא האבען גע־
האט הארפען פון גאט: אונד זייא זינגען דאס ליד 3
פון משה דעם קנעכט פון גאט, אונד דאס ליד פון
דעם לאם, אונד זאגען,

גְרוֹיס אוּנְד וְואוּנְדֶערְלִיךְ זֶענֶען דֵיינֶע וֶוערְק, אָ הַאר
גָאט דֶער אַלְמֶעכְטִיגֶער, גֶערֶעכְט אוּנְד וָואהְרְהַאפְטִיג
4 זֶענֶען דֵיינֶע וֶועגֶען, קֶענִיג פוּן דיא פֶעלְקֶער: וֶוער
וֶועט זִיךְ נִיט פַאר דִיר פָארְכְטֶען, אָ הַאר, אוּנְד
וֶועט נִיט גֶעבֶּען כָּבוֹד צוּ דֵיין נָאמֶען? וָוארִין דוּא
אַלֵיין בִּיסְט הֵיילִיג; וָוייל אַלֶע פֶעלְקֶער וֶועלֶען
קוּמֶען אוּנְד וֶועלֶען זִיךְ פָאר דִיר בִּיקֶען, וָוייל דֵיינֶע
רֶעכְטֶע מִשְׁפָּטִים זֶענֶען אַנְטְפְלֶעקְט גֶעוָוארֶען:
5 אוּנְד דֶערְנָאךְ הָאבּ אִיךְ גֶעזֶעהֶען, אוּנְד דֶער טֶעמְ־
פֶּעל פוּן דֶעם מִשְׁכָּן פוּן דֶעם עֵדוּת אִים הִימֶעל אִיז
6 אוֹיפְגֶעמַאכְט גֶעוָוארֶען: אוּנְד עֶס זֶענֶען אַרוֹיסְגֶעקוּמֶען
פוּן דֶעם טֶעמְפֶּעל דִיא זִיבֶּען מַלְאָכִים וָואס הָאבֶּען
גֶעהַאט דִיא זִיבֶּען פְּלָאגֶען, אָנְגֶעקְלֵייד אִין רֵיינֶע אוּנְד
פֵיינֶע לֵיינֶעוַואנְד אוּנְד אַרוּמְגֶעגַארְטֶעלְט מִיט גָאלְדֶענֶע
7 גַארְטְלֶען אַרוּם דִיא בְּרוּסְטֶען: אוּנְד אֵיינֶע פוּן דִיא
פִיעֶר חַיּוֹת הָאט גֶעגֶעבֶּען צוּ דִיא זִיבֶּען מַלְאָכִים
גָאלְדֶענֶע שָׁאלֶען, וָואס זֶענֶען פוּל מִיט דֶעם צָארְן
פוּן גָאט דֶער וָואס לֶעבְּט פוּן עֶבִּיגְקֵייט צוּ עֶבִּיגְקֵייט:
8 אוּנְד דֶער טֶעמְפֶּעל אִיז אָנְגֶעפִילְט גֶעוָוארֶען מִיט
רוֹיךְ פוּן וֶועגֶען דֶער הֶערְלִיכְקֵייט פוּן גָאט אוּנְד וֶוע־
גֶען זֵיינֶע קְרַאפְט, אוּנְד קֵיינֶער הָאט נִיט גֶעקֶענְט
אִים טֶעמְפֶּעל אַרֵיינְגֶעהֶען בִּיז דִיא זִיבֶּען פְּלָאגֶען פוּן
דִיא זִיבֶּען מַלְאָכִים הָאבֶּען זִיךְ גֶעעֶנְדִיגְט:

קאפיטעל טז

1 אוּנְד אִיךְ הָאבּ גֶעהֶערְט אַ הוֹיךְ קוֹל פוּן דֶעם טֶעמְפֶּעל,
וָואס הָאט גֶעזָאגְט צוּ דִיא זִיבֶּען מַלְאָכִים, גֶעהְט אוּנְד
גִיסְט אוֹיס דִיא זִיבֶּען שָׁאלֶען פוּן דֶעם צָארְן פוּן גָאט
אוֹיף דֶער עֶרְד:
2 אוּנְד דֶער עֶרְשְׁטֶער אִיז אַוֶועקְגֶעגַאנְגֶען אוּנְד הָאט
זֵיינֶע שָׁאל אוֹיסְגֶעגָאסֶען אוֹיף דֶער עֶרְד; אוּנְד עֶס
אִיז גֶעשֶׁעהֶען אַ שְׁלֶעכְטֶע אוּנְד שְׁמֶערְצְלִיכֶע וְואוּנְד
אוֹיף דִיא מֶענְשֶׁען וָואס הָאבֶּען גֶעהַאט דָאס צֵייכֶען
פוּן דֶער חַיָּה, אוּנְד וָואס בּוּקֶען זִיךְ צוּ אִיהְר בִּילְד:
3 אוּנְד דֶער אַנְדֶערֶער הָאט זֵיינֶע שָׁאל אוֹיסְגֶעגָאסֶען אִים

יַם אוּנְד עֶס אִיז גֶעוָוארֶען בְּלוּט, גְלֵייךְ וַויא פוּן אַ טוֹיטֶען,
אוּנְד יֶעדֶע נְשָׁמָה פוּן לֶעבֶּען וָואס אִיז גֶעוֶועזֶען אִים
יַם אִיז גֶעשְׁטָארְבֶּען:
4 אוּנְד דֶער דְרִיטֶער הָאט זַיינֶע שָׁאל אוֹיסְגֶעגָאסֶען אִין
דיא שְׁטְרוֹימֶען אוּנְד אִין דיא קְוֶועלֶען פוּן וַואסֶער
אוּנְד זַייא זֶענֶען גֶעוָוארֶען בְּלוּט:
5 אוּנְד אִיךְ הָאבּ גֶעהֶערְט דֶעם מַלְאָךְ פוּן דיא וַואסֶער
זָאגֶען, גֶערֶעכְט בִּיסְט דוּא, דֶער דוּא בִּיסְט אוּנְד
בִּיסְט גֶעוֶועזֶען, דֶער הֵיילִיגֶער, וֵוייל דוּא הָאסְט דִיזֶע
6 גֶעמִשְׁפָּט: וֵוייל זַייא הָאבֶּען פֶערְגָאסֶען דָאס בְּלוּט
פוּן דיא הֵיילִיגֶע אוּנְד דיא נְבִיאִים, אוּנְד דוּא הָאסְט
זַייא גֶעגֶעבֶּען בְּלוּט צוּ טְרִינְקֶען; זַייא זֶענֶען עֶס וֶוערְט:
7 אוּנְד אִיךְ הָאבּ גֶעהֶערְט דֶעם מִזְבֵּחַ זָאגֶען, יָא, בֶּאֱמֶת,
הַאר אַלְמֶעכְטִיגֶער, וָואהְרְהַאפְטִיג אוּנְד גֶערֶעכְט זֶענֶען
דֵיינֶע מִשְׁפָּטִים:
8 אוּנְד דֶער פִיעֶרְטֶער הָאט זַיינֶע שָׁאל אוֹיסְגֶעגָאסֶען אוֹיף
דֶער זוּן; אוּנְד מֶען הָאט אִיהְר גֶעגֶעבֶּען אַז זִיא זָאל
9 דיא מֶענְשֶׁען הֵייצֶען מִיט פֵייעֶר: אוּנְד דיא מֶענְשֶׁען
זֶענֶען מִיט אַ גְרוֹיסֶע הִיץ גֶעהֵייצְט גֶעוָוארֶען, אוּנְד
זַייא הָאבֶּען גֶעלֶעסְטֶערְט דֶעם נָאמֶען פוּן גָאט, דֶער
הָאט מַאכְט אִיבֶּער דִיזֶע פְּלָאגֶען, אוּנְד זַייא הָאבֶּען
נִיט תְּשׁוּבָה גֶעטְהוּן אִיהם לוֹיבּ אָפְּצוּגֶעבֶּען:
10 אוּנְד דֶער פִינְפְטֶער הָאט זַיינֶע שָׁאל אוֹיסְגֶעגָאסֶען
אוֹיף דֶעם שְׁטוּהְל פוּן דֶער חַיָה; אוּנְד אִיהְר קֶענִיגְ־
רֵייךְ אִיז פִינְסְטֶער גֶעוָוארֶען, אוּנְד זַייא הָאבֶּען זַייעֶרֶע
11 צוּנְגֶען גֶעבִּיסֶען פַאר פֵּיין: אוּנְד הָאבֶּען דֶעם גָאט פוּן
דֶעם הִימֶעל גֶעלֶעסְטֶערְט פוּן וֶועגֶען זַייעֶרֶע פֵּיין אוּנְד
וֶועגֶען זַייעֶרֶע וְואוּנְדֶען, אוּנְד זַייא הָאבֶּען קֵיינֶע תְּשׁוּבָה
גֶעטְהוּן פוּן וֶועגֶען זַייעֶרֶע וֶוערְק:
12 אוּנְד דֶער זֶעקְסְטֶער הָאט זַיינֶע שָׁאל אוֹיסְגֶעגָאסֶען
אוֹיף דֶעם גְרוֹיסֶען שְׁטְרוֹים פְּרָת; אוּנְד זַיין וַואסֶער
אִיז פֶערְטְרִיקֶענְט גֶעוָוארֶען כְּדֵי דֶער וֶועג פוּן דיא
מְלָכִים וָואס זֶענֶען פוּן מִזְרָח זָאל אָנְגֶעבְּרֵייט וֶוערֶען:
13 אוּנְד אִיךְ הָאבּ גֶעזֶעהֶען אַרוֹיסְקוּמֶען פוּן דֶעם מוֹיל

פוּן דֶער דְרַאכֶענְשלַאנְג אוּנְד פוּן דֶעם מוֹיל פוּן דֶער
חַיָה אוּנְד פוּן דֶעם מוֹיל פוּן דֶעם פַאלְשֶׁען נָבִיא,
14 דְרַייא אוּנְרֵיינֶע גֵייסְטֶער גְלֵייךְ וִויא פְרֶעשׁ: וָוארִין
זַייא זֶענֶען גֵייסְטֶער פוּן שֵׁדִים וָואס טְהוּן צֵייכֶען, אוּנְד
וֶועלְכֶע גֶעהֶען אַרוֹיס צוּ דִיא מְלָכִים פוּן דֶער גַאנְצֶער
וֶועלְט, כְּדֵי זַייא אֵיינְצוּזַאמְלֶען צוּ דֶער מִלְחָמָה פוּן
15 דֶעם גְרוֹיסֶען טָאג פוּן גָאט דֶעם אַלְמֶעכְטִיגֶען: זֶעה,
אִיךְ קוּם אַזוֹי וִויא אַ גַנָב; גֶעבֶּענְשְׁט אִיז דֶער וָואס
וַואכְט אוּנְד הִיט זַיינֶע קְלֵיידֶער, כְּדֵי עֶר זָאל נִיט
נַאקֶעט אַרוּמְגֶעהֶען, אוּנְד מֶען זָאל נִיט זֶעהֶען זַיינֶע
16 שַׁאנְד: אוּנְד זַייא הָאבֶּען זַייא אֵיינְגֶעזַאמֶעלְט אוֹיף
דֶעם אָרְט, וָואס הֵייסְט אוֹיף הֶעבְּרֶעאִישׁ הַר־מְגִדוֹן:
17 אוּנְד דֶער זִיבֶּעטֶער הָאט זַיינֶע שָׁאל אוֹיסְגֶעגָאסֶען אוֹיף
דֶער לוּפְט אוּנְד אַ גְרוֹיס קוֹל אִיז אַרוֹיסְגֶעקוּמֶען פוּן
דֶעם שְׁטוּהְל אוֹיס דֶעם טֶעמְפֶּעל, אוּנְד הָאט גֶעזָאגְט,
18 עֶס אִיז גֶעשֶׁעהֶען: אוּנְד עֶס זֶענֶען גֶעוָוארֶען בְּלִיצֶען
אוּנְד קוֹלוֹת אוּנְד דוּנֶער, אוּנְד עֶס אִיז גֶעשֶׁעהֶען אַ
גְרוֹיס עֶרְדְצִיטֶערְנִיס, וָואס אִיז נִיט אַזוֹי גֶעוֶועזֶען זִינְט
דִיא מֶענְשֶׁען זֶענֶען גֶעוֶועזֶען אוֹיף דֶער עֶרְד, אַ זֶעהְר
19 גְרוֹיסֶע עֶרְדְצִיטֶערְנִיס: אוּנְד דִיא גְרוֹיסֶע שְׁטָאט אִיז
צוּטְהֵיילְט גֶעוָוארֶען אִין דְרַייא חֲלָקִים, אוּנְד דִיא שְׁטֶעט
פוּן דִיא גוֹיִם זֶענֶען גֶעפַאלֶען; אוּנְד בָּבֶל דִיא גְרוֹיסֶע
אִיז פָאר גָאט דֶערְמָאהְנְט גֶעוָוארֶען, כְּדֵי אִיהְר צוּ גֶעבֶּען
דֶעם בֶּעכֶער פוּן דֶעם וַויין פוּן דֶעם גְרִים פוּן זַיין צָארְן:
20 אוּנְד יֶעדֶע אִינְזֶעל אִיז אַנְטְלָאפֶען גֶעוָוארֶען, אוּנְד דִיא
21 בֶּערְג זֶענֶען נִיט גֶעפִינֶען גֶעוָוארֶען: אוּנְד אַ גְרוֹיסֶער
הָאגֶעל, דְרִיגֶען יֶעדֶער הָאגֶעלְשְׁטֵיין אִיז אַזוֹי שְׁוֶוער
וִויא אַ צֶענְטְנֶער, אִיז פוּן דֶעם הִימֶעל אַרוּפְגֶעקוּמֶען
אוֹיף דִיא מֶענְשֶׁען; אוּנְד דִיא מֶענְשֶׁען הָאבֶּען גָאט
גֶעלֶעסְטֶערְט פוּן וֶועגֶען דֶער פְּלָאג פוּן דֶעם הָאגֶעל,
וָוארִין זַיינֶע פְּלָאג אִיז זֶעהְר גְרוֹיס גֶעוֶועזֶען:

קאפיטעל יז

1 אוּנְד אֵיינֶער פוּן דִיא זִיבֶּען מַלְאָכִים וָואס הָאבֶּען גֶעהַאט
דִיא זִיבֶּען שָׁאלֶען אִיז גֶעקוּמֶען אוּנְד הָאט מִיט מִיר

גֶערֶעט אוּנְד גֶעזָאגְט, קוּם אִיךְ װֶעל דִיר װַייזֶען דָאס מִשְׁפָּט
פוּן דֶער גְרוֹיסֶער זוֹנָה װֶעלְכֶע הָאט גֶעזֶעסֶען אוֹיף פִילֶע
2 װַאסֶער: מִיט װֶעלְכֶע דִיא מְלָכִים פוּן דֶער עֶרְד הָאבֶּען
מְזַנֶה גֶעװֶעזֶען, אוּנְד דִיא װָאס װְאוֹינֶען אוֹיף דֶער עֶרְד
הָאבֶּען זִיךְ בֶּעטְרוּנְקֶען מִיט דֶעם װַיין פוּן אִיהְרֶע זְנוּת:
3 אוּנְד עֶר הָאט מִיךְ אַװֶעקְגֶעפִיהְרְט אִים גֵייסְט אִין דֶער
מִדְבָּר; אוּנְד אִיךְ הָאבּ גֶעזֶעהֶען אַ פְרוֹיא זִיצֶען אוֹיף אַ
רוֹיטֶע חַיָה, װָאַס אִיז פוּל מִיט נֶעמֶען פוּן לֶעסְטֶערוּנְג,
אוּנְד זִיא הָאט גֶעהַאט זִיבֶּען קֶעפּ אוּנְד צֶעהְן הֶערְנֶער:
4 אוּנְד דִיא פְרוֹיא אִיז גֶעקְלֵייד גֶעװֶעזֶען אִין פּוּרְפֶּער אוּנְד
רוֹיטֶע זַייד, אוּנְד בֶּעדֶעקְט מִיט גָאלְד אוּנְד טְהֵייעֶרֶע
שְׁטֵיינֶער אוּנְד פֶּערִיל, אוּנְד זִיא הָאט גֶעהַאט אִין אִיהְרֶע
הַאנְד אַ גָאלְדֶענֶעם בֶּעכֶער פוּל מִיט גְרֵייעֶל אוּנְד אוֹיךְ
5 דִיא אוּנְרֵיינִיגְקֵייטֶען פוּן אִיהְרֶע הוּרֶערֵייא: אוּנְד אוֹיף
אִיהְר שְׁטֶערֶען אִיז אַ נָאמֶען גֶעשְׁרִיבֶּען, אַ ס וֹ ד,
בָּבֶל דִיא גְרוֹיסֶע, דִיא מוּטֶער פוּן דִיא
הוּרֶען אוּנְד פוּן דִיא גְרֵייעֶל פוּן דֶער
6 עֶרְד: אוּנְד אִיךְ הָאבּ דִיא פְרוֹיא גֶעזֶעהֶען בֶּעטְרוּנְקֶען
מִיט דֶעם בְּלוּט פוּן דִיא הֵיילִיגֶע אוּנְד מִיט דֶעם בְּלוּט פוּן
דִיא עֵדוּת פוּן יֵשׁוּעַ. אוּנְד װֶען אִיךְ הָאבּ זִיא גֶעזֶעהֶען
הָאבּ אִיךְ מִיךְ פֶערְװְאוּנְדֶערְט מִיט אַ גְרוֹיס װְאוּנְדֶער:
7 אוּנְד דֶער מַלְאָךְ הָאט צוּ מִיר גֶעזָאגְט, װָארוּם הָאסְט דוּא
דִיךְ גֶעװְאוּנְדֶערְט? אִיךְ װֶעל דִיר זָאגֶען דֶעם סוֹד פוּן
דֶער פְרוֹיא אוּנְד פוּן דֶער חַיָה װָאס טְרָאגְט זִיא, װָאס
8 הָאט דִיא זִיבֶּען קֶעפּ אוּנְד דִיא צֶעהְן הֶערְנֶער: דִיא חַיָה
װָאס דוּא הָאסְט גֶעזֶעהֶען אִיז גֶעװֶעזֶען אוּנְד אִיז נִיט,
אוּנְד װַעט אַרוֹיפְקוּמֶען פוּן דֶעם אָפְּגְרוּנְד, אוּנְד גֶעהְט
אַװֶעק צוּם פֶערְדַארְבֶּען; אוּנְד דִיא װָאס װְאוֹינֶען אוֹיף
דֶער עֶרְד װֶעלֶען זִיךְ װְאוּנְדֶערְן װָאס זֵייעֶרֶע נֶעמֶען זֶענֶען
נִיט גֶעשְׁרִיבֶּען אִים בּוּךְ פוּן לֶעבֶּען פוּן דֶער גְרִינְדוּנְג פוּן
דֶער װֶעלְט, װֶען זַייא זֶעהֶען דִיא חַיָה, אַז זִיא אִיז גֶעװֶע־
זֶען אוּנְד אִיז נִיט אוּנְד װֶעט קוּמֶען:
9 דָא אִיז דֶער פֶערְשְׁטַאנְד װָאס הָאט חָכְמָה. דִיא זִיבֶּען
קֶעפּ זֶענֶען זִיבֶּען בֶּערְג אוֹיף װֶעלְכֶע דִיא פְרוֹיא זִיצְט:

10 אונד עס זענען זיבען מלכים, דיא פינף זענען געפאלען,
דער איינער איז, דער אנדערער איז נאך ניט געקומען;
אונד ווען ער איז געקומען מוז ער אביסעל בלייבען:
11 אונד דיא חיה וואס איז געוועזען אונד איז ניט, זיא איז
דיא אכטע, אונד איז פון דיא זיבען, אונד געהט אוועק
12 צום פערדארבען: אונד דיא צעהן הערנער וואס דוא
האסט געזעהען זענען צעהן מלכים, וועלכע האבען
נאך ניט דערהאלטען קיין קעניגרייך, נייערט זייא
דערהאלטען מאכט אלס קעניגע פאר א שעה מיט
13 דער חיה: אונד דיזע האבען איינע מיינונג, אונד
זייא געבען זייערע קראפט אונד זייערע מאכט צו דער
14 חיה: דיזע וועלען מלחמה האלטען מיט דעם לאם, אונד
דאס לאם וועט זייא איבערוועלטיגען, וויל ער איז
דער האר פון הארען, אונד דער קעניג
פון קעניגע, אונד דיא וואס זענען מיט איהם
זענען בערופען אונד אויסדערוועהלט אונד געטרייא:
15 אונד ער האט צו מיר געזאגט, דיא וואסער וואס דוא
האסט געזעהען, וואו דיא זונה זיצט, זענען פעלקער
16 אונד פערזאמלונגען אונד גוים אונד לשונות: אונד דיא
צעהן הערנער וואס דוא האסט געזעהען אונד דיא חיה,
דיזע וועלען דיא חיה פיינד האבען, אונד וועלען זיא
וויסט אונד נאקעט מאכען, אונד וועלען איהר פלייש
אויפעסען, אונד וועלען זיא מיט פייער פערברענען:
17 וואריך גאט האט אין זייערע הערצער געגעבען אז זייא
זאלען טהון זיינע עצה, אונד זייא זאלען דערהאלטען
איין עצה, אונד זאלען געבען זייער קעניגרייך צו דער
חיה ביז דיא ווערטער פון גאט וועלען אויסגעפיהרט
18 ווערען: אונד דיא פרויא וואס דוא האסט געזעהען איז
דיא גרויסע שטאט וואס האט א קעניגרייך איבער דיא
קעניגע פון דער ערד:

קאפיטעל יח

1 נאך דיזע זאכען האב איך געזעהען איין אנדערען מלאך
ארונטערקומען פון דעם הימעל, אונד ער האט געהאט
גרויסע מאכט, אונד דיא ערד איז דערלייכטעט געווארען

פוּן זַיינֶע הֶערְלִיכְקֵייט: אוּנְד עֶר הָאט גֶעשְׁרִיעֶן מִיט 2
אַ שְׁטַארְקֶען קוֹל אוּנְד גֶעזָאגְט, גֶעפַאלֶען, גֶעפַאלֶען
אִיז בָּבֶל דִיא גְרוֹיסֶע, אוּנְד אִיז גֶעוָוארֶען אַ וְואוֹינוּנְג פוּן
שֵׁדִים, אוּנְד אַ גֶעפֶענְגְנִיס פוּן יֶעדֶען אוּנְרֵיינֶען גֵייסְט,
אוּנְד אַ גֶעפֶענְגְנִיס פוּן אַלֶע אוּנְרֵיינֶע אוּנְד פֶערְהַאסְטֶע
פֶעגֶעל: וָוייל זִיא הָאט אַלֶע גוֹיִם גֶעגֶעבֶּען צוּ טְרִינְקֶען 3
פוּן דֶעם וַויין פוּן דֶעם צָארְן פוּן אִיהְר זְנוּת, אוּנְד דִיא
קֶענִיגֶע פוּן דֶער עֶרְד הָאבֶּען זִיךְ מִיט אִיהְר מְזַנֶּה גֶעוֶועט-
זֶען, אוּנְד דִיא סוֹחְרִים פוּן דֶער עֶרְד זֶענֶען רַייךְ גֶעוָוארֶען
פוּן דֶער קְרַאפְט פוּן אִיהְר שְׁטָאלְץ:
אוּנְד אִיךְ הָאבּ גֶעהֶערְט אֵיין אַנְדֶער קוֹל פוּן דֶעם הִימֶעל 4
זָאגֶען, קוּמְט אַרוֹיס פוּן אִיהְר, מַיין פָאלְק, כְּדֵי אִיהְר
זָאלְט נִיט קֵיין טְהֵייל הָאבֶּען מִיט אִיהְרֶע זִינְד, אוּנְד זָאלְט
נִיט בֶּעקוּמֶען פוּן אִיהְרֶע פְּלָאגֶען: וָוייל אִיהְרֶע זִינְד 5
הָאבֶּען גֶערֵייכְט בִּיז צוּם הִימֶעל, אוּנְד גָאט הָאט
גֶעדַאכְט אָן אִיהְרֶע אוּנְגֶערֶעכְטִיגְקֵייטֶען: פֶערְגֶעלְט 6
אִיהְר אַזוֹי וִויא זִיא הָאט אֵייךְ פֶערְגָאלְטֶען, אוּנְד
בֶּעצָאהְלְט אִיהְר דָאפֶּעלְט נָאךְ אִיהְרֶע וֶוערְק; מִיט דֶעם
בֶּעכֶער וָואס זִיא הָאט גֶעמִישְׁט מִישְׁט אִיהְר אָן אַ
דָאפֶּעלְטֶען: אַזוֹי פִיל וִויא זִיא הָאט זִיךְ פֶערְהֶערְלִיכְט 7
אוּנְד הָאט זִיךְ שְׁטָאלְץ בֶּעטְרָאגֶען, אַזוֹי גִיבְּט אִיהְר
פֵּיינִיגוּנְג אוּנְד טְרוֹיעֶר. וָוייל זִיא זָאגְט אִין אִיהְר הַארְץ,
אִיךְ זִיץ אַ מַלְכָּה אוּנְד בִּין נִיט קֵיינֶע אַלְמָנָה, אוּנְד וֶועל
נִיט קֵיין טְרוֹיעֶר זֶעהֶען: דֶעסְטְוֶועגֶען וֶועלֶען אִיהְרֶע 8
פְּלָאגֶען קוּמֶען אִין אֵיין טָאג, טוֹיט אוּנְד טְרוֹיעֶר אוּנְד
הוּנְגֶער, אוּנְד אִין פַייעֶר וֶועט זִיא גַאנְץ פֶערְבְּרֶענְט
וֶוערֶען; וָוארִין דֶער הַאר גָאט, דֶער הָאט זִיא גֶעמִשְׁפָּט
אִיז מֶעכְטִיג:
אוּנְד דִיא קֶענִיגֶע פוּן דֶער עֶרְד וָואס הָאבֶּען זִיךְ מִיט 9
אִיהְר מְזַנֶּה גֶעוֶועזֶען אוּנְד הָאבֶּען זִיךְ שְׁטָאלְץ בֶּעטְרָאגֶען
וֶועלֶען אִיבֶּער אִיהְר וַויינֶען אוּנְד קְלָאגֶען, וֶוען זַייא
וֶועלֶען זֶעהֶען דֶעם רוֹיךְ פוּן אִיהְרֶע פֶערְבְּרֶענוּנְג: אוּנְד 10
זַייא שְׁטֶעהֶען פוּן וַוייטֶען, וֶועגֶען דֶער פוּרְכְט פוּן אִיהְרֶע
פֵּיינִיגוּנְג, אוּנְד זָאגֶען, וֶועה, וֶועה, דִיא גְרוֹיסֶע שְׁטָאט,

בבל דיא שטארקע שטאט, וואריך אין איינע שעה איז
11 דיין משפט געקומען: אונד דיא סוחרים פון דער ערד
וויינען איבער איהר אונד קלאגען, וויל קיינער קויפט
12 ניט מעהר דיא סחורה פון זייערע האנדלונג: סחורה
פון גאלד, אונד זילבער, אונד טהייערע שטיינער, אונד
פעריל, אונד פיינע לייכוואנד, אונד פורפער, אונד זייד,
אונד רויטע זייד, אונד פון אלערלייא טהינעכהאלץ, אונד
אלערלייא כלים פון עלפענביין, אונד אלערלייא כלים
פון זעהר טהייער האלץ, אונד פון קופער, אונד פון
13 אייזען, אונד פון מארמעלשטיין: אונד אויך ניט זייער
צימרינד, אונד נכאת, אונד קטורת אונד מר, אונד
וייהרויך, אונד וויין אונד עהל, אונד זעמעלמעל, אונד
ווייץ, אונד בהמות, אונד שאף, אונד סחורה פון פערד,
אונד וואגען, אונד לייבער, אונד אויך נשמות פון מענשען:
14 אונד דאס אויפסט וואס דיין הארץ האט געגלוסט האט
זיך פון דיר אפגעטהון, אונד אלע פיינע שפייזען אונד
לויטערע זאכען זענען פון דיר פערלוירען געגאנגען,
אונד דוא וועסט זייא קיינמאל ניט מעהר געפינען:
15 דיא סוחרים פון דיזע זאכען, וועלכע זענען פון איהר
רייך געווארען, וועלען פון וייטען שטעהען וועגען
דער פורכט פון איהרע פייניגונג, אונד וועלען וויינען
16 אונד קלאגען: אונד זייא וועלען זאגען, וועה, וועה, דיא
גרויסע שטאט, וואס איז געקלייד געוועזען אין פיינע
לייכוואנד, אונד פורפער, אונד רויטע זייד, אונד איז
בעדעקט געוועזען מיט גאלד אונד טהייערע שטיינער,
17 אונד פעריל: ווארין אין איינע שעה איז אזעלכע
רייכקייט פערוויסט געווארען. אונד יעדער שיפמייס־
טער אונד יעדער וואס שיפט זיך צו א בעשטימטען
ארט, אונד דיא מאטראזען אונד אלע וואס ארבייטען
18 אים ים זענען פון וייטען געשטאנען: אונד ווען זייא
האבען געזעהען דעם רויך פון איהרע פערברענונג
האבען זייא געשריען אונד געזאגט, וואס פאר א
19 שטאט איז גלייך צו דיא גרויסע שטאט? אונד זייא
האבען געווארפען שטויב אויף זייערע קעפ, אונד

הָאבְּען גֶעשְׁרִיעֶן, אוּנְד זַייא הָעלֶען וַויינֶען אוּנְד קְלָאגֶען
אוּנְד הָעלֶען זָאגֶען, וָועה, וָועה, דִיא גְרוֹיסֶע שְׁטָאט,
אַלֶע וָואס הָאבְּען דְרִינֶען גֶעהַאט דִיא שִׁיפֶען אוֹיף
דֶעם יַם זֶענֶען רַייךְ גֶעוָוארֶען וָועגֶען אִיהְר טְהַייעֶרִיגְ־
קַייט, וָוארִין אִין אֵיינֶע שָׁעָה אִיז זִיא פֶערְווִיסְט גֶעוָוארֶען:
20 פְרַייעַ דִיךְ אִיבֶּער אִיהְר, הִימֶעל, אוּנְד אִיהְר הֵיילִיגֶע
אוּנְד אִיהְר אַפָּאסְטֶעל אוּנְד אִיהְר נְבִיאִים; ווייל גָאט
הָאט אֵייעֶר מִשְׁפָּט אִיבֶּער אִיהְר גֶעטְהוּן:
21 אוּנְד אַ שְׁטַארְקֶער מַלְאָךְ הָאט אוֹיפְגֶעהוֹיבֶּען אַ שְׁטֵיין
גְלַייךְ וִויא אַ גְרוֹיסֶען מִיהְלְשְׁטֵיין, אוּנְד הָאט אִיהְם
אִים יַם אַרֵיינְגֶעוָוארְפֶען אוּנְד גֶעזָאגְט, אַזוֹי וָועט בָּבֶל
דִיא גְרוֹיסֶע שְׁטָאט אִין אַ שְׁטוּרְם אַרֵיינְגֶעוָוארְפֶען
ווערֶען, אוּנְד וָועט קֵיינְמָאל נִיט מֶעהְר גֶעפִינֶען וָוערֶען:
22 אוּנְד דָאס קוֹל פוּן הַארְפֶענְשְׁפִּילֶער, אוּנְד זִינְגֶער, אוּנְד
פֵייפֶער, אוּנְד הָארְנְבְּלָאזֶער, וָועט אִין דִיר קֵיינְמָאל
נִיט מֶעהְר גֶעהֶערְט ווערֶען, אוּנְד קֵיין מֵייסְטֶער פוּן
אַלֶערְלֵייא קוּנְסְט וָועט אִין דִיר קֵיינְמָאל נִיט מֶעהְר
גֶעפִינֶען וָוערֶען, אוּנְד דָאס קוֹל פוּן אַ מִיהְלְשְׁטֵיין
23 וָועט אִין דִיר נִיט מֶעהְר גֶעהֶערְט וָוערֶען: אוּנְד דָאס
לִיכְט פוּן אַ לָאמְפֶּע וָועט זִיךְ אִין דִיר נִיט מֶעהְר
בֶּעווייזֶען, אוּנְד דָאס קוֹל פוּן אַ חָתָן אוּנְד פוּן
אַ כַּלָּה וָועט אִין דִיר קֵיינְמָאל נִיט מֶעהְר גֶעהֶערְט
וָוערֶען: ווייל דַיינֶע סוֹחֲרִים זֶענֶען גֶעוֶועזֶען דִיא
פִירְשְׁטֶען פוּן דֶער עֶרְד, וָוארִין דוּרְךְ דַיין כִּשּׁוּף זֶע־
24 נֶען אַלֶע גוֹיִם פֶערְפִיהְרְט גֶעוָוארֶען: אוּנְד אִין אִיהְר
אִיז דָאס בְּלוּט פוּן נְבִיאִים אוּנְד הֵיילִיגֶע גֶעפִינֶען
גֶעוָוארֶען, אוּנְד פוּן אַלֶע וָואס זֶענֶען אוֹיף דֶער עֶרְד
גֶעשָׁאכְטֶען גֶעוָוארֶען:

קאפיטעל יט

1 נָאךְ דִיזֶע זַאכֶען הָאבּ אִיךְ גֶעהֶערְט אַזוֹי וִויא אַ הוֹיךְ
קוֹל פוּן אַ גְרוֹיסֶע פֶערְזַאמְלוּנְג אִין הִימֶעל זָאגֶען,
הַלְלוּיָה; יְשׁוּעָה, אוּנְד הֶערְלִיכְקַייט, אוּנְד קְרַאפְט
2 בֶּעהֶערֶען צוּ אוּנְזֶער גָאט: וָוארִין זַיינֶע מִשְׁפָּטִים
זֶענֶען וָואהְרְהַאפְטִיג אוּנְד גֶערֶעכְט; ווייל עֶר הָאט

דִיא גְרוֹיסֶע זוֹנָה גֶעמִשְׁפָּט וָואס הָאט דִיא עֶרְד
פֶערְדָארְבֶּען מִיט אִיהְר זְנוּת, אוּנְד עֶר הָאט זִיךְ
נוֹקֵם גֶעוֶועזֶען פַאר דֶעם בְּלוּט פוּן זֵיינֶע קְנֶעכְט
פוּן אִיהְרֶע הַאנְד:
3 אוּנְד זַייא הָאבֶּען נָאךְ אַמָאל גֶעזָאגְט, הַלְלוּיָה. אוּנְד
אִיהְר רוֹיךְ גֶעהְט אוֹיף פוּן עֶבִּיגְקֵייט צוּ עֶבִּיגְקֵייט:
4 אוּנְד דִיא פִיעֶר אוּנְד צְוַואנְצִיג זְקֵנִים אוּנְד דִיא פִיעֶר
חַיוֹת זֶענֶען אַנִידֶערְגֶעפַאלֶען, אוּנְד הָאבֶּען זִיךְ גֶעבִּיקְט
צוּ גָאט דֶער אִיז גֶעזֶעסֶען אוֹיף דֶעם שְׁטוּהְל, אוּנְד
5 הָאבֶּען גֶעזָאגְט, אָמֵן, הַלְלוּיָה: אוּנְד אַ קוֹל אִיז אַרוֹיסְ־
גֶעקוּמֶען פוּן דֶעם שְׁטוּהְל אוּנְד הָאט גֶעזָאגְט,
לוֹיבְּט אוּנְזֶער גָאט, אַלֶע זֵיינֶע קְנֶעכְט, דִיא וָואס
פָארְכְטֶען זִיךְ פָאר אִיהְם, דִיא קְלֵיינֶע אוּנְד דִיא
גְרוֹיסֶע:
6 אוּנְד אִיךְ הָאבּ גֶעהֶערְט אַזוֹי וִויא אַ קוֹל פוּן פִיל
לֵייט, אוּנְד אַזוֹי וִויא אַ קוֹל פוּן פִילֶע וַואסֶער, אוּנְד
אַזוֹי וִויא אַ קוֹל פוּן שְׁטַארְקֶע דוּנֶער וָואס הָאבֶּען
גֶעזָאגְט,
הַלְלוּיָה; וָוארִין דֶער הַאר אוּנְזֶער גָאט, דֶער אַלְ־
7 מֶעכְטִיגֶער הָאט גֶעהֶערְשְׁט: לָאזְט אוּנְס פְרֵייעֶן
אוּנְד פְרֶעהְלִיךְ זַיין, אוּנְד אִיהְם גֶעבֶּען דֶעם כָּבוֹד;
וַוייל דִיא חֲתוּנָה פוּן דֶעם לַאם אִיז גֶעקוּמֶען, אוּנְד
זֵיין וַוייבּ הָאט זִיךְ פַארְטִיג גֶעמַאכְט:
8 אוּנְד עֶס אִיז אִיהְר גֶעגֶעבֶּען אַז זִיא זָאל גֶעקְלֵייד
וֶוערֶען אִין פֵיינֶע אוּנְד רֵיינֶע לֵיינְוַואנְד; וָוארִין דִיא
לֵיינְוַואנְד אִיז דִיא גֶערֶעכְטִיגְקֵייטֶען פוּן דִיא הֵיילִיגֶע:
9 אוּנְד עֶר הָאט צוּ מִיר גֶעזָאגְט, שְׁרֵייבּ, גֶעבֶּענְשְׁט
זֶענֶען דִיא וָואס זֶענֶען גֶערוּפֶען צוּ דֶער מָאהְלְצֵייט
פוּן דֶער חֲתוּנָה פוּן דֶעם לַאם. אוּנְד עֶר הָאט צוּ
מִיר גֶעזָאגְט, דִיזֶע זֶענֶען דִיא וָואהְרְהַאפְטִיגֶע וֶוערְ־
10 טֶער פוּן גָאט: אוּנְד אִיךְ בִּין אַנִידֶערְגֶעפַאלֶען פָאר
זֵיינֶע פִיס מִיךְ צוּ אִיהְם צוּ בִּיקֶען; אוּנְד עֶר הָאט צוּ
מִיר גֶעזָאגְט, זֶעה, דוּא זָאלְסְט עֶס נִיט טְהוּן; אִיךְ בִּין
אַ מִיטְקְנֶעכְט מִיט דִיר, אוּנְד מִיט דֵיינֶע בְּרִידֶער וָואס

האלטען דאס צייגניס פון ישוע; ביק דיך צו גאט;
וואריו דאס צייגניס פון ישוע איז דער גייסט פון דער
נבואה:
אונד איך האב געזעהען דעם הימעל אויפגעמאכט, 11
אונד זעה א ווייס פערד, אונד דער וועלכער איז אויף
איהם געזעסען האט געהייסען געטרייער אונד וואהר־
האפטיגער, אונד אין גערעכטיגקייט ריכטעט ער אונד
האלט מלחמה: אונד זיינע אויגען זענען געוועזען וויא 12
א פלאם פון פייער, אונד אויף זיין קאפ זענען פילע
קרוינען, אונד ער האט א נאמען געשריבען, וואס קיי־
נער האט געוואוסט נור ער אליין: אונד ער איז געקלייד 13
אין א קלייד איינגעטונקען אין בלוט, אונד זיין נאמען
איז גערופען, דאס ווארט פון גאט: אונד דיא 14
הערשאפטען וואס זענען אין הימעל זענען איהם נאכ־
געגאנגען אויף ווייסע פערד, אונד זייא זענען געקלייד
אין ווייסע אונד ריינע ליינוואנד: אונד פון זיין מויל איז 15
ארויסגעגאנגען א שארפעס שווערד, כדי ער זאל דער־
מיט שלאגען דיא גוים; אונד ער וועט איבער זייא
הערשען מיט איינע אייזערנע רוט: אונד ער טרעט
אליין דיא וויינקעלטער פון דעם גרים פון דעם צארן
פון גאט דעם אלמעכטיגען: אונד ער האט אויף זיין 16
קלייד אונד אויף זיין דיעך אנגעשריבען א נאמען,
קעניג פון קעניגע אונד האר פון הארען:
אונד איך האב געזעהען שטעהען אין דער זון א מלאך, 17
אונד ער האט געשריען מיט א הויך קול אונד געזאגט
צו אלע פעגעל וואס פליהען ארום אין מיטען פון
דעם הימעל, קומט זאמעלט אייך איין צו דיא גרויסע
סעודה פון גאט: כדי איהר זאלט עסען דאס פלייש 18
פון קעניגע, אונד דאס פלייש פון הויפטמענער, אונד
דאס פלייש פון גבורים, אונד דאס פלייש פון פערד,
אונד פון דיא וואס זענען דרויף געזעסען, אונד
דאס פלייש פון אלע פרייע אונד קנעכט, פון קליינע
אונד גרויסע:
אונד איך האב געזעהען דיא חיה, אונד דיא מלכים פון 19

דֶער עֶרְד, אוּנְד זַייעֶרֶע הֶערְשַׁארֶען אֵיינְגֶעזַאמֶעלְט מִלְחָמָה
צוּ הַאלְטֶען מִיט דֶעם װעלְכֶער אִיז גֶעזֶעסֶען אוֹיף דֶעם
20 פֶערְד אוּנְד מִיט זַיינֶע הֶערְשַׁאר: אוּנְד דִיא חַיָה אִיז
גֶעפַאנְגֶען גֶעװָארֶען, אוּנְד מִיט אִיהְר דֶער פַאלְשֶׁער
נָבִיא װָאס הָאט גֶעטְהוּן פָאר אִיהְר דִיא צֵייכֶען, מִיט
װעלְכֶע עֶר הָאט פֶערְפִיהְרְט דִיא װָאס הָאבֶּען אָנְגֶע־
נוּמֶען דָאס צֵייכֶען פוּן דֶער חַיָה, אוּנְד װָאס הָאבֶּען
זִיךְ גֶעבִּיקְט צוּ אִיהְר בִּילְד; דִיא בֵּיידֶע זֶענֶען לֶעבֶּעדִיג
אַרַיינְגֶעװָארְפֶען אִים טֵייךְ פוּן פֵייעֶר װָאס בְּרֶענְט מִיט
21 שְׁװֶעבֶּעל: אוּנְד דִיא אִיבְּרִיגֶע זֶענֶען גֶעהַרְגֶעט גֶעװָארֶען
מִיט דֶעם שְׁװֶערְד װָאס אִיז אַרוֹיסְגֶעגַאנְגֶען פוּן דֶעם
מוֹיל פוּן דֶעם װָאס אִיז גֶעזֶעסֶען אוֹיף דֶעם פֶערְד,
אוּנְד אַלֶע פֶעגֶעל זֶענֶען פוּן זַייעֶר פְלֵייש זַאט גֶעװָארֶען:

קאפיטעל כ

1 אוּנְד אִיךְ הָאבּ גֶעזֶעהֶען אַ מַלְאָךְ אַרוּפְקוּמֶען פוּן דֶעם
הִימֶעל, װָאס הָאט גֶעהַאט דֶעם שְׁלִיסֶעל פוּן דֶעם אָפְּ־
2 גְרוּנְד אוּנְד אַ גְרוֹיסֶע קֶעט אִין זַיינֶע הַאנְד: אוּנְד עֶר
הָאט גֶענוּמֶען דִיא דְרַאכֶענְשְׁלַאנְג, דִיא אַלְטֶע שְׁלַאנְג,
װָאס אִיז דֶער טֵייפֶעל אוּנְד דֶער שָׂטָן, אוּנְד עֶר הָאט
3 זִיא גֶעבּוּנְדֶען טוֹיזֶענְד יָאהְר: אוּנְד עֶר הָאט זִיא אַרַיינְ־
גֶעװָארְפֶען אִים אָפְּגְרוּנְד, אוּנְד הָאט אִיבֶּער זִיא פֶערְ־
שְׁלָאסֶען אוּנְד גֶעלֶעגְט אַ זִיגֶעל, כְּדֵי זִיא זָאל נִיט
מֶעהְר דִיא גוֹיִם פֶערְפִיהְרֶען בִּיז דִיא טוֹיזֶענְד יָאהְר
װעלֶען גֶעעֶנְדִיגְט װערֶען, דֶערְנָאךְ מוּז זִיא אוֹיפְגֶעבּוּנְדֶען
װערֶען פַאר אַ קְלֵיינֶע צֵייט:
4 אוּנְד אִיךְ הָאבּ גֶעזֶעהֶען שְׁטוּהְלֶען אוּנְד זַייא זֶענֶען
אוֹיף זַייא גֶעזֶעסֶען, אוּנְד דָאס מִשְׁפָּט אִיז זַייא גֶעגֶע־
בֶּען, אוּנְד אִיךְ הָאבּ גֶעזֶעהֶען דִיא נְשָׁמוֹת פוּן דִיא
װָאס זֶענֶען גֶעקֶעפְּט גֶעװָארֶען װעגֶען דֶעם צֵייגְנִיס
פוּן יֵשׁוּעַ אוּנְד װעגֶען דֶעם װָארְט פוּן גָאט, אוּנְד װָאס
הָאבֶּען זִיךְ נִיט גֶעבִּיקְט צוּ דֶער חַיָה אוּנְד נִיט צוּ
אִיהְר בִּילְד, אוּנְד װָאס הָאבֶּען נִיט אָנְגֶענוּמֶען דָאס צֵיי־
כֶען אוֹיף זַייעֶר שְׁטֶערֶען אוּנְד אוֹיף זַייעֶרֶע הַאנְד.
אוּנְד זַייא הָאבֶּען גֶעלֶעבְּט, אוּנְד הַאבֶּען מִיט דֶעם מָשִׁיחַ

גֶעהֶערְשְׁט טױזֶענְד יָאהְר: דִיא אִיבְּרִיגֶע טױטֶע הָאבֶּען 5
נִיט גֶעלֶעבְּט בִּיז דִיא טױזֶענְד יָאהְר הָאבֶּען גֶעעֶנְדִיגְט.
דָאס אִיז דֶער עֶרְשְׁטֶער אױפְשְׁטַאנְד: גֶעבֶּענְשְׁט אוּנְד 6
הֵיילִיג אִיז דֶער װעלְכֶער הָאט אַ טְהֵייל אִין דֶעם עֶרְשְׁטֶע
אױפְשְׁטַאנְד; אִיבֶּער דִיזֶע הָאט דֶער צְװֵייטֶער טױט
קֵיינֶע מַאכְט, נֵייעֶרְט זֵייא װעלֶען זֵיין כֹּהֲנִים פוּן גָאט
אוּנְד פוּן דֶעם מָשִׁיחַ, אוּנְד זֵייא װעלֶען מִיט אִיהְם
הֶערְשֶׁען דִיא טױזֶענְד יָאהְר:
אוּנְד װען דִיא טױזֶענְד יָאהְר זֶענֶען גֶעעֶנְדִיגְט װעט 7
דֶער שָׂטָן פְרֵייא גֶעמַאכְט פוּן זֵיין גֶעפֶענְגְנִיס: אוּנְד 8
עֶר װעט אַרױסְגֶעהֶען צוּ פֶערְפִיהְרֶען דִיא גוֹיִם װָאס
זֶענֶען אִין דִיא פִיעֶר עֶקֶען פוּן דֶער עֶרְד, גוֹג אוּנְד
מָגוֹג, זֵייא אֵיינְצוּזַאמְלֶען צוּ דִיא מִלְחָמָה, װָאס זֵייעֶר
צָאהְל אִיז אַזוֹי װִיא דֶער זַאנְד פוּן דֶעם יַם: אוּנְד 9
זֵייא זֶענֶען אױפְגֶעגַאנְגֶען אױף דֶער בְּרֵייט פוּן דֶער
עֶרְד, אוּנְד הָאבֶּען אַרוּמְגֶערִינְגֶעלְט דִיא מַחֲנֶה פוּן דִיא
הֵיילִיגֶע אוּנְד דִיא גֶעלִיבְּטֶע שְׁטָאט, אוּנְד עֶס אִיז
אַרוּפְגֶעקוּמֶען פֵייעֶר פוּן דֶעם הִימֶעל, אוּנְד הָאט זֵייא
פֶערְבְּרֶענְט: אוּנְד דֶער שָׂטָן װָאס הָאט זֵייא פֶערְפִיהְרְט 10
אִיז אַרֵיינְגֶעװָארְפֶען גֶעװָארֶען אִים טֵייךְ פוּן פֵייעֶר
אוּנְד שְׁװֶעבֶּעל, װוּא דִיא חַיָה אוּנְד דֶער פַאלְשֶׁער
נָבִיא זֶענֶען, אוּנְד זֵייא װעלֶען װערֶען גֶעפֶּיינִיגְט טָאג
אוּנְד נַאכְט פוּן עֶבִּיגְקֵייט צוּ עֶבִּיגְקֵייט:
אוּנְד אִיךְ הָאבּ גֶעזֶעהֶען אַ גְרוֹיסֶען װֵייסֶען שְׁטוּהְל, 11
אוּנְד דֶעם װעלְכֶער אִיז דְרוֹיף גֶעזֶעסֶען, אוּנְד פוּן
זֵיין פָּנִים זֶענֶען דִיא הִימֶעל אוּנְד עֶרְד אֶנְטְלָאפֶען,
אוּנְד עֶס אִיז פַאר זֵייא נִיט קֵיין אָרְט גֶעפִינֶען גֶע-
װָארֶען: אוּנְד אִיךְ הָאבּ גֶעזֶעהֶען דִיא טױטֶע, דִיא 12
גְרוֹיסֶע אוּנְד דִיא קְלֵיינֶע, שְׁטֶעהֶען פָאר דֶעם שְׁטוּהְל,
אוּנְד דִיא בִּיכֶער זֶענֶען אױפְגֶעמַאכְט גֶעװָארֶען; אוּנְד
אֵיין אַנְדֶערֶעס בּוּךְ אִיז אױפְגֶעמַאכְט גֶעװָארֶען, דָאס
אִיז דָאס סֵפֶר הַחַיִים; אוּנְד דִיא טױטֶע זֶענֶען גֶעמִשְׁפָּט
גֶעװָארֶען נָאךְ זֵייעֶרֶע מַעֲשִׂים אױס דִיא זַאכֶען װָאס
זֶענֶען אִין דִיא בִּיכֶער גֶעשְׁרִיבֶּען גֶעװָארֶען: אוּנְד דָאס 13

יַם הָאט אַרוֹיסְגֶעגֶעבֶּען דיא טוֹיטֶע וָואס זֶענֶען אִין
אִיהְם, אוּנְד דֶער טוֹיט אוּנְד דֶער שְׁאוֹל הָאבֶּען אַרוֹיסְ־
גֶעגֶעבֶּען דיא טוֹיטֶע וָואס זֶענֶען אִין זַייא, אוּנְד אִיטְ־
לִיכֶער מֶענְשׁ אִיז גֶעמִשְׁפָּט גֶעוָוארֶען נָאךְ זַיינֶע מַעֲשִׂים׃
14 אוּנְד דֶער טוֹיט אוּנְד דֶער שְׁאוֹל זֶענֶען אַרַיינְגֶעוָוארְפֶען
גֶעוָוארֶען אִים טַייךְ פוּן פַייעֶר; דָאס אִיז דֶער צְוַייטֶער
15 טוֹיט׃ אוּנְד וָוען אֵיינֶער אִיז נִיט גֶעפִינֶען אֵיינְגֶעשְׁרִיבֶּען
אִים בּוּךְ פוּן לֶעבֶּען דֶער אִיז אַרֵיינְגֶעוָוארְפֶען גֶע־
וָוארֶען אִים טַייךְ פוּן פַייעֶר׃

קאפיטעל כא

1 אוּנְד אִיךְ הָאבּ גֶעזֶעהֶען אַ נַייעֶן הִימֶעל אוּנְד אַ נַייעֶ
עֶרְד, וָוארִין דֶער עֶרְשְׁטֶער הִימֶעל אוּנְד דיא עֶרְשְׁטֶע
עֶרד זֶענֶען פֶערְגַאנְגֶען, אוּנְד דָאס יַם אִיז נִיט מֶעהְר
2 פַארְהַאנֶען׃ אוּנְד אִיךְ הָאבּ גֶעזֶעהֶען דיא הֵיילִיגֶע שְׁטָאט
דָאס נַייעֶ יְרוּשָׁלַיִם אַרוּפְּקוּמֶען פוּן דֶעם הִימֶעל פוּן
גָאט. אָנְגֶעבְּרֵייט גְלֵייךְ וִויא אַ כַּלָּה וָועלְכֶע אִיז גֶע־
3 צִיעֶרְט פַאר אִיהְר מַאן׃ אוּנְד אִיךְ הָאבּ גֶעהֶערְט אַ
הוֹיךְ קוֹל פוּן דֶעם שְׁטוּהְל זָאגֶען, זֶעה דָאס מִשְׁכָּן פוּן
גָאט אִיז מִיט מֶענְשֶׁען, אוּנְד עֶר וָועט מִיט זַייא
וְואוֹינֶען, אוּנְד זַייא וָועלֶען זַיין זַיין פָאלְק, אוּנְד גָאט
אַלֵיין וָועט מִיט זַייא זַיין, אוּנְד וָועט זַיין זַייעֶר גָאט׃
4 אוּנְד עֶר וָועט אָפְּווִישֶׁען אַלֶע טְרֶערֶען פוּן זַייעֶרֶע
אוֹיגֶען, אוּנְד עֶס וָועט נִיט מֶעהְר זַיין קֵיין טוֹיט, אוּנְד
אוֹיךְ קֵיין קְלָאג, אוּנְד אוֹיךְ קֵיין גֶעשְׁרַייא, אוּנְד אוֹיךְ
קֵיין פַּיין; וָוארִין דיא עֶרְשְׁטֶע זַאכֶען זֶענֶען פֶערְגַאנְגֶען׃
5 אוּנְד דֶער וָועלְכֶער אִיז גֶעזֶעסֶען אוֹיף דֶעם שְׁטוּהְל
הָאט גֶעזָאגְט, זֶעה אִיךְ מַאךְ אַלֶע זַאכֶען נַייא. אוּנְד
עֶר הָאט צוּ מִיר גֶעזָאגְט, שְׁרֵייבּ, ווֵייל דִיזֶע וָוערְטֶער
6 זֶענֶען גֶעטְרֵייא אוּנְד וָואהְרְהַאפְטִיג׃ אוּנְד עֶר הָאט צוּ
מִיר גֶעזָאגְט, זַייא זֶענֶען גֶעשֶׁעהֶען, אִיךְ בִּין דיא „א״
אוּנְד דיא „ת״, דֶער אָנְהוֹיבּ אוּנְד דָאס עֶנְד; צוּ דֶעם
וָואס אִיז דוּרְשְׁטִיג וָועל אִיךְ גֶעבֶּען פוּן דֶעם קְוַואל
7 פוּן דֶעם וַואסֶער פוּן לֶעבֶּען אוּמְזִיסְט׃ דֶער וָואס
אִיבֶּערְוָועלְטִיגְט וָועט יַרְשֶׁענֶען דִיזֶע זַאכֶען, אוּנְד אִיךְ

וָועל זַיין זַיין גָאט, אוּנד עֶר וָועט זַיין מַיין זוּהְן:
8 אָבֶּער דִיא פָּארְכְטְזַאמֶע, אוּנד אוּנְגְלוֹיבִּיגֶע, אוּנד אוּנ־
ווירדיגע, אוּנד מֶערְדֶער, אוּנד נוֹאֲפִים, אוּנד צוֹיבֶּערֶער,
אוּנד גֶעצֶענְדִינֶער, אוּנד אַלֶע לִיגְנֶער וָועלֶען הָאבֶּען
זַייעֶר טְהַייל אִים טַייךְ וָואס בְּרֶענְט מִיט פַייעֶר אוּנד
שְׁוָועבֶּעל וָואס אִיז דֶער צְוַוייטֶער טוֹיט:
9 אוּנד אֵיינֶער פוּן דִיא זִיבֶּען מַלְאָכִים וָועלְכֶע הָאבֶּען
גֶעהַאט דִיא זִיבֶּען שָׁאלֶען, וָואס זֶענֶען אָנְגֶעפִילְט מִיט
דִיא זִיבֶּען לֶעצְטֶע פְּלָאגֶען, אִיז גֶעקוּמֶען, אוּנד הָאט מִיט
מִיר גֶערֶעט אוּנד גֶעזָאגְט, קוּם אִיךְ וָועל דִיר וַוייזֶען דִיא
10 כַּלָה, דָאס וַוייבּ פוּן דֶעם לַאם: אוּנד עֶר הָאט מִיךְ
אַוֶועקְגֶעפִיהְרְט אִים גֵייסְט צוּ אַ גְרוֹיסֶען אוּנד הוֹיכֶען
בַּארְג, אוּנד הָאט מִיר גֶעוַוייזֶען דִיא גְרוֹיסֶע שְׁטָאט, דָאס
הֵיילִיגֶע יְרוּשָׁלַיִם אַרוּפְּקוּמֶען פוּן גָאט פוּן דֶעם הִימֶעל:
11 אוּנד זִיא הָאט גֶעהַאט דִיא הֶערְלִיכְקֵייט פוּן גָאט; אִיהְר
לִיכְט אִיז גְלַייךְ גֶעוָועזֶען צוּ אַ זֶעהְר טְהֵייעֶרֶען שְׁטֵיין,
אַזוֹי וְוִיא צוּ אַ יַסְפִּים שְׁטֵיין, לוֹיטֶער וְוִיא קְרִיסְטַאל:
12 אוּנד זִיא הָאט גֶעהַאט אַ גְרוֹיסֶע אוּנד הוֹיכֶע מוֹיעֶר מִיט
צְוָועלְף טוֹיעֶרֶען, אוּנד אִיבֶּער דִיא טוֹיעֶרֶען זֶענֶען
גֶעוָועזֶען צְוָועלְף מַלְאָכִים, אוּנד נֶעמֶען גֶעשְׁרִיבֶּען
וָואס זֶענֶען דִיא צְוָועלְף נֶעמֶען פוּן דִיא צְוָועלְף שְׁבָטִים
13 פוּן יִשְׂרָאֵל: פוּן מִזְרַח דְרַייא טוֹיעֶרֶען, אוּנד פוּן צָפוֹן
דְרַייא טוֹיעֶרֶען, אוּנד פוּן דָרוֹם דְרַייא טוֹיעֶרֶען, אוּנד פוּן
14 מַעֲרָב דְרַייא טוֹיעֶרֶען: אוּנד דִיא מוֹיעֶר פוּן דִיא שְׁטָאט
הָאט גֶעהַאט צְוָועלְף גְרוּנְדְשְׁטֵיינֶער, אוּנד אִיבֶּער זֵייא
דִיא צְוָועלְף נֶעמֶען פוּן דִיא צְוָועלְף אַפָּאסְטֶעל פוּן דֶעם
לַאם:
15 אוּנד דֶער וָואס הָאט מִיט מִיר גֶערֶעט הָאט גֶעהַאט אַ
גָאלְדֶענֶעם רָאהְר פַאר אַ מָאס, כְּדֵי עֶר זָאל מֶעסְטֶען דִיא
16 שְׁטָאט אוּנד אִיהְרֶע טוֹיעֶרֶען אוּנד אִיהְרֶע מוֹיעֶר: אוּנד
דִיא שְׁטָאט אִיז פִיעֶר עֶקֶעדִיג אוּנד אִיהְרֶע לֶענְג אִיז אַזוֹי
גְרוֹיס וְוִיא אִיהְרֶע בְּרֵייט. אוּנד עֶר הָאט דִיא שְׁטָאט
גֶעמָאסְטֶען מִיט דֶעם רָאהְר בִּיז צוּ צְוָועלְף טוֹיזֶענְד
אַקֶער; אִיהְרֶע לֶענְג אוּנד אִיהְרֶע בְּרֵייט אוּנד אִיהְרֶע הוֹיךְ

17 זֶענֶען גְלַייך גֶעוָועזֶען: אוּנְד עֶר הָאט גֶעמָאסְטֶען אִיהְרֶע
מוֹיעֶר אוֹיף הוּנְדֶערְט אוּנְד פִיעֶר אוּנְד פִירְצִיג אֵיילֶען,
18 דָאס מָאָס פוּן אַ מֶענְשׁ, דָאס אִיז פוּן אַ מַלְאָךְ: אוּנְד
דָאס בּוֹיאוָועֶרְק פוּן אִיהְרֶע מוֹיעֶר אִיז גֶעוָועזֶען יַסְפִּים,
אוּנְד דִיא שְׁטָאט אִיז רֵיינֶעס גָאלְד, גְלַייך וִוִיא קְלָאר
19 גְלָאז: דִיא גְרוּנְדְשְׁטֵיינֶער פוּן דֶער מוֹיעֶר פוּן דֶער
שְׁטָאט זֶענֶען גֶעצִיעֶרְט גֶעוָועזֶען מִיט אַלֶערְלַייא
טְהֵייעֶרֶע שְׁטֵיינֶער; דֶער עֶרְשְׁטֶער גְרוּנְדְשְׁטֵיין אִיז
גֶעוָועזֶען יַאסְפִּים, דֶער צְווֵייטֶער סַאפִּיר, דֶער דְרִיטֶער
20 כַּאלְצִידוֹן, דֶער פִיעֶרְטֶער סְמַארְגַאד: דֶער פִינְפְטֶער
סַארְדָאנִיקְס, דֶער זֶעקְסְטֶער סַארְדִיאָס, דֶער זִיבֶּעטֶער
כְּרִיזָאלִיט, דֶער אַכְטֶער אַ פֶּערִיל, דֶער נֵיינְטֶער אַ
טָאפַּאז, דֶער צֶעהְנְטֶער כְּרִיסָאפְּרַאס, דֶער עֶלְפְטֶער
21 הִיאַצִינְט, דֶער צְווֶעלְפְטֶער אַמֶעטְהִיסְט: אוּנְד דִיא
צְווֶעלְף טוֹיעֶרֶן זֶענֶען גֶעוָועזֶען צְווֶעלְף פֶּערִיל; יֶעדֶעס
טוֹיעֶר אִיז גֶעוָועזֶען פוּן אֵיין פֶּערִיל. אוּנְד דִיא גַאס
פוּן דֶער שְׁטָאט אִיז גֶעוָועזֶען רֵיינֶעס גָאלְד, גְלַייך וִוִיא
שַׁיינֶענְדִיגֶעס גְלָאז:
22 אוּנְד אִיךְ הָאבּ דְרִינֶען נִיט גֶעזֶעהֶען קֵיין טֶעמְפֶּעל;
וָוארִין דֶער הַאר גָאט, דֶער אַלְמֶעכְטִיגֶער, אוּנְד דָאס
23 לַאם זֶענֶען אִיהְר טֶעמְפֶּעל: אוּנְד דִיא שְׁטָאט בֶּעדַארְף
נִיט דִיא זוּן אוּנְד אוֹיךְ נִיט דִיא לְבָנָה, אַז זֵייא זָאלֶען
פַאר אִיהְר שֵׁיינֶען; וָוארִין דִיא הֶערְלִיכְקֵייט פוּן גָאט
הָאט דִיא בֶּעלֵייכְטֶעט, אוּנְד דָאס לַאם אִיז אִיהְרֶע
24 לַאמְפֶּע: אוּנְד דִיא גוֹיִם וֶועלֶען אַרוּמְגֶעהֶען בֵּייא אִיהְר
לִיכְט, אוּנְד דִיא קֶענִיגֶע פוּן דֶער עֶרְד בְּרֶענְגֶען צוּ
25 אִיהְר זֵייעֶרֶע הֶערְלִיכְקֵייט: אוּנְד אִיהְרֶע טוֹיעֶרֶען
וֶועלֶען נִיט פֶערְשְׁלָאסֶען וֶוערֶען בֵּייא טָאג, וָוארִין עֶס
26 וֶועט דָא נִיט זַיין קֵיינֶע נַאכְט: אוּנְד זֵייא וֶועלֶען צוּ
אִיהְר בְּרֶענְגֶען דִיא הֶערְלִיכְקֵייט אוּנְד דֶעם כָּבוֹד פוּן
27 דִיא גוֹיִם: אוּנְד עֶס וֶועט אִין אִיהְר נִיט אַרֵיינְקוּמֶען
קֵיינֶע אוּנְרֵיינֶע זַאכֶען, אוּנְד נִיט דֶער וָואס טְהוּט אוּנ־
וִוירְדִיגְקֵייטֶען אוּנְד זָאגְט לִיגֶען, נֵייעֶרְט דִיא וָואס זֶענֶען
אֵיינְגֶעשְׁרִיבֶּען אִים בּוּךְ פוּן לֶעבֶּען פוּן דֶעם לַאם:

קאַפּיטעל כב

אוּנְד עֶר הָאט מִיר גֶעוִויזֶען אַ שְׁטְרוֹים פוּן וַואסֶער פוּם 1
לֶעבֶּען, לוֹיטֶער וִויא קְרִיסְטָאל, וָואס אִיז אַרוֹיסְגֶעגַאנְגֶען
פוּן דֶעם שְׁטוּהְל פוּן גָאט אוּנְד פוּן דֶעם לַאם: אִין מִיטֶען 2
פוּן זַיינֶע גַאס אוּנְד פוּן בֵּיידֶע זַייטֶען פוּן דֶעם שְׁטְרוֹים,
אִיז גֶעוֶועזֶען אַ בּוֹים פוּן לֶעבֶּען, וָואס הָאט גֶעהַאט
צְוֶועלְף פֵּירוֹת, אוּנְד הָאט גֶעגֶעבֶּען זַיינֶע פֵּירוֹת יֶעדֶען
חֹדֶשׁ, אוּנְד דִיא בְּלֶעטֶער פוּן דֶעם בּוֹים זֶענֶען גֶעוֶועזֶען
פַאר דִיא רְפוּאָה פוּן דִיא גוֹיִם: אוּנְד עֶס וֶועט נִיט 3
מֶעהְר זַיין קַיין חֵרֶם, אוּנְד דְרִינֶען וֶועט זַיין דֶער שְׁטוּהְל
פוּן גָאט אוּנְד פוּן דֶעם לַאם, אוּנְד זַיינֶע קְנֶעכְט וֶועלֶען
אִיהְם דִינֶען: אוּנְד זַייא וֶועלֶען זֶעהֶען זַיין פָּנִים, אוּנְד 4
זַיין נָאמֶען וֶועט זַיין אוֹיף זַייעֶרֶע שְׁטֶערֶען: אוּנְד עֶס 5
וֶועט נִיט מֶעהְר קֵיינֶע נַאכְט זַיין, אוּנְד זַייא בֶּעדַארְפֶען
נִיט קֵיין לִיכְט פוּן אַ לַאמְפֶּע, אוּנְד נִיט קֵיין לִיכְט פוּן
דֶער זוּן, וָוארִין דֶער הַאר גָאט וֶועט אִיבֶּער זַייא לֵייכְטֶען,
אוּנְד זַייא וֶועלֶען הֶערְשֶׁען פוּן עֶבִּיגְקֵייט צוּ עֶבִּיגְקֵייט:
אוּנְד עֶר הָאט צוּ מִיר גֶעזָאגְט, דִיזֶע וֶוערְטֶער זֶענֶען 6
גֶעטְרַייא אוּנְד וָואהְרְהַאפְטִיג, אוּנְד דֶער הַאר גָאט פוּן
דִיא גֵייסְטֶער פוּן דִיא נְבִיאִים הָאט גֶעשִׁיקְט זַיין
מַלְאָךְ צוּ וַוייזֶען צוּ זַיינֶע קְנֶעכְט דָאס וָואס מוּז בַּאלְד
גֶעשֶׁעהֶען: אוּנְד זֶעה, אִיךְ קוּם גֶעשְׁוִוינְד. גֶעבֶּענְשְׁט 7
אִיז דֶער וֶועלְכֶער הִיט דִיא וֶוערְטֶער פוּן דֶער נְבוּאָה
פוּן דִיזֶעם בּוּךְ:
אוּנְד אִיךְ יוֹחָנָן, בִּין דֶער וָואס הָאבּ דִיזֶע זַאכֶען גֶעזֶעהֶען 8
אוּנְד גֶעהֶערְט, אוּנְד וָוען אִיךְ הָאבּ גֶעהֶערְט אוּנְד גֶע־
זֶעהֶען, בִּין אִיךְ אַנִידֶערְגֶעפַאלֶען מִיךְ צוּ בִּיקֶען פָאר
דִיא פִיס פוּן דֶעם מַלְאָךְ וָואס הָאט מִיר דִיזֶע זַאכֶען
גֶעוִויזֶען: אוּנְד עֶר הָאט צוּ מִיר גֶעזָאגְט, זֶעה, דוּא 9
זָאלְסְט עֶס נִיט טְהוּן; אִיךְ בִּין דַיין מִיטְקְנֶעכְט אוּנְד אַ
חַבֵר פוּן דַיינֶע בְּרִידֶער דִיא נְבִיאִים, אוּנְד פוּן דִיא וָואס
הִיטֶען דִיא וֶוערְטֶער פוּן דִיזֶען בּוּךְ; בִּיק דִיךְ צוּ גָאט:
אוּנְד עֶר הָאט צוּ מִיר גֶעזָאגְט, פֶערְזִיגֶעל נִיט דִיא וֶוערְ־ 10
טֶער פוּן דֶער נְבוּאָה פוּן דִיזֶען בּוּךְ; וָוארִין דִיא צֵייט

11 אִיז נָאהֶענְט: דֶער וָואס טְהוּט אוּנְרֶעכְט לָאז עֶר וֵוייטֶער
אוּנְרֶעכְט טְהוּן; אוּנְד דֶער וָואס אִיז אוּנְרֵיין, לָאז עֶר
וֵוייטֶער אוּנְרֵיין זַיין; אוּנְד דֶער וָואס אִיז גֶערֶעכְט לָאז
עֶר וֵוייטֶער גֶערֶעכְטִיגְקֵייט טְהוּן, אוּנְד דֶער וָואס אִיז
12 הֵיילִיג לָאז עֶר וֵוייטֶער הֵיילִיג זַיין: וֶועה אִיךְ קוּם
גֶעשְׁווִינְד; אוּנְד מֵיין לוֹין אִיז מִיט מִיר, צוּ בֶּעצָאהְלֶען
13 צוּ יֶעדְעם אַזוֹי וִויא זַיינֶע וֶוערְק וֶועלֶען זַיין: אִיךְ בִּין
דִיא „א‟ אוּנְד דִיא „ת‟, דֶער עֶרְשְׁטֶער אוּנְד דֶער
14 לֶעצְטֶער, דֶער אָנְהוֹיבּ אוּנְד דָאס עֶנְד: גֶעבֶּענְשְׁט זֶענֶען
דִיא וָועלְכֶע וַואשֶׁען זֵייעֶרֶע קְלֵיידֶער, כְּדֵי זֵייא זָאלֶען
הָאבֶּען דִיא מַאכְט צוּ דֶעם בּוֹים פוּן לֶעבֶּען, אוּנְד זָאלֶען
15 אַרֵיינְקוּמֶען דוּרְךְ דִיא טוֹיעֶרֶען אִין דִיא שְׁטָאט: דְרוֹיסֶען
זֶענֶען דִיא הִינְד, אוּנְד דִיא צוֹיבֶּערֶער, אוּנְד דִיא הוּרֶער,
אוּנְד דִיא מֶערְדֶער, אוּנְד דִיא גֶעצֶענְדִינֶער, אוּנְד אִיטְלִי־
כֶער וָואס לִיבְּט אוּנְד טְהוּט לִיגֶען:
16 אִיךְ יֵשׁוּעַ הָאבּ גֶעשִׁיקְט מֵיין מַלְאָךְ אַז עֶר זָאל אֵייךְ
דִיזֶע זַאכֶען בֶּעצֵייגֶען אִין דִיא קְהִלּוֹת. אִיךְ בִּין דִיא
וְואוּרְצֶעל אוּנְד דֶער שְׁפְּרָאצֶען פוּן דָוִד, דֶער גְלֶענְצֶענְ־
דִיגֶער מָארְגֶענְשְׁטֶערֶען:
17 אוּנְד דֶער גֵייסְט אוּנְד דִיא כַּלָּה זָאגֶען קוּם. אוּנְד דֶער
וָואס הֶערְט לָאז עֶר זָאגֶען קוּם. אוּנְד דֶער וָואס אִיז
דוּרְשְׁטִיג לָאז עֶר קוּמֶען; דֶער וָואס וִויל לָאז עֶר נֶעמֶען
דָאס וַואסֶער פוּן לֶעבֶּען אוּמְזִיסְט:
18 אִיךְ בֶּעצֵייג צוּ אִיטְלִיכֶען וָואס הֶערְט דִיא וֶוערְטֶער פוּן
דֶער נְבוּאָה פוּן דִיזֶען בּוּךְ; וֶוען אֵיינֶער וֶועט דֶערְצוּ
צוּזֶעצֶען, אִיהְם וֶועט גָאט צוּזֶעצֶען דִיא פְּלָאגֶען וָואס
19 זֶענֶען גֶעשְׁרִיבֶּען אִין דִיזֶען בּוּךְ: אוּנְד וֶוען אֵיינֶער
וֶועט אַוֶועקְנֶעמֶען פוּן דִיא וֶוערְטֶער פוּן דֶעם בּוּךְ פוּן
דִיזֶער נְבוּאָה, זַיין טְהֵייל וֶועט גָאט אַוֶועקְנֶעמֶען פוּן
דֶעם בּוֹים פוּן לֶעבֶּען, אוּנְד פוּן דִיא הֵיילִיגֶע שְׁטָאט,
פוּן דִיא זַאכֶען וָואס זֶענֶען גֶעשְׁרִיבֶּען אִין דִיזֶען בּוּךְ:
20 דֶער וֶועלְכֶער הָאט דִיזֶע זַאכֶען בֶּעצֵייגְט הָאט גֶעזָאגְט,
21 יָא, אִיךְ קוּם גֶעשְׁווִינְד. אָמֵן; קוּם הַאר יֵשׁוּעַ: דִיא גְנָאד
פוּן אוּנְזֶער הַאר יֵשׁוּעַ זָאל זַיין מִיט אַלֶע הֵיילִיגֶע; אָמֵן:

לאנדאן:
געדרוקט בייא וויל'ליאם קלאוועז אונד זעהנע